Paris

1860-68

Fétis, François-Joseph

Biographie universelle des musiciens et bibliographie générale de la musique

Tome 4

BIOGRAPHIE

UNIVERSELLE

DES MUSICIENS

ET

BIBLIOGRAPHIE GÉNÉRALE DE LA MUSIQUE

DEUXIÈME ÉDITION

ENTIÈREMENT REFONDUE ET AUGMENTÉE DE PLUS DE MOITIÉ

PAR F. J. FÉTIS

[illegible]

[illegible]

TOME QUATRIÈME

PARIS

LIBRAIRIE DE FIRMIN DIDOT FRÈRES, FILS ET Cie

IMPRIMEURS DE L'INSTITUT, RUE JACOB, 56

1862

BIOGRAPHIE
UNIVERSELLE
DES MUSICIENS

TOME QUATRIÈME

TYPOGRAPHIE DE H. FIRMIN DIDOT. — MESNIL (EURE).

BIOGRAPHIE

UNIVERSELLE

DES MUSICIENS

ET

BIBLIOGRAPHIE GÉNÉRALE DE LA MUSIQUE

DEUXIÈME ÉDITION

ENTIÈREMENT REFONDUE ET AUGMENTÉE DE PLUS DE MOITIÉ

PAR F. J. FÉTIS

MAÎTRE DE CHAPELLE DU ROI DES BELGES
DIRECTEUR DU CONSERVATOIRE ROYAL DE MUSIQUE DE BRUXELLES, ETC.

TOME QUATRIÈME

PARIS

LIBRAIRIE DE FIRMIN DIDOT FRÈRES, FILS ET Cie

IMPRIMEURS DE L'INSTITUT, RUE JACOB, 56

1866

BIOGRAPHIE
UNIVERSELLE
DES MUSICIENS

G

GIBBONS (Roland ou Orlando), compositeur anglais qui a eu de la célébrité dans sa patrie, naquit à Cambridge en 1583. A l'âge de vingt et un ans, il fut nommé organiste de la chapelle royale, et en 1622, il obtint le grade de docteur en musique à l'université d'Oxford. Trois ans après, il mourut de la petite vérole à Canterbury, où il avait été envoyé pour assister aux solennités du mariage de Charles Ier avec Henriette de France. Il fut inhumé dans l'église cathédrale de cette ville. On connaît de ce compositeur : *Madrigals in five parts for voices and viols*, Londres, 1612. Ces madrigaux sont bien écrits; mais la musique d'église de Gibbons est supérieure à ses autres compositions; on cite surtout ses antiennes comme des modèles de ce genre de musique. On les trouve répandues dans presque toutes les collections de musique sacrée publiées en Angleterre, et son *Hosanna* y est célèbre. Le docteur Crotch a publié dans ses *Specimens* le madrigal à cinq voix *Silver Swan*, de Gibbons. Les leçons pour l'épinette, composées par cet artiste, et qui se trouvent dans la collection intitulée : *Parthenia*, ainsi que les préludes et autres pièces d'orgue insérés par Smith dans sa *Musica antiqua*, prouvent qu'il était organiste distingué. Son portrait se trouve dans le quatrième volume de l'*Histoire de la musique* de Hawkins, p. 34.

GIBBONS (Édouard), frère aîné du précédent, né à Cambridge, comme lui, était bachelier en musique à l'université de cette ville, et fut admis dans celle d'Oxford au mois de juillet 1592. Appelé ensuite à Bristol pour être organiste de l'église cathédrale, il réunit à ses fonctions celles de vicaire, de sous-chantre, et de directeur du chœur au même lieu. En 1604, il entra à la chapelle royale. Son attachement à la cause de Charles Ier le compromit dans sa vieillesse. Il avait donné au roi une somme de mille livres sterling; cet acte de dévouement le fit bannir de l'Angleterre avec ses fils, par Cromwell, quoiqu'il fût alors âgé de plus de quatre-vingts ans. Plusieurs compositions d'Édouard Gibbons existent dans la bibliothèque de l'école de musique à Oxford.

GIBBONS (Ellis), frère puîné d'Orlando, né à Cambridge, vers la fin du seizième siècle, a été nommé par Wood *l'admirable organiste de Salisbury*. Malheureusement il ne reste rien des pièces d'orgue de cet artiste; et deux madrigaux, l'un à cinq voix, l'autre à six, sont les seules compositions qu'on connaisse de lui. Ils sont dans la collection qui a pour titre : *le Triomphe d'Oriane* (*the Triumph of Oriana*).

GIBBONS (Christophe), fils d'Orlando, étudia la musique dès ses premières années chez son oncle Ellis Gibbons, organiste à Salisbury. Admis dans le chœur de la chapelle de Charles Ier, il eut, après la restauration, les places d'organiste de Charles II et de l'abbaye de Westminster. Le roi, qui aimait Gibbons à cause du dévouement que sa famille avait montré à la royauté dans des circonstances pénibles, le recommanda à l'université d'Oxford, pour qu'on lui conférât le grade de docteur en musique; il l'obtint au mois de juillet 1664, et mourut le 20 octobre 1676, dans la paroisse de Sainte-Marguerite, au quartier de Westminster. On ne connaît de cet artiste, dont le talent paraît avoir été médiocre, que quelques antiennes, particulièrement : *Help me, o Lord;*

Lord, I am not high minded, et *Teach me, o Lord*. On croit qu'il fut un des auteurs du recueil qui a pour titre : *Cantica sacra, containing hymns and anthems, for 2 voices to the organ*, Londres, 1674, in-fol. Gibbons est ce même organiste de Westminster qui eut pour souffleur d'orgue l'illustre Froberger, et qui le traita si mal (*Voyez* FROBERGER).

GIBEL (OTHON), en latin *Gibelius*, compositeur et théoricien distingué, naquit en 1612, à Borg, dans l'île de Femern, dans la Baltique, près des côtes du Holstein, où son père était ecclésiastique. Ayant été forcé de quitter son pays natal, à cause de la peste qui le ravageait, il se retira à Brunswick, où il trouva auprès de quelques parents les secours qui lui étaient nécessaires, tant pour son entretien que pour la continuation de ses études. Heureusement pour lui, le savant cantor Henri Grimm se trouvait aussi à Brunswick, où il s'était retiré après la destruction de Magdebourg, en 1631. Il profita si bien des instructions de cet habile maître, dans la théorie et la pratique de l'art musical, qu'il put être nommé cantor de ville à Schauenbourg, avant même que ses études fussent terminées. Il prit possession de cet emploi, en 1634, à l'âge de vingt-deux ans; mais il ne le garda que huit années. En 1642, il se rendit à Minden, où il fut d'abord sous-correcteur, et ensuite cantor et directeur de l'école après la mort de Scheffer. Enfin, après quarante ans d'exercice de ses fonctions, il mourut en 1682, à l'âge de soixante et dix ans. Les ouvrages imprimés de Gibel sont : 1° *Seminarium modulatoriæ vocalis, das ist ein Pflantz-Garten der Singkunst*, Zelle, 1645, in-4°. La deuxième édition a été publiée à Brême, Kœhler, 1657, in-8°. C'est une méthode de chant, où l'on trouve les exercices de vocalisation qu'on a reproduits jusqu'aujourd'hui dans les livres de cette espèce : elle contient aussi un grand nombre de pièces à deux, trois et quatre voix, soit des compositeurs allemands du temps de Gibel, soit de lui-même. 2° *Kurtzer jedoch gründlicher Bericht von den Vocibus musicalibus, darinnen gehandelt wird von den musikalischen Syllabisation, oder von der Solmisation*, etc. (Avertissement court mais essentiel sur les voix, où l'on traite de la syllabisation et de la solmisation, etc.), Brême, 1659, in-8°. Ce livre, où les avantages et les défauts des systèmes de solmisation par les hexacordes et par sept syllabes sont exposés avec clarté, est le meilleur livre qu'on ait pour l'histoire des disputes élevées à ce sujet, bien que renfermé dans quatre-vingt-quinze pages in-8° seulement. 3° *Introductio musicæ theoricæ didacticæ in qua præcipua ejus principia cum primis vero mathematica*, etc. *Pars generalis*, Brême, 1660, in-4°. Gibel promettait, dans l'introduction de cet ouvrage, une deuxième partie, qui n'a pas paru. Printz dit que la situation peu fortunée de Gibel ne lui permit pas de faire imprimer la suite de son ouvrage (voyez *Histor. Beschreibung der Singkunst*, c. XII, p. 145). Il serait cependant possible que le livre dont le titre suit fût précisément cette deuxième partie. 4° *Propositiones mathematico-musicæ, das ist musikalische Aufgaben aus der Mathesi demonstrirt*, Minden, 1666, in-4°. 5° *Geistliche Harmonien von 1 bis 5 Stimmen, Theils ohne, Theils mit Instrumenten* (Harmonie spirituelle depuis une jusqu'à cinq voix, partie sans instruments, et partie accompagnée), Hambourg, 1671, in-4°.

GIBELLI (LAURENT), maître de chapelle de l'église Saint-Bartholomé à Bologne, fut, dit-on, un des derniers élèves du P. Martini; cependant son nom ne figure pas dans la liste des écoliers de ce savant maître donnée par le P. Della Valle, dans ses *Memorie storiche del P. M. Giambattista Martini* (p. 9 et 10, n. *a*). Quoi qu'il en soit, Burney, qui connut Gibelli à Bologne, dit que c'était un savant homme, mais dépourvu de génie mélodique. Gibelli avait été agrégé à l'Académie des philharmoniques de Bologne, en 1743; il en fut prince en 1753. Après avoir été maître de chapelle des chanoines de Saint-Sauveur et de Saint-Bartholomé, il occupa la même position à l'église des Théatins, et obtint la place de maître de la congrégation de l'oratoire de Saint-Philippe. Ses ouvrages sont conservés en manuscrit dans l'église dont il était le maître de chapelle. Un *Magnificat* de sa composition a été exécuté avec succès dans plusieurs églises de Bologne. Rellstab, de Berlin, possédait un *Kyrie* et un *Gloria* en partition, de ce maître. Gibelli est mort à Bologne, en 1811, dans un âge avancé. Un littérateur, nommé Pancaldi (C.), a fait imprimer une notice sur ce compositeur, sous ce titre : *Vita di D. Gibelli, celebre contrappuntista e cantore*, Bologne, 1830, in-8°.

GIBELLINI ou **GHIBELLINI** (ELISÉE), né à Osimo, dans la Marche d'Ancône, vers 1520, fut maître de chapelle de l'église de la confrérie du Saint-Sacrement, à Ancône, où il se trouvait encore en 1581. On a imprimé de sa composition : 1° *Mottetta super plano cantu cum quinque vocibus et in festis solemnibus decantanda*, Venetiis, apud Hieronymum Scotum, 1540, in-4°. J'ignore si c'est le même ouvrage qui a été reproduit avec un nouveau frontispice sous ce titre : *Motettorum cum quinque vocibus liber primus*, Venetiis, apud Hieronymum Scotum, 1548, in-4° obl. 2° *Madrigali a tre voci*, in Venetia, app. Ant. Gardane, 1552, in-4° obl. 3° *Introitus missarum de festis per cursum anni, quinque vocum*, Rome, 1565, in-fol. 4° *Il primo libro de' Madrigali a cinque voci*, in Venetia, app. Angelo Gardane, 1581, in-4°.

GIBELINI (Jérôme), compositeur du dix-septième siècle, n'est connu que par deux collections de psaumes intitulées : *Salmi di Vespro a due et tre voci*, Venise, 1624, et *Salmi spezzati a due e tre voci*, Venise, 1626.

GIBELLINI (Nicolas), moine augustin et compositeur du dix-septième siècle, né à Norcia, dans les États du pape, fut maître de chapelle à l'église Saint-Étienne de Venise, et publia dans cette ville : *Motetti a più voci concertati*, 1655, in-4°.

GIBERT (Paul-César), fils d'un officier de la maison du roi, naquit à Versailles, en 1717, et fut envoyé dans sa jeunesse en Italie, où il étudia la musique sous divers maîtres habiles. Lalande dit (*Voyage en Italie*, t. VII, p. 195) que Gibert vécut pendant plusieurs années à Naples, qu'il y prit des leçons des meilleurs maîtres des conservatoires, et qu'il y était employé à faire des engagements de bons chanteurs pour la chapelle du roi. Ce fut lui qui envoya à Paris les castrats dont plusieurs chantaient encore à Versailles les parties de contralto, au moment de la révolution de 1789, particulièrement Albanèse (*voyez* ce nom). De retour en France, il se livra à l'enseignement, et écrivit pour ses élèves un ouvrage qui fut gravé à Paris, sous le titre de : *Solféges ou leçons de musique, sur toutes les clefs et dans tous les tons, modes et genres, avec accompagnement d'une basse chiffrée, très-utile aux personnes qui veulent apprendre l'accompagnement du clavecin, et qui désirent acquérir l'usage de s'accompagner elles-mêmes, avec un précis des règles de la musique*, Paris, 1783, in-4°. Il a composé la musique de quelques divertissements ou opéras pour la Comédie-Italienne. Les plus connus sont ceux dont les noms suivent : *la Sibylle*, 21 octobre 1758; *le Carnaval d'été*, 11 août 1759; *la Fortune au village*, 8 octobre 1760; les airs de *Soliman ou les trois Sultanes*, en 1761; *Apelle et Campaspe*, 21 avril 1763. Il a écrit aussi, pour l'Opéra, *Deucalion et Pyrrha*, par les de Watelet. Gibert est mort à Paris, en 1787.

GIBOIN (Gilbert), né à Montargis, fut organiste à Orléans, dans les premières années du dix-septième siècle. Il jouait de la harpe avec une habileté extraordinaire pour le temps où il vécut. On connaît de sa composition : *Chansons de printemps avec les ayrs nouveaux et la basse*, Paris, Ballard, 1622, in-4° obl.

GIBSON (Edmond), évêque de Londres, né en 1669, à Knip, dans le Westmoreland, reçut sa première instruction dans une école de ce comté, et fut ensuite admis à l'université d'Oxford, où il se livra particulièrement à l'étude des langues du Nord, et à celle des antiquités de son pays. C'était un homme vertueux et savant. Il mourut à Londres, le 6 septembre 1748, à l'âge de 79 ans. Il a donné une édition de la *Cantilena rustica*, de Jacques V, roi d'Écosse (Oxford, 1691, in-4°), avec des notes savantes et curieuses, qui ne sont pas sans intérêt pour l'histoire de la musique. Il a écrit aussi un petit traité du chant des églises anglicanes, sous ce titre : *Method, or course of singing in Church*. Cet écrit se trouve dans l'*Appendix* du livre de Gibson intitulé : *Direction to the clergy of the Diocese of London*, Londres, 1727, in-4°.

GIDE (Casimir), fils d'un libraire de Paris, et d'une dame qui a eu de la réputation pour la beauté de sa voix, et qui était de la chapelle du roi, est né à Paris le 4 juillet 1804. Destiné à la profession de son père, il n'avait appris la musique que pour cultiver cet art en amateur; cependant après avoir fait quelques études au Conservatoire de Paris, où il avait été admis, le 13 mars 1817, comme élève de Dourlen pour l'harmonie, il se sentit entraîné par un goût passionné pour la composition, et satisfit son penchant en écrivant des morceaux de toute espèce pour des vaudevilles et des drames. C'est ainsi qu'il composa la musique du drame de M. Duport, représenté, en 1828, au théâtre des Nouveautés, sous le titre : *les Trois Marie*. Le 17 octobre 1830, il fit représenter à l'Opéra-Comique un petit opéra en un acte intitulé : *le Roi de Sicile*. Cet ouvrage n'eut point de succès. M. Gide fut plus heureux dans *la Tentation*, grand ballet en cinq actes, avec des chœurs, qu'il avait composé en collaboration avec M. Halévy, et qui fut représenté à l'Opéra le 20 juin 1832. Il a mis dans cet ouvrage des airs de danse fort jolis, particulièrement un galop qui a eu beaucoup de vogue. Il composa ensuite la musique de *l'Angelus*, opéra-comique en un acte, qui a été joué le 7 juillet 1834. En 1847, on représenta à l'Opéra de Paris *Ozaï*, ballet en 3 actes dont il avait écrit la musique. Depuis cette époque, M. Gide a succédé à son père dans la librairie, et semble ne plus vouloir écrire pour le théâtre.

GIESE (Théophile-Chrétien), né au mois de novembre 1721, à Crossen dans la Basse-Silésie, fut pasteur luthérien à Kesselsdorf, puis sous-diacre en 1755, et enfin archidiacre de la cathédrale de Gœrlitz, en 1760. Il mourut en cette ville, le 28 décembre 1788. Cet ecclésiastique est auteur de plusieurs savants ouvrages. On lui a attribué la description historique de l'orgue de l'église Saint-Pierre et Saint-Paul de Gœrlitz (*Historische Nachricht von den Orgeln der Petri und Pauli Kirche in Gœrlitz*, Gœrlitz, 1766, in-4°); mais Gerber, qui s'est procuré ce petit ouvrage, a reconnu que son auteur est Chrétien-Daniel Brückner (*voy.* ce nom). Il est singulier que Lichtenthal n'ait pas remarqué ce fait dans le Lexique de Gerber, et qu'il ait placé l'ouvrage dont il s'agit sous le nom de Giese, dans sa *Bibliographie de la musique*.

GIESSE (Charles), amateur de musique à Wittenberg, vers la fin du dix-huitième siècle, a publié une romance de sa composition intitulée : *Theobald und Rœschen*, avec accompagnement de piano. Dresde, Hilscher, 1799. Cette production ayant été critiquée dans la première année de la *Gazette musicale de Leipsick*, Giesse attaqua le rédacteur de cette critique dans une lettre qui se trouve à l'*Intelligensblatt* de cette gazette, t. I, p. 101.

GIESSENDORFER (...). On trouve sous ce nom, dans le catalogue de Traeg de Vienne (1799), l'indication d'un concerto pour le clavecin avec accompagnement de deux violons, alto et basse, et de préludes d'orgue. Ces deux ouvrages étaient en manuscrit.

GIGLI (Jules), musicien, né à Imola, vers le milieu du seizième siècle, a publié une collection de morceaux à cinq voix de vingt-sept différents auteurs et de lui-même, sur ces paroles : *Ardo, si, ma non t'amo*, etc. Ce recueil a pour titre : *Sdegnosi ardori : musica di diversi autori sopra un istesso sogetto di parole a 5 voci.* Munich, 1585, in-4°.

GIGLI (Thomas), compositeur de madrigaux, naquit en Sicile dans la seconde moitié du seizième siècle. On trouve plusieurs morceaux de sa composition dans le recueil intitulé : *Infidi lumi*, Palerme, 1603.

GIGLI (Jean-Baptiste), dit *il Tedeschino*, compositeur au service du grand-duc de Toscane, vers la fin du dix-septième siècle, a publié à Bologne, en 1690, un ouvrage intitulé : *Sonate da chiesa e da camera a tre stromenti, col basso continuo per l'organo*, in-fol.

GIGAULT (Nicolas), organiste de Saint-Martin, de Saint-Nicolas des Champs et de l'église du Saint-Esprit, à Paris, naquit à Claye, en Brie, vers 1645. Il eut pour maître Titelouze, organiste à Paris. Gigault est un des bons organistes français de l'école du dix-septième siècle, bien supérieure à celle du dix-huitième. Il a publié pour son instrument : 1° *Livre de musique pour l'orgue, contenant plus de cent quatre-vingts pièces de tous les caractères, dédié à la Vierge*, Paris, 1685, in-4° obl. 2° *Livre de Noëls diversifiés à deux, trois et quatre parties*, Paris, 1685, in-4° obl.

GIL (...), moine portugais, né à Lisbonne, vers la fin du seizième siècle, eut pour maître de musique le compositeur Duarte Lobo, et fut maître de chapelle dans un couvent de Franciscains, à Guarda. Il mourut dans ce monastère, en 1640. Les compositions de ce maître sont restées en manuscrit. Parmi ces ouvrages Machado cite (*Bibliot. Lusit.*, t. II, p. 380) ceux-ci : 1° Huit messes pour tous les tons à plusieurs voix. 2° Psaumes de tous les tons. 3° Psaumes et complies à six voix. 4° Motets à quatre voix.

GIL (François d'Assise), compositeur et professeur d'harmonie au Conservatoire royal de musique de Madrid, est né à Cadix, en 1829. Doué d'une heureuse organisation pour la musique, il n'avait trouvé dans sa ville natale que des ressources insuffisantes pour son instruction, lorsque le *Traité d'harmonie* de l'auteur de cette notice lui tomba entre les mains, et dissipa tout à coup l'obscurité qui lui avait paru être inséparable de cette science. La prédilection que lui avait inspirée ce livre lui persuada d'en faire une traduction en langue espagnole, qu'il publia sous ce titre : *Tratado completo de la teoria y practica de la Armonia*, Madrid, M. Salazar, 1850, un volume gr. in-4°. Dans la même année, il fit le long trajet de Cadix à Bruxelles pour venir demander à l'auteur de cet ouvrage de l'admettre au nombre de ses élèves pour la composition. Il fit sous sa direction un cours complet de contrepoint, et ses progrès furent si rapides, qu'au printemps de 1852, il put écrire une fugue à huit voix réelles, avec tous les développements de la science, ouvrage très-remarquable, et, dans l'été de la même année, il obtint au concours le premier prix de composition. De retour en Espagne, au commencement de 1853,

M. Gil a été nommé, par la reine Isabelle, professeur d'harmonie au Conservatoire de Madrid. Une lutte s'établit alors entre lui et Carnicer (*voyez* ce nom) sur la science de l'harmonie; mais la vieille routine de ce maître ne put tenir contre la clarté des démonstrations faites par Gil. Celui-ci, demeuré vainqueur, a fait pour ses élèves un résumé de cette doctrine qu'il a publié sous ce titre : *Tratado elemental teorico-practico de Armonia, dedicado à M. F.-J. Fétis*, etc., Madrid, Casimiro Martin, 1856, un volume gr. in-8° de quatre-vingt-huit pages. M. Gil a fourni un grand nombre d'articles à la *Gaceta musical de Madrid*, publiée, en 1855 et 1856, par M. Hilarion Eslava (*voyez* ce nom). Il a aussi composé plusieurs opéras pour le Théâtre-Espagnol de Madrid.

GILBERT (Alphonse), né à Paris, le 2 février 1805, fut admis au Conservatoire de cette ville, le 9 octobre 1822, comme élève de l'auteur de cette notice, pour le contrepoint. En 1827, il obtint le second grand prix de composition musicale de l'Institut de France, pour la cantate d'*Orphée*. Il fut attaché pendant plusieurs années à l'orchestre du théâtre de l'Odéon, en qualité de violoncelliste. Il a obtenu plus tard la place d'organiste à l'église Notre-Dame de Lorette, à Paris. En 1847, le premier prix lui fut accordé au concours ouvert par le ministre de l'intérieur pour la composition de chants historiques et religieux.

GILES (Nathaniel), organiste du roi d'Angleterre Charles Ier, naquit à Worcester, en 1558. En 1585, il était bachelier en musique, organiste et directeur de la musique de la chapelle Saint-Georges, à Windsor. Après la mort de Guillaume Hunni (1597), on le chargea de l'éducation des enfants de chœur de la chapelle royale; plus tard, il obtint la place d'organiste de cette chapelle. En 1622, le grade de docteur en musique lui fut conféré. Il mourut à Windsor, le 24 janvier 1633. Ce musicien n'a écrit que pour l'église; ses compositions sont restées en manuscrit.

GILLES (Jean), né à Tarascon, en 1669, fit ses premières études musicales à Aix, en Provence, sous la direction d'un maître de chapelle nommé Poitevin. Il fut le condisciple de Campra. Après la mort de son maître, Gilles lui succéda, mais il quitta bientôt sa place pour celle de maître de chapelle à Agde. Sa réputation s'étendit dans tout le midi : l'évêque de Rieux ayant entendu parler avantageusement de ses talents, demanda pour lui la maîtrise de Saint-Étienne de Toulouse; mais elle venait d'être donnée à un musicien italien nommé Farinelli. Il y eut entre ces deux artistes un combat de générosité, à la suite duquel Gilles fut obligé de se rendre à Toulouse et de permuter avec Farinelli; ce changement de situation eut lieu en 1697. Bien qu'âgé seulement de vingt-huit ans, Gilles avait déjà composé plusieurs messes et d'autres ouvrages pour l'église; malheureusement, il mourut jeune, en 1705, et ne put multiplier ses productions. Au nombre de ses meilleurs ouvrages, on place une *Messe des morts*, qu'il avait écrite pour deux conseillers au Parlement de Toulouse qui avaient cessé de vivre à peu près dans le même temps. Les héritiers de ces magistrats voulurent ensuite discuter le prix de l'ouvrage, mais le compositeur rejeta leurs offres, et déclara que la messe ne servirait que pour lui. En effet, il mourut peu de temps après. La messe des morts composée par Gilles se trouve en manuscrit à la Bibliothèque impériale de Paris. Elle a été exécutée dans l'église de l'Oratoire de Paris, pour le service funèbre de Rameau. Un *Diligante*, un *Benedictus* et cinq autres motets du même auteur sont aussi en manuscrit dans la même Bibliothèque.

GILLES (Henri-Noel), né à Paris, en 1779, entra au Conservatoire de musique en 1796, dans la classe de hautbois de Sallentin. L'année suivante, il obtint le deuxième prix de cet instrument au concours; le premier prix lui fut décerné en 1798. Un son agréable, un style élégant et doux, telles étaient les qualités de son talent. Entré à l'orchestre du théâtre Feydeau, en 1799, il y resta comme second hautbois les deux premières années, devint premier en 1801, et quitta cet orchestre, en 1803, pour entrer à celui de l'Opéra-Italien, où il demeura jusqu'en 1814. Dans cet intervalle, il joua plusieurs fois et toujours avec succès, des solos dans les concerts de la semaine sainte, qu'on donnait à ce théâtre. A l'époque de la restauration (1814), l'attachement de Gilles pour Napoléon le décida à s'éloigner de la France; il se rendit d'abord à New-York, puis s'établit à Philadelphie. Cet artiste a publié : 1° Air varié pour hautbois, violon, viole et basse; Paris, madame Duhan. 2° Petits airs et thème varié pour la guitare. 3° Trois romances, avec accompagnement de guitare; Paris, Hanry. 4° Six, *idem*, Paris, Hanry.

GILLIER (Jean-Claude), violon de la Comédie-Française, né à Paris, en 1667, est mort en cette ville, en 1737, à l'âge de soixante et dix ans. Il a écrit la musique primitive des petites comédies et des divertissements de Regnard et de Dancourt.

GILSON (Corn.), professeur de musique à Edimbourg, né en Écosse, vers 1715, a publié un traité du chant intitulé : *Lessons on the Pratica of singing*, Édimbourg, 1759, in-4°.

GIMENO (Joachim), né à Santo-Domingo de la Calzada, le 21 novembre 1817, entra dans la Compagnie de Jésus à Madrid, le 28 avril 1834. Dès son enfance, il avait appris la musique : cet art continua d'être cultivé par lui, après son entrée chez les Jésuites. Après les événements qui amenèrent en Espagne la suppression des ordres religieux, le P. Gimeno se retira en Belgique, et s'y occupa de l'éducation de la jeunesse au collége de Saint-Michel, à Bruxelles. Attaqué d'une maladie de langueur, il est mort à Nivelles (Brabant), le 20 novembre 1849. On a imprimé de sa composition : 1° *Cantate à quatre voix avec accompagnement de grand orchestre*, composée pour une distribution de prix au collége de Saint-Michel, Bruxelles (s. d.), lithographie de Persenaire. 2° *Tota pulchra*, solo concertant pour basse-taille et violoncelle, avec accompagnement de deux violons, alto et basse, *ibid.* 3° *O salutaris hostia*, trio pour ténor, baryton et basse, avec accompagnement de deux violons, alto, violoncelle et cornets concertants, *ibid.* 4° *Ave Maria*, duo pour deux soprani, avec accompagnement d'harmonium ou de piano, ou d'orchestre, *ibid.* 5° *Coleccion de canticos al sagrado corazon de Jesus y Maria santisima con varias letrillas, musica escogida por*, etc. Bruxelles, Labauze et Persenaire. Le P. Gimeno a laissé en manuscrit plusieurs autres compositions.

GIN (Pierre-Louis-Claude), ancien magistrat, auteur d'une mauvaise traduction de l'Iliade, naquit à Paris en 1726, et mourut dans la même ville, le 19 novembre 1807, à l'âge de 81 ans. Ce médiocre littérateur a publié une brochure intitulée : *De l'influence de la musique sur la littérature; discours prononcé, le 11 vendémiaire an XI, à la séance publique de la Société académique des sciences et arts séant à l'Oratoire*, Paris, 1802, in-12. L'auteur prétendait y démontrer que la décadence de la littérature est le fruit des progrès de la musique; thèse non moins ridicule par ses aperçus que par l'exécution et le style.

GINESTET (Prosper DE), compositeur, fils d'un magistrat, est né à Aix, en Provence, vers 1796. Après avoir fait longtemps de la musique la principale occupation de sa vie, il entra dans les gardes du corps de Louis XVIII. Il ne quitta ce service que pour passer comme officier dans un régiment; mais après la révolution de juillet 1830, il donna sa démission, pour ne pas manquer au serment de fidélité qu'il avait fait à la famille royale de la branche aînée. Attaché au parti de l'opposition légitimiste, il prit part alors à la rédaction de *l'Avenir*, journal de cette opposition, et y fit les articles du feuilleton sur l'Opéra, le Théâtre Italien, l'Opéra-Comique et les concerts. Les premières productions de M. de Ginestet consistent en duos et nocturnes pour piano et violon, ou piano et violoncelle. Plus tard il a donné à l'Opéra-Comique : 1° *L'Orphelin et le Brigadier*, opéra en 2 actes, représenté le 13 septembre 1827 ; cet ouvrage ne réussit pas. 2° A l'Opéra : *François Ier à Chambord*, opéra en 2 actes, représenté le 15 mars 1830. 3° A l'Opéra-Comique : *Le Mort fiancé*, en un acte, le 10 janvier 1833.

GINESTET (E. DE), frère du précédent, amateur distingué sur le violoncelle, a publié des nocturnes concertants pour piano et violoncelle, un duo pour les mêmes instruments, et des airs variés pour violoncelle, Paris, A. Petit.

GINGUENÉ (Pierre-Louis), littérateur, né à Rennes le 25 avril 1748, se rendit à Paris, après avoir terminé ses études avec succès. Quelques poésies, assez froidement accueillies, marquèrent ses premiers pas dans la carrière littéraire. Il comprit bientôt que la nature ne l'avait pas fait poëte. Doué de plus de talent pour la critique, ce fut par les journaux qu'il commença sa réputation. Ses lettres sur les *Confessions de J.-J. Rousseau* le firent connaître avantageusement. Assez bon musicien et amateur passionné de musique italienne, il prit avec chaleur la défense de cette musique et de Piccinni contre les attaques des Gluckistes ; ses liaisons avec l'auteur de *Didon* et de *Roland* lui procurèrent alors les matériaux dont il s'est servi plus tard pour la notice qu'il a publiée sur la vie et sur les ouvrages de cet artiste célèbre. La littérature italienne et la littérature de la musique devinrent dès lors les objets des travaux constants de Ginguené ; c'est par ces mêmes travaux qu'il a transmis d'une manière solide son nom à la postérité. Tout le monde connait son *Histoire littéraire d'Italie*, qu'il n'eut pas le temps d'achever, et qui fut continuée par M. Salfi. Monument de savoir, de goût et de saine critique, ce livre sera toujours considéré comme une des meilleures productions de notre temps. Incarcéré pendant le règne des fureurs révolutionnaires, Ginguené eut à craindre un moment pour sa vie; mais l'événement qui vint changer le système du gouvernement au 9 thermidor, le rendit aux lettres et à la liberté. Tour à tour appelé à la direction de l'instruction publique, près du ministère de l'intérieur, nommé membre de l'Institut de France, dans la classe de littérature ancienne, ambassadeur auprès du roi de Sardaigne, et membre du Tribunat, il se montra digne de ces distinctions par ses talents et par sa probité. Quoique recherché dans le monde par l'agrément de son esprit et la variété de ses connaissances, il y allait peu, et dans ses dernières années il ne sortait presque plus de chez lui, consacrant toutes les heures au travail ou à sa famille. Les proscriptions dont quelques-uns de ses amis avaient été frappés en 1815 l'affligèrent; sa santé s'altéra, et il mourut le 16 novembre 1816, à l'âge de soixante-huit ans. Sa riche bibliothèque, dont le catalogue a été publié en 1817, renfermait une nombreuse collection de livres relatifs à l'histoire et à la littérature de la musique. Garat, de l'Académie française, a publié une *Notice sur la vie et les ouvrages de P.-L. Ginguené*, Paris, 1817, in-8°.

Les ouvrages où Ginguené a traité de la musique sont : 1° *Lettres et articles sur la musique, insérés dans les journaux sous le nom de* Mélophile, *pendant nos dernières querelles musicales*, en 1780, 1781, 1782 et 1783, Paris, 1783, in-8°. 2° *Dictionnaire de musique de l'Encyclopédie méthodique*, Paris, 1791-1818, deux volumes in-4°. Ce dictionnaire fut commencé par Ginguené et Framery. L'abbé Feytou avait fourni quelques articles de théorie d'après un nouveau système. Le plan était mauvais, car on avait conservé pour la base de l'ouvrage les articles du dictionnaire de musique de J.-J. Rousseau, qui sont souvent attaqués dans les additions de l'abbé Feytou ou de Framery. Ginguené s'était chargé des articles historiques; ce sont les meilleurs du livre; il est vrai que la plupart sont traduits de *l'Histoire de la musique* de Burney. La première partie du premier volume avait paru en 1791; les troubles de la révolution interrompirent le travail, et Ginguené resta étranger au reste de la publication. 3° *Notice sur la vie et les ouvrages de Piccinni*, Paris, veuve Panckouke, 1800, in-8° de XI et 144 pages. Cette notice, bien écrite, a de l'intérêt; mais Ginguené y laisse apercevoir de la partialité en faveur de Piccinni contre Gluck. 4° *Rapport fait à la classe des beaux-arts de l'Institut de France par M. Ginguené, au nom de la commission, dans la séance du samedi 21 octobre 1815, sur une nouvelle exposition de la séméiographie, ou notation musicale des Grecs, par M. Perne*, Paris, 1815, douze pages in-4°. 5° *Histoire littéraire d'Italie*, continuée par Salfi, Paris, 1811-1835, quatorze volumes in-8°. On trouve dans cet ouvrage des renseignements utiles et curieux sur l'étude de la musique au onzième siècle et sur Gui d'Arezzo (t. Ier, p. 134 et suiv.), sur les troubadours provençaux (t. Ier, p. 241-354), sur quelques musiciens célèbres de l'Italie, aux quatorzième et quinzième siècles, tels que François Landino (t. II et III en divers endroits), et sur le drame en musique (t. VI, p. 450-486). Salfi a ajouté dans le dixième volume du même ouvrage un long morceau (p. 403-424) à ce que Ginguené avait écrit sur la musique. Ce passage est relatif aux musiciens et aux théoriciens de musique qui ont vécu en Italie dans le seizième siècle : il fourmille d'erreurs.

GINI (Jean-Antoine), maître de chapelle du roi de Sardaigne, à Turin, vers 1728, a écrit la musique de deux opéras, *Mitridate* et *Tamerlano*, qui ont été représentés dans cette ville.

GINZLER (Simon), luthiste allemand, vécut à Venise, dans la première moitié du seizième siècle. On a de lui un livre de pièces de luth, en tablature, sous ce titre : *Intabolatura de Lauto de ricercari, motetti, madrigali et canzon francese. Libro primo*, in Venetia, Ant. Gardane, 1547, in-4° obl.

GIOBERTI (Vincent), prêtre piémontais, né à Turin, le 5 avril 1801, fit ses études à l'Université de cette ville. Après avoir reçu le grade de docteur en théologie, il fut appelé en 1825 à professer cette science dans la même université. Impliqué dans une conspiration républicaine, en 1833, il fut arrêté et exilé sans jugement. Après avoir passé une année à Paris, il se rendit à Bruxelles, où il demeura jusqu'en 1845, dans la position de professeur à l'Institution Gaggia. Ce fut là qu'il écrivit tous ses livres de philosophie, ouvrages remarquables par l'élévation des idées autant que par la beauté du style, mais dont la plupart sont étrangers à l'objet de ce dictionnaire. Il n'est cité ici que pour le traité *del Bello*, qui a été traduit en français par M. Bertinatti, sous ce titre : *Essai sur le beau, ou éléments de philosophie esthétique*, Bruxelles, Méline, Cans et Cie, 1843, un volume in-8°. Gioberti y traite du beau dans la musique, et établit d'une manière admirable que la conception du beau dans cet art est complétement idéale et procède d'une révélation divine. Gioberti est mort à Paris, le 25 octobre 1851.

GIOJA (GAETAN), chef d'orchestre au théâtre de Turin, en 1810, et compositeur de musique de ballets, a eu de la réputation en Italie pour ce genre d'ouvrages. En 1801, il a écrit à Turin les ballets suivants qui ont été représentés aussi à Milan et dans d'autres villes : 1° *Cesare in Egitto*, en trois actes. 2° *Le Nozze di Figaro*. 3° *Gundeberga*. 4° *I Morlacchi*. En 1815, Gioja était attaché au théâtre de la Pergola, à Florence, et y écrivit le ballet de *Niobe*, qui fut ensuite joué à Milan ; en 1816, il donna, à Florence, *Odoacre*, et dans la même année, à Milan, *Tamerlano*. Gioja est mort jeune encore à Milan, en 1826.

GIORDANI (JACQUES), compositeur, s'est fait connaître vers le milieu du dix-septième siècle par un ouvrage intitulé : *Musica per la Passione di Giesù Cristo a tre, con stromenti*. Cet ouvrage se trouve en manuscrit dans la bibliothèque de M. l'abbé Santini, à Rome.

GIORDANI (le P. DOMINIQUE-ANTOINE), franciscain du couvent de Rocca Sinibalda, dans les États romains, fut d'abord maître de chapelle des cathédrales de Narni et de Rieti, et occupa en dernier lieu une position semblable à l'église des XII Apôtres, à Rome. On connaît de sa composition un recueil d'offertoires intitulé : *Armonia sacra a 2 voci, che contiene tutti gli offertori della prima domenica della SS. Trinità all' ultima dopo Pentecoste*, Rome, 1724.

GIORDANI (JOSEPH), surnommé *il Giordanello*, et dont le nom de famille était *Carmine*, naquit à Naples, en 1753, et fut admis fort jeune au Conservatoire de Loreto, où il devint le condisciple de Cimarosa et de Zingarelli. Également distingué comme claveciniste, comme violoniste et comme compositeur, il n'était âgé que de dix-huit ans lorsqu'il écrivit, pour le théâtre de Pise, son premier opéra intitulé : *l'Astuto in imbroglio*. La famille de Giordani, composée de son père, de deux frères et de trois sœurs, formait une troupe chantante qui jouait des farces et des opéras bouffes dans un des petits théâtres de Naples. Toute cette famille partit pour Londres, vers 1762, pendant que Giordanello étudiait au Conservatoire de Naples, et obtint des succès d'enthousiasme au théâtre de Hay-Market, dans de petits opéras du genre napolitain. Actrices aussi piquantes et aussi spirituelles que cantatrices agréables, les sœurs de Giordani étaient obligées de répéter chaque soir plusieurs airs de leurs rôles et attiraient la foule. Lorsque Giordani fut sorti du Conservatoire de Loreto et eut donné son premier opéra, son père l'appela à Londres ; il s'y rendit, et son premier ouvrage dramatique fut une sorte de pasticcio intitulé : *Artaserse*, dont il avait écrit une grande partie, et qui servit aux débuts de Millico, en 1772. Il y avait dans cet opéra un air (*Infelice, ah ! dove io vado*) qui obtint alors un succès de vogue. *L'Antigono*, opéra sérieux écrit entièrement par Giordani, succéda à cet ouvrage. Les leçons de chant, de clavecin, et la publication de plusieurs compositions de musique vocale et instrumentale occupèrent cet artiste pendant les années suivantes, et l'on ne connaît de lui que l'opéra bouffe *il Baccio*, qui ait été représenté à Londres, depuis 1774 jusqu'en 1779. De retour en Italie au printemps de 1782, il écrivit, pour le théâtre de Mantoue, *il Ritorno d'Ulisse*, qui fut représenté le 26 décembre de la même année. Cet ouvrage fut suivi de *Acomato*, opéra sérieux, à Pise, 1783. Dans les années suivantes il écrivit : *Erifile*, à Bergame, 1783 ; *Epponina*, à Novare, 1783 ; *Elpinice*, à Bologne, 1784 ; *Tito Manlio*, à Gênes, 1784 ; *Pizzaro nell' Indie*, à Florence, 1784 ; *la Morte d'Abele*, oratorio, à Jesi, 1785 ; *Osmane*, à Bergame, 1785 ; *la Vestale*, à Modène, 1786 ; *Ifigenia in Aulide*, Rome, 1786 ; *l'Impegno, ossia chi la fà l'aspetta*, à Rome, 1786 ; *Ferdinando nel Messico*, Rome, 1786 ; *I Ripieghi fortunati*, intermède, à Rome, 1787 ; *Alciade e Telesia*, à Rome, 1787 ; *Caio Ostilio*, à Faenza, 1788 ; *Ariarate*, à Turin, 1788 ; *la Distruzzione di Gerusalemme*, à Naples, 1788 ; *il Corrivo*, dans la même ville, 1788 ; *la Disfatta di Dario*, à Milan, 1788 ; *Cajo Mario*, à Venise, 1790 ; *Medonte, re d'Epiro*, à Rome, 1791 ; *Don Mitrillo contrastato*, à Venise, 1791 ; *Atalanta*, à Turin, 1792. Appelé à Lisbonne, pour y diriger le Théâtre-Italien, Giordani est mort en cette ville, au mois de mai 1794.

On a souvent confondu les compositions instrumentales de Giordanello avec celles de son frère aîné Thomas Giordani ; celles qui lui appartiennent sont : 1° Trois quintettes pour clavecin, deux violons, alto et basse, op. 1, Londres, 1776, Offenbach. 2° Trois *idem*, op. 2, Londres, 1777, Offenbach. 3° Trois quatuors pour piano, deux violons et basse, op. 3,

Offenbach. 4° Quatorze préludes pour le clavecin, Londres, 1770. 5° Six petites sonates pour le clavecin, op. 5, Londres, 1780. 6° Six petits duos pour le clavecin à *quatre mains*, Londres, 1780. 7° Six trios pour clavecin, violon et violoncelle, op. 7, Londres, 1780. 8° Douze leçons pour le clavecin, *op*. 8, Londres, Berlin, Hummel. 9° Trois concertos pour violon et orchestre, Londres, 1781, Berlin, *Hummel, comme œuvre 4e*. 10° *Trois* sonates pour piano à quatre mains, op. 10, Londres, 1781. 11° Six quatuors pour deux violons, *viole et basse*, *op*. 11, *Londres*, *Paris*, 12° Six leçons progressives pour le clavecin, Londres, 1782. 13° Six trios pour piano, violon et violoncelle, publiés chez Hummel, comme l'œuvre 11e. Après le retour de Giordani en Italie, il écrivit encore un grand nombre de compositions instrumentales dont il a été répandu des copies manuscrites. On en a gravé : 14° Trois trios pour clavecin, violon et violoncelle, op. 27, Berlin, Hummel. 15° Six *idem*, op. 29, Londres. 16° Trois concertos pour violon, op. 31, Berlin, Hummel. 17° Trois trios pour piano, op. 32, Londres, Preston. 18° Six grands trios pour piano, op. 35, *ibid*. On connaît aussi de ce compositeur : 19° Duos pour deux voix de soprano, Londres, 1779. 20° Cinq livres de canzonettes italiennes à voix seule, *ibid*. Comme compositeur de musique d'église, Giordani s'est fait connaître par des litanies à quatre voix et orchestre, et par les psaumes *Lætatus sum*, *Cum invocarem*, *In te Domine speravi*, et *Qui habitat*, à quatre voix et orchestre. On trouve de ce maître, en manuscrit, à la Bibliothèque royale de Berlin : *Le tre ore d'agonia di N. S. Giesù Cristo*, oratorio.

GIORDANI (Thomas), frère aîné du précédent, né à Naples, vers 1744, se rendit à Londres avec sa famille, en 1762, et y parut au théâtre de *Hay-Market*, *comme bouffe* chantant, dans de petits opéras exécutés par ses frères et sœurs. Fixé dans la capitale de l'Angleterre, *comme professeur de musique*, il écrivit beaucoup de compositions instrumentales et vocales qu'on a souvent confondues avec celles de son frère. En 1779, il s'associa avec Leoni pour établir un Opéra à Dublin. Giordani était le directeur et le compositeur du théâtre; cette entreprise ne réussit pas, et Giordani fut obligé de manquer à ses engagements. Ce fâcheux événement ne l'empêcha pas de s'établir à Dublin et de s'y marier. Il y vivait encore en 1816, à l'âge de soixante-douze ans. On ne sait pas d'une manière certaine si l'*opéra bouffe il Baccio* est l'ouvrage de Thomas ou de Joseph Giordani. On a imprimé pour le piano l'ouverture et les airs d'un *opéra anglais que Thomas a fait représenter à* Dublin, en 1789, sous ce titre : *Perseverance, the third time is the best*. Son oratorio d'*Isaac* a *été considéré* comme une bonne production dans son genre. Au nombre de ses divers ouvrages de musique instrumentale et vocale, on cite : 1° Cinq livres de duos pour deux flûtes, Londres, 1775-1785. 2° 6 *Songs, from the reliques of ancient poetry* (six chansons anglaises, tirées des anciennes poésies), *ibid*. 3° Six trios pour deux flûtes et basse, Londres, Berlin. 4° Leçons faciles pour le clavecin, Londres. 5° Six sonatinas for the Harpsichord, *ibid*. 6° Six duos pour deux violoncelles, op. 5, *ibid*. 7° Six trios pour flûtes et violoncelle, tirés d'airs d'opéras, op. 9, *ibid*.

GIORGETTI (Ferdinand), violoniste et compositeur, est né à Florence, en 1796. A l'âge de trois ans, il commença à jouer seul d'un petit violon que son père, professeur de mathématiques, lui avait donné. A cinq ans, il prit les premières leçons d'un maître nommé François Giuliani. Giorgetti n'était âgé que de quinze ans quand il fut attaché comme violoniste à la musique de la chambre de la reine d'Etrurie, et voyagea à sa suite en Espagne et en France. Cette princesse ayant pour demeure le château de Compiègne, le jeune artiste vécut dans cette résidence pendant deux ans, et profita de la proximité de Paris pour faire plusieurs excursions dans cette ville, et y entendre les violonistes les plus remarquables. Rode devint particulièrement son modèle, et ce fut d'après lui qu'il réforma son mécanisme d'archet et son style. Après les événements politiques de 1814, Giorgetti retourna à Florence, où il fut atteint, peu de temps après, d'une maladie grave dont il n'a jamais été entièrement guéri, et qui l'a laissé dans un état valétudinaire pour le reste de ses jours. Presque toujours renfermé dans sa maison, à cause de ses souffrances, il chercha *dans* la *composition* des distractions à ses maux. Disma Ugolini, maître renommé à Florence, lui enseigna l'harmonie; mais ce fut surtout dans la lecture des ouvrages de Reicha et des partitions des grands maîtres, que Giorgetti apprit l'art d'écrire avec élégance. En 1839, il fut nommé professeur de violon au Lycée impérial et royal de Florence, en remplacement de Tinti, décédé depuis peu. Son enseignement a été fructueux, car plusieurs élèves sortis de son école, tels que Joseph Giovacchini, César Corazzi, Robert Ferroni, Jean Bruni,

Tito Brogialdi et d'autres, sont devenus de bons artistes. Parmi les œuvres de Giorgetti, dont une partie est encore inédite, on remarque : 1° Trois trios pour deux violons et violoncelle, dédiés à Paganini, lesquels ont été gravés à Florence et à Paris. 2° Variations sur un thème original, dédiées à Spohr. 3° Autres variations sur un thème de Mozart, dédiées au célèbre clarinettiste Cavalini, Milan, F. Lucca. 4° *Idem* sur des motifs de *la Sonnanbula*, ibid. 5° *Idem* sur un thème du *Pirate*, ibid. 6° *Duo concertant* pour deux violons, intitulé : *l'Emulazione*, dédié au roi de Danemark; Florence, Lorenzi. 7° *Concerto dramatico*, exécuté au casino de Florence par Giovacchini, élève du compositeur. 8° *Quintetto* pour deux violons, deux violes et violoncelle, dédié au prince Poniatowski ; Milan, Ricordi. 9° *Primo quartetto per due violini, viola e violoncello, dedicato a Rossini*, gravé en partition, Milan, Ricordi. 10° *Secondo quartetto* idem, dédié à Spohr, gravé en partition, *ibid*. 11° *Terzo quartetto* idem, op. 31, dédié à Fr. Fétis, *ibid*. 12° Deux sextuors pour deux violons, deux violes, violoncelle et contrebasse, dédiés à Rossini et à Liszt. 13° Sextuor pour piano, deux violons, alto, violoncelle et contrebasse, dédié à madame Cambiasi, pianiste milanaise. 14° Messe de *Requiem*, dont le *Dies iræ* seulement a été publié à Florence, chez Lorenzi. 15° Messe solennelle exécutée à Pescia, en 1834. 16° Psaume des vêpres, dédié au pape Grégoire XVI, qui, en témoignage de satisfaction, a fait M. Giorgetti chevalier de la Milice-Dorée. 17° *Le Turbe nel Deserto*, oratorio présenté à l'ex-duc de Lucques, qui a décoré l'auteur de l'ordre de Saint-Louis. 18° Quintetto pour deux violons, alto, violoncelle et contrebasse. On connaît aussi de M. Giorgetti des *duos concertants* pour deux violons, op. 7, et des *duos d'études* pour le même instrument, op. 15, publiés à Leipsick, chez Breitkopf et Hærtel.

GIORGI (Jean), compositeur de l'école romaine, né vers la fin du dix-septième siècle, fut nommé maître de chapelle de Saint-Jean de Latran, au mois de septembre 1719, et mourut au mois de janvier 1725. Ce maître a écrit des offertoires à deux, quatre, six et huit voix ; des messes à cinq et à huit voix, et des psaumes à six voix. Toute cette musique existait autrefois en manuscrit à Saint-Jean de Latran et à Sainte-Marie-Majeure, mais elle a disparu avec le reste des archives musicales si précieuses de ces anciennes chapelles. L'abbé Santini donne à ce musicien le titre de maître de chapelle de cette dernière église, dans son catalogue (Rome, 1820, in-12) ; c'est une erreur.

GIORGI (Philippe), chanteur distingué, a vécu vers le milieu du dix-huitième siècle. Après avoir brillé comme ténor au théâtre *Argentina*, de Rome, il passa à Pétersbourg pour y chanter au Théâtre Italien qu'on venait d'y établir. J'ignore si cet artiste est l'auteur d'un opéra de *Don Chisciotto*, qui est connu en Italie sous le même nom.

GIORGI-RIGHETTI (Mme Marie), dame bolonaise et cantatrice distinguée, naquit à Bologne en 1785, et reçut une très-bonne éducation musicale. Son nom de famille était Giorgi. Mlle Giorgi fut engagée en 1804 pour le Théâtre-Italien de Paris et y chanta avec succès. Elle était recherchée particulièrement pour les concerts de la Cour impériale de ce temps. En 1806, elle retourna en Italie. Ce fut pour elle que Rossini écrivit en 1816 le rôle de *Rosine*, dans *le Barbier de Séville*, qu'elle chanta à Rome avec Garcia, Botticelli et Zamboni. Elle avait épousé depuis plusieurs années M. Righetti, avocat à Bologne, et ne cultivait plus la musique que comme *dilettante*. Habile pianiste et femme d'esprit, elle réunissait chez elle une élite d'artistes et d'amateurs, et sa maison était le rendez-vous des étrangers de distinction qui visitaient Bologne. Elle vivait encore en 1840. On a de cette dame un écrit qui a pour titre : *Cenni di una donna gia cantante sopra il maestro Rossini, in riposta a cio che ne scrisse nella state dell' anno* 1822 *il giornalista inglese in Parigi, e fu riportato in una gazzetta di Milano dello stesso anno*. Bologne, 1823, *per le stampe del Sassi*, in-8°. Mme Giorgi-Righetti réfute dans cette brochure les anecdotes imaginées à plaisir qu'on débitait alors sur l'illustre maître : elle y rapporte, dans un style élégant et facile, l'histoire pleine d'intérêt des premières représentations d'*il Barbiere*, à Rome, où elle-même était actrice.

GIORGIO (...), surnommé **DI ROMA**, parce qu'il était né à Rome, fut attaché pendant quelques années au Théâtre-Italien de Paris, en qualité de choriste et d'accordeur de pianos. Il est auteur du *Manuel simplifié de l'accordeur, ou l'art d'accorder le piano mis à la portée de tout le monde*, Paris, Roret, 1834, in-18 de 32 pages, avec deux tableaux lithographiés. Une deuxième édition, à laquelle on a fait quelques additions avec trois planches, a paru dans la même année, chez le même éditeur. L'ouvrage fut écrit originairement en italien et traduit en français par un ami de l'auteur.

GIORGIS (Joseph), violoniste, né à Turin, en 1777, reçut des leçons de Colla pour son instrument, et ne fut pas, comme on le dit dans le *Dictionnaire de Choron et Fayolle*, élève de Viotti. Les seuls conseils qu'il reçut de ce grand artiste consistèrent en une lettre que celui-ci lui écrivit après l'avoir entendu. Venu à Paris en 1807, il s'y fit entendre dans plusieurs concerts sans exciter une vive sensation et y publia quelques compositions. Blangini, son compatriote, à qui il avait été recommandé, le fit entrer dans la musique du roi de Westphalie, Jérôme-Napoléon. Les événements de la guerre de 1813 l'obligèrent à quitter précipitamment Cassel. Rentré en France, il voyagea pendant quelques années pour donner des concerts avec sa femme, nièce de Lamparelli, qui avait été aussi attachée au théâtre de Cassel comme seconde femme. En 1820, il se fixa à Paris; trois ans après il entra à l'orchestre de l'Opéra-Comique comme un des premiers violons. Devenu vieux, il a été mis à la retraite en 1834. Parmi les compositions de cet artiste qui ont été publiées, on remarque : 1° Des pots-pourris pour violon et orchestre, Paris, Mme Duhan. 2° Romance de *Richard*, variée pour violon et orchestre, Bruxelles, Plouvier. 3° Trois trios pour violons et basse, op. 4, Paris, Mme Duhan. 4° Plusieurs airs variés, avec accompagnement de quatuor ou d'un second violon et violoncelle, *ibid*. 5° Duos faciles pour deux violons, livres I et II, Paris, Hanry.

GIORNOVICHI. *Voyez* Jarnowick.

GIOSA (Nicolas DE), compositeur napolitain, élève du Collége royal de musique de cette ville, et de Mercadante pour la composition, a fait représenter dans la même ville, en 1842, *la Casa di tre artisti*, opéra bouffe, et, en 1845, *Elvino*, drame lyrique.

GIOVANELLI (Pierre), en latin *Joannellus*, musicien, né à Gandino, dans la province de Bergame, au commencement du seizième siècle, s'est fait connaître comme éditeur d'une précieuse collection de motets d'anciens maîtres, dont le plus grand nombre fut attaché à la chapelle des empereurs Maximilien II et Ferdinand Ier. Cette collection, divisée en cinq livres, est intitulée : *Novus Thesaurus musicus;* elle a été imprimée à Venise, chez Antoine Gardane, en 1568, in-4°. Les cinq livres réunis forment 407 pages, à la partie du *Cantus*. On y trouve 257 motets à quatre, cinq, six, sept et huit voix. Les noms des compositeurs sont : Jacques Regnart, Jean Louys, Christian Hollander, Mathias Zapfel, Henri Delacourt, Pierre Speillier, Michel des Buissons, Georges Prenner, Jo. Castileti (Guioz), Verdière, Jacques Vaet, Michel Deiss, Alexandre Uttendaler, Simon Le Roy, Jean Chaynée, Orl. Lasso, Étienne Mahu, François de Nieuport, Antoine Gallus (Le Coq), Jean de Clève, Jean Deslins, Philippe Le Duc, Guillaume Formellis, Adam Dupont, Jacques de Wert, Jacques de Brouckc, André Pevernage, Lambert de Sayne, Josquin de Près, Grégoire Trehou, Ant. Delacourt, et André Gabrieli. Les *Lamentations de Jérémie*, par Étienne Mahu, contenues dans le premier livre, sont une œuvre capitale dont la facture est de la plus grande beauté en son genre. Je possède l'exemplaire de dédicace de la collection de Giovanelli, avec les armes de la maison de Bavière, peintes en couleurs, avec cette inscription : *Illustrissimo Serenissimoque Principi ac Domino, Domino Gulielmo Comiti Palatino Rheni utriusque Bavariæ Duci*, etc. *Domino suo colendissimo ac gratiosissimo, Petrus Joannellus de Gandino, officii ac observantiæ ergo dono dedit.*

GIOVANELLI (Roger ou Ruggiero), compositeur célèbre de l'école romaine, naquit à Velletri, vers 1560. On ignore le nom du maître qui a dirigé ses études dans la musique. On voit, par le titre d'un de ses ouvrages, qu'il était déjà maître de chapelle à Saint-Louis-des-Français (à Rome), en 1587. De là, il passa à l'église du Collége allemand, et après la mort de Pierluigi de Palestrina, il fut jugé digne de succéder à ce grand homme dans la place de maître de chapelle de Saint-Pierre du Vatican. Sa nomination à cette place est du 12 mars 1594; il entra en fonctions le 15 du même mois. Le 7 avril 1599, il fut agrégé au Collége des chapelains chantres de la chapelle Sixtine. Ce maître vivait encore en 1615, car il publia cette même année *le Graduel des saints,* qu'il avait corrigé ou plutôt altéré. Giovanelli est considéré comme un des meilleurs maîtres d'un temps où les grands artistes abondaient dans l'école romaine. Son mérite n'est point au-dessous de sa renommée. Ses ouvrages se font particulièrement remarquer par un rare mérite de facture, et par une harmonie pure, bien que remplie. Il s'est distingué surtout dans le genre des madrigaux, des canzonettes et des villanelles, quoique son habileté ait été aussi remarquable dans la musique d'église. Les ouvrages de sa composition qu'on a publiés sont : 1° *Il Primo* *libro di madrigali a cinque voci*, Venise, Gardane, 1586. 2° *Il Secondo libro* idem, *ibid.*, 1587, réimprimé à Venise, chez Angelo Gardane, en 1607, in-4°. 3° *Il Terzo libro* idem, *ibid.*, 1589 et 1599. 4° *De' Madrigali sdruccioli a 4 voci, il primo libro*, Venise, Vincenti, 1587. 5° *De gli sdruccioli Madrigali a 4 voci, il 2° libro*, ibid. 6° *Il Primo libro di motetti, a* 5-8 *voci*, Rome, Coattino, 1594. 7° *Il Secondo libro* idem, *ibid.*, 1592. 8° *Canzonette a tre voci con l'intavolatura del liuto*, Rome, Coattino, 1592. 9° *Le Villanelle eterie alla napolitana a* 3 *voci*, Rome, Coattino, 1593; une deuxième édition de cet ouvrage a été publiée à Venise, chez Bartholomé Magni, en 1624, sous ce titre : *Libro primo della villanelle a* 3 *voci*. Outre ces ouvrages, une très-grande quantité de messes, de motets et de psaumes, composés par Giovanelli, se trouvent en manuscrit dans les archives de la basilique du Vatican, et dans celles de la chapelle Sixtine. Parmi ces productions, on remarque la messe à huit voix composée sur le madrigal de Palestrina *Vestiva i colli*, et le *Miserere* à quatre voix avec le dernier verset à huit voix, composé pour la semaine sainte, et qui se chantait avant que celui de Grégoire Allegri fût écrit. On trouve quelques motets et psaumes à huit voix, de Giovanelli, dans les recueils de Fabio Costantini (*voyez* ce nom), et des madrigaux de sa composition dans les collections dont les titres suivent : 1° *Spoglia amorosa, madrigali a cinque voci di diversi eccellentissimi musici*, etc., Venise, chez les héritiers de Jérôme Scoto, 1585. 2° *Melodia olympica di diversi eccellentissimi musici, a* 4, 5, 6 *e* 8 *voci*, etc., publié par Pierre Philipps, chez Phalèse et Jean Bellère, à Anvers, 1594, in-4° obl. 3° *Il Lauro Verde, madrigali a sei voci, composti da diversi eccellentissimi musici*, etc., Venise et Anvers, 1591. 4° *Il Trionfo di Dori descritto da diversi e posto in musica da altrettanti musici, a* 6 *voci*, etc., Venise, 1596, in-4°, Anvers, Pierre Phalèse, 1596, 1601, 1614, in-4° obl. 5° *Il Paradiso musicale di madrigali e canzoni a cinque voci*, etc., Anvers, Pierre Phalèse, 1596, in-4° obl. 6° *Madrigali a otto voci di diversi eccellentissimi e famosi autori*, etc., Anvers, Pierre Phalèse, 1596, in-4°. Le pape Paul V ayant ordonné à Roger Giovanelli de corriger le graduel, pour l'usage de la chapelle pontificale, ce savant musicien employa près de sept années à ce travail. Rien ne fut épargné pour que le livre fût établi avec luxe. Jean-Baptiste Raimondi, directeur de l'imprimerie Médicis, pour les langues orientales, fondit de beaux caractères de plain-chant sur une grande échelle, et les deux parties de ce *Graduel* parurent en deux volumes, in-fol. max., le premier en 1614, le second en 1615. Le premier de ces volumes, qui contient le graduel des temps est intitulé : 1° *Graduale de tempore juxta ritum sacrosanctæ romanæ ecclesiæ cum cantu Pauli V Pont. Max. jussu reformato. Cum privilegio*, Romæ, ex typographia medicæa, anno 1614. Le deuxième, contenant le graduel des saints, a pour titre : *Graduale de sanctis juxta ritum sacrosanctæ romanæ ecclesiæ cum cantu Pauli V Pont. Max. jussu reformato. Cum privilegio*, Romæ, ex typographia medicæa, anno 1615. Lorsque j'ai parlé de ce travail, dans la première édition de *la Biographie universelle des musiciens*, je n'en avais pas vu d'exemplaire, et je n'étais que l'écho de l'opinion des Baini : mais j'ai examiné les volumes pendant mon séjour à Rome, en 1841, et j'ai vu avec regret que Giovanelli s'est écarté, en beaucoup de passages, des bonnes leçons des anciens manuscrits.

GIOVANNI (Scipion), organiste du dix-septième siècle, est cité par Walther, d'après le catalogue de Pastorf, comme auteur d'une collection de pièces de clavecin intitulée : *Partitura di cembalo ed organo, toccate, romanesche, partite sopra il basso di Fiorenza a Mantoua, capricci, correnti, balletti, e gagliarde diverse.*

GIOVIO (le comte Jean-Baptiste), amateur de musique et littérateur, né à Como, le 10 décembre 1748, mort en cette ville, le 17 mai 1814, a publié quelques notices sur l'orgue, à propos de l'instrument que le célèbres facteurs Serassi ont placé dans le sanctuaire *del Crocefisso*, à Como. Cet opuscule a pour titre : *Pel nuovo organo, opera de' Signori Serassi nel santuario del Crocefisso. Lettera e descrizione*, Como, Carl' Antonio Ostinelli, 1808, 26 pages in-8°.

GIPPENBUSCH (Jacques), jésuite, né à Spire en 1612, entra dans son ordre en 1629, et fut chargé d'enseigner la littérature grecque et latine à Cologne. Il était en même temps directeur du chœur. Il mourut le 3 juillet 1664. Ses compositions connues sont : 1° *Cantiones musicæ 4 vocum*. 2° *Psalteriolum harmonicum cantionum catholicarum per annum quatuor vocibus concinnatum*, Coloniæ, 1662, in-8°. 3° *Cantiones et motettæ selectissimæ*.

GIRACE (...). Un compositeur de ce nom a fait représenter sur divers théâtres de l'Italie, dans la deuxième moitié du dix-huitième siècle, les opéras dont les titres suivent : 1° *Il Sordo*. 2° *Un perfetto Ricambio*. 3° *Molto paura e nessun male*. 4° *Riconoscenza ed amore*, cantate.

GIRANEK (Antoine), violoniste et compositeur, né en Bohême vers 1712, vécut quelques années à Prague, se rendit ensuite à Varsovie pour entrer dans la chapelle du roi, comme premier violon, et mourut à Dresde, avec le titre de directeur de musique, le 16 janvier 1761. Il possédait un talent remarquable sur le clavecin. Les compositions de cet artiste consistent en vingt-quatre concertos pour le violon, plusieurs concertos pour le clavecin, la basse de viole et la flûte. La plupart de ces ouvrages sont restés en manuscrit. Giranek fut le père de la célèbre cantatrice allemande Mme Koch.

GIRARD (Philippe-Henri de), célèbre ingénieur mécanicien et premier inventeur des machines à filer le lin, naquit à Lourmarin (Vaucluse), le 1er février 1775, d'une famille ancienne qui avait été persécutée, sous le règne de Louis XIV, pour la cause du protestantisme. Dès son enfance, Philippe de Girard montra les plus rares dispositions pour la mécanique. Obligé de sortir de France avec sa famille par les événements de la première révolution, il se fit industriel dans les pays étrangers, quoique bien jeune, ne réussit pas dans ses entreprises, et revint en Provence sous le Consulat. Plus tard, ne trouvant pas dans le gouvernement français les encouragements qu'il avait espérés, il s'expatria de nouveau et porta en Autriche, puis en Pologne, son génie industrieux. En 1826, l'empereur de Russie le nomma ingénieur en chef des mines de Pologne; mais les événements de 1830 le privèrent encore de cette position. Rentré de nouveau en France en 1844, Philippe de Girard reçut de toute part des témoignages d'intérêt et d'admiration pour ses nombreuses et importantes découvertes; mais il ne jouit pas longtemps du bien-être qui lui était donné après une vie agitée, car il mourut le 26 août 1845, à l'âge de 70 ans. On n'a point à s'occuper ici de ses nombreuses inventions telles que les lampes hydrostatiques, ses perfectionnements des machines à vapeur, les machines à filer le lin, la fabrication des bois de fusil par la mécanique et beaucoup d'autres; les renseignements sur ces objets se trouvent dans les biographies générales et dans les ouvrages spéciaux qui concernent l'industrie; il n'est cité dans ce livre que pour l'invention d'un *piano octaviant*, qu'il construisit en Pologne et qui fut transporté à Vienne, en 1842. Léopold De Meyer et Liszt le jouèrent alors devant la famille impériale. Cet instrument fut placé à l'exposition de l'industrie, à Paris, en 1844. En 1855, M. Blondel, facteur de pianos à Paris, mit à l'exposition universelle un piano octaviant, qui n'était que la reproduction exacte du système de Girard. La famille de ce mécanicien adressa au jury des réclamations accompagnées de pièces qui démontraient la priorité et l'identité d'invention : le jury fit droit à la réclamation, en l'insérant dans ses procès-verbaux.

GIRARD (Narcisse), directeur général de la musique et premier chef d'orchestre du théâtre de l'Opéra, à Paris, naquit à Mantes (Seine-et-Oise), le 27 janvier 1797. Admis au Conservatoire, le 12 février 1817, comme élève violoniste, sous la direction de Baillot, il obtint le deuxième prix de son instrument au concours de 1819, et le premier lui fut décerné dans l'année suivante. Il reçut dans la même école des leçons de contrepoint de Reicha. En 1830, M. Girard dirigea l'orchestre de l'Opéra Italien, en remplacement de Grasset, qui s'était retiré; mais il ne conserva cette position que pendant deux années. En 1837, il succéda à Valentino dans la direction de l'orchestre de l'Opéra-Comique : il ne quitta cette place qu'en 1846, lorsqu'il fut appelé à la direction de l'orchestre de l'Opéra, laissée vacante par Habeneck (*voyez* ce nom), qui venait d'être frappé d'apoplexie. Dix ans plus tard, il a été nommé directeur général de la musique de ce théâtre. En 1847, il succéda aussi à Habeneck en qualité de professeur de violon au Conservatoire et de chef d'orchestre de la Société des Concerts. Comme compositeur, M. Girard a écrit la musique des *Deux voleurs*, opéra-comique en un acte, joué en 1841, et d'un ouvrage intitulé : *le Conseil des Dix*, en un acte, joué aussi au théâtre de l'Opéra-Comique, en 1842. Ces deux partitions, écrites d'un style léger et de peu de portée, ont été bientôt oubliées. Cet artiste a arrangé en symphonie la sonate pathétique de Beethoven, et l'a fait exécuter dans un concert donné par Liszt, à l'ancienne salle Saint-Jean de l'hôtel de ville de Paris, en 1832. Comme chef d'orchestre, Girard était soigneux, exact et avait de l'aplomb; mais il manquait de verve et de poésie. Il est mort presque subitement, le 16 janvier 1860. Il dirigeait l'orchestre à une représentation des *Huguenots*; pendant le troisième acte, il se sentit sérieusement indisposé; on le transporta chez lui, et à minuit il avait cessé de vivre.

GIRAUD (François-Joseph), violoncelliste et compositeur, entra à l'orchestre de l'Opéra, en 1752, et se retira à la fin de 1767. Il était aussi musicien de la chapelle et de la chambre du roi. Quelques motets qui furent exécutés au Concert spirituel commencèrent sa réputation : on remarqua surtout un *Regina Cœli* d'un bon effet, qui fut répété souvent. Il fit en collaboration avec Berton père, *Deucalion et Pyrrha*, en un acte, représenté avec succès à l'Opéra, en 1755. En 1762, il donna seul *l'Opéra de Société*, en un acte, paroles de Mondorge. On connaît aussi de ce musicien un livre de sonates pour le violoncelle, qui a été gravé à Paris, sans date.

GIRAULT (Claude-Xavier), né à Auxonne, en Bourgogne, le 13 avril 1764, était fils d'un médecin. Ses études de droit terminées, il fut reçu avocat au Parlement de Dijon, le 21 juillet 1783, et nommé, quelques années après, conseiller auditeur à la chambre des comptes de Bourgogne et de Bresse. Ses goûts le portaient vers les études historiques; le riche dépôt de chartes et de titres originaux qu'il avait sous la main facilita ses recherches, et lui procura des connaissances spéciales auxquelles il dut ses succès. Après avoir obtenu, au concours, le prix pour une question historique proposée par l'Académie de Besançon, il fut admis dans cette Académie et dans celle de Dijon. Dès lors, il se livra presque sans relâche à des travaux sur l'histoire littéraire et sur différents points d'antiquité; une multitude d'écrits fut publiée par lui sur divers objets plus ou moins intéressants, et dans tous il montra du savoir et de l'exactitude. Nommé maire d'Auxonne, en 1801, il se démit de cette place après quatre ans, puis fut conservateur de la Bibliothèque de cette ville : il retourna à Dijon, en 1808, pour y exercer la profession d'avocat. En 1821, il fut appelé aux fonctions de juge de paix et mourut le 5 novembre 1823. Parmi les nombreux ouvrages de ce savant, on remarque une *Lettre à M. Millin sur la musique des Hébreux, et sur l'ancienneté de la musique dans les églises*. Cette lettre est insérée dans le *Magasin Encyclopédique*, an. 1810, t. Ier, p. 315-332. Il en a été tiré à part quelques exemplaires.

GIRAULT (Auguste), premier violon du théâtre Montansier, à Paris, né dans cette ville, vers 1770, mort en 1800, a publié un œuvre de six duos pour deux violons, divisé en deux livres, Paris, Pleyel.

GIRBERT (Christophe-Henri), professeur de musique à Bayreuth et compositeur, naquit, le 8 juillet 1751, à Frœhestockheim, en Franconie, où son père était prédicateur. Un goût passionné pour la musique et une persévérance à toute épreuve le conduisirent à un certain degré d'instruction dans cet art, car sa mère était si pauvre, qu'elle ne put lui donner de maître. Quelques leçons que lui donna Stadler, cantor à Bimbach, furent les seules qu'il reçut jamais. Parvenu à jouer plusieurs pièces de clavecin et d'orgue, il se rendit à Bayreuth pour y donner des concerts, et le peu d'argent qu'il en retira lui servit à acheter des livres et de la musique pour s'instruire. Ce temps est celui de ses plus grands progrès. En 1784, le directeur du théâtre Schmidt lui proposa d'être le maître de musique de sa troupe ambulante; Girbert accepta ces propositions, et sa nouvelle position lui procura l'avantage de connaître et d'entendre des artistes distingués à Anspach, Nuremberg, Salzbourg et Passau. De retour à Bayreuth après treize mois, il reprit ses paisibles fonctions de professeur de musique et ses travaux comme compositeur. Il a laissé en manuscrit : 1° Sept petits opéras, qu'il avait écrits pour la troupe de Schmidt. 2° Quatre concertos pour le clavecin, écrits avant 1777. 3° Six sonates pour le piano. 4° Cinq autres, *idem*. 5° Deux symphonies à huit et dix instruments. 6° Cinq quatuors faciles pour le violon.

GIRBERT (Jean-Georges), de la même famille, né à Bayreuth, était en 1844 cantor à Gössnitz, dans le duché de Saxe-Hildburghausen. Il est auteur d'un livre élémentaire qui a pour titre : *Kleine theoretisch-praktische Tonschule, oder die wichtigsten Regeln der Tonsetzkunst in ihrer Anwendung in zahlreichen Beispielen und Aufgaben* (Petite méthode théorique et pratique de musique, ou les règles les plus importantes de la composition dans leur application à de nombreux exemples), Weimar, 1845, gr. in-4° de x et 170 pages.

GIRELLI (Santino), né à Brescia, dans la seconde moitié du seizième siècle, s'est distingué par ses compositions d'un bon style pour l'église. On connaît de lui les ouvrages dont voici les titres : 1° *Salmi brevi per tutto l'anno a otto voci, con due* Dixit *e un* Magnificat *concertati all' uso moderno e litanie della* B. V., in Venezia, Bart. Magni, 1620, in-4°. 2° *Salmi intieri per vespri a 5 voci con* Dixit *e* Magnificat *concertati*, Venise, Alex. Vincenti, 1626, in-4°. 3° *Messe concertate a 5 e 8 voci con una messa per i defonti*, Venise, Bart. Magni, 1627, in-4°.

GIROD (le Rev. P. Louis), de la compagnie de Jésus, professeur au Collége de Namur

(Belgique), et amateur distingué de musique, est né le 27 septembre 1816, à Estavayer, canton de Fribourg (Suisse). Pendant quatre années, il y fit des études de solfége, de piano, d'orgue et d'harmonie; études qu'il continua à Fribourg pendant cinq autres années, en y ajoutant celle du contrepoint. A l'âge de dix-sept ans, le P. Girod entra dans la Compagnie de Jésus, après avoir étudié dans les maisons de cet institut, à Estavayer et à Fribourg, les lettres, la philosophie, les mathématiques, la physique et la théologie. Il exerça pendant sept ans les fonctions d'organiste et de maître de chapelle dans les maisons des jésuites à Estavayer et à Fribourg, et les continua pendant trois ans dans diverses localités de France et à Mélan (Savoie), puis à Namur (Belgique), où la direction de tout ce qui concerne la musique lui est confiée depuis 1851. Le P. Girod a enseigné la littérature au collége de Fribourg, et la philosophie au collége de Mélan. Pendant deux ans, il a été chargé de la préfecture des études au collége d'Estavayer, et il a enseigné à Namur les antiquités romaines pendant neuf années; puis il a cessé ses fonctions de professeur pour celles de prédicateur. Le P. Girod est auteur d'un livre intitulé : *De la Musique religieuse,* Namur, 1855, volume in-8° de deux cent cinquante-sept pages. L'objet de cet ouvrage est de défendre les formes de la musique moderne et son système d'harmonie et d'instrumentation contre l'opinion de quelques écrivains qui voudraient que ce genre de musique fût ramené à la sévérité des formes du seizième siècle et à sa tonalité. Quelques-uns même voudraient l'abolition de la musique dans les églises et le retour pur et simple au plain-chant. C'est à ces exagérations que répond l'écrit du P. Girod. Dans diverses circonstances, ce digne ecclésiastique a composé environ cinquante pièces d'orgue et vingt motets qui sont encore inédits.

GIROLAMO, surnommé **DA UDINE**, à cause du lieu de sa naissance, fut un célèbre joueur de cornet, et reçut, le 29 juillet 1507, sa nomination de chef du corps de musique d'instruments à vent au service de la Sérénissime Seigneurie de Venise. Garzoni en parle avec éloge dans son livre intitulé : *Piazza universale di tutte le professioni del mondo,* Venise, 1585 (*Discorso* 42), et dit qu'il fut compositeur de mérite. On a de lui un livre d'une rareté excessive qui a pour titre : *il Vero modo di diminuire* (1) *con tutte le sorti di stromenti,* Venise, 1584, in-4°. J'ai vu la partie de ténor d'un ouvrage qui a pour titre : *Motetti a quattro voci de cantare e suonare negl' instrumenti di tutto genere, da Giron di Udine, musico della illustr. Signioria* (sic) *di Venetia,* in Venetia, app. di Antonio Gardane, 1551, in-4°, obl. Aucun musicien du nom de *Giron* ne figure dans les anciennes listes de musiciens au service de la république de Venise : il y a donc lieu de croire que Giron est le même artiste que Girolamo (Jérôme) (1). Deux frères de Girolamo d'Udine, Zuane (Jean), et Nicolò, ont été aussi joueurs de cornet dans la musique du gouvernement de Venise (2).

(1) *Diminuire* signifie *faire des variations.*

GIRONI (M. l'abbé Robustiano), directeur de l'Académie impériale et royale de Brera, à Milan, naquit à Gorgonzola, près de Milan, le 24 octobre 1769. Après avoir fait ses études au Séminaire de cette ville, il entra dans la congrégation des oblats de Saint-Ambroise et de Saint-Charles-Borroméo ; puis il alla enseigner la rhétorique au Collége de Gorlo. Après l'invasion de l'Italie par les armées françaises, il obtint une place de sous-bibliothécaire à l'Université de Brera. L'abbé Gironi est mort à Milan, le 1er avril 1838. Au nombre des ouvrages publiés par ce savant, on en remarque un relatif à la musique des Grecs, intitulé : *Saggio intorno alla musica de' Greci,* Milano, Ferrario, 1822, in 4°, avec dix planches. Cet ouvrage est exécuté avec beaucoup de luxe typographique. On lit dans le supplément du *Manuel du Libraire* de M. Brunet (t. II, p. 92), l'anecdote suivante sur ce livre : « Cette « dissertation n'étant point destinée au com« merce, il n'en a été tiré que trente exemplaires, « et l'auteur en a fait hommage à une dame à « l'occasion de son mariage. Les gravures sont « faites d'après les dessins de peintres célèbres. » L'auteur m'ayant fait l'honneur de m'envoyer un de ces précieux exemplaires, j'ai pu lire son ouvrage, et j'y ai reconnu un mérite incontestable d'érudition.

GIROUST (François), n'est pas né à Orléans, comme le disent les auteurs du livre intitulé : *les Hommes illustres de l'Orléanais* (t. Ier, p. 79), mais à Paris, le 9 avril 1730. Il entra comme enfant de chœur à l'église Notre-Dame dès l'âge de sept ans, et y apprit la musique et l'harmonie sous la direction de Goulit, maître de cette cathédrale. On lit dans une notice sur la vie et les ouvrages de ce musicien,

(1) Dans le dialecte vénitien, *Giron* est l'abrégé de *Geronimo*, qui est la même chose que *Girolamo.*

(2) Voyez le livre de M. Caffi, concernant la chapelle de Saint-Marc, de Venise, t. II, p. 50.

publiée par sa veuve, qu'un prix consistant en une médaille d'or ayant été proposé en 1768, pour l'auteur de la meilleure musique écrite sur le psaume : *Super flumina Babylonis*, vingt-cinq ouvrages furent envoyés à Dauvergne, et que deux de ces psaumes partagèrent les suffrages ; on décida qu'une seconde médaille serait accordée, et quand on eut décacheté les noms des auteurs, il se trouva que Giroust avait mérité les deux prix. Il était alors maître de musique de l'église métropolitaine d'Orléans ; son succès le fit appeler à Paris, pour être maître de la chapelle des Innocents. En 1775, il succéda à l'abbé Gauzargues dans la place de maître de la chapelle et de surintendant de la musique du roi. Il écrivit pour cette chapelle beaucoup de motets, et fit exécuter au Concert spirituel plusieurs oratorios, entre autres celui du *Passage de la mer Rouge*. Giroust avait écrit pour l'Opéra un *Télèphe*, un cinq actes, qu'il ne put faire représenter, malgré l'autorité que lui donnait sa position. Il mourut à Versailles, le 28 août 1799. Sa veuve, Marie-Françoise de Beaumont d'Aventois, a publié un *Éloge historique de François Giroust*, Versailles, 1799, in-8°, dont il a été fait une deuxième édition en 1804. Dans cet opuscule, Giroust est présenté comme un homme de génie et un grand compositeur, ce qui est fort excusable ; mais ce qui ne l'est pas, c'est que les auteurs du *Dictionnaire historique des musiciens* aient copié ces éloges sans restriction. La collection des partitions originales de Giroust a été acquise par la bibliothèque du Conservatoire de Paris ; j'ai examiné cette musique, et je puis déclarer que tout y est misérable, d'un mauvais style et mal écrit.

GIRSCHNER (Christian-Frédéric-Jean), fils d'un soldat, est né à Spandau, en 1794. Après avoir été fifre dans le régiment de son père, il alla faire des études sérieuses de musique à Francfort-sur-l'Oder, puis se rendit à Berlin, où il arriva en 1820. Il y obtint une place d'organiste qu'il occupa pendant deux ans ; mais Logier (*voyez* ce nom) étant arrivé dans cette ville, dans les derniers mois de 1821, pour y établir une école de musique et de piano d'après sa méthode du *Chiroplast*, Girschner s'attacha à lui, étudia le mécanisme de sa méthode et devint, en 1822, le directeur de l'Académie logérienne. Une polémique s'établit bientôt en Allemagne sur les avantages prétendus et les défauts de cette méthode. Stoepel, la *Gazette générale de musique de Leipsick*, Erdmann, plusieurs professeurs de musique de Hambourg, particulièrement Julich, qui avait établi dans cette ville une école par le même système, Logier lui-même, y prirent part, ainsi que Girschner, qui publia, pour la défense de la méthode, une brochure de trente-trois pages, intitulée : *Ueber J.-B. Logier's neues System des musikalische Unterrichts, oder wodurch unterscheidet sich der Logiersche System von den alten?* etc., Berlin, Trautwein, 1828, in-8°, avec une planche lithographiée. Toutefois, les adversaires de la méthode l'emportèrent dans l'opinion publique, les écoles logériennes furent abandonnées, et Girschner fut obligé de chercher d'autres ressources pour son existence. En 1833, il fut le rédacteur d'une gazette musicale de Berlin (*Berliner Musikalische Zeitung*) ; mais ce journal ne put se soutenir au delà d'une année. En 1830, Girschner avait fait représenter, au théâtre Kœnigstadt, l'opéra intitulé : *Undine*, qui eut quelque succès. En 1834, il donna, au même théâtre, *die 3 Schulmeister* (les trois Maîtres d'école). En 1835, on le trouve à Potsdam, comme professeur de piano. Deux ans après, il était à Dantzick, en qualité de directeur de musique de la ville et d'une société de chant ; mais il n'y resta qu'une année, et déjà, en 1838, il s'arrêtait à Jéna, où il faisait exécuter un psaume de sa composition, et quelques mois après, il était à Aix-la-Chapelle, comme directeur d'une société chorale d'hommes. Ayant obtenu la place d'organiste de la chapelle évangélique de la rue du Musée, à Bruxelles, au mois d'octobre 1840, il s'établit dans cette ville, et fut nommé professeur d'orgue au Conservatoire, dans l'année suivante. Il aurait pu s'y faire une réputation honorable d'artiste ; malheureusement, l'ivrognerie l'entraînait à des excès qui compromettaient souvent sa dignité : ces désordres devinrent si graves, qu'il fallut lui donner sa démission de professeur au Conservatoire, en 1848, et bientôt après il perdit sa place d'organiste. Il vécut ensuite quelques mois à Gand, puis fut obligé d'en partir pour la même cause. Il disparut pendant plusieurs années, puis j'appris, en 1851, qu'il était chef d'orchestre du théâtre de Rochefort, en France. Depuis lors, je n'en avais plus entendu parler, lorsque les journaux ont annoncé sa mort, au mois de juin 1860. Il était décédé à Libourne (Gironde), à l'âge de soixante-six ans. Girschner avait du talent pour la composition, et aurait pu faire de bonnes choses, si sa vie eût été mieux réglée. J'ai de lui quelques morceaux de musique d'église bien écrits. Il a écrit aussi des symphonies et des ouvertures, dans lesquelles l'instrumentation est bien traitée : une de ses ouvertures a été exécutée à Berlin avec succès, en 1835 ; enfin, on a de lui des chœurs pour voix d'hommes, d'un bon effet et qui sont au répertoire de sociétés chorales de la Belgique et des provinces rhénanes. On a publié plusieurs œuvres de sa composition, entre lesquelles on a remarqué : Psaume pour un chœur d'hommes à quatre parties avec orchestre, œuvre 12e (*Gross ist der Herr*), Berlin, 1833, et six *Lieder* pour voix de *mezzo soprano* ou ténor, en deux suites, Erfurt, Kœrner, 1839.

Girschner a eu deux filles qui se sont fait connaître, l'aînée, comme pianiste ; la plus jeune, comme harpiste.

GITTER (J.), musicien attaché à la cour de Manheim, depuis 1780 jusqu'en 1795, a publié de sa composition : 1° Trois quatuors pour flûte, violon, alto et basse, op. 1, Manheim. 2° Trois duos pour deux violons, op. 2, Mayence. 3° Trois duos pour deux flûtes, op. 3, *ibid*. 4° Six duos pour deux violons, op. 5, *ibid*.

GIUBILEI (le P. André), né à Pistoie, maître de chapelle de l'église et du monastère de l'Enfant Jésus, fut agrégé au Collège des chapelains chantres de la chapelle pontificale, à Rome, en 1758. Ce maître était un savant compositeur, qui a beaucoup écrit pour l'église ; ses ouvrages sont restés en manuscrit.

GIULIANI (François), né à Vienne, dans les dernières années du seizième siècle, s'est fait connaître comme compositeur de musique d'église, par des messes imprimées à Venise, en 1630.

GIULIANI (Antoine), claveciniste accompagnateur du théâtre de Modène, a donné à ce théâtre, en 1784, un opéra bouffe intitulé : *Guerra in pace*.

GIULIANI (François), professeur de violon, de harpe, de chant et de piano, naquit à Florence, en 1760. Élève de Nardini pour le violon, il fit de rapides progrès sous la direction de ce maître, et fut nommé, fort jeune, premier violon du Nouveau-Théâtre. Son maître de contrepoint fut Bartholomé Felici, On a gravé de la composition de cet artiste : 1° Deux quatuors pour deux violons, alto et basse, Offenbach, André. 2° Trois duos pour deux violons, op. 1, Berlin et Amsterdam, Hummel. 3° Six duos concertants pour deux violons, Londres. 4° Six duos pour violon et violoncelle, op. 8, *ibid*. On a aussi de Giuliani quelques compositions vocales. Cet artiste vivait encore à Florence, en 1819.

GIULIANI (Cécile), née *Bianchi*, fut une cantatrice distinguée de la fin du dix-huitième siècle. En 1790, elle chantait avec un brillant succès au théâtre de la Scala, à Milan. Engagée au Théâtre-Impérial de Vienne, en 1791, en qualité de prima donna, elle y était encore en 1796, et jouissait de la faveur du public. Cette cantatrice se faisait remarquer par l'étendue, la pureté et la flexibilité de sa voix. Elle exécutait de la manière la plus brillante les traits les plus difficiles.

GIULIANI (Mauro-G.), virtuose sur la guitare, né à Bologne, vers 1780, s'est fait connaître en Italie par son talent d'exécution et par sa musique, supérieure à ce qu'on connaissait alors pour la guitare. Vers la fin de 1807, cet artiste se rendit à Vienne, et s'y fixa. En 1821, il était à Rome ; mais il partit bientôt après pour Saint-Pétersbourg, où il est resté plusieurs années. On connaît sous son nom : 1° Trois concertos pour guitare et orchestre, œuvres 30, 36 et 70, Vienne, Haslinger, Artaria, Diabelli. 2° Un grand quintette pour guitare, deux violons, alto et basse, Milan, Ricordi. 3° Des thèmes variés pour guitare, avec accompagnement de quatuor, op. 65, 101, 102, 203, Milan, Ricordi, Vienne, Diabelli. 4° Sérénade concertante pour guitare, violon et violoncelle, op. 19, Vienne, Artaria. 5° Une multitude de duos, pots-pourris, divertissements, valses, polonaises, etc., pour deux guitares. 6° Environ cinquante œuvres de morceaux pour guitare seule, renfermant des sonates, études, rondeaux, caprices, pots-pourris, airs variés, etc.

Giuliani a eu une fille, Madame Emilie Giuliani-Gugielmi, guitariste habile, qui était à Vienne, en 1841.

GIULIANO TIBURTINO, musicien distingué du seizième siècle, est connu par un ouvrage devenu fort rare, et intitulé : *Fantasie e Ricercari a tre voci accomodate da cantare e sonare per ogni instrumenti, composte da mes. Giuliano Tiburtino musico eccellentissimo, con la giunta di alcuni altri ricercari, e madrigali a tre voci, composti da lo eccellentissimo Adriano Willaert, e Cipriano Rore suo discepolo*, Venezia, 1579.

GIULINI (André), maître de chapelle de la cathédrale d'Augsbourg, naquit en cette ville, vers 1730. Dans sa jeunesse, il étudia chez les Jésuites, et composa, pour leur maison, la musique de plusieurs drames, et des méditations. Plus tard, lorsqu'il eut été appelé à la maîtrise de la cathédrale (1760), il écrivit un grand nombre de messes, de vêpres, des symphonies, etc., où l'on remarque un style sévère et correct. Toute sa musique est restée en manuscrit.

GIUSTINI (Louis), claveciniste et compositeur, né à Pistoie, dans les premières années du dix-huitième siècle, a écrit douze sonates pour le clavecin, qui ont été gravées à Amsterdam en 1736.

GIVENCI ou **GIVENCHI** (Le sire Adam de), appelé *Guenci*, par la Croix-du-Maine, fut un trouvère du pays d'Artois (Pas-de-Calais), et prit son nom d'une commune de cette province de France. M. Arthur Dinaux (*les Trouvères Artésiens*, p. 44) fixe vers l'an 1260 l'époque où il florissait. Les événements de sa vie ne sont pas connus. Il reste huit chansons de ce trouvère, avec les mélodies notées dans le Mss. 7222 de la bibliothèque impériale de Paris (ancien fonds), et dans un autre qui provient de la bibliothèque de Noailles.

GIZZI (Dominique), célèbre professeur de chant et compositeur, né en 1684 à Arpino, petite ville du royaume de Naples, eut pour premier maître de musique son compatriote *M. T. Angelio*, maître de chapelle, qui avait été élève de Carissimi. Quoique très-vieux, Angelio prit plaisir à développer les heureuses dispositions du jeune Gizzi, et il ne songea à l'envoyer à Naples pour y continuer ses études, qu'après en avoir fait un chanteur déjà fort habile, et après lui avoir donné les premières connaissances du contrepoint. Gizzi entra au Conservatoire de S. Onofrio, dirigé alors par A. Scarlatti, et devint le compagnon de Porpora et de Durante. Il se livra alors à la composition et écrivit plusieurs œuvres pour l'église et la chambre; mais Scarlatti ayant reconnu en lui les qualités d'un grand maître de chant, l'engagea à ouvrir une école propre à former d'habiles chanteurs; Gizzi suivit ce conseil, et de cette école sortirent Fr. Feo et l'admirable sopraniste G. Conti, qui, par reconnaissance pour son maître, prit le surnom de *Gizziello*. Vers 1740, Gizzi cessa de donner des leçons et se retira dans sa ville natale, où il mourut cinq ans après.

GIZZIELLO (Joachim), *Voyez* Conti (Gioacchino).

GLACHANT (Auguste), ancien élève du Conservatoire de musique de Paris, né dans cette ville, en 1786, fut quelque temps violon du théâtre des Variétés et s'y trouvait encore en 1823. En 1824, il passa à l'orchestre du Théâtre-Français et y resta jusqu'en 1830; il donna alors sa démission, pour se fixer dans un chef-lieu de département. Après cette époque, on ne trouve plus de renseignement sur sa personne. Il a publié : 1° Trois duos pour deux violons, op. 1, Paris, Janet. 2° Symphonie concertante pour deux violons, op. 2, *ibid.* 3° Trois duos pour deux flûtes, op. 2, *ibid.* 4° Trois quatuors pour deux violons, alto et basse, op. 5, Paris, Janet.

GLÆSER (Michel), facteur d'orgues, né à Geinau (Saxe), en 1692, a eu de la réputation en Allemagne, par les positifs et autres petits instruments qu'il a construits. Il mourut en 1774, à l'âge de 82 ans.

GLÆSER (Jean-Michel), violoniste, né à Erlangen en 1723, fut d'abord attaché à la chapelle d'Anspach, et retourna en 1775 dans sa ville natale pour y être, suivant l'expression allemande, *musicien de ville*. Il y vivait encore en 1790. On a publié de cet artiste six symphonies pour l'orchestre, op. 1, Amsterdam, 1784.

GLÆSER (Charles-Louis Traugott), directeur de musique et professeur au séminaire de Weissenfels, né en 1747, fut considéré dans sa patrie comme un homme de mérite. Il mourut à Weissenfels, le 31 janvier 1797, à l'âge de 50 ans. Il a écrit beaucoup de musique d'église qui est restée en manuscrit. Le seul ouvrage qu'il a publié contient une suite de petits morceaux de piano dans tous les tons, pour l'enseignement, avec une préface de J. Fr. Doles; cet ouvrage a pour titre : *Kurze Clavierstüke zum Gebrauche beim Unterricht*, Weissenfels, 1794.

GLÆSER (Charles-Gotthilf), fils du précédent, est né à Weissenfels, le 4 mai 1784. Après la mort de son père, il se rendit à Leipsick, pour y continuer ses études à l'école de Saint-Thomas; il y reçut les leçons de Hiller. Eberhard Müller lui donna ensuite des leçons de piano et d'harmonie, et il apprit à jouer du violon sous la direction de Campagnoli. Après qu'il eut atteint sa vingtième année, il suivit un cours de droit à l'université, quoiqu'il eût préféré la théologie, afin d'être chantre de paroisse. Lorsqu'il eut passé ses examens, en 1808, il alla occuper une place de peu d'importance à Naumbourg; mais il ne resta pas longtemps dans cette ville; son goût passionné pour la musique le ramena à Leipsick; il s'y fit correcteur chez Kühnel. Son séjour dans cette ville fut marqué par ses progrès comme organiste et comme compositeur. Ses études étant achevées, il accepta l'offre qui lui fut faite d'une place de directeur de musique à Barmen, en Westphalie. Dès ce moment, toutes ses vues se tournèrent vers les moyens de faciliter l'enseignement, et les ouvrages qu'il publia furent particulièrement destinés à ses élèves. La guerre de 1813 obligea Glæser de s'éloigner de Barmen. Il fit des voyages à Berlin, Weissenfels, Naumbourg et Leipsick, puis s'enrôla comme volontaire, et passa le Rhin avec les armées alliées. Après la campagne de 1814, il retourna à Barmen et reprit ses travaux. Il établit plus tard en cette ville un bureau d'abonnement de musique et un commerce d'instruments. Glæser est mort à Barmen, le 10 avril 1829, des suites d'une douloureuse et longue maladie de peau, avant d'avoir atteint sa quarante-cinquième année. Au nombre de ses productions on compte : 1° *Neue praktische Klavierschule* (Nouvelle école pratique du clavecin, etc.), première partie, Barmen, 1817. La deuxième partie de cette méthode de piano était terminée, mais non publiée, quand Glaeser a cessé de vivre. 2° *Karl Glæser's Liederbuch* (Livre de chant de Glaeser, etc.); Barmen, 1819. Ce recueil était destiné à une classe d'enfants que l'auteur faisait chanter d'oreille, avant de leur enseigner la lecture de la musique. Il en a paru une deuxième édition en 1822. 3° Chants pour les poésies de Leith, avec accompagnement de piano, plusieurs cahiers, Barmen, 1821-1828. 4° Exercices de lecture de musique en dix-sept grands tableaux, pour les écoles; Barmen, 1821. 5° *Musikalische Schulgesangbuch, methodisch geordnet nach Natorp's Anleitung sur Unterweisung in singen* (Manuel musical de chant d'après l'Introduction à l'enseignement du chant de Natorp), première et deuxième parties, 1821-1823. La deuxième édition de cette méthode a paru en 1827. 6° Chants chorals et poésies de Mohn à quatre voix, à l'usage des sociétés de chant, et des chœurs d'église; Essen, Bædecker. 7° *Dreystimmige Chorale* (Chants chorals à trois voix), à l'usage des écoles moyennes, des gymnases et des paroisses où l'on chante sans orgue; Barmen, 1828. 8° *Kurze Anweisung zum Choralspiel* (Instruction courte sur l'art d'accompagner les mélodies chorales, etc.); Essen, Bædecker, 1824. 9° *Vereinfachter zum Kurzgefasster Unterricht in der Theorie der Tonsetzkunst, mittelst eines musikalisches Compasses* (Méthode brève et simplifiée de la théorie de la musique, au moyen d'un compas musical), *ibid.* 1828. On a aussi de Glæser des sonates, airs variés et autres morceaux pour le piano, quelques pièces pour la guitare, et d'autres petites compositions.

GLÆSER (François), compositeur, né en Autriche dans l'année 1792, fit ses études musicales à Vienne et y fut ensuite directeur de musique au Théâtre-sur-la-Vienne. Il a écrit un très-grand nombre de mélodrames, pantomimes et vaudevilles. Il y fit aussi représenter plusieurs opéras, parmi lesquels on remarque : 1° *Armide la magicienne*, en 1828. 2° *Der Brief an Sich selbst* (La lettre écrite à soi-même), en 1820. 3° *Elsbeth*, opéra comique et romantique, en 1828. 4° *Helindor*, opéra féerique, en 1820. 5° *Sauetœpfchen*, etc., (le Chevalier aux éperons d'or), opéra romantique, en 1824. 6° *Sonderbar Laune* (l'Humeur singulière), opéra comique, en 1825. En 1830, il succéda à Siegmayer dans la place de chef d'orchestre du théâtre Kœnigstadt à Berlin, et y fit représenter les opéras dont voici les titres : 7° *Die Brautschau* (les Fiançailles). 8° *des Adlers Horst* (l'Aire de l'aigle); *Andréa; l'Œil du Diable; Aurora; les quatre Fils Aymon*. Plusieurs de ces ouvrages ont été gravés en partition pour le piano, à Berlin, chez Trautwein. Glæser a écrit dans cette ville une ouverture de fête, un finale pour la *Claudine*, de Gœthe, et des vaudevilles, pantomimes et farces. On a aussi de Glæser quelques petites compositions pour divers instruments, des arrangements de morceaux de différents maîtres, et des romances allemandes.

En 1842, cet artiste a été appelé à Copenhague en qualité de maître de chapelle; trois ans après il a été fait directeur du Conservatoire de cette ville, et le roi de Danemark l'a décoré de l'ordre de Danebrog en 1847.

GLANNER (Gaspard), compositeur allemand du seizième siècle, et organiste à Salzbourg, a fait imprimer des motets ou *Cantiones sacræ* de sa composition, Munich, 1578 et 1580, et des chants sacrés et profanes à quatre et cinq voix. Cet ouvrage a pour titre : *Erster Theil newer teutscher geistlicher und weltlicher Liedlein, mit 4 und 5 Stimmen zu singen, und auf allerley Instrumenten zu gebrauchen, durch Casparum Glanner, Fürstl. Salzburgischen Organisten*, Munich, Adam Berg, 1578-1580, in-4°.

GLARÉAN (Henri **LORIT**), poëte couronné, philosophe, mathématicien et historien, fut un des hommes qui contribuèrent le plus activement au progrès des sciences et des arts dans le seizième siècle. Le nom de *Glareanus* lui fut donné parce qu'il naquit dans le canton de Glaris, en 1488. Fils de cultivateurs qui vivaient dans l'aisance, mais qui avaient beaucoup d'enfants, il fut employé à la garde des troupeaux jusqu'à l'âge de douze ans. Ses heureuses dispositions pour la poésie se développèrent si bien, par la méditation dans les solitudes où le conduisait son existence de pâtre, que ses parents, émerveillés, consentirent à l'envoyer à Berne, pour y commencer des études littéraires. Michel Rubellus, professeur en cette ville, lui inspira le goût de la belle latinité, forma son style et lui enseigna les éléments de la musique. Sorti de chez ce maître, Glaréan se rendit à l'Université de Cologne, où il demeura sept ans. Ce fut là qu'il reçut de Cochlæus (*voyez* COCLÉE) des leçons de théorie et de pratique de la musique. C'est à Cologne que Glaréan fut couronné comme poete, en 1512, par Maximilien Ier, après avoir chanté le panégyrique de ce prince, en présence de toute la cour, en s'accompagnant d'un instrument. En 1517, il s'établit à Paris et y fonda un pensionnat. Schreiber a démontré, dans une monographie intéressante de ce savant, qu'il ne fut jamais professeur à l'Université, comme on le croit généralement. Parvenu à l'âge de trente ans, Glaréan éprouva le besoin de retourner dans sa patrie. Son projet fut d'abord de s'établir à Zurich; mais sur les instances des chefs de l'Université de Bâle, il alla demeurer dans cette ville, et y fonda une institution libre, quoiqu'il y fît des cours publics. Son savoir était universel, et dans tous ses travaux il a porté des vues profondes qui décèlent l'homme supérieur. Amateur passionné des arts, il cultiva surtout avec succès la poésie et la musique. Ses vers latins étaient admirés de son temps. Des troubles religieux ayant éclaté à Bâle, vers 1520, Glaréan n'y voulut point prendre part, et comme il arrive presque toujours en pareille circonstance, sa sagesse lui fit des ennemis dans tous les partis. Ami du repos, il se retira alors à Fribourg, en Brisgau, y ouvrit un cours d'histoire et de littérature, et y attira un grand nombre d'élèves qui devinrent par la suite des savants distingués, et répandirent le goût des lettres dans toute l'Allemagne. Dans sa jeunesse, Glaréan avait eu de la gaieté; mais les injustices dont il fut victime, et la perte de quelques amis, rendirent son humeur chagrine lorsqu'il fut devenu vieux. Il passa ses dernières années dans une retraite absolue, et mourut à Fribourg, le 28 mai 1563, à l'âge de soixante-quinze ans. Glaréan se maria à Bâle, à l'âge de trente-quatre ans, avec une femme qu'il aimait beaucoup, et avec laquelle il vécut dix-sept ans; mais il n'en eut pas d'enfants, et il en fut de même d'un second mariage.

Érasme, ami de Glaréan, Juste Lipse, Vossius, et d'autres savants hommes, lui ont accordé des éloges; le premier, particulièrement, a dit de lui : « Henri Glaréan, à la fleur « de l'âge, d'une santé robuste, et d'une acti- « vité infatigable, très-expérimenté dans la « dialectique, s'est approché du sommet de la « théologie... de laquelle, cependant, il s'est « retiré, à cause de la glaciale et pointilleuse « subtilité qui, maintenant, est presque seule « applaudie dans les écoles... Ses essais, « comme poete, ne sont pas dépourvus de « grâce. Il possède de grandes connaissances « en histoire... C'est dans la musique, la géo- « graphie et les autres sciences mathémati- « ques que consiste sa force principale... Momus lui-même ne pourrait découvrir en lui « d'autre défaut que l'excessive franchise avec « laquelle il se déchaîne contre les sophistes. « Glaréan descend contre eux dans l'arène « avec une ardeur égale à celle dont Hercule « était animé quand il combattait les mon- « stres. Pour peu qu'avec eux il y ait avantage « à crier bien fort, les poumons ne lui font pas « défaut plus que le courage herculéen... Au « surplus, il est éloigné de toute présomption. « Ses procédés sont remplis de complaisance « et se conforment aux usages de la bonne « société. »

Plus tard, il paraît qu'il y eut quelque refroidissement dans la liaison de ces deux hommes célèbres; ce qui a été attribué aux railleries que Glaréan se permettait quelquefois sur le système de prononciation de la langue grecque qu'Érasme avait essayé de faire adopter, et à la jalousie que ce dernier aurait eue parce que le savant professeur de Bâle et de Fribourg possédait des connaissances plus profondes que les siennes dans l'histoire et dans les antiquités. Quoi qu'il en soit, il est remarquable que Glaréan fut le seul de ses amis qu'Érasme oublia dans son testament.

A l'égard de la théorie de la musique, on peut considérer Glaréan comme un des auteurs qui l'ont exposée avec le plus de clarté et de savoir dans le seizième siècle. Le premier ouvrage qu'il a publié sur cet art a pour titre : *Isagoge in musicen Henrici Glareani Helvetii poet. laur. e quibusdam bonis authoribus latinis et græcis ad studiosorum utilitatem multo labore elaborata. Ad Falconem Coss. urbis Aventicensis*, petit in-4° de vingt feuillets non chiffrés, avec les signatures *A* 2—*E* 3, sans nom de lieu et sans date; mais l'ouvrage a été vraisemblablement publié en 1516, car l'épître dédicatoire de Glaréan, qui remplit le verso du premier feuillet, a pour souscription : *Basileæ, anno Christi* MDXVI, *ad idus martias*. Ce petit ouvrage est de la plus grande rareté. A la publication du catalogue de feu Van Hulthem, je fus étonné de trouver dans le deuxième volume (n° 9748) le même opuscule indiqué sous ce titre : *Isagoge in musicen Henrici Glariani* (sic) *Helvetii Pact. laur. ad Falconem coss. urbis Aventicensis*, Basiliæ, 1506, petit in-4°, etc. Il ne me fut pas difficile de voir que *Glariani* pour *Glareani*, et *Pact. laur.* pour *Poet. laur.*, étaient des fautes d'impression. Quant à la date de 1506, elle me paraissait évidemment fausse, car Glaréan n'a été poëte couronné qu'en 1512. Cependant, pour éclaircir le fait, j'ai écrit à M. Voisin, bibliothécaire de l'Université de Gand, et laborieux rédacteur du catalogue de la nombreuse bibliothèque de Van Hulthem; il a eu l'obligeance de confirmer mes conjectures, et de m'envoyer le titre véritable, tel qu'il est ci-dessus, avec la description du volume. Je ne fais ces remarques qu'afin d'éviter que quelque compilateur ne copie étourdiment le titre du catalogue Van Hulthem, en s'appuyant de son autorité, et qu'une nouvelle erreur ne s'accrédite ainsi dans la bibliographie de la musique, où il y en a déjà trop. L'opuscule de Glaréan est divisé en dix chapitres qui n'ont point de titres, et qui traitent de la solmisation, des muances, des intervalles, de la constitution des tons ou modes, et de leur usage. L'ouvrage est terminé par un éloge en vers de la musique.

Trente et un ans s'écoulèrent entre l'époque de la publication de ce premier ouvrage et celle d'un deuxième traité de musique beaucoup plus important; celui-ci a pour titre : *Glareani Dodecachordon*. A la dernière page, au-dessous des *errata*, on lit : *Basileæ per Henrichum Petri mense septembri anno post Virginis partum* MDXLVII, in-fol. de quatre cent cinquante pages, avec neuf feuillets d'épître dédicatoire et d'*index* non chiffrés, et trois pages d'*errata* à la fin. L'objet de Glaréan est de démontrer, dans ce livre savant et bien écrit, que les tons du plain-chant, qui servaient de base à toute la musique de son temps, ne sont pas au nombre de *huit*, comme le prétendent la plupart des auteurs qui ont traité de la tonalité du plain-chant, mais au nombre de douze qui correspondent à chacun des modes de l'ancienne musique grecque. Déjà vers la fin du huitième siècle, une discussion avait été agitée à ce sujet, et l'on avait même voulu porter les tons du chant ecclésiastique jusqu'à quatorze. Les partisans de ce système disaient : « Les sons de la musique se représentent par « les sept lettres A, B, C, D, E, F, G (qui cor« respondent aux notes *la, si, ut, ré, mi, fa,* « *sol*); or, chacune de ces lettres peut être la « première d'une échelle musicale, d'où il suit « qu'une nouvelle suite de lettres est engen« drée et représentée, dans des sons plus « élevés par *a, b, c, d, e, f, g*. Or, les mélo« dies sont de deux sortes, savoir, celles qui « ont leur note fondamentale à la quatrième « note du ton, et celles qui ont cette note à la « tonique, en sorte qu'on doit compter qu'il « y a quatorze modes ou tons; mais attendu « que la lettre B n'a pas de quinte juste, ce « nombre doit être réduit à douze. » On prétend que le sujet de la discussion entre les partisans de huit tons et ceux de douze modes fut soumis à Charlemagne, et qu'après avoir écouté tous les arguments, ce prince décida que huit tons étaient suffisants (*octo modi videntur sufficere*). L'ouvrage de Glaréan est divisé en trois livres. Le premier traite du plain-chant, selon les principes établis dans la plupart des livres de cette espèce. L'auteur y a refondu, dans les premiers chapitres, la plus grande partie de son petit traité de musique publié en 1516. Il y expose la doctrine des huit tons usités du plain-chant, mais avec des considérations importantes qui rendent cette première partie du livre fort instructive. Dans le second livre, il établit sa doctrine des douze modes. Quoique cette partie de l'ouvrage ait été souvent attaquée et par les contemporains et par les successeurs de Glaréan, on ne peut nier que les chants de cinquième et du septième tons n'appartiennent au onzième mode transposé; car ils ont pour base les mêmes espèces de quintes et de quartes, et leurs demi-tons doivent se trouver aux mêmes places. De même, les chants du premier ton, avec la sixième note abaissée, sont du neuvième mode transposé. La plupart des auteurs de traités de plain-chant n'ont rien compris à cela.

Le troisième livre du *Dodecachordon* est consacré à l'application de la doctrine des douze modes à la musique harmonique et mesurée. Cette partie de l'ouvrage est du plus haut intérêt, à cause des nombreux exemples de musique à plusieurs parties puisés par Glaréan dans les œuvres des compositeurs des quinzième et seizième siècles, entre autres d'Ockeghem, d'Obrecht, de Josquin Deprès, et autres. Ce recueil est d'autant plus précieux sous ce rapport, que les ouvrages de ces maîtres sont d'une rareté excessive, et qu'il est surtout difficile d'en trouver les différentes parties réunies. Au résumé, le livre de Glaréan est de grande valeur pour l'histoire de la musique ; il offre la preuve la plus complète du profond savoir de Glaréan dans cet art. Tout y est traité avec ordre, méthode, et l'esprit d'analyse y brille à un haut degré. Un abrégé de cet excellent ouvrage a été fait par Jean Litavicus Wonegger, et a paru sous ce titre : *Musicæ epitome ex Glareani Dodecachordo*. Ce volume, composé de 150 pages chiffrées petit in-8°, et de quatre feuillets d'épître dédicatoire, non chiffrés, est terminé par cette souscription : *Basileæ per Henricum Petri, mente* (sic) *martio, anno* MDLVII. L'épître dédicatoire est datée de Fribourg en Brisgau, 1556. Une autre édition de ce petit ouvrage a été publiée deux années après, c'est-à-dire en 1559; celle-là a pour titre : *Musicæ epitome ex Glareani Dodecachordo und cum quinque vocum melodiis super ejusdem Glareane Panegyrico de helveticarum XIII urbium laudibus, per Manfredum Barbaricum Coregiensem*. Le format et le nombre des pages chiffrées du *Traité de Musique* sont semblables à l'édition précédente, mais l'épître dédicatoire, datée de Fribourg 1559, a cinq pages, et la souscription est au dernier feuillet conçue en ces termes : *Basileæ ex officina Hieronymi Curionis, impensis Henrici Petri, anno* MDLIX, *mense martio*. Quoiqu'on puisse croire que cette deuxième édition n'est que la précédente renouvelée par un titre et une épître dédicatoire, elle est pourtant réelle, car au titre courant de la page 19 de l'édition de 1557, il y a *ompendium*, et à la même page, édition de 1559, on lit *compendium*. Il existe une traduction allemande de l'abrégé de Wonegger; elle a pour titre : *Uss* (sic pour *Aus*) *Glareani Musik ein Usszug* (pour *Auszug*), *mit Bewilligung und Hilf Glareani, allen christlichen Kirchen alt und gœttliche Gesang zu lernen, auch zu verstan ganz nuzlich, und denen zu Hilf, so Mathemath und villicht der latinschen* (sic) *Sprach mit ganz Unterricht*, Bâle, Henri Petri, 1557, in-8°. Un exemplaire de cette traduction est à la Bibliothèque royale de Munich; je n'en connais pas d'autre. A l'égard du panégyrique des villes fédérées de la Suisse par Glaréan, mis en musique à cinq voix, par Manfred Barbarin, et qui est composé de 102 pages petit in-8°, ajoutées à l'ouvrage de Wonegger, ce n'est que la reproduction d'une édition de cet œuvre publiée à Bâle en 1558 chez Henri Petri, et intitulée : *Quinque vocibus cantiones elegantissimæ in gratiam et laudem tredecim urbium Helvetiæ*. L'abrégé du Dodécacorde, par Wonegger, est divisé en deux parties : la première, qui contient seize chapitres, est relative aux principes de la musique plaine (*planus-cantus*), et à la constitution des tons; c'est un résumé bien fait des deux premiers livres. Wonegger dit avec raison, dans son épître, qu'il n'a rien négligé de ce qui pouvait établir le système de Glaréan pour la division des douze modes. La deuxième partie, divisée en douze chapitres, est un abrégé du troisième livre sur le chant mesuré.

Draudius et l'*Athenæ Rauricæ* citent un livre de Glaréan intitulé, selon le premier : *De musices divisione ac definitione*, Bâle, 1549, in-fol., et suivant l'autre : *De Arte musicâ*. Walther, qui suit en cela Draudius, dans son *Lexique* de musique, conjecture que cet ouvrage doit être une réimpression de celui de 1516. Forkel, Gerber, Lichtenthal, et tous les copistes, ont répété cette erreur. Le fait est que cet ouvrage n'existe pas, et que le titre : *De musices divisione ac definitione*, n'est que celui du premier chapitre du Dodécacorde; en sorte qu'il y a lieu de croire que Draudius a cité le livre d'après un exemplaire dont le frontispice manquait, et que, par une faute d'impression, on aura mis dans son catalogue 1549 pour 1547. Glaréan avait préparé une excellente édition des œuvres de Boèce; elle n'a paru que sept ans après sa mort, par les soins de Martianus Rota, sous ce titre : *Anitii Manilii Severini Boethi, philosophorum et theologorum principis opera omnia*, Basileæ, ex officina Henrici Petrinae, 1570, in-fol. de 1,546 pages chiffrées, et de 22 feuillets d'épîtres, préfaces et tables. On a joint à cette édition les commentaires de Jean Marmelius et de Rodolphe Agricola sur le traité des consolations de la philosophie, et ceux de Gilbert Porreta sur celui de la Trinité. Glaréan n'a point fait de commentaires ni de notes sur les cinq livres du *Traité de musique* de Boèce; mais, en plusieurs endroits, il a ajouté des figures pour l'intelligence du texte, et il a corrigé avec soin ce texte, le donnant tel qu'il est dans les meilleurs manuscrits, et mettant à la marge ses corrections. Il est à regretter que des fautes assez considérables se soient glissées dans l'impression, et ne soient point réparées par une table d'*errata*. Je les ai toutes corrigées dans mon exemplaire pour une édition du *Traité de musique* de Boèce, que je me proposais de donner avec une traduction française.

Jodocus Castner a publié, à l'occasion de la mort de Glaréan, un recueil d'éloges intitulé : *Epicedion et epigrammata quædam funebria de obitu Henrici Loriti Glareani*. Basileæ,

1563, in-4°. M. Henri Schreiber a donné une très-bonne monographie de ce savant, sous ce titre : *Heinr. Loritus Glareanus gekrönter Dichter und Mathematiker aus dem 16. Jahrhundert*, etc. (Henri Lorit Glaréan, poete couronné et mathématicien du seizième siècle, etc.), Fribourg en Brisgau, 1837, in-4°.

GLASER (Jean-Adam), né en Allemagne dans la seconde moitié du dix-septième siècle, était étudiant en philosophie à Schauenstein, lorsqu'il y soutint une thèse sur les instruments de musique dont il est parlé dans les psaumes IV et V. Cette thèse fut ensuite imprimée sous ce titre : *Exercitatio philologica de instrumentis Hebræorum musicis ex psalm. 4 et 5*, Leipsick, 1686, in-4° de deux feuilles et demie. Ugolini a inséré la dissertation de Glaser dans son *Trésor de l'antiquité sacrée*, t. XXXII, p. 157.

GLAUCUS, philosophe, né à Rhegium (aujourd'hui Reggio, dans le royaume de Naples), a écrit, selon Plutarque, un *Traité historique des poëtes et des musiciens de l'antiquité*, que d'autres écrivains ont attribué à l'orateur Antiphon. Diogène Laërce dit que Glaucus était contemporain de Démocrite le philosophe, et qu'il avait eu pour maître un pythagoricien.

GLEICH (Ferdinand); sous ce nom d'un écrivain sur lequel on n'a pas de renseignements, a été publié un livre intitulé : *Wegweiser für Opernfreunde. Erläuternde Besprechung der wichtigsten auf dem Repertoire befindlichen Opern, nebst Biographien der Componisten* (Guide des amateurs d'opéras. Résumé explicatif de ce qui concerne les opéras qui sont au répertoire, avec les biographies des compositeurs), Leipsick, H. Matthes, 1857, un volume petit in-8°.

GLEICHEN (André), directeur de musique au Gymnase de Géra, naquit à Erfurt, le 4 février 1625. En 1648, il entra en fonctions à Géra ; il les remplit pendant quarante-cinq ans et mourut le 23 février 1693. Plusieurs éloges funèbres furent prononcés sur sa tombe par les professeurs de Géra, et le recteur du Gymnase de cette ville. Kœber fit imprimer à cette occasion une dissertation intitulée : *De Musicæ quibusdam admirandis*, Geræ, 1693, in-4°. Le docteur Jean-André Gleichen, fils du directeur de musique, rassembla les oraisons funèbres qui avaient été faites pour son père, et les publia avec la dissertation de Kœber, à Dresde, en 1714. On trouve dans ce recueil le portrait d'André Gleichen. On a de ce musicien deux petits traités de musique, à l'usage des élèves du Gymnase de Géra ; le premier a pour titre : *Compendium musicum instrumentale*, Leipsick, 1651, in-8°, réimprimé en 1653, deux feuilles et demie. Le deuxième est intitulé : *Compendium musicum vocale*, Jéna, 1657, in-8°.

GLEICHMANN (Jean-Georges), bourgmestre et organiste à Ilmenau, dans la Thuringe, naquit à Steltzen, près d'Eisfeld, le 22 décembre 1685. Après avoir reçu des leçons d'orgue et de clavecin de Zahn, organiste de Hildbourg, il fut lui-même nommé organiste à Schalckau, près de Cobourg, en 1706 ; puis il fut appelé à Ilmenau, en 1717. En 1744, on le choisit pour être bourgmestre de ce lieu. Après cette époque, on n'a plus de renseignements sur lui. Gleichmann inventa, à l'âge de vingt-quatre ans (en 1709), un clavecin-viole qui a été imité par un de ses parents, nommé Reisch, en 1758. Plus tard, il fit aussi un clavecin-luth, monté de cordes de boyau qui étaient pincées par des crochets. C'est ce dernier instrument que Dietz a renouvelé depuis lors par un mécanisme tout nouveau, sous le nom de *clavsharpe*, et en substituant aux cordes de boyau des cordes métalliques filées de cannetille.

GLEICHMANN (Jean-André), directeur de musique à la cour du duc de Hildburghausen, est né à Bockstadt, le 13 février 1775. Dans sa jeunesse, ses études ne se sont pas bornées à la musique ; il a reçu une bonne éducation littéraire et scientifique. On connaît peu de compositions de cet artiste ; celles qu'on peut citer sont : 1° *Verbesserte Melodie der Einsetzungsworte der heiligen Abendmahlen* (Mélodies corrigées des paroles de consécration de la sainte Cène), avec accompagnement d'orgue, Hildbourg et Brunswick. Cet ouvrage est estimé en Allemagne. 2° Deux recueils de *Lieder*, avec accompagnement de piano. 3° Pot-pourri pour piano et clarinette ou violon, Hildburghausen. 4° Cantates religieuses pour des chœurs de voix d'hommes, n°s 1 et 2. Hildburghausen, Kesselring, 1837-1840. En partition. 5° Cantate pour la fête de la Réformation, à quatre voix et orchestre. Meiningen, 1838. C'est particulièrement comme critique que M. Gleichmann occupe une place distinguée parmi ses compatriotes. La plupart de ses articles en ce genre ont paru dans la *Gazette musicale* de Leipsick. Les principaux sont : 1° *Recherches sur la théorie du troisième son (au grave)*, ann. 1805, pag. 277. 2° Sur la *manière* et la *mode* dans la musique pratique, particulièrement dans l'exécution sur le violon, ann. 1814, p. 173. 3° Sur l'invention de l'*Aeoline* ou de l'*Aeolodicon*, 1820, p. 505. 4° Exposé de quelques principes posés par les anciens Grecs dans la musique, 1822, p. 193. 5° Observations sur la musique considérée comme science, 1828, p. 729, deuxième partie, 1830, p. 839. 6° Du mérite de la musique d'église, 1831, p. 837. Plusieurs articles du même auteur ont été publiés dans la *Cæcilia;* le plus considérable consiste dans des *Observations sur la prétendue influence du climat sur la voix humaine* (t. XII, p. 169).

GLEISSNER (FRANÇOIS), né à Neustadt en 1760, était, vers 1800, musicien de la chapelle de l'électeur de Bavière. Il fut envoyé fort jeune au séminaire d'Amberg, et y montra de rares dispositions pour la poésie et pour la musique. Doué d'une belle voix, il chantait au chœur; plus tard il y joua la partie de contrebasse. Il n'était âgé que de dix-huit ans lorsqu'il écrivit, en 1778, un *Requiem* pour la mort du prince électoral Maximilien-Joseph de Bavière. Quelques années après, il se rendit à Munich pour y achever ses études de philosophie. Il y compléta ses connaissances dans la musique. Cet artiste s'est fait connaître avantageusement et par ses compositions, et par l'invention de la gravure de la musique sur pierre, dont il dut l'idée aux recherches et aux procédés de Senefelder pour la lithographie. Les plus grandes difficultés qu'il rencontra pour l'emploi de ses procédés consistaient dans la forme et dans les fonctions de la presse; ces difficultés furent levées par l'éditeur de musique Falter, de Munich, avec qui Gleissner s'associa. Le premier ouvrage imprimé par ce procédé fut un recueil de six chansons avec accompagnement de piano, composé par ce dernier; il parut à Munich, chez Falter en 1798. En 1799, Gleissner suivit M. André à Offenbach et y fonda un grand établissement d'imprimerie lithographique pour le compte de cet éditeur; on sait que cet établissement est devenu par la suite un des plus florissants de l'Europe. Plus tard, Gleissner fit aussi des voyages à Vienne, dans le but de propager son invention de la lithographie de la musique. De retour à Munich, il y fut nommé membre de la commission royale pour la répartition des contributions directes, et inspecteur de l'imprimerie. Il occupait encore ces emplois en 1815. Le *Lexique de musique* de Schilling, qui ne contient pas même ces détails biographiques sur Gleissner, dit que ses compositions sont estimées en Allemagne, mais ne sont pas connues en France. Au nombre de ses ouvrages on compte : 1° Symphonies faciles, œuvre premier, n°s 1, 2, 3, Offenbach, André. 2° *Idem* pour deux violons, alto, basse, deux hautbois et deux cors, op. 15, Vienne, Haslinger. 3° Six pièces pour flûte, trois clarinettes, deux cors et basson, Offenbach, André. 4° Trois quatuors pour deux violons, alto et basse, op. 13, Vienne, Haslinger. 5° Quatuors pour flûte, violon, alto et basse, op. 38, Leipsick. 6° Six duos pour deux flûtes, op. 12, Vienne, Haslinger. 7° Des variations pour flûte. 8° Des duos faciles pour deux cors ou deux trompettes, Munich, Falter. 9° Deux œuvres de sonates pour piano et violon, Vienne, Haslinger. 10° Plusieurs recueils de petites pièces pour le piano, *ibid.* 11° Des menuets, des allemandes et des valses, Vienne et Munich. 12° Six messes brèves et offertoires à quatre voix, orchestre et orgue, op. 2, Augsbourg, Lotter. 13° *Der Pachtbrief* (le Bail), petit opéra, gravé en extraits pour le piano. 14° Quelques ballets héroïques représentés à Munich, et parmi lesquels on remarque *Paul et Virginie.* 15° *Agnès Bernauerin,* mélodrame qui a obtenu un brillant succès à Munich. 16° *Lazare,* oratorio, exécuté à Munich en 1795.

GLEITSMANN (PAUL), maître de chapelle et valet de chambre du comte de Schwarzbourg à Arnstadt, naquit à Weissenfels, où son père était musicien de la ville. Le maître de concert Jean Bæhr lui enseigna la composition. Gleitsmann obtint sa nomination de maître de chapelle en 1690, et mourut le 11 novembre 1710. On a imprimé de ce musicien : *Concentus harmonicus, oder 20 Stücke für 2 Violinen und Cont.,* Nuremberg, 1703.

GLEITSMANN (...), luthiste et compositeur, vraisemblablement fils du précédent, naquit à Arnstadt, vers la fin du dix-septième siècle. En 1716, il étudiait le droit à Leipsick; il alla ensuite à Prague pour y perfectionner son talent dans la musique et fut placé comme musicien de chambre au service du prince de Würzbourg. Il y avait autrefois, chez Breitkopf, 12 *partite a Liuto solo,* et un trio pour luth, violon et basse, en manuscrit, de la composition de Gleitsmann.

GLETTINGER (JEAN), organiste de l'église Sainte-Élisabeth, à Breslau, naquit en cette ville, le 20 août 1661. Son père, qui était musicien à Sainte-Marie-Madeleine, lui enseigna à jouer du clavecin, du violon, de la basse de viole, de la harpe et de plusieurs instruments à vent. En 1684, il voyagea dans la Pologne prussienne, dans le Brandebourg, dans la Poméranie; puis il s'établit à Dantzig, en 1685, comme musicien du conseil. De retour à Breslau, il fut nommé organiste à Sainte-Élisabeth, et occupa cette place jusqu'à sa mort, en 1730. Je possède en manuscrit dix fantaisies pour l'orgue, à deux claviers et pédale, composées par cet artiste.

GLETTLE (Melchior), maître de chapelle de la cathédrale d'Augsbourg, naquit à Bremgarten, en Suisse, dans la première moitié du dix-septième siècle. On a imprimé de ce maître : 1° *Expeditionis musicæ classis I. Motettæ sacræ concertatæ* 36; 18 *vocales tantum absque instrumentis; 18 vocales ac instrumentis simul; potissimum 2, 3, 4, 5, cum nonnullis 6, duabus 7, et una 8 voc.* Opus 1, August., 1667, in-4°. 2° *Ejusdem classis II. Missæ* 5 *voc. concert. necessarium, et* 5 *instrum. concert. ad libitum, cum capella* 5 *vocum*, ibid., 1667. 3° *Ejusdem classis III. Psalmi breves, breviores, brevissimi,* 5 *voc. concert. necess. et* 5 *instr. concert. ad libit.*, ibid., 1667. 4° *Ejusdem classis IV. Missæ concertatæ* 5 *vocibus conc. necess.* 5 *instrum. concert. ad libit.*, 5 *ripienis seu pleno choro; addita una ab* 8 *vocib. et* 7 *instr., op. III*, ibid., 1670, in-4°. 5° *Ejusdem classis V. Motettæ* 36 *a voce sola et* 2 *violinis, cum aliis quoque instr.*, ibid., 1667. 6° *Musica generalis latino-germanica, oder neue lateinische und teutsche weltlichen Mus. conc. von.* 1, 2, 3, 4, 5 *Stimmen, theils mit* 2 *Violinen ad libit., samt* 2 *Sonaten und* 36 *Trompeter-Stücklein, auf* 2 *Trompetten-Marinen*, ibid., 1674, in-4°. 7° *Musicæ generalis latino-germanicæ classis II, oder neue lateinisch und teutschen weltlicher musikalischer Concerten, anderer Theil, von* 2 *und* 3 *Stimmen, ohne Instrum., Opus VIII. posthumum II*, ibid., 1684. 8° *Psalmi* 18 *omnibus totius anni dominicis ac festis ad vesperas concinnendi,* 3 *voc.*, ibid., 1685.

GLIMES (Jean-Baptiste-Jules **DE**), né à Bruxelles, le 24 janvier 1814, fut envoyé, à l'âge de six ans, à l'École royale de musique de cette ville, et y apprit le solfége, puis les éléments du piano. Il reçut ensuite quelques leçons d'harmonie de M. Charles-Louis Hanssens, d'après la méthode de Reicha (*voyez ce nom*). Enfin, lorsque l'auteur de cette notice fut appelé à Bruxelles pour y occuper les places de maître de chapelle du roi des Belges et de directeur du Conservatoire, de Glimes devint un de ses élèves et refit, sous sa direction, des études de composition. Ses progrès furent rapides, et il put bientôt occuper la position de répétiteur du cours. Après le mort de Cassel (*voyez ce nom*), M. de Glimes fut chargé par intérim de l'enseignement du chant au Conservatoire pendant les années 1837 et 1838. En 1839, il fut professeur-adjoint de Géraldy (*voyez ce nom*) pour cette partie de l'art, dans la même école; mais il quitta cette position, en 1840, pour se livrer à la composition et faire des cours particuliers de chant et d'accompagnement. Il a eu l'honneur de donner des leçons de chant au prince Albert de Saxe-Cobourg, pendant son séjour à Bruxelles. En 1842, il est allé à Londres comme professeur de chant, et depuis lors il a passé alternativement une partie de l'année dans cette capitale, et l'autre partie à Bruxelles, puis il s'est fixé de nouveau dans cette dernière ville. Professeur distingué, et l'un des meilleurs accompagnateurs au piano de l'époque actuelle, M. de Glimes s'est aussi fait connaître comme compositeur de romances et de mélodies charmantes, où l'on remarque un goût fin dans les idées et dans la forme, une harmonie distinguée et l'expression juste de la parole. La plupart ont été publiées à Paris et à Bruxelles. Parmi celles qui ont eu le succès le plus décidé, on remarque celles-ci : *le Papillon; la Neige; A une Femme; une Nuit d'été; Laisse-toi donc aimer; Rose et papillon; la Tombe et la Rose; le Prisonnier et l'Hirondelle; ô ma Charmante; l'Extase; Dieu qui sourit; Étoile de l'amour; Tu vas partir; Belle épousée*, à deux voix; *l'Oiseau bleu*, idem; *le Pays inconnu*, idem; etc., etc. Il a fait exécuter, à la Société de l'hôtel d'Angleterre, à Bruxelles, une ouverture à grand orchestre; une ouverture, pour le drame *Artevelde*, a été exécutée au grand théâtre de Bruxelles. M. de Glimes a écrit aussi *la Maison inhabitée*, ballet, au même théâtre; *Tobie*, trio à trois voix; *les Trois sœurs*, trio pour trois voix de soprano; *les Tyroliennes*, quatuor de chant, etc., etc. Il a formé une belle bibliothèque de musique composée de *huit cents* grandes partitions, de beaucoup d'autres pour le piano, d'un grand nombre d'œuvres manuscrites des maîtres les plus célèbres, dont quelques-unes autographes, et d'une nombreuse collection d'ouvrages théoriques et historiques.

GLINKA (Michel **DE**), compositeur russe, naquit en 1804, d'une famille noble et riche, dans une terre près de Smolensk. Bercé par les mélodies si originales de sa patrie, il conçut pour elles, dès son enfance, un goût passionné qui ne s'est pas affaibli par la suite, et qui a exercé sur son talent une influence considérable. On ignore le nom du maître qui dirigea ses premières études musicales : il était âgé de dix-huit ans lorsqu'il reçut, à Moscou, des leçons de piano de Field, et c'est à ce maître de la bonne école d'autrefois qu'il fut redevable de l'exécution élégante autant qu'expressive qu'il eut, dans sa jeunesse, sur cet instrument. Homme de plaisir et jouissant, par les avantages de la naissance et de la fortune, de tous les agréments réservés en Russie aux membres de la haute société, M. de Glinka ne considéra d'abord la musique que comme *un art d'agrément*, suivant l'expression usitée dans le monde. Son heureux instinct lui inspirait des mélodies où se révélait un sentiment très-fin de cet art : elles se répandaient chez les amateurs, et les éditeurs s'empressaient de les publier. Le pianiste et compositeur distingué Henselt a pris quelques motifs de ces mélodies comme thèmes de plusieurs morceaux de piano. Glinka laissa aussi mettre au jour de jolies inspirations pour cet instrument sur lequel il brillait.

Après avoir résidé quelque temps à Varsovie, d'où il ne s'éloigna que par suite des événements de 1830, il obtint de son gouvernement l'autorisation de se rendre en Italie. Il séjourna d'abord à Vienne pendant plusieurs mois, puis il se rendit à Venise, où il s'arrêta pour jouir de la vie facile et polie de cette reine de l'Adriatique. A Milan, il publia des *canzones* italiens; des divertissements pour piano et instruments à cordes sur des thèmes de Bellini et de Donizetti; une sérénade pour piano, harpe, cor, basson, alto, violoncelle et contrebasse, sur des motifs d'*Anna Bolena*; un sextuor original pour piano, deux violons, alto, violoncelle et contrebasse; des variations brillantes et des rondeaux pour piano seul, sur des thèmes de la *Somnambule* de Bellini, enfin, des danses pour piano à quatre mains. En 1833, M. de Glinka était à Naples et y charmait les salons par son talent de pianiste, par ses cantilènes que chantait Iwanoff, alors dans la possession complète de son admirable voix de ténor, et par la manière dont le compositeur les accompagnait. En 1836, il était de retour à Pétersbourg, après s'être arrêté quelque temps à Berlin, où Dehn lui donna des leçons de contrepoint. Un changement considérable s'était alors opéré en lui : de délassement que la musique était autrefois, elle était devenue pour lui une chose sérieuse, parce qu'il avait compris qu'il était destiné à y occuper un rang d'artiste par son talent. Le désir de révéler à sa patrie ce talent par une grande composition lui fit entreprendre l'opéra en langue russe dont le titre traduit est : *la Vie pour le Czar*. Plusieurs années furent employées par M. de Glinka à la composition de cet ouvrage, qui fut représenté, en 1839, au théâtre du Grand-Opéra de Saint-Pétersbourg. Un succès d'enthousiasme l'accueillit, et l'auteur fut placé immédiatement par l'opinion publique au rang des plus célèbres compositeurs. La cour impériale avait pris intérêt à la mise en scène de l'œuvre patriotique de M. de Glinka, et rien n'avait été négligé pour donner de l'éclat à sa représentation. Léonoff, fils naturel du célèbre pianiste Field, ténor et bon musicien, une cantatrice russe dont l'éducation avait été faite en France, et qui fut connue à Paris sous le nom de mademoiselle Verteuil, madame Stepanowa, seconde femme, et le bassiste Péterof, chantèrent convenablement les rôles; les chœurs furent très-bien exécutés, et l'orchestre, dirigé avec soin par Cavos, artiste italien de beaucoup de mérite, rendit avec exactitude les intentions du compositeur.

A la première partition de M. de Glinka succéda un grand opéra en cinq actes, *Rouslann et Lioudmila*, dont le sujet, pris dans l'histoire ancienne des Russes et des grands-ducs de Kiew, est populaire chez les Russes par le poëme de Pouschkine. Quoique cette composition ait été bien accueillie, le succès n'eut pas autant d'éclat que celui de *la Vie pour le Czar*. La faveur dont l'auteur jouissait à la cour impériale lui fit obtenir l'autorisation de faire de nouveaux voyages dans le midi de l'Europe. M. de Glinka était âgé de quarante ans lorsqu'il arriva à Paris, en 1844. Inconnu de tous, à l'exception de quelques artistes qui avaient visité la Russie, il voulut prendre position en France parmi les compositeurs renommés, et le seul moyen qui lui fut offert consista à donner un concert pour y faire entendre quelques fragments de ses œuvres. A cet effet, il loua la salle de Herz, y fit réunir un orchestre sous la direction de M. Tilmant, et y fit entendre quelques morceaux de peu d'importance qui ne pouvaient donner qu'une idée fort imparfaite de ses grands ouvrages. Le public, qui n'entendait pas les paroles et ne connaissait rien des situations dramatiques auxquelles appartenaient les choses qu'il entendait, trouva cette musique ennuyeuse, et les artistes ne considérèrent M. de Glinka que comme un arrangeur habile des mélodies de son pays, dont il a fait, en effet, un emploi très-large dans ses deux opéras.

Trompé dans son attente, et blessé qu'on

l'eût jugé avec précipitation d'une manière défavorable, dans une ville dont l'opinion lui avait paru importante, il partit vers le milieu de 1845. Au mois de juillet de la même année, il était à Valladolid, et au mois d'octobre il arriva à Madrid. L'objet de son voyage était de recueillir dans la péninsule une riche collection de mélodies populaires du pays. Homme du monde et ami du plaisir, il passa plusieurs années en Espagne, dans le *dolce far niente*, ou n'ayant d'autre occupation que celle de collectionneur et d'arrangeur d'airs populaires. Ses amis voyaient avec regret s'écouler le temps sans qu'il produisît rien de sérieux pour l'art; mais il était dans une de ces phases de dégoût qui sont plus fréquentes qu'on ne pense, même chez les artistes qui n'ont connu que le succès. M. de Glinka ne retourna en Russie qu'à la fin de 1852 : alors il parut se réveiller et vouloir rentrer avec activité dans la carrière où il s'était précédemment distingué. Un changement se fit bientôt dans sa position, car l'empereur de Russie lui confia la direction de sa chapelle et de l'Opéra. Ses nouvelles fonctions lui inspirèrent le goût de la musique d'église; il écrivit plusieurs œuvres de ce genre, au nombre desquelles était une messe avec orchestre à laquelle il mettait la dernière main lorsque la mort le surprit à Berlin, le 15 février 1857, à l'âge de cinquante-trois ans. Sa perte est regrettable pour les progrès de la musique en Russie; car, quel que soit le jugement que portera la postérité des deux grands ouvrages qui ont fait sa réputation chez ses compatriotes, elle ne pourra méconnaître dans sa musique un caractère tout spécial qui s'éloigne des tendances et des formes de la musique des écoles française, italienne et allemande, de toutes les époques. Les partitions réduites pour le piano de *la Vie pour le Czar*, et de *Rouslann et Lioudmila*, ont été gravées à Saint-Pétersbourg, où l'on s'occupe de la publication des œuvres posthumes de M. de Glinka.

GLIRO (Jean-François), compositeur du seizième siècle, né à Bari, dont on trouve quelques compositions dans le *Primo libro a due voci di diversi autori di Bari*, publié à Venise, en 1585, par De Antiquis.

GLISS (Jean), bon facteur d'orgues à Nuremberg, dans la première moitié du dix-huitième siècle, a construit dans l'église luthérienne de cette ville, en 1737 et 1738, un orgue de trente et un registres avec deux claviers et pédales.

GLOEGGL (François-Xavier), maître de chapelle de l'église cathédrale de Linz, naquit dans cette ville, le 21 février 1764. Bénédict Kraus fut son maître de chant; il apprit le violon sous la direction de Freudenthaler et d'Antoine Hoffmann, et chez le tromboniste Messerer, à Vienne. Il n'était âgé que de dix-huit ans lorsqu'il fut nommé directeur de musique au théâtre de Linz; quelques années après, il ouvrit une école publique de musique dans cette ville. Sa nomination de maître de chapelle de la cathédrale lui fut accordée en 1790. Parvenu à l'âge de soixante-huit ans, Glœggl a célébré en 1802 son jubilé de 50 ans comme directeur de musique. On a de cet artiste les ouvrages dont voici les titres : 1° *Musikalische Monatschrift* (Journal mensuel de musique), Linz, 1803. Quatre numéros seulement ont paru dans les mois de juillet, août, septembre et octobre. Cette publication, n'ayant point de succès, fut alors arrêtée. 2° *Ein musikalische Blatter zur Zeit* (Petite feuille périodique musicale), Linz, 1810, in-8°. Ce journal n'a eu qu'une année d'existence. 3° *Erklarung des musikalischen Haupt-zirkels* (Explication claire du domaine supérieur de la musique), Linz, 1810. Cet ouvrage est un petit traité d'harmonie. 4° *Allgemeines musikalischer Lexikon, aus den bewahrtesten Schrifstellern gesammelt* (Dictionnaire général de musique en quatre livraisons, recueilli d'après les meilleurs auteurs), Linz, 1822, in-8°, livre qui n'a point été achevé et n'a pas été mis dans le commerce, n'ayant été imprimé que jusqu'à la page 248. Il s'en trouve quelques exemplaires en cet état entre les mains de plusieurs artistes à Vienne et dans plusieurs autres villes de l'Autriche. 5° *Musikalish Notizen* (Notices musicales). Cet écrit devait être une sorte de journal paraissant à des époques indéterminées : il n'en a paru que trois numéros. 6° *Der musikalische Gottesdienst, oder Anleitung wie dieser nach höchster Vorschrift solle gehalten werden*, etc. (Le service divin en musique, ou introduction à sa connaissance, d'après les meilleurs ouvrages connus, etc.), Linz, 1822. Glœggl a laissé en manuscrit plusieurs autres productions.

GLOEGGL (François), fils du précédent, né à Linz vers 1788, est élève de son père pour la musique. Fixé à Vienne, il s'y est livré à l'enseignement et a publié plusieurs ouvrages méthodiques. Il est archiviste et secrétaire de la Société des amis de la musique de l'empire d'Autriche, et directeur de musique à l'église de Saint-Paul. Les ouvrages de François Glœggl ont été attribués à son père par plusieurs auteurs; ce sont ceux dont voici les titres :

1° *Allgemeine Anfangsgründe der Tonkunst* (Éléments généraux de la musique), Vienne, chez l'auteur, in-8°. André a publié une édition de cet ouvrage, à Offenbach (sans date), in-8°. 2° *Kurzgefasstes Schulbuch der Tonkunst* (Manuel abrégé de musique à l'usage des écoles), Vienne, chez l'auteur, in-4°. 3° *Musikalische Zeitung für die Oesterreichischen Staaten* (Gazette musicale des États autrichiens), Vienne, chez l'auteur, première année, 1812, in-4°; deuxième année, 1813. Cette deuxième année n'a pas été achevée; elle finit au treizième numéro. 4° *Kirchen Musik-Ordnung; erklarendes Handbuch des musikalischen Gottesdienst fürKappelmeister, Regenschori, Sänger und Tonkünstler* (l'Ordre de la musique d'église; manuel instructif du service divin pour les maîtres de chapelle, les directeurs de chœur, les chanteurs et les musiciens), Vienne, chez l'auteur, 1828, in-4°. Cet ouvrage semble n'être qu'une nouvelle édition du livre de François-Xavier Glœggl sur le même sujet. 5° Calendrier musical pour les États autrichiens, Vienne, 1842, in-8°.

GLOESCH (Charles-Guillaume), fils de Pierre Glœsch, hautboïste de la musique de chambre du roi de Prusse, naquit à Berlin en 1732, et apprit, sous la direction de son père, à jouer de la flûte et du clavecin. Vers 1765, il fut attaché au prince Ferdinand de Prusse, comme musicien de la chambre et comme maître de clavecin de la princesse. Il est mort à Berlin, le 21 octobre 1809, à l'âge de 77 ans. Cet artiste a composé la musique de deux petits opéras : 1° *la Fête des Vertus et des Grâces*, en 1773. 2° *Der Bruder Graurok und die Pilgerinn* (le Moine gris et la Pèlerine); ce dernier a été publié en extrait pour le piano chez Rellstab, à Berlin. Les œuvres de musique instrumentale composées par Glœsch sont : 1° Marche variée pour plusieurs instruments, Berlin, 1770. 2° Six duos pour flûte ou violon et basse, op. 1, *ibid.*, 1779. 3° Trois concertos pour flûte, opera 2. 4° Six sonatines pour clavecin, op. 3, 1780. 5° Vaudeville de *Figaro*, varié pour clavecin, Amsterdam.

GLOGGNER (Gothard), né le 7 septembre 1765, à Kreut, en Bavière, reçut son instruction littéraire et musicale chez les Bénédictins de Tegernsée, entra dans cet ordre en 1781, et fut ordonné prêtre le 18 octobre 1789. L'abbé du monastère ayant remarqué les heureuses dispositions de Gloggner pour la musique, lui fit donner des leçons de composition par Michl, maître de chapelle du prince électoral de Bavière ; ses progrès furent rapides. Gloggner a écrit pour son couvent plusieurs messes et cantates d'église qui se sont fait remarquer par leur style facile et agréable. Après la suppression du monastère de Tegernsée, Gloggner s'est occupé de l'instruction de la jeunesse de ce lieu. Il vivait encore en 1817.

GLOVATZ (Henri), facteur d'orgues allemand du seizième siècle, vivait à Rostock, vers 1590. Il y construisit, en 1593, un orgue de trente-neuf jeux, dont on trouve la description dans les *Syntagm. mus.* de Prætorius, t. II, p. 64.

GLUCK (Jean), diacre à Markswærzenbach, sur la Saale, naquit à Plauen dans la première moitié du dix-septième siècle. Ce musicien a écrit sept morceaux dans le style madrigalesque, pour les sept dernières paroles de Jésus-Christ sur la croix ; l'ouvrage a pour titre : *Heptalogus Christi musicus, musicæ ecclesiasticæ prodromus, oder musikalischen Betrachtung den 7 Worte Christi am Creutz gespræchen, als ein Vortrab einer geistlichen Kirchenmusik*, Leipsick, 1660. La même idée a servi de thème à J. Haydn, plus d'un siècle après, pour un de ses plus beaux ouvrages.

GLUCK (Christophe-Willibald), illustre compositeur dramatique, partage avec plusieurs grands hommes la singulière destinée d'avoir illustré le cours d'une vie dont les circonstances les plus importantes ont été longtemps inconnues et ont donné lieu aux assertions les plus contradictoires. Le *Lexique allemand de la conversation*, d'après Forkel, et la *Biographie universelle* des frères Michaud, disent qu'il naquit, en 1714, dans le Haut-Palatinat, sur les frontières de la Bohême; Lipowsky, dans son *Lexique des musiciens de la Bavière*, place la date de sa naissance au 14 février 1712, et ajoute qu'il dut le jour à des parents obscurs et pauvres du Palatinat; j'ai suivi cette indication dans la première édition de mon livre. Le P. Dlabacz, de l'ordre des Prémontrés, au couvent de Strahow, en Bohême, publia, dans la septième partie de la *Statistique de la Bohême*, un essai sur les artistes de cette partie de l'empire d'Autriche, dans lequel il établissait que Christophe Gluck était né en 1714, à Weidenwangen, dans le Haut-Palatinat, où son père était chef des gardes-chasse du prince de Lobkowitz. Gerber suivit ce renseignement dans son *Nouveau Lexique des artistes musiciens* (t. II, col. 344) Le même P. Dlabacz donna ensuite (1815) son *Lexique général et historique des* *artistes de la Bohême* (1), où il ajoutait au prénom de Christophe, connu jusqu'alors, celui de Willibald, et disait que Gluck était né le 4 juillet 1714, à Weidenwang, que son père se nommait *Alexandre* et sa mère, *Walburge*. Dans l'article *Gluck* du *Dictionnaire* de Schilling (2), la date du 4 juillet 1714 est répétée, mais le prénom de Willibald est supprimé, ainsi que ceux des parents de l'artiste.

Un document qui renversait toutes ces données parut, en 1832, dans un journal qui se publiait à Munich sous le titre de : *Feuille bavaroise pour l'histoire, la statistique, la littérature et l'art* (3) : il fut répété par plusieurs autres. Ce document, découvert par un curé de Neustadt, sur la Naab, nommé *Lintl*, est un acte de baptême par lequel il paraissait que Gluck était né dans ce village, en 1700. Il est ainsi conçu : 25 *martii anno* 1700 *baptizatus est à me M. Andrea Dozler, cooperator, Joannes Christophorus, Joannis Adami Gluck, venatorii aulici et Annæ Catharinæ filius legitimus, tenante prænobili Domino Joanne Christophoro Pfreimbder de Bruckenthurn et Altensteinreith.* De ce document il résultait que Gluck serait né à Neustadt et non à Weidenwang; qu'il se serait appelé *Jean-Christophe* et non *Christophe-Willibald ;* que son père se serait appelé *Jean-Adam* au lieu d'*Alexandre*, et sa mère *Anne-Catherine* au lieu de *Walburge ;* enfin, qu'il serait né quatorze ans avant l'époque indiquée par Forkel, Dlabacz et leurs copistes. Gassner s'empressa de recueillir cette version nouvelle pour le supplément du *Lexique* de Schilling; mais il est revenu à celle de Dlabacz et de Schilling dans son *Dictionnaire universel de musique* (4). Le fait est que le document découvert par le curé de Neubaus se rapporte à un individu différent du grand artiste connu par les belles créations admirées dans toute l'Europe : cette vérité est démontrée par deux autres documents originaux qui existaient dans la précieuse collection d'Aloïs Fuchs, qui fut chanteur de la chapelle impériale et employé de la chancellerie de la guerre, à Vienne. Le premier de ces monuments historiques est un certificat de vie délivré à Gluck par le marquis de Noailles, ambassadeur à Vienne, et dans lequel on lit : « Nous, Emmanuel-Louis, marquis de Noailles..., certifions à tous ceux à qui il appartiendra que *Christophe Gluck, né le deux juillet mil sept cent quatorze*, compositeur et directeur de la musique de Sa Majesté Impériale, demeurant en cette ville, rue de Carinthie, paroisse Saint-Étienne..., est actuellement vivant, pour s'être présenté aujourd'hui devant nous, à l'effet d'obtenir le présent certificat de vie, qu'il a signé avec nous. En foi de quoi, etc... Fait à Vienne, en notre hôtel, le huit octobre mil sept cent quatre-vingt-cinq. » L'autre document est l'extrait des registres de la paroisse de Weidenwang, près de Neumarkt, en cette forme :

Baptizans.	Baptizatus	Parentes	Levantes
Simon Pabst, 4 juli 1714.	Christophorus Willibaldus.	Alexander Glück uxor Walburga venst.	Christoph. Fleischmann hospes in Weidenwang.

Il résulte de cette pièce que la date du 4 juillet, donnée par Dlabacz et adoptée dans le *Lexique* de Schilling comme celle de la naissance de Christophe-Willibald Gluck, est celle du jour de son baptême. Enfin, des deux documents qui viennent d'être cités, et qui ont été publiés pour la première fois dans la *Gazette générale de musique de Leipsick*, n° 10 de l'année 1832, il est prouvé que l'illustre compositeur naquit le 2 juillet 1714, que ses prénoms étaient Christophe-Willibald, que son père se nommait Alexandre, sa mère, Walburge, et, enfin, que le lieu de la naissance fut Weidenwang, près de Neumarkt, dans le Haut-Palatinat, aux frontières de la Bohême.

Antoine Schmid, savant conservateur de la Bibliothèque impériale de Vienne, a publié, en 1854, une monographie de la vie et des œuvres de Gluck dans laquelle il a porté les soins minutieux qu'on remarque dans tous ses ouvrages. J'emprunte à ce livre des renseignements sur la jeunesse de ce grand artiste qui n'ont pas été connus antérieurement à cette publication. Les premières années de son enfance se passèrent dans la seigneurie d'Eisenberg, qui appartenait au prince de Lobkowitz, dont Alexandre Gluck était serviteur. Il reçut sa première instruction élémentaire dans l'école de ce lieu. A l'âge de douze ans, il fut envoyé au Collège des Jésuites dans la petite ville de Kommotau et y fit ses études entre les années 1726 et 1732. Il y reçut des leçons de chant, de violon, de clavecin et d'orgue, et fut employé à chanter au chœur dans l'église

(1) *Allgemeines historisches Künstler - Lexikon für Böhmen*, etc. Prague, 1815, 4°, 1er vol. col., 169.

(2) *Universal Lexikon der Tonkunst*. T. III, p. 254.

(3) *Bayrischen Blatter für Geschichte, Statistik, Literatur und Kunst*, 1832. n° 21.

(4) *Universal Lexikon der Tonkunst*. Stuttgart, 1849, grand in-8.

de Saint-Ignace. Dans l'année 1732, Gluck, parvenu à l'âge de dix-huit ans, se rendit à Prague, dans le but d'y continuer ses études musicales. En allant chanter et jouer du violon dans les églises de cette ville pour gagner quelque argent, il fut remarqué dans celle du couvent polonais de Sainte-Agnès par le P. Czernohorsky, grand musicien qui fut le maître du célèbre organiste Seger. Gluck se perfectionna, sous sa direction, dans l'art du chant et apprit à jouer du violoncelle, qui devint son instrument favori. Les dimanches et fêtes, il allait de village en village chanter dans les églises, et jouer du violon pour la danse des paysans; et de temps en temps il donnait de petits concerts dans les villes les plus importantes du pays et s'y faisait entendre sur le violon. En 1736, il se rendit à Vienne, où vivaient encore, lorsqu'il y arriva, les célèbres maîtres Antoine Caldara, Jean-Joseph Fux, les frères François et Ignace Conti, ainsi que Joseph Porsile, musicien de la cour impériale, et compositeur distingué d'opéras. Le jeune artiste ne pouvait arriver dans des circonstances plus heureuses pour augmenter ses connaissances dans l'art.

Vers le même temps, le prince de Melzi, dont la résidence était à Milan, se trouvait dans la capitale de l'Autriche. Frappé de l'heureuse organisation de Gluck, qu'il avait rencontré dans le palais du prince de Lobkowitz, il l'engagea pour sa musique particulière et l'emmena à Milan, où il le confia aux soins de Jean-Baptiste Sammartini, compositeur et organiste de grand talent, pour qu'il complétât son instruction dans l'harmonie et dans le contrepoint. Après quatre ans d'études, Gluck se sentit en état d'écrire pour le théâtre. Son premier opéra, intitulé : *Artaserse*, fut représenté à Milan, en 1741; il fut suivi d'*Ipermnestre* et de *Demetrio*, à Venise (1742); de *Demofonte*, à Milan (1742); de *l'Artamene*, à Crémone (1743); de *Siface*, à Milan (1743); de l'*Alessandro nell' Indie*, à Turin (1744), et de la *Fedra*, à Milan (1744).

Toutes ces productions, ayant été bien reçues du public, mirent Gluck au rang de meilleurs compositeurs; sa réputation s'étendit, et l'administration de l'Opéra de *Hay-Market*, à Londres, l'appela, en 1745, pour écrire deux ouvrages. Il ne paraît pas que Gluck ait complétement réussi dans ces compositions, dont l'une avait pour titre : *la Caduta de' Giganti*, représentée le 7 janvier 1746, et dont l'autre était *l'Artamene*, joué à Crémone, en 1744. Hændel les ayant entendues, les déclara détestables, et depuis lors il manifesta toujours peu d'estime pour les talents de ce grand artiste. Il est vrai que, jusque-là, Gluck semblait avoir méconnu la destination de son génie; il avait obtenu des succès, mais dans une route qu'il avait trouvée tracée, et dans le style qui était alors en vogue en Italie. C'est à l'époque de son voyage en Angleterre qu'une révolution se fit dans son esprit, et qu'il commença à chercher la vérité dramatique pour laquelle il était né.

Une circonstance, indifférente en apparence, fut la cause de ce grand changement; la voici : indépendamment des deux opéras qu'on avait demandés à Gluck pour le théâtre de Londres, on l'avait engagé à arranger un *pasticcio*. On sait que ce sont des poëmes auxquels on adapte des morceaux de musique choisis dans d'autres opéras. Il prit donc dans tous ses ouvrages les morceaux qui avaient toujours été applaudis, et les arrangea avec le plus d'art et d'habileté qu'il put sur le poëme qui lui avait été donné, et qui s'appelait, à ce qu'on croit, *Pyrame et Thisbé*. A la représentation, Gluck fut étonné de voir que les mêmes morceaux qui avaient produit le plus grand effet dans les opéras pour lesquels ils avaient été composés, n'en faisaient pas, transportés sur d'autres paroles et adaptés à une autre action. En y réfléchissant, il jugea que toute musique bien faite a une expression propre à la situation pour laquelle elle a été composée, et que cette expression est une source d'effet plus riche et plus puissante que le plaisir vague dont l'oreille est chatouillée par un arrangement de sons bien combinés. Il conclut aussi de ce qu'il avait remarqué dans son *pasticcio* que la force du rhythme et de l'accent des paroles est un puissant auxiliaire pour le musicien, quand il sait en tirer parti. Il prit dès lors la résolution de renoncer au genre italien de son temps, dont on pouvait dire avec raison, comme l'abbé Arnaud, que l'*Opéra était un concert* dont le drame était le prétexte.

Dans un intervalle entre les représentations de ses opéras à Londres, Gluck avait fait un court voyage à Paris pour y entendre les opéras de Rameau, qui lui suggérèrent ses premières idées sur la déclamation du récitatif. Revenu à Londres, et après y avoir rempli ses engagements, il retourna en Allemagne par Hambourg et s'arrêta quelque temps à Dresde, vers la fin de l'année 1746.

De retour à Vienne, Gluck y composa quelques opéras et des symphonies (1). Il n'était

(1) Les thèmes de six de ces symphonies sont rapportés dans le *Catalogue thématique de la musique en vente chez Breitkopf*, à Leipsick, 1762.

pas né pour ce dernier genre ; la musique n'était quelque chose pour lui que lorsqu'elle était appliquée non-seulement à des paroles, mais à une action dramatique. Pendant la durée de son séjour dans la capitale de l'Autriche, il chercha à réparer le vice de sa première éducation. La nature lui avait donné le goût de la littérature comme celui de la musique ; il se mit à travailler avec ardeur. L'étude de langues, la lecture des meilleurs ouvrages en tout genre, et la conversation des hommes de mérite fortifièrent ses idées sur la nécessité d'une réforme de la musique dramatique, et c'est de cette époque que ses ouvrages prirent insensiblement la teinte de son genre particulier. Le style de Gluck avait pris un caractère évidemment plus dramatique et plus grandiose dans *la Semiramide riconosciuta* qu'il écrivit à Vienne, en 1748, sur le poëme de Métastase : déjà son récitatif y est plus accentué que dans ses productions précédentes, et son harmonie y prend une teinte plus germanique.

En 1749, il fut appelé à Copenhague pour y composer une sérénade en deux actes, intitulée : *Filide*, à l'occasion du jour de naissance du roi Christian VII. La partition de cet ouvrage existe à la Bibliothèque royale de Berlin (1).

La réputation toujours croissante de Gluck le fit rappeler en Italie, en 1750 ; là il écrivit, pour le théâtre Argentina, à Rome, *Telemacco*, et *la Clemenza di Tito* ; à Naples, *il Trionfo di Camillo* ; et *l'Antigono*, à Rome. C'est dans le *Telemacco* que Gluck employa, dans un chœur, le motif qui lui a servi plus tard pour l'introduction de l'ouverture d'*Iphigénie en Aulide*. Ce motif avait été trouvé auparavant et traité par Feo, compositeur napolitain, dans une messe dont la partition manuscrite se trouve à la Bibliothèque du Conservatoire de musique à Paris. L'ouverture du même *Telemacco* est devenue celle d'*Armide* ; cette circonstance fait voir le cas qu'on doit faire des critiques de journaux ; car les gens de lettres et les *connaisseurs* du temps ne manquèrent pas de féliciter l'auteur d'*Armide* sur le ton chevaleresque qu'il avait si heureusement mis dans cette ouverture.

Dans les ouvrages dont on vient de parler, Gluck avait commencé la réforme de son style ; chaque nouvelle production de sa plume était un pas de plus dans la route qu'il s'était tracée. C'est dans ces idées qu'il écrivit, à Vienne, de 1761 à 1764, *Alceste, Pâris et Hélène* et *Orphée*. Pour achever la révolution musicale qu'il avait entreprise, il avait besoin d'un poëte qui comprit ses idées, qui voulût s'y prêter, et qui eût assez de talent pour le faire avec succès. Il rencontra tout ce qu'il pouvait désirer dans Calzabigi, auquel il dut les pièces qui viennent d'être citées. Moins riches de poésie que les drames de Métastase, mais plus heureusement disposés pour la musique, les poëmes de ces opéras présentent des situations dramatiques du plus bel effet. Rien de plus favorable aux inspirations du musicien que les belles scènes où Alceste consulte l'oracle sur le sort de son époux, et se dévoue pour le sauver ; rien surtout n'est comparable au magnifique tableau du deuxième acte d'*Orphée*. C'est dans ce second acte que Gluck s'est élevé au plus haut degré du sublime où il soit jamais parvenu. Dès la première ritournelle, le spectateur pressent tout l'effet de la scène qui va se passer sous ses yeux. La gradation parfaite observée dans les sensations du chœur des démons, la nouveauté des formes, et surtout le pathétique admirable qui règne dans tout le chant d'*Orphée*, font de cette scène un chef-d'œuvre qui résistera à tous les caprices de la mode, et qui sera toujours considéré comme une des plus belles productions du génie.

Gluck a mis en tête de ses partitions d'Alceste et de Pâris et Hélène deux épîtres dédicatoires dans lesquelles il rend compte de ses idées sur la musique dramatique, et du plan qu'il a suivi dans ses ouvrages. Il est curieux de voir Gluck faire en quelque sorte lui-même l'histoire de ses idées sur la nature de l'Opéra. Je crois devoir donner ici ces deux morceaux, et je pense qu'on les verra avec plaisir, parce qu'ils sont de nature à mieux faire connaître les principes de cet artiste célèbre, que ne pourraient le faire des volumes de dissertations.

ÉPITRE DÉDICATOIRE D'ALCESTE.

« Lorsque j'entrepris de mettre en musique « l'opéra d'*Alceste*, je me proposai d'éviter « tous les abus que la vanité mal entendue des « chanteurs et l'excessive complaisance des « compositeurs avaient introduits dans l'Opéra « italien, et qui, du plus pompeux et du plus « beau des spectacles, avaient fait le plus ennuyeux et le plus ridicule. Je cherchai à réduire la musique à sa véritable fonction, « celle de seconder la poésie pour fortifier « l'expression des sentiments et l'intérêt des « situations, sans interrompre l'action et la « refroidir par des ornements superflus ; je crus « que la musique devait ajouter à la poésie ce

(1) Antoine Schmid a ignoré la circonstance de ce voyage de Gluck à Copenhague, et n'a pas eu connaissance de l'ouvrage qu'il y écrivit.

« qu'ajoutent à un dessin correct et bien com-« posé la vivacité des couleurs et l'accord heu-« reux des lumières et des ombres, qui servent « à animer les figures sans en altérer les « contours. Je me suis donc bien gardé d'in-« terrompre un acteur dans la chaleur du « dialogue, pour lui faire attendre une en-« nuyeuse ritournelle, ou de l'arrêter au mi-« lieu de son discours sur une voyelle favorable, « soit pour déployer dans un long passage « l'agilité de sa belle voix, soit pour attendre « que l'orchestre lui donnât le temps de re-« prendre haleine pour faire un point d'orgue.

« Je n'ai pas cru non plus devoir ni passer « rapidement sur la seconde partie d'un air, « lorsque cette seconde partie était la plus im-« portante, afin de répéter régulièrement « quatre fois les paroles de l'air, ni finir l'air « où le sens ne finit pas, pour donner au chan-« teur la facilité de faire voir qu'il peut varier « à son gré, et de plusieurs manières, un pas-« sage.

« Enfin, j'ai voulu proscrire tous ces abus « contre lesquels, depuis longtemps, se ré-« criaient en vain le bon sens et le bon goût.

« J'ai imaginé que l'ouverture devait pré-« venir les spectateurs sur le caractère de « l'action qu'on allait mettre sous ses yeux, et « leur indiquer le sujet; que les instruments « ne devaient être mis en action qu'en propor-« tion du degré d'intérêt et de passion, et qu'il « fallait éviter surtout de laisser dans le dia-« logue une disparate trop tranchante entre « l'air et le récitatif, afin de ne pas tronquer à « contre-sens la période, et de ne pas inter-« rompre mal à propos le mouvement et la « chaleur de la scène.

« J'ai cru encore que la plus grande partie « de mon travail devait se réduire à chercher « une belle simplicité, et j'ai évité de faire « parade de difficultés aux dépens de la clarté; « je n'ai attaché aucun prix à la découverte « d'une nouveauté, à moins qu'elle ne fût na-« turellement donnée par la situation, et liée « à l'expression; enfin il n'y a aucune règle « que je n'aie cru devoir sacrifier de bonne « grâce en faveur de l'effet.

« Voilà mes principes; heureusement le « poëme se prêtait merveilleusement à mon « dessein. Le célèbre auteur d'*Alceste* (1), « ayant conçu un nouveau plan de drame « lyrique, avait substitué aux descriptions « fleuries, aux comparaisons inutiles, aux « froides et sentencieuses moralités, des pas-« sions fortes, des situations intéressantes, le « langage du cœur et un spectacle toujours « varié. Le succès a justifié mes idées, et l'ap-« probation universelle, dans une ville aussi « éclairée (2), m'a démontré que la simplicité « et la vérité sont les grands principes du beau « dans toutes les productions des arts, etc. »

Il me semble qu'on ne peut lire cette sorte de profession de foi de Gluck, en ce qui concerne l'Opéra, sans être frappé des considérations suivantes : il était âgé de quarante-quatre ans lorsqu'il écrivit *Alceste*, où il se conforma pour la première fois aux principes qu'il expose dans son épître; jusque-là il avait suivi d'une manière plus ou moins absolue les formes arrêtées par les compositeurs italiens qui l'avaient précédé. Plus de vingt opéras écrits par lui, soit en Italie, soit en Angleterre, soit à Vienne, ne faisaient voir que de légères traces d'individualité, et depuis vingt et un ans il parcourait la carrière du théâtre lorsqu'il imagina d'y porter la réforme : n'est-il pas évident, d'après cela, que le talent de Gluck fut plutôt le résultat de la réflexion et d'une sorte de philosophie de l'art, que d'un penchant irrésistible, tel qu'il s'en est manifesté dans l'organisation de certains grands artistes? Remarquez, au reste, que ce n'est pas le premier exemple d'une grande et juste renommée fondée par suite de méditations tardives. Rameau, qui précéda Gluck, et qui fut aussi réformateur, avait près de soixante ans quand il écrivit son premier opéra. Jusque-là il s'était borné à réfléchir sur les défauts de la musique de son temps. La suite fera voir que Gluck n'entra que pas à pas dans sa route particulière, et qu'en continuant de se faire une philosophie de la musique dramatique, il apporta dans ses premières idées des modifications qui ont achevé d'imprimer à ses productions le cachet d'individualité auquel il a dû sa grande renommée. Remarquez encore que cette approbation dont il se vante n'était pas si universelle qu'il vient de le dire; car il va se plaindre tout à l'heure des critiques qu'on a faites de ses idées. Dans le fait, cette approbation s'était bornée à celle de quelques amis et de la cour de l'empereur, qui était fort habile en musique. Écoutons ce que Gluck va nous dire à ce sujet dans son épître dédicatoire de *Pâris et Hélène*.

« Je ne me suis déterminé à publier la musi-« que d'*Alceste* que dans l'espoir de trouver des « imitateurs. J'osais me flatter qu'en suivant « la route que j'ai ouverte, on s'efforcerait de « détruire les abus qui se sont introduits dans

(1) Calzabigi.
(2) Vienne.

« le spectacle italien, et qui le déshonorent. « Je l'avoue avec douleur, je l'ai tenté vainement jusqu'ici. Les demi-savants, les docteurs de goût, *i buongustai*, espèce malheureusement trop nombreuse, et de tout « temps mille fois plus funeste au progrès des « arts que celle des ignorants, se sont déclarés « contre une méthode qui, en s'établissant, « anéantirait leurs prétentions.

« On a cru pouvoir prononcer sur l'*Alceste* « d'après des répétitions informes, mal dirigées « et plus mal exécutées; on a calculé, dans un « appartement, l'effet que cet opéra pourrait « produire sur un théâtre; c'est avec la même « sagacité que, dans une ville de la Grèce, on « voulut juger autrefois, à quelques pieds de « distance, de l'effet de statues faites pour être « placées sur de hautes colonnes. Un de ces « délicats amateurs, qui ont mis toute leur « âme dans leurs oreilles, aura trouvé un air « trop âpre, un passage trop dur ou mal préparé, sans songer que, dans la situation, cet « air, ce passage, étaient le sublime de l'expression, et formaient le plus heureux con-« traste. Un harmoniste pédant aura remarqué « une négligence ingénieuse ou une faute « d'impression, et se sera empressé de dénoncer « l'une et l'autre, comme autant de péchés « irrémissibles contre les mystères de l'harmonie; bientôt après une foule de voix se « seront réunies pour condamner cette musique comme barbare, sauvage, extravagante.

« Il est vrai que les autres arts ne sont « guère plus heureux, et Votre Altesse en devine la raison. Plus on s'attache à chercher « la perfection et la vérité, plus la précision « et l'exactitude deviennent nécessaires. Les « traits qui distinguent Raphaël de la foule des « peintres sont en quelque sorte insensibles; « de légères altérations dans les contours ne « détruiront point la ressemblance dans une « tête de caricature, mais elles défigureront « entièrement le visage d'une belle personne : « je n'en veux pas d'autre preuve que mon « air d'Orphée, *Che faro senza Euridice?* « Faites-y le moindre changement, soit dans « le mouvement, soit dans la tournure de l'expression, et cet air deviendra un air de marionnettes. Dans un ouvrage de ce genre, une « note plus ou moins soutenue, une altération « de force ou de mouvement, un *appogiature* « hors de place, un trille, un passage, une roulade, peuvent ruiner l'effet d'une scène tout « entière. Aussi lorsqu'il s'agit d'exécuter une « musique faite d'après les principes que j'ai « établis, la présence du compositeur est-elle, « pour ainsi dire, aussi nécessaire que le soleil « l'est aux ouvrages de la nature; il en est l'âme « et la vie; sans lui, tout reste dans la confusion et le chaos : mais il faut s'attendre à rencontrer ces obstacles tant qu'on rencontrera « dans le monde de ces hommes qui, parce « qu'ils ont des yeux et des oreilles, n'importe « de quelle espèce, se croient en droit de juger « des beaux-arts, etc., etc. » Il y a loin, comme on voit, de ces plaintes amères aux enchantements de l'épître dédicatoire d'*Alceste*.

En 1765, Gluck fut chargé de composer la musique d'un opéra pour le mariage de Joseph II; dans cet ouvrage (*il Parnasso confuso*), l'archiduchesse Amalie chantait le rôle d'Apollon; les autres archiduchesses Élisabeth, Joséphine et Charlotte, représentaient les trois Grâces; et l'archiduc Léopold était au clavecin. Gluck écrivit aussi pour la fête de l'empereur François Ier, dans cette même année, *la Corona*, action théâtrale de Métastase, qui fut aussi exécutée par les princesses de la famille impériale. Ce genre d'ouvrage ne convenait pas plus au talent de l'illustre compositeur que celui de l'opéra comique, qu'il traita plusieurs fois pour les divertissements de la Cour. Il se retrouva dans son domaine véritable lorsqu'il écrivit, en 1766, l'*Alceste*, de Calzabigi, qui fut représentée à Vienne, l'année suivante. En 1769, Gluck écrivit, pour la Cour de Parme, les intermèdes intitulés : *le Feste d'Apollo; Bauci et Filemone*, et *Aristeo*.

Ce grand artiste, dont l'Allemagne et l'Italie admiraient les talents, n'était cependant pas encore satisfait des résultats qu'il avait obtenus dans ses derniers ouvrages. L'idée d'un poëme régulier, dont la musique ne ferait que fortifier les situations sans l'isoler de la pensée du poëte, occupait sans cesse son imagination. Il crut que la scène française était plus propre qu'une autre à réaliser son dessein, et il en parla au bailli du Rollet, qui se trouvait à Vienne en 1772, attaché à l'ambassade de France. C'était un homme d'esprit, qui avait le goût et l'habitude du théâtre, et qui, malgré ses préventions en faveur de l'Opéra français, fut vivement frappé des idées que lui présenta Gluck. Il les adopta avec chaleur, et de concert avec lui, choisit l'*Iphigénie* de Racine, comme le sujet le plus propre à réunir tout l'intérêt de la tragédie aux grands effets d'une musique passionnée et dramatique. Gluck se mit aussitôt à l'ouvrage, et, dès la fin de la même année, on fit à Vienne des répétitions d'essai du nouvel opéra.

Le bailli du Rollet écrivit alors à l'administration de l'Opéra pour lui proposer d'engager le célèbre musicien à venir monter son ouvrage à Paris. Sa lettre, dans laquelle il entrait dans beaucoup de détails sur le nouveau système de musique dramatique qui avait été adopté dans la composition de l'*Iphigénie*, fut insérée dans le *Mercure de France*, au mois d'octobre 1772. Ce fut le premier signal de la fameuse polémique des *Gluckistes* et des *Piccinnistes*. Une autre lettre, écrite par Gluck lui-même au commencement de 1773, succéda à celle de du Rollet. Beaucoup d'opposition au projet d'une révolution musicale se rencontrait dans l'administration de l'Opéra; on eut recours à la Dauphine, Marie-Antoinette, qui avait été élève de Gluck, et toutes les difficultés furent levées. Après de nombreuses répétitions d'une composition que les musiciens français d'alors ne parvinrent à exécuter qu'avec beaucoup de peine, *Iphigénie en Aulide* fut représentée pour la première fois à l'Opéra le 19 avril 1774. Gluck était alors âgé de soixante ans; ainsi, c'est dans l'âge où les hommes de talent voient s'affaiblir la force de leur génie, que le sien brilla de son éclat le plus vif, et qu'il établit les bases les plus solides de sa réputation.

Cette musique vraie, pathétique, dont aucune autre jusque-là n'avait donné l'idée, fit un effet prodigieux sur les habitués de l'Opéra. Le public français y trouvait ce qu'il recherchait alors au théâtre : la vérité dramatique et beaucoup de respect pour les convenances de la scène. Les vieux admirateurs de la musique de Lulli et de Rameau regrettaient, il est vrai, le bon temps où les chants de *Bellérophon*, d'*Amadis* et des *Indes galantes* charmaient leur jeunesse; mais ils étaient en petit nombre. Les querelles des Bouffons (en 1753) avaient disposé les esprits à croire qu'on pouvait faire d'autre musique que la musique française de ce temps. Les littérateurs qui, à cette époque, donnaient le ton en toutes choses, se firent les prôneurs d'une innovation qui était favorable à leurs prétentions (1); la haute société fit le reste : car la cour protégeait Gluck, et l'on devait être de l'avis de la cour. Après *Iphigénie* vinrent *Orphée* et *Alceste*, qui furent traduits sur les partitions italiennes. Gluck y fit les changements qu'exigeait son nouveau système dramatique; *Alceste* y gagna ; il n'en fut pas de même d'*Orphée*. Il n'y avait point, en France, de contralto pour chanter le rôle principal; il fallut transposer ce rôle et l'ajuster pour une *haute-contre*, ce qui ôtait à la musique le caractère de profonde mélancolie qui convenait si bien au sujet : c'était déjà un mal; mais ce n'était pas tout. Par un excès de complaisance pour Legros, l'acteur le plus renommé de cette époque, Gluck consentit à ajuster quelques traits de mauvais goût dans le rôle principal, ce qui est d'autant plus remarquable, que ce grand musicien n'avait jamais eu de ces sortes de condescendances, même lorsqu'il écrivait en Italie.

Tel qu'il est, cet ouvrage est néanmoins encore un chef-d'œuvre; aussi obtint-il, ainsi qu'*Alceste*, un succès d'enthousiasme. La réputation de Gluck était si bien établie, qu'on n'osait plus prononcer le nom d'un autre musicien. C'était une espèce de délire; on sollicitait la faveur d'être admis aux répétitions de ses ouvrages, comme on aurait pu le faire pour le meilleur spectacle. Les répétitions générales d'*Orphée* et d'*Alceste* furent les premières qu'on rendit publiques en France. L'affluence qui s'y porta fut immense; on fut obligé de renvoyer plusieurs milliers de curieux. Ces répétitions n'étaient pas moins piquantes par les singularités de l'auteur, ses boutades et son indépendance, que par la nouveauté de la musique. C'est là qu'on vit des grands seigneurs, et même des princes, s'empresser de lui présenter son surtout et sa perruque quand tout était fini; car il avait l'habitude d'ôter tout cela, et de se coiffer d'un bonnet de nuit avant de commencer ses répétitions, comme s'il eût été retiré chez lui. Il avait donné, en 1775, le petit opéra de *Cythère assiégée*, qui eut peu de succès; l'abbé Arnaud dit, à propos de cet ouvrage, qu'Hercule était plus habile à manier la massue que les fuseaux. Les amateurs de la vieille musique française reprochaient à l'*Iphigénie* de Gluck d'être trop italienne, tandis que d'autres, initiés à la connaissance des œuvres de Jomelli, de Traetta et de Piccinni, lui trouvaient le défaut contraire. Ces derniers, qui étaient en assez grand nombre et qui avaient quelque crédit, obtinrent qu'on fit venir Piccinni à Paris, et qu'on le chargeât de la composition d'un opéra. Cet adversaire était plus difficile à vaincre que Rameau et Lulli; aussi Gluck ne put-il se défendre de montrer de l'humeur, quand il eut appris qu'on avait donné à son antagoniste l'opéra de *Roland* à faire concurremment avec lui; il était alors à Vienne,

(1) « Toutes les musiques que je connais, écrivait l'abbé Arnaud, quelques jours après la première représentation d'*Iphigénie*, sont à celle de M. Gluck ce que les tableaux de genre sont aux tableaux d'histoire; ce que l'épigramme et le madrigal sont au poème épique; jamais on ne donna ce caractère de magnificence et de grandeur aux compositions musicales. »

où il venait de terminer son *Armide* (en 1777). Il avait commencé le *Roland*, mais l'engagement de Piccinni le fit renoncer à cet ouvrage, et il écrivit à ce sujet au bailli du Rollet, son ami, une lettre pleine d'expressions hautaines et dédaigneuses, qui fut insérée dans l'*Année Littéraire*, et qui devint une déclaration de guerre en forme (1).

Deux partis violents se formèrent aussitôt : les gens de lettres s'enrôlèrent dans l'un ou dans l'autre, et les journaux furent remplis tous les matins d'épigrammes, de bons mots et d'injures que les coryphées de chaque parti se décochaient (2). Les chefs des *Gluckistes* étaient Suard et l'abbé Arnaud ; du côté des *Piccinnistes* on comptait Marmontel, La Harpe, Ginguené, et jusqu'au froid d'Alembert. La plus haute société, les femmes du meilleur ton, entraient avec chaleur dans cette querelle grotesque. Les soupers, alors à la mode, réunissaient les antagonistes, encore émus des impressions qu'ils venaient de recevoir au théâtre ; ils devenaient une arène, où l'on combattait avec chaleur pour des opinions mal définies ; on y entendait pousser des cris inhumains, et tout y présentait à l'œil de l'observateur un spectacle plus curieux que celui pour lequel on disputait. Cet état de choses dura jusqu'en 1780, époque où Gluck retourna à Vienne ; alors les esprits se calmèrent, et l'on comprit qu'il valait mieux jouir des beautés répandues dans *Armide* et dans *Roland* que disputer sur leur mérite.

Armide fut représentée le 3 mars 1777 ; son succès ne vérifia pas les prédictions de Gluck. Loin de faire tourner la tête aux habitants de Paris, cette pièce fut reçue d'abord avec froideur ; il fallut du temps pour la comprendre ; mais insensiblement on s'y accoutuma ; chaque reprise qu'on en fit augmenta le nombre de ses partisans, et l'indifférence finit par se transformer en enthousiasme. Cette indifférence, qui s'était manifestée aux premières représentations d'un ouvrage si plein de charme, n'est pas un des événements les moins singuliers de l'histoire de l'art : peut-être ne fut-ce que l'étonnement d'y trouver des chants qu'on n'attendait pas du génie énergique de Gluck.

Il n'en fut pas de même d'*Iphigénie en Tauride* ; tout Paris fut entraîné par cette merveille d'expression dramatique ; les ennemis de l'auteur furent même forcés de garder le silence. Quel moyen, en effet, de disputer contre de pareilles beautés, contre ce magnifique premier acte, contre ce *sommeil d'Oreste*, et contre tant de créations répandues à pleines

(1) « Je viens de recevoir, mon ami (écrivait-il), votre lettre du 15 janvier, par laquelle vous m'exhortez à continuer de travailler sur les paroles de l'opéra de *Roland* ; cela n'est plus faisable, parce que quand j'ai appris que l'administration de l'Opéra, qui n'ignorait pas que je faisais *Roland*, avait donné ce même ouvrage à M. Piccinni, j'ai brûlé tout ce que j'en avais déjà fait, qui peut-être ne valait pas grand'chose, et en ce cas le public doit avoir obligation à M. Marmontel qu'on ne lui fit pas entendre une mauvaise musique. D'ailleurs, je ne suis plus homme fait pour entrer en concurrence : M. Piccinni aurait trop d'avantage sur moi, car, outre son mérite personnel, qui est assurément très-grand, il aurait celui de la nouveauté, moi ayant donné à Paris quatre ouvrages bons ou mauvais, n'importe ; cela use la fantaisie ; et puis je lui ai frayé le chemin, il n'a qu'à me suivre. Je ne vous parle pas de la protection : je suis sûr qu'un certain politique de ma connaissance (Caraccioli) donnera à dîner et à souper aux trois quarts de Paris pour lui faire des prosélytes, et que Marmontel, qui sait si bien faire des contes, contera à tout le royaume le mérite exclusif de M. Piccinni. Je plains en vérité M. Hébert (directeur de l'Opéra) d'être tombé dans les griffes de pareils personnages, l'un amateur exclusif de musique italienne, l'autre, auteur dramatique d'opéras prétendus comiques. Ils lui feront voir la lune à midi. »

Après avoir parlé avec enthousiasme de son *Armide* et d'*Alceste*, il ajoute : « Il faut finir, autrement vous croiriez que je suis devenu fou ou charlatan. Rien ne fait un si mauvais effet que de se louer soi-même, cela ne convenoit qu'au grand Corneille ; mais quand Marmontel ou moi nous nous louons, on se moque de nous et on nous rit au nez. Au reste vous avez raison de dire qu'on a trop négligé les compositeurs français, car, ou je me trompe fort, je crois que Gossec et Philidor, qui connaissent la coupe de l'opéra français, serviraient infiniment mieux le public que les meilleurs auteurs italiens, si on ne s'enthousiasmait pas pour tout ce qui a l'air de nouveauté. »

(2) Le *Journal de Paris*, la *Gazette de littérature*, le *Mercure* et l'*Année littéraire*, furent remplis, pendant plus de deux ans, d'une foule d'articles satiriques dont l'abbé Arnaud, Suard, La Harpe, Marmontel et Framery étaient les auteurs. L'abbé Leblond a réuni toutes ces pièces dans un volume qui a pour titre : *Mémoires pour servir à la révolution opérée dans la musique, par M. le chevalier Gluck*. Paris, 1781, in-8° de 491 pages. Parmi les anecdotes qui s'y trouvent, celles-ci pourront faire juger de la disposition d'esprit des antagonistes :

« On donnait la semaine dernière, à l'Opéra, *Alceste*, tragédie de M. le chevalier Gluck. Mademoiselle Levasseur jouait le rôle d'Alceste ; lorsque cette actrice, à la fin du second acte, chanta ce vers sublime par son accent : *Il me déchire et m'arrache le cœur*, une personne s'écria : *Ah ! mademoiselle, vous m'arrachez les oreilles !* Son voisin, transporté par la beauté de ce passage et par la manière dont il était rendu, lui répliqua : « Ah ! monsieur, quelle fortune si c'est pour vous en donner d'autres ! » (Journal de Paris, 1777).

« Savez-vous, disait quelqu'un (l'abbé Arnaud) à l'amphithéâtre, que Gluck arrive avec la musique d'*Armide* et de *Roland* ? — De Roland ! dit son voisin, mais M. Piccinni travaille actuellement à le mettre en musique ! — Eh bien, répliqua l'autre, tant mieux, nous aurons un *Orlando* et un *Orlandino*. »

On sait que les détracteurs de Gluck le logeaient *rue du Grand Hurleur* ; ceux de Piccinni indiquaient son adresse *Rue des petits chants* (des Petits-Champs).

mains dans cette belle production ? Cependant Gluck était âgé de soixante-cinq ans lorsqu'il l'écrivit. Son rival Piccinni avait aussi composé une *Iphigénie en Tauride ;* mais, malgré les beautés réelles qu'on y trouve, cet ouvrage ne put lutter contre celui de Gluck, et la victoire demeura à celui-ci.

Le peu de succès d'*Echo et Narcisse* (représenté le 21 septembre 1779), dernière composition de ce grand artiste, ne put nuire à sa renommée, trop bien établie. Il y a, d'ailleurs, dans cet ouvrage un chœur délicieux (*le dieu de Paphos et de Gnyde*) (Cnide), digne de son génie. Il avait projeté d'écrire l'opéra des *Danaïdes,* pour terminer sa carrière ; mais une attaque d'apoplexie, qui diminua sensiblement ses forces, le fit renoncer à cette entreprise ; il confia le poëme à Salieri, et retourna à Vienne, où il jouit encore, pendant quelques années, de sa renommée et de l'aisance qu'il avait acquise par ses travaux. Une seconde attaque d'apoplexie l'enleva à ses amis et à l'art musical, le 25 novembre 1787. Il laissait à ses héritiers une fortune de six cent mille francs.

Un instinct, qu'il serait difficile d'analyser, indique à tous les hommes fortement organisés la position la plus favorable au développement de leurs facultés. C'est ce même instinct qui fit désirer à Gluck d'écrire pour l'Opéra français. Il sentait que c'était là que son système de vérité dramatique serait le mieux accueilli, et qu'il pourrait s'y livrer avec le plus abandon. Il savait que les Français étaient ce qu'ils sont encore aujourd'hui, c'est-à-dire moins sensibles aux beautés de la musique en elle-même, qu'à son application à l'action scénique, et qu'ils sacrifiaient volontiers les jouissances de leur oreille à celles de leur raison. Or, cette disposition, si nécessaire pour goûter la musique de Gluck, il ne la trouvait qu'en France. Tout en rendant justice à la force de son génie, les Italiens, et même les Allemands, ne pouvaient se soustraire aux conséquences de leur conformation, ni oublier que la musique était plutôt pour eux un plaisir sentimental qu'une récréation de l'esprit. Cette musique, ils la voulaient dominante et non point accessoire de l'action tragique, comme Gluck la fit quelquefois. Ils avouaient volontiers que ce grand musicien composait le récitatif mieux qu'aucun autre ; mais ils lui reprochaient de le multiplier à l'excès, et de briser souvent la phrase musicale en faveur de la poétique. Le soin qu'il a pris de développer, dans l'épître dédicatoire de l'*Alceste* italienne, les principes qui l'avaient guidé dans la composition de cet ouvrage, prouve qu'il avait reconnu la nécessité de justifier son système auprès de ses compatriotes.

J'ai dit que les Français seuls rendirent d'abord justice à ce grand homme ; le pays qui l'avait vu naître ne montra pas seulement de l'indifférence pour sa musique ; des critiques amères y furent publiées sûr les inventions qui s'y trouvaient : on crut les flétrir en disant *qu'elles n'étaient bonnes que pour les Français.* L'un des antagonistes les plus ardents de la musique de Gluck fut le savant Forkel, dont l'esprit sec et pédant était incapable de sentir ce qui tient à l'imagination et à la poétique de la musique. A propos de la publication d'une brochure qui parut à Vienne, en 1775, sur la révolution musicale opérée par Gluck (1), il inséra dans le premier volume de sa *Bibliothèque de musique* (2), une longue dissertation où il attaqua sans ménagement le système du grand artiste. Aux raisons qu'il donne pour soutenir son opinion, il est évident qu'il n'avait pas aperçu ce qu'il y avait de neuf et d'inventé dans l'objet de ses dénigrements.

Ce fut encore un homme de lettres qui, le premier, comprit en Allemagne le mérite du célèbre compositeur. Wieland, à la même époque où Forkel publiait sa diatribe, s'exprimait ainsi sur l'auteur *d'Iphigénie* : « Grâce au génie « puissant du chevalier Gluck, nous voilà donc « parvenus à l'époque où la musique a recou- « vré tous ses droits : c'est lui, et lui seul, qui « l'a rétablie sur le trône de la nature, d'où la « barbarie l'avait fait descendre, et d'où l'igno- « rance, le caprice et le mauvais goût la te- « naient jusqu'à présent éloignée. Frappé « d'une des plus belles maximes de Pythagore, « *il a préféré les muses aux sirènes* (3), il a « substitué à de vains et faux ornements cette « noble et précieuse simplicité qui, dans les « arts comme dans les lettres, fut toujours le « caractère du vrai, du grand et du beau. Eh ! « quels nouveaux prodiges n'enfanterait pas « cette âme de feu, si quelque souverain de « nos jours voulait faire pour l'Opéra ce que « fit autrefois Périclès pour le théâtre d'Athè- « nes ! » L'admiration si bien exprimée par le littérateur allemand ne trouva point d'échos parmi les musiciens de la Germanie, pendant le reste du dix-huitième siècle. Vienne, témoin des premiers triomphes de Gluck, continue

(1) *Ueber die Musik des Ritters Christoph von Gluck*, etc. 1775, in-8°.

(2) *Musikalisch-Kritische Bibliothek, von Johann Nicolaus Forkel*, t. 1er, p. 53.

(3) Ces mots ont été placés comme devise au bas du portrait de Gluck.

même à se montrer insensible à sa gloire ; mais l'Allemagne du nord est revenue de ses préjugés, et proclame aujourd'hui le nom de Gluck comme un de ceux dont elle s'honore le plus.

Dans le vrai, les compatriotes de Gluck goûtèrent peu sa nouvelle manière, et ce fut surtout ce motif qui lui fit désirer de travailler pour l'Opéra français. Il lui avait suffi de jeter les yeux sur les partitions de Lulli, de Rameau et de leurs imitateurs, pour voir que c'était par leurs qualités dramatiques que ces auteurs avaient réussi. Le récitatif de Lulli était de la déclamation notée, et cette déclamation occupait une grande place dans les ouvrages de ce vieux musicien. Rameau se distinguait surtout par la beauté de ses chœurs, et les chœurs entraient pour beaucoup dans le système de Gluck. Tout lui faisait donc pressentir que la France serait le théâtre de sa gloire, et il ne se trompait pas. D'ailleurs, les littérateurs, qui devaient appuyer son système, étaient sans influence à Vienne, et ils dictaient les arrêts du goût à Paris. Ils contribuèrent beaucoup à donner de l'éclat à ses succès dans cette dernière ville, mais peut-être lui furent-ils quelquefois nuisibles. Loin de chercher à modérer ses idées, ces gens de lettres le poussèrent sans cesse vers l'expression dramatique, à laquelle ils voulaient que tout fût sacrifié. C'est sans doute à ces amis imprudents qu'il faut attribuer l'exagération dans laquelle il tombe en plusieurs endroits. Cette exagération se fait remarquer à la multitude de phrases courtes de mélodie qu'il a introduites au milieu de son récitatif, et qui, sans être des airs, empêchent qu'on ne sente le commencement des airs véritables, et jettent de la monotonie dans le développement des scènes.

Les transformations de quelques parties de l'art musical, surtout de l'instrumentation et des développements de l'idée principale, ont dû faire vieillir les compositions de Gluck sous certains rapports ; mais pour juger du mérite de ses ouvrages, il ne faut pas les comparer avec les produits d'une époque de l'art d'instrumenter plus avancée que celle où il a vécu ; il faut voir en quel état il a trouvé cet art, ce qu'il a fait pour le perfectionner, et surtout, ne pas oublier qu'il s'était renfermé dans les conditions du système d'expression dramatique. On peut ne pas aimer ce système, et l'on conçoit que les amateurs passionnés de la musique purement italienne n'y trouvent guère de plaisir ; mais une fois le système admis, on est forcé d'avouer que Gluck a déployé une supériorité, une force d'invention, dont rien n'avait donné l'idée avant lui, et qui n'a point été égalée en son genre. Quel est le musicien, assez éclairé pour n'avoir point de prévention, qui refusera son admiration à la grandeur qui brille dans le dessin des rôles d'Agamemnon et de Clytemnestre? Qui sera insensible à des mélodies expressives, telles que : *Armez-vous d'un noble courage ; Par un père cruel à la mort condamnée ; Alceste, au nom des dieux?* Qui n'éprouvera les plus vives émotions aux accents passionnés d'*Alceste,* aux voluptueuses cantilènes d'*Armide,* aux tourments si bien exprimés d'*Oreste,* aux regrets touchants d'*Orphée?* Qui ne voudra rendre hommage à la vaste raison qui domine toujours la création mélodique, sans nuire à la verve de l'inspiration? Les beautés répandues dans les partitions de Gluck sont de tous les temps, pour qui cherche dans la musique autre chose que des formes d'époques que le temps engloutit.

Ces beautés, il est vrai, ne sont pas sans mélange. On a reproché à Gluck, avec raison, de chanter quelquefois péniblement ; de manquer de variété dans ses tours de modulation et d'avoir évité avec affectation le développement des formes musicales. Il faut l'avouer, ces reproches ne sont pas dénués de fondement. Soit système, soit qu'on ne puisse posséder une qualité éminente qu'aux dépens de quelque autre, il est certain que les mélodies des airs de Gluck sont quelquefois communes ; qu'il y néglige trop la période ; et que, lorsqu'il n'a pas quelque grande catastrophe à peindre ou quelque sentiment énergique à exprimer, il tombe dans la monotonie. Mais il rachète ces défauts par de si grandes qualités, qu'ils ne sauraient porter atteinte à sa renommée. Gluck n'était pas harmoniste correct, mais il avait le génie de l'harmonie. Son orchestre est souvent écrit avec un embarras apparent, et cependant il produit toujours de l'effet. On ne connaît de lui que deux morceaux de musique d'église, à savoir le psaume *Domine Dominus noster,* et un *De profundis* qui a eu de la réputation, mais qui n'est que médiocre.

Deux choses sont remarquables dans les épîtres que Gluck a mises en tête de ses partitions d'*Alceste,* de *Pâris et Hélène* et dans toute sa correspondance : l'une est l'amertume qui perce à chaque phrase sur les critiques dont sa nouvelle manière avait été l'objet ; l'autre, la naïveté d'amour-propre à laquelle il s'est toujours abandonné, et qu'il a laissé voir dans toutes les occasions. Il n'y a guère d'homme de génie qui n'ait le sentiment de sa supériorité; ceux qui affectent de la modestie, et qui repoussent les éloges, obéissent plutôt aux convenances sociales qu'au témoignage de leur conscience ; mais il y a des bornes qu'on ne peut franchir dans l'expression de la bonne opinion qu'on a de soi-même : Gluck ne les connut jamais. Son langage prenait souvent la teinte d'un orgueil insupportable, surtout lorsqu'il s'agissait d'un rival. Les éloges des gens de lettres avaient fini par ajouter à ses dispositions naturelles la conviction que son genre était non-seulement le meilleur, mais le seul admissible. « Vous me dites, écrivait-il au « bailli du Rollet, que rien ne vaudra jamais « *Alceste;* mais je ne souscris pas encore à « votre prophétie. *Alceste* est une tragédie « complète, et *je vous avoue qu'il manque « très-peu de chose à sa perfection;* mais « vous n'imaginez pas de combien de nuances « et de routes différentes la musique est sus- « ceptible. L'ensemble de l'*Armide* est si dif- « férent de celui de l'*Alceste*, que vous croiriez « qu'ils ne sont pas du même compositeur ; « aussi ai-je employé le peu de suc qui me res- « tait pour achever l'*Armide :* j'ai tâché d'y « être plus peintre et plus poëte que musicien ; « enfin, vous en jugerez, si on veut l'entendre, « Je vous confesse qu'avec cet opéra j'aimerais « à finir ma carrière ; il est vrai que pour le « public il lui faudra au moins autant de « temps pour le comprendre qu'il lui en a « fallu pour comprendre l'*Alceste.* Il y a une « espèce de délicatesse dans l'*Armide* qui « n'est pas dans l'*Alceste;* car j'ai trouvé le « moyen de faire parler les personnages *de « manière que vous connaîtrez d'abord à « leur façon de s'exprimer, quand ce sera « Armide qui parlera ou une suivante,* etc. » La reine de France, Marie-Antoinette, lui demandait un jour où il en était de la composition d'*Armide : Madame,* dit-il, *cet opéra sera bientôt fini, et vraiment cela sera superbe!*

CATALOGUE CHRONOLOGIQUE

des opéras, intermèdes et ballets de Gluck.

1741. *Artaserse*, de Métastase, à Milan.
1742. *Demofoonte*, idem, ibid.
» *Demetrio*, sous le nom de *Cleonice*, du même, à Venise.
» *Ipermnestra*, du même poëte, à Venise.
1743. *Artamene*, à Crémone.
» *Siface*, à Milan.
1744. *Fedra*, à Milan.
1745. *Alessandro nell' Indie*, de Métastase ; sous le titre de *Poro*, à Turin.
1746. *La Caduta de' Giganti*, à Londres.
1746. *L'Artamene*, refait en partie à Londres.
» *Piramo e Tisbe*, pasticcio, ibid.
1748. *La Semiramide riconosciuta*, de Métastase, à Vienne.
1749. *Filide*, sérénade en deux actes, à Copenhague.
1750. *Telemacco*, à Rome.
1751. *La Clemenza di Tito* de Métastase, à Naples.
1754. *L'Eroe Cinese*, du même, à Schœnbrunn, puis à Vienne, en 1755.
» *Il Trionfo di Camillo*, à Rome.
» *Antigono*, de Métastase, ibid.
1755. *La Danza*, du même, au château impérial de Luxembourg.
» Airs nouveaux pour la pastorale *les Amours champêtres*, à Vienne.
1756. *L'Innocenza giustificata*, à Vienne.
» *Il Re pastore*, de Métastase, ibid.
» Airs nouveaux pour *le Chinois poli*, opéra comique du théâtre de la foire au château de Laxembourg.
» Vaudevilles pour *le Déguisement pastoral*, au château de Schœnbrunn.
1758. Airs pour la féerie *l'Ile de Merlin*, à Schœnbrunn.
» Airs nouveaux pour l'opéra comique *la fausse Esclave*, à Vienne.
1759. Airs pour la pièce de Favart, *Cythère assiégée*, à Vienne.
1760. Airs pour la comédie *l'Ivrogne corrigé*, à Vienne.
» *Tetide*, opéra en trois actes, de Magliavacca, ibid.
1761. Airs nouveaux pour *le Cadi dupé*, de Monsigny, ibid.
» *Don Juan*, ballet, ibid.
1762. *On ne s'avise jamais de tout*, opéra comique, remis en musique, ibid.
» Airs nouveaux pour la comédie *l'Arbre enchanté*, ibid.
» *Il Trionfo di Clelia*, de Métastase, à Bologne.
» *Orfeo ed Euridice*, de Calzabigi, à Vienne.
1763. *Ezio*, de Métastase, à Vienne.
1764. *La Rencontre imprévue*, de Dancourt, en opéra comique, pour le théâtre de la cour, à Vienne, arrangé plus tard en allemand, sous le titre : *Die Pilgrime von Mekka* (les Pèlerins de la Mecque), ouvrage où l'on ne peut reconnaître le génie de Gluck.
1765. *Il Parnasso confuso*, de Métastase, à Schœnbrunn.

1765. *Telemacco, ossia l'Isola di Circe*, refait en partie, à Vienne.
» *La Corona*, de Métastase, à Vienne.
1767. *Alceste*, de Calzabigi, ibid.
1769. *Paride ed Elena*, de Calzabigi, ibid.
» *Le Feste d'Apollo*, à Parme.
» *Bauci e Filemone*, ibid.
» *Aristeo*, ibid.
1774. *Iphigénie en Aulide*, du bailli du Rollet, à Paris.
» *Orphée et Eurydice*, arrangé pour la scène française, ibid.
1775. *L'Arbre enchanté*, de Vadé, à Versailles.
» *Cythère assiégée*, de Favart, ibid.
1776. *Alceste*, arrangé pour la scène française, à Paris.
1777. *Armide*, de Quinault, ibid.
1779. *Iphigénie en Tauride*, de Guillard, ibid.
» *Écho et Narcisse*, du baron de Tschudi, ibid.

A ces ouvrages dramatiques, il faut ajouter : 1° Le huitième psaume : *Domine Dominus noster*. 2° Le psaume de la pénitence *De Profundis*, pour chœur et orchestre. 3° Six symphonies pour deux violons, alto, basse et deux cors. 4° Huit chants de Klopstock pour voix seule, avec accompagnement de clavecin. 5° Une partie de la cantate religieuse intitulée : *le Jugement dernier*, terminée par Salieri.

Les partitions de Gluck qui ont été imprimées ou gravées sont celles-ci : 1° *Orfeo ed Euridice, azione teatrale*, in Parigi, 1764, in-fol. de 158 pages, gravé par Chambon avec le frontispice dessiné par Monnet (1). 2° *Alceste, tragedia* (avec le texte italien), gravée à Vienne, Vienne, 1769, in-fol. Les exemplaires sont très-rares. 3° *Paride ed Elena, dramma per musica, dedicata a Sua Altezza il signor Duca Don Giovanni di Braganza*, in Vienna, nella stamperia aulica di Giovanni Tomaso de Trattern, 1770, gr. in-fol. Cette partition est imprimée en caractères de musique mobiles. Elle est aussi rare que les précédentes. Les partitions d'*Iphigénie en Aulide*, d'*Orphée*, d'*Alceste* (avec les paroles françaises), d'*Armide*, d'*Iphigénie en Tauride*, de *Cythère assiégée* et d'*Écho et Narcisse*, furent publiées par Deslauriers dans les années où ces ouvrages furent représentés pour la première fois. Ces partitions sont remplies de fautes et fort incommodes pour la lecture, parce que l'éditeur, par économie, n'a pas conservé toutes les portées des manuscrits originaux, et qu'il faut à chaque instant chercher ce que doit jouer un instrument sur la portée d'un autre. Il serait désirable que de nouvelles éditions régulières et correctes de ces beaux ouvrages fussent faites pour rendre un juste hommage à la mémoire d'un si grand artiste. Une édition réduite pour le piano des partitions d'*Alceste, Armide, Iphigénie en Aulide, Iphigénie en Tauride* et *Orphée* a été publiée à Paris, chez Brandus, en format in-4° ; on trouve dans la même maison une autre édition portative, in-8°. Schlesinger, à Berlin, a publié une édition de ces cinq opéras avec des paroles françaises et allemandes. L'éditeur Challier, de la même ville, en a donné une avec les paroles allemandes et italiennes. Enfin, Simrock, de Bonn, a publié l'*Alceste* avec des paroles allemandes seules. Il existe plusieurs éditions du *De Profundis* avec orchestre en partition, en France et en Allemagne, particulièrement à Bonn, chez Simrock.

Les partitions manuscrites des opéras italiens de Gluck se trouvent dans les grandes Bibliothèques impériale de Vienne, royale de Berlin, impériale de Paris et dans quelques collections particulières. Aloys Fuchs, cité déjà dans cette notice, eut la bonne fortune d'acquérir une quantité considérable de manuscrits originaux qui furent retrouvés, en 1809, dans la maison de campagne où la veuve de l'illustre compositeur s'était retirée, et qui était située à Kaischspurg, près de Vienne. Antoine Schmid a donné la description de ces précieux autographes dans son livre sur la vie et les ouvrages de Gluck (2). On trouve aussi à la Bibliothèque royale de Berlin, dans le fonds de Pœlchau, quelques airs et scènes des opéras italiens de Gluck en manuscrits originaux.

Plusieurs portraits de cet artiste illustre ont été gravés ou lithographiés. Le premier a été

(1) J'ai dit, dans la première édition de cette biographie, que les partitions de *Pâris et Hélène* et d'*Alceste*, avec les paroles italiennes, furent publiées à Paris et que le comte Durazzo en fit la dépense ; c'est une erreur : la partition seule de l'*Orfeo* fut envoyée par ce seigneur à Favart pour qu'il la fit graver à Paris ; Favart la confia à Mondonville qui la remit au graveur. La dépense fut de 2,000 livres ; mais personne ne voulut se donner la peine de corriger les épreuves, et la partition fut imprimée avec un si grand nombre de fautes à un premier tirage, qu'il fallut que le comte Durazzo payât ensuite 800 francs à Duni (*voyez* ce nom) pour les corriger. On peut consulter, à ce sujet, les *Mémoires* et la correspondance de Favart, tome II°. La partition de l'*Orfeo* est d'une grande rareté.

(2) *Christoph Willibald Ritter von Gluck*, p. 438-441

gravé par Saint-Aubin, en 1781, d'après un portrait peint par Duplessis, en 1775, lorsqu'il était parvenu à l'âge de soixante et un ans. Un autre a été gravé par Miger, à Paris, d'après la même peinture de Duplessis. On en trouve un autre, gravé au pointillé d'après un buste de Houdon, en tête du volume qui a pour titre : *Mémoires pour servir à l'histoire de la Révolution opérée dans la musique par M. le chevalier Gluck* (Paris et Naples, chez Bailly, 1781, in-8°). Celui qui est placé au frontispice de la cinquième année de la *Gazette générale de musique de Leipsick* a le mérite de la ressemblance. Il y en a un fort mauvais, exécuté par le moyen d'un instrument appelé *physionotrace*, par Quenedey. Il en existe un gravé au pointillé par Philippeaux, d'après un tableau peint par Houdeville. Un portrait lithographié a été publié à Munich, par Winter ; un autre, à Vienne, chez Geiger, et un troisième, à Manheim, chez Heckel. Le plus beau est celui que j'ai fait lithographier par Maurin, à Paris, pour l'ouvrage que je publiais sous le titre de : *Galerie des musiciens célèbres*, et qui a été arrêté, en 1829, par la banqueroute de l'éditeur.

Les principaux ouvrages à consulter, pour l'histoire des impressions produites par les grandes œuvres de Gluck, sont : 1° Le volume de Mémoires qui vient d'être cité. 2° J.-G. Siegmeyer, *Ueber den Ritter Gluck und seine Werke. Briefe von ihm und andern berühmten Männern seiner Zeit* (Sur le chevalier Gluck et sur ses œuvres. Lettres de lui et d'autres hommes célèbres de son temps), Berlin, 1825, 1 vol. in-8°. Une deuxième édition de cet ouvrage a été publiée à Berlin, en 1837. 3° Fr.-Just. Riedel, *Ueber die Musik des Ritters Christoph von Gluck* (Divers écrits rassemblés et publiés par Fr.-Just. Riedel sur la musique du chevalier de Gluck), Vienne, 1775, in-8°. Ce petit volume contient la traduction de deux lettres françaises qui parurent immédiatement après la représentation d'*Iphigénie en Aulide*, et celle d'un dialogue de Moline entre Lulli, Rameau et Orphée. 4° *Etwas über Gluckischte Musik und die Oper Iphigenia in Tauris auf dem Berlinischen National Theater* (Quelque chose sur la musique de Gluck et l'opéra *Iphigénie en Tauride*, représenté au Théâtre-National de Berlin), sans nom d'auteur, Berlin, Hummel, in-8°, sans date (1799). 5° Miel, *Notice sur Christophe Gluck, célèbre compositeur dramatique*, Paris, 1840, in-8°. 6° Sollé, *Études biographiques, anecdotiques et esthétiques sur les compositeurs qui ont illustré la scène française.* Gluck, Annecy, 1853, in-12. 7° *Christophe Willibald Ritter von Gluck. Dessen Leben und tonkünstlerisches Werken, von Anton Schmid*, etc. (Christophe-Willibald chevalier de Gluck. Sur sa vie et son génie musical, par M. Antoine Schmid), Leipsick, Fr. Fleischer, 1854, 1 vol. gr. in-8° de 508 pages. Ouvrage remarquable par les recherches, mais trop chargé de détails dépourvus d'intérêt. On peut consulter aussi les œuvres de l'abbé Arnaud et de Suard.

GNADENTHALER (Jérôme), organiste à Ratisbonne, vers la fin du dix-septième siècle, est auteur de différents recueils de chants profanes et de motets qui ont paru sous les titres suivants : 1° *Délices de musique*, première partie, Nuremberg, 1675, deuxième partie idem, *ibid.*, 1676. 2° *Exercices de dévotion* (chansons spirituelles à deux voix), *ibid.*, 1677. 3° *Réjouissance religieuse de l'âme* (vingt-cinq airs de ténor avec accompagnement de deux violons et basse continue), *ibid.*, 1685. 4° *Frorilegium musicæ*, ibid., 1587. 5° *Facéties musicales* (cent quatorze morceaux à plusieurs voix), *ibid.*, 1695. 6° *Horloge musicale*, qui indique les premiers principes du chant. Cet ouvrage a eu deux éditions ; la première a paru à Nuremberg en 1687.

GNECCO (François), né à Gênes, en 1769, fut destiné par sa famille à la profession de négociant ; mais un penchant irrésistible le portant vers l'étude de la musique, il fut mis sous la direction de Mariani, maître de la chapelle Sixtine et de la cathédrale de Savone, homme fort instruit dans son art. Ses études achevées, Gnecco se livra à la composition dramatique et écrivit avec quelque succès pour les théâtres de Naples, de Venise, de Milan, de Rome, de Gênes, de Padoue et de Livourne. Ses opéras les plus connus sont : 1° *Lo Sposo di tre, marito di nessuna*, à Milan, 1793. 2° *Gli Bramini.* 3° *Argete.* 4° *Le Nozze de' Sanniti.* 5° *La Prova d'un opera seria.* 6° *Le Nozze di Lauretta.* 7° *Carolina e Filandro.* 8° *Il Pignattaro.* 9° *La Scena senza scena.* 10° *Gli ultimi due Giorni di Carnavale.* 11° *La Prova degli Orazzi e Curiazi* (1). 12° *Arsace e Semiramide.* 13° *I falsi Galantuomini*, au théâtre *Carcano* de Milan, à l'automne de 1800. 14° *Gli Amanti filarmonici.* Gnecco est mort à Milan, en 1810, avant d'avoir achevé un opéra bouffe intitulé : *la*

(1) Je pense que ce titre, donné par l'almanach *Indice teatrale*, n'est qu'une variante de *la Prova d'un opera seria.*

Conversazione filarmonica, pour lequel il était engagé. De tous ses ouvrages, on n'a représenté à Paris que *la Prova d'un opera seria*. Le style de ce compositeur est lâche, et son chant est souvent trivial; mais il ne manque pas d'effet scénique.

GNOCCHI (Jean-Baptiste) est cité par Walther comme auteur de messes à quatre voix, qui ont été imprimées. Il ne dit pas en quel temps ce musicien a vécu.

GOBERT (Thomas), maître de musique de la chambre du roi de France sous les règnes de Louis XIII et de Louis XIV, a mis en musique, à quatre parties, la paraphrase des psaumes en vers de l'évêque de Grasse et de Vence, Antoine Godeau. Cet ouvrage a été publié à Paris, en 1659, in-12. Il y a lieu de croire que Gobert était né en Picardie. Gantez dit de lui, dans l'*Entretien des musiciens :* « A tout le moins « il a esté maistre à Péronne, et de là fist un « beau saut chez M. le Cardinal, et un meilleur « chez le roy, puisqu'il est maistre de sa cha- « pelle qu'il gagnat au prix. Bien que ses en- « nemis disent que c'est par la faveur de son « éminence, toutefois on ne le doibt point « croyre, car à Paris ils sont médisants, etc. » M. Ch. Gomart établit, d'après des pièces authentiques (1), que Gobert était chanoine de Saint-Quentin dès 1630, et qu'il figure encore en cette position et en celle de maître de musique privilégié dans un inventaire fait le 14 octobre 1669, après l'incendie de la même collégiale.

GOBLAIN (Joseph-Albert), répétiteur à l'ancien théâtre de l'Opéra-Comique de la foire Saint-Laurent, a donné à la Comédie italienne la musique de *la Suite des Chasseurs et la Laitière*, de *la Fête de Saint-Cloud*, et *l'Amant invisible*, comédie à ariettes en trois actes.

GOCCINI (Jacques), né à Bologne en 1672, eut pour maître de contrepoint Jacques-Antoine Perti. Il fut organiste et compositeur distingué de musique d'église. En 1701, l'Académie des philharmoniques de Bologne l'admit au nombre de ses membres : il en fut prince en 1706. Appelé à Bergame, en qualité de maître de chapelle, en 1718, il y passa le reste de ses jours. Ses compositions sont restées en manuscrit.

GODART ou **GODARD** (...), musicien français, a joui d'une certaine réputation vers le milieu du seizième siècle par ses chansons à quatre voix. Dans les comptes de la Sainte-Chapelle du Palais, que j'ai consultés aux archives de l'empire, à Paris, j'ai vu son nom figurer comme ténor, depuis 1541 jusqu'en 1568. Les douzième, treizième et quinzième livres de *Chansons à quatre parties*, publiés par Attaingnant à Paris, 1543-1544, in-8° obl., contiennent des pièces de Godart. On en trouve aussi : 1° dans le quatrième livre des *Chansons à quatre parties, auxquelles sont contenues trente-six chansons composées à quatre parties par bons et excellents autheurs*, Paris, Adrian Le Roy et Robert Ballard, 2 décembre 1553. La chanson de Godard (sic), *l'Homme est heureux*, qui est dans ce livre, est fort agréable, pour le temps où elle a été composée. Dans la deuxième édition du *Quart livre*, etc., imprimée par les mêmes en 1561, in-4° oblong., on retrouve cette même chanson et une autre sur ces paroles : *Que gagnez-vous*, etc.

GODECHARLE (Eugène-Charles-Jean), né à Bruxelles, le 15 janvier 1742, était fils de Jacques-Antoine Godecharle, né dans la même ville en 1712, qui fut maître de musique de la paroisse Saint-Nicolas, et basse chantante à la chapelle du prince Charles de Lorraine, gouverneur des Pays-Bas. Eugène Godecharle est le même artiste que Gerber et ses copistes appellent *Godchalk*. Après avoir appris les éléments de la musique sous la direction de son père, il fut admis dans la chapelle royale, comme enfant de chœur, et montra des dispositions si heureuses pour le violon, que le prince l'envoya à Paris pour y prendre quelques leçons d'un bon maître. De retour à Bruxelles, il rentra à la chapelle pour y jouer la partie de viole; sa nomination à cette place est du 8 mars 1773; ses appointements annuels ne furent pendant treize ans que de 140 florins. La place de maître de musique de l'église Saint-Géry étant devenue vacante en 1776, Godecharle l'obtint et en remplit les fonctions jusqu'à sa mort. Le décès du maître de chapelle de la cour, Croes, en 1786, décida Godecharle à se présenter pour le remplacer; il avait pour concurrent Mestrino, arrivé récemment de la Bohême à Bruxelles, et Vitzthumb, chef d'orchestre du théâtre; ce dernier obtint la place, quoique Godecharle eût plus de talent que lui pour la composition. Obligé de rester dans sa position de simple viole, Godecharle n'obtint la place de premier violon qu'en 1788. Il mourut à Bruxelles vers 1814. Homme de talent comme violoniste, comme harpiste et comme compositeur, Godecharle a publié quelques

(1) Dans ses *Notes historiques sur la maîtrise de Saint-Quentin*, p. 51.

œuvres de musique instrumentale, et a laissé en manuscrit beaucoup de bonne musique d'église. Parmi ses ouvrages imprimés, on remarque : 1° Sonates à violon seul avec basse continue, œuvre 1er, Bruxelles, Ceulemans. 2° Symphonie nocturne à deux violons, deux hautbois, deux cors, petite flûte et tambour, *ibid.* 3° Six symphonies pour deux violons, viole, basse, deux hautbois et deux cors, Paris, Huet. 4° Trois sonates pour la harpe avec accompagnement de violon, Bruxelles, Cromm et Ceulemans. 5° Trois sonates pour le piano avec accompagnement de violon, op. 5, *ibid.*

GODECHARLE (Lambert-François), frère du précédent, né à Bruxelles, le 12 février 1751, fit ses études de musique comme enfant de chœur de la chapelle royale, et reçut de Croes, maître de cette chapelle, des leçons de composition. En 1771, il fut nommé basse chantante de la musique et de la chapelle du prince Charles de Lorraine; il y resta jusqu'à l'invasion des Pays-Bas par l'armée française. En 1782, il avait remplacé son père comme maître de musique de l'église Saint-Nicolas; il conserva cet emploi jusqu'à sa mort qui eut lieu le 20 octobre 1819. Godecharle a laissé en manuscrit trois *Tantum ergo* à quatre voix, deux *Salve regina,* une messe solennelle, un *Libera,* et un morceau connu sous le nom de *Musique des Capucins par Godecharle.* Cet artiste fut nommé membre de l'Institut des Pays-Bas, en 1817.

Deux autres frères des artistes précédents ont été attachés à la chapelle royale de Bruxelles; le premier (Joseph-Antoine), né le 17 janvier 1740, y jouait la partie du premier hautbois; l'autre (Louis-Joseph-Melchior), né le 5 janvier 1748, fut basse chantante de la chapelle comme son père et son frère. Il était en même temps sous-maître à l'école de dessin de Bruxelles. Sa position n'était pas heureuse; le désespoir le porta à mettre fin à ses jours. Un autre frère de ces artistes fut un sculpteur de mérite.

GODENDACH (Jean). *Voyez* Gutentag.

GODEFROID, dit *de Furnes,* parce qu'il était né dans cette ville, vers le milieu du quatorzième siècle, est mentionné dans les comptes de la cathédrale de Rouen, comme ayant fait des réparations considérables à l'orgue de cette église en 1382 : ce qui prouve qu'à cette époque reculée la facture des orgues était plus avancée dans les Pays-Bas qu'en France, et même à Paris, puisqu'on était obligé d'aller chercher si loin un homme capable de faire ces réparations dans la capitale de la Normandie (1).

GODEFROID (Jules-Joseph), harpiste et compositeur, naquit à Namur, le 23 février 1811, de parents liégeois, qui allèrent s'établir à Boulogne (Pas-de-Calais), en 1824. Son père, bon musicien, fonda l'école de musique de cette dernière ville. Élevé dans une famille dont tous les membres cultivaient cet art avec succès, Jules Godefroid y fit de rapides progrès. Le 23 octobre 1826, il fut admis au Conservatoire de Paris, comme élève de harpe, sous la direction de Naderman aîné. Deux ans après, il obtint le second prix de cet instrument; mais le concours de 1829 ne lui ayant pas été favorable, il quitta l'école le 1er novembre de cette année. Il avait reçu des leçons de Lesueur sur la composition libre, mais n'avait pas fait d'études régulières d'harmonie ni de contrepoint dans le Conservatoire. De retour à Boulogne, il s'y livra à l'enseignement de la harpe, qui alors était encore cultivée par les amateurs, particulièrement dans les familles anglaises qui se trouvaient en grand nombre à Boulogne. C'est alors aussi que le jeune artiste commença à exercer son talent dans la composition par des œuvres pour son instrument, des ouvertures, une fantaisie militaire qui fut exécutée à l'occasion de l'inauguration de la statue de Napoléon sur la colonne de Boulogne, et des mélodies qui ont eu de la vogue et parmi lesquelles on remarque : *Salvator Rosa, le Lac de Genève, la Veille des noces, Julie aux cheveux noirs* et *l'Enlèvement.* En 1836, il fit jouer à l'Opéra-Comique, relégué alors au petit théâtre de la place de la Bourse, un joli ouvrage intitulé : *le Diadesté, ou la Gageure arabe.* La partition, sagement écrite, bien instrumentée, était un bon début, quoiqu'on n'y remarquât pas beaucoup d'originalité dans les idées. Un succès fut le résultat de ce premier essai. En 1837, Jules Godefroid fit un voyage en Belgique, visita Namur, Liége, Bruxelles, et y donna des concerts dans lesquels son talent sur la harpe fut chaleureusement applaudi. Il vint me voir alors et me parla de ses espérances dans la carrière de compositeur dramatique. *Ne travaillez,* lui dis-je, *que sur des ouvrages d'auteurs connus et qui ont l'habitude de la disposition d'un sujet; car la musique, en France, ne peut*

(1) Voyez l'écrit de l'abbé Langlois contenant la *Revue des maîtres de chapelle et musiciens de la métropole de Rouen,* dans le *Précis analytique des Travaux de l'Académie des sciences, belles-lettres et arts de cette ville,* Rouen, 1850, in-8°.

sauver une pièce mal faite. Mais déjà il avait reçu le livret d'un opéra-comique en deux actes qui avait pour titre : *la Chasse royale*, et quelques morceaux de la partition étaient composés. L'ouvrage fut joué au Théâtre de la Renaissance, le 20 octobre 1839 ; la pièce, fort mauvaise, entraîna la chute de la partition dans laquelle il y avait plusieurs morceaux distingués. Affligé de cet échec inattendu, Godefroid laissa abattre son courage ; sa santé se dérangea et il mourut le 27 février 1840, au moment où il entrait dans sa trentième année. S'il eût vécu, il se fût vraisemblablement fait un nom honorable parmi les compositeurs de la scène française.

GODEFROID (DIEUDONNÉ-JOSEPH-GUILLAUME-FÉLIX), frère du précédent, harpiste célèbre et compositeur, est né à Namur, le 24 juillet 1818. Transporté à Boulogne, avec sa famille, à l'âge de six ans, il apprit les éléments de la musique dans l'école fondée par son père en cette ville. Admis au Conservatoire de Paris, le 11 octobre 1832, il y devint élève de Naderman pour la harpe. Son frère lui avait donné précédemment des leçons de cet instrument. Félix Godefroid obtint le second prix de harpe au concours de 1835 ; mais ayant eu occasion d'entendre Labarre, et plus tard Parish-Alvars, il comprit qu'il ne pouvait plus rien apprendre de Naderman, et il sortit du Conservatoire, le 9 décembre 1835. Il avait appris aussi à jouer du piano dès l'âge de six ans et était parvenu au point de jouer la musique la plus difficile ; mais son talent sur cet instrument n'a été pour lui qu'une ressource utile pour son existence lorsque la harpe fut abandonnée par les amateurs, à cause des difficultés qu'ils éprouvaient dans le mécanisme des pédales à double mouvement. C'est surtout à son talent de harpiste que Félix Godefroid doit sa brillante renommée. Par ses longues et patientes études, la musique de harpe s'est enrichie d'effets nouveaux, et, comme Parish-Alvars, il a donné à la main gauche une importance égale à celle de la droite. De là des combinaisons de traits et d'effets d'harmonie inconnus avant lui. En 1839, Félix Godefroid, âgé seulement de vingt et un ans, avait fait un premier voyage en Allemagne pour y donner des concerts, et y avait fait impression par son talent, qui n'était cependant que le prélude de celui qu'il doit à ses longues et persévérantes études depuis cette époque. Encouragé par le célèbre facteur de pianos et de harpes, Pierre Erard, il se rendit à Londres, où il a fait des séjours plus ou moins prolongés à diverses époques. Il a aussi voyagé en Espagne, en Hollande, en Belgique, en a visité les villes principales et y a donné des concerts. En 1856, il a été appelé à Bruxelles pour s'y faire entendre dans un grand concert, à l'occasion du vingt-cinquième anniversaire du règne du roi Léopold Ier ; et il a reçu dans cette solennité la décoration de l'ordre institué par ce monarque. Félix Godefroid vit habituellement à Paris : il y a publié la plupart de ses ouvrages. Dans l'été de 1858, il a fait représenter, au Théâtre-Lyrique de cette ville, un opéra en un acte intitulé : *la Harpe d'or*. Cet ouvrage a été bien accueilli par le public. On a publié de Godefroid pour la harpe : 1° Études caractéristiques pour harpe seule, sous les titres suivants : *le Rêve ; la Mélancolie ; la Danse des Sylphes ; les Rives de la Plata ; Souvenir castillan ; Boléro*. 2° Duo pour deux harpes, ou pour harpe et piano, à Paris, chez Chaillot. 3° Mélodies de Schubert, pour harpe seule, *ibid.* 4° Des rondeaux, des fantaisies, des variations. Il a en manuscrit des compositions difficiles pour les concerts. On a aussi du même artiste quelques morceaux de différents caractères pour le piano.

GODNER (madame AUGUSTINE DE), cantatrice distinguée, née à Francfort-sur-le-Mein, le 5 mars 1797, est la fille de madame Engst, actrice remarquable du théâtre allemand. Après la mort de sa mère, elle fut adoptée par madame Aschenbrenner, autre actrice renommée en Allemagne, et ses études furent dirigées vers la carrière du théâtre, dès sa plus tendre enfance. Dans les rôles d'enfant qu'elle remplissait, elle se fit remarquer de bonne heure ; on ne la désignait alors que sous le nom de *la gentille petite aux cheveux noirs*. Après avoir fait des études de chant sous la direction de Danzi, elle parut avec succès sur les théâtres de Stuttgard et de Hambourg. La beauté de sa voix et l'expression de son chant dramatique la rendirent bientôt célèbre en Allemagne, et les journaux retentirent d'éloges accordés à son talent. A Hambourg elle épousa l'acteur Krüger, puis, sous le nom de *madame Krüger Aschenbrenner*, elle parcourut l'Allemagne, chanta à Vienne, à Munich, à Berlin, et se fit partout applaudir dans *Otello, le Freyschütz, la Famille suisse*, et autres grands ouvrages des théâtres italien et allemand. Les biographes de l'Allemagne ne s'expliquent pas sur les motifs qui la firent se séparer de son premier mari, mais ils disent que ce fut après cette séparation qu'elle fut engagée en 1819 au théâtre de la cour à Darmstadt. Après la mort du grand-duc, en 1831, le théâtre cessa d'exister, et madame Aschenbrenner se retira avec une pension considérable de la cour. Elle a épousé, vers le même temps, M. de Godner, écuyer du grand-duc, et vit encore à Darmstadt.

GOEBEL (Jean-Ferdinand), directeur d'orchestre du théâtre de Breslau, est né en 1817 à Baumgarten, près de Frankenstein, en Silésie. A l'âge de quatorze ans, il fut envoyé au collége de Glatz, puis il alla faire ses études musicales au conservatoire de Prague. Pixis y fut son maître de violon, et Dionys Weber lui enseigna la composition. En 1840, il obtint la place de premier violon solo au théâtre de Breslau, et celle de directeur d'orchestre du même théâtre lui fut donnée en 1844. Ses compositions consistent en thèmes variés pour le violon, ouvertures à grand orchestre, et plusieurs suites de *Lieder*, qui ont été publiés chez Cranz et chez Leukart, à Breslau; enfin, on a de lui un grand nombre de chants pour voix d'hommes en chœur.

GOECKINGK (Léopold-Frédéric-Gunther DE), né à Groningen (Halberstadt) en 1745, mort le 18 février 1828, fut d'abord délégué de la chancellerie de Prusse à Elrich, et fut nommé en 1791 conseiller particulier des finances de la Prusse méridionale, à Berlin. Il a donné une notice biographique de la célèbre pianiste *Thérèse Paradies*, dans le huitième numéro du journal intitulé : *Journal von und für Deutschland* (Journal de l'Allemagne et pour l'Allemagne), ann. 1785.

GOEHRING (J.-G.), violoniste à Cobourg, en 1841, fut élève de Spohr à Cassel, et se trouvait à Brunswick en 1835. Il a publié de sa composition : *Introduction et thème varié pour le violon, avec quatuor ou piano*. Op. 1, Brunswick, Meyer.

GOEPFERT (Charles-Théophile), maître de concert à Weimar, fut un des meilleurs violonistes de son temps, en Allemagne; il naquit à Weissenstein (Saxe), en 1733. Après avoir fait ses études musicales comme enfant de chœur à l'école de Sainte-Croix et à la chapelle de Dresde, il alla à Leipsick faire un cours de jurisprudence. Au moment de son départ, son père lui remit un violon en lui disant : *Mon fils, prends cet instrument : tu connais ma position, et tu sais que je ne puis guère te donner davantage. Si tu es heureux, tu pourras te passer facilement de mon faible secours; si tu ne l'es pas, le peu que je pourrais te donner ne saurait t'aider*. Jusqu'en 1764, la fortune ne sembla pas être favorable à Gœpfert; mais s'étant rendu à Francfort dans cette année, à l'occasion du couronnement de l'empereur Joseph II, il s'y fit entendre avec succès et commença à recueillir les fruits de ses efforts et de son talent. Il fit dans cette ville la connaissance de Ditters de Dittersdorf, étudia sa manière et se l'appropria pour ses compositions. En 1765, il fut engagé au grand concert de Francfort comme violon solo : après avoir occupé cette place jusqu'en 1769, il partit pour Berlin et resta une année alternativement dans cette ville et à Potsdam. En 1770, il passa à Weimar, dans le dessein de se rendre en Angleterre; mais après l'avoir entendu, la grande-duchesse douairière le nomma maître de concert; le successeur de cette princesse le maintint dans sa place. Gœpfert la conserva jusqu'à sa mort qui arriva le 3 octobre 1798. On a imprimé de sa composition six polonaises pour violon principal et orchestre : il les exécutait avec un rare talent. Le violoniste allemand Kranz a été son élève.

GOEPFERT (Charles-André), clarinettiste et compositeur, naquit le 16 janvier 1768, à Rimpar, près de Wurzbourg. Il commença l'étude de la musique dès sa plus tendre jeunesse, et prit des leçons de chant, de piano et d'orgue; il passa ensuite sous la direction du virtuose Meisner, musicien de la chambre à Würzbourg, pour l'étude de la clarinette. A seize ans, ses progrès avaient été si rapides, que son talent n'avait déjà plus besoin d'autre guide que lui-même. Il se livra alors à l'étude de la composition. En 1788, il fut engagé comme première clarinette dans la chapelle de Meinungen. Dix ans après, sa réputation le fit appeler à Vienne, mais il ne put obtenir de son gouvernement la permission de s'y rendre; ce refus fut adouci par la promesse de lui confier la direction de la chapelle, mais son espoir à cet égard ne se réalisa pas. Vers le même temps, plusieurs de ses ouvrages parurent à Leipsick, à Bonn et à Offenbach. Gœpfert est mort à Meinungen, le 11 avril 1818, des suites d'une maladie de poitrine. On a de lui : 1° Premier concerto pour clarinette (en *si* bémol), Bonn, Simrock. 2° Deuxième *idem* (en *mi*), Offenbach, André. 3° Symphonie concertante pour clarinette et basson, *ibid*. 4° Troisième concerto, op. 20 (en *si*), *ibid*. 5° Quatrième *idem*, op. 30 (en *mi*), *ibid*. 7° Premier potpourri pour clarinette et orchestre, op. 32, Leipsick, Hofmeister. 8° Deuxième *idem*, op. 38 (en *fa*), Offenbach, André. 9° Fantaisie militaire pour l'orchestre, op. 33 avec le portrait de l'auteur, Leipsick, Hofmeister, 1814. 10° Douze pièces d'harmonie pour deux clarinettes, deux cors et basson, op. 26, liv. I et II, Offenbach, André. 11° Dix-huit pièces, *idem*, pour deux clarinettes, deux cors, hautbois ou flûte, trompette, basson et serpent, *ibid.* 12° Variations pour flûte et orchestre, op. 28, *ibid.* 13° Deux quatuors pour clarinette, violon, alto et basse, op. 10, *ibid.* 14° Trois quatuors *idem*, *ibid.* 15° Deux œuvres de duos pour clarinettes en *ut*, op. 19 et 22, *ibid.* 16° Six duos faciles pour deux clarinettes, op. 30, Leipsick, Hofmeister. 17° Concerto pour cor (en *fa*), op. 21, Offenbach, André. 18° Vingt-quatre petits duos pour deux cors, op. 23, *ibid.* 19° Vingt-quatre *idem*, op. 31, Leipsick, Hofmeister. 20° Sonate pour deux guitares et flûte, op. 11, *ibid*, 21° Plusieurs sonates et duos pour guitare et flûte, et guitare et basson, op. 13, 15, 17 et 18, *ibid.* 22° Sonate pour piano et cor, op. 35, Leipsick, Hofmeister. 23° Trois recueils de chansons, à voix seule, avec accompagnement de piano, Offenbach, André. Gœpfert a laissé en manuscrit trois symphonies pour l'orchestre, un concerto pour hautbois, deux trios concertants pour trois cors, un quatuor pour quatre cors, un quatuor pour cor, violon, alto et violoncelle, deux symphonies concertantes pour deux bassons, un concerto pour trompette, et plusieurs autres productions.

GOERMAR (Chrétien-Auguste), organiste à Colleda, dans la Thuringe, s'est fait connaître, en 1799, par douze préludes faciles pour l'orgue, publiés à Leipsick.

GOEROLDT (Jean-Henri), né le 13 décembre 1773, à Stempeda, village du comté de Stolberg, a appris la musique sous la direction de Georges-Frédéric Wolf, auteur d'un Dictionnaire de musique et de plusieurs autres ouvrages (*voyez* ce nom). En 1803, il a été appelé à Quedlinbourg comme directeur de la musique d'église. Il remplissait encore ces fonctions en 1832. M. Gœroldt a publié quelques petites pièces pour le piano et des mélodies chorales pour quatre voix d'hommes, avec accompagnement d'orgue, Quedlinbourg, Basse, in-8°. Il avait en manuscrit des cantates, des hymnes, des motets et des airs. C'est particulièrement par des traités concernant l'harmonie et l'art du chant que cet artiste est connu. Ces ouvrages ont pour titres : 1° *Leitfaden zum Unterricht im Generalbass und in der Composition* (Guide pour l'instruction dans la basse continue et la composition), première partie, Quedlinbourg, 1815, gr. in-8°. Deuxième partie, 1816, *ibid.* La deuxième édition de cet ouvrage a été publiée en 1828, et la troisième en 1832. Celle-ci a pour titre : *Gründlicher Unterricht im Generalbass und in der Composition*, Leipsick, 1832, in-8°. Je ne sais si c'est le même ouvrage qui est cité dans le *Volstændiges Bücher-Lexikon* de Kayser, sous ce titre : *Handbuch der Musik, der Generalbasses und der Composition*, Quedlinbourg, Basse, 1832. 2° *Der Kunst nach Noten zu singen, oder praktische Elementar-Gesanglehre*, etc. (Méthode élémentaire et pratique du chant d'après les notes), Quedlinbourg, 1832, gr. in-8°. C'est une deuxième édition. 3° *Ausführliche theoretisch-praktische Hornschule vom ersten Elementar-Unterricht, bis zur volkommensten Ausbildung* (Méthode complète théorique et pratique de cor, depuis les premiers éléments jusqu'à l'instruction complète), Quedlinbourg, Basse, 1830, in-4°. 4° *Die Orgel und deren Zweckmæssinger Gebrauch beim œffentlichen Gottesdienst. Ein Handbuch für angehende Organisten, Prediger, Kirchen-inspectoren und Kirchenpatrone* (L'Orgue et son usage conforme aux offices divins. Manuel pour les organistes commençants, prédicateurs, inspecteurs et patrons d'églises), Quedlinbourg, Baker, 1835, in-8°. 5° *Gedanken und Bemerkungen über Kirchen-musik* (Idées et remarques sur la musique d'église), dans l'écrit périodique intitulé : *Eutonia*, 1830, t. IV, pages 1-16.

GOERRES (Jacques-Joseph), docteur et professeur de philosophie à Munich, précédemment à Coblence, est né dans cette dernière ville, le 25 janvier 1776. Au nombre de ses ouvrages, il en est un qui a pour titre : *Aphorism über die Kunst* (Aphorismes sur l'art), Coblence, 1814, in-8°. Ce livre renferme des idées d'un ordre élevé concernant la musique. Gœrres est mort à Munich, le 29 janvier 1848.

GOES (Damien DE), historiographe portugais, naquit en 1501, au bourg d'Alenquer, d'une famille noble et distinguée. Après qu'il eut fait, sous d'habiles maîtres, de bonnes études qu'il termina à l'Université de Padoue, les rois de Portugal don Sébastien et Jean III l'employèrent dans diverses négociations en France, en Italie, près du pape Paul III, qui l'honorait de sa bienveillance, en Suède, en Pologne et en Danemark. Retiré dans les Pays-Bas pour s'y livrer à ses travaux littéraires, il vécut particulièrement à Louvain, où plusieurs ouvrages de sa composition ont été imprimés. Quelques petits voyages qu'il fit en Hollande et en Allemagne lui procurèrent la connaissance d'Érasme et de Glaréan, dont il fut l'ami pendant le reste de sa vie. Ce fut dans les conversations qu'il eut à Fribourg avec ce dernier qu'il eut occasion de lui faire apprécier ses profondes connaissances dans la musique. De retour en Portugal, de Goes fut nommé par le roi Jean III historiographe du royaume, et garde-major de la tour de Tombo, emploi considéré comme une des premières charges de l'État. Il mourut à Lisbonne, au mois de décembre 1560, à l'âge de cinquante-neuf ans. De Goes savait le grec, le latin, l'arabe, l'éthiopien, et parlait les langues modernes de l'Europe avec beaucoup de facilité. On a de lui beaucoup de bons ouvrages sur l'histoire et les antiquités, qui ont été imprimés à Louvain, à Cologne, à Paris et à Lisbonne. Ses études dans la musique avaient été celles qu'aurait pu faire un maître de chapelle. Il jouait bien de plusieurs instruments. Glaréan a inséré dans son *Dodecachordon* un motet (*Ne læteris inimica mea*) à trois voix (p. 264), qui est bien écrit, dans la manière de Josquin Deprès, et qui n'a d'autre défaut qu'un peu de nudité dans l'harmonie. Le catalogue de la bibliothèque de musique du roi de Portugal, publié à Lisbonne par Craesbeke, indique beaucoup de compositions de de Goes qui y étaient conservées. Machado dit, dans sa Bibliothèque (t. Ier, p. 617), que ces ouvrages étaient exécutés avec succès dans les églises portugaises. On trouve un motet à six voix de la composition de de Goes dans le rarissime recueil intitulé : *Cantiones septem, sex et quinque vocum. Longe gravissimæ juxta ac amœnissimæ, in Germania maxime hactenus typis non excusæ*, Augustæ Vindelicorum, Melchior Kriesstein excudebat, 1545, petit in-4° obl. Les autres musiciens dont il y a des morceaux dans ce recueil sont : Dietrich, Noé, Maistre Jan, Adrien Willaert, Josquin Deprès, Lupi, Claudin, Tilman Susato, Consilium, Benedict, Jean Heugel, Morales, Jorius Wender, Thomas Crequillon, Hesdin, Jacquet, et plusieurs anonymes. De Goes a laissé en manuscrit un livre intitulé : *Tractado theorica da Musica*, cité avec d'autres ouvrages par le chevalier d'Oliveyra.

GOETHE (Jean-Wolfgang), illustre poëte allemand, né à Francfort-sur-le-Mein, le 28 août 1749, est mort à Weimar, le 22 mars 1832. La biographie de cet homme célèbre, l'histoire de ses idées, de ses travaux et de son influence sur la langue et la littérature de l'Allemagne, n'appartiennent pas à mon livre : il n'est mentionné ici que pour sa correspondance avec Zelter (*voyez* ce nom), qui a été publiée sous ce titre : *Briefwechsel zwischen Gœthe und Zelter in den Jahren 1796 bis 1832, herausgegeben von Dr. Fried.-Wilh. Riemer* (Correspondance entre Gœthe et Zelter, dans les années 1796 à 1832, publiée par le docteur Fr.-W. Riemer), Berlin, 1833, six volumes in-8°. On lit avec intérêt, dans cette collection, quelques lettres où Gœthe expose ses idées sur la musique, et ses opinions concernant le mérite de quelques compositeurs.

GOETHE (Walter DE), petit-fils du précédent, né à Weimar, en 1816, s'est fait connaître par des essais de composition en différents genres. En 1839, il a fait représenter à Vienne, puis à Weimar, un opéra en un acte, sous le titre de : *Anselmo Lancia ;* cet ouvrage n'obtint pas de succès. En 1846, un opéra en trois actes, du même compositeur-amateur, intitulé : *der Gefangen von Bologna* (le Prisonnier de Bologne), a été joué au théâtre de Weimar. On connaît aussi, sous le même nom, des recueils de *Lieder* avec accompagnement de piano, op. 1, Leipsick, Breitkopf et Hærtel, op. 14, Vienne, Haslinger, et quelques œuvres pour le piano.

GOETTING (Valentin), écrivain sur la musique, né à Witzenhausen, dans la Thuringe, paraît avoir vécu à Erfurt, dans la deuxième moitié du seizième siècle. Il a publié un livre élémentaire sur la musique, dans lequel il a résumé en neuf tableaux la doctrine de Glaréan, concernant les douze modes de la tonalité du plain-chant. A la suite de ces tableaux, on trouve quelques morceaux à trois et à quatre voix, dans le style fugué. L'ouvrage a pour titre : *Compendium musicæ modulativæ*, Erfurt, 1587, in-8°. Cette édition est la deuxième : j'ignore la date de la première.

GOETTING (Henri), pasteur à Clettstadt, près de Francfort-sur-l'Oder, au commencement du dix-septième siècle, est auteur d'une musique à quatre voix sur le catéchisme de Luther, avec une instruction élémentaire, publiée sous ce titre : *Catechismus Lutheri von Wort zu Wort in vier Stimmen schoen und lieblich componirt, beneden einem Bericht, wie junge Knaben und Maedchen innerhalb 12 Stunden in Musicam begriefen koennen*. Francfort, 1605, in-8°.

GOETTLE (Jean-Melchior), maître de chapelle de la cathédrale d'Augsbourg, dans la seconde moitié du dix-septième siècle. Il a fait imprimer dans cette ville, en 1670, un recueil de messes concertées de sa composition.

GOETZ (François), violoniste et compositeur, né en 1755 à Straschetz, en Bohème, fit ses études musicales et littéraires comme enfant de chœur chez les Jésuites du Mont-Sacré, près de Pribram, et ensuite au séminaire de Saint-Wenceslas. Après qu'il eut été gradué bachelier, il fit un cours d'histoire ecclésiastique à l'Université de Prague, dans l'intention d'entrer dans l'ordre de Saint-Benoît; mais il changea ensuite de projet, et se rendit à Brünn, où la place de premier violon du théâtre lui avait été offerte. Après avoir passé quelques années dans cette ville, il voyagea dans la Silésie, et y fut employé comme chef d'orchestre dans les églises de plusieurs abbayes. Dans un séjour qu'il fit à Breslau, il y fit la connaissance de Dittersdorf qui lui procura la place de chef d'orchestre dans la chapelle de Johannisberg. Après que cette chapelle eut été dissoute, Gœtz retourna à Breslau et s'y fit entendre à l'occasion du couronnement du roi Frédéric-Guillaume. Rappelé ensuite à Brünn par le baron Kaschnitz, il y fut chargé de la direction de l'orchestre du théâtre; mais il ne garda pas longtemps cette position, car, en 1787, il fut nommé maître de chapelle de l'archevêque d'Olmütz. C'est dans cette place qu'il a écrit la plupart de ses ouvrages, lesquels consistent en symphonies pour l'orchestre, concertos, sonates, trios et duos pour le violon. Toutes ces productions sont restées en manuscrit. Quelques-unes de ses symphonies ont été exécutées à Prague aux couronnements des empereurs Léopold II, en 1791, et François Ier l'année suivante. Gœtz vivait encore à Olmütz en 1799, suivant le Dictionnaire des artistes (*Kunstler Lexikon*) de Mensel (tome I, p. 207). Les renseignements manquent sur sa personne depuis cette époque.

GOETZE (Georges-Henri), ministre luthérien, né à Leipsick, le 11 août 1667, fit ses études aux universités de Wittenberg et de Jéna. En 1688, il fut professeur adjoint à Wittenberg, puis prédicateur à Burg en 1690; il remplit l'année suivante les mêmes fonctions à Chemnitz, fut appelé à Dresde, en 1694, puis à Annaberg, en 1697, et enfin à Lubeck, en 1702. Il mourut dans cette dernière ville, le 25 avril 1728, et selon d'autres biographes, le 25 mars 1729. On a de ce savant théologien quelques ouvrages où l'on trouve des choses utiles pour l'histoire de la musique; ils ont pour titre : 1° *De Odio pontificiorum in hymnos ecclesiæ Lutheranæ*, Dresde, 1702, in-4°. 2° *De Hymnis et hymnopœis Lubecensibus, hoc est Lübeckische Liederhistorie*, Lubeck, 1709, in-4° de 32 pages, réimprimé à Lubeck, en 1721. Il y a des exemplaires de la même date dont le frontispice a été changé et dont le titre est : *Sendschreiben an den Herrn Verfasser des evangelischen Liederschatze... Jo.-Christ. Olearius*. Cette dissertation, adressée à Jean-Christophe Olearius, renferme de curieux détails sur les chants locaux de Lubeck. Gœtze a réimprimé l'oraison funèbre du chantre Lossius, par Bachmeister, dans ses *Elogia Germanorum quorumdam Theolog. sæculi XVI et XVII*, Lubeck, 1708, in 8° (voyez Bachmeister).

GOETZE (Jean-Melchior), docteur en théologie et conseiller du consistoire d'Halberstadt, naquit en Thuringe, vers le milieu du dix-septième siècle. En 1685, il fut appelé aux fonctions de prédicateur de l'église Saint-Martin, à Halberstadt, fut vice-surintendant en 1707, et conseiller du consistoire en 1716. Il mourut en 1728. Gœtze est auteur d'un éloge de Werkmeister, organiste et écrivain sur la musique (voyez Werkmeister), qui a été imprimé sous ce titre : *Der weit berühmte Musicus und Organista wurde bei trauriger Leich-Bestellung des weyl. Edlen und Kunst-Hoch-erfahrnen Herrn Andreas Werkmeister, etc., in einer Stand-Rede dargestellt*, Halberstadt, 1707, 2 feuilles in-8°.

GOETZE (Nicolas), claveciniste et violoniste à Rudolstadt, fut d'abord au service du prince de Waldeck. Il demeurait à Augsbourg vers 1740, et y fit paraître une sonate pour le clavecin avec accompagnement de violon; il en annonçait alors cinq autres, qui ne paraissent pas avoir été publiées.

GOETZE (Jean-Nicolas-Conrad), violoniste et compositeur, est né à Weimar, le 11 février 1791. Dès son enfance, il montra d'heureuses dispositions pour la musique, qui décidèrent son père, membre de la chapelle de la cour, à lui faire donner, à l'âge de sept ans, des leçons de violon, de clavecin et d'harmonie. Ses progrès furent si rapides, que le maître de chapelle Kranz en fut émerveillé et recommanda cet enfant à la grande duchesse Amélie. Généreuse autant que sensible aux beautés de l'art, la princesse admit le jeune Gœtze à ses soirées musicales, et l'encouragea par ses bienfaits. Parvenu à l'âge de quinze ans, il possédait déjà un talent remarquable sur le violon. Un comte polonais, qui l'avait entendu à la cour, lui proposa de le suivre à Leipsick, où le jeune artiste se fit entendre avec succès. Après quelques mois de séjour dans cette ville, Gœtze retourna à Weimar et y entra dans la chapelle ducale, vers la fin de 1806. La grande-duchesse Amélie étant morte peu de temps après, Gœtze trouva une autre protectrice non moins généreuse dans la grande duchesse héréditaire Marie Paulowna, qui l'envoya, à ses frais, perfectionner son talent sous la direction de Spohr, et plus tard le confia aux soins de A. E. Muller, à Weimar, pour l'étude de la composition. Ce fut près de ce maître qu'il écrivit ses premiers quatuors qui, quelques années après, furent publiés à Leipsick, chez Breitkopf et Hærtel, ainsi qu'un concerto qu'il exécuta aux concerts de la cour avec un brillant succès, et qui lui fit obtenir de sa noble protectrice une pension pour se rendre à Paris, où il arriva en 1813. Nonobstant les agitations de cette époque désastreuse pour la France, et bien qu'il eût été obligé de servir dans la garde nationale parisienne, il put être admis au Conservatoire, par l'intervention du comte de Saint-Aignan, ambassadeur de France près des cours saxonnes, pour y recevoir des leçons de violon de Kreutzer, et de contrepoint de Cherubini. Après un séjour de huit mois à Paris, Gœtze retourna à Weimar, d'où il ne s'est éloigné deux ou trois fois que pour des voyages d'art, particulièrement à Vienne, où il a brillé comme violoniste. Quelques opéras qu'il fit jouer au théâtre de Weimar justifièrent par leur succès la haute protection dont l'artiste avait été l'objet jusqu'alors. En 1826, la place de répétiteur du théâtre de la cour lui fut donnée, et il la remplit avec intelligence. En 1848, Gœtze a été admis à la retraite.

Cet artiste a beaucoup écrit en différents genres de musique. Son premier opéra, intitulé : *le Marché*, joué en 1819, fut accueilli avec faveur. Il fut suivi d'*Alexandre en Perse*, en quatre actes, qui, au moyen de quelques changements et de coupures bien faites, eut un bon nombre de représentations et fut repris plusieurs fois avec succès. En 1822, Gœtze fit jouer, à Weimar, *l'Oracle*, qui fit une vive impression sur le public. La grande-duchesse témoigna sa satisfaction au compositeur par le don d'une riche tabatière en or. Enfin, en 1834, il donna, au même théâtre, *le Gallego*, opéra romantique en quatre actes, qui fut l'objet de beaucoup de critiques et d'autant d'éloges dans les journaux de musique. Gœtze a écrit aussi la musique de plusieurs vaudevilles et mélodrames. On a de lui des ouvertures pour l'orchestre; un quatuor brillant pour des instruments à cordes, œuvre 2, Leipsick, Breitkopf et Hærtel; trois autres quatuors *idem*, op. 3, *ibid.*; des variations pour violon avec accompagnement; dix trios faciles pour deux violons et violoncelle, Weimar, Voigt; des œuvres de différents genres pour piano; des *Lieder*, etc. Un frère de cet artiste (Benjamin Gœtze) a été musicien de ville à Jéna.

GOETZEL (François-Joseph), flûtiste distingué de la chapelle de l'électeur de Saxe, à Dresde, occupait cette place en 1756. Il a laissé en manuscrit six concertos pour la flûte, et quelques trios pour le même instrument.

GOEZ (...), facteur d'orgues, vivait en 1680. Il a construit à Farth, dans la principauté d'Anspach, un instrument de vingt-quatre jeux, avec deux claviers et pédale.

GOFFER (Jean), facteur d'orgues, vivait à Striegau, au commencement du dix-septième siècle. Il a construit à Reichenbach, en 1632, un orgue de vingt-deux jeux, trois claviers et pédales.

GOGAVIN (Antoine-Hermann), ou **GOGAVA**, né à Grave, Brabant hollandais, dans la première partie du seizième siècle, exerça la médecine à Venise, où il se lia avec le célèbre musicien Zarlino, qui l'engagea à traduire quelques-uns des auteurs grecs qui ont traité de la musique. Gogavin suivit ce conseil, et publia une traduction latine des traités d'Aristoxène, de Ptolémée, et de quelques fragments d'Aristote et de Porphyre. Son travail a paru sans les textes originaux sous ce titre : *Aristoxeni musici antiquissimi Harmonicorum elementorum Libri III. Ptolemæi Harmonicorum seu de musica Lib. III. Omnia nunc primum latinè conscripta et edita*. Venetiis, 1552, in-4°. Les manuscrits dont Gogavin s'est servi pour son édition étaient peu exacts, et sa traduction n'est pas bonne; mais elle a été pendant plus d'un siècle la seule qu'on eût des ouvrages d'Aristoxène et de Ptolémée. Les versions de Meibomius et de Wallis (*voyez* ces noms), ont fait oublier la sienne. Le P. Martini indique, dans le troisième volume de son *Histoire de la musique* (p. 250), une autre édition de la traduction de Gogavin, sous la date de 1572 : je crois qu'il y a erreur ou faute typographique dans cette citation, et que cette édition de 1572 n'existe pas.

GOGUET (Antoine-Yves), savant jurisconsulte, né à Paris, le 18 janvier 1716, mort de la petite vérole, le 2 mai 1758, est auteur d'un très-bon livre, pour l'époque où il fut composé, lequel a pour titre : *De l'origine des lois, des arts et des sciences, et de leurs progrès chez les anciens peuples*. Paris, 1758, 3 vol. in-4°; *ibid.*, 6 vol. in-12. Il y en a deux autres éditions, la première de 1778, 6 vol. in-12, l'autre de 1809, 3 vol. in-8°. Ce qui concerne la musique est la partie la plus faible de cet ouvrage.

GOLD (Léonard), violoniste et compositeur, né à Odessa, en 1818, reçut dans cette ville sa première éducation musicale, puis fut envoyé par ses parents au Conservatoire de Vienne pour y achever ses études. Sorti de cette école en 1836, il étonna les connaisseurs par la pureté de son jeu et le brillant du mécanisme de son archet, dans les concerts où il se fit entendre. Dans la même année, il fit exécuter à Vienne une ouverture de sa composition. Il avait écrit aussi un opéra italien qui fut représenté à Odessa en 1837, après le retour du compositeur en cette ville. En 1839, Gold voyagea en Russie pour y donner des concerts. De retour dans sa ville natale en 1840, il a été mis en possession de la place de violon solo au théâtre. On manque de renseignements sur la suite de la carrière de cet artiste.

GOLDAST DE HEIMINSFELD (Melchior), historien et jurisconsulte, né à Esperi en Suisse, près de *Bischoffzell*, le 6 janvier 1576, vécut dans la misère à Genève et à Lausanne, et mourut à Giessen, dans la principauté de Hesse-Darmstadt, le 11 août 1635. Dans l'ouvrage qu'il à publié sous ce titre : *Alamanicarum Rerum Scriptores, etc.* (Francfort, 1606, 3 v. in-fol.), il a traité de l'invention, des transformations, de la rénovation et de la perfection de la musique. Il la divise en musique chorale et musique mesurée.

GOLDBACH (Chrétien), conseiller du roi de Prusse à Kœnigsberg, et membre de l'Académie de sciences de Pétersbourg, s'est fait un nom honorable parmi les mathématiciens par les mémoires qu'il a fournis aux actes de cette académie dans les années 1728-1744 ; sa mort paraît être arrivée vers cette dernière année. Dans les *Acta Eruditorum* de 1717, il a fait insérer (p. 114), un morceau intitulé : *Temperamentum musicum universale.*

GOLDBERG (Jean-Gottlieb ou Théophile), musicien au service du comte de Bruhl, à Dresde, en 1757, paraît avoir vécu de 1720 à 1760. Il a été considéré en Allemagne comme un des meilleurs élèves de Jean-Sébastien Bach. Reichardt a donné de grands éloges à son talent ; il le considérait comme un musicien d'un ordre supérieur. Son caractère était mélancolique ; on l'accusait d'égoïsme et d'orgueil. Tout ce qu'il a écrit est d'une grande difficulté, dans la manière de Bach ; pourtant il avait l'habitude d'appeler ses ouvrages des *bagatelles pour les dames.* On connaît de lui en manuscrit plusieurs concertos pour le clavecin, dont un en *mi* bémol, et un autre en *ré* mineur, des préludes et fugues pour le clavecin, vingt-quatre polonaises, une sonate pour le clavecin avec un menuet et douze variations, et six trios pour flûte, violon et basse. La Bibliothèque royale de Berlin possède de cet artiste des préludes et fugues pour clavecin ou orgue, et en manuscrits originaux, un motet allemand à six voix, deux violons, deux altos, basse et orgue, ainsi que le 12me psaume à quatre voix, deux violons, alto et basse.

GOLDBERG (H.), cantor à la synagogue de Brunswick et professeur de la population israélite de cette ville, est auteur d'un recueil intitulé : *Gesænge für Synagogen* (Chants pour les Synagogues), Brunswick, 1843, in-8°. Une deuxième édition de ce recueil a été publiée en 1843, et une troisième en 1853, avec une préface de M. Freudenthal, directeur de musique dans la même ville. Bien que le titre soit en langue allemande, tous les chants sont sur le texte hébreu.

GOLDHORN (Jean-David), docteur et professeur de théologie, pasteur de l'église Saint-Nicolas, à Leipsick, naquit à Puchau, près de Wurzen, le 12 septembre 1774, et mourut à Leipsick, le 23 octobre 1836. On a de lui une dissertation sur la musique d'église intitulée : *Ein Wunsch für die Kirchlich Jubelfeier der Augsburgischen Confession in musikalischer Hinsicht* (Un désir en ce qui concerne la musique dans la fête jubilaire des églises de la confession d'Augsbourg). Cette dissertation a paru d'abord dans la Gazette des églises (*Kirchen Zeitung*), de Zimmermann, en 1820, puis a été réimprimée dans l'écrit musical périodique intitulé : *der Eutonia*, 1830, t. III, p. 187-200.

GOLDINGHAM (Jean), major du génie à Madras, a rendu compte d'expériences faites sur la vélocité du son aux forts Saint-Georges et Saint-Thomas de Madras, avec des canons de 24, chargés de huit livres de poudre à la distance d'environ quatre mille huit cents toises. On trouva que la vitesse du son était entre mille quatre-vingt-dix-neuf et onze cent soixante-quatre pieds anglais par seconde. Les chronomètres dont on se servait étaient d'Arnold, et l'on tenait note de l'état du baromètre, du thermomètre et de l'hygromètre. Cette vitesse est beaucoup moins rapide que celle qui fut observée dans des expériences faites, en 1822, entre Montlhéry et Villejuif, par des membres de l'Institut de France. Le Mémoire de M. Goldingham a été publié sous ce titre : *Experiments for ascertaining the velocity of sound, at Madras*, dans les *Annals of Philosophy* de Thomson (sept. 1823, p. 201), et dans la première partie des *Transactions philosophiques*, de la même année.

GOLDNER (Madame AUGUSTINE DE), cantatrice distinguée, née à Francfort-sur-le-Mein, le 5 mars 1797, est la fille de madame Engst, actrice remarquable du théâtre allemand. Après la mort de sa mère, elle fut adoptée par madame Aschenbrenner, autre actrice renommée en Allemagne, et ses études furent dirigées vers la carrière du théâtre, dès sa plus tendre enfance. Dans les rôles d'enfant qu'elle remplissait, elle se fit remarquer de bonne heure : on ne la désignait alors que sous le nom de *la gentille petite aux cheveux noirs*. Après avoir fait des études de chant sous la direction de Danzi, elle parut avec succès sur les théâtres de Stuttgard et de Hambourg. La beauté de sa voix et l'expression de son chant dramatique la rendirent bientôt célèbre en Allemagne, et les journaux retentirent d'éloges accordés à son talent. A Hambourg, elle épousa l'acteur Krüger, puis, sous le nom de madame Krüger-Aschenbrenner, elle parcourut l'Allemagne, chanta à Vienne, à Munich, à Berlin, et se fit partout applaudir dans *Otello, le Freyschütz, la Famille suisse*, et autres grands ouvrages des théâtres italien et allemand. Les biographes de l'Allemagne ne s'expliquent pas sur les motifs qui la firent se séparer de son premier mari, mais ils disent que ce fut après cette séparation qu'elle fut engagée, en 1810, au théâtre de la cour à Darmstadt. Après la mort du grand-duc, en 1831, ce théâtre cessa d'exister, et madame Krüger-Aschenbrenner se retira avec une pension considérable de la cour. Elle a épousé vers le même temps M. de Goldner, écuyer du grand-duc, et vivait encore à Darmstadt, en 1837.

GOLDSCHAD (GOTTHILF-CONRAD), pasteur, à Leubnitz, né à Posendorf, près de Dresde, le 18 mai 1710, fit ses études à Wittenberg, fut nommé, en 1744, régent du Collége de la Croix, à Dresde, puis, en 1750, recteur à Sainte-Anne. Il perdit, en 1760, tout ce qu'il possédait, avec sa bibliothèque, par les dévastations du siége de cette ville. En 1763, il fut nommé pasteur à Leubnitz. Comme recteur de Sainte-Anne, il a publié à Dresde, en 1751, un programme académique intitulé : *Chorus musicus gloriam Christi celebrans ex ps.* 68. 20.

GOLDSCHMIDT (SIGISMOND), pianiste et compositeur, né à Prague, le 28 septembre 1815, a fait ses études musicales dans cette ville et a reçu des leçons de piano de Dreyschock. Après avoir résidé à Berlin pendant les années 1843 et 1844, il a vécu à Paris de 1845 à 1849, puis il est retourné à Prague. Cet artiste distingué a fait exécuter dans cette ville, en 1850, une ouverture intitulée : *Romeo et Juliette*. Une deuxième ouverture, qui a pour titre : *Frühlingsgenuss* (les Plaisirs du printemps), fut exécutée avec succès à Prague, en 1843, puis à Berlin et à Leipsick, et, enfin, M. Goldschmidt en fit entendre une troisième, intitulée *Ondine*, dans cette dernière ville. On a publié de sa composition des études pour piano, œuvres 4 et 13; des sonates pour le même instrument, œuvres 3 et 8; des pièces de différents genres, et des *Lieder* avec accompagnement de piano. M. Goldschmidt est membre de l'Académie des beaux-arts de Stockholm.

GOLDSCHMIDT (OTTO), pianiste et compositeur, né à Hambourg, en 1829, a fait ses études musicales au Conservatoire de Leipsick. Ses maîtres ont été Mendelsohn et M. Hauptmann. Après avoir terminé son éducation musicale, il est parti pour l'Amérique septentrionale. Pendant son séjour aux États-Unis, on a publié de sa composition un concerto pour le piano, diverses pièces pour le même instrument et des *Lieder*. Cet artiste a épousé la célèbre cantatrice Jenny Lind.

GOLDSCHMIDT (Mme); *voyez* LIND (Jenny).

GOLDWIN (JEAN), ou **GOLDING**, fut élève du docteur Child, et lui succéda au mois d'avril 1697, comme organiste de la chapelle de Saint-Georges à Windsor. En 1703, il joignait à cette place celle de directeur du chœur de la même chapelle. Il conserva ces emplois jusqu'à sa mort, qui arriva le 7 novembre 1719. Il a laissé plusieurs antiennes à quatre voix de sa composition ; le docteur Boyce en a publié une (*I have set God always before me*); deux autres ont été insérées dans l'*Harmonia sacra* de Page.

GOLLMICK (CHARLES), fils d'un acteur de l'Opéra allemand, né à Dessau, le 19 mars 1796, reçut sa première éducation à Cologne, où Bernard Klein fut son condisciple. La vie aventureuse de théâtre que suivait son père interrompit souvent ses études. En 1812, il alla pour la seconde fois à Strasbourg. Il y fit un cours de théologie, et vécut en donnant des leçons de latin et de musique. Pendant qu'il y continuait ses études sérieuses, il apprit la composition sous la direction du maître de chapelle Spindler. Dès son enfance, il avait montré beaucoup de dispositions pour cet art ; il n'était âgé que de onze ans lorsqu'il publia son premier recueil de six chansons, chez André, à Offenbach. Organiste et pianiste assez habile, il se faisait entendre avec succès dans les églises et dans les concerts. En 1817, il se rendit à Francfort où il donna des leçons de langue française pour vivre. Bientôt après, Spohr l'engagea comme timbalier à l'orchestre du théâtre de cette ville ; il se maria, et vécut plusieurs années dans cette position. Plus tard, il a fait un séjour de plusieurs années à Londres ; mais il est retourné vraisemblablement en Allemagne, car on a publié de lui un petit ouvrage en deux parties, sous ce titre : *Handlexikon der Tonkunst* (Dictionnaire portatif de musique), Offenbach, André, 1857, 1 vol. petit in-8°. La deuxième partie de cet ouvrage renferme des notices abrégées de musiciens. On a de cet artiste : 1° Des rondeaux et autres pièces pour le piano à quatre mains, op. 10, 14, 19, 23, Offenbach, André. 2° Sonates pour piano seul, op. 9 et 11. 3° Des polonaises et des pots-pourris *idem*, op. 12, 17, 20, *ibid*. 4° Des thèmes variés, op. 8, 13, 15, 16, 18, 22, *ibid*. 5° Des chansons allemandes, avec accompagnement de piano ou de guitare, *ibid*. Mais c'est principalement comme critique que M. Gollmick s'est fait connaître, par des articles relatifs à la musique, qu'il a fait insérer dans plusieurs journaux. Ces articles se font en général remarquer par leur ton satirique. Cet artiste a aussi publié une sorte de dictionnaire de musique sur un nouveau plan ; l'ouvrage a pour titre : *Critische Terminologie für Musiker und Musikfreunde* (Terminologie critique pour les musiciens et les amis de la musique), Francfort-sur-le-Mein, 1833, in-8° de 225 pages. Il y en a une deuxième édition publiée à Francfort-sur-le-Mein, en 1839, gr. in-12 de XII et 252 pages. Ce livre est divisé en six classes de mots : la première renferme les termes qui se rapportent aux diverses modifications du son ; la seconde, aux mots relatifs à la mesure et au rhythme ; la troisième, à ceux qui indiquent le caractère des morceaux de musique ; la quatrième, à l'expression ; la cinquième, aux termes généraux ; la sixième, aux choses historiques. Un index des mots renvoie pour chacun à la page où il se trouve. On connaît aussi de cet auteur : *Musikalische Novellen und Silhouetten* (Nouvelles et Silhouettes musicales). Zeitz, Schöferdecker, 1842, in-8° ; une notice nécrologique sur Gühr, Francfort, 1849, in-8°, et quelques autres opuscules de peu d'importance.

GOLTERMANN (Georges), violoncelliste et compositeur, est né à Hanovre en 1832. Après avoir vécu quelque temps à Munich, il a occupé une place de directeur de musique à Wurzbourg, puis s'est établi à Francfort sur-le-Mein, où il est en ce moment (1860). On a publié de sa composition un concerto pour violoncelle, ainsi que différentes pièces pour le même instrument, quelques sonates pour piano et violoncelle et des *Lieder*. Une symphonie écrite par ce jeune artiste a été exécutée dans les concerts de Leipsick.

GOMANT (L'abbé), curé de Perrenchères, au diocèse de Séez (Orne), précédemment curé de Saint-Symphorien-des-Bruyères, au même diocèse, est auteur d'un livre qui a pour titre : *Manuel du chantre, contenant une nouvelle méthode de plain-chant ; les éléments comparés de la musique et du plain-chant musical ; un ample recueil de pièces diverses, dont beaucoup de composition nouvelle*, etc., Paris, Langlois et Leclerc (sans date), un vol. in-12, deuxième édition ; la première a été publiée en 1837. Il y en a eu une troisième, publiée à Paris, chez Langlois et Leclerc, 1844, un vol. in-12. Ce livre est un des plus mauvais ouvrages qui aient été publiés sur le même sujet. Le prétendu *plain-chant musical*, monstruosité mise en vogue dans certaines provinces de France, en est la base.

GOMART (Charles-Marie-Gabriel), chevalier de la Légion d'honneur, né à Ham (Somme), le 1er juillet 1805, a fait ses études au collége de Soissons. Fixé à Saint-Quentin depuis 1838, il a occupé ses loisirs par des travaux relatifs aux arts, à l'histoire et à la littérature. Musicien amateur, président de la société de l'orchestre du théâtre de Saint-Quentin, pendant plusieurs années ; il a publié, d'après des documents originaux, des *Notes historiques sur la Maîtrise de Saint-Quentin et sur les célébrités musicales de cette ville*, ouvrage qui peut fournir des renseignements intéressants pour l'histoire de la musique au seizième siècle, dans le nord de la France (1). Les autres ouvrages de M. Gomart, ainsi que ses nombreux mémoires insérés dans des collections académiques et dans des revues périodiques, ne concernent pas l'objet de ce dictionnaire.

GOMBERT (Nicolas), un des plus célèbres compositeurs belges de la première moitié du seizième siècle, naquit à Bruges (Flandre occidentale), suivant ce que nous apprenons du titre de l'édition du premier livre de ses motets à quatre voix, publiée à Venise, chez Jérôme Scotto, en 1540, sous ce titre : *Nicolai Gom-*

(1) Ces notes ont été publiées dans les *Annales de la Société académique de Saint-Quentin*, tome VIIIe (1850), page 218, et dans le 1er volume des *Études Saint-Quentinoises*, page 261.

berti Flandri Brugensis musici excellentissimi Motettorum quatuor vocum liber primus. L'abbé Baini s'est trompé lorsqu'il a fait de Gombert un prédécesseur de Josquin Deprès (*Mem. stor. crit. della vita e delle opere di Giov. Pierluigi da Palestrina*, t. Ier, p. 350), dont il fut au contraire l'élève, et en le faisant vivre en 1400. La preuve que Gombert a été le disciple de Josquin Deprès se trouve dans la *Déploration* de Gérard Avidius, de Nimègue, sur la mort de ce maître célèbre, et par le témoignage d'Hermann Fink. On sait en effet que cette même *Déploration* a été mise en musique à six voix par Gombert. L'époque précise de la naissance de cet excellent musicien n'est pas connue : les écrivains belges qui ont vécu de son temps se taisent sur ce point. Il ne paraît pas qu'il ait vu le jour avant les dernières années du quinzième siècle, ni peut-être avant les premières du seizième siècle ; car son nom ne paraît dans aucun recueil de compositions publié antérieurement à 1530. La plus ancienne collection de motets où l'on trouve un morceau de lui est le septième livre publié à Paris sous ce titre : *Liber septimus XXIIII trium, quatuor, quinque, sex vocum modulos Dominici Adventus, Nativitatisque, ac Sanctorum eo tempore occurrentium habet* ; Parisiis, in vico Citharæ, apud Petrum Attaingnant, musices calcographum, in-4° obl. Il n'y a point de date à ce livre, mais le huitième ayant paru en 1534, celui-ci doit être de la même année.

Gombert était ecclésiastique. Il paraît qu'il fut attaché d'abord au chœur de l'église Notre-Dame, d'Anvers, si toutefois c'est lui qui est désigné dans les registres de cette ancienne collégiale, sous le nom de *Maître Nicolas*. Thuringius (1), Walther (2), Gerber (3) et Kiesewetter (4), disent que Gombert fut maître de chapelle de l'empereur Charles-Quint ; la même qualité a été attribuée à Clément *non papa* et à Thomas Créquillon ou Cricquillon (*voyez* ces noms) ; mais personne n'a songé à examiner en quel ordre ils auraient pu se succéder dans cette position. Les incertitudes à cet égard proviennent de ce qu'on n'a pas su qu'il y avait trois chapelles de musique attachées à la maison impériale : la première, à Vienne, au service de l'empereur ; l'autre, à la cour du même prince, comme roi d'Espagne, à Madrid, et la troisième, à Bruxelles, moins nombreuse, pour le service des princes gouverneurs des Pays-Bas, au nom du même monarque. On voit, dans la notice de Clément *non papa*, qu'il fut maître de la chapelle impériale de Vienne ; Gombert était, en 1530 et 1534, maître des enfants de chœur de la chapelle de Madrid, suivant les registres des archives du royaume de Belgique. On ne trouve immédiatement avant lui dans cette charge que Jacques Champion, qui succéda à Nicole Carlier, lorsque celui-ci mourut, en 1520. C'est donc entre les années 1526 et 1530 qu'il fut appelé aux fonctions de maître des enfants de la chapelle, et vraisemblablement vers cette dernière date. Quelle était sa position dans cette chapelle auparavant ? Vraisemblablement celle de simple chantre, ainsi que l'avaient été précédemment d'autres musiciens de la même chapelle avant d'obtenir les positions de maître des enfants ou de maître de chapelle. Gombert est qualifié simplement du titre de *musicien de l'empereur* (musicus imperatorius) au titre d'un de ses ouvrages imprimé chez Gardane, à Venise, en 1551 ; mais l'éditeur était fort mal informé, car il devait être élevé alors à la position de maître de chapelle : il est certain du moins qu'il n'était plus maître des enfants, puisqu'on voit, dans les comptes de la chapelle, aux archives du royaume de Belgique, qu'un certain Jean Taisnier occupait cette place en 1545. D'autre part, Corneille Canis (*voyez* CAÉQUILLON, t. II, p. 288, note 1) était maître de la même chapelle, en 1548 : Gombert n'y était donc plus alors, et, sans doute, il avait obtenu dans les Pays-Bas quelqu'un des bénéfices qui étaient à la nomination de l'empereur ; car il vivait encore en 1556, si l'on s'en rapporte à ce passage de la *Practica musica* d'Hermann Finck, publiée dans la même année : « De nos « jours *il existe* plusieurs nouveaux inven- « teurs, parmi lesquels on distingue Nicolas « Gombert, élève de Josquin, de pieuse mé- « moire, et qui a montré à tous les composi- « teurs le chemin et même le sentier pour « trouver des fugues et toutes les subtilités de « l'art ; enfin, qui a fait entendre une musique « toute différente de la précédente. Il évite, en « effet, les pauses, et sa composition est à la « fois remplie d'harmonie et de recherches « fuguées (1). »

(1) *Opusc.* P. II, cap. 4, p. 20.

(2) *Musikalisches Lexicon*, p. 286.

(3) *Neues hist.-biogr. Lexikon der Tonkünstler*, II. Art. *Gombertus*, col. 357.

(4) *Die Verdienste der Niederlænder in die Tonkunst*, p. 35 — *Geschichte der Europ. Abendland. oder unsrer heutigen Musik*, p. 56. — *Catalog. der Samml. alter Musik*, p. 36.

(1) Nostro vero tempore novi sunt inventores, in quibus est Nicolaus Gombert, Josquini piæ memoriæ discipulus qui omnibus musicis ostendit viam, imo semitam ad

Les éloges accordés à Gombert par Hermann Finck n'ont rien d'exagéré ; ce que j'ai examiné et mis en partition parmi ses ouvrages m'a fait voir que l'art d'écrire avec facilité dans le style fugué et d'imitation le distinguait éminemment. Il ne fut pas moins remarquable par l'élévation de son style dans certaines compositions dont les paroles ont un caractère grave, genre de mérite bien rare et même à peu près inconnu dans la première moitié du seizième siècle. Gombert fut en cela le précurseur du style de Palestrina qui n'a rien produit de plus beau que le *Pater noster* de ce musicien, exécuté dans un de mes concerts historiques, et qui a produit une profonde impression sur l'auditoire. Trois artistes belges de la même époque sont cités par les auteurs contemporains comme les chefs d'école de cette période de l'art ; ce sont : Clément *non papa*, Créquillon (*voyez ces noms*) et Gombert. Nonobstant le haut mérite des deux autres, Gombert me paraît avoir des qualités de sentiment supérieures à ce qu'on trouve chez ses émules. Il ajoute à ces avantages celui d'une rare fécondité : on en peut juger par la liste de ses ouvrages connus jusqu'à ce jour.

1° *Il primo libro de' Motetti a quattro voci*, in-4°, sans date et sans nom de lieu. Le nom de l'auteur est écrit Gomberth. Un exemplaire de cette édition est à la Bibliothèque royale de Munich. La deuxième édition a pour titre : *Nicolai Gomberti Flandri Brugensis musici excellentissimi Motettorum liber primus*, Venetiis, apud Hieronymum Scotum, 1540, in-4° obl. La troisième édition est intitulée : *Di Nic. Gombert il primo libro de' Mottetti a quattro voci*, in Venetia, app. Ant. Gardano (*sic*), 1544, in-4° obl. Ce premier livre a été réimprimé avec ce titre latin : *Nicolai Gomberti musici imperatorii Motectorum nuperrimi maxima diligentia in lucem editorum liber primus quatuor vocum*, Venetiis, apud Antonium Gardanum, 1551, in-4° obl. Je possède un exemplaire de ce premier livre, avec le titre italien, le nom du même imprimeur et la date de 1550. Je n'ai pu vérifier si c'est l'édition de 1544, avec un nouveau frontispice, ou si c'est la même qu'on a reproduite avec un titre latin, en 1551. 2° *Nicolai Gomberti Musici excellentissimi Pentaphthongos Harmonia, quæ quinque vocum Motetta vulgo nominantur. Additis nunc ejusdem quoque ipsius Gomberti, nec non Jachetti et Moralis Motettis*, etc. *Liber primus*, Venetiis, apud Hieronymum Scotum, 1541, in-4° obl. Antoine Gardane a donné une édition de ce livre de motets à cinq voix, en 1551, avec ce titre : *Nicolai Gomberti musici excellentissimi Motectorum cum quinque vocibus liber primus*, in-4° obl. 3° *Nicolai Gomberti Musici solertissimi Motectorum quinque vocum maximo studio in lucem editorum liber secundus*, Venetiis, apud Hieronymum Scotum, 1541. Une autre édition de ce second livre a été publiée chez Antoine Gardane, en 1552, in-4°. Il y a des exemplaires des deux livres réunis, avec le nom du même imprimeur, et la date de 1552. 4° *Nicolai Gomberti Musici imperatorii Motectorum, nuperrime maxima diligentia in lucem editorum liber secundus*, Venetiis, apud Hieronymum Scotum, 1541, in-4° obl. C'est le second livre des motets à quatre voix. Il y en a d'autres éditions données à Venise, chez Antoine Gardane, et à Lyon, chez Jacques Moderne. 5° *Missarum quinque vocibus liber primus*, Venetiis, apud Ant. Gardanum, 1540, in-fol. Les cinq parties sont imprimées en regard. 6° Les chansons françaises et flamandes du même artiste formant le cinquième livre d'une collection publiée à Anvers ; le titre de ce volume est : *Le cinquiesme livre contenant trentedeux chansons à cinq et à six parties composées par Maistre Nicolas Gombert et aultres excellents autheurs, convenables et propices à jouer sur tous les instrumentz, correctement imprimées en Anvers, par Tylman Susato, l'an* 1544, *au mois de décembre*, in-4° obl. Beaucoup de compositions de Gombert, soit de musique religieuse, soit de musique profane, ont été insérées dans les recueils publiés en Italie, en Allemagne, en France et en Belgique, particulièrement dans ceux-ci. 7° *Motetti del Frutto. Liber primus cum quinque vocibus* (*sic*), in Venetia ne la stampa d'Antonio Gardano, 1538, petit in-4° obl. 8° *Motetti del Frutto a sei voci. ibid.*, 1539, petit in-4° obl. 9° *Motetti del Fiore a quattro voci. Libri* 1, 2, 3 et 4, Lugduni, per Jacobum Modernum de Pinguento (*sic*), 1532-1539, in-4°. Le premier livre renferme trois motets de Gombert (pages 13, 41 et 44). Le second livre contient six motets (pages 3, 17, 19, 27, 32, 34) ; et l'on en trouve deux dans le troisième livre, p. 50 et 57. 10° *Fior di Motetti tratti dalle Mottetti del Fiore a quattro voci*, in Venetia, presso Ant. Gardano, 1539, petit in-4° obl. Une autre édition du même recueil a été publiée sous le titre latin : *Flos Florum, cum*

quærendas fugas ac subtilitatem, ac est author musices plane diversæ à superiori. Is enim vitat pausas, et illius compositio est plena cum concordantiarum tum fugarum.

quatuor vocibus. Liber primus et *liber secundus*, ibid., 1545, in-4° obl. Le premier livre renferme les motets de Gombert : *Ave Sanctissima Maria* et *Fuit homo missus a Deo ;* l'on trouve dans le second, *Tu es Petrus* et *Absolve me.* 11° *Cantiones septem, sex et quinque vocum. Longe gravissimæ, juxta ac amœnissimæ, in Germania maxime hactenus typis excusæ*, Augustæ Vindelicorum, Melchior Kriesstein excudebat, 1545, petit in-4° obl. 12° *Novum et insigne opus musicum, sex, quinque et quatuor vocum, cujus in Germania hactenus nihil simile unquam est editum*, Noribergæ, arte Hieronymi Graphæi, 1537, petit in-4° obl. 13° *Tomus secundus Psalmorum selectorum quatuor et quinque vocum*, Norimbergæ, apud Jo. Petreium, 1539. 14° *Tomus tertius*, etc., *ibid.* 1542. 15° *Selectissimarum Motetarum partim quinque, partim quatuor vocum. Tomus primus. D. Georgio Forstero selectore*, imprimebat Jo. Petreius, 1540, in-4° obl. 16° *Ecclesiasticæ cantiones quatuor et quinque vocum, vulgo Moteta vocant, tam ex veteri. quam ex novo Testamento, ab optimis quibusque hujus ætatis Musicis compositæ. Antea nunquam excusæ*, Antverpiæ, per Tilemanum Susato, 1553, in-4° obl. *Lib.* 1, 2, 3, 4, 5, 6, 7. Les motets de Gombert remplissent tout le quatrième livre. 17° *Sacrarum cantionum, vulgo hodie Motetta vocant, quinque et sex vocum ad veram harmoniam concertumque ab optimis quibusque Musicis in philomusorum gratiam compositarum libri tres*, Antwerpiæ, per Johannem Latium (Jean Laet), 1554-1555, in-4° obl. On trouve dans ce recueil trois motets à six voix de Gombert, (les livres deuxième et troisième), lesquels sont d'une grande beauté en leur genre. 18° *Cantiones quinque vocum selectissimæ a primariis Germaniæ inferioris, Galliæ et Italiæ Musicis magistris editæ. Antehac typis nondum divulgatæ. Numero viginti octo*, Argentorati, per Petrum Schœffer, 1539, in-4° obl. De ces vingt-huit motets, neuf à cinq voix sont de Gombert. 19° *Cantionum sacrarum vulgo Moteta vocant, quinque, sex et plurium vocum ex optimis quibusque Musicis selectarum libri octo*, Lovanii, apud Petrum Phalesium, 1554-1555, in-4° obl. Cinq motets à cinq et six voix, de Gombert, sont contenus dans le deuxième livre de ce recueil. 20° *Evangelia Dominicorum et Festorum dierum, musicis numeris pulcherrime comprehensa et ornata quatuor, quinque, sex et plurium vocum. Tomi sex*, Noribergæ, in officina Johannis Montani et Ulrici Neuberi, 1554-1556, in-4° oblong. Les pièces de Gombert contenues dans ces six volumes, sous le titre : *Evangelia et sententiæ piæ quatuor, quinque et sex vocum*, sont au nombre de dix-huit, à savoir, t. Ier, nos 14 et 24 ; t. II, n° 25 ; t. III, nos 41, 47 ; t. IV, n° 27 ; t. V, nos 8, 11, 19, 24, 25, 27, 30, 31 ; t. VI, nos 21, 25, 36, 37. 21° *XII Motets à quatre et cinq voix de divers auteurs*, Paris, par Pierre Attaingnant, 1520, in-8° obl. On y trouve le motet à quatre voix de Gombert *Angelus Domini*. 22° *Liber triginta novem Motettorum quatuor vocum, diversorum authorum*, Ferrariæ, in ædibus Francisci Rubei, de Valentia, expensis et labore Joannis de Bulghat, Henrici de Campis et Antonii Hacher, sociorum, 1538, in-4° obl. Deux motets de Gombert se trouvent dans ce rarissime recueil, p. 10 et 23. 23° *Motetti de la Simia, Lib. I, quinque vocum*, ibid., 1539. Ce recueil renferme deux motets à cinq voix de Gombert, p. 3 et 7. 24° *Motettorum a Jacobo Moderno, alias* Grand-Jaques, *in unum coactorum et ab eodem impressorum. Libri* 1-5, *ad quatuor, quinque, sex et septem voces*, Lugduni, per Jacobum Modernum, 1532-1542, in-4°. Ce recueil contient quatorze motets à cinq voix, et un *Beatus vir*, à six, de Gombert. 25° *Motetti a sei voci da diversi excellentissimi musici composti. Libro primo.* Venetiis, apud Hieronymum Scotum, 1549, in-4° obl. On trouve dans ce recueil cinq motets à six voix, de Gombert, p. 2, 4, 20, 24, 29. 26° *Psalmorum selectorum a præstantissimis hujus nostri temporis in arte musica artificibus in harmonia quatuor, quinque et sex vocum redactorum Tomi quatuor*, Noribergæ, ex officina Joannis Montani et Ulrici Neuberi, 1553-1554, in-4° obl. On trouve dans ce recueil huit psaumes de Gombert à cinq et six voix, à savoir, t. Ier, nos 9, 10 ; t. II, n° 21 ; t. III, n° 14 ; t. IV, nos 2, 10, 21, 22. 27° Dans la grande collection de messes imprimées par Adrien Le Roy et Robert Ballard, on trouve la messe à quatre voix de Gombert sur le thème de la chanson *Je suis déshéritée*. 28° Le troisième volume d'une collection manuscrite de musique du seizième siècle, laquelle se trouve à la Bibliothèque du Conservatoire de Paris, sous le nom de *Collection Eler*, renferme dix-neuf motets de Gombert, à cinq voix, en partition. Ils sont extraits des deux livres publiés à Venise, chez Scoto et Gardane. Les chansons de ce maître sont répandues dans divers recueils ; les principaux sont ceux-ci : 29° *Chansons à quatre, cinque* (sic), *six et huit par-*

ties. Livres 1 à 13, Anvers, par Tylman Susato, 1545-1550, in-4° obl. Les livres Ier, II, IV, V, VI, VII, XII et XIII, renferment des chansons de Gombert, à cinq et six voix. C'est dans le septième volume que se trouve la complainte de Gérard Avidius, de Nimègue, sur la *mort de Josquin Deprès*, mise en musique à six voix par Gombert, et qui a pour titre : *In Josquinium a Prato musicorum principem Nænia sex vocum*. On trouve dans le même volume la complainte mise en musique à quatre voix par Benoit d'Appenzell (*voyez* Benedictus). 30° *Le Paragon des chansons*, livres 1 à 10, à Lyon, par Jacques Moderne, dit *Grand Jacques*, 1540-1545, in-4° obl. Les livres I, II et IX contiennent des chansons à quatre voix de Gombert. 31° *Six Gaillardes et six Pavannes avec treize chansons musicales à quatre parties*, à Paris, par Pierre Attaignant, 1529, in-8° obl. Le n° 7 de ce recueil est une chanson très-plaisante de Gombert sur ces paroles : *Alleluja me faut chanter*. Le ténor a le chant de l'*Alleluia* du graduel de la messe du dimanche de Pâques, sur lequel les autres voix font un joli badinage en contre-point d'imitation. 32° Plusieurs chansons du même maître se trouvaient dans un manuscrit du seizième siècle qui a appartenu à la duchesse d'Orléans, mère du roi Louis-Philippe, et qui est passé dans la bibliothèque du Palais royal, d'où il a disparu au mois de février 1848. On y remarquait particulièrement les chansons dont les premiers mots sont : *Mon pensement* (ma pensée) *ne gist qu'en ombre; Quand d'ung chascun; Si de me voir*, etc. 33° Le vingtième livre de *Chansons à quatre et cinq parties*, publié par Adrien Le Roy et Robert Ballard, à Paris, en 1567, renferme les chansons qui commencent par *Hâtez-vous*, à quatre voix; *Ma maistresse*, à cinq voix. 34° On en trouve aussi dans le *Premier recueil des recueils composés à quatre parties, imprimé en quatre volumes*, à Paris, chez les mêmes éditeurs, 1565, in-4° obl.; elles commencent par ces mots : *Hors envieux; Toutes les nuicts; Mon pensement* (même chanson que celle du manuscrit de la duchesse d'Orléans). 35° Enfin, le *Premier livre de chansons à trois parties composées par plusieurs autheurs*, chez les mêmes, 1578, in-4° obl. contient la chanson de Gombert *C'est mon amy*, cantilène d'une remarquable naïveté.

GOMES (Jean), compositeur, né à Beiros, dans la province d'Alentejo, en Portugal, eut pour maître de musique Antoine Ferro de Portalègre. Il fut trésorier et musicien de la chapelle du prince à Villaviciosa, et mourut en cette ville, en 1653. Machado dit (*Biblioth. Lusit.*, t. II, p. 669) que ses œuvres de musique d'église existaient de son temps dans la Bibliothèque du roi de Portugal, *sans doute en manuscrit*.

GOMEZ (Thomas), abbé de l'ordre de Cîteaux, né à Cauca, au diocèse de Ségovie, dans la Vieille-Castille, était savant dans la théologie et dans la philosophie. Il mourut à Barcelone en 1608. On lui attribue un traité de plain-chant intitulé : *Reformacion del canto llano*; mais on ne dit pas si cet ouvrage a été imprimé.

GOMEZ-DA-SILVA (Albert-Joseph), compositeur et organiste portugais, vécut à Lisbonne vers le milieu du dix-huitième siècle. Il est auteur d'un opuscule qui a pour titre : *Regras de acompanhar para cravo, ou orgaõ e ainda tambem para qualquer outro instrumento de vozes, reduzidas a breve methode, e facil percepçaõ. Dedicado a Sua Magestade fidelissima D. Joseph I, que Deos guarde* (Règles de l'accompagnement pour le clavecin ou l'orgue, de même que pour tout autre instrument servant à accompagner les voix, enseignées par une méthode courte et facile à comprendre). Lisboa (Lisbonne), na officina Patriarcal de Francisco Fuiz Ameno. 1758, petit in-4° de VIII et 42 pages. Les exemples d'harmonie qu'on trouve dans ce petit ouvrage ne donnent pas une opinion favorable du goût et du savoir de l'auteur.

GOMIS (Joseph-Melchior), compositeur dramatique, né en 1793 à Anteniente, dans le royaume de Valence, en Espagne, fut reçu à Valence comme enfant de chœur, à l'âge de sept ans, dans une maison de chanoines réguliers, où avait été faite l'éducation musicale de Vincent Martini, auteur de *la Cosa rara*. Les progrès de Gomis dans la musique furent si rapides, qu'on le choisit pour enseigner le chant dans cette maison, avant qu'il eût atteint sa seizième année. Vers le même temps, il reçut des leçons de composition du P. Pons, moine catalan qui était fort instruit dans les différentes parties de l'art. Ce professeur avait donné à son élève le conseil d'étudier les œuvres de musique religieuse qui enrichissaient les bibliothèques des églises et des couvents de Valence : cette étude est en effet la meilleure qu'on puisse faire, après avoir appris d'une manière analytique les principes de l'art d'écrire. A l'âge de vingt et un ans, Gomis fut nommé chef de musique de l'artillerie à Valence. Jusque-là, il ne s'était occupé que de musique d'église; sa nouvelle position l'obligea à étudier les ressources et les effets des instruments à vent; plus tard cette étude lui fut utile pour l'instrumentation de ses opéras. En 1817, son goût pour la musique dramatique le décida à donner sa démission et à se rendre à Madrid. Il y portait les partitions de plusieurs petits opéras qu'il avait composés; l'*Adeana* (la paysanne) fut le seul qu'il put faire représenter, mais le succès qu'il obtint fixa sur l'auteur l'attention publique, et le résultat de la représentation de cet ouvrage fut la nomination de Gomis à la place de chef de musique de la garde royale. Les événements de 1823 l'amenèrent à Paris. Le désir de s'y distinguer par des succès au théâtre l'occupa dès lors tout entier; mais les abords de la scène sont difficiles, et les succès sont souvent précédés par de longues tribulations. Gomis en eut la preuve, car ses actives démarches pendant trois ans, ni la protection de Rossini, ne purent lui procurer un libretto pour écrire un opéra. Fatigué de sollicitations et de vaines démarches près des gens de lettres, il partit pour Londres en 1826, et s'y livra à l'enseignement du chant. Les romances, boléros et airs espagnols qu'il y publia furent accueillis avec faveur; il fit aussi exécuter avec succès au concert philharmonique l'*Inverno*, quatuor à quatre voix avec accompagnement d'orchestre; enfin, dans le même temps il publia une méthode de musique avec des solféges, dont il parut aussi une édition à Paris. Dans un voyage qu'il fit en cette ville en 1827, il obtint un poëme d'opéra-comique, objet de tous ses désirs. De retour à Londres, il se mit immédiatement à l'ouvrage, et bientôt il envoya sa partition au directeur de l'Opéra-Comique. Peu de temps après, il reçut l'invitation de venir diriger les répétitions; mais à peine celles-ci furent-elles commencées, que le directeur du théâtre refusa de faire jouer la pièce. Un procès fut la suite de ce refus, et le directeur fut condamné à payer à Gomis une somme de trois mille francs, à titre de dommages-intérêts; cette somme fut payée, mais l'opéra ne fut point joué. Les lenteurs de ces discussions et de la procédure avaient fait perdre au compositeur les avantages de sa position de professeur de chant, à Londres; il se décida à ne plus retourner dans cette ville, et à subir la destinée de compositeur dramatique à Paris. Après une vaine attente de près de huit années, les vœux de Gomis furent enfin exaucés, et le 20 janvier 1831, il put entendre au théâtre Ventadour la première exécution de son opéra en deux actes, *le Diable à Séville*. Il y avait de l'originalité dans la musique de cet ouvrage; on y remarqua particulièrement un chœur de moines d'un fort bon caractère; mais le rhythme et la modulation de la musique espagnole s'y reproduisant dans la plupart des morceaux, il en résultait pour l'ensemble de l'ouvrage une teinte monotone qui nuisit à la durée du succès. D'ailleurs, mal prosodiée et peu favorable à la voix (défauts singuliers dans l'œuvre d'un ancien professeur de chant), cette musique ne fut chantée ni dans les salons ni dans les concerts. Les mêmes qualités, les mêmes défauts, se sont reproduits dans *le Revenant*, opéra-comique joué sans succès, en 1833, et dans *le Portefaix*, ouvrage en trois actes, qui fut encore plus malheureux. Gomis avait incontestablement du talent; mais ce talent était peu susceptible de variété; il y a lieu de croire que, s'il eût vécu, il n'aurait jamais obtenu de succès populaires. Un grand opéra qu'il avait écrit pour l'Académie royale de musique n'a pas trouvé de faveur auprès de l'administration de ce théâtre, et n'a point été joué. Les contrariétés de la vie dramatique avaient rendu cet artiste morose, et sa santé s'était altérée; ses dernières années furent souffrantes. Heureusement l'amitié de Cavé, alors chef de la division des beaux-arts au ministère de l'intérieur, l'avait mis à l'abri du besoin, en lui faisant obtenir une pension du gouvernement. Gomis est mort à Paris le 26 juillet 1836.

GOMOLKA (NICOLAS), musicien polonais du seizième siècle, vécut sous le règne d'Étienne Battory. M. Sowinski dit (*les Musiciens Polonais*, p. 222) que plusieurs historiens placent l'époque de sa naissance en 1504, mais que le grand ouvrage qui l'a fait connaître ayant été imprimé en 1580, il est vraisemblable qu'il a vu le jour quelques années plutôt. Gomolka a composé les mélodies d'une très-bonne traduction polonaise des psaumes de David par le poëte Jean Kochanowski. Le titre de ce recueil est celui-ci : *Melodye na Psalterz ofiarowane Iegomosli Xiendzu Pietrowi Myszkowskiemu Biskupowi Krakowskiemu panu mute miloscíwenu* etc. (Mélodies pour le psautier polonais, composées par Nicolas Gomolka, et dédiées à Son Eminence Monseigneur Pierre Myskowski, évêque de Cracovie, etc.), Cracovie, 1580, in-4°, de quarante et une feuilles. M. Joseph Cichocki, amateur distingué de Varsovie, a publié quelques psaumes de Gomolka, traduits en notation moderne par Jean Zandman, professeur de chant, sous ce titre : *Chants d'église à plusieurs voix des anciens compositeurs polonais, première livraison contenant dix* *psaumes de Nicolas Gomolka*. Varsovie, Sennewaldt, et Leipsick, Hoffmeister, 1838. M. Sowinski a reproduit cinq de ses psaumes dans son livre intitulé : *les Musiciens Polonais*, Gomolka mourut le 5 mars 1609 à Chorawia, ainsi qu'on le voit par son épitaphe sur le tombeau qui lui a été élevé à Jaslowiec où il était né. Cette épitaphe se trouve dans le livre de M. Sowinski (p. 235).

GONELLA (Joseph), compositeur italien du commencement du dix-huitième siècle, dont Paolucci a donné un *Dona eis requiem* concerté à quatre voix, deux violons, viole et orgue. (*Arte pratica di Contrappunto*, part. IIe, p. 46 et suiv.), morceau fugué à deux sujets. Paolucci ne fournit aucun renseignement sur ce compositeur, qui paraît avoir été moine.

GONET (Valérien), musicien, né à Arras, dans la seconde moitié du seizième siècle, a écrit des *Magnificat* à quatre, cinq et six parties qui sont contenus dans un manuscrit du dix-septième siècle, lequel est à la Bibliothèque de Cambrai, sous le no 14. En tête du volume se trouve une épître dédicatoire de Gonet, aux chanoines de la cathédrale de Cambrai. M. de Coussemaker, qui a donné la description de ce manuscrit, dans ses *Notices sur les collections musicales de la Bibliothèque de Cambrai* (p. 45), présume que Gonet a été élève, puis maître de la maîtrise de l'église Notre-Dame de Cambrai. Dix *Magnificat*, une fantaisie instrumentale à quatre parties, et un motet à huit pour le jour de l'Annonciation de la Vierge se trouvent dans ce volume. A la fin de la fantaisie, datée de 1615, on lit : *V. Gonet phonascus atrebatensis* c'est-à-dire, directeur du chœur de la cathédrale d'Arras.

GONSALVES (Jean), musicien portugais, né à Elvas, dans la province de d'Alentejo, fut attaché à l'église cathédrale de Séville. Il a laissé en manuscrit quelques compositions religieuses, indiquées dans le catalogue de la Bibliothèque de musique du roi de Portugal, publié par Craesbeck, en 1649.

GONTHIER (Rose Françoise **CARPENTIER**, connue sous le nom de madame), née à Metz, le 4 mars 1747, débuta à Bruxelles, à l'âge de vingt ans, dans l'emploi des duègnes d'opéra comique et des soubrettes de comédie. Après avoir été attachée pendant près de huit années à la troupe du prince Charles de Lorraine, gouverneur des Pays-Bas, elle débuta à la Comédie-Italienne, en 1778, par les rôles de *Simonne*, du *Sorcier*, de la mère *Bobi*, dans *Rose et Colas*, et d'*Alix*, dans *les Trois Fermiers*. Cette actrice n'était pas musicienne et n'avait qu'une mauvaise voix de contralto; mais son intelligence de la scène et sa manière de dire étaient parfaites. Elle n'est citée ici que pour l'histoire de l'opéra comique français. Elle n'ignorait pas son peu d'aptitude à la musique; lorsque Boieldieu écrivit pour elle le rôle de *Ma Tante Aurore*, elle lui disait : *Mon jeune ami, si vous parvenez à me faire chanter de manière à vous satisfaire, je vous tiens pour un homme habile*. Il lui fit le duo : *Quoi! vous avez connu l'amour?* et les complets : *Je ne vous vis jamais rêveuse*, et par le chant syllabique de ces morceaux, il lui procura l'occasion de s'y faire applaudir avec enthousiasme, parce qu'elle les disait de la manière la plus spirituelle. Madame Gonthier s'est retirée en 1804. Elle est morte à Paris, le 7 décembre 1829, à l'âge de près de quatre-vingts ans. Elle était depuis longtemps femme d'Allaire, ancien et médiocre acteur de l'Opéra-Comique.

GONZALES (Antoine), maître de piano et d'accompagnement à l'Institut musical de Bergame, et organiste de l'église Sainte-Marie-Majeure de cette ville, naquit à Gromo, dans le Bergamasque, en 1764, et reçut à Bergame les premiers principes de musique du maître Focaccia. Plus tard, il alla terminer ses études musicales sous la direction de Quaglia. Son premier ouvrage fut une farce qu'il fit représenter à Venise au théâtre *S. Mosè*, sous le titre : *il Calandrino*. De retour à Bergame, il se livra particulièrement à la composition de la musique d'église. A l'orgue, il avait un style grave et sévère. Cet artiste vivait encore à Bergame en 1814.

GOODBAN (Thomas), né à Canterbury, de parents musiciens, vers 1780, fit ses études musicales sous la direction de Samuel Porter, organiste de la cathédrale. Le violon et le piano furent les instruments qu'il choisit, et plus tard, il en donna des leçons. En 1810, il fut chargé de la direction d'une société de musique qui avait été fondée par son père, et cette société lui offrit, en 1819, un vase d'argent avec une inscription honorable, en témoignage des services qu'il lui avait rendus. Les principaux ouvrages de cet artiste sont : 1o *A complete Guide to the Violin*, Londres, 1810. 2o *A Guide to the Piano*, ibid., 1811. Une deuxième édition de cet ouvrage a paru en 1825. 3o *The Rudiments of Music with progressive exercises*, ibid., 1820. On a de M. Goodban quelques *glees* ou chansons à plusieurs voix.

GORCZYÇKI (l'abbé Grégoire), compositeur polonais, vécut dans la première moitié du dix-huitième siècle, et mourut le 30 avril 1734, suivant son épitaphe placée dans la chapelle de la Vierge, à la cathédrale de Cracovie. Il fut maître de chapelle et directeur du Collége des Roraristes, institué par Sigismond Ier, pour l'exécution des messes en musique dites : *Messes Rorate*. Ce fut lui qui dirigea la musique au service du roi Jean Sobieski et de la reine Marie-Casimire, ainsi que du roi Auguste III. Les fatigues que lui firent éprouver ses fonctions dans cette dernière circonstance lui occasionnèrent une maladie qui le conduisit au tombeau. Savant dans l'art du contrepoint, l'abbé Gorczyçki a écrit huit messes à quatre voix sans accompagnement, dont six se sont égarées ; deux seulement existent en manuscrit original dans les archives de la cathédrale de Cracovie. Elles sont écrites dans le système de l'ancienne notation, sans division de mesures. M. Joseph Krogulski, directeur de musique de la maison des Piaristes, à Varsovie, et compositeur distingué, les a mises en partition et notées dans le système moderne, et M. Cichoçki les a publiées, en 1838, dans la deuxième livraison de son recueil des compositions des anciens maîtres polonais. La première est une messe pascale, et l'autre, une messe de l'*Avent*. M. Sowinski a reproduit, dans son livre des *Musiciens polonais*, le *Kyrie* de la messe pascale (p. 237-240), et le *Rorate* de la seconde (p. 241-243). Le style est celui des maîtres de la fin du seizième siècle et du commencement du dix-septième.

GORCZYNSKI ou **DE GORCZYN** (Jean-Alexandre), musicien, graveur et littérateur polonais, vécut à Cracovie, vers le milieu du dix-septième siècle. Au nombre de ses ouvrages est une tablature musicale, ou traité élémentaire de musique qui a pour titre : *Tabulatura muzyki abo zoprawa muzykalna*, etc., Cracovie, 1647, in-8° de vingt-huit feuillets et quatre planches (*voyez* le livre de M. Sowinski, intitulé : *les Musiciens polonais*, p. 236).

GORDIGIANI (Jean-Baptiste), professeur de chant au Conservatoire de Prague, est né, vers 1800, à Modène, où son père, Antoine Gordigiani, était attaché au théâtre, comme chanteur. Dès ses premières années, son éducation musicale commença. A l'âge de huit ans, il chanta, à Monza, dans une cantate d'Asioli, à l'occasion d'une fête donnée au prince Eugène Beauharnais, vice-roi du royaume d'Italie. Peu de temps après, il entra au Conservatoire de Milan, comme élève pensionnaire, et y resta six ans, pour l'étude du chant et de la composition. Il suivit son père à Florence, en 1815, et fut attaché au théâtre de la Pergola, en 1817. Dans l'année suivante, il chantait à Pise. Après la mort de son père, il abandonna la carrière du théâtre pour laquelle il ne se sentait pas de vocation, et se borna à chanter dans les concerts et à se livrer à l'enseignement du chant. Après avoir passé quelque temps à Milan, il se rendit en Allemagne et s'arrêta à Ratisbonne pendant environ dix-huit mois, comme professeur. De là, il alla à Prague, en 1822, et y obtint la place de maître au Conservatoire pour l'enseignement de l'art du chant. Depuis lors, il n'a plus quitté cette ville. Je l'ai connu dans cette position au mois de juillet 1858, et j'ai trouvé en lui un artiste doué d'un bon sentiment de l'art et un homme d'esprit, ayant de l'instruction et de l'amabilité. M. Gordigiani est aussi compositeur. Il a fait représenter, à Prague, deux opéras, en 1845, le premier intitulé : *Pygmalion*, l'autre *Consuelo ;* mais il cultive particulièrement le style de la musique d'église. On a publié de sa composition : 1° *Regina cœli, Salve Regina* et *Pater noster*, pour quatre voix et orgue, Prague, Berra. 2° Quatre hymnes : *ô Sanctissima ; Cantate Domino ; Ave regina ; Alma Redemptoris*, idem, op. 7, *ibid.* 3° *Ecce quomodo moritur justus*, idem, op. 8, *ibid.* 4° *Ave Maria*, idem, *ibid.* 5° *Salve mundi Domina*, idem, *ibid.* 6° Douze canzonnettes italiennes à voix seule avec piano, op. 13, *ibid.* 7° Six *Lieder* à voix seule avec piano, op. 16, *ibid.* 8° Douze marches triomphales de cavalerie pour quatre trompettes et timbales, *ibid.*

GORDIGIANI (Louis), frère puîné du précédent, est né à Florence, en 1814, et a fait ses études musicales en cette ville. Son premier ouvrage connu est une cantate qu'il fit exécuter à Florence, en 1835. Deux ans après, il fit représenter au théâtre de la Pergola un opéra, intitulé *Fausto*, qui ne fut considéré que comme un essai, et dans lequel on remarque seulement quelques mélodies faciles. Au mois de juin 1841, Gordigiani donna, au même théâtre, *Gli Aragonesi in Napoli*, opéra qui fut bien accueilli et fut joué dans la même année, à Livourne, avec succès. *I Ciarlatani*, troisième ouvrage dramatique de ce compositeur, joué au théâtre Leopoldo, à Florence, en 1843, ne réussit pas ; *un Eredità in Corsica*, opéra chanté par la famille du prince Poniatowski, au théâtre Cocomero, en 1847, fut plus heureux ; mais de ces diverses épreuves résulte la démonstration que le talent de Gordigiani n'a pas trouvé sa voie au théâtre. Son domaine véritable devait être dans la musique de chambre et surtout dans ces mélodies à voix seule ou à deux voix avec piano, dont il a publié un grand nombre. Remarquables par l'originalité des idées, par l'expression des paroles et par une harmonie distinguée, quelques-unes de ces petites pièces sont des œuvres parfaites en leur genre. Ses romances *l'Invito*, *l'Innamorato*, *l'Esule*, *la Gondoliera*, *la Sera*, et ses ariettes *l'Amore tranquillo*, et *la Danza*, sont de ce nombre. On a aussi du même artiste des duos et des petits trios de chambre qui se font remarquer par la délicatesse et la grâce. La plupart de ses mélodies pour une, deux et trois voix ont été recueillies en albums, parmi lesquels on distingue *In riva all' Arno*, composé de six romances et quatre duos, et le *Mosaico Etrusco*, contenant deux ariettes, deux romances, trois duos et trois petits trios. Gordigiani a fait aussi une publication pleine d'intérêt dans une collection d'airs populaires toscans avec accompagnement de piano, en trois recueils. Toute cette musique a été publiée par Ricordi, à Milan. Gordigiani est mort à Florence en mai 1860.

GORDON (le capitaine W.), né en Suisse d'une famille d'origine anglaise, dans les dernières années du dix-huitième siècle, se livra dès sa jeunesse à l'étude de la musique, dans ses moments de loisirs. Amateur passionné de la flûte, il devint élève de Drouet pour cet instrument et acquit une brillante exécution. Ayant pris du service dans les troupes suisses, après la chute de l'empire français, il parvint au grade de capitaine dans un des régiments suisses de la garde royale en garnison à Paris. Ce fut dans cette ville qu'il entreprit, vers 1826, la réalisation d'un projet de réforme qu'il avait conçu pour son instrument. Ce projet avait pour objet de modifier la perce de l'instrument, dans le but d'obtenir pour l'échelle chromatique des sons une division plus juste de la colonne d'air, et de rendre le doigté plus facile au moyen de croissants attachés à des tiges de clefs, par lesquels plusieurs mouvements pouvaient être exécutés par un seul doigt. Dès 1827, il avait déjà fait fabriquer par des ouvriers de Paris quelques instruments bien imparfaits encore, mais qui démontraient la possibilité d'atteindre au but par des améliorations progressives. La révolution de 1830 ayant privé M. Gordon de sa position, par le licenciement des régiments suisses, il prit le parti de s'occuper d'une manière sérieuse de sa nouvelle flûte, dans laquelle il espérait trouver la source d'une fortune pour sa femme et ses enfants. Dans un voyage que Bœhm (*voyez* ce nom) avait fait à Paris, il lui avait communiqué ses vues pour une nouvelle et meilleure construction de la flûte : il apprit plus tard que cet artiste célèbre s'occupait à Munich de recherches pour le même objet, et qu'il faisait fabriquer ce genre d'instruments par d'habiles ouvriers : M. Gordon prit alors la résolution de se rendre dans cette ville, et de faire fabriquer sa nouvelle flûte par ces mêmes ouvriers. Il arriva à Munich au commencement de 1833, et y resta environ six mois qui furent employés à la construction de deux instruments. Persuadé alors qu'il était parvenu à la parfaite réalisation de son système, il fit imprimer des propectus du nouvel instrument, et les répandit en Allemagne, à Paris et à Londres. Il se rendit alors dans cette dernière ville, se berçant de l'espoir que les demandes de sa nouvelle flûte lui arriveraient de toutes parts : mais le temps se passa dans une attente vaine, et après de grandes dépenses qui avaient empiré sa situation, M. Gordon retourna dans sa famille à Lausanne. Préoccupée de son idée fixe, sa tête se dérangea dans l'été de 1836, et bientôt l'aliénation mentale fut complète. Au commencement de 1839, Gordon vivait encore, mais aucune amélioration n'était survenue dans son état. Depuis lors, on n'a plus eu de renseignements sur sa personne. M. V. Coche a donné la figure de la flûte inventée par cet amateur dans son écrit intitulé : *Examen critique de la flûte ordinaire comparée à la flûte de Bœhm*, Paris, 1838, in-8°. Ce dernier a été accusé de s'être emparé de l'idée première de Gordon, et de l'avoir seulement perfectionnée : il s'en est défendu par une lettre écrite de Munich, le 2 juin 1838, et publiée par M. Coche dans l'écrit indiqué ci-dessus : il s'en est expliqué de nouveau dans son écrit traduit en français, sous ce titre : *De la fabrication et des derniers perfectionnements des flûtes*, Paris, Godefroy aîné, 1848, in-8°.

GORI (Antoine-François), philologue et polygraphe, né à Florence, le 9 décembre 1691, fut ordonné prêtre, en 1717, et attaché en cette qualité au baptistère de Saint-Jean. Il mourut dans sa ville natale, le 20 janvier 1757. Ce savant a été l'éditeur du traité de Doni intitulé : *Lyra Barberina*, auquel il a joint plusieurs ouvrages déjà publiés ou inédits du même auteur, et quelques pièces relatives à la musique par d'autres écrivains (voyez Doni). Gori était bon musicien et possédait les qualités nécessaires pour diriger cette édition, qui ne parut que plusieurs années après sa mort, par les soins de Passeri.

GORIA (Alexandre-Édouard), pianiste et compositeur pour son instrument, né à Paris, le 21 janvier 1823, fut admis comme élève au Conservatoire de cette ville, à l'âge de huit ans environ, le 15 novembre 1830. Il eut pour maîtres de piano M. Laurent, puis Zimmerman, et suivit un cours d'harmonie, sous la direction de Dourlen. En 1834, il obtint au concours le deuxième prix de piano, et le premier prix lui fut décerné dans l'année suivante. Ses études furent terminées en 1839. Depuis lors, il s'est livré à l'enseignement et s'est fait connaître du monde musical par un grand nombre de pièces de différents genres pour le piano, lesquelles ont obtenu beaucoup de succès chez les amateurs. Parmi ces morceaux, au nombre de plus de cent, on trouve des études, des fantaisies, des caprices, des solos de concert, des nocturnes, des thèmes variés, des mazurkas, des polkas, etc. Une de ses meilleures pièces est sa fantaisie sur les *Plaintes de la jeune fille*, de Schubert. Une fièvre cérébrale a enlevé cet artiste distingué à la fleur de l'âge : il est décédé à Paris, le 6 juillet 1860.

GORLIER (Simon), musicien et imprimeur à Lyon, a vécu vers le milieu du seizième siècle. Du Verdier a donné les titres de quelques ouvrages de cet artiste; les voici : 1° *Tabulature de la flûte d'Allemand*, Lyon, 1558, imprimé par Gorlier. 2° *Premier livre de tabulature d'Espinette, chansons, madrigales et galliardes*, Lyon, 1560, in-4°, imprimé par Gorlier. 3° *Livre de tabulature de guiterne*, ibid., Gorlier. 4° *Tabulature du cistre*, ibid., Gorlier. 5° *Livre de musique tant à jouer qu'à chanter à quatre ou cinq parties*, Lyon, Gorlier, 1561, 5 vol. in-4°.

GORONCZKIEWICZ (Vincent) est fils d'un organiste de la cathédrale de Cracovie. Lorsque son père alla se fixer à Varsovie, il lui succéda dans ses fonctions d'organiste et fut aussi chargé de la direction de l'orchestre de la cathédrale. Il s'est fait connaître par un *cantional*, intitulé : *Spiewy choral kosciola Rzymsko-Katoliękiego* (Chants choraux de l'église catholique romaine, tels qu'ils sont chantés dans la cathédrale de Cracovie, harmonisés pour l'usage des paroisses), en deux suites, Varsovie, Spies et Ce, 1848. M. Goronczkiewicz jouit de beaucoup de considération dans sa patrie.

GOSS (Jean), musicien anglais, professeur d'harmonie à l'Académie royale de musique de Londres, et organiste de la cathédrale de Saint-Paul, est né vers 1810. On a de lui les ouvrages dont voici les titres : 1° *An introduction to Harmony and Thourough-Bass with numerous examples and exercises* (Introduction à l'harmonie et à la basse chiffrée, avec de nombreux exemples et exercices), Londres, Cramer, Beale et Ce, sans date (1847), un volume gr. in-4°, deuxième édition (j'ignore la date de la première). 2° *Organist's companion; a series of voluntaries for the commencement, middle, and conclusion of Divine service; Also a collection of interludes or short Symphonies to be played between the verses of the Psalms and Hymns* (Le compagnon de l'organiste; suite de préludes pour le commencement, le milieu et la fin du service divin; avec une collection de versets, ou morceaux courts pour être joués entre les strophes des psaumes et des hymnes), Londres, sans date, deux volumes in-4°. 3° *Sacred Minstrel* (le Chanteur religieux), Londres, sans date, trois volumes in-8°.

GOSSE (Maistre ou Maître), musicien français du seizième siècle, est cité au nombre des musiciens de la cour de Henri II, roi de France, dans un *Compte des officiers domestiques* de ce prince, depuis 1547 jusqu'en 1549 (Mss. de la Bibl. impér., n° 540, t. III du supplément). Des motets de cet artiste ont été publiés dans le recueil intitulé : *Modulationes aliquot quatuor vocum selectissimis musicis compositæ, etc.*, Norimbergæ, Joh. Petreius, 1538, in-4° obl.; dans le recueil de Georges Fœrster qui a pour titre : *Selectissimarum Motettorum partim quinque, partim quatuor vocum tomus primus*, Nuremberg, Jean Petreius, 1540, in-4°; dans le neuvième livre publié par Attaingnant, à Paris, 1534, in-4° obl.; enfin, dans le *Tertius liber Motettorum ad quinque et sex voces*, dont Jacques Moderne fut l'éditeur, Lyon, 1538, in-4°. Des chansons françaises du même à quatre parties sont dans les XIe, XIIe et XVIe livres de la collection publiée par Attaingnant, Paris, 1543-1545, petit in-4° obl. Adrien le Roy et Robert Ballard ont aussi publié une chanson à quatre parties de Gosse, commençant par ces mots : *Se fille*, dans le deuxième livre du *Recueil des recueils de chansons composées à quatre parties, de plusieurs autheurs, imprimés en quatre livres*, Paris, 1567, in-4°.

GOSSE (Étienne), littérateur, membre de

la Société philotechnique de Paris, né à Bordeaux en 1773, est mort à Toulon, le 21 février 1834. Au nombre de ses écrits, on en trouve un qui a pour titre : *De l'abolition des priviléges et de l'émancipation des théâtres*, Paris, Delaunay, 1830, in-8°. On trouve dans cette brochure quelques faits curieux relatifs à l'Opéra et à l'Opéra-Comique.

GOSSEC (François-Joseph), né à Vergnies, village du Hainaut (Belgique), le 17 janvier 1733, mort à Passy, le 16 février 1829. Cet habile artiste, dont les heureuses dispositions pour la musique s'étaient manifestées de bonne heure, fut placé, à l'âge de sept ans, comme enfant de chœur à la cathédrale d'Anvers. Après y avoir passé huit années, il en sortit pour se livrer à l'étude du violon et de ce qu'on nommait alors *l'art de la composition*. Ses progrès furent rapides, et bientôt ses amis jugèrent que le séjour de Paris était le seul qui convînt à ses talents. Il y arriva à l'âge de dix-huit ans, en 1751, et n'eut d'abord d'autre ressource que d'entrer chez le fermier général La Popelinière, pour diriger l'orchestre que ce financier entretenait à ses frais. Alors Rameau était dans toute sa gloire. C'est sous ses yeux que Gossec fit son début dans la capitale de la France, et ce fut dès ce moment que celui-ci comprit tout ce qu'il y avait à faire pour réformer la musique française. Le style instrumental lui parut surtout mériter son attention. En effet, si l'on excepte quelques sonates de violon, et les pièces de clavecin de Couperin et de Rameau, il n'existait rien en ce genre qui méritât quelque estime parmi les productions françaises; la symphonie proprement dite y était absolument inconnue. Les premières furent publiées par Gossec, en 1754; c'était une chose nouvelle; on n'en sentit pas d'abord tout le prix; mais, après les avoir entendues au Concert spirituel plusieurs années consécutives, le public commença à goûter ces formes vigoureuses d'harmonie et d'instrumentation, et les ouvertures de Lulli ou de Rameau ne parent plus soutenir la comparaison dans un concert. Il est assez remarquable que ce fut dans l'année même où Gossec tentait cette innovation en France, que la première symphonie de Haydn fut écrite.

Devenu vieux, Rameau cessa d'écrire pour le théâtre; et La Popelinière, qui n'avait établi son orchestre que pour essayer ses ouvrages, le réforma. Alors Gossec entra chez le prince de Conti, comme directeur de sa musique. Cette situation était avantageuse; il profita des loisirs que lui laissait sa place, pour se livrer au travail, et des compositions de tout genre en furent le fruit. Ses premiers quatuors parurent en 1759, et eurent tant de succès, que l'édition de Paris fut contrefaite, dans l'espace de deux ans, à Amsterdam, à Liége et à Manheim. Mais l'ouvrage qui fit le plus d'honneur à Gossec, et qui fonda sa réputation, fut sa messe des Morts, qu'il fit graver en 1760, et qui fut exécutée à Saint-Roch avec un effet prodigieux. Philidor, qui était alors le musicien le plus en réputation, dit en sortant de l'église qu'il donnerait tous ses ouvrages pour avoir fait celui-là.

Ce ne fut qu'en 1764 que Gossec s'essaya dans le style dramatique par le petit opéra du *Faux Lord*, qui fut représenté à la Comédie-Italienne, et qui ne se soutint que par la musique. Mais *les Pêcheurs*, qui furent joués le 8 avril 1766, eurent tant de succès, que ce fut presque le seul opéra qui occupa la scène pendant le reste de l'année. *Le Double Déguisement*, *Toinon et Toinette*, au même théâtre; et à l'Opéra : *Sabinus*, *Alexis et Daphné*, *Philémon et Baucis*, *Hylas et Sylvie*, *la Fête du Village*, *Thésée*, *Rosine*, etc., ont achevé de classer Gossec parmi les compositeurs dramatiques les plus distingués de l'école française.

En 1770, il fonda le *concert des amateurs*, dont l'orchestre était dirigé par le fameux chevalier de Saint-Georges. C'est de cette institution que date la première impulsion donnée au perfectionnement de l'exécution instrumentale en France, et Gossec peut être considéré comme y ayant eu la plus grande part. Jusqu'alors les partitions les plus chargées d'instruments n'avaient renfermé que deux parties de violon, viole, basse, deux hautbois et deux cors. Gossec sentit qu'avec de nouveaux instruments on parviendrait à varier les effets, et il écrivit pour le *concert des amateurs* sa vingt-unième symphonie, en *ré*, dont l'orchestre se composait de deux parties de violon, viole, violoncelle, contrebasse, deux hautbois, deux clarinettes, flûte, deux bassons, deux cors, deux trompettes et timbales. L'effet en fut très-remarquable. Dans le même temps, Gossec écrivit sa symphonie de la chasse, qui depuis a servi de modèle à Méhul pour son *Ouverture du Jeune Henri*.

L'entreprise du Concert spirituel était devenue vacante, en 1773; Gossec s'en chargea en société avec Gaviniés et Leduc aîné. Pendant les quatre années de sa direction, cet établissement prospéra, et le goût s'améliora par le bon choix des ouvrages qu'on y exécuta, et par le grand nombre des talents étrangers qui y furent attirés. Mais le service le plus essentiel que Gossec rendit à la musique française fut l'institution de l'École royale de chant, première origine du Conservatoire. La direction de cette école, fondée en 1784, fut confiée à ce savant musicien, qui en avait conçu le plan, par le baron de Breteuil. C'est là que furent formés quelques-uns des acteurs qui ont brillé depuis lors sur les principaux théâtres de Paris. Gossec y donnait des leçons d'harmonie et de contrepoint : il commença ainsi l'édifice de l'école française, qui, depuis lors, s'est placée très-haut dans l'opinion des artistes de toute l'Europe pendant une période d'environ quarante ans.

Les fêtes nationales de la Révolution française ouvrirent un nouveau champ aux talents de Gossec. La plupart de ces fêtes ayant lieu en plein air, il était difficile d'y faire usage des instruments à cordes : Gossec imagina d'accompagner les hymnes et les chœurs avec des orchestres d'instruments à vent, et il écrivit dans ce système un grand nombre de morceaux, et même plusieurs symphonies qui se distinguent par une rare énergie. Toute cette musique excitait alors le plus vif enthousiasme. Ses opéras du *Camp de Grandpré* et de *la Reprise de Toulon* se firent aussi remarquer, dans le même temps, par les mêmes qualités. Ce fut dans le premier de ces ouvrages qu'il arrangea en chœur et à grand orchestre l'*Hymne des Marseillais*, avec une harmonie remarquable par son élégance et sa vigueur.

Lors de l'établissement du Conservatoire, en 1795, Gossec fut nommé l'un des inspecteurs de cet établissement, et concourut activement à son organisation, ainsi qu'à la formation de plusieurs ouvrages élémentaires destinés à l'enseignement des élèves. Quoique déjà fort âgé, il ne montrait pas moins d'ardeur et d'activité que ses jeunes confrères Méhul et Cherubini ; et même ce fut lui qui eut la plus grande part à la rédaction et à la confection des diverses parties du volumineux solfége que les professeurs du Conservatoire ont publié. Il ne se borna point à ce travail ; car, lorsque l'on crut les études assez avancées pour pouvoir joindre une chaire de composition à celles qui existaient déjà, ce fut lui qui se chargea des fonctions de professeur, et pendant plus de douze ans, c'est-à-dire jusqu'en 1814, il remplit ces fonctions avec zèle. Ainsi, il enseigna les principes de son art jusqu'à l'âge de quatre-vingt-un ans. Au nombre des élèves qu'il a formés, on distingue Catel, mort à Paris, en 1831 ; Androt, qui mourut jeune à Rome ; Dourlen, Gasse et Panseron.

A l'époque de la formation de l'Institut, Gossec y fut appelé comme membre de la section de musique, dans la classe des beaux-arts, et Napoléon lui accorda la décoration de la Légion d'honneur, lorsqu'il institua cet ordre. Après la dissolution du Conservatoire de musique, en 1815, il fut admis à la pension, et cessa de s'occuper de son art, pour goûter le repos qui lui était nécessaire après tant de travaux. Toutefois, il continua de fréquenter les séances de l'Académie des beaux-arts jusqu'en 1823 ; mais alors, ayant atteint l'âge de quatre-vingt-dix ans, ses facultés s'affaiblirent, et il se retira à Passy, où le reste de ses jours s'écoula paisiblement.

Gossec est un exemple remarquable de ce que peuvent produire le travail et l'étude. Fils d'un laboureur, dénué des avantages de la fortune et du secours des maîtres, il s'est formé seul, et s'est acheminé vers une route pure et classique, dont il semblait devoir être écarté par tout ce qui l'environnait. Placé dans une école imbue des préjugés les plus nuisibles, il a su se préserver de ses erreurs, et a jeté les bases de la splendeur où la musique française est parvenue. L'étude des modèles classiques et je ne sais quel pressentiment de la science, qui en est le génie, lui avaient fait devancer l'époque où cette science devait s'organiser et prendre de la consistance en France ; et lorsque les circonstances vinrent seconder ses vœux et ses efforts, on le vit, bravant les atteintes de l'âge, prodiguer à une jeunesse studieuse l'instruction qu'il ne devait qu'à lui-même, et qui était le fruit d'un travail constant.

Voici la liste des ouvrages les plus connus de ce musicien laborieux :

1° Musique dramatique : à l'Opéra, 1773, *Sabinus*, trois actes ; 1775, *Alexis et Daphné*, un acte ; *Philémon et Baucis*, un acte ; 1776, *Hylas et Sylvie*, un acte ; 1778, *la Fête du Village*, un acte ; 1782, *Thésée* de Quinault, remis en musique, trois actes ; 1796, *la Reprise de Toulon*. A la Comédie-Italienne : 1764, *le Faux Lord*, un acte ; 1766, *les Pêcheurs*, un acte ; 1767, *Toinon et Toinette*, un acte ; *le Double Déguisement*, un acte. Cet ouvrage n'eut qu'une représentation. A la Comédie-Française, les chœurs d'*Athalie*. Gossec avait en portefeuille quelques opéras non achevés, parmi lesquels se trouvait une *Nitocris*, à laquelle il travaillait encore à l'âge de soixante-dix-neuf ans.

2° MUSIQUE D'ÉGLISE. Plusieurs messes avec orchestre; plusieurs motets pour le Concert spirituel, entre autres, un *Exaudiat,* qui fut redemandé plusieurs fois; la célèbre messe des *Morts qui a été gravée en 1760, et dont les planches ont été volées et fondues*; un *Te Deum,* qui eut beaucoup de réputation; *O Salutaris hostia,* à trois voix, sans accompagnement, qui fut écrit à un déjeuner chez M. de La Salle, secrétaire de l'Opéra, au village de Chenevières, et chanté à l'église du lieu, deux heures après, par Rousseau, Laïs et Chéron. Ce morceau, devenu célèbre, a été intercalé dans l'oratorio de *Saül*. Quelques oratorios exécutés au Concert spirituel, parmi lesquels on distinguait celui de la *Nativité*. Il y avait dans cet ouvrage un chœur d'anges très-remarquable, qui se chantait au-dessus de la voûte de la salle.

3° MUSIQUE A L'USAGE DES FÊTES PATRIOTIQUES : 1° Chant du 14 juillet (*Dieu du peuple et des rois*). 2° Chant martial (*Si vous voulez trouver la gloire*). 3° Hymne à l'Être Suprême (*Père de l'univers*). 4° Hymne à la liberté (*Vive à jamais la liberté*). 5° Autre (*Auguste et constante image*). 6° Hymne à l'humanité (*O mère des vertus*). 7° Hymne à l'égalité (*Divinité tutélaire*). 8° Hymne funèbre aux mânes des députés de la Gironde. 9° Hymne patriotique (*Peuple, réveille-toi*). 10° Hymne à trois voix pour la fête de la Réunion. 11° Chant funèbre sur la mort de Ferraud. 12° Serment républicain (*Dieu puissant*). 13° Chœurs et chants pour l'apothéose de Voltaire. 14° *Idem* pour l'apothéose de J.-J. Rousseau. 15° Musique pour l'enterrement de Mirabeau, qui fut depuis employée pour les obsèques du duc de Montebello, etc.

4° MUSIQUE INSTRUMENTALE. Vingt-neuf symphonies à grand orchestre, dont trois pour instruments à vent; trois œuvres de six quatuors pour deux violons, alto et basse; une œuvre de quatuors pour flûte, violon, alto et basse; deux œuvres de trios pour deux violons et basse; deux œuvres de duos pour deux violons. Six sérénades pour violon, flûte, cor, basson, alto et basse; une symphonie concertante pour onze instruments obligés; plusieurs ouvertures détachées, etc., etc. Toute cette musique a été publiée à Paris, chez Venier, Bailleux, La Chevardière, Sieber, etc.

5° LITTÉRATURE MUSICALE. 1° Exposition des principes de la musique, servant d'introduction aux solféges du Conservatoire. 2° Deux rapports lus à l'Institut sur le progrès des études musicales et sur les travaux des élèves pensionnaires à Rome. 3° Divers rapports sur des instruments ou des méthodes soumis à l'examen de l'Institut ou du Conservatoire.

6° MUSIQUE ÉLÉMENTAIRE. Beaucoup de morceaux à deux, trois et quatre parties dans les solféges du Conservatoire.

Une récapitulation si considérable, bien qu'abrégée, doit frapper d'étonnement, si l'on fait attention aux nombreuses occupations qui ont rempli la vie de Gossec, soit comme professeur, soit comme directeur de divers établissements de musique, soit enfin comme inspecteur du Conservatoire. M. Pierre Hédouin, amateur distingué, a publié une notice sur cet artiste, sous le titre : *Gossec, sa vie et ses ouvrages*, Valenciennes, 1852, in-8°, avec le portrait de Gossec.

GOSSELIN (JEAN), bibliothécaire du roi, né à Vire en Normandie, vers 1506, mourut d'une manière malheureuse à l'âge de près de cent ans, au mois de novembre 1604. Resté seul dans sa chambre, il tomba dans le feu et fut trouvé le lendemain à moitié consumé. Au nombre de ses ouvrages, on remarque celui qui a pour titre : *La Main harmonique, ou les principes de musique ancienne et moderne, et les propriétés que la moderne reçoit des sept planètes*, Paris, 1571, in-fol.

GOSTENA (JEAN-BAPTISTE **DELLA**), musicien italien, né à Gênes vers le milieu du seizième siècle, est connu par des *Madrigali a 4 voci*, Venise, Ange Gardane, 1582, in-4° obl.

GOSWIN (ANTOINE), musicien au service de la cour électorale de Bavière, vers la fin du seizième siècle et au commencement du dix-septième, a publié de sa composition des motets (*Cantiones sacræ*) à cinq et six voix, à Nuremberg en 1583, et des chansons allemandes à trois voix, intitulées : *Neue teutsche Lieder mit dreyen Stimmen zu singen, und auf allerley Instrumenten zu gebrauchen*. Nuremberg, in 4° obl., 1581. Le baron d'Arétin possédait en manuscrit des madrigaux à cinq voix de cet auteur, datés de 1615. Goswin avait été d'abord attaché à la chapelle du prince-évêque de Liége.

Il y a un autre musicien nommé GOSWIN ou GOSWEIN (Dominique), auteur de messes courantes appelées *Missæ communes*.

GOTHART (JEAN). *Voy.* FABER (Henri).

GOTSHOVIUS (NICOLAS), organiste de l'église Sainte-Marie à Rostock, naquit dans cette ville vers 1575. On a de lui : 1° *Sacrarum cantionum et motectarum 4-9 vocum, in gratiam ecclesiarum recens editarum centuriæ*, Rostock et Hambourg, 1608, in-4°.

2° *Decas musicalis prima sacrarum odarum, 4-10 vocum*, Rostock, 1603.

GOTTHOLD (Frédéric-Auguste), était directeur du Collége Fréderic, à Kœnigsberg, en 1811, et occupait encore cette position en 1841. Les biographes allemands ne fournissent aucun renseignement sur sa personne. Il a publié un écrit qui a pour titre : *Gedanken über den Unterricht im Gesange auff öffentlichen Schulen* (Idées sur l'enseignement du chant dans les écoles publiques), Kœnigsberg, 1811, in-4°. On a aussi de lui : *Ueber des Fürsten Anton Radziwill compositionen zu Goethe's Faust* (Sur les compositions du prince Radziwill pour le *Faust* de Gœthe). Première édition, Kœnigsberg, 1830, in-8°. Deuxième édition, avec une suite, *ibid.* 1841, in-8°.

GOTTIERO (Jean-Vincent), compositeur né à Bari, vers le milieu du seizième siècle, est un des auteurs dont quelques morceaux ont été choisis par De Antiquis pour former le recueil intitulé : *Il Primo Libro de Canzoni a 2 voci di diversi autori di Bari*, Venise, 1585, in-4°.

GOTTSCHALDT (Jean-Jacques), magister et diacre à Eubenstock, naquit en ce lieu le 21 avril 1688, fit ses études à Altenbourg, Leipsick et Wittenberg, et occupa d'abord les places dont il est parlé ci-dessus ; puis il devint pasteur à Schœneck, en Saxe (1730), et y mourut le 15 février 1759. On a de cet ecclésiastique sept pièces in-8°, publiées depuis 1737 jusqu'en 1748, sous ce titre : *Sammlung von allerhand Lieder-Remarquen* (Recueil de toutes sortes de remarques sur les chansons).

GOTTSCHALK (L. Moreau), pianiste compositeur pour son instrument, est né, dit-on, à la Nouvelle-Orléans, en 1828. Il a voyagé pendant quelques années en Europe ; a visité l'Allemagne, Paris et l'Angleterre, puis a vécu à New-York, où il se livrait à l'enseignement. Parmi ses premiers ouvrages, ceux qui ont obtenu de succès sont : 1° *Bamboula*, danse de nègres pour piano seul, op. 2. 2° *La Savane*, ballade créole, *idem*, op. 3. 3° *Le Bananier*, chanson nègre, op. 5. 4° Caprice élégant sur des motifs du *Songe d'une nuit d'été*, op. 9. 5° *Le Mancenillier*, sérénade, op. 11.

GOTTSCHED (Jean-Christophe), polygraphe qui a joui d'une brillante réputation, et qui est maintenant oublié, naquit le 2 février 1700 à Juditen-Kirch, près de Kœnigsberg, où son père était ministre protestant. Ayant terminé ses études, Gottsched fut nommé président de la Société poétique de Leipsick, en 1726. Après avoir enseigné la philosophie et la poésie à l'université de cette ville, il fut nommé décemvir et doyen du grand collége des princes. Il mourut le 12 décembre 1766. On a de ce savant plusieurs dissertations relatives à la musique ; elles ont pour titre : 1° *Gedanke vom Ursprung und Alter der Musik* (Idées sur l'origine et l'antiquité de la musique), dans la Bibliothèque de Mizler, t. I, part. V, p. 1, ann. 1738. 2° *Gedanke von den Opern oder Singspielen* (Idées sur les opéras ou drames musicaux), dans le *Kritische Dichtkunst* du même auteur, Leipsick, 1730, t. II, chap, 12, p. 603-613. On trouve dans la Bibliothèque de Mizler, t. II, part. III, p. 1-49, une réfutation de cet article dirigé contre l'Opéra. Le docteur Hudemann, de Hambourg, a donné aussi dans le même recueil, t. II, part. III, p. 120-151, une dissertation où les idées de Gottsched sont combattues. 3° *Antwort auf D. Hudemanns Abhandlung von den Vorsügen der Oper von Tragædien und Comædien* (Réponse à la dissertation du docteur Hudemann concernant la supériorité de l'opéra sur la tragédie et la comédie), dans la Bibliothèque de Mizler, t. III, p. 1-46. 4° *Gedanken von den Cantaten* (Idées sur les cantates), dans le *Kritische Dichtkunst* de l'auteur, 1750, et dans la Bibliothèque musicale de Mizler, t. I, part. VI, p. 1-16.

GOTTSCHED (Louise-Aldégonde-Victoire), femme du précédent, naquit à Dantzick, le 11 avril 1713. Fille d'un médecin du roi de Pologne et d'une mère instruite, elle reçut une bonne éducation, et apprit à parler avec facilité les langues française, anglaise, italienne, allemande et polonaise. Elle acquit aussi des connaissances, qui sont rarement le partage des femmes, dans la philosophie, les mathématiques, l'histoire et la poésie. Son penchant pour l'étude la conduisit même à apprendre le latin et le grec. Son application au travail affaiblit sa santé ; elle mourut à Leipsick le 26 juin 1762. Au nombre des ouvrages de cette femme distinguée, on trouve : *le Petit Prophète de Bohemischbroda, ou prophéties de Gabriel-Jean-Népomucène-François-de-Paule Waldstorch, dit Waldstœrchel*, Prague, 1753, in-8°. Cet écrit satirique, imitation allemande du *Petit prophète de Bohemischbroda*, de Grimm, est dirigé contre l'opéra comique de Weise intitulé : *les Femmes métamorphosées*. Madame Gottsched a traduit en allemand un choix de mémoires et de dissertations de l'*Académie des inscriptions* (Leipsick, 1753-1754, 2 vol. in-8°). On y trouve l'analyse du mémoire de Galland sur l'origine et l'usage de la trompette chez les anciens, et celle du mémoire de l'abbé Fraguier sur un passage de Platon relatif à la musique.

GOTTWAL (...), violoniste allemand, qui vivait à Paris en 1754, a fait graver dans cette ville un *Livre de sonates en trios pour deux violons et basse.*

GOTTWALD (Joseph), organiste de la cathédrale de Breslau, naquit le 6 août 1754, dans le comté de Glatz, à Wilhelmsthal, où son père, assez bon musicien, était meunier. Celui-ci donna à son fils les premières leçons de musique, puis l'envoya, à l'âge de neuf ans, continuer ses études à Wolferstdorf, sous la direction de Rupprecht. Trois ans après, Gottwald fut rappelé par son père; mais son aversion pour la profession de meunier décida ses parents à le faire entrer comme enfant de chœur chez les dominicains de Breslau. Quelques années après, il fut choisi pour jouer l'orgue de leur église. C'est à cette époque qu'il étudia l'harmonie et la composition. En 1785, il fut nommé premier organiste à l'église de la Croix. En 1819, il a obtenu la place d'organiste de la cathédrale de Breslau. Il était alors âgé de 65 ans. Le talent de cet artiste sur l'orgue a été renommé dans la Silésie. Ses compositions pour l'église consistent en dix hymnes, deux vêpres complètes, trois messes avec orchestre et six offertoires. Il a participé à la rédaction de l'ouvrage qui parut en 1804 à Breslau, chez Gruss et Barth, sous le titre de : *Mélodies et recueil d'airs à l'usage de la jeunesse des écoles catholiques.* Gottwald est mort à Breslau, le 25 juin 1833.

GOUDAR (Ange), fils d'un inspecteur général du commerce au port de Marseille, naquit à Montpellier dans la première moitié du dix-huitième siècle. Il voyagea quelque temps en Italie, vécut à Livourne, à Venise et à Naples, eut partout une vie agitée, et mourut à Londres, vers 1786, dans une situation peu fortunée. Littérateur assez médiocre, il a écrit sur toutes sortes de sujets. C'est lui qui est le véritable auteur de l'ouvrage singulier publié sous le pseudonyme de *Jean-Jacques Sonnette*, et qui a pour titre : *le Brigandage de la musique italienne,* Amsterdam et Paris, Bastien, 1780, in-12 de 173 pages. On a aussi de Goudar : *Observations sur les trois derniers ballets qui ont paru aux Italiens et aux Français,* savoir : *Télémaque, le Sultan généreux, la Mort d'Orphée,* Paris, 1750, in-12 de 46 p.

GOUDAR (Madame Sara), femme du précédent, née à Londres, est morte à Paris, vers 1800, dans un état voisin de la misère. Elle a publié : *Remarques sur la musique et la danse, ou lettres à Milord Pembroke,* Paris, 1773, in-8°. Ces remarques portent au frontispice les lettres initiales du mari; cependant madame Sara Goudar les a insérées dans ses œuvres mêlées. Celles-ci ont paru à Amsterdam en 1777, en deux volumes in-12. Le deuxième volume renferme douze lettres sur la musique italienne et sur la danse; les deux premières sont celles qui avaient été publiées en 1773. Ces lettres, assez spirituelles, ont une certaine liberté d'expression qui a de l'analogie avec l'esprit français.

GOUDIMEL (Claude), musicien célèbre du seizième siècle, a été mal connu de la plupart des auteurs qui ont écrit sur sa vie et sur ses ouvrages. Son nom même a été altéré jusqu'à devenir méconnaissable. Antimo Liberati l'appelle *Gaudio Mell,* dans ses lettres à Ovide Persapeggi; il a été copié par Adami (*Osservaz. per ben regolare il coro della capp. pontif.*, p. 169) et par le P. Martini; de Thou lui donne le nom de *Gaudimelus* (1), orthographe adoptée également par l'abbé Gerbert (2) et par Walther; Gisbert Voet écrit *Gaudimellus* (3); Varillas, *Gaudinel* (4); Jérémie de Pours, *Guidomel* (5); Draudius, *Condinellus* (6). Les copistes des compositions de Goudimel, dont les manuscrits se trouvent à Rome en plusieurs églises, ont aussi altéré de beaucoup d'autres manières le nom de ce musicien. L'abbé Baini a remarqué dans ces manuscrits les orthographes suivantes : *Goudmel, Gudmel, Godmel, Godimel, Gaudimel* et *Gaudiomel.* On aurait évité toutes ces ridicules altérations de nom si l'on avait copié celui qui se trouve sur tous les ouvrages publiés par Goudimel, et la signature de ses lettres latines insérées dans le *Melissi Schediasmatum Reliquiæ.*

Le prénom du compositeur a été aussi la source d'une autre erreur, car Varillas l'a confondu avec Claude ou Claudin le Jeune. Voici ce qu'il en dit : *Mandelot* (gouverneur de Lyon) *se mit inutilement en devoir d'empêcher à Lyon le massacre de treize cents calvinistes, et surtout de l'incomparable musicien Gaudinel, connu sous le nom de Clau-*

(1) Histor. lib. LII, p. m. 1084.
(2) *De Cantu et mus. sacr.* t. II, p. 334.
(3) *Polit. eccles.*, t. I, p. 534.
(4) *Histoire de Charles IX,* livre XI, pages 471-472, édition de Paris, in-12, 1684.
(5) *Divine Mélodie du saint Psalmiste,* liv. II, chap. 41, p. 581.
(6) *Biblioth. class.*, t. II.

din le Jeune. Son plus grand crime fut d'avoir inventé les beaux airs des psaumes de Marot et de Bèze, qui se chantaient au prêche, etc. L'origine de cette erreur vient sans doute de ce que Claude le Jeune arrangea aussi les psaumes de Marot et de Bèze à plusieurs voix; mais Varillas aurait dû se souvenir que ce musicien vécut plusieurs années après la Saint-Barthélemy. (*Voyez* LE JEUNE).

Le lieu de la naissance de Goudimel est l'objet d'opinions différentes. Suivant Antimo Liberati (*Lett. in riposta ad una del sign. Ovidio Persapeggi, etc.*, pag. 22), il était Flamand : *Gaudio Mell fiandro, huomo di gran talento, e di stile molto culto e dolce, etc.* Octave Pitoni, savant maître de l'école romaine, auteur de notices sur les compositeurs de cette école, dont le manuscrit se trouve dans la bibliothèque du Vatican, dit que Goudimel était né à Vaison, petite ville du comtat d'Avignon (Vaucluse); mais quelques vers latins insérés dans les fragments poétiques de Melissus, où la mort de l'artiste célèbre est déplorée, font voir qu'il était né dans des lieux arrosés par le Doubs. Voici ces vers :

Goudimel ille meus, meus (eheu!) Goudimel ille est
Occisus. Testes vos, Arar et Rhodane,
Semineces, vivosque simul violenter utrisque
Absorptos vixi plangere gurgitibus.
Sequana cum Ligeri flevit, flevitque Garumna;
Praecipuè patrius flevit amara Dubis (1).

Il est difficile de décider si ce sont ces vers, ou quelque indication particulière qui ont fait dire à Duverdier que Goudimel est né à Besançon; mais on ne peut mettre en doute, d'après ces indications contemporaines, qu'il a vu le jour dans la Franche-Comté.

L'époque précise de la naissance de Goudimel n'est pas connue; mais il y a lieu de croire qu'elle doit être fixée vers 1510. Liberati, Pitoni, l'abbé Baini et d'autres nous apprennent, d'après d'anciennes notices manuscrites, que Jean Pierluigi de Palestrina se rendit à Rome en 1540, à l'âge de seize ans, qu'il y entra dans l'École de musique fondée en cette ville peu de temps auparavant par Goudimel, et qu'il y eut pour condisciples Jean Animuccia, Étienne Bettini, surnommé *il Fornarino*, Alexandre Merlo, connu sous le nom de *Della Viola*, Jean Marie Nanini, et quelques autres, qui devinrent par la suite d'habiles maîtres. Or, on ne peut supposer que Goudimel ait acquis, avant l'âge d'environ trente ans, le savoir et l'expérience nécessaires pour enseigner l'art d'écrire en musique dans une école publique où se réunissaient de tels élèves. Je dois faire remarquer ici une erreur dans laquelle je suis tombé avec Burney (1). Il me semblait douteux qu'un musicien huguenot eût été établir une école de musique à Rome, et l'altération du nom de Goudimel en celui de *Gaudio Mell*, ainsi que la qualification de *Flamand*, m'avaient fait croire que les auteurs italiens s'étaient trompés, et qu'ils avaient confondu le maître dont il s'agit avec Renaut ou Rinaldo de Melle, compositeur liégeois du seizième siècle dont on a plusieurs ouvrages, et qui a été réellement à Rome maître de chapelle pendant plusieurs années. Telle est l'opinion que j'ai émise dans mon *Mémoire sur les musiciens néerlandais* (p. 43). J'aurais dû me souvenir des motets, des *Magnificat* et des messes de Goudimel, publiés en 1554, 1557 et 1558, qui prouvent qu'il n'a embrassé la religion réformée que postérieurement à cette époque, et conséquemment, qu'il n'y a pas d'objection solide contre son séjour à Rome en 1540.

On ne sait rien des circonstances de sa vie antérieurement à l'établissement de son école dans la capitale du monde chrétien; mais il est certain qu'il reçut dans sa jeunesse une instruction solide non-seulement dans la musique, mais aussi dans les lettres, car ses épîtres latines, adressées à son ami Paul Melissus, sont écrites d'un style élégant et pur. En 1555, Goudimel était à Paris, et il s'y était associé à Nicolas Du Chemin pour l'impression des œuvres de musique. Ce fait, ignoré de la plupart de ceux qui ont écrit sur la vie de cet artiste, est démontré par le frontispice d'un de ses ouvrages, également peu connu (*la Musique des Odes d'Horace*); on y lit : *Ex typogr. Nicol. Du Chemin et Claudii Goudimelli.* Cette association avait déjà cessé en 1556, car les messes de Pierre Colin, imprimées dans cette année (in-fol. max.) par Nicolas Du Chemin, n'ont au frontispice que le nom de cet imprimeur. Un passage de l'*Histoire de la naissance et des progrès de l'hérésie* par Florimont de Rémond (liv. VIII, ch. XVI, p. 1049), pourrait faire croire que Goudimel alla ensuite à Genève, et qu'il y fit la connaissance de Calvin. Voici ce passage : « Calvin eut le soin de les mettre (les psaumes « de Marot et de Bèze) entre les mains des « plus excellents musiciens qui fussent lors en « la chrétienté, entre autres de Goudimel, et « d'un autre nommé Bourgeois, pour les cou-

(1) *Melissi Schediasmatum reliquiae*, p. 79.

(1) *A General History of Music*, t. III, p. 186.

« cher en musique... Dix mille exemplaires « furent faits dès lors de ces psaumes rhymés, « mis en musique et envoyez partout. A ce « commencement chacun les portait, les chan- « tait comme chansons spirituelles, mesmes « les catholiques, ne pensant pas faire mal. » Il me paraît y avoir une erreur dans ce passage en ce qui concerne Goudimel. D'abord, ni ce musicien, ni Bourgeois, ne sont les auteurs des mélodies des psaumes en usage dans les églises réformées; car ces mélodies, qui succédèrent aux airs populaires sur lesquels on avait chanté d'abord les traductions de Marot et de Bèze, furent arrangées d'après d'anciennes mélodies allemandes, ou composées par un musicien assez obscur nommé Guillaume Franc ou Franck, et imprimées pour la première fois à Strasbourg, en 1545 (*voyez* FRANCK). Ce fait est démontré par le passage d'une lettre de Constant de Rebecque, professeur de Lausanne, à Bayle, rapporté par celui-ci à l'article *Marot* de son *Dictionnaire historique* (note *N*). Il y est dit : « J'ai découvert une chose assez « curieuse, c'est un témoignage que M. de « Bèze donna de sa main, et au nom de la « compagnie ecclésiastique, à Guillaume Franc, « le 2 de novembre 1552, où il déclare que « c'est lui qui a mis le premier en musique les « psaumes comme on les chante dans nos « églises, et j'ai encore un exemplaire des « psaumes imprimés à Genève, où est le nom « de ce Guillaume Franc, et outre cela, un pri- « vilége du magistrat, signé Gallatin, scellé de « cire rouge, en 1564, où il est aussi reconnu « pour l'auteur de cette musique. » En second lieu, si Calvin a conçu le projet de faire mettre en musique à plusieurs parties ces mêmes mélodies des psaumes, comme un moyen de propagande, à cause de l'usage général, à cette époque, de la musique vocale en harmonie, il paraît que ses idées ne furent pas alors goûtées par les autres membres du consistoire de Genève, ce qui fut cause que Bourgeois revint à Paris, en 1557. Il y a donc peu d'apparence que Goudimel ait choisi ce moment pour s'éloigner de cette ville et pour aller à Genève. Les psaumes de Bourgeois, à plusieurs parties, furent publiés à Paris en 1561, mais ceux de Goudimel ne parurent qu'en 1565, et Calvin était mort depuis le 27 mai 1564. Rien ne justifie donc l'assertion de Florimont de Rémond. Il ne paraît pas prouvé, d'ailleurs, que Goudimel ait eu le dessein d'abandonner la religion catholique pour la réforme, lorsqu'il s'occupa de l'arrangement des psaumes à quatre parties. Ainsi que le remarque fort bien Flor. de Rémond lui-même, les catholiques ne virent d'abord rien qui fût contraire à la foi dans la traduction française en vers des psaumes de David, et personne n'aperçut d'inconvénient à les chanter. La Sorbonne elle-même, consultée à ce sujet, avait donné, le 10 octobre 1561, une déclaration qui se terminait ainsi : *Nous n'avons rien trouvé contraire à notre foi catholique, ains conforme à icelle, et à la vérité hébraïque; en témoignage de quoi nous avons signé la présente certification.* Le 10 octobre suivant, Charles IX accorda un second privilége pour imprimer ces psaumes, *traduits selon la vérité hébraïque et mis en rime française et bonne musique.* Un autre privilége fut concédé, le 16 juin 1564, pour une autre édition des mêmes psaumes donnée par Plantin, et approuvée par un docteur *à ce député par le conseil.* Or, c'est dans l'année suivante, c'est-à-dire en 1565, que Goudimel a fait paraître ses psaumes à quatre parties. Au surplus, Bayle a remarqué avec beaucoup de justesse que ces psaumes harmonisés n'ont jamais été chantés dans les temples protestants, et nous avons une preuve certaine que le compositeur ne les destinait pas à l'usage de ces temples, dans la déclaration que Goudimel fait lui-même au verso du frontispice de son édition; elle est conçue en ces termes : *Nous avons adiousté au chant des psaumes, en ce petit volume, trois parties : non pas pour induire à les chanter en l'église, mais pour s'esiouir en Dieu particulièrement ès maisons. Ce qui ne doit être trouvé mauvais, d'autant que le chant duquel on use en l'église, demeure en son entier, comme s'il estoit seul.* C'est donc à tort que Varillas a dit que le plus grand crime de Goudimel *fut d'avoir inventé les beaux airs des psaumes de Marot et de Bèze qui se chantaient au prêche.* De ce que Goudimel a harmonisé le chant des psaumes à quatre parties ne résulte pas la preuve qu'il ait eu, en faisant ce travail, l'intention d'abandonner la foi catholique, surtout si l'on se rappelle qu'il publiait des *Magnificat* et des messes de sa composition en 1557 et 1558; mais il est vraisemblable qu'après le succès du recueil des psaumes, les réformés de France auront fait des efforts pour attirer à eux un artiste de si grande renommée, et que le compositeur se sera trouvé engagé, presque sans le savoir, dans la nouvelle religion. Quoi qu'il en soit, son affiliation aux huguenots le conduisit à une fin prématurée et à une mort violente, car il fut une des victimes du massacre de la Saint-Barthélemy. D'Aubigné s'est trompé quand il a placé Goudimel au nombre de ceux qui périrent à Paris dans cette journée (1); ce fut à Lyon que Goudimel périt avec les Calvinistes qu'on tua le 24 août 1572, et qu'on précipita dans le Rhône. L'historien de Thou, Varillas, et le Martyrologe des protestants, ne laissent point de doute a cet égard. Ce dernier ouvrage ajoute au récit abrégé de sa mort le passage suivant : « Claude « Goudimel, excellent musicien, et la mémoire « duquel sera perpétuelle, pour avoir heureu- « sement besogné sur les psaumes de David en « français, la plupart desquels il a mis en mu- « sique, en forme de motets à quatre, cinq, « six et huit parties, et sans la mort eût tôt « après rendu cet œuvre accompli. Mais les « ennemis de la gloire de Dieu et quelques « méchants envieux de l'honneur que ce per- « sonnage avait acquis, ont privé d'un tel « bien ceux qui aiment une musique chré- « tienne (2). » Melissus, ami de Goudimel, a fait une épigramme latine, où il dit que cet infortuné musicien eût trouvé plus d'humanité sur les flots que dans sa patrie (3). Il y a d'autres pièces de vers latins, qui ne sont pas de Melissus, dans le recueil des œuvres poétiques de celui-ci, sur la mort du célèbre musicien. Quatre épitaphes, la première en français, la deuxième en latin, et les dernières en grec, pour le même artiste, ont été insérées dans le recueil intitulé : *La fleur des chansons des deux plus excellents musiciens de notre temps, etc.* Lyon, 1574, in-4°.

Goudimel a été certainement un musicien instruit et un bon professeur, puisqu'il a formé plusieurs élèves qui se sont placés au premier rang des maîtres dans l'art d'écrire en musique. Les morceaux de sa composition que j'ai mis en partition m'ont démontré que son harmonie est toujours pure; cependant il était bien inférieur à Clément Jannequin, à Verdelot et à Arcadet pour l'élégance et l'esprit dans les chansons françaises. Les mouvements des voix, dans les compositions de cette espèce, sont souvent lourds et manquent de grâce. Un de ses meilleurs ouvrages, à cause du mérite rhythmique, et pourtant le moins connu, est le recueil des Odes d'Horace à quatre parties qu'il a publié en 1555.

Parmi les compositions de Goudimel, les plus anciennes sont vraisemblablement celles qu'il écrivit pour l'église pendant qu'il était à Rome, et qui existent en manuscrit dans les archives de la chapelle du Vatican, et chez les PP. de l'Oratoire, à Sainte-Marie in Vallicella. Ces compositions sont des messes et des motets à cinq, six, sept, huit et douze voix. Il en existait autrefois d'autres à Saint-Laurent *in Damaso* et dans d'autres églises; mais elles ont été dispersées dans les derniers temps. A l'égard des morceaux qui portent le nom de *Claudin* dans la collection imprimée à Venise chez Gardane, en 1539, sous le titre de *Motetti del frutto*, ils ne sont ni de Goudimel ni de Claude le Jeune, comme le croyait Burney (*Gener. Hist. of Music*, t. III, p. 266), copié par Gerber, et celui-ci par Fink, dans le galimatias sur *Goudimel* qu'il a inséré au *Lexique de musique* publié par M. Schilling, mais de Claude de Sermisy. Le savant Antoine Schmid est tombé dans cette confusion de noms, pages 117 et 244, où il renvoie par la table des artistes, dans son livre sur Octavien *dei Petrucci*. Les ouvrages authentiques de Goudimel, publiés sous son nom sont : 1° Quelques motets à quatre parties dans le recueil intitulé : *Liber quartus ecclesiasticarum cantionum 4 vocum vulgò moteta vocant.* Anvers, Tylman Susato, 1554, in-4° obl. Burney en a extrait le motet : *Domine, quid multiplicati sunt*, et l'a publié en partition, dans le troisième volume de son *Histoire générale de la musique*, p. 267 et suiv. 2° *Q. Horatii Flacci poetæ lyrici odæ omnes quotquot carminum generibus differunt ad rhythmos musicos redactæ.* Parisiis ex typograph. Nicol. Duchemin et Claudi Goudimelli, 1555, in-4° obl. 3° *Chansons spirituelles de Marc-Antoine de Muret mises en musique à quatre parties*; à Paris, par Nicolas Duchemin, 1555. Il y a dix-neuf chansons dans ce recueil, dont les vers sont fort mauvais, et la musique lourde, quoique bien écrite. 4° *Magnificat ex oct. mod. quinque voc.* Paris, Adrien Leroy et Robert Ballard, 1557. 5° *Missæ tres a Claudio Goudimel præstantissimo musico auctore nunc primum in lucem editæ cum quatuor vocibus, ad imitationem modulorum :* Audi filia; Tant plus je metz; De mes ennuis; *item missæ tres a Claudio de Sermisy, Joanne Maillard, Claudio Goudimel cum quatuor vocibus conditæ et nunc primum in lucem editæ ad imitationem modulorum :* Plurium modulorum; Je suis des-héritée; Le bien que j'ai. *Lutetiæ, apud Adrianum Leroy et Robertum Ballard regis typographos in vico sancti Joannis Bel-*

(1) *Histoire universelle*, t. II, liv. I, chap. IV, an. 1572.
(2) *Martyrol.* liv. X, fol. 772.
(3) *Melissi Schediasmatum reliquiæ* (Paris, 1575, in-8°), p. 79, ou *Melissi Schediasmata poetica*, Paris, 1586, in-8°.

lovacensis, sub intersigno divæ Genovefæ, 1558. Dans le troisième livre des messes de Jean Pierluigi de Palestrina, il y en a une intitulée *Missa brevis*, dont cet illustre maître a pris le thème, les imitations, les *andamenti* et le système fugué de la messe *Audi filia* de Goudimel, et les a employés avec la supériorité de talent qui est le cachet de toutes ses productions. 6° *Les Psaumes de David mis en musique à quatre parties, en forme de motets*, à Paris, par Adrien le Roy et Robert Ballard, 1562, in-4°. Draudius, avec son inexactitude ordinaire, a indiqué cet ouvrage sous la date de 1565, il a été copié par Gerber et par l'abbé Baini, et ceux-ci par Fink et Kandler. Draudius avait confondu cet ouvrage avec celui dont il sera parlé tout à l'heure; M. l'abbé Baini est tombé dans la même erreur (*Mem. stor. crit.*, t. I, p. 21, n° 29), car il indique comme une deuxième édition de cet œuvre la quatrième réimpression de l'autre. Au surplus, Draudius a accumulé les bévues sur Goudimel, car, en défigurant son nom, il a latinisé le titre de l'ouvrage suivant sous celui-ci : *Claud. Condinelli ad Psalmos Davidis Harmoniæ 4 vocum*, Paris, ap. Adrian. Regium 4°. Ce titre pourrait faire croire que Goudimel a mis en musique le texte latin des psaumes de David, ce qui n'est pas. Les psaumes indiqués ici ne sont qu'au nombre de seize; ils sont réellement traités en forme de motets, avec des imitations en style fugué sur les mélodies, tandis que dans le recueil des psaumes de Marot et de Bèze, à quatre parties, l'harmonie est note contre note, et les psaumes, au nombre de cent cinquante, sont suivis du décalogue, du cantique de Siméon, et des prières avant et après le repas, également en musique à quatre parties. 7° *Les psaumes mis en rime française, par Clément Marot et Théodore de Bèze. Mis en musique à quatre parties par Claude Goudimel.* Sans nom de lieu, mais avec ces mots au bas du frontispice : *Par les héritiers de François Jaqui*, 1565, in-12. La musique des quatre parties est imprimée en regard. La mélodie est au ténor. Il y a une seconde édition de ce recueil publiée à Genève, dans la même année, une troisième (sans nom de lieu, mais dans la même ville), par Pierre de Saint-André, 1580, petit in-8° oblong, et une dernière, à Charenton, en 1607. 8° *La fleur des chansons des deux plus excellents musiciens de notre temps, à savoir de Orlande de Lassus, et de D. Claude Goudimel : Celles de M. Cl. Goudimel n'ont jamais été mises en lumière*; à Lyon, par Jean Bavent, 1574. Premier livre à quatre parties, in-12 oblong; deuxième livre à cinq parties, 1575. Il n'y a que deux morceaux de Goudimel dans le premier livre, mais on en trouve sept dans le second. Burney a indiqué cet ouvrage sous la date de 1576 (*A General hist. of music*, t. III, p. 265), et il a été copié par M. l'abbé Baini. Draudius a cité sous le nom de Goudimel un recueil intitulé : *Flores cantionum quatuor vocum*, Lugduni, 1574; ce n'est que le précédent, dont le titre est latinisé. Cependant, tous les biographes et historiens de la musique ont cru qu'il s'agissait d'une autre production. Dans le sixième livre de *Chansons nouvellement composées en musique par bons et excellens musiciens, de l'imprimerie d'Adrian le Roy et Robert Ballard, imprimeurs du Roi, rue Saint-Jean de Beauvais, à l'enseigne Sainte Geneviève*, 1556, in-4° obl., on trouve une chanson de Goudimel à quatre parties, sur les paroles : *Si planterai-je le may*. Dans le huitième livre du même recueil, Paris, 1557, il y a deux autres chansons de ce compositeur; la première : *Je ne t'accuse amour;* la seconde : *Si on pouvoit acquerir*. Elles n'ont pas été réimprimées dans le recueil de Lyon.

GOUGELET (Pierre-Marie), organiste de Saint-Martin des Champs, né à Châlons en 1726, fit ses études de musique à la maîtrise de la cathédrale de cette ville, et fut ensuite envoyé à Paris chez un oncle qui voulut lui faire abandonner son art pour la finance, mais qui ne put lui faire goûter son projet. Il composa un *Exaudiat* et un *Domine salvum* qui furent exécutés à Versailles, en 1744. Cet artiste mourut à Paris, le 27 janvier 1790. Il a publié une *Méthode ou abrégé des règles d'accompagnement de clavecin, et recueil d'airs avec accompagnement d'un nouveau genre*, Paris (sans date). On a aussi sous le nom de ce musicien deux recueils d'ariettes d'opéras français avec accompagnement de guitare, Paris, 1768.

GOUGH (Jean), physicien et mathématicien anglais, vivait au commencement du dix-neuvième siècle. Au nombre de ses écrits, on remarque : 1° *An investigation of the method whereby men judge by the ear of the positions of sonorous bodies relative to their own persons* (Recherche sur la manière dont les hommes jugent par l'oreille des positions des corps sonores relativement à leur propre personne), Londres, 1807, in-8°. 2° *The nature of the grave harmonics* (La nature des sons harmoniques graves), dans le journal de physique de Nicholson, 1803. 3° *On the nature of* *sounds, in reply to D. Young* (Sur la nature des sons, en opposition au D. Young), *ibid.*, p. 139. 4° *The theory of compound sounds* (Théorie des sons combinés), *ibid.*, p. 152. 5° *Experiments and remarks on the augmentation of sounds* (Expériences et remarques sur l'accroissement d'intensité des sons), *ibid.*, 1805, p. 65. 6° *A mathematical theory of the speaking trumpet* (Théorie mathématique de la trompette parlante), *ibid.*, 160. 7° *Observations on the theory of ear trumpets, with a view to their improvement* (Observations sur la théorie des cornets acoustiques, avec un aperçu de leurs perfectionnements), *ibid.*, 1807, p. 310. 8° *On the place of a sound, produced by a musical string* (Sur le lieu d'un son produit par une corde), *ibid.*, 1811.

GOULIN (Pierre), contemporain de Guillaume Dufay, fut maître des enfants de chœur de la collégiale de Saint-Quentin, en 1412 (voyez les *Manuscrits de la Fons*, publiés par M. Gomart, première partie, p. 302). On ne connaît jusqu'à ce jour aucun ouvrage écrit par Goulin.

GOUNOD (Charles-François), compositeur, né à Paris le 17 juin 1818, a reçu des leçons d'Halévy, pour le contrepoint, au Conservatoire, dans les années 1836-1838, et a fait des études pratiques de composition sous la direction de Lesueur, puis de Paër. En 1837, il obtint un second prix au concours de l'Institut, et le premier lui fut décerné en 1839, pour la composition de la cantate intitulée *Fernand*. Devenu pensionnaire du gouvernement à ce titre, il se rendit à Rome et s'y livra particulièrement à l'étude du style de la musique d'église. En 1843, il était à Vienne et y fit exécuter à l'église Saint-Charles une messe pour des voix seules, imitée du style de Palestrina. De retour à Paris, il fut chargé de la direction de la musique à l'église des *Missions étrangères*, et parut vouloir embrasser l'état ecclésiastique, dont il porta même l'habit. Jusqu'en 1851, le silence le plus absolu régna dans le monde musical sur la personne et les travaux de M. Gounod : la *Gazette musicale de Paris* avait seulement annoncé, en 1846, qu'il venait d'entrer dans les ordres. Mais tout à coup il se fit une révélation par un article inséré dans l'*Athenæum* de Londres, et qui fut attribué alors à M. Viardot, mari de la célèbre cantatrice de ce nom, et littérateur connu par de bons ouvrages relatifs aux arts. On y rendait compte d'un concert donné à *Saint-Martin-Hall*, où quatre compositions de M. Gounod avaient été exécutées, et l'on y remarquait des passages tels que ceux-ci : « Cette musique « ne nous rappelle aucun autre compositeur « ancien ou moderne, soit par la forme, soit « par le chant, soit par l'harmonie : elle n'est « pas nouvelle, si nouveau veut dire bizarre ou « baroque ; elle n'est pas vieille, si vieux veut « dire sec et raide, s'il suffit d'étaler un aride « échafaudage derrière lequel ne s'élève pas « une belle construction ; c'est l'œuvre d'un « artiste accompli, c'est la poésie d'un nou- « veau poëte...

« ... Que l'impression produite sur l'audi- « toire ait été grande et réelle, cela ne fait nul « doute ; mais c'est de la musique elle-même, « non de l'accueil qu'elle a reçu, que nous « présageons pour M. Gounod une carrière peu « commune ; car s'il n'y a pas dans ses œuvres « un génie à la fois vrai et neuf, il nous faut « retourner à l'école, et rapprendre l'alphabet « de l'art et de la critique. »

Cet article, en forme de prophétie, qui fut répété dans la *Gazette musicale de Paris*, (26 janvier 1851), produisit une sensation d'autant plus vive, que la *Sapho* de M. Gounod, première œuvre dramatique de ce compositeur, était à l'étude à l'Opéra, et devait être bientôt représentée. L'attention publique était éveillée autant que l'auteur pouvait le désirer, lorsque son ouvrage fut joué pour la première fois, le 16 avril de la même année. Le succès ne répondit pas aux espérances des amis du compositeur. Il y eut à cela plusieurs causes dont les plus importantes étaient un livret mal fait, et l'absence d'unité, de logique des idées, et de périodicité des phrases dans la partition. Cependant, en dépit des longueurs excessives du récitatif, de la prétention trop persistante d'éviter les formes consacrées par le génie des maîtres, et de l'inexpérience de l'effet scénique, il y avait dans cette musique un sentiment de poésie qui ne pouvait être méconnu, et qui jetait à chaque instant des éclairs d'inspiration. *Sapho* ne réussit pas et n'eut qu'un très-petit nombre de représentations ; mais de ce que les connaisseurs avaient entendu, ils conclurent que M. Gounod était un artiste d'avenir. Des chœurs écrits par lui pour *Ulysse*, tragédie de M. Ponsard, furent la première production de son talent qui succéda à *Sapho ;* cette tragédie fut représentée au Théâtre-Français, en 1852. Dans cette œuvre, le compositeur s'est attaché à la recherche du caractère antique, soit par le rhythme, soit par des modulations inusitées. Bien qu'il résulte de ce système une certaine teinte monotone, à laquelle fait pourtant diversion le chœur séduisant des *Servantes infidèles*, un talent véritable se montre avec évidence dans la plus grande partie de l'ouvrage. Malheureusement la lenteur de l'action, et l'absence d'intérêt dans la tragédie, ont rendu le succès impossible, et le travail distingué du compositeur a été perdu pour le public. *La Nonne sanglante*, grand opéra, joué pour la première fois le 18 octobre 1854, a marqué un progrès de M. Gounod en certaines parties essentielles de la musique dramatique, particulièrement dans la conduite des idées, dans la forme, et dans le coloris instrumental. Tout n'y est pas à une hauteur égale ; on peut même y signaler des parties très-faibles, et la fatigue de l'imagination se fait sentir jusqu'à la fin, depuis le milieu du troisième acte ; mais un duo de la plus grande beauté au premier acte, presque tout le second, un air et un duo au troisième, font voir dans le talent du compositeur une progression évidemment ascendante. Il est fâcheux que ce talent se soit appliqué à des livrets défectueux qui l'ont entraîné dans leur chute : *La Nonne sanglante* n'a pu se soutenir à la scène. *Le Médecin malgré lui*, de Molière, arrangé en opéra-comique, et que M. Gounod a donné au Théâtre-Lyrique en 1858, est son premier essai de musique comique. Quelques bons morceaux se trouvent dans cette partition ; mais on y sent que le talent de l'artiste n'est pas fait pour ce genre.

Le 19 mars 1859 est le grand jour de la vie d'artiste de M. Gounod : ce fut celui de la première représentation de *Faust*, son œuvre capitale jusqu'au moment où cette notice est écrite. Le cachet de l'originalité est empreint sur cette production : il n'en faut pas davantage pour donner la certitude que la partition de *Faust* passera à la postérité, quoiqu'on y puisse d'ailleurs reprendre à certains égards, comme une des belles créations de l'école française dans le genre de la musique dramatique. Si les rôles de Faust et de Méphistophelès n'y satisfont pas d'une manière complète à ce qu'on attend de ces personnages fantastiques, celui de Marguerite est d'une beauté achevée. Quelques parties du premier acte, presque tout le second, et surtout le troisième, sont l'œuvre d'un talent de premier ordre. Dans ce troisième acte, l'air de Faust, *Salut, demeure chaste et pure*, celui de Marguerite (la chanson du *Roi de Thulé*), le quatuor de la promenade, le duo de Faust et de Marguerite : *Laisse-moi contempler ton visage*, et cette phrase : *O nuit d'amour, ciel radieux*, sont de véritables inspirations du génie. Il y a aussi de beaux chœurs bien rhythmés dans le second et le troisième actes. Celui des vieillards, dans l'introduction du second acte, est d'une naïveté charmante. La marche du quatrième acte est aussi très-remarquable. Malheureusement l'inspiration ne se soutient pas après ce morceau, et là où commence la partie sombre du drame, elle abandonne le compositeur. Lorsque M. Gounod cherche la force, il ne trouve que le bruit. Le trio du duel, le morceau d'ensemble qui le suit, la scène où Méphistophelès pousse Marguerite au désespoir dans l'église, et le trio final de la prison, sont plus ou moins manqués. Il en est de même du sabbat du Brocken, à l'exception de la chanson à boire de Faust. D'ailleurs, cette partie de l'ouvrage réveille trop le souvenir du second acte du *Freischütz*.

Il y a de belles choses dans *Philémon et Baucis*, opéra en trois actes, qui suivit le succès de *Faust*, et fut représenté, pour la première fois, au Théâtre-Lyrique, le 18 février 1860. On y retrouve les précieuses qualités du compositeur, particulièrement dans une multitude de détails charmants ; mais l'inspiration sentimentale y est moins heureuse, parce que le sujet du drame est faux. Cet ouvrage ne s'est pas soutenu à la scène. Au moment où ceci est écrit, le grand opéra de M. Gounod, *la Reine de Saba*, est en répétition à l'Académie impériale de musique.

La musique religieuse a été d'abord, comme il a été dit ci-dessus, l'objet principal des travaux du compositeur : il a écrit des messes, des psaumes, des motets pour un ou deux chœurs, pour des voix seules ou avec orchestre. L'*Agnus Dei*, extrait d'une de ces messes, fut un des morceaux exécutés dans le concert de Londres dont il est parlé dans l'article de l'*Athenæum* de 1851 ; depuis lors il a été entendu aux concerts de la Société du Conservatoire, à Paris, et y a produit une vive impression par sa belle et noble inspiration. Une messe, composée par M. Gounod pour des voix seules, a été exécutée dans l'église Saint-Germain-l'Auxerrois ; les amis de l'auteur m'en avaient dit merveille ; mais elle n'a pas été trouvée à la hauteur de leurs éloges par les connaisseurs. Le même artiste a écrit aussi de la musique instrumentale, particulièrement des symphonies qu'on a entendues à la Société des concerts du Conservatoire et dans les séances de l'Association des jeunes artistes de cette école : elles ont été considérées comme des œuvres distinguées.

Dans les œuvres dramatiques de M. Gounod,

le récitatif a de la vérité d'expression et dit bien les paroles; les chœurs ont une puissance magistrale et vigoureuse de rhythme; la mélodie s'y trouve, et même elle y est parfois d'une rare suavité; il s'y joint une harmonie souvent remarquable par l'élégance et l'inattendu des successions; l'instrumentation est riche d'effets; mais lorsque la force, la vigueur d'expression, l'élan inspiré sont nécessaires pour la situation du drame, ces qualités font souvent défaut à M. Gounod, comme le prouvent les derniers actes de *Faust*. Il a du sentiment; mais ce sentiment est réservé, contenu par l'intelligence; il ne déborde pas. Partout on aperçoit l'esprit fin, délicat, analytique; partout on sent le mérite d'une facture de maître; mais ces qualités, si précieuses qu'elles soient, ne peuvent tenir lieu de l'inspiration énergique, lorsque celle-ci est réclamée par l'action dramatique.

M. Gounod a épousé une des filles de feu Zimmerman (voyez ce nom). Il était, depuis 1852, chargé de la direction de l'*Orphéon*, réunion chorale des écoles communales de musique, à Paris; mais il a donné sa démission de cette place en 1860, pour se livrer exclusivement à ses travaux.

GOUPILLET (André), maître de musique de l'église de Meaux, obtint en 1683 la direction de la musique de la chapelle de Versailles, par la protection de Bossuet. Plusieurs motets furent composés pour lui par Desmarets. Informé de cette supercherie, Louis XIV interrogea Goupillet qui avoua le fait. *Avez-vous du moins payé Desmarets?* lui demanda le roi; le musicien ayant répondu affirmativement, le roi, indigné, fit défendre à Desmarets de paraître devant lui, et obligea Goupillet à donner sa démission; mais pour le consoler, il lui accorda la pension de vétérance, et quelque temps après, il lui fit donner un canonicat. Le pauvre homme ne jouit pas longtemps des avantages de sa nouvelle position, car il mourut peu d'années après. On trouve à la Bibliothèque impériale, à Paris, des motets de Goupillet (peut-être ceux qui ont été composés par Desmarets), en manuscrit.

GOURNAY (B.-C.), ancien avocat au parlement de Paris, mort vers 1794, a publié divers ouvrages de littérature et d'économie politique. Il est aussi auteur d'un petit écrit intitulé : *Lettre à M. l'abbé Roussier sur une nouvelle règle de l'Octave que propose M. le marquis de Culant*. Paris, 1785, in-8° de quatre feuilles.

GOUST (Jean DE), flûtiste de la Comédie-Française en 1753, a fait graver un livre de sonates à deux flûtes de sa composition.

GOUSSU (Robert), maître de chapelle du duc d'Aumale, au château d'Ennet, naquit vers le milieu du seizième siècle. Il se distingua par ses succès au concours du *Puy de musique* d'Evreux, en Normandie, car il obtint, en 1578, le prix de la lyre d'argent pour la composition de la chanson française commençant par ces mots : *Aux Créanciers;* en 1580, le prix de la harpe d'argent pour le motet *Aspice, Domine;* en 1583, le prix de la lyre, pour la chanson *O beau laurier;* en 1584, le prix du luth d'argent, pour la chanson *le boiteux Mary;* en 1585, le même prix pour la chanson *Quand l'infidelle usoit;* et enfin, en 1586, le premier prix de l'orgue d'argent, pour le motet *Respice in me*.

GOUVY (Théodore), compositeur distingué, est né de parents français, le 2 juillet 1819, à Goffontaine, près de Saarbrück. Son père, qu'il perdit à l'âge de dix ans, était propriétaire de forges. Son heureuse organisation pour la musique se manifesta dès ses premières années; à l'âge de six ans, il improvisait des variations sur une petite harpe à sept cordes. Envoyé par sa famille au Collége de Metz, il y fit ses études littéraires et obtint, à dix-sept ans, le grade de bachelier ès lettres. Jusqu'à cette époque il n'avait reçu que de médiocres leçons de piano, ne jouant que les bagatelles à la mode, et vivant dans une ignorance complète des œuvres des grands maîtres. Arrivé à Paris, où il devait suivre les cours de droit, il eut, par une heureuse circonstance, l'occasion d'assister au concert de la société du Conservatoire un jour que l'on y exécutait la septième symphonie (en *la*) de Beethoven. Pour la première fois, il entendait de la musique dans la manifestation de toute sa puissance; l'horizon immense de l'art idéal, infini, se révéla à son imagination : il comprit alors quelle était sa propre destination, et le peu de penchant qu'il avait eu jusque-là pour l'étude du code devint une répugnance invincible. Sans tarder davantage, il écrivit à sa famille pour l'informer qu'il voulait être musicien. Une déclaration si contraire aux projets qui avaient été formés pour son avenir rencontra de l'opposition; M. Gouvy eut à soutenir d'assez vifs combats; mais ils furent de courte durée, et bientôt il put se livrer en liberté à l'étude de l'art vers lequel il se sentait entraîné. Billard, élève de Henri Herz, fut le maître qu'il choisit pour le piano; mais le travail du mécanisme d'un instrument ne pouvait absorber longtemps son attention ; il brûlait surtout du désir de connaître les règles de l'art d'écrire la musique, ou, suivant l'expression consacrée, *de la composition*. Elwart, professeur au Conservatoire, devint son guide pour cette étude. Pendant trois ans, il apprit, sous sa direction, l'harmonie et le contrepoint; puis il se rendit à Berlin, où les occasions fréquentes qu'il eut d'entendre de la bonne musique bien exécutée, ainsi que ses relations avec plusieurs artistes de mérite, perfectionnèrent son éducation musicale. Ce fut dans cette ville que M. Gouvy débuta dans la carrière du compositeur, par la publication de deux études pour le piano, op. 1, et d'un chant avec piano, intitulé : *Gondoliera.*

Après une année de séjour à Berlin, le jeune artiste partit pour l'Italie, où il passa quinze mois, plus occupé de produire que d'écouter la musique théâtrale alors en vogue au delà des Alpes, mais peu analogue à sa manière de sentir et de comprendre l'art. De retour à Paris, en 1846, il y apportait son premier trio pour piano, violon et violoncelle, et sa première symphonie (non encore publiée), qui fut exécutée dans la même année par une société d'amateurs connue alors sous le nom de *Cercle de Bèze*. Au mois de décembre 1847, il donna son premier concert dans la salle Herz : l'orchestre du Théâtre-Italien, dirigé par Tilmant, y exécuta la deuxième symphonie de M. Gouvy (en *mi* bémol), publiée comme première de l'auteur (œuvre 9), et deux ouvertures de concert, qui n'ont pas été gravées. L'effet produit par ces ouvrages, à part quelques critiques sur les détails, fut favorable, et l'auditoire les accueillit comme d'heureux présages d'une belle carrière d'artiste. L'institution d'une nouvelle société de concert, en 1848, sous le nom d'*Union musicale,* offrit à M. Gouvy l'occasion d'y faire entendre, pour la première fois, sa deuxième symphonie (en *fa*), œuvre 12. Dans l'hiver de 1849-1850, il fit son premier voyage à Leipsick et y dirigea lui-même l'exécution de cette même symphonie dans la salle du Gewandhaus; le succès sympathique qu'elle y obtint fut un beau jour pour le compositeur. Chaque fois que M. Gouvy est retourné dans cette ville et y a fait entendre ses œuvres, il y a reçu le même accueil et y a trouvé la même bienveillance chez les musiciens et dans le public. Il en fut de même à Cologne, où Hiller avait appelé M. Gouvy : en 1856 et au mois d'avril 1861, il y dirigea ses symphonies en *ré* mineur et en *ut* au concert du Gürzenich, et les applaudissements unanimes des artistes et des amateurs lui furent prodigués. Au reste, la France n'a pas moins bien traité ce compositeur distingué, car, depuis 1850, les diverses sociétés musicales de Paris, notamment celle de *Sainte-Cécile,* dirigée par Seghers, et la société des jeunes artistes du Conservatoire, sous la direction de M. Pasdeloup, ont fait entendre presque chaque année quelque grande composition de M. Gouvy.

Enfant de l'école moderne de l'Allemagne pour la musique instrumentale, ce compositeur ne peut ni ne veut renier sa famille. Il a du sentiment, de la mélodie et des rhythmes originaux et bien caractérisés; mais la facture de ses ouvrages, leurs harmonies, leur instrumentation et leur plan de conduite procèdent de Weber et de Beethoven. Çà et là, le connaisseur remarque un certain embarras et d'assez fréquentes incorrections dans la manière d'écrire; des dissonances qui n'ont point de résolution, ou qui en ont de mauvaises; enfin des mouvements de basse qui ne tombent pas toujours sur les bonnes notes. Ces défauts résultent d'une éducation musicale qui n'a pas été commencée et développée dans la première jeunesse; mais ils sont rachetés par la vitalité de la pensée et du sentiment. En somme, les ouvrages de M. Gouvy sont dignes de beaucoup d'estime et lui assurent une place honorable parmi les meilleurs compositeurs de l'époque actuelle.

Le catalogue de ses productions, publiées jusqu'à ce jour (1862), est composé de la manière suivante : Deux études pour le piano, op. 1, Berlin, Bote et Bock. *Gondoliera,* morceau de chant avec piano, op. 2, *ibid.* Première sérénade pour piano, op. 3, Paris, Maho. Deuxième, troisième, quatrième et cinquième sérénades pour piano seul, op. 4, 5, 6, 7, Paris, Richault. Premier trio (en *mi* majeur) pour piano, violon et violoncelle, op. 8, *ibid.* Première symphonie (en *mi* bémol), op. 9, *ibid.* Sixième sérénade pour piano seul, op. 10, *ibid.* Sérénade en quintette pour deux violons, alto, violoncelle et contrebasse, ou pour piano à quatre mains, op. 11, *ibid.* Deuxième symphonie (en *fa*), op. 12, *ibid.* Première ouverture de concert (en *ré*), op. 13, *ibid.* Deuxième *idem* (en *mi*), op. 14, *ibid.* *Le dernier hymne d'Ossian,* scène lyrique pour voix de basse et orchestre ou piano, op. 15, *ibid.* Deux quatuors pour deux violons, alto et basse, op. 16, *ibid.* Sonate pour piano seul, op. 17, *ibid.* Deuxième trio (en *la* mineur) pour piano, violon et violoncelle, op. 18, *ibid.* Troisième trio (en *si* bémol), *idem,* op. 19, *ibid.* Troisième symphonie (en *ut* majeur), op. 20, *ibid*. Six mélodies pour voix de baryton avec piano, op. 21, *ibid*. Quatrième trio (en *fa*) pour piano, violon et violoncelle, op. 22, *ibid*. Douze chœurs à quatre voix d'hommes, sans accompagnement, op. 23, *ibid*. Quintette pour piano, deux violons, alto et violoncelle, op. 24, *ibid*. Quatrième symphonie (en *ré* majeur), op. 25, *ibid*. Douze *Lieder*, paroles allemandes et françaises, pour ténor et piano, op. 26, *ibid*. Trois sérénades (septième, huitième et neuvième) pour piano seul, op. 27, *ibid*. *Décameron*, dix morceaux pour piano et violoncelle, op. 28, *ibid*. Deuxième sonate pour piano seul, op. 29, *ibid*. Cinquième symphonie (en *si* bémol), op. 30, *ibid*. Les ouvrages non encore publiés par M. Gouvy sont ceux-ci : Quatuor pour piano, violon, alto et basse, op. 31. Trois chœurs pour deux parties de soprano, ténor et basse, sans accompagnement, op. 32. Cinquième trio pour piano, violon et violoncelle (en *sol*), op. 33. Sixième symphonie à grand orchestre, op. 34. Hymne et marche triomphale, *idem*, op. 35. Sonate pour piano à quatre mains, op. 36. D'autres compositions du même artiste sont considérées par lui comme des premiers essais, et ne sont pas destinées à voir le jour ; elles consistent en quatre quatuors pour deux violons, alto et basse ; une symphonie à grand orchestre ; une messe pour des voix d'hommes, sans accompagnement, et une ouverture de concert.

GOUY (Jean DE) ou **DE GOUI**, musicien français, vécut à Paris dans la première partie du dix-septième siècle. On a imprimé de lui : *Airs pieux à quatre parties*, Paris, Ballard, 1650, in-8° obl. Les paroles de ces airs sont les paragraphes de cinquante premiers psaumes par Godeau, d'abord évêque de Grasse, puis de Vence. De Gouy dit, dans sa préface, qu'il a pris la résolution d'abandonner la musique mondaine et d'employer le reste de ses jours à travailler pour la gloire de Dieu et l'édification de son prochain, selon sa profession. Ses chants ont le caractère des airs de cour de la même époque ; mais l'ouvrage eut peu de succès, parce que les psaumes sont écrits à quatre parties. L'édition complète des psaumes de Godeau, avec les chants d'Auxcousteaux (*voyez* ce nom), a eu beaucoup plus de popularité.

GRABE (...), moine d'un couvent de Bénédictins de Neuenzell, dans la Basse Lusace, né en Bavière vers 1770, a écrit pour le chœur de son église des messes, des psaumes, un *Te Deum* et des hymnes, qui sont restés en manuscrit. Grabe vivait dans son monastère en 1800 ; on ignore ce qu'il est devenu depuis ce temps.

GRABELER (P.), compositeur et violoniste à Aix-la-Chapelle, né à Bonn, le 1er août 1796, s'est fait connaître par la musique du 145me psaume à quatre voix et orchestre ; par l'oratorio : *le Jugement de Salomon*, qui fut exécuté à Bonn, le 5 juillet 1829, et par des chansons avec accompagnement de piano. Cet artiste est mort à Bonn, le 16 décembre 1850.

GRABOWSKA (Madame la comtesse Clémentine), d'une ancienne famille polonaise, est née dans le duché de Posen, en 1771. Douée d'un talent distingué pour la musique, et pianiste remarquable, elle a publié des sonates pour le piano, œuvres 1 et 2, Posen, Simon ; des variations pour le même instrument sur l'air : *Narguons la tristesse*, ibid. ; deux polonaises, *ibid.* ; et une grande polonaise, Varsovie, Brzezina. En 1815, la comtesse Grabowska s'est fixée à Paris ; elle y vivait encore, en 1830. M. Sowinski ne fournit pas de nouveaux renseignements sur cette dame dans son livre sur *les Musiciens polonais*.

GRABOWSKI (Stanislas), pianiste polonais, fut attaché, comme professeur de son instrument, au Lycée de Krzemieniec, depuis 1817 jusqu'en 1828 ; puis il se fixa à Vienne, où il est mort en 1852, suivant un journal polonais cité par M. Sowinski. On a de cet artiste quelques légères compositions pour le piano, particulièrement des polonaises et des mazurkas, entre lesquelles on remarque celle qui a pour titre : *Petit tableau musical ou septième polonaise dramatique*, Vienne, Müller.

GRABU (Louis), musicien français, s'établit à Londres, vers 1680. Dryden ayant écrit une sorte d'opéra, intitulé : *Albion and Albanius*, qui était une satire mordante de la fin du règne de Charles II, Grabu en composa la musique, et l'ouvrage fut représenté au théâtre de Dorset-Garden, en 1685, année même de la mort du roi. Le parti de la cour fit un mauvais accueil à cet opéra, qui ne fut joué que six fois. Dryden fit imprimer son ouvrage avec une préface où le talent du compositeur français est mis au-dessus de celui de Purcell et des autres musiciens anglais ; l'esprit national en fut blessé, et l'on fit contre la musique d'*Albion and Albanius* une ballade satirique dont la plupart des complets finissent par : *and Monsieur Grabu*. Hawkins l'a rapportée en entier dans son *Histoire générale de la musique* (t. IV, p. 396). La partition complète de l'opéra a été imprimée à Londres, en 1687, in-4°. Les exemplaires en sont devenus fort rares.

GRADEHAND (Frédéric-L.), organiste de l'église Saint-Georges et professeur de piano à Leipsick, naquit le 24 décembre 1812, à Brehna, près de Bitterfeld, et fit ses études musicales à l'école Saint-Thomas de Leipsick, sous la direction du cantor Théodore Weinlig. Musicien instruit, il a écrit de bons motets pour l'église, une symphonie qui a été exécutée dans les concerts de Leipsick, et un recueil de huit pièces pour l'orgue, publié dans cette ville, chez Prosch. Ce recueil donne une opinion avantageuse du talent de son auteur, comme organiste. Gradehand est mort à Leipsick, le 2 juin 1842, avant d'avoir accompli sa trentième année.

GRADENIGO (Zuane ou Jean), musicien vénitien sur qui l'on n'a pas de renseignements, mais qui vécut dans la seconde moitié du seizième siècle, est connu par un œuvre qui a pour titre *Madrigali a 5 voci, libro primo,* in Venetia, appresso Gardano, 1574, in-4°.

GRADENTHALER (Jérôme), organiste et compositeur à Ratisbonne, dans le dix-septième siècle, s'est fait connaître par les ouvrages dont les titres suivent : 1° *Deliciæ musicæ,* première partie, Nuremberg, 1675, in-4°. 2° *idem,* deuxième partie, *ibid.*, 1676, in-4°. 3° Exercices récréatifs de dévotion en dix-huit cantiques allemands et latins pour voix seule, avec basse continue ou accompagnement de théorbe. 4° *Heilige Seelenlust* (Délices sacrées de l'âme) en vingt-cinq airs pour voix de ténor, avec accompagnement de quatre violons et basse continue), Nuremberg, 1685, in-4°, op. 8. 5° *Florilegium musicum,* ibid., 1687, in-8°. 6° *Facetiæ musicales,* consistant en cent quatorze morceaux de tout genre, *ibid.*, 1695, in-fol. 7° Airs pour les chansons spirituelles de Jean-Louis Prasch, Ratisbonne, 1686, in-8°. On a du même artiste une sorte de méthode de musique intitulée : *Horologium musicum, oder treu wohl gemeinter Rathvermittelst dessen ein Knabe von 9 und 10 Jahren den Grund der edlen Musik und Singkunst mit Lust und leichter Mühe kürzlich lernen kann* (Horloge de musique, ou conseil pour enseigner la musique et le chant à un garçon de neuf ou dix ans avec facilité, et en peu de temps), Ratisbonne, 1676, in-8°. Cette première édition est sans nom d'auteur. La deuxième a été publiée à Nuremberg, en 1687, 76 pages in-8°.

GRÆBNER (Jean-Christophe), facteur d'orgues et de divers instruments, vivait à Dresde vers la fin du dix-septième siècle. En 1602, il construisit l'orgue de l'église Saint-Jean de cette ville, composé de onze jeux.

GRÆBNER (Jean-Henri), fils du précédent, fut facteur de clavecins de la cour de Dresde. Les instruments sortis de ses ateliers ont eu de la réputation en Allemagne, et se sont répandus jusque dans la Pologne et la Livonie. Græbner est mort à Dresde, en 1777.

GRÆBNER (Jean-Godefroid), fils aîné de Jean-Henri, né à Dresde, en 1736, fut, comme son père, facteur d'orgues et de clavecins de la cour. Ses instruments ont été recherchés en Allemagne, dans le Nord, et jusque dans la Crimée. En 1786, il commença à fabriquer de grands pianos dont cent soixante et onze étaient déjà sortis de ses ateliers en 1796. Cet artiste est mort dans les premières années du dix-neuvième siècle.

GRÆBNER (Guillaume), frère de Jean-Godefroid, naquit à Dresde, en 1737. Il ne se sépara jamais de son frère, et partagea ses travaux dans la facture des orgues et des pianos. On ignore l'époque de sa mort.

GRÆBNER (Charles-Auguste), troisième fils de Jean-Henri, naquit d'une seconde femme de celui-ci, en 1749. Il se distingua aussi comme facteur d'instruments. Après la mort de son père, il se sépara de ses frères, et établit une manufacture de pianos. Il inventa, en 1787, des pédales particulières pour cet instrument.

GRÆEN (Henri-Libert), musicien, né vers la fin du seizième siècle, ou dans les premières années du dix-septième, est auteur de deux motets qui ont été insérés dans la collection intitulée : *Pratum musicum,* Anvers, 1634, in-4°. Ces motets sont : 1° Le psaume *Miserere mei Deus* à deux et trois voix avec chœur (sous le n° 33). 2° *O beata Virgo Maria,* à quatre voix (n° 34).

GRÆENSER (Charles-Auguste), né à Dresde, le 14 décembre 1794, apprit, sous la direction de son père, les premiers principes de la musique. Dès l'âge de sept ans, il reçut de Knoll, musicien de la chambre du duc de Courlande, des leçons de flûte ; deux ans après, il essaya de se faire entendre en public et reçut des applaudissements accordés à sa jeunesse. Encouragé par ce premier début, il continua ses études avec ardeur. Dans les années 1806 à 1808, il donna des concerts à Tœplitz pendant la saison des bains ; de 1810 à 1815, il fit partie du corps de musique de Krebs, à Dresde, bonne école préparatoire pour toutes les branches de la musique, et il reçut des leçons de Stendel, alors hautboïste des chasseurs du prince électeur, et plus tard première flûte de la chapelle du roi de Saxe. En 1814, Græenser accepta la place de première flûte du concert et du théâtre de Leipsick. Depuis lors, il s'est fait entendre chaque année en public, et a toujours été bien accueilli. On a gravé de la composition de cet artiste : Trois grands duos pour deux flûtes, op. 1, Leipsick, Probst. Comme écrivain, M. Græenser a publié, dans la *Gazette musicale de Leipsick* (année 1824, n° 24), une réponse à un article de M. le docteur Pottgiesser : *Sur les défauts de la flûte*. En 1828, il a aussi donné dans les nos 7, 8, 9 et 10 de la même gazette un morceau intitulé : *Passages intéressants pour les flûtistes, tirés du livre : A Word or two on the flute by W. N. James* (Edimburg and London, 1826), *accompagnés d'annotations par Charles Græenser*. Enfin, l'article *Flûte*, inséré dans le *Hauslexikon*, publié chez Breitkopf et Hærtel, est de M. Græenser.

GRÆF (Jean), facteur d'orgues à Lobenstein, dans la première partie du dix-huitième siècle, a construit sous la direction de Sorge, depuis 1734 jusqu'en 1740, le grand orgue de Lobenstein, composé de trente-cinq jeux, trois claviers et pédales.

GRÆF (Marie-Madeleine), artiste qui fut un prodige d'organisation musicale et d'habileté dans son enfance, et dont on n'a plus entendu parler ensuite, naquit à Mayence, au mois de novembre 1754. A l'âge de dix ans, elle donna (au mois de novembre 1764) deux concerts à Francfort, où elle exécuta : 1° Des concertos de piano avec une rare agilité. 2° Des concertos de harpe. 3° Un duo sur la harpe et le piano réunis sous ses mains. 4° L'accompagnement en basse chiffrée d'un solo de violon. 5° Des fantaisies improvisées sur le piano. 6° Des variations improvisées sur un thème donné par un des auditeurs. On lui fit aussi nommer les sons et les accords qu'on faisait entendre loin d'elle sur un instrument; enfin elle joua des solos sur le piano dont le clavier était couvert d'un voile, et sur la harpe renversée du haut en bas. Il est peu vraisemblable que des variations pour le piano sur un air de *Joconde*, et un rondeau *Alla polacca*, op. 2, pour le même instrument publié sous le nom de *Maria Graff*, à Hambourg, chez Cranz, soient de celle qui est l'objet de cet article, car elle aurait eu plus de soixante ans quand elle aurait écrit ces morceaux. D'ailleurs il n'y a pas identité absolue de nom.

GRÆFE (Jean-Frédéric), conseiller de chambre et des postes du duc de Brunswick, né à Brunswick, en 1711, fut un des amateurs de musique les plus distingués de son temps, en Allemagne. Il mourut dans sa ville natale, le 8 février 1787, à l'âge de soixante-seize ans. Les compositions connues de cet amateur sont : 1° Une collection d'odes avec les airs, quatre parties, Halle, 1737. La troisième édition a été publiée en 1743. 2° Odes et pastorales mises en musique, Leipsick, 1744, in-fol. 3° Cinquante psaumes, odes et chansons spirituelles, avec accompagnement de clavecin, Brunswick, 1760, in-fol. 4° *L'Amour*, cantate de Destouches, mise en musique, Berlin, 1765, in-4°. 5° La même, avec une autre musique, Leipsick, 1762, petit in-fol. 6° Six odes et chansons spirituelles, avec basse continue, Hambourg, 1767, in-fol. 7° Odes et chansons de Hagedorn mises en musique, première partie, 1767; deuxième partie, 1768. Quelques pièces détachées dans les recueils du temps.

GRÆFENHAHN (Wolfgang-Louis), magister et professeur au collége d'Ernest, à Bayreuth, né le 12 avril 1719, mort le 5 mai 1767, a fait imprimer un programme intitulé : *Wettstreit der Mahlerey, Musik, Poesie und Schauspielkunst* (Concours de la peinture, de la musique, de la poésie et de l'art dramatique), Bayreuth et Hof, chez Bierling, 1746, quatre-vingt-quinze pages in-8°. Le discours académique sur la musique, prononcé à cette occasion, par un étudiant nommé Ferdinand-Louis Braun, de Weimar, a été inséré dans le quatrième volume de la Bibliothèque musicale de Mizler.

GRAEFF (J.-G.), flûtiste allemand, établi à Londres dans les dernières années du dix-huitième siècle, a publié dans cette ville quatre concertos pour son instrument; une ouverture en symphonie, op. 11, chez Clementi; trois duos pour le piano à quatre mains, op. 12, *ibid.*, 1799. Cet artiste se faisait encore entendre à Londres, dans les concerts, en 1803; mais, après cette époque, on ne trouve plus de renseignements sur sa personne.

GRÆFFER (Antoine), professeur de musique et guitariste à Vienne, naquit dans cette ville, vers 1780. Il a publié un grand nombre de variations, de fantaisies, de rondeaux et d'autres morceaux pour la guitare, ainsi qu'une méthode pour cet instrument, sous le titre de *Systematische Guitarrenschule*, deux parties, in-4°, Vienne, Strauss, 1811. Une deuxième édition a paru dans la même ville, chez Schaumburg, petit in-fol. On connaît aussi sous le nom de cet artiste un écrit intitulé : *Ueber Tonkunst, Sprache und*

Schrift, *Fragment* (Fragment sur la musique, la parole et l'écriture), avec deux planches de signatures des compositeurs et des écrivains les plus célèbres, Vienne, Sollinger, 1830, in-8° de VIII et 70 pages.

GRÆSER (JEAN-CHRÉTIEN-GODEFROID), né à Arnstadt, en 1760, fut candidat prédicateur à Dresde, et mourut à l'âge de vingt-quatre ans, au château d'Erbach. On a imprimé de sa composition : 1° Chants avec accompagnement de piano, Leipsick, 1785. 2° Trois suites de sonates pour le piano, Leipsick, 1786 et 1787. 3° Six sonates faciles, *ibid.* 4° Sonates pour piano et violon obligé, Dresde, 1795. Ce dernier ouvrage n'a paru qu'après la mort de l'auteur.

GRÆTZ (JOSEPH), professeur de piano et de composition, a joui d'une belle réputation en Allemagne, particulièrement en Bavière et à Munich, quoiqu'il ne se soit jamais fait entendre en public, et que le peu qu'on connaît de ses ouvrages ne s'élève point au-dessus du médiocre. Il possédait une profonde connaissance pratique de l'art, et savait communiquer avec clarté ce qu'il avait appris : de là vient qu'il exerça une grande influence sur la musique à Munich tant qu'il vécut. Grætz naquit le 2 décembre 1760, à Vohebourg, en Bavière, et fut élevé dans l'abbaye de Rohr, près d'Abensberg, où il y avait un bon chœur et d'habiles maîtres de musique. Il continua ses études à l'Université d'Ingolstadt, où il remplit d'abord les fonctions d'organiste, chez les Jésuites. De là il alla exercer le même emploi au Séminaire de Neubourg; il y fit un cours de rhétorique et de philosophie. Il se livra ensuite à l'étude de la jurisprudence, et fut employé pendant une année comme juge provincial à Vohebourg. Mais son goût le portant exclusivement vers la musique, il quitta tout pour aller étudier cet art chez Michel Haydn, à Salzbourg. Là il trouva un riche protecteur qui lui fournit les moyens d'aller achever son éducation musicale en Italie. Arrivé à Venise, il s'y mit sous la direction de Bertoni. En quittant cette ville, il alla visiter Padoue, Vérone, Vicence et d'autres parties de l'Italie. En 1788, il arriva à Munich, et depuis lors il ne s'est plus éloigné de cette ville; il y passa les trente-huit dernières années de sa vie, et y mourut d'une atteinte d'apoplexie, le 17 juillet 1826, à l'âge de soixante-six ans. Charles Cannabich, Lauska, Hoffmann, l'abbé Ladurner, Ett, Moralt, Lindpaintner, Neuner et beaucoup d'autres artistes distingués le choisirent pour maître, et le considérèrent toujours comme un homme supérieur en son genre. La plus grande partie de sa vie s'était passée à étudier les productions des meilleurs maîtres, et à analyser les principes qui les avaient dirigés dans leur manière d'écrire. Il n'a point été remplacé comme professeur, et l'on assure qu'une sorte de décadence de la musique s'est fait remarquer à Munich après sa mort. Grætz avait le titre de pianiste de la cour, mais il n'y fut jamais appelé pour y faire aucun service. Il vécut toujours indépendant, occupé de donner des leçons en ville. Comme compositeur, il a écrit la musique du petit opéra comique *Das Gespenst mit der Trommel* (le Revenant avec son tambour), dont le sujet était pris du *Tambour nocturne* de Destouches. Cet ouvrage, écrit d'une manière sérieuse, n'eut aucun succès. On en peut dire à peu près autant de ses messes et autres morceaux de musique, composés dans un style moderne, et qui ne furent jamais entendus que dans l'église des Augustins à Munich. Le génie manquait dans tout cela. Grætz a laissé en manuscrit un traité de musique intitulé : *Gründe zur Tonsetzkunst* (Principes pour la composition). Cet ouvrage forme un volume petit in-4° de 445 pages.

GRAF, en latin **GRAVIUS** (JEAN-JÉRÔME), issu d'une famille noble, naquit à Salzbach, le 19 novembre 1648. Dans sa jeunesse, il visita beaucoup d'écoles, tant dans sa patrie qu'à l'étranger. En 1672, il suivit le docteur en droit Boeckelmann à Leyde, et y fit un cours de jurisprudence pendant trois ans, sans négliger l'étude de la musique, où il acquit des connaissances étendues. Il donna en Hollande des preuves de valeur, car lorsque les Français voulurent surprendre Leyde en 1672, les étudiants de l'Université les repoussèrent, et Graf fut du nombre de ceux qui obtinrent des états généraux une médaille d'or frappée en mémoire de cet événement, et dont chaque exemplaire portait le nom de l'étudiant à qui elle était donnée. Appelé à Brême en 1677, comme professeur de chant du Gymnase académique, Graf y resta pendant trente ans; puis il obtint une place analogue à Berlin. Instruit dans toutes les parties de la musique, composant avec facilité, il jouait aussi de plusieurs instruments. Le roi Frédéric Ier voulut le nommer son maître de chapelle, mais Graf refusa cette place et se contenta de faire exécuter ses compositions dans l'église réformée, et dans les concerts qu'il donnait chez lui. Il mourut à Berlin, le 12 mai 1720. Les ouvrages qu'il a publiés, sont : 1° *Kurze Beschreibung* *von der Construction der Trompet marin* (Description abrégée de la construction de la trompette marine), Brême, 1681, une feuille d'impression. 2° Chansons spirituelles à deux voix de dessus et basse continue, Brême, 1683, in-8°. 3° *Rudimenta musicæ poeticæ*, Bremæ, 1685, in-8°. 4° *Gespræch zwischen dem Lehrmeister und Knaben von der Singkunst* (Dialogue entre le maître et les élèves sur l'art du chant), Brême, 1702, in-8°.

GRAF (Jean), maître de chapelle du prince de Schwartzbourg-Rudolstadt, né au territoire de Nuremberg, apprit à jouer du violon et étudia les règles de la composition sous différents maîtres. Dans sa jeunesse, il obtint une place de violoniste à Nuremberg; plus tard il entra comme maître de hautbois au régiment de Lœffelholz en Hongrie, où il eut seize hautboïstes sous sa direction. Cette position lui procura deux fois l'occasion d'aller à Vienne et d'y augmenter ses connaissances dans la musique. Il ne quitta sa place que pour entrer au service de l'électeur de Mayence, puis du prince de Bamberg. Enfin, il fut appelé à Rudolstadt comme maître de concert; il y mourut, avec le titre de maître de chapelle, vers 1745. Les compositions de Graf qui ont été publiées sont : 1° Six sonates pour violon seul avec basse continue, op. 1, Bamberg, 1718. 2° Six *idem*, op. 2, Rudolstadt, 1723. 3° Six petites pièces pour deux violons, viole et basse, op. 3, *ibid.* 1739, in-fol. Un motet à neuf parties (*In convertendo*), de cet artiste, existe en manuscrit à la Bibliothèque Impériale, à Paris.

GRAF (Charles-Frédéric)(1), ou **GRAAF** suivant l'orthographe hollandaise, fils du précédent, naquit dans la principauté de Schwartzbourg, vers 1726. Il fut d'abord maître de chapelle du prince de Schwartzbourg-Rudolstadt; puis il entra en la même qualité au service du prince d'Orange, et passa le reste de ses jours à La Haye, où il vivait encore en 1802. Cet artiste a publié, à Amsterdam et à La Haye, cinq œuvres de six symphonies pour l'orchestre, dont les débuts se trouvent dans le catalogue thématique de Breitkopf; quinze concertos pour le violon, et deux œuvres de trios pour deux violons et basse. On connaît aussi de lui : 1° Duo économique pour un violon à deux mains et à deux archets, op. 27, Berlin, Hummel. 2° Six duos pour violon et alto, op. 28, *ibid.* 3° Deux sonates à quatre mains pour le clavecin, op. 29. 4° Pot-pourri à quatre mains, op. 31, *ibid.*, 1797. 5° Fables pour le chant avec accompagnement de clavecin, livre I et II, op. 32, *ibid.* 6° Sonate pour piano et violon, op. 33. Au mois de juillet 1802, Graaf a fait exécuter dans l'église luthérienne de La Haye un *Oratorio* de sa composition pour célébrer la paix. Cet ouvrage a été estimé. Graaf s'est aussi fait connaître comme théoricien de musique par un livre intitulé : *Proeve over de Natuur der Harmonie, etc.* (Démonstration de la nature de l'harmonie dans la basse continue, avec une instruction pour chiffrer celle-ci correctement). La Haye, Vitteleren, 1781.

GRAF (Frédéric-Hermann), frère cadet du précédent, naquit à Rudolstadt, en 1727. En 1752, il se rendit à Hambourg, où il donna des concerts jusqu'en 1764, et fit admirer son habileté sur la flûte. Plus tard, il voyagea en Angleterre, en Hollande, en Suisse, en Italie et dans une grande partie de l'Allemagne. Fatigué de sa vie errante, il accepta une position fixe dans la chapelle du comte de Bentheim, à Steinfurt; mais bientôt après il fut appelé à La Haye, et il s'y rendit avec sa famille. En 1779, il reçut un engagement pour aller à Vienne composer un opéra pour le théâtre allemand; en 1783 et 1784, on le chargea du soin de diriger le grand concert qui venait d'être établi à Londres, et de composer une partie de la musique qu'on y exécutait : il remplit cette tâche à la satisfaction générale. Des efforts furent faits alors pour le décider à se fixer en Angleterre, mais il préféra retourner à Augsbourg, où il avait succédé à Seyffert, en qualité de maître de chapelle. Il y reçut, au mois d'octobre 1789, le diplôme de docteur en musique de l'Université d'Oxford, en témoignage de l'estime que les Anglais avaient pour ses talents et sa personne. Graf mourut à Augsbourg, le 19 août 1795, dans la soixante-huitième année de son âge. Il a publié deux œuvres de trios pour deux flûtes et basse, plusieurs concertos pour la flûte, et deux quatuors pour flûte, violon, alto et basse. On trouve les débuts de ces compositions dans le catalogue thématique de Breitkopf (Leipsick, 1760-1787); mais le catalogue de Traeg, publié à Vienne, indique un plus grand nombre d'ouvrages du même artiste, en manuscrit, car on y compte vingt-quatre concertos pour la flûte; deux concertos pour flûte d'amour; deux symphonies concertantes pour flûte et violon; deux symphonies concertantes pour deux flûtes; dix-huit quatuors pour deux violons, alto et

(1) On n'est pas d'accord sur les prénoms de cet artiste; à Rudolstadt, on lui donne ceux de *Chrétien-Ernest*.

basse; douze quatuors pour flûte, violon, basse de viole et violoncelle; deux quatuors pour deux flûtes, viole et basse; un *idem* pour quatre flûtes; un *idem* pour hautbois, violon, basson et violoncelle; six duos pour deux flûtes, et douze solos pour le même instrument. On connaît aussi de Graf cinq concertos pour flûte, violon, violoncelle et orchestre, composés à Londres; l'oratorio *le Fils prodigue;* le psaume 29, d'après la traduction de Cramer; *les Bergers à la crèche de Bethléem*, oratorio, poésie de Ramler; *le Déluge*, autre oratorio; *Andromède*, cantique héroïque; *Invocation à Neptune*, cantate exécutée à Londres, en 1784.

GRAFF (Jean-Chrétien), fils d'un recteur d'Erfurt, avait reçu de la nature beaucoup de goût et de facilité pour la musique. Il aimait particulièrement à entendre jouer de l'orgue par le célèbre organiste Pachelbel, et ce fut en écoutant ce maître qu'il apprit à jouer du clavecin, et qu'il devint habile dans son art. Après avoir été organiste de Saint-Thomas d'Erfurt, puis de deux autres églises, il fit, en 1694, un voyage dans la Basse-Saxe, et ce fut alors qu'il reçut les premières instructions régulières pour l'orgue et la composition chez Bœhmen. Il fut ensuite nommé organiste à Magdebourg, et mourut dans cette ville, en 1709. Gerber a possédé des pièces d'orgue en manuscrit, de la composition de cet artiste.

GRAFF (Madame Charlotte), fille de Joseph-Michel Bœheim, acteur allemand de quelque mérite, est née à Berlin, en 1782, et y a reçu des leçons de chant et de piano. Elle débuta, en 1800, au Théâtre-National de Berlin et obtint des succès dont elle était plus redevable à la beauté de sa voix qu'à son habileté. En 1804, elle entreprit un voyage en Allemagne; l'année suivante, elle était à Stuttgard; l'accueil qu'on lui fit en cette ville fut si favorable, qu'on lui proposa immédiatement un engagement de plusieurs années. Par son mariage avec le violoncelliste Graff, cet engagement se prolongea jusqu'en 1811, époque où elle en contracta un autre pour le théâtre de Francfort-sur-le-Mein. Elle n'y réussit pas moins que dans les autres villes. Madame Graff a quitté la scène en 1815, et a continué de résider à Francfort. Elle est morte dans cette ville, en 1831.

GRAFF (Conrard), facteur de pianos de la cour de Vienne, est né à Riedlingen, en Souabe, le 17 novembre 1785. Après avoir appris la menuiserie, il voyagea à l'étranger, se rendit à Vienne, en 1797, et entra dans le corps franc de chasseurs qui venait d'être organisé. Un mal au pied lui fit obtenir son congé après quatre ans de service. Il entra alors chez Jacques Schelcke, facteur de pianos. Bientôt initié aux détails mécaniques de cet instrument, il travailla pour lui-même en 1804, et ses recherches constantes, son intelligence et ses vues d'améliorations le conduisirent en peu de temps à se faire une honorable réputation. Il fut longtemps un des meilleurs facteurs de pianos de Vienne, et posséda des ateliers considérables et des magasins somptueux.

GRAFFIGNA (Achille), directeur du Théâtre-Italien d'Odessa et compositeur dramatique, est né en Lombardie, vers 1817, et a fait ses études musicales au Conservatoire de Milan. Son début dans sa carrière se fit à Lodi, en 1838, par un petit opéra qui avait pour titre : *un Lampo d'infidelità* (un Éclair d'infidélité). Le livret de cet ouvrage était fort mauvais, et la musique n'était guère meilleure; cependant le public fut indulgent à cause de la jeunesse du compositeur. Le résultat de cet essai fut le mariage du maëstro avec la prima donna Triulzi, qui avait chanté le rôle principal de l'ouvrage. Dans l'automne de 1841, M. Graffigna donna, à Milan, l'opéra *Ildegonda e Riccardo*. Il écrivit, en 1842, pour le théâtre de Vérone, *Eleonora di S. Bonifazio*, et fit jouer deux ans après, à Florence, *Mignoni e Fanfan*. Peu de temps après, l'artiste fut appelé à Odessa en qualité de directeur de musique de l'Opéra-Italien, et écrivit, pour cette ville, *Gli ultimi Giorni di Suli* et *Ester d'Engaddi :* ces deux ouvrages y ont été représentés en 1845. Depuis cette époque, on ne trouve plus de renseignements sur M. Graffigna.

GRAFFUS ou **GRAFF** (Valentin), luthiste et compositeur, né en Hongrie, dans la première moitié du seizième siècle, paraît avoir joui de quelque renommée, car il est cité avec éloge par Garzoni dans sa *Piazza Universale* (*discorso* 54). Graff a publié un recueil de pièces pour le luth, sous ce titre : *Pars I Harmoniarum musicarum in usum testudinis*, Anvers, 1569.

GRAGNANI (Philippe), guitariste distingué de son temps et compositeur, naquit à Livourne, en 1767. Après avoir appris le contrepoint sous la direction de Luchesi, il étudia les meilleurs ouvrages théoriques et pratiques, pour compléter son éducation de compositeur de musique d'église; mais le hasard lui ayant mis une guitare dans les mains, il s'attacha à cet instrument, et en étendit les ressources par la musique qu'il écrivit. Gragnani vivait encore en 1819, et n'était âgé que de quarante-cinq ans : j'ignore ce qu'il est devenu depuis lors. On a de cet artiste : 1° Quatuor pour deux guitares, violon et clarinette, op. 8, Paris, Carli, Richault. 2° Sestetto pour flûte, clarinette, violon, deux guitares et violoncelle, op. 9, *ibid.* 3° Trios pour trois guitares, op. 12, *ibid.* 4° Trio pour guitare, flûte et violon, op. 13. 5° Duos pour deux guitares, œuvres 1, 2, 3, 4, 6, 7, 14, Paris, Carli, Meissonnier, Richault; Augsbourg, Gombart. 6° Duos pour guitare et violon, Milan, Ricordi. 7° Duos faciles pour guitare et piano, Paris, Meissonnier. 8° Fantaisie pour guitare seule, op. 5, Paris, Carli, Richault. 9° Thèmes variés pour guitare seule, œuvre 10, *ibid.* 10° Exercices *idem*, op. 11, *ibid.* 11° Divertissement, op. 15, Milan, Ricordi. 12° *La Partenza*, sonate sentimentale, *ibid.*

GRAHAM (GEORGES-FARQUHAR), amateur de musique et littérateur écossais, s'est fait connaître par un écrit qui a pour titre : *An Account of the first Edinburg musical Festival, held between the 30th of octobre and 5th november 1815, with an Essay, containing some general observations on Music* (Description de la première fête musicale d'Edimbourg donnée depuis le 30 octobre jusqu'au 5 novembre 1845, avec un essai contenant quelques observations générales sur la musique), Edimbourg, 1816, petit in-8° de deux cent treize pages. Il y a une deuxième édition de cet ouvrage publiée à Edimbourg, en 1835, in-8°.

GRAHL (ANDRÉ-TRAUGOTT), né à Dresde, vers 1745, fut élevé à l'école de l'église de la Croix, dans cette ville, et acheva ses études à l'Université de Leipsick. Il a publié : *Odes et chansons mises en musique*, Leipsick, 1770, in-4° obl.

GRAHL (FRÉDÉRIC-BENJAMIN), né à Dresde, a fait imprimer de sa composition *douze variations pour le piano*, premier recueil, Dresde, Meinhold, 1801.

GRAICHEN (JEAN-JACQUES), facteur d'orgues privilégié du prince de Gradenbourg-Culmbach, apprit son art chez Trost, vers 1725. Il a construit des orgues à Culmbach, où il était fixé, à Neustadt, à Berg, Trebgast, Bischofsgrün et Worsberg. Son dernier ouvrage, terminé en 1750, fut l'orgue de Lichtenberg, qui n'est point réussi. Il paraît que le chagrin que Graichen en eut le conduisit au tombeau peu de temps après.

GRAINVILLE (JEAN-BAPTISTE-CHRISTOPHE), littérateur, né à Lisieux, le 15 mars 1760, fut avocat au Parlement de Rouen; mais la fatigue que lui causait cette profession, le détermina à ne l'exercer que peu de temps. Il se retira dans sa ville natale et s'y livra à des travaux littéraires et au plaisir de la chasse, pour lequel il avait un goût passionné. Il mourut d'une maladie de poitrine, le 19 décembre 1805. On a de Grainville une traduction française du poëme d'Yriarte sur la musique, suivie de la traduction du poëme latin de Lefevre sur le même sujet (Paris, an VIII, un volume in-12). Cette traduction est fort mauvaise; Grainville savait mal l'espagnol, et n'avait aucunes notions de musique : de là vient que son livre est rempli de contre-sens. Les notes que Langlé y a ajoutées sont dénuées d'intérêt. Le manuscrit de l'ouvrage d'Arteaga, intitulé : *Del ritmo sonoro et del ritmo muto*, lui fut confié pour en faire la traduction; cette traduction n'a point paru, mais Grainville en a extrait une dissertation sur les différents rhythmes employés par les poëtes dramatiques grecs, et l'a publiée dans le *Magasin encyclopédique* de Millin (6me ann., t. V, p. 1 et suiv.).

GRAMAYE (JEAN-BAPTISTE), docteur en droit et professeur à l'Université de Louvain, naquit à Anvers vers la fin du seizième siècle. La passion des voyages le conduisit en Hollande, en Allemagne, en Italie et en Espagne. Devenu prisonnier des Barbaresques dans ce dernier pays, il fut emmené en esclavage en Afrique. De retour dans sa patrie, il fut comblé de témoignages d'estime et d'intérêt; mais son goût pour les voyages le conduisit encore dans le nord de l'Allemagne, et dans une excursion qu'il fit à Lubeck, il mourut en 1635. Dans son ouvrage intitulé : *Africæ illustratæ libri X* (Tournai, 1622, in-4°), il a traité *De musica latina, græca, maurica, et instrumentis barbaricis.*

GRAMMONT (Madame DE), connue d'abord sous le nom de Mademoiselle RENAUD D'ALLEN, est née à Paris, d'une famille noble, vers 1790. La révolution française ayant ruiné ses parents, mademoiselle Renaud résolut de tirer parti pour son existence de ses dispositions pour la musique. Admise au Conservatoire comme élève, elle y apprit le chant et le piano, puis se livra à l'enseignement et fonda une école publique de musique pour les jeunes filles. Vers 1820, elle a épousé M. de Grammont, et depuis plusieurs années elle a cessé de faire sa profession de la musique. On a de madame de Grammont un *Thème varié pour le piano* (Paris, chez l'auteur), quelques romances, et des *Principes de musique*, dont la deuxième édition a été publiée à Paris, chez Nouzon, 1825, in-4° de 32 pages.

GRAMONT (H. DE), professeur de plain-chant au grand séminaire de Paris, est né dans cette ville en 1808, et a appris l'art du chant sous la direction de Plantade. Il est auteur d'une *Méthode abrégée de plain-chant, contenant quelques principes élémentaires pour bien chanter*. Paris, Gaume frères, 1845, in-8° de 31 pages.

GRANARA (ANTOINE), compositeur, né à Gênes en 1809, a fait ses études musicales à Novare, sous la direction de Generali. En 1832, il a fait jouer, dans sa ville natale, son premier opéra sous le titre de *Elisa di Montaltieri*, qui obtint un succès d'enthousiasme, et qui fut joué au théâtre de la Scala à Milan, dans l'année suivante. Il écrivit, en 1836, *Giovanna di Napoli* pour le théâtre de la *Fenice*, à Venise, et dans la même année il fit représenter dans la même ville *Un' Avventura teatrale*, opéra bouffe. Les morceaux détachés de ce dernier ouvrage et ceux d'*Elisa di Montaltieri* ont été publiés avec accompagnement de piano, chez Ricordi, à Milan. Depuis 1836, le maître Granara a disparu du monde musical, et l'on n'a plus eu de renseignement sur sa personne.

GRANATA (JEAN-BAPTISTE), célèbre guitariste, né à Bologne au commencement du dix-septième siècle, y a publié *Soavi concenti di Sonate musicale per la chitarra spagnuola, libri diversi*, 1659, in-4°.

GRANCINI (MICHEL-ANGE), compositeur milanais du dix-septième siècle, obtint, à l'âge de dix-sept ans, la place d'organiste de l'église *del Paradiso*, à Milan. Déjà à cette époque, il publiait ses premiers ouvrages qui consistaient principalement en madrigaux. Sa brillante réputation lui fit obtenir, jeune encore, la place d'organiste de la cathédrale de Milan, puis celle de maître de chapelle de la même église. Un décret de saint Charles Borromée, rendu en 1566, avait exclu de ces fonctions les hommes mariés ; mais Grancini obtint une dispense accordée à ses talents. On ignore la date de la mort de cet artiste. Piccinelli, dans son *Aten. dei litterati milanesi* (page 425) dit que Grancini a publié vingt-trois ouvrages de sa composition contenant des messes, des psaumes, des motets, des madrigaux et des chansons italiennes; mais il n'en donne pas les titres; je n'ai connaissance que de ceux-ci : 1° *Novelli Fiori ecclesiastici nel organo all' uso moderno da Michel-Angelo Grancini, organista nella metropolitana di Milano, divisi in messe, salmi, motetti, magnificat e litanie della Madona, a quattro voci, opera nona;* in Milano, appresso Gregorio Rolla, 1645, in-4°. 2° *Corona ecclesiastica divisa in parte, dove sono motetti, messe, salmi, litanie a 2, 3, 4 e 5 voci*, op. 13, Milano, app. Ch. Magno, 1649. 3° *Il settimo libro di sacri concerti a 2, 3, 4 voci*, op. 14, ibid., 1649. 4° *Vari concerti a otto voci : messe, motetti, magnificat e litanie della B. V.*, op. 15, ibid., 1652. 5° *Giardino spirituale di vari fiori musicali a 4 voci concertati di messe, salmi, motetti, antifone e litanie della B. V.*, op. 16. ibid. 1655.

GRANCINO (PAUL), luthier de Milan, vécut dans la seconde moitié du dix-septième siècle, et apprit son état dans l'atelier de Nicolas Amati, à Crémone. Ses instruments, en très-grand nombre, particulièrement ses violons, sont datés depuis 1670 jusqu'en 1690. Grancino est un des bons luthiers du second ordre.

GRANCINO (JEAN), fils du précédent et son élève, succéda à son père en 1690, et travailla jusque vers 1710. Beaucoup de violons, violes et violoncelles de cet artiste sont répandus dans le commerce.

GRANCINO (JEAN-BAPTISTE), second fils de Paul, fut d'abord associé aux travaux de son frère, dont il se sépara ensuite. Il a moins produit que lui. Platel, excellent professeur du Conservatoire de Bruxelles et virtuose sur le violoncelle, possédait une bonne basse de Jean-Baptiste Grancino.

GRANCINO (FRANÇOIS), fils de Jean, travailla aussi à Milan. Il succéda à son père en 1710. On connaît de lui un violon qui porte la date de 1746. Il produisit beaucoup.

GRANDFOND (EUGÈNE), né à Compiègne, au mois de février 1780, a fait ses études littéraires au collège de Vernon, puis est entré au Conservatoire de musique de Paris, comme élève. Kreutzer aîné fut son maître de violon, et Berton lui donna des leçons d'harmonie. En 1809, il fut choisi pour être deuxième chef d'orchestre au théâtre de Versailles. Il a publié quelques romances avec accompagnement de piano, Paris, Leduc, et a composé plusieurs concertos de violon qui sont restés en manuscrit. Le 6 mars 1810, il a fait représenter au théâtre de l'Opéra-Comique un petit opéra en un acte, intitulé : *Monsieur Desbosquets* : cet ouvrage n'a point réussi.

GRANDI (ALEXANDRE DE), l'un des plus habiles compositeurs italiens pour la musique d'église, dans le cours du dix-septième siècle, naquit à Venise, et fut élève du célèbre organiste Jean Gabrieli. Il obtint d'abord la place de maître de chapelle de l'Académie *della morte* à Ferrare, en 1597; appelé ensuite à Venise, par la protection de son ancien maître, il fut nommé chantre de la chapelle de Saint-Marc, le 31 août 1617, aux appointements de quatre-vingts ducats. La place de maître de chant du Séminaire ducal étant devenue vacante, dans l'année suivante, par la retraite du prêtre Gaspard Lucadello, Grandi l'obtint par décret du 21 août 1618. Le 17 novembre 1620, il succéda à Marc-Antoine Negri dans la place de vice-maître de la chapelle de Saint-Marc, et son traitement fut porté à cent vingt ducats. Il paraît que des avantages plus considérables lui furent offerts, avec la place de maître de chapelle de l'église Sainte-Marie-Majeure à Bergame, car il accepta cette position en 1627. Il mourut de la peste dans cette ville, en 1630, à l'âge d'environ cinquante-quatre ans. Parmi les nombreux ouvrages qu'il a publiés, on remarque les suivants : 1° *Madrigali concertati*, troisième édition, Venise, 1619, in-4°. 2° *Salmi per i vespri di tutto l'anno con le litanie della B. V.*, Te Deum e Tantum ergo *a 4 voci pieni*, op. 2, Bologne, Mar. Silvani, 1607, in-4°. 3° *Motetti a 2, 3 et 8 voci*, six suites. La première porte la date de Palerme, 1619, in-4°. Le premier livre de ces motets, avec une messe à quatre voix, a été réimprimé en 1621, à Venise, chez Vincenti; le second livre, qui contient vingt-deux motets à trois et à quatre voix, est daté de 1625. 4° *Messe concertate, a 8 voci*. 5° *Missa e Salmi a 2, 3 e 4 voci, con basso e ripieni*. 6° *Salmi breve a 8 voci, raccoltati da Alessandro Vincenti*, Venise, 1625. 7° *Motetti e Litanie della B. V., a 5 voci*. C'est le troisième livre de motets à deux, trois et quatre voix, daté de 1621; le quatrième livre, qui renferme dix-sept motets est de la même date. 8° *Celesti fiori, a 1, 2, 3 e 4 voci*. 9° *Motetti a 1-4 voci*, con 2 *violini*, trois suites. 10° *Motetti a 1 e 2 voci per cantare e sonare nel chitarone*, Venise, Alexandre Vincenti, 1621, in-4°. 11° *Motetti a 1 e 2 voci con sinfonia di due violini lib. 3*, ibid., 1629, in-4°. 12° *Messa e salmi concertati a 3 voci*, ibid., 1630, in-4°. 13° *Cantate e Arie, a 2 e 3 voci, con 2 violini*, ibid., 1627. 14° *Liber sextus motettorum duobus, tribus et quatuor vocibus cum basso continuo*, op. 20, Anvers, 1640, in-4°. Il y a des messes de Grandi dans la collection publiée par Donfrid. Après la mort de cet artiste, un musicien de la chapelle ducale de Saint-Marc, nommé Leonardo Simonelli, a publié un recueil de compositions posthumes du même maître sous ce titre : *Motetti concertati a 2, 3 e 4 voci, con alcune cantilene nel fine*, Venise, Bart. Magni, 1632, in-4°. Je possède un exemplaire complet d'un œuvre de Grandi que je n'ai vu cité dans aucun catalogue; il a pour titre : *Il primo libro de Motetti a due, tre, quattro, cinque e otto voci, con una Messa a quattro voci, accomodati per cantarsi nell' organo, clavicembalo, chitarone, o altro simile stromento, con il basso per sonare, di Alessandro Grandi, vice Maestro di capella della Serenissima Signoria di Venetia in S. Marco. Novamente in questa quarta impressione con ogni diligenza corretti et ristampati*, in Venetia, app. Alessandro Vincenti, 1621, in-4°.

Dans son catalogue de la musique de la Bibliothèque impériale de Paris, Boisgelou distingue deux compositeurs du nom de Grandi (Alexandre). Je ne sais sur quoi il fonde son opinion à cet égard.

Alexandre Grandi appartient à la nouvelle école de Monteverde et de Gabrieli et se distingue surtout par ses tendances à la mélodie. On ne trouve presque rien des formes de l'ancien contrepoint dans ses ouvrages. Ses motets à deux voix avec orgue peuvent être considérés comme le type primitif de la musique d'église moderne.

GRANDI (Vincent), compositeur, fut nommé maître de chapelle de la cour de Modène, le 1er janvier 1682, et, par des motifs inconnus, fut congédié le 21 avril de l'année suivante. On trouve, dans la Bibliothèque ducale, la partition manuscrite de *la Caduta d'Adamo*, oratorio, et de quelques cantates de la composition de cet artiste.

GRANDI (Guido), moine Camaldule et mathématicien distingué, naquit à Crémone, le 1er octobre 1671. Il avait été baptisé sous les noms de François-Louis, mais il les quitta en prononçant ses vœux, pour celui de Guido. Il venait d'être désigné par ses supérieurs pour enseigner la théologie à Rome, lorsque la publication d'un ouvrage sur la solution d'un problème relatif à la construction des voûtes fixa sur lui l'attention du grand-duc de Toscane, qui le retint dans ses États, et le nomma professeur à l'Université de Pise, en 1700. Dès lors, le P. Grandi se livra sans réserve à ses travaux sur les mathématiques. Il entretint pendant longtemps une correspondance avec les mathématiciens les plus célèbres de son temps, tels que Leibnitz, Newton, Bernouilli et Baglivi, qui lui donnèrent des témoignages d'estime et d'affection. Ses dernières années furent agitées par ses discussions avec les moines de son ordre. Après avoir langui deux ans dans un état de grande faiblesse, il mourut le 4 juillet 1742. Au nombre des ouvrages de ce savant, on remarque des recherches sur la nature et les propriétés du son, qui ont été insérées dans les *Transactions philosophiques*, sous ce titre : *On the nature and property of sounds* (vol. 26, n° 310, p. 270). Ce travail a procuré au P. Grandi une place à la Société royale de Londres.

GRANDIS (VINCENT DE), né à Monte Albotto, dans l'État de l'Église, fut admis comme chantre contralto à la chapelle pontificale, le 28 octobre 1605. Il a fait imprimer plusieurs ouvrages de sa composition, parmi lesquels on remarque des antiennes à six et à huit voix, publiées à Rome, en 1601, et une collection de psaumes en partition, analysés et mis au jour par les soins de Philippe Kespeol.

GRANDVAL (NICOLAS RAGOT DE), né à Paris, en 1676, fut attaché, comme maître de musique, à une troupe de comédiens ambulants, pour laquelle il écrivait des divertissements dont il composait la musique. Un air d'une de ces petites comédies, intitulée : *le Séjour à Paris*, a été publié dans le *Mercure galant*, au mois d'octobre 1722 (p. 68). Fatigué de sa vie errante, Grandval revint à Paris, et eut l'emploi d'organiste dans une des paroisses de cette ville. Il mourut le 16 novembre 1753. Un livre de cantates de sa composition a été publié en 1729. On a aussi de lui un *Essai sur le bon goût en musique*, Paris, Prault, 1732, in-12. Grandval cultivait les lettres, et a publié quelques comédies et des parodies. Il fut le père d'un célèbre acteur de la Comédie-Française qui portait son nom.

GRANIER (...), joueur de basse de viole au service de la reine Marguerite, vécut à Paris, vers la fin du seizième siècle. On croit qu'il mourut en 1600.

GRANIER (LOUIS), né à Toulouse en 1740, fit ses études musicales dans cette ville, et se rendit ensuite à Bordeaux, où il devint maître de musique de l'Opéra. Quelques années après, il passa au service du prince Charles de Lorraine, en qualité de premier violon de son spectacle. Pendant son séjour à Bruxelles, il mit en musique les chœurs d'*Athalie* de Racine : cet ouvrage lui mérita la protection spéciale du prince et fut bien accueilli du public. Sa réputation l'ayant fait appeler à Paris, il entra à l'Opéra en 1766, non comme attaché à la direction de ce spectacle ni comme chef d'orchestre, ainsi que le disent les auteurs de la *Biographie Toulousaine* (Paris, 1823, 2 vol. in-8°), mais comme un des seconds violons. Il occupa cette place pendant vingt ans, et se retira dans sa ville natale en 1787, avec la pension qu'il avait acquise par ses services. Il est auteur de fragments ajoutés à l'opéra de *Tancrède*, de plusieurs divertissements, ballets et airs de danse, de l'opéra de *Théonis*, fait en collaboration avec Berton le père, et de la nouvelle musique introduite dans la tragédie de *Bellérophon*, également avec Berton. Enfin Granier s'est fait aussi connaître du public, comme compositeur de musique instrumentale, par des sonates et des airs pour le violon. Il est mort à Toulouse en 1800.

Un autre musicien du nom de Granier (François), a publié à Paris, en 1754, six solos pour le violoncelle, op. 1.

GRANJON (ROBERT), libraire, graveur et fondeur de caractères du seizième siècle, naquit à Paris, car il se qualifie *parisiensis* au frontispice d'un livre imprimé par lui. M. G. Peignot dit (*Dict. rais. de Bibliolog.* Supplém., p. 140) qu'il exerça depuis 1523 jusqu'en 1573 : on verra tout à l'heure que ses travaux s'étendent au delà de cette dernière date. S'il est vrai qu'il se soit fait connaître dès 1523, il commença fort jeune et mourut très-vieux, car il imprimait encore à Rome en 1582. Tous les historiens de la typographie française paraissent avoir ignoré les principales circonstances de la vie et les travaux les plus importants de cet artiste recommandable. Il a gravé un caractère de musique très-différent de ceux dont on se servait alors dans toute l'Europe, car il arrondit les notes au lieu de leur donner la forme de losange; mais il ne borna pas son amélioration à ce changement de forme, car il supprima toutes les ligatures et les signes de proportions qui rendaient alors la musique difficile à lire et à exécuter, de telle sorte qu'il réduisit toutes les valeurs de temps à la division binaire : simplification qui aurait dû assurer le succès des livres publiés par Granjon, et qui paraît au contraire leur avoir nui; car, bien qu'il eût obtenu un privilége pour l'emploi de ses types pendant plusieurs années, il ne paraît en avoir fait usage qu'en 1559. A cette époque, il avait quitté Paris, s'était établi à Lyon et s'y était fait imprimeur. Au reste, Granjon n'est pas le premier qui ait gravé des caractères de musique dans ce système, car Étienne Briard de Bar-le-Duc (*voyez* BRIARD), l'avait devancé de plus de vingt-cinq ans dans ceux qu'il grava et fondit pour les œuvres de Carpentras, publiées à Avignon en 1532. Les livres de musique mis au jour par Granjon dans cette même annee ont pour titre : *Premier trophée de musique, composé des plus harmonieuses et excellentes chansons choisies entre la fleur et composition des plus fameux et excellents musiciens, tant anciens que modernes, le tout à quatre parties*, en quatre volumes. 2° *Second trophée de musique*, etc. 3° *Chansons nouvelles, composées par Barthélemy Beaulaigne, excellent musicien, et par lui mises en musique à quatre parties*, et *en quatre livres* (*voyez* Beaulaigne). 4° *Mottets nouvellement mis en musique à quatre, cinq, six, sept et huit parties, en quatre livres, par Barthélemy Beaulaigne, excellent musicien*. Les caractères gravés par Granjon ont le défaut d'être un peu trop petits, mais leur aspect est agréable.

Cet artiste distingué fut appelé à Rome par le pape pour dessiner, graver et fondre les lettres majuscules et capitales de l'alphabet grec; les historiens de la typographie, qui nous apprennent ce fait, ne font pas connaître l'époque précise du voyage de Granjon, et semblent avoir ignoré quelle fut la fin de sa carrière. La première édition du *Directorium chori* de Guidetti (*voyez* ce nom), nous fournit un renseignement précieux à cet égard, car on voit au frontispice qu'elle fut imprimée par le même Robert Granjon en 1582 (*Permissu superiorum*. Romæ apud Robertum Gran Jon, Parisiens., 1582). On ne trouve aucune indication dans le livre qui fasse connaître si Granjon avait gravé les caractères de plain-chant qui ont servi à l'impression; mais cela est vraisemblable, car un artiste tel que lui n'aurait pas imprimé avec d'autres caractères que les siens. Granjon, devenu sans doute fort vieux à l'époque de la publication du *Directorium chori*, mourut peu de temps après, ou du moins cessá de travailler, car le livre du *Chant de la Passion de Jésus-Christ*, d'après les quatre évangélistes, publié en 1586 par Guidetti, fut imprimé par Alexandre Gardane.

GRANOM (...), amateur de musique, né en Angleterre, a fait graver à Londres, non vers 1760, comme le disent les auteurs du *Dictionnaire des musiciens* (Paris, 1810-1811), mais en 1751, un livre de douze sonates pour la flûte, œuvre premier, et en 1755, six trios pour le même instrument.

GRANZIN (Louis), organiste à Dantzick, né vers 1810, à Halle sur la Saale, fit ses études d'harmonie et de composition sous la direction de Niemeyer. Après avoir rempli pendant quelques années les places de cantor et de professeur de musique à Marienwerder, dans l'école de la ville, il obtint, au commencement de 1840, la place d'organiste à Dantzick. Plein d'amour pour son art et homme d'intelligence, Granzin, unissant ses efforts à ceux de Markull (*voyez* ce nom), fut l'âme de la musique à Dantzick depuis son arrivée dans cette ville. Son Oratorio de *Tobie*, fut exécuté dans cette ville en 1845, avec succès. Dans la même année, il fit entendre à Kœnigsberg un *Te Deum* de sa composition, à l'occasion du jour de naissance du roi. On connaît aussi de lui un *Crucifixus* à six voix et orgue, un *Domine salvum fac regem*, des *Lieder*, avec accompagnement de piano, et quelques pièces d'orgue. Granzin a publié quelques bons articles dans la quarante-septième année de la *Gazette générale de musique de Leipsick*.

GRAPHÆUS (Jérôme), dont le nom était *Andræ* ou *Andreæ* et, selon d'autres renseignements, *Resch*, fut imprimeur et graveur de caractères de musique à Nuremberg; il naquit dans cette ville, et y mourut le 7 mai 1556. Il changea d'abord son nom en celui de *Formschneider*, c'est-à-dire faiseur de formes (d'imprimerie); plus tard, il le traduisit en celui de *Graphæus*, qu'il tira du grec. Ce typographe succéda, en 1533, à Jean *Ott* ou *Otto*, et imprima, jusqu'à l'époque de sa mort, des recueils de compositions musicales rares et estimés, parmi lesquels on remarque en première ligne la précieuse collection de messes, intitulée : *Missæ tredecim quatuor vocum a præstantissimis artificibus compositæ*, Nuremberg, 1550, in-4°. Ce rarissime recueil contient deux messes d'Obrecht, deux idem d'Isaac, cinq de Josquin Deprès, trois de Pierre de la Rue, et une de Brumel.

GRAPP (...), facteur d'orgues allemand, vers la fin du dix-septième siècle, a fait, en société avec Prediger, l'orgue de l'église d'Anspach, composé de vingt-six jeux, deux claviers et pédales. Cet instrument a été terminé en 1694.

GRAS (Madame **DORUS**), dont le nom de famille était *Steenkiste*, est née à Valenciennes, en 1807. *Dorus* est le nom de sa mère. Fille d'un chef d'orchestre du théâtre de cette ville, musicien de mérite, mademoiselle Dorus commença l'étude de la musique dès ses premières années, sous la direction de son père. A l'âge de quatorze ans, elle se fit entendre dans un concert avec tant de succès, que l'autorité locale lui accorda un subside pour se rendre à Paris et y suivre les cours de chant du Conservatoire. Elle fut admise dans cette école au mois de décembre 1821, y reçut des leçons de vocalisation de Henri, et Blangini fut son professeur de chant. Douée d'une voix très-pure et d'une grande facilité pour l'exécution des traits rapides, mademoiselle Dorus obtint le premier prix de chant au concours de 1822. Paer et Bordogni perfectionnèrent ensuite son éducation vocale. Charmé de ses grands progrès, le premier de ces maîtres lui procura le titre de cantatrice de la chambre du roi. En 1825, la jeune artiste commença des voyages pour se faire entendre dans les concerts; arrivée à Bruxelles, elle y obtint un véritable triomphe dans un concert qu'elle donna au Théâtre-Royal. Son succès fixa sur elle l'attention de M. le comte de Liedekerke, alors commissaire royal près du théâtre, au nom de qui des propositions furent faites à mademoiselle Dorus pour un engagement, comme première chanteuse. Elle n'avait fait jusqu'à ce moment aucune étude relative à l'art dramatique. Ce fut Cassel (*voyez* ce nom), ancien élève de Garat et acteur du théâtre de Bruxelles, qui lui servit de guide pour cette nouvelle direction de son talent. Après six mois d'un travail assidu sous ce maître, mademoiselle Dorus débuta au théâtre de la Monnaie, et y reçut du public l'accueil le plus flatteur.

La révolution de 1830 ayant suspendu le cours des brillantes représentations de mademoiselle Dorus, elle se retira momentanément à Valenciennes; cependant elle retourna bientôt à Bruxelles, dans le but de prouver sa reconnaissance au public de cette ville, en apportant le concours de son talent dans un concert donné au bénéfice des blessés de septembre. Ce fut là qu'elle reçut l'invitation de se rendre à Paris pour entrer à l'Opéra. Elle y débuta, le 9 novembre 1830, dans *le Comte Ory*, où elle obtint un beau succès. A la retraite de madame Damoreau (1835), mademoiselle Dorus prit, comme chef d'emploi, possession de ses rôles de *la Muette*, de *Guillaume Tell*, de *Fernand Cortez* et du *Rossignol*. Elle avait créé les rôles de Thérésina dans *le Philtre*, d'Alice dans *Robert le Diable*, et du page dans *Gustave*. Chaque jour marquait les progrès de cette artiste consciencieuse, dont l'émission de voix et la légèreté de vocalisation ne laissaient rien à désirer. Dans ses représentations à Toulouse, à Strasbourg, à Metz, à Nancy, à Lille, dans toutes les villes importantes de la France, enfin, elle obtint les plus brillants succès. Appelée à Londres, en 1839, elle y trouva un accueil enthousiaste, et de séduisantes propositions lui furent faites pour la fixer dans cette ville. Mariée, le 9 avril 1833, à M. Gras, l'un des premiers violons de l'Opéra, la cantatrice conserva son nom de demoiselle au théâtre pendant plusieurs années. Parmi les rôles qu'elle créa sous ce même nom, on remarque ceux d'Eudoxie dans *la Juive*, de Marguerite de Valois dans *les Huguenots*, et de Ginevra dans *Guido*.

En 1840, la direction de l'Opéra fut changée; M. Léon Pillet s'en chargea, et la domination de M. Stolz à ce théâtre commença après son succès dans *la Favorite*. Dès ce moment, il n'y eut plus qu'ennuis pour madame Dorus-Gras dans ses relations avec l'administration. Tous les bons rôles de femme de *la Reine de Chypre, Charles VI, Don Sébastien, le Lazzarone, Marie Stuart*, furent écrits, dans les années 1841, 1842, 1843 et 1844, pour madame Stolz, qui ne voulait pas admettre près d'elle de talent vrai qui eût rendu sensibles les imperfections de son chant. Fatiguée de cette situation, madame Dorus-Gras se retira de l'Opéra, en 1845; mais elle chanta encore pendant plusieurs années, et toujours avec de brillants succès, soit au théâtre, soit dans les concerts, et dans cette même année on la trouve à Arras, à Rouen, à Dijon et à Orléans. En 1846, elle chanta à Nantes, à Lyon et à Marseille. En 1847, elle reparut avec éclat dans les concerts de Paris et retrouva à Londres les applaudissements qu'elle y avait recueillis dans les années précédentes. Elle y retourna en 1848 et chanta, l'année suivante, au théâtre de Covent-Garden, dans *la Muette* d'Auber, traduite en italien. Dans les années 1850 et 1851, madame Dorus-Gras ne s'éloigna plus de Paris, mais elle y chanta encore dans quelques concerts. Ce fut la fin de sa carrière d'artiste, carrière bien remplie et qui a laissé de beaux souvenirs.

GRASSBACH (VALENTIN) se trouvait comme étudiant en théologie à l'Université de Jéna, en 1622. Il y fit imprimer alors le cinquième verset du soixante-deuxième chapitre d'Isaïe, à cinq voix.

GRASSE (BALTHASAR), facteur d'orgues allemand, au commencement du dix-septième siècle, a construit, en 1612, à Habelschwerd, un instrument de vingt-quatre jeux, deux claviers et pédale.

GRASSET (JEAN-JACQUES), violoniste et ancien chef d'orchestre de l'Opéra-Italien de

Paris, est né en cette ville, vers 1760. Élève de Berthaume pour le violon, il acquit, sous la direction de ce maître, un son pur et doux, mais peu volumineux, beaucoup de justesse et du mécanisme. Enlevé à ses travaux d'artiste pendant la révolution française par la loi de la réquisition, Grasset fut obligé de se rendre à l'armée, et d'y servir pendant les guerres d'Allemagne et d'Italie; mais il mit à profit cette circonstance pour former son goût en écoutant la musique italienne. De retour à Paris, il se livra de nouveau à la profession d'artiste musicien, et se fit entendre dans les concerts. Une place de professeur de violon étant devenue vacante en 1800, par la mort de Gaviniès, elle fut mise au concours quelques mois après, et Grasset l'obtint. Ce fut dans cette circonstance que je l'entendis pour la première fois; son succès ne fut pas un instant douteux, et sa supériorité sur ses compétiteurs Guénin, Gervais, Guérillot et quelques autres, ne fut pas plus contestée par l'auditoire que par les juges du concours. Environ deux ans après, Bruni quitta la direction de l'Opéra-Italien, qui n'avait été rétabli à Paris que dans l'hiver de 1801; la place fut confiée à Grasset qui, dès ce moment, acquit la réputation méritée d'un bon directeur de musique, et qui la conserva près de vingt-cinq ans. Toutes les administrations qui se succédèrent dans l'exploitation de l'Opéra-Italien choisirent cet artiste pour diriger l'orchestre, et dans ce long espace de temps, il joua toujours les solos de violon avec succès. Dans les dernières années, on remarqua que son énergie avait diminué. Il s'est retiré en 1820, quoique l'*Almanach des spectacles* indique encore son nom comme celui du chef d'orchestre dans l'année suivante. Grasset s'est distingué comme compositeur pour son instrument; il y a du goût et de la grâce dans sa musique. Il a publié : 1° Premier concerto pour violon, op. 1 (en *ré*), Paris, Imbault (Janet). 2° Deuxième *idem*, op. 2 (en *si* bémol), *ibid.* 3° Troisième *idem*, op. 4 (en *la* mineur), Paris, Sieber. 4° Duos pour deux violons, livres 1, 2, 3, 4, 5, œuvre 9, œuvre A, Paris, Sieber; Schlesinger. 5° Sonate pour piano et violon, op. 3, Offenbach, André. Grasset est mort à Paris, le 25 août 1839.

GRASSI (François), maître de chapelle de l'église Saint-Jacques des Espagnols, à Rome, vers la fin du dix-septième siècle, puis maître de chapelle de l'église de l'Enfant Jésus, a laissé en manuscrit un *Miserere* à huit, deux *Dixit* à huit, des messes à quatre, un *Confitebor* à huit et plusieurs autres morceaux de musique d'église. En 1701, Grassi a fait exécuter, dans l'église *della Pietà* l'oratorio : *il Trionfo de' Giusti.*

GRASSI (Madeleine), cantatrice, née à Parme, vers 1780, apprit fort jeune la musique, sous la direction de Toscani. Ses progrès furent rapides; cependant, elle ne paraissait pas destinée au théâtre, lorsque des circonstances inattendues l'obligèrent d'y paraître. Son premier début se fit au théâtre de Parme, au carnaval de 1806. Depuis lors elle a eu des succès dans plusieurs grandes villes.

Un compositeur, nommé Grassi (Carlo), a fait représenter à Barcelone, en 1843, un opéra qui avait pour titre : *il Proscritto d'Altenbourg*. Je n'ai pas d'autre renseignement sur cet artiste.

GRASSINEAU (Jacques), auteur du premier dictionnaire de musique anglais, naquit à Londres de parents français, vers 1715. Après avoir fait de bonnes études, et avoir acquis quelques légères connaissances dans la musique, il devint secrétaire d'un pharmacien nommé Godfrey, qui demeurait dans la rue de Southampton, Covent Garden. Cette situation ne convenant point à ses goûts, il en sortit et s'attacha au docteur Pepusch, qui l'employa à traduire en anglais les auteurs grecs sur la musique, d'après la version latine de Meibomius. Après qu'il eut fini ce travail, Pepusch lui conseilla d'entreprendre la traduction du *Dictionnaire de musique* de Brossard, et lui-même fournit à Grassineau des additions aux articles originaux, ainsi que plusieurs articles entièrement neufs. Le résultat de ce travail fut publié sous ce titre : *A musical Dictionary, being a collection of terms and characters as well antient as modern; including the historical, theorical and practical parts of Music*, etc. (Dictionnaire de musique ou collection de mots et de signes anciens et modernes; contenant les diverses parties historiques, théoriques et critiques de la musique, etc.), Londres, 1740, in-8° de trois cent quarante-huit pages. Beaucoup de fautes ont été faites par Grassineau dans ce travail, parce qu'il n'était pas assez instruit en musique pour comprendre la valeur exacte des termes. Il était mort avant 1769, époque où Robson a donné une nouvelle édition du dictionnaire de Grassineau, avec un supplément tiré de celui de J.-J. Rousseau.

GRASSINI (François-Marie), compositeur italien du dix-septième siècle, a fait imprimer : *Motetti concertati, a 2, 3, 4 e 5 voci, con et senza violini, e con Letanie della B. V.* Cet ouvrage est cité par Walther, sans date et sans nom de lieu.

GRASSINI (Joséphine), cantatrice italienne, a joui de beaucoup de célébrité à la fin du dix-huitième siècle et au commencement du dix-neuvième. Elle naquit à Varèse, dans la Lombardie, en 1775; son père était cultivateur. La rare beauté de sa voix et les charmes de sa personne décidèrent le général Belgiojoso à se charger de son éducation d'artiste. Il lui donna les meilleurs maîtres qu'il y eût à Milan, et ceux-ci ne négligèrent rien pour développer les heureuses facultés de la jeune cantatrice. Ses progrès, dans la bonne et large manière de l'ancienne école, furent rapides. Sa voix, contralto vigoureux et d'un accent expressif, ne manquait pas d'étendue vers les sons élevés, et sa vocalisation avait de la légèreté, qualité fort rare dans les voix fortement timbrées. L'avantage qu'elle eut de chanter à ses débuts avec les premiers artistes de son temps, c'est-à-dire, Marchesi et Crescentini, donna à son talent un caractère de grandeur et de perfection inconnu maintenant, parce que les modèles manquent. Madame Grassini parut pour la première fois sur le théâtre de *la Scala*, à Milan, au carnaval de 1794. Elle y chanta avec Marchesi et le ténor Lazzarini dans l'*Artaserse* de Zingarelli, et dans le *Demofoonte* de Portogallo. Ses succès furent éclatants dans ces deux ouvrages; dès ce moment elle se posa comme une des cantatrices les plus remarquables de l'époque, et bientôt après comme la première. Les principaux théâtres de l'Italie la recherchèrent, et partout elle fut applaudie avec transport. Milan la rappela en 1796, pour chanter, pendant la saison du carnaval, l'*Apelle e Campaspe* de Tracetta, et la *Giulietta e Romeo* de Zingarelli, avec Crescentini et le ténor Adamo Bianchi. L'année suivante, elle excita le plus vif enthousiasme au théâtre de *la Fenice*, à Venise, dans le rôle d'*Orazio* de l'opéra de Cimarosa. Dans l'été de cette même année 1797, madame Grassini fut engagée à Naples pour chanter à Saint-Charles pendant les fêtes du mariage du prince héréditaire. Entourée d'hommages par les hommes les plus distingués, excitant chez les femmes des transports d'admiration, il ne manquait déjà plus rien à la gloire de la cantatrice. De retour à Milan en 1800, elle ne s'y fit pas entendre au théâtre, mais après la bataille de Marengo, elle chanta dans un concert devant le premier consul Bonaparte qui l'emmena à Paris, et la fit chanter, le 22 juillet de la même année, à la grande fête nationale qui fut donnée au Champ de Mars, et dans laquelle on avait réuni huit cents musiciens. Ce fut à cette époque qu'elle donna deux concerts à l'Opéra, et que je l'entendis, dans tout l'éclat de son talent. Sa voix égale et pure dans toute son étendue, sa belle et libre émission du son, sa grande manière de phraser, sont encore présentes à ma mémoire. Il n'y avait point alors à Paris d'Opéra sérieux où madame Grassini aurait pu être engagée; elle quitta donc cette ville, après avoir été magnifiquement récompensée par Napoléon, et se rendit en Allemagne. Au mois de novembre 1801, elle était à Berlin, où elle annonça des concerts qui paraissent n'avoir point été donnés. En 1802, elle fut engagée à Londres pour succéder à la célèbre cantatrice Bandi, avec des appointements de trois mille livres sterling pour les mois de mars à juillet. Rappelée en France, en 1804, par l'empereur, elle fut spécialement attachée au théâtre et aux concerts de la cour, et pendant plusieurs années elle y chanta avec Crescentini, Brizzi, Crivelli, Tacchinardi, et madame Paër. Ses appointements étaient de 36,000 francs, non compris environ 15,000 francs de gratification, et sa pension fut réglée à 15,000 francs. Parmi les rôles que madame Grassini chanta aux théâtres des Tuileries et de Saint-Cloud, il faut citer surtout celui de *Didone* que Paer écrivit pour elle, et qu'elle rendait avec un rare talent et une expression dramatique digne des plus grands éloges. Les événements qui renversèrent le trône impérial privèrent madame Grassini des avantages qu'elle trouvait à la cour de France; mais lorsqu'ils arrivèrent, sa voix avait déjà perdu beaucoup de sa fraîcheur et de son étendue. Elle retourna en Italie, se fit entendre à Milan dans deux concerts au mois d'avril 1817, et cessa bientôt après de paraître en public. Il est dit dans le *Dictionary of musicians* qu'elle chanta au théâtre de Florence en 1823; ce fait paraît au moins douteux. Madame Grassini est morte à Milan, au mois de janvier 1850, à l'âge de soixante-dix-sept ans.

GRATIANI, ou plutôt **GRAZIANI** (Boniface), maître de chapelle de l'église des Jésuites à Rome, naquit à Marino, près de cette ville, en 1609, et mourut à Rome en 1672. Il a laissé de nombreuses compositions pour l'église, qui ont été fort estimées de son temps, et dont une partie a été publiée après sa mort, par les soins de son frère. On en trouve la liste à la tête de son cinquième livre de motets, imprimé en 1676. La voici telle qu'elle est rédigée : *Tavola dell' opere ecclesiastiche del*

Gratiani, stampate sin'all'anno 1670. 1° *Motetti a* 2-6 *voci, libri cinque* (1), *opera prima.* 2° *Motetti a* 2-6, *libri sei, op.* 2. 3° *Il primo libro de motetti a voce sola, opera terza.* 4° *Salmi a* 5 *da cantarsi con organo e senza, libri sei, op.* 4. 5° *Salmi a* 5 *concertati, libri sei, op.* 5. 6° *Il secondo libro de motetti a voce sola, op.* 6. 7° *Motetti a* 2, 3, 4 *e* 5, *libri quattro, opera settima.* 8° *Il terzo libro de motetti a voce sola, op.* 8. 9° *Li responsorii della Settimana Santa a* 4, *libri cinque, op.* 9. 10° *Il quarto libro de motetti a voce sola, op. decima.* 11° *Letanie della madonna a* 3, 4, 5 *e* 8, *libri cinque, op.* 11. 12° *Motetti a* 2-5, *libri quattro, op.* 12. 13° *Salve ed altre Antifone della madonna, che si cantano dopo il divin'officio, a* 4, 5 *e* 6, *con i ripieni, libri sei, op.* 13. 14° *Antifone per diverse festività dell'anno, a* 2, 3 *e* 4, *libri cinque, op.* 14. 15° *Motetti a* 2 *e* 3 *cavati della prima e seconda opera.* 16° *Sacri concerti a* 2, 3, 4 *e* 5, *libri cinque, op.* 15. 17° *Il quinto libro de motetti a voce sola, op.* 16. 18° *Salmi vespertini concertati a due chori, libri undici, op.* 17. 19° *La prima muta delle Messe a* 4 *e* 5, *libri sei, op.* 18. 20° *Il sesto libro de motetti a voce sola, op.* 19. 21° *Motetti a* 2, 3, 4 *e* 5, *libri quattro, op.* 20. 22° *Inni vespertini* 40, *per tutte le principale festività dell'anno a* 2, 3, 4 *e* 5, *alcuni con i ripieni, libri sei, op.* 21. 23° *La seconda muta delle Messe a* 4, 5 *e* 8, *libri sei, op.* 22. 24° *Motetti a* 2, 3 *e* 4, *libri quattro, op.* 23. 25° *Motetti a* 2, 3, 4 *e* 5, *libri cinque, op.* 24. 26° *Musiche sacre et morali a* 1, 2, 3 *e* 4 *voci co'l basso per l'organo*, Roma, Mascardi, 1678, in-4°.

RESTANO DA STAMPARSI.

1° *Diverse mute de'motetti a* 2, 3, 4, 5 *e* 8. 2° *Dialoghi ed oratori a* 2, 3, 4 *e* 5, *con sinfonia e senza.* 3° *La seconda muta de Salmi a due chori concertati.* 4° *Opere volgari, spirituali e morali a* 1, 2, 3 *e* 4.

GRAUN (Charles-Henri), maître de chapelle du roi de Prusse, naquit en 1701, à Wahrenbrück, petite ville du cercle de la Saxe électorale, où son père, Auguste Graun, était receveur général des accises. Charles-Henri était le plus jeune de trois frères dont l'aîné, Auguste-Frédéric, est mort, en 1771, à Mersebourg, où il était cantor de l'église principale et de la ville. Un *Kyrie* et *Gloria* à quatre voix et instruments de sa composition se conserve en manuscrit à la Bibliothèque royale de Berlin. Le second frère, Jean-Théophile Graun, maître de concert à Berlin, sera l'objet de l'article suivant. Tous trois montrèrent dans leur enfance d'heureuses dispositions pour la musique; Charles-Henri se distinguait particulièrement. Il se rendit fort jeune, avec ses frères, à Dresde, et y fut admis à l'École de la Croix, où les jeunes gens recevaient alors une éducation toute musicale. Les frères Graun y entrèrent en 1713; le plus jeune fut employé au chœur comme sopraniste et reçut des leçons de chant de Grundig, bon maître, qui avait fait une étude particulière de cet art. Pour toutes les autres parties de la musique, Graun fut confié aux soins de Chrétien Pezold, organiste de la chapelle et claveciniste de la musique du roi. En peu de temps, Graun surpassa tous ses condisciples par son habileté sur le clavecin et dans l'art du chant. Sensible aux beautés de la musique de son temps, et surtout admirateur des opéras de Reinhard Keiser, compositeur de génie qui donna l'impulsion à la musique dramatique en Allemagne (voyez Keiser), Graun saisissait avec empressement les occasions où il pouvait se procurer quelques morceaux de cet artiste remarquable, ou les entendre.

La voix de Graun s'était, à l'âge de la puberté, changée en un ténor, mais d'une qualité faible et qui ne pouvait se développer qu'avec le temps. Il mit à profit cet intervalle pour étudier la composition sous la direction de Jean-Christophe Schmidt, maître de chapelle du roi de Pologne, et homme instruit. L'année 1719 fut heureuse pour Graun, car elle lui procura l'avantage d'entendre, pendant le séjour de la cour, plusieurs opéras composés par Lotti, et chantés par la femme de ce maître, par madame Tesi, par Marguerite Durantasti, par Bernard Senesino, par Matteo Borselli et par d'autres bons chanteurs. Son heureuse mémoire lui permit de retenir et de noter les mélodies de ces ouvrages et les fioritures que les chanteurs y ajoutaient. C'est à cette circonstance de sa vie qu'il faut attribuer la direction que Graun donna à ses talents comme compositeur d'opéras et comme chanteur. Après la clôture du théâtre, il quitta l'école pour laquelle il avait déjà écrit quelques motets; il resta cependant encore quelques années à Dresde et s'y fit des protecteurs qui lui furent utiles plus tard. Le nombre de morceaux d'église qu'il composa, pendant ce temps, pour son ancien maître Grundig ou pour son successeur Théo-

(1) Les nombres de livres indiqués dans ces titres sont ceux des volumes de parties séparées de chaque voix et de l'orgue.

dore Christlieb Reinholdt fut si considérable, qu'on aurait pu en former deux services annuels complets. Parmi ces morceaux se trouve un grand oratorio pour la fête de Pâques. Une aventure singulière marqua la fin de son séjour à Dresde. Peu de temps avant de quitter cette ville, il travaillait dans le pavillon d'un grand jardin qui appartenait à un architecte de ses amis, nommé Harger. Un orage se déclara tout à coup : Graun quitta la table sur laquelle il écrivait et s'éloigna ; mais à peine eut-il quitté le pavillon, que la foudre y tomba et consuma la table et la partition qu'il y avait laissée. Les amis de Graun augurèrent de cet événement que sa vie serait heureuse. Au nombre de ces personnes se trouvaient le célèbre luthiste Weiss et Quanz, avec qui il fit en 1725 un voyage à Prague, pour assister à la représentation de l'opéra de Fux (*Costanza e Fortezza*). Sur la recommandation de Kœnig, poete de la cour, Graun fut engagé comme ténor à l'Opéra de Brunswick, et y débuta, au commencement de 1726, dans un opéra du maître de chapelle Schurmann, intitulé *Henricus Auceps*. Les airs du rôle qu'on lui avait donné ne plaisaient point à Graun ; il en écrivit d'autres, dont le duc et sa cour furent si satisfaits, que la composition de l'opéra de la foire d'été fut confiée à leur auteur. Cet opéra, intitulé *Polydore*, était en allemand : il fut accueilli par des applaudissements unanimes, et procura à Graun l'emploi de vice-maître de chapelle, qu'il cumula avec celui de ténor de l'Opéra. *Polydore* fut suivi de plusieurs autres opéras, composés pour le théâtre de Brunswick, et d'un oratorio pour la fête de Noël. Tous ces ouvrages obtinrent du succès. Comme chanteur, Graun n'était pas sans mérite, mais il n'avait aucun talent pour l'action dramatique. Indépendamment de ses travaux pour le théâtre, on lui demandait souvent des morceaux de musique d'église ; il en écrivit un grand nombre. Il dut aussi composer, en 1731, toute la musique funèbre pour les funérailles du duc Auguste-Guillaume. Le successeur de ce prince (Louis-Rodolphe) le confirma dans ses emplois et lui accorda les mêmes appointements. Il en fut de même à l'avénement du duc Ferdinand-Albert ; mais Frédéric II, prince royal de Prusse, ayant demandé à ce duc de lui céder Graun, l'artiste partit pour Rheinsberg, en 1735. Son occupation principale consista d'abord à chanter dans les concerts ; mais ensuite Frédéric l'employa à composer la musique des cantates dont il faisait les vers en français, et qu'il faisait ensuite traduire en italien par le poëte Bottarelli. Le prince étant monté sur le trône en 1740, Graun fut chargé du soin de composer la musique funèbre pour les funérailles du roi Frédéric-Guillaume. On fit venir les chanteurs de l'Opéra de Dresde pour l'exécuter, et l'ouvrage fut imprimé avec les paroles latines, aux frais du roi. Cette partition est un des meilleurs ouvrages de Graun. Dans le cours de la même année, il fut aussi envoyé en Italie par le roi, pour y engager une troupe complète d'Opéra. Graun employa près d'un an à visiter Venise, Bologne, Florence, Rome et Naples. Il y eut des succès comme compositeur et comme chanteur. Bernacchi, alors un de plus grands chanteurs de l'Italie, ne le jugea pas indigne de ses éloges. De retour en Allemagne, après avoir rempli sa mission à la satisfaction du roi, Graun composa chaque année des opéras pour le théâtre de la cour et beaucoup d'autres ouvrages de musique instrumentale et vocale. Frédéric II, qui montrait peu d'estime pour la littérature de son pays, n'aimait que la musique des compositeurs allemands, et celle de Graun avait particulièrement du charme pour lui. Il lui témoigna toujours beaucoup d'estime et porta ses appointements jusqu'à deux mille thalers (sept mille cinq cents francs), somme considérable pour ce temps. Après vingt-quatre ans de service à la cour de Prusse, Graun mourut à Berlin, le 8 août 1759, regretté de tous les artistes.

Les circonstances favorables où il s'était trouvé lui avaient fait acquérir une habileté dans l'art du chant presque inconnue de son temps chez les Allemands. Sa voix était un ténor élevé d'un médiocre volume, mais facile et expressive. Sa vocalisation était brillante et légère, mais son trille était défectueux. Comme compositeur il a joui longtemps en Allemagne d'une haute réputation ; son Oratorio, *La mort de Jésus*, a été particulièrement considéré comme un chef-d'œuvre en son genre. Les chœurs en sont estimables par la clarté de leur facture ; toutefois il me semble que le mérite de cet ouvrage est au-dessous de sa réputation. Rien d'original ne s'y fait remarquer, et souvent la conception laisse désirer plus de force. Graun imitait souvent les maîtres italiens de son temps. Ses mélodies sont suaves, gracieuses ; mais elles manquent d'originalité. Parmi ses ouvrages principaux on cite : OPÉRAS. 1° *Polydore*, à Brunswick, 1726. 2° *Sancio et Sinide*, dont le livret a été traduit de l'italien, *ibid.* 3° *Iphigénie en Aulide*, en allemand, *ibid.* 4° *Scipion l'Africain*, en allemand. 5° *Pharaon*, avec des airs italiens et des récitatifs allemands, *ibid.* 6° *Rodelinda*, à Berlin, 1741, en italien. 7° *Cleopatra, ibid.*, 1742. L'analyse de ces deux derniers ouvrages se trouve dans *le Musicien critique* de Scheibe, p. 786. 8° *Artaserse* de Métastase, *ibid.*, 1743. 9° *Catone in Utica*, de Métastase, *ibid.*, 1744. 10° *Alessandro nelle Indie*, de Métastase, *ibid.*, 1744. 11° *Lucio Papirio*, d'Apostolo Zeno, *ibid.*, 1745. 12° *Adriano in Siria*, de Métastase, *ibid.*, 1745. 13° *Demofoonte*, de Métastase, *ibid.*, 1740. L'air de cet opéra, *Misero pargoletto*, toucha l'auditoire jusqu'aux larmes. 14° *Cajo Fabrizio*, d'Apostolo Zeno, *ibid.*, 1747. 15° *Le Feste galante*, traduit en italien du français, de Duché, *ibid.*, 1747. 16° Récitatifs, chœurs et un duo pour une pastorale, dont l'ouverture et quelques airs étaient du roi Frédéric II; le reste était de Quanz et de Nichelmann, Potsdam, 1747. La célèbre cantatrice Astrua y débuta. 17° *Cinna*, de Villati, Berlin, 1748. 18° *Europe galante*, traduit du français, *ibid.*, 1748. 19° *Ifigenia in Aulide*, traduit de Racine, par Villati, *ibid.*, 1749. 20° *Angelica e Medoro*, par Villati, d'après Quinault, *ibid.*, 1749. 21° *Coriolano*, par Villati, *ibid.*, 1750. 22° *Medonte*, *ibid.*, 1750. 23° *Mitridate*, traduit de Racine, *ibid.*, 1751. 24° *Armida*, traduit de Quinault, *ibid.*, 1741. 25° *Britannico*, traduit de Racine, *ibid.*, 1752. On cite le chœur de cet opéra, *Vanne Neron spietato*, comme excellent. 26° *Orfeo*, *ibid.*, 1752. 27° *Il Giudizio di Paride*, de Villati, *ibid.*, 1752. 28° *Silla*, écrit en français par Frédéric II, et traduit en italien par Tagliazucchi, *ibid.*, 1753. 29° *Semiramide*, traduite de Voltaire, *ibid.*, 1754. 30° *Montezuma*, *ibid.*, 1755. 31° *Ezio*, de Metastasio, *ibid.*, 1755. 32° *I Fratelli nemici*, *ibid.*, 1756. 33° *Merope*, *ibid.*, 1756. 34° Deux prologues de circonstance, beaucoup d'airs, duos et trios, ainsi que plusieurs chœurs ont été extraits des plus beaux opéras de Graun, et publiés en partition à Kœnigsberg, 1773-1774, en quatre vol. in-fol. Kirnberger a donné ses soins à ce recueil. Les autres ouvrages de ce compositeur qui ont été imprimés, sont : 35° *Te Deum* avec chœur et orchestre, en partition, Leipsick, 1757. 36° *Lavinia e Turno*, cantate, Leipsick, Breitkopf. 37° *Der Tod Jesu* (la mort de Jésus), oratorio, Leipsick, 1760. Il en a paru une deuxième édition, en 1766, et le maître de chapelle Hiller en a donné un extrait pour le clavecin. Le texte de cet oratorio est de Ramler. 38° Recueil d'Odes choisies pour chanter au clavecin, Berlin, 1761. Wever a été l'éditeur de cette collection. 39° Cantates d'église au nombre d'environ vingt-cinq, avec orchestre. Ces cantates se trouvaient en manuscrit chez Breitkopf, à Leipsick, en 1761. 40° Deux cantates de *la Passion*, en manuscrit, chez Breitkopf. Une de ces cantates est avec accompagnement de trois flûtes à bec, trois flûtes traversières, trois hautbois, deux violons, alto, un basson, orgue, et un chœur à quatre voix. 41° *Missa, Kyrie cum Gloria, 4 voc., 2 violini, viola, 2 corni, 2 oboi et org.* La partition manuscrite de cette messe existait chez Breitkopf. 42° Environ vingt motets latins à quatre voix, sans accompagnement, en manuscrit, *ibid.* 43° Près de deux années complètes de musique religieuse, composées à Dresde et à Brunswick. 44° Trois recueils de concertos pour la flûte, avec accompagnement de plusieurs instruments, composés pour le roi de Prusse, en manuscrit. 45° Douze concertos pour le clavecin, avec accompagnement de deux violons, alto et basse, en quatre recueils manuscrits. Quelques autres compositions instrumentales. La plupart des opéras de Graun se trouvent en partitions manuscrites à la Bibliothèque royale de Berlin, ainsi que ses ouvrages pour l'église et sa musique instrumentale. On y voit aussi, en manuscrits autographes, cinq volumes d'esquisses de morceaux de tout genre, l'opéra d'*Artaserse*, et beaucoup de cantates et d'autres morceaux de circonstance.

Graun s'est marié deux fois avantageusement et a eu de ses deux femmes quatre fils et une fille. Aucun de ses enfants n'a cultivé la musique. Le portrait de cet artiste a été gravé plusieurs fois.

GRAUN (Jean-Gottlieb ou Théophile), frère du précédent, maître de concert ou chef d'orchestre du roi de Prusse, naquit à Wahrenbrück, près de Dresde, vers 1698. Après avoir fait ses études au collége de la Croix à Dresde, il en sortit en 1718 et reçut ensuite des leçons de violon et de composition de Pisendel; puis il alla en Italie perfectionner son talent et étendre ses connaissances. A Padoue, il fut présenté à Tartini, dont il adopta la manière. De retour à Dresde en 1726, il fut bientôt après appelé à Mersebourg comme directeur de musique; mais il quitta cette ville, l'année suivante, pour entrer au service du prince de Waldeck, qu'il quitta aussi bientôt après pour passer chez le prince royal de Prusse à Rheinsberg. Il y obtint le titre de maître de concert et le conserva jusqu'à sa mort, qui eut lieu le 21 octobre 1771. Habile sur le violon et chef d'orchestre expérimenté, il était aussi compositeur instruit et se distingua particulièrement dans la musique instrumentale. On n'a imprimé de ses ouvrages qu'un seul œuvre de six trios pour le violon, publié à Morsebourg en 1726; mais il en a laissé un très-grand nombre en manuscrit. On trouvait dans l'ancien assortiment de Breitkopf environ quarante symphonies pour l'orchestre, vingt-neuf concertos pour le violon, plusieurs symphonies concertantes de violon et basse de viole, environ vingt-quatre quatuors pour deux violons, viole et basse, trente-six trios pour deux violons et basse, des solos détachés pour le violon, quelques *Salve regina*, etc.; toute cette musique est maintenant dispersée. Un grand nombre de ses ouvrages est en manuscrit à la Bibliothèque royale de Berlin.

GRAUPNER (Christophe), maître de chapelle du prince de Hesse-Darmstadt, naquit à Kirchberg, en Saxe, en 1683 ou 1684. Il y apprit les principes de musique à l'école publique et reçut quelques leçons de piano de l'organiste Küster. Cet organiste ayant été appelé à Reichenbach, Graupner l'y suivit et continua de travailler sous sa direction pendant deux ans. Il se rendit ensuite à l'école Saint-Thomas de Leipsick, et y passa neuf années entières. Pendant qu'il y faisait ses études littéraires et qu'il y faisait un cours de droit, le cantor Schell lui fit continuer l'étude du clavecin, et Kuhnau lui enseigna la composition. En 1706, l'invasion de la Saxe par les Suédois obligea Graupner à s'enfuir à Hambourg. Lorsqu'il arriva dans cette ville, il ne possédait plus que deux thalers (écus de Prusse et de Saxe). Heureusement la place d'accompagnateur au clavecin à l'orchestre de l'Opéra était alors vacante par le départ de Jean-Chrétien Schieferdecker; Graupner l'obtint, et les trois années qu'il passa dans cette situation furent les plus utiles pour son éducation musicale, car le théâtre de Hambourg était alors placé sous la direction de l'illustre compositeur Reinhard Keiser. Ce maître devint le modèle de Graupner, et les ouvrages que celui-ci écrivit ensuite pour la scène furent faits d'après le style du célèbre compositeur de Hambourg. Des chagrins d'amour décidèrent Graupner à s'éloigner de cette ville; la place de vice-maître de chapelle du Landgrave de Darmstadt lui fut offerte en 1710, il l'accepta. Dix ans après, il eut celle de premier maître. Il mourut à Darmstadt le 10 mai 1760, à l'âge de 76 ans. Les ouvrages connus de Graupner sont : 1° *Didon*, opéra, Hambourg, 1707. 2° *Hercule et Thésée*, ibid., 1708. 3° *Antiochus et Stratonice*, ibid., 1708. 4° *Bellerophon*, ibid., 1708. 5° *Samson*, ibid., 1709. 6° Huit suites pour le clavecin, publiées à Darmstadt en 1718. 7° *Fruits mensuels pour le clavecin*, consistant en préludes, allemandes, courantes, sarabandes, menuets, gigues, etc., la plupart pour les commençants, Darmstadt, janvier 1722. Une livraison de ce recueil a été publiée chaque mois de l'année 1722, chez l'auteur. 8° Huit suites de pièces pour le clavecin, consistant en allemandes, courantes, sarabandes, gigues, airs, gavottes, dédiées au prince Ernest-Louis de Darmstadt, première partie, Darmstadt, 1726. 9° *Les Quatre Saisons*, concert en quatre parties pour le clavecin, ibid., 1733. Les opéras de *Didon* et d'*Antiochus*, ainsi que des cantates d'église de ce compositeur, sont en partitions autographes à la bibliothèque royale de Berlin.

GRAVINA (Dominique), vicaire général de l'ordre des Dominicains, né à Naples au commencement du dix-septième siècle, est cité par Joecher, dans son *Lexique des savants*, comme auteur d'un ouvrage manuscrit intitulé : *De choro et cantu ecclesiastico*.

GRAVRAND ou **GRAVERAND** (Joseph), dit **GRAVRAND L'AINÉ**, né à Caen le 2 avril 1770, a fait ses premières études de musique à la maîtrise de Saint-Pierre et dans celle de Saint-Sulpice de cette ville. A l'âge de neuf ans, il eut pour maître de violon un élève de Capron, nommé Quéru; plus tard il se rendit à Paris, et y termina ses études sous la direction de Baillot. Après avoir été plusieurs années violoniste au théâtre de Caen, Gravrand en devint le chef d'orchestre. Professeur de violon et de chant, il conduisit pendant plusieurs années avec talent le concert des amateurs. On a de cet artiste distingué sept recueils de duos pour deux violons, œuvres 1, 2, 3, 4, 5, 7, 8, Paris, Gaveaux, P. Petit et Schlesinger. Ces ouvrages ont obtenu à juste titre un brillant succès. Gravrand a aussi publié trois trios pour deux violons et violoncelle, op. 6, Paris, S. Gaveaux. Si je suis bien informé, Gravrand est décédé à Caen en 1847, à l'âge de 77 ans.

GRAZIANI (Le P. Thomas), religieux franciscain, né à Bagnacavallo (États Romains), fut maître de chapelle du couvent de son ordre à Milan, et vécut dans la seconde moitié du seizième siècle et au commencement du dix-septième. On connaît de sa composition les ouvrages dont voici les titres : 1° *Messe a cinque voci, libro primo*. Venise, R. Amadino, 1569.

2° *Psalmi omnes ad vesperas, quatuor vocum.* Venise, Ange Gardane, 1587. 3° *Compiete a otto voci.* Venise, Ric. Amadino, 1601. 4° *Vesperi per tutto l'anno a otto voci*, ibid., 1603. 5° *Sinfonie partenici, litanie a 4, 5, 6 e 8 voci*, Venise, J. Vincenti, 1617. 6° *Responsoria in solemn. S. Francisci 4 vocibus, et Salve sancte Pater concert.* Op. 10, *ibid.*, 1627. 7° *Libro primo di Madrigali a cinque voci.* Venise, Ang. Gardano, 1588, in-4°.

GRAZIANI (Boniface), *voyez* Gratiani.

GRAZIANI (...), violoncelliste italien, fut le maître de violoncelle du roi Frédéric-Guillaume II, lorsqu'il n'était que prince royal. A l'époque de l'arrivée de Duport à Berlin, Graziani ne put se soutenir à côté de lui : il fut éloigné de la cour et mourut en 1787. Cet artiste a publié six solos pour violoncelle, op. 1, Berlin, et six autres solos, op. 2, Paris.

GRAZIOLI (Jean-Baptiste), né à Venise vers 1755, fut élève de Bertoni et le remplaça momentanément comme organiste, en 1778, lorsque ce maître obtint un congé pour se rendre à Londres. La manière distinguée dont il s'acquitta de ses fonctions dans cette circonstance fut cause que les procurateurs de l'église de Saint-Marc le choisirent après la mort de l'organiste Dominique Bettoni, pour lui succéder, et l'élurent le 28 mai 1782, aux appointements de deux cents ducats. On a imprimé de sa composition en Allemagne, vers 1790 : 1° Six sonates pour le clavecin, op. 1. 2° Six idem, op. 2. 3° Six sonates pour clavecin et violon, op. 3. Kandler parle avec éloge des pièces d'orgue de cet artiste, qui est mort à Venise, en 1820.

Un autre compositeur nommé *Grazioli* vivait à Rome, il y a quelques années, et y a écrit pour le théâtre et pour l'église. Sa musique religieuse n'a point le caractère grave, convenable au sujet; il a mieux réussi au théâtre. On connaît de lui les opéras intitulés : 1° *Il Pellegrino bianco.* 2° *Il Taglialegno di Dombar*, Rome, 1828.

GREATING (Thomas), musicien anglais, vivait dans la seconde moitié du dix-septième siècle. Il a fait imprimer une méthode pour apprendre à jouer du flageolet, intitulée : *The pleasant companion, or new lessons and instructions for the flageolet*, printed for John Playford, 1675. Il y a lieu de croire que cet ouvrage n'est que la traduction d'un autre qui avait paru précédemment en latin, sous ce titre : *Directiones ad pulsationem elegantis et penetrantis instrumenti, vulgo flageolet dicti : Socius jucundus, seu nova collectio lectionum ad instrumentum flageolet*, Londini, 1667. Cet ouvrage est la plus ancienne instruction sur l'art de jouer du flageolet dont j'aie connaissance.

GREAVES (Thomas), musicien anglais sur qui les historiens de la musique, Burney et Hawkins, ne fournissent aucun renseignement, vécut au commencement du dix-septième siècle, et publia un ouvrage intitulé : *Songes of sundrie kindes : first, Aires to be sung to the lute and bass violl; next, Songes of Sadness, for the viols and voyce; lately, Madrigalles, for five voyces* (Chansons de divers genres; premièrement, airs à chanter avec le luth et la basse de viole; en second lieu, chansons mélancoliques pour les violes et la voix; et enfin, madrigaux à cinq voix). *London, imprinted by John Windet Dwelling at Powles Wharfe, at the sign of the Cross Keys, and are there to be sold*; 1604, petit in-4°. Cet ouvrage, d'une rareté excessive, n'est connu aujourd'hui que par un exemplaire qui a été vendu en 1842 avec la collection de livres de M. Chalmers, auteur de la *Vie de Marie, reine d'Écosse*, à Londres, au prix de huit guinées. Cet exemplaire, qui se trouvait deux ans après chez MM. Calkin et Budd, a été acquis au même prix par M. Chappell.

GREBER (Jacques), musicien allemand, né dans la seconde moitié du dix-septième siècle, se rendit à Londres en 1703. En 1705, il écrivit, pour l'ouverture du théâtre de Hay-Market, une espèce de mélodrame intitulé : *The Loves of Ergasto*; cet ouvrage fut suivi, en 1706, de *The Temple of Love* (le Temple de l'Amour). On connaît de Greber, en manuscrit, une cantate pour voix de basse, avec accompagnement de flûte et de clavecin.

GRECA (Antoine LA), surnommé *Fardiola*, du nom de son maître, musicien bénéficié de l'église de Palerme, naquit en cette ville en 1632, et y mourut, à l'âge de 37 ans, le 8 mai 1668. On connaît sous son nom une collection de motets intitulée : *Armonia sacra a 2, 3, 4 voci, op. 1, libro 1*, Palerme, 1647, in-4°. L'auteur de cet œuvre n'était âgé que de seize ans lorsqu'il fut publié.

GRECO (Gaetano), habile contrapuntiste, naquit à Naples, vers 1680. Ayant été admis comme élève au Conservatoire *dei Poveri di Gesù Cristo*, il eut pour maître Alexandre Scarlatti, à qui il succéda dans les fonctions de professeur de composition. De là il passa au Conservatoire de *S. Onofrio*. On ignore l'époque de sa mort. Son plus beau titre de gloire est d'avoir été le premier maître de Pergolèse et de Vinci. On connaît en manuscrit des *Litanies à quatre voix avec deux violons, viole et basse pour l'orgue*, de Gaetano Greco, très-bon ouvrage qui a servi de modèle à Durante pour des compositions du même genre. On a aussi du même maître de bonnes toccates et fugues pour l'orgue, dont une copie existe dans la collection de l'abbé Santini, à Rome.

GREEF (Wilhelm), professeur de chant au Séminaire des instituteurs, depuis 1830, à Meurs (province rhénane des États prussiens), et organiste dans le même lieu depuis 1833, est né le 18 décembre 1809 à Keltwig sur la Murr. Il s'est fait connaître par la publication de divers recueils de chants, parmi lesquels on remarque : 1° *Männerlieder alte und neue für Freunde des mehrstimmigen Männergesanges* (Chants pour des voix d'hommes, anciens et nouveaux, pour les amis des chants de chœurs d'hommes, à plusieurs parties). Essen, Bädeker, in-8° obl. M. Greef est un des compositeurs de cette collection, dont la quatrième édition stéréotype a paru en 1848. Chacune de ces éditions a été tirée à dix mille exemplaires. 2° *Geistliche Männerchöre alte und neue*, etc. (Chants religieux anciens et nouveaux pour des chœurs d'hommes), *ibid.*, 1851, in-8° obl. M. Greef a été aussi éditeur, conjointement avec M. Louis Erk, de plusieurs collections de chants populaires, à l'usage des écoles et des réunions intimes, sous le titre de : 1° *Liederkranz. Auswahl heiterer und ernster Gesänge für Schule, Haus und Leben*, en trois suites, *ibid.*, petit in 8°. La neuvième édition stéréotype de ce recueil a été publiée en 1847. Il en a été vendu plus de cent mille exemplaires. 2° *Sängerhain. Sammlung heiterer und ernster Gesänge für Gymnasien, Real-und Bürgerschulen*, en cinq suites, *ibid.* 1850, in-8° oblong.

GREEN (Samuel), célèbre facteur d'orgues anglais, naquit en 1740. Il fit son apprentissage pour l'art de la construction de ces instruments dans les ateliers de Byfield, de Bridge et de Jordans, les meilleurs facteurs de cette époque, en Angleterre. Plus tard, il fut lié d'intérêt avec Byfield le jeune, qui fut son collaborateur pour plusieurs instruments. Son grand mérite lui avait procuré le patronage du roi Georges III, et Burney dit qu'à l'époque où il écrivait son *Histoire de la musique* (1776-1789), Green était en possession de la faveur publique et l'emportait sur tous les autres facteurs anglais. M. le docteur Rimbault, très-bon juge en tout ce qui concerne la musique, dit que les orgues construites par ce facteur se font remarquer par le charme, la distinction et l'originalité des timbres : il ajoute que Green n'a jamais été surpassé dans cette partie si importante de l'art (Voyez *New History of Organ*, par M. Rimbault, p. 104, dans le livre de M. Ed. J. Hopkins, *The Organ ; its History and Construction*, Londres, 1855, gr. in-8°). Green mourut à Isleworth, à l'âge de 56 ans, le 14 septembre 1796. Son activité productive avait été considérable. Les orgues construites par lui sont : I. *Orgues de cathédrales et de colléges* : 1° à Canterbury (1784) ; 2° à Wells (1786) ; 3° à Windsor (1790) ; 4° à Lichtfield (1789) ; 5° à Salisbury (1792) ; 6° à Rochester (1791) ; 7° à Bangor (1779) ; 8° à York (restauré seulement) ; 9° à Cashel (1786) ; 10° au nouveau collége d'Oxford (restauré seulement) ; 11° au collége de la Trinité, à Dublin ; 12° au collége de Winchester (1788). — II. *Orgues de chapelles, à Londres* : 13° à l'hôpital de Sainte-Catherine (1778) ; 14° à Saint-Botolph, Aldersgate street ; 15° à Saint-Pierre-le-Pauvre ; 16° à Sainte-Marie, de Hill ; 17° à Saint-Michel (Cornhill) ; 18° à Saint-Olaf, Hart street (1781) ; 19° à la chapelle de Broad street (Islington) ; 20° à la chapelle de la Madeleine ; 21° à Freemasons Hall. — III. *Orgues pour diverses localités* : 22° à Saint-Pétersbourg ; 23° à l'hôpital de Greenwich (1789) ; 24° à Sleaford, dans le comté de Lincoln ; 25° à Saint-Thomas d'Hardwick, à Manchester (1787) ; 26° à Helston, dans le comté de Cornouailles (1796) ; 27° à Walsal, dans le comté de Stafford ; 28° à Wrexham ; 29° à Wycombe ; 30° à Nayland, dans le duché d'Essex ; 31° à Wisbeach, près de Cambridge (1780) ; 32° à Cirencester ; 33° à Macclesfield ; 34° à Saint-Pierre, de Stockport (1788) ; 35° à Bath ; 36° à la chapelle de Saint-Michaël ; 37° à Tunbridge ; 38° à Loughborough ; 39° à Tamworth ; 40° à Walton ; 41° à Leigh ; 42° à Chatham ; 43° à Bolton, dans le comté de Lancastre (1795) ; 44° à Cramborne, dans le Cournouailles ; 45° dans la chapelle épiscopale d'Aberdeen ; 46° à l'église de Kingston (à la Jamaïque).

GREEN (James), organiste et directeur du chœur de la paroisse de Hull, dans le comté d'York, en Angleterre, vers 1710. On a de lui un livre de psalmodie et de chants pour les antiennes à deux ou à quatre voix, avec les ornements en usage dans ce temps, précédés de principes de musique basés sur l'ancienne méthode de solmisation par les muances. Ce recueil a pour titre : *A Book of Psalmody : containing chantingtunes for Venite exultemus, Te Deum laudamus, Jubilate Deo,*

Magnificat, Cantate Domino, Nunc dimittis, and the reading-Psalms, with thirteen Anthems, and great variety of Psalm-tunes in four parts, both to the old and new versions (Livre de Psalmodie, contenant les chants pour le *Venite exultemus*, etc., et les psaumes courants, avec treize antiennes et une grande variété de chants des psaumes à quatre parties, sur l'ancienne et la nouvelle version). La onzième édition de ce livre a été publiée à Londres, chez Hitch et Hawes, en 1751, 1 vol. in-8°. Les chants de Green ont été en usage pendant près d'un siècle dans les paroisses de Hull, Lincoln, Lowth et Gainsborough.

GREENE (Maurice), fils d'un ecclésiastique anglais, naquit à Londres, en 1696, et fit ses premières études de musique dans le chœur de Saint-Paul, sous la direction de King. Richard Brind, organiste de cette cathédrale, lui donna ensuite des leçons d'orgue. En 1716, Greene, âgé seulement de vingt ans, fut nommé organiste de Saint-Dunstan, à Londres; au mois de février 1717, il succéda à Purcell, comme organiste de Saint-André (Holborn), et l'année suivante, l'orgue de Saint-Paul étant devenu vacant par la mort de Brind, il l'obtint avec cinquante livres sterling d'appointements. Après la mort du docteur Croft, en 1727, Greene fut nommé organiste et compositeur de la chapelle royale. Trois ans après, il prit le grade de docteur en musique à l'Université de Cambridge, et il obtint en même temps le titre de professeur de cette Université, en remplacement du docteur Tudway. Le morceau qu'il composa pour son exercice de docteur en musique fut l'ode de sainte Cécile, de Pope.

Homme médiocre, bien que considéré par ses compatriotes comme un artiste distingué, le docteur Greene, comme tous ceux de son espèce, réussissait surtout par l'intrigue et la flatterie près des hommes puissants qui pouvaient lui être utiles. C'est ainsi qu'il témoignait à Hændel une amitié vive et une admiration sans bornes, tandis qu'il agissait de même auprès de Bononcini, rival de ce grand homme, dénigrant l'un auprès de l'autre. Hændel, ayant découvert ce manége, rompit avec Greene et l'accabla de son mépris; alors celui-ci leva le masque et devint un des plus ardents détracteurs de l'illustre maître. Plus tard, sa conduite fut plus blâmable encore envers Bononcini, dans la malheureuse affaire du Madrigal de Lotti (voyez Bononcini), et ce dernier trait le rendit si odieux, qu'il fut obligé de se retirer de l'Académie de musique. Un héritage considérable qu'il recueillit après la mort de son oncle *Sergeant Greene*, le consola de ses disgrâces, et le mit en état de vivre dans l'indépendance. Il mourut à Londres, le 1er septembre 1755. Greene avait composé une suite de leçons pour le clavecin et se proposait de la publier, mais un marchand de musique, nommé Wright, s'en procura une copie prise furtivement, et la fit paraître avec tant de fautes, que Greene fut obligé de la désavouer et de nier qu'il en fût l'auteur. Telle est du moins la version de cette anecdote présentée par quelques écrivains anglais; mais il paraît que les amères critiques que Hændel fit de cet ouvrage furent la cause principale du désaveu de Greene. Il a beaucoup écrit pour l'église et a composé plusieurs opéras anglais: on a dit que sa musique dramatique n'était que de la psalmodie, et que ses antiennes sentaient le théâtre. Parmi les ouvrages de sa composition qui ont été publiés, on cite, outre les leçons de clavecin dont il a été parlé précédemment: 1° *Te Deum*, exécuté dans l'église de Saint-Paul, en 1724. 2° Quarante antiennes avec orchestre, dans le style dramatique de son temps. 3° *The Amoretti of Spencer* (sonnets en musique). 4° *Song of Deborah*. 5° *Collection of catches, canons and two parts songs*. 6° Deux livres de cantates et de chansons anglaises, Londres, in-fol. 7° 6 *select anthems in score* (Six antiennes choisies en partition), par Greene, Croft et Purcell, Londres, Preston. 8° Trois concertos pour le clavecin, Londres, Bland. 9° Leçons pour le clavecin, *ibid.* 10° Trois sonates séparées pour le clavecin, *ibid.* 11° Sonate pour clavecin et violon, Londres, Preston. 12° *XII capital voluntaries with fugues* (Douze grands préludes avec fugues), Londres, Bland. 13° Quatuors pour quatre violes, Londres, Preston. Dans ses dernières années, Greene s'occupa presque exclusivement de corriger les fautes de copie des meilleurs morceaux de musique d'église composés par les compositeurs les plus célèbres de l'Angleterre, et de les disposer en collection. Avant de mourir, il remit ce travail au docteur Boyce, son ami, qui le termina et le publia sous le titre de *Cathedral Music* (voyez Boyce). Cette collection est la plus belle et la plus complète qui ait paru en Angleterre.

GREFINGER ou **GRÆFINGER** (Jean-Wolfgang), musicien allemand ou plutôt croate, naquit dans le second moitié du quinzième siècle. Il fut prêtre et vécut à Vienne. Comme musicien, il fut élève de Paul Hoffheimer. On connaît de lui quelques odes à quatre voix imprimées dans le recueil rarissime qui a pour titre : *Aurelii Prudentii Cathemerinon : hoc est Diurnarum rerum opus varium, et cum linguæ elegantia, tum sententiarum gravitate, frequenti lectione dignissimum. Cujus singulis Odis singulas harmonias quatuor vocum, nusquam antea impressas, Hieronymus Victor calcographus, singulari diligentia emendatus, in studiosorum communem utilitatem adjecit : componente aliquando eas Domino Wolfgango Græfinger Pannone, Sacerdote Musices peritissimo*, Viennæ Austriæ, anno 1515, in-4°. Ce recueil est précédé d'une préface de Rodolphe Agricola. On trouve deux motets de Græfinger, à quatre et cinq voix, dans le recueil intitulé : *Secundus Tomus novi operis musici, sex, quinque et quatuor vocum, nunc recens in lucem æditus*, Noribergæ in celeberrima Germaniæ urbe arte Hieronymi Graphei civis Noribergensis, 1538, petit in-4° obl. On trouve aussi des pièces de cet auteur dans le recueil qui a pour titre : *Sacrorum Hymnorum liber primus. Centum et triginta quatuor Hymnos continens, ex optimis quibusque Authoribus musicis collectus*, Vitebergæ, apud Georgium Rhav, anno 1542, petit in-4° obl. Grefinger fut éditeur du rare antiphonaire imprimé à Vienne, en caractères gothiques et en notation allemande, sous ce titre : *Psalterium Pataviense Antiphonis, Responsoris Hymnisque in notis musicalibus*. Au deuxième feuillet on lit : *Nocturnus dominicalis incipit Psalterium cum notis, Antiphonis et Hymnis Dominicis diebus ad matutinas* ; et à la fin : *Psalterium Davidicum cum suis Antiphonis, Responsoris ac Hymnis. Sub notis recte ipm. concernentibus : per Joannem Winterburger civem Vienn., anno Domini 1512, studiose iusta ritum pataviens. impressum : et per Dominum Wolfgangum Grefinger musicum diligenter emendatum*, in-fol.

GRÉGOIRE Ier (S.), surnommé **LE GRAND**, fut élu pape en 590, et succéda à Pélage II. Il était fils du sénateur Gordien, et descendait d'une ancienne famille patricienne. Il mourut à Rome, le 12 mars 604, à l'âge de soixante-deux ans, et dans la quatorzième année de son pontificat. Les événements de sa vie appartiennent à l'histoire de l'Église, et ce n'est point ici qu'ils doivent être rapportés : on se bornera donc dans cette notice à rappeler la réforme que ce pape fit du chant ecclésiastique, lequel, depuis ce temps, prit son nom, et fut appelé *Grégorien*. A vrai dire, il serait très-difficile de déterminer avec précision en quoi consista cette réforme : on sait seulement que Grégoire composa l'antiphonaire de fragments pris dans le chant de l'église grecque, réunis aux mélodies de saint Ambroise, de Paulin, de Licentius et de quelques autres auteurs des premiers chants de l'église d'Occident ; c'est pourquoi cet antiphonaire fut appelé *centonien*. Mais, suivant la tradition, ce n'est point à cela seul que se serait borné le travail du saint pontife ; car on lui attribue la constitution définitive de la tonalité du plain-chant dans les huit tons vulgaires. A ce sujet plusieurs observations se présentent. La tonalité des chants de l'église grecque avait été formée sur le modèle des sept modes les plus anciens, déjà abandonnés au temps d'Aristoxène (environ trois cents ans avant Jésus-Christ), et reproduits de nouveau avec d'autres noms par Ptolémée. A ces sept modes, l'Église grecque en avait ajouté un huitième, qui était la répétition du premier à l'octave supérieure. Ces huit modes de l'église grecque commençaient par l'*hypodorien* (lequel était le plus grave), et se suivaient dans l'ordre diatonique, en s'élevant chacun d'un degré. Suivant la tradition, saint Ambroise n'aurait pris pour le chant de son église que quatre de ces modes, c'est-à-dire, le quatrième (*dorien*), le cinquième (*phrygien*), le sixième (*lydien*) et le septième (*mixolydien*). J'ai suivi cette tradition autrefois ; mais, en 1850, j'ai trouvé des chants du mode hypodorien (deuxième des tons ordinaires du plain-chant) et de l'hypolydien (sixième du plain-chant) dans un livre de chœur du chant ambroisien, manuscrit de la fin du treizième siècle qui est à la Bibliothèque ambrosienne de Milan. Si saint Ambroise a pris, pour le chant de son église, la tonalité grecque tout entière, il est au moins douteux qu'il en ait fait la classification en quatre tons *authentiques* et quatre tons *plagaux*, telle qu'elle est dans la constitution du plain-chant. Camille Perego dit, dans sa *Règle du chant ambrosien*, qu'il n'y eut, antérieurement à Guido d'Arezzo, d'autres tons que les quatre authentiques, lesquels étaient fatigants et peu agréables, et que ce fut ce moine qui y ajouta les quatre tons plagaux (1). Une erreur si singulière a droit d'étonner de la part d'un homme aussi instruit que le prêtre Perego ; car, dès le

(1) Primo di Guido monacho Aretino... non erano in uso altri tuoni, che gli autentici, a ciascun de quali poi, perche erano molto faticosi, e poco dilettevoli, esso aggiunse il suo plagale. *La Regola del canto fermo ambrosiano*, Tratt. 2do, cap IV, p. 23.

huitième siècle, Alcuin écrivait, dans le livre concernant la musique, lequel est contenu dans son *Traité de la Philosophie*, qu'il y a huit tons dans le chant ; que les plus élevés se nomment *authentiques*, et les inférieurs, *plagaux*. Le huitième chapitre du *Traité de la discipline de la musique* du moine Aurélien de Réomé, écrit dans le même temps, traite des huit tons divisés en authentiques et plagaux ; enfin, Hucbald, moine de Saint-Amand, a fait une très-longue exposition des huit tons dans un de ses traités de musique, composé à la fin du neuvième siècle ou au commencement du dixième.

D'autre part, Boèce et Cassiodore, hommes illustres du sixième siècle, que l'Église révère et qui ont écrit de longs ouvrages sur des matières théologiques, sont aussi auteurs de traités de musique dans lesquels on ne trouve que l'exposé de la tonalité des Grecs. Cassiodore, qui vivait encore en 562, ne connaît que les quinze modes d'Alypius et ne dit pas un mot d'un système de tons différent pour l'usage de l'Église catholique ; quarante-deux ans seulement séparant le temps où il vivait encore dans le monastère qu'il avait fondé, et l'année de la mort de saint Grégoire. Il est donc présumable qu'avant ce saint pontife rien n'était réglé d'une manière uniforme pour la tonalité des chants ecclésiastiques ; tandis qu'Alcuin nous apprend que de son temps la doctrine de cette tonalité était si bien répandue, que tout musicien devait savoir que la musique tout entière était contenue dans les huit tons (*Octo tonos in musica consistere musicus scire debet*). Tout porte donc à croire que c'est à saint Grégoire qu'appartient la classification des huit tons de l'Église grecque dans un système différent. Dans ce système nouveau, le mode *hypodorien* ne fut plus le premier, l'*hypophrygien* le second, l'*hypolydien* le troisième, et ainsi de suite en montant diatoniquement ; mais le *dorien* fut le premier ton, le *phrygien* le troisième, le *lydien* le cinquième, et le *mixolydien* le septième ; ceux-là furent appelés *authentiques*. Par un simple renversement de tétracordes, à une quarte au-dessous de chacun des tons authentiques furent placés les tons *plagaux*, et il fut réglé que la finale des chants de ces tons auxiliaires serait celle des modes authentiques.

La formation du premier recueil officiel des chants de l'Église catholique et le règlement de la tonalité de ces chants sont donc la part qui ne paraît pas pouvoir être contestée à saint Grégoire ; mais de quelle notation se servit ce saint personnage pour écrire l'antiphonaire auquel il a donné son nom ? Ici il y a un dissentiment profond. Je me suis trouvé engagé dans des luttes ardentes à ce sujet, parce que j'ai soutenu que cette notation devait être celle des lettres romaines. Mon opinion s'est formée à cet égard de ce que Boèce explique, dans son *Traité de musique*, les signes de la notation grecque par ces mêmes lettres ; ce qui démontre jusqu'à l'évidence que leur signification musicale était connue des musiciens en Italie : car on n'explique pas l'inconnu par l'inconnu. Le conseiller Kiesewetter (*voyez* ce nom) me mit au défi de citer des chants notés avec ces lettres ailleurs que dans des traités de musique du onzième siècle, et je répondis à ce défi en lui indiquant l'office de saint Thuriave ou Thuriaf, composé en 743 et noté avec les quinze premières lettres de l'alphabet latin, et le traité de musique de Hucbald, intitulé : *Musica enchiriadis*, de la fin du neuvième siècle, où la notation par les lettres est employée. A cela Kiesewetter répondit en affirmant que l'antiphonaire de saint Grégoire fut noté dans la notation du moyen âge employée dans un grand nombre de livres de chant et qu'on désigne par le nom de *neumes ;* et il en donna pour preuve un manuscrit du monastère de Saint-Gall, que, d'après une ancienne tradition, il déclara une copie authentique de l'antiphonaire du saint pontife. A l'inspection de la notation de ce manuscrit, je fis observer qu'elle n'a jamais été en usage en Italie sous cette forme et que la copie dont il s'agissait a dû être faite en Allemagne. Sept ans après cette discussion (voyez la *Gazette musicale de Paris*, ann. 1844), le P. Lambillote (*voyez* ce nom) a publié : *Antiphonaire de saint Grégoire. Fac simile du manuscrit de Saint-Gall, huitième siècle* (Paris, 1851, un volume gr. in-4°), avec une préface dans laquelle il me lance vertement de n'avoir pas cru à l'authenticité de cette œuvre attribuée à saint Grégoire ; mais en 1856, dom Anselme Schubiger, savant musicien, liturgiste et archéologue, maître de chapelle à l'abbaye d'Einsiedeln (en Suisse), qui a examiné avec soin et a étudié le manuscrit de Saint-Gall, a établi d'une manière irrésistible (dans la *Revue de musique ancienne et moderne*, n° 12, décembre 1856, p. 721 et suiv.), et par une analyse rigoureuse : 1° Que ce manuscrit n'est point un *antiphonaire, puisqu'il ne contient pas une seule antienne*, mais un *graduel*, et conséquemment, que ce n'est pas une copie de l'antiphonaire de saint Grégoire ; 2° Que sa notation et son écriture n'appartiennent pas au huitième siècle, mais au dixième. Or, ces propositions sont précisément celles que j'ai émises, en 1844 (*Gazette musicale de Paris*, p. 223, première colonne), dans ma discussion avec Kiesewetter.

De tout ce qui précède il résulte que la question concernant la notation dont s'est servi saint Grégoire pour son antiphonaire reste indécise; cependant il paraît raisonnable de croire que puisqu'il existait à Rome, de son temps, une notation par les lettres latines, laquelle était simple, d'une lecture facile et connue des chantres, c'est de cette notation qu'il a dû faire usage, plutôt que d'une collection de signes compliqués qui, bien que généralement employés plus tard pour la notation des livres de chant, présentaient d'inextricables difficultés qui ne furent aplanies que par l'application de certains accessoires, et surtout par les lignes que les couleurs aidaient à distinguer.

A l'égard du chant des antiennes qui se trouvait dans l'antiphonaire de saint Grégoire, il n'existe plus ou, du moins, on ne connaît pas aujourd'hui de manuscrit dans lequel on puisse le retrouver avec certitude. La plupart des mélodies en usage dans l'église ont été composées dans des temps postérieurs, et du chant grégorien il ne reste plus guère que la tonalité. La prosodie et le rhythme paraissent avoir disparu de la langue latine chantée au temps de saint Grégoire; on croit qu'il acheva de l'effacer, et que, dans son antiphonaire, toutes les syllabes étaient notées à temps égaux. Le chant à notes égales s'est conservé chez les Bernardins et chez les Chartreux jusqu'à la fin du dix-huitième siècle.

GRÉGOIRE DE BRIDLINGTON, chanoine régulier de l'ordre de Saint-Augustin, fut ainsi appelé parce qu'il était préchantre dans un monastère à Bridlington, ville du comté d'York, en Angleterre, et qu'il en fut nommé prieur, en 1217. Tanner le cite, dans sa *Bibliothèque britannique* (p. 358), comme auteur d'un livre intitulé : *De Arte musices lib. III*. Aucun catalogue imprimé des bibliothèques d'Angleterre ne mentionne cet ouvrage.

GRÉGOIRE (Pierre), docteur en droit, né à Toulouse, vers 1510, enseigna d'abord le droit à Cahors, puis à Toulouse. Le duc Charles l'attira en Lorraine, et lui confia une chaire de droit civil et de droit canon dans l'Académie de Pont-à-Mousson. Il s'y distingua et mourut en 1597. Au nombre des ouvrages qu'il a publiés, il en est un qui a pour titre : *Syntaxis artis mirabilis, Libris XL comprehensa*, Lugduni, 1574. Deux vol. in-8°. Il y traite de la musique, en vingt pages, dans les chapitres III-XXI du douzième livre. Il y a eu des éditions de cet ouvrage, publiées à Cologne, en 1600 et 1610.

GREGORI (Jean-Laurent), violoniste et compositeur du dix-septième siècle, était au service de la république de Lucques, en 1695. Il a fait imprimer de sa composition : 1° *Arie in stile francese a 1 e 2 voci*, Lucques 1698. 2° *X concerti a 4 voci*, ibid. 1698. 3° *Cantate da camera a voce sola*, ibid., 1699.

GREGORIO (Annibal), compositeur, né à Sienne, vers la fin du seizième siècle, fut maître de chapelle de l'église cathédrale de cette ville, et membre de l'Académie des *Intronati*. On a de sa composition : *Il primo libro de madrigali a cinque voci*. Stampa del Gardano, Venetia, 1617, in-4°. Cet ouvrage ne se distingue par aucune qualité particulière. Il paraît que Gregorio était peu satisfait du succès de ses compositions, car il se plaint beaucoup de l'envie et des envieux, dans l'épître dédicatoire de ce recueil. Un autre œuvre de ce musicien est connu sous ce titre : *Sacræ cantiones* et *Lamentationes, 2, 3 et 4 vocum*, Sienne, 1620.

GREGORIUS (P.), compositeur de musique d'église, né en Allemagne, est connu par un ouvrage de sa composition intitulé : *Encomium Verbo incarnato ejusdemque matri musicis decantatum*, Ingolstadt, 1618.

GREGORY (Jean), savant antiquaire et orientaliste, né à Amsterdam, en 1607, a passé la plus grande partie de sa vie en Angleterre : il est mort à Hindlington, en 1646. Dans ses *Opera posthuma*, publiées à Londres, 1650-1683, in-4°, on trouve une dissertation intitulé : *De More canendi symbolum Nicæum*. Il y traite (p. 49 et suiv.) : *De Organis musicis hydraulicis et pneumaticis*.

GREINER (Jean-Charles), mécanicien et facteur d'instruments à Wetzlar, né en cette ville, en 1753, a exécuté un instrument à clavier, monté de cordes à boyau, mises en vibration par de petits archets cylindriques, à l'imitation d'une ancienne invention renouvelée, en 1754, par Hohlfeld de Berlin. En 1779, Greiner construisit un de ces instruments, auquel, sur l'invitation de l'abbé Vogler, il avait adapté un piano ordinaire. Cette combinaison de Greiner offrait beaucoup d'imperfections; Schmidt, facteur allemand, fixé à Paris, l'a reproduite dans un instrument qui a été mis à l'exposition des produits de l'industrie en 1806. Depuis lors, il a été fait, d'après divers systèmes, différents essais d'instruments à claviers, à cordes et à sons soutenus ; celui de M. Dietz fils est resté jusqu'à ce jour le moins imparfait. Greiner est mort à Wetzlar, le 8 octobre 1798, à l'âge de cinquante-cinq ans.

GREINER (Jean-Théodore), fils de Jean-Martial Greiner, violoniste de la chapelle du duc de Wurtenberg (1), naquit à Stuttgard, vers le milieu du dix-huitième siècle. On a de lui : 1° Symphonies pour l'orchestre, op. 1 et 2. Amsterdam, 1784. 2° Six duos pour deux flûtes, *ibid.* Il a laissé aussi en manuscrit plusieurs trios pour le clavecin.

GREININGER (Augustin), compositeur allemand du dix-septième siècle, a publié des motets sous ce titre : *Cantiones sacræ* 1, *2 et 3 voc. cum et sine instrum.* Augsbourg, 1681, in-4°.

GREIS (Jean), professeur de musique à Bonn, vivait dans cette ville en 1845. On a de lui un petit ouvrage qui a pour titre : *Der erste Unterricht in der Harmonielehre* (La première instruction dans la science de l'harmonie). Bonn, Simrock, in-8°.

GREITER (Mathieu), musicien de la cathédrale de Strasbourg, mort dans cette ville le 20 décembre 1550, a publié un traité de musique intitulé : *Elementale musicum juventuti accomodatum.* Strasbourg, 1544, in-8°. Il y a une seconde édition de cet ouvrage, Strasbourg, 1546. Greiter fut un homme de mérite très-distingué dans l'art d'écrire la musique de son temps. On a de lui une chanson allemande à deux voix, qui se trouve dans le premier volume des *Bicinia gallica, latina et germanica,* publiés par Georges Rhav, à Wittenberg, en 1545 ; mais il mérite surtout d'être signalé pour un chant latin à quatre voix dont les premiers mots sont *Passibus ambiguis.* Sur une phrase du ténor, laquelle se répète après un repos plus ou moins long, en montant de quarte en quarte, ou descendant de quinte, et conséquemment passant toujours dans des tons différents, par la méthode ancienne qui était appelée *chant feint,* Greiter a établi, entre les trois autres parties, un travail d'imitations d'une remarquable élégance, faisant chanter toutes les voix d'une manière naturelle, et sans y introduire une seule intonation difficile. Ce morceau, chef-d'œuvre de facture, pour le temps où il a été écrit, se trouve dans le livre de Grégoire Faber (voyez ce nom), intitulé : *Musices practicæ erotematum* (pages 140 et suivantes).

(1) Ce Jean-Martial Greiner était né à Constance, le 8 février 1724, et s'était livré d'abord à l'étude de la théologie ; mais ayant fait de rapides progrès sur le violon, il se rendit en Italie, visita Venise, puis alla à Padoue, où il reçut des leçons de Tartini. De retour en Allemagne, il entra au service de la cour de Stuttgard, à l'âge de vingt-trois ans. Artiste de talent sur son instrument, il paraît s'être borné à l'exécution et n'avoir écrit aucune composition.

GRELL (Joseph-Éphraïm), prédicateur à l'église Sainte-Marie, de Berlin, naquit dans cette ville en 1771, et y mourut le 17 mars 1821. On a de lui quelques livres de théologie ; il n'est cité ici que pour un petit ouvrage qui a pour titre : *Dr Martin Luthers geistliche Lieder nebst dessen Gedanken über die Musica, von neuen gesammelt und herausgegeben durch eine Festgabe zur Reformationfeier* 1817 (Cantiques spirituels du docteur Martin Luther, suivis de ses idées sur la musique ; recueillis de nouveau et publiés à l'occasion de la fête anniversaire de la Réformation, en 1817), Berlin, 1817, in-8° de XII et 68 pages.

GRELL (Édouard), neveu du précédent et directeur de l'Académie royale de chant de Berlin, est né dans cette ville en 1799. Doué des plus heureuses dispositions pour la musique, il fit de si rapides progrès dans cet art, qu'à l'âge de 17 ans, il put être nommé organiste de l'église Saint-Nicolas, et en remplir les fonctions de manière à justifier le choix qu'on avait fait de lui. Dans sa dix-huitième année, il fit sensation par l'exécution d'une fugue d'Albrechtsberger sur l'orgue dans un concert de musique religieuse. Membre de l'Académie de chant dirigée alors par Zelter, il y fut employé d'abord comme accompagnateur ; plus tard, il en fut un des sous-directeurs, et après la mort de Rungenhagen (*voy.* ce nom), il lui succéda dans la direction. Il est aussi membre correspondant de la Société hollandaise de Rotterdam pour l'encouragement de la musique, de l'Académie des beaux-arts de Berlin, et décoré de l'ordre de l'Aigle rouge. Comme compositeur, il a fait exécuter à Berlin des cantates religieuses, des psaumes et un *Te Deum* : il a publié dans cette ville : 1° Des préludes pour l'orgue, œuvres 4 et 20. 2° Des *Lieder* et chants à voix seule avec piano, op. 1, 12 et 14 ; 3° des mélodies chorales, des hymnes et des motets pour quatre voix d'hommes, op. 2 et 5 ; 4° des motets à trois et à quatre voix, op. 15, 22, 32 et 34 ; 5° des psaumes à huit et onze voix, op. 26 et 35 ; 6° des chants de Noël à deux et trois voix, op. 10 et 16, etc.

GRENERIN (Henri), théorbiste français, vécut à Paris dans la seconde moitié du dix-septième siècle. Il s'est fait connaître par un ouvrage qui a pour titre : *Livre de théorbe contenant plusieurs pièces sur différents tons, avec une nouvelle méthode très-facile pour apprendre à jouer sur la partie les basses continues et toutes sortes d'airs à livre ouvert; dédié à Monsieur de Lully, escuyer, conseiller secrétaire du Roy, et surintendant de la musique de Sa Majesté.* Paris, Bonneuil (sans date), in-4° obl., gravé sur cuivre.

GRENET (...), directeur du concert de Lyon et maître de musique de l'Académie royale de cette ville, a donné à l'Opéra de Paris, en 1737, un ballet intitulé : *le Triomphe de l'harmonie.* La musique de cet ouvrage fut applaudie : on remarqua surtout la troisième entrée qui était celle d'*Amphion.* Quelques années après, Grenet donna *le Triomphe de l'amitié, divertissement,* et enfin il fit représenter, en 1759, *Apollon, berger d'Admète,* en un acte. Ce musicien est mort à Paris en 1761.

GRENET (Claude DE), compositeur et amateur de musique, naquit le 24 avril 1771. Dans sa jeunesse, il servit comme officier au régiment d'Orléans; puis il s'est retiré à Chartres, pour y cultiver la musique qu'il aimait avec passion. Kuhn, musicien de la chapelle de Dresde, lui a donné les premières leçons de piano et de composition; mais M. De Grenet dut surtout à ses lectures ce qu'il savait de la théorie de la musique. Il a publié : 1° Trois œuvres de sonates pour le piano, Paris, Gaveaux. 2° Sept concertos pour divers instruments. 3° Six romances avec accompagnement de piano, op. 1. *ibid.* 4° Plusieurs œuvres de quintettes et de quatuors pour violon, Paris, Launer. Il a laissé en manuscrit un très-grand nombre de compositions instrumentales qui ont été exécutées à Paris, en 1820 et 1830. M. De Grenet est mort à Chartres, en 1831.

GRENIÉ (Gabriel-Joseph), amateur de musique, né à Bordeaux en 1756, est mort à Paris le 3 septembre 1837, à l'âge de quatre-vingt-un ans. Il était jeune lorsqu'il se rendit à Paris, où il occupa jusqu'en 1830 des emplois dans des administrations publiques ou particulières. On lui doit la découverte de l'instrument qu'il a appelé *orgue expressif.* A vrai dire, il ne réclamait pas le mérite de l'invention primitive, car il rapporte, dans un de ses écrits sur ce sujet, que l'idée lui en avait été fournie par un jeu d'orgue de deux octaves, qui se trouvait chez un de ses amis, vers 1790. En 1810, il fit connaître le premier de ces instruments qui n'était qu'un orgue de chambre; il le soumit à l'examen de l'Institut de France et du Conservatoire de Paris : des rapports favorables furent faits par le physicien Charles et par Méhul, au nom de ces institutions, et imprimés dans la même année à Paris, chez Porthmann. Depuis lors, Grenié a construit des orgues expressifs sur des échelles beaucoup plus considérables au Conservatoire de Paris, au couvent du *Sacré-Cœur* de cette ville, et M. Biot, dans son grand *Traité de physique,* ainsi que dans l'abrégé de cet ouvrage, a donné une analyse détaillée, mais assez peu exacte, des principes qui ont dirigé Grenié. Plusieurs tentatives avaient été faites longtemps avant Grenié, pour obtenir dans l'orgue le *crescendo* et le *decrescendo* des sons. Le premier moyen dont on s'était servi consistait à ouvrir des trappes à la caisse de l'instrument, et à les refermer par une pédale, pour laisser entendre les sons avec plus ou moins d'intensité; à ces trappes on avait ensuite substitué des jalousies qui avaient diminué le défaut du bâillement que faisaient entendre les trappes. On avait aussi trouvé le moyen de faire sortir successivement des registres qui ajoutent des unissons à d'autres unissons, et augmentent ainsi la puissance sonore, mais non par une gradation insensible, comme le véritable *crescendo.* La découverte de Grenié consiste en un procédé mécanique pour ouvrir ou fermer progressivement la soupape qui fournit du vent aux tuyaux, de manière à modifier la puissance d'insufflation d'une manière analogue à celle d'un musicien qui joue du hautbois, de la clarinette ou du basson, et cela par la pression plus ou moins forte du pied sur une pédale. De plus, ayant remarqué que les battements de l'anche sur les parois du bec, ou de la rigole, donnent à la qualité du son quelque chose de rauque et de dur, Grenié a ajusté celles de son instrument de manière à la faire agir librement dans l'ouverture qui lui est laissée, et sur laquelle elle est ajustée avec beaucoup de précision. L'élasticité naturelle de l'anche suffit pour la ramener après qu'elle a été mise en vibration par l'air, et de cette manière s'opère le mouvement alternatif et vibratoire d'où résulte un son beaucoup plus pur que dans les jeux où l'anche bat sur les parois de la rigole. C'est ce même procédé qui a été employé dans tous les instruments du genre de l'*Ælodion,* tels que le *physharmo-*

nica, *l'aérophone*, etc. (1). Le principe de l'anche libre a été trouvé dans une haute antiquité par les Chinois ; car leur instrument appelé *Cheng*, qui est très-ancien, est composé de tuyaux de bambou avec des anches de cette espèce. La difficulté de maintenir l'accord des flûtes avec les jeux d'anches, sous une pression non constante du vent, a déterminé Grenié à ne mettre dans ses premiers instruments que des jeux d'anches : car on sait que les flûtes montent lorsqu'on souffle avec force dans leur embouchure, tandis qu'elles baissent progressivement à mesure qu'on diminue la puissance d'insufflation ; mais, postérieurement, l'ingénieux inventeur de l'orgue expressif avait trouvé un moyen pour maintenir la justesse des flûtes sous une pression quelconque du vent en l'établissant au point le plus faible, avec un compensateur placé au-dessus de l'orifice des tuyaux et qui, abaissé par un petit soufflet, lequel se soulève, en raison du vent surabondant entré dans une rainure placée parallèlement à l'un des côtés du tuyau, rétablit l'équilibre de l'intonation. Au reste, Grenié paraît en être resté aux expériences sur ce moyen, car on ne connaît de lui aucun instrument dans lequel il en ait fait usage. Sébastien Érard a complété le système de l'orgue expressif, au moyen d'un clavier particulier de récit, dont chaque tuyau a son expression propre et indépendante, par l'ouverture progressive de sa soupape, laquelle résulte de la pression plus ou moins forte du doigt sur la touche. Grenié a publié un petit écrit qui a pour titre : *Réponse à un article inséré au Journal des Débats du 16 septembre dernier* (1829), *et extraits de divers rapports faits par l'Institut et par le Conservatoire de musique, sur les petites et grandes orgues expressives de Grenié*, Paris, sans date (1829), une feuille in-8°. Il y a aussi de lui quelques autres opuscules sur le même sujet : leurs titres me sont inconnus.

GRENIER (Gabriel), harpiste et compositeur, vécut à Paris dans la dernière moitié du dix-huitième siècle. Il y a publié : 1° Six romances avec accompagnement de harpe ou de piano, Paris, Leduc, 1793. 2° Sonates pour la harpe, Paris, Cousineau. 3° Premier recueil de divertissements pour la harpe et violon obligé, op. 7, Paris, Leduc, 1794.

GRENSER (Charles-Auguste), facteur d'instruments de la cour de Dresde, né, en 1720, à Wiehe, en Thuringe, a eu de la réputation pour les flûtes, hautbois, clarinettes et bassons sortis de ses ateliers. Il avait étudié l'art de la facture des instruments chez Pœrchmann, à Leipsick. A l'âge de dix-neuf ans, il se rendit à Dresde, et, pendant cinquante-cinq ans, il y travailla avec succès. En 1796, il a cédé son établissement à son neveu, et s'est retiré. Il vivait encore en 1810, âgé de quatre-vingt-dix ans.

GRENSER (Henri), neveu et élève du précédent, est le premier inventeur de la clarinette basse ; il fit connaître cet instrument en 1793. Il a donné quelques renseignements dans *l'Intelligenz Blatt* de la Gazette musicale de Leipsick (an II, n° 11) sur la construction de ses flûtes et sur celles de Tromlitz ; enfin il a fait une description d'une invention relative à la flûte dans la treizième année de cette gazette (p. 775).

GRENZEBACH (Ernest), professeur de piano à Cassel, né en 1812, s'est distingué comme compositeur de *Lieder*, dont il a publié environ trente recueils. En 1839, il a fait représenter, à Cassel, un opéra comique intitulé : *une Nuit à Smyrne*, qui a été bien accueilli par le public.

GRENZER (Jean-Frédéric), né à Dresde, était hautboïste de la musique particulière du roi de Suède, en 1783. En 1779, il a fait graver chez Hummel, à Berlin, six trios pour la flûte. On connaît aussi de cet artiste un concerto pour le basson et quelques symphonies en manuscrit.

GRESEMUND (Théodore), docteur en droit, né à Spire, dans la deuxième moitié du quinzième siècle, fit imprimer, à l'âge de

(1) Cette invention n'était pas absolument nouvelle ; un Allemand, nommé Kratzenstein, qui vivait à Saint-Pétersbourg sous le règne de Catherine, paraît avoir employé le premier les anches libres dans les tuyaux d'orgue. Rackwitz, l'abbé Vogler, Sauer, Kober et d'autres Allemands avaient employé ensuite ces anches dans des instruments construits avant 1807. Godefroid Weber, en rappelant ces faits dans le n° 43 de la *Cæcilia*, a contesté les droits de Grenié à cette amélioration du système des jeux d'anches ; mais outre que Grenié n'avait jamais été en Allemagne et ne savait pas un mot d'allemand, il est prouvé par les registres des séances du comité d'enseignement du Conservatoire de Paris qui ont été entre les mains de Vinit, ancien secrétaire de cette école, que douze ans avant de produire son orgue expressif en public, Grenié avait fait, le 20 nivôse an VI (janvier 1798) des essais de comparaison entre des tuyaux à anches ordinaires et à anches libres.

En ce qui concerne la théorie des jeux d'orgue à augmentation et diminution du son, on trouve d'excellentes observations dans la dissertation de Guillaume Weber (voyez ce nom) intitulée : *Leges oscillationis oriundæ conjungatur, ut oscillare non possint, nisi simul et synchronice, exemplo illustratæ tuborum linguatorum*, Halle, 1827. On peut voir aussi sur le même sujet un morceau du même savant dans le n° 43 de la *Cæcilia*, et dans *la Revue musicale*, t. XI, p. 257 et 353.

quinze ans : *Dialog. in septem artium liberalium defensionem*. Le cinquième dialogue contient une apologie de la musique. Gresemund est mort à Mayence, en 1512.

GRESNICK (Antoine-Frédéric), compositeur dramatique, né à Liége, en 1752, fut envoyé fort jeune comme pensionnaire au Collége liégeois de Rome, y fit de bonnes études musicales, et alla les terminer à Naples, sous la direction de Sala. Il paraît qu'il écrivit pour les théâtres de Naples avant 1780, car il est compté au nombre des compositeurs dramatiques dans l'*Almanach des Théâtres* de cette année; cependant on ne trouve point de traces de ses premiers travaux. On sait seulement qu'il alla à Londres une première fois avant 1784. Dans cette même année, il retourna en Italie et y composa *il Francese bizzarro*, opéra bouffe, qui fut joué à Savona. Rappelé à Londres, en 1785, il y écrivit *Demetrio*, en trois actes; *Alessandro nell' Indie*, en trois actes, et *la Donna di cattiva umore*. Le succès de ces ouvrages le fit choisir pour être directeur de la musique du prince de Galles. En 1786, il écrivit *Alceste* pour la célèbre cantatrice Mara. Après un séjour de six ans en Angleterre, il vint à Paris en 1791, ne put y trouver l'emploi de son talent, et se rendit à Lyon comme chef d'orchestre du Grand-Théâtre. Il y écrivit un grand opéra intitulé *l'Amour à Cythère*, qui fut représenté en 1793. Le succès de cet ouvrage, qui fut joué dans la même année sur six théâtres de Paris (1), le ramena dans cette ville. Il travailla d'abord pour le théâtre de la rue de Louvois, rival des théâtres Favart et Feydeau, et y donna : 1° *Le Savoir-faire*, en deux actes, 1795. 2° *Les Petits Commissionnaires*, un acte, 1795. 3° *Éponine et Sabinus*, deux actes, 1796. 4° *Les Faux Mendiants*, un acte, 1796. 5° *Le Baiser donné et rendu*, un acte, 1796; joli ouvrage dont la partition a été gravée. Au théâtre Montansier : 6° *Les Extravagances de la vieillesse*, un acte, 1796; même sujet que *le Jeune Sage et le Vieux Fou*, de Méhul. 7° *La Forêt de Sicile*, deux actes, 1797; la partition a été gravée. 8° *Le Petit Page, ou la Prison d'État*, un acte, 1797. 9° *Les Faux Monnoyeurs, ou la vengeance*, drame en trois actes, mêlé de chant, 1797. 10° *Le Tuteur original*, un acte, 1797. 11° *La Grotte des Cévennes*, en un acte, 1798. 12° *L'Heureux Procès, ou Alphonse et Léonore*, en un acte, au théâtre Feydeau, 1798. La partition a été gravée. 13° *La Tourterelle dans les bois*, en un acte, au théâtre Montansier, 1790. 14° *Rencontres sur rencontres*, en un acte, au même théâtre, 1799. 15° *Le Rêve*, en un acte, au théâtre Favart, 1799; joli ouvrage dont la partition a été gravée. 16° *Léonidas ou les Spartiates*, en un acte, à l'Opéra, en société avec Persuis. Cet ouvrage ne réussit pas. Gresnick avait écrit depuis près d'un an *la Forêt de Brahma*, en trois actes, pour l'Opéra, sur un poëme de madame Bourdic Viot; mais au moment où il espérait qu'on allait jouer cet ouvrage, il apprit que sa musique n'était reçue qu'à *correction;* cette déception et la chute de *Léonidas* lui causèrent un profond chagrin qui le conduisit au tombeau, le 16 octobre 1799, à l'âge de quarante-sept ans. Indépendamment des ouvrages cités précédemment, on a gravé de sa composition : 1° *Amusement social*, recueil d'ariettes avec accompagnement de piano, Paris. 2° *Récréations nouvelles*, ariettes, duos et romances, *idem, ibid.* 3° Dix romances et ariettes avec accompagnement de piano ou harpe et violon ou flûte, Paris, 1797. 4° Duo italien : *Questa è la bella face*, avec accompagnement de piano ou harpe et violon ou flûte, *ibid.*, 1797. 5° Symphonie concertante pour clarinette et basson, avec orchestre, exécutée aux concerts de Feydeau, Paris, Pleyel, 1797. Il y a du goût et une certaine grâce mélancolique dans la musique de Gresnick, mais elle manque de verve et d'effet scénique; de là vient qu'elle n'a point obtenu de succès populaires.

(1) Il y avait alors beaucoup de théâtres à Paris où l'on jouait l'opéra.

GRESSET (Jean-Baptiste-Louis), né à Amiens, en 1709, s'est placé, par son joli poëme de *Vert-Vert* et sa comédie du *Méchant*, au nombre des bons poëtes français. Il entra dans l'ordre des Jésuites à l'âge de seize ans, fut envoyé à Paris pour y compléter son instruction, et rentra plus tard dans le monde, où l'appelaient ses succès littéraires. Admis à l'Académie française, en 1748, il se retira dans le lieu de sa naissance quelques années après, y fonda une académie, s'en repentit bientôt, puis se fit dévot par faiblesse, et finit par désavouer ses titres à la renommée. Il mourut à Paris, le 16 juillet 1777. En 1737, il a fait imprimer un *Discours sur l'harmonie* (Paris, in-8° de quatre-vingt-neuf pages) qui a été inséré depuis lors dans toutes les éditions de ses œuvres. Gresset avait écrit d'abord ce discours en latin; il le traduisit en français pour le publier. Ce morceau, vide de faits et d'idées, n'a pu sortir que de la plume d'un homme entièrement étranger à la connaissance et au sentiment de l'art. Il a cependant été traduit en allemand par Wolf, commissaire général à Wolfenbuttel, sous ce titre : *Die Harmonie, ein Rede*, Berlin, 1752, in-4°. Il en existe aussi une traduction hollandaise intitulée : *Lof der Harmony*, Amersfoort, 1770, grand in-8°.

GRÉTRY (André-Ernest-Modeste), né à Liége, le 11 février 1741, reçut le jour d'un musicien pauvre, qui était violoniste à la Collégiale de Saint-Denis. Une constitution faible, que divers accidents graves ébranlèrent encore, semblait le rendre peu propre au travail, et ne lui promettre qu'une existence courte et valétudinaire ; cependant il vécut longtemps, fut rarement malade, et produisit un grand nombre d'ouvrages.

Dans son enfance, on ne connaissait guère d'autre éducation musicale que celle qu'on recevait dans les maîtrises de cathédrales ; aussi fut-il placé à la Collégiale comme enfant de chœur, à l'âge de six ans. Cette condition était fort pénible autrefois, parce que les maîtres de musique, imbus des préjugés d'une éducation despotique, croyaient ne pouvoir user de trop de sévérité envers leurs élèves ; dans la maîtrise de Liége, l'existence d'un enfant de chœur était un supplice continuel.

Une dureté excessive et déraisonnable de la part des maîtres n'est pas propre à hâter les progrès des élèves ; il ne faut donc pas s'étonner si ceux de Grétry furent lents. On le crut incapable d'apprendre la musique, et son père fut obligé de le retirer de la maîtrise pour le confier aux soins d'un professeur habile, nommé Leclerc, qui fut depuis maître de musique à la cathédrale de Strasbourg. Celui-ci, aussi doux que le premier était brutal, rendit bientôt Grétry bon lecteur. Mais l'arrivée à Liége d'une troupe de chanteurs italiens, qui jouait les opéras de Pergolèse et de Buranello, fut l'événement qui contribua surtout à développer en lui l'instinct de la musique ; c'est en assistant aux représentations de ces ouvrages qu'il prit un goût passionné pour l'art dans lequel il s'est ensuite rendu célèbre.

Comme tous ceux que la nature a destinés à être compositeurs, Grétry commença à écrire presque dès l'enfance, et sans avoir appris les premiers éléments de la composition. Ses premiers ouvrages furent un motet à quatre voix, et une espèce de fugue instrumentale qu'il fit en suivant pas à pas une autre fugue dont il retourna le sujet. Ces premières productions parurent des merveilles aux amis de sa famille ; mais le fruit le plus avantageux qu'il en retira fut qu'on sentit la nécessité de lui donner un maître d'harmonie. Renekin, organiste de la Collégiale, lui en enseigna les principes, et peu de temps après le maître de chapelle de Saint-Paul, Moreau, commença à lui donner des leçons de contrepoint. Mais déjà il était trop tard pour qu'il pût donner à ses études l'attention nécessaire ; la fermentation de son imagination y mettait un obstacle invincible. « Je n'eus pas assez de patience « pour m'en tenir à mes leçons de composi- « tion, dit-il ; j'avais mille idées de musique « dans la tête, et le besoin d'en faire usage « était trop vif pour que je pusse y résister. Je « fis six symphonies ; elles furent exécutées « dans notre ville avec succès. » (*Essais sur la musique*, t. Ier, p. 85.) Cette histoire est celle de tous les musiciens qui ont entrepris l'étude de leur art dans l'âge des passions, et lorsque le besoin de produire se fait déjà sentir ; elle explique les causes de l'ignorance où Grétry est resté toute sa vie des procédés de l'art d'écrire la musique, et de son peu d'aptitude à s'en instruire.

Un chanoine de la cathédrale de Liége avait suggéré au jeune compositeur la pensée d'aller à Rome. Le désir d'étudier n'était pas le motif le plus puissant pour l'engager à faire ce voyage. L'attrait d'un pays nouveau, le besoin de mouvement et d'agitation qu'on éprouve à dix-huit ans, et la persuasion qu'on est appelé à de hautes destinées, occupent surtout à cet âge. Quoi qu'il en soit, il fallait, pour entreprendre ce voyage, obtenir des secours du chapitre de Liége, car les parents de Grétry n'étaient pas riches. Une messe qu'il fit exécuter décida les chanoines à lui accorder ce qu'il désirait, et il partit, en 1759, pour la capitale du monde chrétien. Arrivé à Rome, il y fit choix de Casali pour maître de contrepoint, et étudia pendant quatre ou cinq ans sous la direction de ce professeur distingué, dont il ne paraît pas avoir apprécié le mérite. Sa manière d'écrire l'harmonie dans ses opéras, et son embarras visible lorsqu'il parle de cette science dans ses *Essais sur la musique*, prouvent que son temps fut assez mal employé. Ce n'était pas à être harmoniste qu'il était destiné : son génie le portait surtout à la musique dramatique et à l'expression des paroles.

Il avait composé quelques scènes italiennes et des symphonies qui furent entendues avec plaisir, et qui lui procurèrent un engagement pour le petit théâtre d'Aliberti, à Rome. L'intermède qu'il écrivit était intitulé *la Vendemiatrice* : il fut bien accueilli par le public romain. Ce premier essai était de bon augure, et présageait au jeune musicien les succès qu'il a obtenus depuis. Ce fut peu de temps après que le hasard lui fit connaître le genre qu'il était appelé à traiter. Un secrétaire de la légation française lui avait prêté la partition de *Rose et Colas*. Charmé par la musique naturelle et gracieuse de Monsigny, et par le genre de l'ouvrage, Grétry sentit tout à coup sa véritable vocation : il s'éprit de passion pour l'opéra comique français. Paris pouvait seul lui offrir les moyens d'utiliser le talent qu'il tenait de la nature; il le comprit et partit de Rome avec d'heureux pressentiments.

Grétry quitta l'Italie au mois de janvier 1767, après y avoir passé neuf ans, et se dirigea vers Genève. Il s'y arrêta dans l'intention de voir Voltaire et d'en obtenir un poëme d'opéra comique. Quoique bien accueilli par ce grand homme, il n'en eut qu'une promesse vague pour un temps éloigné. Il y avait alors à Genève un Opéra-Comique français; Grétry voulut y essayer son talent pour ce genre, et refit la musique d'*Isabelle et Gertrude*. L'ouvrage fut joué avec succès et eut six représentations, ce qui est beaucoup pour une petite ville comme était alors Genève. La nécessité de pourvoir à son existence l'obligeait à donner des leçons; les femmes les plus distinguées de la ville voulurent l'avoir pour maître, en sorte qu'il jouissait d'une certaine aisance. Mais près d'une année s'était écoulée sans aucun résultat pour sa réputation; il avait vingt-huit ans et n'était pas connu. Voltaire lui conseilla d'aller directement au but et de se rendre à Paris, seul endroit, disait-il, où l'on peut aller promptement à l'immortalité. Grétry suivit ce conseil et arriva bientôt dans la grande ville, plein d'espérance et d'illusions qui ne tardèrent pas à se dissiper.

Ce qu'il y a de plus difficile pour un musicien qui veut travailler pour le théâtre, et qui n'est pas connu, c'est d'inspirer assez de confiance à quelque poëte pour qu'il consente à hasarder le sort d'une pièce entre ses mains. Près de deux années furent perdues par Grétry en sollicitations infructueuses. Enfin Du Rozoy, dont le nom était aussi ignoré que le sien, écrivit pour lui *les Mariages Samnites*, ouvrage en trois actes, destiné à la Comédie Italienne, mais qu'on trouva d'un genre trop noble pour ce spectacle, et qu'on fut obligé d'arranger pour l'Opéra. Après bien des délais, le jour de la première répétition fut fixé. « C'est ici, « dit le compositeur, qu'il faudrait une plume « exercée pour décrire ce que j'entrevis de « fâcheux sur la mine des musiciens rassem- « blés; un froid glacial régnait partout : si je « voulais, pendant l'exécution, ranimer de ma « voix ou de mes gestes cette masse indolente, « j'entendais rire à mes côtés, et l'on ne m'é- « coutait pas. » Ce fut encore pis le soir où la cour s'était rassemblée chez le prince de Conti pour entendre l'ouvrage avec l'orchestre : tout alla au plus mal, et chacun sortit persuadé que Grétry n'était point appelé à faire de la musique dramatique. Heureusement le comte de Creutz, envoyé de Suède, ne partagea pas l'opinion générale : il prit sous sa protection l'auteur des *Mariages Samnites*, et obtint de Marmontel qu'il lui confiât la petite comédie du *Huron*. La pièce, représentée le 20 août 1768, alla aux nues. La mélodie des airs du *Huron* est agréable et facile, et déjà l'on y remarque le talent naturel de l'auteur pour l'expression des paroles; mais le peu d'élégance des formes musicales y est d'autant plus frappant que ce musicien arrivait d'Italie, où il avait passé près de dix ans, à l'époque où Piccinni, Jomelli, Majo et Galuppi produisaient des modèles de perfection en ce genre. On ne vit peut-être pas alors tout ce que Grétry pourrait faire par la suite; mais on put juger de ce qui lui manquerait toujours.

Quelques mois après *le Huron*, parut *Lucile*, où l'on trouve un quatuor (*Où peut-on être mieux qu'au sein de sa famille?*) que tout le monde connaît, et qui est le seul morceau qu'on ait retenu. Mais *le Tableau parlant*, qui fut donné presque dans le même temps (1769), plaça dès ce moment Grétry au rang des meilleurs compositeurs français : cet ouvrage charmant a survécu aux diverses révolutions que la musique a éprouvées. Malgré les conditions désavantageuses de la comédie lyrique, où les airs se succèdent rapidement, et dans laquelle la même scène en contient plusieurs, malgré l'instrumentation faible et les formes vieillies de cette pièce, on l'écoute encore avec plaisir, parce que les mélodies en sont charmantes, naturelles, expressives. Rien de plus gracieux que le *cantabile* du duo de Colombine et de Pierrot : ce morceau serait un chef-d'œuvre, si la modulation en était plus variée, et si Grétry n'avait maladroitement parcouru deux fois la même série de tons, au lieu de transporter la réponse du thème principal à la dominante.

Trois opéras, *Sylvain*, *les Deux Avares*, et *l'Amitié à l'épreuve*, furent composés par Grétry dans l'année 1770. On a beaucoup vanté le premier, dans sa nouveauté; le duo, *Dans le sein d'un père*, a eu surtout grand nombre d'admirateurs; néanmoins cet ouvrage m'a toujours paru languissant, et l'un des moins remarquables de l'auteur. Le duo même, quoiqu'on y trouve une belle phrase, manque de plan et n'est pas écrit dans les limites naturelles des voix. Le *Sylvain* est une des compositions de Grétry qui ont le plus vieilli; il a disparu du théâtre depuis longtemps, et tout porte à croire qu'il n'y sera plus entendu. On ne joue plus *les Deux Avares*, parce que le genre de la pièce n'est plus à la mode; mais on y trouve un duo du meilleur comique; c'est celui, *Prendre ainsi cet or, ces bijoux*, un chœur de janissaires excellent (*Ah! qu'il est bon, qu'il est divin!*), et plusieurs autres morceaux agréables. *L'Amitié à l'épreuve* n'a point réussi; néanmoins la musique en est fort bonne : c'est un des ouvrages les mieux écrits de l'auteur.

Le succès de *Zémire et Azor*, qu'on joua dans l'automne de 1771, fut éclatant; l'imagination de Grétry s'y montra dans toute sa fraîcheur; jamais il n'avait été plus riche de chants heureux que dans cet opéra. Rien de plus piquant que l'air, *Les esprits dont on nous fait peur;* rien de plus suave que le rondo, *Du moment qu'on aime, etc.* Malgré les transformations de certaines parties de la musique, de pareilles inspirations ne peuvent cesser d'être belles ni d'intéresser les artistes sans préjugés. Il y a aussi une multitude de phrases charmantes dans *l'Ami de la maison :* c'est un tour de force que d'avoir pu intéresser par la musique dans une comédie aussi froide, aussi languissante. En voulant répéter cette espèce de défi dans *le Magnifique*, Grétry fut moins heureux. On a donné souvent des éloges à la *scène de la rose;* ce qui n'empêche pas cette scène d'être longue et ennuyeuse. Il n'en est pas de même de *la Rosière de Salency*, qui fut jouée en 1774; là, tout est frais, élégant, dramatique. On connaît l'air, *Ma barque légère;* l'ouvrage fourmille de jolis traits qui ne le cèdent pas à celui-là. *La Fausse Magie* est une des mauvaises pièces que Marmontel a écrites pour Grétry. Il s'en attribuait tout le succès, et ne s'apercevait pas qu'elles ne devaient leur existence qu'à la musique. C'est l'esprit du musicien qui a soutenu *la Fausse Magie* et non celui du poëte. Que de fois on est retourné entendre le duo : *Quoi! c'est vous qu'elle préfère!* Sans ce duo et quelques jolis chants, personne n'aurait eu le courage d'entendre la pièce.

Grétry n'était pas né pour la tragédie lyrique. Il ne manquait cependant pas de force d'expression; mais il ne pouvait soutenir un ton élevé pendant trois ou cinq actes. *Céphale et Procris*, qu'il donna au mois de mai 1775, *Andromaque*, jouée en 1780, *Aspasie*, et *Denys le Tyran*, tous représentés sans succès à l'Opéra, en sont la preuve. Le duo *Donne-la-moi dans nos adieux* (de Céphale) est cependant célèbre; on y trouve plusieurs belles phrases, mais le morceau est mal disposé pour les voix et généralement mal écrit. D'ailleurs, ce n'est point assez d'un duo dans un opéra en trois actes.

La renommée de Grétry s'augmentait à chaque production de sa plume; *le Jugement de Midas* (1778), *l'Amant jaloux* (même année), *les Événements imprévus* (1779), *Aucassin et Nicolette* (même année), *l'Épreuve villageoise* (1784), et surtout *Richard Cœur de Lion* (1785), mirent le comble à sa gloire, et, dès lors, il n'eut plus de rivaux en France, pour l'opéra comique. Ces ouvrages sont si connus, qu'il est inutile de s'étendre sur leur mérite. Quant aux défauts que les musiciens peuvent y trouver, ils prennent en partie leur source dans le goût français de l'époque où leur auteur écrivait, et dans les moyens d'exécution dont il pouvait disposer. *La Caravane du Caire*, *Panurge* et *Anacréon chez Polycrate*, introduisirent à l'Opéra le genre de demi-caractère, et même le genre bouffe, car *Panurge* n'est qu'un opéra bouffon. Grétry était plus apte à traiter ces deux styles que celui de la tragédie; aussi réussit-il complétement. Peu d'ouvrages ont été joués aussi souvent que ceux qui viennent d'être nommés; *la Caravane* a été longtemps la ressource des administrateurs de l'Opéra.

Au milieu des succès dont l'auteur de tant de productions voyait couronner ses travaux, un nouveau genre de musique, créé par Méhul et par Cherubini, s'était introduit sur la scène de l'Opéra-Comique. Cette musique, plus forte d'harmonie, plus riche d'instrumentation, et beaucoup plus énergique que celle de Grétry, devint tout à coup à la mode au commencement de la révolution, et fit oublier pendant plusieurs années *le Tableau parlant*, *l'Amant jaloux* et *la Fausse Magie*. Il n'y a point d'auteur qui se résigne de bonne grâce à l'oubli du public : Grétry fut très-sensible à cette sorte de disgrâce, à laquelle il n'était pas préparé.

Il n'aimait pas la musique nouvelle, mais il regrettait que des études plus fortes ne l'eussent point mis en état de lutter avec ses nouveaux adversaires : toutefois, comme on ne se rend jamais justice sur ce qui touche l'amour-propre, il ne se considéra pas comme vaincu, et il voulut rentrer dans la carrière en imitant, autant qu'il le pouvait, un genre qu'il dédaignait au fond de l'âme. C'est à ses efforts pour y parvenir qu'on dut *Pierre le Grand*, *Lisbeth*, *Guillaume Tell* et *Élisca*. Quoiqu'on retrouve dans ces ouvrages des traces de son ancienne manière, on aperçoit facilement le tourment qu'il se donne pour être autre que la nature ne l'avait fait. Les mélodies de ces productions n'ont plus l'abandon, le naturel ni la verve qui distinguaient les œuvres de la jeunesse de Grétry ; en un mot, il n'est plus qu'imitateur timide au lieu d'inventeur qu'il était.

La musique de Grétry était presque abandonnée, lorsque le célèbre acteur Elleviou entreprit de la remettre à la mode, et de la substituer aux grandes conceptions harmoniques alors en vogue, qui n'étaient pas de nature à faire briller ses facultés personnelles. Le talent dont il fit preuve dans *Richard*, dans *l'Ami de la maison*, dans *le Tableau parlant* et dans *Zémire et Azor* fut tel, que l'on ne voulut plus voir que ces ouvrages, qui étaient neufs pour une partie du public. Depuis lors, les œuvres de Grétry n'ont cessé de plaire au public français jusqu'à la nouvelle révolution qui, dans ces derniers temps, s'est opérée dans la musique dramatique. Les effets de celle-ci ont été d'accoutumer les spectateurs à de riches effets d'harmonie et d'instrumentation, et conséquemment de les rendre plus exigeants sous ces rapports. Rien ne pouvait nuire davantage à la musique de Grétry ; car ces parties de l'art musical sont précisément le côté faible de ses ouvrages. Le dédain qu'on affecte aujourd'hui pour les productions d'un homme de génie qui s'est illustré par de belles mélodies et par l'expression des paroles n'en est pas moins injuste. Au reste, Grétry attachait si peu d'importance à l'instrumentation de ses ouvrages, qu'il en chargeait ordinairement quelqu'un de ses amis. L'orchestre de ses vingt derniers opéras a été écrit par Panseron, père de l'auteur d'un grand nombre d'ouvrages pour l'enseignement du solfége, du chant et de l'harmonie. (*Voyez* PANSERON.)

Matroco, *Colinette à la Cour*, *l'Embarras des richesses*, *le Comte d'Albert* et sa suite, *le Rival confident*, *les Méprises par ressemblance*, *le Prisonnier anglais*, *Amphitryon*, et plusieurs autres opéras n'ont pas été mentionnés dans leur ordre chronologique, parce que, si l'on y retrouve quelquefois le musicien spirituel, si même ces partitions contiennent quelques airs remarquables, ils n'ont cependant rien ajouté à la réputation de leur auteur.

On a vu que la musique de Grétry brille surtout par le chant et par l'expression des paroles ; malheureusement toute qualité exagérée peut devenir un défaut : c'est ce qui a lieu dans les productions de ce musicien original. En s'occupant trop des détails, il négligeait l'effet des masses ; de là vient que sa musique, bonne pour les Français, n'a pas réussi chez les étrangers. Les observations minutieuses qu'il a faites sur ses propres ouvrages, dans ses *Essais sur la musique*, prouvent qu'il était bien moins préoccupé des formes musicales que du soin de rendre avec justesse un mot qui lui paraissait important. On en peut juger par ce qu'il dit d'un air de *l'Amant jaloux*. « L'endroit qui me paraît le « mieux saisi dans l'air suivant, *Plus de sœur, « plus de frère*, est la suspension après ces « vers :

« Mais si quelque confidente,
« Malicieuse, impertinente,
« Cherchait à tromper mon attente...

« Les deux notes suivantes que fait l'or- « chestre en montant par semi-tons, expri- « ment la mine que fait *Lopez* : j'aurais pu « lui faire chanter ces deux notes sur une « exclamation, *Oh !* mais le silence est plus « éloquent. » Méhul disait avec justesse, en parlant de ces détails, que c'est de l'esprit, mais que ce n'est pas de la musique. On a dit spirituellement de Grétry : *C'est un homme qui fait les portraits ressemblants, mais qui ne sait pas peindre*. Ce qui a pu contribuer à empêcher ce compositeur de suivre les progrès de l'art dans l'*effet musical*, c'est le dédain qu'il avait pour toute autre musique que la sienne ; dédain qu'il ne prenait même pas la peine de dissimuler. Un de ses amis entrait un jour chez lui en fredonnant un motif : « Qu'est-ce « que cela ? demanda-t-il. — C'est, lui répondit « son ami, un rondo de cet opéra que nous « avons vu l'autre jour dans votre loge. — « Ah ! oui, je m'en souviens ; *ce jour où nous « sommes arrivés trop tôt à Richard !* » Il s'agissait d'un des meilleurs ouvrages du répertoire de l'Opéra-Comique. L'excès de son amour-propre et ses opinions sur es œuvres des autres musiciens prenaient leur source dans sa manière absolue de concevoir la musique dramatique. Le savoir profond dans l'art d'écrire, la pureté de style, la qualité des idées mélodiques, abstraction faite de l'expression dramatique, enfin le coloris musical, n'étaient rien pour lui. On dissertait un soir, au foyer de l'Opéra-Comique, sur les instruments qui produisent le plus d'effet et, en général, sur les moyens d'exciter de fortes émotions par la musique de théâtre. Plusieurs compositeurs distingués assistaient à cette discussion ; chacun proposait ses vues et disait son mot ; les opinions étaient partagées. « Messieurs, dit « l'auteur de l'*Amant jaloux*, je connais « quelque chose qui fait plus d'effet que tout « cela. — Quoi donc? — La vérité. » Ce mot peint Grétry d'un seul trait ; il est rempli de justesse ; mais celui qui le disait ne voyait pas que la vérité dans les arts est susceptible d'une multitude de nuances, et que pour être vrai il faut être coloriste autant que dessinateur, il n'était donc pas inutile de chercher à augmenter l'effet des couleurs musicales.

On connait quelques mots de Grétry qui indiquent de la finesse dans l'esprit ; il aimait à en dire, mais ses saillies manquaient quelquefois de justesse. Par exemple, interrogé par Napoléon sur la différence qu'il trouvait entre Mozart et Cimarosa, il répondit : « Cimarosa « met la statue sur le théâtre, et le piédestal « dans l'orchestre ; au lieu que Mozart met la « statue dans l'orchestre et le piédestal sur le « théâtre. » On ne sait ce que cela veut dire. Il faut que la statue et le piédestal ne soient point séparés. Grétry, qui n'était pas assez musicien pour concevoir la mélodie et les parties d'accompagnement d'un seul jet, séparait toujours deux choses qui ne doivent en faire qu'une. Nul doute qu'il n'ait voulu dire que l'instrumentation de Mozart l'emporte sur ses chants et sur l'expression dramatique : mais il se trompait. Il ne comprenait pas cette musique, trop forte pour lui, et n'était pas plus avancé, à cet égard, que le public de son temps. Malgré ses prétentions à l'esprit, sa conversation était plus fatigante qu'agréable, parce qu'elle n'avait et ne pouvait avoir que lui ou ses ouvrages pour objet. Il y revenait sans cesse, et l'habitude qu'il avait de vivre entouré d'amateurs passionnés de sa musique, qui ne l'entretenaient que de choses dont son amour-propre était flatté, lui rendait tout autre entretien insupportable. Bien qu'il attachât beaucoup d'importance à sa qualité d'écrivain, son ignorance en ce qui concerne l'histoire, la littérature et le mécanisme du style, était complète. En 1789, il publia à Paris un volume in-8°, sous le titre de *Mémoires* ou *Essais sur la musique*. Ce volume contenait l'histoire de sa vie et celle des ouvrages qu'il avait fait représenter jusqu'alors. En 1797 (an v) il obtint du gouvernement français la réimpression gratuite à l'imprimerie nationale de cet ouvrage, auquel il joignit deux nouveaux volumes. On a dit avec justesse que Grétry aurait dû appeler son livre *Essais sur ma musique ;* il n'y parle, en effet, que de ses opéras. Quoi qu'il en soit, Grétry n'a point écrit les trois volumes qui portent son nom ; il n'en a jeté que les idées informes sur le papier : ce fut un de ses amis, nommé *Legrand*, ancien professeur au collége du Plessis, qui leur donna la forme qu'ils ont aujourd'hui. Le premier volume, qui contient la partie historique de la vie et des ouvrages de Grétry, est le plus intéressant. Les autres ne renferment que de longues et faibles dissertations sur une métaphysique de l'art dont les musiciens ne sauraient rien tirer d'utile. Mees, ancien professeur de musique à Bruxelles, a donné une nouvelle édition des mémoires de Grétry, avec des notes, Bruxelles, 1829, trois vol. in-18. En 1802 (an x), Grétry a publié une *Méthode simple pour apprendre à préluder, en peu de temps, avec toutes les ressources de l'harmonie,* Paris, de l'imprimerie de la république, in-8° de quatre-vingt-quinze pages. Ce livre est celui d'un écolier, et démontre la profonde ignorance de l'auteur sur la matière qu'il voulait traiter. Il lui prit aussi fantaisie d'écrire, vers le même temps, un livre qu'il publia sous le titre de *la Vérité, ou ce que nous fûmes, ce que nous sommes, ce que nous devrions être* (Paris, 1802, trois vol. in-8°). Il avait cru s'y montrer profondément versé dans les sciences politiques ; mais on a dit avec justesse qu'il y a justifié le proverbe : *Ne sutor ultra crepidam.* Ayant renoncé à la musique dans ses dernières années, il ne s'en occupait plus que d'une manière spéculative, et avait consigné ses réflexions sur cet art ainsi que sur beaucoup d'autres objets dans un ouvrage auquel il donnait le titre de *Réflexions d'un solitaire.* Deux ans avant sa mort, il en avait annoncé la publication prochaine à un de ses amis, et assurait qu'il travaillait au sixième volume ! Soit qu'on n'ait point retrouvé son manuscrit, soit que, soigneux de sa gloire, ses amis l'aient condamné à l'oubli, ce livre n'a point paru.

Des honneurs de tout genre ont été accordés à Grétry, même pendant sa vie. Dès l'année 1785, la ville de Paris avait donné son nom à l'une des rues qui avoisinent le Théâtre Italien, et ce nom lui est resté. Son buste fut placé vers le même temps au grand foyer de l'Opéra. Le comte de Livry lui fit ériger, vers 1809, une statue en marbre qui a été placée sous le vestibule du théâtre de l'Opéra-Comique. Son portrait fut gravé, en 1776, et copié plusieurs fois. Plus tard, Isabey dessina de nouveau un portrait fort ressemblant de ce compositeur célèbre, qui fut gravé par Simon; enfin, un autre portrait fut lithographié par M. Maurin, en 1829, d'après celui qui avait été peint par Robert Lefèvre pour la salle d'assemblée de l'Opéra-Comique, et fut publié par la deuxième livraison de la *Galerie des musiciens* avec une notice par l'auteur de ce dictionnaire. A l'âge de vingt-six ans, Grétry fut admis dans l'Académie des philharmoniques de Bologne. Lors de la formation de l'Institut, en 1796, on le choisit pour remplir une des trois places de compositeurs dans la section de musique de la classe des beaux-arts. Plus tard, il fut nommé correspondant de la société d'Émulation de Liége, membre de l'Académie de musique de Stockholm, et de plusieurs autres sociétés savantes. Le prince évêque de Liége lui avait donné le titre de conseiller intime, en 1784; une place de censeur royal pour la musique lui fut accordée vers le même temps, et à plusieurs époques il fut membre du jury de l'Opéra. Ayant été nommé, en 1795, inspecteur de l'enseignement au Conservatoire de musique, il en remplit d'abord les fonctions; mais au bout de quelques mois, le besoin de recouvrer sa liberté lui fit demander sa démission. Napoléon lui accorda la décoration de la Légion d'honneur à la création de cet ordre.

Recherché par quelques hommes puissants de l'ancienne cour, il en fut comblé de bienfaits. En 1782, il lui avait été accordé une pension de mille francs sur la caisse de l'Opéra; le roi lui en donna une autre de mille écus, vers le même temps, et la Comédie Italienne le mit au nombre de ses pensionnaires, en 1786. A ces revenus assez considérables se joignait le produit de diverses sommes qu'il avait placées sur l'État : la révolution de 1789 renversa l'édifice de sa fortune. Le succès éclatant de ses ouvrages, à l'époque où ils furent remis en scène, par Elleviou, et le produit considérable qu'il en retirait, joint à une pension de quatre mille francs qui lui avait été accordée par Napoléon, lui rendit l'aisance qu'il avait perdue, et il en jouit jusqu'à la fin de ses jours.

Grétry avait été marié et avait eu plusieurs enfants; l'une de ses filles, qui s'est fait connaître par la musique de deux petits opéras, annonçait d'heureuses dispositions; mais elle mourut jeune (*voyez* l'article suivant), et son père eut le malheur de survivre à toute sa famille.

L'acquisition de l'Ermitage de J.-J. Rousseau, à Montmorency, que Grétry avait faite, le détermina à se retirer à la campagne, et à y passer la plus grande partie de ses dernières années. Il s'y plaisait et y retrouvait une gaieté qui l'abandonnait aussitôt qu'il se retrouvait à Paris. Un événement funeste lui fit quitter brusquement ce séjour. Un de ses voisins, meunier de profession et au-dessus de son état par son éducation, fut assassiné dans son moulin, le 30 août 1811. Dès ce moment, Grétry ne fut plus tranquille chez lui. De retour à Paris, il eut recours aux ressources de la médecine pour rétablir sa santé, fort affaiblie depuis quelque temps, mais elles n'eurent d'autre résultat que de prolonger ses souffrances. Ne se dissimulant pas que sa fin approchait, il voulut qu'au moins elle fût douce, et demanda qu'on le ramenât à l'Ermitage; ses forces s'affaiblirent insensiblement, et, le 24 septembre 1813, il cessa de vivre. Les poëtes et les compositeurs, les professeurs du Conservatoire de musique, et les acteurs des principaux théâtres de Paris se joignirent aux membres de l'Institut pour honorer ses funérailles; elles furent dignes de la renommée d'un tel artiste. Le 6 octobre, sa messe de *Requiem* fut exécutée à grand orchestre à l'église Saint-Roch. Le convoi parcourut une partie des rues de Paris, et s'arrêta devant les deux théâtres lyriques principaux avant de se rendre au cimetière de l'Est. Plusieurs discours furent prononcés sur sa tombe; son éloge, par Méhul, ne fut pas le moins remarquable de tous ces morceaux. Le soir même, on exécuta à l'Opéra-Comique une sorte d'Apothéose qui excita une vive émotion parmi les spectateurs. Pendant plusieurs jours, on ne joua à l'Opéra et à l'Opéra-Comique que des ouvrages composés par Grétry; enfin, rien ne manqua aux honneurs qui lui furent accordés. Déjà, dès le mois de février 1809, la Société académique des *Enfants d'Apollon* avait rendu hommage aux talents remarquables de ce compositeur, en le nommant l'un de ses membres. Au mois de mars suivant, un concert composé seulement de morceaux de Grétry fut exécuté par les membres de cette société savante, et des discours, qui avaient pour objet son éloge, furent prononcés par Guichard et par Bouilly. Les détails de cette séance ont été réimprimés dans une brochure de vingt pages in-4°, sous le titre de : *Hommage rendu à Grétry*. Joachim Le Breton, secrétaire de la classe des beaux-arts de l'Institut royal de France, lut, dans la séance publique du 1er octobre 1814, une *Notice sur la vie et les ouvrages d'André-Ernest Grétry*, qui a été imprimée dans la même année par Firmin Didot (Paris, 1814, in-4° de trente-quatre pages). M. de Gerlache, premier président de la cour de cassation à Bruxelles, a publié une notice intitulée : *Essai sur Grétry, lu à la séance publique de la Société d'émulation de Liége, le 25 avril 1821*, Liége, 1821, in-8°. Une deuxième édition de cet essai a paru à Bruxelles, chez Hayez, en 1843, gr. in-8° de quarante-quatre pages, et l'auteur l'a reproduit dans son *Histoire de Liége, depuis César jusqu'à Maximilien de Bavière*, Bruxelles, Hayez, 1843, un volume in-8°. Diverses autres notices ont été données dans la *Biographie universelle* de MM. Michaud, dans la *Biographie des contemporains*, publiée par MM. Arnaud, de Jouy, etc., dans la *Biographie universelle et portative des contemporains*, de Raab, et dans plusieurs autres ouvrages du même genre; l'auteur de ce dictionnaire en a donné une, accompagnée du portrait de Grétry et d'un *fac-simile* de sa notation, dans la deuxième livraison de sa *Galerie des musiciens célèbres*, Paris, 1828, gr. in-fol. André-Joseph Grétry, neveu du célèbre compositeur, a publié : *Grétry en famille, ou anecdotes littéraires et musicales relatives à ce célèbre compositeur* (Paris, 1815, in-12). Le comte de Livry avait fait paraître auparavant un *Recueil de lettres écrites à Grétry ou à son sujet*, Paris, Ogier, sans date (1809), in-8° de cent cinquante-sept pages. Le gouvernement de la Belgique ayant fait faire la statue de Grétry par M. Guillaume Geefs, sculpteur à Bruxelles, on en fit l'inauguration à Liége, sur la place de l'Université, en 1842. A cette occasion, les écrits dont voici les titres furent publiés : 1° *Grétry*, par M. Félix Van Hulst, Liége, 1842, in-8°, avec portrait. 2° *A toutes les gloires de l'ancien pays de Liége : inauguration de la statue de Grétry*, 18 *juillet* 1842, par M. Polain, professeur de l'Université, membre de l'Académie royale de Belgique, *ibid.*, in-8°. 3° *La statue de Grétry*, poëme, par M. Étienne Henaux, *ibid.*, 1842, in-8°. M. Flamant (*voyez* ce nom), époux de la nièce de Grétry, dans le dessein d'honorer la mémoire de son illustre parent, avait offert son cœur aux magistrats de la ville de Liége; un procès fameux fut la suite de cette offre. M. Flamant, dans un volume qui a pour titre : *Cause célèbre relative au procès du cœur de Grétry* (Paris, 1825, in-8°), ainsi que dans plusieurs mémoires et brochures, a rendu compte des circonstances de ce procès; il a donné aussi l'*Itinéraire historique, biographique et topographique de la vallée d'Enghien à Montmorency, précédé des mémoires de l'auteur et de l'histoire complète du procès relatif au cœur de Grétry* (Paris, 1826, in-8°). Enfin, M. Frémolle, de Bruxelles, a fait imprimer une brochure sous ce titre : *Hommage aux mânes de Grétry au moment de la restitution du cœur de ce grand homme à sa patrie* (Bruxelles, 1828), opuscule qui contient des *Réflexions historiques* sur le compositeur.

Voici la liste des ouvrages de Grétry : POUR L'ÉGLISE : 1° *Messe solennelle* à quatre voix, à Liége, en 1759. 2° *Confiteor* à quatre voix et orchestre, à Rome, en 1762. La Bibliothèque du Conservatoire de musique de Paris possède le manuscrit autographe de cet ouvrage. 3° Six motets à deux et trois voix, à Rome, 1763 et années suivantes. 4° *De profundis* (*voyez* les *Essais sur la musique*, t. Ier, p. 78 et 79). 4° *bis* Messe de *Requiem*. MUSIQUE INSTRUMENTALE : 5° Six symphonies pour orchestre, à Liége, en 1758. 6° Deux quatuors pour clavecin, flûte, violon et basse, gravés à Paris, 1768, et ensuite à Offenbach, comme œuvre 1er. 7° Six sonates pour le clavecin, Paris, 1768. 8° Six quatuors pour deux violons, viole et basse, œuvre 3e, Paris, 1769. Les thèmes de ces œuvres de musique instrumentale se trouvent dans le neuvième supplément du catalogue de Breitkopf, Leipsick, 1774. OPÉRAS : 9° *Le Vendemiatrice*, intermède, au théâtre d'Aliberti, à Rome, en 1765. 10° *Isabelle et Gertrude*, à Genève, 1767. A Paris, à la Comédie-Italienne. 11° *Le Huron*, en deux actes, 1768. 12° *Lucile*, en un acte, 1769. *Le Tableau parlant*, 1769. 14° *Silvain*, en un acte, 1770. 15° *Les Deux Avares*, 1770. 16° *L'Amitié à l'épreuve*, en deux actes, 1771, réduit en un acte, 1776, et remis en trois actes, en 1786. 17° *Zémire et Azor*, en trois actes, 1771. 18° *L'Ami de la maison*, en trois actes, 1772. 19° *Le Magnifique*, en trois actes, 1773. 20° *La Rosière de Salency*, en quatre actes, puis en trois, 1774. 21° *La Fausse Magie*, en deux actes, 1775. 22° *Les Mariages samnites*, en trois actes, 1776, repris en 1782, avec des changements. 23° *Matroco*, en quatre actes, 1778. 24° *Le Jugement de Midas*, en trois actes, 1778. 25° *Les Événements impré-*

vus, en trois actes, 1779. 26° *Aucassin et Nicolette*, en trois actes, 1780. 29° *Thalie au Nouveau-Théâtre*, prologue pour l'ouverture du théâtre Favart, en 1783. 28° *Théodore et Paulin*, en trois actes, représenté sans succès, le 18 mars 1783; remis au théâtre avec beaucoup d'effet, le 24 juin de la même année, sous le titre de *l'Épreuve villageoise*, en deux actes. 29° *Richard Cœur de Lion*, en trois actes, 1784. 30° *Les Méprises par ressemblance*, en trois actes, 1786. 31° *Le Comte d'Albert*, en deux actes, 1787. 32° *La Suite du comte d'Albert*, en un acte, 1787. 33° *Le Prisonnier anglais*, en trois actes, 1787, remis au théâtre, en 1793, avec des changements, sous le titre de *Clarice et Belton*. 34° *Le Rival confident*, en deux actes, 1788, sans succès. 35° *Raoul Barbe-Bleue*, en trois actes, 1789. 36° *Pierre le Grand*, en trois actes, 1790. 37° *Guillaume Tell*, en trois actes, 1791. 38° *Basile, ou à Trompeur trompeur et demi*, en un acte, 1792. 39° *Les Deux couvents*, en deux actes, 1792. 40° *Joseph Barra*, en un acte, 1794. 41° *Callias, ou Amour et Patrie*, 1794. 42° *Lisbeth*, en trois actes, 1797. 43° *Élisca*, en un acte, 1799, au théâtre Feydeau. 44° *Le Barbier de village*, en un acte, 1797. A l'Opéra : 45° *Céphale et Procris*, en trois actes, 1773. 46° *Les Trois Ages de l'opéra*, prologue dramatique, en 1778. 47° *Andromaque*, en trois actes, 1780. 48° *Émilie*, en un acte, 1781. 49° *La Double Épreuve*, ou *Colinette à la cour*, en trois actes, 1782. 50° *L'Embarras des richesses*, en trois actes 1782. 51° *La Caravane du Caire*, en trois actes, 1783. 52° *Panurge dans l'île des Lanternes*, en trois actes, 1785. 53° *Amphitryon*, en trois actes, 1788. 54° *Aspasie*, en trois actes, 1789. 55° *Denis le Tyran, maître d'école à Corinthe*, en trois actes, 1794. 56° *Anacréon chez Polycrate*, en trois actes, 1797. 57° *Le Casque et les colombes*, en un acte, 1801. 58° *Delphis et Mopsa*, en trois actes, 1803. Outre ces ouvrages, Grétry a écrit pour la cour, en 1777 : 59° Les divertissements d'*Amour pour amour*, comédie de Lachaussée, sur des paroles de Laujon. 60° *Les Filles pourvues*, compliment de clôture pour la Comédie-Italienne. 61° *Momus sur la terre*, prologue donné au château de la Roche-Guyon. Il a laissé aussi en manuscrit les partitions d'opéras non représentés dont les noms suivent : 62° *Alcindor et Zaïde*, en trois actes. 63° *Zimeo*, en trois actes. 64° *Zelmar* ou *l'Asile*, en un acte. 65° *Électre*, en trois actes. 66° *Diogène et Alexandre*, en trois actes. 67° *Les Maures d'Espagne*, en trois actes. L'auteur de l'article *Grétry*, dans la *Biographie universelle et portative des contemporains*, dit que Frey, éditeur de musique, a fait graver de nouveau, en 1823, trente-deux des meilleures partitions de ce compositeur célèbre : c'est une erreur. Les planches dont on s'est servi pour cette publication sont celles des anciennes éditions; on a seulement rafraîchi les frontispices. Castil-Blaze a donné, en 1827, un choix de morceaux des opéras de Grétry, arrangés avec accompagnement de piano, sous le titre de : *Grétry des Concerts*.

GRÉTRY (Lucile), fille du précédent, naquit à Paris, vers 1770, et apprit la musique sous la direction de son père. Elle n'était âgée que de treize ans lorsqu'elle composa la musique du petit opéra intitulé : *le Mariage d'Antonio*; cet ouvrage fut joué avec succès à la Comédie-Italienne, en 1786. L'année suivante, cette jeune fille donna, au même théâtre, *Toinette et Louis*, qui fut moins bien accueilli. Elle se maria vers le même temps, ne fut point heureuse avec son mari, dont elle n'eut point d'enfants, et mourut à la fleur de l'âge, en 1793. La partition du *Mariage d'Antonio* a été gravée.

GRÉTRY (André-Joseph), neveu du compositeur, naquit à Boulogne-sur-Mer, le 20 novembre 1774. Aveugle presque de naissance, et littérateur sans talent, il passa presque toute sa vie dans un état de malaise et de souffrance dont son oncle aurait pu le garantir si, moins complétement égoïste, celui-ci avait voulu faire usage de son crédit pour lui faire accorder par le gouvernement quelque portion des secours destinés aux gens de lettres malheureux. Tombé dans la plus affreuse misère, cet infortuné est mort d'hydropisie, à Paris, le 19 avril 1826. On a de lui plusieurs comédies, jouées sur les théâtres secondaires, quelques romans bientôt oubliés, et des livrets d'opéras mis en musique par son oncle, mais non représentés. Il n'est cité ici que pour une détestable rapsodie, intitulée : *Grétry en famille, ou Anecdotes littéraires et musicales, relatives à ce célèbre compositeur*, qu'il publia à Paris, en 1815, un volume in-8°. On connaît aussi sous son nom quelques romances dont il avait fait les paroles et la musique.

GREULICH (Charles-Guillaume), né à Kunzendorf, près de Lœwenberg, le 13 février 1796, a fait ses études musicales sous la direction de son père, organiste dans le lieu de sa naissance. A peine âgé de six ans, il jouait déjà de l'orgue et faisait admirer son talent précoce.

Destiné à l'état ecclésiastique, il fut envoyé au gymnase de Hirschberg en 1808. Il y reçut des leçons de l'organiste Kohl, qui, frappé des progrès rapides de son élève, le détermina à se vouer à la carrière d'artiste. Greulich se rendit à Liegnitz en 1812, pour y continuer ses études de musique, et alla à Berlin en 1816. Le compositeur Anselme Weber, Bernard Romberg et le pianiste Berger l'encouragèrent dans ses débuts; ils le firent connaître comme professeur. Il commença dès lors à publier ses compositions pour le piano, et fit paraître des sonates, des rondos, des exercices, des thèmes variés, etc., qui furent publiés à Berlin, chez Schlesinger et à Leipsick. L'ouvrage qui a le plus contribué à faire connaître Greulich avantageusement est sa méthode de piano, divisée en quatre parties, publiée à Berlin en 1828. On en trouve une analyse détaillée, par Gleichmann, dans la *Cæcilia,* tome XIV, p. 265 et suivantes. Ses compositions sont au nombre d'environ quarante œuvres.

GRIEBEL (Alois), né à Würzbourg en 1779, apprit l'harmonie et la composition de Joseph Kraft, au couvent de Haidelfeld, en Bavière. Après que son éducation musicale eut été terminée, il visita Bamberg, Nuremberg et Kaisersheim, et obtint une place d'organiste dans cette dernière ville; mais après six mois d'exercice, il la quitta et se rendit en Hollande. Il se disposait à s'embarquer pour l'Angleterre, lorsque la guerre vint mettre obstacle à ce projet, et obligea Griebel à retourner en Allemagne. Il prit sa route par Francfort et Stuttgard, puis alla se fixer à Munich, et s'y établit comme maître de piano. Sans posséder une habileté de premier ordre, il se faisait remarquer par le goût et l'expression de son jeu. Il a publié : 1° Marche à quatre mains pour le piano, Munich, Falter. 2° Grande sonate pour piano seul, Mayence, Schott. 3° Sonate pour piano, op. 2. Munich, Falter. 4° Rondeau pour le piano, op. 3, *ibid.*

GRIEPENKERL (Frédéric-Conrad), professeur au collége *Carolinum* de Brunswick, naquit à *Peina,* petite ville du royaume de Hanovre, en 1782. Il avait été instituteur à Hofwyl, dans le canton de Berne, pendant plusieurs années, avant de se fixer à Brunswick. Il est mort dans cette ville, le 6 avril 1849. Cultivant avec ardeur la philosophie et la musique, il avait rassemblé une précieuse collection d'œuvres des maîtres anciens, qui a été vendue après sa mort. Dans son livre intitulé : *Lehrbuch der Æsthetik* (Brunswick, Vieweg, 1827, in-8°, 2 parties), Griepenkerl traite mieux de la musique que la plupart des philosophes qui ont écrit sur l'esthétique d'une manière générale. On trouve aussi de bonnes choses concernant cet art dans son traité de Logique (*Lehrbuch der Logik*), dont la deuxième édition a été publiée à Helmstadt, en 1831. On est redevable à Griepenkerl de l'édition la meilleure et la plus complète des œuvres de Jean-Sébastien Bach (*voyez* ce nom), pour le clavecin et pour l'orgue, avec une bonne préface (Leipsick, Peters).

GRIEPENKERL (Wolfgang-Robert), fils du précédent, né à Hofwyl, le 4 mai 1810, a fait ses études à Brunswick et à l'Université de Leipsick. Il a été, pendant plusieurs années, professeur de langue et de littérature allemande à l'École des cadets à Brunswick; mais ses opinions politiques le déterminèrent à se fixer à Brême, en 1851. Comme son père, il est amateur de musique. Ses ouvrages relatifs à cet art sont des opuscules de peu d'étendue, sous les titres suivants : 1° *Das Musikfest oder die Beethovener* (la Fête musicale, ou les partisans de Beethoven, nouvelle), Leipsick, 1838, in-8°; deuxième édition, *ibid.*, 1841, in-8°. 2° *Ritter Berlioz in Braunschweig* (le chevalier Berlioz à Brunswick), Brunswick, 1843, in-8°. 3° *Die Oper der Gegenwart* (l'Opéra contemporain). Leipsick, 1847, in-8°. Ces écrits sont empreints du plus vif enthousiasme pour la nouvelle école de musique de l'Allemagne. Griepenkerl est auteur des deux tragédies intitulées : *Maximilien Robespierre,* et *les Girondins,* pour lesquelles Henri Litolf (*voyez* ce nom) a écrit des ouvertures.

GRIESBACH (Jean-Henri), fils aîné d'un musicien allemand au service du roi d'Angleterre, Georges III, est né à New-Windsor en 1798. A l'âge de huit ans, il commença l'étude de la musique et du piano, sous la direction de son oncle G. L. J. Griesbach, professeur de musique à Londres, et ses progrès furent si rapides, qu'il excita l'étonnement de la famille royale lorsqu'il joua devant elle en 1810. Peu de temps après, il devint élève de Kalkbrenner qui le prit en affection et le logea chez lui. M. Griesbach s'est fait connaître par quelques compositions, dont les plus importantes sont : 1° Quatuor pour piano, violon, alto et basse, dédié à Kalkbrenner. 2° Deux fantaisies pour piano. 3° Romance pour le piano. 4° Quelques duos à quatre mains.

GRIESINGER (George-Auguste), secrétaire de la légation de Saxe, né à Vienne, mort le 27 avril 1828, a donné sur Haydn, qu'il avait connu, une intéressante notice biographique, intitulée : *Biographische notizen über Joseph Haydn*, Leipsick, Breitkopf et Hærtel, 1810, 126 pages in-8°, avec deux planches qui représentent cinq médailles décernées à Haydn par diverses sociétés ou académies. C'est la notice de Griesinger qui a servi de base à celle que Framery a publiée peu de temps après, en français.

GRIFFI (Horace), compositeur italien du seizième siècle, est un des auteurs dont on trouve des madrigaux dans la collection qui a pour titre : *De' Floridi virtuosi d'Italia il terzo libro de madrigali a cinque voci, nuovamente composti e dati in luce.* In Venezia apresso Giacomo Vincenti e Ricciardo Amadino, 1586, in-4°.

GRIFFIN (Georges-Charles), pianiste et compositeur anglais, naquit à Londres, vers 1770. Il fut un des fondateurs de la Société philharmonique de cette ville. Cet artiste a publié : 1° Sonate pour le clavecin, Londres, Preston, 1797. 2° Concerto pour le clavecin, *ibid.* 3° Sonate pour le clavecin, dédiée à Miss Warner, *ibid.* 4° Sonate favorite, op. 4, Londres, Longman. 5° Trois quatuors pour deux violons, alto et basse, op. 8, Paris, Imbault (Janet). 6° Sonate brillante pour le piano, op. 10, Bonn, Simrock. Griffin aurait été vraisemblablement un compositeur distingué s'il eût trouvé plus de goût, dans son pays, pour la musique sérieuse et classique.

GRIFONI (Antoine), Vénitien, aveuglené, vivait au commencement du dix-huitième siècle. Il a publié un œuvre de musique pratique intitulé : *Suonate da camera a due violini, con il violoncello e cembalo, opera prima*, Venise, 1770, in-4°.

GRIGNY (N. DE), organiste de l'église cathédrale de Reims, au commencement du dix-huitième siècle, a fait imprimer, en 1700, un livre de pièces d'orgue, contenant des motets et des hymnes pour les principales fêtes de l'année.

GRILL (François), compositeur à Oldenbourg, mourut en cette ville, vers 1795. Gerber dit qu'il avait choisi Haydn pour modèle dans ses compositions. On connaît sous son nom : 1° Trois sonates pour clavecin avec violon obligé, op. 1. 2° Trois *idem*, op. 2. 3° Trois quatuors pour deux violons, alto et basse, op. 3, Offenbach, André. 4° Trois sonates pour clavecin et violon obligé, op. 4, *ibid.* 5° Trois quatuors pour violon, op. 5. 6° Six sonates pour clavecin et violon, op. 6, *ibid.* 7° Six quatuors pour deux violons, alto et basse, op. 7, *ibid.* 8° Quatre-vingt-neuf caprices pour clavecin, Vienne, 1791. 9° Duos concertants pour clavecin et violon, *ibid.*, 1791. Vers 1840, il y avait à Pesth, en Hongrie, un maître de chapelle du même nom, de qui l'on a quelques compositions pour le chant.

GRIMALDI (le chevalier Nicolino), né à Venise, vers 1685, eut de la célébrité comme basse chantante et comme acteur. En 1710, il se rendit à Londres presque dans le même temps que Hændel, et y chanta avec beaucoup de succès dans le *Rinaldo* de ce grand maître. En 1718, il chanta à Naples, dans le même opéra. Quanz le rencontra à Venise, en 1726, et l'entendit au théâtre ; il était alors plus admiré comme acteur que comme chanteur. Il avait été fait en cette ville chevalier de Saint-Marc. Grimaldi avait reçu de l'instruction littéraire et écrivait bien en vers. Avant de quitter Londres, il composa les livrets italiens des opéras de *Hamlet* et de *Hydaspe*, qui furent représentés en 1712. On ne le connaissait en Italie que sous le nom de *Nicolino*.

GRIMALDI (François-Antoine), publiciste et historien, naquit en 1740, à Seminora, dans la Calabre, et s'établit à Naples, où il exerça la profession d'avocat. Vers la fin de sa vie, il fut nommé auditeur militaire. Il mourut à Naples, en 1784, à l'âge de quarante-quatre ans. Amateur passionné des arts, particulièrement de la musique, Grimaldi a écrit une brochure intitulée : *Lettera sopra la musica*, Napoli, 1766, in-8° de soixante-quatre pages. Cet opuscule est relatif aux effets moraux de l'art, particulièrement dans l'antiquité.

GRIMALDI (Louis DELLA PIETRA, marquis), de la famille des princes de Monaco, naquit à Gênes, en 1762. Il cultiva la musique avec succès, joua bien du violon, qu'il avait étudié sous la direction de Pugnani, et composa des concertos pour cet instrument. Ses ouvrages sont restés en manuscrit. Il avait épousé une dame de Florence, musicienne distinguée, dont il eut deux filles qui se firent remarquer par leur talent dans l'art du chant. Le marquis Grimaldi est mort à Turin, le 31 juillet 1834. Il avait vu la principauté de Monaco passer dans une autre branche de sa famille : le Congrès de Vienne de 1815 ayant reconnu les droits du duc de Valentinois sur cette principauté, Grimaldi ne cessa jusqu'à sa mort de réclamer contre cette décision.

GRIMAREST (Jean-Léonard LE GALLOIS DE), né à Paris, dans le dix-septième siècle, était écrivain médiocre, et cependant il fut recherché dans le monde, parce qu'il avait le talent de conter avec agrément des anecdotes dont il possédait un ample répertoire. Il donnait des leçons de langue française aux étrangers de distinction qui visitaient Paris, leur servait de *cicerone*, et disait, avec une vanité ridicule, que c'était lui qui avait donné de l'esprit à tout le Nord. Il mourut à Paris, en 1720, dans un âge avancé. Au nombre de ses productions, depuis longtemps oubliées, il en est une qui a pour titre : *Traité du récitatif dans la lecture, dans l'action publique, et dans le chant ; avec un traité des accents, de la quantité et de la ponctuation*, Paris, Jacques Lefèvre, 1707, in-12. Nouvelle édition, Amsterdam, 1740, in-12. Quoiqu'il soit dit au frontispice de cette deuxième édition qu'elle est *augmentée*, je n'y ai trouvé aucune différence avec la première. L'ouvrage est divisé en huit chapitres dont les deux premiers seulement sont relatifs à la musique. Par *récitatif*, Grimarest entend le récit dans la lecture, dans le débit oratoire et dans la déclamation, comme dans le chant. Au reste, il n'y a dans tout ce livre que des observations sans intérêt.

GRIMM (Henri), cantor à Magdebourg, au commencement du dix-septième siècle, se réfugia à Brunswick, à l'époque de l'invasion de l'Allemagne par les Suédois, et devint *cantor* à l'église Sainte-Catherine. Il mourut le 18 juillet 1637. Ce musicien s'est fait connaître avantageusement par la publication des ouvrages suivants de sa composition : 1° *Unterricht, wie ein Knabe nach der Guidonischen Art zu solmisiren leicht angeführt werden kœnne* (Instruction d'après laquelle un enfant peut être conduit facilement à solfier d'après l'ancienne méthode de Gui d'Arezzo), Magdebourg, 1624, in-8°. 2° *Tyrocinia seu exercitia tyronum musicæ, concertationibus variis tam ligatis quam solutis ad tres voces, pro schola Magdeburgensi concinnata et elaborata*, Halle, 1624, in-8°. La seconde édition a paru à Magdebourg, en 1626, in-8°. 3° *Missen und deutsche Psalmen, für 5 und 6 Stimmen*, Magdebourg, 1628, in-4°. Cet œuvre contient dix pièces. 4° *Passion, deutsch Gesangweise mit vier Stimmen*, etc., (la Passion, mélodies allemandes à quatre voix, etc.), Magdebourg, 1629, in-4°. 5° Il y a une collection de motets composés par Grimm, qui a pour titre : *Vestibulum hortuli harmonici*. J'ignore le lieu et la date de l'impression. Grimm a donné aussi une seconde édition de l'ouvrage de Baryphonus, intitulé : *Pleiades musicæ*, et y a joint une préface, Magdebourg, 1630. Conrad Matthei (in *Tract. de mod. musicis*, page 15) cite un livre de Grimm, sous le titre : *De Monocordo*, en allemand. Walther, Forkel et Gerber, qui l'indiquent d'après lui, n'en ont point découvert la date.

GRIMM (Frédéric-Melchior, baron DE), littérateur, naquit à Ratisbonne le 26 décembre 1723. Ses parents étaient pauvres, néanmoins ils s'épuisèrent en efforts pour lui donner une bonne éducation qui, plus tard, lui tint lieu de fortune. La musique n'y fut point étrangère. Arrivé à Paris vers 1747, il y forma des liaisons avec la coterie philosophique, et le goût de la musique le rapprocha de J.-J. Rousseau. C'était à peu près le seul point de contact qu'il y eût entre deux hommes fort différents l'un de l'autre ; cependant ils s'unirent par des liens d'une amitié qui paraît avoir été sincère chez Rousseau, mais qui fut plus apparente que réelle de la part de Grimm. La troupe de chanteurs italiens qui, sous le nom de *bouffons*, vint à Paris en 1752 jouer des intermèdes ou opéras bouffes, fit éclater de vives discussions entre les admirateurs fanatiques de l'ancien Opéra français et les partisans d'un goût plus moderne ; ils se séparèrent en deux camps, dont l'un, composé des admirateurs de Lulli et de Rameau, se plaça sous la loge du roi, et fut appelé *le Coin du roi*, et l'autre s'établit sous la loge de la reine. Grimm engagea le combat, mais d'une manière assez timide, par sa *Lettre sur Omphale*, tragédie lyrique, reprise par l'Académie royale, le 14 juillet 1752, sans nom de ville ni d'imprimeur, 1752, in-8°. Cet écrit fut suivi d'un autre beaucoup plus piquant, intitulé : *le Petit Prophète de Boemischbroda*, 1753, in-8°, réimprimé à Paris en 1754, puis à La Haye, en 1774, in-12, enfin dans le *Supplément à la Correspondance littéraire de MM. Grimm et Diderot*, etc. ; publié par Ant.-Alex. Barbier, Paris, 1814, 1 vol. in-8°, et dans le quinzième volume de la dernière édition de cette correspondance. Il en a été fait aussi une édition à Dresde, chez Walther, 1753, in-8°. Grimm, amateur passionné de la musique italienne, déverse le ridicule sur ses adversaires dans cette brochure satirique. M. Quérard se trompe (*France littér.*, t. III, p. 480), lorsqu'il présente comme une édition de cet écrit celui qui a pour titre : *Les vingt-un chapitres de la prophétie de Gabriel Johannes Nepomucenus-Franciscus de Paula Waldstorch, dit Waldstorchel, qu'il appelle sa vision*, Prague, in-12. Ce dernier pamphlet, écrit en allemand, est en partie une imitation, et en partie une traduction de celui de Grimm par Madame Gottsched.

Grimm, devenu en 1753 le correspondant littéraire de la duchesse de Saxe-Gotha, écrivit à cette princesse une suite de longues lettres jusqu'en 1790, c'est-à-dire pendant trente-sept ans, sur toutes sortes de sujets de littérature, de polémique, de musique, de peinture, etc. Ces lettres ont été publiées en différentes parties, sous le titre de *Correspondance littéraire, philosophique et critique, adressée à un souverain d'Allemagne*, par le baron de Grimm et Diderot, Paris, 1812-1814, dix-sept volumes in-8°. La dernière édition, donnée par M. Jules Taschereau (Paris, Furne, 1829-1831) est en quinze volumes in-8°, avec un volume de correspondance inédite et de fragments. Dans toute cette correspondance, on trouve beaucoup de choses intéressantes sur la musique française et sur plusieurs musiciens, particulièrement sur les opéras de Monsigny, de Duni, de Philidor, de Grétry, de Gluck, sur Mozart, etc. Les jugements de Grimm ne sont pas toujours exempts de prévention ni d'erreur; mais on y trouve, en général, un goût assez pur et une certaine connaissance de l'art. On a aussi de cet écrivain: *Lettre de M. Grimm à M. l'abbé Raynal, sur les remarques au sujet de sa Lettre d'Omphale*. Elle a paru dans le *Mercure de France* du mois de mai 1752, et a été réimprimée dans le supplément de Barbier et dans le quinzième volume de l'édition de la correspondance publiée par M. Taschereau. Forkel et Lichtenthal ont donné d'une manière inexacte le titre de cet opuscule, car ils ont écrit *Lettre à M. Grimm*, au lieu de *Lettre de M. Grimm*. Ils ont supposé une autre édition de cette lettre, datée de Paris, 1752, in-8° : elle n'a été publiée alors que dans le *Mercure*. Grimm a donné dans l'*Encyclopédie* de D'Alembert et de Diderot un long article sur *le Poëme lyrique*, dans lequel il a traité de *l'Opéra français*, et *de l'Opéra italien*. Ce morceau a été réimprimé dans le supplément de Barbier et dans le quinzième volume de M. Taschereau.

A l'époque où la révolution française prit un caractère de violence qui conduisit à la terreur, Grimm s'éloigna de Paris et se retira à la cour de Gotha, où il fut accueilli avec faveur. L'impératrice de Russie le nomma, en 1795, son ministre plénipotentiaire près des États de la Basse-Saxe. L'empereur Paul Ier le confirma dans cet emploi, qu'il conserva jusqu'à ce qu'une maladie douloureuse, suivie de la perte d'un œil, l'obligea de renoncer aux affaires. Il retourna alors à Gotha, y passa les dernières années de sa vie, et y mourut le 18 décembre 1807, à l'âge de quatre-vingt-quatre ans.

GRIMM (Jean-Frédéric-Charles), médecin et conseiller du duc de Gotha, né à Eisenach en 1737, est mort dans cette ville le 28 octobre 1821. On a de lui un livre intitulé : *Bemerkungen eines reisenden durch Deutschland, Frankreich, Holland und England* (Remarques d'un voyageur en Allemagne, en France, en Hollande et en Angleterre), Altenbourg, 1775, trois parties in-8°. Cet ouvrage, écrit sous la forme de lettres, renferme des renseignements et des aperçus sur la musique en France et en Angleterre. Forkel a donné des extraits de ces lettres dans le premier volume de sa *Bibliothèque musicale*, p. 232 à 250.

GRIMM (Guillaume-Charles), sous-bibliothécaire à Gœttingue, est né à Hanau, le 24 février 1786. Il commença ses études à Cassel avec ses frères, puis, en 1804, il alla à Marburg, où il fit un cours de droit. Nommé secrétaire de la Bibliothèque de Cassel, en 1814, il occupa cette place pendant seize ans. En 1830, il a été appelé à Gœttingue comme sous-bibliothécaire ; mais il quitta cette position en 1838 pour rejoindre son frère aîné à Cassel, et en 1841, il le suivit à Berlin. Depuis lors ils ont uni leurs travaux pour de grandes entreprises littéraires et philologiques. Ils ne sont plus connus en Allemagne que sous le nom des *frères Grimm*. Guillaume-Charles Grimm a publié un recueil d'anciennes chansons et ballades danoises, traduites en allemand, avec des remarques et une bonne préface, intitulé : *Altdanische Heldenlieder, Balladen, und Mærchen, übersetzt von etc.*, Heidelberg, Mohr und Zimmer, 1811, un vol. in-8° de 545 et xl pages. Ce recueil, qui n'est pas sans intérêt pour l'histoire de la musique, avait été précédé par une publication du même genre faite par Robert Jamieson, sous ce titre : *Popular ballads and songs from tradition, manuscripts, and scarce editions with translation of similar pieces from the ancient danish language and a few originals*, Londres, 1809.

GRIMM (Louis-Jacques), frère aîné du précédent, érudit et philologue célèbre par ses travaux sur la langue allemande et sur la mythologie des anciennes nations germaniques, est né à Hanau, le 4 janvier 1785. Après avoir fait ses études à Marbourg, il fut employé à diverses missions diplomatiques, puis fut professeur de littérature allemande à l'Université de Gœttingue ; donna sa démission en 1837, lors de l'abolition de la constitution par le roi de Hanovre, vécut quelque temps à Cassel dans la retraite, et fut appelé à Berlin, en 1841, comme membre de l'Académie de cette ville. Ce n'est point ici le lieu de parler des immenses travaux de ce savant; il n'y est cité que pour une publication intéressante qui a pour titre : *Hymnorum veteris ecclesiæ XXVI interpretatio theotisca*, Gœttingue, 1830, in-4° de soixante-seize pages. Ces anciens monuments de la langue théotisque ou tudesque, qui appartiennent au neuvième siècle, ont de l'intérêt pour l'histoire de la musique. Voyez à ce sujet l'écrit de Hoffmann de Fallersleben, intitulé : *Elnonensia*, traduit et commenté par feu J.-F. Willems, Gand, F. et E. Gyselynck, 1837, in-4°, de trente-quatre pages.

GRIMMER (François), né à Augsbourg, en 1728, était fils d'un trompette du prince-évêque. Pendant le cours de ses études littéraires, il apprit la musique sous la direction de son père, et la composition chez Giulini. Il suivit ensuite des cours de philosophie et de jurisprudence à Salzbourg, mais sans négliger la musique, qui était pour lui l'objet d'une véritable passion. Les difficultés qu'il éprouva à se procurer un emploi le décidèrent à se faire acteur et chanteur d'Opéra. Il entra d'abord dans la troupe de Koberwein, pour y chanter des rôles comiques, puis dans celle de Félix Berner. Après avoir vécu neuf ans dans cette dernière position, il se fit lui-même directeur d'une troupe d'enfants qui jouait des opérettes dont Grimmer écrivait la musique; il dirigeait lui-même l'orchestre. Ses petits acteurs, étant devenus grands, se dispersèrent, et Grimmer n'eut plus d'autre ressource que de donner des leçons et de composer quelques morceaux de musique d'église. Il mourut à Biberach, en 1807.

GRIMMER (Frédéric), de la même famille que le précédent, et compositeur de *Lieder* et de *ballades*, a fondé, à Dresde, un *Salon de musique*, en 1845, où l'on faisait entendre des concerts de chant. On connaît de lui environ dix œuvres de chants avec accompagnement de piano.

GRISAR (Albert), compositeur, né à Anvers, le 26 décembre 1808, d'une famille honorable, fut destiné au commerce dès son enfance. Après en avoir étudié les éléments et le mécanisme pendant six ans dans une des premières maisons de cette ville, il alla achever son apprentissage à Liverpool. Cependant ses goûts ne sympathisaient pas avec les desseins de ses parents pour son avenir. La musique lui avait été enseignée comme le complément de son éducation; mais au lieu de considérer cet art comme un délassement, il l'avait pris au sérieux et s'était épris de passion pour lui. Dès lors une sorte de lutte s'engagea entre lui et sa famille qui, suivant les idées d'une ville toute commerçante, ne pouvait comprendre qu'on renonçât aux affaires pour se faire musicien. La destinée de Grisar finit par s'accomplir; il quitta furtivement Liverpool, se rendit à Paris, et courut, chez Reicha, lui demander des conseils, au mois de juillet 1830, peu de jours avant les mémorables événements qui changèrent la situation politique de l'Europe. Dès lors il ne s'occupa plus que de l'objet de sa prédilection, et le grand livre du commerçant fit place à l'harmonie. Toutefois il ne put qu'ébaucher ses études de composition sous la direction de Reicha. Une révolution avait aussi éclaté dans son pays, et la ville d'Anvers en avait éprouvé de pénibles effets. Grisar fut obligé de revenir près de sa famille, et ce fut au milieu des horreurs d'un siége qu'il continua ses travaux. Une simple romance (*la Folle*) commença sa réputation d'artiste; expressive et remarquable par une certaine élégance de forme, elle obtint un succès de vogue en Belgique et en France. Un ancien vaudeville arrangé en opéra-comique, sous le titre du *Mariage impossible*, fut le premier ouvrage de quelque importance par lequel Grisar se fit connaître : il fut joué à Bruxelles, au printemps de 1833, et quoique faible de conception, il y obtint du succès. Le gouvernement crut devoir encourager le premier essai d'un jeune artiste qui donnait des espérances, et il lui accorda une somme de douze cents francs pour l'aider à compléter son éducation musicale. Le jeune compositeur retourna à Paris, et y publia bientôt après un album de romances, dans lequel on a particulièrement distingué *Adieu, beau rivage de France*. Depuis lors, il a fait paraître beaucoup de légères compositions du même genre, qui ont eu du succès. En 1836, il a donné à l'Opéra-Comique *Sarah*, en un acte, dont le sujet paraît avoir été fourni par la romance de *la Folle*. Il y a des intentions dramatiques dans cet ouvrage; mais les défauts d'une éducation musicale tardivement développée s'y font apercevoir partout. L'harmonie n'en est point riche, l'instrumentation manque d'éclat et de variété; enfin, la partition tout entière décèle l'inexpérience dans l'art d'écrire. Cet ouvrage fut suivi de *l'An mille*, petit opéra-comique en un acte, qui a été représenté au mois de juin 1837. Dans l'année suivante, le jeune compositeur donna au même théâtre *l'Eau merveilleuse*, qui eut du succès et marqua un progrès dans son talent : cet ouvrage fut suivi des *Travestissements*, en 1830. A l'occasion des fêtes qui furent célébrées à Anvers, en 1840, pour l'inauguration de la statue de Rubens, Grisar écrivit une ouverture de fête qui fut exécutée dans un grand concert. Cependant, ayant compris ce qui manquait à son éducation musicale pour parcourir avec éclat la carrière de compositeur dramatique, il se rendit à Naples, vers la fin de la même année, et se mit sous la direction de Mercadante. Je le trouvai dans cette ville, en 1841, occupé d'études de contrepoint et peu satisfait de ce qu'il avait écrit auparavant. Le charme du climat de Naples, puis de Rome, où il vécut quelque temps, le retint en Italie pendant plusieurs années. De retour à Paris, après une longue absence, il donna au théâtre de l'Opéra-Comique, le 21 février 1848, *Gilles ravisseur*, joli ouvrage en un acte, qui fut bien accueilli du public, et qui est resté au répertoire des théâtres français. Le 12 janvier 1850, il a fait représenter au même théâtre *les Porcherons*, en trois actes, composition plus importante qui a placé Grisar au niveau des compositeurs d'opéras-comiques les plus en vogue. *Bonsoir monsieur Pantalon*, farce en un acte, dont la partition est écrite d'un ton gai et facile, fut la seule production du talent de Grisar, en 1851; elle fut jouée le 19 février de cette année. Après cette date, il y eut un long intervalle pendant lequel Grisar n'écrivit aucun ouvrage nouveau; ce ne fut que le 10 janvier 1855 qu'il reparut sur la scène avec un opéra en un acte, intitulé : *le Chien du jardinier*, où l'on retrouvait son style mélodique et facile. Éloigné ensuite du théâtre par une longue maladie, il a cessé d'écrire.

GRISI (Judith), cantatrice, naquit à Milan, non en 1802, comme le dit le *Lexique de musique* publié par Schilling, mais en 1805. Elle fut admise fort jeune au Conservatoire de cette ville et y reçut des leçons de Minoja, puis de Banderali. Sa voix, *mezzo soprano* d'une qualité dure et peu flexible, exigea beaucoup de travail pour obtenir une égalité qui n'a jamais été complétement satisfaisante. Mademoiselle Grisi rachetait ce défaut par un sentiment musical et dramatique plein d'énergie. Ses premiers débuts eurent lieu dans des concerts donnés par le Conservatoire de Milan. En 1823, elle joua, à Vienne, dans *Bianca e Faliero* de Rossini, et le public de cette ville, plus satisfait de ses qualités que choqué des défauts de son organe, l'applaudit et la classa parmi les cantatrices distinguées de cette époque. De retour en Italie, mademoiselle Grisi chanta à Milan, à Parme, à Florence, à Gênes et à Venise. Dans cette dernière ville, Bellini écrivit pour elle le rôle de *Romeo* dans son opéra *i Capuleti;* ce rôle lui fit honneur, et dès lors sa réputation s'étendit. Au mois de novembre 1832, elle débuta, au Théâtre-Italien de Paris, dans *la Straniera*, où elle produisit peu d'effet; mais ensuite le rôle de *Romeo* et celui de *Malcolm*, dans *la Donna del Lago*, lui furent plus favorables, et son succès n'y fut point contesté. Au printemps de 1833, elle retourna en Italie. Mariée dans l'année suivante au comte Barni de Milan, elle cessa de chanter à la scène, et passa une partie de chaque année dans une villa que son mari possédait près de Crémone. Elle y mourut le 1er mai 1840, à l'âge de trente-cinq ans.

GRISI (Julie ou Juliette), sœur de la précédente, née à Milan, le 28 juillet 1811, est fille d'un officier topographe au service du royaume d'Italie, et nièce de la célèbre cantatrice madame Grassini. Élevée dans un pensionnat de Milan jusqu'à l'âge de onze ans, elle fut ensuite envoyée au couvent des *Mantalette* à Florence, où elle reçut les premières leçons de musique et de piano. Trois ans après, elle alla, à Bologne, étudier l'art du chant sous la direction de Giacomo Giacomelli; puis elle débuta, au théâtre de cette ville, dans le petit rôle d'*Emma* de la *Zelmira*. Engagée pour le carnaval suivant au même théâtre, elle y chanta dans *le Barbier de Séville*, dans *lo Sposo di Provincia* et dans *Torvaldo e Dorliska*, puis elle reçut un engagement pour le théâtre *de la Pergola*, à Florence. Rappelée à Milan, en 1829, elle chanta, à *la Scala*, dans *le Corsaro*, écrit pour elle par Pacini. A cette époque, elle reçut quelques leçons de madame Pasta; plus tard, Marliani, compositeur et son compatriote, a dirigé ses études de chant. Elle arriva à Paris, en 1832, et s'y fit entendre pour la première fois, le 16 octobre de cette année, dans *Semiramide;* la beauté régulière de ses traits, la justesse, la légèreté et l'étendue de sa voix assurèrent son succès dès le premier jour, quoiqu'il fût facile, pour une oreille exercée, d'apercevoir de l'inexpérience chez la jeune cantatrice. On lui doit la justice de déclarer que le succès ne l'aveugla point sur ce qu'il lui restait à acquérir; elle continua ses études avec persévérance, ses progrès furent rapides, et la faveur publique s'accrut chaque jour pour elle. Plusieurs opéras, particulièrement celui de *i Puritani*, de Bellini, ont été écrit à Paris pour cette cantatrice; elle y a fait adopter avec enthousiasme le chant à demi-voix dont elle faisait un fréquent usage. Dans les ouvrages qui exigent un plus grand caractère de chant, tels que *Norma*, elle était moins avantageusement placée; mais dans la suite, son organe acquit du volume et de la puissance, et les grands rôles dramatiques furent ceux qu'elle chanta de préférence. Pendant près de quinze ans, mademoiselle Grisi tint l'emploi de *prima donna assoluta* à Paris et à Londres avec beaucoup d'éclat. Plus tard sa voix laissa apercevoir des traces de fatigue, et la justesse de son intonation devint plus que douteuse. Cependant elle a conservé longtemps encore la faveur du public de l'Angleterre. Elle a fait avec Mario (*voyez* ce nom) un voyage en Amérique et a chanté au Théâtre-Italien de New-York; mais le succès n'a pas répondu à son attente. Parvenue à l'âge de quarante-huit ans, au moment où cette notice est écrite, elle est au terme de sa carrière théâtrale.

GROBTIZ (A.), luthier allemand établi à Varsovie, vécut dans la première moitié du dix-huitième siècle. Dans ses violons, il a imité les formes de l'école de Steiner.

GROENE (Antoine-Henri), secrétaire du prince de Lippe-Detmold, a publié : 1° Chansons religieuses et historiques, Rintein, 1791, in-4°. 2° Douze sérénades pour piano, violon et violoncelle, *ibid.* 1792, in-fol. 3° Deux sonates et seize morceaux de chant, *ibid.*, 1789.

GROENEMANN (Albert), né à Cologne, demeura d'abord à Leyde, où il se trouvait en 1739. Il y brillait comme violoniste et disputait le prix du talent à Locatelli, qui demeurait alors à Amsterdam. Vers 1750, il fut appelé à La Haye en qualité d'organiste de la grande église. En 1760, sa raison fut troublée; on le mit à l'hôpital, et il y mourut quelques années après. Cet artiste a fait graver, en 1740, douze solos pour le violon et six trios pour deux violons et flûte.

GROENEMANN (Jean-Frédéric), frère du précédent, né, comme lui, à Cologne, fut professeur de musique à Amsterdam, et fit imprimer dans cette ville, en 1753 et 1754, trois livres de sonates pour la flûte. Plus tard, cet artiste fixa son séjour à Londres.

GROENLAND (P.), codirecteur de la fabrique royale de porcelaine de Copenhague, amateur de musique, était à Kiel, en 1782, pour faire ses études, et s'y lia avec Cramer qu'il aida dans la rédaction de son écrit périodique intitulé : *Magasin de musique*. Arrivé à Copenhague, il fut d'abord employé dans la chancellerie allemande; puis il obtint la place indiquée ci-dessus. De 1790 à 1800, cet amateur instruit a publié : 1° Douze marches et un chant de bataille pour le piano, Hambourg, Bœhme. 2° Dix-sept chants religieux à quatre voix et orgue, Hambourg, Cranz. 3° Odes et chansons religieuses avec accompagnement de piano, Altona, 1798. 4° Sonnets de Schlegel, à quatre voix et piano, Leipsick, Breitkopf et Hærtel. 5° *Vater unser* de Freudentheil, à quatre voix, avec accompagnement de piano et flûte, Hambourg, Bœhme.

GROH (Henri), directeur de la chapelle du duc de Mersebourg, dans la seconde moitié du dix-septième siècle, est connu par les deux ouvrages dont les titres suivent : 1° *Geistreicher Andacht-Wecker* (chants de dévotion au réveil), airs à quatre voix, 1662. 2° *Tafel Ergœtzung* (Divertissements de table), douze suites, 1676.

GROH ou **GROEHEN** (Jean), compositeur, né à Dresde, fut organiste à Weissenstein, près de cette ville, et vivait encore vers 1725. On a de sa composition : 1° *XXXVI Intraden* (Trente-six entrées (1) à cinq parties), Nuremberg, 1603. 2° *XXX newe ausserlesene Paduanen und Galliarden auf allen mus. Instrumenten zu gebrauchen*, Nuremberg, 1604, in-4° (Trente nouvelles pavanes et gaillardes choisies à l'usage de tous les instruments). 3° *Bettler-Mantel*, *von mancherley guten Flæchlin zusammen geflickt, mit 4 Stimmen* (Le pauvre manteau, composé de plusieurs bonnes pièces cousues ensemble), Nuremberg, 1607, in-4°. 4° Trente nouvelles pavanes et gaillardes à cinq parties, Nuremberg, 1612, in-4°. 5° 104° *Psalm zu 21 Versiculen gesangsweiss gesetzt, und nach Art der Muttetten zu 3, 4-8 Stimmen* (Le 104e psaume, etc., à trois, quatre et huit voix), Nuremberg, 1613, in-4°.

GROLL (Évremond), né à Nittenau, près de Ratisbonne, en 1756, reçut sa première instruction littéraire et musicale dans l'abbaye des Bénédictins à Reichenbach, et acheva ses études à Ratisbonne. Pendant un voyage qu'il fit à Munich et dans les environs de cette résidence, il visita le couvent de Saint-Norbert à Scheftlarn, où il y avait une très-

(1) Les entrées étaient des airs de ballets.

bonne musique de chœur. Cette musique causa tant de plaisir à Groll, qu'il demanda à être admis dans la maison, ce qui lui fut accordé. Après avoir prononcé ses vœux, il fut ordonné prêtre, et nommé directeur de la chapelle. Peu de temps après, on le chargea aussi de l'instruction des novices. Après la suppression du couvent, Groll se retira à Munich, en 1804; deux ans après, il fut nommé curé à Allerhausen. Il mourut en ce lieu en 1809. Groll a beaucoup écrit pour l'église, mais de tous ses ouvrages, on n'a imprimé que ceux dont les titres suivent : 1° *Sex Missæ brevissimæ cum totidem Offertoriis*, à quatre voix, orgue et orchestre, op. 1, Augsbourg, Lotter. 2° 4 *Missæ solemniores, attamen breves, cum totidem Offertoriis, 4 voc., org. ac instrum.*, op. 2, *ibid.*

GROS (Antoine-Jean), musicien français, vivait à Paris, vers le milieu du dix-huitième siècle, et y donnait des leçons de clavecin et de harpe. Il a publié sept ouvrages de musique instrumentale; son œuvre 4e consiste en trois duos pour piano et harpe; l'œuvre 5e renferme des petits airs pour le clavecin ou la harpe; les œuvres 6e et 7e contiennent des sonates pour piano seul.

GROSE (Michel-Timothée), musicien allemand, fut d'abord (vers 1789) organiste de l'église Saint-Gothard, à Brandebourg; puis il alla remplir les mêmes fonctions à Christiania, en Norwége; il se rendit ensuite à Copenhague, où il était encore en 1812. On connaît de lui : 1° Vingt-quatre chansons avec accompagnement de piano, Leipsick, 1780. 2° Six sonates faciles pour le piano, Berlin, 1785. On a fait une deuxième édition de ces sonates, en 1792.

GROSHEIM (Georges-Christophe), neuvième enfant d'un musicien de la chapelle du Landgrave de Hesse, est né à Cassel, le 1er juillet 1764. A l'âge de quatre ans, il fut envoyé à l'école; à dix ans, il copiait déjà de la musique pour apporter un peu d'aide dans la maison de son père, dont la misère était extrême. Un ami de sa famille lui donna pendant six années des leçons de piano et d'harmonie; mais en échange de ce bon office, il remplit, pendant tout ce temps, les fonctions d'organiste, comme remplaçant de son maître. Cette obligation lui fut utile, car elle lui procura des occasions fréquentes d'entendre de la musique religieuse, tandis que son travail de copiste le familiarisait avec la musique de théâtre. A l'âge de dix-huit ans, il entra comme alto dans la chapelle du prince à Cassel, et il fut en même temps nommé professeur de musique à l'École normale. A la mort de l'électeur Frédéric II, la chapelle et l'Opéra cessèrent d'exister, et Grosheim n'eût d'autre ressource que de se livrer à l'instruction pour faire vivre ses parents; sa position avait toujours été pénible; elle le devint plus encore après cet événement, et l'indigence dans laquelle il languit longtemps exerça la plus fâcheuse influence sur ses travaux. En 1800, ses affaires semblèrent s'améliorer, parce que l'électeur Frédéric-Guillaume Ier fit ouvrir un théâtre d'Opéra et lui offrit une place de chef d'orchestre. Cette nouvelle position lui procura l'avantage d'écrire deux opéras, *Titania*, et *das Heilige Kleeblatt* (la sainte Feuille de trèfle), qui furent représentés, et dont les ouvertures et les airs ont été gravés à Bonn, chez Simrock. Ce bonheur ne fut pas de longue durée, car après dix-huit mois, le théâtre fut fermé, et Grosheim redevint aussi pauvre qu'auparavant. Après l'organisation du royaume de Westphalie, il obtint la place de professeur de musique de la cour, mais avec de faibles appointements. Vers la fin de 1815, après le retour de l'électeur à Cassel, il fut confirmé dans ses fonctions, qui cessèrent quand les enfants du prince eurent achevé leurs études. En 1819, l'Université de Marbourg lui conféra le titre de docteur en philosophie, et cet événement ranima dans son âme une sorte d'activité qui sommeillait depuis plusieurs années; car c'est depuis ce temps qu'il a produit quelques-uns de ses meilleurs ouvrages.

Les productions de Grosheim se partagent en deux classes : la première renferme ses compositions de tout genre; l'autre, ses écrits relatifs à l'art. Elles sont nombreuses, et bien que dans aucune on ne trouve de puissante conception, néanmoins il y a lieu de s'étonner que, placé dans la triste situation où sa vie s'est écoulée, il ait conservé si longtemps du penchant à produire. Ses compositions les plus importantes sont restées en manuscrit; on y remarque : 1° Un oratorio de la Passion. 2° Six psaumes à quatre voix. 3° Plusieurs grands morceaux d'église avec orchestre. 4° *Titania*, opéra en deux actes, dont les airs seulement et l'ouverture pour piano ont paru chez Simrock à Bonn. 5° *La sainte Feuille de trèfle*, opéra, qui n'a été également publié qu'en extraits pour le piano, chez le même éditeur, en 1798. 6° *La Sympathie des âmes*, drame, 1790. 7° Prologue et épilogue pour le mariage du prince héréditaire de Gotha. 8° Six symphonies pour orchestre. 9° Six concertos, dont trois pour piano, un pour clarinette, un pour flûte, et un pour deux hautbois. 10° Douze sonates pour piano et violon. Parmi les ouvrages gravés, on compte : 11° Trois fantaisies pour piano, Mayence, Schott. 12° Six petites fantaisies, *idem*, Bonn, Simrock. 13° Thème avec deux variations, *idem*, Cassel, 1793. 14° Marche de Bonaparte à Marengo, *idem*, *ibid.* 15° Anglaises pour le piano, Manheim, Heckel. 16° Préludes d'orgue, cinq parties, Mayence, Schott. 17° Les dix commandements à une, deux, trois et quatre voix avec orgue, Leipsick. Peters. 18° Livre choral de l'église réformée de la Hesse, *ibid.* 19° *L'Adieu d'Hector*, de Schiller, pour deux voix et orchestre, Leipsick et Cassel. 20° Chants à plusieurs voix pour l'usage des écoles, cinq suites, Mayence, Schott. 21° Environ dix recueils de chants et de chansons populaires à voix seule avec accompagnement de piano, Mayence, Schott. 22° Plusieurs chants caractéristiques séparés, *idem*, Cassel, Leipsick et Mayence. 23° *Euterpe*, journal de chant et de piano, une année complète (1797) et le commencement de la deuxième année 1798), Bonn, Simrock. Grosheim s'est fait connaître comme écrivain par les ouvrages suivants : 1° *Das Leben der Künstlerinn Mara* (La vie de madame Mara), Cassel, Lockhardt, 1823, petit in-8° de 72 pages. 2° *Ueber Pflege und Anwendung der Stimme* (Sur la direction et l'usage de la voix), Mayence, Schott, 1830, in-8°. 3° *Chronologisches Verzeichniss vorzuglischen Befærderer und Meister der Tonkunst* (Catalogue chronologique des promoteurs et maîtres de la musique), *ibid.*, 1831, grand in-8°. 4° *Fragmente aus der Geschichte der Musik* (Fragments pour l'histoire de la musique), *ibid.*, 1832. 5° *Ueber den Verfall der Tonkunst* (Sur la décadence de la musique), Goettingue, Dietricht, 1835 in-8°. 6° *Generalbass-Catechismus* (Traité élémentaire d'harmonie), *ibid.* Grosheim a aussi fourni un grand nombre d'articles à la Gazette élégante (*Die eleganten Zeitung*), au Libéral (*Der Freimüthige*), au journal de musique hollandais, intitulé : *Amphion*, et à la *Cæcilia*. Enfin, il a été un des collaborateurs du *Lexique général de musique* publié par Schilling.

La dernière production de cet artiste estimable et peu fortuné a paru sous ce titre : *Versuch einer æsthetischen Darstellung mehrer Werke dramatischer Tonmeister alterer und neuerer Zeit.* (Essai d'un tableau esthétique des plusieurs œuvres dramatiques de compositeurs anciens et modernes), Mayence, Schott, 1834, in-8°, de cent quatre-vingt-treize pages. Les opéras que Grosheim analyse dans cet écrit sont au nombre de onze ; ce sont : 1° *Le Déserteur*, de Monsigny. 2° *La Rosière de Salency*, de Grétry. 3° *Le Matrimonio segreto*, de Cimarosa. 4° *Don Juan*, de Mozart. 5° *Iphigénie en Aulide*, de Gluck. 6° *Le Freischutz*, de Weber. 7° *Les Deux Journées*, de Cherubini. 8° *Joseph*, de Méhul. 9° *Zémire et Azor*, de Grétry. 10° *Iphigénie en Tauride*, de Gluck. 11° *Athalie*, de Schutz. Les biographes allemands et les journaux ont gardé le silence sur les dernières années de Grosheim : s'il vit encore (1861) il est âgé de quatre-vingt-dix-sept ans.

GROSIER (L'abbé Jean-Baptiste-Gabriel-Alexandre), ancien chanoine de Saint-Louis du Louvre, né à Saint-Omer, le 17 mars 1743, fut convervateur de la Bibliothèque de l'Arsenal, et mourut à Paris, le 7 décembre 1823. On a de cet ecclésiastique, qui avait été jésuite dans sa jeunesse, une *Description générale de la Chine, rédigée d'après les mémoires de la mission de Pékin*, etc. Paris, 1785. Un vol. in-4° qui forme le treizième de la grande histoire de la Chine du P. Mailla. Une troisième édition, considérablement augmentée, en sept volumes in-8°, a paru en 1818-1820, chez Pillet aîné. On trouve dans cet ouvrage un essai sur les pierres sonores de la Chine.

GROSJEAN (Jean-Romary), organiste de mérite, est né le 12 janvier 1815 à Rochesson, village de l'arrondissement de Remiremont (Vosges). Fils d'un pauvre artisan, il paraissait destiné à la profession de son père, lorsqu'un organiste du pays, nommé *Lambert*, ayant remarqué ses heureuses dispositions pour la musique, se chargea de lui enseigner les éléments de cet art, dans sa septième année. Les progrès du jeune paysan furent si rapides, que dès l'âge de douze ans, il fut en état de remplir lui-même les fonctions d'organiste dans le lieu de sa naissance, puis à Padoux, commune située aux environs d'Epinal. Le temps qu'il passa dans cette dernière position fut employé à son instruction par la lecture de quelques bons livres, et à la continuation de ses études musicales. A quinze ans, non seulement son travail suffisait pour son existence, mais il venait en aide à ses parents. En 1837, M. Grosjean fut nommé organiste de la principale église église paroissiale de Remiremont : il se livra aussi pendant quelque temps dans cette ville à l'enseignement du piano ; mais il n'y fit pas un long séjour, parce qu'il obtint au concours, à la fin de 1839, la place d'organiste de la cathédrale de Saint-Dié

(Vosges). Quelques congés, qu'il obtint dans les années suivantes, lui permirent de faire des voyages à Paris, pour y augmenter ses connaissances dans son art. C'est ainsi qu'il reçut les conseils de Boëly, ancien organiste de Saint-Germain l'Auxerrois, et qu'il prit des leçons de piano de M. Camillo Stamaty, pianiste de l'école de Kalkbrenner (voyez BOELY et STAMATY) : d'après l'avis du premier de ces artistes, M. Grosjean se livra à l'étude des compositions des meilleurs organistes de l'Allemagne, et en fit, pour son usage, des extraits dont il a tiré en 1850 un recueil de trois cents versets pour l'orgue, publié par souscription. On doit aussi à M. Grosjean une collection qui a pour titre : *Album d'un organiste catholique, ou recueil de morceaux d'orgue pour l'offertoire, l'élévation, la communion et la sortie des offices*, en deux volumes. Une partie des pièces contenues dans ce recueil a été composée par l'éditeur. Enfin, M. Grosjean rend des services aux organistes des petites localités par la publication d'un *Journal des organistes, ou choix de musique d'orgue pour toutes les parties du service divin*. Il prépare en ce moment (1861) une édition complète des *Noëls* de la Lorraine, avec les mélodies populaires. Cet artiste estimable a fait, en 1857, la découverte d'un manuscrit précieux dans la Bibliothèque publique de Saint-Dié : ce volume contient la seule copie complète connue jusqu'à ce jour de l'*Introduction à la musique plaine et mesurée* de Jean de Garlande (voyez GARLANDE), avec d'autres ouvrages de Marchetto de Padoue, de Francon de Cologne, et d'autres de moindre importance. M. de Coussemaker a rendu compte de cette découverte dans une *Notice sur un manuscrit musical trouvé à la Bibliothèque de Saint-Dié*. Paris, Didron.

GROSLEY (PIERRE-JEAN), maire de Saint-Loup, bailli de Chap et de Vaucharsis, membre de l'Académie des inscriptions et belles-lettres de Paris, des sociétés académiques de Nanci, Châlons, etc., né à Troyes, le 18 novembre 1718, est mort le 4 novembre 1785. Ce littérateur fécond a publié un livre intitulé : *Observations sur l'Italie et sur les Italiens, par deux gentilshommes suédois*. Londres (Paris), 1764, trois volumes in-12; nouvelle édition, augmentée. Paris, Dehansy, 1774, quatre vol. in-12. On y trouve un *Précis de l'histoire de la musique* et beaucoup de renseignements sur les musiciens modernes de l'Italie. Il a paru une traduction allemande de l'ouvrage de Grosley en 1766. Le maître de chapelle Hiller en a extrait l'essai sur l'histoire de la musique et l'a inséré dans les nos 3, 4, 5, 6 de ses *Wœchentliche Nachrichten und Anmerkungen die Musik betreffend*, de l'année 1767.

GROSS (PIERRE), musicien allemand, demeurait à Zeitz au commencement du dix-septième siècle. Il a publié un recueil de pièces pour violons et violes, à cinq parties, en 1616, in-4°.

GROSS (JEAN), né près de Nuremberg, vers 1688, fut d'abord employé comme violoniste dans une maison de cette ville; puis il voyagea en Hongrie, y prit du service dans le régiment de Losselholz, comme chef de musique, et plus tard fut en garnison à Vienne. Après six ans de service, il obtint son congé, et entra dans la chapelle du prince-évêque de Bamberg. En 1718, il publia, dans cette ville, six solos de violon de sa composition. Enfin, Gross fut nommé maître de concert du prince de Schwartzbourg-Rudolstadt, vers 1725; il publia dans cette même année six sonates pour le violon, et mourut en 1735.

GROSS (GOTTFRIED-AUGUSTE), compositeur et écrivain sur la musique, né à Elbing, en 1799, était directeur de musique à Lubeck, vers 1830. Plus tard, il alla se fixer à Hambourg, où il rédigea, en 1837, le journal qui avait pour titre : *Hamburger musikalische Zeitung* (la Gazette musicale de Hambourg), chez Schuberth et Niemaier, 1838, in-8°. Cette publication a cessé de paraître avec le *cinquante-deuxième numéro* de la même année. Gross est devenu postérieurement directeur de musique à Hildesheim. On a de cet artiste des compositions pour le piano et pour le chant, parmi lesquelles on remarque : Le 91e psaume à quatre voix et orchestre, plusieurs cahiers d'airs allemands avec piano.

GROSS (JEAN-BENJAMIN), frère du précédent, est né à Elbing, le 12 septembre 1809. Il se rendit à Berlin dans sa jeunesse et s'y livra avec ardeur à l'étude du violoncelle. Admis dans l'orchestre du théâtre Kœnigstadt, il en sortit, en 1831, pour aller à Leipsick, où il se distingua dans la plupart des réunions de musique, ainsi que dans les concerts de Gewandhaus. En 1833, une place lui fut offerte à Dorpat, comme violoncelliste du quatuor du comte Liphart, dont le célèbre professeur Ferdinand David (voyez ce nom) était alors premier violon. En 1835, Gross abandonna cette position pour celle de premier violoncelle de l'orchestre du Théâtre-Impérial de Pétersbourg. En 1847, il obtint une pension pour ses services à la cour et voyagea en Allemagne pour y donner des concerts; mais bientôt il fut rappelé à Pétersbourg au service du grand-duc Michel; mais il ne conserva pas longtemps les avantages qui lui avaient été assurés, étant mort du choléra le 1er septembre 1848. On a de cet artiste distingué quatre quatuors pour des instruments à cordes; des études pour le violoncelle; des duos pour le même instrument; un concerto pour violoncelle et orchestre; une sonate pour piano et violoncelle; un concerto pour ces deux instruments; des variations et des pièces de salon, le tout au nombre d'environ quarante œuvres.

GROSSE (JEAN-GEORGES), théologien allemand, vivait à Bâle, au commencement du dix-septième siècle, et y a publié, en 1620, un livre qui a pour titre : *Compendium quatuor facultatum*, in-8°. On y trouve, dans la partie philosophique, un *Compendium musices* (p. 136-152).

GROSSE (JEAN), professeur au Gymnase de Halle, en Saxe, dans la première partie du dix-septième siècle, s'est fait connaître par un petit écrit intitulé : *Miscella problemata de musica*, Hallis Saxonum, 1638, in-4° de huit pages.

GROSSE (BERNARD-SÉBASTIEN), prédicateur à Ilmenau, vers le milieu du dix-huitième siècle, et assesseur au consistoire suprême du duché de Saxe-Weimar, a prononcé, en 1765, un discours à l'occasion de l'érection d'un nouvel orgue dans l'église de la ville d'Ilmenau. Ce discours, accompagné d'une histoire abrégée de l'orgue, a paru sous ce titre : *Die heiligen Verrichtungen in dem Hause des Herrn bey der neuen Orgel in der Ilmenauischen Stadtkirche vorgestellt, und mit einer Kurzgefassten Orgelgeschichte zum Druck übergeben*, Eisenach, 1765, deux feuilles et demie in-8°.

GROSSE (SAMUEL-DIETRICH OU THÉODORE), violoniste distingué au service du prince royal de Prusse, naquit à Berlin, en 1756, fut élève de Lolli et joua dans sa manière, avec un beau son et un style large. Il se fit entendre à Paris, au Concert spirituel, en 1780, et fut fort applaudi. Il mourut à Berlin, en 1789, dans sa trente-troisième année. Ses compositions publiées sont : 1° Trois concertos pour le violon, op. 1, liv. Ier, II, III, Berlin, Hummel. 2° Symphonie concertante pour deux violons, op. 2, *ibid.* 3° Six duos pour violon et alto, op. 3, *ibid.* 4° Trois trios pour deux violons et violoncelle, op. 4, *ibid.* 5° Trois duos pour deux violons, op. 5, Paris, Imbault (Janet).

GROSSE (JEAN-GUILLAUME), organiste à Kahla, dans le duché de Saxe-Altenbourg, vers la fin du dix-huitième siècle, s'est fait connaître par la publication de six préludes de chorals (*Choral vorspiele*) pour l'orgue, Rudolstadt, 1787, in-4°. Ces préludes sont traités dans un style moderne, où l'on remarque de l'imagination, mais qui n'a aucun rapport avec le style de l'école de Bach.

Un autre artiste de ce nom, organiste à Klosterbergen, près de Magdebourg, vécut dans le même temps, et fit imprimer six sonates pour le clavecin, à Leipsick, en 1783. Ces pièces sont une imitation des sonates de Charles-Philippe-Emmanuel Bach.

GROSSE (HENRI), fils d'un musicien de la chapelle du roi de Prusse (*voyez* l'article précédent *Samuel-Dietrich*), naquit à Berlin, et devint un violoncelliste habile, sous la direction de Louis Duport. Il se fit entendre avec succès, plusieurs fois, à la cour et dans des concerts publics. En 1708, il était attaché à la chapelle du roi de Prusse. On a imprimé de sa composition : 1° Sonates pour violoncelle et basse, op. 1, Berlin, Hummel. 2° Huit variations pour violoncelle et basse, *ibid.* 3° Quelques œuvres pour le piano.

Un frère cadet de cet artiste fut second hautbois à la chapelle royale de Berlin.

GROSSER (JEAN-EMMANUEL), fils d'un *cantor* de l'église principale de Warmbrunn, est né en cette ville, le 30 janvier 1790. Doué d'heureuses dispositions pour la musique, il fit de rapides progrès dans cet art, sous la direction de Schnolz. A l'âge de vingt et un ans, il se rendit à Breslau pour se livrer à l'enseignement; mais il y resta peu de temps, car il fut rappelé dans sa ville natale, en 1821, pour y remplir les fonctions de professeur. L'année suivante, il alla à Friedberg, en qualité de *cantor* et d'organiste; en 1823, il fut appelé comme organiste à l'église catholique de Hirschberg, et les fonctions de recteur à Polkwitz lui furent confiées en 1826. Il a publié, à Breslau, des variations et des danses pour le piano, trois recueils de pièces d'orgue faciles, trois suites de chants à voix seule et piano, et a composé aussi des messes, graduels, offertoires, et des chants funèbres qui n'ont pas été imprimés jusqu'à ce jour. On a aussi de cet artiste : *Lebensbeschreibung den Johann Sebast. Bach*, Breslau, Grœson et compagnie, petit in-8°. La deuxième édition de cette biographie du grand musicien Bach a été publiée chez les mêmes éditeurs en 1834, petit in-8°. Deux biographies semblables, la première, de Haydn, la seconde, de Mozart, ont été également publiées par M. Grosser; elles sont intéressantes par les anecdotes qu'elles renferment.

GROSSI (Le chevalier Charles), chanteur et compositeur vénitien, vécut dans la seconde moitié du dix-septième siècle. Il était homme de mérite, dit M. Caffi (*Storia della musica sacra nella gia Capella ducale di S. Marco in Venezia*, Part. I, p. 308, et Part. II, p. 34), mais vaniteux et charlatan. Admis dans la chapelle de Saint-Marc, en qualité de chanteur, il se présenta à diverses reprises comme candidat pour les places vacantes d'organiste, de vice-maître et de maître de cette chapelle, mais sans réussir jamais dans son dessein, précisément à cause de son charlatanisme. Cependant il prit effrontément le titre de *chevalier* et de maître de chapelle de cette cathédrale au livret de l'opéra *Giocasta regina d'Armenia*, dont il écrivit la musique à Florence, en 1698. Le nom du compositeur y est indiqué de cette manière : *Carlo Grossi Cavaliere, Maëstro della Cappella ducale di San Marco di Venezia.* « Je n'ai pu découvrir en quelle circonstance, « ni par qui il a été *cavalièrisé,* » dit M. Caffi. Dans une supplique adressée aux procurateurs de Saint-Marc, il vante *la multiplicité de ses œuvres répandues dans tout l'univers par la presse, et desquelles beaucoup de souverains se délectent incessamment.* Découragé par la malheureuse issue de tous ses efforts pour obtenir un poste élevé dans la chapelle de Saint-Marc, il présenta une requête aux procurateurs de cette chapelle, le 29 juillet 1685, à l'effet d'être pensionné *pour cause de vieillesse et d'infirmités,* et obtint cette faveur. Cependant ses infirmités et sa vieillesse ne l'empêchèrent pas de composer, treize ans après cette date, l'opéra dont il vient d'être parlé. M. Caffi dit qu'il écrivit trois opéras pour les théâtres de Venise; je n'en connais qu'un, *Artaserse,* représenté au théâtre Saint-Jean et Saint-Paul, en 1669. Il composa aussi pour l'église, car il reçut des procurateurs de Saint-Marc une médaille d'or de la valeur de cinquante ducats pour un livre de compositions à l'usage de cette chapelle. On connaît aussi de cet artiste : 1° *la Cetra d'Apollo, canzone a 1 e 2 voci.* Venise, Gardane, 1673, in-4°. 2° *l'Anfione, madrigali a 2 e 3 voci,* ibid., 1675, in-4°.

GROSSI (André), violoniste au service du duc de Mantoue, vers la fin du dix-septième siècle, a publié plusieurs ouvrages pour son instrument, parmi lesquels on remarque : 1° Douze sonates à deux, trois, quatre et cinq instruments, op. 3. 2° *Suonate da camera a tre stromenti,* op. 5, Bologne, 1696, in-fol.

GROSSI (Jean-François). *Voyez* Siface.

GROSSI (Gaetan), célèbre bassoniste, né à Milan, fut admis en 1782 à la cour de Parme, comme artiste de la chambre et de la chapelle. Après la mort du duc Ferdinand, il retourna à Milan, où il est mort le 14 février 1807. Il a écrit plusieurs concertos et des quatuors pour le basson, qui sont restés en manuscrit.

GROSSI (Rosalinde-Silva), fille du précédent, fut une cantatrice distinguée. Elle naquit à Parme en 1782, reçut les premières leçons de musique de Joseph Colla, et perfectionna ensuite son talent sous la direction de Fortunato et de Paer. Mariée fort jeune au violoniste et chef d'orchestre Prosper Silva, elle brilla sur les principaux théâtres d'Italie comme *prima donna,* particulièrement à Milan. Au retour de Venise, où elle avait chanté avec succès, elle fut saisie d'une violente maladie qui l'enleva à la fleur de l'âge, en 1804.

GROSSI (Gennaro), avocat napolitain, amateur des arts, vécut dans la première moitié du dix-neuvième siècle. Il a été un des coopérateurs du livre qui a pour titre : *Biografia degli uomini illustri del regno di Napoli, ornata dei loro rispettivi ritratti.* In Napoli, 1819, trois vol. in-4°. Le volume qui contient les éloges des maîtres de chapelle, chanteurs et cantatrices, renferme particulièrement les notices composées par M. Grossi. On a aussi de ce *dilettante* un recueil de mémoires intitulé : *le Belli arti. Opuscoli storici musicali.* Napoli, 1820, 2 vol. in-8°.

GROSSMANN (Burkhard), receveur de l'électeur de Saxe, à Jéna et à Burgau, au commencement du dix-septième siècle, a publié une collection de quarante-trois morceaux des principaux compositeurs de la Saxe, sous ce titre : *Angst der Hœllen und Friede der Seelen* (Angoisse des enfers et joie des âmes), Jéna, 1623, in-fol. Tous ces morceaux sont composés sur le psaume 116, à trois, quatre et cinq voix.

GROSSMANN (Jean-François), facteur d'orgues, vivait à Patschkau, en Silésie, vers 1750. Il a construit à Munsterberg, en 1754, un instrument de vingt-cinq jeux, à deux claviers et pédale.

GROSSMANN (Frédérique), fille de l'acteur célèbre de ce nom, cantatrice et actrice dans sa troupe, née en 1769, a brillé sur le théâtre de Cassel en 1785 et dans les années suivantes. Elle jouait et chantait les premiers rôles des opéras allemands *Alceste,* de Schweitzer, et *Cunther de Schwarzbourg* de Holzbauer. Sa voix avait une si grande étendue, qu'elle allait jusqu'au contre-fa aigu.

GROSSMANN (...). Deux artistes de ce nom paraissent avoir été des instrumentistes à la fin du dix-huitième siècle. On trouve du premier trois quatuors pour deux clarinettes, viole et basse, en manuscrit, indiqués dans le catalogue de Traeg (1799); l'autre a fait graver, à Bonn, chez Simrock, six valses et six contredanses pour le piano.

GROSSWALD (...), facteur d'orgues de la Hesse, né à Hanau, était considéré, en 1773, comme un des premiers artistes de son genre.

Il y a un musicien de ce nom qui a publié un grand nombre de recueils de danses pour le piano, à Prague et à Vienne.

GROTTE (Nicolas **DE LA**), valet de chambre et organiste du roi de France, Henri III, vécut à Paris, depuis 1565 environ jusqu'en 1587. Jean Dorat, poëte du roi, fit sur le nom de cet artiste l'anagramme suivante, qui prouve l'estime qu'on avait pour son mérite :

Nicolaus Grotus, tu sol organicus.

La Croix-du-Maine dit, en effet (*Bibliot.*, t. II, p. 165 et 164, édit. de Rigoley de Juvigny), que De la Grotte passait pour le plus habile joueur d'orgue et d'épinette de France en son temps. On a de ce musicien : 1° *Chansons de Pierre de Ronsard, Bayf, Des Portes, Sillac et autres, mises en musique à quatre parties*, Paris, Adrian Le Roy, 1570. 2° *Airs et chansons à trois, quatre, cinq et six parties, par Nicolas De La Grotte, organiste ordinaire de la chambre du roi, à Paris, par Jean Cavellat*, 1583, in-4°. Une chanson de De La Grotte (*C'est mon amy*) a été insérée, sous le nom de *Nicolas*, dans le *Premier livre de chansons à trois parties composées par plusieurs autheurs, imprimées en trois volumes*, à Paris, chez Adrian Le Roy et Robert Ballard, 1578.

GROTZ (Denis), organiste et compositeur au couvent de Barnbach, vers la fin du dix-huitième siècle, a publié un ouvrage de sa composition intitulé : *Deutsche Gesænge zur heil. Messe* (Chants allemands pour la sainte messe), à quatre voix, orgue, deux violons, alto, deux cors et violoncelle, Augsbourg, Lotter, 1791.

GRUA (Gaspard), organiste de l'église Saint-Jean-Baptiste à Monza, près de Milan, vécut dans la seconde moitié du dix-septième siècle. On a imprimé de sa composition un œuvre qui a pour titre : *Missa e Salmi a la romana spedite con due Magnificat, le quattro antifone a otto voci, con il Gloria intiero*, Venise, 1651.

GRUA (Guillaume) naquit à Milan, où il apprit la musique et la composition. Il visita les principales villes d'Italie, puis se rendit en Allemagne et s'établit à Dusseldorf, comme maître de chapelle, en 1697. De là, il alla à Manheim, en 1714. On a de lui : *Missæ quinque voc. cum instrumentis et org.*, Munich, 1712.

GRUA (Charles-Louis-Pierre), né en 1700, à Milan, y apprit la musique et la composition, puis se rendit chez son oncle (Guillaume Grua) pour achever son éducation musicale. Il devint habile dans le contrepoint et dans le style fugué, et passa en Allemagne pour un des musiciens les plus instruits de son temps. Il fut d'abord placé, comme maître de chapelle, à la cour de l'électeur palatin, à Manheim; l'électeur Charles-Philippe joignit à ses fonctions sa nomination, en 1742, de directeur de l'Opéra. Pendant les solennités qui eurent lieu au mariage du prince électoral Charles-Théodore, on joua, le 17 janvier 1742, l'opéra italien *Cambyse*, dont la musique avait été composée par Grua : cet ouvrage eut un brillant succès. Grua mourut à Manheim, en 1775.

GRUA (Paul), fils du précédent, naquit à Manheim, le 2 février 1754. Après avoir appris chez son père les éléments du piano et de l'harmonie, il alla continuer ses études chez le maître de chapelle Holzbauer. Le prince électoral du palatinat, Charles-Théodore, ayant remarqué les heureuses dispositions du jeune Grua pour la musique, résolut de l'envoyer en Italie, afin de perfectionner son goût. Il y arriva en 1773 et y passa six années. A Bologne, il prit des leçons du P. Martini, et à Venise, il reçut des consils de Traetta pour le style dramatique. De retour en Allemagne, en 1779, il dut se rendre à Munich, où l'électeur avait transporté sa cour. On le chargea de composer la musique de l'opéra sérieux *Telemacco*, qui fut représenté l'année suivante. Le succès de cet ouvrage lui fit obtenir le titre de conseiller et celui de maître de chapelle. Grua a beaucoup écrit pour l'église, et l'on connaît de lui trente et une messes avec orchestre, six vêpres complètes, vingt-neuf offertoires et motets, six *Miserere*, trois *Stabat mater*, cinq *Litanies*, trois *Te Deum* (en allemand), quatorze hymnes, quatre *Salve Regina*, trois *Regina Cœli*, quatre graduels pour le carême, des répons pour la semaine sainte, trois *Requiem*, cinq *Veni Sancte Spiritus*, et plusieurs psaumes. Grua a écrit aussi des concertos pour piano, clarinette, flûte, etc. Il vivait encore à Munich, en 1812.

GRUBE (Hermann), fils d'un cordonnier de Lubeck, né en 1637, fut fait docteur en médecine à Leyde, en 1666, et professeur de physique à Hadersleben l'année suivante. Il mourut au mois de février 1698. Parmi les ouvrages de ce savant, on en remarque un qui a pour titre : *Conjecturæ physico-medicæ de ictu tarentulæ, et vi musices in ejus curatione*. Francfort, 1679, in-8° de huit feuilles.

GRUBER (Érasme), surintendant à Ratisbonne dans la seconde moitié du dix-septième siècle, est auteur de la préface du livre intitulé : *Synopsis musica, oder kurze Anweisung, wie die Jugend kurzlich und mit geringer Mühe in der Singkunst abzurichten*, Ratisbonne, 1637, quatre feuilles in-8°.

GRUBER (Georges-Guillaume), naquit le 22 septembre 1729 à Nuremberg. Dretzel, organiste de cette ville, lui donna les premières leçons de musique. Après la mort de ce maître, qui lui avait enseigné à jouer du piano, il alla chez un autre organiste, nommé *Siebenkees*, qui lui apprit les éléments de l'harmonie et de la composition. Il était à peine âgé de dix-huit ans, lorsqu'il fit admirer son habileté sur l'orgue dans des excursions à Francfort, à Dresde et à Mayence. A Dresde, Umstadt, maître de chapelle du comte de Brühl, lui donna des leçons de contrepoint. De retour à Nuremberg en 1750, Gruber y fut placé au chœur de l'église principale. L'arrivée du célèbre violoniste Ferrari en cette ville lui fournit l'occasion de perfectionner son talent sur le violon. Après la mort du maître de chapelle Agrell, Gruber obtint sa place, le 16 février 1765. Depuis lors il ne quitta plus sa ville natale, et toutes les offres qu'on lui fit pour des places de maître de concert en différentes cours furent refusées par lui. Il mourut à Nuremberg le 22 septembre 1796. Les compositions de cet artiste consistent en oratorios, psaumes latins et allemands, airs d'église, chorals en contrepoint figurés, symphonies, quatuors, trios, concertos, etc. Le plus grand nombre de ses ouvrages est resté en manuscrit, mais on a imprimé ceux-ci : 1° *Les Bergers à la crèche*, sur le texte de Ramler, Nuremberg, 1782. 2° Deux trios pour piano, violon et violoncelle. 3° Poésies de Bürger pour voix seule et piano, premier et second cahiers, Nuremberg, 1780. 4° Deux sonates pour piano, flûte et violoncelle obligés, *ibid.* 5° Chansons de différents poëtes favoris pour voix seule et piano, Vienne. 6° Deux sonates pour piano seul, Nuremberg.

GRUBER (Jean-Sigismond), fils du précédent, né à Nuremberg le 4 décembre 1759, fut avocat et docteur en droit. Vers la fin de sa vie, il eut les titres de conseiller et d'assesseur, et mourut à Nuremberg le 3 décembre 1805. Gruber est auteur de deux ouvrages qui ont pour titre : *Litteratur der Musik, oder Anleitung zur Kenntniss der Vorzüglichen musikalischen Bücher* (Littérature de la musique, ou Instruction pour connaître les meilleurs livres de musique), Nuremberg, 1783, cinquante-six pages in-8°. Il y en a une deuxième édition qui a été publiée à Francfort-sur-le-Mein, in-8°, sans date. Cet ouvrage est fort imparfait, et surtout très-incomplet. On ne sait pourquoi Gruber a considéré comme de bons livres sur la musique certains ouvrages fort médiocres, ni pourquoi il en a rejeté d'autres qui ont un mérite réel. Beaucoup de titres sont rapportés par lui sans exactitude, et souvent il se trompe sur le contenu des livres, et les range dans des classes auxquelles ils n'appartiennent pas. 2° *Beytræge zur Litteratur der Musik* (Essai sur la littérature de la musique), Nuremberg, 1785, cent seize pages in-8°. Cet opuscule, extrait du *Lexique* de Walther, est un peu moins défectueux que le précédent, bien qu'on y aperçoive beaucoup de négligences : c'est un catalogue de noms d'écrivains sur la musique et de compositeurs, terminé par des notices biographiques sur le père de l'auteur, sur son prédécesseur Agrell, et sur Jean-André Herbst. Forkel et Lichtenthal indiquent une deuxième partie de cet ouvrage qui aurait paru à Francfort et à Leipsick en 1790, in-8°. Je ne la connais pas; je crois même qu'elle n'existe pas, que ces bibliographes se sont trompés sur la date, et qu'ils ont voulu parler de l'ouvrage suivant : 3° *Biographien einiger Tonkunstler, ein Beitrag zur musikalischen Gelehrgeschichte*, Francfort et Leipsick, 1786, in-8° de quarante-huit pages. Cet opuscule peut être considéré comme la suite du précédent. Il ne porte point le nom de l'auteur. On y trouve d'abord un aperçu très-superficiel de l'histoire de la musique, à Nuremberg, en douze pages; puis viennent les biographies de musiciens qui sont nés, ou qui ont demeuré dans cette ville : ce sont celles du luthiste Baron, de Dretzel (Corneille-Henri), Lang (Ernest-Jean-Benoît), Siebenkees (Jean), et Zeidler (Maximilien); elles font suite à celles de Georges-Guillaume Gruber, Agrell et Jean-André Herbst, publiées dans l'ouvrage précédent. Le livre est terminé par les analyses de la Bibliothèque musicale d'Eschstruth, de l'opuscule de Knecht en défense de la théorie de l'harmonie (*voyez* KNECHT et VOGLER), d'annonces de quelques ouvrages de musique, et du catalogue des œuvres du maître de chapelle Gruber.

GRUBER (BENOIT), bénédictin de l'abbaye de Woltenbourg, près de Ratisbonne, vivait à la fin du dix-huitième siècle, et mourut en 1798. Il était directeur de musique de l'église de cette abbaye. On connaît de lui : 1° *Antiphonæ Marianæ* (6 *Alma*, 6 *Ave*, 6 *Regina Cœli*, 6 *Salve Regina*) 4 *vocibus*, 2 *viol. et organo oblig.*, 2 *corn. et violonc. non oblig.*, Augsbourg, Lotter, 1793. 2° *Stabat Mater*, 4 *voc.*, 2 *viol. et org. oblig.*, *viola*, 2 *corn. et violonc. non oblig.*, op. 2, *ibid.*

GRUGER (JOSEPH), chapelain à Habelschwerdt, en Silésie, naquit dans le comté de Glætz, vers 1772. Il fit ses études à Glætz, puis à Breslau, fut nommé chapelain à Mittelsteine, et de là se rendit à Habelschwerdt. Il mourut jeune encore, au mois de février 1814. On a de lui plusieurs bonnes compositions, entre autres l'opéra *Haine et Réconciliation*, représenté à Breslau, et dont on a gravé dans cette ville, en 1798, la grande partition, et la même réduite pour piano.

GRÜNBAUM (...), cantatrice allemande, a joui d'une grande célébrité depuis 1812 jusqu'en 1820. Fille du compositeur Wenzel Müller, elle reçut de lui les premières leçons de musique; puis son père la confia aux meilleurs maîtres de Vienne. Plus tard, elle épousa un organiste nommé *Grünbaum*, auteur de trios comiques publiés à Vienne, à Breslau et à Leipsick. On dit que madame Grünbaum unissait à un rare talent dramatique une vocalisation brillante et facile qui lui fit donner le nom de *Catalani allemande*. Sa fille, née en 1812, n'a pas la puissance de talent qui distingua sa mère, mais elle fut une des cantatrices les plus agréables de la scène allemande de 1830 à 1850. Sa première apparition en public a eu lieu au théâtre de Nuremberg; puis elle a été appelée à Berlin pour le théâtre de Kœnigstadt, où elle était en 1836.

Un guitariste de Prague nommé *Grünbaum* a fait imprimer en cette ville de petites pièces pour cet instrument, et des chants à voix seule.

GRÜNBERG (GOTTLIEB), flûtiste aveugle, né à Hanovre vers 1802, voyagea dans le nord de l'Allemagne et en Danemark, où il donna des concerts avec succès, pendant les années 1829 et 1830. En 1832, il était à Weimar. Dans la même année, il inventa un nouvel instrument, auquel il donna le nom de *Furoria*. Il le fit entendre dans un concert qu'il donna à Minden, le 29 novembre 1832. J'ignore en quoi cet instrument était différent des flûtes ordinaires : peut-être y-a-t-il quelques renseignements à ce sujet dans le livre qui a été publié sous ce titre : *Leben und Reisen des erblindeten Flötenspielers G. Grünberg; Behuss Sicherung seiner und der seinigen bürgerlichen Existenz*, etc. (Vie et Voyages du flûtiste aveugle G. Grünberg, etc.), Hanovre, 1834, in-8°.

GRUNBERGER (THÉODORE), prêtre et compositeur, vivait dans les dernières années du dix-huitième siècle et au commencement du suivant. Gerber croit qu'il était moine dans un couvent de la Souabe. Il a fait imprimer : 1° *Missæ breves, faciles, cuique choro accommodatæ a* 4 *voc. ordin.*, 2 *viol.*, *alto, et org. oblig.*, 2 *corn.*, 2 *fl. vel ob. et violonc. non oblig.*, Augsbourg, Lotter, 1792. 2° *Neue Orgelstücke nach der Ordnung unter dem Amte der heilig Messe zu spielen* (Nouvelles pièces d'orgue pour l'office de la sainte messe), première suite, Munich, 1795; deuxième *id.*, *ibid.*, 1796; troisième *idem*, *ibid.*, 1797; quatrième, cinquième, sixième *idem*, *ibid.*, jusqu'en 1799. Cette collection contient des préludes, de petites fugues et des versets. 3° *Neue Pastorell-Orgelstüke* (Nouvelles pièces pastorales pour l'orgue), première suite, Munich, 1799. 4° Première messe allemande pour soprano, contralto, basse et orgue, Munich, 1802.

GRUND (CHRÉTIEN), né, le 29 juin 1723, à Prague, où son père était peintre de portraits, fut un harpiste de premier ordre en son temps. Ne trouvant point de musique qui répondit au degré d'habileté qu'il possédait sur son instrument, il composa lui-même toute celle qu'il exécutait. Il se fit entendre à Vienne devant l'empereur François Ier, à la cour de Dresde et à Varsovie; partout il excita l'admiration, ainsi que son frère Eustache, harpiste comme lui, mais dans un genre tout différent. Au retour de la Pologne, Grund entra avec son frère au service de l'évêque de Leitmeritz, duc de Sachsenzeitz. Quelques années après, ces deux artistes passèrent à la cour de l'électeur de Bavière, à Munich, puis ils furent attachés à la chapelle d'Anspach. Après la suppression de cette chapelle, les deux frères se séparèrent, et Chrétien fut admis dans la musique du prince évêque de Wurzbourg. Ce prince le combla de témoignages d'estime et d'affection jusqu'à sa mort, qui arriva le 11 novembre 1784. Grund a eu une fille, professeur de harpe et de guitare à Wurzbourg, qui eut du talent. Les compositions de Grund sont restées manuscrites.

GRUND (Eustache), frère du précédent et artiste extraordinaire sur la harpe, naquit à Prague, vers 1725. Dans sa jeunesse, il mena la vie de musicien ambulant, jouant toujours de fantaisie, et quelquefois improvisant des choses d'une grande beauté. Après avoir visité Vienne, Dresde, la Pologne, il entra au service de l'évêque de Leitmeritz, puis à celui de l'électeur de Bavière, et enfin à la cour d'Anspach, où il épousa mademoiselle Fugger, dame d'une naissance distinguée. Après la réforme de la chapelle d'Anspach, Eustache Grund reprit ses voyages, se sépara de son frère, et l'on n'entendit plus parler de lui. Longtemps après, sa femme fit insérer dans les journaux un avis où elle annonçait le projet de prendre un autre époux, si le sien ne reparaissait plus. On croit que cet artiste fantasque se rendit à Stuttgard, après la suppression de la chapelle d'Anspach, puis qu'il alla à Tettnang sur le lac de Constance, où il mourut au service du comte de Montfort.

GRUND (Guillaume-Frédéric), né à Hambourg, le 7 octobre 1791, reçut de son père, chef d'orchestre du théâtre, des leçons de chant et de piano, puis il passa sous la direction de Schwenke. D'autres maîtres lui enseignèrent aussi le violon et le violoncelle. Quant à son instruction dans l'harmonie et dans le contrepoint, il l'acquit lui-même dans les livres et dans les œuvres des bons maîtres. Son éducation musicale terminée, il s'est livré à l'enseignement et à la composition. En 1819, il a fondé une Société de chant, et, en 1828, il a dirigé des concerts philharmoniques avec beaucoup de talent, et y a fait exécuter depuis lors les symphonies de Beethoven, qui étaient à peu près inconnues à Hambourg. Il dirigeait encore cette société musicale en 1845. Son oratorio *la Résurrection de Jésus*, sur le texte de Ramler, a été exécuté en 1826, et a été considérée comme une grande et belle composition. Grund s'est aussi essayé dans le genre dramatique par l'opéra : *Die Burg Falkenstein* (le Bourg de Falkenstein), qu'il n'a pu faire jouer jusqu'à ce jour à aucun théâtre, et par *Mathilde*, drame musical, qui est encore en manuscrit. On a imprimé de sa composition : 1° Quintetto pour piano, hautbois, clarinette, cor et basson, op. 8; Leipsick, Peters. 2° Quatuor pour piano, violon, alto et violoncelle, op. 5, en *sol* mineur; *ibid*. 3° Sonates pour piano et violon ou violoncelle, op. 9, 11, 13, Hambourg et Leipsick. 4° Sonates pour piano à quatre mains, op. 10, Hambourg, Bœhme. 5° Polonaises, marches et valses, *idem, ibid*. 6° Sonatines pour piano seul, op. 14, *ibid*. 7° Introduction et rondeau pour piano seul, plusieurs œuvres. 8° Hymne de Krummacher, avec accompagnement de piano, *ibid*. 9° *Le Bourg de Falkenstein* réduit pour le piano, *ibid*. 10° Six recueils de chants à voix seule et accompagnement de piano, Leipsick et Hambourg. M. Grund a en manuscrit une messe à huit voix, en *si* mineur, sans accompagnement, trois cantiques, plusieurs ouvertures et symphonies, un grand ottetto pour piano et instruments à vent.

GRUND (Édouard), frère du précédent, est né à Hambourg, dans le mois de mai 1802. Élève de Spohr, il passe en Allemagne pour un violoniste habile. En 1829, il a fait un voyage en Hollande, où il a donné plusieurs concerts avec succès ; puis il s'est rendu à Paris, où il a passé l'hiver. De retour en Allemagne, il a été nommé maître de chapelle du duc de Saxe-Meiningen. Parmi les compositions qu'il a publiées, on remarque ses concertos et concertinos, œuvres 2e et 3e, un quatuor brillant, des solos pour le violon, deux ouvertures, et plusieurs symphonies. Dans un voyage que Grund fit en Allemagne, en 1840, il donna à Prague des séances de quatuors d'instruments à cordes.

GRUNDIG (Christophe-Gottlob), docteur en théologie et surintendant à Fribourg, premier prédicateur de l'église principale, et inspecteur du Gymnase de cette ville, naquit à Dorfhain, le 5 septembre 1707. Il commença sa carrière ecclésiastique par les fonctions de pasteur à Hermansdorf, près d'Annaberg. En 1749, il fut nommé premier pasteur à Schneeberg ; ensuite (en 1752), il alla à Glauchen en qualité de surintendant ; et enfin, en 1759, il prit possession, à Fribourg, des emplois dont il a été parlé précédemment. Il mourut en cette ville, le 9 août 1780. Dans le grand nombre d'écrits publiés par ce savant ecclésiastique, il en est un relatif à la musique, et qui a pour titre : *Geschichte des Singens bey dem Gottesdienste* (Histoire du chant pendant l'office divin), Schneeberg, 1753, in-8°.

GRÜNEBERG (Jean-Guillaume), facteur d'orgues et de pianos à Brandebourg, dans la seconde moitié du dix-huitième siècle, construisit en 1776 des pianos, avec des tables d'harmonie doubles qui eurent de la réputation, et qui produisaient des sons plus forts que ceux des pianos de cette époque. Ces instruments montaient jusqu'au *sol* et au *la* au-dessus du *fa* aigu de la cinquième octave, ce qui n'avait point eu lieu jusque-là. Gruneberg a fait aussi un grand nombre de petites orgues considérées en Allemagne comme de bons instruments. En 1796, il a construit, dans l'église Sainte-Catherine de Magdebourg, un grand orgue de vingt-neuf jeux, deux claviers et pédale, dont on trouve le dessin et la disposition dans la deuxième année de la *Gazette musicale de Leipsick*, p. 637.

GRUNER (Joseph), né à Engelsborg, vers 1712, était en 1737, à Olmutz, où il étudiait la philosophie. Il était dans le même temps ténor à l'église des Jésuites. Le 15 avril 1737, on exécuta, dans cette église, un oratorio de sa composition intitulé : *Passio Domini nostri Jesu-Christi in Golgotha consummata.*

GRUNER (Nathaniel-Godefroi), cantor et directeur de musique au Gymnase de Gera, fut considéré en Allemagne comme un des bons compositeurs du dix-huitième siècle, particulièrement pour l'église. L'incendie qui consuma une grande partie de la ville de Géra, en 1781, lui ayant enlevé tout ce qu'il possédait, Gruner proposa par souscription un œuvre de six sonates pour le piano, qui parut dans la même année chez Breitkopf, à Leipsick, et pour lequel il eut en peu de temps treize cent soixante-cinq souscripteurs. Son œuvre deuxième, composé aussi de six sonates pour le piano, a été publié chez le même éditeur en 1783. Gerber dit, dans son ancien *Lexique*, que sept œuvres de ce musicien, composés de divertissements, de quatuors et de concertos pour le clavecin, ont été gravés à Lyon, ce qui semble indiquer que Gruner s'était établi dans cette ville. Il mourut vers 1795. Le plus grand nombre de ses compositions pour l'église est resté en manuscrit : parmi ces ouvrages on cite les psaumes 8e, 27e, 51e, 85e et 113e pour chœur et orchestre, et environ quinze chorals arrangés en forme de cantates, également pour chœur et orchestre. On a imprimé de ces compositions : Chants à quatre voix pour des chœurs d'églises et d'écoles ; première et deuxième suites, Leipsick, Kollmann.

GRUTSCH (François-Séraphin), né à Vienne, le 24 octobre 1800, apprit les éléments de la musique comme enfant de chœur dans une des églises de cette ville. Il se distinguait au chœur par la beauté de sa voix et son intelligence musicale. Dès l'âge de cinq ans, il commença l'étude du mécanisme du violon. Les frères Blumenthal furent ses maîtres pour cet instrument et pour l'harmonie. A l'âge de dix ans, il obtint une place de violoniste dans l'orchestre du théâtre de Presbourg, et un an après, il entra à celui du théâtre sur la Vienne, dans la capitale de l'Autriche. En 1830, la place de second chef d'orchestre au théâtre Karnthnerthor lui fut donnée, et dans l'année suivante, il entra dans la chapelle impériale. On a imprimé de sa composition des *Lieder* et autres pièces de chant, ainsi que divers ouvrages pour le piano et pour les instruments à cordes. Cet artiste a en manuscrit des duos, trios et quatuors de violon, des ouvertures, des messes et d'autres morceaux de musique d'église. Il a fait représenter, à Vienne, en 1835, *der Nachtwächter* (le Veilleur de nuit), petit opéra en un acte, et, en 1838, *der Liebhaber als contrebande* (l'Amateur contrebandier), *idem.*

GUADAGNI (Gaetan), célèbre contraltiste, né à Lodi, vers 1725, fut un de ces grands chanteurs qui se formèrent en Italie pendant le dix-huitième siècle, si fécond en talents de premier ordre. On ignore quel fut son maître, et l'on ne trouve à ce sujet aucuns renseignements dans le livre de Mancini, ni dans les biographies de Gervasoni. Guadagni commença à se faire connaître, en 1747, au théâtre de Parme. En 1754, il chanta, au Concert spirituel de Paris et à la cour de Versailles, avec beaucoup de succès. De retour en Italie, il y chanta le rôle de *Telemacco* que Gluck avait écrit pour lui ; il y produisit la plus vive impression. La manière dont il avait chanté cet ouvrage fut cause que l'illustre compositeur le fit engager, en 1766, à Vienne, pour son *Orfeo,* où Guadagni atteignit le plus haut degré de perfection. L'année suivante, il chanta à Londres, puis il se rendit à Venise où l'*Orfeo* de Bertoni fut pour lui l'occasion d'un nouveau triomphe. Il y fit aussi preuve de talent comme compositeur, car il écrivit une partie de son rôle, notamment l'air qu'il chantait aux enfers. Le succès d'enthousiasme qu'il obtint en cette circonstance le fit décorer du titre de chevalier de Saint-Marc. L'électrice de Saxe l'ayant entendu à Vérone, en 1770, fut charmée de son talent et l'emmena à Munich, où il jouit de la plus grande faveur auprès de l'électeur jusqu'à la mort de ce prince. En 1776, il chanta à Potsdam devant le roi de Prusse, Frédéric II, et ce monarque lui témoigna sa satisfaction par le don d'une tabatière d'or enrichie de brillants, la plus belle qu'il ait donnée. En 1777, il retourna à Padoue, où il était engagé depuis plusieurs années comme chanteur de l'église Saint-Antoine, et y passa ses dernières années, aussi estimé pour son caractère qu'admiré pour son talent. Il avait amassé des richesses considérables, dont il faisait usage avec noblesse et générosité. Il mourut à Padoue, en 1797. Les qualités du talent de Guadagni consistaient dans l'expression, le pathétique et l'art de déclamer le récitatif.

GUADAGNINI (Laurent), habile luthier, né à Plaisance, dans la seconde moitié du dix-huitième siècle, fut élève de Stradivari, à Crémone, et s'établit ensuite dans le lieu de sa naissance, puis à Milan. Il travailla longtemps, car on trouve de ses instruments depuis la date de 1695 jusqu'en 1740. Il copia les formes des instruments de son maître, particulièrement dans les violons, qu'il fit en général d'un petit patron. Il les finissait avec le même soin que Stradivari mettait à terminer les siens. Ses ouïes sont d'une forme élégante; ses filets sont bien faits, et son vernis à l'huile est fort beau. Malheureusement, on remarque que la troisième corde est sourde à la plupart de ses violons, ce qui est cause qu'ils ont beaucoup moins de prix que ceux des Guarneri et de Stradivari. On les vend ordinairement de six à huit cents francs. Il paraît qu'en 1742 son fils était déjà connu, car il distinguait dès lors ses instruments par le nom de Guadagnini père. Je connais un violon de cette date qui porte cette inscription: *Laurentius Guadagninius pater Placentinus, Stradivarii alumnus.*

GUADAGNINI (Jean-Baptiste), fils du précédent, né à Plaisance, suivit son père à Milan, et devint son élève dans la facture des instruments. Ses violons, ses basses ont les mêmes formes, les mêmes qualités, les mêmes défauts que ceux de son père, et se vendent à peu près à prix égal. Je connais un violon de cet artiste qui porte la date de 1771; il est présumable qu'il ne travailla pas longtemps après cette époque. Cependant les derniers renseignements qui me sont parvenus indiquent des instruments sortis de ses mains jusqu'en 1785. Il s'était établi d'abord à Plaisance, puis à Parme, après quoi il retourna à Milan, et enfin il se fixa à Turin, où il mourut. Il eut deux fils, nommés Gaétan et Joseph. Gaétan, fixé à Turin, fut plutôt un restaurateur d'anciens instruments qu'un luthier fabricant. Il eut un fils dont le prénom est inconnu, mais qui acquit de la réputation dans la fabrication des guitares. Joseph Guadagnini retourna en Lombardie après la mort de son père et se fixa à Pavie, où il établit un atelier d'où sont sortis beaucoup de violons, altos et violoncelles imités de Stradivari.

GUADET (J.), fils du célèbre député girondin qui fut guillotiné le 15 juin 1794, ancien avocat, puis directeur de l'Institution des jeunes aveugles de Paris, s'est fait connaître par de bons ouvrages sur différentes matières, dont plusieurs ont été couronnés par l'Institut de France. Il n'est cité ici que pour un petit écrit qui a pour titre: *les Aveugles musiciens* (extrait des *Annales de l'éducation des sourds-muets et des aveugles*), Paris, 1846, in-8° de quatre feuilles. M. Guadet y examine quatre objets principaux: 1° aptitude musicale des aveugles; 2° mode d'enseignement matériel pour les aveugles; 3° notation musicale à l'usage des aveugles; 4° musiciens remarquables sortis de l'Institution des aveugles de Paris. Il y a de l'intérêt dans ce programme, traité par l'auteur avec bonne foi et simplicité.

GUAITOLI (François-Marie), né à Carpi, en 1563, fut nommé chanoine et maître de chapelle de la cathédrale de cette ville, en 1595. Il est mort dans la même position, le 3 janvier 1628. On a de lui les ouvrages suivants: 1° *Salmi per Vesperi a 5 voci*, in Venezia, app. Vincenti, 1604, in-4°. 2° *Libro primo di madrigali a 5 voci*, ibid., 1600, in-4°. 3° *Canzonette a tre e quattro voci, libro primo*, ibid., 1606, in-4°. 4° *Psalmi ad tertiam quinis vocibus in omnibus solemnitatibus decantandi una cum litaniis B. Virginis quinque, septem et octo vocibus nuperrime editi cum basso ad organum*, Venetiis, apud Jacobum Vincentinum, 1618, in-4°. 5° *Messe e Motetti a otto voci, libro primo*, ibid., 1618. 6° *Idem, libro 2°*, ibid., 1618. La confrérie de Saint-Roch, de Carpi, dont Guaitoli était aussi maître de chapelle, depuis le 23 mars 1602, avait ordonné que les motets à plusieurs chœurs que ce maître a laissés en manuscrit seraient publiés à ses frais; mais il ne paraît pas que cette résolution ait reçu son exécution.

GUALTIERI (Antoine), maître de chapelle à *Monte-Silice*, près de Padoue, au commencement du dix-septième siècle, a fait imprimer de sa composition des *Madrigali a cinque voci*, Venise, 1613.

GUAMI (Joseph), célèbre organiste, naquit à Lucques vers 1545. On ignore le nom du maître sous qui il fit ses études musicales. Les premiers renseignements sur sa personne se trouvent dans les registres de la chapelle royale de Munich: on y voit qu'en 1575 il était attaché à cette chapelle, en qualité d'organiste. Par décision des procurateurs de la chapelle ducale de Saint-Marc de Venise, en date du 30 octobre 1588, Guami succéda à Vincent Bell'Haver, décédé à la fleur de l'âge, comme organiste du second orgue de cette chapelle, aux appointement de cent vingt ducats. Dans les registres de cette chapelle, le nom de l'artiste est écrit *Guammi;* mais cette orthographe est inexacte, car lui-même écrit *Guami* aux titres de ses ouvrages. On est étonné de le voir abandonner sa place au mois de septembre 1591, c'est-à-dire moins de trois ans après sa nomination, pour accepter celle d'organiste de la cathédrale de Lucques. M. Caffi présume (*Storia della musica sacra della gia capella ducale di San Marco,* etc., p. 190) que Guami s'était engagé à payer une certaine somme annuelle à la famille Bell'Haver, de Trévise, parce qu'un certain Jean-Baptiste Bell'Haver avait présenté une requête aux procurateurs, pour que l'organiste de Lucques succédât à son parent; et il suppose, que voulant s'affranchir de cette redevance, il avait quitté sa place pour celle de la cathédrale de Lucques. Il se peut toutefois que sa résolution lui ait été inspirée par le désir de rentrer dans sa ville natale. Zarlino qualifie Guami d'*excellent compositeur* et de *suonator d'organi suavissimo :* cet éloge n'a rien d'exagéré, car les ouvrages de cet artiste le justifient d'une manière complète. Ses pièces d'orgue ont beaucoup d'intérêt pour le temps où elles furent écrites. J'en possède en manuscrit qui méritent d'être publiées comme des modèles du style des organistes italiens à la fin du seizième siècle; Diruta en a inséré quelques-unes dans la première partie de son *Transilvano* (*voyez* DIRUTA). Bottegari fournit quelques renseignements sur la position de Guami à la cour de Bavière dans son *Recueil de madrigaux* (*voyez* BOTTEGARI). On connaît de Guami : 1° *Madrigali a cinque voci,* Venezia, Gardane, 1565. 2° *Sacræ cantiones vel motetti* 5-10 *voc.,* Venise, 1586. 3° *Partitura per sonare della canzonette alla francese,* in Venetia app. Giacomo Vincenti, 1601, in-fol. 4° *Canzonette francese a* 4, 5 *et* 8 *voci, con un madrigale passeggiato,* Anvers, 1613. Dans la collection qui a pour titre : *Ghirlanda di madrigali a sei voci di diversi eccelentissimi autori de nostri tempi* (Anvers, Pierre Phalèse, 1601, in-4°, obl.), on trouve des morceaux de Guami.

GUAMI (FRANÇOIS), frère du précédent, né à Lucques, fut maître de chapelle de l'église *San Marcelino,* à Venise, et vécut vers la fin du seizième siècle. On connaît sous son nom : 1° *Il primo libro di Madrigali a* 4, 5 *et* 6 *voci,* in Venetia app. Angelo Gardano, 1592, in-4°. 2° *Il secondo libro di Madrigali a* 4, 5 *e* 6 *voci, con un dialogo a otto,* ibid., 1595, in-4°.

GUARDUCCI (THOMAS), né à Montefiascone vers 1720, étudia l'art du chant à Bologne sous la direction de Bernacchi, et devint un des meilleurs chanteurs de son temps, particulièrement dans le genre expressif. Il brilla sur les principaux théâtres de l'Italie depuis 1745 jusqu'en 1770, et l'Angleterre l'accueillit avec enthousiasme. En 1771, il se retira du théâtre et vécut au sein de sa famille, l'hiver à Florence, et l'été à Montefiascone, où il avait une maison de campagne richement meublée.

GUARNERI (ANDRÉ), ou **GUARNERIUS**, chef d'une famille de luthiers célèbres, naquit à Crémone dans la première moitié du dix-septième siècle, et fut un des premiers élèves de Nicolas Amati. Il travailla depuis 1650 jusqu'en 1695 environ. Ses instruments se recommandent par une bonne facture dans la manière des Amati, bien qu'on remarque en eux certains détails particuliers qui les distinguent et les font reconnaître. Leur son est joli, mais peu intense et d'une courte portée. On les range dans le commerce parmi les instruments de second ordre.

GUARNERI (JOSEPH), est considéré généralement comme le fils aîné d'*André*, et l'on dit qu'il fut élève de son père. Il travailla depuis 1690 jusqu'en 1730. Bien qu'il eût été l'élève d'André, il n'a pas suivi ses modèles. Ses premières tendances furent de se rapprocher des patrons de *Stradivari* (*voyez* ce nom), dont il était contemporain; mais plus tard il imita la manière de son cousin, nommé *Joseph* comme lui. Il a donc varié dans les formes et dans les détails de la facture; néanmoins ses instruments ont de la qualité et sont estimés.

GUARNERI (PIERRE), second fils d'*André,* et frère du précédent, a travaillé depuis 1690 jusqu'en 1725. Ses premiers produits sont datés de Crémone; plus tard il s'établit à Mantoue, où il a fabriqué un grand nombre d'instruments qui ne sont pas dépourvus de mérite, mais auxquels on reproche d'avoir les voûtes trop élevées et de manquer de brillant.

Un autre *Pierre Guarneri* était fils de Joseph et petit-fils d'André. On a de lui des violons et des basses datés de Crémone, depuis

1725 jusqu'en 1740. Dans ces quinze années, il a peu produit. Ses instruments ressemblent à ceux de son père, dont il était élève, mais ils ont moins de fini.

GUARNERI (Joseph-Antoine) ou **GUARNERIUS**, le plus célèbre artiste de cette famille, appelé communément en Italie *Giuseppe Guarnerio del Gesu*, parce que beaucoup de violons sortis de ses mains portent sur l'étiquette cette marque IHS, naquit à Crémone le 8 juin 1683, et fut baptisé le 11 du même mois, dans la paroisse de Saint-Donat, succursale de la cathédrale (1). Jean-Baptiste Guarneri, son père, était frère d'André. Il paraît hors de doute qu'il était étranger à la fabrication des instruments, car on n'en connaît aucun signé de ce nom. Il paraît même que ses rapports avec les membres de sa famille n'étaient pas intimes, car ce ne fut ni chez Joseph ni chez Pierre Guarneri que son fils apprit la lutherie, mais chez Antoine Stradivari. Joseph Guarneri *del Gesu* a travaillé à Crémone depuis 1725 jusqu'en 1745. Ses premiers essais ne se font remarquer par aucun signe caractéristique d'originalité, si ce n'est une certaine indifférence dans le choix des matériaux, dans les formes, qui sont variables, et dans le vernis. Quelques années plus tard, on trouve des instruments faits avec soin; l'excellente qualité du bois des éclisses et du fond est prise sur maille; le sapin de la table est du meilleur choix; le vernis, d'une pâte fine, élastique, est de la plus belle teinte, et peut rivaliser avec celui de Stradivari. Les instruments de cette époque sont de petit patron; leurs contours sont heureusement dessinés; les voûtes, peu élevées, s'abaissent jusqu'aux filets par une courbe adoucie; les parties intérieures sont en bon sapin. Une seule critique est applicable à ces instruments, à savoir, que les épaisseurs, particulièrement au centre du fond, sont trop fortes; défaut essentiel qui nuit à l'élasticité, à la liberté des vibrations, et conséquemment à l'éclat de la sonorité. Montés à la manière de l'époque où ils furent construits, ces instruments devaient manquer de puissance et de portée. Le caractère de l'originalité s'y fait remarquer, nonobstant les variations de formes auxquelles l'artiste s'abandonne encore.

Dans la troisième époque de sa carrière, Joseph Guarneri nous offre une variété dans les formes de ses instruments plus étonnante encore, tout en conservant néanmoins ce caractère d'originalité et d'indépendance où se révèle son génie. C'est dans cette même époque qu'ont été construits quelques instruments admirables d'un grand patron, faits d'un bois excellent pris sur maille, et dans les meilleures conditions possibles en ce qui concerne les voûtes et les épaisseurs. Un beau vernis, aussi remarquable par sa finesse et son élasticité que par son coloris, garantit ces excellents instruments, dont le mérite égale celui des plus beaux produits d'Antoine Stradivari, après avoir subi les changements nécessaires pour les besoins de l'époque actuelle.

Tout à coup, immédiatement après cette période glorieuse de sa carrière, Guarneri se montre si inférieur à lui-même, dans les instruments sortis de ses mains, qu'il deviendrait méconnaissable, si le cachet d'originalité, qu'il a conservé jusqu'à ses derniers jours, dans certains détails, ne donnait la certitude que ces produits sont les siens. Pauvreté de bois, de travail, de vernis, voilà ce qui frappe l'œil des connaisseurs dans un certain nombre de violons, fruits dégénérés d'un grand talent déchu. Une semblable métamorphose serait inexplicable, si la fin malheureuse de l'artiste, indiquée par la tradition, ne faisait connaître la cause d'un si grand et si déplorable changement. Les bruits répandus en Italie sur les infortunes auxquelles Guarneri fut en butte dans ses dernières années sont vagues et contradictoires; mais en les comparant, on reconnaît avec certitude que la fin de ce luthier célèbre n'a pas été celle d'un homme de bien. Le vieux Bergonzi, mort à Crémone en 1788, à l'âge de quatre-vingts ans, et qui était petit-fils de Charles, élève de Stradivari (voyez Bergonzi), rapportait à ses amis que Joseph Guarneri *del Gesu* avait eu une existence peu régulière; que, paresseux, négligent, il aimait le vin, les plaisirs, et que sa femme, née dans le Tyrol, n'avait pas trouvé le bonheur auprès de lui, quoiqu'elle l'eût souvent aidé dans ses travaux. Bergonzi ajoutait que Guarneri avait été retenu dans une prison pendant plusieurs années, pour une cause maintenant inconnue, et qu'il y était mort en 1745. D'autres traditions ajoutent quelques détails à ces révélations : par exemple, on rapporte que la fille du geôlier lui procurait le bois qui lui était né-

(1) Extrait du registre de baptêmes de la paroisse Saint-Donat, de 1660 à 1692 : « *Guarneri* (*Giuseppe Antonio*) figlio de' legitimi conjugi Giovanni-Battista « Guarneri ed Angela Maria Locadella, nacque nella « parocchia di San Donato aggregata alla cattedrale, il « giorno otto Giugno 1683 e battisato il giorno 11 del « detto mese. »

cessaire, quelques misérables outils, et qu'elle travaillait avec lui. C'est à cette époque malheureuse qu'auraient été produits les instruments peu dignes du talent de l'artiste. Cette même fille les colportait et les vendait à vil prix pour lui procurer quelque soulagement dans sa misère. C'était elle aussi qui achetait, tantôt chez un luthier, tantôt chez un autre, le vernis dont il enduisait ses violons; ce qui explique la variété de composition et de teintes qu'on remarque dans ces produits d'une époque désastreuse.

La réputation de Joseph Guarneri ne s'est faite en Italie qu'après sa mort. Elle a été beaucoup plus tardive en France. Dans ma jeunesse, on pouvait acquérir un de ses meilleurs violons pour *douze cents francs* : on les paie aujourd'hui *six mille francs* et même plus. Parmi ses plus beaux instruments il faut placer en première ligne celui sur lequel Paganini jouait dans ses concerts, et qu'il a légué à la ville de Gênes, sa patrie. Malheureusement on l'a enfermé dans une boîte fermée par une glace et privée d'air; les vers s'y sont mis et le dévorent. Quelques luthiers italiens ont imité la manière de Guarneri, particulièrement Paul-Antoine Testore, de Milan, Charles-Ferdinand Landolfi, de la même ville, et Laurent Storioni, de Crémone.

GUARNERIUS (Guillaume), ou plutôt **GUARNIER**, professeur de musique qui eut de la célébrité dans la seconde moitié du quinzième siècle, et qui paraît avoir reçu la naissance en Belgique. Il se trouvait à Naples, en 1478, lorsque Gafori y arriva, et il y enseignait publiquement la musique; mais il y a lieu de croire qu'il jouissait déjà de la réputation de savant musicien avant d'aller en Italie, car dans un manuscrit in-fol. atlant. sur vélin qui se trouve à la Bibliothèque de la ville de Cambrai (n° 9), et qui contient des *Faux-bourdons* et autres pièces à quatre parties, il y a deux hymnes de *Guarnerius musicus optimus*. Ces spécimens du savoir de Guarnerius ou Guarnier sont les seuls que j'aie trouvés jusqu'à ce jour. Le manuscrit qui les renferme est du milieu du quinzième siècle.

GUAZZI (Eleuterio), maître de la musique instrumentale au service de la sérénissime république de Venise, naquit à Casale vers la fin du seizième siècle. On a imprimé de sa composition : *Spiritosi affetti ed arie madrigaleschi a una e due voci con il basso,* in Venezia, app. Giac. Vicenti, 1622.

GUCK ou **GUCKY** (Valentin), compositeur, né à Cassel, a vécu au commencement du dix-septième siècle. Il a fait imprimer de sa composition : 1° *Tricinia,* ou chansons profanes à trois voix pour chanter et pour jouer sur les instruments, Cassel, 1603. 2° *Opus musicum, continens textus metricos sacros festorum Dominicalium et feriarum 8, 6 et 5 vocibus inceptum, et a morte illius, illustriss. Principis Landgravii Hessiæ, etc., opera absolutum,* Casselis, 1605, in-4°.

GUÉ (Philippe du), professeur de musique à Paris, en 1750. On a de sa composition les cantatilles, d'*Iphis,* de *Sémelé,* de *Thétis et Pélée,* des *Charmes de la Société,* deux livres d'airs à chanter, et quatre livres de pièces pour les musettes ou vielles, en solos, duos et trios. Tous ces ouvrages avaient été publiés avant 1754.

GUÉDON DE PRESLES (Honoré-Claude), musicien ordinaire de la chambre du roi, a donné à Paris, antérieurement à 1754, un livre de cantates ou de cantatilles.

GUÉDRON (Pierre), né à Paris, vers 1565, était chanteur de la musique du roi dès 1590. En 1601, il succéda à Claude Lejeune dans l'emploi de compositeur de cette musique. Par l'acte de baptême d'un de ses fils, inscrit aux registres de la paroisse de Saint-Eustache, sous la date du 3 février 1603, on voit qu'il était alors valet de chambre du roi Henri IV et maître des enfants de la musique de la cour. Plus tard, il devint surintendant de la musique de Louis XIII : ce fut en cette qualité qu'il écrivit la musique de *la Sérénade,* ballet, en 1614; un autre ballet, sans titre, en 1615; les récits du *Ballet de Madame,* au mois de mars de la même année; *le Ballet de M. le prince de Condé* (avec le Bailly); le ballet dansé par le roi, le 29 janvier 1617 (avec Mauduit, Boesset et Bataille); *le Ballet de la reine,* représenté le 25 février 1618; quelques airs du ballet du *Psyché,* en 1619; plusieurs autres ballets, en 1620, dont celui des *Dernières victoires du roi ;* et enfin, *le Ballet de M. le Prince,* dans la même année (avec Bataille). Sous le règne de Henri IV, les chansons à voix seule commencèrent à prendre faveur et succédèrent aux airs à trois, quatre, cinq et six parties, qui avaient été en vogue pendant presque toute la durée du seizième siècle. Guédron, Mauduit, les Boesset et Bataille furent les compositeurs qui mirent à la mode ce nouveau genre de musique dans le monde élégant de la cour et de la ville. Antoine Boesset, qui était le rival de Guédron dans le genre de la chanson, avait épousé sa fille *Jeanne.* Guédron a publié chez Ballard plusieurs recueils d'*Airs* *de cour* à voix seule, et d'autres à quatre et cinq voix, depuis 1605 jusqu'en 1630. On en a fait un choix, qui a été traduit en anglais et publié sous ce titre : *French Court-Ayres with their dulies englished, of 4 and 5 parts, collected, translated, and published by Edw. Filmer, gentl. Dedicated to the Queen*, Londres, 1629, in-fol. Gabriel Bataille a inséré plusieurs chansons de Guédron dans la collection de ses *Airs mis en tablature de luth*, Paris, Ballard, 1608-1615, in-4°. Les mélodies des airs de ce musicien sont gracieuses et naïves.

GUEINZ (Chrétien), recteur au gymnase de Halle, naquit à Kola, dans la Basse-Lusace, le 13 octobre 1592. Il étudia à Wittenberg, y fut fait magister, en 1616, fut ensuite, pendant trois ans, au service du duc de Saxe-Weimar, puis du prince d'Anhalt. Ayant ensuite étudié le droit à Jéna, il fut avocat à Wittenberg jusqu'en 1627, époque où il obtint le rectorat à Halle. Il mourut le 3 avril 1650, comme il l'avait prédit. Ses écrits sont : 1° *Pars generalis musicæ publicæ disquisitioni subjecta*, Halle, 1634. Cet ouvrage contient huit thèses sur les principes de la musique. 2° *Pars specialis musicæ*, ibid., 1635. 3° *Miscella problemata de musica*, ibid., 1638. 4° *Mnemosynon musicum ecclesiasticum dissertatio*, ibid., 1646.

GUEIT (Marius), aveugle, né à Paris, vers 1810, entra à l'institution des jeunes aveugles de cette ville à l'âge de dix ans, et s'y livra à l'étude de la musique. Madame Vanderbuch, professeur de cet établissement, lui donna les premières leçons de piano ; Benazet fut son maître de violoncelle et en fit un artiste distingué sur cet instrument. Dirigé ensuite dans l'étude de l'orgue par Lasceux, organiste de Saint-Étienne-du-Mont, et par Marrigues, organiste de Saint-Thomas d'Aquin, Marius Gueit acquit un talent remarquable pour l'improvisation, dans la manière des organistes français. Sorti de l'institution des aveugles, en 1831, il fut appelé à Orléans, pour y occuper la place d'organiste de Saint-Paterne ; il y resta jusqu'en 1840, et perfectionna son talent par ses études d'orgue et de composition. De retour à Paris, au commencement de 1841, il fut nommé organiste de l'église Saint-Denis, au Marais, et y attira souvent la foule des amateurs par ses improvisations de *Te Deum*. On a de cet artiste intéressant des recueils de pièces d'orgue parmi lesquelles on remarque : 1° l'*Indicateur de l'organiste*, recueil de soixante pièces pour Antiennes, *Kyrie, Gloria in excelsis*, hymnes, *Magnificat*, etc. Ce recueil est divisé en trois suites. La troisième renferme des offertoires et des fugues. 2° Douze grandes pièces pour l'orgue. 3° Trois offertoires pour l'orgue, op. 25. Tous ces ouvrages sont publiés à Paris, chez le successeur de madame veuve Canaux. 4° Méthode pour l'orgue expressif, *ibid.* 5° Des morceaux de différents genres pour l'orgue et l'*harmonium*, fantaisies, divertissements, romances sans paroles, sérénades, etc., *ibid.* 6° Des motets à plusieurs voix ou à voix seule, avec orgue, *ibid.* 7° Des cantiques, idem, *ibid.*

GUENÉE (Luc), né à Cadix, le 19 août 1781, entra comme élève au Conservatoire de musique de Paris, au mois de germinal an v, sous la direction de Gaviniès, puis de Rode, et obtint le premier prix de violon deux ans après. Il entra alors à l'orchestre du théâtre de la rue de Louvois. Plus tard, il prit des leçons de Hazas pour perfectionner son talent, et étudia l'harmonie avec plusieurs maîtres et en dernier lieu avec Reicha. En 1809, Guenée est entré à l'orchestre de l'Opéra ; retiré de ce théâtre, après vingt-cinq ans de service, il a obtenu la pension, et depuis lors il est devenu chef d'orchestre du théâtre du Palais-Royal. Cet artiste a donné à l'Opéra-Comique : 1° *La Chambre à coucher*, en un acte, 1813. 2° *La Comtesse de Troun*, en trois actes, 1816. 3° *Une Visite à la campagne*, en un acte, au Gymnase Dramatique. Il a arrangé pour la scène française la musique de plusieurs opéras italiens, dans lesquels il a introduit quelques morceaux de sa composition. Guenée a aussi publié plusieurs œuvres de musique instrumentale, parmi lesquelles on remarque : 1° Premier concerto pour violon et orchestre, Paris, Le Duc. 2° Trios pour deux violons et basse, op. 5, Paris, Hentz-Jouve. 3° Trois duos concertants pour deux violons, op. 1, Paris, Le Duc. 4° Trois *idem*, op. 2, *ibid.* 5° Six caprices pour violon, avec basse, *ibid.* 6° Trois quatuors pour deux violons, alto et violoncelle, op. 4, *ibid.*

La fille de Guenée s'est fait connaître comme pianiste dans les concerts de Paris, en 1840 et dans les années suivantes.

GUÉNIN (Marie-Alexandre), violoniste et compositeur, né à Maubeuge (Nord), le 20 février 1744, commença l'étude du violon à l'âge de six ans, et fit de rapides progrès sur cet instrument. En 1760, son père l'envoya à Paris pour y développer son talent. Guénin prit des leçons de Capron pour le violon, et de Gossec pour la composition. En 1773, il se fit entendre avec succès au concert spirituel, dans un concerto de sa composition. En 1777, le prince de Condé le choisit pour être intendant de sa musique; l'année suivante, il fut admis dans la chapelle du roi, et la place de premier violon solo de l'opéra lui fut confiée, en 1780. Il l'occupa jusqu'en 1800. Kreutzer fut alors appelé à la remplir, et Guénin ne figura plus que parmi les autres premiers violons de l'orchestre. Retiré de l'Opéra au mois de janvier 1810, avec la pension, après trente années de service, il fut alors attaché comme second violon au service de Charles IV, roi d'Espagne, retiré en France à cette époque. De retour à Paris, en 1814, et alors âgé de soixante et dix ans, il y vécut dans le repos, et mourut en 1819, dans une situation peu aisée. Cet artiste a eu de la réputation en France pour les symphonies qu'il a composées, et dont le premier œuvre fut publié à Paris, en 1770. La facture en est bonne, mais le génie d'invention y manque, et c'est à tort qu'on les a mises, dans leur nouveauté, en parallèle avec celles de Haydn, où ce génie brille jusque dans les moindres détails. Les compositions de Guénin connues aujourd'hui sont : 1° Six symphonies pour deux violons, alto, basse, deux hautbois et deux cors, op. 2, Paris, La Chevardière, 1770. 2° Trois *idem*, op. 4, Paris, Imbault. 3° Trois *idem*, op. 6, *ibid*. 4° Deux symphonies imprimées avec une symphonie de Barrière, Paris, Sieber. 5° Six quatuors pour deux violons, alto et violoncelle, op. 7, Paris, Louis. 6° Six duos pour deux violons, op. 1, Paris, Sieber. 7° Six *idem*, op. 3, Paris, Imbault. 8° Trois sonates avec second violon, op. 9, Mayence, Schott. 9° Trois *idem*, op. 10, *ibid*. 10° Trois duos pour deux violons, op. 13, *ibid*. 11° Trois *idem*, op. 15, Paris, Sieber. 12° Premier concerto pour l'alto, op. 14, *ibid*. 13° Trois duos faciles pour deux violoncelles, op. 18, *ibid*. 14° Trois sonates pour clavecin et violon, op. 5, Paris, 1781.

GUÉNIN (Hilaire-Nicolas), fils du précédent, né à Paris le 4 juillet 1773, a étudié le chant sous la direction de Langlé, Guichard et Piccinni, le piano sous Gobert, et a reçu des leçons d'harmonie et de composition de Rodolphe et de Gossec. Il a été professeur de piano à Paris pendant plus de quarante ans. On a de cet artiste : 1° Variations pour le piano sur l'air du *Grenadier*, Paris, Ph. Petit. 2° Grand rondo brillant pour le piano, op. 4, Paris, Le Duc. 3° Fantaisie sur l'air : *O pescator*, Paris, Érard. 4° Fantaisie sur l'air de *la Sentinelle*, op. 3, Paris, Le Duc.

GUÉRILLOT (Henri), né à Bordeaux en 1749, se distingua dès sa jeunesse par son talent sur le violon. Vers 1770, il s'établit à Lyon et y fut employé comme premier violon du grand théâtre. En 1782, il publia dans cette ville son premier concerto pour le violon. Deux ans après, il se rendit à Paris. En 1785, il débuta d'une manière brillante au concert spirituel dans un concerto de sa composition, et dans les années suivantes, il brilla au même concert où il exécuta un concerto de Jarnowick et plusieurs symphonies concertantes. Entré à l'Opéra comme un des premiers violons en 1784, il occupa cette place jusqu'à sa mort, qui arriva en 1805. Guérillot avait été appelé comme professeur de violon au Conservatoire de Paris, à l'époque de la formation de cette école; mais il fut compris dans la réforme de 1802, et perdit sa place. Sensible à cet affront fait à son talent, il devint dès ce moment un des plus ardents détracteurs du Conservatoire. On a gravé de sa composition deux concertos de violon, Paris, Bailleux, et un œuvre de duos pour deux violons.

GUÉRIN (Emmanuel), connu sous le nom de **GUÉRIN AINÉ**, est né à Versailles en 1779. Admis comme élève au Conservatoire de musique en 1796, il y reçut des leçons de violoncelle de Levasseur, et obtint le premier prix de cet instrument au concours de l'an VI. Au concert qui fut donné à l'Opéra le 14 frimaire an VII, pour la distribution de ces prix, il exécuta avec succès un concerto de Reichardt. Entré à l'orchestre du théâtre Feydeau en 1790, il y est resté jusqu'en 1824, époque où il a obtenu la pension après vingt-cinq ans de service. Cet artiste a publié de sa composition : 1° Duos faciles pour deux violoncelles, op. 1, Paris, Imbault (Janet). 2° Trois *idem*, op. 6, Paris, Sieber. 3° Variations pour violoncelle et quatuor d'accompagnement sur l'air : *Sul margine*, op. 7, *ibid*. 4° Air de *Lina*, varié, op. 8, *idem*, Paris, madame Duhan. 5° *Au clair de la lune*, varié, *idem*, Paris, Janet. 6° Trois sonates pour violoncelle et basse, Paris, Pacini. 7° Plusieurs thèmes variés pour violoncelle solo ou avec accompagnement de piano.

Le frère puîné de cet artiste, né également à Versailles, a été admis au Conservatoire comme élève de violon et y a fait ses études sous la direction de Baillot. Il fut longtemps répétiteur des élèves de ce maître; puis il fut nommé professeur de la classe préparatoire de violon. Dès 1824, il était un des premiers violons de l'opéra, où il a fait un service de trente années. Il était aussi membre de la société des concerts du Conservatoire.

GUÉRIN (E.), ingénieur-mécanicien à Paris, a mis à l'exposition de l'industrie, en 1844, une machine à laquelle il donnait le nom de *pianographe*, et qui était destinée à transcrire les improvisations des compositeurs et des pianistes. Bien qu'insuffisante pour atteindre d'une manière complète le but que l'inventeur s'était proposé, cette machine en approche plus que tout ce qui a été entrepris jusqu'à ce jour (1861) pour le même objet (voyes CREED, UNGER, HOHLFELD, ENGRAMELLE, RIEDLER, CARREYRE, WITZELS, PAPE et ADORNO). La machine appelée *pianographe* se fixait sous un piano ordinaire au moyen de deux vis. Elle était composée d'une caisse rectangulaire, laquelle renfermait : 1° un mécanisme destiné à mettre en action la pointe qui traçait les signes de notation ; 2° un système de cylindres au moyen duquel se déroulait le papier qui devait recevoir les signes ; 3° un mouvement d'horlogerie servant à régler la rotation de ces cylindres. Le papier, sur lequel étaient tracées deux portées ordinaires de cinq lignes, avec des lignes additionnelles pour les octaves supérieures et inférieures, recevait les marques qui y étaient imprimées dans une longueur relative à la pression du doigt sur une des touches du clavier : ces lignes formaient un système sténographique dont la traduction se faisait à l'aide d'une table des signes correspondants aux notes et à leur durée. On peut voir l'analyse des fonctions du mécanisme de cette machine par M. Anders, dans la *Revue et Gazette musicale de Paris* (ann. 1844, n° 30). M. Guérin a publié : *Mémoire descriptif sur le pianographe*, avec une planche contenant un exemple de musique noté en signes sténographiques et traduit en notation ordinaire : ce sont huit mesures d'un morceau fort simple qui prouvent que, pour des choses de cette nature, l'opération de la traduction n'offrait pas de difficultés trop grandes ; mais on y voit en même temps que le problème serait insoluble pour les improvisations rapides d'un pianiste qui embrasserait toute l'étendue du clavier. M. Guérin a inventé aussi une clef à engrenage et un diapason chromatique à treize lames, accordé dans le système tempéré, pour rendre plus facile l'accord des pianos, ainsi qu'un appareil appelé *sthénochire*, destiné à donner de la souplesse et de la force aux doigts des pianistes. L'inventeur a publié une brochure intitulée : *E. Guérin, ingénieur-mécanicien, inventeur et fabricant breveté du pianographe, de la clef de piano à engrenages avec diapason à gamme chromatique, et du sthénochire. Description sommaire avec planches de ces instruments ; mémoire explicatif sur leur emploi*, Saint-Germain, 1845, in-8° de dix-huit pages avec cinq planches.

GUERINI (FRANÇOIS), violoniste napolitain, a été au service du prince d'Orange à la Haye, depuis 1740 jusque vers 1760 ; puis il se rendit à Londres, où il paraît avoir terminé sa carrière. On a publié à Amsterdam quatorze œuvres de concertos, solos, duos et trios pour le violon et le violoncelle, de sa composition.

GUEROULT (...), musicien français, vivait à Paris vers 1750. On a de lui plusieurs œuvres de cantates, parmi lesquelles on remarque celle de *Narcisse*.

GUEROULT (ADOLPHE), publiciste, né à Radepont (Eure), en 1810, entra dans la secte des saint-simoniens, après avoir terminé ses études, puis fut attaché au journal intitulé *le Temps*, d'où il passa au *Journal des Débats*. En 1838, Bertin l'aîné, l'un des propriétaires de ce journal, lui donna une mission en Espagne, d'où il écrivit des lettres sur la situation de ce pays, qui furent insérées dans le *Journal des Débats* ; puis il voyagea en Italie. M. Guizot le nomma, en 1842, consul à Mazatlan (Mexique), puis à Jassy, en 1847. Destitué, après la révolution de 1848, M. Gueroult vivait à Paris et prit part à la rédaction de plusieurs journaux issus de cette même révolution, particulièrement au *Crédit*, à *la République* et à *l'Industrie*, fournissant aussi des articles à quelques journaux et revues sur les arts. Il est aujourd'hui (1861) sous-chef de bureau à la Société du Crédit foncier en France. Ce littérateur s'est beaucoup occupé de musique, dont il n'a qu'une connaissance sommaire, et a écrit un grand nombre d'articles sur cet art depuis 1830, dans la plupart des journaux. Grand admirateur des excentricités de quelques compositeurs qui se sont produites depuis lors, il s'est montré antagoniste de l'art classique dans tout ce qu'il a publié sur ce sujet.

GUERRE (ÉLISABETH-CLAUDE **JACQUET DE LA**), (*voyez* LAGUERRE.)

GUERRERO (FRANÇOIS), célèbre compositeur espagnol, naquit à Séville en 1528 (1).

(1) La notice de la première édition de la *Biographie universelle des musiciens* est ici entièrement refaite d'après de nouveaux documents ou renseignements, particulièrement d'après les faits que M. Adrien de La Page a publiés dans la *Gaceta musical de Madrid* (1855, n° 7), et qu'il a puisés dans les relations d'un voyage fait à

On ignore quelle fut la profession de son père, mais on sait que son frère aîné, Pierre Guerrero, fut un professeur de musique très-instruit, et que ce fut lui qui dirigea les premières études du jeune François dans cet art, pour lequel il était doué de l'organisation la plus heureuse. Une absence de ce frère fut cause de la bonne fortune qu'eut Guerrero de devenir élève du savant musicien Morales. Toutefois, il ne jouit sans doute pas longtemps de cet avantage, car le savant maître se rendit à Rome en 1540, et nous voyons dans le livre d'Adami de Bolsena (*Osservaz. per ben regolare il coro della cappella pontificia*, p. 164) que le savant maître fut fait chantre de la chapelle pontificale par le pape Paul III, à qui il dédia son second livre de messes en 1544. Or, en 1540, Guerrero n'était âgé que de douze ans. A cet âge, on n'a pas achevé l'étude d'un art difficile; à peine la commence-t-on. Les renseignements fournis par Guerrero lui-même sur sa vie nous apprennent qu'il n'était âgé que d'environ dix-huit ans, quand il fut appelé à remplir la place vacante de maître de chapelle à la cathédrale de Jaen. C'est donc en 1546 qu'il prit possession de cette place, et cette époque est précédée d'une lacune d'environ six ans, pendant laquelle ses études durent être dirigées par un autre maître que Morales. Après trois ans de séjour à Jaen, Guerrero fit un voyage à Séville pour revoir sa famille, et pendant qu'il y resta, il accepta la position de chantre de la cathédrale, avec des appointements suffisants. Ce fut le désir ardent de ses parents de le conserver près d'eux qui le décida à renoncer à sa position de Jaen. Plusieurs années se passèrent ainsi; puis la place de maître de chapelle de la cathédrale de Malaga fut mise au concours et Guerrero l'emporta sur ses compétiteurs; mais sa nomination devait être approuvée par le roi, et par des circonstances inconnues, l'approbation se fit attendre. Dans l'intervalle, le chapitre de Séville, qui désirait s'attacher le jeune artiste, lui fit proposer de succéder à Pierre Fernandez (appelé par Guerrero *le maître des maîtres*), en qualité de maître de chapelle de cette cathédrale, sous la condition que la moitié du traitement resterait à Fernandez comme pension de retraite, et qu'il recevrait l'autre moitié, à laquelle s'ajouteraient ses appointements de chantre. A la mort de Fernandez, Guerrero devait avoir la totalité du traitement, mais le vieux maître vécut encore vingt-cinq ans. A vrai dire, depuis le retour de Jaen, nous ne voyons pas dans la vie de Guerrero d'époque déterminée jusqu'à l'année 1588, où il réalisa le projet, qu'il avait depuis longtemps, de faire le voyage de Jérusalem. Or, il retourna de Jaen à Séville en 1549, et jusqu'en 1588 *trente-neuf ans* s'écoulèrent. Que se passa-t-il dans ce long espace? Toute cette partie active de l'existence du maître s'écoula-t-elle d'une manière uniforme dans la capitale de l'Andalousie, et ne prit-il jamais de congé pour voyager? Il n'en dit rien dans la relation de son voyage à Jérusalem; mais est-ce une raison suffisante pour affirmer qu'il ne s'éloigna jamais de Séville? Je ne puis l'admettre, et j'ai des motifs très-sérieux pour croire qu'il en fut autrement. Les voici : dans la collection de l'abbé Santini se trouvent des psaumes et une messe de *Requiem* de Guerrero, imprimés à Rome, en 1550. Ses *Magnificat*, belle collection d'un style large, dans la manière des maîtres de l'école romaine, ont été imprimés par son ordre et à ses frais, à Louvain, sous ce titre : *Canticum Beatæ Mariæ, quod Magnificat nuncupatur, per octo musicæ modos variatum. Francisco Guerrero Musices apud Hispalensem ecclesiam præfecto authore*. Lovanii, apud Petrum Phalesium, bibliopol. Jurat. Anno 1563; *cum gratia et privilegio regis. Impens. authoris; in-folio maximo*. Les quatre parties sont imprimées en regard. L'ouvrage est dédié à Philippe II, roi d'Espagne (les Pays-Bas étaient alors sous sa domination), et l'inscription de la dédicace est celle-ci : *Invictissimo Principi et Domino Philippo ejus nominis secundo divina favente clementia Hispaniarum Regi Catholico Franciscus Guerrero almæ ecclesiæ Hispalensis musices præfectus S. D. P.* Enfin, il a fait imprimer à Paris le premier livre de ses messes, et l'ouvrage est intitulé : *Liber primus Missarum Francisco Guerrero Hispalensis*

Jérusalem par Guerrero, en 1588; livre très-rare, bien qu'il en ait été fait plusieurs éditions, et dont un hasard heureux a fait tomber un exemplaire dans les mains de M. de La Fage. Guerrero y rapporte les circonstances principales de sa vie. Il paraît en résulter qu'il ne fit point dans sa jeunesse le voyage à Rome que j'ai indiqué dans l'ancienne notice. M. de la Fage présume que j'ai cru au voyage de Guerrero à Rome, parce qu'un *Miserere* composé par lui se trouve dans les volumes manuscrits à l'usage de la chapelle pontificale, après celui de Dentice et avant celui de Palestrina. Ce n'est pas seulement à cause de l'existence de ce *Miserere* dans ces livres que j'y ai cru, mais parce que Baini dit en termes exprès que ce fut Guerrero qui le donna à la chapelle : *In terzo luogo seguono negli indicati volumi due versi del Miserere a 4 voci di Francesco Guerrero di Siviglia, famosissimo maestro, che donolli similmente al nostro collegio.* (*Mem. di G. P. da Palestrina*, n. 578.)

Odei (1) *phonasco authore*. Parisiis, ex typographiâ Nicolai du Chemin, 1566; *cum privelegio regis*, un volume grand in-folio de cent cinquante-six feuillets. Au revers du frontispice se trouve la table du contenu du volume, où sont quatre messes à *cinq voix*, *cinq messes* à quatre, et trois motets dont un à cinq voix, un à six, et le dernier à huit. L'ouvrage est dédié à don Sébastien, roi de Portugal, alors encore mineur, et qui périt dix ans après dans une entreprise folle contre les Maures d'Afrique. La souscription de la dédicace est ainsi conçue : *Sebastiano Lusitaniæ, Algarbiorumque Regi, et Æthiopiæ, ac ultra citraque in Aphrica potentissimo Domino Franciscus Guerrerus Hispalensis S. P. D.* Des exemplaires de ces deux volumes rarissimes sont à la Bibliothèque impériale de Vienne. Remarquons qu'on n'imprimait pas encore de musique en caractères mobiles à cette époque en Espagne, *en sorte que les ouvrages* des compositeurs qui ne sortaient pas de leur pays ne se répandaient que par des copies manuscrites. On verra tout à l'heure que, pour faire imprimer quelques-unes de ses autres productions, Guerrero fut obligé de se rendre à Venise, vingt-deux ans après la publication de son premier livre de messes à Paris. D'ailleurs, si ce maître ne s'éloigna pas de Séville avant 1588, d'où vient qu'il faisait publier longtemps auparavant ses psaumes à Rome, ses *Magnificat* à Louvain, ses messes à Paris? Pourquoi ces changements de lieux, s'il ne s'y trouvait pas lui-même?

Quoi qu'il en soit, le cardinal archevêque de Séville ayant été mandé par le pape à Rome, en 1588, Guerrero obtint du chapitre l'autorisation de l'accompagner dans ce voyage; mais arrivé à Madrid, le cardinal s'y arrêta, parce que la chaleur lui parut trop forte pour continuer sa route immédiatement. Ce contre-temps fit prendre à Guerrero la résolution de se rendre seul en Italie, pour y publier quelques-uns de ses ouvrages. En ayant obtenu la permission du cardinal archevêque, il alla s'embarquer à Carthagène, sur une galère qui se rendait en Toscane. Arrivé à Gênes, il continua directement sa route vers Venise. Un navire qui se trouvait dans le port allait partir pour Tripoli de Syrie : le maître espagnol se décida à profiter de cette occasion pour accomplir son vœu de visiter Jérusalem, et il pria le célèbre Joseph Zarlino de se charger du soin de revoir les épreuves de ses compositions qu'on venait de mettre sous presse. Accompagné d'un de ses élèves, nommé Francisco Sanchez, il s'embarqua, le 14 août 1588, à l'âge de soixante ans. Arrivé à Zante, le navire s'y arrêta pour faire provision de vivres, et Guerrero y trouva l'hospitalité dans un couvent de Franciscains, où il entendit la messe grecque dont le chant lui parut entièrement dépourvu d'art. Embarqué de nouveau, il arriva enfin à Jaffa, d'où il gagna péniblement Jerusalem. Après y avoir passé la semaine sainte dans des exercices de dévotion et visité Bethléem, le Calvaire et le Saint-Sépulcre, il retourna en Syrie et s'y rembarqua pour Venise, où il s'arrêta quelque temps, pour achever la révision de ses ouvrages, et vécut fort retiré, ne voyant aucun autre artiste que Zarlino. Lorsqu'il s'éloigna de cette ville, il prit sa route par Ferrare, Bologne et Florence, pour aller s'embarquer à Livourne. De là, il se rendit à Marseille, puis à Barcelone, et enfin il arriva à Séville, après avoir accompli, à l'âge de soixante ans, un long voyage, alors environné de dangers et considéré comme une merveille. Il a publié la relation de sa longue excursion, sous ce titre : *El viage de Jerusalem que hiza Francisco Guerrero, racionero y maestro de la santa iglesia de Sevilla*, año 1611, en Alcala, in-18°. Il paraît y avoir d'autres éditions de ce livre en formats plus grands et qui sont vraisemblablement plus anciennes, car Nicolas Antonio, dont la *Bibliotheca Hispana* ne donne la biographie que des auteurs antérieurs au dix-septième siècle dit que Guerrero mourut à la fin de 1599, à l'âge de quatre-vingt-un ans, et qu'il eut pour successeur immédiat D. Antoine Core, nommé le 22 septembre 1600. Outre les ouvrages de ce musicien célèbre, cités précédemment, on a aussi imprimé de lui : 1° *Psalmorum quatuor vocum liber primus acced. Missa defunctorum quatuor vocum*. Romæ, apud Antonium Bladum, 1559, in-fol. 2° *Il secondo libro di Messe*. Roma, Basa, 1584, (cité par M. De la Fage). 3° *Il primo libro di salmi a quattro*, ibid. 1584, (*idem*). On voit que c'est une réimpression de l'œuvre publié en 1559. 4° *Libro di Motti* (*Motetti*) *à quattro*,

(1) Que signifient ces mots? *Hispalensis Odei phonascus* (musicien de l'*Odeum* de Séville) ! J'avoue que je n'en trouve pas d'explication. Vitruve parle de l'*Odeum* (ᾠδεῖον en grec) et dit que c'était un petit théâtre couvert. Suivant le scholiaste d'Aristophane, l'Odéon servait aux répétitions; mais Plutarque, dans la vie de Périclès, veut que ce fût le lieu où s'assemblaient les juges des concours de musique. Quel rapport tout cela peut-il avoir avec les fonctions de Guerrero? Il n'y avait point alors de théâtre; et certes on y songeait moins en Espagne qu'ailleurs.

cinque, sei e otto voci, Venezia (cité par M. De la Fage). M. Hilarion Eslava a publié, en partition, dans sa précieuse collection des œuvres de compositeurs espagnols intitulée : *Lira sacro-hispana* : 1° *la Passion*, d'après saint Mathieu, à cinq voix, pour le dimanche des Rameaux ; 2° *la Passion*, selon saint Jean, également à cinq voix, pour le vendredi saint ; 3° trois motets pour le même nombre de voix, et la messe à quatre sur le chant *Simile est regnum cœlorum*, compositions de Guerrero. Le savant éditeur dit : (*Gaceta musical de Madrid*, 1855), qu'il est peu d'églises importantes en Espagne où l'on ne trouve quelque ouvrage de Guerrero ; il n'en est pas de même dans le reste de l'Europe, où ses œuvres sont d'une rareté excessive. Les Bibliothèques royales de Berlin et de Munich, si riches en antiquités musicales, ne possèdent rien de ce maître. On ne trouve aucune de ses compositions dans les célèbres Bibliothèques de Milan, de Venise et de Florence, et l'immense collection du P. Martini, aujourd'hui au Lycée communal de musique de Bologne, n'en a pas une feuille. L'abbé Santini (de Rome) seul a réuni un assez grand nombre d'ouvrages de ce maître. On trouvait autrefois dans la Bibliothèque musicale du roi de Portugal, dont Cracsbecke a publié le catalogue, trois livres de motets à trois, quatre et cinq voix, de Guerrero, et deux livres à cinq, six et huit.

GUERSAN (...), luthier français, élève de Bocquay et son successeur, vivait vers la fin du règne de Louis XIII. Ses violons, d'un petit patron, sont d'un beau fini, et égalent ceux d'Antoine et d'André Amati. Ils sont devenus très-rares ; on croit même qu'il n'en existe pas plus de vingt qu'on puisse considérer comme son ouvrage propre ; ceux-là sont vernis à l'huile ; mais un grand nombre d'autres ont été fabriqués dans son atelier et portent son nom. Ils se reconnaissent facilement, parce qu'ils sont vernis à l'esprit-de-vin.

La famille des Guersan a pratiqué la lutherie de père en fils, pendant plus d'un siècle. Louis Guersan, descendant de cette famille, demeurait, en 1760, dans la rue de la Comédie française, et faisait des imitations de Nicolas Amati qui étaient recherchées.

GUERSON (Guillaume), musicien français, naquit dans la seconde moitié du quinzième siècle à Longueville, bourg de Normandie, près de Dieppe. Il est auteur d'un traité de musique devenu fort rare, et dont la plupart des biographes ont ignoré l'existence, quoiqu'il en ait été fait au moins quatre éditions. Celle qui paraît être la plus ancienne a pour titre : *Utilissime musicales regule cunctis summopere necessarie plani cantus simplicis contrapuncti rerum factarum tonorum et artis accentuandi tam exemplariter quam practice per magistrum Guillelmum Guersonum de Villalonga noviter compilate incipiunt feliciter*. Au-dessous de ce titre, on trouve la vignette et la marque de *Michel Tholose*, imprimeur de Paris, avec son nom écrit de cette manière : *Michiel Tholoze*, sans date. Le volume, composé de vingt-huit feuillets petit in-4° non chiffrés, mais avec les signatures *a-d*, est terminé par huit vers latins adressés au lecteur, et par le mot *finis*. L'ouvrage est divisé en trois livres, dont le premier traite des éléments de la musique, et des tons du plain-chant ; le second, du contrepoint, et le dernier, des proportions de la notation. Il y a lieu de croire que ce petit ouvrage a été imprimé dans les dernières années du quinzième siècle, ou dans les quatre ou cinq premières du suivant.

La deuxième édition est intitulée : *Utilissime musicales regule cunctis opere necessarie, plani cantus simplicis contrapuncti, rerum factarum, tonorum seu organorum usualium, et artis accentuandi tam speculative quam practice novissime impresse*. Au-dessous du titre est la vignette et la marque de François Regnault, imprimeur de Paris, avec son nom au bas écrit ainsi : *Francoys Regnault*. Au dernier feuillet on lit : *Impresse Parisiis pro Francisco Regnault (In vico Sancti Jacobi) ad intersignium Divi Claudii. Anno salutis fere Passionis Domini nostri Jesu Christi*, 1509, in-4° de trente feuillets non chiffrés. Cette édition est plus complète que la précédente, car elle est divisée en cinq livres. Les trois premiers sont semblables à ceux de l'édition de Tholoze ; le quatrième traite de l'accent de la voix dans la récitation des épîtres et des évangiles ; le cinquième, de la prosodie appliquée au chant des hymnes et des antiennes.

La troisième édition, dont j'ai connaissance, a pour titre : *Utilissimæ musicales regulæ Plani cantus, simplicis contrapuncti, rerum factarum, tonorum usualium, nec non artis accentuandi Epistolæ ac evangeliæ*, Parisiis, Gaufredi de Marnef, 1513, in-4°. Le titre de la quatrième édition, semblable à celui de la troisième, n'en diffère que par ces mots qui suivent *Tonorum usualium : et artis accentuandi tam speculative quam practice, cum acerrima diligentia noviter correcti. Parisiis, apud*

Hieronymum et Dionysium de Marnef fratres, ad insigne Pelicani, via ad divum Jacobum, 1550, in-4°. Toutes ces éditions sont en caractères gothiques. La dernière contient de notables changements et additions ; on y trouve l'explication et la figure de la main musicale qui n'est pas dans les autres ; mais il y a, dans les exemples de musique, beaucoup de fautes d'impression qui ne sont pas dans les éditions de Michel Tholoze et de François Regnault.

Il existe un autre ouvrage, sans nom d'auteur, qu'il ne faut pas confondre avec celui de Guerson, quoique les titres aient quelque analogie ; celui-ci est un traité spécial et assez étendu des tons du plain-chant, de l'accentuation de la voix dans la récitation des épîtres et des évangiles, du chant des hymnes, de l'*Ite Missa est* et du *Benedicamus Domino*. Il a pour titre : *Utilissimum Gregoriane psalmodie* (sic) *Enchiridion tonorum artem et regulas aperte demonstrans. Tractus* (sic) *de arte accentuandi epistolas et evangelias metrice et prosaice a pluribus extractus. Regule quibus orationes missarum, matutinarum, et vesperarum accentuari debent. Item primi et secundi cantus hymnorum communium. Item cantus* Ite missa est, *et* Benedicamus Domino *per totum anni circulum. Carmen reciprocum de Laudibus musice ad Juvenes*, in-4° de quarante-quatre feuillets chiffrés, gothique ; au bas du verso du dernier feuillet, on lit : *Cy finent ces presens tons, nouvellement imprimes a Paris par Didier Maheu ; libraire-imprimeur a la rue Sainct-Jacques au pres Sainct-Benoist*. Sans date.

GUESDON (Nicolas), né à Châteaudun, vers 1614 (*voyez* D. Liron, *Bibliothèque chartraine*), fut un bon musicien du dix-septième siècle. Il était renommé particulièrement pour la viole, quoiqu'il jouât aussi du clavecin. On a de lui deux livres de pièces de viole, imprimés à Paris, en 1658.

GUEST (Ralph), né en 1742, à Basely, dans le comté de Shrop, en Angleterre, étudia les principes de la musique dans le chœur de sa paroisse. A vingt et un ans, il se rendit à Londres, pour entrer dans le commerce ; mais la musique qu'il entendit dans la chapelle de Portland le décida à cultiver l'art pour en faire sa profession. Il entra comme choriste dans la même chapelle, et prit des leçons de Frost pour l'orgue. Après avoir obtenu la place d'organiste à la chapelle de Sainte-Marie, il publia : *the Psalms of David* (les Psaumes de David, arrangés à plusieurs voix pour chaque jour du mois). A cet ouvrage est ajoutée une courte instruction sur l'art du chant et sur la basse continue. Plus tard, Guest a publié une sorte de supplément à cet ouvrage, sous le titre de : *Hymns and Psalms*. On connaît aussi plusieurs chansons de sa composition.

GUEST (Georges), fils du précédent, né à Londres, en 1771, reçut de son père les premières leçons de musique. Le docteur Nares lui ayant entendu chanter quelques airs de Hændel, lorsqu'il était encore enfant, le fit entrer à la chapelle royale, où son éducation musicale fut achevée. En 1784, il chanta le *premier dessus* avec distinction à la grande fête musicale de la commémoration de Hændel. Il n'avait que seize ans lorsqu'il fut nommé, en 1787, organiste à Tye. Deux ans après, il passa en la même qualité à Wisbeck, près de Cambrigde ; depuis lors, il a continué de résider en ce lieu, et s'est fait dans son pays une réputation honorable comme professeur de piano et improvisateur sur l'orgue. Guest a publié quelques œuvres de sa composition, parmi lesquels on remarque : 1° *Fugues et caprices pour l'orgue*, Londres, Clementi. 2° Antienne pour le jour de Noël. 3° Recueil d'hymnes pour le service divin. 4° Six grandes pièces pour la musique militaire. 5° Quelques *Glees* et *Catches*. 6° Trois quatuors pour flûte, violon, alto et violoncelle, op. 18.

GUETWILLIG (Georges-Louis), compositeur allemand du commencement du dix-huitième siècle, paraît avoir été moine dans un couvent de la Souabe, vers 1720. On connaît de lui : *Antiphonæ, Alma Redemptoris mater, Ave regina, Regina cœli et Salve regina, a voce sola, 2 viol. et B. gener. op. 5*, Augsbourg, Lotter, in-4°.

GUEVARA (François VELLEZ DE), gentilhomme portugais qui vivait au quinzième siècle, est auteur d'un livre intitulé : *De la realidad y experiencia de la musica*. Machado, qui cite cet ouvrage comme ayant été imprimé (*Bibl. Lusit.* t. III, p. 765), ne fait connaître ni le lieu ni la date de l'impression.

GUEVARA (Pedro de Loyola), prêtre attaché à l'église cathédrale de Séville, et ensuite habitant de Tolède, vécut dans la seconde moitié du seizième siècle. On a de lui un traité de la composition du plain-chant, sous ce titre : *Arte para componer el Canto llano, y para corregir y emendar la Canturia que esta compuesta fuera de Arte, quitando todas las opiniones y difficultades, que hasta agora a avido, por falta de los que la compusir-*

ron. Puesta en razon por Pedro de Loyola Guevara; en Sevilla, en casa de Andrea Pescioni, anno de 1582, in-8° de trente feuillets. Ce petit ouvrage est particulièrement destiné à expliquer les règles de la tonalité dans les trois genres d'hexacordes anciens, c'est-à-dire par bécarre, bémol et nature. On y voit (feuillet 9, *verso*) que Guevara avait écrit un autre traité de musique plus considérable, dont le manuscrit était achevé à l'époque où il publia celui-ci, et qui avait pour titre : *De la Verdad* (de la Vérité). Il était divisé en six livres qui traitaient du plain-chant (*de Canto llano*), du chant mesuré (*Canto de organo*), des proportions, du contrepoint et de la haute composition (*Compusicion mayor*). On ignore si cet ouvrage a été imprimé. En plusieurs endroits de son traité de la composition du plain-chant, et particulièrement dans son avis au lecteur (p. 5 et suiv.). Guevara cite plusieurs auteurs espagnols qui ont traité du plain-chant et qui sont aujourd'hui peu connus ou même entièrement ignorés; ces musiciens sont : *Taraçona, Juan Martinez, Christoval de Reyna* et *Villa Franca*. Malheureusement il ne fait pas connaître le contenu de leurs livres. Il cite aussi (feuillet 7, recto) un écrivain sur la musique nommé *Guillermo*, nom qui paraît se rapporter à Guillaume Dufay. On sait, en effet, que ce musicien a écrit un traité de musique qui n'est point parvenu jusqu'à nous. Le petit livre de Guevara est d'une rareté excessive.

GUGEL (Joseph et Henri), frères, célèbres cornistes, ont brillé en Allemagne, depuis 1796 jusqu'en 1816. Joseph naquit à Stuttgard, en 1770, et Henri en 1770. Joseph fut élevé à Vienne, chez Scholl, habile professeur, qui lui fit faire de rapides progrès sur le cor; lui-même devint ensuite l'instituteur de son frère. Tous deux étaient encore fort jeunes lorsque leur père les fit voyager avec lui pour exploiter leur talent à son profit; spéculation malheureusement trop fréquente et qui a fait avorter souvent de belles organisations. Les jeunes Gugel, doués d'une grande puissance de volonté, travaillèrent avec persévérance à perfectionner leur habileté, malgré les inconvénients de leur vie errante : les applaudissements du public, d'abord accordés à leur jeunesse, devinrent ensuite la récompense de talents réels. Ils avaient compris que le cor est par sa nature un instrument destiné à chanter plutôt qu'à briller dans les traits chargés de difficultés dont l'exécution laisse presque toujours quelque chose à désirer. L'entente des effets dans les morceaux à deux cors qu'ils exécutaient dans leurs concerts, était la cause principale des succès qu'ils obtenaient. Après avoir brillé dans les villes les plus importantes de l'Allemagne et de l'étranger, ils sont entrés au service du duc de Saxe-Hildburghausen. Henri, le seul des deux frères qui a composé, a publié : 1° Premier concerto pour cor principal, Mayence, Schott. 2° Nocturne pastoral pour cor et piano, *ibid.* 3° Douze études (difficiles) pour le cor, premier et deuxième cahiers, *ibid.*

GUGGUMOS (Gallus), organiste de la cour du duc de Bavière, au commencement du dix-septième siècle, est connu par des motets à quatre, cinq et six voix, publiés à Venise en 1612.

GUGL (Mathieu), organiste de la cathédrale de Salzbourg, dans la première moitié du dix-huitième siècle, est auteur d'un traité élémentaire d'harmonie pratique et d'accompagnement intitulé : *Fundamenta partituræ in compendio data, das ist : kurzer und gründlicher Unterricht dem Generalbass oder die Partitur nach den Regeln recht und wohl schlagen zu lernen*, Salzbourg, 1719, in-4°. Une seconde édition de ce livre a été publiée à Augsbourg, en 1757, et une troisième a paru dans la même ville, en 1777.

GUGL (Georges). On a sous ce nom : 1° Six quatuors concertants pour deux violons, alto et basse. 2° Symphonie en *ut* à grand orchestre, Manheim. Ces ouvrages ont été publiés avant 1790.

GUGLIELMI (Pierre), compositeur italien qui a joui de beaucoup de célébrité, naquit à Massa-Carrara, au mois de mai 1727, et reçut les premières leçons de musique de son père, Jacques Guglielmi, maître de chapelle du duc de Modène. Lorsqu'il eut atteint l'âge de dix-huit ans, il fut envoyé à Naples et entra au Conservatoire de Loreto, où il fit ses études sous la direction de Durante. L'auteur de l'article *Guglielmi*, inséré dans la *Biographie universelle*, a mis en doute si ce musicien célèbre a été, en effet, élève de Durante; mais Gervasoni, l'abbé Bertini et la *Biografia degli maestri di Capella di Napoli* sont d'accord sur ce point. D'ailleurs, Guglielmi arriva à Naples dix ans avant la mort de Durante, et le Conservatoire de Loreto est le dernier où ce maître a enseigné : le doute du biographe n'a donc aucun fondement. Le nouvel élève du savant musicien annonçait peu de dispositions pour la musique, et sa paresse était ennemie de toute étude. Durante ne parvint à développer en lui le sentiment de l'art et à lui apprendre à écrire correctement, qu'en l'obligeant à recommencer sans cesse les travaux élémentaires du contrepoint. Il disait souvent en parlant de Guglielmi : *Di queste orecchie d'asino ne voglio fare orecchie musicali.* Cependant ses efforts faillirent échouer contre le défaut d'application et l'étourderie de l'élève. Une circonstance inattendue vint changer tout à coup les dispositions de celui-ci : *un concours était ouvert entre les élèves du* Conservatoire pour la meilleure fugue à huit voix réelles ; ce concours devait être jugé certain jour déterminé, et Guglielmi n'avait pas commencé son travail la veille de ce jour. Il se vengeait de sa paresse en troublant par ses plaisanteries l'attention de ses condisciples ; irrités contre lui, ceux-ci le chassèrent de la classe. L'humiliation que Guglielmi ressentit de cet affront le changea en un instant. Il se retira dans sa chambre, travailla trente heures sans relâche, et obtint le prix. Durante pleurait de joie en le lui décernant. *Je ne me suis donc pas trompé*, disait ce respectable vieillard ; *j'en ai fait un de mes meilleurs élèves.*

Sorti du Conservatoire à l'âge de vingt-sept ans, Guglielmi fit représenter à Turin, en 1755, son premier opéra, qui obtint un brillant succès. Les principales villes de l'Italie l'appelèrent tour à tour, et partout ses ouvrages furent accueillis avec faveur. En 1762, il fut appelé à Venise où il fit représenter quelques opéras, puis il alla à Dresde, où il passa plusieurs années avec le titre de maître de chapelle de l'électeur ; de là, il alla à Brunswick ; enfin, en 1772, on l'appela à Londres ; il y demeura cinq ans. Cependant il paraît que la protection de quelques amateurs de musique de la haute société ne put le défendre contre les tracasseries d'une cabale qui cherchait à l'éloigner et à nuire à ses succès. De retour à Naples, en 1777, à l'âge de cinquante ans, il y trouva Cimarosa et Paisiello en possession de la faveur publique. Quinze ans s'étaient écoulés depuis qu'il s'était éloigné de l'Italie, et les ouvrages qu'il y avait donnés autrefois avaient vieilli, en sorte qu'il lui fallut en quelque sorte recommencer sa carrière à une époque de la vie où elle est ordinairement finie pour les autres artistes, et lutter contre de jeunes compositeurs brillants de verve et de génie. Le pas eût été glissant pour tout autre que pour Guglielmi ; mais, ainsi qu'on l'a remarqué chez plusieurs artistes qui ne se sont développés qu'avec peine, et chez qui le talent ne s'est pas manifesté de bonne heure, ce fut alors que le génie de Guglielmi prit son essor le plus élevé : le danger de sa position semblait avoir doublé ses forces. Paisiello, qui de tout temps a craint la concurrence, quoiqu'il eût assez de talent pour ne pas la redouter, Paisiello mit en œuvre tous les moyens possibles pour nuire au nouvel adversaire qui se présentait. Guglielmi devait donner un opéra nouveau au petit théâtre des Florentins, à Naples ; le jour de la *première représentation, tous les amis de Pai*siello remplirent la salle, et dès le commencement de l'ouverture firent tant de bruit, qu'il fut impossible d'entendre la musique : ils redoublèrent surtout d'efforts pendant un *quintetto*, morceau excellent et plein de force comique, où le public, suivant l'usage de ce temps, attendait le compositeur pour le juger. Heureusement pour celui-ci, le roi entra dans la salle en ce moment ; le silence se rétablit à l'instant, le *quintetto* fut recommencé, et l'enthousiasme qu'il fit naître fut tel, que Guglielmi fut enlevé de sa place à la fin de la pièce, et transporté chez lui en triomphe. Dès ce moment, Paisiello fut obligé de renoncer à *ses intrigues* contre un homme que toute la ville de Naples prenait sous sa protection. Cimarosa, plus indolent, moins prompt à s'effaroucher des succès d'autrui, n'avait pas voulu prendre part aux menées ourdies contre Guglielmi ; toutefois ce n'était pas sans un certain déplaisir qu'il voyait ses succès. Le prince San-Severo, amateur passionné de musique et admirateur des ouvrages des trois antagonistes, les réunit chez lui dans un splendide repas, les fit s'embrasser et se promettre une amitié dont la sincérité est plus que problématique. Tous trois aimés du public, ils étaient à peu près sans rivaux ; ils convinrent, en 1780, de ne plus permettre aux entrepreneurs de spectacle de mettre leurs ouvrages au rabais, et fixèrent le prix de chaque opéra à six cents ducats, prétention qui paraîtrait aujourd'hui fort modeste aux compositeurs français, car ce prix unique d'une volumineuse partition équivaut à peu près à deux mille quatre cents francs. Après avoir écrit une immense quantité d'ouvrages sérieux et bouffes, Guglielmi accepta la place de maître de chapelle de l'église Saint-Pierre du Vatican, et reçut sa nomination le 3 mars 1793. Cette nouvelle position lui fournit l'occasion de faire preuve d'un autre genre de talent, en écrivant plusieurs morceaux de musique d'église. Il mourut à Rome, le 19 novembre 1804, à l'âge de soixante-dix-sept ans.

Il s'était marié jeune et avait eu beaucoup

d'enfants, mais il montra pour sa famille l'indifférence la plus coupable. Non-seulement il délaissa sa femme, mais après la mort de celle-ci, il ne s'inquiéta point du sort de ses enfants. Ses fils, au nombre de huit, furent recueillis charitablement par un négociant de Naples (son ancien ami), qui les fit élever. Aimant les femmes avec passion, Guglielmi, que plusieurs souverains avaient comblé de richesses, et qui avait gagné des sommes considérables à Londres, dissipa tout ce qu'il possédait avec ses maîtresses. A soixante ans, on le voyait encore disputer aux jeunes gens les plus brillantes conquêtes. Redoutable par son épée, il écartait ses rivaux par l'effroi qu'il leur inspirait, et déjà vieux, on le vit désarmer et mettre en fuite plusieurs spadassins chargés de l'assassiner. La cantatrice Oliva, fameuse par ses aventures galantes, fut la dernière de ses maîtresses : elle acheva de le ruiner.

Guglielmi était sévère avec les chanteurs, et ne leur permettait ni de broder ni de changer sa musique. A Londres, la célèbre cantatrice Mara ayant intercalé dans son rôle quelques traits qu'il n'avait point écrits : *Mon devoir est de composer*, lui dit-il, *le vôtre est de chanter. Chantez donc, et ne gâtez pas ce que je compose.* Dans une circonstance semblable, il dit au fameux ténor Babbini : *Mon ami, je vous prie de chanter ma musique et non la vôtre.* David, chanteur non moins renommé, refusait de chanter, dans l'Oratorio *Debora e Sisara*, le duo : *Al mio contento il seno*, à cause de son extrême simplicité ; Guglielmi l'y contraignit, et le morceau eut un succès d'enthousiasme.

Des trois maîtres autrefois célèbres, Cimarosa, Paisiello et Guglielmi, ce dernier est celui dont les Français connaissent le moins les ouvrages, car on n'a, je pense, jamais joué d'autre opéra de lui à Paris que *I Due Gemelli*, et *la Serva innamorata*. De là vient qu'on le croit, en général, inférieur aux deux autres. Un homme d'esprit, assez mauvais juge en musique, a même décidé que Guglielmi n'était point un homme de génie, et l'a rangé parmi les compositeurs d'un ordre subalterne (*Vie de Rossini*, par M. de Stendhal, p. 30). Il n'y aura bientôt plus personne qui connaîtra de ce musicien autre chose que son nom ; cependant il est l'égal des deux autres. Beaucoup plus âgé qu'eux, il a lutté avec eux pendant vingt ans, et les Italiens les mettaient au même degré. S'il était moins abondant que Cimarosa en motifs heureux, s'il n'avait pas la douce mollesse et le pathétique de Paisiello, la nature l'avait doué de certaines qualités éminentes qui sont aussi de grande valeur dans la musique dramatique. Ainsi, dans le style bouffe, il avait bien plus d'animation, de franche gaieté, d'entraînement que les deux autres. Ses morceaux d'ensemble ont presque tous un effet vif et pénétrant. Le retour des idées principales s'y fait toujours si heureusement et d'une manière si naturelle, qu'il semble que chacun de ces morceaux a été conçu d'un seul jet. D'ailleurs, Guglielmi avait la faculté de se modifier, ce qui est le signe certain du génie. Rien de moins semblable à sa manière que son oratorio de *Debora e Sisara*. Le style de cet ouvrage est élevé, majestueux et tendre, et toute l'Italie a considéré cette production comme une des plus belles de la fin du dix-huitième siècle. Il y a, sans doute, non-seulement beaucoup de morceaux, mais même beaucoup d'opéras entiers de Guglielmi écrits avec négligence et précipitation ; mais, s'il est vrai, comme on le dit, que ce compositeur a écrit près de *deux cents opéras*, beaucoup de musique d'église et de pièces instrumentales, quoiqu'il ait commencé tard et qu'une partie de sa vie se soit dissipée près des femmes, on conçoit qu'il n'a pu accorder que peu de temps à chacune de ses productions, et ce n'est pas sans beaucoup d'étonnement qu'au milieu de tous ces ouvrages négligés on trouve tant d'heureuses inspirations chez un homme qui écrivait avec tant de rapidité. Pour le musicien qui sait apprécier le beau de quelque genre qu'il soit, *i Due Gemelli, i Viaggiatori, la Serva innamorata, i Fratelli Pappa Mosca, la Pastorella nobile, la Bella Pescatrice, la Didone, Enea e Lavinia, Debora e Sisara*, seront toujours des ouvrages d'une valeur réelle dans l'histoire de l'art.

On ne conservait autrefois en Italie que les partitions d'opéras qui survivaient aux orages des premières représentations ; de là vient que les titres de tous les opéras de Guglielmi ne sont pas connus ; car s'il a eu beaucoup de succès, il a eu aussi beaucoup de chutes. Parmi ceux qu'on a, il est difficile d'assigner la date et le lieu de la première représentation, car l'empressement qu'on mettait à jouer ceux-là, était cause qu'ils paraissaient en plusieurs villes presque dans le même temps. Je ne donne donc pas la liste suivante comme absolument exacte et complète, mais comme la plus complète et la moins défectueuse que j'ai pu me procurer. OPÉRAS : 1° *I Capricci d'una marchesa*, 1750. 2° *I Due Soldati*, 1700.

3° *Il Finto Cieco*, 1762. 4° *Don Ambrogio*, 1762. 5° *Siroe*, 1765. 6° *Tamerlano*, 1765. 7° *Il Matrimonio villano*, 1765. 8° *Farnace*. 9° *Ifigenia in Aulide*. 10° *Semiramide*. 11° *L'Inganno amoroso*. 12° *Adriano in Siria*, 1766. 13° *Le Convenienze teatrali*. 14° *Lo Spirito di Contradizzione*, 1765. 15° *Sesostri*, 1767. 16° *Il Re pastore*, 1767. 17° *I Rivali placati*, 1768. 18° *La Pace tra gli amici*, à Brescia. 19° *Il Ratto della sposa*, à Gênes. 20° *La Donna scaltra*, à Rome. 21° *L'Impresa d'Opera*, 1769. 22° *Ruggiero*, 1769. 23° *L'Amante che spende*, 1769. 24° *Orfeo*, à Londres, 1770. 25° *Il Carnavale di Venezia*, à Londres, 1770. 25° (*bis*) *Ezio*, à Londres, 1770, partition gravée. 26° *Le Pazzie d'Orlando*, Londres, 1771. 27° *Il Desertore*, 1772. 28° *La Sposa fedele*, 1772. 29° *I Viaggiatori ridicoli*, 1772. 30° *La Frascatana*, 1773. 31° *Mirandolina*, 1773. 32° *Demetrio*, Turin, 1773. 33° *I Raggiri della serva*, 1774. 34° *Don Papirio*, 1774. 35° *La Finta Zingara*, 1774. 36° *La Virtuosa in Margellina*, 1774. 37° *Due Nozze ed un sol marito*, Naples, 1774. 38° *La Scelta d'uno sposo*, 1775. 39° *Le Nozze in Campagna*, 1775. 40° *Il Sedecia*, 1775. 41° *Tito Manlio*. 42° *Artaserce*. 43° *Gli Uccellatori*. 44° *Il Raggiratore di poco fortuna*, 1776. 45° *L'Impostore punito*, Parme, 1776. 46° *Ricimero*, Naples, 1778. 47° *La Serva innamorata*, 1778. 48° *La Bella Pescatrice*. 49° *Narcisso*, 1779. 50° *La Quakera spiritosa*, Naples, 1783. 51° *I Fratelli Pappa Mosca*, Milan, 1783. 52° *La Donna amante di tutti e fedele a nessuno*, Naples, 1784. 53° *Le Vicende d'Amore*, Rome, 1784. 54° *Enea e Lavinia*, Naples, 1785. 55° *I Finti Amori*, Palerme, 1786. 56° *Didone*, Venise, 1785. 57° *La Clemenza di Tito*, Turin, 1785. 58° *I Fuorusciti*, Castel-Nuovo, 1785. 59° *La Donna al peggior s'appiglia*, Naples, 1786. 60° *Pallade*, cantate, le 30 mai 1786, au théâtre Saint-Charles de Naples. 61° *Lo Scoprimento inaspettato*, 1787. 62° *Guerra aperta*, Florence, 1787. 63° *La Vedova contrastata*, 1787. 64° *Le Astuzzie villane*, 1787. 65° *I Due Gemelli*, Rome, 1787. 66° *La Pastorella nobile*, Naples, 1788. 67° *Le Nozze disturbate*, Venise, 1788. 67° (*bis*) *Ademira*, 1789. 68° *Arsace*, Venise, 1789. 69° *La Spora bisbetica*, Naples, 1789. 70° *Rinaldo*, Venise, 1789. 71° *Alvaro*, Vienne, 1790. 72° *La Lanterna di Diogenio*, Naples, 1791. 73° *Lo Sciocco poeta*, 1791. 74° *Paolo e Virginia*. Oratorios : 75° *La Morte d'Abele*. 76° *Betulia liberata*. 77° *La Distruzione di Gierusalemme*. 78° *Debora e Sisara*. 79° *Le Lagrime di san Pietro*. Musique d'église : 80° *Messa a cinque con stromenti*. 81° *Salmo* Laudate *a due cori concertato*. 82° In convertendo *a 8 voci*. 83° *Miserere a 5 voci*. 84° *Motetti a 2, 3 e 4 voci*, en manuscrit. 85° *Regina Cœli a 4 voci*. 86° *Gratias agimus tibi*, motet à voix seule et orchestre, Vienne, Haslinger. 87° Hymnes des vêpres et de complies, à quatre voix. Musique instrumentale. 88° Six divertissements pour clavecin, violon et violoncelle, op. 1, Londres. 89° Six quatuors pour clavecin, deux violons et violoncelle, op. 2, *ibid*. 90° Six solos pour le clavecin, op. 3, *ibid*. Joachim le Breton a publié une notice biographique sur Guglielmi dans le *Magasin Encyclopédique*, 1806, t. VI, p. 98.

GUGLIELMI (Pierre-Charles), fils du précédent, naquit à Naples, vers 1763. Recueilli par un ami de sa famille après la mort de sa mère, il fut mis au Conservatoire de Loreto et y apprit l'art du chant, le clavecin et la composition. A l'âge de vingt ans, il donna son premier opéra au théâtre Saint-Charles de Naples, ce qui était alors sans exemple, car on n'admettait jamais de débutant à ce théâtre. L'heureux succès de cet ouvrage fit appeler Guglielmi en plusieurs villes d'Italie, puis à Londres, où il se trouvait encore en 1810. De retour en Italie, il obtint la place de maître de chapelle de l'archiduchesse Béatrix, duchesse de Massa-Carara. Il mourut le 28 février 1817. Guglielmi a imité le style de son père dans la plupart de ses opéras. On connaît de lui : 1° *Asteria e Teseo*, au théâtre Saint-Charles. 2° *La Fiera*, opéras bouffe, au théâtre des Florentins. 3° *Il Naufragio fortunato*, ibid. 4° *L'Equivoquo delli sposi*, ibid. 5° *La Serva bizarra*, au théâtre *Nuovo*. 6° *L'Erede di Bel Prato*, opéra bouffe. 7° *L'Isola di Calipso*, opéra seria, à Milan, 1813. 8° *La Persuasione corretta*. 9° *Ernesto e Palmira*. 10° *La Moglie giudice del marito*. 11° *Don Papirio*, opéra refait avec une nouvelle musique. 12° *Romeo e Giulietta*. On a attribué à ce compositeur quelques opéras de son père.

GUGLIELMI (Jacques), huitième fils de Pierre Guglielmi, naquit à Massa di Carara, le 16 août 1782. Après avoir étudié le solfège sous un maître nommé Mazzanti, le chant sous Nicolas Piccinni, neveu du compositeur, et le violon avec Capanna, il débuta comme chanteur au théâtre *Argentina*, de Rome, se fit entendre ensuite à Parme, puis à Naples, Florence, Bologne, Venise, Amsterdam et enfin à Paris, où il débuta, en 1809, dans *la Serva innamorata* de son père. Après deux années de séjour en cette ville, il retourna en Italie. En 1810, il était à Naples; peu d'années après, il a quitté la scène. Sa voix était un ténor agréable, mais d'un faible volume; il chantait avec plus de goût que de verve.

GUGLIETTI (Dominique), célèbre baryton, naquit à Campoli, près de Sora, dans le royaume de Naples, vers 1730. Ses premières études pour le chant se firent dans l'école de D. Gizzi; mais à la retraite de ce professeur, il passa au Conservatoire de S. Onofrio. Après avoir chanté avec succès sur les divers théâtres d'Italie, en Angleterre et à Dresde, il se retira à Naples, où il devint chanteur de la chapelle royale. Il est mort dans cette ville, en 1803.

GUHR (Charles-Guillaume-Ferdinand), chef d'orchestre du théâtre de Francfort-sur-le-Mein, est né à Militsch en Silésie, le 27 octobre 1787. Son père, *cantor* de l'église principale de cette ville, se chargea du soin de son éducation musicale. A quatorze ans, Guhr entra comme violon dans la chapelle où son père était employé. Sa jeunesse et son inexpérience dans l'art d'écrire ne l'empêchèrent pas de composer beaucoup de concertos, de quatuors et d'autres morceaux pour le violon. Lorsqu'il eut atteint l'âge de quinze ans, son père l'envoya à Breslau pour y continuer ses études sous la direction du maître de chapelle Schnabel et du violoniste Janitschek. Ses progrès furent rapides, et bientôt il retourna à Militsch. En 1810, Guhr partit pour Wurzbourg, où il venait d'être appelé comme musicien de la chambre; mais il ne garda pas longtemps cette position, car lorsque Reuter prit la direction du théâtre de Nuremberg, il offrit la place de chef d'orchestre à Guhr, qui l'accepta. Son talent dans l'art de diriger un orchestre introduisit en peu de temps de notables améliorations dans l'état de la musique en cette ville. Il s'y fit entendre dans plusieurs concertos de sa composition, et fit représenter au théâtre quelques-uns de ses opéras, qui furent bien accueillis. Après avoir passé plusieurs années à Nuremberg et y avoir épousé mademoiselle Epp, cantatrice du théâtre, il accepta la direction de la musique au théâtre de Wiesbaden; mais la guerre de 1813 ayant ruiné cette résidence, Guhr se rendit à Cassel, où le prince le nomma directeur de la musique de sa chapelle et du théâtre. On ignore les motifs qui lui firent donner sa démission l'année suivante. Hoffmann, son biographe, dit que ce fut pour se livrer en liberté à la composition : mais la position qu'il occupait était précisément favorable à ses travaux, car il avait à sa disposition un théâtre et un orchestre pour exécuter ses ouvrages. Quoi qu'il en soit, il resta sans emploi jusqu'en 1821; alors un engagement de vingt-deux ans lui fut offert pour la place de directeur d'orchestre du théâtre de Francfort, avec cinq mille florins d'appointements; il l'accepta et entra en fonction au mois d'avril; depuis lors, il n'a plus quitté cette ville.

Comme violoniste et comme compositeur, Guhr est connu avantageusement en Allemagne. D'abord imitateur de Rode, il s'attacha à la justesse et à la pureté dans son jeu sur le violon; mais après avoir entendu Paganini, il a changé de manière et a fait une étude spéciale des procédés d'exécution de cet homme extraordinaire. On lui doit même à ce sujet un ouvrage qui a été accueilli avec beaucoup de curiosité, et qui a pour titre : *Ueber Paganini's Kunst die Violine zu spielen.* Mayence, Schott. 1831. Les mêmes éditeurs en ont publié une édition française à Paris. On connaît de Guhr plusieurs opéras ou drames en musique, parmi lesquels on remarque : 1° *Théodore* (de Kotzebue), représenté à Cassel en 1814. 2° *Feodata*, drame avec des romances, des chœurs et des airs de danse, représenté à Cassel le 28 juillet 1815. 3° *La Vestale*, grand opéra, dédié au prince de Hesse-Cassel. 4° *Siegmar*, représenté à Cassel en 1819, et dans lequel il y a plusieurs beaux duos et un bon finale au deuxième acte. 4° *Aladin, ou la Lampe merveilleuse*, opéra en trois actes, à Francfort, en 1830. Guhr a aussi écrit à Cassel une messe avec orchestre et une symphonie. Il a publié : 1° *Souvenir de Paganini, premier concerto pour le violon*, op. 15 (en *mi*), Mayence, Schott. 2° Introduction et rondo pour le piano à quatre mains, op. 2. Berlin, Grœbenchütz. 3° Grande sonate pour piano seul, op. 1. Mayence, Schott. 4° Caprice pour piano, Berlin, Grœbenchütz, et plusieurs autres compositions pour le violon et le piano. Après avoir été directeur du théâtre de Francfort pendant plusieurs années, il est mort dans cette ville le 23 juillet 1848. On a de Gollmick une notice nécrologique sur cet artiste, intitulée : *Carl Guhr, Necrolog.* Francfort-sur-le-Mein, 1849, in-8°.

GUHR (Frédéric-Henri-Florian), frère du précédent, est né à Militsch, le 17 avril 1791. Après avoir appris sous la direction de son père les éléments de la musique, le violon, le piano et l'orgue, il a été engagé en 1807 dans la chapelle de l'église principale de sa ville natale. Cette chapelle ayant été supprimée en 1810, Guhr s'est rendu au séminaire de Breslau pour y achever ses études. En 1811, il a été nommé adjoint, puis successeur de son père, comme *cantor* de l'église de Militsch. Il occupait encore cette place en 1845. Guhr a publié un livre élémentaire intitulé : *Katechismus der Singkunst* (Catéchisme de l'art du chant), Militsch, 1828. On a de ce musicien divers recueils à l'usage des églises et des écoles, dont voici les titres : 1° Soixante chorals à deux voix pour soprano et contralto. Militz, 1820. 2° Cent trente et un chorals à trois parties pour des voix d'enfants ou d'hommes, *ibid.* 3° Seize chansons populaires de la Prusse, à trois voix. 4° Huit chœurs de fête pour Noel, la nouvelle année, Pâques, etc., à trois voix, *ibid.* 5° Chants pour l'examen dans les écoles, à trois voix. 6° Quatorze chœurs de la liturgie, à deux voix. M. Guhr est aussi auteur d'un petit ouvrage des éléments de l'art du chant, publié sous ce titre : *Erster elementar Unterricht in der Gesanglehre.* Militz, 1831, in-8°.

GUI d'Auxerre, quarante-quatrième évêque de cette ville, naquit vers la fin du neuvième siècle. Il fit ses études à la cathédrale de sa ville natale. Après la mort de l'évêque Valdric, Gui fut choisi pour lui succéder, il fut sacré le 19 mai 933. Il mourut à Auxerre le 6 janvier 961. Cet évêque a composé le texte et le chant de l'office de saint Julien, martyr.

GUI, abbé de Châlis, monastère de l'ordre de Citeaux, en Bourgogne, dans le douzième siècle, est auteur d'un traité du chant ecclésiastique (*De Cantu ecclesiastico*) dont un manuscrit existait autrefois à l'abbaye de Saint-Germain-des-Prés. Il y en a un aussi à la bibliothèque Sainte-Geneviève de Paris, sous le n° 1611, et Casimir Oudin en cite deux autres (*Comment. de Script. eccles.*) dont l'un existait à l'abbaye de Foigny, et l'autre, à celle de Bucilly, ordre de Prémontrés. Cet ouvrage est de quelque intérêt parce qu'il contient des règles pour l'organisation du chant, qui prouvent qu'à cette époque on faisait usage dans les monastères de France d'un contrepoint qui n'était plus la simple *diaphonie.* Voici un passage du traité de Gui qui se rapporte à ce genre de contrepoint : *Si cantus ascendit duas voces et organum incipit in duplici voce, descenderit tres voces et erit in quinto, vel descenderit septem voces et erit cum cantu.* Dans un traité de musique anonyme, du même temps, dont le manuscrit, du fonds de Saint-Victor, est à la bibliothèque impériale, à Paris (n° 812 du supplément), on trouve des règles à peu près semblables pour le même cas, et pour d'autres plus variés. On y lit : *Quando cantus ascendit per duas voces, primum debet esse in duplo, et descendit per unam vocem, vel aliter, prima cum cantu in quinto et descendere usque ad cantum.* L'ouvrage de Gui est divisé en deux parties, dont la première est relative au plain-chant, et l'autre, beaucoup plus courte, traite du déchant. M. de Coussemaker a publié le texte avec une traduction française de cette dernière dans son livre intitulé : *Histoire de l'harmonie au moyen âge*, p. 255-258. On attribue au même Gui de Châlis l'ouvrage intitulé : *Tractatus de correctione cantus ordinis cisterciensis seu Antiphonarii*, que Mabillon a inséré dans son édition des œuvres de saint Bernard (t. II, p. 661); mais il est douteux qu'il soit de lui, car on a pensé qu'il pouvait être aussi d'un moine de Cluni, qui aurait demeuré à Nanteuil-le-Baudoin ou à Coincy, ou bien de Gui, religieux de Citeaux, qui écrivait dans le douzième siècle près de Soissons, ou enfin de Gui, abbé de Longpont.

GUI, moine de Saint-Denis, vécut vraisemblablement à la fin du treizième siècle. Parmi les manuscrits de la bibliothèque Harléienne qui sont au Muséum Britannique, on trouve, dans un volume qui contient divers traités de musique (coté 43 dans le catalogue imprimé sous ce titre : *Catalogue of the manuscript Music in the British Museum*, Londres, 1842, page 15), un traité des tons composé par ce moine. Il a pour titre : *Tractatus de tonis, a fratre Guidone, monacho Monasterii S. Dionysii in Francia, compilatus.* Ce petit ouvrage, qui commence au feuillet cinquante-quatre du volume, est précédé d'un prologue dont les premiers mots sont : *Gaudere sciens brevitate.* Le commencement de l'ouvrage est : *Ut de tonis perfectior possit haberi notitia*, etc. L'auteur de cet écrit est vraisemblablement le même Gui, abbé du monastère de Saint-Denis, qui mourut en 1315, et que cite Fevret de Fontette (*Bibliot. histor. de la France*, t. I, page 750, art. 12,047) comme auteur de la vie de saint Guignolé, en latin, laquelle a été publiée dans *le Martyrologe bénédictin*, p. 568.

GUI D'AREZZO. *Voyez* GUIDO.

GUIAUD (...) fils, docteur en médecine de la Faculté de Paris, a publié des *Considérations littéraires et médicales sur la musique, lues à la séance publique de la Société de médecine de Marseille*, Marseille, 1819, in-12.

GUICHARD (Henri), intendant général des bâtiments du duc d'Orléans, vers 1700, fut d'abord lié d'intérêts avec Lulli pour l'exploitation de l'Opéra, puis fut exclu de cette entreprise par le rusé musicien. Une grande animosité de part et d'autre fut la suite de cette affaire. Guichard intenta un procès à Lulli et publia : *Requête servant de factum contre Baptiste Lully et Sébastien Aubry*, Paris, in-4°, sans date (1673). Il y fait l'histoire des premiers essais de l'établissement de l'opéra en France. Un extrait de ce mémoire a été inséré dans la *Bibliothèque française* de l'abbé Goujet (tome VIII, page 385). Lulli se vengea des attaques de Guichard, en l'accusant d'avoir voulu l'empoisonner dans du tabac. De nouveaux scandales s'ensuivirent, et l'on publia pendant l'instruction du procès : *Mémoires de Guichard contre Lully et de Lully contre Guichard*, Paris, 1675, in-4°. Louis XIV assoupit cette affaire, et ordonna aux antagonistes de la terminer par une transaction. En 1705, Guichard donna à l'Opéra *Ulysse*, en cinq actes, dont Rebel le père avait composé la musique. Quelques années après, il suivit Philippe IV en Espagne, et établit à Madrid un théâtre d'Opéra. On croit qu'il est mort en ce pays.

GUICHARD (L'abbé François), sous-maître de musique de la cathédrale de Paris, naquit au Mans, le 26 août 1745. Après avoir fait ses études littéraires et musicales comme enfant de chœur à l'église cathédrale de cette ville, il se rendit à Paris et entra comme haute-contre dans le chœur de Notre-Dame. Plus tard il obtint un bénéfice avec la place de sous-maître de musique de la même église. La révolution de 1789 lui fit perdre ses avantages, et ses ressources pour vivre se bornèrent à quelques leçons de guitare et aux ouvrages qu'il publiait pour cet instrument. Il mourut à Paris, le 24 février 1807. Le prénom de *Nicolas* qu'on a donné à ce musicien, dans le dictionnaire de Choron et de Fayolle, ne lui appartient pas plus que les initiales J.-F. qu'on trouve dans le nouveau Lexique de Gerber. *Jean-François* sont les prénoms du littérateur Guichard, mort à Paris, le 23 février 1811. L'abbé Guichard a publié : 1° *Essais de nouvelle psalmodie ou Faux-bourdons à une, deux ou trois voix, divisés en sept tons majeurs et mineurs*, Rome (Paris), Nyon, 1783, in-8°. Ces *faux-bourdons* ne contiennent que des *magnificats*; ils sont fort mal écrits : l'auteur dit cependant, dans l'avertissement de son *Supplément*, qu'ils ont obtenu un brillant succès lorsqu'ils ont été chantés dans l'église de Notre-Dame, le 31 juillet 1783, et renvoie aux journaux du temps pour les éloges qui lui ont été donnés. Au surplus le titre de ce recueil est absurde, car *Faux-bourdon* signifie *plain-chant harmonisé*; il ne peut donc y avoir de faux-bourdons à une voix. 2° *Supplément transposé en plain-chant pour faciliter l'exécution des essais de nouvelle psalmodie à une, deux ou trois voix*, Paris, Bignon. 3° Cinq recueils de chansons et romances avec accompagnement de harpe ou piano, Paris, Michaud, 1784-1788. On trouve dans ces recueils plusieurs jolies mélodies; quelques-unes ont même obtenu un succès de vogue, entre autres : *Un bouquet de romarin, Le coin du feu, Il est passé le bon vieux temps, etc.* 4° *Rorate Cœli, prière à deux voix et basse d'accompagnement*, ibid., 1788. 5° *Loisirs bachico-harmoniques, recueil de solos, duos, trios, quatuors*, ibid., 1788. 6° *Hymne à la liberté*, à quatre voix, Paris, 1793. 7° *Hymne à l'espérance*, à voix seule ou en quatuor, avec accompagnement, Paris, 1794. 8° *Nouveaux desserts anacréontiques*, rondes de table, avec accompagnement de guitare, op. 37, Paris, 1798, 9° Petites pièces pour guitare, Paris, Porro, 1795. 10° *Les plaisirs des soirées*, pièces pour guitare, *ibid.* 11° Petite méthode de guitare, Paris, Frère. 12° Trente duos pour deux violons, Paris, Naderman. Guichard a laissé en manuscrit plusieurs messes et motets de sa composition.

GUICHART (Daniel), né vers le milieu du seizième siècle, fut maître des enfants de chœur de l'église de Chinon, en Touraine. En 1588, il obtint au concours du *Puy-de-musique* d'Évreux le second prix de la harpe d'argent, pour la composition du motet *Dum aurora*, qu'il traita dans le deuxième ton par bémol. Son concurrent fut *Nicolas Vauquet* (voyez ce nom) qui, sur les mêmes paroles, composa son motet dans le deuxième ton par bécarre, et obtint le premier prix.

GUIDETTI (Jean), clerc bénéficié du Vatican, et chapelain du pape Grégoire XIII, naquit à Bologne, en 1532, et après avoir fait ses études, fut ordonné prêtre. S'étant rendu à Rome, il devint élève de Pierluigi de Palestrina. Après son élection, le pape Grégoire XIII le fit son chapelain, et lui conféra, le 27 novembre 1575, un cléricat bénéficié dans la chapelle du Vatican, vacant par la mort de François Tosti. Ce pape avait confié à Palestrina le soin de revoir et de corriger les livres du chant ecclésiastique d'après les meilleurs et les plus anciens manuscrits de la Bibliothèque du Vatican et de la chapelle pontificale. Guidetti offrit à son maître de partager ses travaux pour cette grande entreprise, et tous deux y travaillèrent pendant plusieurs années ; mais la publication d'une bonne édition du graduel et de l'antiphonaire ayant été faite, à Venise, en 1580, par Leichtenstein (deux vol. in-fol. max.), Palestrina renonça à son travail, et Guidetti donna une autre direction au sien. Il fit paraître d'abord le directoire du chœur, qui contient des instructions sur la conduite de l'office, et les intonations des antiennes, hymnes, invitatoires et répons, ainsi que les tons des psaumes, préfaces, *Benedicamus, Ite Missa est*, oraisons, épîtres, évangiles, etc., conformément aux usages de la chapelle pontificale. Cet excellent livre a pour titre : *Directorium chori ad usum sacro-sanctæ basilicæ Vaticanæ, et aliarum cathedralium et collegiatarum ecclesiarum collectum operâ Johannis Guidetti Bononiensis, ejusdem Vaticanæ basilicæ clerici beneficiati, et SS. D. N. Gregorii XIII capellani, permissu superiorum,* Romæ apud Robertum Granjon, Parisien., 1582. L'accueil fait à cette édition, lorsqu'elle parut, rendit bientôt nécessaire la réimpression du livre ; il en fut publié une nouvelle édition, en 1589, et une autre en 1600. François Massani réimprima le directoire avec quelques petites additions, Rome, 1604 ; le chanoine D. Florido Silvestri de Barbarano le corrigea, et le fit paraître de nouveau, en 1642, in-8° ; Nicolas Stamegna, maître de chapelle à Sainte-Marie-Majeure, y fit de nouvelles additions, et le réimprima à Rome, en 1665, in-4°. Après plusieurs autres éditions, François Pelichiari, maître de chant grégorien au collége allemand de Rome, y a fait de nouvelles corrections, et en a donné une dernière édition, imprimée par Salvioni, à l'imprimerie du Vatican, 1737, un volume in-4°.

Après sa première publication, Guidetti employa plusieurs années à préparer une édition correcte et complète du chant de la Passion, d'après les quatre évangélistes. Il dédia ce nouveau travail à Guillaume, comte palatin du Rhin, duc de Bavière, et le fit paraître sous ce titre : *Cantus ecclesiasticus passionis Domini Nostri Jesu-Christi secundum Matthæum, Marcum, Lucam et Joannem. Juxtà ritum capellæ SS. D. N. Papæ ac sacro-sanctæ basilicæ Vaticanæ a Joanne Guidetto Bononiensi, ejusdem basilicæ clerico beneficiato, in tres libros divisus ; et diligenti adhibitâ castigatione, pro aliarum ecclesiarum commoditate ;* typis datus, Romæ, apud Alexandrum Gardanum, 1586. Plusieurs autres éditions de ce livre ont été publiées, savoir : 1° Rome, Alois Zanetti, 1604. 2° Rome, imprimerie d'André Phæi, 1637. 3° Rome, Antoine Poggioli, 1645. 4° Rome, imprimerie de Marc-Antoine et Horace Campana, 1689. Le troisième ouvrage de Guidetti est le chant de tout l'office de la semaine sainte qu'il publia sous ce titre : *Cantus ecclesiasticus officii majoris hebdomadæ juxtà ritum capellæ SS. D. N. Papæ, ac basilicæ Vaticanæ collectus et emendatus a Joanne Guidetto Bononiensi, ejusdem basilicæ perpetuo clerico beneficiato, nunc primum in lucem editus,* Romæ, ex typographia Jacobi Tornerii : excudebant Alexander Gardanus et Franciscus Coattinus, socii, 1587. La deuxième édition de ce livre, après laquelle il paraît n'en avoir plus été donné, avec des corrections, par François Soriano ou Suriano, et par Scipion Manilio, est intitulée : *Cantus ecclesiasticus officii majoris hebdomadæ a Joanne Guidetti Bononiensi, basilicæ Vaticanæ clerico beneficiato olim collectus, et in lucem editus ; nunc autem a Francisco Suriano romano, basilicæ S.-Mariæ-Majoris de urbe beneficiato decano, ac Vaticanæ capellæ præfecto emendatus, et ad meliorem vocum concentum redactus. Officium vero a Scipione Manilio romano, ejusdem basilicæ beneficiato, juxtà formam breviarii romani Clementis VIII auctoritate recogniti, restitutum,* Romæ, typographiâ Andreæ Phæi, 1619. Enfin, Guidetti termina l'entreprise qu'il avait formée par la publication du chant des préfaces. L'ouvrage parut sous ce titre : *Præfationes in cantu firmo, juxtà ritum Sanctæ Romanæ ecclesiæ emendatæ, et nunc primum in lucem editæ a Joanne Guidetto Bononiensi, basilicæ principis apostolorum de urbe clerico beneficiato,* Romæ, ex typographiâ Jacobi Tornerii. Excudebant Alexander Gardanus, et Franciscus Coattinus, socii, 1588.

Après cette dernière partie de son travail, Guidetti ayant complété son œuvre, se reposa et revit seulement la deuxième édition de son directoire du chœur. Il mourut le 30 novembre 1592, à l'âge de soixante ans. Je ne finirai pas cet article sans relever une erreur singulière d'Orlandi qui, dans ses *Notizie degli scrittori Bolognesi* (p. 145), attribue le *Directorium chori* à Jean Guidotti, docteur en philosophie et en médecine, qui fut gonfalonnier de justice à Bologne, en 1410, et qui mourut dans cette ville le 19 juillet 1424. Orlandi aurait dû être mis en garde contre cette bévue par cela seul que l'ouvrage a été publié par l'ordre de Grégoire XIII, dont le pontificat s'étendit depuis 1572 jusqu'en 1585. L'abbé Baini, qui m'a fourni d'utiles renseignements sur Guidetti, n'a point fait cette remarque.

GUIDI (Jean), maître de chapelle à l'église Sainte-Marie in Transtevere, à Rome, est né à Florence vers le milieu du dix-huitième siècle, et a eu pour maître Magrini, de cette ville, qui avait été élevé dans l'école de Clari. En 1827, lorsque Kandler visita Rome, Guidi vivait encore et remplissait ses fonctions de maître de chapelle, quoique fort vieux. Ce maître, alors le Nestor des compositeurs de l'église romaine, avait conservé dans ses ouvrages la pureté et la sévérité de l'ancienne école, mais Kandler trouvait de la sécheresse dans son style (*voyez* la *Revue musicale*, t. 3, p. 78). On trouve de ce compositeur, dans le Catalogue de la collection de M. l'abbé Santini, de Rome : 1° Des *Partimenti* pour l'accompagnement, sous le titre de *Bassi per l'organo*. 2° *Salmo* Dixit, *a 4 e 8 voci*. 3° *Salmo* In te Domine speravi, *a 4 voci*. 4° *Le tre ore di Agonia di Giesu-Cristo*, oratorio à trois voix avec instruments.

GUIDO, en français **GUI**, moine de l'abbaye de Pompose, naquit à Arezzo, ville de la Toscane, vers la fin du dixième siècle. Cet homme jouit depuis près de huit cents ans d'une des plus grandes célébrités de l'histoire de la musique, et la doit moins aux choses dont il est réellement auteur, qu'à celles qui lui ont été attribuées sans fondement. Il est digne de remarque que les erreurs qui le concernent sont presque aussi anciennes que lui; cependant, de tous les auteurs de musique du moyen âge, il est celui dont les ouvrages s'étaient le plus répandus : on en trouve des copies manuscrites dans presque toutes les grandes bibliothèques. Les événements de sa vie, plus ignorés encore que la nature de ses ouvrages, ont été le sujet de beaucoup de fausses allégations. Il faudrait un volume pour rectifier tant de méprises : j'essayerai de rétablir la vérité des faits autant que le permettent les bornes d'un article de Dictionnaire biographique.

Que Guido soit né à Arezzo, cela ne paraît pas pouvoir être mis en doute, car *cinquante-trois manuscrits*, qui contiennent une partie, ou la totalité de ses ouvrages, et qui sont parvenus à ma connaissance, l'appellent *Guido aretinus*, et plusieurs auteurs des douzième, treizième et quatorzième siècles le désignent de la même manière ou simplement sous le nom d'*Arétin* (Aretinus). Cependant il s'est trouvé des auteurs qui l'ont fait naître, ou du moins vivre, en Normandie, en Allemagne et en Angleterre. Suivant Montfaucon (1), il y aurait dans la bibliothèque du Vatican quatre manuscrits qui auraient pour titre : *Guidonis augensis libri de musica;* ce qui a déterminé le savant bibliothécaire à lui donner le titre de *Augens* dans l'index de son livre. Ce nom a fait dire à plusieurs écrivains, qui se sont copiés mutuellement, que Guido a été moine de l'abbaye d'Auge, située près de la ville d'Eu, en Normandie. On se serait épargné cette faute si l'on eût consulté Mabillon (*Annal. Ord. Bened.*, t. IV, p. 595), qui a prouvé que ce monastère ne fut fondé qu'en 1059, c'est-à-dire environ vingt-cinq ans après que Guido eut écrit son Micrologue de musique. Vossius est au nombre de ceux qui en ont fait un moine d'un couvent de bénédictins en Normandie; mais son erreur a une autre cause, car il a confondu Guido avec Gui ou Guitmond (2) qui, vers 1070, sous le pontificat de Grégoire VII, écrivit, contre l'hérésiarque Béranger, un traité *de Veritate corporis et sanguinis Christi in Eucharistiâ*. Ce Gui fut d'abord moine du couvent de Saint-Leufred au diocèse d'Evreux, puis devint cardinal et évêque d'Aversa en Italie. Vossius assure que c'est le même qui a écrit deux traités de musique, l'un en prose, l'autre en vers. Engelbert, abbé d'Aimont, qui vivait à la fin du treizième siècle et dans la première moitié du quatorzième siècle, a fait de Guido un Anglais né à Cantorbery : *Guido vero Cantuariensis*, dit-il, *addidit in suo eodem Micrologo de Musica, etc.* (3). Je ne sais quelles fausses indications ont pu conduire Engelbert à cette erreur. Si l'on n'a pas voulu faire naître Guido en Allemagne, on l'a du moins fait venir dans ce pays, car Adam de Brême, chanoine et professeur en cette ville, vers 1067, dit positivement que Hermann, archevêque de Brême, y appela le musicien Guido, dont l'habileté corrigea la mélodie et la discipline monastique : *Musicum Guidonem Hermannus archiepiscopus Bremam adduxit, cujus industria melodiam et claustralem disciplinam correxit* (4). Cette assertion a été répétée par Helmods, dans sa chronique des Slaves insérée dans les *Script. rer. Brunsvic.* (t. II, p. 745) de Leibniz, et par d'autres; mais nonobstant l'autorité d'un

(1) *Bibliotheca Bibliothecarum*, t. I, p. 91.

(2) *De Scient. Mathem.*, p. 95.

(3) *De Musicâ tract.* I. cap. XIII, apud Gerbert. t. II, p. 295.

(4) *Historia ecclesiarum Hamburgensis et Bremensis*, etc., ab ann. 788 ad 1072, lib. II, cap. 102, pag. 50.

contemporain, la réalité de ce fait est au moins douteuse, car l'archevêque Hermann ne succéda à Libentius qu'en 1032, suivant les mêmes chroniques et celle d'Albert, abbé du cloître de Sainte-Marie à Stade (1); or, on verra plus loin que Guido ne paraît pas avoir quitté l'Italie après cette époque. Enfin, M. Soriano Fuertes, de Barcelone, auteur d'une *Histoire de la musique espagnole* (2), dont la publication a commencé en 1855, y affirme (t. Ier, ch. V) que Guido, obligé de s'éloigner de son monastère, à cause de l'animosité des autres moines contre lui, voyagea dans toute l'Europe pour dissiper sa tristesse, et qu'il acquit en Catalogne ses connaissances en musique.

La date précise de la naissance de Guido n'est point connue, et l'on ne peut tirer qu'une indication vague des paroles du chroniqueur Sigebert, qui, à l'année 1028, dit : *Claruit hoc tempore in Italiâ Guido aretinus, multi inter musicos nominis, etc.* Mais si Baronius a cité exactement le manuscrit d'où il a tiré les lettres de Guido, on peut dire avec certitude que ce moine est né dans les dix dernières années du dixième siècle. Ce manuscrit est ainsi terminé : *Explicit Micrologus Guidonis suæ ætatis anno XXIV, Johanne XX romanam gubernante ecclesiam* (3). En faisant cette citation, Baronius a eu tort de placer sous la date de 1022 l'époque où Guido écrivait son Micrologue, car le pape Jean XX, ou plutôt XIX, ne fut appelé à gouverner l'église qu'au mois d'août 1024, ou selon les corrections de Pagi sur Baronius, au mois d'avril de l'année suivante. Ce pape mourut au mois de mai 1033. De tout cela résulterait la preuve que Guido serait né dans l'intervalle de 991 aux premiers mois de l'année 1000. Mazzuchelli a cité une très-ancienne note manuscrite placée en tête des sonnets de Fra Guittone d'Arezzo, d'après quoi Guido aurait été de la famille des *Donati* (4); mais ce fait peut être révoqué en doute, car les Donati étaient de Florence et non d'Arezzo; ils furent même presque toujours en guerre avec les habitants de cette dernière ville.

Ce qu'on sait de plus certain concernant les événements de la vie de Guido résulte des renseignements qu'il a fournis dans deux lettres, l'une adressée à Théodald ou Théobald, qui fut évêque d'Arezzo depuis 1023 jusqu'en 1036; l'autre à son ami Michel, moine de l'abbaye de Pompose, près de Ferrare. De ces deux lettres, et particulièrement de la dernière, résultent les faits suivants : Guido fut moine bénédictin dans la même abbaye de Pompose; il s'y distingua par ses connaissances, particulièrement dans la musique et le chant ecclésiastique. Frappé des difficultés de la méthode alors en usage pour l'enseignement du chant d'église, ou plutôt de l'absence de toute méthode, qui rendait les études longues et pénibles, il avait imaginé divers procédés par lesquels toute incertitude était dissipée, et qui permettaient d'acquérir dans un mois des connaissances qui n'étaient auparavant que le fruit de dix années de travaux. Une école, qu'il avait instituée dans son couvent pour l'application de sa méthode à l'enseignement de novices et d'enfants, avait eu tant de succès, que le nom de Guido était bientôt devenu célèbre en Italie. La jalousie des moines de Pompose, excitée par la renommée de leur confrère, suscita des tracasseries de tout genre à Guido, et finit par lui nuire dans l'esprit de son abbé, nommé *Guido* comme lui. Incessamment troublé dans son repos, il finit par s'éloigner de son monastère, et, pendant son exil, fut contraint de faire de longs voyages (*Inde est quod me vides prolixis finibus exulatum*). Ces mots ont paru à l'abbé Gerbert confirmer le fait avancé par Adam de Brême, Albert de Stade et autres, du séjour de Guido à Brême, sur l'invitation d'Hermann, archevêque de cette ville (1); mais, ainsi qu'on l'a vu, Hermann ne devint archevêque de Brême qu'au mois d'août 1032 et non en 1023, comme dit l'abbé Gerbert; l'exil dans les contrées éloignées, dont parle Guido par sa lettre, a précédé son voyage à Rome, car il se réconcilia dans cette ville avec son ancien abbé, et ce voyage eut lieu au plus tard dans l'été de 1032, puisque le pape Jean XIX qui l'avait appelé à Rome mourut au mois de mai 1033 : les mots *prolixis finibus exulatum* n'ont dont point de rapport avec le voyage que Guido aurait fait à Brême. Il y a aussi peu d'apparence qu'il ait été plus tard

(1) *Historiographia seu Chron.*, p. 118, édition de Wittenberg, 1608.

(2) *Historia de la musica española desde la venida de los Fenicios hasta el anno de 1850, por Mariano Soriano Fuertes.* Barcelona, 1855, 4 vol. gr. in-8°.

(3) *Baron. Annal. eccles.*, ann. 1022.

(4) *Che fosse della famiglia de' Donati si afferma in un' antica nota a penna avanti i sonnetti di Fra Guittone d'Arezzo, riferita dal Signor avvocato Mario Flori, gentiluomo aretino, in una sua lettera assai erudita, che si trova inserita dal chiarissimo monsignor Giovan Battista Bottari, in fronte alle Lettere di Fra Guittone.* Mazzuchelli, *Scritt. d'Italia*, t. I, part. 2, p. 1007, note 7.

(1) *Scriptor. ecclesiast. de Musica*, t. II, in præfatione.

dans cette ville ; car il avait alors plus de quarante ans ; il devait désirer le repos dont il se plaint d'avoir été longtemps privé, et les causes de son exil avaient cessé. Quoi qu'il en soit, ce fut à Arezzo, où il s'était retiré dans un monastère de bénédictins, qu'il reçut un message du pape, qui, sur le bruit des merveilles opérées par Guido dans l'enseignement de la musique, l'engageait à se rendre à Rome. Ce ne fut qu'après trois invitations semblables qu'il se décida à faire ce voyage. Il partit accompagné de Grimoald ou Grimaldi, son abbé, et de Pierre, doyen du chapitre d'Arezzo. Bayle, trompé par la date 1022 fixée par Baronius pour le temps où Guido écrivit sa lettre à Michel, dit que ce fut Benoît VIII qui appela Guido à Rome (1). Si ce savant critique avait lu la lettre même, telle qu'elle existe dans les bons manuscrits, il aurait vu que ce ne fut point ce pontife, mais Jean XIX, qui voulut connaître la méthode du moine d'Arezzo : *Summæ sedis apostolicæ Johannes*, dit Guido, *qui modo romanam gubernat ecclesiam, audiens famam nostræ scholæ, et quomodo per nostra antiphonaria inauditos pueri cognoscerent cantus, valdè miratus, tribus me ad se nuntiis invitavit*. Guido expliqua sa méthode au saint-père, et lui fit voir son antiphonaire dans la même séance. Après quelques minutes d'instruction, le pape eut assez bien compris le but et l'utilité de cette méthode, pour être en état de trouver le ton d'une antienne et de la chanter. Saisi d'admiration, il voulut déterminer Guido à se fixer à Rome, mais la santé de celui-ci, dérangée par les chaleurs de l'été et par la fièvre qui règne en certains temps dans cette ville, ne lui permit pas d'y rester. Il avait retrouvé à Rome son ancien abbé du monastère de Pompose, qui se réconcilia avec lui, approuva ses travaux, et lui témoigna le regret d'avoir autrefois écouté ses détracteurs. Il l'invita à retourner à son ancien monastère, lui représentant que la vie paisible d'un simple moine valait mieux pour lui que les honneurs de l'évêché auxquels il pouvait prétendre. Touché de ces paroles bienveillantes, Guido promit de retourner à Pompose ; cependant, par des motifs qu'il n'explique pas, il n'exécuta pas immédiatement ce dessein, et l'on peut croire que, lorsqu'il écrivit sa lettre à Michel il avait changé de résolution, quoiqu'il dise le contraire ; car tout le reste de cette longue lettre est rempli par l'exposé de sa doctrine et de sa méthode de solmisation, pour l'instruction de son ami, Michel ; or, ce soin aurait été superflu s'il eût dû retourner près de celui-ci. Ici finissent les renseignements authentiques sur la personne de Guido : le reste n'a d'autre valeur que celle des conjectures.

Des opinions contradictoires ont été soutenues par divers écrivains concernant la fin de cet homme célèbre. Suivant les annalistes de l'ordre des Camaldules, Razzi (1), Guido Grandi (2), Ziegelbauer (3), et en dernier lieu Mittarelli et Costadoni (4), Guido aurait été s'enfermer au monastère de Sainte-Croix d'Avellano, où Ludolf, fondateur de cette maison, l'aurait pris pour coadjuteur en 1030 ; puis il aurait succédé à ce même Ludolf, en 1047, comme prieur du couvent, et enfin il serait mort le 10 mai 1050 (5). Cette opinion, copiée de quelques annalistes plus anciens de l'ordre des Camaldules, paraît avoir pour base les faits suivants : 1° Deux catalogues des prieurs d'Avellano existent en manuscrit : le premier, à la suite d'une vie de Ludolf, anonyme, est au Musée britannique, n° 115 du catalogue supplémentaire. Ce manuscrit est du douzième siècle. On y voit que *Guido aretinus* succéda, non en 1030, mais en 1029, à Jean, successeur de Ludolf. D'après le second manuscrit, du quatorzième siècle, cité par les annalistes des Camaldules, Mittarelli et Costadoni, Guido succéda, en 1025, à Jean, successeur de Julien, qui l'était de Ludolf (6). On voit qu'il y a contradiction dans les dates ; mais les renseignements s'accordent pour démontrer qu'un Guido, né à Arezzo, a été prieur du monastère d'Avellano. 2° Dans le réfectoire de ce monastère il y avait autrefois un portrait avec cette inscription : *Beatus Guido Aretinus, inventor musicæ*. C'est, je pense, la seule fois qu'on a rangé Guido dans la classe des saints et des bienheureux, et l'*inventor musicæ* est fort ridicule ; mais l'existence de ce portrait dans le réfectoire d'un couvent de Camaldules

(1) *Dictionnaire historique et critique*, article Arétin (Gui).

(1) *Vita de' Santi e Beati dell' ordine Camaldolese*, in fine.

(2) *Dissert. Camald.* l. c. 4, n° 8, pag. 70 ; IV, c. 2, n° 4, pag. 14 et c. 6, n° 1, pag. 69.

(3) *Centifolium Camaldulense*, num. XXXVIII.

(4) *Annal. Camald.* ann. 1034, tom. II, pag. 42.

(5) *Anno 1030, Guido aretinus a B. Ludulfo, sacræ domus Avellanæ ad normam instituti Camaldulensis fundatore, in coadjutorem seu vicarium suum est cooptatus, cui etiam, anno 1047, in prioratu successit, usquedum anno 1050, die 17 maii Deum adiit.* V. Ziegelb. *Centif. Camald.* num. XXXVIII.

(6) Mittarelli et Costadoni, *Annal. Camald.*, t. II, p. 44.

semble confirmer l'opinion que Guido a appartenu à cet ordre. Les adversaires de Razzi, de Grandi, de Ziegelbauer et des autres annalistes, opposent à leurs assertions les termes mêmes de la lettre de Guido, où l'on voit clairement qu'il fut moine de Pompose; mais cet argument n'est pas sans réplique, car, parmi les événements de la vie du moine arétin, postérieurs à la lettre qu'il écrivit à Michel, il se peut qu'on doive placer son entrée dans l'ordre des Camaldules. C'est un fait bien singulier que l'ignorance des historiens de l'ordre de Saint-Benoît sur les dernières années d'un homme si célèbre, tandis que les Camaldules fournissent des renseignements si précis.

Les inventions attribuées à Guido ne sont pas de peu d'importance; car, suivant certains écrivains, on ne lui devrait pas moins que la gamme et son nom, les noms des notes, le système de solmisation par les trois hexacordes de *bémol, bécarre* et *nature* et par les *muances*, la méthode de la main musicale, la notation avec la portée du plain-chant, le contrepoint, le monocorde, le clavecin, le clavicorde et d'autres instruments. Forkel a prouvé, dans une longue et savante discussion (1), que la plupart de ces choses étaient connues avant lui, ou n'ont pris naissance qu'après sa mort; cependant il a négligé ou ignoré quelques-unes des preuves les plus évidentes de ces vérités: en résumant ici ce qu'il en dit, j'ajouterai ce qu'il a oublié.

Jean-Jacques Rousseau qui, dans son *Dictionnaire de musique*, a accumulé les erreurs à l'article *Gamme*, dit, d'après Brossard, que Gui d'Arezzo a inventé la gamme, et lui a donné son nom à cause du Γ grec qu'il avait placé comme signe de la note la plus grave dans l'échelle générale des sons. Les continuateurs de Jean-Jacques Rousseau, dans l'*Encyclopédie méthodique*, sont restés dans les mêmes idées. Il est singulier que Rousseau, qui dit avoir lu à la Bibliothèque du roi, à Paris, les ouvrages de Guido, n'y ait pas vu, au deuxième chapitre du Micrologue, que le gamma a été placé par les modernes à la première note du système: *In primis ponatur Γ græcum a modernis adjunctum*, et que, dans ses règles rhythmiques, il dit encore; *Gamma græcum quidam ponunt ante primam litteris*. Ainsi cette adjonction du Γ n'appartient pas à Guido. J'ajouterai qu'en aucun endroit de ses écrits il ne donne le nom de *gamme* à l'échelle des sons, et qu'en général, il désigne cette échelle par le nom de *monocorde*, sur quoi ses degrés sont marqués; en sorte qu'au lieu de dire qu'il y a sept notes dans la gamme, il dit: *Septem sunt litteræ monocordi sicut plenis posteà demonstrabo* (Prologue en prose de l'antiphonaire, ch. V). Voilà donc deux inventions de Guido anéanties à la fois. Venons aux noms des notes.

Suivant l'opinion commune, Guido les aurait tirées de l'hymne de saint Jean-Baptiste, dont les trois premiers vers de la première strophe sont:

> *Ut* queant laxis *Re*sonare fibris
> *Mi*ra gestorum *Fa*muli tuorum,
> *Sol*ve polluti *La*bii reatum,
> Sancte Joannes.

De là les noms *ut, ré, mi, fa, sol, la*, que Guido aurait voulu donner aux notes de la gamme, réduites par cela au nombre de six; mais il suffit de lire avec quelque attention le passage de la lettre du moine de Pompose à Michel où se trouve la citation de cette hymne, pour acquérir la conviction qu'il n'a point prétendu y attacher le sens qu'on lui donne. « Si « vous voulez (dit-il) imprimer dans votre mé« moire un son ou neume (1) pour pouvoir le « retrouver partout et dans quelque chant que « ce soit (connu de vous ou ignoré), de ma« niere à l'entonner sans hésitation, il faut « mettre dans votre tête la teneur d'une mé« lodie très-connue, et, pour chaque chant « que vous voulez apprendre, avoir présent à « l'esprit un chant du même genre qui com« mence par la même note, comme, par « exemple, cette mélodie dont je me sers pour

(1) *Allgem. Gesch. der Musik*, t. II, p. 239 à 288.

(1) Cette phrase a une importance à laquelle on n'a pas attaché l'attention qu'elle mérite. On a cru que les *neumes*, ou caractères de notation lombarde et saxonne ne représentaient pas d'intonations déterminées, et que les signes n'acquéraient leur signification absolue que par leurs positions respectives, ou par les lignes de couleurs différentes, ou enfin, par certains signes accessoires dont il est parlé plus loin; mais si ces neumes n'avaient pas eu une valeur déterminée; si chacun d'eux n'était pas la représentation d'un son et n'était pas ce que nous appelons une *note* (le ton de l'antienne ou du répons étant connu), Guido n'aurait pas donné une méthode pour imprimer dans la mémoire le *son* et *son signe* (*in memoria commendare vocem vel neumam*). Un très-grand nombre de livres de chant sont notés sans lignes dans les neuvième et dixième siècles; beaucoup n'ont point de lettres faisant usage de clefs; il fallait cependant bien qu'ils pussent être déchiffrés par les chantres de ces temps reculés, puisque ceux-ci n'en avaient pas d'autres à leur disposition. Toutes les objections qu'on m'a faites contre ce que j'ai dit concernant la signification tonale des neumes tombent d'elles-mêmes devant cette simple observation.

« enseigner aux enfants qui commencent et « même aux plus avancés :

Ut queant laxis, etc. (1).

Ainsi ce n'est qu'un exemple que Guido veut donner à Michel, lui laissant d'ailleurs le soin de choisir quelque autre mélodie bien connue (*alicujus notissimæ symphoniæ*), s'il en est qui lui soit plus familière. Il y a, sans doute, une preuve de perspicacité dans le choix de l'hymne de saint Jean-Baptiste fait par Guido pour l'objet qu'il se proposait, parce que le son monte d'un degré à chaque syllabe *ut, ré, mi, etc.*; cette cantilène offre à cause de cela plus de facilité qu'aucune autre pour imprimer chaque son dans la mémoire ; mais ce n'est pas à dire qu'un autre chant ne puisse conduire au même but. Au surplus, il demeure démontré, par le passage de la lettre de Guido, qu'il n'a point songé à donner aux notes de la gamme les noms d'*ut, ré, mi, etc.*; car il ne faut pas prendre à la lettre ces noms *ut, ré, mi, fa, sol, la,* donnés par l'abbé Gerbert dans le Prologue rhythmique de l'antiphonaire, avec les lettres grégoriennes ; quelque copiste ignorant aura ajouté ces noms qui ne se trouvent ni dans le manuscrit de Saint-Évroult, ni dans les autres bons manuscrits que j'ai vus, et qui, d'ailleurs, sont en opposition manifeste avec le vers qui précède l'exemple. Quoi qu'il en soit, ces noms furent bientôt en usage pour désigner les six notes de la gamme du plain-chant, car Jean Cotton, qui paraît avoir écrit dans la seconde moitié du onzième siècle, dit que les Français, les Allemands et les Anglais s'en servaient généralement, et il rapporte leur origine à l'hymne de saint Jean, mais il ne cite point Guido comme auteur de cette invention.

Si Guido n'a pas voulu donner des noms aux notes de la gamme, il n'a donc pas borné ces noms à six, et conséquemment il n'a pas imaginé le système de solmisation par les hexacordes et les muances ; mais en cela, comme en d'autres choses importantes, les erreurs qui le concernent sont, ainsi que je l'ai dit au commencement de cet article, presque aussi anciennes que lui. Bien qu'Engelbert d'Aimont, écrivain du treizième siècle, soit le plus ancien connu qui nous ait transmis la théorie de la solmisation par l'hexacorde et par les muances, comme une invention de Guido, néanmoins on a dans la Chronique de Sigebert de Gemblours, terminée en 1112, la preuve que, longtemps auparavant, cette théorie, ainsi que celle de la main musicale qui en est en quelque sorte inséparable, était considérée comme une invention du moine arétin. Sous la date de 1028, ce chroniqueur s'exprime ainsi : *Claruit hoc tempore in Italia Guido aretinus multi inter musicos nominis. In hoc enim prioribus præferendus, quod ignotos cantus etiam pueri facilius discant per ejus regulam, quam per vocem magistri, aut per usum alicujus instrumenti : dum sex litteris vel syllabis modulatim appositis ad sex voces, quas regulariter musica recipit, hisque vocibus per flexuras digitorum lævæ manus distinctis per integrum diapason se oculis et auribus ingerunt intentæ et remissæ elevationes vel dispositiones earumdem sex vocum.* C'est encore avec les paroles de Guido même que se réfute cette prétendue invention qui lui est attribuée. En plusieurs endroits de ses ouvrages, il déclare qu'il y a sept sons dans l'échelle musicale, et qu'il faut sept lettres ou caractères pour les représenter. Il y a nécessairement sept notes ou sept tons dans toute espèce de chant, dit-il, comme il y a vingt-quatre lettres dans l'alphabet, comme il y a sept jours dans la semaine, etc. (1). La

(1) *Si quam ergo vocem vel neumam vis ita memoriæ commendare, ut ubicumque velis, in quocumque cantu, quem scias vel nescias, tibi mox possit occurrere, quatenus illum indubitanter possis enuntiare, debes ipsam vocem vel neumam in capite alicujus notissimæ symphoniæ notare, et pro unaquaque voce memoriæ retinendâ hujus modi symphoniam in promptu habere, quæ ab eâdem voce incipiat : utpote sit hæc symphonia, quâ ego docendis pueris in primis atque etiam in ultimis utor : Ut* queant laxis, etc.

(1) Diapason est eamdem litteram habere in utroque latere, ut à B in *b*, à C in *c*, à D in *d*, et reliqua. Sicut enim utraque vox eâdem litterâ notatur, ita per omnia ejusdem qualitatis perfectissimæque similitudinis utraque habetur et creditur. Nam sicut finitis septem diebus, eosdem repetimus, ut semper primum et octavum diem eumdem dicamus ; ita octavas semper voces esse easdem figuramus et dicimus, quia naturali eas concordiâ consonare sentimus. Unde verissime poeta dixit esse septem discrimina vocum, quia etsi plures fiant, non est adjectio, sed earumdem renovatio et repetitio. *Micrologus*, c. 5. (Ce chapitre a pour titre : *De Diapason et cur septem tantum sint notæ.*)

Sicut in omni scripturâ XX et IIII Litteras, ita in omni cantu septem tantum habemus voces ; nam septem sunt dies in hebdomadâ, ita septem sunt voces in musicâ. Aliæ vero, quæ super VII adjunguntur eædem sunt, et per omnia cantu similiter in nullo dissimiles, nisi quod altius dupliciter sonant : ideoque septem dicimus graves, septem vero vocamus acutas ; septem autem litteris dupliciter sed dissimiliter designantur hoc modo :

A.	B.	C.	D.	E.	F.	G.
I.	II.	III.	IV.	V.	VI.	VII.
a.	b.	c.	d.	e.	f.	g.
I.	II.	III.	IV.	V.	VI.	VII.

Prologue en prose de l'Antiphonaire, c. 5.

manière dont il a établi d'ailleurs l'ordre des tons et des demi-tons dans la gamme du premier ton du plain-chant, offre la preuve qu'il concevait la constitution de cette gamme mineure exactement conforme à celle de la musique moderne, et détruit toute supposition d'hexacorde dans son esprit. Voici cette gamme, *telle qu'on la trouve dans sa lettre à* Michel :

A.	B	C.	D.	E.	F.	G.
ton.	demi-ton.	ton.	ton.	demi-ton.	ton.	ton.

Il serait inutile, d'après ce qui précède, de chercher à démontrer que l'invention de la main musicale n'appartient pas à Guido (puisque cette méthode est intimement liée au système de l'hexacorde, lequel est étranger à ce moine, comme on vient de le voir), s'il n'existait des manuscrits des ouvrages de Guido où la main se trouve : tels sont ceux du Micrologue à Oxford, dans la Bibliothèque du collége du Christ, n° 50, in-4°, et à Florence, dans la Bibliothèque des Médicis, case 29 ; mais cette figure y est isolée et sans explication. Nul doute que le copiste n'ait mis la main à la suite de l'ouvrage de Guido, pour son usage particulier, et sans avoir remarqué qu'il n'est aucun passage dans le Micrologue à quoi cette figure ait du rapport. On peut en dire autant d'un manuscrit du douzième siècle dont le savant De Murr a donné la description (1), et dans lequel, au milieu de plusieurs fragments, on trouve *Manus Guidonis*, qui ne tient à aucun ouvrage du moine de Pompose.

A l'égard de la notation du plain-chant, dont l'invention a été attribuée à Guido, il est nécessaire de faire ici quelques observations importantes ; et d'abord je ferai remarquer que les exemples de musique qu'on trouve dans le Micrologue et dans la lettre à Michel sont notés de plusieurs manières différentes dans les divers manuscrits, et qu'on trouve même plusieurs systèmes de notation dans un seul manuscrit. Celui de l'abbaye de Saint-Évroult (aujourd'hui dans la bibliothèque impériale) offre des exemples de trois systèmes, car le Micrologue est noté avec les lettres romaines ; dans le prologue rhythmique de l'Antiphonaire, il y a des passages notés en neumes lombards tronqués et placés sur une seule ligne ; enfin l'Antiphonaire est noté avec quatre lignes, dont une (pour *fa*) est rouge, l'autre (pour *ut*) est verte, et les deux autres, placées dans l'intervalle et au-dessus, sont tracées simplement dans l'épaisseur du vélin et sans couleur. Les signes de notation placés sur ces lignes ne sont autre chose que des modifications de la notation lombarde qui ont donné naissance à la notation régulière du plain-chant. Il ne faut pas oublier que ce manuscrit est du douzième siècle, et que c'est le plus complet et le plus correct que l'on connaisse.

Suivant l'âge des manuscrits et les divers pays où ils ont été confectionnés, on trouve en eux tant de différences dans les systèmes de notation, qu'il est hors de doute que chaque époque, chaque contrée, et presque chaque école, en ont eu, ou de complétement dissemblables, ou du moins de très-diversement modifiés. De là vient que les copistes qui ont transcrit les ouvrages de Guido en ont noté les passages de chant avec les caractères usités dans leur école ou leur église, et quelquefois ont employé plusieurs systèmes dans le même manuscrit, soit pour faire étalage de savoir, soit pour certaines convenances relatives aux exemples qu'il fallait noter. C'est ainsi que dans un manuscrit du Micrologue, de la bibliothèque Laurentienne de Florence, cité par le P. Martini (1), les exemples de chant sont notés en lettres grégoriennes rangées sur une seule ligne ; c'est ainsi que dans un autre manuscrit du seizième siècle, appartenant au même P. Martini, les mêmes lettres sont placées à des hauteurs respectives ; surabondance de distinction entre les notes qui ne pouvait être d'aucune utilité, car les lettres étaient suffisantes pour marquer la différence des sons. On peut en dire autant de la notation d'un autre manuscrit, cité par le P. Costadoni, où les lettres, placées à divers degrés d'élévation, sont liées entre elles par des traits qui se prolongent en différentes directions, et surtout de deux manuscrits dont Cerone (2) et Gafori ont tiré l'hymne *Ut queant laxis, etc.* ; dans le premier, les lettres qui désignent les notes sont placées sur les lignes ou dans les espaces d'une grande portée de quatre lignes ; dans l'autre, ce sont les noms mêmes des notes qui *remplissent la portée*. Deux manuscrits du quinzième siècle qui renferment quelques écrits de Guido, et qui sont dans la bibliothèque Ambrosienne de Milan, ont les exemples de la lettre à Michel notés en notes de plain-chant sur une portée de quatre

(1) *Notitia duorum codicum musicorum Guidonis aretini sæculi XI et S. Wilhelmi Hirsaugiensis Sæc. XII in membranis exaratum. cum II tab. æneis.* Norimbergæ, 1801, 4.

(1) *Storia della mus.*, t. I, p. 177.

(2) *El Melopeo. Tract. de Musica theor. et prat.* Lib. I, cap. 11, p. 271.

lignes ; les quatre manuscrits de la Bibliothèque impériale cotés 3713, 7211, 7369 et 7461 (ancien fonds) renferment aussi divers systèmes de notation ; celui qui était autrefois dans la bibliothèque de l'abbé de Torsan avait des exemples notés sur deux lignes, et d'autres sur quatre. Mon manuscrit (du quinzième siècle), qui contient le Micrologue, le prologue en vers de l'Antiphonaire, ou règles rhythmiques, le prologue en prose, et la lettre à Michel, a des exemples notés en lettres, d'autres par les paroles dans les espaces d'une portée de cinq lignes, d'autres par des neumes placés sur deux lignes rouge et jaune, et d'autres enfin, en neumes saxons placés sur des portées de trois et de quatre lignes non coloriées. Les bornes d'un article de dictionnaire ne permettent pas de pousser plus loin cette énumération, mais ce que j'ai rapporté démontre qu'aucune notation n'a été considérée spécialement jusqu'au seizième siècle comme une invention de Guido, et que, pour l'enseignement du plain-chant, l'usage des anciennes lettres grégoriennes s'était conservé même jusqu'à cette époque. Il me serait facile de démontrer que des livres de chant ecclésiastique d'une date antérieure à Guido ont déjà les modifications de la notation lombarde semblables aux notes du plain-chant ; je pourrais aussi faire voir que les lignes coloriées ont été appliquées aux notations purement saxonne et lombarde dès le dixième siècle ; mais cette discussion me mènerait trop loin, et je dois me borner à renvoyer le lecteur à l'extrait d'un manuscrit de l'abbaye de Jumièges, daté de 842, et publié par l'auteur du livre intitulé : *La science et la pratique du plain-chant*, et à des fragments d'anciens missels de la fin du neuvième et du commencement du dixième siècles, insérés par le P. Martini dans son *Histoire de la musique* (t. I, p. 184). Ainsi, lorsque Guido a écrit :

Ut proprietas sonorum discernatur clarius,
Quasdam lineas signamus variis coloribus :
Ut quo loco quis sit sonus mox discernat oculus
Ordine tertiæ vocis splendens crocus radiat,
Sexta ejus, sed affinis flavo rubet minio :
Est affinitas colorum reliquis indicio.

il a parlé d'une chose qui se faisait avant lui, car les lignes jaunes et rouges sont précisément employées dans les fragments publiés par le P. Martini, et dans d'autres plus anciens encore que je possède (1). Remarquez au surplus que les copistes de ses ouvrages n'ont pas eu toujours égard à ses instructions, car au lieu du jaune (*crocus*), qu'il indique pour la ligne C, on a employé le vert dans l'antiphonaire du manuscrit de Saint-Évroult, et dans celui de Saint-Émeran, de Ratisbonne.

On ne doit point passer ici sous silence une invention en quelque sorte double attribuée à Guido, et qui n'est pas étrangère à la notation ; il s'agit des neumes ou récapitulations du ton des antiennes considérées par Zarlino, le P. Martini, Baini et plusieurs autres écrivains comme ayant pris naissance au onzième siècle, et dont les formes comme les signes auraient été fixées par Guido, qui en parle, en effet, en plusieurs endroits de ses ouvrages (1). Le vingt et unième chapitre du *Traité de musique* de Jean Cotton a pour titre : *Quid utilitatis afferant neumæ a Guidone inventæ*. Il y fait pourtant connaître un système de cette récapitulation des cordes stables et principales du ton du chant qui a précédé l'invention de Guido ; ce qui fait voir que la neume en elle-même était connue avant lui. En effet, Reginon, abbé de Prum, a donné à la suite de son exposition des huit tons du chant grégorien, les formules des neumes de deux cent quarante-trois antiennes et de cinquante-deux répons, notés en notation saxonne, et tirés en partie du chant de l'église grecque. Le manuscrit de Reginon, qu'on croit autographe, est daté de 885 ; il se trouve dans la Bibliothèque royale de Bruxelles. Dès le quatrième siècle, les neumes du chant des antiennes et des hymnes étaient en usage dans l'église grecque, car saint Grégoire de Naziance en parle. Ces neumes grecques sont désignées par les mots barbares *noneagis*, *noneanne*, *noneoagis*, *noneoanne*, etc. A l'égard de la notation de ces formules, Jean Cotton avoue qu'il existait avant Guido une manière de noter les neumes par des signes de convention dont on trouve l'explication dans le *Traité de musique* d'Hermann, surnommé *Contract* (2). Ces signes

(1) Le savant Baini, qui n'a point été porté par ses études à vérifier le fait de cette prétendue invention des lignes attribuée à Guido, ne la met point en doute, et dit dans ses mémoires sur Pierluigi de Palestrina (n. 328, t. II., p. 94), qu'elle se répandit en Europe dans l'espace de moins de trente ans. S'il eût examiné beaucoup de manuscrits de l'ouvrage de Guido, il aurait eu la preuve du contraire.

(1) Il est à remarquer que *neuma* (neume) a une double signification chez les écrivains du moyen âge. Dans le sens de signe de la notation, il ne s'emploie guère qu'au pluriel (*neumæ*, les neumes) ; lorsqu'il signifie la récapitulation de la forme et du ton des antiennes, il s'emploie au singulier. En français, *neume*, signe de notation, est masculin (le neume) ; et *neume*, formule de récapitulation, est féminin (*la neume*).

(2) V. *Gerberti scriptores eccles. de Musica*, t. II, p. 149.

étaient au nombre de dix : 1° E signifiait *unisson*; 2° S, seconde mineure ou demi-ton, 3° T, seconde majeure ou ton; 4° TS, tierce mineure ou ton et demi; 5° TT, tierce majeure ou deux tons; 6° D, quarte (*diatessaron*); 7° A, quinte (*diapente*); 8° AS, sixte mineure; 9° AT, sixte majeure; 10° AD, octave. Hucbald, ou Hucbaud, de Saint-Amand, fait connaître un autre système de neumes et de signes particuliers de leur notation, dans son livre de *l'Institution harmonique*. A ces signes, Guido, selon Jean Cotton, en a substitué cinq, appelés *virgas*, *clines*, *qualismata*, *puncta* et *podatos*. Jean Cotton a donné les figures de ces signes dans le vingt et unième chapitre de son *Traité de musique*; l'abbé Gerbert ne les a point publiées avec le texte, mais le P. Martini les a insérées dans son *Histoire de la musique* (tome Ier, p. 183, n° 62), et elles ont été reproduites par Burney, Hawkins et Forkel. Ici, Jean Cotton confond deux choses très-différentes, à savoir : les neumes des tons des antiennes et répons, et les signes des notations lombardes et saxonnes qui portent le même nom. Les cinq signes dont il attribue l'invention à Guido se trouvent avec d'autres dans des manuscrits plus anciens que lui. L'abbé Gerbert en a publié une table (*De Cantu et musica sacra*, t. II, pl. X), d'après un manuscrit du dixième siècle qui se trouvait à l'abbaye de Saint-Blaise avant qu'un incendie eût anéanti la Bibliothèque de ce monastère. D'ailleurs, aucune trace du nom de ces signes ne se trouve dans les ouvrages que nous possédons de Guido. Mais ce qui paraît lui appartenir incontestablement, c'est la représentation de l'échelle générale de sons de son temps par les cinq voyelles *a e i o u*, appliquées aux syllabes des deux chants de l'église : *Sancte Joannes meritorum tuorum*, etc., et *Linguam refrenans temperet*, etc. Il dit positivement, au commencement du dix-septième chapitre du Micrologue, que cela était inconnu avant lui : *His breviter intimatis aliud tibi planissimum dabimus hic argumentum, utilissimum usui, licet hactenùs inauditum*. Il conseille dans ce chapitre d'écrire ces cinq voyelles sur le monocorde, au-dessous des lettres représentatives des sons, en recommençant la série des cinq voyelles autant de fois qu'il est nécessaire jusqu'au son le plus aigu. L'usage auquel il destine ces voyelles semble être une sorte de récapitulation des sons, et c'est aussi une espèce de neume dont l'utilité n'est pas aussi évidente que Guido semble le croire. Il ne serait pas impossible que la triple série de voyelles, dont chacune représente des notes différentes, eût donné l'idée du système des muances qui s'établit ensuite dans toutes les écoles de musique.

Guido a traité, dans le dix-huitième chapitre de son Micrologue, de la *diaphonie*, sorte d'harmonie grossière en usage dans l'église pendant le moyen âge, et qui n'était composée que de successions de quartes ou de quintes : de là, l'invention de l'harmonie et du contrepoint qui lui a été attribuée. Quant à l'harmonie proprement dite, on peut voir dans le *Résumé philosophique de l'histoire de la musique*, qui précède la première édition de ce dictionnaire (p. CXXVIII et suiv.), que son origine se trouve dans le nord de l'Europe aux temps les plus reculés; il n'est donc question que de son application dans la diaphonie, qui est bien plus ancienne que Guido, car saint Isidore de Séville, qui vivait dans le septième siècle, en parle dans le sixième chapitre de ses sentences sur la musique (1), et Hucbald, mort le 20 juin 932, en donne les règles dans les chapitres 11-15 de son livre intitulé : *Musica enchiriadis*. J'ai fait voir dans mon Mémoire sur la question *si les Grecs et les Romains ont connu l'harmonie simultanée des sons*, quelle est l'origine de cette diaphonie. A l'égard de l'harmonisation régulière, désignée communément sous le nom de *contrepoint*, Guido n'en dit pas un mot, bien qu'elle fût connue à deux parties antérieurement à lui (2).

Il ne paraît pas nécessaire de réfuter sérieusement ceux qui ont présenté Guido comme l'inventeur du monocorde, du clavecin, du clavicorde et de plusieurs autres instruments de musique. Le monocorde est clairement expliqué et figuré dans le huitième chapitre du premier livre des *Harmoniques* de Ptolémée, dans le *Traité de musique* de Boèce et dans beaucoup d'autres écrits antérieurs à Guido; il ne l'a donc pas inventé; mais il est le premier qui enseigna à en faire usage pour apprendre la musique pratique. Il ne dit pas un mot des autres instruments dont on lui fait honneur. Il est vrai qu'il existe à la Bibliothèque de l'Université de Gand un précieux manuscrit des premières années du seizième siècle, qui renferme plusieurs traités de musique parmi lesquels on en remarque un qui a pour titre : *De diversis monochordis, tetra-*

(1) V. *Script. Eccleslast. de Musica*, t. I, p. 21.

(2) V. *Résumé philos. de l'hist. de la musique*, p. 182, au 1er volume de la première édition de cette *Biographie universelle des musiciens*.

chordis, pentachordis, exachordis, eptachordis, octochordis, etc., ex quibus diversa formantur instrumenta musicæ, cum figuris instrumentorum. Ce traité est placé à la suite du dialogue de l'abbé Odon de Cluny sur la musique, attribué à Guido dans le manuscrit; de là vraisemblablement l'erreur de M. Joseph-Ant. Walvein de Tervliet, ancien bibliothécaire de l'Université de Gand qui, dans son catalogue des manuscrits de cette Bibliothèque, a porté ce curieux traité des instruments à cordes sous le nom du moine d'Arezzo, quoique la composition de l'ouvrage ne soit pas, évidemment, antérieure au quatorzième siècle (1).

Après cette longue discussion, qui était nécessaire à cause de la célébrité du musicien dont il est question, on sera, sans doute, conduit à dire : *Si Guido n'est l'auteur d'aucune des innovations qui lui ont été attribuées, et que vous lui refusez, que lui reste-t-il donc, et sur quelles bases s'est établie sa renommée depuis plus de huit cents ans?* Je répondrai qu'il a eu des titres incontestables à l'admiration de ses contemporains; mais que, dans les temps postérieurs, personne n'a songé à ceux-là, et que, séduit par l'éclat de son nom, on a voulu le justifier par des inventions supposées, n'ayant pas compris ce qu'il avait fait en réalité.

Si l'on examine les traités de musique de Remi d'Auxerre, de Reginon de Prum, de Hucbald, d'Odon, abbé de Cluny, on y trouvera plus ou moins de savoir, des idées plus ou moins heureuses, mais non des méthodes d'enseignement basées sur des principes féconds en résultats; aucun moyen de direction dans l'étude de l'art n'existait avant lui. Les instruments des Grecs et des Romains étaient tombés dans l'oubli, parce que les chrétiens n'avaient pas cru devoir se servir de choses dont on avait fait usage dans les cérémonies religieuses du paganisme. L'orgue ne se trouvait que dans un petit nombre d'églises, et peu de musiciens étaient capables d'en jouer. Plus rares encore étaient les autres instruments dans les neuvième et dixième siècles, en sorte qu'il n'existait aucun autre moyen de diriger la voix et de former l'oreille des élèves de chant que les leçons du maître, et qu'aucune étude individuelle n'était possible. De là venait que la plupart des chantres étaient inhabiles et d'une ignorance à peu près complète concernant les principes de l'art, quoiqu'ils eussent employé beaucoup d'années à apprendre le peu qu'ils savaient. Guido, par l'invention d'une méthode d'enseignement, la première qui eût été imaginée, fit cesser cet état de choses, et rendit si facile l'instruction musicale, que peu de jours suffisaient pour mettre un enfant en état d'apprendre seul le chant d'une antienne ou d'un répons. Cette méthode consistait à trouver les intonations au moyen du monocorde, instrument de facile construction et sur lequel étaient marquées les lettres représentatives des notes. Un chevalet mobile se plaçait sur la lettre de la note qu'on cherchait, et la corde pincée donnait l'intonation. A ce moyen, Guido avait joint l'usage d'une certaine mnémonique des sons, qui consistait à bien apprendre une mélodie connue pour s'en servir comme d'un point de comparaison, en donnant pour nom aux notes de cette mélodie les syllabes placées sous chacune d'elles, afin de conserver ces mêmes noms à toutes les notes semblables. Enfin, il recommanda l'usage des neumes, comme le meilleur moyen de distinguer les notes principales de toute mélodie, et d'en reconnaître le ton. Il paraîtra peut-être singulier qu'une grande renommée ait été le prix de choses si simples; mais à l'époque où Guido vivait, trouver ces choses, maintenant vulgaires, était un effort de génie. Le service qu'il rendit fut immense, car dès qu'il eut fourni l'instrument de l'enseignement, des écoles régulières de chant ecclésiastique furent instituées partout, et l'instruction se répandit. Il est vrai que quelques-unes de ses paroles mal interprétées donnèrent bientôt naissance à un système de solmisation essentiellement faux et hérissé de difficultés qui détruisit le bien qu'il avait fait; et ce qui est remarquable, c'est qu'on oublia le bien pour lui faire honneur de ce monstrueux système, comme d'une invention merveilleuse, et que pendant plus de six cents ans l'autorité de son nom fut un obstacle au retour du système naturel. Dans des écrits postérieurs à la publication de cette notice, j'ai été attaqué pour avoir osé me mettre en opposition avec les traditions consacrées par le temps concernant les inventions prétendues de Guido; on peut voir dans la préface de la présente édition comment j'ai mis au néant les objections qui m'ont été faites.

Au mérite de l'invention de sa méthode, Guido a joint celui d'exposer avec lucidité ses principes dans son Micrologue, dans sa lettre à Michel, et dans le prologue de son Antiphonaire. Si sa latinité ne brille pas par l'élégance, il ne faut pas oublier que l'époque où il vécut

(1) Voyez la *Revue musicale*, tome XIV (janvier 1834).

fut celle des ténèbres pour les bonnes études. *Il ne faut pas croire toutefois que son style soit* aussi mauvais dans les bons manuscrits que dans le texte publié par l'abbé Gerbert. On est choqué, dans celui-ci, par une multitude de non-sens et de barbarismes qui n'existent pas dans le manuscrit de la Bibliothèque impériale (n° 7211, in-fol.), et surtout dans le manuscrit de l'abbaye de Saint-Évroult, aujourd'hui à la Bibliothèque impériale. J'ai conféré ces manuscrits avec les trois autres de la Bibliothèque impériale et celui de l'abbé de Tersan avec ceux de la Bibliothèque royale de Bruxelles, enfin avec le mien et avec les variantes des *manuscrits* d'Oxford, pour corriger le texte, et j'ai signalé un grand nombre de fautes ou omissions dans l'édition de Gerbert.

Les ouvrages qui appartiennent incontestablement à Guido sont : 1° Le Micrologue, précédé d'une lettre à Théobald, évêque d'Arezzo. 2° L'Antiphonaire, avec deux prologues ou préfaces, l'une en vers et l'autre en prose, contenant des règles de musique et de chant. 3° La lettre au moine Michel, qui renferme des conseils sur la manière de diriger des études de chant et de musique. 4° Un petit traité intitulé : *De sex motibus a se invicem*, en quarante-trois vers hexamètre, fort altérés et en désordre dans plusieurs manuscrits. Le Micrologue est l'ouvrage le plus considérable de Guido, quant à l'étendue, mais non celui qui peut donner des notions exactes de sa méthode. L'épître dédicatoire qui le précède a été publiée séparément par Baronius dans ses *Annales ecclésiastiques* (1), par le P. Pez (2), par l'auteur de *la Science et la pratique du plain-chant* (3) et par Angeloni (4). Guido y fait connaître que Théobald lui a ordonné d'écrire son traité de musique pour l'enseignement des enfants de son église. Dans beaucoup de manuscrits, particulièrement dans celui de la Bibliothèque impériale (n° 7211), le Micrologue est divisé en vingt chapitres : ce nombre est augmenté ou diminué dans d'autres manuscrits, mais le contenu en est semblable, et la différence n'est qu'apparente, parce qu'on y a réuni deux chapitres en un seul, ou bien divisé un seul en deux. Voici ce que contiennent ces chapitres : 1° Ce que doit faire celui qui désire apprendre les règles de la musique. 2° Quelles sont les notes, et combien il y en a. 3° Comment on les dispose sur le monocorde. 4° Quelles sont les six manières dont les notes se lient entre elles. 5° De l'octave, et pourquoi elle ne renferme que sept notes. 6° Des intervalles de sons; explication de leurs noms. 7° Des quatre modes d'affinité des sons. 8° Des autres affinités des sons, particulièrement du bémol et du bécarre. 9° De la similitude des sons dans le chant, qui n'est parfaite que dans l'octave. 10° De la manière de distinguer les mélodies altérées et de les corriger. 11° Quelles notes tiennent le premier rang dans le chant. 12° De la division des quatre modes en huit. 13° De la connaissance des huit modes, de leur acuité et gravité. 14° Des tropes et de la puissance de la musique. 15° De la composition du chant. 16° De la variété multipliée des sons et des neumes. 17° Comment peut être écrit tout ce qui appartient au chant. 18° De la diaphonie, c'est-à dire, des règles de *l'organum*. 19° La diaphonie démontrée par des exemples. 20° Comment la musique a été inventée (calculée) d'après le son des marteaux.

Le petit traité de *Sex motibus vocum* commence par ces deux vers :

Omnibus ecce modis scripta relatio vocis;
Est tonus in numeris, superantur ut octo novenis.

Il est terminé par cet acrostiche sur le nom de Guido :

Gliscunt corda meis hominum mollita camœnis :
Una mihi virtus numeratos contulit ietus.
In cœli summo gratissima carmina fundo,
Dans aulæ Christi munus cum voce ministri.
Ordine me scripsi primo qui carmina finxi.

Dans l'édition que l'abbé Gerbert a donnée des écrits de Guido (1), il a supprimé l'intitulé de ce petit traité, ainsi que sa division en quatre chapitres ; il en a mis trente-huit vers à la suite du prolongue rhythmique de l'Antiphonaire, quoiqu'il ne dût rien y avoir après le mot *amen* qui termine celui-ci, et a placé l'acrostiche au commencement de ce même prologue.

Guido aimait à faire des acrostiches sur son nom, car il s'en trouve, au commencement du Micrologue, un autre ainsi conçu :

Gymnasio musas placuit revocare solutas :
Ut pateant parvis, habitæ vix hactenus altis.
Invidiæ telum perimat dilectio cæcum.
Dira quidem pestis tulit omnia commoda terris.
Ordine me scripsi primo qui carmina finxi.

Le prologue rhythmique de l'Antiphonaire

(1) Ann. 1022.
(2) *Thesaur. anecd.*, t. III, part. 3.
(3) *Idem.*, p. 206 et suiv.
(4) *Sopra la vita, le opere ed il sapere di Guido d'Arezzo*, p. 214.

(1) *Scriptor. ecclesiast. de Musica sacra potiss.*; t. II, page 33.

contient les règles du chant exprimées avec assez de clarté dans des vers didactiques en latin monacal. Le manuscrit d'où l'abbé Gerbert a tiré ce morceau ne contient pas vingt vers qui sont dans les manuscrits 7211 de la Bibliothèque impériale de Paris, de Saint-Évroult et d'Oxford. Cet abbé a aussi supprimé le chant de quelques antiennes qui servent d'exemples aux règles de ce traité de chant.

Le prologue en prose du même Antiphonaire, publié par l'abbé Gerbert sous le titre de *Regulæ de ignoto cantu*, est de peu d'étendue, et en apparence de peu d'importance. Cependant quelques paragraphes de ce morceau renferment de précieux éclaircissements sur la nature des travaux et de la doctrine de Guido. Quant à l'Antiphonaire lui-même, il ne faut pas croire que ce soit un recueil noté de toutes les antiennes en usage dans l'église au commencement du onzième siècle, car dans les manuscrits de Saint-Évroult, de Ratisbonne et de Nuremberg, où il se trouve, cet Antiphonaire est renfermé dans huit ou dix feuillets. Guido n'y a fait entrer qu'un choix des antiennes les plus utiles pour l'application de sa méthode.

Le commencement de la lettre à Michel a été publié par Baronius, Pez, Angeloni et d'autres; l'abbé Gerbert seul l'a donnée en entier, sauf quelques exemples de musique qui se trouvent dans les manuscrits, et qu'il a supprimés. Ce morceau est un document important, car Guido y a exposé son système, ou plutôt sa méthode, avec beaucoup plus de clarté qu'en aucun autre de ses écrits.

Dans les catalogues de plusieurs grandes bibliothèques, on voit des ouvrages relatifs à la musique, indiqués sous le nom de Guido ou de *Wido*, et sous d'autres titres que ceux qui viennent d'être analysés; mais ces ouvrages sont ou des extraits de ceux-ci, avec des titres choisis par la fantaisie des copistes, ainsi que j'ai eu occasion de le vérifier plusieurs fois, ou des ouvrages qui ont été faussement attribués au moine d'Arezzo : dans cette dernière classe on doit ranger un dialogue sur la musique dont Odon, abbé de Cluny, au dixième siècle, est l'auteur (*voyez* ODON), et que Guido cite lui-même dans la lettre à Michel; le traité des instruments du manuscrit de Gand, qui est du quatorzième siècle, car le traité de musique de Jérôme de Moravie y est cité; le correctoire des erreurs qui se font dans le chant grégorien en beaucoup de lieux, publié par l'abbé Gerbert, puisque le graduel *Ostende nobis*, composé par Ingobrand, abbé de Lobbes, au douzième siècle, y est cité; et enfin l'opuscule : *Quomodò de arithmetica procedit musica*, que Gerbert n'a placé parmi les écrits de Guido que parce qu'il l'a trouvé à la suite du Micrologue dans le manuscrit de saint Émeran de Ratisbonne. Les recherches spéculatives de ce petit traité n'ont aucun rapport avec les autres travaux de Guido. D'ailleurs, l'ancienne division de l'échelle par tétracordes y est fréquemment employée, tandis que Guido concevait la division par octaves comme la seule naturelle, ainsi que cela se voit dans tout ce qui est incontestablement de lui.

Il est bon de répondre ici à des critiques qui, pour conserver à Guido l'invention de la solmisation par hexacordes, du nom des notes de la gamme, et de tout ce qu'on lui a attribué, supposent que nous ne connaissons pas tous les ouvrages de ce moine. Il se pourrait, en effet, qu'il s'en fût égaré quelqu'un; mais il ne serait pas possible que la doctrine de celui-là fût opposée à celle que nous trouvons clairement exprimée dans le Micrologue, dans les prologues de l'Antiphonaire et dans la lettre à Michel.

Parmi les ouvrages supposés de Guido, il faut aussi compter celui qui est cité par Orlandi (1) sous ce titre : *Guidonis de Aretio repertorium*, 1494, in-fol.; édition apocryphe, comme l'a fait bien remarqué De Murr (2), et celui qu'André Reinhard, organiste à Schneeberg, a publié sous ce titre : *Musica, sive Guidonis Aretini de usu et constitutione monochordi, Dialogus, jam denuo recognitus*, Lipsiæ, 1604, in-12. La première publication des écrits qui sont incontestablement de Guido a été faite par l'abbé Gerbert, dans la collection des écrivains ecclésiastiques sur la musique.

Il existe une monographie de Guido par Angeloni (*voyez* ce nom), intitulée : *Sopra la vita, le opere, ed il sapere di Guido d'Arezzo, restauratore della scienza e dell' arte musica*, Parigi, 1811, un volume in-8°. Elle est remplie d'erreurs : l'auteur ne possédait pas les connaissances musicales qui auraient été nécessaires pour faire ce travail.

GUIDONIUS (JEAN), écrivain hollandais du seizième siècle, est connu par un traité qui a pour titre : *Minervalia, in quibus scientiæ præconium atque ignorantiæ socordia consideratur, artium liberalium in musicen decoratio lepida appingitur*, Maestricht, 1554, in-4°.

(1) *Origine e progressi della Stampa* (Bologna, 1770, in-4°), p. 280.

(2) *Notitia duorum codicum musicorum*, etc., p. 4.

GUIGNON (Jean-Pierre), violoniste, né à Turin, le 10 février 1702, est le dernier musicien qui a porté le titre vain et ridicule de *Roi des violons*. Il vint jeune à Paris, et se livra d'abord à l'étude du violoncelle, puis abandonna cet instrument pour le violon, sur lequel il acquit, en peu d'années, une rare habileté ; son talent prit même assez de développement pour qu'il devînt un rival redoutable de Leclair. En 1733, il entra au service du roi, et fut choisi pour donner des leçons de violon au Dauphin, père de Louis XVI. Il se servit de son crédit pour faire revivre en sa faveur le titre et les droits de *roi des violons et des ménétriers* : ses lettres patentes lui furent expédiées, le 19 juin 1741. A peine en fut-il possesseur, qu'il fit des règlements pour contraindre les organistes et compositeurs de musique français à se faire recevoir membres de la confrérie des ménétriers, et à lui payer un droit de patente ; ceux-ci formèrent opposition aux prétentions de Guignon, le 19 août 1747, et bientôt après le procès s'engagea. Ainsi se trouvèrent renouvelées toutes les querelles que Dumanoir avait fait naître longtemps auparavant, par des prétentions semblables. Une multitude de mémoires et de requêtes furent publiés de part et d'autre, jusqu'à l'arrêt du parlement qui intervint le 30 mai 1750, et débouta Guignon de ses prétentions. On trouve toutes les pièces relatives à ce procès dans le *Recueil d'édits, arrêts du conseil du roi, lettres patentes, mémoires et arrêts du parlement, etc., en faveur des musiciens du royaume*, Paris, 1751, in-8°. En 1773, Guignon abdiqua un titre sans prérogatives, et depuis lors il n'y a plus eu de roi des violons. La Borde accorde beaucoup d'éloges à la qualité des sons que cet artiste tirait du violon, et à la légèreté de son archet. Guignon mourut à Versailles, le 30 janvier 1775, d'une attaque d'apoplexie. Il avait obtenu sa vétérance de la musique du roi, en 1762. On a de lui plusieurs livres de sonates, duos et concertos, gravés à Paris.

GUILARDUCCI (...), violoniste italien, vivait vers le milieu du dix-huitième siècle : on a de lui un concerto de violon, gravé à Paris, sans date.

GUILBERT DE PIXÉRECOURT. *Voyez* Pixérecourt.

GUILLAUD (Maximilien), musicien de la Sainte-Chapelle de Paris, né à Châlons-sur-Saône, au commencement du seizième siècle, est auteur d'un traité de musique publié sous ce titre : *Rudimens de musique pratique, réduits en deux briefs traittez. Le premier contenant les préceptes de la plaine, l'autre de la figurée*, à Paris, de l'imprimerie de Nicolas Du Chemin, à l'enseigne du *Gryphon d'argent*, rue Saint-Jean-de-Latran, 1554, in-4°, oblong. Ce titre est différent de celui que La Borde a donné dans le troisième volume de son *Essai sur la musique* (pag. 637) et qui a été copié par Forkel, Gerber et Lichtenthal. Celui-ci est ainsi conçu : *Traité de musique, dédié à l'excellent musicien Mᵉ Claude de Sermisy, maître de chapelle du roi, et chanoine de la Sainte-Chapelle de Paris*, 1554. Il est peu vraisemblable que deux éditions du même livre aient vu le jour dans la même année, et il y a lieu de croire que La Borde a cité inexactement, à moins qu'il n'y ait eu un changement de frontispice. Les deux petits traités qui composent cet ouvrage sont divisés : le premier, en sept chapitres ; le second, en treize. Ce dernier renferme des explications fort claires des diverses proportions de la notation qui peuvent être encore utiles aujourd'hui. On trouve des compositions de Guillaud dans le *Recueil de douze messes*, à quatre parties, publié à Paris, en 1554, chez Du Chemin.

GUILLAUME (Edme), chanoine d'Auxerre, au seizième siècle, était ami d'Amyot, son commensal et son économe. L'abbé Lebeuf, dans son *Histoire d'Auxerre* (tom. I, p. 643), et les autres historiens de la Bourgogne, le donnent pour inventeur du serpent, instrument de musique qui a longtemps servi dans l'église pour accompagner le plain-chant. Mersenne, qui a donné, dans le traité des instruments de son *Harmonie universelle*, la figure de cet instrument, et qui en a expliqué la construction et l'usage, ne dit rien de l'inventeur. Au surplus, cette invention n'a pas dû coûter beaucoup d'efforts à l'imagination de Guillaume, car le serpent n'était que la basse du cornet (instrument alors en vogue), tournée dans une forme commode pour que les doigts pussent atteindre facilement aux trous et les boucher. Le premier essai du serpent fut fait dans des concerts qui se donnaient dans la maison d'Amyot, vers 1590. De l'église, le serpent avait ensuite passé comme basse dans la musique militaire ; mais ses imperfections lui ont fait substituer dans ces derniers temps l'ophicléide, le basson russe, et, en dernier lieu, la basse à pistons, appelée *tuba*, instruments du même genre, sous le rapport de l'intensité des sons, mais d'une qualité beaucoup plus égale et plus juste. Ces instruments ont remplacé le serpent dans la plupart des églises.

GUILLAUME DE HIRSCHAU. *Voyez* WILHELM.

GUILLAUME DE MACHAU ou **DE MACHAUT**, poëte et musicien français, du quatorzième siècle, est né vers 1284 au village de *Machau*, près de Rethel, en Champagne, d'où lui est venu le nom ajouté à celui de *Guillaume*. Cette circonstance a été ignorée du comte de Caylus et de l'abbé Rive, qui ont donné des notices sur la vie et les ouvrages de Guillaume. J'ai acquis la preuve du fait par un *Traité de musique*, manuscrit, daté du 12 janvier 1375 (1), où l'autorité de Guillaume est citée : il y est appelé *Guillermus de Mascandio*. C'est aussi de la même manière que Gafori le cite dans le onzième chapitre du deuxième livre de son *Traité de musique pratique*; or, *Mascandium* est précisément le nom latin du village de Machau. Caylus et l'abbé Rive ont donc dit avec justesse que Guillaume était champenois; mais ils se sont trompés lorsqu'ils ont cru que *Machau* était son nom de famille, à moins qu'il n'ait été fils du seigneur du village de ce nom. Au surplus, l'usage de désigner les personnages de quelque importance dans les arts, les sciences et les lettres, par le lieu de leur naissance, ajouté à leur prénom, était fréquent, et s'est conservé jusque dans le seizième siècle. Guillaume de Machau est aussi ce musicien cité dans un manuscrit de la Bibliothèque impériale de Paris dont j'ai donné une notice au premier volume de la *Revue musicale* (p. 106-115), et qui est nommé *Guiglielmo di Francia*.

En 1301, Guillaume fut attaché au service de Jeanne de Navarre, femme de Philippe le Bel, roi de France. Il devint valet de chambre du roi, en 1307, et conserva son emploi jusqu'à la mort de ce prince, arrivée au mois de novembre 1314. Deux ans après, Jean de Luxembourg, roi de Bohême, le prit pour clerc ou secrétaire. Ce nouvel emploi l'obligeait à quitter la France : Guillaume a exprimé dans des vers touchants le chagrin qu'il eut de s'éloigner de sa patrie. Il demeura trente ans en Bohême, et ne s'établit de nouveau en France qu'après que le roi, son maître, eut été tué à la bataille de Créci, en 1346. Bonne de Luxembourg, duchesse de Normandie, le prit alors à son service. Après la mort de cette princesse, Guillaume fut secrétaire du duc de Normandie, et continua de lui être attaché lorsqu'il eut succédé comme roi de France à son père, Philippe de Valois. Le roi Jean ayant cessé de vivre, Guillaume conserva sa charge auprès de Charles V, et l'exerça même longtemps. Il vivait encore en 1370, car dans un de ses ouvrages, intitulé : *la Prise d'Alexandrie*, il rapporte l'assassinat de Pierre, roi de Jérusalem et de Chypre, qui n'eut lieu qu'à la fin de l'année 1369. Guillaume était alors âgé de quatre-vingt-cinq ou six ans.

Guillaume de Machau a laissé un grand nombre de poésies de tout genre. Ses compositions musicales consistent en motets français et latins, à deux ou à trois voix, ballades à voix seule ou à deux parties, rondeaux, chansons badines, et en une messe à quatre parties qu'on croit avoir été chantée dans la cathédrale de Reims, au sacre de Charles V. Les manuscrits de la Bibliothèque impériale de Paris, 7609, 7612, 7095, 7221 (ancien fonds) et 2771, in-fol. (fonds de La Vallière) contiennent un grand nombre de ces pièces. Le manuscrit de La Vallière est le plus beau, et c'est dans celui-là que se trouve la messe à quatre parties, d'où Kalkbrenner a tiré des extraits qu'il a complétement défigurés, et dont il n'a pas compris les plus simples éléments de la notation (1). Cette notation est celle dont on trouve la théorie dans le *Traité de la musique mesurée* par Francon. Kiesewetter, trompé par Kalkbrenner, a reproduit, dans son ouvrage sur l'histoire de la musique européenne, cet informe essai qui n'a point de rapport avec la musique de Guillaume de Machau. Perne a lu à l'Institut de France, en 1817, un mémoire intéressant sur la messe de ce musicien-poëte, qu'il a mise en partition et traduite avec exactitude en notation moderne. La messe et les motets de Guillaume offrent de nombreux passages remplis de mauvaises successions d'harmonie, restes de la diaphonie qui avait été longtemps en usage au moyen âge. Cependant il a précédé de peu de temps Dufay, Dunstaple et Binchois, dont les ouvrages sont purs de ces fautes grossières. C'est par la comparaison de productions si différentes qu'on peut comprendre l'importance des perfectionnements introduits dans l'art d'écrire par les trois musiciens qui viennent d'être nommés.

Un poëme de Guillaume de Machau, intitulé : *li Tems pastour*, contient un passage en trente vers sur les instruments de musique de son temps, dans le chapitre qui a pour titre : *Comment li amant fut au diner de sa dame.*

(1) Je possède ce manuscrit, qui n'a pas de titre, mais qui est terminé par cette souscription : *Finis hujus libri compilati Parisiis anno a Nativitate Domini MCCC septuagesimo quinto die duo decimo mensis januarii.*

(1) *Histoire de la musique*, pl. 5.

Ce curieux morceau, souvent publié, a été reproduit par Roquefort, dans son livre *De l'état de la poésie française dans les douzième et treizième siècles*, avec un commentaire qui n'est pas à l'abri de toute critique, sous le rapport de l'exactitude, mais qui a de l'intérêt historique (1).

GUILLEMAIN (Gabriel), violoniste français qui eut de la réputation vers le milieu du dix-huitième siècle, naquit à Paris, le 15 novembre 1705. On ignore le nom de son maître, mais il est vraisemblable qu'il dut principalement à ses heureuses dispositions, à son travail, et à l'étude qu'il fit des ouvrages de Corelli, l'habileté qu'il acquit sur son instrument. Il se distinguait surtout par la dextérité de sa main gauche qui lui permettait de doigter des passages dont la difficulté rebutait ses contemporains. C'est sans doute à ces difficultés, multipliées dans ses ouvrages, qu'il faut attribuer le défaut de succès de ceux-ci : fort peu de violonistes de cette époque étaient en état de les exécuter. En 1738, Guillemain fut admis comme musicien ordinaire dans la chapelle et à la chambre du roi. Il avait déjà publié quatorze œuvres de musique instrumentale, consistant en sonates et trios pour le violon et pour le clavecin, lorsque, en 1749, il composa le divertissement musical de la pièce intitulée : *la Cabale*, qui fut représentée cette même année : cette composition fut fort applaudie. Malgré tant de talents, Guillemain n'était pas heureux : son caractère sombre et inquiet l'éloignait des autres artistes ; il manquait de confiance en lui-même, et jamais il ne se hasarda à jouer au concert spirituel. Le 1er octobre 1770, sa tête se dérangea pendant qu'il se rendait de Paris à Versailles, et il se tua de quatorze coups de couteau, près de Châville. Le lendemain, il fut inhumé dans cette commune. Il était alors âgé de soixante-cinq ans. Le quinzième œuvre de Guillemain, composé de deux divertissements de symphonie, parut en 1751. On y trouve un catalogue des autres ouvrages de ce musicien, avec une indication du caractère de chacun. Son œuvre seizième parut, en 1757, et le dix-septième et dernier deux ans après.

GUILLEMANT (...), maître de flûte à Paris, vers 1740, a publié : 1° Un livre de sonates pour deux flûtes, Paris, sans date. 2° Un livre de duos pour deux basses, *ibid.* 3° Deux suites d'airs pour deux flûtes à la tierce. En 1746, il a fait graver six sonates pour deux flûtes, un violon obligé et une basse continue pour le clavecin.

(1) *De l'état de la poésie française*, etc., p. 105-113.

Un musicien de ce nom, organiste à Boulogne (Pas-de-Calais) en 1841, et maître des enfants de chœur à l'église Saint-Nicolas, est considéré comme un artiste de mérite. Son fils, Alexandre Guillemant, organiste de l'église Saint-Nicolas de Boulogne, et élève de M. Lemmens (*voyez* ce nom), est un jeune artiste déjà très-remarquable (1861), soit comme exécutant sur son instrument, soit comme compositeur de musique d'orgue. Il est vraisemblable qu'il se fera dans l'avenir une brillante et juste réputation et sera classé parmi les organistes les plus habiles du dix-neuvième siècle.

GUILLET (Charles), né à Bruges (Flandre Occidentale), dans la seconde moitié du seizième siècle, fut échevin de cette ville. Il est connu comme compositeur par un ouvrage qui a pour titre : *Vingt-quatre fantaisies à quatre parties, disposées suivant l'ordre des douze modes*, Paris, Pierre Ballard, 1610, in-4°. Une deuxième édition de ce recueil a paru chez le même imprimeur avec ce titre : *Vingt-quatre fantaisies à quatre parties, par C. Guillet, natif de Bruges, en Flandres*, Paris, Pierre Ballard (S.-D.), in-4°. La Bibliothèque impériale de Vienne possède un manuscrit de musique intitulé : *Institution harmonique divisée en trois livres. Le premier contient la théorie musicale ; le second contient la prattique d'icelle; et la troisième, les controverses qui se trouvent en la musique, par le sieur Charles Guillet, ancien eschevin de la ville de Bruges*, un volume petit in-folio formé de dix feuilles de titre, dédicace, préface, d'un catalogue d'auteurs qui ont écrit sur la musique, etc., de quatre cent soixante-quatorze pages de texte, et de quatre pages de table. Ce volume ne renferme que le premier livre ; on ignore si les autres ont été achevés. La table des auteurs s'arrêtant à l'année 1642, il y a lieu de croire que le premier livre de l'ouvrage a été achevé dans la même année. Schmid, employé supérieur de la Bibliothèque impériale de Vienne, a donné une notice de ce manuscrit, avec la table des chapitres et de leur contenu dans ses intéressants *Essais sur la littérature et l'histoire de la musique* (*Cæcilia*, tome XXIV, pages 252-256).

GUILLON (Henri-Charles), musicien à Paris, vers 1730, a fait graver des cantatilles parmi lesquelles on remarquait *le Retour d'Hébé, Céphale et l'Aurore, le Perroquet, l'Harmonie, Vénus en vivacité*. On a aussi de lui trois livres d'airs à chanter, deux livres de sonates en trios pour le violon, dont un est intitulé *les Amusements*, un concert pour deux violons, viole et basse, des canons pour la voix, et des sonates pour les flûtes et les musettes ou vielles.

GUILLON (...), officier au régiment de Bouillon, infanterie allemande au service de France, vers 1780, eut quelque mérite comme violoniste, et jouait aussi du basson. Il a laissé en manuscrit un concerto pour ce dernier instrument. On a aussi de lui trois œuvres de quatuors pour deux violons, viole et basse, gravés à Lyon, sans date, et un œuvre de duos pour violon et viole.

GUILLON (Albert), compositeur, né à Meaux en 1801, fit ses premières études de musique à la Cathédrale de Paris, puis les termina au Conservatoire. En 1819, il devint élève de l'auteur de ce dictionnaire pour le contrepoint et la fugue ; puis il reçut des leçons de Berton pour le style idéal. Le premier prix de composition lui fut décerné par l'Académie des beaux-arts de l'Institut de France, en 1825, pour la cantate d'*Ariane à Naxos*, sujet du concours de cette année, et cette scène fut exécutée dans la séance publique du mois d'octobre. Devenu pensionnaire du gouvernement, Guillon partit pour l'Italie et vécut quelque temps à Rome, d'où il envoya à l'Institut plusieurs morceaux de musique d'église de sa composition ; puis il alla à Venise où il écrivit, en 1830, l'opéra sérieux *Maria di Brabante*, pour le théâtre de *la Fenice* : cet ouvrage fut applaudi. Depuis lors, Guillon s'est fixé à Venise, protégé par une famille noble qui lui confia l'administration de ses biens. Dès ce moment, Guillon cessa de s'occuper de la musique, se livra à l'agriculture, à l'industrie, et fonda dans une terre à *Pederiva di Montebelluna*, près de Trévise, un grand établissement pour l'élève du ver à soie, et pour le dévidage des cocons par des machines de son invention, mues par la vapeur. En 1851, il a publié une description de cet établissement, de ses procédés mécaniques et des résultats obtenus, sous ce titre : *Memoria sopra una filanda a vapore e dettagli sopra la maniera di filare i bozzoli, preceduti da alcuni cenni sull'ultima educazione dei bachi da seta*, Venise, in-fol. lithographié, avec six grandes planches représentant l'intérieur de l'établissement et les détails de la filature. Doué d'une rare intelligence et d'une activité infatigable, il introduisit dans le royaume Lombardo-Vénitien de nombreux perfectionnements dans la culture des terres, dans leur amendement, et dans le système des successions des récoltes. On lui doit plusieurs mémoires intéressants sur ces objets. La Société impériale et centrale d'agriculture de France, la Société d'économie politique de Saint-Pétersbourg, toutes les sociétés d'agriculture d'Italie l'admirent au nombre de leurs membres, et plusieurs souverains le décorèrent de leurs ordres. Guillon est mort subitement à Venise, dans les premiers jours d'avril 1854. Avant d'obtenir le premier grand prix à l'Institut, il était contrebasse à l'Opéra-Comique.

GUILLOU (Joseph), flûtiste et compositeur, né à Paris, entra comme élève au Conservatoire de musique de cette ville, en l'an v (1797), à l'âge de treize ans. Il y reçut des leçons de Devienne pour la flûte, et l'année suivante il obtint au concours un second prix de cet instrument. Ses progrès ne répondirent pas ensuite à cet heureux début ; le concours de l'an *VII* ne lui fut point favorable, et, dès lors, il n'y eut plus pour lui d'espoir de triompher dans ces épreuves publiques du talent, car il trouva l'année suivante un rival trop redoutable dans le jeune Tulou, dont le talent a été depuis lors célèbre dans toute l'Europe. L'altération des facultés morales de Devienne et la mort de Hugot firent bientôt après réduire les classes de flûte à une seule, qui fut confiée aux soins de Wunderlick ; le nombre des élèves fut diminué, et Guillou se trouva compris dans la réforme. Il ne se laissa pourtant pas décourager ; après de nouveaux efforts, il rentra dans les classes du Conservatoire, et il y obtint le premier prix, à l'âge de vingt et un ans. Ses études terminées, il fut longtemps sans emploi aux grands théâtres de Paris ; mais, en 1815, il entra comme seconde flûte à l'Opéra et à la Chapelle du roi, et, l'année suivante, il obtint la place de professeur au Conservatoire, qui venait d'être réorganisé sous le nom d'*École royale de chant et de déclamation*. Bientôt après, la place de première flûte de la chapelle du roi, étant devenue vacante, lui fut donnée. Irrité de ces nominations, Tulou donna sa démission de l'Opéra, et ce fut encore Guillou qu'on choisit pour le remplacer. Ainsi, en moins de trois ans, il passa de l'obscurité à la plus belle position qu'un flûtiste pût désirer à Paris. Il est juste de dire qu'il remplit ses fonctions avec beaucoup de zèle, et qu'il forma de bons élèves au Conservatoire, parmi lesquels on remarque Becquié et M. Dorus. En 1830, le dérangement de ses affaires le décida à quitter toutes ses places pour chercher une position dans les pays étrangers. Il voyagea d'abord dans la Belgique, y donna des concerts, puis se rendit à Berlin, où il se fit entendre. Il visita ensuite Hambourg et Stockholm, s'établit quelque temps en cette ville, et enfin se rendit à Saint-Pétersbourg où il se fixa, ayant renoncé à la musique pour la profession de teinturier-dégraisseur. Fatigué d'une situation qui ne convenait ni à son éducation, ni à ses goûts, il rentra plus tard dans la carrière d'artiste, et se fit écrivain sur la musique dans les journaux, sans parvenir à se créer une position aisée. Il avait fondé, à Saint-Pétersbourg, un journal français, sous le titre de *l'Artiste russe*. Guillou est mort dans cette ville, au mois de septembre 1853, à l'âge de soixante-neuf ans. On a de lui pour son instrument : 1° Premier concerto avec orchestre, Paris, P. Petit. 2° Deux idem, *ibid.* 3° Concertino composé pour les concours du Conservatoire. 4° Plusieurs thèmes variés pour flûte et orchestre. 5° Plusieurs thèmes avec quatuor. 6° Deux œuvres de duos pour deux flûtes, Paris, Hentz-Jouve. 7° Quatre fantaisies pour deux flûtes, Paris, Meissonnier. 8° Des fantaisies pour flûte et piano, *ibid.*

GUIOT, poëte et musicien, né à Dijon, au commencement du treizième siècle, nous a laissé seize chansons notées qu'on trouve dans un manuscrit de la Bibliothèque impériale, coté 7222.

GUIOZ (JEAN). *Voyez* **GUYOT**.

GUISLAIN (ANTOINE), ou **GUILLAIN**, compositeur de musique d'église, naquit à Douai (Nord), dans la seconde moitié du dix-septième siècle. En 1721, il fut nommé maître de chapelle de l'église Sainte-Walburge, à Audenarde; mais il ne jouit pas longtemps de cette position, car il mourut dans l'année suivante. Ces renseignements résultent de la liste des maîtres de chapelle, tirée des registres de cette église; on y lit sous la date de 1721 : *Antonius Guislain, geboren te Douay, sterft ten jare* 1722. Le catalogue des œuvres manuscrites de ce musicien se trouve dans la liste générale de la musique qui existait à l'église Sainte-Walburge d'Audenarde, en 1734, laquelle est imprimée dans la huitième partie des *Audenaerdsche Mengelingen* (1856). Ces œuvres, qui consistent en messes, motets, *Te Deum*, etc., sont au nombre de trente-six. On y voit que la plus ancienne messe solennelle de Guislain porte la date de 1706. Il en est une, à quatre voix et trois instruments, qui a pour titre : *Chanson de nouvel an.*

GULDER (IGNACE), né à Rabbourg, près de Ratisbonne, le 24 novembre 1757, se livra à l'étude des sciences dans sa jeunesse et apprit la musique au Séminaire de Saint-Émeran, à Ratisbonne. Le 12 octobre 1777, il fit profession dans le couvent des Bénédictins à Scheurn, sous le nom de *Marianus*, et le 19 janvier 1783, il fut ordonné prêtre. Son mérite lui fit remplir plusieurs fonctions dans son couvent, entre autres celles de prieur. Il mourut le 9 juin 1809, peu de temps après la suppression de son ordre. On connaît, en Bavière, des messes, vêpres, litanies, offertoires et graduels de sa composition, qui sont restés en manuscrit.

GULDER (PIERRE-BENOIT), frère du précédent, né à Rabbourg, le 21 janvier 1761, entra aussi dans l'ordre des Bénédictins, et fit profession dans l'abbaye de Michelfeld, le 11 novembre 1782; trois ans après, il fut ordonné prêtre. On ignore ce qu'il est devenu après la suppression de son monastère. Il était bon chanteur et organiste habile. On connaît de lui, en manuscrit, trois messes allemandes, deux petits opéras, et quelques chansons avec accompagnement de piano.

GUMBERT (FERDINAND), compositeur, né à Berlin, en 1818, commença l'étude du violon à l'âge de six ans, sous la direction de C. Rietz, mais abandonna cet instrument à l'époque de la mort de son maître. Après avoir terminé ses études de collége, il entra, en qualité de commis, dans une librairie, et pendant ce temps il étudia, dans ses moments de loisir, la théorie de la musique et la pratique du chant. Devenu libre de choisir un état après la mort de son père, il se fit acteur d'opéra et chanta au théâtre de Cologne, dans les années 1840 à 1842, sous la direction de Conradin Kreutzer. Dégoûté ensuite du théâtre, où il n'avait qu'une position secondaire, il résolut de se livrer à la composition, et retourna à Berlin vers la fin de 1842. Quelques *Lieder* qu'il y publia le firent connaître des amateurs, et dès lors il sortit de son obscurité. En 1844, il a fait représenter, au théâtre Kœnigstadt, l'opéra de sa composition *die Schœne Schusterin* (la Belle Cordonnière), et trois ans après, il donna, à Potsdam, l'opérette vaudeville intitulé : *die Kunst geliebt zu werden* (l'art de se faire aimer). Les *Lieder* publiés par Gumbert sont au nombre d'environ vingt-cinq recueils.

GUMLICH (FRÉDÉRIC), compositeur allemand de l'époque actuelle, s'est fait connaître par deux quatuors pour flûte, violon, alto et basse, Bonn, Simrock; deux quatuors pour basson, *ibid.*; quelques morceaux détachés pour le même instrument, *ibid.*; un rondeau brillant pour piano et orchestre, Offenbach, André; des polonaises pour piano et violoncelle, Leipsick, Hofmeister; des variations pour le même instrument, *ibid.*; des airs de danse, et des chansons allemandes à voix seule, avec accompagnement de piano, *ibid.*

GUMPELTZHAIMER (ADAM), *cantor* à l'église de Sainte-Anne d'Augsbourg, naquit à Trossberg, en Bavière, en 1560. Son père, homme d'une sévérité excessive, le chassa de la maison paternelle, ainsi que son frère, quoiqu'ils fussent encore enfants, parce qu'ils avaient cassé les vitres de leurs voisins avec leur arbalète. Les deux frères se rendirent chez leur aïeul, qui les recueillit et se chargea de leur éducation. Le jeune Adam fut envoyé d'abord à OEttingen, et ensuite à Augbourg, où il se livra à l'étude de la musique sous la direction de J. Entzemüller. Dès que son instruction dans cet art fut suffisante, il se livra à l'enseignement particulier pendant plusieurs années; ensuite il passa, comme musicien, au service du duc de Wurtemberg, et enfin, en 1581, il fut appelé aux fonctions de *cantor* à l'école d'Augsbourg. On ignore l'époque de sa mort.

Ce musicien, peu connu aujourd'hui de la plupart des artistes, méritait cependant que son nom fût immortel, car on peut le considérer comme l'un des créateurs de cette vigoureuse harmonie allemande dont Hændel, J.-S. Bach et Mozart ont fait depuis un si bel usage. Gumpeltzhaimer partage cette gloire avec Léon Hasler, Chrétien Erbach et un petit nombre de ses contemporains; mais sa supériorité dans son genre est assez marquée pour lui mériter une place à part. L'auteur de ce dictionnaire a mis en partition quelques-unes de ses motets et a vu avec étonnement et admiration que sa modulation, dont la tonalité moderne est la base, est toujours vive, inattendue, et cependant douce et naturelle, qualités dont nul avant lui n'avait donné d'exemple. Son style, moins riche de formes que celui de Roland de Lassus, dont il fut le contemporain, a cependant de l'élégance et de la pureté. L'illustre maître de chapelle de l'électeur de Bavière, sans rien inventer quant à l'harmonie, s'est immortalisé par l'heureuse application de ce que d'autres avaient trouvé; le pauvre maître d'école d'Augsbourg, tout en ouvrant des routes nouvelles, est cependant resté dans l'obscurité.

Les ouvrages de Gumpeltzhaimer sont : 1° *Compendium musicæ latinæ germanicum* Augsbourg, 1595, in-4°. Cette édition d'un livre excellent, enrichi d'exemples curieux et bien écrits, n'est pas la première, quoiqu'elle ait été indiquée comme telle par Walther, Forkel et quelques autres; car l'exemplaire de cette date, qui se trouve dans la Bibliothèque publique de Strasbourg, porte ces mots au frontispice : *Nunc altera hâc editione alicubi mutatum et auctum.* La troisième édition a été publiée à Augsbourg, en 1600, un volume in-4°. La quatrième édition est de 1605, la cinquième de 1611, la sixième de 1616. Celle-ci a pour titre : *Compendium musicæ latino-germanicum. Studio et opera Adami Gumpelzhaimeri, Trossper-gii Boij. nunc editione hac sexta, non nusquam correctum et auctum.* Augustæ, typis et impensis Joh. Udalr. Schœnigii, 1616, in-4° de 81 feuillets. Dans la huitième édition, qui a été publiée par le même imprimeur, avec le même titre, en 1625, petit in-4°, on trouve le portrait de l'auteur, à l'âge de soixante-trois ans, gravé en 1622 par Lucas Kilian, d'où il résulte que Gumpeltzhaimer ne serait pas né en 1560, mais en 1559. Il paraîtrait aussi que sa nomination de *cantor* et de professeur à l'école d'Augsbourg est antérieure à 1581, car on lit au bas du portrait : *Adamus Gumpelzhaimerus, scholæ anneæ 44 an. collega.* La neuvième édition est de 1632, la onzième, de 1655, et la douzième, de 1675. Il existe une édition allemande, sans le latin, sous ce titre : *Singkunst in 10 Capiteln, etc.*, sans nom de lieu, mais avec la date de 1604, in-4°. Toutes sont datées d'Augsbourg. Lipenius (*Bibliot.*, p. 977, col. 2) a fait une lourde méprise à propos de cet ouvrage : il en indique une édition de Nuremberg, 1540, in-8°; or, Gumpeltzhaimer n'était pas né alors. Il ne faut pas confondre cet abrégé de musique avec celui de Henri Faber, traduit en allemand par Christophe Rhid, et dont Gumpeltzhaimer à donné à Augsbourg, en 1618, une édition enrichie d'exemples et de préceptes sous le titre : *Compendium musicæ Henr. Fabri in vernaculum sermonem conversum à M. Christ. Rhid. et præceptis ac exemplis auctum, studio Adami Gumpeltzhaimeri.* On a copié cette édition dans un autre datée de Jéna, 1655, in-8°. 2° *Erster Theil des Lustgartleins teutsch und lateinischer Lieder von 3 Stimmen* (Première partie du *Jardin agréable des cantiques allemands et latins*, à trois voix), première édition, Augsbourg, 1591; troisième 1619. 3° La deuxième partie du même ouvrage a été publiée pour la première fois en 1611, à Augsbourg; la seconde édition a paru à Anvers, 1615, et la troisième en 1619. 4° *Erster Theit des Würtz-Gartleins 4 stimmiger geistlicher Lieder*, première édition, Augsbourg, 1594; deuxième *ibid.*, 1619. 5° La deuxième partie du même ouvrage, Augsbourg, 1619. 6° *Psalmus 50, octo vocum*, Augsbourg, 1604, in-4°. 6° (bis) *Partitio sacrorum concentuum octonis vocibus modulandorum, cum duplici basso in organorum usum*, Augustæ Vindelicorum, sumptu auctoris apud Valentinum Schvenig-gium, 1614, in-4°. 7° *Pars II concentuum sacrorum octo vocum*, Augsbourg, 1619. 8° *10 geistliche Lieder 4 Stimmen, jungen Sing-knaben zu gut, etc.* (Dix chansons spirituelles à quatre voix, etc.). Augsbourg, 1617. 9° *2 geistlicher Lieder mit 4 Stimmen, etc.* (Deux chansons spirituelles à quatre voix, etc.), ibid. 10° *5 geistlicher Lieder mit 4 Stimmen von der Himmelfahrt Jesu Christi, etc.* (Cinq cantiques spirituels à quatre voix pour l'Ascension de Jesus Christ, etc.), Augsbourg. 11° *Newe teutsche geistlicher Lieder mit 3 und 4 Stimmen, etc.* (Nouvelles chansons spirituelles allemandes à trois ou quatre voix, etc.), Augsbourg, 1591, in-4° et Munich, 1592. Le *Florilegium portense* de Bodenschatz et les *Promptuari musici* d'Abraham Schad contiennent de fort beaux motets de Gumpeltzhaimer.

GUNDELWEIN (Frédéric), musicien à Ambach, au commencement du dix-septième siècle, a publié : *Der Psalter mit newen Melodien auff 4 Stimmen, du der Discant die rechte Melodiam fürcht, in Contrapuncto simplici gegen einander übersetz* (Le psautier avec de nouvelles mélodies à quatre voix, etc.) Magdebourg, 1615, in-8°.

GUNG'L (Joseph), compositeur de danses, dont les productions jouissent de la vogue en Allemagne, est né en 1810 à Zsambek en Hongrie. Après avoir terminé ses études de musique à Pesth, il entra fort jeune dans un corps de musique militaire, en qualité de hautboïste. Plus tard, il forma un orchestre pour l'exécution de ses marches, polkas, galops et valses, et alla de ville en ville donner des concerts de ce genre de musique. Arrivé à Berlin en 1843 avec ses musiciens, il y eut de grands succès dans sa spécialité. Il demeura dans cette ville jusqu'en 1848, où l'état d'agitation de l'Allemagne, et en particulier de la Prusse, lui fit prendre la résolution de passer en Amérique avec ses musiciens; mais cette entreprise n'ayant pas réussi, il revint en Europe, passa quelques années en Russie, puis arriva à Vienne, où il était en 1857. Les œuvres de danses et les marches de la composition de cet artiste sont au nombre de plus de deux cents; elles se font remarquer par une élégance facile de mélodies et par un bon sentiment d'harmonie. La plupart de ses ouvrages ont été publiés à Berlin, chez Schlesinger.

GUNG'L (Jean), neveu du précédent, né à Zsambek, en 1819, a aussi du talent pour la composition de la musique de danse. Ayant formé un orchestre pour l'exécution de ses ouvrages, il s'établit à Berlin en 1825 avec ses musiciens. Deux ans après, il se rendit à Saint-Pétersbourg et y passa plusieurs années. En ce moment (1861), il est à Vienne.

GUNN (Jean), professeur de musique, violoncelliste et savant écrivain sur la musique, est né, je crois, à Édimbourg, vers 1765. En 1790, il se fixa à Londres comme professeur de violoncelle, et peu de temps après il y publia quarante airs écossais arrangés en trios pour violon, violoncelle et flûte. Il possédait une vaste instruction non-seulement dans la musique, mais dans les lettres, et il a donné une preuve irrécusable de son savoir dans l'ouvrage qu'il publia sous ce titre : *The theory and pratice of fingering the violoncello, containing rules and progressive lessons for attaining the knowledge and command of the whole compass of the instrument* (La théorie et la pratique du doigté du violoncelle, contenant des règles et des leçons progressives pour atteindre à la connaissance parfaite de cet instrument), Londres, 1793, in-fol. Cet ouvrage, divisé en deux parties, est précédé d'une excellente dissertation sur l'origine du violoncelle, et sur les instruments à cordes anciens et modernes, en trente-deux pages, suivies de planches. La première partie du corps de l'ouvrage traite de la théorie du doigté; la seconde, de la pratique. Des gammes et des exercices terminent le volume, qui peut être considéré comme ce qui existe de meilleur sur la matière dont il s'agit. Peu de temps après cette publication, Gunn fit paraître un livre intitulé : *Art of playing the german flute on new principles* (Art de jouer de la flûte allemande d'après de nouveaux principes), Londres, 1794, in-fol. L'année suivante, une position avantageuse lui fut offerte à Édimbourg, il l'accepta et retourna dans cette ville. En 1801, il publia à Londres un ouvrage intitulé : *Essay theorical and practical on the application of harmony, thorough-bass and modulation to the violoncello* (Essai théorique et pratique sur l'application de l'harmonie, de la basse continue et de la modulation au violoncelle), in-fol. Sur la demande de la Société nationale d'Écosse, il écrivit, en 1806, un savant ouvrage sur la harpe et le jeu de cet instrument dans les montagnes de l'Écosse, et ce livre, exécuté avec un luxe typographique extraordinaire, et tiré à un petit nombre d'exemplaires sur grand papier d'une rare beauté, parut sous ce titre : *An historical inquiry respecting the performance on the harp in the Highlands of Scotland; from the earliest times, until it was discontinued, about the year 1734. To which is prefixed an account of a very ancient caledonian harp, and of the harp of queen Mary*, Edinburgh, A. Constable and C°, 1807, un volume, gr. in-4°, avec trois planches qui représentent deux très-anciennes harpes écossaises et la harpe de la reine Marie. On voit, au titre de cet ouvrage, que M. Gunn avait précédemment composé un traité de l'origine et des progrès des instruments; j'ignore si ce traité est différent de la dissertation placée en tête de la méthode de violoncelle. M. Gunn a épousé mademoiselle Anne Young, professeur de musique et de piano dont il sera parlé dans l'article suivant; j'ignore s'il vit encore.

GUNN (Madame Anne), femme du précédent, fut d'abord connue comme professeur de piano sous le nom de *Miss Young*. Elle inventa plusieurs jeux et tableaux au moyen desquels l'enseignement des principes de la musique devait être rendu plus facile, et elle en publia la description, avec un traité des éléments de l'art. J'ignore en quelle année la première édition parut et en quel lieu elle fut publiée; la deuxième a pour titre : *An Introduction to Music; to which the elementary parts of the science and the principles of thorough bass and modulation are illustrated by the musical games and apparatus, and fully and familiarly explained* (Introduction à la musique, dans laquelle les parties élémentaires de cette science et les principes de la basse continue et de la modulation sont expliqués pleinement et familièrement par divers jeux et appareils musicaux, etc.), Édimbourg, 1820, un volume in-8° de deux cent cinquante-six pages, avec vingt planches. Il est vraisemblable que l'auteur de cet ouvrage avait cessé de vivre lorsque la troisième édition de 1827 fut publiée, car les éditeurs disent dans l'avertissement qu'ils ont trouvé les additions dans ses papiers.

GUNTERSBERG (Henri-Chrétien-Charles), né le 14 mars 1772, à Rossla, dans le comté de Stolberg, fut nommé organiste de l'église Saint-André, à Eisleben, petite ville de la Saxe, en 1809. Il a publié un traité sur l'art de jouer de l'orgue intitulé : *Der fertige Orgelspieler, oder casual Magasin für alle vorkommende Fälle in Orgelspiele. Ein practisches Hand und Hülfsbuch für Cantoren, Organisten, Landschullehrer und angehende Orgelspieler*, Meissen, Gœdsche, 1823-1827, in-4°. Cet ouvrage est divisé en deux parties. La première renferme des instructions et des exercices pour le doigté dans tous les tons, et des instructions suivies d'exercices pour la pédale. Dans la seconde, il est traité des ornements de tout genre dans l'exécution, de la manière d'accompagner le chant choral, et de l'emploi des jeux de l'orgue, de préludes pour les chorals, avec de nombreux exemples : l'ouvrage est terminé par des notions élémentaires d'harmonie.

GUNTHER (F.-A.), organiste et professeur de piano à Sondershausen, dans la première moitié du dix-neuvième siècle, est auteur d'une méthode de piano intitulée : *Theorie des Klavierspielens, ein Leitfaden beim ersten Unterricht*, Sondershausen, Eupel, in-4°.

On a publié sous le nom d'un autre Günther (G.-C.), des chorals avec des préludes pour l'orgue, intitulés : *Kirchengesænge nebst Vorspielen*, Leipsick, 1833, in-4°.

GURLITT (Cornelius), compositeur, né à Altona, en 1820, s'est fixé à Copenhague, où il a publié, chez Lose, plusieurs recueils de chants avec accompagnement de piano, et des sonates pour piano et violoncelle et pour piano et violon, œuvres 3 et 4.

GURRLICH (Joseph-Augustin), directeur de musique du théâtre royal de Berlin, naquit, en 1761, à Münsterberg, dans la Silésie. Il fit ses études chez les jésuites de Breslau et y apprit la musique. En 1781, il fut nommé organiste de l'église catholique de Berlin, et professeur de musique de l'école de cette même église; en 1790, le roi de Prusse l'admit dans sa chapelle comme contrebassiste. Il commença alors à écrire, pour le théâtre royal, des ballets, des scènes et des airs qu'on intercalait dans divers opéras. A l'époque de la réunion des deux théâtres royaux, il fut choisi (en 1811) pour remplir les fonctions de second chef d'orchestre, diriger les répétitions et tenir le piano. Le succès des ouvrages qu'il écrivit pour le théâtre, depuis ce temps, lui procura l'avantage d'être nommé maître de chapelle du roi, au mois de mars 1816; mais il ne garda pas longtemps cette honorable position, car il mourut le 27 juin 1817. Également distingué comme professeur, comme accompagnateur, comme chef d'orchestre et comme compositeur, Gürrlich a joui de l'estime des artistes qui l'ont connu et qui ont entendu ses ouvrages. Il est vraisemblable qu'il se serait fait une réputation plus étendue s'il n'avait lutté, pendant une partie de sa vie, contre les embarras d'une position peu fortunée. Les principaux ouvrages de cet artiste sont : 1° *L'Obedienza di Gionata*, oratorio. 2° Cantate pour les obsèques de Mererotto (en 1801), en collaboration avec Burka. 3° *L'Incognito*, opéra-comique, en 1797. 4° *Das Opfer von der Bildsäule des Amor* (le Sacrifice devant la statue de l'Amour), ballet pastoral, 1804. 5° *Vertumne et Pomone, ou les Métamorphoses par amour*, ballet pantomime, 1804. 6° *Le Tailleur de l'Opéra*, opéra-comique, 1801. 7° Plusieurs morceaux pour la tragédie de *Callirhoé*, 1805. 8° *Die Einschiffung nach Cythera* (l'Embarcation pour Cythère), ballet, 1805. 9° *Die Schwestern als nebenbuhlerinnen, oder der grossmüthige Corsar* (les Sœurs rivales, ou le Corsaire magnanime), ballet, 1805. 10° *Der unterbrochene Dorfjahrmarkt* (la Foire de village interrompue), *idem*, 1805. 11° Plusieurs morceaux pour la tragédie patriotique *Woldemar de Brandebourg*. 12° *Die Launen des Verliebten* (les Caprices de l'amoureux), comédie pastorale de Gœthe. 13° *Écho et Narcisse*, ballet, 1813. 14° *Hans Max Giesbrecht de Humpenbourg*, opéra-comique de Kotzebue, 1815. 15° *Lucas et Laurette, ou le Fiancé congédié*, ballet, 1815. 16° *Le Retour de Mars*, idem. 17° Plusieurs morceaux pour la tragédie *Don Fernand de Portugal*, 1816. 18° *Les Femmes allemandes*, ballet, 19° *Alexandre et Campaspe*, idem. 20° *Le Peintre, ou les Amusements de l'Hiver*, idem. 21° *Alfred le Grand*, idem. On n'a gravé de tous ces ouvrages que quelques ouvertures et airs de ballets pour le piano; le reste est en manuscrit. Les productions instrumentales de Gürrlich consistent en pièces détachées et variations pour le piano, qui ont été publiées à Berlin, depuis 1791 jusqu'en 1805, et en chansons allemandes avec accompagnement de piano.

GUSIKOW (Michel-Joseph), artiste d'un talent prodigieux, est né de parents israélites, le 2 septembre 1806, à Sklov, petite ville de la Russie Blanche, dans le gouvernement de Mohilev (sur le Dniéper). Son père, pauvre ménétrier, jouait de la flûte et du tympanon, instrument à cordes métalliques qu'on frappe avec de légères baguettes, et qui est en usage parmi les Juifs de la Pologne et de la Russie. L'éducation de Joseph se borna à apprendre de son père à jouer des mêmes instruments pour les noces et danses de village; mais la nature l'avait formé pour être un grand artiste, et dès son enfance il fit admirer, dans sa misérable profession, le rare et beau sentiment qui l'animait. Ne connaissant pas une note de musique, il ne jouait que des mélodies populaires juives, polonaises ou russes; mais ces airs recevaient de l'accent qu'il y mettait un caractère nouveau, inconnu. A l'âge de dix-sept ans, il se maria et vécut paisiblement comme ses frères, n'ayant d'autre occupation que celle de ménétrier, et n'interrompant l'uniformité de son existence que par de courts voyages à Moscou. Sa constitution physique était faible; une grave maladie de poitrine ne lui permit plus, en 1831, de jouer de la flûte, et dès lors sa famille et lui-même tombèrent dans une misère profonde. Gusikow avait joué autrefois d'un instrument grossier, originaire de la Chine et de l'Inde, et répandu chez les Tartares, les Cosaques, les Russes, les Lithuaniens et jusque dans la Pologne; cet instrument, composé de barreaux de bois sonore, tel que le pin, est appelé par les peuplades juives de ces contrées *Jerova i Salamo*. Il est ordinairement construit d'après le système de la gamme majeure des Chinois, avec le quatrième degré élevé d'un demi-ton. Gusikow, poussé par la nécessité, se proposa de perfectionner cet instrument et de s'en servir pour assurer son existence. Il augmenta le nombre des barreaux de bois jusqu'à deux octaves et demie chromatiques, non dans un ordre alternatif de demi-tons, mais dans une disposition particulière propre à faciliter l'exécution. En cherchant aussi les moyens d'augmenter l'intensité des sons de l'instrument, il imagina de poser les barreaux sur de légers rouleaux de paille cousue, et réussit à isoler les vibrations et à les rendre plus puissantes. Un travail continuel de près de trois ans conduisit l'artiste jusqu'à l'habileté merveilleuse qu'on lui a vu déployer à Vienne, à Paris, partout où il s'est fait entendre, et l'admirable instinct dont la nature l'avait doué lui enseigna les moyens de tirer des accents expressifs et passionnés de son singulier instrument. Dans une excursion qu'il fit à Moscou, il excita l'étonnement de tous ceux qui l'entendirent, et reçut de ses amis le conseil de voyager. Il partit, en effet, au mois de juillet 1834, avec quatre frères ou parents qui l'accompagnaient sur le violon et sur la basse, et se rendit à Kiew, où il trouva

Lipinski, qui lui prédit les plus brillants succès. A Odessa, une foule immense vint l'admirer dans plusieurs concerts, au Théâtre-Italien. Le célèbre poëte Lamartine et Michaud de l'Académie française s'y trouvaient alors et engagèrent Gusikow à aller à Paris. Encouragé par leurs éloges, par ceux du comte Woronzow, grand amateur de musique, et par le produit des concerts qu'il venait de donner, il entreprit, en effet, son grand voyage, visita la Pologne, la Bohême, Vienne, Berlin, Francfort, Paris, Bruxelles, et partout il excita la plus vive admiration. Malheureusement une santé déplorable l'a souvent retenu au lit des mois entiers dans un état de souffrance qui faisait croire à sa fin prochaine; de là cette mélancolie habituelle empreinte sur ses traits, et cette pâleur qui ajoutait à l'intérêt inspiré par son prodigieux talent. Une longue et douloureuse maladie le retint à Bruxelles pendant plus de quatre mois. A peine convalescent, il essaya de reprendre le chemin de son pays; mais il avait atteint le terme de sa carrière, car il mourut à Aix-la-Chapelle, le 21 octobre 1837. M. Schlesinger, de Vienne, a publié une notice biographique sur Gusikow, accompagnée de son portrait et du dessin de son instrument, sous le titre : *Ueber Gusikow*, Vienne, Tendler, 1836, in-8°. Une notice biographique sur Gusikow insérée dans le supplément de la *Biographie universelle* de Michaud diffère, en beaucoup de faits, de la mienne; mais les renseignements qui m'ont guidé m'ont été fournis par Gusikow lui-même, pendant son long séjour à Bruxelles.

GUSSACO (César), général de l'ordre des Jéronymites, à Brescia, naquit en cette ville, vers 1530. Il fit ses études à Padoue et y fut gradué docteur en philosophie et en théologie. Son savoir et ses vertus lui procurèrent la protection de la cour de Rome et des ducs de Mantoue. Il était habile musicien et se faisait remarquer par son talent de compositeur. Dans sa jeunesse, il publia des *Motetti a 2, 3 e 4 voci*, Venise, Gardane, 1560, in-4°.

On a aussi, sous le nom de Gussaco ou *Gussachi*, des motets intitulés : *Sacræ cantiones octo vocum*, Venise, Ric. Amadino, 1604. C'est une réimpression.

GUTHE (Jean), compositeur allemand, vécut dans la seconde moitié du dix-septième siècle, et fut attaché au service du prince de Hesse-Rhinfeld. On a de lui : *Novitates musicales*, consistant en toute espèce de canons et fugues à deux, trois et quatre voix, avec basse continue, composés dans une manière singulière et inconnue jusqu'à cette époque, Francfort-sur-le-Mein, 1674. Ce recueil contient trente-neuf canons et fugues.

GUTHMANN (Frédéric), musicien allemand et recteur de l'école de Schandau, vivait au commencement du dix-neuvième siècle, et s'est fait connaître comme écrivain par quelques petits articles insérés dans la *Gazette musicale de Leipsick* (seizième année). Il a aussi publié : 1° Méthode pour apprendre en peu de temps et sans maître à jouer de la guitare, Leipsick, Kühnel. 2° Méthode de clavecin et de piano, Nuremberg et Leipsick, Campe, 1805, cinquante-neuf pages in-4° oblong. Une seconde édition de cette méthode augmentée a paru à Leipsick, chez Hofmeister. 3° Collection de passages pour les pianistes, extraits des ouvrages des meilleurs maîtres, avec des annotations instructives, Leipsick, Kühnel.

GUTHRIE (Mathieu), écrivain anglais, conseiller de la cour de l'empereur de Russie et médecin du corps des nobles cadets, est mort à Saint-Pétersbourg, en 1807. Il a publié une *Dissertation sur les antiquités de la Russie*, Saint-Pétersbourg, 1795, in-8°. On trouve dans cet ouvrage de curieux renseignements sur la musique et les instruments nationaux des paysans russes, avec des planches de figures d'instruments, et des mélodies russes.

GUTMANN (Adolphe), né à Paris, de parents allemands, en 1818, s'est fait connaître comme pianiste et compositeur pour son instrument. En 1847, il voyagea en Allemagne et se fit entendre à Hanovre, à Brunswick et à Leipsick, dans des concerts. On a de lui environ vingt œuvres de Fantaisies sur des thèmes d'opéras, de nocturnes et de marches caractéristiques, pour le piano, publiés à Paris, à Brunswick et à Leipsick.

GUY (Maître), facteur d'orgues à Anvers, dans la première moitié du quinzième siècle, est mentionné dans le registre n° 13675 de la chambre des comptes, aux archives du royaume de Belgique, à Bruxelles, comme ayant reçu en payement, en 1431, une somme de dix-huit livres quinze sous, pour avoir *remis à point* (réparé) les orgues de Philippe le Bon, duc de Bourgogne, au château de Hesdin, en Artois.

GUYON (Jean), chanoine et maître des enfants de chœur de la cathédrale de Chartres, dans la première moitié du seizième siècle, fut un des compositeurs français estimés de cette époque, pour la musique d'église. On connaît sous son nom des psaumes qui se trouvent dans le neuvième livre de la collection d'Attaingnant (Paris, 1554, petit in-4° obl.); des chansons françaises à quatre voix, dans les treizième et quatorzième livres du recueil publié par le même éditeur, en 1543, in-8° obl. Enfin, Guyon est auteur de la messe à quatre voix sur la chanson française : *Je suis déshéritée*, qui est imprimée dans la collection des *Missarum musicalium liber secundus*, publié par Du Chemin, Paris, 1556, in-fol. m°.

GUYOT (Jean), ou **GUIOZ**, musicien belge fort distingué du seizième siècle, fut connu généralement sous le nom de *Castileti*, parce qu'il était né au Châtelet, en latin *Castiletum*, près de Charleroi, qui était autrefois enclavé dans la principauté de Liége, et qui fait aujourd'hui partie de la province de Hainaut. Il est aussi inscrit dans les registres de l'église de Notre-Dame, à Anvers, sous le nom de *Jean de Castelier*, c'est-à-dire, *du Châtelet*. Tylman Susato nous a révélé le nom véritable de Castileti, dans un de ses recueils. *Castileti*, dit-il, *alias Guyot, Joan*. Villenfagne (*Recherches sur l'histoire de Liége*), Dewez (*Notice des Liégeois célèbres*), à la fin de son *Histoire du pays de Liége*), et le comte de Becdelièvre-Hamal (*Biographie Liégeoise*, t. I, p. 278), font naître Guioz ou Guyot en 1500, et disent qu'après avoir dirigé longtemps la musique de la chapelle de l'empereur Ferdinand Ier, il fut chanoine prébendé de la cathédrale de Liége, et mourut en 1589. Tous se copient, et aucun d'eux ne dit sur quels documents sont appuyées ces assertions. Les résultats obtenus par M. Léon de Burbure (voyez ce nom) dans ses recherches, démontrent qu'elles sont erronées. Il est impossible que Guyot ne soit né qu'en 1500, car dès 1505 on trouve, au nombre des chantres de l'église de Notre-Dame d'Anvers, *Maître Jean du Castelier* (alias Guyot). Après l'année 1506, son nom disparaît jusqu'en 1516, où il eut le titre de *Maître*, c'est-à-dire *maître ès arts*, Ce fut alors qu'il devint chapelain de la *Chapelanie* de Sainte-Catherine. En 1521, il renonça à ce bénéfice, suivant toute apparence, pour entrer dans la chapelle de l'empereur, ainsi que l'indique le *Novus thesaurus musicus* de Joannelli. Il revint à Anvers en 1536 et y obtint une chapelanie de la Vierge. Il mourut dans cette position en 1551.

On trouve sous le nom de *Castileti* deux motets à six voix et quatre motets à huit dans le premier livre du *Novus thesaurus musicus* de Pierre Joannelli (Venise, Antoine Gardane, 1568, in-4°); un motet à cinq, un autre à six, et un à huit, dans le troisième livre de la même collection; *un remarquable motet à* douze voix, dans le quatrième livre, et un motet à huit dans le cinquième. D'autres motets de Castileti (*alias Guyot*) sont dans les *Cantiones sacræ, quas vulgo moteta vocant, ex optimis quibusque hujus ætatis musicis selectæ*, publiées en quatre livres, par Tylman Susato, à Anvers, en 1546-1547. Enfin, neuf chansons à 4, 6 et 8 voix du même Castileti ont été recueillies par le même éditeur dans le recueil qui a pour titre : *Chansons à quatre, cinque, six et huict parties de divers autheurs*, livres I à XIII. Anvers, 1543-1550, in-4° obl.

GUYS (Pierre-Augustin), né à Marseille en 1721, se fixa d'abord à Constantinople, après plusieurs voyages, et y exerça la profession de négociant; puis il alla à Smyrne. Une grande partie de sa vie se passa en voyages dans la Grèce, dont il étudiait les mœurs et les antiquités. Il mourut à Zante en 1799, avec les titres de correspondant de la classe de littérature et des beaux-arts de l'Institut de France, et de membre de l'Académie des Arcades de Rome. En 1776, il publia un *Voyage littéraire de la Grèce*, en quarante-six lettres. La seconde édition de cet ouvrage parut à Paris, en 1783, quatre volumes in-8°. Il préparait la troisième édition depuis plus de douze ans, lorsqu'il mourut à l'âge de soixante-dix-neuf ans. On trouve dans son livre des renseignements sur la musique moderne des Grecs.

GYROWETZ (Adalbert), compositeur, naquit, le 19 février 1763, à Budweis en Bohême, où son père était directeur du chœur de l'église principale. Après avoir achevé ses humanités au collége des *Piaristes* de cette ville, il alla, à l'université de Prague, suivre des cours de philosophie et de jurisprudence, et employa ses heures de loisir à cultiver la musique, pour laquelle il avait manifesté, dès son enfance, les dispositions les plus heureuses; car, avant d'avoir atteint sa neuvième année, il s'était exercé dans de petites compositions. Ayant été obligé de retourner chez ses parents à la suite d'une maladie grave, l'art musical devint son unique occupation, et tout son temps fut employé à composer. Charmé par les ouvrages du jeune Gyrowetz, le comte de Fünfkirchen, seigneur d'une terre voisine de Budweis, le prit chez lui, et l'employa comme maître de chapelle et comme secrétaire. Quelques morceaux de musique écrits par Gyrowetz dans ce séjour eurent tant de succès, que les copies s'en répandirent, et qu'on les imprima à l'insu de l'auteur. Les avantages qu'il trouva dès lors dans la publication de ses ouvrages lui procurèrent les moyens d'entreprendre un voyage en Italie. Après avoir visité Venise, Bologne et Rome, il employa deux années à étudier le contrepoint sous la direction de Sala, à Naples. Il y fut chargé par le roi d'écrire douze grandes sérénades de concert. De là il se rendit à Paris, par Milan, y composa plusieurs symphonies, puis alla à Londres, où il demeura trois années entières. Pendant son séjour en cette ville, son talent de compositeur, ses connaissances littéraires et ses manières distinguées lui ouvrirent les portes des maisons du plus haut rang. Il y écrivit plusieurs cantates, et l'opéra de *Semiramide*, qui eut du succès. Cependant sa santé éprouvait de fréquentes altérations sous le climat humide de l'Angleterre; il fut obligé de s'éloigner, et prit sa route pour Berlin par Ostende, Bruxelles, Liége et Wesel. De Berlin il alla à Dresde, puis à Prague, et enfin à Vienne, où il a passé la plus grande partie de sa vie.

Gyrowetz parlait le latin, le bohémien, l'allemand, l'italien, le français et l'anglais, et possédait des connaissances étendues dans les sciences et particulièrement dans la jurisprudence. Ces avantages lui procurèrent de l'emploi dans les affaires diplomatiques, et il remplit pendant plusieurs années les fonctions de chancelier de légation à Munich, Schweizingen, Mannheim et Heidelberg. De retour à Vienne, il se livra exclusivement à la culture de la musique et écrivit plusieurs opéras, beaucoup de symphonies, des quatuors de violon, des sonates de piano et des morceaux de chant. En 1804, il a été nommé directeur de musique de l'Opéra Impérial. Ce théâtre étant passé sous une administration particulière, Gyrowetz obtint sa pension. Ses symphonies ont eu particulièrement beaucoup de succès, et ont été jouées longtemps dans les concerts, où elles ne paraissaient pas indignes d'être entendues après celles de Haydn. Parmi ses opéras, on a distingué *Agnès Sorel* et *le Harpiste aveugle* (der Blinde Harfner); cependant, les critiques allemands avouent que la force dramatique manque dans les compositions théâtrales de Gyrowetz. Le dernier ouvrage dont il vient d'être parlé fut écrit pour le théâtre de Prague en 1828. Gyrowetz était alors âgé de soixante-cinq ans. Lorsque ce vénérable artiste parut dans l'orchestre, les applaudissements éclatèrent dans toutes les parties de la salle. Ils recommencèrent après l'ouverture et à plusieurs reprises pendant la représentation, malgré les défauts d'une exécution négligée. L'ouverture fut redemandée, et à la fin de la pièce, des couronnes et des vers furent jetés en profusion sur le théâtre.

Parmi les compositions de Gyrowetz, on compte : Opéras : 1° *Semiramide*, à Londres. 2° *Les Métamorphoses d'Arlequin, ou Arlequin perroquet*, pantomime en deux actes. 3° *Les Pages du duc de Vendôme*, opéra en un acte, 1808. 4° *Le Trompeur trompé*, mélodrame en un acte, Vienne, 1810. 5° *Agnès Sorel*, opéra en trois actes, Vienne, 1808. 6° *Mirina*, mélodrame en un acte. 7° *Ida*, opéra en deux actes. 8° *Le Ménage de garçon*, opérette en un acte. 9° *Selico*, opéra en trois actes. 10° *L'Oculiste*, opéra en deux actes. 11° *Il Finto Stanislao*, opéra italien en deux actes. 12° *Aladin ou la Lampe merveilleuse*, opéra en trois actes. 13° *Le Harpiste aveugle*, opéra, à Prague, en 1824. 14° *Aménie*, ballet. 15° *Les Noces de Thétis et Pélée*, ballet mythologique. 16° *Les Pages du duc de Vendôme*, ballet composé avec une partie des morceaux de l'opéra. 17° *La Laitière suisse*, ballet. 18° *La Fée et le Chevalier*, ballet. 19° *Gustave Wasa*, ballet. 20° *Le Sommeil magique*, ballet. 21° *Hélène*, opéra. 22° *Federica et Adolphe*, idem. 23° *Emerika*, idem. 24° *L'Époux par hasard*, idem. 25° *L'Épreuve*, idem. 26° *Le Quartier d'hiver en Amérique*, idem. 27° *Le Fantôme*, idem. 28° *Le Treizième Manteau*, idem. 29° *Félix et Adèle*, idem. 30° *L'Embarras*, idem. Les ouvertures, airs et danses de plusieurs de ces compositions théâtrales ont été publiés à Vienne chez différents éditeurs. Musique instrumentale : 31° Trois symphonies à grand orchestre, op. 6, Vienne, 1791. 32° Trois *idem*, op. 8. Offenbach, 1793. 33° Trois *idem*, op. 9, *ibid.* 34° Trois *idem*, op. 12, *ibid.* 35° Trois *idem*, op. 13. 36° Trois *idem*, op. 14, *ibid.* 37° Une *idem*, op. 18, *ibid.* 38° Trois *idem*, op. 23, *ibid.* 39° Trois *idem*, périodiques, op. 33, Augsbourg, Gombart. 40° Une *idem*, op. 47, Offenbach, André. 41° Sérénade pour deux clarinettes, deux cors et basson, op. 3. 42° *Idem* à dix parties, Offenbach, André. 43° *Idem* à neuf parties, op. 7, *ibid.* 44° *Idem* pour deux clarinettes, deux cors et basson, op. 32, *ibid.* 45° Grand quintuor pour deux violons, deux violes et violoncelles, op. 36. Augsbourg, Gombart. 46° *Idem*, op. 57, Offenbach, André. 47° Quatuors pour deux violons, alto et basse, op. 1, liv. I et II, Offenbach, André. 48° Trois, *idem*, op. 4, *ibid.* 49° Six *idem*, op. 5, *ibid.* 50° Trois *idem*, op. 9,

Vienne, Mollo. 51° Trois *idem*, op. 11, *ibid.* 52° Trois *idem*, op. 16, Vienne, Artaria. 53° Trois *idem*, op. 17, Paris, Sieber. 54° Trois *idem*, op. 21, *ibid.* 55° *idem*, op. 25, Offenbach, André. 56° Trois *idem*, op. 28, Paris, Sieber. 57° Trois *idem*, op. 29, Vienne, Artaria. 58° Trois *idem*, op. 42, Augsbourg, Gombart. 59° Six nocturnes en quatuors pour flûte, violon, alto et basse, op. 20, 23, 32, 35, 38, Augsbourg, Gombart. 60° Quatuors pour flûte, op. 26, 37, Offenbach, André. 61° Concertos pour le piano, op. 29, 39, 49, Offenbach, André; Augsbourg, Gombart. 62° Sonates pour piano, violon et violoncelle, op. 9, 10, 12, 15, 16 (*bis*), 19, 22, 23, 26, 27, 28, 29, 31, 33, 34, 40, 41, 45, 46, 48, 51, 55, 57, 58, 59, 60, Offenbach, André; Vienne, Artaria; Augsbourg, Gombart, etc. 63° Sonates pour piano seul, op. 62, 63, Vienne, Haslinger. 64° Plus de vingt recueils de danses de différents caractères. 65° Scènes italiennes et allemandes pour voix seule et accompagnement de piano. 66° Environ quinze recueils de chansons et romances, à voix seule et piano.

Il y a peu d'exemples d'une fécondité plus active que celle dont ce musicien a fait preuve dans sa longue carrière, car il a plus écrit que Haydn, et ses ouvrages présentent une masse de compositions presque triple de celles de Mozart et de Beethoven. Remplis d'idées agréables, écrits avec intelligence, et bien instrumentés, ils ont eu des succès dans les concerts, au théâtre et chez les amateurs; cependant, si l'on cherche aujourd'hui, dans un si grand nombre d'œuvres, les traces de l'individualité de leur auteur, on ne trouvera pas une demi-page qui porte le cachet de la création, et qui tienne une place dans l'histoire de la musique. De là vient que Gyrowetz a vu tomber ses productions dans l'oubli; de là vient qu'il ne restera rien d'une vie si laborieuse. Cet artiste respectable est mort à Vienne le 22 mars 1850, à l'âge de quatre-vingt-sept ans. Il a écrit lui-même sa biographie, remplie de détails intéressants sur sa jeunesse et sur ses voyages en Italie, en France, en Angleterre et en Allemagne; cet ouvrage a été publié sous ce titre : *Biographie des Adalbert Gyrowetz*. Vienne, 1848, grand in-8° de quatre-vingt-seize pages, avec son portrait lithographié.

H

HAACK (Charles), et non Haach, comme il est nommé dans la première édition de cette Biographie, violoniste de la chambre et de la chapelle du roi de Prusse, naquit à Potsdam, en 1757. On vantait la justesse parfaite de son intonation et son expression dans l'adagio. Il a eu aussi de la réputation comme planiste. Ses compositions consistent en six concertos pour le violon, dont le premier a paru chez Hummel, à Berlin, avant 1790; les 2e, 3e, 4e et 5e ont été publiés par le même éditeur en 1791, et le 6e en 1797. On connait aussi de cet artiste trois grandes sonates pour le piano; Berlin, Rellstab, 1793; des rondos pour le même instrument; des duos pour 2 violons, et des trios pour 2 violons et violoncelle. Haack avait été nommé maître de concerts du prince de Prusse, en 1782. Il est mort à Berlin, le 28 septembre 1819.

HAACK (Frédéric), frère puiné du précédent, fut pianiste, organiste distingué, et violoniste. Il étudia la composition sous la direction de Fasch (*voy.* ce nom). En 1779, il obtint la place d'organiste à Stargard, en Poméranie, et quelques années après il fut appelé a Stettin comme directeur de musique et organiste de l'église du Château. On ignore la date de sa mort. Les compositions de cet artiste consistent en un oratorio, plusieurs symphonies, un opéra intitulé : *Die Geister Insel* (L'Ile-des-Esprits), des concertos et des sonates de piano, des quatuors pour instruments à cordes, des solos, des rondos pour le violon, et plusieurs cahiers de danses allemandes.

HAAKE (Wilhelm), flûtiste à Leipsick, s'est distingué dans les concerts de cette ville, depuis 1830 jusqu'en 1848. On a publié de sa composition des fantaisies pour la flûte avec orchestre, et des danses pour l'orchestre, à Leipsick, chez Kistner.

HAAS (Jean-Martin), *cantor* et directeur de musique de l'école de Altdorf, naquit à Engelsthal, le 25 juin 1696. Après avoir fait ses études au gymnase poétique de Ratisbonne, il suivit, en 1714, un cours de théologie à Altdorf, puis se rendit, en 1720, au séminaire des candidats à Nuremberg. L'année suivante il fut rappelé à Altdorf pour y prendre possession de la place de *cantor*, qu'il occupa pendant trente ans. Il mourut en cette ville, le 6 juin 1750. Quelques dissertations et des poésies qu'il avait envoyées à Gœttingue en 1737, à l'occasion de l'installation de l'université, lui valurent le laurier poétique et magistral. On a de ce savant : 1° Airs chorals à plusieurs voix, pour les élèves de chant. — 2° Balletti à 3, op. 2. Il a aussi publié des poésies dont il avait mis une partie en musique, sous ce titre : *Des Altdorfischen Zions harmonische Freude im singen und spielen* (Jeu harmonique de Sion pour le chant et les instruments, etc.); Altdorf, 1722, in-8°.

HAAS (Ildefonse), bénédictin au couvent de Ettenheimmünster, et bibliothécaire de ce monastère, naquit à Offenburg, le 23 avril 1735. A peine âgé de douze ans, il entra, en 1747, chez Wolbrecht, musicien de la cour de Bade, pour y apprendre à jouer du violon. En 1751, il commença son noviciat, et se livra à l'étude de la théologie : pendant ce temps il perfectionna son talent de violoniste, sous la direction de Winceslas Stamitz. Dans le même temps, il étudia aussi la composition dans les livres de Fux, de Mattheson et de Marpurg. Istrid Kaiser, Portmann, et plus tard l'abbé Vogler, lui donnèrent des conseils pour cette science, mais seulement par correspondance. Quelques années d'études sérieuses et ses méditations solitaires l'ont rendu un des meilleurs compositeurs de musique d'église de la Bavière. Haas était dans sa vingt-neuvième année lorsqu'il publia à Augsbourg, chez Lotter, une collection d'hymnes pour les Vêpres, à quatre voix et orchestre, qui furent considérées comme une œuvre originale; on leur reprocha même trop de prétention à la singularité. Le mérite de Haas lui fit confier divers emplois dans son couvent, entre autres ceux de bibliothécaire, d'archiviste et de procureur. Il entretenait une correspondance active avec plusieurs savants et artistes de l'Allemagne. Il était âgé de cinquante-six ans lorsqu'il imagina de se livrer à l'étude des mathématiques transcendantes; six semaines d'un travail excessif sur ces sciences épuisèrent tout à coup les forces de son corps débile, et après deux jours d'une pénible agonie, il mourut, le 30 mai 1791. Quelques-unes de ses lettres insérées dans la correspondance musicale de Spire (*Musikalische Correspondenz der deutschen filarmonischen Gesellschaft*, 1791, p. 319 et suiv.) font connaître son noble caractère. Ses ouvrages imprimés ou restés en manuscrit sont ceux dont les titres suivent : 1° *Fragen und Zweifel, jedem Tongelehrten zu beliebiger Beantwortung empfohlen* (Demandes et doutes adressés à tous les savants en musique), dans la première année de la *Gazette musicale* de Spire (*Musikalische Real-Zeit.*, 1789, p. 387). — 2° Hymnes pour les Vêpres; Augsbourg, Lotter 1764. — 3° Offertoires; ibid., 1766. On vante particulièrement le n° 14 de ce recueil, sur le texte : *Ego sum Pastor bonus.* — 4° Collection de chants allemands pour des églises de campagne; ibid., 1769. — 5° *Salve Regina* pour alto, deux violons et orgue, en partition, dans la correspondance musicale de Spire, 1791, p. 149. — 6° Cantique : *Wie weit, mein Heiland*, à quatre voix et orgue, en partition; ibid., p. 156. — 7° Pièce dramatique composée pour Offenburg, en 1752, en manuscrit. — 8° 34 *Antiphonæ Marianæ, id est, Alma Redemptoris, Ave Regina, Regina Cœli, Salve Regina.* La plupart de ces morceaux étaient estimés du temps de l'auteur; ils sont restés en manuscrit. — 9° Messes dans le style moderne; elles furent écrites d'abord avec des parties de clarinettes et de cors, puis réduites à 4 voix et orgue pour les églises de la campagne. En 1784, ces messes étaient prêtes pour l'impression. — 10° Deux vêpres, la première pour les dimanches, l'autre pour les fêtes de la Vierge, à 4 voix, avec violons, clarinettes et cors obligés. Ces ouvrages, considérés comme les meilleures productions de l'auteur, étaient prêts à être imprimés en 1788. — 11° Deuxième suite de cantiques allemands, à l'usage des instituteurs de la campagne, prêts pour l'impression en 1790.

HAAS (Ignace), directeur de musique et excellent organiste à Kœniggraetz, en Autriche, naquit en cette ville, vers le milieu du dix-huitième siècle. Il était considéré comme un compositeur distingué en 1790, et comme un homme instruit dans la théorie du contrepoint. En 1797, il a publié chez Artaria, à Vienne, des variations pour le piano sur un Andante de Mozart, et des marches pour les chœurs libres (*Freychœre*) de Vienne.

HAASE (Louis), musicien de la chambre du roi de Saxe, virtuose sur le violon et sur le cor, est né à Dessau, le 25 décembre 1799. Son père, musicien de cette chapelle, fut son premier maître de musique; il reçut ensuite des leçons de violon de Dittmar, et enfin, lorsqu'il eut atteint sa neuvième année, il se rendit à Dresde, où les maîtres de concert Morgenrath et Polledro achevèrent son éducation. A cette époque, le cor était l'instrument qu'il jouait de préférence; mais plus tard il fit une étude plus spéciale du violon. En 1817, il fut placé comme corniste dans la chapelle royale, et dès ce moment il fut considéré comme un des artistes les plus distingués de son temps. En 1823, il fit avec son frère un voyage en Allemagne, et visita Leipsick, Weimar, Nuremberg, Hambourg, Munich, Cassel, Hanovre, et plusieurs autres villes, où les deux frères obtinrent des succès dans leurs symphonies concertantes pour deux cors. L'étonnement qu'ils faisaient naître s'augmentait encore lorsqu'on entendait Louis jouer des solos de violon; car son exécution était aussi remarquable par la pureté du son et la justesse des intonations que par la variété de son archet. Lorsqu'il se fit entendre dans sa ville natale, en 1821, le duc régnant fut si satisfait de son talent, qu'il lui donna le titre de maître de concert de sa cour. La dernière fois qu'il se fit entendre en public fut dans un concert donné à Hambourg, en 1833. On ne connaît aucune composition de cet artiste.

HAASE (Auguste), frère aîné du précédent, naquit le 2 mars 1792, à Coswig, près de Wittemberg. Il reçut de son père la première instruction musicale. Devenu corniste habile, il se rendit à Dresde en 1811, et deux ans après il obtint la place de premier cor dans la chapelle royale. Il occupait encore cette position en 1846.

HABENECK (François-Antoine), aîné de trois frères de ce nom, est né à Mézières (Ardennes), le 1er juin 1781. Fils d'un musicien de régiment, né à Manheim, mais qui avait pris du service en France, il apprit de son père à jouer du violon, et dès l'âge de dix ans il se faisait déjà entendre en public dans des concertos. Après avoir habité quelques villes où le régiment de son père était en garnison, il alla à Brest, et y passa plusieurs années uniquement occupé du soin de développer ses facultés, autant qu'il pouvait le faire sans modèle et sans maître. Il y écrivit quelques concertos, et même des opéras, sans autre guide que son instinct, et sans posséder aucunes notions de l'harmonie. Il était âgé de plus de vingt ans lorsqu'il arriva à Paris. Admis au Conservatoire, comme élève de Baillot, il ne tarda point à se placer au premier rang parmi les violonistes sortis de cette école, et après un brillant concours il obtint le premier prix en 1804, et fut nommé répétiteur de la classe de son maître. Après l'avoir entendu dans un solo, l'Impératrice Joséphine lui témoigna sa satisfaction par le don d'une pension de 1,200 francs. Vers la même époque, il entra à l'orchestre de l'Opéra-Comique; mais il y resta peu de temps, ayant obtenu au concours une place parmi les premiers violons de l'Opéra. Moins heureux dans un autre concours qui fut ouvert bientôt après pour l'emploi de chef des seconds violons au même théâtre, Habeneck se vit préférer un violoniste médiocre nommé *Chol*, fort honnête homme, mais dont le talent ne pouvait lutter avec celui du jeune artiste. Bientôt après, l'injustice qu'on avait faite à celui-ci fut réparée, car on lui confia la place de premier violon adjoint pour les solos, et lorsque Kreutzer prit la direction de l'orchestre, après la retraite de Persuis, Habeneck lui succéda comme premier violon.

Dès 1806 il s'était fait connaître par son heureuse organisation pour la direction d'un orchestre de concerts. A cette époque, les violonistes qui avaient obtenu un premier prix aux concours du Conservatoire dirigeaient alternativement pendant une année les concerts de cette école; mais la supériorité d'Habeneck sur ses condisciples pour cette mission difficile fut bientôt si évidente, qu'il resta en possession de l'emploi jusqu'à la clôture du Conservatoire, en 1815, après l'entrée des armées alliées à Paris. C'est dans ces concerts qu'il fit entendre pour la première fois la première symphonie (en *ut*) de Beethoven; plus tard, lorsqu'il fut chargé de la direction des concerts spirituels de l'Opéra, il continua de faire connaître les œuvres de ce grand artiste au petit nombre d'amateurs éclairés qui venaient les écouter; mais ce fut surtout quand une nouvelle société des concerts fut organisée au Conservatoire, au commencement de 1828, que ces grandes compositions excitèrent le plus vif enthousiasme, à cause de la chaleur et de l'énergie imprimée à l'exécution par Habeneck; car les étrangers les plus instruits en musique avouent que c'est surtout par ces qualités que brillait alors l'orchestre du Conservatoire de Paris, et qu'il était supérieur à ceux des plus grandes villes de l'Europe. Aujourd'hui cet orchestre a moins de jeunesse; mais il est incomparable pour la délicatesse et le fini. La plupart des artistes qui le composent sont des maîtres, chacun en leur genre.

Ayant été nommé directeur de l'Opéra en 1821, il en remplit les fonctions jusqu'en 1824. A cette époque, M. le vicomte de La Rochefoucauld changea l'administration de ce théâtre; mais pour indemniser Habeneck, il créa pour lui une place d'inspecteur général du Conservatoire, qu'il n'a jamais remplie, une troisième classe de violon, et mit Kreutzer à la retraite, pour donner à Habeneck sa place de chef d'orchestre de l'Opéra. Depuis la révolution de juillet 1830, Habeneck a réuni à ces titres celui de premier violon de la musique du roi. En 1846, il quitta la direction de l'orchestre de l'Opéra, et fut remplacé par Girard. Les meilleurs élèves qu'il a formés au Conservatoire sont MM. Cuvillon, Alard et Léonard.

Habeneck s'est fait connaître comme compositeur par quelques morceaux écrits pour terminer l'opéra de *la Lampe merveilleuse*, après la mort de Benincori, et par les ouvrages suivants : 1° 1er concerto pour le violon; Paris, G. Gaveaux. — 2° 2e idem; Paris, Sieber. — 3° Premier air varié avec orchestre; Paris, Leduc. — 4° *Vive Henri IV*, varié avec quatuor; Paris, Frey. — 5° Trois duos concertants pour deux violons, liv. I; Paris, Langlois. — 6° Nocturne sur les airs de la *Gazza-Ladra*, pour deux violons; Paris, Janet. — 7° Trois caprices pour violon solo, avec accompagnement de basse. — 8° Grande polonaise pour violon et orchestre, exécutée au festival musical de Lille en 1829. — 9° Grande fantaisie pour piano et violon, en collaboration avec Schuncke; Paris, Schlesinger. Cet artiste d'élite est mort à Paris, le 8 février 1849. Son portrait, d'une ressemblance frappante, se trouve dans la quarante-septième année de la *Gazette générale de musique* de Leipsick.

HABENECK (Joseph), frère du précédent, est né à Quimper, le 1er avril 1785. Élève de son père pour le violon, il entra au Conservatoire de Paris en 1802, et s'y fit remarquer dans les concours de 1806 et 1807. Il joua aussi avec succès dans un concert de cette école en 1808. Entré à cette époque à l'orchestre de l'Opéra-Comique, il en est devenu le second chef en 1819, et a occupé cette place jusqu'au commencement de 1837.

HABENECK (Corentin), troisième frère des précédents, est né à Quimper, en 1787. Après avoir reçu, comme ses frères, sa première éducation de violoniste par les leçons de son père, il entra au Conservatoire de Paris et obtint, après un concours brillant, le premier prix, en 1808. Dans plusieurs concerts donnés à cette époque, il exécuta des concertos de Viotti avec un talent distingué, qui semblait lui promettre un brillant avenir; mais ainsi que beaucoup d'autres artistes de mérite, il a vu passer sa jeunesse dans l'obscurité d'un orchestre, où ses facultés se sont usées. Admis à l'Opéra en 1814, il a succédé à Launer, en 1834, comme premier violon de ce spectacle. Des discussions survenues entre lui et l'administration, à l'occasion d'un solo qu'on voulait faire jouer par Urhan, l'ont fait exclure, avec violence, de l'orchestre, en 1837. Il y est rentré depuis lors, et ne s'est retiré qu'en 1850, après trente-six ans de service. Corentin Habeneck, après avoir obtenu au concours une place de violon dans la chapelle du roi, ne l'a perdue que par la suppression de cette chapelle, après la révolution de juillet 1830.

HABERBIER (Ernest), pianiste distingué, est né à Kœnigsberg, le 5 octobre 1813. Son père, organiste de cette ville, lui donna une bonne et solide éducation musicale. A l'âge de huit ans, il jouait déjà les fugues de Hændel et de Bach. En 1832, il se rendit à Saint-Pétersbourg; et, après y avoir donné des concerts avec succès, il s'y livra à l'enseignement. En 1839, il s'y maria; mais son union ne fut point heureuse. En 1847, Haberbier fut nommé pianiste de la Cour et chargé de donner des leçons de piano à la grande-duchesse Alexandra Josephowna, femme du grand-duc Constantin. Arrivé à Londres au mois de janvier 1850, pour y donner des concerts, il dut y faire prononcer sa séparation de sa femme, et cette circonstance l'ayant jeté dans le découragement, il quitta brusquement la capitale de l'Angleterre, et se rendit à Christiania, en Norvège, où il vécut dans la retraite pendant six mois. Ce fut alors qu'il imagina un nouveau système de doigter pour certains traits, ou plutôt qu'il appliqua à la musique moderne celui des anciens clavecinistes de l'école de Dominique Scarlatti et d'Alberti de Milan, lequel consiste à partager les traits rapides entre les deux mains pour les lier et éviter les fréquents passages du pouce: ce qui, du reste, ne constitue que des cas particuliers de l'art de jouer du piano. Persuadé que cette méthode devait lui procurer une brillante renommée à Paris, et d'ailleurs possédant un grand style et tirant de beaux sons de l'instrument, Haberbier arriva dans cette ville, au mois d'août 1851, après avoir donné de brillants concerts à Copenhague, à Kiel, et à Hambourg. Son premier concert, donné le 3 avril 1852, dans la salle Pleyel, fit sensation par la nouveauté de ses traits; et bientôt après il en donna deux autres, qui attirèrent la foule des artistes et des amateurs. On s'occupa beaucoup à cette époque de cette nouvelle méthode, dont l'exposé fut annoncé comme devant paraître chez les frères Escudier, sous le titre de *Nouveaux doigters pour le piano*, en deux parties. L'opinion des artistes fut partagée sur le mérite de cette innovation : quelques-uns l'approuvaient, d'autres la blâmaient. En quittant Paris, Haberbier se rendit à Strasbourg, où il donna deux concerts au mois de juin de la même année; puis il alla se faire entendre à Baden-Bade. Dans les derniers mois de cette même année il s'est établi en Russie, et a vécu tour-à-tour à Pétersbourg et à Moscou. Il est en ce moment (1861) à Hambourg, où ses derniers ouvrages ont paru chez Schuberth et chez Cranz.

HABERMANN (François-Jean), compositeur, naquit en 1706, à Kœnigswerth, en Bohême. Après avoir fait ses humanités à Klattau, et un cours de philosophie à Prague, il se livra particulièrement à la culture de la musique, et fit quelques bons essais de composition. Dans le dessein d'augmenter ses connaissances dans l'art d'écrire, il se rendit en Italie, visita Rome, Naples et quelques autres grandes villes, se lia avec les plus habiles maîtres, et profita de leurs conseils. Le goût des voyages le conduisit en Espagne et en France. Pendant son séjour à Paris, le prince de Condé l'engagea à son service, en 1731. Après la mort de ce prince, Habermann alla à Florence, où le grand-duc de Toscane le nomma son maître de chapelle. Estimé pour son savoir, il occupa ce poste jusqu'à la mort du prince, puis il se rendit à Prague pour y assister au couronnement de l'impératrice Marie-Thérèse. Chargé de la composition d'un opéra pour cette circonstance, il l'écrivit rapidement, et cet ouvrage fut exécuté avec succès devant l'impératrice. Pendant plusieurs années il vécut à Prague, sans autre emploi que d'enseigner la musique à quelques grands seigneurs protecteurs des arts; il donna aussi des leçons de composition à Dussek, à Misliweseck et à Cajetan Vogel, de l'ordre des Servites. Plus tard on lui confia la direction de la musique de l'église des Théatins; en 1750, il fut nommé maître de chapelle de l'église de Malte. Après avoir rempli ces dernières fonctions pendant vingt-trois ans, il fut appelé, en 1773, à Eger, pour y diriger la musique de la Collégiale. C'est dans ce lieu qu'il termina sa carrière, le 7 avril 1783, à l'âge de soixante-dix-sept ans. On a publié de sa composition : 1° *Missæ XII;* Prague, 1746, in-fol. — 2° *Litaniæ VI;* Prague, 1747, in-fol. Habermann a laissé en manuscrit des sonates pour divers instruments, des symphonies, des Messes, Litanies, Vêpres, *Salve Regina, Regina Cœli, Alma, Miserere, Stabat Mater, Requiem,* etc. En 1749, il écrivit un grand oratorio intitulé : *Conversio peccatoris,* qui fut exécuté à l'église Saint-Jacques de Prague : on a aussi de lui en manuscrit un autre oratorio, intitulé *Deodatus,* qui a été exécuté en 1754, à l'église de Malte. Toutes ces compositions se font remarquer par un profond savoir dans le contrepoint, mais non par le génie.

HABERMANN (François-Jean), fils du précédent, naquit à Prague vers 1750, y fit ses études littéraires et philosophiques, et reçut de son père des leçons de musique et de composition. Après la mort de celui-ci, il lui succéda comme maître de chapelle à Eger; il occupait encore cette place en 1799. On a de lui, en manuscrit, des Messes, graduels et offertoires.

HABERMANN (Charles), frère cadet de François-Jean le vieux, naquit à Kœnigswerth en 1712. Il eut de la réputation comme compositeur de musique d'église, et se distingua par ses messes et ses offertoires. Son talent comme tromboniste était aussi très-remarquable. Cet artiste est mort à Prague, le 4 mars 1766, à l'âge de cinquante-quatre ans.

HABERT (François), né vers le milieu du seizième siècle, fut maître de chapelle de l'église de Saint-Gatien, à Tours. En 1585, il obtint au concours ou *Puy de musique* d'Évreux, en Normandie, le prix de la harpe d'argent, pour la composition du motet *Dum aurora.*

HABISREUTINGER (Columban), bénédictin au couvent de Zwiefalten en Bavière, vécut dans la première moitié du dix-huitième siècle. Il a fait imprimer de sa composition : *Melodiæ Ariosæ,* pour les quatre livres de l'imitation de Jésus-Christ; Augsbourg, 1744.

HACKE (Georges-Alexandre), compositeur allemand, né vraisemblablement en Bavière, s'est fait connaître dans la première moitié du dix-huitième siècle par des ouvrages qui ont pour titres : 1° *Musikalische- Marianische Schütz-Kammer,* etc. (Trésor musical de Marie, 58 airs et motets pour toutes les fêtes de la Vierge); Augsbourg, Lotter. — 2° XIV Mélodies pour la fête de Noël et pour différents saints, etc., à une et deux voix chantantes, 2 violons, alto et basse continue pour l'orgue; ibid., in-4°.

HACKEL (Antoine), adjoint comptable dans la direction impériale d'architecture, à Vienne, et compositeur, est né en cette ville, le 11 avril 1790. Fils d'un médecin distingué, il était destiné à la même profession, mais la mort imprévue de son père ne lui permit pas d'achever ses études médicales : heureusement, la protection de quelques amis de sa famille lui fit obtenir la place qui lui a procuré une existence honorable. Dans sa jeunesse, il avait appris les éléments de la musique; mais il avait montré peu d'application et de persévérance pour cet art; plus tard les compositions de Beethoven éveillèrent en lui un goût qui sommeillait, et le déterminèrent à faire un cours régulier d'harmonie et de composition, sous la direction d'Emmanuel Fœrster. Sous les yeux de son maître, et ensuite abandonné à ses propres forces, il a écrit des chansons, de petites sonates, des rondeaux et d'autres compositions pour le piano, et tout le temps dont il a pu disposer a été employé à la composition. Hackel s'est même essayé dans des ouvrages plus considérables, et l'on connaît de lui une Messe solennelle, des Graduels, Offertoires, des marches et d'autres morceaux de musique militaire composés pour le régiment de Maximilien Joseph. A son premier quatuor pour quatre voix d'hommes, *Die Sterne* (Les étoiles), qui a eu beaucoup de succès, ont succédé des chansons, des ballades, des trios, quatuors, etc., parmi lesquels on cite particulièrement *La Revue nocturne,* sur les paroles du baron de Zeidlitz, et des chants d'adieu écrits pour M. Paek, chanteur estimé du théâtre de Josephstadt. Les compositions de Hackel ont été publiées à Vienne chez Diabelli, Mechetti, et à l'institut lithographique : il en avait beaucoup d'autres en manuscrit. Hackel est mort à Vienne, le 19 novembre 1846. François-Xavier Weigl a publié une notice sur ce compositeur amateur, sous le titre de *Erinnerung an A. Hackel;* Vienne, 1847, in-8°.

HACKENBERGER (André). *Voy.* Hakenberger.

HACKER (Benoit), éditeur de musique à Salzbourg, est né le 30 mai 1769 à Metten, près de Deggendorf, dans la Bavière inférieure. Destiné dès son enfance à la chirurgie, il fut envoyé à Wœrth, près de Ratisbonne, pour étudier cet art; mais l'aspect des opérations douloureuses fit sur lui une impression si pénible, qu'il résolut de retourner chez ses parents. Pendant son absence il avait perdu son père, et la pauvreté de sa mère ne lui laissait pas d'espoir de faire d'autres études; il n'eut alors d'autre ressource que de se livrer à la musique, sous la direction du maître de l'école de chant du couvent de Metten. Son penchant pour cet art s'était manifesté dès l'enfance. Après trois mois d'études sur l'orgue et le piano, il quitta l'école pour aller à Salzbourg, en 1783, chez un ami de sa famille qui lui donna Léopold Mozart comme maître de violon, et qui le recommanda à Michel Haydn, pour les autres parties de la musique. Sa fortune eut encore à souffrir bien des vicissitudes, et la mort de son protecteur l'obligea à se faire commis d'un libraire. Après plusieurs années passées dans l'exercice de cet état, il conçut le projet d'établir un commerce de musique à Salzbourg, et le réalisa en 1803. Hacker s'est fait une honorable réputation en Allemagne comme compositeur de musique d'église, et de chansons à plusieurs voix. Il a publié : 1° Sept messes allemandes à voix seule et orgue, avec 2 autres voix, 2 violons, et 2 cors ou trompettes *ad libitum;* Salzbourg, chez l'auteur. — 2° 6 chants allemands, pour être exécutés pendant et après la bénédiction, à voix seule et orgue, avec 2 voix d'accompagnement, 2 violons et 2 cors *ad libitum;* ibid. — 3° *Herr Gott, dich loben wir,* cantique allemand pour une voix et orgue, avec 2 voix d'accompagnement, 2 violons et 2 cors ou trompettes *ad libitum;* ibid. — 4° Recueil de chants d'église avec paroles allemandes pour une, deux ou trois voix avec orgue, n°s 1 à 24; ibid. — 5° Messe de *requiem* allemande pour une voix et orgue, avec 2 voix d'accompagnement, 2 violons et 2 cors ou trompettes *ad libitum;* ibid. — 6° Chants pour 4 voix d'hommes, n°s 1 à 14; ibid. — 7° Six chansons à voix seule avec acc. de piano, 1er recueil; Munich, 1798. — 8° 2e recueil idem; ibid., 1799. On connaît aussi de Hacker un opéra de carnaval pour des hommes seulement, intitulé *List gegen List,* etc. (Malice contre malice, ou le diable dans le château), représenté avec succès deux années de suite à Salzbourg. On ignore l'époque de la mort de Hacker.

HACHMEISTER (Charles-Christophe), organiste à l'église du Saint-Esprit, à Hambourg, vivait en cette ville vers le milieu du dix-huitième siècle. Il a fait imprimer de sa composition un recueil d'exercices pour le clavecin, consistant en 5 variations sur un menuet, sous ce titre : *Klavier Uebung bestehend in 5 ausserlesenen Variationen über eine Menuet zum nutzen der Information componirt, etc.;* Hambourg, 1753. Gerber dit que Hachmeister fait preuve dans cet ouvrage de bon goût autant que de savoir.

Un autre musicien de ce nom, né à Clausthal, en 1791, était directeur de musique à Mittau en 1822. Il a publié plusieurs recueils de chants pour des voix d'hommes.

HACQUART (Charles), musicien au service du prince d'Orange, naquit à Bruges, vers 1640. On connaît de sa composition les deux ouvrages suivants : 1° *Cantiones Sacræ 2, 3, 4, 5, 6 et 7 tam vocum quam instrumentorum,* op. 1; Amsterdam, 1674, in-fol. — 2° *Harmonia Parnassia Sonatarum, trium et quatuor instrumentorum;* Utrecht, 1686, in-fol. On voit par le titre et la préface de cet ouvrage que Hacquart demeurait alors à La Haye.

HADRAVA ou **HADRAWA** (...), pianiste distingué, né en Hongrie, était en 1774 secrétaire de la légation autrichienne à Berlin. En 1795, il était secrétaire d'ambassade à Naples, et donnait des leçons de musique au roi. En 1782, il a fait graver à Berlin six sonates pour le clavecin, et en 1793 il a publié à Naples *Sonata pel Clavicembalo.*

HÆFFNER (Jean-Chrétien-Frédéric), directeur de musique de l'université d'Upsal, et organiste de l'église cathédrale de cette ville, est né le 2 mars 1759, à Oberschœnau, dans le Henneberg, où son père était maître d'école. Pendant qu'il fréquentait l'école de Schmalkalden, il prit des leçons d'orgue et d'harmonie chez Vierling, organiste distingué. En 1776, il alla à l'université de Leipsick, y continua ses études, et vécut en corrigeant des épreuves chez Breitkopf. Dans les années 1778 et 1779 il fut attaché à des troupes ambulantes d'Opéra comme chef d'orchestre, et visita avec elles Francfort, Hambourg et quelques autres villes, où il commença à se faire connaître comme artiste. En 1780, il obtint d'un négociant allemand des lettres de recommandation pour aller s'établir à Stockholm, où il fut employé comme organiste, puis comme accompagnateur au Théâtre royal. En peu de temps, la langue suédoise lui devint si familière, qu'il la parlait avec autant de facilité qu'un Suédois. Le style dramatique de Gluck était devenu son modèle; les trois opéras *Électre, Alcide* et *Renaud,* que Hæffner écrivit pour le théâtre de Stockholm, sont des imitations de la manière de ce maître : ces ouvrages lui procurèrent la faveur de Gustave III, qui le nomma son maître de chapelle. En 1808, Hæffner a donné sa démission de ses fonctions à la cour, et s'est retiré à Upsal, où il a occupé depuis 1820 la position d'organiste de la cathédrale. On a de cet artiste un livre choral pour les églises de Suède, intitulé : *Svensk Koralbok;* Stockholm, N.-M. Lindhs, 1819, 1 vol. in-4° obl. de 128 pages. Ce livre contient tout le chant choral des églises de Suède, arrangé à 4 parties pour l'orgue. Hæffner est mort à Upsal, le 28 mai 1833, à l'âge de soixante-quatorze ans.

Indépendamment des trois opéras cités précédemment, cet artiste a écrit environ trente prologues pour les solennités de l'Académie d'Upsal. On connaît aussi de lui : 1° Des essais lyriques pour le chant, avec accompagnement de piano; Upsal, 1819. — 2° Des chansons suédoises avec accompagnement de piano; ibid., 1822. — 3° *Svensk Choralbok* (Livre de chant suédois), 1re partie; ibid., 1819; 2e partie, 1821. Hæffner s'est attaché à rappeler, dans ce travail, le chant choral de la Suède à sa pureté primitive, fort altérée dans la réforme qui en avait été faite en 1697. Il éprouva de grandes difficultés dans son entreprise, par l'opposition de la plupart des chantres et organistes suédois, et montra beaucoup d'emportement et de violence dans les disputes qu'il eut à soutenir à ce sujet. Mais lorsque son travail fut publié, il reçut une approbation générale. — 4° *Præludier till melodierna uti svenska Choralboken* (Préludes pour les mélodies du livre choral suédois); Upsal, 1822. — 5° Mélodies pour les chansons suédoises de Geyer et de Afzelius; ibid. — 6° Messe suédoise à quatre voix et orgue, dans l'ancien style. — 7° Hæffner a commencé en 1832 la publication du recueil d'anciens airs populaires de la Suède; deux cahiers avaient paru en 1833. Il a respecté dans cette publication la tonalité originale de ces mélodies.

HACKENZOELLNER (L.), compositeur de *Lieder*, à Vienne, vers 1845, y obtint des succès pour ce genre de composition. Il en a publié plusieurs recueils, chez Glœggl. Une de ses plus jolies inspirations a pour titre : *Die Linde* (Le Tilleul).

HÆHNEL (Jean-Ernest), facteur d'orgues de la cour de Saxe, dans la première moitié du dix-huitième siècle, fut un des meilleurs artistes de l'Allemagne, en son genre, à cette époque. Ses principaux instruments sont : 1° Un orgue de 31 jeux à Oschatz. — 2° Un autre à Kadiz, en Bohême. — 3° En 1737, il plaça l'orgue du château de Dresde dans l'église de Friedrichstadt. Hæhnel est aussi connu comme inventeur d'une espèce de *Clavecin d'amour*, ou de *Clavecin céleste*, dont on trouve la description dans la *Musica mechanica organædi* d'Adlung (t. 2, p. 126). Il demeura vers la fin de sa vie à Aubertsbourg, et y mourut.

HÆHNEL (Amélie), cantatrice du théâtre Kœnigstadt, à Berlin, puis du théâtre royal, en 1841, est née en 1807, et reçut son éducation musicale à Vienne, où elle débuta, en 1825, comme cantatrice de concert. Sa voix était un contralto contenu dans l'étendue de deux octaves, de *fa* grave à *fa* aigu. On vante la légèreté de sa vocalisation, la justesse de ses intonations et son accent expressif. Sa carrière théâtrale a commencé en 1829, dans le rôle de *Rosine*, où elle fut bien accueillie. L'arrivée de Mme Pasta à Vienne lui fournit un beau modèle, qui contribua beaucoup au développement de son talent. En 1830 Mlle Hæhnel accepta un engagement pour le théâtre Kœnigstadt à Berlin, où elle débuta avec beaucoup de succès, particulièrement dans le rôle de *Romeo* de *I Capuleti*. Depuis lors sa voix a acquis de l'étendue vers le haut. Elle a été considérée comme une des meilleures cantatrices du théâtre allemand.

HÆKEL (Antoine), facteur d'instruments, à Vienne, est le premier qui a construit celui qu'on connaît sous le nom de *Physharmonica*. Le premier de ces instruments parut en 1821 : ce n'était qu'une application en petit du système des anches libres sans tuyaux, avec un clavier de deux octaves et demie donnant précisément l'étendue du hautbois. M. Christian Dietz a perfectionné cet instrument, et lui a donné le nom d'*Aérophone* (*Voy.* Dietz). A vrai dire, le physharmonica n'était qu'un diminutif de l'*Æoline*, instrument à anches libres d'une plus grande étendue, construit en premier lieu par Eschenbach de Kœnigshoven, puis modifié par Schlimbach, facteur d'orgues à Ohrdruff; d'ailleurs, le principe de l'anche libre n'appartient à aucun de ces artistes, car il existe depuis plus de deux mille ans dans le *Cheng* des Chinois. C'est le même principe qui, par les travaux de Fourneaux père, de Debain, de Martin de Provins, d'Alexandre, et en dernier lieu de Merklin, a produit l'instrument complet, poussé jusqu'à la perfection, auquel on donne aujourd'hui le nom d'*Harmonium*. (*Voy.* tous ces noms.)

HÆNDEL (1) (Georges-Frédéric), illustre

(1) Dans la première édition de cette Biographie, j'ai écrit le nom de ce grand artiste conformément à l'orthographe adoptée par lui-même dans la signature de tous ses manuscrits originaux et dans sa correspondance, c'est-à-dire *Handel*, quoique je susse que Mattheson et d'autres biographes ont écrit selon l'orthographe allemande, *Hændel*. Les diverses collections de ses œuvres publiées en Angleterre, tant du vivant de l'auteur qu'après sa mort, ont le nom écrit *Handel*, et toutes les notices biographiques qui ont paru dans le même pays, y compris la grande monographie de M. Schœlcher, ont la même orthographe. Cependant le parti que j'avais pris n'a été approuvé ni en France ni en Allemagne : j'ai donc cru devoir reprendre dans cette édition l'orthographe allemande. Toutefois, il est bon de remarquer que M. Charles-Édouard Förstmann, qui a publié l'arbre généalogique de Hændel à Leipsick, en 1844, a constaté dans les registres de l'é-

compositeur allemand, a passé la plus grande partie de sa vie chez les Anglais, qui l'ont en quelque sorte adopté, et se sont approprié la gloire de ses travaux. Fils d'un chirurgien de Halle, ville de la Saxe, Hændel naquit en cette ville, le 23 février 1685. Dans la première édition de ce livre, j'ai donné, comme tous les biographes anglais et allemands, le 24 février pour la date de la naissance de Hændel; mais M. Förstmann a fait voir que ce jour est celui de son baptême. J'ai aussi indiqué l'année 1684, d'après les mêmes sources; mais l'acte de naissance porte 1685. Dès son enfance Hændel eut un goût si passionné pour la musique, que son père, qui le destinait à la jurisprudence, bannit de chez lui tout instrument de musique, et ne négligea rien pour éteindre ce penchant. Cependant, poussé par un instinct irrésistible, le jeune Hændel, aidé d'un domestique, réussit à placer une petite épinette dans une chambre haute, et, quoiqu'il ne connût pas une note de musique, il parvint à jouer de cet instrument par ses études persévérantes pendant la nuit, tandis que sa famille se livrait au repos. Il n'avait pas atteint sa huitième année lorsqu'il accompagna son père à la cour du duc de Saxe-Weissenfels, où il avait un frère consanguin, valet de chambre du prince. La liberté qu'on lui avait laissée de se promener dans le palais lui faisait trouver des clavecins dans diverses pièces des appartements; rarement il résistait à la tentation d'en jouer lorsqu'il était sans témoins; mais un matin, le service de la chapelle étant commencé, il alla se placer à l'orgue, et le fit résonner. Bien des fautes se faisaient remarquer dans ce qu'il y jouait, mais au milieu de ces irrégularités on distinguait une certaine originalité et un goût d'harmonie peu commun. Le duc envoya son valet de chambre pour s'informer de ce qui se passait, et celui-ci vint l'en instruire, en ajoutant que le jeune improvisateur était son frère. Saisi d'étonnement, le duc fit venir près de lui Hændel et son père, et insista pour qu'on renonçât à faire de cet enfant un docteur en droit, et pour qu'on développât ses heureuses dispositions par une bonne éducation musicale.

De retour à Halle, Hændel fut en effet confié aux soins de Zachau, excellent organiste, digne de servir de guide à ce beau génie dans ses premiers pas. Après lui avoir enseigné les éléments de la musique, Zachau mit entre les mains de son élève les œuvres des organistes les plus célèbres de l'Allemagne. Ce temps d'étude, qui dura deux ans, fut aussi employé par Hændel à écrire des fugues et des contrepoints conditionnels, genre de musique alors en vogue. Pendant ce temps, il apprenait aussi le latin; et, quoiqu'il n'eût étudié avec soin que la musique, il savait assez bien cette langue, même dans sa vieillesse. Dès l'âge de dix ans il composait des motets qui furent chantés à l'église principale de Halle. Pendant trois ans, il en écrivit un chaque semaine.

Lorsqu'il eut atteint sa treizième année, des amis firent remarquer à son père que Halle n'offrait point de ressources suffisantes pour développer le talent du jeune artiste : il consentit à l'envoyer à Berlin. Arrivé dans cette ville en 1696, Hændel y trouva l'Opéra sous la direction de Bononcini et d'Attilio Ariosti. Le premier, bon musicien, mais plein d'insolence et de vanité, accueillit mal l'enfant extraordinaire, lorsqu'il lui fut présenté; mais Ariosti, dont les manières étaient bienveillantes et douces, lui donna des témoignages d'intérêt, et prit plaisir à l'entendre sur le clavecin. Hændel ne fut pas longtemps à Berlin sans être remarqué par l'électeur (1), qui, charmé de son talent précoce, offrit de faire les frais d'un voyage en Italie pour le perfectionner; mais, par des motifs qui ne sont pas connus, cette offre ne fut point acceptée, et Hændel retourna à Halle. Peu de temps après, il perdit son père (1697) : rien ne le retenant plus alors dans le lieu de sa naissance, il s'en éloigna de nouveau, et se rendit à Leipsick. On manque de renseignements précis sur l'existence de Hændel dans cette ville jusqu'au moment où il se rendit à Hambourg, où était à cette époque le meilleur ou plutôt le seul bon Opéra allemand. Ce fut pendant l'été de l'année 1703 qu'il y arriva. Il s'y lia d'amitié avec Telemann et Mattheson. Nous sommes redevables à ce dernier de renseignements sur ces premiers temps de la carrière d'artiste où Hændel entrait alors. D'abord il joua la partie de second violon à l'orchestre de l'Opéra, et personne ne prit garde à lui. Reinhard Keiser était alors le soutien de ce théâtre, par le génie qui brillait dans ses compositions; mais cet illustre artiste s'était malheureusement associé pour l'exploitation du théâtre à un Anglais nommé *Drusike*, dont les folles dépenses ruinèrent l'entreprise, et Keiser fut obligé de se cacher quelque temps pour se soustraire aux poursuites de ses créanciers. Il fallut le remplacer dans l'orchestre comme directeur au clavecin :

glise Sainte-Marie de Saint-Laurent, à Halle, que les noms de la famille de l'illustre compositeur sont écrits tour à tour *Händel*, *Hendel*, *Hendeler*, *Händeler* et *Hendler* (p. 12, note *), mais plus souvent *Hændel*.

(1) Dans la première édition, j'ai donné à Frédéric Ier le titre de *roi*; mais il ne le devint qu'en 1701.

ce fut Hændel qui prit cette place ; il la remplit avec une rare habileté, au grand étonnement des autres musiciens, qui le croyaient un idiot dépourvu de talent. A cette époque, dit Mattheson (*Grundlage einer Ehrenpforte*, p. 93,) il composait des airs très-longs et des cantates interminables (*unendliche Cantaten*), qui ne brillaient point par le goût, et dans lesquelles il y avait même des fautes contre l'harmonie; mais bientôt les beaux opéras de Keiser lui firent prendre une meilleure direction dans ses travaux.

Comme organiste, Hændel était dès lors au rang des plus remarquables. Mattheson dit qu'on désirait dans son jeu plus de mélodie, mais que ses fugues étaient admirables. Le sentiment mélodique, qui paraît avoir été faible dans ses premières productions, s'est ensuite développé, et domine jusque dans les morceaux les plus sévèrement travaillés de ses beaux ouvrages. Au mois d'août 1703, il fut invité à se rendre à Lubeck avec Mattheson, afin d'y concourir pour le remplacement du célèbre organiste Buxtehude, qui, devenu vieux, voulait prendre sa retraite. Hændel fut jugé digne de succéder à ce grand artiste; mais celui-ci ne voulant se démettre de sa place qu'en faveur de l'artiste qui épouserait sa fille, ni lui, ni Mattheson, ne voulurent souscrire à cette condition; ils revinrent tous deux à Hambourg, après avoir été traités avec honneur par le magistrat de Lubeck.

L'amitié qui unissait Hændel et Mattheson ne se démentit pas jusqu'à la fin de 1704; mais le 5 décembre de cette année, pendant une représentation de *Cléopâtre*, troisième opéra de ce dernier, Hændel était au clavecin lorsque Mattheson, qui jouait le rôle d'Antoine dans son ouvrage, n'ayant plus à paraître dans le dernier acte, voulut revenir à l'orchestre et prendre la place de directeur, conformément à l'usage de l'Italie, où le maître est au clavecin pendant la représentation de son opéra : ce fut l'occasion d'une violente discussion; car Hændel considéra comme un affront pour lui la prétention de son ami, et ne voulut point s'éloigner du clavier. Furieux, Mattheson l'entraîna hors du théâtre après que la représentation eut été terminée. A peine arrivés dans la rue, tous deux mirent l'épée à la main, et là, entourés de spectateurs et d'artistes qui les avaient suivis, ils se battirent avec acharnement. C'en était fait vraisemblablement de la vie de Hændel si l'épée de Mattheson n'eût rencontré sur sa poitrine un large bouton de métal contre lequel elle se brisa. Par les bons offices d'un conseiller de la ville de Hambourg, cette affaire n'eut pas de suite, et les jeunes artistes furent réconciliés. Le 30 décembre, dit Mattheson (*loc. cit.*), j'eus l'honneur d'avoir Hændel pour hôte, et le même soir nous assistâmes à la répétition de son opéra *Almira*, après quoi nous fûmes meilleurs amis que jamais (1).

Hændel avait un grand nombre d'élèves à Hambourg, ce qui ne l'empêchait pas d'écrire beaucoup de musique pour les instruments, l'église et le théâtre. Le 8 janvier 1705, la première représentation de son opéra intitulé *Almira, reine de Castille*, fut donnée avec succès; mais déjà un autre ouvrage (*Néron*) était prêt : il fut joué le 25 février de la même année, c'est-à-dire environ six semaines après le premier. Il ne fut pas moins bien accueilli que l'autre. Après cet opéra, une lacune se fait remarquer dans l'activité productive de Hændel; car les autres opéras allemands qu'il donna à Hambourg ne furent représentés qu'en 1708 (2). Mais j'ai trouvé l'explication de ce silence de sa muse dans la partition d'un *Laudate* de la main de Hændel, et daté de Rome, le 9 juillet 1707. Un voyage en Italie a donc précédé cette date. Ce premier voyage a été ignoré de tous les biographes; Mattheson même, qui vécut dans l'intimité de Hændel, n'en parle pas; mais la date de l'ouvrage qui vient d'être cité et la signature de l'auteur ne laissent pas de doute à cet égard. *La Résurrec-*

(1) Mattheson ajoute qu'il n'est entré dans ces détails qu'afin de repousser les fausses allégations et les bruits injurieux qui ont couru sur l'affaire dont il s'agit. Certes, ce soin n'était pas inutile, car les bruits dont il se plaint ont été recueillis par l'histoire. Sur des renseignements inexacts, Hawkins a donné dans son Histoire générale de la musique (t. V, p. 265) une notice sur Hændel où il est dit qu'il s'était emparé de vive force de la place d'un autre accompagnateur, soutenu dans cette action inconvenante par la préférence du public; que le rival humilié (dont on ne dit pas le nom) avait dissimulé sa colère pour se venger dans un moment favorable; qu'il l'avait attaqué la nuit, armé d'un poignard, et que les jours de Hændel n'avaient été sauvés que parce qu'une partition placée sous son bras l'avait garanti du coup qui lui était porté. L'auteur anonyme d'une compilation intitulée : *Musical Biography* (W. Bingley), Londres, 1814, 2 vol. in-8°, a copié Hawkins à ce sujet (t. 2, p. 120) : il se serait épargné cette erreur s'il eût consulté une Biographie de Hændel, publiée à Londres en 1784, sous la direction de Smith, élève de ce maître, et les Anecdotes sur Hændel et Smith, rédigées sur les notes de Coxe, où le récit de l'aventure dont il s'agit est conforme à celui de Mattheson.

(2) M. Schœlcher dit (*The Life of Handel*, p. 13) que dans son opinion les opéras de ce maître *Daphné* et *Florinda* ont été représentés en 1706 : c'est une erreur; car je possède la collection complète des livrets d'opéras représentés au théâtre de Hambourg, depuis 1680 jusqu'en 1748, et les ouvrages de ce genre qui y ont été joués en 1706 sont : 1° *la Fedeltà coronata*; 2° *Masagniello* (sic) *furioso*; 3° *Justinius*; 4° *Germanicus Römischer General*; 5° *la Costanza sforzata, oder die lustige Rache des Sueno*; tandis que je trouve en 1708, *Die Verwandelte Daphne*; *Die lustige Hochzeit*; *il Fido Amico oder Hercules und Theseus*; *Florinda*; et *Bellerophon*.

tion, oratorio italien du même auteur, porte la date du 11 avril 1708, et fut écrite à Rome; Hændel n'avait donc point quitté l'Italie depuis le mois de juillet précédent, et ce n'est qu'au retour de son voyage qu'il composa *Florinda* et *Daphné*, opéras allemands que Mattheson considérait comme inférieurs à l'*Almira*. Hawkins et ses copistes se trompent sur toutes les dates des premiers travaux de Hændel; ils n'ont point connu les documents fournis par Mattheson dans ses deux notices. Au nombre des compositions de Hændel écrites à Hambourg se trouve une cantate de la *Passion* avec orchestre, poésie du sénateur *Brockes* de Hambourg, et dont les premières paroles sont : *Mich vom Stricke meiner Sunder*. Le manuscrit de cet ouvrage, écrit en 1704, se trouve à la bibliothèque royale de Berlin.

Vers le milieu de 1708, Hændel partit de Hambourg pour aller à Florence composer *Rodrigo*, son premier opéra italien, à la demande du prince de Toscane, frère du grand-duc Jean-Gaston de Médicis. L'ouvrage fut exécuté à la cour, en octobre de cette année, car j'ai trouvé, en 1841, deux airs de cet opéra (*Forte l'alma, è lieto il vollo*, et *Non mi sprezzar, crudele*) dans la précieuse collection musicale de feu M. Landsberg, à Rome : ils portaient cette date. Le prince fit à l'auteur un cadeau de cent sequins et d'un service de porcelaine. Dans les derniers jours de 1709, Hændel fit représenter à Venise son *Agrippina*, opéra dont le succès eut tant d'éclat, qu'on le joua vingt-sept fois de suite, ce qui était fort rare à cette époque (1). De Venise, il alla à Rome, où il écrivit une cantate intitulée *Il Trionfo del tempo* (1). L'ouverture d'*Agrippina* a donné lieu à une anecdote rapportée par Mattheson, où l'on voit un des traits de cette violence brutale qui malheureusement se reproduisirent souvent dans la vie de Hændel. Corelli exécutait ce morceau devant lui; furieux de ce que ce célèbre violoniste ne lui donnait pas l'expression convenable, Hændel lui arracha l'instrument des mains, et exécuta sa musique comme il voulait qu'on le fît. Corelli, avec sa douceur ordinaire, lui dit sans s'émouvoir : *Ma, caro Sassone, questa musica è nello stilo francese, di ch'io non m'intendo* (Mais, mon cher Saxon, cette musique est dans le style français, à quoi je n'entends rien) (2).

En 1710 Hændel se rendit de Rome à Naples; il y composa pour une princesse espagnole, que Mattheson désigne sous le nom de *Donna Laura*, une pastorale qui a pour titre : *Aci, Galathea* (sic) *e Polifemo*. Cette pastorale est entièrement différente de celle qui a été exécutée ensuite en Angleterre, et que Arnold a publiée dans sa collection des œuvres de Hændel. Ce compositeur resta peu de temps à Naples, et lorsqu'il en partit, il visita plusieurs villes d'Italie, n'y trouva point d'engagement, et résolut de retourner en Allemagne. N'ayant de préférence pour aucune ville, et ne connaissant point Hanovre, il résolut de s'y rendre. Steffani était alors le maître de chapelle de cette cour; il fit au jeune artiste le plus généreux accueil, le présenta au prince et le désigna comme son successeur. Cette époque fut décisive pour le caractère définitif du talent de Hændel; car il adopta dès lors le style élégant de Steffani, et en fit une heureuse fusion avec la vive et piquante modulation de l'harmonie allemande, et avec les qualités de son propre génie. De là vient qu'on remarque une différence très-sensible entre les productions de Hændel qui datent de ce temps et ses ouvrages antérieurs.

L'électeur de Hanovre avait offert à Hændel 1,500 écus d'appointements, avec le titre de maître de chapelle; l'artiste hésitait à accepter ces pro-

(1) M. Schœlcher a placé la représentation de cet opéra à Venise, au mois de janvier 1707; son erreur est évidente, car on lit dans la *Dramaturgia* d'Allacci (Venise, 1755, p. 18): « *Agrippina*, dramma recitato l'anno 1709, in Venezia, « nel teatro di S. Gio. Crisostomo. — In Venezia, appresso « Marino Rossetti, 1709, in-12. — Poesia di Vincenzo Gri- « mani, Patrizio Veneto, poi Cardinale di Santa Chiesa « e Vicere di Napoli — Musica di Giorgio Federigo Hendel, « tedesco. » M. le Dr. Chrysander, qui place la représentation de cet opéra en 1708 (G. F. Hændel, tome 1er, p. 181), a été également mal informé. Dans le livre qui a pour titre : *Le glorie della Poesia e della Musica* (in Venezia, 1730, in-12), l'*Agrippina* de Handel est portée à la date de 1710 et en tête des ouvrages de la saison d'hiver qui en Italie s'ouvrait le lendemain du jour de *Noël*; or, la saison d'hiver, de 1710 avait commencé le 26 decembre 1709. A l'égard de la pastorale *Aci, Galatea e Polifemo*, M. le Dr. Chrysander, qui la fait composer à la fin de 1708 et au commencement de 1709, et qui a réuni dans cette même année 1708 la composition de *Rodrigo*, d'*Agrippina*, *Il Trionfo del tempo*, l'oratorio *la Résurrection*, le psaume *Laudate*, et plusieurs autres ouvrages, s'est trompé : car j'ai prouvé que Hændel était à Hambourg dans la même année où il donnait *Daphne* et *Florinda*.

(1) Je me suis trompé lorsque j'ai dit dans la *Revue musicale* (t. VI, p. 170) que la cantate *Il Trionfo del tempo* fut écrite à Florence; c'est la Biographie publiée par Mattheson (Hambourg, 1761, in-12) qui m'a induit en erreur.

(2) M. Schœlcher dit que ce fait est démenti par la meilleure autorité de toutes, la partition d'*Agrippina*, où rien ne ressemble à la musique française : ce jugement est celui d'un amateur dont les connaissances sont insuffisantes. Il s'agit de l'ouverture, dont l'introduction est exactement dans le style de Lully, et dont l'*allegro*, en style fugué d'imitation, n'a aucun rapport avec la musique italienne dont Alexandre Scarlatti et Marcello étaient alors les grands représentants. L'ouverture d'*Agrippina* était et ne pouvait être que de la musique française pour Corelli.

positions, parce qu'il voulait visiter l'Angleterre; instruit de cette circonstance, le prince lui fit dire qu'il lui accordait un congé, et que son traitement lui serait payé comme s'il ne s'était pas éloigné de la cour. Hændel accéda à ces propositions, et partit immédiatement pour Halle, où il voulait visiter sa mère, devenue aveugle. Il vit aussi son ancien maître, Zachau, et quelques amis, puis il se rendit à Londres par Dusseldorf et la Hollande. Il y arriva au mois de décembre 1710. Le directeur du théâtre de Hay-Market l'engagea à écrire un opéra, et *Rinaldo*, que Hændel composa en quatorze jours, fut joué le 24 février suivant. Hawkins et ses copistes disent que le succès théâtral surpassa tout ce qu'on espérait; mais cette assertion est évidemment inexacte, car Burney nous apprend (*General History of Music*, t. IV, p. 225) que depuis le 24 février jusqu'au 2 juin, la pièce n'eut que quinze représentations. Toutefois, la musique fut recherchée avec tant d'empressement, que le marchand de musique Walsh gagna quinze cents livres sterling par sa publication. On cite à ce sujet un mot plaisant dit par Hændel, lorsqu'il eut connaissance de ce bénéfice : *Mon cher monsieur*, dit-il à Walsh, *il faut que tout soit égal entre nous; vous voudrez donc bien composer le premier opéra, et moi je le vendrai.*

Le congé qui avait été accordé à Hændel était près d'expirer : il lui fallut songer à retourner à Hanovre, et il alla prendre congé de la reine (Anne), qui lui fit de beaux présents et lui témoigna le désir de le voir revenir à Londres. Le premier ouvrage de Hændel, après son retour à la cour de l'électeur, fut la composition de douze duos de chambre, pour la princesse électorale Charlotte, qui fut ensuite reine d'Angleterre. Ces duos, devenus célèbres, sont écrits dans le style de Steffani, mais avec ces modulations vives et inattendues qui sont un des caractères du génie de Hændel.

Après un séjour d'environ neuf mois à Hanovre, il obtint de l'électeur la permission de retourner à Londres pour un temps limité. Il y arriva dans le courant du mois de janvier 1712. Son premier ouvrage fut l'ode pour célébrer le jour de naissance de la reine Anne (*Ode for the Queen Anne's Birth day*), qui fut exécutée le 6 février de cette même année (1). Le 22 novembre, il fit représenter au théâtre son *Pastor Fido*. Après que le traité de paix d'Utrecht eut été conclu, Hændel reçut de la reine l'ordre de composer un *Te Deum* et un *Jubilate*, qui furent exécutés le 7 juillet 1713, à l'église Saint-Paul, en présence de cette princesse. Le 10 décembre suivant, il fit jouer pour la première fois son *Teseo*, qui fut immédiatement après traduit en allemand pour le théâtre de Hambourg. Chacun de ces ouvrages ajoutait à sa réputation, et leur succès lui rendait agréable son séjour en Angleterre. La reine étant morte le 12 août 1714 (1), l'électeur de Hanovre fut appelé à lui succéder par acte du parlement, et vint prendre possession du trône, sous le nom de Georges Ier. Irrité contre Hændel, à cause de l'oubli qu'il avait fait de ses engagements, et aussi parce qu'il avait composé un *Te Deum* pour la paix d'Utrecht, considérée comme désastreuse par tous les princes protestants d'Allemagne, ce monarque éloigna de lui l'artiste à son arrivée en Angleterre. L'amitié du baron de Kilmansegge, chambellan du roi, pour Hændel, s'épuisa longtemps en vains efforts pour le faire rentrer en grâce; enfin, il crut avoir trouvé une occasion favorable dans une partie de plaisir qui devait avoir lieu sur la Tamise, et que le roi avait promis d'honorer de sa présence. Le baron demanda à Hændel de la musique pour cette fête, et celui-ci composa une symphonie suivie de divers morceaux de musique instrumentale. Tout cela est connu dans les œuvres de Hændel sous le nom de *Water-Music*. L'orchestre était placé dans une barque qui suivait celle du roi : le compositeur dirigeait lui-même l'exécution. Georges Ier n'eut pas de peine à reconnaître le génie de Hændel dans cette musique; mais, quoiqu'il eût paru satisfait, il ne parla point de l'auteur de l'ouvrage. Le baron attendait avec impatience une occasion favorable pour parler de son protégé : elle se présenta lorsque le roi témoigna le désir d'entendre Geminiani exécuter les nouveaux solos qu'il venait de publier. Craignant que ces morceaux ne répondissent pas à l'attente de Georges Ier, si le claveciniste était inhabile, Geminiani demanda que Hændel l'accompagnât : le roi y consentit. Lorsque Hændel se trouva en sa présence, il lui exprima son regret de l'avoir offensé, et sa résolution de réparer sa faute par les plus grands

(1) Il est assez singulier que M. Schœlcher dise dans une note de son livre (p. 34), que la date de la naissance de la reine Anne ne se trouve pas dans les dictionnaires biographiques, et qu'elle est si peu connue, qu'il ne l'a apprise que par l'obligeance de M. Rimbault, d'après l'autorité d'une gazette anglaise! On lit cependant dans toutes les éditions de l'*Art de vérifier les dates* cette indication très-précise : *Anne, fille de Jacques II et de Hidde, sa première femme, née le 6 février* 1665, etc. Moréri, éditions de 1740 et 1759; la *Biographie universelle* de Michaud, et tous les grands recueils biographiques publiés en France, donnent également cette date. Quels livres a donc consultés M. Schœlcher?

(1) M. Schœlcher dit que ce fut le 1er août : il a été mal informé.

efforts de zèle et de reconnaissance. Dès lors il rentra en grâce, et la faveur royale se manifesta en doublant le traitement que la reine Anne lui avait accordé (1).

Déterminé à se fixer en Angleterre, Hændel commença à céder aux instances de quelques personnages riches et titrés, qui témoignaient le désir de lier avec lui une connaissance intime. Le comte de Burlington avait pour ses ouvrages une admiration sans bornes; il offrit au célèbre artiste un logement dans sa maison, qui fut accepté. Dès ce moment, Hændel put se livrer en liberté aux inspirations de son génie. Il assistait fréquemment à des soirées de musique, dont ses compositions faisaient le principal ornement. Quelquefois il allait à Saint-Paul, quand le service du soir était achevé, et là il excitait l'enthousiasme d'une assemblée nombreuse et choisie par son talent d'organiste. Après un séjour de trois années chez le comte de Burlington, séjour pendant lequel il composa son opéra d'*Amadigi*, qui fut représenté le 25 mai 1715, il reçut du duc de Chandos l'invitation de prendre la direction de sa chapelle, dont Pepusch avait été quelque temps le maître. Ce seigneur magnifique ne fut point effrayé par les sacrifices qu'il devait faire pour mettre à la tête de sa musique le premier compositeur du royaume, et peut-être de l'Europe; quelles qu'aient pu être les prétentions de Hændel, elles furent acceptées, et l'illustre artiste alla s'établir, en 1718, à *Cannons-Castle*, résidence du duc. Il y composa vingt grandes antiennes pour plusieurs voix et instruments, dont on a publié douze, lesquelles sont mises au nombre de ses plus belles productions. C'est aussi pour le duc de Chandos qu'il écrivit sa pastorale anglaise d'*Acis et Galatée*, sur un poëme de Gay. Cette pastorale est entièrement différente de celle qu'il avait composée à Naples. Il est remarquable que le beau chœur de la pièce anglaise : *Behold the monster Polypheme*, dont l'expression d'horreur et d'effroi a toujours été admirée, est tirée d'un des douze duos de chambre de Hændel, dont les paroles ont un sens tout différent. Indépendamment de ces ouvrages, et nonobstant l'absence de Hændel de l'Angleterre pendant toute l'année 1717, à cause d'un voyage qu'il fit à Hanovre, à la suite du prince de Galles, ce grand artiste a écrit de 1718 à 1720 son *Te Deum* en *si bémol*, un autre *Te Deum* en *la*, quelques-uns de ses concertos de hautbois, une suite de pièces pour le clavecin, et l'oratorio *Esther*, le premier ouvrage de ce genre qui fut composé sur des paroles anglaises, et qui fut exécuté pour la première fois à *Cannons-Castle*, le 29 août 1720.

Il paraît que ce fut à Hanovre, en 1717, que Hændel écrivit son oratorio allemand *La Passion*, mais qu'il ne le termina qu'à Londres; car ce fut de cette ville que l'ouvrage fut envoyé à Hambourg, où il fut exécuté, soit à la fin de 1717, soit au commencement de 1718 (1).

Pendant la dernière année du séjour de Hændel chez le duc de Chandos, la plus haute noblesse du royaume forma une association pour la représentation des opéras italiens, au théâtre de Hay-Market; le roi donna mille livres sterling pour sa part dans la réalisation de ce plan. L'établissement prit le titre de *Royal Academy of Music*, et un comité composé d'un gouverneur, d'un vice-gouverneur, et de vingt directeurs, fut chargé de l'administrer. On donna à Hændel la mission de faire le choix des chanteurs. Per-

(1) D'après une note de Malcolm (*voyez ce nom*), M. Schœlcher (*Life of Handel*, p. 41) et M. le Dr. Chrysander (*G.-F. Hændel*, t. I, p. 425) placent la date de l'exécution de l'œuvre de Hændel connue sous le nom de *Water-Music* au 22 août 1715; mais Burney dit que l'ouvrage ne fut composé qu'en 1716, et Arnold a mis au titre de son édition : *The celebrated Water Musick in Score, composed in the year* 1716. Cette date est la bonne, car on vient de voir que Hændel ne rentra en grâce près de George Ier qu'à l'occasion de l'exécution de quelques-uns des solos de Geminiani, qu'il accompagna au clavecin. Or, les 12 solos pour violon avec basse continue, œuvre Ier de Geminiani, dédiés au roi, ne furent publiés qu'en 1716. Il est vrai que le roi se rendit à Hanovre le 7 juillet 1716, et ne revint en Angleterre qu'au mois de janvier 1717; mais rien ne prouve que la fête dont il vient d'être parlé n'a pas eu lieu avant le mois de juillet 1716. Au reste, ces vétilles méritent à peine qu'on s'en occupe; M. Schœlcher doit avoir eu beaucoup de temps à perdre lorsqu'il a rempli son livre de tant de discussions sur des choses de peu d'importance.

(1) Le premier, j'ai signalé au monde musical l'existence des manuscrits originaux de Hændel, dans ma *Revue musicale* (t. V, p. 577-593, et t. VI, p. 169-176). Je les découvris à Londres en 1829, dans une maison inhabitée où on les avait transportés, avec de vieux meubles provenant du château de Windsor. On n'avait eu jusqu'à cette époque que de vagues notions concernant cette précieuse collection. On n'y trouvait alors qu'une *Passion*, en allemand, sur laquelle je donnai cette note (t. V, p. 589) : « On peut aussi considérer comme un oratorio une « *Passion* en allemand. Le manuscrit n'est point de la « main de Hændel, mais une copie qui paraît, d'après la « notation, avoir été faite dans le nord de l'Allemagne. « Cet ouvrage est de la jeunesse de Hændel. Le texte est « pitoyable. » C'est cette même *Passion* à quatre voix et orchestre, qui se trouve à la bibliothèque royale de Berlin, sous le n° 268 *b*. Quant à l'autre *Passion*, qui est aujourd'hui au palais de Buckingham, et que M. Schœlcher y a trouvée, elle n'était pas dans la collection de manuscrits originaux que j'ai fait connaître en 1829. J'ai été induit en erreur lorsque j'ai dit qu'elle a été publiée autrefois à Leipsick, chez Breitkopf : je ne me souviens plus où j'ai trouvé ce renseignement.

suadé que le succès d'une telle entreprise serait subordonné au mérite des chanteurs, Hændel résolut d'attacher à son spectacle les meilleurs artistes qu'il pourrait se procurer. Dans ce dessein il se rendit à Dresde, et y engagea *Senesino* et la célèbre *Marguerite Durantasti*. Le premier opéra qu'il écrivit pour le nouveau théâtre fut le *Radamisto*, dont la représentation eut lieu dans l'hiver de 1720. Cet ouvrage fut accueilli avec transport, eut un grand nombre de représentations, et donna à la nation anglaise une haute idée des talents du compositeur. C'est ce même ouvrage qui, traduit en allemand, fut joué à Hambourg, en 1721, sous le titre de *Zénobia*. Hændel était l'âme de la nouvelle entreprise. Cependant, presque au même moment du succès qu'il venait d'obtenir commença contre lui une opposition née de la violence de son caractère et du ton hautain qu'il mettait souvent dans ses relations avec les directeurs et commissaires de l'Académie royale. Les ennemis de Hændel parvinrent à faire engager comme compositeurs Bononcini et Ariosti, en concurrence avec lui. Chacun de ces maîtres eut ses partisans jusque dans le sein de la commission administrative de l'Opéra : pour les mettre d'accord, il fallut décider qu'ils composeraient ensemble un opéra, et que chacun d'eux serait chargé d'un acte. Le sujet choisi fut *Muzio Scevola*. Bononcini écrivit le premier acte; Ariosti, le second, et Hændel, le troisième. Il eut fini son travail le 23 mars 1721. Son génie fut vainqueur dans cette lutte; mais son orgueil s'offensa d'avoir été mis en parallèle avec des hommes qu'il considérait avec raison comme inférieurs à lui.

Depuis 1720 jusqu'en 1726, Hændel écrivit dix opéras; l'*Alessandro*, qui fut le dixième, devint l'occasion de vives disputes qui préparèrent la ruine de l'Opéra. Les applaudissements frénétiques accordés par le public à Senesino avaient rendu ce chanteur hautain, même avec Hændel, qui payait ses dédains par des emportements. Dans le dessein d'humilier sa vanité, le maître engagea pour son *Alexandre* la fameuse cantatrice Faustina Bordoni, qui depuis lors devint la femme du compositeur Hasse. Il ne doutait pas que les succès de cette cantatrice ne diminuassent ceux de Senesino; mais des difficultés qu'il n'avait pas prévues vinrent bientôt contrarier ses projets. Une lutte s'établit entre les partisans de Faustina et ceux de la Cuzzoni, autre célèbre cantatrice, qu'on applaudissait depuis plusieurs années; les spectateurs, les musiciens, et jusqu'aux directeurs de l'Opéra, se partagèrent en deux camps ennemis, et bientôt l'amour-propre des deux femmes objets de cette querelle ne connut plus de bornes. Ne doutant pas que l'exemple de Senesino n'eût été contagieux pour elles, Hændel proposa le renvoi de ce chanteur aux administrateurs du théâtre, et ne put l'obtenir. De son côté, le compositeur se refusa non-seulement à écrire pour cet artiste, mais même à conserver avec lui aucun rapport. Le résultat inévitable de ces dissensions fut la ruine d'un théâtre qui pendant près de neuf ans n'avait connu que la prospérité : il fut fermé vers la fin de 1728. Les Opéras composés par Hændel pendant l'existence de cette entreprise furent : *Floridante*, 1721; *Ottone*, 1722; *Flavio*, 1723; *Giulio Cesare*, 1723; *Tamerlano*, 1724; *Rodelinda*, 1725; *Scipione*, 1726; *Alessandro*, 1726; *Ammeto*, 1727; *Riccardo primo*, 1727; *Siroe*, 1728; et *Tolomeo*, 1728.

Après la dissolution de l'association, quelques nobles, qui s'étaient déclarés les adversaires de Hændel, firent une nouvelle souscription pour l'établissement d'un opéra au théâtre de *Lincoln's Inn Fields* : Senesino y fut engagé. Ce nouvel établissement, dirigé par un comité de douze souscripteurs, ne laissa d'autre ressource à Hændel que de s'associer avec un ancien directeur de spectacle nommé Heidegger, pour organiser un autre opéra au théâtre de Hay-Market. L'acte d'association était fait pour trois ans. A peine fut-il conclu, que Hændel fit un voyage en Italie pour y engager des chanteurs. Ce qu'il en ramena de mieux fut *La Strada*, cantatrice d'un mérite très-remarquable. Le théâtre fut ouvert le 2 décembre 1729, par la première représentation de *Lotario*, opéra de Hændel. Ce maître écrivit *Partenope* pour la clôture de la saison, en 1730, et dans les années suivantes il composa *Porus*, en 1731, *Ezio*, en 1732, *Sosarme*, dans la même année, et retoucha son *Orlando* en 1733; il paraît même qu'il refit à peu près en entier celui-ci. Ayant été informé que ses adversaires se proposaient d'attenter à sa propriété en faisant exécuter son oratorio d'*Esther* et l'*Acis et Galathée*, lui-même les donna à son théâtre en 1732. Dans l'année suivante, Hændel fit un effort de génie en mettant au jour l'oratorio de *Deborah*, l'une de ses plus belles productions. Cet ouvrage acheva d'indisposer contre lui la noblesse, parce qu'il augmenta le prix d'entrée pour les soirées où l'oratorio était exécuté. C'est aussi dans cette même année 1733 que Hændel écrivit son oratorio *Athalie*, qui fut exécuté à Oxford pendant l'été, sous sa direction, et *Ariane*, opéra.

Le terme de l'association étant arrivé, Hændel prit la résolution de se charger de l'entreprise de l'Opéra à ses risques et périls. Pour la réalisation de ce projet, il se remit en voyage et alla à la recherche de chanteurs. Il entendit en Italie Farinelli et Carestini. Tous deux étaient des artistes de premier ordre; mais il y avait plus d'entraînement dans Farinelli, plus de ce je ne sais quoi qui est le génie de l'art et qui fait le succès populaire : malheureusement pour les intérêts de Hændel, ce maître lui préféra Carestini.

Jusque-là, ses adversaires n'avaient point eu plus de succès que lui dans leur entreprise; s'ils avaient des *chanteurs* plus aimés du public, les compositeurs obscurs qu'ils employaient ne pouvaient lutter avec son génie : des deux côtés, il y avait eu des pertes considérables. En 1734, il produisit son *Ariodant*, et dans l'année suivante, *Alcina*. Mais enfin le spectacle rival de Hændel fit l'acquisition de Porpora pour la direction de la musique, et de Farinelli comme premier chanteur; de plus, on le transporta au théâtre de Hay-Market, que Hændel avait été forcé d'abandonner, et qui avait l'avantage d'être au centre de la ville. Obligé de se réfugier avec ses chanteurs au petit théâtre de *Lincoln's Inn Field*, Hændel reconnut bientôt l'impossibilité de s'y soutenir en concurrence avec Farinelli et Senesino réunis; il n'y resta que peu de temps, abandonna son entreprise, et renonça enfin à une lutte désastreuse qui avait ruiné sa bourse, sa santé, et de plus avait porté atteinte à sa réputation; car on doit avouer que les opéras composés par Hændel jusqu'en 1720 sont bien supérieurs à ceux qu'il écrivit ensuite au milieu des ennuis de ses disputes et des embarras de ses spéculations. Des préoccupations de tous genres nuisirent aux inspirations de son génie; d'ailleurs, l'obligation de renouveler seul le répertoire de son théâtre le fit souvent travailler avec précipitation, et ne lui permit pas de terminer ses ouvrages avec soin. La puissance de son génie ne se retrouvait entière que dans ses oratorios. En renonçant à son entreprise d'Opéra italien, son caactère ferme et décidé avait cédé à la nécessité; mais il lui restait encore quelque espoir de soutenir la lutte à l'Opéra anglais de Covent-Garden; il se tourna de ce côté, et fit avec l'entrepreneur un arrangement pour la composition d'une *Alceste*, qu'il écrivit avec rapidité, dont on fit les répétitions, les décorations et les costumes, mais qui, par des circonstances inconnues, ne fut pas représentée. La plus grande partie de cet ouvrage a été ensuite adaptée à l'ode de Dryden, composition admirable connue sous le nom de *Alexander's feast*. Cet ouvrage fut exécuté pour la première fois le 10 février 1736. Dans la même année il donna *Atalante*, opéra composé à l'occasion du mariage du prince de Galles avec la duchesse de Saxe-Gotha; il écrivit pour la même circonstance l'antienne connue sous le titre de *Wedding Anthem*, et enfin il fit représenter son *Arminio*.

Près de huit années agitées par l'inquiétude et par des soins de toutes espèces, des travaux multipliés, et le chagrin causé par la perte des richesses qu'il avait autrefois amassées, détruisirent la santé de Hændel. On lui conseilla l'usage des eaux de *Tunbridge;* mais, au lieu d'en éprouver du soulagement, ses maux s'accrurent au point que ses facultés morales en parurent altérées; et pour comble de malheur, son bras droit fut frappé de paralysie. Les médecins ne connaissant point de remède à cet accident, l'envoyèrent aux bains d'Aix-la-Chapelle. Ce ne fut pas sans peine qu'il se résolut à y aller : cependant ce voyage lui procura tant de soulagement, que six semaines suffirent pour lui rendre l'usage de son bras. Au commencement de novembre 1736, il retourna a Londres, dans un état de santé satisfaisant, et avec l'esprit retrempé d'une nouvelle énergie. Décidé à ne rien négliger pour regagner la faveur publique, il fit de nouveaux efforts dans les opéras anglais *Justin* et *Berenice*, qu'il écrivit pour le théâtre de Covent-Garden; mais le succès ne répondit pas à ses espérances. Il était devenu évident que la musique dramatique de Hændel avait perdu son attrait pour les Anglais; rien ne prouva mieux leur indifférence à cet égard que la tentative infructueuse de quelques amis de ce grand artiste, qui voulurent publier une collection de ses ouvrages à son bénéfice; car la souscription fut à peine suffisante pour les frais de l'impression. Une seule exception se fit remarquer au milieu de cet oubli : elle vint du comte de Middlesex, qui demanda à Hændel, en 1737, *Pharamond*, opéra, et *Alexandre Sévère*, pasticcio que Hændel traduisit ensuite en allemand. Le comte donna au compositeur mille livres sterling pour prix de ces partitions (1). *Serse*, commencé le 28 décembre 1737, fini le 6 février 1738 et représenté le 14 du même mois; *Deidamie*, commencé le 27 octobre 1739, fini le 30 novembre suivant; et *Imeneo*, opéra fini le 10 octobre de la même année, furent les derniers ouvrages de Hændel pour le théâtre. Ici finit pour le grand artiste une longue suite de tourments et de déceptions : bientôt après il entra dans une carrière nouvelle de gloire et de fortune.

(1) Il y a dissentiment sur ce fait entre Hawkins et Burney; car ce dernier assure que le comte de Middlesex et le duc de Dorset ne se chargèrent de l'entreprise du théâtre que dans l'automne de 1741.

Persuadé qu'un compositeur parvenu à un âge qui touche à la vieillesse est moins propre aux ouvrages dramatiques qu'à la musique grave, Hændel prit, en 1740, la résolution de n'écrire que des oratorios, de la musique d'église et des pièces instrumentales. Déjà il avait composé précédemment les oratorios de *Déborah*, *Esther*, *Israël en Égypte*, et *Athalie*, admirables productions du génie de ce grand homme. S'il en faut croire les biographes anglais, le motif principal de la résolution que Hændel prit d'écrire des oratorios aurait été l'espoir d'une bonne spéculation, parce que l'exécution de ces drames religieux pendant le carême, où tout autre spectacle était interdit, n'occasionnait aucune dépense pour des costumes, des décorations, ni même pour des chanteurs renommés; car l'exécution d'une musique simple et large, dont l'effet était particulièrement dans les chœurs, n'exigeait que de belles voix et une habileté ordinaire. Il est permis de croire en effet que des soins de fortune ne furent point étrangers à la direction que prit alors le talent de Hændel; mais on ne peut mettre en doute que son âme d'artiste n'ait surtout éprouvé le besoin de développer les rares facultés qu'il tenait de la nature et de l'art pour le nouveau genre de musique qu'il adoptait, et de mettre en œuvre son habileté dans le style fugué, si bien approprié aux compositions de cette espèce. Il s'était d'ailleurs déterminé à introduire dans ses oratorios le concerto d'orgue, dont l'invention paraît lui appartenir. Plus de vingt-cinq ans s'étaient écoulés depuis le temps où il se faisait entendre à une société choisie sur l'orgue de Saint-Paul, et depuis lors un petit nombre d'amis savaient seuls qu'il n'avait point de rival en Angleterre comme organiste, et qu'il n'y avait dans toute l'Europe que Jean-Sébastien Bach qui l'emportât sur lui à cet égard. Par exception cependant, le 7 et le 14 avril 1736, où il fit exécuter son oratorio d'*Esther*, il avait exécuté deux concertos d'orgue chaque soir, afin d'exciter la curiosité du public. Son admirable talent d'exécution eut donc pour le public anglais le mérite de la nouveauté : ce ne fut pas une des moindres causes de l'immense succès qu'obtinrent les oratorios. Dans chaque exécution d'un oratorio, il introduisait un concerto d'orgue, presque toujours placé avant le chœur final. C'est ainsi qu'après un air ajouté à son oratorio italien *Il Trionfo del Tempo*, il a écrit ces mots sur sa partition : *Segue il Concerto per l'organo, e poi l'Alleluia.*

Le 28 mars 1738, Hændel avait donné pour son bénéfice son oratorio *Saül*, dont le produit fut, dit-on, de 800 livres sterling, et, selon Mainwaring (auteur de *Mémoires sur la vie de Hændel*), de 1,500 livres, ce qui paraît exagéré. Saül fut suivi de l'ode pour le jour de Sainte-Cécile (*Ode for Santa-Cecilia's day*, 1739), des sonates en trios pour deux violons ou flûtes et violoncelle, 1739; de *L'Allegro ed il Penserozo*, 1740; de *Imeneo*, opéra, 1740, et de *Deidamia* opéra, même année. Ce fut surtout en 1741 que ces séances de musique religieuse obtinrent un succès de vogue lorsqu'on entendit le *Messie* (*Messiah*), considéré à juste titre comme le chef-d'œuvre de Hændel. A l'admiration qu'inspire un si bel ouvrage se joint l'étonnement lorsqu'on se souvient que son auteur était âgé de cinquante-sept ans lorsqu'il l'écrivit, et que toute la partition fut achevée dans l'espace de vingt-quatre jours. Ces faits sont prouvés par le manuscrit original de cette sublime composition qui existe dans la collection appartenant à la reine d'Angleterre. Outre que la notation porte les traces d'une rapidité prodigieuse de main, on trouve en plusieurs endroits des dates écrites par l'auteur, qui ne laissent aucun doute sur l'espèce d'improvisation de ce monument de sa gloire. Au bas de la première page sont ces mots : *Angefangen den* 22 *August* 1741 (commencé le 22 août 1741). A la fin de la première partie, on trouve cette date : *August* 28, 1741. On lit au bas de la seconde partie : *September* 6, 1741. Enfin, après la troisième partie, on trouve cette souscription : *Fine dell' oratorio. G.-F. Handel. September* 12, 1741; et les derniers morceaux ajoutés ou changés furent terminés le 14 du même mois. On a souvent cité la facilité de quelques compositeurs modernes : il est bien peu d'exemples qui égalent celui-là. Hændel était si pressé par les copistes, que sa notation est à peine formée; on a remarqué avec raison que quatre duos italiens, précédemment écrits par Hændel, ont fourni les thèmes de quatre chœurs du *Messie*; ce qui ne doit point étonner, si l'on songe à la prodigieuse rapidité avec laquelle ce grand ouvrage a été composé. La plupart des dates qui se trouvent sur les divers manuscrits de Hændel démontrent que cette facilité de production était une qualité constante de son génie.

Le duc de Devonshire, à cette époque lord lieutenant d'Irlande, ayant invité Hændel à visiter ce royaume, l'illustre compositeur entreprit ce voyage, et arriva à Dublin le 18 novembre 1741. Pendant l'espace de cinq mois, il y fit entendre *L'Allegro ed il Penseroso, Acis et Galatée*, l'*Ode de Dryden*, *Esther*, *Alexander's Feast* et l'*Imeneo*. Le 18 avril 1742 il y donna son admirable *Messie*, au bénéfice de trois institutions de charité. Le 23 mai suivant, il fit exécuter son *Saül;* et le 3 juin il fit entendre une seconde fois le *Messie*, comme concert d'adieu. Le 13 août il quitta Dublin, et retourna à Londres, après un séjour de près de neuf mois en Irlande.

A peine Hændel avait-il terminé le *Messie*, qu'il commença un nouvel oratorio sur des morceaux choisis du *Samson* de Milton ; et son travail fut d'abord très-rapide, car la fin de la première partie est datée du 29 septembre 1741, conséquemment quinze jours après l'entier achèvement du *Messie*. Mais le voyage de Hændel en Irlande, et son long séjour à Dublin ne lui permirent de terminer le *Samson* qu'en 1742. Le succès de ce bel ouvrage fut des plus brillants; et dès lors la supériorité de Hændel sur les autres compositeurs devint pour les Anglais un article de foi; dès lors aussi les oratorios attirèrent chaque année la foule à Covent-Garden. Cependant, la rancune de la noblesse contre l'artiste n'était point encore apaisée : on souffrait impatiemment ses succès; et pour y mettre obstacle on imagina d'interdire les oratorios, sous prétexte que toute assemblée destinée à l'amusement devait être interdite pendant le carême. Peu s'en fallut que la fermeté de Hændel n'échouât encore en cette occasion; mais enfin le peuple prit parti pour lui, sa volonté l'emporta : les oratorios furent entendus chaque année, et le *Messie* devint l'objet d'une admiration générale. A ses précédents oratorios Hændel ajouta, dans l'espace de huit ans, *Sémélé*, *Joseph*, *Hercule*, *Balthasar*, un oratorio de circonstance intitulé *The occasional oratorio*, *Judas Maccabée*, *Alexandre Balus*, *Josué*, *Salomon*, *Susanne*, *Theodora*, *le Choix d'Hercule*, cantate, et *Jephté*. De plus, il écrivit dans le même temps son grand *Te Deum* (*en ré*), plusieurs concertos d'orgue, douze concertos de hautbois, plusieurs *concerti grossi*, et beaucoup d'autres pièces.

Vers la fin de l'année 1750, Hændel s'aperçut de l'affaiblissement de sa vue; le mal augmenta progressivement, et avant la fin de 1751 sa cécité fut complète. *Jephté*, dont le manuscrit original appartient à la reine d'Angleterre, est le dernier ouvrage sorti de la main de l'artiste. Il fut commencé le 21 janvier 1751, et fini le 27 juillet de la même année. Quelques additions faites à la partition n'ont été terminées que le 30 août suivant : l'écriture du compositeur est fort altérée dans ce manuscrit; et l'on y voit que sa vue était excessivement affaiblie. Au bas d'une des dernières pages, il a écrit d'une main tremblante: *Sweet as sight to the blind* (Doux comme la vue à l'aveugle). Les médecins lui conseillaient l'opération de la cataracte : il hésita quelque temps à s'y soumettre; mais enfin il se confia aux soins du docteur Sharp, qui tenta cette douloureuse opération à plusieurs reprises et ne put réussir. Convaincu qu'il n'y avait plus d'espoir pour lui de recouvrer la vue, Hændel se soumit à son sort avec courage, et ne s'occupa plus que du soin de se faire remplacer pour la direction de la musique dans l'exécution annuelle des oratorios; Smith, son élève, et fils de son copiste, fut l'artiste qu'il choisit pour cet emploi. Les dernières années de Hændel s'écoulèrent dans une vie douce et calme. Ses forces diminuèrent sensiblement au commencement de 1758; dès lors il prévit sa fin et se résigna. La faiblesse augmenta jusque dans les premiers mois de 1759, et le 13 avril de cette année il s'éteignit. Des obsèques magnifiques lui furent faites à l'abbaye de Westminster; l'évêque de Rochester et le doyen de l'abbaye y officièrent, et les chœurs réunis de Saint-Paul et de Westminster y chantèrent son antienne funèbre, ainsi que plusieurs autres morceaux de sa composition. Après le service, il fut inhumé dans cette célèbre abbaye de Westminster, réservée à la sépulture des rois d'Angleterre et de quelques grands hommes. Un tombeau en marbre blanc, orné de la statue de l'artiste célèbre, lui fut élevé dans le même lieu, où il se voit encore. C'est près de ce tombeau que l'anniversaire de la mort de Hændel fut célébré avec une pompe extraordinaire, dans des concerts qui furent donnés en 1784, 1785, 1786, et 1787. La musique exécutée dans ces concerts était choisie dans les œuvres de Hændel. La première année, le nombre des chanteurs et des instrumentistes s'élevait à 500; il s'accrut progressivement dans les années suivantes, en sorte qu'il y avait 616 exécutants en 1785, 741 en 1786, et 806 en 1787. Burney a publié la description de ces grandes fêtes musicales, dans un livre de luxe intitulé : *Account of the musical performance in commemoration of Handel* (Notice de l'exécution musicale, en mémoire de Hændel).

Si l'on considère les voyages lointains et fréquents qui remplirent une partie de la vie de Hændel, ses emplois auprès de plusieurs princes et grands seigneurs, ses occupations multipliées comme directeur de spectacle et des concerts, et les embarras de tous genres qu'ils lui suscitèrent, on ne comprend pas qu'il ait trouvé le temps nécessaire pour écrire l'immense quantité d'ouvrages qui est sortie de sa plume; mais telle était son activité dans le travail, qu'aucun de ses moments n'était perdu. Dans les commencements de son séjour en Angleterre, il partageait le temps entre la composition et la direction des concerts du duc de Rutland, du comte de Burlington, et du duc de Chandos; plus tard il rompit toutes ces relations, et n'en voulut plus former d'autres. Il refusait toutes les invitations qui lui étaient faites, et ne sortait de chez lui que pour l'exercice de ses fonctions comme directeur de spectacle, comme chef d'orchestre, ou comme maître de musique de la famille royale. Toute visite lui était importune; et il n'admettait près de lui que trois amis intimes, les seuls à peu près qu'on lui connût, à savoir Smith, son élève, un peintre nommé Goupy, et Hurter, teinturier en écarlarte. On ne lui connut d'affection pour aucune femme; et il vécut dans le célibat le plus rigoureux. Incessamment livré au travail, il composait et écrivait ses pensées avec une rapidité qui tenait du prodige, ou jouait du clavecin. Celui dont il se servait était un instrument de Ruckers, dont il avait usé le clavier de telle sorte, que les touches étaient creusées comme des cuillers. Le seul goût étranger à la musique qu'on lui ait connu était celui de la peinture; il possédait quelques bons tableaux, et il ne manquait jamais d'aller voir ceux qu'on exposait en vente.

Également ennemi de la parcimonie et de la prodigalité, Hændel avait réglé sa dépense en proportion de son revenu. La portion fixe de ce revenu consistait en six cents livres sterling, dont deux cents lui étaient accordées par la reine Anne, deux cents par le roi Georges Ier, et le reste lui était payé comme maître de musique des princesses. L'autre portion de son revenu était précaire et dépendait surtout du produit du théâtre ou des concerts; car la vente de ses ouvrages n'eut presque jamais de résultat avantageux que pour le marchand de musique qui en était l'éditeur. A l'époque de sa brouillerie avec la noblesse, il possédait dix mille livres sterling; les désastres de ses entreprises de théâtre absorbèrent non-seulement cette somme jusqu'au dernier schelling, mais obligèrent Hændel à souscrire des billets aux acteurs de son Opéra, pour les sommes considérables qu'il leur devait. Ces artistes quittèrent l'Angleterre, n'emportant que la promesse qu'ils seraient payés : ils le furent en effet plus tard, lorsque les bénéfices considérables qu'il fit dans ses concerts spirituels eurent procuré au célèbre musicien les moyens de se libérer. Ces concerts produisaient annuellement à Hændel environ *deux mille* livres sterling de revenu. A sa mort il légua mille guinées à l'hospice des enfants trouvés, et environ cinq cent mille francs à ses pauvres parents d'Allemagne.

A l'exception de quelques études latines que Hændel avait faites dans son enfance, son éducation avait été négligée; il ne savait bien que la musique et la langue italienne. Un long séjour en Angleterre lui avait donné assez d'habitude de l'anglais pour sentir les beautés des poëtes et pour les bien exprimer; mais il prononça toujours les mots de cette langue avec l'accent allemand. Dans sa conversation, il mêlait souvent les idiomes des diverses contrées où il avait résidé, surtout lorsqu'il était animé ou ému par la colère, ce qui donnait à son langage l'air le plus étrange, et parfois le plus comique.

Deux grands défauts ternissaient l'éclat qui rejaillissait sur lui des productions de son génie. Le premier était une violence de caractère, un emportement qui ne connaissait point de bornes; le second, une intempérance qui le faisait souvent s'abandonner aux excès les plus condamnables. Dans les accès de sa colère, il était capable de se porter aux dernières extrémités : c'est ainsi que, dans un mouvement de fureur contre la cantatrice Cuzzoni, qui refusait de chanter l'air : *Falsa imagine*, de son opéra d'*Othon*, il la prit dans ses bras, et la menaça de la jeter par la fenêtre si elle persistait dans son refus. Quelquefois ses emportements avaient un côté plaisant : on cite à ce sujet l'aventure suivante. Le D. Morell, poëte d'opéra qui arrangeait ses livrets, osa un jour lui faire remarquer qu'un passage de sa musique n'était pas en harmonie avec le sens de ses paroles : au lieu de prendre cette remarque en considération, Hændel, pâle de colère, s'écria : *Voulez-vous m'apprendre mon art? Ma musique est bonne, elle est excellente; ce sont vos paroles qui ne valent pas le diable!* puis, se mettant au clavecin et frappant le clavier de toute sa force : *La voilà, ma musique! Je vous répète qu'elle est bonne, excellente, parfaite! Allez-vous-en faire des paroles sur ma musique!* De telles habitudes auraient dû, ce semble, contracter les traits de son visage, et leur donner un caractère dur; mais il n'en était point ainsi. Sa figure était belle et noble; sa taille était élevée; il avait beaucoup d'embonpoint; sa démarche était lourde et sans grâce; mais lorsque rien ne l'agitait, son extérieur annonçait de la douceur et de la tranquillité. La plupart des portraits qu'on a de lui manquent de ressemblance; ils sont en grand nombre. Les plus connus ont été gravés : 1° par J.-G. Wolfgang, gr. in-fol., à Berlin; 2° par Houbraken, in-fol., 3° par Faber, d'après Hudson, in-fol.; 4° par Schmidt, d'après le même, in-fol.; 5° par Rebecca, d'après le même, in-4°; 6° par Grignon, pour l'histoire de la musique de Hawkins; 7° par Rolfsen, pour la vie de Hændel par Mattheson; par Henne, d'après Bartolozzi, pour la description des fêtes musicales de Westminster, de Burney; 9° par Hardy, gr. in-fol., pour une collection de dix-huit airs de Hændel, publiée à Londres en 1790; 10° par Handings, d'après Denner, pour les *Anecdotes sur Hændel et sur Smith*, publiées à Londres en 1799, gr. in-4° : celui-ci paraît être le plus ressemblant.

Le caractère dominant du talent de Hændel est la grandeur, l'élévation, la solennité des idées. Autour de cette qualité, qu'il a portée jusqu'au sublime, se groupent d'autres genres de mérites secondaires, qui font de plusieurs de ses ouvrages des modèles de perfection en leur genre. Ainsi, la modulation, quoique souvent riche, inattendue, est toujours douce et naturelle; ainsi, l'art de disposer les voix et de les faire chanter sans effort paraît lui avoir été aussi facile qu'aux maîtres italiens de la bonne école, quoique la contexture serrée de son harmonie présentât des obstacles à cette facilité. On a accusé Hændel de manquer de mélodie : cette critique ne me paraît pas fondée. C'est de la mélodie, et de la mélodie des plus suaves que celle de quelques airs de *Radamiste*, d'*Othon*, de *Renaud*, *de Rodelinde*, et de plusieurs autres opéras de Hændel, mais de la mélodie qu'on ne peut apprécier qu'en se plaçant à un certain point de vue pour apercevoir tout ce qu'il y a de profond et d'expressif dans ses accents. C'est aussi de la mélodie qu'on trouve dans plusieurs pièces de ses suites de clavecin, mais de la mélodie environnée de détails si riches, qu'elle ne peut être sentie que par une oreille exercée et délicate. C'est surtout dans les chœurs que Hændel est incomparable pour la grandeur du style, la netteté des pensées, et la progression de l'intérêt. L'effet de ces morceaux, dont le plus grand nombre n'est accompagné que par des violons, des violes et des basses, est immense et accuse des proportions colossales. Telle est même la puissance de ces chœurs, que, loin d'y ajouter par le luxe de l'instrumentation moderne, on ne pourrait que l'affaiblir. Mozart, cet homme dont le sentiment musical fut une des merveilles de la nature, Mozart, dis-je, avait bien compris cette difficulté d'augmenter l'effet des chœurs de Hændel; car, après avoir ajouté des parties d'instruments à vent au *Messie*, il disait qu'il n'avait réussi à colorer que les airs. Beethoven, si riche et si puissant dans les effets de ses compositions, se prosternait aussi devant le grandiose de Hændel, et avouait que la simplicité de ses moyens était une véritable magie.

Deux hommes sortis de la même école furent en présence dans la première moitié du dix-huitième siècle; ils furent les géants de la musique de leur époque : ces deux hommes sont Hændel et Jean-Sébastien Bach. On a souvent essayé de les comparer, dans le but de donner la palme à l'un ou à l'autre; il me semble qu'ils ont été tous deux mal appréciés. A l'exception de quelques formes de style, inhérentes à l'époque où ils vécurent, les routes qu'ils suivirent et les qualités de leur génie sont absolument différentes. Point d'analogie dans le but qu'ils se proposèrent; point de rapport exact dans leurs travaux; donc point de vainqueur ni de vaincu. Toutefois, l'appréciation parallèle de ces deux grands artistes n'est point sans intérêt pour l'histoire de l'art, car elle est de nature à faire comprendre par combien de voies différentes l'homme de génie peut fournir une noble et belle carrière.

L'éclat des succès de Hændel fut basé pendant près de trente ans sur des productions de musique dramatique plus que sur d'autres ouvrages; J.-S. Bach n'a point écrit pour le théâtre : il n'y a donc pas d'analogie entre eux sur ce point; mais tous deux ont écrit de la musique d'église, des oratorios, des cantates, de la musique instrumentale; tous deux ont été de grands organistes, et ont composé pour l'orgue et le clavecin : voyons ce qui les distingue dans ces choses, par la direction qu'ils ont prise.

Hændel, incessamment placé en évidence, désirant et recherchant la faveur publique, et s'adressant à des assemblées nombreuses, qu'il fallait émouvoir, a dû s'occuper des moyens qui pouvaient le mieux atteindre ce but. Soit que la nature l'eût doué originairement des qualités qui pouvaient y conduire plus sûrement, soit que ces qualités aient été le résultat de l'art et de l'observation, il est certain qu'il y arriva principalement par la netteté de la pensée et par la simplicité des moyens, évitant toute complication qui aurait pu nuire à une facile perception, chez un peuple dont l'éducation musicale était peu avancée. C'est aussi par les mêmes motifs que s'il y a dans ses compositions richesse et variété de motifs, il y a uniformité dans la manière de les traiter. Ouvrez tous les opéras, tous les oratorios de Hændel, vous y verrez une imagination féconde dans la production des motifs, mais une instrumentation presque partout la même, et des formes identiques dans toutes les circonstances analogues. Nul doute que ce ne fût ainsi qu'il fallait faire pour que l'attention ne fût pas distraite des beautés fondamentales qui rendent ces grandes compositions impérissables; mais enfin on ne peut nier que Hændel ne soit tombé dans la formule à cet égard. La musique d'église de ce grand homme a été aussi écrite pour des occasions données et toujours solennelles; les mêmes conditions se retrouvaient donc dans ses compositions de cette espèce, parce que les circonstances étaient semblables.

Bach, organisé sans doute d'autre manière, s'est trouvé aussi pendant toute sa vie dans une situation absolument différente. Vivant presque toujours isolé, dans de petites villes, et dans les fonctions modestes d'organiste ou de maître d'école, l'art n'exista pour lui qu'en lui seul. N'ayant point d'auditoire, point d'appétit de fortune, il ne travailla que pour se plaire, et la récompense de ce qu'il fit pour l'art ne se trouva que dans l'art lui-même. Son âme chaleureuse et son vaste cerveau purent concevoir à loisir d'immenses combinaisons dominées par de grandes pensées, sans s'inquiéter de l'effet extérieur et de l'opinion d'une assemblée. Rien de tout ce qu'il faisait n'était destiné à voir le jour; du moins l'artiste le croyait. Chaque création de son génie allait prendre place dans une armoire quand elle était achevée; elle était suivie d'une création nouvelle. Point d'entraves donc; point de considération du succès; point de formules. De là ces hardiesses inouïes et ces inventions qui débordent dans sa *Passion*, dans sa messe en *si* mineur, dans les psaumes, et dans plus de cent cantates ornées d'instrumentations toutes originales. De là, dis-je, ces trésors d'imagination qui n'ont été tirés de l'oubli que plus d'un demi-siècle après la mort de leur auteur.

Mais par cela même que Bach n'a point soumis sa musique d'église, ses oratorios, ses cantates, ses plus belles compositions instrumentales à l'effet de l'exécution devant de nombreuses assemblées; par cela même qu'il n'a été connu de ses contemporains que comme le plus grand organiste de son temps, ses inventions, si hardies, si multipliées, n'ont point exercé d'influence sur l'art de son époque; et lorsqu'elles ont été connues, les transformations que cet art avait éprouvées depuis environ soixante-dix ans étaient telles, qu'il ne s'est plus trouvé qu'un petit nombre d'hommes assez éclairés pour apprécier ces œuvres singulières, qui se présentent à nous comme des abstractions sublimes plutôt que comme des monuments de l'histoire de l'art. Hændel représente une époque de cette histoire : il en est l'expression réalisée dans l'ordre le plus élevé; Bach a été au delà; par un effet de la plus vaste conception, il s'est affranchi de toute formule; il a conçu dans ses ouvrages la variété infinie des formes; et ces formes incessamment modifiées ne sont que les accessoires d'une pensée grande et forte qui domine tout. Mais ces orchestres doubles ou triples, ces deux ou trois chœurs, qui ont tous des desseins différents, offrent à l'attention une si grande complication d'éléments divers, que l'esprit en est comme accablé. Un mûr examen fait découvrir le lien qui unit tous ces éléments et les dirige vers le but; mais où trouver une population douée de l'attention nécessaire, et capable de faire un effort continu d'intelligence pour comprendre une telle musique?

En résumant ce qui vient d'être dit, on voit que Hændel se distingue par la netteté de la pensée, Bach par la profondeur; Hændel est grand par sa simplicité, Bach par ses combinaisons complexes. Tous deux sont doués d'un vif sentiment du beau; mais ce sentiment se manifeste chez eux dans des ordres d'idées absolument différents.

Il était entre eux une autre différence; mais celle-ci était tout à l'avantage de Bach. Tout ce qu'on sait de la vie de Hændel démontre que la musique tout entière se résumait dans son esprit en ses propres ouvrages. Il ne s'occupait guère des travaux des autres compositeurs de son temps, à moins que ce ne fût dans une vue de critique, et ne paraissait aimer l'art que pour la gloire et pour les autres avantages qu'il en recevait. Il n'en était pas ainsi de Bach : admirateur passionné de tout ce qui était beau, il recherchait avec empressement les artistes distingués, et rendait une justice impartiale à leur mérite. On sait qu'il se rendit inutilement plusieurs fois à Halle pour y voir et entendre Hændel, aux différentes époques où celui-ci visita l'Allemagne, tandis que Hændel n'a jamais manifesté le désir de connaître Bach, que la renommée lui signalait comme son rival le plus redoutable sur l'orgue.

Les œuvres de Hændel se divisent en cinq classes, qui sont : 1° les opéras; 2° les oratorios; 3° la musique d'église; 4° la musique de concert et de chambre; 5° la musique d'orgue et de clavecin. La liste suivante de ces productions est la plus complète qu'on connaisse.

I. Opéras allemands : 1° *Almira;* à Hambourg, 1704. — 2° *Néron;* ibid., 1705. — 3° *Florindo;* ibid., 1708. — 4° *Daphné;* ibid., 1708. — 5° *Theseus;* Londres, 1711. — 6° *Amadis;* ibid., 1715. — 7° *Admète;* ibid., 1727. — 8° *Alexandre Sévère,* pasticcio tiré des œuvres de l'auteur. — II. Opéras italiens : — 9° *Rodrigo;* à Florence, 1708. — 10° *Agrippina;* Venise, 1709. — 11° *Aci, Galatea e Polifemo*, pastorale; Naples, 1710. — 12° *Rinaldo;* Londres, joué le 24 février 1711. — 13° *Pastor fido*, ibid., le 22 novembre 1712. — 14° *Teseo*, le 10 décembre 1713. — 15° *Amadigi*, le 25 mai 1715. Cet opéra est le même, sauf quelques changements, que l'*Amadis* en allemand. Un manuscrit origin la de lepartition de cet ouviage se trouvait en 1844 chez MM. Kalkin et Budd, à Londres. M. Rimbault, dont les grandes connaissances musicales sont connues (voyez ce nom), a constaté l'authenticité de ce manuscrit par une note annexée à cette précieuse relique. - 16° *Radamisto*; ibid., le 27 avril, 1720. — 17° *Muzio Scevola*. La partition originale porte a date du 23 mars 1721. — 18° *Floridante*; au mois de décembre 1721. — 19° *Ottone*; Londres, 1722. — 20° *Flavio*; ibid., mai 1723. — 21° *Giulio Cesare*; ibid., 1723. — 22° *Tamerlano*; ibid., commencé le 3 juillet 1724, fini le 23 du même mois. — 23° *Rodelinda*; Londres, achevé le 30 janvier 1725. — 24° *Scipione*; ibid., fini le 2 mars 1726. — 25° *Alessandro*; ibid., achevé le 11 avril 1726. — 26° *Ammeto*; 1727. — 27° *Riccardo*; ibid., achevé le 16 mars 1727. — 28° *Siroe*; ibid., représenté le 5 février 1728. — 29° *Tolomeo*; ibid., fini le 19 avril 1728. — 30° *Lotario*; ibid., représenté le 2 décembre 1729. — 31° *Partenope*; ibid., fini le 12 février 1730. — 32° *Poro*; ibid., fini le 16 janvier 1731. — 33° *Sosarme*; ibid., fini le 4 février 1732. — 34° *Orlando*; ibid., fini le 20 novembre 1732. — 35° *Ezio*; ibid., 1733. — 36° *Ariana*; ibid., fini le 5 novembre 1733. — 37° *Tito*, fini au commencement de 1734; non représenté. — III. Opéras anglais : 38° *Alceste*; Londres, 1734. — 39° *Ariodant*; ibid., achevé le 24 octobre 1734. — 40° *Alcine*; ibid., représenté le 8 avril 1735. — 41° *Atalante*; ibid., fini le 22 avril 1736. — 42° *Arminius*, fini le 3 octobre 1736. — 43° *Justin*; ibid., commencé le 14 août 1736, fini le 7 septembre de la même année. — 44° *Berenice*; ibid., commencé le 18 décembre 1736, fini le 18 janvier 1738. — 45° *Pharamond*; ibid., commencé le 15 novembre 1737, fini le 24 décembre de la même année. — 46° *Xercès*, commencé le 26 décembre 1737, fini le 6 février 1738; représenté le 14 du même mois. — 47° *Alexandre Sévère* (différent de l'opéra allemand), mars 1738. — 48° *Deidamie*, pasticcio avec des morceaux nouveaux, commencé le 27 octobre 1739, fini le 30 novembre suivant. — 49° *L'Allegro, il Penseroso ed il Moderato*, opéra allégorique, commencé le 19 janvier 1740, fini le 4 février suivant. — 50° *Le Parnasse en fête*, intermède, 1734. — 51° *Imeneo*, pasticcio, fini le 10 octobre 1740. — 52° *Acis and Galathea*, pour le duc de Chandos, 1719. — IV. Oratorios : 53° *Passion*, en allemand, de la jeunesse de Hændel. Le manuscrit de cet ouvrage, qui n'est point de la main de Hændel, se trouve dans la collection de la reine d'Angleterre. On en trouve une copie à la Bibliothèque royale de Berlin. — 54° *Il Trionfo del Tempo*; Florence, 1707. — 55° *La Resurrezione*, fini à Rome, pour le jour de Pâques, le 11 avril 1708. — 56° *Esther*, chez le duc de Chandos, le 20 août 1720 (sur des paroles anglaises). — 57° *Deborah* (sur des paroles anglaises); Londres, 1733. — 58° *Athalie*; idem, ibid., 1735. — 59° *Israel en Égypte*; idem, ibid., 1738. — 60° *Saül*; idem, ibid., 1738. — 61° *Le Messie*; idem, ibid., commencé le 22 août 1741, fini le 14 septembre suivant. — 62° *Samson*; idem, ibid., fini le 12 octobre 1742. On dit dans plusieurs notices sur la vie de Hændel que cet ouvrage fut écrit par Smith, sous la dictée de l'auteur, après que celui-ci eut été frappé de cécité : mais c'est une erreur, car Hændel ne perdit la vue qu'en 1751. Son manuscrit original, signé par lui, existe dans la collection de la reine d'Angleterre. — 63° *Sémélé*; idem, ibid., commencé le 3 juin 1743, fini le 4 juillet suivant. Cet ouvrage n'est point un oratorio à proprement parler : c'est plutôt une cantate dramatique. — 64° *Joseph*; idem, ibid., 1743. — 65° *Hercule*; idem, ibid., commencé le 19 juillet 1744, achevé le 17 août suivant. — 66° *Balthazar*; idem, ibid., commencé le 23 août 1744, exécuté le 23 septembre de la même année. — 67° *Occasional Oratorio*; idem, ibid., 1745. Cet ouvrage fut exécuté à l'occasion de la victoire de Culloden; c'est de là que lui vint son titre. — 68° *Judas Machabée*; idem, ibid., commencé le 19 juillet, fini le 11 août suivant. — 69° *Alexandre Balus*; idem, ibid., commencé le 1er juin 1747, fini le 30 du même mois, exécuté le 4 juillet suivant. — 70° *Josué*; idem, ibid., commencé le 19 juillet 1747, fini le 18 août suivant. — 71° *Suzanne*; idem, ibid., belle composition peu connue, commencée le 11 juillet 1748, achevée le 9 août de la même année. — 72° *Salomon*; idem, ibid., 1748. — 73° *Theodora*; idem, ibid., commencé le 24 juin 1849, fini le 17 juillet suivant, exécuté le 27 du même mois. — 74° *Le Triomphe du temps et de la vérité*, traduit de l'italien, avec quelques changements; idem, ibid., 1750. — 75° *Jephté*, dernier ouvrage sorti de la main de Hændel, commencé le 23 janvier 1751, fini le 17 juillet de la même année. — V. Musique d'église : 76° Environ soixante Motets allemands et cantates religieuses, composés à Halle, depuis l'âge de seize ans jusqu'à celui de dix-neuf. Il existe vingt-trois de ces morceaux à deux, trois, quatre et cinq voix, avec deux violons et orgue; dans la collection de la reine d'Angleterre; les manuscrits n'ont point de date. — 77° *Laudate pueri*, à quatre voix et orchestre, écrit à Rome, et achevé le 8 juillet 1707. — 78° *Dixit*, à cinq (en *sol* mineur), fini à Rome, le 4 avril 1707. — 79° Messe à quatre voix, 2 violons, 2 hautbois, alto et orgue, écrite à Naples en 1710. — 80° *Te Deum* (en *re*) composé pour la paix d'Utrecht, et exécuté à Saint-Paul en 1714. — 81° *Jubilate*, grand motet à 4 voix et orchestre, composé pour la même circonstance. — 82° Plusieurs antiennes anglaises à 3, 4, 5 voix et orgue, pour le service de la chapelle du roi Georges Ier, à Londres, en 1717. — 83° Douze grandes antiennes anglaises à 4 voix et orchestre, composées en 1719 et 1720 pour la chapelle du duc de Chandos, gravées à Londres en partition. — 84° Grande antienne du couronnement de Georges Ier (*My Heart is indilting*). — 85° Autre grande antienne (*The King shall rejoice*), pour la même circonstance. — 86° Autre antienne (*Let thy hand be strengthen'd*) pour la même circonstance. — 87° Autre grande antienne (*Zadok, the priest*) pour la même circonstance. — 88° Antienne pour le couronnement du roi Georges II, à quatre voix, orgue et orchestre, composée en 1727. — 89° Antienne ou cantate funéraire pour la mort de la reine Caroline, à 4 voix et orchestre, l'une des plus considérables compositions de Hændel, écrite en 1737. — 90° Antienne nuptiale (*Wedding Anthem*) pour le mariage du prince de Galles, père de Georges III, à quatre voix et orchestre, grande et belle composition. — 91° *Te Deum* (en *si* bémol), à 4 voix et orchestre, gravé en partition dans la collection d'Arnold. — 92° *Te Deum* (en *la*), à 4 voix et orchestre (dans la même collection). — 93° *Te Deum* (en *re*) bref, à 4 voix et orchestre (dans la même collection). — 94° Grand *Te Deum* à 4 voix et orchestre, connu sous le nom de *Te Deum de Dettingen*, parce qu'il a été composé et exécuté à l'occasion de la bataille de Dettingen, gagnée en 1743 par les Autrichiens et les Anglais, réunis sous le commandement de Georges II. Ce *Te Deum* est célèbre. — 95° Antienne de Dettingen, à 5 voix et orgue, composé pour la même circonstance. — 96° Grand *Jubilate* précédé et suivi de symphonies, pour la même circonstance. — 97° Psaumes allemands, à quatre voix et orchestre, écrits à Hambourg de 1703 à 1709, et publiés en 3 volumes in-fol., dans cette ville, chez Christiani, savoir : 1° *Lobsinget Gott, ihr Engel des Herrn*; 2° *Kommt, Herr, lasst uns singen unserm Gott*; 3° *So wie der Hirsch nach Labung lechzt*; 4° *Der her ist mein Licht*; 5° *Herr, mach' dich auf*; 6° *Erbarme meiner dich, o Gott*; 7° *Mein Lied singet laut*. — VI. Musique de concert et de chambre : 98° Beaucoup d'airs détachés et de cantates avec orchestre, sur des paroles allemandes, composés à Hambourg, depuis 1703 jusqu'en 1708. La plupart de ces morceaux, qui n'ont jamais été publiés, se trouvent dans la collection des manuscrits originaux de Hændel appartenant à la reine d'Angleterre. — 99° Environ deux cents cantates avec accompagnement de clavecin, composées pour le service de la cour de Hanovre, depuis 1711 jusqu'en 1713. — 100° Une suite de duos à deux voix avec basse continue, composés pour l'électrice de Hanovre. Ces duos ont été publiés à Londres en 1714, par Walsh, et ont été reproduits avec un choix de cantates, en deux volumes, par Arnold, dans sa grande collection des œuvres de Hændel. — 101° Ode à la reine Anne, à quatre voix et orchestre, écrite au mois de décembre 1713. — 102° *Water Music*, suite de diverses pièces instrumentales composées pour une fête sur la Tamise donnée au roi Georges Ier. — 103° *Fire Music*, suite de pièces instrumentales composées pour un feu d'artifice, à l'occasion de la bataille de Dettingen. — 104° *La Fête d'Alexandre*, grande cantate à quatre voix et orchestre, mal à propos considérée en France comme un oratorio. — 105° Sonates en trios pour deux violons, et violoncelle, ou deux hautbois et basse continue, souvent réimprimées, deux suites. — 106° Cantates à trois voix et basse continue. Plusieurs éditions en un volume in-fol. — 107° Douze grands concertos pour quatre violons, 2 violes, violoncelle et basse continue pour clavecin ou orgue; plusieurs éditions. — 108° Symphonie concertante pour divers instruments, publiée par Arnold dans sa collection. — 109° Douze concertos pour hautbois et orchestre; plusieurs éditions. — 110° Douze solos pour flûte allemande et basse continue, composés pour le prince de Galles. — VII. Musique d'orgue et de clavecin : 111° Leçons pour le clavecin composées de pièces de différents genres; trois suites souvent publiées en Angleterre, en France et en Allemagne. Ces compositions sont du plus beau style, et ne peuvent être mises en parallèle qu'avec les pièces du même genre composées par J.-S. Bach. — 112° Six fugues pour le clavecin, *différentes de celles qui se trouvent dans les suites*, publiées par Arnold. Elles ont été aussi publiées comme fugues pour l'orgue, avec le numéro d'œuvre 3. — 113° Dix-huit concertos pour l'orgue, divisés en trois suites, dont la troisième a été publiée pour la première fois en 1797. Ces concertos ne sont pas dans le grand style de l'orgue; Hændel ne les a composés que pour plaire au public, et l'attirer aux oratorios. La troisième suite de l'édition publiée par Walsh est donnée comme deuxième suite dans l'édition des œuvres complètes d'Arnold.

Tel est l'ensemble prodigieux d'ouvrages sortis de la plume de Hændel : presque toutes ces compositions sont de grandes dimensions, et l'on conçoit à peine qu'un seul homme ait pu suffire au travail matériel qu'elles ont exigé. On a fait plusieurs éditions de presque toutes ces productions. Les plus importantes sont les premières éditions anglaises publiées par Walsh, Meare et Cluer, où se trouvent les opéras italiens et anglais représentés à Londres, les oratorios, les cantates italiennes, les *Te Deum*, *Jubilate* et grandes antiennes, et les pièces d'orgue. Ces éditions ne sont pas belles; mais elles ont le mérite de la correction. Le roi Georges III, qui n'aimait ou plutôt ne connaissait que la musique de Hændel, voulut élever un monument à la gloire de ce grand artiste, dans une édition complète de ses œuvres, exécutée avec beaucoup de luxe typographique; Arnold (*voy.* ce nom) fut chargé de la direction de cette entreprise, et le roi lui confia les manuscrits autographes de Hændel qu'il avait acquis à l'époque de sa mort; mais Arnold ne justifia ni la confiance du prince ni l'attente des amateurs, car son édition est remplie de fautes. Il n'a pas profité des ressources que lui offraient les manuscrits originaux pour les variantes; et s'il a publié quelques ouvrages qui n'avaient point vu le jour pendant la vie de l'auteur (par exemple l'oratorio de la *Résurrection*), il y a laissé plus de fautes encore que dans les copies des anciennes éditions. De là vient que les partitions de Hændel publiées par Walsh sont aujourd'hui plus recherchées par les connaisseurs que la collection d'Arnold, dont les exemplaires étaient originairement cotés à un prix fort élevé, surtout en grand papier. Cette collection, d'ailleurs, n'a pas été achevée : on y trouve tous les oratorios, à l'exception de *la Passion*, en allemand, formant 21 volumes in-fol., cinq *Te Deum*, l'antienne et le *Jubilate* de Dettingen, les grandes antiennes du duc de Chandos, les antiennes des couronnements de Georges Ier et de Georges II, l'antienne funéraire de la reine Caroline, et l'antienne nuptiale, en 17 volumes. *La Fête d'Alexandre*, *Water Music*, *Fire Music*, les douze grands concertos, la symphonie concertante, les concertos de hautbois, les trois suites de concertos d'orgue, les suites et les fugues de clavecin, les solos de flûte allemande, l'ode à la reine Anne, une musique de ballet intitulée *Mask*, les duos de chambre à 2 voix et les cantates en trios, 18 volumes; mais *Sosarmes*, *Acis et Galathée*, *Thésée*, *Jules César*, *L'Allegro*, et *Agrippine*, sont les seuls opéras qu'Arnold a publiés. Une belle et correcte édition a été entreprise vers 1835, par une société d'artistes distingués, au nombre desquels on remarque MM. W. S. Bennet, Macfarren, Mendelsohn, Moscheles, Rimbault, etc. Il en a été publié douze volumes, dont *Israël*, *Esther*, *le Messie*, *Belshazzar*, *Samson*, *Judas Machabée*, *Saül*, les antiennes du couronnement et de Dettingen, *L'Allegro*, l'*Ode de Dryden*, et *Acis et Galathée*, mais il n'y a pas eu de souscripteurs en nombre suffisant pour continuer l'entreprise.

Le *Te Deum* de la paix d'Utrecht a paru à Leipsick, chez Schwickert, en 1783, par les soins du maître de chapelle Hiller. Mozart a ajouté des instruments à vent au *Messie*, avec un texte allemand, et la partition, ainsi arrangée, a paru à Leipsick, chez Breitkopf et Hærtel. M. Gasse a publié à Paris, en 1827, une partition du même oratorio avec l'instrumentation de Hændel, le texte anglais, une traduction française et un accompagnement de piano. Adrien, chanteur de l'Opéra de Paris, a placé un texte latin sur le même ouvrage; la partition manuscrite avec ce texte existe à la bibliothèque du Conservatoire. Choron a fait graver, en 1826, les parties de chœur séparées, avec cette version. Le même éditeur a publié ensuite les oratorios de *Samson*, d'*Athalie* et *La Fête d'Alexandre* avec une traduction italienne et un accompagnement de piano. Les oratorios de *Josué*, *Israël en Égypte*, *Judas Machabée*, *Samson*, *Saül*, *Athalie* et *Jephté* ont été publiés à Berlin, à Francfort, à Vienne et à Bonn, avec des textes allemands, en grande partition et en partition pour le piano. Breitkopf et Hærtel, de Leipsick, ont donné une édition du 100e psaume (*Jauchzedem Herrn*), à 4 voix et orchestre. L'antienne du couronnement de Georges II et le *Te Deum* de Dettingen, avec des traductions allemandes et un accompagnement de piano, ont aussi paru à Bonn et à Berlin. A l'égard des suites de pièces de clavecin et des fugues pour le même instrument, il en a été fait plusieurs éditions anciennes et modernes à Paris, Zurich, Leipsick, Vienne et Berlin.

Les oratorios de Hændel sont exécutés chaque année dans les festivals des musiques en Angleterre, et sont aussi choisis souvent pour les fêtes musicales de l'Allemagne. En 1834, *Deborah* a été entendu à la fête d'Aix-la-Chapelle; M. Ferdinand Hiller (*voy.* ce nom) a ajouté pour cette solennité des parties d'instruments à vent à la partition originale.

Parmi les notices biographiques de Hændel qui ont été publiées, on distingue, comme la première en date, celle que Mattheson a donnée dans ses *Fondements d'un arc de triomphe où se trouvent la vie, les œuvres et le mérite des plus habiles maîtres de chapelle*, etc. (Grundlage einer Ehrenpforte, etc.), pages 93-101, d'après ses propres souvenirs et sa correspondance. Celles dont les titres suivent : 1° *Memoirs of the live of the late G.-F. Handel*, Londres, 1760, in-8°. Cette notice a été écrite, d'après des renseignements fournis par Smith, par le révérend John Mainwaring, du collége de Saint-Jean, à Cambridge. — 2° *Geor.-Friederich Hændels Lebensbeschreibung, nebst einem Verzeichnisse seiner Ausübungsverke und deren Beurtheilung*, etc.; *vom Mattheson*; Hambourg, 1761, in-8° de dix feuilles. Cette notice de Mattheson est une traduction de la précédente, avec des remarques du traducteur sur les œuvres de Hændel. Une traduction française abrégée de la même notice a été insérée dans les *Variétés littéraires, ou recueil de pièces, tant originales que traduites, concernant la Philosophie, la Littérature et les Arts*, par l'abbé Arnauld et Suard; Paris, 1778, 4 vol. in-12. — 3° Une vie abrégée de Hændel a été donnée par le maître de chapelle Hiller, dans ses Notices critiques sur la musique (*Wœchentliche Nachrichten*, etc.), 4e année, p. 379, 387, 395. Elle est traduite d'une notice anglaise publiée dans le *Gentleman's Magazine* de 1760. Hiller a retouché cette notice dans ses Biographies de musiciens célèbres (*Lebensbeschreibungen berühmter Musikgelehrten*, p. 99-127.) — 4° Une notice détaillée sur la vie et les œuvres de Hændel se trouve dans le cinquième volume de l'Histoire de la musique par Hawkins (*voy.* ce nom); elle contient des renseignements curieux, mais elle n'est pas exempte d'erreurs. Cette même notice a servi de base à celle qu'on trouve dans le *Musical Biography, or memoirs of the lives and writings of the most eminent musical composers and writers* (t. II, p. 125-163). C'est aussi la notice de Hawkins que Burgh a mise à contribution pour ce qu'il a donné dans sa compilation intitulée : *Anecdotes of Music, historical and biographical* (t. III, p. 1-125); mais il y a ajouté (p. 193-249) des anecdotes qu'il a extraites de deux ouvrages dont il sera fait mention tout à l'heure. — 5° *The life of George-Frederic Hændel*; Londres, 1784, in-8°. Cette notice est citée dans la Revue critique (*Critical Review* de 1784, t. LVIII, p. 240). — 6° *Account of the musical performance in Westminster Abbey to commemoration of Handel*; Londres, 1785, in-4°. Dans cette description des fêtes musicales de Westminster, Burney (*voy.* ce nom) a donné une notice étendue sur la vie et les œuvres de Hændel. Cet ouvrage a été traduit en allemand par Eschenburg (*voy.* ce nom), avec des additions et des notes. — 7° On a de Reichardt un petit ouvrage intéressant sur la jeunesse de Hændel (*Georg. Friederich Hændels Jugend*), Berlin, 1785, 30 pages in-8°. — 8° *Anecdotes of George-Frederik Handel and John Christopher Smith, with pieces of their music never before published* (Anecdotes sur Georges-Frédéric Hændel et Jean-Christophe Smith, avec des pièces de leur musique qui n'ont point été publiées auparavant); Londres, Bulmer, 1799, in-4°. Cet ouvrage n'est pas de Coxe; Gerber a été induit en erreur à cet égard par les catalogues anglais, et a été copié par Lichtenthal. J'ai fait la même faute dans le deuxième volume de cette biographie; Coxe a seulement fourni les matériaux de ces anecdotes, mais l'auteur de la rédaction a gardé l'anonyme. — 9° Herder a donné aussi une notice sur Hændel, dans la deuxième partie de son *Adrastea*, n° 5, Leipsick, 1802. — 10° Krause en a publié une autre, dans ses *Darstellungen aus der Geschichte der Musik* (p. 155-170). — 11° Enfin, M. Théodore Milde a donné aussi une notice sur le même sujet dans son livre intitulé *Ueber das Leben und die Werke der beliebtesten deutschen Dichter und Tonsetzer* (Sur la vie et les ouvrages des poëtes et des musiciens allemands les plus célèbres); Meissen, 1834, 2 parties in-8° : c'est un morceau de peu de valeur. M. John Bishop, qui a donné de bonnes éditions de quelques-uns des plus beaux ouvrages de Hændel, avec accompagnement de piano, a mis en tête de ces œuvres une bonne notice abrégée de la vie de l'illustre maître, sous le titre de *Brief Memoirs of George-Frederic Handel* (8 pages in-fol.). On doit à M. Charles-Édouard Förstemann, docteur en théologie et philosophie, un travail plein d'intérêt intitulé : *Georg.-Friedrich Hændel's Stammbaum, nach Original-Quellen und authentischen Nachrichten* (Arbre généalogique de Georges-Frédéric Hændel d'après les sources originales et des notices authentiques). Leipsick, Breitkopf et Hærtel, 1844, très-grand in-folio de 14 pages, avec des tableaux généalogiques.

Dans ces derniers temps, deux ouvrages importants ont paru sur la vie et les œuvres de Hændel. Le premier est le fruit des laborieuses recherches de M. Victor Schœlcher, amateur des arts, ancien membre de l'Assemblée nationale de

France, réfugié à Londres; il a pour titre : *The life of Handel;* Londres, Trübner et compagnie, 1857, 1 vol. gr. in-8° de XXXII et 443 pages. On y trouve beaucoup de recherches faites avec soin, et exactitude; mais l'auteur exagère ce genre de mérite, et s'attache souvent à éclaircir des choses qui n'offrent au fond aucun intérêt, tandis qu'on y cherche en vain la véritable critique d'art, qui est l'objet important. M. Schœlcher n'était pas assez musicien pour cette partie essentielle de la biographie de Hændel. Il en résulte que son livre peut être consulté avec confiance pour les choses les plus minimes, mais qu'il n'est pas lisible. L'autre ouvrage a pour titre simplement *G.-F. Hændel.* L'auteur est M. le docteur Chrysander, l'un des fondateurs de la Société de Leipsick, pour la publication d'une nouvelle édition complète des œuvres de Hændel. Le premier volume a paru en 1858 (Leipsick, Breikopf et Hærtel). Il est divisé en deux livres, dont le premier embrasse depuis la naissance de Hændel 1685 jusqu'en 1706, et le second la période de 1707 à 1720. Le deuxième volume vient de paraître; mais le troisième est encore inédit au moment où cette notice est écrite. Le livre de M. Chrysander, où l'on trouve toute l'exactitude désirable à l'égard des faits, a sur celui de M. Schoelcher l'avantage considérable d'être traité en connaisseur au point de vue musical, et offre sous ce rapport un grand intérêt à ses lecteurs. On a de Rochlitz une très-longue dissertation sur *le Messie* de Hændel dans le premier volume de son livre intitulé : *Für Freunde der Tonkunst* (Pour les amis de la musique, p. 227-280).

HÆNDL (Jacques), en latin *Gallus*, musicien distingué, né dans la Carniole, en 1550, fut d'abord au service de l'évêque d'Olmütz, Stanislas Pawlowsky, comme maître de chapelle, puis fut appelé à la cour impériale, où il mourut, le 18 juillet 1591. Son portrait a été gravé en 1590, avec cette inscription : *Jacobus Handl* Gallus dictus, Carniolus, ætatis suæ XL, anno MDXC. Un recueil d'éloges avec son portrait, par les poëtes Jean Kerner, Pilsenus, Mylius et d'autres, a été publié à Prague, en 1591. On connaît de Hændl : 1° *Missarum* 4, 5, 6, 7 *et* 8 *vocum liber primus. Selectiores quædam Missæ, pro Ecclesia Dei non inutiles, nunc primum in lucem datæ, et correctæ ab autore Jacobo Hændel;* Pragæ, ex officina Nigritiana, 1580, petit in-4° obl. — 2° *Musicum Opus, cantiones* 5, 6, 8 *et plurium vocum, quæ ex sancto catholicæ ecclesiæ usu ita sunt dispositæ, ut omni tempore inservire queant,* 1re partie; Prague, 1586. — 3°, 2e, et 3e partie; ibid., 1587. — 4° 4e partie; ibid., 1590, in-4°. Le dernier morceau de ce recueil est à 24 voix en 4 chœurs. — 5° *Hexastichon,* poésie de Salomon Freuzelius sur la mort de Guillaume d'Oppendorf mis en musique par Hændl. — 6° *Harmoniæ variæ* 4 *vocum;* Prague, 1591. — 7° *Harmoniarum moralium* 4 *vocum libri III, quibus heroica, naturalia, quodlibetica, tum facta, fictaque poetica, etc., admixta sunt;* Prague, 1591, in-4°. — 8° *Moralia,* 5, 6 *et* 8 *vocibus concinnata, atque tam feriis quam festivis cantibus voluptati humanæ accommodata et nunc primum in lucem edita;* Nuremberg, 1596, in-4°. — 9° *Sacræ cantiones de præcipuis festis per totum annum* 4, 5, 6, 8 *et plurimum vocum;* Nuremberg, 1597, in-4°. — 10° *Opera mottetarum, quæ prostant omnia apud Nicolaum Steinium;* Francfort, 1610. Hændl a été incontestablement un des musiciens allemands les plus remarquables de son temps.

HÆNDLER (J.-W.), maître de chapelle de l'évêque de Wurtzbourg, né à Nuremberg, vers la fin du dix-septième siècle, étudia le clavecin et le contrepoint sous la direction du célèbre organiste Pachelbel. Admis dans la chapelle du prince évêque de Wurtzbourg, en 1712, comme simple chantre du chœur, il obtint peu de temps après le titre d'organiste de la cour. Plus tard, le prince, satisfait du mérite de ses compositions, le nomma son maître de chapelle, après que Chelleri eut quitté Wurtzbourg pour se rendre à Cassel. Cet avancement excita, dit-on, la jalousie des musiciens qui composaient la chapelle, et qui lui suscitèrent beaucoup de tracasseries; Mizler assure même (dans sa Bibliothèque) que la mort de Hændler, en 1742, fut la suite des chagrins qu'il éprouva. Les compositions de cet artiste sont restées en manuscrit dans la chapelle de Wurtzbourg.

HÆNSEL (Pierre), né à Leppe, dans la Silésie prussienne, le 29 novembre 1770, reçut son éducation littéraire et musicale chez un oncle qu'il avait à Varsovie. En 1787, il entra à Pétersbourg dans l'orchestre du prince Potemkin, dirigé par Sarti; puis, à l'âge de vingt ans, il obtint la place de maître de concerts de la princesse Lubomirska, à Vienne. En 1792, Joseph Haydn l'accueillit pour élève, et lui enseigna le contrepoint; trois ans après, c'est-à-dire en 1795, il publia son premier œuvre, qui fut suivi de plusieurs autres. En 1802, il visita Paris, et y passa une année entière. De retour à Vienne, Hænsel reprit ses travaux de compositeur, et publia un grand nombre d'ouvrages de tous genres. En

1831, lorsque le choléra désola l'Autriche et particulièrement Vienne, Hænsel fut une de ses victimes. Il a eu de la réputation comme violoniste et comme compositeur; cependant ses ouvrages ont été peu connus hors de l'Allemagne. On a de lui 55 quatuors pour deux violons, alto et basse, divisés en 24 œuvres qui ont paru à Vienne, Offenbach et Bonn; quatre quintettes, œuvres 9, 13, 15, 23, Vienne, Weigl, Cappi, Hasslinger et Artaria; six trios pour deux violons et basse, ibid.; quinze duos pour deux violons, œuvres 22, 24, 26, 38, 39, ibid.; trois quatuors pour flûte, clarinette, cor et basson, ibid.; des airs variés et des solos pour violon; différentes pièces pour piano.

HÆNSEL (JEAN-ANTOINE), violoniste à Berlin. On a sous son nom un article concernant la construction du violon, inséré dans la *Gazette musicale* de Leipsick (13e année, page 69 et suiv.), sous ce titre : *Ueber den Bau der Violin.*

HÆNTZ (JOSEPH-SIMON), dont le nom a été écrit *Hinze*, *Heinze* et *Haenze*, né à Dresde, en 1751, fut un violoniste de mérite, dans le genre de Tartini. En 1779, il fut nommé maître de concerts du margrave de Brandebourg-Schwedt. Il avait eu pour maîtres Neruda et Hundt. En 1793 Hæntz était à Berlin, où il dirigeait avec talent l'orchestre du concert des amateurs. Il mourut en cette ville, au commencement de 1800. Il ne paraît pas qu'on ait gravé de compositions de cet artiste.

HÆSELER (ÉLIE). *Voyez* ERDMANN.

HÆSER (JEAN-GEORGES), né à Gersdorf, près de Gœrlitz, le 11 octobre 1729, était fils d'un charpentier qui lui fit apprendre la musique chez Rœnisch, organiste à Reichenbach. Hæser fut ensuite envoyé au lycée de Lobau, pour y continuer ses études. S'étant rendu à Leipsick en 1752, pour faire un cours de droit, il fut obligé de pourvoir à son existence en donnant des leçons de musique; bientôt après il se livra tout entier à la culture de cet art, et renonça à la jurisprudence. En 1763, il fut placé comme premier violon solo au grand concert dirigé par le maître de chapelle Hiller. A cette place fut ajoutée plus tard celle de chef d'orchestre du théâtre, que Hæser remplit avec distinction pendant trente-sept ans. La place de directeur de musique de l'église de l'université lui fut confiée en 1785; il en remplissait encore les fonctions en 1808, à l'âge de soixante-dix-neuf ans, mais depuis plusieurs années il avait été mis à la retraite de ses autres emplois, avec la totalité de ses traitements, accordée comme pension. Il est mort à Leipsick, le 15 mars 1809, dans sa quatre-vingtième année. La bibliothèque du Conservatoire de musique de Bruxelles possède de cet artiste, en manuscrit, six hymnes allemandes à quatre parties avec orchestre, et deux symphonies pour 2 violons, alto, basse, 2 hautbois, flûte et deux cors.

HÆSER (JEAN-FRÉDÉRIC), fils du précédent, naquit à Leipsick, en 1775, et eut de la réputation comme organiste de l'église réformée de cette ville, où il mourut, en 1801.

HÆSER (AUGUSTE-FERDINAND), troisième fils de Jean-Georges, naquit à Leipsick, le 15 octobre 1779. Destiné à l'état ecclésiastique, il fit depuis 1789 jusqu'en 1791 des études préliminaires à l'école Saint-Nicolas de Leipsick, fréquenta ensuite le gymnase d'Eisleben jusqu'en 1793, et enfin acheva ses études comme élève à l'école Saint-Thomas de Leipsick, depuis 1793 jusqu'en 1796. Le penchant qu'il avait toujours eu pour la musique le décida enfin à se livrer exclusivement à la culture de cet art. En 1797, il fut appelé à Lemgo, en qualité de professeur du collége et de cantor de l'église principale. Cette situation lui offrait peu de ressources pour compléter son instruction dans les sciences, et pour le développement de ses facultés. Savant dans les mathématiques, il les enseigna au gymnase de Lemgo depuis 1799 jusqu'en 1806. Au mois de septembre 1804 il se maria, et en 1806 il partit pour l'Italie avec sa femme et sa belle-sœur. Il ne retourna en Allemagne qu'en 1813, après avoir étendu ses connaissances dans la musique et avoir appris plusieurs langues, particulièrement l'italien. Depuis l'automne de 1813 jusqu'en 1818, il vécut sans emploi, mais il fut nommé dans cette dernière année professeur de mathématiques et de langue italienne au gymnase de Weimar et y remplit les fonctions de sous-recteur. Le grand-duc de Weimar lui confia, en 1817, la mission d'organiser un chœur nouveau pour le théâtre de la cour, dont il fut nommé le chef. C'est depuis cette époque qu'il écrivit un grand nombre d'articles, particulièrement sur le chant et l'enseignement de cette branche de l'art, qui ont paru dans la *Gazette musicale* de Leipsick, dans la *Cæcilia*, dans le *Musicalische Eilpost*, dans l'Almanach de Sichler et de Reinhardt, dans le Magasin mathématique de Kraushaar, et dans d'autres publications littéraires. On a aussi de ce savant : 1° *Versuch einer systematischen Uebersicht der Gesanglehre* (Essai d'une méthode systématique de chant); Leipsick, Breitkopf et Hærtel, 1820. — 2° *Méthode pour apprendre à chanter en chœur, à l'usage des écoles, des théâtres et des académies de chant*; Mayence, Schott, 1831, in-4° obl. Cet ouvrage, où l'on pourrait désirer un meilleur plan et plus de spécialité dans les développements du sujet, n'est pas sans mérite, et peut être employé avec utilité pour la formation des chœurs. Le livre est imprimé en allemand et en français; la traduction française a été faite par Jelensperger, ancien élève, puis répétiteur au Conservatoire de Paris. En 1829, Hæser a été nommé directeur de musique à l'église principale de Weimar. Il a été depuis 1817 le maître de musique des princes et princesses de Saxe-Weimar. Comme compositeur, cet artiste s'est fait connaître par le grand oratorio de *La Foi*; le *Pater noster* de Klopstock, traité deux fois, la première pour 4 voix seules, chœur et orchestre, la deuxième, pour voix d'hommes et instruments de cuivre. — 2° Deux *Sanctus*. — 3° Un opéra intitulé *Les Nègres, ou Robert et Marie*, et quelques pièces de circonstance pour le théâtre de la cour de Weimar. — 4° Ouverture à grand orchestre pour le drame *Die deutsche Treue* (la Fidélité allemande); Leipsick, Hofmeister. — 5° Une ouverture pour le drame *Der Hasses und der liebe Rache*, ibid. — 6° Deux autres ouvertures pour l'orchestre, nos 1 et 2; Offenbach, André. — 7° *Kyrie* et *Gloria* pour 4 voix sans accompagnement, op. 6; Leipsick, Hofmeister. — 8° *Te Deum* pour 2 ténors et 2 basses, op. 7, ibid. — 9° Chants à 4 voix sans accompagnement, ibid. — 10° Messe pour 2 voix solos et chœur à l'usage des commençants; Mayence, Schott; — 11° *Miserere*, à quatre voix, en partition; Leipsick, Breitkopf et Hærtel. — 12° *Requiem, Missa pro defunctis, vocibus humanis vel sigillatim vel junctim*, Leipsick, Hofmeister. — 13° *Salve Regina* à 4 voix; Leipsick, Breitkopf et Hærtel. — 14° Des solos pour piano, avec accompagnement d'instruments à cordes ou à vent, ibid. — 15° Des pièces pour piano à 4 mains, œuvres 22 et 23; Hanovre, Bachmann. — 16° Sonates pour piano seul, Leipsick; Breitkopf et Hærtel. — 17° Des pièces détachées pour le même instrument. — 18° des chansons, etc. Hæser est mort à Weimar, le 1er novembre 1844. Il a laissé quatre fils; l'aîné (Henri), né à Rome, le 15 octobre 1811, est docteur en médecine et professeur à l'université de Jéna; le second est attaché au théâtre de Weimar. On a du docteur Hæser, fils aîné d'Auguste-Ferdinand, un ouvrage estimable intitulé : *Die menschliche Stimme, ihre Organe, ihre Ausbildung, Pflegé und Erhaltung, etc.* (La voix humaine, ses organes, son hygiène et sa conservation, à l'usage des chanteurs, des professeurs, et des amateurs); Berlin, Herschwald, 1839, in-8° de VI et 86 pages, avec deux planches lithographiées.

HÆSER (Chrétien-Guillaume), quatrième fils de Jean-Georges, est né à Leipsick, le 24 décembre 1781. Après avoir commencé l'étude du droit, il l'abandonna pour celle du chant, apprit la composition sous la direction de Schicht, et enfin débuta comme basse chantante au théâtre de Leipsick, en 1802. Pendant les années 1804 à 1806, il chanta au théâtre italien de Prague, sous la direction de Guardasoni. Après la mort de celui-ci, il entra, en 1807, à l'Opéra allemand de la même ville, comme première basse. Engagé au théâtre national de Breslau, il s'y rendit en 1809, et y resta jusqu'en 1813, époque où il fut appelé à Vienne; mais il ne resta pas longtemps dans cette capitale, car il reçut dans la même année un engagement pour le théâtre de la cour de Stuttgard, d'où il ne s'est plus éloigné depuis ce temps. Hæser a été considéré comme un des meilleurs chanteurs dramatiques de l'Allemagne, tant pour la beauté de sa voix que pour son habileté dans le chant et son talent comme acteur. Ses principaux rôles étaient ceux de *Don Juan* et d'*Agamemnon*. Cet artiste s'est fait connaître aussi comme compositeur par la musique de l'intermède intitulé *Pygmalion*, qu'il chantait et jouait avec beaucoup de talent, par l'opéra *Das Geburts Tag* (l'anniversaire de naissance), par des solféges et par des chansons allemandes et italiennes pour une et plusieurs voix. Enfin, versificateur italien d'un mérite distingué, il a traduit en vers le Don Carlos de Schiller et quelques autres pièces de ce grand écrivain et de Gœthe. Il est aussi auteur des opéras du *Vampire*, mis en musique par Marschner, de *La Fiancée du Brigand*, composée par Ries, et des *Nègres*, mis en musique par son frère. Sa fille Mathilde, née à Stuttgard, le 23 décembre 1815, a débuté avec succès au théâtre de Weimar; elle a été engagée en 1834 à celui de Gotha comme première chanteuse. Le fils du même artiste (Charles), né à Stuttgard, le 14 mars 1818, est employé comme violoniste dans la chapelle du roi de Wurtemberg. Un autre de ses fils (Gustave), a été ténor aux théâtres de Stuttgard et de Jéna. On connaît de sa composition 6 *Lieder* avec accompagnement de piano.

HÆSER (Charlotte-Henriette), fille du directeur de musique Jean-Georges Hæser, et sœur d'Auguste Ferdinand et de Chrétien-Guillaume, est née à Leipsick, le 24 janvier 1784. Douée d'une belle voix et d'un sentiment exquis de musique, elle fit de rapides progrès sous la direction de son père. Dans les années 1800 à 1803, elle chanta avec succès dans les concerts d'amateurs; mais sa vocation pour le chant et pour le théâtre se décida surtout dans un voyage qu'elle fit à Dresde, à l'âge de 19 ans. Le maître de chapelle Gestewitz ayant remarqué ses heureuses dispositions, la fit engager au Théâtre italien, et lui donna pour maître Ceccarelli, très-bon professeur de chant à cette époque. Paer, alors compositeur du théâtre de Dresde et chargé de la direction de la musique de la cour, la prit en affection, et lui donna aussi des conseils. En 1806, elle fit avec son frère Auguste-Ferdinand et la femme de celui-ci, un voyage à Prague et à Vienne. Dans cette dernière ville, elle chanta pendant huit mois à l'Opéra italien, et plusieurs fois à la cour; puis, elle partit pour l'Italie, et chanta à Bologne, Florence, Milan, Naples et Rome jusqu'en 1812. Vers la fin de cette année, elle alla à Munich, où elle excita le plus vif enthousiasme. Sa réputation, à Rome et à Naples, était égale à celle des cantatrices les plus célèbres de cette époque; on ne l'appelait que la *diva Tedesca*. En 1812, elle épousa Joseph Vero, jurisconsulte instruit, qui fut employé au congrès de Vienne pour régler les affaires du duché de Lucques et de Piombino, et plus tard par le pape, à Milan. Retirée du théâtre depuis ce temps, madame Vero ne s'est plus occupée que de l'éducation de ses enfants. Depuis la mort de son mari (13 novembre 1831) elle passait l'hiver à Rome et l'été à la campagne. La relation de sa vie, mêlée de quelques aventures romanesques, a fourni le sujet d'une nouvelle intitulée : *La Cantatrice* (Die Sængerinn), qui a paru dans la *Cæcilia*, t. 13, p. 65 et suivantes.

HÆSSLER (JEAN-GUILLAUME), né le 29 mars 1747, à Erfurt, fut un des clavecinistes et organistes les plus distingués de l'Allemagne, dans la seconde moitié du dix-huitième siècle. Neveu du célèbre organiste Kittel, il apprit de cet habile maître les principes de la musique dès l'âge de 9 ans. Ses progrès furent si rapides, qu'à l'âge de quatorze ans il obtint la place d'organiste de l'église des Récollets, dans sa ville natale. Entraîné dans de continuels voyages depuis 1771, il visita Weimar, Gotha, Dresde, Gœttingue, Cassel et Brunswick, et mit à profit toutes les occasions qui se présentèrent pour augmenter ses connaissances. Mais les séjours qu'il fit à Hambourg et à Leipsick contribuèrent surtout à former son talent. Pendant neuf mois il prit, dans cette dernière ville, des leçons de Hiller pour la composition, et à Hambourg il étudia la manière de Ch.-Ph.-Em. Bach. De retour à Erfurt, il reprit possession de la place de directeur de musique et d'organiste de l'église des Récollets, et en remplit les fonctions depuis 1780 jusqu'en 1790. Alors il fit un voyage à Londres, et peu de temps après se rendit à Saint-Pétersbourg et enfin à Moscou, où il est mort, le 25 mars 1822. On connaît de cet artiste : 1° Quatre sonates précédées d'une fantaisie, 1776. — 2° Six sonates nouvelles, avec une suite de chansons, etc. 1776. — 3° Six sonates faciles pour le clavecin, 1780. — 4° Pièces de clavecin et de chant de divers genres, 1er recueil, 1782 (on trouve aussi dans ce recueil quelques jolies bagatelles de madame Hæssler). — 5° Idem, second recueil, 1786. — 6° Six solos pour le clavecin, moitié faciles, moitié difficiles. — 7° Six sonates faciles pour le clavecin, première partie, 1786; idem, 2e partie, 1787 (l'auteur y donne comme préface sa propre biographie); idem, 3e partie, 1788, 8° — Douze petites pièces pour l'orgue, 1re suite. — 9° Six concertos pour clavecin, avec accompagnement, 1790. — 10° Douze petites pièces d'orgue, partie comme préludes pour des chorals, partie pour des exercices particuliers, 2e recueil. — 11° Douze idem, 3e recueil. — 12° Douze idem, 4e recueil; Leipsick, 1789. — 13° Grande sonate à trois mains pour le clavecin; Riga, 1793. — 14° Chanson russe avec 12 variations pour le clavecin, n° 1; Pétersbourg, 1793. La deuxième édition de cet œuvre, avec 14 variations, a paru dans la même ville en 1795. — 15° *Cantata per festeggiare le nozze delle A. A. I. I. del gran duca Alessandro e della principessa Elisabetta, per il piano-forte*; Pétersbourg, 1795. — 16° Fantaisie et sonate pour le clavecin, n° 1, ibid. — 17° Idem, n° 2; ibid. — 18° Caprice et sonate pour le clavecin, ibid., 1796. — 19° Trois grandes sonates pour le clavecin, avec accompagnement de violon et violoncelle, op. 16, Moscou, 1802.

HÆUSER (JEAN-ERNEST), professeur de littérature à Quedlinbourg, est né dans cette ville, en 1803. Après avoir terminé ses études à l'université de Leipsick, il se fixa dans sa ville natale, et y fut nommé professeur au gymnase. Il a cultivé la musique en artiste, et s'est fait connaître avantageusement par divers ouvrages didactiques et historiques sur cet art, dont voici les titres : 1° *Musikalisches Lexikon oder Erklærung und Verdeutschung aller in die Musik vorkommender Ausdrücke Benennungen und Fremdwœrter*, etc. (Lexique musical, ou explication et traduction en allemand de tous les mots étrangers usités dans la musique, etc.); Meissen, Gœdsche, 1828, 2 petits volumes petit in-8°. Une deuxième édition, considérablement augmentée, de ce dictionnaire portatif de musique a été publiée dans la même ville, et chez le même libraire, en 1833, 2 volumes in-8°. L'ouvrage en lui-même n'a de valeur, comme tous ceux du même genre, que par la brièveté et par la commodité du format, pour les gens du monde. — 2° *Der musikalische Gesellschafter, eine*

Sammlung vorzüglischer Anecdotes, etc. (le Compagnon musical, recueil d'anecdotes choisies, etc.); Meissen, Gœdsche, 1830, in-8° de 312 pages. Ces anecdotes sont extraites des diverses biographies générales ou particulières de musiciens célèbres publiées précédemment. — 3° *Elementarbuch für die allerersten Anfængender Fortepiano spieler*, etc. (Livre élémentaire pour les plus faibles commençants dans l'art de jouer du piano, etc.); Halberstadt, 1832, gr. in-4°. Une deuxième édition de cet ouvrage a paru à Quedlinbourg, en 1836, sous le titre de *Neue Pianoforte Schule*, etc. (Nouvelle école de piano, etc.), 1 vol. gr. in-4°. — 4° *Musikalisches Jahrbüchlein, Erster Jahrgang* (Almanach musical, 1re année); Quedlinbourg et Leipsick, 1833, in-12. 5° *Geschichte des Christlichen, insbesondere des evangelischen Kirchengesanges und der Kirchen Musik*, etc. (Histoire du chant religieux et de la musique dans les églises chrétiennes, particulièrement dans les églises évangéliques); Quedlinbourg et Leipsick, Basse, 1834, un vol. in-8°, avec des exemples de musique. Cet ouvrage est très-estimable : c'est la meilleure production de Hæuser.

HÆUSLER (Ernest), virtuose sur le violoncelle et compositeur, né à Stuttgard, en 1761, a reçu son éducation dans l'ancienne académie ducale de cette ville. En 1788, il quitta sa ville natale pour voyager en Allemagne. Après avoir été entendu avec succès à Vienne et à Berlin, il accepta une place dans la chapelle du prince de Donaueschingen, et y resta plusieurs années. Il ne s'éloigna de cette petite cour que pour un engagement avantageux qui lui fut offert à Zurich, en 1791. Pendant son séjour en cette ville, il se livra à l'étude du chant en voix de soprano formée de sons de tête, et réussit à faire applaudir cette voix factice. En 1797 il visita Stuttgard, qu'il n'avait pas vu depuis neuf ans, et y fut entendu avec succès à la cour, comme violoncelliste et comme chanteur. Il alla ensuite à Augsbourg, où il donna un concert le 5 juin 1801, et enfin se rendit à Vienne, où il était en 1802. Hæusler accepta ensuite la place de directeur du chœur à l'église évangélique d'Augsbourg. Il est mort dans cette position, le 28 février 1837, à l'âge de soixante-seize ans. On connaît de sa composition : 1° 6 *Canzonette serie col piano forte*; Darmstadt, 1790. — 2° Douze chansons avec acc. de piano; Zurich, 1793. — 3° Poésies de Matthisson mises en musique; ibid., 1793. — 4° 6 *Duetti per il canto, con acc. di piano forte*; ibid., 1795. — 5° Deux scènes italiennes, récitatif et air; Augsbourg, 1796. — 6° 6 *Canzonette*; Zurich, 1798 et Vienne, chez Mollo. — 7° 6 Chansons allemandes, avec accompagnement de piano; ibid, 1798. — 8° 6 Poésies de Witte mises en musique; ibid., 1798. — 9° 12 *Canzonette italiane con accomp. di piano forte e chitarra*; Vienne, Mollo, 1800. — 10° Récit et air, en partition, n° 3; Augsbourg, 1800. — 11° Six poésies détachées mises en musique, ibid., 1800. Il a laissé en manuscrit beaucoup de musique d'église

HAFENEDER (Joseph), né en 1774, vraisemblablement à Manheim, fit imprimer dans cette ville, à l'âge de seize ans, une grande symphonie pour l'orchestre, et montra dès lors un talent estimable pour la musique instrumentale. Gerber dit que dès 1785 il avait paru 3 symphonies à Manheim; mais cette date est supposée. Plus tard il vécut à Vienne, y écrivit vers 1796 des concertos pour le violon et pour le hautbois, et enfin se rendit à Landshut, pour y prendre possession de la place d'organiste de l'église paroissiale de Saint-Martin. Il se maria dans cette ville, le 3 octobre 1802, et depuis lors il ne s'en est point éloigné. Il s'y est fait de la réputation par son talent sur l'orgue et par ses compositions pour l'église, dont la plus grande partie est encore manuscrite. On connaît de lui : 1° Grande fantaisie pour piano; Augsbourg, Bœhm. — 2° Galopade pour cet instrument; Munich, Falter.

HAFFENREFFER (Samuel), docteur et professeur de médecine à Tubinge, naquit en 1587, à Herenberg, dans le Wurtemberg. Il exerça d'abord la médecine à Kircheim et dans quelques autres lieux, et mourut à Tubinge, dans sa soixante-treizième année, le 26 septembre 1660. On a de ce savant un livre intitulé : *Monochordon symbolico biomanticum, obstructissimum pulsum doctrinam ex harmonicis musicis dilucide, figurisque oculariter demonstrans, de causis et prognosticis inde promulgandis fideliter instruens, et jucunde per medicam praxin resonans*, etc.; Ulmæ, 1640, in-8° de 146 pages. Haffenreffer prétend dans cet ouvrage reconnaître la nature des maladies par les analogies des mouvements du pouls avec les rhythmes plus ou moins irréguliers de la musique. Marquet a traité le même sujet à peu près dans un livre français (*voy.* Marquet).

HAFIS-ADSCHEM, écrivain arabe, mort dans l'année de l'hégire 957 (1550 de l'ère chrétienne, est auteur d'une œuvre encyclopédique qui a pour titre : *Medinet al ouloum* (La ville de la science), dans laquelle un chapitre est consacré aux instruments de musique de l'Orient.

HAFTEN ou **HAFTENUS** (Benoit

VAN), moine bénédictin, né en Flandre, dans les premières années du dix-septième siècle, entra dans l'ordre en 1627, fut ensuite prieur de l'abbaye d'Affligham, en Brabant, puis abbé de ce monastère. Il mourut en ce lieu, le 31 juillet 1648. Jœcher cite de ce religieux un ouvrage intitulé : *Paradisum seu viridarium catechisticum odis seu cantionibus belgico latinis ad musicos tonos concitum;* mais il n'indique ni le lieu ni la date de l'impression.

HAGEBEER ou **HAGELBEER** (JACQUES **GALTUS VAN**), facteur d'orgues distingué, né dans les Pays-Bas, au commencement du dix-septième siècle, acheva, en 1645, à Alkmaer, la construction du bel orgue de 16 pieds, qui est considéré comme un des meilleurs de la Hollande. Cet instrument est composé de 56 jeux, 3 claviers, pédale et 9 soufflets. En 1651, Hagebeer exécuta dans l'église neuve d'Amsterdam l'orgue commencé par un de ses parents, nommé Galtus, de 16 pieds, 43 jeux, 2 claviers et pédale. En 1676, Duytschot l'augmenta de 17 jeux et d'un troisième clavier; c'est en cet état que l'instrument dont il s'agit existe maintenant.

HAGEN (GOTTLIEB-FRÉDÉRIC), professeur de mathématiques à Nuremberg, dans la première partie du dix-huitième siècle, fit ses études à l'université de Halle (Saxe), et y publia une thèse académique, sous ce titre : *De mensura soni articuli;* Halæ, 1731, in-4°.

HAGEN (FRÉDÉRIC-HENRI DE), célèbre philologue, né à Schmiedeberg (Silésie prussienne), le 19 février 1780, fit ses études à l'université de Halle, où il suivit particulièrement les cours de droit. Il fut d'abord employé à Berlin, depuis 1802 jusqu'en 1806, dans la chambre royale de justice; mais ensuite il abandonna la carrière administrative pour se livrer exclusivement à l'étude de l'ancienne littérature allemande. En 1810, la chaire de philologie allemande fut instituée pour lui à l'université de Berlin. Il est mort dans cette ville, le 11 juillet 1856. Parmi les importantes publications d'ouvrages philologiques qu'on lui doit, on remarque celui qui a pour titre : *Minnesinger Deutsche Liederdichter des* 12ten, 13ten, *und* 14ten *Jahrhunderts, aus allen bekannten Handschriften und früheren Drucken* (Les chanteurs d'amour, poëtes chansonniers allemands des 12me, 13me, 14me siècles, d'après tous les manuscrits connus et les meilleures éditions); Leipsick, 1838-1856, 5 parties en quatre gros volumes in-4°. Les manuscrits les plus importants mis à contribution par Hagen sont ceux de Paris, de Jéna, de Vienne, de Wurtzbourg et de Heidelberg. Les trois premières parties, formant les deux premiers volumes, renferment les poésies de tous les poetes chanteurs, avec les variantes, d'après les manuscrits et les remarques grammaticales et philologiques : le troisième volume est rempli par les notices biographiques de ces anciens poëtes lyriques, par des *fac-simile* de la notation musicale et de l'écriture des divers manuscrits, et par les chants notés des auteurs les plus célèbres parmi les *minnesinger*, d'après le manuscrit de Jéna, et un autre manuscrit, qui était la propriété de Hagen. Le volume est terminé par une dissertation *sur la musique des minnesinger.*

HAGEN (J.-B.), directeur de musique à Brême, et fondateur d'une société de chant d'hommes dans cette ville, s'est fait connaître par quelques recueils de *Lieder* à voix seule avec piano, et de chants pour quatre voix d'hommes publiés à Hambourg et à Hanovre. En 1845, il a fait représenter à Brême un opéra de sa composition intitulé *Hinko.*

HAGEN (THÉODORE), professeur de piano et écrivain sur la musique, est né à Dessau, en 1823, et a fait ses études musicales à Hambourg. En 1852 il vivait à Londres et s'y livrait à l'enseignement du piano. Plus tard il s'est rendu en Amérique, et s'est fixé à New-York. Il s'y est fait la position de correspondant de plusieurs journaux allemands de musique. On connaît de lui quelques légères compositions pour le piano, parmi lesquelles on remarque un recueil de trois jolis nocturnes, op. 3; Hambourg, Bœhme; mais son livre intitulé : *Civilisation und Musik* (La civilisation et la musique), Leipsick, Jurany, 1845, est sa meilleure production. Il y a des aperçus d'une justesse remarquable dans cet écrit, quoique Hagen ait foi dans les progrès de la musique.

HAGIOPOLITÈS, nom d'un livre grec qui contient un traité de musique, et que Fabricius a pris pour le nom de l'auteur, qu'il considère comme ayant appartenu à *André* ou *Andreas* (*voy.* ce nom), archevêque de Crète. (*Biblioth. græca*, lib. 3, c. 10). Forkel (*Allgem. Litter. der Musik*, p. 493), Gerber (*Neues Lex. der Tonkünstler*, t. 2, col. 480), Lichtenthal (*Dizion. e Bibliogr. della musica*, t. 4, p. 470), Perne, et d'autres l'ont copié dans cette assertion; mais, ainsi que le remarque fort bien M. Vincent (*Notices et extraits de Manuscrits de la bibliothèque du Roi*, t. XVI, 2e p., page 259), aucune raison n'est indiquée à l'appui de cette supposition, et il y a des motifs plausibles pour la repousser. Après avoir considéré *Hagiopolitès* comme un nom d'auteur, ces écrivains donnent ainsi le titre de l'ouvrage : *De musica ecclesiastica recentium Græcorum.* Fabricius croyait aussi que le livre dont il s'agit pouvait être de Cosmas de Jérusalem, surnommé *Hagiopolites*, c'est-à-dire, *de la cité sainte* (des deux mots grecs ἅγιος, saint, et πολίτης, citoyen), qui fut évêque de Majuma et vécut vers 730. Le rédacteur du Catalogue des manuscrits grecs de la Bibliothèque royale de Paris n'a pas fait cette faute; car au n° 4 de l'article CCCLX de ce catalogue il est écrit : *Anonymi tractatus* Ἁγιοπολίτης *inscriptus, ubi de musica Græcorum ecclesiastica.* Il suffit, en effet, de considérer avec attention le manuscrit désigné de cette manière, pour acquérir la certitude que le mot *Hagiopolitès* n'y est point employé comme un nom d'homme, mais comme celui de quelque chose. Le titre de l'ouvrage est celui-ci : Βιβλίον ἁγιοπολίτης συγκεκροτημένον ἔκ τινων μουσικῶν μεθόδων (*Livre Hagiopolitès, extrait de divers traités de musique*). Ainsi qu'on le voit, le livre est une compilation. Malheureusement le manuscrit de la Bibliothèque impériale est si gâté par l'humidité, et si rongé de vers, qu'à l'exception du titre et de la moitié de la première ligne, tout le reste de la première page, une partie de la deuxième, et les dernières lignes de la troisième n'existent plus, ou sont illisibles, et la fin manque entièrement. A l'égard de la signification réelle du mot *Hagiopolitès*, la perte de la première page est d'autant plus regrettable, que le commencement de la première ligne nous en promet positivement l'explication. On lit : Ἁγιοπολίτης λεγεταί τὸ Βιβλίον, επειδ... (*ce livre est appelé Hagiopolitès parce que...*) (1); quelques mots de plus, et nous saurions exactement le sens particulier donné ici à l'expression *Hagiopolitès*. Toutefois, ce qu'on vient de lire du commencement du manuscrit suffit pour démontrer que *Hagiopolitès* n'est point le nom de l'auteur du livre, comme on l'a cru, car cet auteur n'aurait pas eu besoin d'expliquer pourquoi il donnait son nom à son ouvrage. D'ailleurs, il n'y aurait point au titre Βιβλίον ἁγιοπολίτης, mais Ἁγιοπολιτοῦ Βιβλίον, s'il s'agissait du livre de Hagiopolitès au lieu du livre *Hagiopolitès*.

Il existe une preuve que Hagiopolitès était, dans le chant de l'église grecque, quelque chose qui concernait les saints honorés dans cette église, car, dans un traité fort ancien du chant ecclésiastique grec, que le philologue Achaintre a traduit pour le travail de Villoteau sur la musique des peuples orientaux qui habitent l'Égypte, on trouve cette question : Εἰς τὸν ἁγιοπολίτην (*qu'est-ce que Hagiopolitès*); à quoi il est fait une réponse dont je n'ai point le texte, mais qui est ainsi rendue par Achaintre : *L'Hagiopolitès est ainsi nommé à cause du soin particulier qu'on y a des saints martyrs et des autres saints* (Description de l'Égypte, t. 14, p. 430, édit. in 8°). Il y a beaucoup d'apparence que cette traduction manque d'exactitude; mais le passage prouve jusqu'à l'évidence qu'il y est question de quelque chose qui avait rapport au chant, et qui s'appelait *Hagiopolitès*.

Ainsi qu'on le voit par le titre, le livre Hagiopolitès est une compilation de quelques autres traités de la musique grecque. Cette compilation me paraît plus ancienne que tous les autres traités du chant ecclésiastique grec qui sont parvenus jusqu'à nous. Les signes employés pour la notation et les termes qui servent à la désignation des notes sont ceux de la musique antique des Grecs, tels qu'on les trouve dans Aristide Quintilien, Alypius, Gaudence, Bacchius, etc., et non ceux qu'on rencontre dans les livres sur le chant des églises grecques de temps postérieurs. Je pense donc qu'une partie au moins de l'*Hagiopolitès* a dû être faite dans le sixième siècle, ou dans le septième, au plus tard. Cependant, il faut remarquer que saint Jean de Damas y est nommé dans le commencement; ce qui démontre que le compilateur a dû vivre dans la seconde moitié du huitième siècle, au plus tôt.

M. Vincent a publié (*Notices et extraits de manuscrits, etc.*, p. 260-281) le texte et la traduction de plusieurs extraits de l'*Hagiopolitès*, avec des notes.

HAGIUS (CONRAD), musicien et compositeur du comte de Holstein-Schaumbourg, naquit à Reinlein, en 1563, et non en 1550, comme on l'a dit dans le *Dictionnaire des Musiciens* de 1810; car au bas du portrait de ce compositeur, placé dans l'un de ses ouvrages publié en 1617, on trouve ces mots : *Conradus Hagius Rintelius, ætatis suæ* 54. Les compositions publiées par cet auteur sont : 1° *Psalmen Davids wie die hiebevor under allerley Melodien, etc. mit* 4 *Stimmen* (Psaumes de David, etc., à 4 voix); Dusseldorf, 1590, in-4°. La seconde édition a paru à Francfort, en 1608, in-fol. — 2° *Newe teutsche Tricinien, beydes zur Lehre und Freude dienstlich* (Nouvelle harmonie allemande à 3 voix, etc.); Francfort, 1604, in-4°. — 3° *Canticum Virginis intemeratæ*, 4, 5 *et* 6 *vocibus modulatum*; Dillingen, 1606, in-4°. — 4° *Erster Theil newer teutscher Gesang, mit*

(1) M. Vincent donne la suite de la phrase de cette manière : ἐπειδὴ περιέχει ἁγίων τινῶν καὶ ἀσκητῶν βίῳ διαλαμψαντων [πατέρων ἐν] τῇ ἁγίᾳ πόλει τῶν Ἱεροσολύμων συγ[γράμματα]. Les yeux de cet érudit sont meilleurs que les miens, car je n'ai pu lire tout cela dans le manuscrit.

schœnen Texten zu singen und auff Instrumenten zu gebrauchen, mit 2, 3, 4, 5, 6, 7 und 8 Stimmen, etc. (Première partie de nouveaux chants allemands sur les plus beaux textes, etc., depuis 2 voix jusqu'à 8); Francfort, 1610, in-4°. La seconde édition est datée de la même ville, 1615. — 5° *Ander Theil newe teutscher Tricinien welche hiebevor niemals antegecommen, neben andern Hinzu gesetzen 4, 5 und 6. stimmigen Gesængen, auch etlichen Fugen und Canonen zu 2-6 Stimmen* (Deuxième partie de la nouvelle harmonie allemande à 3 parties, etc.); Francfort, 1610, in-4°. — 6° *Newe Kunstreiche musikalische Intraden, Galliarden und Couranten zu 4, 5 und 6 Stimmen, etc.*; Nuremberg, 1614. — 7° *Newe künstliche Intraden, Pavanen, Galliarden, etc., mit 4 und 5 Stimmen*; Nuremberg, 1616, in-4°. — 8° *Musikalische Intraden, Pavanen, Galliarden, Passamezzen, Couranten von 4, 5 und 6 Stimmen, etc.*; Nuremberg, 1617, in-4°. Cet ouvrage paraît avoir été le dernier de Hagius.

HAGIUS (Jean), surintendant et magister à Egger, vers la fin du seizième siècle, s'est fait connaître comme compositeur par les ouvrages dont les titres suivent : 1° *Symbolum norimbergensium*, à 4 voix ; Nuremberg, 1570, in-4°. — 2° *Symbola magnorum principum*, à 4 voix ; ibid., in-4°. — 3° Symboles des deux hommes célèbres Luther et Mélanchthon, en latin et en allemand, à 5 voix ; Egger, 1572, in-4° obl.

HAGUE (Charles), docteur en musique, né à Todcaster, dans le duché d'York, en 1769, reçut les premières leçons de musique de son frère aîné. En 1779 il alla résider à Cambridge, où il devint élève d'un violoniste nommé Manini, et plus tard il apprit l'harmonie sous la direction de Hellendaal. En 1785, Manini mourut, et Hague se rendit à Londres pour y perfectionner son talent par les conseils de Salomon. En 1794, il reçut le grade de bachelier en musique à l'université de Cambridge. Cinq ans après, la mort du docteur Randall rendit vacante la chaire de musique de cette université : Hague fut appelé à la remplir ; ensuite il obtint le doctorat en musique. Depuis lors il résida toujours à Cambridge jusqu'à sa mort, qui eut lieu le 18 juin 1821. Les principales compositions de ce musicien sont : 1° Une antienne composée pour l'exercice du baccalauréat en musique, exécutée à Cambridge en 1794. — 2° *First and second collection of Glees, Rounds and Canons for two, three, four, five and six voices*; Londres. — 3° Douze symphonies de Haydn, arrangées en quintettes. — 4° Une ode en musique exécutée dans la chambre du sénat à Cambridge, à l'intallation du duc de Gloucester, comme chancelier de l'université.

HAHN (Georges-Joachim-Joseph), membre du sénat et directeur de musique à Münnerstadt en Franconie, naquit au commencement du dix-huitième siècle. Plusieurs ouvrages de sa composition l'ont fait connaître comme un musicien instruit. On cite particulièrement : 1° *Harmonischer Beytræg zum Klavier* (Essai harmonique pour le clavecin); Nuremberg, 1748, 2 cahiers. — 2° *Klavierübung bestehend in einer leichten und kurzgefassten Sonate, welcher eine Erklærung der Ziffern nebst practischen Exempeln beygesucht ist* (Exercice pour le clavecin consistant en une sonate courte et facile, etc.); Nuremberg., 1750, in-4°. — 3° *Der wohl unterwiesene Generalbasschuler, oder Gespræch zwischen einem Lehrmeister und Scholaren vom Generalbass* (L'élève bien instruit dans la basse continue, etc.); Augsbourg, 1751, in-4°. Une deuxième édition de ce livre a été publiée dans la même ville, en 1768. — 4° *Leichte Arien, auf die vornehmsten Feste zum 1 und 2 mit Instrument* (Airs faciles à l'usage des fêtes principales, pour une et deux voix, avec instruments); Augsbourg, 1752. — 5° *Sex Missæ breves seu rurales*; Augsbourg, 1754, in-fol. — 6° 34 *Leichte Arien auf alle feste* (34 airs faciles pour toutes les fêtes ibid., 1756. — 7° 32 *Arien auf heilige Feste* (32 airs pour les saints jours de fête); ibid., 1759. — 8° 6 *Missæ cum 2 Requiem a 2 mit Begl. von 8 Instrum.* (Six messes et deux requiem à 2 voix avec accompagnement de 8 instruments); ibid. — 9° *Officium Vespertinum, tum rurale, tum civile*; Augsbourg, 1759, in-fol. — 10° *Leichte zur Ermangterung dienende Handarbeit in 2 Klavier-sonaten*; Nuremberg, 1750.

HAHN (Jean-Bernard), docteur en philosophie et professeur extraordinaire d'éloquence et d'histoire à l'université de Kœnigsberg, naquit dans cette ville en 1722. En 1778, il se démit de ses emplois, mais il continua à donner des cours particuliers. On a de lui un recueil de discours et de thèses, parmi lesquels on en remarque une qui a pour titre : *De varietate sonorum, speciminæ divinæ sapientiæ*; Kœnigsberg, 1749, in-4°.

HAHN (Bernard), professeur de chant au gymnase de Breslau et maître de chapelle de la cathédrale, naquit à Leuben, le 17 décembre 1780. Il reçut de son père, qui était organiste, des leçons de chant et de violon ; puis il entra comme enfant de chœur à l'église cathédrale de Breslau ;

mais, ayant perdu sa voix, il fut renvoyé, et se vit dans la nécessité de donner des leçons pour vivre. En 1799 il entra chez le comte Joseph Matuschka, à Pitschen, en qualité de musicien de la chambre; le comte, qui était lui-même bon musicien, organisa des quatuors où Hahn jouait le premier violon. Le docteur de musique Forster, qui avait été le maître de musique du comte, venait passer chaque année une partie de l'été à Pitschen; il remarqua le talent naissant de Hahn, lui donna des leçons, et engagea le comte à l'envoyer à Breslau. En 1804, Hahn, partit avec les deux fils du comte pour Halle, où il fit la connaissance de Türk, dont il reçut des conseils. L'année suivante il retourna à Breslau, au mois de décembre, et fut attaché à la cathédrale comme ténor. Pendant dix années sa position reçut peu d'améliorations; mais en 1815, après la mort de Strauch, Hahn fut nommé professeur de chant au gymnase. Cet établissement était alors dans l'état le plus misérable, Hahn le rendit bientôt florissant. Sur sa demande, l'argent nécessaire pour l'acquisition des instruments et de la musique fut accordé, et enfin, le 10 février 1825, la réorganisation de l'école fut complète. En 1840, Hahn occupait encore cette position. Il a publié de sa composition : 1° Airs pour le service divin des dimanches et des jours de la semaine; Breslau, Leuckardt, 1820. Un second recueil parut l'année suivante. — 2° Trente chants à 2 voix pour les gymnases et les écoles; ibid., 1828. — 3° Méthode de chant à l'usage des écoles; ibid., 1829. La deuxième édition, intitulée *Handbuch zum Unterricht in Gesange für Schüler auf Gymnasier und Burgschulen* a paru à Breslau, en 1833, et la troisième, dans la même ville, en 1836, in-8° de VIII et 80 pages. — 4° Messes à 4 voix, orchestre et orgue, n°s 1 à 6; Breslau, Leuckardt. — 5° Offertoire (*Cantate Domino*), à 4 voix, orchestre et orgue; ibid. — 6° *Regina Cœli*, à 4 voix et orgue; ibid. Les compositions inédites de cet artiste sont : 1° *Kyrie*. — 2° *Circumdederunt*. — 3° *Veni Sancte Spiritus*. — 4° *Salve Regina*, — 5° *Semper honos*.

Un autre musicien du même nom (Wilhelm) s'est fait connaître par la publication de duos pour violon et alto, op. 13, Leipsick, Breitkopf et Hærtel, de sonates pour les mêmes instruments, de duos pour 2 flûtes, op 10 ibid., de polonaises pour la flûte, op. 5, Berlin, Lischke, de sonates pour piano et flûte, Leipsick, Breitkopf et Hærtel, etc.

HAHN (Jean-Godefroi), membre de l'Académie des sciences naturelles de Jéna, naquit à Gotha vers 1760. On lui doit un excellent livre sur la fabrication des cloches et des carillons, qui a paru sous ce titre : *Kampanologie, oder praktische Anweisung wie Laut-und Uhrglocken verfertigt, dem Glockengiesser veraccordirt, behandelt und reparirt werden etc.* (Campanologie, ou instruction pratique dans laquelle on enseigne au fondeur à confectionner, accorder et réparer les cloches, etc.); Erfurt, 1802, 238 pages in-8° avec 2 planches. Dans cet ouvrage, les principes de l'art du fondeur de cloches sont basés sur une théorie mathématique. On y trouve des détails remplis d'intérêt, particulièrement sur les carillons. Les ancêtres de Hahn avaient exercé pendant un siècle la profession de fondeurs de cloches.

HAHN (C.-F.); sous ce nom, un recueil de 12 pièces d'orgue, œuvre Ier, a été publié à Mayence, en 1829, chez Schott. Il y a du talent dans cet ouvrage. Les biographes allemands gardent le silence sur plusieurs artistes du nom de *Hahn* dont il a été publié des compositions de différents genres depuis environ vingt ans (c'est-à-dire depuis 1840 jusqu'en 1860). Voici les renseignements recueillis sur quelques ouvrages de ces musiciens :

HAHN (Théodore), organiste et compositeur de talent pour la musique d'église, à Berlin, a publié : 1° Variations pour l'orgue; Berlin, Bote et Bock, 1838. — 2° 63 chorals à deux voix, composés pour les écoles; ibid. — 3° Le 23e psaume (*Der Herr ist mein Hirt*), pour quatre voix d'homme, op. 8; ibid. — 4° Trois chants à 4 voix avec piano, op. 9; Leipsick, Breitkopf et Hærtel. — 5° Trois chants pour quatre voix d'homme, op. 10; ibid. — 6° Le 8e psaume (*Herr unser Herrscher*), pour quatre voix d'homme; Berlin, Bote et Bock. — 7° Cantate (*Der Herr ist Kœnig*), op. 12; Leipsick, Breitkopf et Hærtel. — 8° Le 103e Psaume : *Lobe den Herrn*, pour 4 voix d'hommes, op. 13. Berlin, Bote et Bock.

HAHN (Jean-Christian-Werner), professeur de musique et *cantor* à Heilbronn, est connu par les ouvrages dont voici les titres : 1° *Lied des Kindes* (Chants des enfants) pour piano, op. 1; Heilbronn, Drechsler. — 2° *Lieder* à voix seule et à deux voix, pour l'enseignement du chant. 1re suite; ibid. — 3° 32 *Lieder* rangés par ordre méthodique, pour l'enseignement du chant, 2e suite; ibid. — 4° Six *Lieder* avec piano, pour la jeunesse, op. 15, 1re et 2e suite; ibid. — 5° 25 mélodies pour les voix d'enfant, d'après les plus nouveaux livres chorals du Wurtemberg; ibid.

HAHN (Jean-Henri), *cantor* à Arolsen, petite ville sur l'Aar, est auteur du livre choral pour les églises et les écoles de la principauté de Waldeck et Pyrmont (*Choralbuch für die Kirchen und Schulen der Herzogthümer Waldeck und Pyrmont*); Arolsen, Speyer.

HAHN (L.), pianiste et compositeur pour son instrument, a publié environ vingt-cinq œuvres de pièces légères, dont une partie a paru à Leipsick, chez Hofmeister et autres éditeurs.

Un autre pianiste du nom de HAHN (J.-V.) est aussi connu par environ 50 œuvres de rondos, de nocturnes, de marches, etc., pour le piano. On trouve de lui dans le catalogue des frères Schott, de Mayence : 1° *Ragozzi et Pandoures*, deux marches pour le piano. — 2° *Chant d'adieu*, nocturne pour violoncelle et piano, op. 35.

HAHN (AUGUSTE), docteur en philosophie et théologie, est né le 27 mars 1792, à Gross-Osterhausen, près de Querfurt, en Prusse. Il commença ses études au collége d'Eisleben, puis les continua à l'université de Leipsick, et les termina au séminaire des instituteurs à Wittemberg. Appelé en 1819 à Kœnigsberg en qualité de professeur extraordinaire de théologie, il occupa cette position jusqu'en 1826, où il alla à l'université de Leipsick, comme professeur ordinaire de la même science. Il inaugura, son cours par une thèse qui eut un grand retentissement sous le titre : *De rationalismi, qui dicitur, vera indole et qua cum naturalismo contineatur ratione*; Leipsick, 1827. En 1844, M. Hahn a obtenu le titre et les fonctions d'intendant ecclésiastique supérieur de la Silésie. Savant dans les langues orientales et dans les matières théologiques, il a publié beaucoup d'ouvrages remarquables, qui lui ont fait une grande renommée en Allemagne. Il n'est cité ici que pour une dissertation remplie de la plus solide érudition, laquelle est intitulée : *Bardesanes gnosticus Syrorum primus hymnologus. Commentatio historico-theologica*; Leipsick, 1819, gr. in-8° de 94 pages. Cet ouvrage a de l'intérêt pour l'histoire du chant religieux de la secte orientale dont Bardesane fut le chef (*voy.* BARDESANE). On a aussi de Hahn une intéressante dissertation *Sur le chant dans les églises de la Syrie* : elle est insérée dans les *Archives historiques de l'Église*, publiées par Stäudlin et Tzschirner, année 1823.

HAIBEL ou **HAIBL** (JACQUES), ténor et acteur du théâtre de Schikaneder, à Vienne, naquit à Grætz, en 1761. Il entra au théâtre de Schikaneder en 1789, et y resta jusqu'en 1804. Il disparut alors, et pendant plusieurs années on cherche en vain sa trace; mais en 1815 on le retrouve dans la position de maître de chapelle de l'évêque de Diakovar, en Hongrie. Il avait épousé la plus jeune des belles sœurs de Mozart. Après sa mort, sa veuve alla habiter à Salzbourg, près de sa sœur Constance, deux fois veuve de Mozart et du conseiller de Nissen. Elle mourut dans un âge avancé, en 1846. Haibel s'est fait connaître comme compositeur par neuf ou dix petits opéras composés pour le théâtre de Schikaneder. Un des plus connus est celui qui a pour titre : *Der Tyroler Kastel*, dont la partition, réduite pour le piano, a été publiée d'abord chez Artaria, à Vienne, puis réimprimée chez Hilscher, à Dresde. Enfin, il a été arrangé en quatuors pour 2 violons, alto et basse, chez Traeg, à Vienne. Cet ouvrage, connu aussi sous le titre *Le Tyrolien à Vienne*, est analysé dans la IV° année de la Gazette générale de musique, publiée à Leipsick. *Der Landsturm* (suite du Tyrolien) a eu aussi quelque succès. Les autres ouvrages de Haibel sont : *Das medecinische Consilium* (La Consultation médicale); *Papagei und Gaus; Der Einzug in der Friedensquartier; Tsching! tsching! tsching; Alle neun, und der Centrum; Astaroth der Verführer* (Le Diable boiteux). On a aussi quelques ballets du même artiste. Haibel a donné, enfin, à Vienne, en 1801, une autre opérette intitulée : *Liebe macht kurzen Prozess*. On en a gravé un duo avec accompagnement de piano.

HAIBL (Mlle SOPHIE), fille du précédent, fut cantatrice au théâtre de Munich, pendant les années 1829 et 1830.

HAIDEN (JEAN-CHRISTOPHE), surnommé l'ancien, musicien du seizième siècle, né à Nuremberg, a composé la musique d'un recueil intitulé : *Gantz neue lustige Tœntz und Liedlein, deren Text mehrentheils auf Namen gerichtet mit 4 Stimmen, nicht allein zu singen, sondern auch auff allerhand Instrumenten zu gebrauchen, etc.* (Danses et chansonnettes nouvelles et gaies, à 4 voix, non-seulement pour chanter, mais aussi pour divers instruments); Nuremberg, Kauffmann, 1601, in-4°. Ce recueil contient 23 morceaux. On connaît aussi du même : *Musicale instrumentum reformatum*; Nuremberg, Abraham Wagenmann, 1620, in-4°.

HAIGH (THOMAS), pianiste anglais et compositeur, né à Londres, vers 1769, a reçu quelques leçons de Haydn pendant le séjour que ce grand homme fit en Angleterre. Il a arrangé pour le piano quelques symphonies de son maître, et a publié beaucoup de sonates et de pièces diverses pour cet instrument. Gerber a donné la liste suivante de ses ouvrages : 1° Air anglais : *Happi tawney Moor*, varié pour le piano; Londres, Preston. — 2° Air anglais : *When the hallow*

Drum, varié pour le piano; ibid. — 3° Trois sonates pour piano et violon, op. 4; ibid. — 4° Trois sonates pour piano à 4 mains, op. 5; ibid. — 5° Trois sonates pour piano et violon, op. 6; ibid. — 6° Trois sonates faciles pour piano à 4 mains, op. 7. — 7° Trois sonates pour piano et violon, dédiées à Haydn. — 8° Trois idem, op. 9, ibid. — 9° Deux idem, op. 12; ibid. — 10° Sonate pour piano; ibid. — 11° Sonate avec la marche de Louis XVI; ibid. — 12° Sonate avec accompagnement. — 13° Trois sonates pour piano dédiées à Haydn, op. 10; Londres, Ralife. — 14° *Io parto*, rondo pour le piano; Londres, Preston. — 15° Trois sonates avec des airs favoris, op. 14; Londres, Lavenu. — 16° Trois sonates dédiées à Clementi, op. 15; ibid. — 17° Trois sonates dédiées à madame Abrams, op. 16; Londres, 1799. — 18° Trois idem, op. 18; Londres, Ralfe. — 19° Trois sonates pour piano, flûte ou violon, op. 19. — 20° Sonate pour piano seul; Londres, Lavenu. — 21° Trois divertissements pour piano, tambourin et triangle. — 22° Grande marche pour le piano, avec introduction et pastorale tambourin et triangle. — 23° Divers chants arrangés en rondos ou variés pour piano. Plusieurs de ces ouvrages ont été réimprimés à Paris et à Offenbach. M. Haigh vivait encore à Londres en 1808 et y donnait des leçons de piano; on ignore ce qu'il est devenu depuis ce temps.

HAINDL (...), maître de concert à Inspruck, y a mis en musique l'opéra intitulé *le Marchand de Smyrne*, qui fut représenté en 1782.

HAINHOFER ou **HAUNHOFER** (Philippe), riche amateur de musique à Augsbourg, dans le seizième siècle, jouait bien du luth et composait pour cet instrument. Il existe dans la bibliothèque de Wolfenbuttel une collection d'anciennes chansons allemandes de sa composition, sous ce titre: *Philip. Haunhoferi-Lauten Bucher, darinnen unterschiedliche teutsche Tænze mit ihren darunter geschriebenen Texten, etc.* (Livre de luth de Philippe Haunhofer, dans lequel on trouve différentes danses allemandes avec les textes sous les signes, etc.). Les airs de ces chansons badines sont écrits avec la tablature ordinaire du luth.

HAINL (Georges-François), violoncelliste distingué, compositeur pour son instrument et premier chef d'orchestre du grand théâtre de Lyon, est né à Issoire (Puy-de-Dôme), le 19 novembre 1807; il fut admis au Conservatoire de Paris, comme élève de Norblin pour le violoncelle, le 22 avril 1829. Le premier prix de cet instrument lui fut décerné au concours de 1830. Pendant plusieurs années il voyagea pour donner des concerts. En 1838, il était à Bruxelles, et dans l'hiver de l'année suivante il donna plusieurs concerts en Hollande avec le pianiste Dœhler. Après avoir obtenu de brillants succès dans le midi de la France, il accepta, en 1840, la place de premier chef d'orchestre du grand théâtre de Lyon. Au moment où cette notice est écrite, il occupe encore la même position. M. Hainl est renommé à juste titre comme un des artistes français les plus distingués pour la direction d'un orchestre. Parmi les compositions qu'il a publiées pour son instrument, on remarque en particulier sa Fantaisie avec orchestre sur des thèmes de *Guillaume Tell*, op. 8. Cet artiste s'est fait connaître aussi comme écrivain par un petit ouvrage qui a pour titre: *De la musique à Lyon depuis* 1713 *jusqu'en* 1852, *Discours de réception prononcé en séance publique de l'Académie de Lyon*; Lyon, 1852, in-8° de 37 pages.

HAITZINGER (Antoine), chanteur de l'Opéra et de la chambre du grand-duc de Bade, né en 1796, à Wilfersdorf, seigneurie du prince de Lichtenstein, en Autriche, reçut de son père, instituteur en ce lieu, les premières leçons de piano et de chant. Dès l'âge le plus tendre il fut employé dans les chœurs des églises, et avant qu'il eût atteint sa douzième année, la beauté de sa voix était déjà remarquée. Après avoir appris à jouer de plusieurs instruments, sur lesquels il fit d'assez rapides progrès, il fut envoyé à l'âge de quatorze ans au collége de Korneubourg, parce que son père le destinait à l'enseignement. Devenu licencié (candidat) ès lettres, il retourna chez son père, et peu de temps après obtint l'emploi de professeur dans une école publique de Vienne. Dans ses moments de loisir, il continua de s'occuper de la musique, et pour compléter son instruction dans cet art, il prit des leçons d'harmonie chez Wœlkert. Cependant sa voix de ténor prenait chaque jour de nouveaux développements. Les félicitations qui lui étaient adressées à cet égard le déterminèrent à prendre des leçons de chant de Mozzati, qui dans ce temps était aussi le maître de madame Schrœder Devrient. Les succès qu'il obtint ensuite dans quelques concerts lui firent prendre enfin la résolution de renoncer à sa carrière pédagogique, pour en suivre une plus conforme à ses goûts et aux dons précieux qu'il avait reçus de la nature. Le comte Palfy, directeur du théâtre *An-der-Wien*, lui ayant offert un engagement de premier ténor en 1821, il l'accepta, et fit admirer la puissance de son organe et son énergique sentiment dramatique, dans les rôles de *Gianetto*, de *la Pie voleuse*, de *Don Ottavio*, de *Don Juan*, et *Lindoro*, de *l'Italiana in Algeri*. Encouragé par ses succès, il continua ses études de chant sous la direction de Salieri, qui, sans pouvoir lui faire acquérir l'agilité de vocalisation d'un bon chanteur italien, parvint du moins à lui apprendre les principes de l'émission naturelle de la voix.

La renommée de Haitzinger s'étendait chaque jour davantage; elle s'accrut encore lorsque les compositeurs écrivirent des rôles analogues à ses facultés personnelles; c'est ainsi que *La Porte de Fer* (De Eiserne Pforte) de Weigl, *Libussa* de C. Kreutzer, *Le Plongeur* (Der Taucher), du même maître, et *Euryanthe*, de Ch. M. de Weber, ont été pour Haitzinger des occasions de triomphe. Après avoir fait une excursion à Prague et à Presbourg, où il chanta avec succès, il s'éloigna de Vienne pour aller se faire entendre aux théâtres de Francfort, de Stuttgard, de Manheim et de Carlsruhe. Il accepta enfin un engagement pour le reste de ses jours dans cette dernière ville, où il est resté jusqu'à sa retraite définitive du théâtre.

Divers voyages faits dans les différentes villes de l'Allemagne du nord avaient étendu sa réputation, lorsqu'il se rendit à Paris avec la troupe d'Opéra allemand dirigée par MM. Rœckel et Fischer. L'impression qu'il y produisit fut profonde; mais ce fut surtout dans l'année suivante qu'il put y déployer toute la puissance de son bel organe et de son sentiment dramatique, lorsque l'arrivée de madame Schrœder-Devrient lui permit de jouer ses beaux rôles de *Fidelio*, *Oberon*, et *Euryanthe*. A Londres, ses succès ne furent pas moindres, et dans un voyage qu'il fit à Pétersbourg en 1835, il excita autant d'enthousiasme qu'à Paris et à Londres.

L'organisation de Haitzinger pour l'art était admirable : son talent comme chanteur se ressentait de l'époque tardive où il avait commencé son éducation vocale. Il ne liait pas avec facilité les registres laryngien et surlaryngien de sa voix; mais dans tout ce qui exige de la véhémence et de la passion, il était entraînant. Ses qualités étaient assez grandes pour faire excuser ses défauts. On connaît de cet artiste le chant pour voix seule et piano : *Vergiss mein nicht*, Francfort, Fischer.

Haitzinger a épousé à Carlsruhe madame Neumann, actrice du théâtre allemand qui a eu, à juste titre, de la réputation. Elle était aussi engagée au service du grand-duc de Bade pour le reste de ses jours. Haitzinger avait établi chez lui une école de chant dramatique où plusieurs bons élèves ont été formés. Dans ce nombre se trouvait sa fille, qui a eu des succès sur plusieurs théâtres de l'Allemagne.

HAKART (Charles) ou **HACQUART**, joueur de basse de viole, né à Huy, sur la Meuse, vers 1619, a écrit plusieurs œuvres pour son instrument. Il est mort en Hollande, vers 1730, dans un âge avancé. Les compositions qu'on connaît de lui sont : 1° Préludes, allemandes et courantes pour la basse de viole, avec la basse continue; Amsterdam, Roger. — 2° *Motetti a tre, quattro e cinque voci con stromenti*; ibid. — 3° X sonates pour deux basses de viole; ibid. — 4° Cantiones sacræ 2, 3, 4, 5, 6 *et 7 tam vocum quam instrumentorum; Amtelodami*, 1674, in-fol. — 5° *Harmonia parnassia sonatarum trium et quatuor instrumentorum; Trajecti ad Rhenum*, 1686, in-fol.

HAKE (Jean), violoniste et musicien de la ville, à Stade, vers le milieu du dix-septième siècle, a publié de sa composition : 1° Pavanes, ballets, courantes et sarabandes pour 2 violons et basse, 1re partie; Hambourg, 1648, in-4°. — 2° Pavanes, ballets, etc., 2e partie, pour 2, 3, 4, 5 et 8 instruments avec basse continue; Stade, 1654, in-4°.

HAKENBERGER (André), maître de chapelle de l'église Sainte-Marie à Dantzick, naquit en Poméranie, dans la seconde moitié du seizième siècle. On a de lui plusieurs ouvrages de musique pratique, parmi lesquels on remarque : 1° *Newe teutsche Gesænge mit 5 Stimmen, und eine mit 8 Stimmen* (Nouveaux chants allemands à cinq voix, etc.); Dantzick, 1610, in-4°. — 2° *Odaria suavissima ex mellifluo D. Bernhardi jubilo delibata*, 3 *voc.*; Leipsick, 1612. Il y a une deuxième édition de cet ouvrage publiée à Francfort-sur-l'Oder, chez Matthieu Kempfer, 1628, in-4°. — 3° *Harmonia sacra, seu 6 motetti 6-12 voc. cum B. C.*; Francfort, 1617. — 4° *Sacri modulorum concentus 8 vocum, etc.*; Stettin, 1615; Francfort, 1616, et Wittemberg, 1619. — 5° *Odæ sacræ Christo infantulo Bethlehemitico decantatæ* 3 *voc.*; Leipsick, 1619.

HALBE (Jean-Auguste), acteur allemand, né à Budissin, en 1733, a débuté au théâtre en 1767. On lui doit la musique des opéras : 1° *L'Amour à l'épreuve*. — 2° *Le Bassa de Tunis*. — 3° *Les Deux Avares*. Il a écrit aussi des airs pour le drame *Charlotte à la Cour*.

HALES (Étienne), célèbre physicien anglais, né le 7 septembre 1677, à Beckeburn, dans le comté de Kent, fit ses études à Cambridge, et se fit remarquer par son goût pour les sciences naturelles, et par le génie d'invention qu'il y portait. Après avoir obtenu le grade de docteur en théologie, il entra dans les ordres, et eut la concession de quelques bénéfices. La Société royale de Londres l'admit au nombre de ses membres en 1717, et l'Académie des sciences lui fit le même honneur en 1753. Nommé pasteur de Taddington, il passa presque toute sa vie dans cette modeste retraite, et y mourut, le 4 janvier 1761, à l'âge de quatre-vingt-quatre ans. Son invention du ventilateur, ses recherches sur l'art de rendre l'eau de la mer potable, et ses ouvrages intitulés *Statique des Végétaux* et *Statique des Animaux* sont célèbres; mais leur examen n'est pas de l'objet de ce dictionnaire; on ne doit donc le citer ici que pour son livre intitulé : *Sonorum doctrina rationalis et experimentalis, etc.*; Londres, 1742, in-8°; réimprimé à Londres, chez Wallis, en 1778. Cet ouvrage n'est qu'un recueil de morceaux sur la physique des sons, extraits des ouvrages de Newton et d'autres auteurs célèbres. Le livre est divisé en cinq parties : des vibrations de l'air, de la percussion, des rapports des sons, de leurs phénomènes et de l'écho.

HALÉVY (JACQUES-FRANÇOIS-FROMENTAL-ÉLIE), compositeur dramatique, secrétaire perpétuel de l'Académie des Beaux-Arts de l'Institut de France et professeur de composition au Conservatoire impérial de musique, est né à Paris, le 27 mai 1799, de parents israélites. Admis au Conservatoire comme élève de solfége, le 30 janvier 1809, il fut placé sous la direction de Cazot, et se fit remarquer par la rapidité de ses progrès. L'année d'après, il devint élève de Charles Lambert pour le piano, eut en 1811 Berton pour maître d'harmonie, et reçut ensuite des leçons de contrepoint de Cherubini pendant cinq ans. L'Académie des Beaux-arts de l'Institut de France l'admit au concours pour le grand prix de composition en 1816, et à peine avait-il atteint l'âge de vingt ans lorsque le premier prix lui fut décerné. Le sujet du concours était une cantate intitulée *Herminie*. L'année suivante, il se rendit à Rome, comme pensionnaire du gouvernement, demeura en Italie pendant deux années, et ne revint à Paris qu'au mois de septembre 1822. Pendant son séjour à Rome, Halévy fit preuve d'une grande activité dans ses travaux, et écrivit non-seulement la partition d'un opéra, mais de grands ouvrages de musique classique. Déjà avant son départ pour l'Italie, il avait été chargé de mettre en musique le texte hébreu du *De Profundis*, pour la mort du duc de Berry. La partition de cet ouvrage a été publiée à Paris. Après son retour, tous ses efforts eurent pour but de se faire connaître par des succès au théâtre; mais les obstacles qui se multiplient en France au début de la carrière d'un compositeur dramatique ne lui furent pas épargnés. Déjà, avant son départ pour l'Italie, il avait pour l'Opéra un ouvrage intitulé *Les Bohémiennes*; il ne fut jamais représenté. De retour en France, il y obtint les poëmes de *Pygmalion*, grand opéra, et des *Deux Pavillons*, opéra-comique; mais, après qu'il en eut composé la musique, il employa vainement plusieurs années à en solliciter la représentation. Il lui fallut chercher autre chose; enfin, il réussit à faire jouer au théâtre Feydeau, en 1827, *L'Artisan*, opéra-comique en un acte. Cette pièce eut peu de succès; le sujet manquait d'intérêt, et la musique était faible d'invention. A cet ouvrage succéda *Le Roi et le Batelier*, pièce de circonstance, composée pour la fête du roi Charles X, et qui fut représentée en 1828. Halévy en avait composé la musique avec la collaboration de Rifaut. En 1829, il écrivit pour le théâtre Italien *Clari*, opéra en trois actes, dont le rôle principal fut joué par madame Malibran. Il y avait de belles choses dans cette partition, et déjà on pouvait juger par quelques morceaux que l'auteur était destiné à prendre un rang honorable parmi les meilleurs compositeurs de la scène française. Dans la même année, *Le Dilettante d'Avignon* fut représenté à l'Opéra-Comique. Le sujet bouffon de ce petit opéra fournit à Halévy l'occasion de faire quelques bons morceaux d'ensemble. L'ouvrage est resté au théâtre et a été joué partout avec succès. Dans les premiers mois de 1830, on joua à l'Opéra *Manon Lescaut*, grand ballet en trois actes dont Halévy avait composé la musique; cet ouvrage, arrangé pour piano, a été publié dans la même année. *Yella*, opéra-comique en un acte, fut mis en répétition peu de temps après, mais ne fut pas représenté, le théâtre ayant été fermé par suite du dérangement des affaires de l'entrepreneur. Une nouvelle entreprise ayant été organisée, Halévy fit jouer, en 1831, *La Langue musicale*, pièce froide dans laquelle le compositeur a placé quelques jolis morceaux. L'année suivante, il donna, en société avec M. Gide, *La Tentation*, ballet-opéra en cinq actes, où l'on remarque de belles choses, particulièrement des chœurs remplis d'effets dramatiques. La rentrée de Martin à l'Opéra-Comique, en 1834, fournit à Halévy l'occasion d'écrire un petit opéra intitulé *Les Souvenirs de Lafleur*. Cet ouvrage, joué avec succès, renfermait de jolis morceaux qui ont malheureusement subi le sort des œuvres d'art composées pour des circonstances spéciales, et qui n'ont pas survécu à la retraite de l'acteur pour qui ils avaient été écrits.

Hérold avait laissé en mourant une partition inachevée, celle de *Ludovic*, opéra en deux actes. Il n'en avait écrit que l'ouverture et les quatre premiers morceaux ; car les derniers mois de sa vie, passés dans les souffrances, ne lui avaient pas permis de travailler ; mais l'intérêt qui s'attachait à ce compositeur, particulièrement à cause de ses derniers ouvrages (*Zampa*, et *Le Pré aux Clercs*), fit considérer par les entrepreneurs de l'Opéra-Comique la représentation de *Ludovic* comme une bonne spéculation, et Halévy fut chargé de terminer cet opéra, qui fut joué avec succès en 1834, et qui depuis lors est resté au théâtre.

Au commencement de 1835, *La Juive*, grand opéra en cinq actes, fut représenté à l'Académie Royale de musique. Les soins consciencieux donnés par Halévy à cette importante partition, le retentissement de l'ouvrage, l'éclat de ses succès dans toute l'Europe, tout doit faire considérer cette époque comme la plus significative de la carrière du compositeur. Dans cette composition, son talent a un caractère plus ferme, plus grand que dans ses ouvrages précédents ; le style a plus d'élévation, l'instrumentation indique un maître expérimenté. Il y a transformation du talent de l'artiste à dater de ce moment. Des péripéties semblables se sont fait remarquer dans la carrière de quelques compositeurs célèbres ; cette transformation indique une sorte de crise où le génie développe toutes ses facultés et prend son caractère spécial. Bien des critiques ont été faites de *la Juive* à son apparition ; on attribuait son succès au luxe de sa mise en scène, tandis que ce luxe était l'obstacle le plus considérable à l'appréciation du mérite de la musique. Toutes ces critiques sont maintenant oubliées, et la partition de *la Juive* est considérée à juste titre comme une des plus belles productions dramatiques de l'École française.

Six mois étaient à peine écoulés depuis que *la Juive* avait vu le jour, quand Halévy fit représenter *l'Éclair*, opéra-comique en trois actes qui fut accueilli par le public avec beaucoup de faveur. Élégante et légère, la musique de *l'Éclair* forme un contraste remarquable avec celle de *la Juive*. Ce contraste, et le peu de temps qu'il y avait eu entre la représentation des deux ouvrages, contribuèrent à consolider la réputation du compositeur, en prouvant qu'il avait le travail facile, et qu'il savait prendre plus d'un ton. Nonobstant les brillants succès de *la Juive* et de *l'Éclair*, deux ans et demi s'écoulèrent avant que leur auteur abordât de nouveau la scène, car ce fut seulement au mois de mars 1838 qu'il fit représenter à l'Opéra *Guido et Ginevra, ou la Peste de Florence*. Halévy avait compris la nécessité de se soutenir à la hauteur du mérite des deux ouvrages précédents, et il avait écrit avec amour sa nouvelle partition. Abondante en mélodies expressives, élégante dans la forme, écrite et instrumentée avec un rare talent, elle aurait dû, semble-t-il, rencontrer dans le public la même sympathie que ses aînées : il n'en fut néanmoins pas ainsi ; après un nombre borné de représentations, l'ouvrage disparut de la scène. D'où vint cette défaveur ? Il faut le dire : de la nature du sujet, qui est plus triste que dramatique. La teinte sombre répandue sur l'ouvrage fut la cause qui nuisit au succès de la musique et lui porta un coup fatal. Il n'est resté pour le public que quelques morceaux, de *Guido et Ginevra* qu'on entend dans les concerts ; mais pour les connaisseurs cette partition sera toujours une belle œuvre, digne d'un meilleur sort. *Les Treize*, ouvrage représenté à l'Opéra-Comique en 1839, et *le Drapier*, en trois actes, joué à l'Opéra, dans l'année suivante, ne furent point heureux, quoiqu'il s'y trouvât de fort bons morceaux. Mais Halévy se releva brillamment dans *la Reine de Chypre*, grand opéra en cinq actes composé pour Mme Stolz, qui y fit preuve d'un talent très-dramatique. La valeur de cette partition est bien supérieure à ce qu'on croit généralement : le second acte est un chef-d'œuvre de couleur locale, d'entente de la scène et d'expression sentimentale ; le troisième brille par la verve et le cinquième est simple et touchant. A vrai dire, Halévy, bien que placé très-haut dans l'opinion des artistes, n'a pas, dans la population de France, une renommée égale à son mérite. La presse lui a été souvent peu favorable, et s'est montrée ou hostile, ou incapable d'apprécier la distinction de formes qui se montre partout dans sa musique à des yeux clairvoyants, à des oreilles délicates. La plupart de ses ouvrages, *Charles VI*, *les Mousquetaires de la Reine*, *le Val d'Andorre*, *la Fée aux roses*, *la Dame de pique*, *le Nabab*, *la Magicienne*, etc., renferment des morceaux d'élite où se fait reconnaître la main d'un maître de premier ordre : malheureusement pour sa popularité, sa pensée est souvent complexe : elle est mélodique, mais elle se combine avec tant de détails et de recherches d'harmonie et d'instrumentation, que l'intelligence vulgaire, c'est-à-dire celle de la foule, est insuffisante pour saisir l'ensemble de ces choses. Moins riche, plus simple, Halévy eût eu de plus grands succès.

La liste complète des ouvrages de cet artiste se compose de la manière suivante : 1° *Les Bohé-*

mionnes, grand opéra (1819). — 2° *Pygmalion*, idem (1823). — 3° *Les deux Pavillons*, opéra-comique (1824). Ces trois opéras n'ont pas été représentés. — 4° *L'Artisan*, opéra-comique en un acte, au théâtre Feydeau (1827). — 5° *Le Roi et le Batelier*, opéra en un acte, en collaboration avec Rifaut, à l'occasion de la fête du roi Charles X, au même théâtre (1828). — 6° *Clari*, opéra en trois actes, au Théâtre-Italien (1829). — 7° *Le Dilettante d'Avignon*, en un acte, au théâtre Feydeau (1829). — 8° *Manon Lescaut*, ballet en trois actes, à l'Opéra (1830). — 9° *Yella*, opéra-comique en un acte, mis en répétition au théâtre Feydeau, mais non représenté, parce que le théâtre fut fermé. — 10° *La Langue musicale*, en un acte, à l'Opéra-Comique (1831) : il y avait dans cet ouvrage un remarquable morceau d'ensemble. — 11° *La Tentation*, ballet-opéra en cinq actes, en collaboration avec M. Gide, à l'Opéra (1832). — 12° *Les Souvenirs de Lafleur*, en un acte, à l'Opéra-Comique (1834). — 13° *La Juive*, en cinq actes, à l'Opéra (1835). — 14° *L'Éclair*, en trois actes, à l'Opéra-Comique (1835). — 15° *Guido et Ginevra, ou la Peste de Florence*, en cinq actes, à l'Opéra (1838). — 16° *Les Treize*, en trois actes, à l'Opéra-Comique (1839). — 17° *Le Drapier*, en trois actes, à l'Opéra (1840). — 18° *La Reine de Chypre*, en cinq actes, à l'Opéra (1841). — 19° *Le Guitarero*, en trois actes, à l'Opéra-Comique (1841). — 20° *Charles VI*, en cinq actes, à l'Opéra (1843). — 21° *Le Lazzarone*, en deux actes, idem (1844). — 22° *Les Mousquetaires de la Reine*, en trois actes, à l'Opéra-Comique (1846). — 23° *Le Val d'Andorre*, en trois actes, idem (1848). — 24° *La Fée aux roses*, en trois actes, idem (1849). — 25° *La Dame de pique*, en trois actes, idem (1850). — 26° *La Tempesta*, opéra italien en trois actes, écrit pour le théâtre de la Reine, à Londres, et représenté dans cette ville en 1850, puis à Paris (1851). — 27° *Le Juif errant*, en cinq actes, à l'Opéra (1852). — 28° *Le Nabab*, en trois actes, à l'Opéra-Comique (1853). — 29° *Jaguarita*, en trois actes, au théâtre lyrique (1855). — 30° *Valentine d'Aubigné*, en trois actes, à l'Opéra-Comique (1856). — 31° *La Magicienne*, en cinq actes, à l'Opéra (1857).

On connaît aussi de Halévy la musique de quelques scènes du *Prométhée enchaîné* d'Eschyle, traduites par son frère, M. Léon Halévy : elles ont été exécutées, le 18 mars 1849, au Conservatoire, par la Société des concerts. Le même artiste a écrit une cantate intitulée *les Plages du Nil*, avec chœur et orchestre, plusieurs messes, le *De Profundis*, en langue hébraïque, dont il a été parlé précédemment, beaucoup de romances, nocturnes, une sonate pour piano à quatre mains, un rondo ou caprice (Vienne, Diabelli), et quelques autres compositions légères.

Ce n'est pas seulement par ses ouvrages que cet excellent artiste a conquis sa renommée ; les services qu'il a rendus à la musique par son enseignement lui assurent aussi un rang élevé parmi les maîtres. Dès 1816 il entrait dans cette carrière par ses leçons dans une classe de solfége au Conservatoire ; en 1827, il succéda à M. Daussoigne (*voy.* ce nom) en qualité de professeur d'harmonie et d'accompagnement ; et lorsque l'auteur de cette notice donna, au mois d'avril 1833, sa démission de sa place de professeur de composition pour le contrepoint et la fugue, ce fut Halévy qui lui succéda : depuis lors il n'a pas quitté cette position. Au nombre de ses élèves les plus distingués, on remarque MM. Gounod, Victor Massé, Bazin, Pottier, Eugène Gauthier, Deldevez, Deffès, Gastinel, Mathias et Galibert. L'enseignement élémentaire de la musique lui est redevable d'un livre adopté pour les écoles de Paris, et qui a été publié sous ce titre : *Leçons de lecture musicale*; Paris, Léon Escudier, 1857, gr. in-8°. Après avoir occupé, pendant les années 1827 à 1829, la place de *maestro al cembalo*, au Théâtre-Italien, il l'abandonna pour celle de chef du chant à l'Opéra, dont il remplit les fonctions jusqu'en 1845. Appelé à l'Institut, en 1836, après la mort de Reicha, Halévy a échangé, en 1854, sa position de membre de l'Académie des beaux-arts de cette institution, pour celle de secrétaire perpétuel de la même académie. Cette nouvelle situation lui a fourni l'occasion d'ajouter à ses succès de musicien ceux de littérateur, par les éloges des académiciens morts qu'il a été appelé à prononcer aux séances publiques de l'Académie des beaux-arts. C'est ainsi qu'il a lu, en 1854, l'éloge de l'architecte Pierre Fontaine, et dans les années suivantes ceux d'Onslow, d'Abel Blouet, du sculpteur David d'Angers, de Paul Delaroche, et d'Adolphe Adam. Ces morceaux, écrits d'un style élégant et spirituel, ont été réunis avec d'autres sortis de la même main, et publiés sous le titre de *Souvenirs et Portraits. Études sur les beaux-arts*; Paris, Michel Lévy frères, 1861, 1 vol. in-16. Halévy est commandeur de la Légion d'honneur et décoré de plusieurs autres ordres.

HALL (Henri), né en 1655, à New-Windsor, fut élevé dans la chapelle royale, et eut pour dernier maître de musique le Dr. Blow. Après avoir été organiste à Exeter, il passa en la même qualité à l'église cathédrale de Hereford. Il mourut au mois de mars 1707, et fut inhumé dans la chapelle des vicaires de cette église. Il a écrit des antiennes à plusieurs voix qui se trouvent en manuscrit au Muséum britannique, à Londres, dans une grande collection de musique à l'usage de l'église anglicane, fonds de Harley, numéros 7337-7342.

HALLE (Jean-Samuel), né en 1730, à Bartenstein, en Prusse, a été professeur de mathématiques à Berlin pendant plusieurs années. On lui doit un traité de la construction de l'Orgue intitulé : *Die Kunst des Orgelbaues theoretisch und praktisch beschrieben ;* Brandebourg, 1799, 1 vol. in-4° avec 8 planches. Ce livre est un bon manuel de l'ancienne pratique de la facture de l'orgue. Laborieux écrivain sur des sujets particulièrement relatifs à l'industrie, il a fait imprimer beaucoup d'ouvrages qui indiquent des connaissances étendues. Son livre sur la facture des orgues a paru d'abord sous ce titre : *Theoretisch und praktische Kunst des Orgelbaues* (Art théorique et pratique de la facture des orgues) ; Brandebourg, 1779, in-8°, avec des planches. Il l'augmenta ensuite et le publia de nouveau dans une collection d'ouvrages sur les arts et métiers, en six volumes in-4°, intitulée *Werkestætte des heutigen Künste*. Le traité de la facture des orgues est le troisième volume de cette collection. Halle est mort le 9 janvier 1810.

HALLÉ (Charles), pianiste distingué, né en Allemagne, si je suis bien informé, s'est établi à Paris, à la fin de 1840, fort jeune encore, et s'y est fait connaître immédiatement de la manière la plus avantageuse par son exécution élégante, vive, animée, sur le piano, et par la pureté de son style dans la musique classique, toujours appropriée au caractère de l'œuvre qu'il interprétait. En peu de temps, il se fit une brillante réputation, et les amateurs le recherchèrent avec empressement en qualité de professeur. La situation de M. Hallé à Paris était fort heureuse quand éclata la révolution du mois de février 1848, dont les conséquences furent désastreuses pour les artistes. Il prit alors la résolution de se fixer en Angleterre. Arrivé à Londres, il ne tarda pas à attirer sur lui l'attention du monde musical par son talent. Il fut particulièrement recherché pour la musique classique d'ensemble et obtint de beaux succès dans les matinées de la *Musical Union*. M. Hallé s'est établi postérieurement à Manchester, où, par son enseignement et la direction des concerts, qui lui a été confiée, il est devenu le centre d'activité de tout ce qui s'y fait en musique, et où il jouit de l'estime générale. Je ne connais de la composition de cet artiste que *Quatre romances sans paroles pour le piano*, op. 1 ; Paris, Brandus, et Berlin, Schlesinger ; *quatre esquisses pour piano*, op. 2, divisé en deux livres ; Londres, Cramer, Beale et Cᵉ ; *Scherzo* (en *ré*), op. 4 ; ibid. ; *Miscellanées*, op. 5 ; ibid. ; *Pensées fugitives*, op. 6 ; ibid.

HALLER (Albert de), anatomiste, botaniste, poëte et savant presque universel, naquit à Berne, le 16 octobre 1708. Enfant prodigieux par la précocité et l'étendue de ses connaissances, il devint par la suite un des hommes les plus remarquables de l'Allemagne. Après avoir étudié la philosophie et l'anatomie à l'université de Tubinge, il se rendit à Leyde, en 1725, et y devint élève de l'illustre Boërhave. Puis il étudia les mathématiques à Bâle sous la direction de Jean Bernoulli, et enfin retourna à Berne, où il fut fait bibliothécaire de la ville. Devenu professeur de médecine à l'université de Gœttingue, en 1736, il passa dix-sept années dans cette ville, retourna à Berne, en 1753, et y mourut, le 12 décembre 1777. Parmi ses nombreux et importants écrits, on remarque le grand ouvrage intitulé : *Elementa physiologiæ corporis humani ;* Lausanne, 1757-1782, 9 vol. in-4°. Le 15ᵉ livre du tome 5ᵉ traite amplement de l'organe de l'ouïe et de ses fonctions. On a aussi de Haller une dissertation *De Diaphragmatis musculis*, Gœttingue, 1738, in-4°, où il traite de l'action de ces muscles dans le chant.

HALM (Antoine), compositeur allemand, né le 4 juin 1789, à Altenmarkt, dans la Styrie, étudia la musique dès son enfance, et montra d'heureuses dispositions pour cet art ; mais, obligé de servir dans l'armée autrichienne, comme soldat, il n'obtint son congé qu'en 1811. Alors il se fixa à Vienne, et publia beaucoup d'œuvres de musique instrumentale, où l'on remarque : 1° quatuors pour 2 violons, alto et basse, n° 1, op. 38 ; Vienne, Mechetti ; n° 2, op. 39 ; ibid. ; n° 3, op. 40 ; ibid. — 2° Trios pour piano, violon et violoncelle, op. 12, 21, 23, 42 ; ibid. — 3° Sonates pour piano et violoncelle, op. 13, 24 ; ibid. — 4° Grande sonate pour piano et violoncelle ou alto, op. 25 ; ibid. — 5° Sonates, rondeaux et marches pour piano à 4 mains, op. 41, 44, 45, 48, 54 et 56 ; Vienne, Haslinger, Mechetti, Cappi, Diabelli. — 6° Sonates pour piano seul, op. 15, 43, 51 ; Vienne, Mechetti, Cappi. — 7° Rondeaux brillants pour piano seul, op. 4, 14, 17, 20, 49 ; Vienne, Mechetti. — 8° Thèmes variés pour piano, op. 33, 37, 46, 47, 50, ibid. Les dernières productions de Halm sont deux trios pour piano et violoncelle, œuvres 57 et 58 ; des Études pathétiques pour le piano, op. 61, et des Études héroïques, op. 62. Ces deux dermiers ouvrages ont paru en 1838, à Vienne, chez Mechetti.

HALMA (Hubert-Émile), né à Sedan (Ardennes), en 1803, est neveu de l'abbé Nicolas Halma, helléniste et mathématicien, connu par la traduction française de l'*Almageste* de Ptolémée. Bien organisé pour la musique, et montrant du goût pour le violon, il reçut les premières leçons d'un maître obscur de sa ville natale; puis il fut envoyé à Paris pour y continuer ses études, et entra le 28 avril 1818 au Conservatoire, où il devint élève de Baillot. Il obtint le second prix de violon en 1821, et le premier prix lui fut décerné en 1824, dans un concours brillant où il étonna les professeurs par la pureté de son style et par l'expression de son jeu. Son succès dans ce concours et dans un concert du Conservatoire où il fit une vive impression, semblait lui promettre une belle carrière d'artiste; malheureusement il était inconstant dans ses projets et toujours mécontent de sa situation. En 1822, la place de chef des premiers violons du Théâtre Français lui avait été confiée, quoiqu'il ne fut âgé que de dix-neuf ans. Il occupa cette position jusqu'en 1827, puis la quitta tout à coup pour la place de chef d'orchestre du théâtre de Strasbourg. Bientôt dégoûté de cette situation, il revint à Paris en 1829, et entra à l'orchestre de l'Opéra Italien, n'y resta qu'une année, et accepta, en 1830, une place de second violon à l'Académie royale de musique. Se croyant appelé à de plus hautes destinées par son talent, il abandonna encore cet orchestre, en 1832, essaya de voyager pour donner des concerts, ne réussit pas dans cette entreprise, et revint de nouveau à Paris, où il vécut quelque temps sans emploi. Sur des indications vagues qui lui furent données des avantages qu'il pourrait trouver en Amérique, il s'embarqua au hasard pour s'y rendre, habita tour à tour New-York, Boston et Philadelphie, n'y trouva pas une meilleure fortune, et finit par revenir en France. Au moment où cette notice est écrite, M. Halma vit à Paris, dans une situation peu fortunée. On n'a publié de cet artiste qu'un thème original varié pour le violon, avec quatuor ou piano; Paris, Richault.

HALPHEN (C.-M.), professeur de musique à Metz, est auteur d'un *Jeu de Cartes harmoniques*, renfermant tous les accords dont la musique est susceptible; Metz, Devilly, 1812, in-36 de 12 pages avec des cartons.

HALTENHOFF (...), facteur d'instruments à Hanau, près de Francfort-sur-le-Mein, s'est fait connaître, en 1781, par un perfectionnement important dans la construction du cor. Avant lui, on n'avait pas trouvé de meilleur moyen, pour accorder le cor avec l'orchestre, lorsqu'il était trop haut, que d'ajouter un certain nombre d'allonges au tube, près de l'embouchure; mais ces allonges avaient l'inconvénient d'éloigner le pavillon du corps de l'exécutant, et conséquemment de priver l'instrument de son point d'appui. Haltenhoff, appliquant au cor le principe de la construction du trombone, imagina la coulisse qui permet d'allonger la colonne d'air, et de baisser l'instrument à volonté. On a fini par poser sur cette coulisse les différents tons du cor.

HALTER (Guillaume-Ferdinand), organiste de l'Église réformée de Kœnigsberg, y fut d'abord secrétaire de la ville, et mourut le 10 avril 1806. Gerber fait dans son Nouveau Lexique des musiciens le plus pompeux éloge de ses compositions, dont il donne la liste suivante : 1° six sonates pour piano; Kœnigsberg et Leipsick, 1788. — 2° Quelques chansons publiées dans le *Klavier-magazin* de 1789. — 3° *La Revue du Canton*, petit opéra représenté à Kœnigsberg, en 1792. — 4° Sonate pour piano, violon et violoncelle; Augsbourg, Gombart, 1797.

HALTMEIER (Charles-Jean-Frédéric), organiste de la cour à Hanovre, dans la première moitié du dix-huitième siècle, est auteur d'un petit ouvrage qui a pour titre : *Anleitung, wie man einen Generalbass, oder auch Handstücke, in alle Tœne transposiren kœnne* (Instruction par laquelle on peut apprendre à transposer dans tous les tons une basse continue ou d'autres pièces); Hambourg, 1737, in-4°. Ce traité a été publié par les soins de Telemann. Mizler l'a aussi donné dans le 2e volume de sa Bibliothèque de musique, pages 256-208.

HAMAL (Henri-Guillaume), né à Liége, en 1685, fit son éducation musicale sous la direction de Lambert Pietkin, maître de chapelle de la cathédrale de Saint-Lambert. A peine âgé de vingt-trois ans, il obtint la place de maître de musique de l'église paroissiale de Saint-Trond; mais il n'y resta pas longtemps, car, à la fin de la même année, il fut rappelé à Liége pour prendre possession de la sous-maîtrise de l'église Saint-Lambert. Il mourut dans cette ville, le 3 décembre 1752. Ses principaux ouvrages consistent en motets, qu'on a chantés pendant plus de quarante ans dans la cathédrale et dans les églises principales du pays de Liége. On connaît aussi de lui des cantates italiennes, françaises, et en patois liégeois. Toutes ces productions sont restées en manuscrit.

HAMAL (Jean-Noel), fils aîné du précédent, naquit à Liége (1), le 23 décembre 1709. Élève de son père pour le chant, et de Henri Dupont, maître de chapelle, pour la composition, il montra dès son enfance les dispositions les plus heureuses pour la musique. Ses progrès dans cet art lui firent obtenir une pension du chapitre pour aller continuer ses études à Rome. Parti en 1728 pour la capitale du monde chrétien, il y fit choix, dès son arrivée, de Joseph Amadori, bon compositeur, pour diriger ses études de contrepoint. Devenu bon harmoniste, il retourna dans sa patrie, où les chanoines de Saint-Lambert lui accordèrent un bénéfice, en 1731, en témoignage d'estime pour son talent. La place de maître de chapelle étant devenue vacante, en 1738, ce fut Hamal que le chapitre désigna pour la remplir. Il y déploya beaucoup d'activité, et composa des messes, des psaumes et des motets à grand orchestre, qui ont eu de la réputation pendant le dix-huitième siècle. Le désir de revoir l'Italie lui fit entreprendre un voyage dans cette contrée en 1749. A Rome, il se lia d'amitié avec Jomelli, qui venait d'être nommé maître de chapelle de Saint-Pierre du Vatican. A Naples, il connut Durante, qui lui donna des témoignages d'estime. De retour à Liége, en 1750, il y écrivit les oratorios de *Jonathan* et de *Judith*, et composa plusieurs opéras en patois de Liége pour une société d'amateurs. Ces ouvrages, dont les partitions manuscrites existent, si j'ai bonne mémoire, dans la bibliothèque du Conservatoire de Paris, se font remarquer par des mélodies faciles et originales. Les plus connus de ces ouvrages sont : 1° *Li Voegge di Chofontaine* (le Voyage de Chaufontaine), en trois actes, écrit en 1757. — 2° *Li Ligeois égagi* (le Recrue de Liége, en deux actes, dans la même année. — 3° *Li Fiess di houte si plau* (la fête troublée par la pluie), en trois actes, 1758. — 4° Enfin, les *Ypoconies* (les Hypocondres), opéra burlesque en trois actes, dans la même année. Le dernier ouvrage de Hamal, considéré comme son chef-d'œuvre, est un *In exitu Israel*, à deux chœurs et deux orchestres. On connaît aussi de cet artiste : 1° Six quatuors pour 2 violons, alto et basse, gravés à Liége, chez Benoît Andrez, et à Paris, chez Leclerc. — 2° Trois œuvres de symphonies à quatre parties, ibid. Hamal mourut à Liége, le 26 novembre 1778.

(1) J'ai été mal informé lorsque j'ai dit, dans la première édition de cette *Biographie*, que Hamal est né à Huant, vers 1735.

Son neveu Hamal (Henri), lui a succédé dans la place de maître de chapelle de la cathédrale. Il a laissé en manuscrit quelques compositions pour l'église.

HAMBOYS ou **HANBOYS** (Jean), musicien anglais du quinzième siècle, fut, suivant Bale (*Summarium illustrium Majoris Britanniæ Script.*, p. 40), un homme de grande érudition, et posséda des connaissances étendues dans les sciences et dans les arts, particulièrement dans la musique. Pits ajoute (*Relationum histor. de rebus angl.*, p. 662), sans savoir précisément de quoi il parle, que le savoir de Hamboys dans l'harmonie et dans la préparation et la résolution des dissonances fut supérieur à celui de tout autre musicien anglais de son temps. Ces deux écrivains placent l'époque florissante de sa vie vers 1470. Suivant la chronique de Holinshed (t. II, pag. 1355), Hamboys a vécu sous le règne d'Édouard IV, et son mérite lui a fait conférer le grade de docteur en musique. Si ce dernier fait est vrai, Hamboys a dû être une des premières personnes à qui cette dignité a été donnée; on ne trouve la date de son diplôme ni dans les registres de l'université d'Oxford, ni dans ceux de l'université de Cambridge.

L'évêque Tanner dit, dans sa Bibliothèque des écrivains britanniques, que Hamboys a écrit un traité de musique intitulé *Summum Artis Musicæ*, lib. I, lequel commence par ces mots : *Quemadmodum inter triticum*. Le manuscrit de la bibliothèque Bodleyenne, n° 90 du fonds de Digby, intitulé *Quatuor principalia totius artis Musicæ*, lib. IV, et qui a été terminé à Oxford en 1451, commence par les mêmes mots (1). Il ajoute que c'est par erreur que ce manuscrit est attribué par les catalogues et par Antoine Wood à Thomas de Tekesbury. Burney ne pense pas que le manuscrit de la Bibliothèque Bodleyenne soit de ce Thomas de Tekesbury, mais il ne partage pas l'opinion de Tanner, qui l'attribue à Hamboys, car il démontre (*A general History of Music*, t. II, p. 395) que l'ouvrage dont il s'agit est exactement le même que celui qui se trouve à la bibliothèque d'Oxford, sous le n° 515, et qui a pour titre : *De Musica continua, et discreta, cum Diagrammatibus; per Simonem Tunstede*, A. D. 1351. Au commencement du volume, Tunstede dit qu'il se propose de traiter *De quatuor principalibus in quibus totius Musicæ radices consistant;*

(1) Ce manuscrit est maintenant au Museum britannique, sous le n° 8866, et l'on en trouve la description dans le *Catalogue of the Manuscript Music of the British Museum*, p. 75, n° 209.

c'est sans doute cette phrase qui a donné lieu à l'autre titre. Quoi qu'il en soit de la différence des titres, on voit que l'ouvrage a été écrit précisément un siècle avant l'époque où Hamboys a vécu. Il existe un autre ouvrage qui appartient réellement à Hamboys : il se trouve dans le même manuscrit provenant du fonds de Bodley, et a pour titre : *Musica Magistri Franconis, cum additionibus et opinionibus diversorum*. Cet ouvrage paraît être un commentaire du Traité de Francon, dit M. Madden, rédacteur du Catalogue des manuscrits de musique qui existent dans le Museum britannique ; il est terminé par ces mots : *Explicit Summa Magistri Johannis Hamboys, doctoris musice reverendi, super musicam continuam et discretam.* Bale et Pits disent que c'est Hamboys qui a inventé un genre de composition qu'ils appellent *Cantionum artificialium diversi generis :* il serait difficile de décider de quoi ils veulent parler, à moins que ce ne soit de quelques espèces particulières de canons.

HAMBUCH (Charles), ténor allemand, naquit, en 1797, à Berlin, où son père, employé au ministère des affaires étrangères, avait été autrefois musicien. Possédant une voix de soprano brillante, pure et de grande étendue, il fut admis dans une chapelle comme enfant de chœur, et comme tel eut le logement, la nourriture et quelque argent. Son père était trop occupé de ses travaux pour accorder quelque attention aux heureuses dispositions de son fils ; d'ailleurs, il ne possédait aucun moyen pour lui faire donner une meilleure éducation que celle qu'il recevait comme enfant de chœur. Une circonstance inattendue fournit enfin au jeune Hambuch les éléments de connaissances plus étendues dans l'art. Le violoniste Hemmereich, fort laid et difforme, exécutait un jour devant lui un morceau qui avait attiré toute son attention ; quand l'artiste eut fini, l'enfant, tout ému de ce qu'il venait d'entendre, s'élança vers lui, et lui dit avec naïveté : *M. Hemmereich, je voudrais être deux fois plus laid et plus bossu que vous, si je pouvais à ce prix jouer du violon comme vous venez de le faire.* Plus touché de l'éloge de son talent que choqué de la critique de sa personne, Hemmereich, qui avait l'âme noble et généreuse, se chargea de l'instruction du jeune Hambuch, sans rétribution, lui enseigna à jouer du violon, et le mit en état de se rendre, en 1813, à Aix-la-Chapelle, pour y être premier violon du théâtre ; mais déjà sa voix s'était développée avec tant d'avantages, que bientôt il changea ses fonctions de violoniste contre celles de premier ténor. Bien qu'il n'eût, comme la plupart des chanteurs allemands, qu'une connaissance imparfaite de l'art du chant, la beauté de son organe lui fit obtenir des succès aux théâtres de Cologne, de Dusseldorf, et de Vienne. En 1819, il fut appelé à Stuttgard avec un engagement comme premier ténor du théâtre et de la chambre du prince, et pendant plus de douze ans il jouit de la réputation d'un des meilleurs chanteurs de l'Allemagne. Pendant son long séjour à Stuttgard, il fit plusieurs voyages avantageux, et se fit applaudir sur les principales scènes de la Prusse, de la Bavière, et de la Saxe. Une maladie grave d'intestins vint l'obliger à cesser son service en 1833 ; attaqué d'une profonde mélancolie par suite de cet accident, il ne voulut voir pendant près d'une année que sa famille et deux ou trois amis ; mais l'usage des eaux de Carlsbad et de Kissingen lui fut si salutaire, qu'il crut être complétement guéri et put même donner des concerts à son retour. Il se disposait à reparaître au théâtre de Stuttgard, lorsqu'il apprit qu'il ne devait plus être employé dans la musique du prince qu'en qualité de violoniste. L'impression de cette nouvelle fut si pénible pour lui, que son mal reparut immédiatement, et qu'après trois jours de maladie il mourut, le 25 août 1834. Cet artiste avait formé une belle collection de musique classique et d'instruments de prix qui a été dispersée après sa mort : on y remarquait plusieurs violons précieux, dont un vieil Amati, daté de 1590.

HAMEL (Marie-Pierre), magistrat à Beauvais (Oise), est né à Auneuil (même département), le 24 février 1786. A l'âge de sept ans il commença l'étude de la musique, qui lui fut enseignée par un ancien maître de chapelle de la cathédrale de Beauvais. Lorsqu'il fut en état de lire à première vue, on lui mit un violon dans les mains ; et lorsqu'il alla terminer ses études à Paris, il mit à profit les leçons de quelques bons maîtres et forma son goût par la fréquentation des concerts du Conservatoire et des représentations de l'Opéra Italien. Bien que le violon fût le seul instrument dont il jouât, M. Hamel avait un penchant irrésistible pour l'orgue : la construction de ce genre d'instrument lui inspirait surtout le plus vif intérêt. Il n'était âgé que de douze ou treize ans lorsqu'il entreprit de fabriquer un petit orgue de trois octaves, sans autres outils qu'un canif, et sans les matériaux nécessaires. Par son ingénieuse industrie il suppléa à ce qui lui manquait et parvint à réaliser son projet. Il avait l'habitude d'aller passer ses vacances à Clermont (Oise), dans une maison voisine de l'église. Dans cette église il y avait une orgue du seizième siècle, auquel on n'avait pas fait de réparation depuis un temps immémorial, et dans lequel les rats s'étaient logés pendant les troubles de la révolution, époque où les églises avaient été fermées. Lorsqu'on les rouvrit après que le consulat eut été établi, l'orgue dont il s'agit se trouva dans un état déplorable, et les mains inhabiles qui le jouaient y faisaient entendre un affreux charivari. Le jeune Hamel, alors âgé d'environ quatorze ans, entreprit d'en faire la réparation. Après avoir nettoyé les tuyaux et en avoir retiré tout ce qui les obstruait, il boucha les trous faits par les rats, et ceux par où le vent s'échappait, en y collant du papier : puis il accorda l'instrument de son mieux. L'étonnement et la satisfaction qu'on éprouva dans la commune le premier dimanche où l'on entendit l'orgue dans tout son éclat furent tels, que le corps des marguilliers alla complimenter, en grande cérémonie, l'enfant qui avait fait ce miracle. Plus tard, M. Hamel eut une occasion favorable d'acquérir les connaissances théoriques qui lui manquaient, lorsque M. Biot entreprit son traité général de physique. Ce savant illustre, qu'il avait connu professeur de mathématiques à l'école centrale de Beauvais, lui proposa de s'occuper avec lui de la partie relative à l'acoustique. Ils lurent ensemble tout ce qui avait été écrit sur cette matière pour se mettre au courant de la science ; puis ils firent une série d'expériences qui eurent pour résultats quelques découvertes de faits nouveaux consignés par Biot dans le traité général, ainsi que dans le traité élémentaire, abrégé de cet ouvrage, qui parut en 1817.

Les premières applications que M. Hamel eut l'occasion de faire des connaissances que ces études lui avaient fait acquérir furent dans la restauration de l'orgue de la paroisse de Saint-Étienne, à Beauvais, en 1820, et dans la reconstruction du grand orgue de la cathédrale en 1827. Ce dernier travail, d'une grande importance, avait été rendu nécessaire parce qu'un charlatan, venu à Beauvais en l'absence de M. Hamel, avait offert au conseil de fabrique de la cathédrale de restaurer ce grand instrument pour la minime somme de 3,000 francs. Ses propositions avaient été acceptées; mais, ne possédant aucune des connaissances nécessaires pour le travail qu'il avait entrepris, il finit par se trouver en présence d'un amas immense de débris de l'instrument sans pouvoir rien reconstruire. Il fallut le renvoyer à l'aide d'une légère indemnité, et dans cette situation on dut s'adresser à M. Hamel. Les ressources de l'église étaient de beaucoup insuffisantes, et si l'on obtenait des secours du gouvernement, ils ne pouvaient être que partiels et répartis sur un certain nombre d'années. M. Hamel fit un plan et proposa de le faire exécuter par des ouvriers, sous sa direction, en raison des ressources dont on pourrait disposer, suspendant les travaux quand on n'aurait plus d'argent, et les reprenant quand on en aurait. Ce système fut adopté : un ouvrier, nommé *Cosyn*, qui avait aidé Grenié (*Voy.* ce nom) dans la construction de ses orgues expressives, signa le devis qu'il fallait présenter au ministre, et l'on mit la main à l'œuvre. C'est ainsi qu'après quelques années de travail, de soins et d'économie, M. Hamel parvint à doter la cathédrale de Beauvais d'un grand orgue à cinq claviers et 64 jeux, d'un très-bel effet. Bien que son nom seul figurât officiellement, Cosyn, qui n'était pas facteur d'orgues, mais seulement ouvrier exact et soigneux, ne fit en réalité que les trois jeux expressifs qui se trouvent dans l'orgue de Beauvais : tout le reste a été fait sous la direction de M. Hamel, à qui l'instrument fait le plus grand honneur.

Roret, libraire de Paris, connu par l'entreprise d'une encyclopédie populaire par ordre de matières et distribuée en petits volumes appelés *Manuels*, avait fait avec Choron un traité pour un *Manuel du facteur d'orgues*; Choron, suivant sa méthode habituelle, avait fait traduire de l'allemand le livre de Schlimbach et pris un peu partout; suivant son habitude aussi, il avait fait commencer l'impression avant que son manuscrit fût complet. Il mourut sans l'avoir achevé, et les *trois mille exemplaires* de ce qui avait été tiré furent perdus. En 1840, Roret alla solliciter M. Hamel pour consentir à faire un nouveau *Manuel du facteur d'orgues*, dont la vente pût indemniser le libraire de la perte qu'il avait faite. Le digne magistrat de Beauvais éprouvait de la répugnance à faire un ouvrage de ce genre dans le petit format in-18 des Manuels de Roret; mais le désir d'être utile et d'éclairer les facteurs d'orgues sur les principes de leur art lui fit prendre la résolution d'accéder à la demande qui lui était faite. Il commença par étudier les principaux ouvrages publiés sur ce sujet : puis il parcourut la France, la Suisse et une partie de l'Allemagne, dans le but de comparer la facture des pays étrangers avec celle de la France, et l'ouvrage fut achevé d'imprimer huit ans après, sous ce titre : *Nouveau Manuel complet du facteur d'orgues, ou traité théorique et pratique de l'art de construire les orgues, contenant l'orgue de D. Bedos et tous les progrès et perfectionnements de la facture jusqu'à ce jour, précédé d'une notice historique sur l'orgue, et suivi d'une Biographie des principaux facteurs d'orgues français ou étrangers*, par M. Hamel. *Ouvrage orné d'un atlas renfermant un grand nombre de planches;* Paris, Roret, 1849, 3 vol. in-18, formant près de 1,500 pages en très-petits caractères, et atlas in-fol. Ainsi que le remarque fort bien M. Hamel, dans son Avant-propos, *l'Art du facteur d'orgues*, de Dom Bédos, très bon guide pour la partie pratique de cet art, n'est pas établi sur des bases scientifiques quant à la théorie. Les diapasons n'y sont point établis sur des calculs exacts, et il s'y trouve d'autres erreurs importantes. Depuis près d'un siècle où il a paru, les arts mécaniques ont fait d'immenses progrès qui ont contribué au perfectionnement de l'orgue; de précieuses découvertes sont venues agrandir son domaine. Il y avait donc des erreurs à rectifier, des lacunes à combler, des améliorations à faire connaître. C'est à ces nécessités que le *Nouveau Manuel complet du facteur d'orgues* est venu satisfaire. Il n'y a pas d'exagération à déclarer qu'aucun des ouvrages imprimés en France ou dans les pays étrangers n'égale celui-là en mérite et en utilité pratique.

La juste réputation que M. Hamel s'est acquise par l'étendue de ses connaissances dans la facture des orgues l'a fait nommer membre de la commission des arts et des monuments, établie près du ministère de l'instruction publique et des cultes, dès son origine, et il reçut la mission de constater l'état des grandes orgues de beaucoup de cathédrales, d'examiner les travaux qui y avaient été faits pour le gouvernement, et d'en faire des rapports. Dans ce grand nombre de rapports, on remarque particulièrement ceux qui concernent les orgues des cathédrales d'Amiens, Clermont-Ferrand, le Mans, Luçon, Alby, Angers, Auch, Autun, Bayeux, Blois, Bourges, Saint-Claude, Saint-Dié, Reims, Meaux, Nantes, Orléans, Rennes, Rouen, Poitiers, Séez, Sens, Soissons, Tours, Troyes, Vannes, et la chapelle des Tuileries. Parmi les travaux qui n'ont pas été exécutés pour le compte du gouvernement, et sur lesquels M. Hamel a fait des rapports, sont ceux qui concernent les orgues de Saint-Sulpice, de la Madeleine, Saint-Roch, Saint-Eustache, Saint-Nicolas des Champs (tous à Paris), Gisors, Saint-Omer, Gournay, Noyon, Bordeaux, Saint-Michel, Saint-Pierre, et la cathédrale de Marseille; l'orgue de la Trinité, ceux de Pontoise et de Saint-Quentin; en Belgique, l'orgue de la cathédrale de Tournay, et plusieurs autres moins importants.

Amateur zélé et distingué de musique, M. Hamel a contribué à la fondation d'une société philharmonique à Beauvais, laquelle subsista long temps et contribua puissamment à répandre dans cette ville le goût de la bonne musique. Cette société fut une des premières en France qui exécutèrent les symphonies de Beethoven, inconnues auparavant aux Beauvaisiens. M. Hamel, dans le but d'améliorer l'enseignement de la musique dans la même ville, y appela un artiste distingué (M. Victor Magnien), qui y résida pendant plusieurs années, et qui, postérieurement, a été chargé de la direction du Conservatoire de Lille.

Pendant plus de quarante-deux ans, M. Hamel a exercé des fonctions de magistrature à Beauvais et a mérité les sentiments de vénération de ses compatriotes.

HAMERTON (Guillaume-Henri), musicien anglais, né à Nottingham, en 1795, entra fort jeune, comme enfant de chœur, à l'église cathédrale de Dublin, où il apprit les éléments de la musique. En 1812 il visita Londres, et y prit des leçons de chant de Thomas Vaughan. Deux ans après il retourna à Dublin, et s'y livra à l'enseignement de la musique vocale, du piano et de l'orgue. En 1816, il fut nommé directeur du chœur où il avait été élevé, en remplacement de Jean Elliot; en 1822, le roi Georges IV l'admit dans sa chapelle. Les compositions de Hamerton sont toutes vocales; elles consistent en duos, chansons, airs, quelques antiennes écrites pour le service de l'église cathédrale de Dublin, et un traité élémentaire du chant intitulé : *Vocal instructions combined with the theory and practice of piano forte accompaniment*: Londres, 1824.

HAMILTON (J.-A.), fils d'un bouquiniste de Londres, naquit dans cette ville, en 1805. Son éducation fut négligée; mais, doué de beaucoup d'intelligence, il répara, par la lecture des vieux livres de la boutique de son père, le défaut d'instruction régulière de son enfance. La musique devint particulièrement l'objet de ses études, moins sous le rapport de la pratique que sous celui de la théorie. Malheureusement, des habitudes d'intempérance contractées dès sa jeunesse portèrent atteinte à sa considération, et ne lui permirent pas de s'élever au-dessus de la position infime dans laquelle il était né. Ces habitudes finirent par devenir irrésistibles, et le pauvre Hamilton passa presque toute sa vie sans un scheling dans sa poche, quoique personne n'ait obtenu de plus grands succès par ses ouvrages et n'ait fait faire des bénéfices aussi considérables aux éditeurs. Il vendait pour quelques livres sterling la propriété de livres élémentaires dont on a publié des multitudes d'éditions. Sa constitution, bien que robuste, s'altéra bientôt par les excès, et tombé au dernier degré de la misère, il cessa de vivre en 1849, à l'âge de 43 ans. Dans la liste de ses productions les plus importantes on remarque : 1° *Moderne instruction for the piano-forte,* dont la 22e édition a paru en 1851, chez R. Cocks, à Londres. — 2° *Catechism of Singing* (Catéchisme du chanteur), 7e édition; ibid., 1851, 1 vol. in-18. — 3° *Catechism of th Organ, with an historical introduction and a list and description of the principal Organs in Great-Britain, Ireland, Germany, France and Switzerland, the whole revised, corrected and much enlarged, by Joseph Warren* (Catéchisme de l'orgue, avec une introduction historique, et un catalogue des orgues principales de la Grande-Bretagne, de l'Irlande, de l'Allemagne, de la France, et de la Suisse. Le tout revu, corrigé et considérablement augmenté, par Joseph Warren), 3e édition; Londres, Cocks, 1851, 1 vol. in-12. — 4° *Catechism of the rudiments of Harmony and Thorough-Bass* (Catéchisme des éléments de l'harmonie et de la basse continue), 8e édition; ibid., 1850, 1 vol. in-18. — 5° *Catechism of Counterpoint, Melody, and Composition*); ibid., 1 vol. in-18. — 6° *Catechism on double Counterpoint and Fugue* (Catéchisme sur le contrepoint double et sur la fugue); ibid., 1 vol. in-18. — 7° *Catechism on Art of writing for an orchester and of playing from score* (Catéchisme sur l'art d'écrire pour l'orchestre et d'accompagner sur la partition); ibid., 1 vol. in-18. — 8° *Catechism of the invention, exposition, developpement and concatenation of musical ideas* (Catéchisme de l'invention, de l'exposition, du développement et de l'enchaînement des idées musicales); ibid., 1 vol. in-18. — 9° *A new theoretical musical Grammar, adapted to the present state of the science* (Nouvelle grammaire de la théorie de la musique, conformément à l'état actuel de la science), 12e édition; ibid., 1 vol. in-12 de 278 pages. — 10° *Dictionnary comprising an explication of 3,500 italian, french, german, english, and others musical terms, etc.* (Dictionnaire renfermant l'explication de 3,500 mots italiens, français, allemands, anglais et autres, concernant la musique, etc.), 37e édition donnée par M. Bishop de Cheltenham; ibid., 1849, 1 vol. in-18. — 11° *Practical introduction to the art of tuning the piano-forte* (Introduction pratique à l'art d'accorder le piano-forte), 3e édition donnée par M. Joseph Warren; ibid., 1848, 1 vol. in-18°. Hamilton a été le traducteur ou l'éditeur de l'*Art de préluder,* de Vierling, du cours de contrepoint de Cherubini, de la méthode de violon, de Baillot, de la méthode de contrebasse, de Frœhlich, et de beaucoup d'autres ouvrages.

HAMILTON-BIRD (WILLIAM), littérateur et amateur de musique écossais, naquit à Glascow, en 1741, et vécut longtemps dans l'Inde. Il était membre de la société de Calcuta. On a de lui une collection de mélodies populaires de l'Inde arrangées pour le clavecin et la guitare; ce recueil a pour titre : *The oriental Miscellany, being a collection of the most favourite airs of Hindoostan;* Calcuta, 1789, in-fol.

HAMMEL (ÉTIENNE), curé à Weitshæchheim, né le 21 décembre 1756, à Gissigheim, dans la Franconie, entra à l'âge de seize ans au couvent de bénédictins de Saint-Étienne, à Wurtzbourg, y acheva ses études de musique, et devint bon organiste et compositeur de musique d'église. En 1786, il fit exécuter dans l'église cathédrale de Wurtzbourg des vêpres à quatre voix et orgue où l'on remarqua une bonne harmonie et de la nouveauté dans les modulations. On entendit aussi dans le même temps un concerto de clarinette et une symphonie concertante pour clarinette et basson de sa composition, qui ont eu du succès. La chronique de la Franconie cite encore de lui avec éloge : 1° Un *Te Deum.* — 2° Une grande cantate. — 3° plusieurs morceaux pour piano. — 4° plusieurs vêpres en faux-bourdon, et des messes. Il envoya une de celles-ci à l'électeur de Bavière, à l'occasion de la paix de Lunéville, et il en reçut une belle tabatière en or. Lorsque son monastère fut supprimé, Hammel fut nommé curé à Weitshœchheim, où il mourut, le 1er février 1830.

HAMMER (KILIAN), instituteur et organiste à Vobenstraus, en 1650, enseignait à ses élèves la solmisation par les syllabes *ut, re, mi, fa, sol, la,* à quoi il ajoutait la septième, *si,* alors peu en usage, au lieu de se servir des lettres allemandes, comme les autres maîtres de sa nation. Prinz (*voy.* ce nom), qui avait appris chez Hammer les éléments de la langue latine et du chant, dit que ces syllabes furent appelées alors en Allemagne *voces Hammerianæ.*

HAMMER (FRANÇOIS-XAVIER), musicien au service du duc de Mecklembourg, et virtuose sur le violoncelle, né à Œttingen, en Souabe, était, en 1782, attaché à la musique du cardinal comte Bathiany, à Presbourg. Quelque temps après il voyagea, et en 1785 il entra au service du duc de Mecklembourg. On connaît sous son nom un Concerto de violoncelle, en manuscrit.

HAMMER (GEORGES), organiste à Wurtzbourg, est né le 1er mai 1811, à Herlheim, dans la Franconie. Après avoir reçu les premières leçons de clavecin d'un étudiant nommé Schermer, il continua l'étude de cet instrument chez le maître d'école du lieu de sa naissance, et y apprit aussi les éléments de l'harmonie et de l'orgue. A l'âge de quinze ans il se rendit à Wurtzbourg et y reçut les leçons d'un professeur du séminaire, puis devint élève de Frœhlich dans l'Institut royal, et apprit de lui la théorie de la composition. En 1830, il obtint la place de professeur adjoint dans cet institut, et en 1837 il fut nommé professeur titulaire au séminaire de Saint-Michel, dans la même ville. J'ignore si c'est le même artiste qui quelques années plus tard, sous le nom de *Hammer*, fut organiste de la cathédrale de Spire et mourut au mois de décembre 1845; mais cela est vraisemblable, car plusieurs de ses ouvrages ont paru dans cette ville et à Mayence, chez Schott. Georges Hammer a publié de sa composition deux œuvres de chants religieux; Wurtzbourg, Voigt. — 2° Trois livres de *Lieder* pour les écoles populaires; ibid. — 3° Des chants pour quatre voix d'homme ibid. — 4° *La Mort du soldat*, pour voix seule avec acc. de piano; Spire, Lanz. — 5° *Le Rhin*; idem., ibid. — 6° *Le Vin du Rhin*, chanson; idem., ibid. — 7° *La Nuit de la mort*, ballade pour voix de basse avec piano; Mayence, Schott. — 8° Des petites pièces pour piano; des marches et des danses pour le même instrument. Hammer avait en manuscrit plusieurs compositions pour l'église, des cantates, et d'autres pièces de chant de différents genres.

HAMMER-PURGSTALL (Joseph, baron de), célèbre orientaliste et conseiller de la chancellerie aulique des affaires étrangères, né à à Grætz, le 9 juin 1774, fit ses études à l'académie orientale de Vienne, et y apprit l'arabe, le persan et le turc. Après avoir résidé trois ans en Dalmatie, il fut envoyé à Constantinople en 1799, en qualité d'interprète de l'internonce Herbert; puis il fut chargé de diverses missions en Orient. Ayant hérité des domaines des comtes de Purgstall, en 1837, il ajouta le nom de cette famille au sien et reçut le titre de baron. Il est mort à Vienne, le 23 novembre 1856. Ce savant a publié quelques notices relatives à la musique des peuples orientaux, dans le recueil périodique intitulé : *les Mines de l'Orient* (*Die Fundgraben des Orients*), tome IV, page 383. Le baron de Hammer a traduit pour Kiesewetter divers traités de musique arabes, persans et turcs, ou du moins des extraits de ces ouvrages, dont l'auteur du livre *die Musik der Araber nach original quellen* (La musique des Arabes d'après les sources originales) a fait un assez mauvais usage par ses explications erronées des textes mis à sa disposition. Le baron de Hammer a écrit aussi l'avant-propos de cet ouvrage.

HAMMERMEISTER (....) très-bon bariton du théâtre de Leipsick, naquit en 1800. On ignore quel fut le maître qui dirigea ses études. Il débuta à Brunswick en 1826, et y obtint de brillants succès, qui le firent engager au théâtre de Leipsick. Marschner écrivit pour lui quelques-uns des rôles les plus importants de ses ouvrages, particulièrement du *Templier et la Juive*. Il voyagea ensuite, et chanta à Munich, à Vienne, à Kœnigsberg, à Paris (en 1835), et fut en dernier lieu engagé aux théâtres de Berlin et de Hanovre.

HAMMERSCHMIDT (André), compositeur et organiste de grand mérite, naquit en 1611, à Brux, en Bohême, où il apprit les éléments de la musique, du chant et de l'orgue. Plus tard il se rendit à Schandau pour y étudier le contrepoint, sous la direction du *cantor* Étienne Otten. Il était âgé de vingt-quatre ans lorsqu'il obtint, en 1635, la place d'organiste à l'église Saint-Pierre de Freyberg; en 1639, il fut appelé à Zittau pour remplir les mêmes fonctions à l'église Saint-Jean. Il mourut en cette ville, le 29 octobre 1675, à l'âge de soixante-quatre ans. En témoignage d'admiration pour son génie et son talent, la ville de Zittau lui érigea un monument avec une inscription en vers allemands, où il est comparé à Amphion, à Orphée, et au cygne dont la voix a cessé de se faire entendre sur la terre et s'est réunie au chœur des anges. Jean Bæhr, ou Beer, dit, dans le 22e chapitre de ses discours musicaux (*Musikalische Discurse*) : « Hammerschmidt a plus fait pour la gloire de Dieu « que n'ont fait et ne feront mille faiseurs d'opéras. C'est aussi lui, et c'est là ce qu'il y a « de plus sublime dans sa gloire immortelle, c'est « lui qui a conservé (par ses ouvrages) jusqu'à « ce jour la musique dans presque toutes les « églises de villages de la Lusace, de la Thuringe et de la Saxe, etc. » Ceci était écrit au commencement du dix-huitième siècle : quoiqu'il semble y avoir de l'exagération dans ces éloges accordés à un artiste dont le nom n'est plus connu que des musiciens érudits, l'examen des œuvres de Hammerschmidt démontre qu'il a eu un génie original, un style élevé, et une manière plus simple et plus pure que la plupart des compositeurs allemands de son temps. J'ai mis en partition quelques-uns de ses *Dialogues spirituels, ou entretiens d'une âme pieuse avec Dieu*, et j'y ai trouvé des beautés qui seraient encore senties et applaudies par les musiciens éclairés et impartiaux. Les listes données par Walther, Gerber et Dlabacz des ouvrages de Hammerschmidt, qui sont devenus fort rares, renferment les titres suivants : 1° *Instrumentalischer erster Fleiss* (première application instrumentale), imprimée en 1636. — 2° *Geistlichen Concerten von 2, 3 und 4 Stimmen* (Concerts spirituels pour 2, 3 et 4 voix, 1re partie); 1638. — 3° *Geistlichen Concerten von 4, 5 und 6 Stimmen*, etc., 2e partie. (Concerts spirituels pour 4, 5 et 6 voix); Freyberg, 1641. — 4° *Dialogi spirituali, oder Gespræche zwischen Gott und einer glæubigen Seele, von 2 und 4 Stimmen* (Dialogues spirituels entre Dieu et une âme pieuse, à 2, 3 et 4 voix), 1re partie; Dresde, 1645 et 1652. La 2e partie, pour 1 et 2 voix, avec 2 violons et basse continue, est sur le *Cantique des Cantiques*, traduit par Opitz; Dresde, 1658, in-4°. — 5° XVII *Missæ sacræ 5 ad 12 usque vocibus et instrumentis*; Dresde, 1633. — 6° *Paduanen, Galliarden, Balleten*, etc. (Pavanes, Gaillardes, Ballets, etc., 1re partie; Freiberg, 1648; 2e partie, ibid. 1650. — 7° *Die musikalische Andachten, geistliche Motetten und Concerten von 5, 6, 12 und mehr Stimmen* (Dévotions musicales, motets spirituels et concerts à 5, 6, 12 et un plus grand nombre de voix); Freyberg, 1648, in-fol. — 8° *Weltlicher Oden* (Odes profanes, 1re et 2e partie); Freyberg, 1640. — 9° Troisième partie des dévotions musicales pour 2 voix, 2 violons et basse continue; Freyberg, 1652. — 10° 5e partie des pièces appelées *Musique de chœur*; Leipsick, 1662, in-4°. Cette cinquième partie contient 27 motets à cinq voix et 4 motets à 6. — 11° *Die musikalischen Gespræche über die Evangelien von 4, 5, 6 und 7 Stimmen* (Entretiens musicaux sur les évangiles à 4, 5, 6 et 7 voix); Dresde, 1655. — 12° Troisième partie des chants de fêtes, de contrition et d'action de grâces, pour cinq voix et autant d'instruments; Zittau, 1659. — 13° *Kirch- und Tafel-Musick, aus geistlichen Concerten bestehend*. (Musique d'église et de table, consistant en concerts spirituels); Zittau, 1662, in-4°. — 14° *Missen von 5, 6, 12 und mehrstimmige* (Messes à 5, 6, 12 et un plus grand nombre de voix); Dresde, 1664. Il y a seize messes dans ce recueil. — 15° *Die Fest und Zeit Andachten*, etc. (Dévotions pour les jours de fête); Dresde, 1671.

HAMMIG (Frédéric), facteur d'instruments à Vienne, a obtenu, en 1801, un brevet pour l'imitation perfectionnée des cymbales turques.

HAMMOND (Henri), théologien anglican, né en 1605, à Chertsey, dans le comté de Surrey, était archidiacre de Chichester lorsqu'il fut compromis, en 1643, dans la tentative faite inutilement à Cambridge en faveur de Charles Ier. Sa tête fut mise à prix, et il fut obligé de se cacher dans un des colléges d'Oxford. Toutefois, il lui fut ensuite permis de reparaître. En 1645, il accompagna à Londres le duc de Richemond et le comte de Southampton pour traiter de la paix entre le parlement et le roi. Il fut nommé dans la même année chanoine de l'église du Christ. Après avoir suivi Charles Ier comme chapelain dans ses divers emprisonnements, de nouvelles persécutions lui furent suscitées pour ses opinions politiques; mais ses vœux furent exaucés, et il vécut assez pour voir les premiers jours de la restauration. Il mourut le 25 avril 1660, au moment où Charles II le désignait pour l'évêché de Worcester. Son livre le plus important est celui qui a pour titre : *Paraphrase and annotations upon the book of the Psalms* (Paraphrase et annotations sur le livre des Psaumes); Londres, 1659, in-fol. On y trouve une dissertation sur l'usage de la musique dans les églises, intitulée : *Account of the use of Music in divine service*.

HAMPE (Jean-Samuel), conseiller du gouvernement à Oppeln, naquit le 11 novembre 1770, à Luzine, dans le comté d'Œls. Son père, organiste et instituteur en ce lieu, lui enseigna la musique et les éléments des sciences et des lettres. Toute l'attention du jeune Hampe était accordée à la musique; cependant, il fit aussi des progrès dans ses autres études. Son aptitude pour l'art était si grande, qu'à peine au sortir de l'enfance il fut en état de remplir par *interim* une place d'organiste dans un village voisin. Son père l'envoya à Breslau pour y achever son éducation; mais sa faible et maladive constitution ne lui permit pas de continuer ses travaux, et l'obligea à retourner chez lui, en 1786. Cependant le court séjour qu'il avait fait dans la capitale de la Silésie lui avait procuré l'avantage d'entendre et de connaître quelques musiciens distingués, qui excitèrent son zèle et hâtèrent ses progrès. Lorsqu'il eut atteint l'âge de seize ans, il entra comme précepteur chez le chambellan Ziemietzky, dans le canton de Tarnowitz; il passa six années heureuses dans cette famille. Après la mort du chambellan et de sa femme (1792), Hampe entra dans la direction des contributions, et obtint une place dans la chancellerie de Tarnowitz. En 1796, il fut nommé teneur de livres de la direction des douanes de Glogau, où se trouvait à la même époque, en qualité de référendaire du gouvernement, le romancier musicien Hoffmann, devenu depuis lors si célèbre par l'originalité de son esprit et de ses ouvrages. Ces deux hommes se lièrent d'amitié, et bientôt vinrent se joindre à leur intimité le poete dramatique Holbein, le tiltérateur Julius de Voss et le peintre Molinari. De ce cercle d'intelligence et de facultés sortit une impulsion d'art qui se fit sentir dans toute la ville de Glogau. Hampe érigea une institution de chant, qu'il dirigea pendant plusieurs années avec succès. En 1798, Hoffmann quitta Glogau, après avoir écrit une cantate à l'occasion de la convalescence du roi; Hampe la mit en musique et la fit exécuter publiquement. Il fonda aussi dans la même ville, en 1807, un concert permanent, qu'il sut maintenir, malgré les chances désavantageuses de la guerre; il s'y fit remarquer plusieurs fois comme pianiste habile, et y fit entendre quelques morceaux de musique vocale et instrumentale de sa composition. La chambre des douanes ayant été transportée à Liegnitz, en 1809, Hampe y fut nommé professeur de musique à l'Académie, et y enseigna l'harmonie et la composition. Ayant été nommé, en 1816, conseiller du gouvernement a Oppeln, il ne voulut pas y rester inactif comme musicien; sur l'autorisation qu'il obtint du gouvernement, il y fonda des sociétés de concerts et des conférences sur l'art; mais déjà une phthisie laryngée, dont il était atteint, ne lui permettait plus de mettre dans ses travaux l'activité de sa jeunesse; le mal s'accrut progressivement et le mit au tombeau, le 9 juin 1823. On trouva dans ses papiers plusieurs morceaux sur la théorie de la musique, entre autres un ouvrage intitulé : *Beytræge zu einer Methodologie der Musik für den Musik Unterricht, insbesondere zur Erlernung des Clavierspiels* (Recherches d'une Méthodologie de la musique pour l'enseignement de cet art, et en particulier pour apprendre le piano). Parmi ses nombreuses compositions, on remarque l'opéra qui a pour titre : *Die Rückkehr* (Le Retour), et un chant solennel (*Fes'gesang*) qu'il fit exécuter en 1810, lorsque le prince royal de Prusse passa par Oppeln.

HAMPEL ou **HAMPL** (Antoine-Joseph), virtuose sur le cor, entra au service de la cour de Dresde en 1746, pour jouer dans la chapelle et a l'Opéra la partie de second cor ou cor-basse. A cette époque, l'instrument dont se servaient les cornistes était peu différent du cor de chasse. Le ton naturel était en *fa*, et l'on ajoutait des allonges de tubes au-dessous de l'embouchure pour jouer dans les tons de *mi*, *mi* bémol, *ré* et *ut*; les tons de *si*, *si* bémol, *la*, *la* bémol et *sol* n'existaient pas dans l'instrument. Hampel imagina de réduire le diamètre du cercle formé par le tube du cor en diminuant la longueur de celui-ci, et par ce raccourcissement éleva le ton naturel jusqu'en *la*; des allonges plus ou moins développées fournissaient les tons de *sol*, *fa*, *mi*, *mi* bémol, *ré*, *ut* et *si* bémol bas. Hampel fit exécuter cet instrument par un facteur de Dresde nommé Jean Werner, artiste intelligent, qui parvint à faire de bons cors de cette espèce. Quelques années après, Kerner, facteur de Vienne, eleva le cor de Hampel jusqu'à *si* bémol haut, ce qui donna les deux tons de *si* bémol que l'instrument possède aujourd'hui.

Le nom de Hampel s'attache à une autre découverte relative au cor, et non moins importante, car elle changea tout à coup son échelle et agrandit son domaine, borné auparavant aux notes harmoniques fournies par le tube ouvert. Dans le dessein de produire un effet de sourdine, Hampel imagina en 1760, de boucher en partie le pavillon avec un tampon de coton; mais sa surprise fut extrême lorsqu'il s'aperçut que par cet artifice son instrument était haussé d'un demi-ton. Ce fut pour lui un trait de lumière, et sur-le-champ il essaya de présenter et de retirer son tampon sur toutes les positions des lèvres, et par ce moyen il obtint les demi-tons des gammes diatoniques et chromatiques. Les sons qui étaient produits avec le tampon étaient à la vérité plus sourds que ceux que fournissait le tube entièrement libre; mais la découverte n'en était pas moins précieuse. Hampel donna à ces notes le nom de *sons bouchés*. Dans la suite, il s'aperçut que sa main pouvait remplacer le tampon avec avantage, et adopta ce dernier procédé. Rodolphe (*voy* ce nom) est le premier qui a fait connaître en France ces notes bouchées.

Il est au moins singulier qu'un homme à qui l'on doit de telles découvertes soit à peine connu, et qu'on ignore le lieu, la date de sa naissance, et même l'année de sa mort : on sait seulement que Hampel vivait encore en 1766, et qu'au nombre de ses élèves se trouve J. W. Stich, si célèbre sous le nom de *Punto*. Les détails qu'on vient de lire ont même été ignorés des écrivains allemands, et l'on ne trouve rien a ce sujet dans le Lexique de musique de Koch, dans celui des musiciens de Gerber, ni dans le Lexique universel de musique publié par le docteur Schilling, au court article qui concerne Hampel; ce n'est qu'au mot *Horn* (cor) qu'il en est dit quelque chose, où l'on remarque peu d'exactitude.

HAMPELN (Charles de), violoniste allemand, né à Manheim, le 30 janvier 1765, y apprit les premiers éléments de la musique, et alla achever son éducation musicale à Munich. Comme violoniste et comme compositeur, il eut une réputation précoce, justifiée par son habileté peu commune sur le violon. Il était fort jeune encore lorsqu'il reçut du prince de Furstenberg l'offre de prendre la direction de la musique de sa cour, à Donaueschingen. Après la mort de ce prince, Hampeln fut employé aux mêmes fonctions à la cour de Heichingen; puis il fut appelé à Stuttgard pour diriger les concerts du roi de Wurtemberg. Il occupa cette dernière position depuis le 13 avril 1811 jusqu'au 31 décembre 1825, époque où il obtint sa retraite, à cause de la faiblesse de sa vue. Hampeln a vécu ensuite dans le repos à Stuttgard; il est mort en cette ville, le 23 mars 1844. Les biographes allemands accordent des éloges à son talent sur le violon, particulièrement dans l'exécution des quatuors de Haydn et de Mozart. On n'a imprimé que deux œuvres de sa composition : 1° Symphonie concertante pour quatre violons et orchestre, Offenbach, André; — 2° Un concerto pour violon et orchestre, Augsbourg, Gombart. De plus, quelques valses pour l'orchestre et pour le piano.

HAN (Gérard), carillonneur de l'hôtel de ville d'Amsterdam, dans la première moitié du dix-huitième siècle, a publié dans cette ville, chez Roger, vers 1730, des trios pour deux violons et basse continue, sous le titre de *Sonate a tre*, op. 1.

HANACHE, musicien, vraisemblablement belge de naissance, vécut vers le milieu du seizième siècle. Il n'est connu que par deux chansons à 5 voix, lesquelles se trouvent dans le recueil qui a pour titre : *Le XII. Livre contenant XXX chansons amoureuses à cinq parties par divers autheurs, imprimées en Anvers, par Tylman Susato*, 1558, petit in-4° obl. Les autres compositeurs dont on trouve des pièces dans ce recueil sont Clement *non Papa*, Jacques Le Roy, N. Gombert, Jo. Gallus, Jo. de Hollande, Eustache Barbion, Josquin Baston, Corneille Canis, Thomas Crecquillon, et Gérard Turnhout.

HANARD (Martin), chanoine de la cathédrale de Cambrai et maître des enfants de chœur de cette église, vivait en 1477, époque où Tinctoris lui dédia son traité des notes et des pauses. La position de cet ecclésiastique musicien nous est connue par les termes de cette dédicace que voici : *Egregio viro Domino Martino Hanard, canonico Cameracensi ac amplifico cantori, Johannes Tinctoris inter cantores Regis Siciliæ minimus, immortalem benevolentiam.* La seule composition connue de Hanard jusqu'à ce jour est un motet à trois voix sur la mélodie de la chanson populaire du quinzième siècle intitulée *Le Serviteur* : mélodie qui a servi de thème à plusieurs musiciens de cette époque. Le motet de Hanard est l'avant-dernier morceau du précieux recueil imprimé par Petrucci de Fossombrone, à Venise, en 1503, sous le titre de *Canti Cento Cinquanta* (volume petit in-4°), et qui contient des pièces de tous les compositeurs renommés du quinzième siècle. Un exemplaire de ce rarissime recueil est à la bibliothèque impériale de Vienne.

HAND (Ferdinand-Gotthilf), professeur de philologie, naquit le 15 février 1786, à Plauen (Saxe). Après avoir commencé ses études à Sorau, il alla les continuer à l'université de Leipsick, sous la direction du célèbre helléniste G. Hermann. En 1809, il fut agrégé à la faculté de philologie de cette université, et dans l'année suivante il obtint une place de professeur au collége de Weimar. Il en remplit les fonctions jusqu'en 1817, et ne quitta cette position que lorsqu'il fut appelé à l'université de Jéna, en qualité de professeur de littérature grecque; il y fut aussi membre du sénat académique et codirecteur du séminaire philologique. Hand mourut dans cette position, le 14 mars 1851. Il cultivait la musique avec succès et fut à Jéna fondateur d'une société de chant dont il dirigeait les concerts. On peut consulter pour les ouvrages de ce savant le *Conversation's Lexikon* et la *Biographie générale* publiée par MM. Didot; il n'est cité ici que pour son livre intitulé *Æsthetik der Tonkunst* (Esthétique de l'art musical); Jéna, 1837-1841, 2 vol. in-8°, dont on a publié une deuxième édition à Leipsick, en 1846, 2 vol. in-8°. Le premier volume de cet ouvrage renferme la théorie du beau en musique; le deuxième traite des applications de cette théorie dans la forme, et renferme un grand nombre d'analyses pratiques. Hand prend pour base de sa théorie le principe de l'action libre du génie de l'homme dans la formation de l'échelle des sons dont il compose sa musique. Le passage où il expose sa doctrine à cet égard mérite d'être rapporté : Nous « sommes obligés de reconnaître dans ce qui « existe (en musique) une chose qui satisfait à son « but, et nous devons admirer sa combinaison « ingénieuse, et compter notre système des sons « parmi les plus beaux résultats de l'intelligence « humaine. Le système des sons ne pouvant être « considéré que comme une création de l'esprit de « l'homme, et cet esprit étant progressif, nous « devons admettre que le système des sons est « perfectible, et que par la suite des temps il y « sera introduit de nouveaux éléments. C'est en « vain que les acousticiens, contestent que notre « gamme soit le produit d'un choix volontaire, « prétendent que sa base se trouve dans la na- « ture; car sur cette base, bien qu'incontes- « table, l'intelligence a élevé son édifice, dont le « calcul a pu démontrer ensuite les rapports, « sans qu'il lui ait été possible d'en fournir par

« avance le principe (*Æsthétique*, liv. 1er, § 7, « t. I, p. 60-61). » Il est fâcheux qu'avec des idées si justes sur la nature de la musique, Hand n'ait pas soumis la théorie des intervalles de la gamme à une analyse rigoureuse, au lieu d'adopter celle des géomètres, qui ont faussé toutes les déductions tonales et harmoniques auxquelles il est parvenu. Toutefois, son ouvrage est rempli d'aperçus très-heureux.

HANDLO (Robert de), musicien anglais du quatorzième siècle, est mentionné par l'évêque Tanner dans sa *Bibliothèque britannique*; mais ce qu'il en dit se borne à l'indication du temps où il vécut et d'un dialogue sur la musique dont il est auteur. Thomas Morley en parle aussi dans les annotations de son livre *A plain and easie Introduction to practicall Musicke*, mais il dénature son nom en celui de *Roberto de Harlo* (4e feuillet non chiffré de l'édition de 1597). Robert de Handlo a écrit en 1326 un commentaire sur le traité de la musique mesurée de Francon de Cologne, intitulé : *Regulæ cum maximis magistri Franconis, cum additionibus aliorum musicorum, compilatæ a Roberto de Handlo*. L'ancien manuscrit de cet ouvrage a été consumé par l'incendie qui détruisit le local où était la bibliothèque cottonienne, dans Westminster; heureusement, une copie moderne faite pour le docteur Pepusch, qui se trouve aujourd'hui dans le Muséum britannique, nous a conservé l'ouvrage de Robert de Handlo. Cet ouvrage est écrit en dialogue. Il est divisé en XIII rubriques ou chapitres, qui traitent : 1° De la longue, de la brève, de la semi-brève, et de la manière de les diviser. — 2° De la longue, de la *demi-longue* (qui n'est qu'un autre nom de la brève), de leur valeur, et de la double longue. — 3° Comment on distingue la longue de la semi-longue et la brève de la semi-brève; et des pauses correspondantes à chacune d'elles. — 4° Des semi-brèves; de leur égalité et inégalité. De la division des modes (de temps), et comment ils peuvent être déterminés. Dans ce chapitre ou dialogue, dont les interlocuteurs sont *Petrus le Visor*, et *Johannes de Garlandia*, l'auteur cite un musicien nommé *Petrus de Cruce*, comme auteur de motets. — 5° Des longues qui dépassent en valeur la double longue. — 6° De la valeur des notes au commencement des ligatures, et comment on la détermine. — 7° Comment on connaît la valeur de la fin des ligatures. - 8° Continuation du même sujet, et de la nature des temps parfait et imparfait. — 9° Des conjonctions des semi-brèves, et des diverses manières dont elles peuvent être liées. — 10° Comment les *pliques* peuvent être formées en ligatures, et de quelle manière une longue *pliquée* devient une longue ordinaire. — 11° Des diverses valeurs des pliques. — 12° Des pauses. — 13° Comment les modes ou mesures de temps sont formés. L'ouvrage est terminé par ces mots : *Finito libro reddatur gloria Christo. Expliciunt Regulæ cum additionibus : finitæ die Veneris proximo ante Pentecostam, anno Domini millesimo trecentisimo vicesimo sexto, et cætera. Amen.* J'ai traduit une partie de ce traité pour en joindre des extraits à l'édition de Francon que j'ai préparée.

HANF (Jean-Nicolas), né à Wegmar, vers le milieu du dix-septième siècle, fut d'abord directeur de la chapelle à Eutin; puis il obtint la place d'organiste de l'église principale à Schleswig. Il mourut dans cette position, en 1706. On connaît de lui en manuscrit des cantates religieuses et des pièces de clavecin.

HANFF (J.-C.), pianiste et compositeur, vivait à Saint-Pétersbourg en 1802. Il était né en Allemagne. On connaît de lui plusieurs ouvrages pour son instrument, parmi lesquels on remarque : *Grande sonate pour le piano-forte avec accompagnement d'un violon obligé*, op. 3; Pétersbourg, Dittmar.

HANFT (G.-N.), né à Hildburghausen, dans les dernières années du dix-huitième siècle, était maître d'école à Fecheim, près de Cobourg, en 1836. Il a publié plusieurs morceaux de musique religieuse, parmi lesquels on remarque : 1° Musique facile à 4 voix avec flûte, clarinette et 2 cors; Cobourg, Reimann. — 2° Deux chants d'église pour un chœur à 4 parties, avec accompagnement d'instruments à vent; ibid. — 3° Deux chœurs à 4 voix pour une cérémonie funéraire. Hildburghausen, Kesselring.

HANISCH (François-Xavier), né à Prague, en 1749, fut un célèbre hautboïste. Après avoir été pendant plusieurs années au service du prince de Salm, il entra chez le prince de la Tour et Taxis, vers 1790. On connaît de lui quelques concertos pour son instrument qui n'ont point été imprimés; mais on a publié de sa composition des chants de guerre; Ratisbonne, 1808.

Un autre artiste du même nom, né aussi en Bohême, a eu de la célébrité comme tromboniste. Après avoir été employé à Prague, il entra dans la chapelle impériale de Vienne, comme premier trombone.

HANKE (Charles), chantre et directeur de musique à Flensbourg, né à Rosswalde, en 1753, paraît n'avoir point eu d'autre maître que lui-même, et n'avoir formé son talent que par l'étude des ouvrages des meilleurs compositeurs. A l'âge de vingt-deux ans, il entra comme directeur de musique dans la chapelle du comte de de Haditz, à Rosswalde. La musique de ce seigneur, et les opéras exécutés chez lui avaient alors de la célébrité en Allemagne; les ressources que le jeune musicien y trouva pour l'exécution de ses ouvrages développèrent l'activité de son imagination, et dans un petit nombre d'années il écrivit beaucoup de compositions de différents genres qui eurent l'approbation des artistes. La mort du comte de Haditz, en 1778, obligea Hanke à chercher une autre position; il venait d'épouser Mlle Sornkin, son élève et cantatrice distinguée; tous deux acceptèrent un engagement au théâtre de Brunn: Hanke comme directeur de musique, et sa femme comme première chanteuse. Leurs talents y furent si bien appréciés, qu'après la première année leur engagement fut échangé contre un autre plus avantageux. Avant que celui-ci fût achevé, les deux époux reçurent une invitation pour se rendre à Varsovie; ils acceptèrent les propositions qui leur étaient faites. Ce fut dans cette ville que Hanke fit mettre en scène son opéra de *Robert et Jeannette*, considéré comme un de ses meilleurs ouvrages. Le roi lui fit cadeau à cette occasion d'une médaille d'or. Après trois années de séjour à Varsovie, Hanke et sa femme furent obligés, par la banqueroute de la direction du théâtre, de chercher ailleurs de nouveaux engagements. Ils se rendirent à Breslau, puis à Berlin, d'où ils furent appelés au théâtre de Seyler, à Hambourg. Ils y arrivèrent en 1783. Trois ans après, un nouvel engagement leur fut envoyé pour le théâtre de Schleswig; Hanke l'accepta d'autant plus volontiers que Schrœder, devenu directeur du théâtre de Hambourg, en 1786, avait pris la résolution de supprimer l'Opéra. Au milieu des succès qu'elle obtenait, madame Hanke mourut à l'âge de vingt-neuf ans, le 20 avril 1789. On a de cette dame la musique d'une *Élégie sur une fille de campagne*, imprimée dans un recueil de son mari, intitulé *Chants pour les connaisseurs et les amateurs*. En 1791 Hanke se remaria avec Mlle Berwald, cantatrice distinguée, élève de Naumann. L'année d'après il alla s'établir à Flensbourg; il y fonda une école de musique, et dirigea des concerts jusqu'à l'époque où la direction de la musique de cette ville lui fut confiée, après la mort du cantor Overbeeck. Dès lors il s'attacha particulièrement à la musique religieuse. Cet artiste vivait encore à Flensbourg en 1812; les derniers renseignements fournis sur lui par Gerber sont de cette époque: les divers recueils biographiques publiés en Allemagne, et même le Lexique universel de musique de M. Schilling, n'y ont rien ajouté.

On n'a publié qu'un petit nombre de compositions de Hanke. Ses ouvrages manuscrits et imprimés se divisent en trois époques principales, savoir: pendant son séjour à Rosswald, pendant sa direction de musique aux théâtres de Brunn, de Hambourg et de Schleswig, et enfin dans sa direction de la musique à Flensbourg, depuis 1792. Tous les ouvrages composés dans la première époque sont restés en manuscrit; on y remarque. 1° Sept cantates allemandes, dont deux pour Frédéric le Grand et Frédéric-Guillaume II. — 2° *Cassandra abbandonata*, intermède italien à deux personnages. — 3° Cinq cantates italiennes. — 4° Symphonies pour l'orchestre. — 5° Concertos pour violon, hautbois, trompette et cor. — 6° Quatre symphonies concertantes pour 2 cors. — 7° Sextuors et sérénades pour divers instruments. — 8° Quatuors pour divers instruments, dont 6 pour violon, cor, violoncelle et contrebasse, écrits pour le comte Sidnitzky. — 9° Trios pour 2 violons et basse. — 10° Idem pour 2 hautbois et basson. — 11° Idem pour 2 cors et trompette. — 12° Duos pour divers instruments, dont environ 300 pour deux cors. — 13° Solos pour violon et pour flûte. — 14° Cinq ballets, *Pygmalion, Les Chasseurs, Les Dieux de l'eau* (Wassergœtter), *Apollon et Daphné, L'École de Village*, pour les théâtres de Brunn, Hambourg et Schleswig. — 15° *Robert et Jeannette*, petit opéra, écrit en 1781. — 16° Plusieurs ballets. — 17° Prologues, épilogues, musique pour des comédies et des drames, entr'actes. — 18° A la même époque, Chants pour les amateurs et les connaisseurs, 4 parties, imprimés en 1790. Pendant la direction de musique à Flensbourg: 19° La Fête de la Musique, cantate d'inauguration pour la salle de concert. — 20° Louanges à Dieu, tirées du cent-troisième psaume. — 21° Musique pour le vendredi saint, Pâques et l'Ascension, sur des poésies de Ramler. — 22° *Idem* pour Pentecôte et Noël — 23° Plusieurs petits morceaux de musique d'église. — 24° *Hophire*, opéra. — 25° *Huon et Amanda*, idem. — 26° *La Ceinture du docteur Faust*, idem. — 27° Chœurs pour *La Mort de Rolla*. — 28° *Chants des poëtes de la patrie* (en allemand), 1re et 2e partie; Altona, Kaven, 1796. — 29° Sérénade, op. 5; Brunswick, 1797. — 30° Symphonie pour l'orchestre, op. 6; ibid., 1797. — 31° Chansons à voix seule et piano, 2 parties; Leipsick, Somer.

HANMULLER (Joseph-Antoine), fils d'un marchand de vin, naquit à Diggendorf (maintenant au cercle du Danube inférieur), le 29 septembre 1774. Son père, qui le destinait à l'étude des sciences, le mit, en 1785, au séminaire de

Niderailaich, où il apprit les éléments de la langue latine, la musique, le violon, le hautbois, la clarinette, la flûte et la trompette. Il acquit sur ces instruments un degré d'habileté assez rare. Après trois années d'études en ce lieu, il alla à Ratisbonne pour y compléter son éducation littéraire. Là, les moyens lui manquèrent pour continuer l'étude des instruments, et il ne conserva que la trompette, dont il jouait à l'église de Saint-Paul. Un concerto de cor qu'il entendit dans un concert, chez le prince de la Tour et Taxis éveilla en lui le goût de cet instrument; il résolut sur-le-champ d'apprendre a en jouer, et prit des leçons chez Weiss, corniste du prince. Plus tard il se rendit à Munich, s'y lia avec le célèbre corniste de la cour, Martin Lang, et fit sous sa direction de rapides progrès. Le 23 juillet 1794, Hanmuller reçut sa nomination de musicien de la cour électorale de Bavière; quatre ans après il fit un voyage en Allemagne, et fit a Francfort-sur-le-Mein la connaissance de Punto, qui lui donna des conseils pour la netteté de l'exécution et de l'expression sur le cor. De retour à Munich, Hanmuller prit des leçons de chant du maître de chapelle Danzi, et se distingua bientôt dans cet art difficile. En 1803, il fut attaché a la cour comme basse chantante au théâtre de Munich. Son meilleur rôle était celui du duc, dans la *Camilla* de Paër. Cet artiste a fait plusieurs voyages sur le Rhin, en Saxe, en Bohême et en Autriche: partout il a eu des succès comme chanteur et comme instrumentiste.

HANNIBAL de Padoue. *Voy.* ANNIBALE.

HANON (CHARLES-LOUIS), professeur d'orgue et de piano à Boulogne-sur-Mer (Pas-de-Calais), né en 1820, à Remscure, près d'Hazebrouck (Nord), est auteur d'un ouvrage singulier, mais ingénieux, lequel a pour titre: *Système nouveau, pratique et populaire, pour apprendre à accompagner tout plain-chant à première vue, au moyen d'un clavier transpositeur, sans savoir la musique, et sans qu'il soit nécessaire de recourir à aucun maître;* Boulogne, chez l'auteur (sans date), 1860, deuxième édition. gr. in-4°. Bien que l'énoncé de ce titre présente à l'esprit quelque chose de ridicule, et même d'absurde, des expériences réitérées ont démontré l'efficacité de la méthode imaginée par l'auteur pour donner aux petites communes qui n'ont pas d'organistes, peut-être même pas d'orgue, mais peut-être aussi un *harmonium*, le moyen d'avoir un accompagnement du plain-chant, non assurément fort élégant, mais régulier et basé sur six formules harmoniques applicables aux chants du sixième ton, du cinquième, du huitième, du premier, du deuxième, du quatrième, du troisième et du septième. Il suffit que l'ecclésiastique, ou toute autre personne, connaisse les notes du plain chant, ses mains n'eussent-elles jamais touché un clavier. Huit à dix jours d'exercice sur chaque formule, ou deux mois pour le tout complètent, non le savoir, mais la routine de l'organiste improvisé.

HANOT (FRANÇOIS), né à Tournay, vers 1720, fut enfant de chœur dans la cathédrale de cette ville, et devint ensuite musicien attaché à cette église, et pensionné de la ville en cette qualité. On a de lui deux livres de sonates à flûte seule, gravés à Bruxelles.

HANS SACHSE. *Voy.* SACHSE.

HANSEL (JACQUES), cantor à Zittau, vers le milieu du dix-septième siècle, est auteur d'une ode allemande à quatre voix (*Fleug mein Seelgen auf zu Gott*) que Laurent Eberhard a insérée dans son *Compendium musices.*

HANSEN (JEAN), écrivain danois, n'est connu que par une dissertation intitulée: *Disputatio physica de sonorum quorumdam in chordis conspiratione ad principia physicorum explicata; Hafniæ, ex Typograph. Reg. et Univers.*, 1707, in-4°. C'est une thèse que ce même Hansen a soutenue à l'université de Copenhague.

HANSEN (NIELS), musicien danois, est auteur d'un traité du chant. Le livre de Hansen a pour titre: *Musikens færste Grundsaetninger anvendte paa Syngekonsten i saerdeleshed* (Premiers principes de musique appliqués au chant); Copenhague, 1777, in-4° ob. de 111 pages. Cet ouvrage n'est pas, comme le prétend Gerber, traduit en grande partie du livre de Hiller sur le chant.

HANSER (GUILLAUME), né à Unterzeil, en Souabe, le 12 septembre 1738, entra fort jeune dans l'ordre des Prémontrés, à l'abbaye de Schussenried, pour y faire son noviciat. Cette abbaye, alors célèbre par l'habileté de ses religieux dans la musique, était un lieu favorable pour le développement des heureuses dispositions de Hanser. Il y devint bientôt organiste distingué, et musicien instruit dans le contrepoint; de plus, il apprit à jouer du violon et du violoncelle. Son rare mérite le fit choisir à l'âge de vingt-sept ans pour inspecteur du chœur de l'abbaye: cette distinction était déjà justifiée par la publication de Vêpres à quatre voix et orgue, qui avaient paru à Augsbourg, en 1767. Une circonstance imprévue fournit au P. Hanser l'occasion d'étendre sa renommée au dehors de l'Allemagne. Le P. Lissoir, abbé de Lavaldieu (monastère situé dans les Ardennes, non loin de Givet), reçut du général des Prémontrés la mission de visiter les principales maisons de son ordre, en 1775. Arrivé à Scheussenried, il fut charmé des talents de Hanser, et désira l'emmener à Lavaldieu, ce qui lui fut accordé. Obligé d'aller à Paris pour y rendre compte de sa mission à son supérieur, il se fit accompagner par Hanser, qui mit à profit cette circonstance pour connaître les musiciens les plus célèbres, tels que Gluck, Piccinni, et l'organiste Couperin. De retour à Lavaldieu, il y fonda une école de musique pour huit élèves, au nombre desquels était Méhul, qui depuis s'est illustré comme compositeur dramatique. Méhul reçut pendant quatre ans des leçons de Hanser pour le piano, l'orgue et la composition : il n'eut jamais d'autre maître.

Une décision du chapitre général des Prémontrés chargea le P. Hanser, en 1784, de revoir et de corriger tout le plain-chant du graduel et de l'antiphonaire à l'usage de cet ordre; il avait terminé ce grand travail, qui était à l'impression chez Henner, à Nancy, et dont il y avait déjà douze feuilles imprimées, quand la révolution française de 1789 éclata. Craignant les suites de ce grand changement social, alors à son aurore, Hanser prit la résolution de retourner en Allemagne, et depuis lors, aucun renseignement n'a été recueilli sur sa personne.

Hanser n'a publié qu'un petit nombre de ses productions; ses ouvrages imprimés sont : 1° *Psalmodia vespertina quatuor vocibus;* Augsbourg, 1767, in-fol. Ce sont des faux-bourdons, avec la basse continue pour l'orgue. — 2° *Dixit, Magnificat* et *Nunc dimitis, quatuor voc. cum organo;* Augsbourg, 1767, in-4°. — 3° Quatre sonates pour le clavecin, avec accompagnement de violon et basse; Paris, 1777. — 4° Graduel et antiphonaire à l'usage des Prémontrés; Nancy, Henner, 1789 (non achevés d'imprimer). Parmi ses compositions restées en manuscrit, on remarque : 1° Plusieurs motets à deux voix et orgue. — 2° Une messe avec accompagnement d'orgue et instruments à vent. Cette messe fut chantée en 1786 à l'abbaye de Lavaldieu, pour la fête de Sainte-Cécile; les musiciens du régiment de Diesbach se rendirent de Mézières à l'abbaye pour en faciliter l'exécution. — 3° Plusieurs messes ordinaires avec orgue et orchestre. — 4° Beaucoup de fugues et de morceaux divers pour l'orgue.

HANSMANN (O.-F.-G.), né à Potsdam, le 30 mai 1769, reçut dans sa jeunesse des leçons de Duport pour le violoncelle, et fut placé, comme violoncelliste, dans la chapelle royale de Berlin, en 1784, n'étant âgé que de quinze ans. Six ans après, il reçut sa nomination de directeur du chœur de l'opéra italien de cette ville. En 1809, la place d'organiste de l'église Saint-Pierre lui fut donnée, et il fut fait conseiller de la cour des comptes en 1833. Il mourut à Berlin, le 4 mai 1836, à l'âge de soixante-sept ans. Hansmann avait été décoré de l'ordre de l'Aigle-Rouge de Prusse (4me classe) en 1825. On a gravé de cet artiste, à Berlin, un œuvre de sonates pour violoncelle, et un livre de duos pour le même instrument. Hansmann, jouissait de beaucoup d'estime à Berlin pour ses qualités morales, particulièrement pour sa bienfaisance envers les pauvres. Il a dirigé l'exécution de trente-sept oratorios à leur bénéfice pendant une longue suite d'années, et a été l'organisateur de ces fêtes. Il avait fondé aussi une société de chant en 1804, dont le jubilé de vingt-cinq ans a été célébré en 1829. A cette occasion Hansmann reçut du magistrat de Berlin le diplôme de citoyen honoraire de cette ville.

HANSSENS (Charles-Louis-Joseph), connu sous le nom de *Hanssens aîné*, né à Gand, le 4 mai 1777, montra beaucoup de penchant pour la musique dès son enfance. Wauthier, premier violon du théâtre, lui donna les premières leçons de son instrument, et Verheym (*Voyez ce nom*), maître de chapelle de la cathédrale, lui enseigna la composition. Hanssens se rendit ensuite à Paris, et fit un cours régulier d'harmonie sous la direction de Berton. Son premier essai de composition fut une messe, qu'on exécuta dans une église de Paris. De retour à Gand, après quatorze mois d'absence, Hanssens y acheva ses études sous la conduite de son frère aîné, Joseph Hanssens, qui mourut dans sa position de chef d'orchestre à Amsterdam, et d'Ambroise Femy, violoniste habile. Le début de Hanssens, dans la carrière qu'il a suivie jusqu'à ses dernières années, se fit comme chef d'orchestre d'un théâtre d'amateurs appelé *Théâtre de rhétorique;* puis il se rendit en Hollande, et fut attaché pour le même emploi à une troupe dramatique qui desservait les théâtres d'Amsterdam, d'Utrecht et de Rotterdam. En 1804 il alla remplir des fonctions semblables à Anvers, et plus tard il fut appelé à Gand, comme chef d'orchestre du théâtre. Il conserva cette position jusqu'en 1825. Désigné alors comme successeur de Borremans dans la direction de l'orchestre de Bruxelles, il vint prendre possession de cette place. En 1827 le roi Guillaume des Pays-Bas le choisit pour diriger sa musique, et dans l'année suivante il eut le titre d'inspecteur de l'école de musique de Bruxelles, qui plus tard a reçu le nom de *Conservatoire*. Compromis en 1831, par quelques démarches imprudentes faites pour le roi Guillaume, Hanssens fut arrêté, puis mis en liberté, et vécut dans la retraite pendant quelques années. Rappelé à la tête de l'orchestre du théâtre en 1835, il en fut écarté en 1838, et reprit une troisième fois cette position en 1840, se chargeant en même temps d'une part dans l'entreprise de ce spectacle. Cette spéculation ne fut point heureuse, et les dernières années de l'artiste se passèrent dans une situation voisine de la gêne. Un coup d'apoplexie mit fin à ses jours, le 6 mai 1852. Hanssens était chevalier de l'ordre de Léopold. Comme compositeur il s'est fait connaître par les ouvrages dont voici les titres : 1° *Les Dots* (?), opéra-comique représenté à Gand, en 1804. — 2° *Le Solitaire de Formentera*, drame en deux actes, traduit de l'allemand par Ph. Lesbroussart, et représenté à Gand et à Lille en 1807. — 3° *La Partie de Trictrac, ou la belle-mère*, opéra-comique en deux actes (Gand, 1812). — 4° *Alcibiade*, grand opéra en deux actes, paroles de Scribe (Bruxelles, 1829). — 5° Six Messes solennelles avec orchestre. — 6° *Beatus vir*, à quatre voix et orchestre. — 7° Deux *Dixit*, idem. — 8° Trois *Te Deum*, idem. — 9° *Album* dédié à la reine des Pays-Bas. — 10° *Cantate* à l'occasion du mariage du prince Frédéric. La plupart de ces compositions ont été exécutées à Bruxelles.

HANSSENS (Charles-Louis), né à Gand, le 10 juillet 1802, ne doit qu'à lui-même, à son heureuse organisation, et aux études qu'il a faites sous sa propre direction, le talent qu'on remarque dans ses compositions. Dès ses premières années il suivit ses parents en Hollande, s'y fixa et y passa sa jeunesse. En 1812 il entra comme deuxième violoncelle au Théâtre National d'Amsterdam, quoiqu'il ne fût âgé que de dix ans. Devenu chef d'orchestre du même théâtre en 1822, il écrivit la musique d'un opéra-ballet hollandais en 2 actes : l'ouvrage fut bien accueilli, et eut 14 représentations. Il avait demandé pour prix de sa composition 500 florins; mais l'administration du théâtre ne voulut lui en accorder que 200; irrité de cette injustice, M. Hanssens donna sa démission, et se rendit à Bruxelles, en 1824. Une place de violoncelliste était vacante au théâtre de cette ville : elle lui fut donnée. Six mois après il composa une cantate pour un concert au bénéfice des Grecs; le succès de cet ouvrage fit connaître son mérite, et lui fit obtenir l'emploi de second chef d'orchestre. En 1827 un concours ayant été ouvert pour le choix d'un professeur d'harmonie à l'école royale de musique de Bruxelles, M. Hanssens écrivit une symphonie que Cherubini fut chargé d'examiner, et qui obtint le prix. La révolution belge de 1830 ayant fait fermer à la fois le théâtre et l'école royale de musique, le jeune compositeur fut obligé de chercher une nouvelle position; il retourna en Hollande, et y écrivit des opéras, des symphonies, et des ouvertures. Appelé à Paris en 1834 pour y prendre la place de premier violoncelle solo au théâtre Ventadour, il quitta cette position au bout de trois mois, pour celle de deuxième chef d'orchestre et de compositeur du théâtre. Il écrivit dans la même année les deux ballets de *Robinson* et de *Fleurette*. Une sorte de fatalité semblait poursuivre cet artiste, car la banqueroute de l'entreprise du théâtre, en 1835, l'obligea de retourner de nouveau en Hollande, où il devint directeur de musique à l'Opéra français de La Haye. Vers le même temps, ses amis lui donnèrent le conseil d'envoyer une de ses compositions à l'Institut de Hollande; ce fut un *Te Deum* composé en 1834 qu'il choisit; cette compagnie savante fit à son œuvre l'honneur de le publier à ses frais, et accorda une somme considérable à son auteur.

De retour à Paris, en 1835, M. Hanssens y vécut sans emploi pendant près d'une année. Malgré les ennuis d'une position d'autant plus pénible qu'il avait à pourvoir aux besoins de sa femme et de plusieurs enfants, et quoique sa santé ne fût pas bonne, il écrivit en peu de temps un concerto de violon, un de violoncelle, deux de clarinette, une symphonie concertante pour violon et clarinette et une valse à grand orchestre. Enfin, le gouvernement belge se souvint d'un artiste dont le talent honore son pays, et lui demanda une messe de *Requiem* dont le prix aida M. Hanssens à se tirer d'une si fâcheuse situation. Ce bel ouvrage, exécuté à l'église *Sainte-Gudule* de Bruxelles, le 23 septembre 1837, a prouvé que son auteur peut se placer au rang des plus habiles de son époque. Appelé à Gand, en 1836, pour diriger la musique du *Casino* et l'orchestre du théâtre, M. Hanssens y augmenta sa réputation par la composition de quelques bons ouvrages. Quelques années plus tard il a succédé à Snel dans la direction de la musique de la société royale de la *Grande-harmonie*, à Bruxelles, puis il a été chargé des fonctions de chef d'orchestre du théâtre royal. Au moment où cette notice est revue (1861), il occupe encore ces deux positions. Sous son influence, et avec son active coopération, s'est fondée *l'Association des artistes musiciens* de Bruxelles pour une caisse de retraite, laquelle donne des concerts dont il dirige l'orchestre. Artiste dévoué à l'art, y plaçant toutes ses affections, et presque étranger au monde dans lequel il vit, M. Hanssens est du très-petit nombre de ceux dont la conscience inflexible ne transige point avec les fantaisies de la mode.

L'art, selon lui, n'est point l'art qu'on admire, qu'on applaudit, mais l'art qui est beau selon sa conviction, en dépit du peu de succès qu'il peut avoir. Il écrit pour se plaire, non pour obtenir des applaudissements; son indifférence est même si complète sur ce dernier point, qu'il n'a fait imprimer qu'un petit nombre de ses ouvrages. Son habileté dans l'art de tirer des effets des instruments est digne des plus grands éloges; sa messe de *Requiem* est sous le rapport de la variété des effets un des plus beaux ouvrages de l'époque actuelle.

Les ouvrages écrits jusqu'aujourd'hui par cet artiste sont : En Hollande : 1° Plusieurs symphonies à grand orchestre. — 2° Plusieurs ouvertures. — 3° Des fantaisies pour orchestre. — 4° Quatre opéras. — 5° Concerto de violoncelle. — 6° Quatre cantates avec orchestre. — 7° Deux Messes solennelles, dont une a été exécutée au Béguinage, et l'autre à l'église Saint-Jacques-sur-Caudenberg. — 8° Huit ballets, savoir : *Sylla*, en trois actes; *Le pied de Mouton*, en six actes; *La Lampe Merveilleuse*, en trois actes; *Le Conscrit*, en un acte; *L'Enchanteresse*, en trois actes; *Mahieux*, en deux actes; une partie de *Gargantua*; *Pizzarre*, ballet en trois actes, non représenté. — 9° Deux opéras non représentés. — 10° Une grande quantité de morceaux d'harmonie, à Bruxelles : — 11° *Robinson*, ballet. — 12° *Fleurette*, ballet. — 13° Concerto pour violon. — 14° Deux concertos pour clarinette. — 15° Concerto pour piano, gravé. — 16° Symphonie concertante pour clarinette et violon. — 17° Messe de *Requiem*, exécutée le 23 septembre 1837, à l'église Sainte-Gudule de Bruxelles. — 18° Symphonie et ouverture pour le Casino Paganini. — 19° Quatuors pour instruments à cordes. Le dernier grand ouvrage composé par M. Hanssens est le *Siége de Calais*, grand opéra représenté au mois d'avril 1861, au théâtre royal de Bruxelles. M. Hanssens est chevalier de l'ordre de Léopold, et membre de l'Académie royale des sciences, des lettres et des beaux-arts de Belgique.

HAPP (Charles-Frédéric), auteur inconnu d'une dissertation intitulée : *De instrumentorum musicorum quæ flatu administrantur incommodis; Lipsiæ*, 1775, in-4°. Il est vraisemblable que cette dissertation est l'ouvrage d'un étudiant à l'université de Leipsick, et qu'elle a été l'objet d'un exercice académique.

HAPPICH (C.), instituteur dans un bourg des environs de Quedlinbourg, puis professeur de musique dans cette ville, fut appelé à Nordhausen, en 1829, et s'y fit connaître avantageusement comme chanteur basse. Il avait adopté le système de Natorp pour l'enseignement populaire de la musique par la notation en chiffres, et publia une méthode pour l'usage de cette notation dans les écoles, sous ce titre : *Der erste Lehrgang im Singen nach Tonziffern fur Volkschulen* (Première instruction dans le chant, d'après la méthode des chiffres, à l'usage des écoles du peuple); Quedlinbourg et Leipsick, Basse, 1832, in-8°. On a aussi du même professeur : *Cent canons depuis deux jusqu'à six voix*; ibid. 1839, in-4°.

HARANC (Louis-André), premier violon de la chapelle du roi, né à Paris, le 12 juin 1738, exécutait, dit-on, à l'âge de six ans les sonates les plus difficiles de Tartini. Il voyagea en Italie depuis 1758 jusqu'en 1761. A l'époque de son retour en France, il fut admis dans la chapelle du roi. Le dauphin père de Louis XVI le choisit, en 1763, pour lui donner des leçons de violon, et en prit jusqu'à sa mort. En 1770, Haranc obtint la place de premier violon du roi, et sa nomination de directeur des concerts particuliers de la reine lui fut accordée en 1775. La révolution de 1789 ruina sa fortune, qui dépendait de la cour, et l'obligea d'entrer au théâtre Montansier, comme premier violon, en 1790. Haranc mourut à Paris, en 1805. Il est dit dans le *Dictionnaire des musiciens* de Choron et Fayolle, d'après la Borde (*Essai sur la musique*, tom. III, p. 514), que Haranc avait composé beaucoup de musique instrumentale, et qu'il n'a point voulu la rendre publique : c'est une erreur, car on a de lui : 1° Six sonates à violon seul et basse continue; Paris, Boyer. — 2° Douze duos faciles pour deux violons, ibid.

HARBORDT (Jean-Godefroid), flûtiste allemand, vécut à Brunswick vers la fin du dix-huitième siècle. Il a publié de sa composition : 1° Trois duos progressifs pour 2 flûtes, op. 1; Bonn, Simrock, 1794. — 2° Trois duos très-faciles, idem, op. 2, Brunswick, 1796. — 3° Neuf variations pour flûte, avec accompagnement de piano, sur la chanson de Bornhard : *Ich lobe mir des frischen Quell*; Brunswick, 1799. — 4° Trois duos pour deux flûtes, op. 16, ibid., 1799. En 1837, Harbordt était attaché à la chapelle du grand-duc de Hesse-Darmstadt.

HARDER (Auguste), compositeur allemand, naquit, en 1774, à Schœnerstadt, près de Leisnig, dans la Saxe, où son père était instituteur. Quoiqu'il fût destiné aux fonctions ecclésiastiques, et conséquemment à l'étude de la théologie, il apprit aussi la musique dans sa jeunesse; mais cet art, qui ne devait être que l'accessoire de son instruction, devint plus tard l'occupation de toute sa vie. Après avoir acquis à Dresde des connaissances préliminaires, il fréquenta l'université de Leipsick, et vécut en cette ville au moyen des leçons de musique qu'il y donnait. Cette occupation éveilla en lui l'amour de l'art, et vers 1800 il abandonna les études théologiques pour la profession de musicien. Il continua de résider à Leipsick, où il n'eut jamais d'emploi fixe. Pianiste et guitariste habile, chanteur agréable, et compositeur plein de goût, il partagea sa vie entre les leçons qu'il donnait à un grand nombre d'élèves, et la production de plus de soixante œuvres de musique instrumentale et vocale. Il se distingua particulièrement dans les chansons et les romances. Ses ouvrages en ce genre ont eu un succès de vogue dans toute l'Allemagne. Atteint d'une fièvre nerveuse depuis plusieurs jours, il éprouva un si grand ébranlement le 19 octobre 1813, jour de la bataille de Leipsick, par le bruit formidable de cette journée, qu'il perdit connaissance; il mourut quelques jours après, sans avoir repris ses sens, généralement regretté, à cause de la bonté de son cœur et de son exacte probité. On a de Harder quarante-six recueils de chansons, romances, chants plaintifs et autres pièces du même genre, pour une voix seule, avec accompagnement de piano. Ces pièces ont été publiées à Leipsick, chez Breitkopf et Hærtel, à Berlin, à Bonn, etc.; cinq chants pour trois voix d'hommes sans accompagnement, op. 34; chants funèbres à 4 voix, sans accompagnement; chansons de Lessing, pour 3 voix d'hommes, op. 47; douze recueils de pièces et de variations pour guitare seule; une sonate pour piano et guitare, Berlin; et des polonaises pour piano seul.

HARDOUIN (L'abbé Henri) (1), né à Grandpré, en 1724, était fils d'un maréchal-ferrant. A l'âge de dix ans il fut admis comme enfant de chœur à la maîtrise de la cathédrale de Reims. Il y fit de rapides progrès dans la musique. Après avoir fait ses humanités, il entra au séminaire; puis il fut ordonné prêtre, et obtint la place de maître de chapelle de l'église métropolitaine, à laquelle était attaché un canonicat. Il en remplit avec honneur les fonctions pendant plus de quarante ans. En 1764, il publia un recueil de douze messes à quatre parties vocales, sans accompagnement, imprimées par Bignon, puis chez Ballard, à Paris. Déjà il avait été chargé de revoir le plain-chant du bréviaire du diocèse de Reims, imprimé en 1759, par ordre de l'archevêque Jules de Rohan, et avait mis en musique, à quatre et à cinq parties, les hymnes et les proses de ce bréviaire. Il avait aussi composé une *Méthode nouvelle, courte et facile, pour apprendre le plain-chant, à l'usage du diocèse de Reims; avec l'office de la semaine sainte*; Reims, 1762, in-12 Il y a plusieurs éditions de cet ouvrage. La dernière a pour titre : *Méthode nouvelle, courte et facile, pour apprendre le plain-chant, à l'usage du diocèse de Reims, avec l'office de la semaine sainte mis en chant, revue et corrigée par M. Pierrard, chanoine et grand chantre;* Reims, Delannois, 1828, in-12.

La révolution française avait privé l'abbé Hardouin de son canonicat et de la maîtrise de Reims; mais, après la mort de Robespierre, quelques prêtres, qui s'étaient cachés pendant la terreur, rétablirent le culte dans la cathédrale, et le maître de chapelle rentra dans ses fonctions pendant quelques années. Son grand âge et ses infirmités l'obligèrent enfin à se retirer près d'un frère qui lui restait, dans le lieu de sa naissance. Il y mourut le 13 août 1808, à l'âge de quatre-vingt-quatre ans. Hardouin a laissé en manuscrit plus de quarante messes à quatre et à cinq parties avec orchestre, environ quatre-vingts motets, des offices de fêtes patronales, une messe solennelle composée pour le sacre de Louis XVI, plusieurs messes de *requiem*, un *De Profundis*, et quatre *Te Deum*. Perne possédait en manuscrit et en partition six messes de ce musicien, dont voici les titres : 1° *Laudate nomen Domini*, à quatre voix. — 2° *Incipite Domino*, à quatre voix. — 3° *Collaudate canticum*, idem. — 4° *Jucundum sit*, idem. — 5° *Exultate et invocate nomen ejus*, idem. — 6° *Cantate Domino in cymbalis*, idem. Ces messes sont maintenant dans ma bibliothèque. Hardouin écrivait avec assez de pureté dans un style mixte, où les formes du contrepoint sont appliquées à la tonalité moderne.

HARENBERG (Jean-Christophe), historien et théologien protestant, fils d'un pauvre paysan, naquit le 28 avril 1696, à Langenholzen, dans le duché de Saxe-Hildburghausen. La faiblesse de sa constitution engagea ses parents à le livrer aux études à l'université de Hildesheim, au lieu de lui faire cultiver la terre. Admis comme enfant de chœur à l'église cathédrale de cette ville, il s'y appliqua particulièrement à la musique, pour laquelle il montrait d'heureuses dispositions. Les leçons qu'il donna ensuite pour subvenir à ses besoins, pendant qu'il suivait les cours de l'université, le fortifièrent dans la connaissance de cet art. En 1715, Harenberg se rendit à Helmstædt, où il étudia la théologie, l'histoire et les langues orientales. Après cinq années de travaux relatifs à ces sciences, il obtint sa nomination de recteur de l'école du chapitre de Gundersheim. Et

(1) C'est par erreur qu'il a été nommé *Louis* dans la première édition de cette *Biographie des musiciens*. Toute la notice est ici refaite d'après des documents de famille.

1733, l'inspection générale des écoles du duché de Wolfenbuttel lui fut confiée. Devenu membre de l'Académie royale des sciences de Berlin en 1738, il enseigna, en 1745, l'histoire ecclésiastique au collège *Carolinum* de Brunswick ; mais peu de temps après il se retira au monastère Saint-Laurent, près de Schœningen, où il mourut, le 12 novembre 1774. Harenberg s'est occupé spécialement de la musique des Hébreux ; au nombre de ses savants ouvrages, on trouve : 1° *Veri divinique natales circumcisionis Judaicæ, templi Salomonis, musicæ Davidicæ in sacris et baptismi christianorum*; Helmstædt, 1720, in-4°. — 2° *Commentatio de re musica vetustissima ad illustrandum scriptores sacros et exteros accommodata*. Cette dissertation, où Harenberg traite philologiquement des instruments, de la poésie lyrique et de la mélodie des Grecs et des Hébreux, est insérée dans les *Miscellan. Lipsiens. nov. ad incrementum scientiarum*, t. 9, 1753, p. 218-268. — 3° *Von der Reformation der Kirchen und übrigen Musik in Elften Jahrhundert* (De la réformation de la musique d'église et autre au onzième siècle) ; dans les notices littéraires de Brunswick, année 1748, p. 50 et 1001-1008. — 4° Un autre morceau inséré dans le même journal (an. 1747, n° 60) a pour objet de démontrer que dans ce passage du deuxième livre de Samuel (c. I, v. 18), *Et præcepit ut docerem filios Juda arcum, sicut scriptum est in libro justorum ; et ait : Considera Israel, pro his qui mortui sunt super excelsa tua vulnerari*, il ne s'agit pas d'un arc de guerre, mais de l'archet d'un instrument de musique : assertion que toute l'érudition possible ne saurait rendre vraie.

HARLASS (HÉLÈNE), cantatrice, née à Dantzick, en 1785, fut envoyée à Munich, ayant à peine atteint l'âge de trois ans. Labik, musicien de la cour, qui fut chargé du soin de son éducation, garda toujours sur sa naissance un silence mystérieux, qui fit croire qu'elle était fille naturelle de parents de distinction. Lorsqu'elle fut dans sa quinzième année, il la mit dans un couvent, mais elle montrait si peu de vocation pour la vie monastique, qu'elle en sortit avant la fin de la première année. D'après les ordres de l'électeur (Maximilien-Joseph), Hasser, chanteur de la cour, lui donna des leçons qui lui firent faire de rapides progrès, et trois années d'étude suffirent à Mlle Harlass pour se mettre en état de se faire entendre à la cour. La beauté de sa voix, d'une rare étendue, et son accent pénétrant, lui procurèrent un brillant succès, qui la fit engager comme cantatrice de la musique électorale. L'effet qu'elle produisait dans les concerts fit croire à ses amis qu'elle ne devait pas se borner à des succès de salon ; elle se rendit à leurs conseils, et débuta sur le théâtre de la cour, où son triomphe fut complet. Ses avantages naturels compensaient ce qui lui manquait sous le rapport d'une parfaite vocalisation. Après quelques années de succès, elle épousa Geiger, secrétaire du cabinet du roi, s'éloigna du théâtre, et ne chanta plus que dans les concerts de la cour ; mais cette union ne fut point heureuse : après cinq années de mariage, une séparation devint nécessaire, et madame Geiger reparut sur la scène, où elle devint la cantatrice favorite du public. Au milieu de ses succès, une fièvre nerveuse lui survint et la conduisit au tombeau, dans l'automne de 1818. Hélène Harlass est considérée par les biographes allemands comme une des femmes les plus remarquables du théâtre lyrique de leur pays ; dans ses voyages, et particulièrement à Vienne, elle a recueilli des témoignages d'admiration pour son talent. Ses meilleurs rôles étaient ceux de *Constance*, dans l'*Enlèvement au Sérail*, de Mozart ; de *Julie*, dans *la Vestale* ; de *Sargines* et de *Sophonisbe*. M. Poisl écrivit pour elle *Ottaviano*, *Atalia*, *l'Olimpiade* et *Nitteti*. Les succès qu'elle avait eus à Vienne lui persuadèrent qu'elle devait réussir partout ; elle voulut essayer son talent en Italie, et se rendit à Venise, où elle chanta pendant le carnaval de 1815 ; mais elle y acquit bientôt la conviction que les qualités qui l'avaient fait applaudir en Allemagne n'étaient point celles que les Italiens recherchaient ; elle n'eut point de succès, et elle retourna à Munich mécontente et souffrante. Là elle retrouva son public, qui lui fit bientôt oublier les déceptions de Venise.

HARNISCH (JEAN-JACQUES), musicien du dix-septième siècle, né vraisemblablement en Allemagne, fit imprimer à Worms, en 1652, une collection de musique religieuse intitulée : *Calliope mixta*. Elle renferme : 1° Des motets et des concertos d'église, 4-9 voix. — 2° *Deliciæ animæ christianæ*, à une, deux et trois voix, deux violons et basse de viole. — 3° *Psalmi concertati*, 3-5 voix, avec deux violons, viole et basse de viole. — 4° *Manipulus musicus Rovettæ*, à 2 et 3 voix, avec deux violons. — 5° *Jubilus Sancti Bernardi*, à trois voix.

HARNISCH (OTHON-SIGEFROI), musicien habile et compositeur, né en Allemagne, vers le milieu du seizième siècle, fut d'abord *cantor* à l'église de Saint-Blaise, à Brunswick, et occupa ce poste depuis 1588 jusqu'en 1603, où il passa à Gœttingue, en qualité de *cantor* et de maître d'école. En 1621, il quitta cette ville pour se rendre à Celle, où il avait été nommé maître de chapelle. Il paraît qu'il passa le reste de sa vie dans cette dernière ville. Il est connu également comme compositeur et comme écrivain didactique. On a de lui les ouvrages suivants : 1° *Neue Kurzweilige teutsche Liedlein, zu Drey Stimmen, welche ganz lieblich zu Singen und auf Instrumenten zu gebrauchen* (Nouvelles petites chansons allemandes amusantes à trois voix, lesquelles sont toutes agréables à chanter et à jouer sur les instruments); Helmstadt, Jacques Lucius, 1687, in-4° obl. — 2° *Neue Lustige teutsche Liedlein zu 3 Stimmen, auf eine sondere Art und Maniere gesetzt, gantz lieblich zu Singen und auf Instrumenten zu gebrauchen, 1r und 2e Theils* (Cantiques allemands nouveaux et agréables, à 3 voix.); Helmstadt, 1588, in-4°. Deuxième édition, avec une troisième suite; Helmstadt, 1591, in-4°. Il y en a aussi une édition de Nuremberg, 1604. — 3° *Fasciculus selectissimarum cantionum* 5, 6 *et plur. voc.*; Helmstadt, 1592, in-4°. — 4° *Hortulus lieblicher, lustiger und hoflicher teutscher Lieder, mit* 4, 5 *und* 6, *sampt einem Echo mit* 8 *Stimmen* (Petit Jardin de chansons allemandes favorites, agréables et distinguées à 4, 5 et 6 voix, avec un écho à 8); Nuremberg, 1604, in-4°. — 5° *Artis musicæ delineatio, ex optimis artificibus, methodo paulo accuratiore conscripta, et ex ipsis artis fundamentis exstructa : doctrinam modorum in ipso concentu practico accurate demonstrans, brevis itemque introductio pro incipientibus; eodem auctore*; Francfort, 1608, in-4°, 79 pages. — 6° *Roselum musicum, etlicher lateinischer und teutscher lieblicher art Balletten, Villanellen, Madrigalien, etc., mit* 3-6 *Stimmen* (Bouquet musical, contenant des cantiques choisis, latins et allemands, des airs de ballet, villanelles, madrigaux, etc., depuis trois jusqu'à six voix); Rostock, 1617, in-4°. — 7° *Psalmodia nova, das ist vierzig Kirchenlieder in Noten gesetzt* (Nouvelle psalmodie, contenant quarante cantiques); Gozlar, 1621 in-4°. — 8° *Passio dominica, nach dem alten Kirchen-choral mit Personnen abgetheilt*; Gozlar, 1622, in-4°. — 9° *Resurrectio dominica, aus den Evangelisten zu fünf Stimmen*; Gozlar, 1622, in-4°. — 11° *Lustige teutsche Lieder* (cantiques allemands agréables); Hambourg, 1651, in-4°.

HARPER (Thomas), célèbre joueur de trompette, né à Worcester, en 1786, quitta sa ville natale à l'âge de dix ans, et se rendit à Londres, où il étudia la musique, sous la direction de Eley; puis il entra dans le corps de musique militaire des volontaires de l'Inde orientale, pour y jouer du cor et de la trompette. Il resta dans cette situation environ dix-huit ans : pendant les sept premières années de son service militaire, il fut aussi engagé dans les orchestres des plus petits théâtres; mais il passa ensuite comme premier trompette au théâtre de Drury-Lane, à l'Opéra anglais, au théâtre du roi (l'Opéra italien), et aux concerts philharmoniques et de la musique ancienne. La compagnie des Indes lui avait donné le titre et les appointements d'inspecteur des instruments de musique de ses collections : il conserva cet avantage jusqu'à la fin de sa vie. Pendant la répétition d'un concert, le 20 janvier 1853, Harper fut saisi de froid, et ressentit tout à coup de violentes douleurs entre les épaules; il fallut le transporter chez un de ses amis dont la demeure était voisine. Un médecin fut appelé, mais inutilement, car le malade expira bientôt après. Harper tirait de la trompette un son pur, égal, et avait une sûreté d'attaque inaltérable dans les plus grandes difficultés. Il a laissé trois fils, dont l'aîné, *Thomas*, est aussi trompettiste; le second, *Charles*, a choisi le cor pour son instrument, et le plus jeune, *Edmond*, vit en Irlande et a la réputation d'un pianiste distingué.

HARRER (Gottlob), *cantor* à l'école Saint-Thomas de Leipsick, de 1751 à 1755, visita l'Italie dans sa jeunesse, et y apprit le contrepoint. Il était habile claveciniste : le roi de Prusse, Frédéric II, goûta beaucoup sa manière de jouer, et l'admit comme accompagnateur à ses concerts particuliers, pendant son séjour à Leipsick. Harrer mourut en 1754 aux bains de Carlsbad, où il était allé pour rétablir sa santé. Il a laissé en manuscrit : 1° *Specimen contrapuncti duplicis octava etiam in decima convertibilis*. — 2° Quatre oratorios allemands, dont *la Mort d'Abel*, traduit de Métastase, et trois oratorios de la Passion. — 3° *Gioas re di Giuda*, oratorio italien sur le texte de Métastase. — 4° Les 109e, 111e et 119e psaumes. — 5° Plusieurs *Magnificat*, *Sanctus* et *Messes*. — 6° 24 symphonies pour l'orchestre. — 7° 24 *Parthien* (petites symphonies). — 8° Concertos pour divers instruments. — 9° 3 Trios pour hautbois. — 10° 51 Duos pour flûte douce. — 11° Trois sonates pour le clavecin.

HARRIES (Henri), littérateur, poëte lyrique et musicien allemand, né à Flensbourg, le 9 septembre 1762, était vers 1794 pasteur à Sieverstadt, au duché de Schleswig, et remplit ensuite les mêmes fonctions à Brügge, dans le Holstein. Parmi ses ouvrages, on remarque les suivants, qui sont relatifs à la musique : *Ueber die Musik, ihre Wirkung und Anwendung* (Sur la musique, son effet et son emploi), article de la Gazette de Flensbourg, 1793, p. 85 et suiv. — 2° *Le Mai*, chant de berger, de Ramler, mis en musique; Altona; 1793, in-4°. — 3° Airs pour plusieurs chansons de Matthison. Harries est mort à Brügge, le 28 septembre 1802.

HARRINGTON (Le docteur), médecin anglais, à Bath, né à Kelston, dans le comté de Sommerset, en 1727, descendait de John Harrington, auteur de la première traduction anglaise de l'*Orlando furioso*. Après avoir passé plusieurs années à l'université d'Oxford, il commença l'étude de la médecine en 1748, fut médecin à Wels en 1753, puis à Bath, où il fonda une société harmonique. Il mourut dans cette ville, en 1816. Amateur passionné de musique, il composa un très-grand nombre de *glees* et de chansons anglaises, dont un recueil a été publié en 1797. Les autres petits ouvrages du même genre, écrits par le docteur Harrington, se trouvent dans un volume qui contient aussi des compositions d'Edmond Broderip, organiste de la cathédrale de Wells, et de William Leeves, de Wrington, auteur de la jolie mélodie de *Auld Robin Gray*. La plupart des petites pièces de Harrington sont à trois, quatre ou cinq voix. Sa dernière production est un chant funèbre sur la mort du Christ, pour la semaine de la Passion, publié au mois de mars 1800, et dédiée au roi d'Angleterre.

Un autre HARRINGTON, hautboïste distingué, vivait à Londres vers la fin du dix-huitième siècle. Bien qu'il fût Anglais d'origine, il était né en Sicile. Il se fit entendre aux concerts de Salomon, dans les années 1793 et 1794.

HARRIS (RENÉ), facteur d'orgues français, suivit son père en Angleterre, vers le milieu du dix-septième siècle. Dans les premiers temps de son séjour à Londres, il y trouva peu d'appui : Dallans et le vieux Schmidt, dont la réputation était faite, étaient en possession de tous les travaux; mais Dallans mourut en 1672, et Harris put enfin mettre au jour son habileté. Plusieurs fois il se trouva en concurrence avec Schmidt, et l'avantage lui resta toujours. En 1686, un concours fut ouvert pour l'orgue du Temple; Harris et Schmidt furent admis à construire chacun un instrument, dont le meilleur devait être préféré; les juges du concours semblaient pencher en faveur de celui de Harris; mais le fameux Jefferys termina le débat en ordonnant que l'orgue de celui-ci fût enlevé de l'église et qu'on y laissât celui de Schmidt. Cet échec ne nuisit point à la réputation de Harris, car son orgue fut placé dans l'église cathédrale de Dublin. Vingt ans après, Byfield fut chargé d'y faire quelques réparations, mais il obtint de le remplacer par un nouvel instrument, et reçut en échange celui de Harris, qui fut vendu 500 livres sterling, et placé à Wolverhampton, où il se trouvait encore en 1780, et soutenait le parallèle avec les meilleurs ouvrages modernes. La réputation de Harris augmenta chaque jour par les beaux instruments qu'il construisit. Vers la fin de sa vie il alla s'établir à Bristol; il y mourut en 1725, ou, suivant Mattheson (*Critica musica*, t. II, p. 64), en 1724.

HARRIS (JACQUES), métaphysicien distingué, naquit à Salisbury, en 1709, et fit ses études à l'université d'Oxford. Il y acquit des connaissances étendues, et développa par la méditation les qualités logiques de son esprit. Il cultiva aussi les arts; la musique fut particulièrement l'objet de ses recherches. Ses travaux assidus ne l'empêchèrent pas de remplir plusieurs fonctions publiques; à différentes époques, il siégea dans la Chambre des Communes. Devenu un des lords de l'Amirauté en 1762, il n'occupa cette place qu'un an, entra en 1763 au bureau de la trésorerie, remplit ensuite une mission diplomatique à Saint-Pétersbourg, et devint, en 1774, secrétaire de la reine. Il mourut le 22 décembre 1780. Le livre de Harris intitulé *Hermès, ou recherches philosophiques sur la grammaire générale*, jouit d'une juste célébrité. L'auteur de cet ouvrage n'est cité ici que pour un autre livre qui contient trois traités, le premier sur l'art en général, le second sur la musique, la peinture et la poésie, le troisième sur le bonheur. Le premier et le troisième traité sont en dialogues : le second est un discours. La première édition a paru à Londres en 1744, in-8°; la deuxième a été publiée dans la même ville en 1755, et la troisième, en 1773, sous ce titre : *Three Treatises, the first concerning Art, the second concerning Music, Painting and Poetry, the third concerning Happiness.* Il y a deux traductions allemandes de ce livre; la première, imprimée à Dantzick en 1756, est du professeur J.-G. Müchler; la deuxième, qui a été publiée à Halle, en 1780, a été faite par J.-C.-F. Schülz. On n'en connaît point de traduction française. L'erreur capitale de Harris, dans ses vues sur la musique, est de considérer cet art comme ayant pour objet certain genre d'imitations de la nature.

HARRIS (JOSEPH-MACDONALD), professeur de piano et de chant à Londres, est né dans cette ville, et fut d'abord enfant de chœur à l'abbaye de Westminster; puis il reçut des leçons de Robert Cooke, organiste de cette église; mais il puisa principalement son instruction dans les œuvres de Purcell, de Corelli, de Jean-Sébastien Bach, de Hændel, de Haydn et de Mozart. On a de ce musicien beaucoup de chansons anglaises avec accompagnement de piano; plusieurs rondos pour cet instrument; introduction et variations sur un thème original; variations sur un air écossais; variations sur un air gallois; une grande fantaisie, et des exercices.

HARRIS (Joseph), fut longtemps organiste à l'église Saint-Martin, de Birmingham, puis à Liverpool, où il est mort, en 1814. Il a beaucoup écrit, principalement pour l'église, dans le style de Hændel.

HARRIS (Joseph-Jean), organiste à l'église St-Olave, Southwark, a publié un recueil de mélodies de psaumes harmonisées et en partie composées par lui, sous ce titre : *A selection of Psalms and hymn-tunes, adapted to the psalms and hymnes used in the church of St-Olav, Southwark*; Londres, 1827, grand in-8°.

HARRISON (Jean), célèbre horloger anglais, naquit en 1693, à Foulby, dans le comté d'York. Fils d'un charpentier, il fut lui-même employé dans sa jeunesse aux travaux grossiers de la menuiserie commune; mais par la puissance de son intelligence il s'éleva bientôt jusqu'à la connaissance de la mécanique, et construisit, sans instruction préliminaire, de grandes horloges et des machines fort ingénieuses. Il habita longtemps la petite ville de Barrow, dans le comté de Lincoln, et finit par se fixer à Londres. L'invention du pendule *compensateur*, par la combinaison des métaux; celle du régulateur appliqué aux horloges marines, et la construction de deux chronomètres, qui placés dans sa maison ne différaient que d'une seconde dans l'espace d'un mois, et qui, constamment comparés à une étoile fixe, ne donnèrent qu'une déviation d'une minute en dix ans; tous ces travaux l'avaient déjà placé au premier rang dans son art, lorsqu'il mit le comble à sa gloire par un *garde-temps*, pour la détermination des longitudes en mer. La perfection de son travail ayant été constatée par un mûr examen et par un long usage, Harrison obtint le prix de vingt mille livres sterling fondé par la reine Anne pour la résolution de ce problème de mécanique. Harrison mourut à Londres, le 24 mars 1776, âgé de quatre-vingt-trois ans. Cet ingénieux artiste aimait la musique; il avait fait beaucoup d'expériences pour la détermination d'un son fixe, et sur l'échelle des sons, au moyen d'un monocorde de son invention, dont il a donné la description dans un ouvrage qui a pour titre : *Description concerning such a mechanism as well afford a nice and true mensuration of time*; *as also an account of the discovery of the sounds of Music* (Description d'un mécanisme pour parvenir à une mesure exacte et vraie du temps, etc.); Londres, 1775, in-8°. Hawkins cite aussi, dans son histoire de la musique (t. V, p. 420), un autre ouvrage de Harrison, intitulé : *A short but full account of the grounds and fondation of Music, particularly of the real existence of the natural notes of melody* (Notice courte, mais complète, des principes naturels et des fondements de la musique, particulièrement de l'existence réelle des notes naturelles de la mélodie); mais il ne dit pas si ce livre a été publié.

HARRISON (Robert), un des meilleurs chanteurs anglais du siècle dernier, naquit à Londres, en 1760. Admis dès son enfance comme enfant de chœur dans la chapelle royale, il fut élevé dans cette école, y resta attaché jusqu'à sa mort, et fit admirer à l'église et dans les concerts sa belle voix de ténor, dont l'étendue était de deux octaves, de *la* à *la* aigu. Il brilla particulièrement dans les concerts de Salomon, en 1793. Les cantates de Pepusch, de Hændel et de Boyce étaient surtout favorables à son talent. Il est mort en 1812, à l'âge de cinquante-deux ans. On a de lui une collection de psaumes avec la basse continue pour l'orgue, précédée d'une introduction à l'art du chant; cet ouvrage a pour titre : *Sacred Harmony, or a collection of Psalm tunes, ancient and modern, containing*: 1° *more than a hundred of the most approved plain and simple airs.* — 2° *a considerable number of tunes in verse and chorus, and fugues : the whole set in four parts, and arranged under their several metres and keys, with a figured base for the Harpsichord or Organ; together with an introduction to the art of singing*; Londres, 1784.

HARRYS (Georges), écrivain allemand, d'origine anglaise, employé dans l'administration du royaume de Hanovre, a publié depuis 1814 divers ouvrages étrangers à la musique, et un opuscule relatif à Paganini, intitulé : *Paganini in seinem Reisewagen und Zimmer, in seinen redseligen Stunden, in gesellschaftlichen Zirkeln, und seinen Concerten* (Paganini dans sa chaise de poste et dans sa chambre, dans ses heures de causerie, dans les salons, et dans ses concerts); Brunswick, Fr. Viemey, 1830, in-16 de 68 pages. Admirateur enthousiaste du célèbre violoniste, M. Harrys le suivit dans toute l'Allemagne pendant deux ans, s'attacha à sa personne en qualité de secrétaire, étudia son caractère, son allure, ses fantaisies, et tint note de toutes ses observations, qui peignent bien l'homme, mais qui sont fort superficielles à l'égard du talent de l'artiste. Le petit ouvrage de Harrys n'est que la rédaction régularisée de son journal de voyage.

HART (Philippe), fils d'un musicien de la chapelle du roi d'Angleterre Guillaume III, né dans la seconde moitié du dix-huitième siècle, fut d'abord organiste des églises de *St-Andrew-Undershaft* et de *St-Michael's Cornhill*. Il renonça à cette dernière place pour quelques désagréments qu'il eut avec les gardiens de l'église, et devint organiste de St-Denis-Back-Church. Il mourut à Londres, dans un âge très-avancé, vers 1750. Hart passait pour un musicien instruit, mais qui manquait de goût. On trouve des pièces de sa composition dans le *Treasury of Music*, et dans d'autres collections de musique d'église publiées de son temps. En 1728, il fit paraître un œuvre de fugues pour l'orgue, et l'année suivante il publia l'hymne du matin, tirée du cinquième livre du *Paradis perdu*, de Milton.

HART (Joseph), né à Londres, en 1794, entra comme enfant de chœur à St-Paul, et apprit la musique sous la direction de J.-B. Sale. A l'âge de dix ans il remplaçait déjà quelquefois Attwood comme organiste. Après être sorti du chœur de la cathédrale, il reçut des leçons d'orgue de Samuel Wesley, l'homme le plus habile de l'Angleterre sur cet instrument, et de M. Cook, organiste de Bloomsbury; il fut aussi pendant quelque temps élève de J.-B. Cramer pour le piano. A seize ans, il reçut sa nomination d'organiste à l'église de Walthamstow, dans le comté d'Essex; plus tard, un concours fut ouvert pour la place d'organiste de Tottenham, dans le comté de Middlesex; Hart y obtint l'avantage sur neuf autres candidats. De retour à Londres vers 1815, il y donna des leçons de piano, et acquit quelque célébrité dans les salons, par la composition et par l'arrangement d'un grand nombre de quadrilles de contredanses qui devinrent à la mode. Pendant trois ans il remplit les fonctions de chef des chœurs et d'accompagnateur au piano de l'Opéra anglais. Il écrivit pendant ce temps un opéra intitulé *Le Vampire*, qui obtint un succès populaire, et les trois farces : *Amateurs and actors*, *Bull's Head* (la Tête de Bull), et *Walk for a Wager* (la Promenade par gageure). En 1825, Hart a publié un traité abrégé d'harmonie, sous ce titre : *An easy Mode of teaching Thorough-bass und composition*.

HARTIG (François-Chrétien), né à Heidenberg, dans la Wettéravie, le 31 janvier 1750, fit ses premières études au couvent de Helmstadt, et y apprit les éléments de la musique, puis entra au séminaire de Manheim, où il passa cinq années. Devenu directeur de musique à Oppenheim, il y resta deux ans; ensuite il se rendit à Mayence pour y fréquenter un cours de droit; mais la connaissance qu'il y fit du directeur de spectacle Théobald Marchand changea sa résolution, et lui fit embrasser la carrière du théâtre. Ce fut à Manheim qu'il débuta; sa belle voix de ténor lui procura la faveur du prince palatin Charles-Théodore, qui lui donna pour maître, en 1771, le célèbre chanteur Raff. Son éducation vocale terminée, le prince l'éloigna du théâtre allemand, le nomma chanteur de sa cour, et lui donna l'emploi de premier ténor au Théâtre-Italien. Il y débuta vers la fin de 1772, dans *l'Incognita perseguitata*, avec le plus brillant succès. Lorsque la cour alla se fixer à Munich, Hartig la suivit, et continua de chanter jusqu'en 1799. Retiré alors de la scène, il vécut à Mayence, où il se trouvait encore en 1812. Les renseignements qu'on a sur sa personne s'arrêtent à cette époque. On connaît, sous le nom de Hartig : Deux recueils de pièces d'orgue; Mayence, Zimmermann. — 2° Recueil général des mélodies du livre du chant de Mayence, avec accompagnement d'orgue, ibid. — 3° Six chants pour voix seule, avec accompagnement de piano; Mayence, Schott. J'ignore si ces productions appartiennent au chanteur sujet de cet article.

HARTIG (Jeanne), connue ensuite sous le nom de Mme Koch, est fille du précédent. Elle naquit à Munich, le 14 mars 1779. Élève de son père et de Mme Noder pour le chant, elle reçut aussi des leçons de piano de Streicher. Son éducation fut cultivée avec soin, et ce ne fut pas seulement la musique qu'on lui enseigna, car elle parlait et écrivait avec une égale facilité l'allemand, le français, l'italien, et l'anglais. Son début fut heureux à l'Opéra allemand de Munich, où elle parut pour la première fois en 1794. Appelée ensuite à Stuttgard comme première chanteuse, elle y brilla pendant quatre ans, puis elle retourna dans le lieu de sa naissance, y resta peu de temps, et fut ensuite engagée, en 1799, au théâtre de Manheim. Ce fut en cette ville qu'elle épousa l'acteur Charles Koch. Peu de temps après, elle a cessé de paraître sur la scène.

HARTIG (Xavier-Louis), organiste à Limbourg, vers 1840, a publié environ quinze œuvres de petites pièces d'orgues pour l'usage du service divin des églises catholiques, entre lesquels on trouve un recueil de 300 petits préludes et fuguettes, œuvre 9° (Mayence, Schott), et un autre de 300 versets, préludes et petites fugues, pour les organistes commençants, œuvre 10° (ibid). Tout cela est dépourvu de mérite.

HARTIG (....), facteur d'orgues à Zullichau, a construit dans cette ville un instrument dont l'inauguration a été faite au mois d'août 1842.

HARTKNOCH (Charles-Édouard), fils

d'un libraire de Dresde, né vers 1775, à Riga, où son père habitait alors, ne s'occupa dans sa jeunesse de la musique que comme d'un délassement, au milieu des études sérieuses qu'il faisait dans les universités. Plus tard, cet art devint pour lui un goût passionné, qui lui fit prendre la résolution d'en faire son occupation principale. Il est dit dans le *Lexique Universel de musique* publié par Schilling, que Hartknoch se rendit alors à Weimar pour perfectionner son talent de pianiste sous la direction de Hummel, déjà célèbre à cette époque ; et dans un autre endroit du même article, on parle des succès de ce même Hartknoch à la cour de Paul Ier, empereur de Russie : il y a dans ce rapprochement contradiction, erreur manifeste, car Paul Ier a été assassiné dans la nuit du 11 au 12 mars 1801 ; or, Hummel n'était point alors à Weimar. Il est plus vraisemblable que c'est à Saint-Pétersbourg que Hartknoch reçut des leçons de Hummel, qui se trouvait en cette ville sous le règne de Paul. Quoi qu'il en soit, Hartknoch s'est fait connaître comme un musicien de quelque mérite par la publication de plusieurs ouvrages, dont voici les titres : 1° Sonates pour piano seul, en *mi*; Leipsick, Peters. — 2° Sonate pour piano et violon, op. 2; ibid. — 3° Valses pour piano à quatre mains, op. 3 ; ibid. — 4° Trio pour piano, violon et violoncelle, op. 4 ; Leipsick, Breitkopf et Hærtel. — 5° Exercices pour le piano sur les doubles touches (tierces et sixtes), ibid. Il est mort à Moscou, en 1834, à l'âge de 59 ans. Dans l'année précédente, il avait fait exécuter à Saint-Pétersbourg une ouverture à grand orchestre, de sa composition.

HARTMANN (HENRI), né à Reichstadt, dans la seconde moitié du seizième siècle, était *cantor* à Cobourg en 1608, et mourut en cette ville en 1616. On connaît sous son nom : *Confortativæ sacræ symphoniacæ* 5, 6 *et* 8 *voc.*; Cobourg, 1613, in-4°. Ce recueil contient vingt-quatre cantiques allemands à 5, 6 et 8 voix. La seconde partie n'a été publiée qu'après la mort de Hartmann (Erfurt, 1617) : elle contient 25 cantiques.

HARTMANN (CHRÉTIEN), flûtiste allemand, né à Altembourg, vint à Paris vers 1774, et y fut attaché à l'Opéra, qu'il quitta ensuite pour se rendre à La Haye, où il demeura plusieurs années, puis à Hambourg, où il était en 1786, et enfin en Russie, vers 1790. Il revint ensuite à Paris, en passant par Erlangen et Francfort, où il donna des concerts et y publia quelques compositions dans les années 1792-1793. Il fut un des six professeurs de flûte désignés pour l'enseignement du Conservatoire par la loi d'organisation de cette école, rendue le 16 thermidor an III ; mais ce nombre ne tarda pas à être réduit, et Hartmann reçut sa démission. Depuis cette époque, on manque de renseignements sur sa personne. Parmi les ouvrages connus sous son nom, on remarque : 1° Quatre concertos pour flûte et orchestre, publiés dans les années 1784 et 1785. Le second concerto a été réimprimé chez André, à Offenbach. — 2° Six airs français et russes variés pour la flûte, avec accompagnement de violon et violoncelle, Mannheim, 1790. — 3° 126 cadences pour la flûte, dans tous les tons ; Berlin, Hummel, et Offenbach, André. — 4° Recueil de préludes dans toutes sortes de modulations pour la flûte ; Paris, Sieber. — 5° Six duos pour deux flûtes, op. 6 ; Paris, 1792. — 6° Deux airs variés pour flûte, violon et orchestre ; Paris, Sieber. — 7° Six duos pour 2 flûtes, op. 7 ; Paris, Naderman. — 8° Huit airs variés, avec basse.

HARTMANN (SIMON), harpiste allemand, vécut quelque temps à Paris vers 1770, puis s'établit à Lyon, où il publia, en 1777, trois divertissements pour harpe et violon, et une sonate pour deux harpes.

HARTMANN (CHRISTOPHE-HENRI), né à Rudisleben, près d'Arnstadt, en Thuringe, vers 1750, fut organiste à Eimbeck, dans le Hanovre, nom de lieu estropié dans le *Dictionnaire des Musiciens* de Choron et Fayolle en celui de *Limbeck*. Depuis 1781 jusqu'en 1792, il a publié : 1° Deux sonates pour le clavecin, op. 1. — 2° Trois sonates pour le clavecin avec accompagnement de violon, 1790. — 3° Trois sonates, avec accompagnement de violon et violoncelle obligés, 1792. — 4° *Le Maître et l'Élève*, pièces à 4 mains, 1790. — 5° Quelques chansons avec accompagnement de piano. Hartmann a annoncé, en 1797, la publication d'un Opéra en deux actes intitulé : *Le Château enchanté*; mais il ne paraît pas que cet ouvrage ait été imprimé. Hartmann est mort à Eimbeck, en 1826.

HARTMANN (JEAN), compositeur allemand, naquit à Hambourg, dans la première moitié du dix-huitième siècle. En 1767, il était depuis plusieurs années maître de concert à Rudolstadt. En 1768 il se rendit en Danemarck, où il fut maître de concert du duc de Ploen. Il mourut à Copenhague, en 1791. Cet artiste, imitateur de Gluck dans son style, a beaucoup composé sur des paroles en langue danoise, entre autres l'opéra intitulé *Balder's Dod* (La mort de Balder). Il a écrit aussi un autre ouvrage dramatique, sous le titre *Die Fischer* (Les Pêcheurs). Hartmann est l'auteur de l'air national et populaire *KongeChristian stod ved hoyen Mast* (Le roi Cristian est au haut du grand mât), dont Meyerbeer a fait le thème principal d'un entr'acte admirable dans sa musique du drame *Struensée*. On connait aussi de Hartmann 15 duos pour deux cors, Hambourg; air favori varié pour piano et violon; Leipsick, Sommer; et trois thèmes variés pour piano seul; Copenhague, Lose. Cet artiste eut un fils (*Auguste Hartmann*) qui était *cantor* de l'église de la Garnison, à Copenhague, en 1841.

HARTMANN (Henri-Louis), docteur en philosophie et professeur à l'école de Grimma, est né le 6 janvier 1770, à Dahlen près de Oschatz. Il a publié un manuel de chant choral intitulé : *Handchoralbuch*. Rassman, qui indique cet ouvrage, ne fait pas connaître où il a été imprimé.

HARTMANN (Jean-Pierre-Émile), fils d'*Auguste* et petit-fils de Jean, est né à Copenhague, le 14 mai 1805. Destiné dès l'enfance à l'étude du droit, il suivit d'abord les cours du collège, puis ceux de l'université de Copenhague. Cependant son père lui enseigna les principes de la musique, et d'autres maîtres lui donnèrent des leçons de piano, d'orgue et de composition. Les fonctions publiques qui lui furent confiées ne le détournèrent pas de la culture de l'art pour lequel il éprouvait un penchant décidé. Aux places qu'il occupait, il ajouta, en 1829, celle d'organiste de l'église de la Garnison, dont son père était *cantor*. Dans l'été de 1836, Hartmann a fait un voyage musical en Allemagne. De retour à Copenhague, il y a repris ses travaux de composition. On connait de lui quatre opéras : 1° *Der Rube oder die Bruderprobe* (Le Corbeau, ou l'épreuve du frère, représenté en 1833. — 2°. *Die goldenen Hœrner* (Les Cors d'or), représenté en 1834. — 3° *Les Corsaires*, en 1836. — 4° *Liden Kirsten*, en 1847. Tous ces ouvrages ont été joués avec succès. Hartmann a écrit aussi une ouverture pour la tragédie danoise *Jakon-Jarl*, qui fut représentée à Copenhague, en 1838. Cette ouverture a été exécutée à Leipsick en 1844. Une symphonie du même artiste a été entendue à Cassel en 1838. Les autres ouvrages de Hartmann, au nombre d'environ cinquante, consistent en sonates pour le piano, et chants à voix seule avec accompagnement de cet instrument.

HARTMANN (Frantz), violoniste et maître de concert à Cologne, naquit à Coblence, vers 1807, et fit ses premières études en cette ville. En 1823, il se rendit à Cassel, où il devint élève de Spohr pour le violon. Après plusieurs années passées sous la direction de ce maître, il vécut quelque temps à Wolfenbuttel, puis à Brunswick. En 1839 il s'établit à Aix-la-Chapelle, en qualité de violon solo du théâtre : trois ans plus tard il s'est fixé à Cologne, où il est mort, vers 1857. Hartmann était artiste de talent, et se distinguait particulièrement dans l'exécution des quatuors. On a publié de lui des variations pour violon avec orchestre, op. 3 ; de grands duos pour deux violons, op. 13, 14, 26, 27, 29; Brunswick, Meyer; des Tarentelles pour violon et piano, op. 42 et 43; Wolfenbuttel, Halle; plusieurs livres de duos faciles pour deux violons, sur des thèmes d'opéras, Brunswick, Meyer ; et des caprices faciles et progressifs pour 2 violons ; ibid.

HARTOG (Edouard De), amateur distingué de musique et compositeur de mérite, est né à Amsterdam, en 1826. Fils d'un banquier de cette ville, il était destiné au commerce; mais sa vocation irrésistible pour la culture de l'art musical se montra d'une manière si évidente, que son père ne mit plus d'obstacles à son penchant, et qu'une éducation solide d'artiste lui fut donnée. A l'âge de sept ans il prit les premières leçons de piano d'un maître nommé *Hoch*, premier violon du théâtre allemand d'Amsterdam. Plus tard, il reçut des conseils de Mme Dulcken, puis de Dœhler, pendant les séjours qu'ils firent en Hollande. Lorsque M. de Hartog eut atteint l'âge de douze ans, Hoch commença à lui enseigner l'harmonie; mais lui-même en savait si peu de chose, que l'élève ne fit guère de progrès sous sa direction, et qu'environ quatre années se passèrent sous cet enseignement inhabile, sans qu'il en résultât d'avantage réel pour l'instruction du jeune artiste. Enfin Bartelman, directeur de l'école de musique d'Amsterdam, et homme de savoir, lui fut donné pour maître, et seulement alors il apprit la science de l'harmonie et du contrepoint. Dans un voyage qu'il fit à Paris il reçut des leçons de M. Elwart, professeur au Conservatoire; puis il eut des conseils de Litolff, avec qui il avait contracté des relations amicales; enfin M. de Hartog acheva ses études de composition sous la direction de M. Heinze, élève de Mendelsohn et compositeur fixé en Hollande depuis 1849 environ. C'est en travaillant avec cet artiste distingué pendant six ans que M. de Hartog a refait toute son éducation harmonique.

Ses premières compositions publiées furent des romances, des albums de chant et quelques morceaux de piano édités à Paris chez Chabal et chez Richault. A cette époque de la carrière de M. de Hartog appartiennent une Fantaisie pour piano sur *Don Juan*, deux Tarentelles, une Sonate, six poésies musicales (*Chant d'amour*, *Confidences*, *l'Inquiétude*, *le Chant du gondolier*, et *Sur l'Océan*) : tout ses ouvrages ont été édités chez G.-Ch. Meyer, à Brunswick; *La Danse des Willis*, Villanelle, à Leipsick, chez Breitkopf et Hærtel;

deux recueils de chœurs pour voix d'hommes, sans *accompagnement*, et un recueil de chœurs pour des voix mixtes, à Leipsick, chez Breitkopf et chez Kistner; un cahier d'études, trois Mazurkes, et des *Esquisses pastorales*, à Amsterdam, chez Roothan et Cie; quelques morceaux de chant, à Paris, chez Chabal.

En 1852, M. de Hartog s'établit à Paris, et y fit entendre quelques-uns de ses ouvrages dans un concert organisé par lui. Dans la même année il écrivit la musique de *Portia*, poëme dramatique en deux parties d'Émile Augier, dont des fragments furent exécutés, en 1853, dans un des concerts de la *Société de Sainte-Cécile*. La composition de deux opéras-comiques, sur des livrets de Jules Barbier, l'occupa ensuite : ces ouvrages, intitulés *Lorenza Aldini*, en deux actes, et *Le Mariage de Lope*, en un acte, attendent encore (1861) leur tour de représentation. A diverses reprises, notamment en 1857 et 1859, M. de Hartog a donné de grands concerts avec orchestre, au bénéfice de l'association des artistes musiciens, dans lesquels il a fait entendre quelques-uns de ses ouvrages les plus importants. Le concert de 1859, où se trouvaient réunis l'orchestre de l'Opéra et des artistes de premier ordre, produisit une vive impression sur l'auditoire. Parmi les productions de son talent qu'il a publiées depuis 1852, on remarque : 1° une ouverture de concert (*Portia*); Paris, J. Brandus et S. Dufour. — 2° *Chant de Mai*, chœur bachique avec orchestre; ibid. — 3° *Pensée de minuit*, méditation pour violon, violoncelle, orgue, harpe et piano; Paris, L. Escudier — 4° *Pensée du Crépuscule* et *Souvenir de Pergolese*, deux méditations pour violon, violoncelle, orgue et piano; Paris, Heugel. — 5° *Rimenbranza* et *Complainte de la captive*, deux rêveries pour soprano, avec violoncelle et piano; Paris, Brandus et Dufour. — 5° *Les reliques*, *le Rendez-vous*, et le *Rouet*, Lieder, ibid. — 6° Deux recueils de Lieder allemands; Amsterdam, Roothan et Cie. — 7° Premier quatuor pour deux violons, alto et violoncelle op. 35; Winterthur, Rieter-Biedermann; Paris, Maho. — 8° *Drei Gedichte* (Trois poëmes, de Théodore Kœrner), à voix seule avec piano; Amsterdam, Roothan et Cie. — 9° *Zwey Gedichte* (deux poëmes d'Emanuel Geibel), à voix seule avec piano, ibid.

Les ouvrages non encore publiés de M. de Hartog sont : Deux ouvertures de concert (*Macbeth*, et *Pompée*), à grand orchestre. Elles ont été exécutées avec succès, en 1860 et 1861, dans les concerts du Conservatoire royal de Bruxelles; — *Scherzo* pour instruments à cordes; — Deuxième quatuor pour deux violons, alto et basse, ouvrage fort distingué; — Hymne pour voix seule, chœur et orchestre, poëme de Ch. Reguaud; — Trois ballades (*L'Esclave*, pour soprano; *Le Pêcheur*, pour ténor; *Lélia*, pour contralto), avec orchestre; — Grande scène allemande, poëme de Geibel, pour soprano, chœur et orchestre; divers autres ouvrages de différents genres. M. de Hartog est chevalier de l'ordre de la couronne de Chêne, et de l'ordre de Léopold.

HARTONG. *Voy.* HUMANUS.

HARTUNG (JEAN-MICHEL), facteur d'orgues au château de Vippach, près d'Erfurt, a construit un grand nombre d'instruments, particulièrement dans la Thuringe. Un de ses premiers ouvrages fut le petit orgue de Wasserthaleben qui fut achevé en 1748; il est composé de 11 jeux. En 1750, il exécuta celui de Hasleben, de 55 jeux, considéré comme un de ses meilleurs instruments; trois ans après, il refit à neuf l'orgue des Augustins à Erfurt. On connaît aussi de lui l'orgue de Westgreussen, composé de 16 jeux, et celui de Stockhausen, de 13 jeux, terminé en 1763. Son orgue de Haslebeu fut consumé dans l'incendie de l'église en 1783; Hartung était mort quelques années avant cet événement, dans un âge avancé. Gerber dit, dans son nouveau Lexique des musiciens, que sa manière d'accorder était défectueuse : cette méthode, autrefois en usage, et qui est encore pratiquée dans des familles anciennes de facteurs de la Belgique et de la Hollande, consiste à rejeter toutes les altérations dans certains tons, par exemple, *la* bémol, dont on ne se servait point autrefois.

HARTUNG (CHARLES-AUGUSTE), organiste de l'église réformée de Brunswick, vécut dans la seconde moitié du dix-huitième siècle. On connaît de lui : 1° Odes et chansons, avec des mélodies pour piano, 1re partie; Brunswick, 1783. — 2° Idem, 2e partie; *ibid.*, 1792. — 3° Polonaise pour piano seul, op. 2; ibid. — 4° Idem, op. 5; ibid. — 5° Idem, à quatre mains, op. 9. — 6° Valses modernes, op. 12, ibid. — 7° *Frau Schnips* (Madame Schnips), ballade à voix seule et piano; ibid., 1795.

HARTUNG (H.-A.), vraisemblablement étudiant à Leipsick, vers 1793, a fait imprimer chez Breitkopf : 1° Compositions mêlées pour le piano, 1re et 2e partie; Leipsick, 1792. — 2° Sonate à quatre mains, n° 1; ib., 1793. — 3° Phrases musicales pour des commençants, 1re livraison; ibid., 1794. — 5° *Esquisses musicales*, 1er cahier; ibid., 1794.

HARTUNG (A.-L.) violoniste de la chapelle du duc de Brunswick, établit dans cette ville, en 1794, une librairie musicale d'une assez grande importance. On a gravé de sa composition : 1° Trois duos pour deux violons, op. 1, lib. 1; Francfort. — 2° Trois duos, op. 1, lib. 2, 1792. Une deuxième édition du premier livre de ces duos a été publiée à Amsterdam, en 1792. Hartung vivait encore à Brunswick en 1833.

HARTWIG (Charles), organiste et directeur de musique à Zittau, occupait ces places avant 1743, et vivait encore en 1760. Laborieux compositeur, il a laissé en manuscrit un *Magnificat* allemand, dix-sept ouvertures, sept concertos, dont six pour la flûte, un pour le violon, et enfin un quatuor avec basson obligé.

HASCHKA (Laurent-Léopold), jésuite, né à Vienne, le 1er septembre 1749, fut poëte et musicien. Son premier ouvrage est un poëme allemand sur Gluck, publié à Vienne en 1775. Il a fait aussi graver dans cette ville un trio pour piano, violon et violoncelle.

HASE (Georges) ou **HAZE**, né à Nuremberg dans la seconde moitié du seizième siècle, a publié : 1° *Newe frœliche Tæntz mit schœnen Texten, mit* 4 *Stimmen* (Nouveaux airs de danse agréables, à 4 parties); Nuremberg, 1602, in-4°. — 2° *Newe frœhliche und liebliche Tæntz mit schœnen poetischen und andern Texten; componirt durch Georg-Hasen zu Nürnberg, dass gleichen etliche Balleten mit und ohne Text, auch ein Dialogus mit* 8 *Stimmen* (Nouvelles danses agréables et favorites avec de beaux textes poétiques et autres, etc., suivies d'un dialogue à 8 voix); Nuremberg, 1610, in-4°.

HASE (Wolfgang), pasteur à Negenborn, né à Quedlinbourg, vers l'an 1600, fut d'abord cantor au collége de Saint-Alexandre à Einsbeck, puis recteur de ce collége, et enfin pasteur de Negenborn. Il s'est fait connaître par un livre qui a pour titre : *Gründliche Einführung, in die edle Musik oder Singkunst* (Introduction solide dans la noble musique, ou l'art de chanter); Osterode, 1643, in-8°. La deuxième édition a été publiée à Gozlar, en 1657, in-8° de 87 pages.

HASE (Jacques), professeur au gymnase de Brême, né dans cette ville en 1694, y mourut le 17 juin 1723, à l'âge de trente-deux ans. On doit à ce savant une dissertation intitulée : *Disputatio de inscriptione Psalmi vigesimi secundi*, dans laquelle il essaye de démontrer qu'il est question dans ce psaume d'un instrument de musique. Cet écrit a été inséré dans le Trésor des antiquités sacrées d'Ugolini (t. 32, p. 207-230).

HASENBALG (Jean-Frédéric), né en 1771 à Werna, dans le comté de Hohenheim (1), reçut de son père les premières leçons de musique, et compléta son instruction dans cet art sous la direction de plusieurs autres maîtres. La harpe fut l'instrument qu'il cultiva de préférence. Après avoir vécu quelques années à Magdebourg comme professeur de cet instrument, il obtint, en 1807, la place de directeur de musique du *Martineum*, à Brunswick. Il occupait encore cette position en 1828, conjointement avec celle de professeur du gymnase, où il avait formé un bon chœur de chant. Il avait aussi fondé, en 1816, une académie de chant, à l'imitation de celle de Berlin. Hasembalg était instruit dans la composition et a écrit plusieurs ouvrages pour l'Église. Parmi les œuvres de musique instrumentale qu'il a publiés on remarque : 1° *Andantino grazioso* varié pour la harpe; Brunswick, 1797. — 2° Trois sonates avec violon obligé; ibid., 1798. — 3° Ariette de Righini avec 12 variations pour la harpe, op. 4, ibid.; 1799. — 4° Douze valses pour le piano; Magdebourg, 1800. On connaît aussi de Hasenbalg. — 5° Six *Lieder* pour voix seule, avec accompagnement de piano. — 6° Recueil de chansons, idem. Il eut deux filles : l'aînée (*Caroline*) vers 1825 jouissait en Allemagne de la réputation de pianiste distinguée. Elle épousa le professeur et conseiller de cour Marx, à Brunswick. La plus jeune (*Hermine*) s'est fait remarquer par son talent sur la harpe.

(1) Dans la première édition de la *Biographie universelle des Musiciens* il est dit que Havenbalg naquit à Magdebourg : c'est une erreur.

HASENKNOPFF (Sébastien), compositeur du seizième siècle, né à Salzbourg, est connu comme auteur d'une collection de motets à 5, 6 et 8 voix, imprimée à Munich sous ce titre : *Sacræ Cantiones quinque, sex, octo et plurium vocum, tum viva voce, tum omnis generis instrumentis cantatu commodissimæ; Monachii per Adamum Berg*; 1588, in-4° obl.

HASIUS (Jean-Mathias), dont le nom allemand était *Haus*, naquit à Augsbourg le 14 janvier 1684, remplit avec distinction la chaire de mathématiques à l'université de Wittemberg, et mourut le 24 septembre 1742. Au nombre de ses ouvrages est une dissertation sur les porte-voix, intitulée : *Dissertatio physico-mathematica de Tubis Stentoris, in qua de figura et constructione earum exponitur, et autorum qui de iis egerunt, sententiæ explicantur, ac momento suo ponderantur*; Leipsick, 1719, in-4° de vi et 84 pages.

HASLINGER (Tobie), éditeur de musique à Vienne, est né à Zell, dans la Haute-Autriche, le 1er mars 1787. Ayant été placé comme enfant de chœur à l'église principale de Linz, il y reçut des leçons de musique de Glœggl, maître de chapelle de cette église, apprit à jouer de plusieurs instruments, et fut employé par son maître dans la maison de commerce de musique qu'il venait d'établir. Plus tard il dirigea la librairie et le magasin d'objets d'arts de Fr. Kurich. En 1810, il se rendit à Vienne, avec le projet d'y établir une bibliothèque d'abonnement *de musique sur un nouveau plan*, entra d'abord en qualité de teneur de livres chez Steiner, propriétaire d'une imprimerie lithographique, et finit par devenir son associé. En 1826, Steiner se retira, et Haslinger demeura seul à la tête de la maison qui porte aujourd'hui son nom. Cette maison, devenue une des plus considérables de l'Allemagne, et dans laquelle plusieurs autres ont été réunies, possède maintenant la propriété de plus de 10,000 ouvrages de musique de tous genres. Quatorze presses y sont incessamment occupées à multiplier les exemplaires des productions anciennes et nouvelles. Haslinger traitait généreusement avec les artistes distingués pour l'acquisition de leurs manuscrits. Par exemple, il a payé à Hummel et à Spohr 10,000 florins pour leurs méthodes de piano et de violon.

Haslinger s'est fait connaître aussi comme compositeur ; on a de lui des pièces d'harmonie pour instruments à vent, un quatuor pour piano, violon, alto et violoncelle, un concertino à quatre mains pour le même instrument, des sonates avec accompagnement de violon, d'autres pour piano à quatre mains, ou pour piano seul, des rondos, fantaisies, airs variés, des pièces pour guitare, des chansons, et deux messes faciles à quatre voix avec orgue ; n° 1 (en *ut*), Vienne, Haslinger ; n° 2 (en *mi* bémol) ; *ibid.* Haslinger est mort à Vienne, le 18 juin 1842.

HASLINGER (Charles), fils du précédent, né à Vienne, le 11 juin 1816, a reçu des leçons de son père pour les éléments de la musique. Élève de Charles Czerny pour le piano, il a acquis de l'habileté sur cet instrument, et le chevalier de Seyfried lui a enseigné la composition. Plus artiste que négociant, après la mort de son père dont il avait recueilli la riche succession, il a laissé déranger ses affaires, et pendant plusieurs années ses créanciers ont géré sa maison ; mais en 1854 il est rentré dans la possession de toute sa fortune. On a publié de la composition de M. Charles Haslinger : 1° *Messe solennelle qui a été exécutée à Vienne en 1840, 1841 et 1842.* — 2° Ouverture pastorale pour l'orchestre, exécutée à Vienne en 1837. — 3° Sonate pour piano et violon, op. 3 ; Vienne, Haslinger. — 4° *La Cloche*, cantate sur le poëme de Schiller pour voix seule chœur et orchestre, op. 42 ; ibid. — 5° Sonate (en *fa* mineur) pour piano et violoncelle, op. 39 ; ibid. — 6° 1er trio (en *mi* mineur) pour piano, violon et violoncelle, op. 36 ; ibid. — 7° Plusieurs fantaisies pour piano seul ; ibid. — 8° Des Rondos pour le même instrument, *op. 1, 11, 13* ; ibid. — 9° Des *Lieder* avec accompagnement de piano ; ibid. — 10° Des chants pour voix *solo* avec chœur ; *ibid.*

HASSE (...), facteur d'orgues au quinzième siècle, né à Gudenberg, construisit avec Cranzen, en 1499, l'orgue de Saint-Blaise à Brunswick.

HASSE (Nicolas), organiste de l'église Sainte-Marie de Rostock, vers 1650, a publié les ouvrages suivants de sa composition : 1° *Deliciæ musicæ, Allemanden, Couranten und Sarabanden, auf 2 oder 3 Violinen, Violone, Clavycimbel oder Teorbe zu musiciren* (Délices musicales, allemandes, courantes, sarabandes pour deux ou trois violons, basse, clavecin ou théorbe) ; Rostock, 1656, in-4°. — 2° *Musikalische Erquickstunden in Allemanden, Couranten, etc., auf 2 Violinen, 1 Viola da gamba, 1 Violone, Clavicymbel oder Teorbe* (Récréations musicales, consistant en allemandes, courantes, etc., pour deux violons, une basse de viole, une contrebasse de viole, clavecin ou théorbe) ; ibid. ; 1658, in-4°. — 3° *Appendix etlicher Allemanden, Couranten, etc., Strasburgische Studiosi an Rostockische studiosos übersendet gehabt, herausgegeben* (Appendice aux allemandes, courantes, etc. ; ibid., 1658, in-4°. — 4° *Melodien zu D. Heinr. Müllers himmlischen Liebesflammen in 10 geistlichen Liedern* (Mélodies pour les amours célestes de Henri Müller, en 10 cantiques spirituels) ; Noremberg, 1728, in-8°. Ce doit être une réimpression.

HASSE (Jean-Adolphe-Pierre), compositeur célèbre, surnommé *Il Sassone* par les Italiens, vit le jour le 25 mars 1699, à Bergdorf, près de Hambourg. Son père, organiste et maître d'école dans ce village, lui enseigna les premiers éléments de la musique et des lettres. Réduit aux ressources insuffisantes de cette éducation privée jusqu'à l'âge de dix-huit ans, Hasse suppléa aux leçons qui lui manquaient par un travail assidu. Son esprit sérieux lui faisait dédaigner, dès ses premières années, les jeux ordinaires de l'enfance, et le portait incessamment à l'étude. En 1717 il fit un voyage à Hambourg, qui lui procura la connaissance d'Ulrich Kœnig, poëte aulique du roi de Pologne, alors résidant à Dresde, qui recommanda le jeune Hasse à l'intendant du théâtre de la cour, et le fit engager comme ténor en 1718. Keiser, homme de génie, et dans ce temps le premier compositeur dramatique de l'Allemagne, dirigeait l'Opéra de Dresde lorsque Hasse y arriva : la musique de l'illustre maître fit une profonde impression sur l'esprit du jeune chanteur, et hâta le développement de ses facultés pour la composition. Cependant quatre années s'écoulèrent encore avant qu'il se fit connaître par ses ouvrages; ses fonctions de chanteur à l'Opéra et ses études de clavecin occupèrent toute cette période de sa vie d'artiste. En 1722, Koenig procura à son protégé un engagement de chanteur au théâtre de Brunswick. Hasse y brilla d'abord par sa belle voix de ténor et par son habileté dans l'art de jouer du clavecin; mais l'année d'après il fit son premier essai de composition dramatique, et fit représenter à Brunswick son *Antigone*, qui fut bien accueillie du public. Hasse avait alors vingt-quatre ans; son œuvre annonçait du goût et de la facilité; mais on pouvait y apercevoir une ignorance à peu près complète des procédés de l'art d'écrire. Lui-même comprit qu'il lui restait beaucoup à apprendre à cet égard; il désirait d'aller s'instruire en Italie, où la musique brillait alors d'un éclat plus vif qu'en aucun autre pays. Hasse y arriva en 1724 (1).

Hasse ne pouvait briller comme chanteur chez les Italiens à une époque où l'art du chant y avait atteint la perfection; il se fit connaître plus avantageusement par son talent sur le clavecin. L'étude du contrepoint était l'objet principal de son voyage; arrivé à Naples, il chercha un maître qui pût le lui enseigner, et le rencontra en Porpora. Au nombre des grands maîtres de ce temps-là, brillait surtout Alexandre Scarlatti, devenu vieux, mais encore considéré comme le plus grand musicien de l'époque. Hasse désirait ardemment de recevoir des leçons de lui, mais il ne se croyait pas assez riche pour les payer. Le hasard lui prouva que ses craintes n'étaient pas fondées, car, ayant rencontré le maître célèbre dans une société, il eut le bonheur de lui plaire par son habileté sur le clavecin, par sa modestie, et par ses égards pour lui. Le vieux maître permit à Hasse d'aller chez lui, lui donna des conseils, et le dirigea dans ses travaux. En 1725, Hasse fut chargé de la composition d'une sérénade pour un riche banquier : cette occasion était la première qui lui était offerte pour faire connaître son talent de compositeur : elle fut heureuse. La sérénade fut exécutée devant un nombreux auditoire et fut unanimement applaudie; et pour que rien ne manquât à son succès, le célèbre chanteur Farinelli et la Tesi, excellente cantatrice, furent chargés de l'exécution de son ouvrage. Un début si brillant lui rendit la carrière facile; un opéra lui fut demandé pour être représenté au Théâtre-Royal au mois de mai; il l'écrivit rapidement, et sous le titre de *Il Sesostrate* cette production fut exécutée à Naples en 1726. Les applaudissements lui furent prodigués pour cette partition, et dès lors les Italiens ne l'appelèrent plus que *il caro Sassone*.

En 1727, Hasse s'éloigna de Naples et se rendit à Venise, où son mérite lui valut la nomination de maître du Conservatoire des Incurables. Il dut surtout ce bon accueil à l'admiration qu'il inspira dans un concert, par son exécution sur le clavecin, à la fameuse cantatrice Faustine Bordoni, dont il devint ensuite l'époux. Il n'écrivit dans le cours de cette année que de la musique d'église, entre autres, un *Miserere* pour deux soprani et deux contralti, avec accompagnement de deux violons, viole et basse, qui a toujours été considéré comme un modèle d'expression. Cette composition fut exécutée au Conservatoire des Incurables pendant la semaine sainte, et fut vantée comme une œuvre parfaite, quoiqu'elle appartînt à ce genre dégénéré de musique religieuse qui tient plus du théâtre que de l'église. Appelé de nouveau à Naples en 1728, il y écrivit *Attalo re di Bitinia*; puis il retourna à Venise et y devint l'époux de Faustina, en 1730. Dans la même année il fit représenter au théâtre Saint-Jean-Chrysostôme son *Artaserse*, qui fut applaudi avec transport, et qui lui fit prendre une place distinguée parmi les meilleurs compositeurs de cette époque. Sa réputation se répandit bientôt en Allemagne, et le roi de Pologne voulut l'engager comme maître de chapelle à son service; pour le décider à quitter l'Italie et à s'établir à Dresde, il lui accorda un traitement de douze mille écus de Saxe. Arrivé à Dresde avec sa femme, en 1731, Hasse y écrivit immédiatement l'opéra *Alessandro nelle Indie*, dans lequel plusieurs des plus célèbres chanteurs de ce temps se firent entendre, et qui excita l'enthousiasme de toute la cour. Cependant, après quelques mois de séjour en Allemagne, le compositeur ne put résister aux ins-

(1) Par une inadvertance singulière, Kandler, auteur d'une notice sur Hasse (*Cenni storico-critici intorno alla vita ed alle opere del cel. compositore di musica Gio. Adolfo Hasse, detto il Sassone*, etc.), dit qu'à l'époque où ce compositeur arriva en Italie on remarquait parmi les maîtres qui y brillaient Scarlatti, Vinci, Porpora, Pergolèse, Leo, Durante, Cafaro, Feo, Marcello, Lotti, Predieri, Galuppi, Majo, Lampugnani, Guglielmi, Piccinni, Sacchini, Trajetta, etc.; or, Cafaro, ou Caffaro, était né en 1708, et avait conséquemment seize ans en 1724; Galuppi, né en 1703, n'avait fait jouer à cette époque aucun des ouvrages qui ont fait sa réputation, car le premier ne fut représenté qu'en 1729. Majo n'a vu le jour qu'en 1747, c'est-à-dire vingt-trois ans après l'arrivée de Hasse en Italie; le premier ouvrage de Lampugnani n'a été représenté qu'en 1737; Guglielmi n'a vu le jour qu'au mois de mai 1727; Piccinni, qu'en 1728; Sacchini, en 1735; Trajetta en 1738. L'erreur de Kandler est d'autant plus remarquable, qu'il écrivait en Italie, où les renseignements ne lui manquaient pas.

tances qui lui étaient faites en Italie, et fut obligé d'écrire pour les théâtres de Rome, de Naples, de Venise, de Milan et de plusieurs autres villes. Jusqu'en 1740 il séjourna alternativement en Allemagne et en Italie. La noblesse de Londres était brouillée avec Hændel, et avait élevé un théâtre en concurrence avec le sien; mais il était difficile de trouver un compositeur qui pût lutter avec ce géant; on jeta les yeux sur Hasse, et des propositions furent faites à celui-ci pour qu'il passât en Angleterre. Aux premiers mots qu'on lui en dit, il ne put croire qu'on parlât sérieusement, et demanda si *Hændel était mort*. Les instances devinrent ensuite plus vives; il finit par céder, et se rendit à Londres. Son *Artaserse* y fut représenté avec un brillant succès; toutefois, il ne put s'accoutumer au climat des bords de la Tamise ni aux mœurs anglaises: son séjour à Londres fut de courte durée, et depuis lors il ne retourna jamais en Angleterre.

Depuis que Hasse avait quitté l'école de Porpora, pour entrer dans celle d'Alexandre Scarlatti, une véritable inimitié s'était déclarée entre eux, et cette haine s'était augmentée par leur rivalité à la scène. Un des motifs qui déterminèrent Hasse à retourner en Italie en 1730 avait été la faveur dont Porpora jouissait à la cour de Dresde, comme maître de chant et de composition de la princesse électorale, Marie-Antoinette, fille de l'empereur Charles VI. A son retour en Allemagne, Hasse n'y retrouva plus son rival, et la satisfaction qu'il en ressentit le détermina à se fixer à Dresde. En 1745, il y reçut un témoignage flatteur d'estime et d'intérêt lorsque Frédéric II, roi de Prusse, entra dans cette ville le 18 décembre, après la bataille de Kesseldorf. Ce prince lui envoya un adjudant général pour le complimenter et l'inviter à faire représenter le lendemain son opéra *Arminio*, dont la première représentation avait eu lieu le 7 octobre pour l'anniversaire de la naissance du roi de Pologne. Il dut obéir, et l'exécution de l'ouvrage se fit au milieu de la consternation générale dont la ville était frappée. Frédéric fut satisfait de cette composition, et admira l'exécution de l'orchestre, le mérite des chanteurs, et surtout le chant de Faustine. Pendant le séjour du roi de Prusse à Dresde, Hasse dut assister tous les soirs à ses concerts et l'accompagner au clavecin: Frédéric lui fit remettre en récompense un présent de mille écus avec une bague magnifique.

En 1755, la belle voix de ténor que Hasse avait conservée jusque-là éprouva une notable altération; le mal s'accrut progressivement et parvint à l'extinction totale de la voix, qui dura jusqu'à la mort du compositeur. Ce fâcheux accident fut suivi, en 1760, du siége de Dresde, dans lequel Hasse perdit une partie de ce qu'il possédait, avec tous ses livres et les manuscrits de ses œuvres, préparés pour une édition complète qu'on en devait faire aux dépens du roi de Pologne, avec les caractères de Breitkopf. A la suite des malheurs qui avaient désolé la Saxe pendant la guerre de Sept ans, la cour de Dresde fut obligée, en 1763, de chercher dans l'économie les moyens de réparer tant de désastres; la musique de la chambre et l'Opera furent supprimés; Hasse et sa femme reçurent une pension, et se virent contraints, après vingt-cinq années consacrées au service de cette cour, de chercher, dans leur vieillesse, un asile à Vienne. Bien qu'arrivé à l'âge de soixante-quatre ans, Hasse avait conservé une rare activité d'esprit, et une énergie dont il y a peu d'exemples à cette époque de la vie. Depuis 1763 jusqu'en 1768, il écrivit pour la cour impériale six opéras, et dans le même temps composa pour une société particulière l'intermède de *Pyrame et Tisbé*, considéré comme une de ses meilleures productions. Après avoir terminé cet ouvrage, il se rendit à Milan, et y écrivit, en 1770, son dernier opéra (*Ruggiero*), pour les noces de l'archiduc Ferdinand. Cette pièce fut représentée en concurrence avec le premier opéra de Mozart (*Mitridate*), composé à l'âge de treize ans, et la cantate *Ascanio in Alba*. En écoutant ces productions, le vieux maître s'écria: *Cet enfant nous fera tous oublier*; prophétie que le génie de Mozart a justifiée.

Après ce dernier effort de sa muse dramatique, Hasse se retira à Venise avec sa famille pour y passer en repos le reste de sa vie. Il y écrivit encore pour l'église: parmi ses dernières compositions, on remarque un *Te Deum* qui fut exécuté en présence du pape Pie VI, dans l'église de Saint-Jean-et-Saint-Paul, une messe solennelle et un *Requiem* pour les obsèques du roi de Pologne Auguste III. Parvenu enfin à l'âge de près de quatre-vingt-cinq ans, il mourut à Venise, le 16 déc. 1783, et fut inhumé dans l'église des SS. Ermagora et Fortunato (1). Il laissa en

(1) Kandler nous a donné l'extrait mortuaire de Hasse en ces termes:

Certifico io infrascritto sagrestano della parrochiale di SS. Ermagora e *Fortunato*, vulgo *S-Marcuola*, di Venezia, che *ne'* registri mortuari di nostra chiesa trovasi il seguente: Addì 16 (sedici) decembre 1783 mille settecento ottantatre l'illustriss. sig. Giovanni Adolfo Pietro Hasse, di Amburgo nella Sassonia bassa, abitando in contrada per il *corso di anni* 14 *circa*, in età d'anni 85, dopo giorni di male obbligato al letto con podagra, finì di vivere oggi alle ore 20 a motivo d'infiammazione di petto; il di lui cadavere dovrà esser sepolto in domani a *le* ore 22, e ciò per attestato del medico Girolamo Salce. *La fara*

mourant un fils et deux filles : celles-ci possédaient l'art du chant dans sa perfection; Burney leur entendit chanter un *Salve Regina* avec une si belle méthode et des voix si touchantes, qu'il en fut ému. Hasse était d'une taille élevée, et avait beaucoup d'embonpoint dans ses dernières années. Son portrait, peint par Rotari, a été gravé par Zacchi. Un autre portrait, gravé par Kauk, se trouve dans l'écrit périodique intitulé : *Vermichte Schriften zur Befœrderung der schœne Wissenschaften*, de Berlin; on l'a reproduit au frontispice d'une année de la *Gazette musicale* de Leipsick. Kandler a aussi ajouté un portrait de Hasse à la notice qu'il a publiée sur ce compositeur.

Hasse, naturellement bon et serviable, ternissait ses qualités par sa jalousie contre ses rivaux. Il oublia longtemps que Porpora avait été son maître, et ne lui montra que de l'ingratitude, jusqu'à ce que sa réputation eut été bien établie : alors seulement il lui fut moins hostile. La Mingotti, célèbre cantatrice, élève de Porpora, était à Dresde la rivale de la femme de Hasse; celui-ci ne négligea rien pour lui nuire, et ne fut satisfait qu'après qu'elle se fut éloignée de Dresde. Il avait remarqué les défauts de certaines notes de sa voix, et il imagina de les mettre en évidence dans un adagio accompagné seulement par des notes pincées de violons, sans aucun autre soutien. Cet air fut placé dans un de ses opéras, et la Mingotti fut obligée de le chanter.

Peu d'artistes ont eu autant de succès, une plus brillante renommée que Hasse : il en est peu qui soient plus oubliés maintenant. Pour expliquer ces vicissitudes, il faut se souvenir de l'époque où il fit entendre ses premiers ouvrages. Alexandre Scarlatti, grand homme dont le génie avait autrefois dominé la scène italienne, était vieux alors; les opéras de Hændel étaient en quelque sorte réservés à l'Angleterre; Porpora, admirable dans ses cantates, manquait de nerf au théâtre; Pergolèse n'avait point encore écrit sa *Serva padrona* ni son *Olimpiade*. Une première place était donc à prendre dans la composition dramatique, et l'occasion fut favorable pour Hasse, qui plaisait en Italie par une harmonie plus nourrie qu'il y apportait de l'Allemagne, et en Allemagne par un goût pur de mélodie qu'il avait emprunté aux Italiens. L'expression juste des paroles était le caractère de son talent. Ses chants, pleins de suavité, ont aussi le mérite d'une coupe périodique toujours complète et bien développée. Dans l'expression des sentiments tendres, sa musique avait un charme irrésistible; mais en général il manquait d'effet dans les sentiments énergiques, et ses formes étaient peu variées. Son harmonie, moins forte, moins riche de modulations que celle des compositeurs allemands de son temps, a paru faible plus tard, lorsque Mozart et Haydn eurent jeté dans la musique tout l'éclat de la leur. Telles sont les causes qui ont fait les succès de Hasse au théâtre, et celles qui depuis lors l'ont fait oublier. A l'égard de sa musique d'église, son style a de la clarté, mais on y aperçoit trop d'analogie avec le style dramatique, et les mélodies y manquent de grandeur et de sévérité. Dans le jugement que Burney a porté du mérite de Hasse, il dit qu'il était *le plus savant*, le plus élégant des compositeurs de son temps; on peut accorder qu'il ne s'est pas trompé dans les derniers éloges; mais vanter le savoir de Hasse est réellement une absurdité. Ce compositeur avait fait peu d'études; il travaillait d'instinct, et y ajoutait seulement ce que sa propre expérience lui avait appris. Sa fécondité tint du prodige; il disait lui-même qu'il avait écrit plus de cent opéras, une immense quantité de musique d'église, des oratorios, des cantates, de la musique instrumentale, et beaucoup de pièces de circonstance, de sérénades, etc. Tel était le nombre de ses ouvrages, que souvent il ne les reconnaissait pas lui-même. En voici la liste, telle qu'il la remit à Breitkopf, à l'époque où il s'occupait d'une édition complète de ses œuvres. I. ORATORIOS : 1° *La Virtù a' piè della Croce*. — 2° *La deposizione della Croce*. — 3° *La Caduta di Gerico*. — 4° *Maddalena*. — 5° *Il Cantico de' tre Fanciuli*. — 6° *La Conversione di S. Agostino*. Cet oratorio a été écrit pour la princesse électorale, Marie-Antoinette. — 7° *Giuseppe riconosciuto*. — 8° *I Pellegrini al sepolcro di Nostro-Signore*. Cet ouvrage a été publié en partition à Leipsick, par le maître de chapelle Hiller, avec la traduction allemande d'Eschenburg. — 9° *Sant' Elena al Calvario*. Hasse a mis deux fois en musique cet oratorio. On trouve l'analyse de la première manière dans les notices historiques de Hiller. — 10° *La Pénitence de saint Pierre*, en allemand. — II. MUSIQUE D'ÉGLISE : 11° *Te Deum*, à quatre voix et orchestre, à Dresde. — 12° Autre *Te Deum*; idem, ibid. — 13° Grand *Te Deum*; idem, ibid. — 14° Quatrième *Te Deum*; à Venise, en 1780. — 15° *Miserere* pour deux soprani, deux contralti, deux violons, viole et basse; à Venise, en 1727. — 16° Messe solennelle à 4 voix et orchestre. — 17° *Missa dedicat. Templi*, à 4 voix et orchestre. — 18° Messe

seppellire sua figlia col capitolo in chiesa. Abitava in campo appresso la chiesa, etc., etc.

solennelle (en *ut*). — 19° *Kyrie et Gloria* (en *ré*). — 20° *Kyrie et Gloria* (en *ut*). — 21° *Credo* (en *fa*). — 22° *Litaniæ Lauretanæ* (en *sol*); à Venise, en 1727. — 23° *Litanie per due soprani con accompagnamento*. — 24° *Salve Regina* pour soprano solo, 2 violons, viole et basse. — 25° *Salve Regina* pour 2 soprani; Burney l'entendit chanter par les deux filles de Hasse, en 1770. — 26° Grande *Messe de Requiem*, pour les obsèques du roi de Pologne Auguste III. — 27° Motets, psaumes et antiennes : le nombre de ces compositions était si considérable, que Hasse ne le connaissait pas exactement; mais il croyait en avoir écrit au moins cent cinquante. — 28° Un très-grand nombre d'airs, de duos et de chœurs pour l'église, en différentes langues. On trouve à la Bibliothèque royale de Berlin les ouvrages suivants de Hasse pour l'église : *Magnificat* à 4 voix et orchestre. — *Regina cœli* à 4 voix et instruments (en *ré* majeur). — *Ora pro nobis* à 4 voix et instruments (en *sol* majeur). — *Ora pro nobis* pour contralto solo et instruments (en *sol* majeur). — *Salve Regina* pour contralto solo et instruments (en *la* majeur). — *Salve Regina* pour soprano solo et instruments (en *si* bémol). — *Salve Regina*, idem (en *sol* majeur). — La Messe solennelle composée pour la princesse électorale de Saxe. — Messe à 4 voix et instruments (en *ré* mineur). — Messe idem (en *sol* majeur). — Messe idem (en *ré* majeur). — Messe idem (en *fa* majeur). — Messe, idem (en *ré* majeur), différente de la précédente. — Messe idem (en *ut* majeur); Messe idem (en *sol* mineur). — Messe, idem (en *mi* bémol). — Litanies pour deux sopranos, deux contraltos et instruments. — *Miserere* pour 2 sopranos et 2 contraltos. — *Miserere* à 4 voix voix concertées et instruments (en *ré* mineur). *Miserere* à 4 voix sans accompagnement (en *ut* mineur). — *Te Deum* à 4 voix et orchestre (en *ré* majeur). — *Te Deum* à 4 voix et orchestre (en *sol* majeur). — Les psaumes *Dixit Dominus*, *Confitebor*, et *Mihi autem*, à quatre voix et orchestre. — III. Opéras et cantates : 29° *Antigone*, en allemand, à Brunswick, en 1723. C'est le seul opéra que Hasse ait écrit en cette langue. — 30° *Sesostrate*; Naples, 1726. — 31° *Attalo, re di Bitinia*; ibid., 1728. — 32° *Dalisa*; Venise, 1730. C'est le premier opéra qu'il ait écrit pour sa femme, Faustine Bordoni. — 33° *Artaserse*; à Venise, 1730, et à Londres, plus tard. — 34° *Arminio*; à Milan, 1731. — 35° *Cleofide*; à Dresde, 1731. — 36° *Cajo Fabrizio*; à Rome, 1731; à Dresde, 1732. — 37° *Demetrio*; à Venise, 1732. — 38° *Alessandro nell' Indie*; à Milan, 1732. — 39° *Catone in Utica*; Turin, 1732. — 40° *Euristeo*; à Varsovie, 1733. Tous ceux qui suivent ont été écrits pour Dresde. — 41° *Asteria*; 1734. — 42° *Senocrita*, 1736. — 43° *Atalanta*, 1737. — 44° *La Clemenza di Tito*, 1737. — 45° *Alfonso*; 1738. — 46° *Irene*, 1738. — 47° *Demetrio*, 1739, différent de celui de Venise. — 48° *Artaserse*, 1740, différent de celui de Venise. Deux airs de ce dernier opera, *Pallide il sole*, et *Per questo dolce amplesso* ont été célèbres; Farinelli y déployait toute la perfection de son talent, et les préférait à tous les autres airs composés sur les mêmes paroles. — 49° *Olimpia in Eruda*; Londres, 1740. La partition de cette pièce y a été gravée, ainsi que celles d'*Antigone*, *Leucipo*, *Didone* et *Semiramide*. — 50° *Numa Pompilio*; Dresde, 1741. — 51° *Lucio Papirio*; 1742. — 52° *Didone abbandonata*, 1742. — 53° *L'Asilo d'Amore*; 1743. — 54° *Antigono*; 1744. — 55° *Arminio*, 1745. — 56° *La Spartana*; 1747. — 57° *Semiramide*, 1747. — 58° *Demofoonte*, 1748. — 59° *Il Natale di Giove*; 1749. — 60° *Attilio Regolo*, 1750. — 61° *Ciro riconosciuto*; 1751. — 62° *Ipermnestra*; 1751. — 63° *Leucippo*; 1751. — 64° *Solimanno*; 1752. — 65° *Adriano in Siria*; 1752. — 66° *Arminio*; 1753 : nouvelle musique; c'était la quatrième fois que Hasse écrivait sur ce sujet. — 67° *Artemisia*; 1754. — 68° La même pièce avec une autre musique, en 1755. — 69° *L'Olimpiade*; 1756. — 70° *Nitteti*; 1759. — 71° Le même ouvrage avec une autre musique, pour Vienne, 1762. — 72° *Alcide al Bivio*, cantate; à Vienne, 1760. — 73° *Il Trionfo di Clelia*; Dresde, 1761. — 74° *Egeria*, fête théâtrale; 1762. — 75° *Siroe*; Vienne, 1763. — 76° *Zenobia*; Vienne, 1763. — 77° *Romolo ed Ersilia*, à Inspruck, en 1765. La partition de cet ouvrage a été publiée à Vienne. — 78° *Partenope*; Vienne, 1767. — 79° *Ruggiero*; Milan, 1770. — 80° *Don Tabranno e Scintilla*, intermède pour Dresde. — 81° *Piramo et Tisbe*, intermède; à Vienne, 1769. — IV. Musique de chambre et de concert : 82° Cinq cantates italiennes pour soprano avec deux violons, viole et basse, publiées à Leipsick. — 83° Douze sonates pour le clavecin; les six premières, dédiées à la Dauphine, ont été publiées à Paris. — 84° Deux quatuors pour violon, flûte, hautbois et basson. — 85° Six concertos, dont trois pour deux flûtes, et trois pour flûte seule, deux violons, viole, violoncelle et clavecin, op. 1, publiés à Leipsick. — 86° Six sonates pour 2 flûtes ou violon, violoncelle et clavecin, op. 2; ibid. — 87° Six symphonies à 8 et à 6 parties, op. 3. — 88° Quatre sonates pour le clavecin, op. 4. —

89e Concerto pour cor, publié à Londres. — 90e Concertos favoris pour le clavecin, ibid.

HASSE (FAUSTINA-BORDONI, femme de), cantatrice de premier ordre, naquit à Venise, en 1700, d'une famille noble qui avait autrefois pris part au gouvernement de la république. Douée de la plus belle voix de soprano, et d'une âme ardente, elle avait en elle-même tout ce qui fait le prix du talent quand l'éducation l'a formé; et pour qu'il ne manquât rien aux éléments de ses succès, elle fut confiée aux soins de Michel-Ange Gasparini, excellent maître, dont les leçons développèrent ses heureuses facultés. Elle débuta en 1716, dans un opéra d'*Ariodante*. Son chant, qui appartenait à l'école de Bernacchi, eut un succès d'enthousiasme. Dans toutes les villes où elle se fit entendre, elle excita des transports d'admiration, et partout on la nomma *la nouvelle Sirène*. En 1719 elle reparut sur la même scène, avec la Cuzzoni et Bernacchi, dans un opéra de son maître Gasparini. En 1722, elle chanta à Naples dans le *Bajazet* de Leo. A Florence, une médaille fut frappée en son honneur (1). Son premier voyage hors de l'Italie la conduisit à Vienne, en 1724; elle y fut engagée au théâtre de la cour, moyennant un traitement de quinze mille florins. Hændel, l'ayant entendue dans un de ses voyages, l'engagea pour son théâtre. Elle y débuta le 5 mai 1726 dans l'*Alessandro* de Hændel; son engagement lui assurait un traitement de deux mille livres sterling (cinquante mille francs). Son talent répondit à l'attente du public; elle surpassa toutes les femmes qu'on avait entendues jusqu'alors en Angleterre, et même la fameuse Cuzzoni, qui chantait au même théâtre. Une rivalité ardente, furieuse, s'établit alors entre ces deux femmes, dont les prétentions excitèrent la mauvaise humeur de Hændel, et préparèrent les chagrins amers qui lui vinrent ensuite de ses entreprises de théâtre. Beaucoup de personnes de distinction se rangèrent sous la bannière de Faustina ou de la Cuzzoni, et les disputes durèrent près de deux ans avec le même acharnement qu'on a vu plus tard, en France, à l'occasion de la rivalité de Gluck et de Piccinni.

Faustina quitta l'Angleterre vers la fin de 1728, et alla, non pas à Dresde, comme le dit Gerber dans son premier Lexique des Musiciens, mais à Venise, où elle devint la femme de Hasse, qui écrivit pour elle son *Artaserse*. Ce ne fut qu'en 1731 qu'elle se rendit à Dresde avec son mari, dont elle ne se sépara plus depuis lors. Elle chanta dans toutes les villes où il écrivit, et tous les rôles principaux de femme des opéras de Hasse furent composés pour elle, à l'exception de quelques-uns des derniers. Toutefois, il ne paraît pas qu'elle ait accompagné son mari en Angleterre dans le voyage qu'il y fit en 1740. Chose remarquable, au mois de décembre 1745, elle chanta devant Frédéric le Grand, dans l'opéra d'*Arminio*, et ce prince fut charmé par le brillant et la jeunesse de son talent, quoiqu'elle eût alors près de quarante-six ans. Huit ans après, elle chantait encore; mais sa voix avait perdu son velouté, et ses intonations étaient plus que douteuses; elle comprit qu'elle devait se retirer, et quitta la scène dans l'hiver de 1753. Faustina vivait encore en 1762, car elle fut mise alors à la pension par la cour de Dresde; jusque-là elle avait reçu la totalité de son traitement, quoiqu'elle ne chantât plus depuis près de dix ans. On sait qu'elle suivit Hasse à Vienne; mais on n'a recueilli jusqu'à ce moment aucun renseignement sur le reste de sa vie.

Le caractère du talent de cette cantatrice était une habileté extraordinaire dans l'exécution des traits brillants et difficiles, tandis que la Cuzzoni se distinguait surtout dans le chant pathétique et d'expression : c'est ce qui a fait dire à Tosi (*Opinioni de' cantori antichi e moderni*) que la rivalité de ces deux femmes était déraisonnable, car dans des genres différents elles étaient supérieures à toutes les autres cantatrices. L'opinion de cet écrivain a d'autant plus d'importance, qu'il était grand connaisseur, et qu'il avait entendu les deux artistes dont il parle. On trouve un portait de Faustina dans le 5e volume de l'Histoire de la musique de Hawkins, p. 310.

HASSE (FRANÇOIS-XAVIER), directeur de la musique de l'évêque de Bâle, a publié à Augsbourg, en 1751, six trios pour deux violons et violoncelle, sous ce titre : *Funiculus triplex, seu VI sonatæ a duobus violinis et organo seu violoncello, op.* 2.

HASSELT (ANNE-MARIE-GUILLELMINE VAN), née à Amsterdam, le 15 juillet 1813, se rendit en Allemagne dans sa dixième année, et apprit la musique à Francfort et à Offenbach, où elle resta jusqu'en 1828. Elle alla ensuite à Carlsruhe, et y prit des leçons de chant de Joseph Fischer. Vers la fin de 1829, elle fit un voyage en Italie, y continua ses études, puis débuta au théâtre de Trieste, le 29 octobre 1831, par le rôle d'*Ezilda*, dans l'opéra de Pacini intitulé *Gli Arabi nelle Gallie*. Elle y fut applaudie, chanta ensuite à Vienne, et fut engagée au théâtre Carlo-Felice de Gênes pour le carnaval de 1833. Au mois de

(1) Kandler a publié une gravure au trait de cette médaille, avec la notice historique de Hasse.

juin de la même année, elle est retournée en Allemagne et s'est fait entendre avec succès à Munich, dans *le Pirate* de Bellini. En 1844 elle était à Vienne, où elle fit élever un monument funéraire à la mémoire de Mozart.

HASSLER (JEAN-LÉON), musicien au service de l'empereur d'Allemagne, et célèbre organiste, naquit à Nuremberg en 1564. Son père, Isaac Hassler, musicien de ville, lui donna les premières leçons de musique. En 1584, Jean-Léon se rendit à Venise, où il étudia le contrepoint sous le célèbre maître André Gabrieli. Ses études terminées, il retourna dans sa ville natale, et y résida jusqu'en 1601, où il fut appelé à Vienne par l'empereur Rodolphe II, en qualité de musicien de la cour. Charmé des talents de cet artiste, l'empereur lui accorda des lettres de noblesse. En 1608, Hassler entra au service des électeurs de Saxe Christian II et Jean-Georges. Il mourut de phthisie, le 5 juin 1612, à Francfort-sur-le-Mein, où il avait suivi son maître. Ce compositeur, l'un des plus habiles de l'Allemagne à cette époque intéressante, était contemporain de Gumpeltzhaimer, de Chrétien Erbach, de Martin Rothe, de Melchior Franck et des Prætorius (Schütz); il partage avec eux la gloire d'avoir donné à l'école allemande le cachet particulier qu'elle a conservé longtemps dans l'harmonie. Moins original dans ses modulations que Gumpeltzhaimer, peut-être moins homme de génie, Hassler avait plus d'acquis. Son séjour en Italie avait formé son goût. Il y a lieu de croire qu'il avait étudié les œuvres de Palestrina; car son style est plus pur que celui de l'école de Venise. Voici les titres de ceux de ses ouvrages qui sont aujourd'hui les plus connus : 1° *XXIV canzonetti a 4 voci;* Nuremberg, Catherine Gerlach, 1590. — 2° *Cantiones sacræ de festis præcipuis totius anni, 4, 5, 8, et plurimum vocum.* Cet ouvrage, qui contient 28 motets latins, a paru pour la première fois à Augsbourg, en 1591; la seconde édition, améliorée, a été publiée à Nuremberg en 1597; la troisième à Augsbourg, en 1601. Dans cette même année, Hassler a été l'éditeur d'une collection de motets de divers auteurs, parmi lesquels il y en a plusieurs de sa composition. Cet ouvrage a pour titre : *Sacræ symphoniæ diversorum autorum 4, 5, 6, 7, 8, 10, 12 et 16 vocibus; Norimbergæ,* Kauffmann, 1601, in-4°. Cette collection a eu une suite intitulée *Sacrarum symphoniarum diversorum continuatio;* ibid., 1601. — 3° *Madrigali a 5, 6, 7 e 8 voci;* Nuremberg, 1596, in-4°. — 4° *Concentus ecclesiastici,* 5, 6, *et plur. voc.;* Augsbourg, 1596, in-4°. — 5° *Newe teutsche Gesæng nach Art der welschen Madrigalien und Canzonetten mit* 4, 5, 6 *und* 8 *Stimmen;* Augsbourg, 1596, in-4°; 2° édition, Nuremberg, 1604, in 4°. — 6° *Madrigalien mit 4, 5, und mehreren Stimmen; nach Art der welschen Cantaten* (Madrigaux à 4, 5 et un plus grand nombre de voix, etc.); Augsbourg, 1596. — 7° *Cantiones novæ, ad modum italicum* 4, 5, 6 *et octo vocum;* Nuremberg, 1597. — 8° *Missæ* 4, 5, 6, 7 *voc.;* Nuremberg, 1599. Cet œuvre contient huit messes. — 9° *Lustgarten newer teutscher Gesæng, Baletti, Galliarden und Intraden mit* 4, 5, 6 *und* 8 *Stimmen* (Jardin de nouveaux chants allemands, ballets, gaillardes, entrées et autres, à 4, 5, 6 et 8 voix); Nuremberg, 1601 in-4°. — 10° *Hortum Veneris, seu novæ et amænæ cantiones et choræ, ad modum Germanorum et Polonorum,* 4, 5 *et* 6 *vocum.* — 11° *Psalmen und christliche Gesænge, mit vier Stimmen* (Psaumes et cantiques a 4 voix); Nuremberg, 1607, in-4° : bel ouvrage publié en partition, chez Brietkopf, à Leipsick en 1777, et dont il a été fait une nouvelle édition en partition, à Berlin, chez Trautwein. in-fol. — 12° *Teutsche Kirchen-gesæng auff die gemeinem Melodeyen mit vier Stimmen* (cantiques allemands à 4 voix sur les mélodies populaires); Nuremberg, 1608, in-4°. — 13° *Neue teutsche Gesæng und Lieder nach Art der welschen Madrigalien und Canzonetten desgleichen etliche Tæntz mit* 4, 5, 6 *und* 8 *Stimmen* (Nouveaux chants et *lieder* allemands, d'après le style des madrigaux et chansons des compositeurs flamands, etc. à 4, 5, 6 et 8 voix); Nuremberg, Kauffmann, 1609, in-4°. — 14° *Venusgarten, oder neue lustige liebliche Tæntz, teutsche und polnischer Art.,* etc. (Jardin de Venus, ou danses agréables et gaies dans la manière allemande et polonaise, etc., à 4, 5 et 6 parties, par Jean-Léon Hassler de Nuremberg, et Valentin Haussmann, de Gerlstadt : Nuremberg, Kauffmann, 1615 in-4°. On trouve aussi un grand nombre de pièces composées par Hassler dans le *Florilegium Portense* de Bodenschatz, et dans les *Promptuarii Musici* d'Abraham Schad : toutes prouvent un talent de premier ordre.

HASSLER (GASPARD), frère du précédent, naquit à Nuremberg vers 1560. Élève de son père pour l'orgue et la composition, et protégé par l'illustre famille des Fugger, il obtint du magistrat de Nuremberg, en 1587, sa nomination d'organiste de cette ville, et remplit les fonctions de cette place jusqu'à sa mort, qui arriva en 1618. Hassler a été l'éditeur d'une collection de musique d'église de plusieurs maîtres célèbres de son temps qui a paru sous ce titre : *Symphoniæ sacræ, 4, 5 usque ad 16 voc.;* Nuremberg,

1596. La deuxième partie de ce recueil a été publiée en 1608. On y trouve quelques morceaux composés par l'éditeur. J'ignore s'il n'y a pas confusion entre ce recueil et celui qui est porté sous un titre analogue dans la notice de Jean-Léon Hassler.

HASSLER (Jacques), frère des précédents, né à Nuremberg, vers 1565, fut organiste dans cette ville, et se fit connaître comme un musicien habile par quelques compositions parmi lesquelles on remarque : 1° Un *Magnificat* à 4 voix. — 2° Une messe à six voix. — 3° Le Psaume 51 à huit voix, publié à Nuremberg en 1601. Hassler a été aussi l'éditeur d'un recueil de douze *Magnificat* à quatre, cinq, six et jusqu'à douze voix, de divers compositeurs; Nuremberg, 1608, in-4°.

HASSLER (Dominique), moine de l'abbaye de Lucelle, fut un bon organiste vers le milieu du dix-huitième siècle. Il a publié à Nuremberg, en 1750, un œuvre de six sonates pour l'orgue.

HASSLER (Jean-Guillaume). *Voy.* Hæssler.

HASSLOCH (Chrétienne-Madeleine-Élisabeth), dont le nom de famille était KEILHOLT, naquit à Pirna, en 1764. A l'âge de quinze ans elle se mit au théâtre, et eut des succès à Manheim. En 1795 elle suivit sa famille au théâtre allemand d'Amsterdam, et y chanta pendant trois ans. En 1795, elle fut engagée à Cassel, où elle se fit longtemps applaudir dans les principaux ouvrages de Mozart et de Benda. Peu de temps après son arrivée en cette ville, elle épousa le chanteur Hassloch. En 1804 elle s'éloigna de Cassel avec son mari; depuis lors elle n'a plus paru sur aucun théâtre.

HATTASCH (Dismas), violoniste fort habile, naquit en 1725 à Hohenmaut, en Bohême. Il épousa la sœur des deux célèbres musiciens François et Georges Benda, et entra avec elle au service du duc de Saxe-Gotha, en 1751. Il eut de la réputation à cette cour, non-seulement à cause de son habileté dans l'exécution, mais aussi comme compositeur. Il mourut à Gotha, le 13 octobre 1777. Ses compositions sont restées en manuscrit : elles consistent en deux grandes symphonies pour l'orchestre, et six solos pour le violon. On trouve aussi une chanson de lui dans une collection de chants divers par plusieurs bons poëtes et musiciens, publiée à Nuremberg, chez Jean-Michel Schmidt, en 1780.

HATTASCH (Anne-Françoise), née **BENDA**, femme du précédent, fut admise à la cour de Gotha, en 1751, comme cantatrice de la chambre. Elle mourut vers 1780.

HATTASCH (Henri-Christophe), frère cadet de Dismas, né à Hohenmaut, en 1739, fut attaché comme acteur au théâtre de Hambourg. Il a composé la musique des petits opéras allemands : 1° *Le Barbier de Bagdad*. — 2° *L'Honnête Suisse*. — 3° *Helsa et Zeline*, en 1795. Un récitatif, un air, un rondo et un duo de ce dernier, ont été gravés à Hambourg, en 1796.

HATTER (Guillaume-Ferdinand), organiste de l'église allemande réformée, à Kœnigsberg, fut d'abord employé comme secrétaire de la ville, vers 1775, et n'apprit la musique que pour en faire un délassement; mais le goût passionné qu'il avait pour cet art le porta à renoncer à sa profession pour celle de musicien. Ses premières sonates de clavecin furent publiées en 1788; elles furent bien accueillies, et ce succès l'encouragea à suivre sa nouvelle carrière. Il écrivit ensuite un petit opéra intitulé : *Die Cantons-Revision* (la Revue cantonale), qui fut applaudi au théâtre de Kœnigsberg, en 1792. Plusieurs airs de cet ouvrage ont été imprimés. Plus tard, il fit une étude sérieuse des œuvres des grands organistes; mais on a toujours préféré ses premières sonates à ses autres compositions.

HAUBER (Michel-), prédicateur de la chapelle royale de Munich, mort dans cette ville, le 20 mai 1843. On a sous son nom un ouvrage intitulé : *Cantus ecclesiasticus hebdomadæ sanctæ, quatuor vocibus cum organo*, en partition; Munich, Sidler. Cet amateur était très-instruit dans la littérature et dans l'histoire de la musique. Il avait rassemblé une riche collection d'ouvrages rares concernant cet art.

HAUCH (Adam-Vilhelm DE), savant danois, membre de l'Académie des sciences de Copenhague, vivait à la fin du dix-huitième siècle. Au nombre de ses ouvrages on en trouve un qui a pour titre *Beskrivelse af den saakaldte Braedende Harmonikas m. m. besynnerlige og staerke Lyd* (Description des vibrations harmoniques appelées *transversales*, et du son qu'elles produisent); Copenhague, 1794, in-8°.

HAUCISEN (W.-N.), organiste à Francfort-sur-le-Mein, né à Gehren, près d'Arnstadt, en 1744, fut aussi éditeur et marchand de musique. Il s'est fait connaître comme compositeur par quatre œuvres de concertos pour le clavecin, et de trios pour cet instrument, violon et violoncelle, publiés avant 1774.

Un pianiste et compositeur de même nom (F C. Haucisen), qui paraît avoir habité dans quelque localité des bords du Rhin, s'est fait connaître vers 1830, par des rondos pour piano seul, œuvres 1, 2, 3, publiés à Mayence, chez Schott; mais depuis cette époque son nom a disparu du monde musical.

HAUCK ou **HAUK** (Wenceslas) pianiste dislingué est né le 28 février 1801, à Habelschwerdt, dans le comté de Glatz. Les premières leçons de piano et d'harmonie lui ont été données par M. Deutzen, frère du directeur de musique de Breslau. Après avoir acquis quelque habileté dans la musique et dans le jeu du violon et de plusieurs instruments, il fut appelé, à l'âge de treize ans, dans un village voisin, pour aider un de ses parents qui y était maître d'école. A dix-sept ans, il se rendit à Breslau, avec l'espoir d'y obtenir une place d'employé dans une administration publique; mais la connaissance qu'il y fit du directeur de musique Hirnbach changea ses projets, et lui fit prendre la résolution de se faire artiste. Devenu pianiste distingué par les leçons de ce maître, il donna un premier concert où il fixa l'attention publique; depuis ce temps il n'est donné peu de concerts à Breslau où il n'ait figuré avec honneur. Après avoir amassé quelque argent, il est allé à Weimar pour y prendre des leçons de Hummel, et a passé dix-huit mois près de ce grand musicien. Avant de quitter Weimar, il y a donné un concert où il a exécuté avec son maître un morceau à deux pianos. De retour à Breslau, avec la réputation d'un des meilleurs pianistes de l'époque actuelle, il y est resté peu de temps, ayant voyagé dans la Silésie, la Gallicie, et dans une partie de la Hongrie. En 1828, il se fixa à Berlin, et s'y livra à l'enseignement du piano. Il s'y fit aussi entendre avec succès dans les concerts. Cet artiste mourut à l'âge de trente-trois ans, le 30 novembre 1834. On connaît de lui : 1° Sonates pour piano seul, op. 1; Leipsick, Breitkopf et Hærtel. — 2° Rondeau, idem., op. 2; ibid. — 3° Plusieurs œuvres de fantaisies et de variations; Berlin. — 4° Variations pour piano avec orchestre, œuvre 9°; ibid.

HAUDIMONT (L'abbé Joseph MEUNIER D'), né à Paris en 1751, fut d'abord enfant de chœur à l'église Saint-Eustache, entra ensuite au séminaire de Soissons, revint à Paris à l'âge de dix-neuf ans, fut attaché au chœur de l'église cathédrale, et reçut des leçons d'harmonie et de composition de l'abbé Homet, maître de musique de cette église. La place de maître de l'église des Saints-Innocents était devenue vacante en 1782 : l'abbé d'Haudimont l'obtint, et l'occupa jusqu'en 1788, époque où cette église fut réunie à celle de Saint-Jacques de la Boucherie. Il y eut alors dans celle-ci musique fondée au chœur, et composée de six enfants, de deux hautes-contre, de trois ténors, et de trois basses. L'abbé d'Haudimont en fut le maître de chapelle, et y établit ce qu'on appelait alors en France *une école de composition*. Perne et Chenié en furent les meilleurs élèves (*voy.* ces noms). Je crois que l'abbé d'Haudimont est mort à Paris pendant les troubles de la révolution. Il jouait agréablement du violon et avait publié à Paris deux œuvres de duos pour cet instrument, vers 1784, et six quatuors pour deux violons, alto et basse. Il a beaucoup écrit pour l'église; une partie de ses manuscrits originaux a passé dans la bibliothèque de Perne, son élève, puis dans la mienne. Ils consistent en trois messes à quatre parties, onze motets, deux *Magnificat* et un *Alma*. Tout cela est écrit dans le mauvais style français de l'époque, et l'on y remarque une harmonie embarrassée. L'abbé d'Haudimont avait aussi écrit une *Instruction abrégée pour la composition*, dont je possède une copie faite par Perne : c'est un petit traité d'harmonie basé sur le système de la basse fondamentale.

HAUDOUVILLE (Adrien-Henri), musicien à Paris, vers le milieu du dix-huitième siècle, naquit à Rouen. Il a publié à Paris, en 1752, des sonates pour 2 flûtes, op. 1.

HAUER (Ernest), professeur de musique élémentaire à l'école bourgeoise d'Halberstadt, occupa cette position de 1828 à 1840. Il a publié dans cette ville, en 1834, huit *Lieder* à voix seule avec accompagnement de piano. Il a donné aussi avec C. Schade un livre de chant à l'usage des écoles, dont la deuxième édition a paru sous ce titre : *Singebuch für Schulen, eine Sammlung 2, 3 und 4 stimmiger Lieder von verschiedenen Componisten* (Livre de chant pour les écoles, recueil de Lieder à 2, 3 et 4 voix, avec des exercices de chant de divers compositeurs); Leipsick (1835), H. Veinedel.

HAUER (Herrmann), de la même famille, *cantor* et directeur de la Liedertafel de Halberstadt, en 1841 et dans les années suivantes, a publié deux recueils de Lieder à voix seule avec piano; Berlin, C.-A. Wolf.

HAUFF (Guillaume-Gottlieb), maître de musique dans le régiment de Saxe-Gotha, au service de la Hollande, était né à Gotha. Il a fait graver à Paris, en 1774, six symphonies à 8 parties; puis, en 1776, six sextuors concertants pour des instruments à vent, et enfin à Bruxelles, en 1777, trois trios pour clavecin, violon et basse ; son quatrième œuvre, publié également à Bruxelles, consiste en 6 quatuors pour 2 violons, alto et violoncelle.

Un compositeur du même nom a fait exécuter à Francfort-sur-le-Mein, en 1848, une symphonie de laquelle le correspondant de la Gazette générale de musique de Leipsick dit qu'il ne connaît pas d'ouvrage du même genre écrit avec plus de science, et dans laquelle il y ait plus de charme et plus d'originalité. Si cet éloge était mérité, il est bien singulier que d'autres productions n'aient pas succédé à celle-là, et que l'artiste soit si peu connu.

HAUG (Virgile), né en Bohême, fut cantor à Breslau, vers le milieu du seizième siècle. Il est auteur d'un traité élémentaire de musique à l'usage des écoles primaires, intitulé : *Erotemata musicæ practicæ;* Breslau, 1541, in-8°. Il y a une deuxième édition de ce livre datée de Varsovie, 1545. Plusieurs mélodies de cantiques composées par Haug se trouvent dans le *Cantional* de Hans Walther.

HAUMAN (Théodore), né à Gand, le 3 juillet 1808, de parents israélites fixés à Bruxelles, a été destiné dès son enfance à la profession d'avocat, et a fait, pour s'y préparer, ses études à l'athénée de Bruxelles; puis a suivi à l'université de Louvain des cours de philosophie et de droit. Cependant, animé par un goût passionné pour la musique, et surtout pour le violon, il dérobait souvent à l'étude du Code et du Digeste des semaines, des mois entiers, pour cultiver en liberté son instrument favori. Snel, alors premier violon du Grand Théâtre de Bruxelles, était le maître qu'il avait choisi; mais c'est surtout à sa patience infatigable et à sa persévérance dans les études les plus arides, telles que celles de gammes d'un mouvement lent et de sons filés, qu'il est redevable de la puissance de son et de la largeur de style, caractères distinctifs de son talent. Après deux années passées à l'université de Louvain, M. Hauman abandonna tout à coup la jurisprudence, contre le vœu de ses parents, et ne voulut plus s'occuper que de musique. Assez faible lecteur, et privé des avantages d'une bonne éducation première dans cet art, il comprenait la nécessité d'acquérir l'instruction qui lui manquait à cet égard; ce fut ce qui le décida à entrer comme surnuméraire dans l'orchestre du théâtre; mais ses efforts n'ont pu le conduire à devenir ce qu'on appelle en général *un bon musicien,* parce que les qualités qui constituent celui-ci ne peuvent être que le résultat d'une bonne instruction pratique acquise dès l'enfance.

Arrivé à Paris en 1827, M. Hauman s'est fait entendre dans plusieurs concerts, tantôt laissant apercevoir les grandes qualités d'un beau talent, tantôt détruisant l'impression favorable qu'il avait fait naître, et mettant dans deux morceaux joués à quelques jours l'un de l'autre, toute la distance qui sépare un maître d'un faible écolier. D'ailleurs, se plaçant toujours dans les conditions les moins favorables, et mettant les accompagnateurs à peu près dans l'impossibilité de le suivre par ses continuelles perturbations de mesure, lorsqu'il s'abandonnait au sentiment d'expression dont il était animé. Au commencement de l'année 1829 il obtint un éclatant succès dans un concert donné au Théâtre-Italien, par la manière dont il joua le septième concerto de Rode : il sembla se placer tout à coup au rang des artistes les plus distingués, quoiqu'il fût à peine âgé de vingt-un ans. Rode lui-même, présent à cette séance, laissa plusieurs fois échapper des expressions d'étonnement et d'admiration. Ne doutant plus alors de sa fortune d'artiste, M. Hauman partit pour Londres, au mois d'avril de la même année. Arrivé dans cette ville, il s'y fit entendre au concert philharmonique, et s'y montra si inférieur à lui-même, que les artistes les plus expérimentés ne soupçonnèrent même pas l'existence d'une seule des qualités de son talent. Passant alors subitement d'un excès de confiance au découragement le plus complet, l'artiste quitta Londres, retourna chez ses parents, reprit ses études de droit à l'université de Louvain, et obtint le grade de docteur après avoir soutenu publiquement, au mois de juillet 1830, une thèse qui fut imprimée sous ce titre : *Dissertatio inauguralis juridica de representatione ex jure hodierno, etc., in Academia Lovaniensi rite et legitime consequendis, publico ac solemni examini submittit Theod. Hauman. Lovanii, typis Fr. Michel,* 1830, 32 pages in-8°. M. Hauman semblait avoir oublié le violon et la musique; mais à peine sa position paraissait-elle fixée, qu'il la quitta de nouveau, et revint avec plus de dévouement qu'auparavant à l'objet de ses affections. De nouvelles études de violon occupèrent le jeune artiste pendant deux années; il y employa dix heures chaque jour. Au mois de décembre 1832 il reparut à Paris avec plus d'éclat qu'auparavant, fit remarquer dans son jeu de grands progrès, et parut surtout avoir acquis beaucoup plus d'égalité. Il se fit alors entendre dans une suite de représentations à l'Opéra-Comique. Depuis lors, il a fait des voyages dans le midi de la France, a donné de brillants concerts à Lyon et à Bordeaux, puis a visité le nord de l'Allemagne et la Russie. A Berlin, à Pétersbourg, son talent a excité la plus vive admiration. Inégal, mais entraînant lorsque l'artiste est inspiré, ce talent, qui maintenant a pris un caractère propre, se fait particulièrement remarquer par la puissance du son et par un caractère pathétique; mais M. Hauman a les défauts de ses qualités. Connaissant son action sur le public par la largeur de son jeu, il ralentit presque toujours le mouvement et joue incessamment *a tempo rubato,* ce qui constitue plutôt une manière qu'un style proprement dit. En ce qui concerne le mécanisme de l'instrument et la difficulté vaincue, ce talent est le fruit d'un travail long et consciencieux : dans l'application du mecanisme au *rendu* de la musique, M. Hauman est plutôt homme d'instinct que musicien. Tour à tour se laissant oublier par un long silence, puis reparaissant en public, tantôt avec eclat, tantôt avec des défauts de justesse inexplicables dans l'intonation et des inégalités singulières dans l'exécution des difficultés, il n'a pu se faire en France une réputation de grand violoniste, et s'est compromis une seconde fois dans un voyage en Angleterre; tandis qu'il a lutté d'une manière brillante avec Vieuxtemps à Vienne, en 1843, et qu'il a porté l'admiration jusqu'à l'enthousiasme en Russie dans un second voyage qu'il y a fait. De retour à Paris, après cette dernière excursion, M. Hauman parut abandonner la musique et se jeta dans l'industrie; mais son entreprise ne réussit pas, et, après y avoir fait des pertes considérables, il l'abandonna. Depuis lors il s'est fait entendre plusieurs fois dans les concerts de Paris.

M. Hauman a écrit pour son instrument quelques airs variés, des fantaisies, des études, etc. Ses ouvrages principaux sont : 1° 1er Concerto pour violon et orchestre (en *ré*), œuvre 9; Paris, Richault. — 2° Fantaisie brillante sur la romance *Ma Céline*, op. 3; Vienne, Mechetti. — 3° Thème varié avec quatuor ou piano, op. 1; Paris, Richault. — 4° Introduction et variations sur un thème original, avec orchestre, op. 5; ibid. — 5° Variations de bravoure sur un thème original, avec orchestre ou piano, op. 6; ibid. — 6° Grandes variations sur la Tyrolienne de *la Fiancée* d'Auber, idem, op. 7; ibid. — 7° Variations brillantes sur un thème favori de l'*Elisir d'amor*, idem, op. 8; ibid. — 8° Fantaisie sur des thèmes de *Guido et Ginevra*, idem, op. 10; Mayence, Schott. — 9° Grande scène sur l'air final de l'opéra *Lucia di Lammermoor*, idem, op 11; ibid.

HAUN (Jean-Ernest-Chrétien), prédicateur inspecteur des écoles et directeur du séminaire, à Gotha, né à Græfentonna, le 21 juin 1748, est mort à Gotha, le 22 mars 1801. On a de lui une méthode générale d'enseignement pour les écoles (*Allgemeine Schulmethodus*, Erfurt, 1801, in-8°), dans laquelle il a inséré un chapitre sur la manière d'enseigner aux jeunes gens le piano, comme élément de l'art de jouer de l'orgue. Ce chapitre a été imprimé ensuite séparément sous ce titre : *Anweisung zu den Anfangsgründen der Musik überhaupt und des Claviers insbesonderheit* (Introduction aux principes de la musique en général, et à ceux du clavecin en particulier, formant le 34e chapitre de la méthode de M. Haun); Erfurt, 1801, 3 feuilles in-8°.

HAUPT (Charles-A.), excellent organiste dans la manière de Bach, est né à Berlin, vers 1810. En 1832 il fut nommé organiste de l'église Saint-Nicolas de cette ville. On a de lui 100 Chorals tirés des livres de chorals de J.-S. Bach et de W. Kuhnau, pour piano, destinés aux exercices journaliers des familles, en deux suites; Berlin, Esslinger.

HAUPT (Maurice), violoniste à Francfort-sur-le-Mein, était attaché à l'orchestre du théâtre de cette ville dès 1834, et s'y trouvait encore en 1848. Le 16 janvier 1845 il a fait exécuter une symphonie pittoresque de sa composition, intitulée : *un Jour de printemps* (Ein Frühlingstag), laquelle fut vivement applaudie. Déjà en 1836 il avait fait entendre une ouverture, et en 1839 un autre symphonie en *la* qui avaient obtenu du succès.

HAUPT (Théodore), vraisemblablement de la même famille, vécut aussi à Francfort, et fut rédacteur de l'Annuaire musical qui parut à Mayence, chez Schott, en 1829, 1830 et 1831, sous le titre : *Musikalische-Hafreunusd*.

HAUPT (Léopold), archidiacre de l'église Saint-Pierre et Saint-Paul de Gœrlitz, et membre de beaucoup de sociétés savantes de l'Allemagne, s'est fait connaître par une collection de chants populaires des Wendes ou Venèdes intitulée : *Volkslieder der Wenden* (Grimma, 1841, 2 parties in-4°). On sait que les Wendes ou Venèdes étaient un ancien peuple germanique dont une partie s'établit vers l'embouchure de la Vistule, dans le pays dont Dantzick était la capitale. Ce sont les chants encore en usage dans cette contrée qui ont été publiés par M. Haupt. On a du même savant un autre morceau plein d'intérêt également pour l'histoire de la musique : il a pour titre : *Sechs alttestamentliche Psalmen mit ihren aus den Accenten entzifferten Singweisen und einer sinn- und wortgetreuen rhythmischen Uebersetzung* (Six Psaumes de l'Ancien Testament, avec le chant musical de leurs signes d'accents, et une traduction rhythmique de la poésie); Leipsick, 1854, gr. in-8° de 59 pages. Les six psaumes contenus dans ce recueil avec les mélodies rhythmées sont les 13e, 14e, 24e, 96e, 98e et 125e. Ils sont précédés d'une préface de 10 pages, dans laquelle M. Haupt, partisan du système de l'existence du mètre dans la poésie de la Bible, dont les défenseurs les plus célèbres sont Robert Lowth, Herder, Gesenius, Leutwein, Greve, Bellermann, Anton, et Saalschutz, a pour but de combattre l'opposition faite à ce système par le docteur Ernest Meyer, professeur à Tubingue, dans son livre intitulé : *Ueber die Poesie der alten Testament* (Sur la poésie de l'Ancien Testament).

HAUPTMANN (MAURICE), *cantor* de l'école Saint-Thomas de Leipsick, est né à Dresde en 1794. Son père, architecte des bâtiments royaux de Saxe, le destinait à la même profession ; il lui fit donner aussi une bonne éducation musicale ; mais ce qui ne devait être que l'accessoire de son instruction, devint bientôt l'objet prinicpal de ses études. A l'âge de dix-sept ans il cessa de s'occuper d'autre chose que de musique. Spohr était alors maître de chapelle à Gotha ; Hauptmann, se rendit en cette ville pour étudier, sous sa direction, le violon et la composition. De retour à Dresde en 1812, il y fut placé dans la chapelle royale. L'année suivante il fit un voyage à Prague et à Vienne. Ses liaisons avec quelques Russes le déterminèrent à donner sa démission de la chapelle de Dresde, et à voyager en Russie. Après avoir passé cinq années à Saint-Pétersbourg, Moscou, Pultawa et Odessa, il retourna en Allemagne, et entra en 1822 dans la chapelle de Cassel. Depuis ce temps il a fait un voyage artistique en Italie. En 1842 M. Hauptmann obtint la place de *cantor* à l'école Saint-Thomas de Leipsick, en remplacement de Weinlig (*voy.* ce nom), décédé dans la même année. Deux ans après il fut chargé d'enseigner l'harmonie au Conservatoire de la même ville. Homme de savoir, d'esprit et de sentiment, cet artiste rédigea la Gazette générale de musique pendant toute l'année 1843 ; mais le travail assidu qu'exigeait cette position était incompatible avec les fonctions de *cantor* à l'école Saint-Thomas, et M. Hauptmann dut y renoncer. Il a écrit pour le théâtre de Cassel un opéra intitulé *Mathilde*, qui a été joué avec succès. Ses compositions pour l'église sont restées en manuscrit ; elles consistent en un *Veni Sancte Spiritus* à 4 voix, une messe à 4 voix, une autre messe en *sol* mineur avec orchestre : celle-ci a été exécutée à Leipsick, en 1842 ; elle est l'œuvre 30 de l'auteur ; un offertoire à quatre voix ; un *Salve Regina*, considéré comme son plus bel ouvrage ; un chant sur le poëme de Gœthe intitulé *le Lac*, pour 2 voix de soprano et orchestre. Hauptmann a publié : 1° Quatuor pour 2 violons, alto et basse, op. 7 n° 1 ; Vienne, Artaria. — 2° Idem, n° 2 ; ibid. — 3° Duos pour 2 violons, op. 2 ; Leipsick, Peters. — 4° Trois sonates pour piano et violon, op. 5 ; ibid. — 5° Sonates pour piano et violon, op. 6 ; Vienne, Artaria. — 6° Divertissement pour violon et guitare, op. 8 ; ibid. — 7° Trois duos pour deux violons, op. 16 ; ibid. — 8° Chants et chansons avec accompagnement de piano, œuvres 1, 4, 9, 11, 14, 22, 24, 25, 26, 27, 31 ; Leipsick, Peters ; Vienne, Artaria ; Leipsick, Breitkopf et Hærtel.

On doit à M. Hauptmann des *Eclaircissements sur l'art de la fugue de J.-S. Bach* (*Erlauterungen zu Joh. Seb. Bach's der Fuge*), placés dans le troisième volume des œuvres de ce grand homme pour le clavecin, publiées chez Peters, à Leipsick. Cet écrit forme 14 pages in-4°. Il en a été fait un tirage séparé. L'ouvrage théorique le plus important du même auteur a paru dix ans plus tard, sous ce titre : *Die Natur der Harmonik und der Metrik, zur Theorie der Musik* (La nature de l'harmonique et de la métrique, comme principe de la musique) ; Breitkopf et Hærtel, 1853 ; un volume in-8° de 394 pages. *Harmonique* et *métrique* sont pris dans ce livre par M. Hauptmann dans un sens théorique abstrait, et l'on ne doit point y chercher une méthode pratique pour l'art. Quelques analogies se rencontrent pour la doctrine entre cet ouvrage et celle qui a été exposée précédemment dans un petit écrit publié par M. Otto Kraushaar, de Cassel, et qui est intitulé : *Der accordliche Gegensatz und die Begrundung der Scala* (L'antithèse accordée et la base de la gamme). *L'antithèse accordée* est une expression allemande empruntée à la philosophie : elle signifie deux principes qui semblent opposés et dont on fait la synthèse. Quoi qu'il en soit de la singularité de ce titre, M. Hauptmann se défend de l'accusation de plagiat qu'on pourrait lui faire, par ce seul fait que M. Kraushaar était un des auditeurs d'un cours qu'il avait fait sur le même sujet, plusieurs années auparavant. L'analyse de la théorie exposée dans le livre du savant *cantor* de Saint-Thomas ne peut trouver place ici : on la trouvera dans une revue de la littérature de la musique depuis 1848 jusqu'en 1858, par l'auteur de cette notice, laquelle a été insérée dans la *Revue et Gazette musicale de Paris* (année 1859).

Chargé de diriger la belle édition complète des œuvres de J.-S. Bach, entreprise par une société d'artistes à Leipsick, M. Hauptmann a fait preuve, dans cette mission, d'autant de zèle et de dévouement que d'intelligence.

HAUPTMANN (LAURENT), né le 15 janvier 1802, à Grafensütz, dans la basse Autriche, apprit la musique dès ses premières années, et fit dans cet art des progrès si rapides, qu'à l'âge de douze ans il faisait déjà remarquer son talent sur l'orgue. D'abord maître d'école et de musique agréé, dans le lieu de sa naissance, il remplit ces fonctions jusqu'en 1826, et se rendit à Vienne, où il obtint la place d'organiste au *Theresianum* et dans l'église de Saint-Paul, puis celle de directeur du chœur de l'église paroissiale des Augustins, qu'il occupe maintenant (1860). Après avoir étudié le contrepoint sous la direction du chevalier de Seyfried, il a composé beaucoup de musique d'église, dont la plus grande partie est encore en manuscrit; on y remarque trois messes, des cantiques et répons pour la semaine sainte, des graduels, six offertoires, un *Requiem*, des chœurs, des fugues, des versets et des préludes pour l'orgue. M. Hauptmann a publié plusieurs œuvres, mais je ne connais de lui qu'un *Te Deum* pour quatre voix d'homme avec accompagnement d'orgue, à Vienne, chez Diabelli, œuvre 3°. Il a écrit aussi une méthode de chant, 48 duos pour deux voix, dans tous les tons et dans les deux modes, des sonates pour le piano, et quelques morceaux pour le violon.

Un autre artiste du même nom, dont le prénom a pour initiale H, s'est fait connaître par des sonates pour piano et violon, œuvres 5 et 23; mais on ne trouve chez les biographes allemands aucun renseignement sur sa personne.

HAUSCHKA (Vincent), fils d'un instituteur de Mies, en Bohême, naquit dans ce lieu, le 21 janvier 1766. A l'âge de huit ans, son père l'envoya à Prague pour y être enfant de chœur dans l'église cathédrale; il y apprit la musique pendant six ans, sous la direction du maître de chapelle Laube, et dans le même temps il y fit ses humanités. Peu de temps avant de sortir de cette institution, il commença à se livrer à l'étude du violoncelle; Christ, célèbre violoncelliste de la Bohême, lui donna quelques leçons pour cet instrument; le travail de Hauschka fit le reste, et le conduisit jusqu'au plus haut degré d'habileté. A l'âge de seize ans il entra dans la chapelle du comte de Thun; mais la mort de ce seigneur, deux ans après que Hauschka fut entré chez lui, laissa l'artiste sans emploi. Celui-ci fit alors quelques voyages à Carlsbad, à Dresde et dans presque toute l'Allemagne : partout il fit admirer son talent. En 1792 il se rendit à Vienne, où il fut bientôt considéré comme un des meilleurs violoncellistes de l'époque. Cependant, dès ce moment il ne cultiva plus la musique que comme amateur, ayant obtenu un emploi lucratif dans l'administration des biens de l'empereur; mais il se faisait entendre quelquefois dans les concerts sur le violoncelle et sur le bariton (violoncelle d'amour), dont il jouait avec une rare habileté. Cet artiste a publié : 1° Trois sonates pour violoncelle et basse, op. 1; Vienne, 1802. — 2° Trois sonates idem, op. 1, liv. 2°; ibid., 1803. — 3° Chants allemands à 3 voix, en canon; ibid., 1803. — 4° Trois sonates pour violoncelle et basse, op. 2; ibid., 1806. Il a laissé en manuscrit trois concertos pour violoncelle, plusieurs divertissements pour le même instrument, 5 duos pour 2 violoncelles, un quintette pour le bariton, des nocturnes pour mandoline, alto et violoncelle, plusieurs chansons et des psaumes à plusieurs voix. Le nom de Hauschka est écrit *Hauska* dans plusieurs catalogues.

HAUSE (Wenceslas, ou Guillaume), célèbre contrebassiste et professeur de contrebasse au Conservatoire de Prague, est né en Bohême, vers 1796. Il joua d'abord du violon, et publia à Dresde quelques morceaux pour cet instrument; mais ensuite il fit une étude particulière de la contrebasse, et y acquit une rare habileté. En 1828 il a publié une très-bonne méthode pour la contrebasse à quatre cordes, sous ce titre : *Contrabasschule*; Dresde, Hilscher. Les frères Schott en ont fait paraître à Paris et à Anvers une édition allemande et française intitulée : *Méthode complète de contrebasse approuvée et adoptée par la direction du Conservatoire de Prague*. La *Revue musicale* de 1828, t. 4, contient une analyse de cet ouvrage : on en trouve une autre dans la *Gazette musicale* de Leipsick de 1829, p. 405 et 425. On a aussi de Hause un recueil de 55 études pour la contrebasse, Prague, Berra; un autre recueil de grandes études pour le même instrument, divisé en deux parties; et enfin un troisième recueil de 28 études; ibid.

HAUSEN (Guillaume), jésuite à Dillingen, où il était né, est auteur d'un livre qui a pour titre : *Le Chrétien chanteur, ou cantiques spirituels et instructifs*; Dillingen, 1763, in-4°.

HAUSEN (Jean), virtuose sur la harpe, naquit au mois de mars 1698, à Grossen-Mehsra, dans la principauté de Rudolstadt. Son père, *cantor* dans ce lieu, lui enseigna les premiers éléments de la musique. Après avoir terminé ses études au gymnase (collége), il alla suivre les cours de droit de l'université de Jéna. Ce fut dans cette ville qu'il se livra à l'étude de la musique d'une manière sérieuse. Sorti de l'université, il vécut quelque temps à Mulhausen, puis, en 1729, il alla s'établir à Weimar, et s'y adonna spécialement à la harpe, sur laquelle il acquit un talent distingué. Le grand-duc de Saxe-Weimar l'attacha à son service, en qualité de musicien de la chambre. Hausen mourut dans cette position, le 3 décembre 1733, à l'âge de trente-cinq ans. Il avait inventé une harpe d'un nouveau système avec laquelle il pouvait jouer dans tous les tons sans le secours des pédales, qui n'étaient pas encore inventées. Il paraît que l'instrument de Hausen avait un double rang de cordes, comme la harpe galloise.

HAUSER (Uriel), dont le nom de religion était *frère Léopold*, moine franciscain à Inspruck, né à Waldsee en Autriche, le 26 mai 1702, est auteur d'un livre intitulé : *Instructio* *fundamentalis cantus choralis ad usum reform. prov. Tyrol. D. Leopoldi ord. frat. min., accomodata;* Aug., Vindel, 1765, in-4°.

HAUSER (François), né à Vienne, en 1798, y a appris les éléments de la musique et du chant. Ayant acquis une bonne voix de bariton, et son éducation musicale étant terminée, il a débuté au théâtre de Vienne, a paru ensuite sur celui de Leipsick, et a rompu son engagement dans cette dernière ville pour entrer au Théâtre Royal de Berlin. La manière de ce chanteur était assez pure, mais on l'accusait de froideur à la scène. C'est comme chanteur de concert qu'il a obtenu les succès les mieux mérités. M. Hauser est instruit dans les diverses parties de la musique, et possède une belle collection d'ouvrages rares et anciens, et en particulier de manuscrits originaux de Bach. Il a été nommé directeur du Conservatoire de Munich, en 1848.

HAUSER (Maurice), fils du précédent, né à Berlin, en 1826, fut élève violoniste du Conservatoire de Leipsick, où il se fit remarquer en 1848. Appelé à Kœnigsberg, en qualité de directeur de musique, il est mort dans cette ville, à l'âge de trente ans, le 31 mai 1857. On connaît de sa composition : 1° des *Lieder* avec accompagnement de piano. — 2° Nocturne pour violon et piano, op. 1; Hambourg, Schuberth. — 3° Introduction et rondo sur un air national hongrois, idem. op. 3; ibid. — 4° Introduction et variations de concert sur des thèmes de Donizetti, pour violon et orchestre, op. 7; ibid. — 5° Six études de concert pour violon, op. 8; ibid. — 6° Six pièces pour violon et piano, op. 11. Maurice Hauser a fait représenter à Kœnigsberg un opéra de sa composition intitulé : *Der Erbe von Hohenck* (l'Héritier d'Hohenck).

HAUSER (Jean-Bernard), auteur inconnu d'un livre qui a pour titre : *Versuch über das Schœne in der Musik* (Essai sur le beau dans la musique); Erfurt, 1834, in-4°.

HAUSIUS (Charles-Gottlob), docteur en philosophie et amateur de musique à Leipsick, né à Freudiswalde, dans la Saxe électorale, le 31 mars 1755, a fait imprimer des chants à voix seule avec accompagnement de piano; Leipsick, 1784, in-4°, et des chansons joyeuses de société, ibid, 1794.

HAUSMANN (Valentin Ier), musicien de Nuremberg, vécut au temps de la réformation, vers 1520, et fut lié d'une étroite amitié avec Luther et le maître de chapelle Hans Walther. On lui attribue les mélodies de plusieurs cantiques de l'Église réformée, entre autres de celui-ci : *Wir Glauben alle an einen Gott* (Nous croyons tous en un seul Dieu).

HAUSMANN (Valentin II), fils du précédent, était conseiller et organiste à Gerbstadt, en Saxe, vers la fin du seizième siècle. Savant et laborieux compositeur, il a publié les ouvrages dont les titres suivent : 1° *Weltliche Arien* (Airs profanes, 1re et 2e partie, 1590). — 2° Idem, 3e partie, 1597. — 3° *Weltliche Lieder mit 5 und 6 Stimmen* (Chansons profanes à 5 et 6 voix); Nuremberg, 1592 et 1594; in-4°. — 4° *Teutsche weltliche Canzonetten mit 4 Stimmen* (Chansons mondaines allemandes à 4 voix); Nuremberg, 1596, in-4°. — 5° *Newe liebliche Tænts zum Theil mit Texten, zum Theil ohne Texten publicirt* (Nouvelles danses favorites, partie avec texte et partie sans paroles); Nuremberg, 1600, in-4°. — 6° *Manipulus Sacrarum Cantionum*, à 5 et 6 voix; ibid., 1602, in-4°. Ce recueil contient 21 motets. — 7° *Missæ octo vocum et 2 Motetti 10 et 14 voc.*; ibid., 1604, in-fol. — 8° *Newe Melodeyen zu 4 Stimmen, da jeder Text einen Namen anzeigt* (Nouvelles mélodies à 4 voix, etc.), ibid., 1600 et 1604, in-4°. — 9° *Venusgarten*, 100 *Liebliche, mehrentheils polnische Tænts mit Texten gemacht* (Jardin de Vénus, 100 danses polonaises favorites, la plupart avec les paroles); ibid., 1602, in-4°. — 10° *Fasciculus newer Hochzeit und Brautlieder, mit 4, 5 und 6 Stimmen* (Recueil des plus nouvelles chansons de fiançailles et de noces, à 4, 5 et 6 voix); ibid., 1602, in-4°. — 11° *Fragmenta, oder XXXV newe Lieder mit 4 und 5 Stimmen, etc.* (Fragments, ou 35 chansons nouvelles à 4 et 5 voix); ibid., 1602, in-4°. Ce recueil contient un choix de pièces des recueils précédents. — 12° Reste des danses polonaises chantées; ibid., 1603, in-4°. — 13° Extrait des cinq recueils de chansons favorites de Valentin Hausmann; ibid., 1603, in-4°. — 14° *Intraden mit 5 und 6 Stimmen fürnehmlich auf Violen zu gebrauchen* (Entrées à 5 et 6 parties, particulièrement pour des violes), ibid., 1604, in-4°. — 15° *Newe fünfstimmige Paduanen und Galliarden* (Nouvelles pavanes et gaillardes à 5 parties); ibid., 1604. — 16° *Canzonette mit dreyen Stimmen Horatii Vecchi und Gemignani, Capi-Lupi zuvor mit italianischen Texten, etc.* (Petites chansons à trois voix d'Horace Vecchi et de Gemignani, Capi-Lupi, etc); Nuremberg, Paul Kauffmann, 1606, in-4°. Il y a plusieurs pièces de Hausmann dans ce recueil. — 17° *Andere auch mehr neue teutsche weltliche Lieder mit vier Stimmen* (Autres et plus nouvelles chansons mondaines allemandes à 4 voix); ibid., 1607, in-4°. — 18° *Melodien unter weltliche Texte, etc., mit 5 Stimmen;* ibid., 1608, in-4°. —

19° *Zweyen unterschiedlichen Werken, als der teutscher Tæntz mit 4 Stimmen, etc.*; ibid., 1609. — 20° *Musikalisch teutsche weltliche Gesænge mit 4-8 Stimmen, nach Art der Canzonetten und Madrigalien* (Chants profanes allemands 4-8 voix, dans le genre des canzonettes et des madrigaux; ibid., 1608, in-4°. — 21° *Auszug aus den verschiedenen Theilen von Valent. Hausmanns Polnischen und andern Tæntzen* (Extrait des différentes parties de danses polonaises et autres de Valentin Hausmann); ibid., 1609, in-4°.

HAUSMANN (Valentin III), fils du précédent, fut organiste à Lœbejun, et eut des connaissances étendues dans les principes de la construction des orgues.

HAUSMANN (Valentin IV), fils de Valentin III, né à Lœbejun, passa les années de sa jeunesse à l'école Saint-Thomas de Leipsick, et y fit ses études sous la direction de Knüpfer et de Werner Fabricius. Il alla ensuite à l'université d'Erfurt, puis à Tubingue, pour y compléter son instruction. Ses études terminées, il entra à la chapelle de Stuttgard, qui était alors dirigée par Samuel Bockshorn. En 1689, il se fit entendre avec son fils à Halle, en présence de l'électeur de Brandebourg et du prince d'Anhalt-Cœthen, dans des duos de clavecin. Ce dernier fut si satisfait du talent de ces artistes, qu'il nomma le père sous-directeur et le fils musicien de sa chapelle. Dans l'année suivante, Hausmann accepta la place d'organiste de l'église d'Alsleben; mais il y resta peu de temps, et bientôt après se retira dans le lieu de sa naissance, où il vécut en repos dans l'emploi de caissier des houillières du pays. Ce musicien a écrit une dissertation intitulée: *Quæstiones an sex vel septem sint voces*. Il y examinait la question, alors fort souvent agitée, des avantages de la solmisation par les hexacordes ou par la gamme complète des sept syllabes *ut, ré, mi, fa, sol, la, si*. Il ne paraît pas que cet ouvrage ait été imprimé.

HAUSMANN (Valentin-Bartholomé), fils de Valentin IV, né à Lœbejun en 1678, fit à Stuttgard des études de musique et de clavecin, sous la direction de son père. A l'âge de onze ans, il avait déjà fait assez de progrès pour jouer avec son père des duos de clavecin devant le prince d'Anhalt-Cœthen, qui, charmé par ses talents, lui donna une place de musicien dans sa chapelle. Il travailla ensuite près de son aïeul jusqu'en 1691, et acquit, sous sa direction, des connaissances dans les sciences, le chant, l'orgue et la composition. Dans les renseignements qu'il a fournis à Mattheson sur sa personne, il dit qu'il n'était âgé que de seize ans lorsqu'il fut nommé échevin à Schafstadt, ce qui peut paraître au moins extraordinaire. Quoi qu'il en soit, il termina ses études à Halle, puis il visita les petites cours de Mersebourg, Hartzgerode et Mannsfeld, pour lesquelles il écrivit quelques petites compositions. Plusieurs places d'organiste lui furent offertes dans les petites villes, mais il les refusa, parce que son ambition n'allait pas à moins que d'obtenir l'orgue de Saint-Pierre, à Berlin, ou celui de la cathédrale de Magdebourg. Ses démarches à ce sujet ne furent point heureuses, et il dut se résigner à n'être que l'organiste de la petite ville de Schafstadt, dont il fut nommé bourgmestre en 1707. Il vivait encore en ce lieu dans l'année 1740. Dans la note de ses ouvrages qu'il a fournie à Mattheson, on remarque: 1° *Leichte Anweisung zur Composition* (Instruction facile pour la composition). — 2° *Orgelprobe* (Examen de l'orgue). — 3° *Beschreibung von den 3 generibus und Eintheilung der Temperatur* (Description des trois genres, diatonique, chromatique, enharmonique, et division du tempérament). — 4° *De proportionibus musicis, und von den Radical-zahlen der Con-und Dissonanzen* (Des proportions musicales, et des nombres radicaux des consonnances et des dissonances). Tous ces ouvrages sont restés en manuscrit.

HAUSMANN (G.), violoncelliste, né à Hanovre, en 1814, fit ses études musicales en cette ville et à Hambourg, où il reçut des conseils de Romberg. A l'âge de vingt-deux ans il commença à voyager pour se faire connaître dans les concerts. En 1839 il était à Leipsick et s'y fit entendre avec succès. Il joua ensuite à Brunswick, à Francfort, à Dresde: partout il fut considéré comme un artiste distingué. En 1846 il fit un voyage à Londres et fut si satisfait de l'accueil qu'il y reçut, qu'il y retourna dans l'année suivante. On a publié de sa composition: 1° Fantaisie suisse pour violoncelle et orchestre, op. 1; Leipsick, Peters. — 2° *Andante* et *rondo* sur des thèmes de *Zampa*, d'Hérold, pour violoncelle et orchestre, op. 2; Offenbach, André. — 3° Andante et Valse-Caprice pour violoncelle et quatuor, op. 3; Hanovre, Bachmann. — 4° Fantaisie sur *Oberon*, pour violoncelle et piano; Brunswick, Meyer. — 5° *Les Chansons de Brighton*; fantaisie de salon en forme de valse, pour violoncelle et piano, ibid.

Il y a eu à Berlin un violoncelliste très-distingué de ce nom, qui fut attaché à la musique de la chambre du roi de Prusse, et mourut dans cette ville, le 26 décembre 1843.

HAUTEFEUILLE (L'abbé Jean de), fils d'un boulanger d'Orléans, naquit en cette ville le 20 mars 1647. Doué d'un esprit vif et du génie d'invention pour tout ce qui appartenait à la physique et à la mécanique, il trouva heureusement une protectrice dans la duchesse de Bouillon. Elle lui fournit les moyens de faire ses études, lui fit embrasser l'état ecclésiastique, lui procura quelques bénéfices, et le prit dans sa maison. Il ne se sépara jamais de cette princesse qui, lorsqu'elle mourut, lui laissa une pension. Devenu vieux, l'abbé de Hautefeuille se retira à Orléans, où il termina ses jours, le 18 octobre 1724, à l'âge de soixante-dix-sept ans. Ce physicien a publié beaucoup d'inventions ingénieuses ou utiles. Parmi ses ouvrages, on remarque ceux-ci, qui ont quelque rapport avec la musique : 1° *Explication de l'effet des trompettes parlantes* (porte-voix); Paris, 1673, in-4°. Dix ans après la publication de cet écrit, Hautefeuille fit entendre à l'Académie des sciences de Paris un porte-voix qui sextuplait la puissance de l'organe vocal. Une deuxième édition de son livre a été publiée à Paris, en 1674. — 2° *Lettre à M. Bourdelot, premier médecin de Mme la Duchesse de Bourgogne, sur les moyens de perfectionner l'ouïe*; Paris, 1702, in-4°. — 3° *Dissertation sur la cause de l'écho, qui a remporté le prix à l'Académie royale des belles-lettres, Sciences et Arts de Bordeaux;* Bordeaux, Brun, 1718, in-12, 41 pages. Deuxième édition; Paris, 1741, in-8°. — 4° *Problème d'acoustique curieux et intéressant, dont la solution est proposée aux savants, d'après les idées qu'en a laissées M. l'abbé de Hautefeuille*; Paris, Varin, 1788, in-8° de XXXII et 118 pages. Ce livre est un recueil de pièces où l'on trouve : 1° la liste des ouvrages de Hautefeuille. — 2° l'explication de l'effet des trompettes parlantes, réimprimée sur la deuxième édition de 1674. — 3° divers opuscules étrangers à l'acoustique et à la musique. — 4° la lettre à Bourdelot sur le perfectionnement de l'ouïe. — 5° Un extrait de la dissertation sur la cause de l'écho. — 6° *Précis des particularités essentielles de l'instrument acoustique de M. de Hautefeuille*. Dans ce précis, et dans une longue introduction, l'éditeur cherche à retrouver, au moyen de données éparses dans les ouvrages de Hautefeuille, un instrument acoustique qu'il avait inventé, et qui devait produire sur l'oreille l'effet du microscope sur la vue : tout ce qu'on y trouve sur ce sujet est vague et incertain.

HAUTETERRE. *Voy.* HOTTETERRE.

HAUTIN ou **HAULTIN** (PIERRE), graveur, fondeur en caractères et imprimeur à Paris, dans le seizième siècle, naquit à La Rochelle, d'une famille protestante. Il passe pour avoir gravé et fondu les premiers caractères de musique dont on s'est servi en France; il en fit les premiers poinçons en 1525. Les caractères de musique de cet artiste ont servi à imprimer les vingt livres de motets à quatre ou cinq voix publiés par Pierre Attaignant, depuis 1527 jusqu'en 1536, en 5 vol. in-8° oblong; les Chansons françaises à quatre parties, par le même imprimeur, en 4 vol. in-8° obl., les pièces de viole de Gervaise, et plusieurs autres recueils. Fournier dit, dans son *Traité historique et critique sur l'origine et les progrès des caractères de fonte pour l'impression de la musique* (p. 6), que Hautin imprimait encore la musique sur la fin de ses jours, et qu'on connaît de lui des motets à cinq parties, mis en musique par Roland Lassutio (De Lassus), un vol. in-4° oblong, imprimé en 1576. Hautin mourut à Paris en 1580, dans un âge très-avancé. Son fils (Robert) a imprimé plusieurs œuvres de musique.

Il y a des caractères de Hautin de plusieurs grosseurs; les notes sont en forme de lozange; elles tenaient aux fragments de la portée et s'imprimaient d'une seule fois. Cette musique a de la netteté. *Voy.* pour les autres anciens graveurs et fondeurs français de caractères de musique, les noms de BRIARD (Étienne), BÉ (Guillaume LE), GRANJON (Robert) et SANLECQUE.

HAUVILLE (ANTOINE DE), compositeur français du seizième siècle, a publié un ouvrage intitulé : *la Lyre chrestienne avec la monomachie de David et de Goliath, et plusieurs autres chansons spirituelles, nouvellement mises en musique;* Lyon, Simon Gorlier, 1566. Il y a une deuxième édition de ce recueil, Lyon, Simon Gorlier, 1580, petit in-8°. On trouve aussi une messe à 4 voix de cet auteur dans la collection publiée à Milan en 1588 par *Jules Bonagionta*.

HAVERALS (....), carillonneur de la cathédrale de Malines, fut en son genre un artiste distingué. Bon harmoniste, il exécutait à trois parties sur ses cloches des pièces très-difficiles, des sonates régulières, des fantaisies et des fugues. Il avait aussi un talent remarquable pour improviser des variations sur les mélodies populaires. Sa place lui avait été donnée en 1788, après un concours où il avait fait preuve d'une grande supériorité sur ses compétiteurs. Il est mort à Malines, le 13 avril 1841, dans un âge avancé.

HAVINGA ou **HAVINGHA** (GÉRARD), organiste et carillonneur à Alkmaer, en Hollande, dans la première moitié du dix-huitième siècle, avait succédé à son père dans ces charges. Ce musicien s'est fait connaître par les ouvrages suivants : 1° Huit suites de pièces de clavecin,

Amsterdam, 1726. — 2° *Verhandeling van Oorsprong en Voortgang der Orgelen, met de Voortreffelykheit van Alkmaers grote Orgel, by Gelegenheit van deszelfs herstellinge opgestelt, etc.* (Traité de l'origine et des progrès de l'orgue, avec une description du grand orgue d'Alkmaer, etc.); Alkmaer, Jean Van Beyeren, 1627, in-8° de 237 pages. Il paraît qu'une critique de cet ouvrage avait été faite par un organiste nommé *Veldcamps*, car Havinga répliqua par un écrit intitulé : *Onderrichtinge Van Al. E. Veldcamps Organist en Klokenist in s'Gravenhage, wegens eenige perioden, tegens hem uyt gegeven in het Boek gennaant Orsprong en Voortgang der Orgelen, etc.* (Sur les Éclaircissements de Al.-E. Veldcamps, organiste et carillonneur à La Haye, concernant quelques époques inconnues publiées dans le livre intitulé *Traité de l'origine et des progrès de l'orgue, etc.*; avec des remarques, etc.); Alkmaer, 1727, in-8°. Une critique du même ouvrage par Jacques Wognum a donné lieu à cette seconde réplique de Havinga : *Verdediging Van Jacob Wognum tegen de laste rende voor Reden, over de Orsprong en Voorgang der Orgelen, etc.* (Apologie contre l'écrit calomnieux de Jacques Wognum sur l'origine et les progrès de l'orgue, etc.); Alkmaer (sans date), in-8°. Havinga a aussi publié une traduction hollandaise du traité d'harmonie de David Kellner (*voy.* ce nom).

HAWES (William), né à Londres en 1785, fut admis à l'âge de huit ans comme enfant de chœur dans la chapelle royale, et y apprit la musique sous la direction du docteur Thomas Ayrton; il y continua ses études jusqu'en 1801. L'année suivante, il entra dans l'orchestre du théâtre de Covent-Garden, en qualité de violoniste, et plus tard aux concerts de la musique ancienne, de la Société philharmonique et autres. Successivement admis dans les chœurs de l'abbaye de Westminster et de la chapelle royale, puis dans les diverses sociétés de chant de la capitale de l'Angleterre, il se livra à l'enseignement de la musique vocale. En 1814 il eut le titre d'aumônier, de vicaire-lai et de maître des enfants de l'église de Saint-Paul, et trois ans après, celui de maître des enfants de la chapelle royale. M. Hawes a établi vers 1820 une maison de commerce pour la publication des œuvres des compositeurs, sous le titre de *The royal Harmonic-Institution.* Cet établissement, contigu à la salle du concert philharmonique, dans *Argyle Rooms*, a été la proie des flammes en 1830. M. Hawes a publié un grand nombre de chansons, et de *glees* à une, deux, trois et quatre voix, sur des paroles anglaises. Il a donné en 1815 une nouvelle édition de la collection de madrigaux publiée par Thomas Morley, sous le titre de *The Triumphs of Oriana*, en partition, avec une bonne préface, et des notices succinctes sur les compositions dont on trouve des morceaux dans cette collection, qui fut publiée par souscription, au prix de 3 livres sterling. On a de lui : 1° *Collection of Madrigals, for three, four, five, and six voices, selected from the Works of the most eminent Composers of the sixteenth and seventeenth centuries;* Londres (s. d.). — 2° *Requiem for four Voices; ibid.* — 3° *Collection of Chants, Sanctus, and Responses to the Commandments; as used at Saint-Paul's, Westminster Abbey, and Her Majesty's chapels royal, selected from ancient and modern composers; ibid.* Il a paru sept livraisons de cette collection.

HAWKINS (Sir John), historien anglais de la musique, était fils d'un architecte; il naquit à Londres, en 1719. Ses parents le destinaient à la profession de son père; mais, d'après le conseil d'un ami, le jeune Hawkins s'attacha à l'étude du droit, et devint un bon avocat. Cependant ses goûts le portaient à cultiver la littérature et la musique, arts peu compatibles avec sa profession. La publication de quelques-uns de ses opuscules en vers et en prose lui fit faire la connaissance de Samuel Johnson, qui se lia avec lui d'une étroite amitié, et le fit entrer dans une société littéraire dont il était le fondateur. Admis dans la Société de Madrigaux établie par les soins de Pepusch, il y puisa le goût de l'ancienne musique, et se persuada qu'il était appelé à écrire l'histoire de cet art. Son mariage, en 1753, avec une femme qui lui apporta une fortune considérable, lui procura et l'indépendance dont il avait besoin pour accomplir ce vaste dessein, et les ressources qui lui étaient nécessaires. Nommé, en 1761, à un emploi de justice de paix pour le comté de Middlesex, il montra beaucoup de zèle, d'activité et de désintéressement dans l'exercice de ses fonctions. Sa première résolution avait été de n'accepter aucune rétribution des plaideurs; mais, ayant remarqué que sa générosité n'avait d'autre résultat que d'augmenter le nombre des procès, il se fit payer ses honoraires qu'il renfermait dans une bourse particulière; à la fin de chaque session il remettait cet argent au ministre de la paroisse pour être distribué aux indigents. En 1772, le roi le fit chevalier en témoignage de sa satisfaction des mesures qu'il avait prises en 1768 et 1769 pour étouffer deux révoltes à Brentford et à Moorfields. La mort du frère de sa femme avait porté, en 1759, une augmentation considérable dans ses revenus : il en profita pour faire l'acquisition de la belle collection de livres et de manuscrits de musique du docteur Pepusch, après la mort de celui-ci. Ces livres, ces manuscrits et les nombreuses notes de Pepusch sur diverses parties de la musique, particulièrement sur celle des Grecs, furent de grande ressource à Hawkins pour écrire son Histoire de la musique, à laquelle il employa seize années d'un travail assidu. Malheureusement il ne possédait pas les connaissances techniques indispensables pour un tel ouvrage; sans ces connaissances, sans l'esprit d'analyse basé sur un profond savoir spécial, la plus vaste lecture, l'érudition la plus solide, sont impuissantes contre les difficultés du sujet. Hawkins en fit lui-même la triste expérience, quoiqu'il ait fait preuve dans son travail d'une persévérance infatigable dans les recherches, et de beaucoup d'intelligence. L'insuffisance de ses lumières obligea Hawkins à recourir à celles de quelques musiciens de profession, comme il le dit lui-même dans la préface de son histoire; c'est ainsi que le compositeur William Boyce fit le choix des morceaux de musique qui devaient être publiés dans l'ouvrage, en surveilla la gravure, et corrigea les épreuves; le docteur Cooke fut chargé de déchiffrer et de traduire les anciennes notations de musique; enfin un artiste de la chapelle royale, nommé Jean Stafford Smith, et Marmaduke Overend, organiste a Isleworth, dans le comté de Middlesex, prêtèrent leur secours pour d'autres parties du travail. L'ouvrage parut en 1776, sous ce titre : *History of the Science and practice of Music* (Histoire de la science et de la pratique de la musique), 5 forts volumes in-4°, ornés de beaucoup de planches de musique, de figures d'instruments, et de cinquante-huit portraits de musiciens de différentes nations. Après avoir achevé le manuscrit de son livre, Hawkins en fit cadeau au libraire Payne, qui n'épargna rien pour le publier avec luxe.

Lorsque l'histoire de la musique de Hawkins parut, celle de Burney était annoncée par un prospectus accueilli avec faveur dans toute l'Angleterre. La haute société de ce pays avait pris Burney sous sa protection, et la liste des souscripteurs pour son ouvrage était la plus étendue qu'on eût jamais obtenue pour un livre de science ou d'art. De telles circonstances étaient défavorables pour la publication de l'histoire de Hawkins, et l'on ne peut douter que ce ne soit cette cause qui fit traiter avec un injuste mépris son histoire de la musique par les journalistes anglais. Toute la nation sembla prendre parti contre le rival de Burney, et le discrédit qui frappa son livre, dès sa publication, se répandit dans toute l'Europe, et le fit tomber au plus bas prix dans le commerce. La publication du premier volume de l'histoire de la musique de Burney, dans l'année même où avait paru celle de Hawkins, fit naître des comparaisons fâcheuses pour cette dernière, qui achevèrent sa mauvaise fortune. Burney avait incontestablement sur son rival l'avantage que donne une éducation spéciale pour juger les productions d'un art, ses transformations, ses progrès et ses vicissitudes. Son plan était meilleur, surtout pour le temps où il écrivait; car il faisait de l'histoire dans le goût de la philosophie du dix-huitième siècle. A proprement parler, le livre de Hawkins n'était point une histoire de la musique, mais un recueil de bons matériaux pour cette histoire, que l'auteur présentait avec candeur et sincérité, au lieu de les employer dans des vues particulières, ou dans l'intérêt d'un système. Réduit à la narration historique, l'ouvrage de Hawkins serait assez mince; mais les citations de textes y sont si multipliées, si étendues, que l'ouvrage en acquiert un volumineux développement. Si l'on compare les deux premiers volumes des Histoires de Burney et de Hawkins, qui ont tous deux pour objet la musique des anciens, on y trouvera les différences suivantes, qui sont essentielles et caractérisques :

1° Burney divise la matière en deux parties : la première est critique; la seconde narrative. Hawkins se contente de jeter un coup d'œil rapide sur les principaux événements de l'histoire de l'art, dans un discours préliminaire qui occupe 84 pages de son livre; tout le reste de l'ouvrage, formant cinq gros volumes, de plus de 2,500 pages, renferme une exposition scientifique ou éruditive de divers points de doctrine qui concernent l'art à ses différentes périodes.

2° La partie critique de l'histoire de la musique des Grecs dans l'ouvrage de Burney est contenue dans une dissertation de 194 pages. Il y examine les questions cent fois débattues de la connaissance que les anciens ont pu avoir de l'harmonie, et des effets merveilleux attribués à leur musique. A l'égard de la constitution des modes, de la mélopée et du rhythme, il résume et adopte en général les opinions de Burette; et l'abbé Roussier (*voyez* ces noms), avec sa progression triple, est son guide pour ce qui concerne la gamme et la tonalité. Dans la partie historique ou narrative, il se borne en quelque sorte à traduire le travail de Burette sur le Dialogue de Plutarque, l'Histoire de la musique du P. Martini, et quelques articles du Dictionnaire de Jean-Jacques Rousseau; mais on remarque beaucoup d'art dans la manière dont il a su tirer parti de ces matériaux et se les approprier, sans faire connaître les sources. Tout cela est accompagné de réflexions et de conclusions à la manière de Voltaire, de Diderot, de Duclos, enfin de l'école philosophique alors en vogue.

Ce n'est point ainsi que procède Hawkins; celui-ci ayant à faire connaître les divers systèmes de tonalité et de proportions de la musique des anciens, par exemple ceux de Terpandre, de Pythagore, d'Euclide, de Ptolémée et d'autres, donne ou les textes ou les traductions de longs passages des auteurs anciens, puis aussi les textes des commentateurs modernes, et épuise la matière, au moins sous les rapports d'érudition et de philologie. A l'égard des conclusions et des opinions particulières de l'auteur, on les chercherait souvent en vain. Une histoire écrite ainsi n'est pas lisible; mais on doit avouer que ce n'est point un ouvrage méprisable, et qu'on en peut tirer de l'utilité. Beaucoup de livres cités textuellement par Hawkins sont rares et difficiles à trouver; d'ailleurs, le soin qu'il a pris d'en extraire tous les passages qui concernent le même objet, et de les rapprocher, est de grand secours pour les écrivains qui veulent traiter les mêmes sujets.

Les deux histoires de la musique de Burney et de Hawkins sont donc, malgré leurs défauts particuliers, des ouvrages utiles dans des genres différents, et c'est à tort qu'on a traité la dernière avec tant de mépris dans sa nouveauté. De là vient qu'après être tombée au plus bas prix dans le commerce, elle s'est ensuite relevée, et, recherchée aujourd'hui, elle est devenue rare.

On a aussi de Hawkins une notice sur la vie et les œuvres de Corelli, intitulée : *The general History and peculiar character of the works of Archangelo Corelli,* dans *The universal Magazine of Knowledge and Pleasure,* ann. 1777, avril, n° 418, vol. 60, p. 171. Ce morceau est extrait de l'Histoire générale de la musique.

Des notes placées dans diverses éditions de Shakespare, une vie très-étendue du Dr. Johnson, une édition des œuvres de ce savant, en onze volumes, et divers autres travaux littéraires, ont rempli une partie de la carrière de Hawkins. En 1742, il avait déjà publié six cantates dont il avait fait les paroles, et dont Stanley avait composé la musique. Un autre recueil semblable parut quelques mois après.

On n'est pas d'accord sur l'époque précise de la mort de Hawkins : suivant la *Biographie universelle* de MM. Michaud, il aurait cessé de vivre à Spa, le 14 mai 1789; mais on lit dans le *Dictionary of musicians,* qu'il fut frappé de paralysie le 14 mai de cette année, et qu'il mourut le 21 du même mois dans sa maison. D'après son désir, il fut inhumé dans le cloître de Westminster, près de la porte à l'est de l'église, sous une pierre tumulaire où l'on a gravé seulement les lettres initiales de son nom, la date de sa mort et son âge. Une notice intéressante sur cet historien de la musique se trouve dans un livre écrit par sa fille (Lætitia Mathilde), intitulée : *Anecdotes, biographical sketches and Memoirs;* Londres, Rivington, 1822, t. I, p. 117-192.)

HAWKSBEE (François), célèbre physicien anglais, né dans le dix-septième siècle, s'appliqua particulièrement à l'électricité, et fit faire de grands progrès à cette branche de la science. Il publia à Londres, en 1709, le résultat de ses découvertes, dans un livre qui a pour titre : *Expériences physico-mécaniques* (en anglais). On a de ce savant divers mémoires insérés dans les *Transactions phylosophiques*; ils sont intitulés : 1° *Actual sound not to be transmitted through a vacuum* (le Son ne peut être transmis dans le vide). — 2° *Of the propagation of sound passing from the sonorous body into air, by one direction only* (De la propagation du son, passant du corps sonore dans l'air, par une seule direction). — 3° *Of the propagation of sound through water* (De la propagation du son dans l'eau); Trans. philos., t. 26 n° 321, p. 367, 369, 371. — 4° *An experiment upon the propagation of sound in condensed air together with a repetition of the same in the open feld* (Expérience sur la propagation du son dans l'air condensé suivie de la même expérience dans l'air libre); ibid., t. 24, p. 1902. — 5° *An experiment touching the diminution of sound in rarefield air* (Expérience concernant la diminution du son dans l'air raréfié); ibid., p. 1904.

HAYDEN ou **HAIDEN** (Jean), musicien de Nuremberg, né dans la deuxième moitié du seizième siècle, inventa, vers 1610, une sorte de clavecin sur lequel on pouvait augmenter et diminuer la force des sons progressivement, et qui conséquemment avait la propriété de les prolonger. Il publia une instruction sur la manière de jouer de cet instrument, sous le titre de *Musicale instrumentum reformatum* (Nuremberg, Abraham Wagenmann, 1620, in-4°), dans lequel il décrivait aussi la structure de ce clavecin. Cet opuscule est aujourd'hui de la plus grande rareté, et peut-être serait-il impossible de s'en procurer un exemplaire. Poelchau (voy. ce nom) en possédait un qui est aujourd'hui dans la Bibliothèque royale de Berlin. L'empereur Rodolphe II accorda à l'auteur et à ses héritiers un privilége exclusif pour la fabrication et la vente de l'instrument. Hayden est mort en 1623.

HAYDN (François-Joseph), compositeur illustre dont le nom réveillera toujours le souvenir de la perfection dans toutes les parties de l'art qu'il a cultivé! Grand homme qui figure dans l'histoire de cet art comme le type impérissable d'un ordre de beautés régulières, pures et brillantes, admirables produits des plus admirables proportions dont le développement de la pensée soit susceptible! Il naquit le 31 mars 1732, à Rohrau, petit bourg situé sur les confins de l'Autriche et de la Hongrie, à quinze lieues de Vienne. Son père, Mathias Haydn, était à la fois pauvre charron, juge du lieu, sacristain et organiste. Il aimait la musique, avait une belle voix de ténor, et jouait de la harpe; sa mère, Anne-Marie, avait été cuisinière chez le comte de Harrach, seigneur du village de Rohrau. Le baptême de Haydn eut lieu le lendemain du jour de sa naissance; ce qui a fait croire à plusieurs biographes qu'il était né le 1er avril. Haydn, qui n'avait jamais vu son acte baptismal, était lui-même dans l'erreur à ce sujet.

L'enfance de Haydn ne se distingua de celle d'un paysan ordinaire que par une circonstance qui décida peut-être de toute sa vie, en faisant connaître dès ses premières années ses rares dispositions pour la musique. Les dimanches et jours de fêtes, ses parents se délassaient de leurs travaux par les charmes de cet art; la mère chantait et le père l'accompagnait sur la harpe. Arrivé à l'âge de cinq ans, le petit Haydn voulut faire aussi sa partie dans les concerts : un morceau de bois qu'il avait trouvé dans l'atelier du charron figura un violon; une baguette devint son archet, et l'enfant, ne pouvant faire entendre des sons avec son muet instrument, prit part à la musique par le rhythme, et marqua la mesure par les mouvements de son archet. Un parent de sa famille, nommé *Frank*, maître d'école à Haimbourg, vint un jour visiter le charron de Rohrau, et remarqua avec étonnement l'exactitude des mouvements et le vif sentiment de mesure du petit Haydn, lorsqu'il accompagnait ses parents avec son prétendu violon. Frank était bon musicien; il offrit de se charger de l'éducation de son jeune cousin, et de lui enseigner la musique : sa proposition fut acceptée avec joie, et l'enfant suivit son instituteur à Haimbourg. Dès ce moment, son heureuse insouciance fit place au travail, à l'étude, et le temps des rudes épreuves commença pour lui. Ainsi qu'il le disait lui-même plus tard, il recevait de son cousin Frank plus de taloches que de bons morceaux; mais si la sévérité du pédagogue avait ses désagréments, elle avait aussi ses avantages; car elle faisait faire de rapides progrès au petit Haydn. Dans les trois années qu'il passa à Haimbourg, il apprit les principes de la musique, la lecture, l'écriture, les éléments de la langue latine, ceux de l'art du chant, et commença à jouer du violon et de plusieurs autres instruments. Il était âgé de huit ans lorsque le hasard conduisit chez Frank, Reuter, maître de chapelle de Saint-Étienne, église cathédrale de Vienne. Il voyageait dans l'intention de recruter des enfants pour le chœur de son église; cette occasion parut favorable à l'instituteur, qui parla au maître de chapelle de son cousin comme d'un prodige, et lui proposa de l'entendre. Reuter ayant accepté, donna au jeune musicien un morceau à déchiffrer, ce que celui-ci fit de la manière la plus satisfaisante. Le maître remarqua seulement que l'enfant ne savait pas faire le trille, et lui en demanda la cause en riant : — Comment voulez-vous que je sache faire ce que vous me demandez, répondit Haydn, puisque mon cousin lui-même ne le sait pas? — Viens ici, je vais te l'apprendre, dit le maître. Alors il prend Haydn entre ses jambes, lui enseigne le mécanisme de l'articulation du gosier dans le trille, et l'enfant exécute immédiatement ce qu'il lui dit de faire. Charmé de rencontrer tant de facilité dans un enfant de huit ans, Reuter l'emmena à Vienne, et le fit entrer au chœur de Saint-Étienne. Ainsi furent préparées les voies qui devaient conduire à la célébrité le grand symphoniste du dix-huitième siècle.

Le travail obligé des enfants de chœur de Saint-Étienne n'était que de deux heures chaque jour; le reste du temps était à leur disposition : ils l'employaient comme ils voulaient. Pour beaucoup d'autres, une liberté si absolue aurait eu de fâcheux résultats; mais Haydn n'était occupé que de son art, et toutes ses pensées s'y rattachaient. Sans cesse occupé du soin de s'instruire, il saisissait avec empressement toutes les occasions où il pouvoit augmenter ses connaissances. Entendre chanter ou jouer d'un instrument était le plus grand plaisir qu'il pût éprouver; lorsqu'il jouait avec ses camarades dans la place voisine de Saint-Étienne, s'il entendait l'orgue, il les quittait à l'instant et entrait à l'église. Parvenu à l'âge d'environ treize ans, il se sentait déjà entraîné par le besoin de composer : il s'essaya d'abord dans quelques bagatelles; mais bientôt il voulut s'élever plus haut, et écrivit une messe dont il fit voir la partition à Reuter, qui se moqua de lui, en lui disant qu'il fallait apprendre à écrire avant de composer. Ce jugement sévère lui causa quelque chagrin; mais il en comprit la justesse, et resolut de ne rien négliger pour acquérir le savoir si nécessaire au développement de ses idées Malheureusement il ne savait où trouver un maître qui voulût lui enseigner l'harmonie et le contrepoint, sans être payé de ses leçons; il ne possédait rien, et sa famille était trop pauvre pour lui fournir les secours nécessaires Il se résolut pourtant à demander à son père quelque argent, sous prétexte de réparations indispensables à ses vêtements; le bon charron de Rohrau fit un effort et envoya à son fils six florins, qui servirent à l'acquisition du *Gradus ad Parnassum* de Fux, et du *Parfait Maître de Chapelle*, de Mattheson. Haydn se mit à étudier avec persévérance ces deux ouvrages; il préféra la marche claire et méthodique du premier au langage verbeux et obscur du second, quoiqu'il y ait de bonnes choses dans celui-ci. Toutefois, nonobstant l'instruction qu'il y puisait, il lui restait encore bien des doutes concernant l'application des règles du vieux maître à ses propres idées; ces doutes ne furent dissipés que plus tard, comme on le verra dans ce qui suit.

La belle voix de Haydn avait fait sa gloire pendant près de huit années qu'il avait passées à la maîtrise de Saint-Étienne; mais enfin le moment marqué pour sa sortie de cette maîtrise arriva : le jeune artiste fut réformé, et se vit contraint de pourvoir à son existence (1). On a dit que son renvoi de la cathédrale se fit avec une sorte de violence, et que le maître de chapelle se montra dur envers son ancien élève; on alla même jusqu'à prétendre que celui-ci avait été chassé pour son inconduite. D'autres anecdotes ont aussi circulé à ce sujet: Le Breton et Framery assurent que, par une faiblesse dont il n'y a que trop d'exemples, Reuter avait conçu quelque sentiment de jalousie contre un jeune homme en qui il avait dû reconnaître des talents naturels d'un ordre très-distingué. Quoi qu'il en soit, le motif saisi par le maître pour le renvoi de l'enfant de chœur fut une espièglerie d'écolier. Haydn avait des ciseaux neufs qu'il essayait sur tout ce qui se trouvait à sa portée; un de ses camarades ayant le dos tourné, il lui coupa la queue, et pour ce grave sujet il fut obligé de sortir de la maîtrise, à sept heures du soir, au mois de novembre, sans argent, et avec des vêtements usés. Forcé de chercher un logement le lendemain, le hasard lui fit rencontrer un pauvre perruquier nommé *Keller*, qui avait souvent admiré sa belle voix à Saint-Étienne, et qui lui offrit un asile. Keller n'avait pour lui, sa femme et ses enfants qu'une chambre au cinquième étage, avec une mansarde au sixième; il offrit celle-ci à Haydn, avec son modeste ordinaire, et sa proposition fut acceptée (1).

Délivré des soins les plus pressants, Haydn se livra sans distraction à ses études, et son goût fit de rapides progrès. Un mauvais clavecin, son Mattheson et son Fux composaient la meilleure partie du misérable mobilier de son

(1) C'est ici le lieu de rapporter une anecdote citée par Le Breton et par Framery, dans leurs notices biographiques sur Haydn, et certifiée par Pleyel, élève de ce maître, qui la tenait de lui; mais qui, malgré tous ces témoignages, peut laisser encore quelque doute. Voici cette anecdote, telle qu'elle est rapportée par ces auteurs

« Haydn faisait consister toute sa gloire dans la beauté de sa voix, et dans l'effet qu'elle produisait à Saint-Étienne lorsqu'il chantait quelque motet. Dans cette disposition d'esprit, avec sa simplicité et ses mœurs pures, il était facile de le séduire. Son maître, qui prévoyait avec chagrin la perte prochaine du *virtuose*, honneur de sa musique, lui apprit qu'il existait un moyen de conserver toujours cette voix admirée, et, lui en cachant les conséquences graves, ne lui laissa à délibérer que sur un instant de douleur: Haydn s'y dévoua aussitôt. Le jour et l'heure fixés, les précautions prises, la victime impatiente d'être immolée, arrive le matin même le charron de Rohrau, qu'un hasard extraordinaire amenait à Vienne. On croira sans peine qu'il ne partagea pas la sécurité, encore moins la joie de son fils, et que le sacrifice ne s'acheva point. »

Il paraît peu vraisemblable que, dans un pays où la castration n'a jamais été pratiquée, un maître de chapelle tel que Reuter ait voulu s'exposer aux conséquences graves d'un tel fait, dans le seul intérêt de conserver au chœur une belle voix.

(1) Une difficulté se présente ici. Carpani, qui tenait ses renseignements de Haydn même, nomme positivement Keller comme l'auteur de cet acte de bienfaisance (*La Haydine*, p 90), mais Framery et Le Breton, sur des renseignements fournis par Pleyel, et je crois aussi par Neukomm, élèves de Haydn, ont rapporté le fait de cette manière, dans leurs notices biographiques sur ce grand homme : Le lendemain, un pauvre musicien de sa connaissance, nommé *Spangler*, se trouvant dans la rue où Haydn avait passé la nuit, le reconnut, et le jeune homme lui raconta de point en point sa triste aventure; le bon homme en eut pitié. — « Mon ami, lui dit-il, tu sais comme je suis logé; je ne puis t'admettre dans ma chambre où couchent ma femme et mes enfants; mais je t'offre, dans un coin de mon grenier, un matelas, une table, une chaise et de plus une nourriture très-frugale tant que mes faibles ressources me le permettront. » Ces auteurs ajoutent que ce Spangler était simple directeur de musique à l'église Saint-Michel, et par reconnaissance Haydn le fit entrer plus tard comme ténor dans la chapelle du prince Esterhazy. Il y a une sérieuse objection contre la vérité de cette histoire, car suivant les registres de la maîtrise de Saint-Étienne, consultés par Carpani, Haydn avait dix-neuf ans lorsqu'il sortit de cette maîtrise, et que Sprangler (et non Spangler), plus jeune que lui, n'en avait alors que treize, et conséquemment qu'il n'était pas marié et n'avait point de maison. Greisinger ne nomme pas l'homme charitable qui recueillit le jeune artiste; il dit seulement que celui-ci logea dans une misérable mansarde sans toiture, dans la maison n° 1220 de la place Saint-Michel. Gerber, qui est moins précis, dit seulement que Haydn coucha dans un grenier qui n'avait ni portes ni fenêtres, ce qui est peu croyable. La version de Carpani paraît la mieux fondée, car Haydn épousa plus tard une fille de Keller, qui ne le rendit point heureux.

grenier; il passait alternativement de l'un à l'autre. Les six premières sonates de Charles-Philippe-Emmanuel Bach lui tombèrent alors sous la main, et il se mit à les étudier avec assiduité; le plaisir qu'il y trouva les lui fit prendre pour modèles dans ses premières compositions. *Assis à mon clavecin rongé par les vers,* disait-il, *je n'enviais pas le sort des monarques.* Et en parlant des sonates de Bach, il ajoutait : *Je ne bougeais point du clavecin sans les avoir jouées d'un bout à l'autre; celui qui me connaît à fond trouvera que j'ai de grandes obligations à Emmanuel, que j'ai saisi son style, et que je l'ai étudié avec soin : cet auteur lui-même m'en fit jadis compliment.*

Après quelques jours passés dans son galetas, la situation de Haydn sembla s'améliorer un peu; insensiblement il lui vint quelques occupations. Ainsi, il allait jouer la partie de premier violon à l'église des PP. de la Miséricorde; de là il allait les dimanches et fêtes, jouer de l'orgue à la chapelle du comte de Haugwitz; enfin il donnait quelques leçons de piano et de chant. La plus grande partie de ce qu'il gagnait était employée à payer les services que Keller lui avait rendus. Métastase, qui logeait dans la maison où Haydn occupait un grenier, prenait soin de l'éducation d'une demoiselle *Martinez* (*voy.* ce nom), fille de son hôte: cette jeune personne fut une des premières élèves de Haydn. Une circonstance heureuse, moins pour la fortune du jeune musicien que pour son instruction, se présenta à l'improviste. Un noble vénitien, nommé Corner, était alors à Vienne, ambassadeur de sa république. Il avait une maîtresse qui était folle de musique, et qui avait retiré chez elle le vieux Porpora. Métastase introduisit Haydn dans cette maison. Il y plut par ses talents, et l'Excellence lui fit l'honneur de le mener avec sa maîtresse et Porpora aux bains de Manensdorf, alors à la mode. Haydn, qui avait compris l'utilité qu'il pourrait tirer des leçons du vieux maître, employa dans ce voyage toute son adresse à gagner ses bonnes grâces. Tous les jours il se levait de bonne heure, battait l'habit, nettoyait les souliers, et arrangeait de son mieux la perruque du vieillard, qui souvent ne payait ses services que par des injures. A la fin pourtant, la patience et les rares dispositions de son laquais volontaire le touchèrent, et sa mauvaise humeur habituelle ne l'empêcha pas de donner au jeune homme quelques bons avis que celui-ci reçut avec reconnaissance. Haydn apprit surtout de Porpora les principes de l'art du chant italien, et ceux d'une harmonie pure et correcte en accompagnant la belle Wilhelmine dans les cantates si difficiles du compositeur napolitain. Étonné des progrès du jeune homme, l'ambassadeur lui fit, quelque temps après son retour à Vienne, une pension de six sequins par mois (environ 72 francs). Mais, avant de recevoir cette faveur, il eut encore à lutter contre la misère. Il écrivait pour ses élèves de petites pièces et des sonates de clavecin où l'on apercevait déjà le cachet d'un rare talent : ces morceaux couraient le monde, sans qu'il s'en doutât. Bientôt les marchands de musique s'en emparèrent et les publièrent sans son aveu; car alors la propriété des auteurs n'était garantie ni par les lois, ni par l'usage. Au surplus, Haydn ne songeait point à réclamer contre les larcins qu'on lui avait faits; heureux de voir son nom imprimé aux titres de ses ouvrages, il n'imaginait pas qu'on pût tirer d'autre avantage de ses travaux. Une de ses productions tomba par hasard aux mains de la comtesse de Thun, dame de haut parage qui aimait passionnément la musique; elle voulut connaître l'auteur de cette charmante composition; mais ce ne fut pas sans peine que ses domestiques parvinrent à le découvrir. Haydn parut devant cette dame avec un extérieur qui n'annonçait pas l'opulence : elle en parut surprise. — C'est M. Haydn que j'ai demandé, dit-elle. — C'est moi, madame. — Mais la personne que je désire voir est l'auteur de cette sonate. — C'est encore moi. Une explication eut lieu alors. Haydn fit connaître à la comtesse les pénibles circonstances dans lesquelles il s'était trouvé jusqu'à ce moment; elle fut touchée de son sort, l'encouragea, l'engagea à persévérer dans ses travaux, et lui fit présent de vingt-cinq ducats. Cette générosité, et bientôt après la pension de l'ambassadeur de Venise changèrent la position du jeune musicien. Il put quitter son grenier, se loger et se vêtir d'une manière convenable. Il était devenu le maître de chant et de clavecin de la comtesse de Thun, qui s'était faite sa protectrice; il le fut ensuite de plusieurs autres dames de qualité, et le temps des pénibles épreuves fut passé pour lui.

Parmi les personnes qui recherchaient avec empressement les compositions de Haydn était un baron de Furnberg, qui possédait une terre à quelques lieues de Vienne, où il réunissait le curé, son secrétaire, et notre jeune artiste, pour faire de la musique. Haydn jouait l'alto, et Albrechtsberger, frère du maître de chapelle, le violoncelle.* C'est pour ce seigneur que Haydn écrivit son premier œuvre de quatuors de violon, dont le premier, comme on sait, est en *si* bémol, et ses six premiers trios pour deux violons et basse, à peu près inconnus en France. Ce fut aussi vers le même temps qu'il composa une sérénade pour trois instruments qu'il alla exécuter sous les fenêtres du célèbre arlequin Curtz, connu à Vienne sous le nom de *Bernadone*, et qui était alors directeur du théâtre de la Porte de Carinthie. Frappé de l'originalité de la musique qu'il entendait, Curtz descendit dans la rue, pour savoir qui l'avait composée. — C'est moi, répond Haydn. — Comment, toi? à ton âge? — Il faut bien commencer par quelque chose. — Pardieu, c'est extraordinaire; monte. » Haydn suit l'arlequin, qui le présente à sa femme, actrice spirituelle et jolie. Un instant après, le jeune compositeur sortait de cette maison, emportant le livret d'un opéra-comique intitulé *le Diable boiteux*, dont il écrivit la musique en quelques jours. Cet ouvrage lui fut payé cent trente florins et fut bien accueilli du public. Ses productions se multipliaient, particulièrement les sonates de piano, dont le plus grand nombre a été écrit à Vienne, des concertos pour divers instruments, et des petites pièces pour quatre, cinq ou six instruments, alors à la mode, et qu'on appelait *Parthien* et *Casationes*. Cependant plusieurs années s'écoulèrent encore avant que Haydn pût sortir de la position précaire où il se trouvait et se caser comme il convenait à un homme de son talent. Il avait près de vingt-sept ans lorsqu'il entra, vers la fin de 1758, au service du comte de Mortzin, en qualité de second maître de chapelle. Ce comte avait un bon orchestre, pour lequel Haydn écrivit dans les premiers mois de 1759 sa première symphonie (en *ré*). Le vieux comte Antoine Esterhazy, amateur passionné, assistait au concert où l'on exécuta pour la première fois cet ouvrage; il fut si frappé de sa beauté, qu'il pria sur-le-champ le comte de Mortzin de lui céder Haydn. Le comte y consentit. Malheureusement l'auteur de l'ouvrage qui avait ému le prince était indisposé; ce jour-là il ne se trouvait pas au concert; le prince Esterhazy oublia bientôt cette circonstance, et plusieurs mois se passèrent sans que Haydn entendit parler de rien. Friedberg, directeur de l'orchestre du prince Esterhazy, admirateur de la musique de Haydn, cherchait un moyen de le rappeler au souvenir de son maître : il conseilla à l'artiste d'écrire une symphonie qui serait exécutée à Eisenstadt, résidence du prince, le jour anniversaire de sa naissance. Haydn la composa, et la fit digne de son objet. C'est la cinquième du premier œuvre (en *ut*, mesure à 2/4). Le jour de la cérémonie arrive; le prince, entouré de sa cour (car les grands seigneurs hongrois de cette époque avaient une véritable cour), assistait au concert. La symphonie commence, mais à peine est-on au milieu du premier *allegro*, que le prince interrompt le morceau, et demande quel est l'auteur d'une si belle chose. *Haydn*, répond Friedberg, *en le présentant* lui-même tout tremblant au prince, qui s'écrie : « Quoi! la musique est de ce « Maure (le teint de Haydn justifiait un peu cette apostrophe)? « Hé bien! Maure, dès ce mo« ment tu es à mon service. Comment t'ap« pelles-tu? — Joseph Haydn. — Mais je me « souviens de ce nom; tu es déjà de ma maison : « pourquoi ne t'ai-je pas encore vu? » Troublé par l'éclat de la cour qui environnait le prince, et par le langage hautain de celui-ci, Haydn n'osait répondre; le prince ajouta : « Va, et ha« bille-toi en maître de chapelle; je ne veux « plus te voir ainsi : tu es trop petit, ta figure « est mesquine; prends un habit neuf, une per« ruque à boucles, le rabat et les talons rouges; « mais je veux qu'ils soient hauts, afin que ta « stature réponde à ton mérite. Tu entends, va, « et tout te sera donné. » Si un grand seigneur s'avisait de parler ainsi de nos jours à un artiste distingué, celui-ci lèverait la tête et tournerait les talons; mais au temps de Haydn, et surtout en Allemagne, le plus célèbre musicien, placé au service d'un prince, n'était guère qu'un domestique, et en avait toute l'humilité. Antoine Esterhazy était un de ces fiers magnats de Hongrie qui, malgré leur amour pour la musique et leur admiration pour les grands musiciens, n'imaginaient pas qu'on pût traiter ceux-ci avec distinction, quoiqu'ils eussent pour eux des bontés. Haydn ne sut donc que s'incliner devant le prince, puis il alla s'asseoir dans un coin de l'orchestre, songeant avec regret à la perte de ses cheveux et de son élégance de jeune homme. Cette scène se passait le 19 mars 1760. Le lendemain il parut au lever de S. A., empaqueté dans le costume grave qui lui avait été prescrit, et présentant dans toute sa personne l'ensemble le plus ridicule qu'on puisse imaginer. Bien qu'il eût dès lors le titre de second maître de chapelle, il ne fut connu que sous celui de *musicien de chambre*, et ce ne fut qu'après la mort de Werner, premier maître de chapelle, à qui il succéda, qu'il cessa d'être désigné ainsi. Les autres artistes de la musique du prince Esterhazy ne l'appelaient que *le Maure*, satisfaisant par cette épithète le sentiment d'envie que leur inspiraient ses succès.

En 1761, le prince Antoine mourut; son successeur Nicolas Esterhazy, encore plus amateur de musique que lui, eut pour Haydn un véritable attachement, et se montra constant admirateur de son génie. Ce prince jouait fort bien du *baryton*, ou violoncelle d'amour, monté de six cordes de boyau sur le chevalet, et de six autres cordes métalliques qui passaient sous la touche. Cet instrument était accordé à l'octave grave de la viole d'amour. Il était propre surtout aux arpéges, et la qualité de ses sons était mélancolique. Haydn écrivit pour le service du prince, dans l'espace de plus de vingt-cinq ans, plus de 150 morceaux de musique où le baryton était employé comme partie principale. La plus grande partie de cette musique fut anéantie dans un incendie qui détruisit tout un quartier de la petite ville d'Eisenstadt; le reste se trouve dans la collection de musique originale qui appartient à la famille Esterhazy; c'est du moins ce qui m'a été affirmé par un des princes de ce nom, à Paris, en 1809.

Dès que Haydn eut une existence assurée, il se souvint de la promesse qu'il avait faite autrefois à son ami, le perruquier de Vienne; et sans amour, uniquement pour acquitter sa parole, il devint l'époux d'Anne Keller, qui n'apporta point le bonheur dans sa maison. L'incommode vertu de cette femme tourmenta longtemps le repos de l'artiste, et lui rendit pénible son intérieur; le pauvre Haydn chercha des consolations près d'une demoiselle Boselli, cantatrice aimable, attachée au service du prince; il est facile de comprendre que la paix du ménage ne s'en trouva pas améliorée. Enfin, une séparation devint nécessaire; à cette occasion Haydn traita sa femme avec beaucoup de générosité.

Peu d'existences d'artistes ont été aussi calmes, aussi uniformes, aussi réglées que celle de Haydn. Son traitement était peu considérable; mais avec les divers avantages dont il jouissait au service d'un prince immensément riche, ce revenu était suffisant pour ses besoins. A Esterhazy, ou dans la petite ville d'Eisenstadt, aucun événement extraordinaire ne venait jamais interrompre le cours régulier d'une vie monotone; chaque jour ressemblait à la veille, et le lendemain ne devait pas être différent. Dans une telle situation, le travail d'un artiste entièrement dévoué à son art, comme l'était Haydn, doit être facile et productif; c'est à cette cause, en effet, qu'il faut attribuer l'énorme quantité d'ouvrages sortis de sa main. Il se levait toujours à six heures du matin, s'habillait avec une sorte de recherche, puis se mettait à une petite table près de son piano et travaillait jusqu'à midi, heure de son dîner. Jamais il ne composa plus de cinq heures par jour; mais ces cinq heures, employées pendant trente ans à la composition, forment, suivant le calcul d'un arithméticien, un total de *cinquante-quatre mille heures* de travail, qui ont suffi pour tout ce qu'on connaît sous le nom du maître, jusqu'au moment de ses voyages en Angleterre. Tous les jours, à deux heures après midi, il y avait un concert d'une heure et demie chez le prince, et, deux fois chaque semaine, opéra le soir. Lorsqu'il n'y avait pas de spectacle, Haydn dirigeait la répétition de quelque morceau nouveau, puis soupait à sept heures, et enfin passait le reste de la soirée avec quelques amis, ou chez Mlle Boselli. Quelquefois, mais rarement, il employait une matinée à la chasse. Pendant le temps de son service chez le prince Esterhazy, il visita plusieurs fois la capitale de l'Autriche à la suite de son maître; mais à peine y était-il arrivé, qu'il reprenait ses habitudes de travail, jusqu'au moment du départ.

Haydn était célèbre depuis longtemps dans toute l'Europe, sans qu'il s'en doutât. Dès 1760, ses premières symphonies furent gravées à Paris, et exécutées au concert des amateurs. Les concerts de la Loge olympique s'établirent ensuite, et les artistes qui les dirigeaient écrivirent à Haydn pour obtenir de lui les six symphonies qui portent le nom du lieu où ces concerts se donnaient; mais cette demande, la première qu'on lui eût faite de l'étranger, ne lui parvint qu'en 1784. Il y avait alors vingt-quatre ans que Haydn était au service du prince Esterhazy, et la plus grande partie de ses ouvrages était composée. Les six symphonies de la Loge olympique sont les plus belles qu'il ait écrites avant son voyage à Londres. L'année suivante, un chanoine de Cadix lui demanda sept morceaux de symphonie dont le sujet devait être pris dans les sept dernières paroles de Jésus-Christ sur la croix. Cette musique devait être exécutée dans une fête qui se célébrait pendant le carême dans la cathédrale de Cadix. La cérémonie religieuse consistait en un prélude d'orgue adapté au sujet; puis l'évêque montait en chaire et prononçait une des sept paroles qu'il accompagnait d'une pieuse exhortation; celle-ci terminée, il descendait de la chaire et se prosternait devant l'autel; pendant ce temps, on exécutait un des morceaux de symphonie. *Les sept paroles* étaient estimées par Haydn comme un de ses meilleurs ouvrages.

Des amis avaient quelquefois donné à l'illustre compositeur le conseil d'entreprendre quelques voyages à l'étranger; mais l'amour du repos, son goût pour la vie calme et méthodique, et l'attachement qu'il avait pour son prince, le retinrent en Hongrie. Vraisemblablement il n'en serait jamais sorti, si Mlle Boselli n'était morte presque subitement. Après la perte de son amie, Haydn commença à sentir du vide dans ses journées; ce fut dans cette disposition d'esprit que les propositions de Salomon, violoniste de Londres, lui furent faites pour aller dans cette ville diriger au piano les concerts qu'on venait de fonder à la salle de *Hannover Square*. Salomon offrait à Haydn cinquante livres sterling pour chaque concert, dont le nombre était fixé à vingt. De plus, il laissait au compositeur la propriété des symphonies qu'il écrirait. C'était beaucoup plus que ce que Haydn aurait osé demander : il accepta ces propositions, et arriva à Londres en 1791 (1). Il y resta une année, et dans ce court espace de temps y écrivit six de ses douze grandes symphonies, des sonates de piano, et beaucoup d'autres compositions. Il était alors âgé de cinquante-neuf ans. L'arrivée de Haydn dans la capitale de l'Angleterre y produisit une grande sensation; rien n'avait été ménagé par Salomon pour faire comprendre à ses compatriotes l'immense mérite du compositeur. Les concerts de *Hannover Square* furent à la mode; les symphonies de Haydn reçurent d'unanimes applaudissements, et les Anglais déclarèrent leur auteur un grand homme. De nouveaux engagements pris avec Haydn le ramenèrent à Londres en 1793; il y écrivit ses six dernières grandes symphonies, dont les dimensions sont encore plus larges que celles de ses autres ouvrages. L'enthousiasme des Anglais pour ses productions parut s'augmenter encore. L'université d'Oxford lui offrit le diplôme de docteur en musique. Le prince de Galles (depuis lors Georges IV, roi d'Angleterre) voulut avoir son portrait peint par Reynold; le roi Georges III, qui n'avait jamais aimé que la musique de Hændel, goûta celle de Haydn, et chercha à le fixer en Angleterre; enfin, la faveur publique s'attacha à toutes ses compositions. Les moindres productions de sa plume étaient recherchées avec tant d'empressement, qu'un marchand de musique lui paya quatre cents livres sterling (10,000 francs) pour mettre des accompagnements de piano à deux recueils d'airs écossais. L'entrepreneur du théâtre de Hay-Market, nommé *Gallini*, l'avait engagé pour écrire un opéra d'*Orphée;* mais des difficultés s'élevèrent pour le privilége du spectacle, et Haydn, impatient de rentrer dans sa paisible situation, ne voulut pas attendre : il quitta Londres avec onze morceaux de sa partition, qui n'a jamais été achevée. De retour en Allemagne, il y donna des concerts dans plusieurs villes avant de se rendre à Eisenstadt : il n'arriva dans cette résidence que vers la fin de 1794.

Avant son premier voyage à Londres, Haydn n'avait épargné, en trente années, qu'environ cinq mille francs. On ne sera point étonné de la modicité de cette somme, quand on saura que tout son revenu consistait dans le faible traitement qu'il recevait du prince Esterhazy, et que ses ouvrages n'avaient jamais été rétribués avant que la Loge olympique lui eût demandé six symphonies qui lui furent payées six cents livres chacune. Le produit de ses deux voyages et de quelques concerts porta son avoir à trente mille florins (environ soixante-six mille francs). Plus tard il ajouta à cette somme vingt-quatre mille francs que lui rapportèrent ses partitions de *la Création* et des *Quatre Saisons*. Le revenu d'un capital de moins de quatre-vingt-dix mille francs composa donc toute sa fortune. Il était âgé de soixante-deux ans lorsqu'il revint en Allemagne. Le besoin du repos lui fit demander sa retraite au prince Esterhazy; il l'obtint avec une pension, acheta une petite maison avec un jardin à Vienne, dans le faubourg de Gumpendorf, sur la route de Schœnbrunn, et s'y retira pour y passer le reste de ses jours.

L'éclat des succès de Haydn en Angleterre, plus encore peut-être que la beauté des douze grandes symphonies qu'il y avait composées, augmenta beaucoup sa renommée en Allemagne. Plusieurs fois il a déclaré lui-même que ce fut surtout *depuis lors que sa personne et ses ouvrages* excitèrent de l'intérêt à Vienne, et que l'envie des musiciens de cette capitale parut cesser (1). Quant à lui, sa vie continua d'être re-

(1) Carpani dit que ce fut en 1790, mais il se trompe : Haydn arriva à Londres six mois avant l'ouverture des concerts de *Hannover Square*, dont le premier fut donné le 4 février 1792 Le même auteur se trompe aussi sur la date du deuxième voyage de Haydn à Londres, en le plaçant en 1795 : c'est en 1793 qu'il eut lieu

(1) C'est ici le lieu de réfuter une anecdote que Framery et Le Breton ont donnée sur l'autorité de Pleyel, élève de Haydn, et qui a pour objet de ternir la réputation de Gassmann (*voy.* ce nom). Voici comme Le Breton rapporte cette anecdote :

« L'empereur Joseph II eut le désir de se l'attacher (Haydn), en l'adjoignant à son maître de chapelle Gassmann, compositeur très-médiocre, mais intrigant. L'empereur en parla à ce Gassmann, qui feignit d'être lié avec Haydn, et affecta d'être bien aise de l'avoir pour adjoint; mais il ajouta, avec le ton de la franchise, qu'il ne devait pas dissimuler à Sa Majesté qu'Haydn manquait d'imagination, et que sa réputation était fondée sur une extrême habileté à s'emparer des idées des autres et à les arranger; qu'il était à l'affût de toutes les nouveautés pour en faire aussitôt son profit. Il proposa à l'empereur de l'en convaincre sous peu de jours, en plaçant Haydn dans l'orchestre et sous les yeux de Sa Majesté elle-même à la représentation d'un nouvel opéra qu'on allait donner. En effet, Haydn, invité par Gassmann, fut placé à côté de lui, et le maître de chapelle, feignant d'avoir oublié son

tirée, et le travail en remplit la plus grande partie. Il était ami du baron Van Swieten, bibliothécaire de l'empereur, homme instruit, même en musique, et qui n'était pas étranger à la composition. Ce littérateur, partisan comme beaucoup d'autres du système de l'imitation de la nature dans les arts, s'était persuadé qu'il restait à créer un genre de musique imitative et descriptive, qui serait le dernier terme du but de cet art. L'idée d'un oratorio, ou plutôt d'une cantate, dont le sujet était la création du monde, se présenta à lui; il proposa à Haydn de le mettre en musique; et ce maître, parvenu à l'âge de soixante-trois ans, le commença en 1795. Il employa deux années entières à l'écrire : quand on l'engageait à se hâter, il répondait tranquillement : *J'y mets beaucoup de temps, parce que je veux qu'il dure beaucoup*. Au commencement de 1798, l'ouvrage fut terminé : dans le carême suivant il fut exécuté pour la première fois au palais du prince de Schwartzemberg, aux dépens de la Société des amateurs. Haydn dirigeait lui-même l'orchestre, composé de tout ce qu'il y avait à Vienne de talents distingués. Dans l'assemblée nombreuse et brillante qui assistait à cette séance, on remarquait l'élite de la cour, des gens de lettres et des artistes. « Nous vîmes (dit Carpani) se dérouler devant « nous une longue suite de beautés inconnues « jusqu'à ce moment : les âmes, surprises, ivres « de plaisir et d'admiration, éprouvèrent pen- « dant deux heures consécutives ce qu'elles « avaient senti bien rarement : une existence « heureuse, produite par des désirs toujours « plus vifs, toujours renaissants et toujours sa- « tisfaits. »

Le succès de *la Création* détermina le baron Van Swieten à écrire le poëme des *Quatre Saisons*, dont il prit le sujet dans Thompson. Son goût pour la musique descriptive lui avait fait préparer une suite de tableaux où le compositeur avait à peindre la neige, les vents de l'hiver, les orages de l'été, les travaux de la campagne, la chasse, les plaisirs champêtres. Haydn acheva cette sorte d'oratorio vers la fin de l'année 1800, et les meilleurs artistes de Vienne l'exécutèrent trois fois de suite, dans les salons du prince de Schwartzemberg, les 24, 27 avril et 1er mai 1801. De beaux détails, où l'expérience consommée d'un grand artiste se fait remarquer, brillent dans cette dernière production du génie de Haydn. Ce n'était pas sans peine qu'il avait atteint la fin de son œuvre, car ses forces physiques diminuaient déjà d'une manière sensible. Il écrivit encore après cela trois quatuors. Les deux premiers parurent en 1802 : ce sont les numéros 82 et 83. On y retrouve encore cette élégante disposition des idées, cette lucidité de conception qui sont les caractères distinctifs du talent de Haydn. Le troisième quatuor, le seul que Haydn a écrit dans le ton de *la* mineur, fut publié seul. Il n'est point achevé; à la place du dernier morceau qui manque, Haydn a écrit une phrase musicale, en *la* majeur, sur ces paroles :

Hin ist alle meine Kraft; alt und schwach bin ich.

ce qui signifie :

Mes forces m'ont abandonné; je suis vieux et faible.

Ce fut par ordre de son médecin qu'il cessa de s'occuper de ce morceau, qui lui avait coûté plus d'un an de travail. Quand il se mettait à son piano, il avait des vertiges, et le médecin craignait l'apoplexie. Depuis lors il ne sortit

agenda et ses lunettes, pria Haydn, qu'il savait être toujours pourvu des moyens d'écrire les idées que son génie abondant lui fournissait, de tenir note, pour l'empereur qui l'avait demandé, des thèmes de tous les morceaux que lui Gassmann indiquerait. A chaque motif neuf ou piquant, le genou d'Haydn était pressé, et sa main docile écrivait. L'empereur fut persuadé. Si ce prince eût réfléchi qu'il était plus sûr de s'en rapporter à la renommée qu'à un avis qui pouvait être suspect, et qu'il était impossible qu'un plagiaire habituel ne fût dénoncé à l'opinion publique par les auteurs intéressés à réclamer contre lui, il n'aurait pas été dupe de la fourberie de Gassmann, et, ce qui est plus grave pour un souverain, il n'aurait pas sacrifié un homme de génie à un vil intrigant. Au reste, la modestie de Haydn et l'isolement dans lequel il vivait assuraient l'impunité de Gassmann. Cette anecdote, qui est une de celles que M. Pleyel tient de son illustre maître, est en quelque sorte garantie par le mépris attaché au nom de Gassmann. »

Tout est de nature à causer de l'étonnement dans ce récit; tout en démontre la fausseté. D'abord, à quelle époque de la vie de Haydn se rapporte-t-il? Si c'est au temps où Haydn était au service de la famille Esterhazy, jamais ce grand artiste ne manifesta le désir d'abandonner des princes pour qui son attachement était sans bornes; il refusa même tous les avantages qui lui furent offerts pendant trente ans, afin de ne pas s'en séparer. S'agit-il de temps antérieurs à son entrée dans cette famille, alors il est évident que l'empereur Joseph II n'a pu vouloir faire de Haydn son second maître de chapelle, car il ne monta sur le trône impérial qu'en 1765. D'ailleurs ce prince était bon musicien, jouait bien du violoncelle, et n'avait besoin de consulter personne pour connaître le mérite de Haydn. A l'égard de Gassmann, représenté comme un vil intrigant et comme un homme généralement méprisé, on peut affirmer, au contraire, que jamais le moindre bruit injurieux ne s'est élevé contre lui, et qu'on ne trouve rien de pareil dans les biographies allemandes. Enfin, pour faire de ce même Gassmann un compositeur *très-médiocre*, il faut ne rien connaître de ses ouvrages, et ne savoir pas même qu'il était auteur de l'*Olimpiade*, d'*Achille in Sciro*, de l'*Amore e Psiche*, du célèbre oratorio *Betulia liberata*, d'un *requiem*, et de beaucoup d'autres bons ouvrages. Il faut d'ailleurs remarquer qu'on parle de l'oubli de ses lunettes, et qu'il n'en porta jamais. N'en doutons pas, cette histoire a été faite à plaisir. Jamais Haydn n'en parla à Carpani ni à son biographe *Dies*.

plus de sa petite maison. De temps en temps seulement il envoyait à ses amis des billets de visite où était tracée la fin de son dernier quatuor. Beaucoup de musiciens de ce temps se persuadèrent que c'était le sujet d'un canon énigmatique, et se creusèrent en vain la tête pour y trouver une solution satisfaisante, qui n'existe point dans le sujet de ce prétendu canon. On publia alors dans les journaux allemands de fort mauvais morceaux d'harmonie qu'on proposait comme des solutions de ce sujet; Porne en fit paraître un à Paris, et plusieurs autres musiciens l'imitèrent.

La Création n'est pas le meilleur ouvrage de Haydn, bien que cette partition contienne de fort belles choses; on n'y trouve point la force d'invention qui brille dans les œuvres instrumentales du grand artiste. Toutefois, de toutes ses productions, ce fut celle qui eut le plus de retentissement en Europe, parce qu'elle venait clore avec éclat une existence d'artiste depuis longtemps célèbre. A Paris, Steibelt arrangea une traduction française de cet ouvrage sur la musique de Haydn, et cette traduction fut exécutée à l'Opéra le 3 nivôse an IX (24 janvier 1801). Ce fut à l'occasion de cette solennité musicale qu'eut lieu l'explosion de la machine infernale, au moment où le premier consul (Napoléon Bonaparte) se rendait à l'Opéra. L'émotion causée par un tel événement nuisit à l'effet de l'œuvre de Haydn; mais les artistes qui avaient concouru à l'exécution voulurent témoigner leur admiration à l'illustre compositeur, en faisant frapper en son honneur une médaille d'or, qui lui fut remise par l'ambassadeur de France à Vienne, avec une lettre dont le style n'est pas trop bon, mais dont les sentiments sont honorables. D'autres médailles lui furent aussi envoyées comme des témoignages d'admiration par la Société philharmonique de Pétersbourg, par le Conservatoire de musique de Paris, dans la même année, et par la Société académique des enfants d'Apollon, qui le nomma un de ses membres. L'Institut de France le choisit pour un de ses associés; l'Institut de Hollande, l'Académie de musique de Stockholm, et la Société du *Felix Meritis* d'Amsterdam, imitèrent cet exemple.

Dans les derniers temps de sa vie, Haydn, dont les facultés s'étaient insensiblement affaiblies, n'était occupé que de deux idées : la crainte d'être malade, et celle de manquer d'argent. A chaque instant il prenait quelques gouttes de vin de Tokai pour ranimer ses forces. C'était toujours avec grand plaisir qu'il recevait les petits présents qui pouvaient diminuer sa dépense. Les visites de ses amis le réveillaient un peu, et il prenait part à la conversation quand elle avait pour objet la musique, particulièrement ses ouvrages, les anecdotes qui le concernaient, et surtout ses voyages à Londres, le grand événement de sa vie.

L'idée de la perte prochaine d'un si grand homme occupait tous les musiciens et amateurs de Vienne; ils résolurent de lui donner un dernier témoignage de leur profonde vénération, en exécutant sous ses yeux *la Création* avec la traduction italienne de Carpani. Cent soixante exécutants se réunirent à cet effet chez le prince de Lobkowitz. Parmi les chanteurs on remarquait Weitmüller, Radichi et Mme Fischer de Berlin. Environ quinze cents personnes étaient réunies dans la salle. Le vieillard, malgré sa faiblesse, fut apporté dans un fauteuil au milieu de cette foule émue par sa présence et par l'objet de la fête. La princesse Esterhazy et madame de Kurbeck, ancienne élève de Haydn et son amie, allèrent au-devant de lui : des fanfares annoncèrent son entrée dans la salle. On le plaça au milieu de trois rangs de siéges destinés à tout ce qu'il y avait d'illustre à Vienne. Salieri, qui devait diriger l'orchestre, vint avec émotion presser les mains du vieux maître, qui l'embrassa : bientôt après, l'orchestre commença au milieu de l'attendrissement général. Environné de grands personnages, dit Carpani, d'artistes, de femmes charmantes dont les yeux étaient fixés sur lui, écoutant les louanges de Dieu que lui-même avait trouvées dans son cœur, Haydn fit dans cette mémorable séance un bel adieu au monde et à la vie.

Le médecin Capellini, homme d'un rare mérite, placé près de Haydn, vint à remarquer que les jambes de l'artiste célèbre n'étaient point assez couvertes; à peine en a-t-il dit un mot à ses voisins, que les plus beaux châles vinrent entourer et réchauffer les pieds du vieillard. Ému par tant de gloire et de témoignages d'attachement, Haydn sentit ses forces s'affaiblir. On enleva son fauteuil; mais au moment de sortir de la salle il fit arrêter les porteurs, remercia le public par une inclination; puis, se tournant vers l'orchestre, par une idée tout allemande, il leva les mains au ciel, et, les yeux pleins de larmes, il bénit les dignes interprètes de son génie.

Avant d'entrer dans sa soixante-dix-huitième année, Haydn sentit ses forces s'affaiblir de plus en plus, et ses facultés morales suivirent la même décadence. Un mouvement machinal, résultat de près de cinquante ans de travaux réguliers, le portait encore chaque jour vers son piano, mais bientôt sa tête se troublait, et ses mains quittaient le clavier pour prendre son rosaire, consolation de ses derniers jours. Tout à coup, la guerre s'étant rallumée entre la France et l'Autriche, dans l'année 1809, le souvenir de l'envahissement de Vienne, quatre ans auparavant, ranima pour un instant Haydn, et fit naître dans son esprit des craintes pour son empereur. A chaque instant il demandait des nouvelles, allait au piano, et avec sa voix éteinte chantait l'hymne national :

Dieu, sauvez François !

Après une campagne, qui ne fut guère qu'une course jusqu'à Vienne, l'armée française arriva dans la nuit du 10 mai à une demi-lieue du petit jardin de Haydn, et le lendemain, quinze cents coups de canon retentirent à son oreille. Quatre obus vinrent tomber près de sa maison ; pleins de frayeur, ses domestiques accoururent près de lui. Le vieillard se ranime alors, se lève de son fauteuil, et dit, plein d'animation : *Pourquoi cette terreur? Sachez qu'aucun mal ne peut arriver là où se trouve Haydn*. Cependant une agitation convulsive l'empêche de continuer : on le porte dans son lit. Le 26 mai sa faiblesse était extrême; néanmoins, s'étant fait porter à son piano, il chanta trois fois avec ferveur :

Dieu, sauvez François !

Ce furent ses derniers accents. Encore assis à son piano, il tomba dans une espèce d'assoupissement, et enfin il s'éteignit le 31 mai, vers le matin, à l'âge de soixante-dix-sept ans et deux mois. Il fut inhumé sans pompe dans le cimetière de Gumpendorf; mais quelques semaines après on exécuta en son honneur, dans l'église des Écossais, le *Requiem* de Mozart. Plusieurs villes de l'Allemagne imitèrent l'exemple des artistes de Vienne, et une belle cantate de Cherubini, sous le titre de *Chant funèbre sur la mort de Haydn*, fut entendue dans un concert du Conservatoire de Paris, et y causa une vive impression.

Une piété sincère était au fond du cœur de Haydn; il rapportait à Dieu tous les triomphes de son génie. On trouve au commencement de toutes ses partitions originales ces mots : *In nomine Domini*, ou ceux-ci : *Soli Deo gloria*, et à la fin de toutes : *Laus Deo*. Lorsqu'au milieu de ses travaux il sentait son imagination se refroidir, ou si quelque difficulté l'arrêtait, il se levait de son piano, prenait son rosaire et le récitait. Il disait que toujours ce moyen lui avait réussi. Il laissa par son testament 12,000 florins aux deux fidèles domestiques qui l'avaient servi pendant les vingt dernières années de sa vie. Le reste de sa petite fortune, composé de 38,000 florins, de sa maison, de ses manuscrits et de son mobilier, devint la propriété d'un de ses parents, qui était maréchal ferrant. Ses manuscrits furent achetés par le prince Esterhazy; le le prince Lichtenstein eut le vieux perroquet qui avait passé plus de quarante ans près de l'illustre compositeur, et le paya 1,400 florins (plus de 3,000 francs). On ignore qui eut sa montre : elle lui avait été donnée par l'amiral Nelson, qui, passant à Vienne, lui avait demandé en échange une des plumes dont il se servait.

Haydn est à juste titre considéré comme un des plus grands musiciens des temps modernes : ses ouvrages ont plus fait pour le développement des richesses de la musique instrumentale que les productions de plusieurs centaines d'autres artistes qui l'avaient précédé. Sa pensée ne se pique pas d'une originalité recherchée; elle paraît même quelquefois d'une simplicité trop nue au premier aspect ; mais bientôt on s'aperçoit qu'elle a été conçue avec des développements qui en font une grande et belle chose. La lucidité y brille partout, et l'art le plus parfait se manifeste dans toutes les transformations de cette pensée, si simple en apparence, et dans leur enchaînement. Toujours abondant, sans être jamais diffus, Haydn a mieux connu que qui que ce soit les proportions convenables d'un morceau, en raison de la nature d'un thème; jamais il ne laisse désirer quelque chose; jamais il ne fait regretter qu'il n'ait pas fini plus tôt. Pour bien comprendre le mérite des symphonies et des quatuors de ce grand artiste, il faut savoir ce que ce genre de composition avait été entre les mains de ses devanciers, ou des contemporains de sa jeunesse ; il faut avoir examiné avec attention les quatuors et les symphonies d'Agrell, d'Aspelmaier, de Crœner, de Filtz, de Harrer, de Hertel, de Léopold Hoffmann (de Vienne), de Scheibe, de Seiffert, de Werner, de Zach et d'autres. Bien que non dépourvus de mérite, les ouvrages de ces musiciens semblent être tous jetés dans le même moule; ce sont toujours les mêmes formes, les mêmes dispositions, le même ordre dans le retour des idées, et les thèmes même ont tant d'analogie, qu'il est à peu près impossible de distinguer le style de l'un de celui de l'autre. Un compositeur italien, nommé *Sammartini*, paraît seul avoir exercé quelque influence sur la direction des idées de Haydn, dans sa jeunesse. Celui-là était un homme de génie; mais il était si peu soigneux de sa gloire; il avait tant de hâte dans sa manière d'écrire ; il a produit une si grande quantité de symphonies, de quatuors, de trios, et de compositions de tous genres, qu'il n'a pu qu'en ébaucher la facture, et qu'il n'a point tiré de ses heureuses facultés le fruit qu'on aurait pu en attendre; le nombre des morceaux sortis de sa plume surpasse *deux mille*. Haydn avait entendu des symphonies de Sammartini dans sa jeunesse, et avait été frappé de l'élégance des idées qui y sont répandues à profusion, et de la clarté du style. Il y a lieu de croire qu'il les prit d'abord pour modèles; mais bientôt son génie s'éleva plus haut, et le cachet de son individualité s'imprima si bien à tout ce qui sortit de sa main, qu'on oublia son point de départ. Ses premières sonates de piano, ses premiers trios, ses premiers quatuors, ses premières symphonies, ont peu d'étendue; mais dans leurs proportions on aperçoit déjà un plan complet, une grande netteté de pensée, enfin une rare élégance de formes. Vient ensuite un curieux et intéressant spectacle : celui de l'agrandissement progressif des idées de l'artiste, qui l'a conduit par degrés aux douze grandes symphonies de Londres, et aux cinquante derniers quatuors, modèles admirables de conception et de facture.

Dans la musique instrumentale, les compositions de Haydn brillent de je ne sais quel sentiment pur, vrai, naturel, qui ne se trouve point ailleurs. Mozart est plus passionné, plus entraînant; Beethoven a plus de fougue, plus d'énergie, plus de fantaisie; mais personne n'a ce charme doux et tranquille, cette facilité d'énonciation, ce cachet d'une âme pure, qui se manifestent dans les œuvres de ce grand homme. Nonobstant les transformations que l'art a déjà subies, et celles qui l'attendent encore, les productions de Haydn resteront toujours aux yeux des connaisseurs comme des types d'un genre de beautés impérissables. Malheur à l'artiste qui demeurerait insensible à ces beautés, séduit par des formes plus nouvelles! Celui-là serait sans nul doute une homme borné dans ses facultés de sentir et de juger. De telles œuvres ne sont destinées à vieillir que pour l'ignorance et la prévention.

Haydn a écrit pour le théâtre huit opéras allemands et quatorze opéras italiens : la nature ne l'avait pas créé pour s'élever dans ce genre de compositions à la hauteur où il est parvenu dans la musique instrumentale. Ses mélodies ne manquent ni de grâce ni de suavité, mais le sentiment dramatique y est faible, et tout démontre, même dans ses meilleurs opéras, qu'il n'entrait qu'avec difficulté dans l'esprit de la scène. Pour être lui-même, il avait besoin de jouir de toute la liberté de son génie et de n'avoir point d'entraves; au surplus il s'était rendu justice à cet égard dans sa vieillesse, et avouait qu'il avait été inférieur à ses œuvres instrumentales lorsqu'il avait écrit pour le théâtre (1)

Dans la musique d'église, Haydn ne s'est élevé au-dessus de ses contemporains que par les détails de la facture et les agréments des mélodies; quant au style général de ce genre de composition, il n'y a point porté de grandes vues, pour l'approprier à son objet et le rendre digne de la majesté de l'église. Le caractère religieux y manque; non que Haydn, dont l'âme était pieuse, n'ait eu l'intention de l'y mettre; mais tout ce qu'il avait entendu et exécuté lui-même depuis son enfance était composé dans un système uniforme, où le caractère de la musique mondaine était admis. Il a suivi la route qui lui était tracée, au lieu de s'en frayer une nouvelle, et ne s'est distingué des autres compositeurs de musique d'église de son temps que par les qualités de son talent. Les messes de Haydn sont toutes agréables; on les entend avec plaisir, mais elles n'élèvent point l'âme.

Dans ses oratorios et dans ses cantates il s'est acquis une juste célébrité, quoiqu'il soit resté infé-

(1) Il ne sera pas inutile de faire voir à ce sujet la fausseté d'une anecdote rapportée par Framery et Le Breton, dans leurs notices historiques sur Haydn. Voici comment s'exprime le dernier de ces biographes :

« Pendant que Haydn était absent pour remplir une mission, le quartier qu'il habitait dans la ville d'Eisenstadt fut entièrement consumé par les flammes. Haydn y perdit, avec sa maison, tout ce qu'elle contenait. Le prince ordonna sur-le-champ de lui en faire rebâtir une pareille au même endroit, et il chargea M. Pleyel du soin de remplacer les meubles, le linge, les ustensiles, tout enfin ce que l'incendie avait dévoré, par des effets exactement semblables. Le disciple exécuta l'ordre avec autant d'activité que de zèle; et quand Haydn revint, instruit du désastre d'Eisenstadt, et désolé du sien, il crut un instant que sa maison avait été épargnée comme par miracle. La reconnaissance succéda à la surprise; mais l'unique partition de son *Armide*, qu'il préférait avec raison à tous ses autres opéras, avait péri, et rien ne pouvait le consoler de ce malheur, dont il n'osait pas même se plaindre, dans la crainte de paraître peu sensible à la générosité qui avait si noblement réparé toutes ses autres pertes. M. Pleyel, après avoir été l'agent des bontés du prince, devint à son tour le bienfaiteur de son maître. Par une infidélité heureuse, au moins dans le résultat, il avait fait copier furtivement toute la partition que Haydn ne communiquait à personne, et qu'il avait refusé positivement de lui confier. Cette faute, ou cet acte de prévoyance, rendit le bonheur à Joseph Haydn, dont le chagrin commençait à détruire la santé. »

Par malheur pour ce petit roman, l'incendie de la maison de Haydn eut lieu en 1774, et *Armide* ne fut écrit qu'en 1782. De plus, la partition originale de cet opéra se trouvait en 1810 à Vienne, entre les mains de l'entrepreneur du théâtre de la Porte de Carinthie; enfin, loin de considérer son *Armide* comme le meilleur de ses opéras, Haydn lui préférait *La Fedeltà premiata* et l'*Orlando paladino*. Tous les renseignements fournis à Framery et à Le Breton par Pleyel manquent d'exactitude.

rieur à Hændel dans les chœurs, sous le rapport de l'élévation des idées et de la grandeur du style. Son premier ouvrage en ce genre fut *le Retour de Tobie*; il l'écrivit dans sa jeunesse. Plus tard, il en comprit les défauts, et le retoucha; mais il ne parvint jamais à en faire une composition remarquable. *La Création du monde* est ce qu'il a fait de mieux en ce genre : elle renferme des beautés de premier ordre. On sait quel a été le succès de cet ouvrage, qui restera toujours comme un des beaux monuments de l'art. Moins nerveuse, moins énergique, la cantate des *Quatre Saisons* fut le dernier soupir du talent de Haydn. De beaux morceaux, des traits de génie se font encore remarquer dans cette œuvre.

La fécondité de Haydn ne peut s'expliquer que par l'assiduité régulière au travail qu'il a conservée toute sa vie, comme on l'a vu précédemment. Le nombre de ses ouvrages est si considérable, qu'il n'en avait pas lui-même conservé un souvenir exact dans sa vieillesse. La liste qu'il en a remise à Carpani, pour ses mémoires, renferme 118 symphonies; 163 morceaux pour le baryton; 50 divertissements, sextuors et quintettes, pour divers instruments; 13 concertos, 19 messes, 4 offertoires, 1 *Te Deum*, 1 *Stabat Mater*, 6 motets et chœurs d'église; 83 quatuors pour 2 violons, alto et basse; plusieurs œuvres de trios pour 2 violons et violoncelle, ou violon, alto et basse; 44 sonates pour piano avec et sans accompagnement; 4 concertos pour orgue et pour clavecin; 12 divertissements, fantaisies, caprices, etc., pour piano; 4 oratorios; 13 cantates à trois et à quatre voix; 8 opéras allemands; 14 opéras italiens; 42 allemandes; quelques chansons italiennes et des duos pour le chant; 39 canons à plusieurs voix; plusieurs chœurs, dont un célèbre, intitulé *la Tempête*; 32 danses et menuets pour l'orchestre; 24 chansons et ballades anglaises; 366 chansons écossaises arrangées avec accompagnement d'orchestre ou de piano; une ouverture détachée pour le théâtre de Covent-Garden, à Londres, et quelques petites compositions de différents genres. En totalité, environ *huit cents compositions*, grandes et petites. Le détail suivant de tous ces ouvrages est aussi exact qu'on le peut faire aujourd'hui. Il est difficile d'éviter les erreurs dans une telle nomenclature, parce que les éditeurs de France, d'Allemagne et d'Angleterre ont établi des séries différentes dans l'ordre des ouvrages.

Opéras allemands : 1° *Le Diable boiteux*, à Vienne. — 2° *Philémon et Baucis*, petit opéra pour le théâtre des marionnettes des jeunes princes Esterhazy, en 1773. — 3° *Le ballet des sorcières*, pour le même théâtre, 1773. — 4° *Geneviève de Brabant*, pour le même théâtre, 1777. — 5° *Didon*, pour le même théâtre, 1778. — 6° *Le Voleur de pommes*, 1779. Cet ouvrage a été joué à Berlin en 1791. — 7° *Le Conseil des Dieux*, 1780. — 8° *L'Incendie*, opéra en deux actes. — 9° Musique pour la Comédie *Der Zerstreute* (l'Étourdi). — 10° Musique pour le drame *Gœtz de Berlichingen*. — Opéras-Italiens : 11° *La Cantarina*, 1769. — 12° *L'Incontro improviso*. — 13° *Lo Speziale*. — 14° *La Pescatrice*, 1780. — 15° *Il Mondo della luna*. — 16° *L'Isola disabitata*. — 17° *Armida*, 1782. 18° *L'Infedeltà fedele*. — 19° *La Fedeltà premiata*. — 20° *La Vera costanza*, 1786. — 21° *Acide e Galatea*. 22° *Orlando paladino*, en trois actes. Les airs et l'ouverture de cet opéra, arrangés pour le piano, ont été publiés à Bonn, chez Grosheim, en 1799. — 23° *L'Infedeltà delusa*. — 24° *Orfeo*, à Londres, en 1794. Onze morceaux seulement de cet opéra ont été écrits; l'ouvrage n'a pas été représenté. Gerber cite un opéra français (*Laurette*) qui aurait été écrit par Haydn, pour Paris, en 1791; c'est une erreur : cet opéra est un pastiche arrangé sur des morceaux pris dans les œuvres de ce maître.

II. Oratorios : 25° *Il ritorno di Tobia*, commencé en 1763, puis interrompu, et enfin achevé en 1775; retouché en 1793. — 26° *Les sept paroles de Jésus-Christ sur la croix*, 1783, pour Cadix. Cette composition fut d'abord écrite en symphonie, et publiée sous cette forme en 1787, à Paris; plus tard, Michel Haydn, frère de celui qui est l'objet de cet article, y ajouta un texte allemand, et lui donna la forme d'un oratorio. La partition, ainsi arrangée, a paru à Leipsick, chez Breitkopf. — 27° *La Création du monde*, texte du baron Van Swieten, 1re édition; Vienne, 1800, in-fol. La partition a été traduite en français par Desriaux et en italien par Cerutti; Paris, Pleyel, 1801, in-fol. La même partition, traduite en français par le comte de Ségur; Paris, Érard, 1802. Le même ouvrage a été publié en partition pour le piano arrangée par Neukomm; Vienne, 1800. Idem, avec texte allemand et anglais, à Offenbach, chez André. Idem, avec texte allemand, arrangée par Müller; Leipsick, Breitkopf et Hærtel. Deux éditions de cette partition, réduite, ont été publiées par les mêmes éditeurs. Idem, avec la traduction française de Desriaux et la traduction italienne de Cerutti; Paris, Pleyel, 1801. Idem, avec la traduction française de Ségur, arrangée pour piano par Steibelt; Paris, Érard. Idem, traduite en français par Porro; Paris, Porro, 1801. Idem, en allemand; Berlin, Rellstab. Idem, avec la traduction italienne de Carpani; Vienne, 1802. Le même ouvrage a été arrangé plusieurs fois en harmonie pour des instruments à vent, en quatuors pour 2 violons, alto et basse, et en sonates de piano, à Vienne, à Bonn, à Paris, etc. — 28° *Les Quatre Saisons;* avec texte allemand de Van Swieten, en partition ; Vienne, 1803. Idem à Leipsick, chez Breitkopf et Hærtel. Idem, en partition réduite pour le piano ; ibid. Idem, traduite en français par Porro, Paris, Porro. Le même ouvrage a été arrangé en harmonie.

MUSIQUE D'ÉGLISE. 29° Messe à 4 voix et instruments, intitulée *Celensis*. — 30° Deux messes ayant pour titre : *Sunt bona mixta malis*, à 4 voix, orchestre et orgue. — 31° Deux messes brèves, à 4 voix et instruments. — 32° Messe de Saint-Joseph, idem. — 33° Six messes pour le temps de guerre. idem. — 34° Sept messes solennelles, idem. Sept de ces messes ont été publiées à Leipsick, chez Breitkopf et Hærtel, en grande partition. La huitième a paru à Vienne, chez Haslinger. La première (en *sol*) a été publiée à Bonn chez Simrock. Porro a donné aussi à Paris une édition de la messe impériale (en *ré*) en partition. Novello (*voy.* ce nom) a publié à Londres *seize messes* de Haydn arrangées avec accompagnement d'orgue, pour remplacer l'orchestre. — 35° *Stabat mater*, à 4 voix et orchestre, en partition ; Leipsick, Breitkopf et Hærtel. Une autre édition du même ouvrage a été publiée à Paris, chez Sieber. — 36° *Stabat mater*, différent du précédent ; Londres, 1784. Le même, avec un texte allemand arrangé par Hiller ; Leipsick. Le même, arrangé pour piano ou orgue, Spire, 1790. — 37° Grand *Te Deum*, à 4 voix et orchestre, en latin et en français ; Paris, Porro. — 38° Petit *Te Deum*, à 4 voix et orchestre ; Leipsick, Breitkopf et Hærtel ; Vienne, Diabelli. — 39° Offertoire (*insanæ et vanæ curæ*), à 4 voix, orchestre et orgue, Vienne, Diabelli. Idem, Leipsick, Breitkopf et Hærtel. — 40° Offertoire (*O fons pietatis*), à 4 voix, orchestre et orgue ; Paris, Porro. — 41° Deux autres offertoires, à 4 voix, 2 violons, alto, orgue, 2 trompettes et timbales, en manuscrit, chez le prince Esterhazy. — 42° *Domine salvum fac*, et *Vivat in æternum*, à 4 voix et orgue ; Paris, Porro. — 43° *Salve Regina* (en *sol* mineur), à 4 voix, orchestre et orgue ; ibid. — 44° *Salve Regina*, pour soprano solo, orchestre et orgue, en manuscrit, chez le prince Esterhazy. — 45° *Salve Redemptor* (en *sol* mineur), pour contralto, 2 violons, viole, hautbois obligé, et orgue, en manuscrit. — 46° *Chorus de Tempore*, à 4 voix, 2 violons, viole, 2 hautbois et orgue. — 47° Hymne en allemand (*Allmæchtiger, Preis dir und Ehre*), à 4 voix et orchestre, en partition ; Leipsick, Breitkopf et Hærtel, idem, les parties séparées, à Bonn, chez Simrock. — 48° Hymne en allemand (*Walte gnædig*, etc.), à 4 voix et orchestre, en partition ; Leipsick, Breitkopf et Hærtel. Idem, les parties séparées ; Bonn, Simrock. — 49° *Lauda Sion Salvatorem*, à 4 voix, orchestre et orgue, en manuscrit, chez le prince Esterhazy. — 50° Cantique pour l'avent, en duo pour soprano et basse, avec orchestre et orgue, en manuscrit ; idem. — 51° *Les dix Commandements de Dieu*, en dix canons à plusieurs voix ; Vienne, 1810. — 52° 56 Graduels à 4 voix et instruments publiés en partition sous ce titre : *Ecclesiasticon, eine Sammlung Classicher Kirchenmusik;* Vienne, Diabelli.

IV. MUSIQUE VOCALE DE CONCERT ET DE CHAMBRE : 53° *Ariane à Naxos*, cantate à voix seule et orchestre ; Vienne, Artaria, 1797 ; Leipsick, Kuhnel ; Paris, Janet ; Milan, Ricordi ; Bonn, Simrock. — 54° *Der Sturm* (la Tempête), chœur avec orchestre, en italien et en allemand, partition, Leipsick, Breitkopf et Hærtel. — 55° Cantate pour soprano solo (*Ah! come il cor mi palpita*) avec orchestre, en partition ; Vienne, 1783. On trouve l'analyse de ce morceau dans le *Magasin musical* de Cramer (1re ann. p. 1073). — 56° Air pour soprano (*Or vicino a te*), avec orchestre, en partition ; Vienne, 1788. — 57° *Plaintes de l'Allemagne sur la mort de Frédéric le Grand*, cantate pour voix de baryton avec orchestre, composée en 1787. — 58° 9 Chansons et romances, avec accompagnement de piano ; Vienne, Artaria, 1788. — 59° 6 Chants à voix seule et piano, 1er recueil ; Vienne, Artaria ; 2e recueil, idem, ibid. ; 3e idem, ibid. ; 4e idem, ibid. ; 5e idem, ibid. ; 6e idem, ibid. Ces romances et chansons, dont les mélodies sont en général remplies de grâce et de suavité, ont été aussi publiées à Manheim, chez Heckel ; à Leipsick, chez Breitkopf et Hærtel, et à Londres, avec un texte anglais. Porro en a fait paraître un choix à Paris, avec une traduction française. — 60° Cantate (*Berenice, che fai?*), avec accompagnement de piano ; Vienne, Mollo. — 61° Air italien (*Cara è vero*), avec accompagnement de piano ; Leipsick, Breitkopf et Hærtel. — 62° Duo intercalé dans l'opéra intitulé *la Cafettiere bizarra*, Dresde, 1796. 63° *Gott, erhalte Franz der Kaiser* (Dieu, conservez l'empereur François), prière avec accompagnement de piano ; Augsbourg, Gombart, 1797. — 64° *Songs and ballads* (Chansons et ballades anglaises, 3 suites) ; Londres, Preston, 1794. — 65° *A Selection of original scots airs in three parts, the Harmony by Haydn* (Choix de chansons écossaises originales, arrangées à 3 voix, avec accompagnement) ; Londres, Napier, 1794. — 66° Neuf quatuors à 4 voix, avec accompagnement de piano, en partition ; Bonn, Simrock. — 67° Quarante-deux canons à 3, 4 et 5 voix ; Leipsick, Breitkopf et Hœrtel. — 68° Trois chants à 3 voix, avec accompagnement de piano, Offenbach, André. — 69° Trois chants à 4 voix avec accompagnement de piano, sur des poésies de Gellert, ibid.

V. MUSIQUE INSTRUMENTALE : 70° Six symphonies pour l'orchestre (2 violons, alto, basse, 2 hautbois, 2 cors), op. 7; œuvre 1er de symphonies; Paris, 1766. — 71° Six idem, op. 8; ibid., 1766. — 72° Six idem, op. 9, ibid., 1767. — 73° Six idem, op. 12, ibid., 1771. — 74° Quatre idem, op. 13; Amsterdam, Hummel, 1772. Trois autres symphonies, dont deux en *ut* et une en *si* bémol, ont été aussi publiées à Paris, dans la même année, comme l'œuvre 13e. — 75° Six *idem*, dont trois en *fa*, 2 en *ré* et une en *ut*, op. 15; Paris, 1773. Trois autres symphonies, en *mi* bémol, en *si* bémol et en *sol* mineur, ont été publiées à Berlin, chez Hummel, en 1779, comme l'œuvre 15e. — 76° Trois idem à 10 parties (2 violons, alto, basse, 2 hautbois, 2 cors et 2 bassons), en *fa* et deux en *si* bémol, gravées à Lyon et à Londres, aussi comme l'œuvre 15e. Je crois que ce sont les mêmes qui ont paru à Berlin en 1780, comme œuvre 18e. — 77° Six symphonies à 9 parties (2 violons, alto, basse, 2 hautbois, 2 cors et une flûte), dont trois en *ré*, une en *ut*, une en *si* bémol et une en *mi* bémol, op. 29 et 30; Paris, 1784. La deuxième de cet œuvre a été célèbre sous le titre de *la Roxelane*. — 78° Trois symphonies à onze parties (2 violons, alto, basse, 2 hautbois, une flûte, 2 cors et 2 bassons), dont une en *ut* et deux en *ré*, publiées à Berlin, chez Hummel, en 1787, comme œuvre 25e; à Paris, comme œuvre 37e; à Vienne, comme œuvre 38e. — 79° Trois symphonies à 9 parties, comme œuvre 24e; à Berlin, chez Hummel, 1788. — 80° Trois idem, à 11 parties, en *ré* mineur, *fa* et *sol*; Paris, 1786, sans numéro d'œuvre, mais chacune séparément; à Vienne, comme œuvres 38, 39, 40. — 81° Quatre idem, rassemblées en un seul cahier par La Chevardière, à Paris, mais sans numéro d'œuvre. La première n'est pas de Haydn, mais de Vanhall; la deuxième est fort belle, la troisième est la symphonie dite d'*Adieu* (1), incomplète et incorrecte; le numéro 4 est l'ancienne symphonie de *la Chasse*, précédemment publiée dans un autre recueil. — 82° Trois idem, op. 45; Paris, La Chevardière, 1783. — 83° Trois idem, op. 46, ibid. — 84° Trois idem, op. 47, ibid. — 85° Trois idem, op. 40, ibid. — 86° Six symphonies à 11 parties, en *ut*, en *sol* mineur, en *mi* bémol, en *si* bémol, en *ré*, en *la*, composées pour le répertoire de la Loge olympique, publiées à Paris comme l'œuvre 51; à Vienne, en deux recueils de trois symphonies chaque, œuvres 51e et 52e; à Berlin, chez Hummel, en 1789, comme l'œuvre 28e; à Offenbach, chez André, comme l'œuvre 66e. — 87° *Musica instrumentale sopra le 7 ultime parole del nostro Redemotore in croce sieno 7 Sonate, con un introduzione ed al fine un terremotto a 17 parti*; Vienne, 1789, op. 47, gravée à Amsterdam, et à Paris, chez Sieber. — 88° Trois symphonies à 13 (2 violons, alto, basse, 2 hautbois, 1 flûte, 2 cors, 2 bassons et 2 trompettes), op. 55; Paris, Sieber. — 89° Trois idem, op. 56, en *ut*, en *sol*, en *mi* bémol, ibid. — 90° Trois idem, op. 63; ibid. — 91° Six grandes symphonies à 16 parties (2 violons, alto, basse, 1 flûte, 2 hautbois, 2 clarinettes, 2 bassons, 2 cors, 2 trompettes et timbales), op. 80, nos 1, 2, 3, 4, 5, 6; Paris, Imbault; idem, Sieber, comme œuvre 90e; idem Pleyel. Ce sont les symphonies que Haydn composa pendant son premier voyage à Londres : on y trouve la *Symphonie turque* ou *militaire*, qu'on a prétendu avoir été composée par Haydn pour réveiller l'auditoire anglais de son assoupissement; mais il a toujours nié cette anecdote. — 92° Six grandes symphonies, op. 91, nos 1, 2, 3, 4, 5, 6; Paris, Imbault, publiées chez Pleyel, comme œuvre 96e. Parmi celles-ci, les deux en *ré*, celles en *si* bémol et en *mi* bémol sont les plus belles, et sont, en général, considérées comme les chefs-d'œuvre de Haydn. Les séries de numéros d'œuvres adoptées par les éditeurs sont absolument arbitraires.

Haydn considérait aussi comme des symphonies les pièces de différentes combinaisons d'instruments dont l'indication suit : — 93° Six divertissements, le 1er (en *fa*) pour 2 violons, 2 altos, basse, 2 cors et 2 hautbois; le 2e (en *fa*) pour 2 violons, 2 flûtes, 2 cors, 2 bassons et basse; le 3e (en *mi* bémol) pour 2 violons, alto, 2 cors anglais, 2 cors et basse; le 4e (en *ré*) pour 2 violons, basse, 2 flûtes et deux cors, le 5e (en *ut*) pour 2 violons, 1 flûte, 1 hautbois, violoncelle obligé et basse; le dernier (en *sol*) pour 2 violons, 2 altos, 1 flûte et basse. Le recueil de ses divertissements se trouvait en manuscrit chez Breitkopf, à Leipsick, en 1767. — 94° *Écho* en double trio pour 4 violons et 2 basses. Cet ouvrage a été gravé à Paris, chez Porro. — 95° Divertissement (en *ré*) pour 2 violons, 2 violes, basse, 2 flûtes et

(1) Il y a sur cette symphonie plusieurs anecdotes, dont on peut voir les différentes versions dans les *Haydine* de Carpani, mais dont aucune ne paraît être authentique. La moins vraisemblable est celle qui a été rapportée par Framery et Le Breton dans leurs notices.

2 cors, en manuscrit, chez Breitkopf. — 96° Concertino pour 4 violons, alto, violoncelle obligé, contrebasse, 2 hautbois, 1 flûte et 1 basson. Ce concertino a été gravé à Paris, en 1791, chez Boyer, sous le titre de *Symphonie concertante*, et à Offenbach, sous celui de *Sérénade*. — 97° Neuf *cassationes* pour divers instruments, savoir : La 1re (en *ut*) pour 2 violons, basse, 2 flûtes, 2 hautbois, 2 cors et 2 bassons; la 2e (en *sol*) pour 2 violons, 2 violes, basse, 2 cors et 2 hautbois; la 3e (en *sol*) pour les mêmes instruments; la 4e (en *fa*) pour 2 violons, 2 violes, basse et 2 cors; la 5e (en *sol*) pour 2 violons, 1 flûte, 1 hautbois, violoncelle obligé et contrebasse; la 6e (en *sol*) pour 2 violons, 2 violes, basse et 2 cors; la 7e (en *ut*) pour 2 violons, alto, basse et 2 cors; la 8e (en *fa*, pour 1 violon, alto, basse et 2 cors; la 9e (en *fa*) pour 1 violon, violoncelle obligé, contrebasse et 2 cors. Ces pièces étaient en manuscrit chez Breitkopf, en 1768. — 98° Trois divertissements, le 1er (en *la*) pour 2 violons, 2 violes, et basse; le 2e (en *sol*) pour 2 violons, 2 violes, basse, 1 flûte et 2 cors; le 3e (en *ut*) pour 2 violons, alto, basse, 1 flûte et 2 cors, ibid. — 99° Divertissement pour violon concertant, violoncelle obligé, contrebasse obligée, flûte solo, basson obligé, 2 violons, viole, basse, 2 hautbois et 2 cors; Paris, Sieber, Janet, Porro; Offenbach, André. — 100° Divertissement pour violon, viole, basse, 1 flûte et 2 cors, ibid. — 101° *Cassationes* pour 2 violons, alto, basse et 2 cors (en *mi* bémol), ibid. — 102° Sextuor pour violon, hautbois solo, cor solo, bason, alto et basse (en *mi* bémol); ibid. — 103° Six divertissements pour instruments à vent, savoir : Le 1er (en *si* bémol) pour 2 hautbois, 2 cors, 3 bassons et serpent; le 2e (en *si* bémol) pour 2 hautbois, 2 clarinettes, 2 cors et 2 bassons; le 3e (en *mi* bémol) pour 2 hautbois, 2 clarinettes, 2 trompettes et 2 bassons; le 4e (en *fa*) pour 2 hautbois, 2 cors, 3 bassons et serpent; le 5e (en *si bémol*) pour 2 hautbois, 2 clarinettes, 2 trompettes et 2 bassons; le 6e (en *fa*) pour 2 hautbois; 2 cors, 3 bassons et serpent; ibid. — 104° Symphonie pour 2 violons et basse avec des jouets d'enfants, tels qu'une petite trompette, un petit cistre de Nuremberg, un coucou, une caille, etc., composée pour les enfants du prince Esterhazy; Paris, Sieber. Je possède en manuscrit original de Haydn un premier morceau de symphonie (en *ré*), pour 2 violons, alto, violoncelle, contre-basse, flûte, 2 hautbois, 2 bassons, 2 cors, 2 trompettes et timbales (inédit); et des copies manuscrites de divertissements non publiés jusqu'à ce jour : le premier pour flûte, hautbois et basson obligés (en *mi* bémol), avec deux violons, alto, basse, un second hautbois et 2 cors; le second pour clavecin, haubois, violon, alto et violoncelle; et le troisième pour hautbois, violon, basse de viole et violoncelle.

Diverses éditions nouvelles, mais non achevées, de la collection des symphonies de Haydn, ont été faites depuis le commencement du dix-neuvième siècle, tant en parties séparées qu'en partition; en voici l'indication : 1° *Collection complète et correcte des symphonies de Haydn, rédigée d'après les partitions originales*, nos 1 à 30; Bonn, Simrock. — 2° *Symphonies périodiques de Haydn, édition corrigée*, nos 1 à 53; Paris, Sieber. — 3° *Collection de symphonies en partition*, nos 1 à 26; Paris, Le Duc. C'est un choix fait dans les premières symphonies de Haydn. — 4° *Symphonies de Haydn en partition*, n° 1 à 6; Leipsick, Breitkopf et Hærtel. Ce recueil contient six des grandes symphonies composées à Londres. — 5° Bibliothèque musicale, collection de quatuors, quintettes et symphonies en partition, belle edition in-8°; Paris, Pleyel et Richault. On y trouve quatre grandes symphonies de Haydn, dont deux ne sont pas dans la collection de Breitkopf. En réunissant ces trois collections, on peut avoir 33 symphonies de ce maître en partition. Beaucoup de symphonies de Haydn ont été arrangées pour divers instruments, pour piano à quatre mains, ou pour piano avec accompagnement. Le recueil le plus considérable de ce genre a pour titre : *Collection de 24 symphonies de Haydn arrangées pour 2 violons, alto, flûte et violoncelle* (avec piano *ad libitum*), par Salomon; Paris, Gambaro. Ce recueil contient un choix de six des plus belles symphonies anciennes, les six de la Loge olympique, et les douze grandes, composées à Londres. Parmi les symphonies arrangées pour piano on remarque les douze grandes, par Rigel; Paris, Pleyel. Les six symphonies de la Loge olympique, par H. Jadin; Paris, Boyer; treize anciennes symphonies choisies, par Reissler; Berlin, Challier; quatorze autres, par Klage; Berlin, Krieger; d'autres par Reim; Berlin, Schlesinger; d'autres, enfin, par Stegmann; Bonn, Simrock. Une *collection complète des symphonies de Haydn*, arrangées pour piano à quatre mains par Meckwitz, fut annoncée en 1840; mais il n'en a paru que huit numéros, à Berlin, chez Riefenstahl.

V. Concertos pour divers instruments : 105° Concerto (en *ut*) pour violon principal, 2 violons, viole et basse, en manuscrit, chez Breitkopf, 1769. — 106° Deuxième concerto, idem (en *sol*); ibid. — 107° Troisième concerto idem (en *sol*); en manuscrit, chez le prince Esterhazy. — 108° Premier concerto pour violoncelle (en *la* majeur, avec 2 violons, alto, basse et 2 cors, en manuscrit chez Breitkopf (1771). — 109° Deuxième concerto pour violoncelle (en *ré*); avec 2 violons, viole et basse, ibid. (1772). — 110° Troisième concerto pour violoncelle (en *ré*), 2 violons, viole, basse, 2 hautbois et 2 cors; Offenbach, André. — 111° Premier concerto pour contrebasse (en *sol*), avec 2 violons, viole, basse et 2 cors, en manuscrit, chez le prince Esterhazy. — 112° Deuxième idem, (en *fa*), ibid. — 113° Concerto pour flûte principale (en *ré*); 2 violons, viole et basse, en manuscrit, chez Breitkopf (1771). — 114° Concerto pour cor (en *ré*), 2 violons, 2 flûtes, 2 cors, alto et basse, perdu dans l'incendie d'Eisenstadt, en 1774. — 115° Deux symphonies Concertantes pour 2 cors, perdues dans le même incendie. — 116° Concerto pour clarinette, chez le prince Esterhazy, en manuscrit. — 117° Concerto pour l'orgue, 2 violons, viole, basse, 2 hautbois, flûte, 2 cors, 2 bassons et 2 trompettes, ibid. — 118° Premier concerto pour piano, 2 violons et basse (en *ut*), chez Breitkopf (1771), en manuscrit. — 119° Deuxième concerto idem (en *ut*); ibid. — 120° Troisième concerto (en *fa*) pour piano, 2 violons, viole et basse, ibid.; Paris, 1787. — 121° Quatrième concerto pour piano, 2 violons, viole, basse, 2 hautbois et 2 cors (en *ré*), composé en 1782; Paris, Naderman. — 122° Cinquième concerto pour piano, 2 violons, viole et basse (en *sol*); 1783, ibid. Je possède le manuscrit original d'une symphonie concertante de Haydn (en *si* bémol) pour hautbois, violon et violoncelle, avec 2 violons, alto, basse, 2 hautbois, 2 bassons et 2 cors. Cet ouvrage, dont le manuscrit forme 102 pages, est composé d'un premier morceau, d'une romance et d'un rondeau.

VI. Musique pour le baryton (basse de viole d'amour), instrument favori du prince Nicolas Esterhazy. — 123° Cent vingt-cinq divertissements en trios pour bariton, alto et violoncelle. — 124° Six duos pour deux barytons. — 125° Douze sonates pour baryton, avec accompagnement de violoncelle. — 126° Six morceaux de sérénade pour baryton, violon, alto et violoncelle. — 127° Cinq sérénades pour baryton, violon, alto et violoncelle, flûte, hautbois solo et 2 cors. — 128° Trois sérénades pour baryton, 2 violons, viole et basse. — 129° Une sérénade en trio pour baryton, flûte, et cor. — 130° Une idem pour baryton, violon, alto et violoncelle. — 131° Une idem pour baryton, 2 violons, viole, basse, hautbois solo et cor. — 132° Trois concertos pour baryton, 2 violons et basse. Ces compositions, au nombre de cent soixante-trois, forment une des parties les plus considérables des œuvres de Haydn. Une partie a péri dans l'incendie d'Eisenstadt, en 1774; le reste se trouve en manuscrit au palais Esterhazy, à Vienne, et dans les châteaux de cette famille, en Hongrie.

VII. Trios, quatuors et quintettes : 133° Six trios pour deux violons et basse (1er en *sol*, 2e en *ut*, 3e en *si* bémol, 4e en *mi* majeur, 5e en *ré*, 6e en *mi* bémol), composés en 1764, en manuscrit chez Breitkopf; publiés à Paris, chez Sieber. — 134° Six trios idem (2 en *fa*, 2 en *mi* majeur, 1 en *mi* bémol et 1 en *si* mineur), en manuscrit chez Breitkopf, 1767, et dans ma bibliothèque. Ces trios sont dignes de figurer parmi les meilleures compositions de Haydn. — 135° Six trios faciles, idem, Vienne, Leidesdorf (liv. 1 et 2); Bonn, Simrock. — 136° Deux trios *idem* avec des thèmes variés, en manuscrit chez Breitkopf, 1767. — 137° Six trios pour violon, alto et basse, liv. 1 et 2; Vienne, Mollo; Paris, Sieber. — 138° Trois idem, op. 47; Paris, Naderman. — 139° Trois idem, op. 53; Offenbach, André. — 140° Cinq trios pour violoncelle concertant, alto et basse, en manuscrit chez Breitkopf, 1771. — 141° Six trios pour 2 flûtes et basse, ibid. — 142° Quatuors pour 2 violons, viole, et basse, au nombre de quatre-vingt-trois, divisés en dix-sept œuvres, publiés à Vienne, à Paris, Amsterdam, Londres, Offenbach, Bonn, etc., avec des numéros de séries choisis par les éditeurs d'une manière arbitraire. Les planches de la plupart de ces éditions séparées ont été fondues pour faire place à des éditions complètes, parmi lesquelles on remarque : La collection complète publiée à Vienne par Artaria, 4 vol. reliés; la même, ornée du portrait de Haydn gravé par Guérin; Paris, Pleyel, 4 vol. cartonnés; et la collection choisie, contenant 56 quatuors; Paris, Janet; celle-ci est plus correcte que la précédente. Collection complète des quatuors originaux (83) avec le catalogue thématique; Leipsick, Peters; édition belle et correcte. Pleyel a publié dans sa *Bibliothèque musicale* trente quatuors choisis de Haydn, en partition, 10 volumes in-8°. La collection complète des quatre-vingt-trois quatuors de Haydn a été publiée en partition, à Berlin, chez Trautwein. — 143° Quintette (en *ut*) pour 2 violons, 2 altos et violoncelle, op. 73; Paris, Sieber, et Offenbach, chez André, comme œuvre 88°.

VIII. Musique de piano : 144° *Partita* pour clavecin (en *sol*), 2 violons et basse, en manuscrit chez Breitkopf, 1774. — 145° Divertissement (en *ut*) pour clavecin, 2 violons et basse, ibid. — 146° Sonates avec accompagnement de violon et violoncelle. Haydn a déclaré à Carpani qu'il en avait écrit *vingt-neuf*. Elles ont été divisées par les éditeurs de Vienne, d'Offenbach, de Paris, de Londres, etc., en dix œuvres, sur lesquels ils ont placé des séries de numéros arbitraires. Ces vingt-neuf sonates ou trios authentiques se trouvent dans les cahiers 3, 5, 6, 7, 10, et 12 de l'édition complète des œuvres de Haydn pour piano, publiée à Leipsick, chez Breitkopf et Hærtel. — 147° Sonates pour piano et violon, au nombre de dix-neuf, qui se trouvent dans les éditions complètes des œuvres de piano publiées à Leipsick, chez Breitkopf, et à Paris, chez Pleyel. Les numéros d'œuvres indiqués par les éditeurs sont absolument arbitraires. — 148° Sonates pour piano seul. Haydn n'en reconnaissait que quinze. La deuxième de l'œuvre 93, publiée par Pleyel, est supposée : elle a été écrite par Cambini. Toutes les sonates de Haydn ont été arrangées par Blasius en quatuors pour 2 violons, alto et violoncelle; Paris, Pleyel. A l'égard des sonates à quatre mains, publiées sous le nom de Haydn, ce sont des fraudes d'éditeurs; ce grand homme n'a écrit qu'un divertissement de ce genre, qui n'a pas été publié. — 149° Divertissement pour clavecin, violon, 2 cors et basse, en manuscrit, chez le prince Esterhazy. — 150° Deux quatuors pour piano, 2 violons et basse, ibid. — 151° Un quatuor pour piano, baryton et 2 violons, ibid. Pleyel a publié trois caprices pour piano seul sous le nom de Haydn, op. 60, 70 et 91; mais Haydn n'en reconnaissait qu'un seul (le premier). — 152° Fantaisie pour piano seul, en manuscrit chez le prince Esterhazy. — 153° Divertissement pour piano seul avec 20 variations, ibid. — 154° Un thème varié idem (en *sol*), ibid. — 155° Un thème varié idem (en *mi* bémol), ibid.

IX. Solos pour divers instruments. 156° Six sonates pour violon seul, avec accompagnement de viole; Vienne, Artaria; Offenbach, André; Paris, Sieber. — 157° Thème avec 18 variations pour violon solo et basse, en manuscrit chez Breitkopf. — 158° Deux divertissements pour flûte seule, composés à Londres.

Parmi les biographies de Haydn qui ont été publiées, les plus considérables sont celles-ci : 1° *Brevi notizie istoriche della vita e delle opere di Gius. Haydn*, par Simon Mayr; Bergame, 1809, in-8°. 2° *Haydn's Biographie, nach mündlichen Erzæhlungen desselben entworfen und herausgegeben von A. C. Dies*; Vienne, Camesino, 1810, in-8°. M. Dies, auteur de cette notice, était un peintre paysagiste fort estimé, ami de Haydn. Son travail se distingue par des détails curieux sur la vie privée de l'illustre compositeur, narrés avec beaucoup de naïveté. 3° *Biographische Notizen ueber Joseph Haydn, von C. A Greisinger*; Leipsick, Breitkopf et Hærtel, 1810, in-8° : notice exacte, mais écrite avec froideur. 4° *Notice sur Joseph Haydn, contenant quelques particularités de sa vie privée relatives à sa personne et à ses ouvrages, etc., par N.-E. Framery*; Paris, Barba, 1810, in-8°. 5° *Notice historique sur la vie et les ouvrages de Joseph Haydn, membre associé de l'Institut de France, et d'un grand nombre d'académies, lue dans la séance publique de la classe des Beaux-arts*, le 6 octobre 1810, par Joachim Le Breton, secrétaire perpétuel de cette académie; Paris, Baudouin, 1810, in-4°. Ces deux dernières notices, basées sur les mêmes documents, sont remplies d'anecdotes romanesques, et ne méritent pas de confiance. La dernière a été traduite en portugais, avec des additions, par M. Silva-Lisboa : cette traduction a été publiée à Rio-Janeiro, en 1820, in-8°. 6° *Joseph Haydn. Kurze Biographie und æstetische Darstellung seiner Werke*, etc., par Jgn. Ern. Ferd. Arnold; Erfurt, 1810, petit in-8°. Cette notice a été reproduite dans le recueil biographique du même auteur intitulé : *Galerie des musiciens les plus célèbres des dix-huitième et dix-neuvième siècles* (Gallerie der berühmtesten Tonkünstler); Erfurt, 1816, 2 vol. in-8°. — 7° Kinker (Jean) *Der Nagedachtenis van J. Haydn*; Amsterdam, 1810, in-8° : cette notice est, en grande partie, une traduction hollandaise de celle de Greisinger. 8° *Le Haydine, ovvero lettere sulla vita e le opere del celebre maestro Giuseppe Haydn, da G. Carpani*, Milan, Bucinelli, 1812, 1 vol. in-8°; 2e édition, Padoue, 1823, in-8° de 307 pages : ouvrage rempli de renseignements fournis par Haydn lui-même, qu'on ne trouve pas dans les autres biographies. Une traduction française des parties les plus importantes de ce livre, avec des additions étrangères au sujet, a été faite par Beyle, et publiée comme un ouvrage original, sous le pseudonyme de *César Bombet*; Paris, 1812, in-8°. L'ouvrage original a été traduit en entier et dans sa forme primitive par M. Mondo, sous le titre : *Haydines de Carpani*; Paris, 1838, in-8°. — 9° *Essai historique sur la vie de J. Haydn, ancien maître de chapelle du prince Esterhazy*; Strasbourg, 1812, in-8° (sans nom d'auteur). 10° Grosser (J.-E.) *Biographische Notizen über. Jos Haydn nebst einer Kleinen Sammlung interressanter Anecdoten und Erzæhlungen, grœssentheils aus dem Leben berühmter Tonkünstler und ihrer Kunstverwandten* (Notice biographique sur Joseph Haydn, suivie d'un petit recueil d'anecdotes les plus intéressantes et de récits, la plus grande partie sur la vie des musiciens célèbres, et sur leur profession d'artistes); Hirschberg, 1826, in-8°. — Haydn a été l'objet d'un poëme intitulé : *Haydn coronato in Elicona*, par Charles-Antoine Gambara; Brescia, 1819, in-8°.

HAYDN (Jean-Michel), frère du précédent, naquit le 14 septembre 1737, à Rohrau, ou, suivant d'autres renseignements, le 11 du même mois. Après avoir étudié les principes de la musique, de la harpe et du clavecin, dans la maison de son père, il entra comme enfant de chœur à la chapelle impériale de Vienne, pour y chanter la partie de soprano. L'étendue de sa voix était extraordinaire, car elle renfermait trois octaves, depuis le *fa* grave du contralto jusqu'au *fa* suraigu. Le 14 novembre 1748 fut un jour remarquable pour lui; car, ayant chanté devant l'empereur et l'impératrice un *Salve Regina*, LL. MM. furent si satisfaites et de son chant et de sa voix, qu'elles lui firent présent de douze ducats, et le prirent sous leur protection. Ses études de chant ayant été terminées, sous la direction du maître de chapelle Reiter, il se livra à celles de l'orgue et de la composition. Le *Gradus ad Parnassum* de Fux et les ouvrages de Bach et de Graun furent à peu près les seuls moyens d'instruction solide qu'il eût à sa portée; mais tel était son dévouement pour son art, que, sans leçons d'un maître, il acquit une grande habileté comme organiste et compositeur. Quelques biographes, particulièrement l'auteur de la monographie de Michel Haydn, publiée à Salzbourg en 1808, disent qu'il fut appelé à l'âge de vingt ans à la chapelle de Groswardein, en Hongrie; mais les renseignements fournis par Lipowski prouvent qu'il n'y entra en qualité de directeur de musique qu'en 1763, c'est-à-dire à l'âge de vingt-six ans. Cinq ans après, il accepta la place de maître de chapelle de l'évêque de Salzbourg avec le très-faible traitement de 300 florins, le logement et la nourriture. Plus tard ce traitement fut élevé à 600 florins. Dans la première année de son arrivée à Salzbourg, il épousa la fille de l'organiste Lipp, et en eut une fille qui mourut à l'âge de trois ans. La perte de cet enfant le jeta dans une mélancolie profonde qui influa sur le reste de sa vie. Il ouvrit plus tard à Salzbourg une école de composition où plusieurs artistes distingués ont été instruits. En 1801, le prince Esterhazy lui accorda le titre de son maître de chapelle, avec une pension; mais il continua de résider à Salzbourg. Il mourut dans cette ville, le 10 août 1806, à l'âge de soixante-neuf ans. Joseph Haydn considérait son frère comme le meilleur compositeur de musique d'église qu'il y eût de son temps en Allemagne; cet éloge était peut-être exagéré, car le génie d'invention manque dans les œuvres de ce musicien; mais on doit avouer que son style est en général plus grave, plus convenable pour l'église, que celui de la plupart des compositeurs allemands du dix-huitième siècle. Michel Haydn fut aussi un des meilleurs organistes de son temps. Il se refusa toujours à laisser publier ses ouvrages pendant sa vie, quoique Breitkopf les lui eût demandés.

Les compositions de Michel Haydn sont en grand nombre; on y remarque : I. Musique d'église avec paroles latines : 1° Vingt messes solennelles. On n'a publié que celle qui a pour titre : *Missa solemnis sub titulo Jubilæi* (en *ut*), à quatre voix, orchestre et orgue; Mayence, Schott. — 2° Messe de *Requiem* (en *ut* mineur), idem, en manuscrit. — 3° Plusieurs *Gloria* et *Credo* détachés. — 4° Seize offertoires. On a publié ceux dont les titres suivent : (*a*) *Offertorium pro omni tempore* (*Laudate, Populi universi, Dominum*), à 4 voix, petit orchestre et orgue, Vienne, Diabelli. (*b*) *Offertorium* (*in adoratione nostra*), idem, ibid. (*c*) *Offertorium* (*Quicumque manducaverit*), à 4 voix, petit orchestre et orgue, ibid. (*d*) *Offertorium* (*Ad te, Domine, levavi animam meam*), pour basse solo et chœur, orchestre et orgue; ibid. — 5° Cent quatorze graduels, la plupart avec orchestre et orgue. Diabelli, de Vienne, en a publié vingt-deux en partition. — 6° Neuf litanies à 4 voix et orchestre : on n'a publié que celles du Saint-Sacrement, pour chœur et orchestre; Leipsick, Breitkopf et Hærtel. — 7° Graduel des morts (*Requiem æternam, etc.*) à 4 voix, orchestre et orgue. — 8° Cinq *Te Deum*, pour chœur et orchestre, en manuscrit. 9° Trois vêpres complètes et un *Dixit*, idem. — 10° Quatre *Tantum ergo* à 4 voix, petit orchestre et orgue; il en a été publié deux, le premier en *sol*, le second en *ut*; Vienne, Diabelli. — 11° Deux complies, en manuscrit. — 12° Cinq répons, idem. — 13° Deux leçons de ténèbres, à 4 voix et orgue; Augsbourg, Gombart, et Leipsick, Breitkopf et Hærtel. — 14° Deux *Stella cœli*, idem, en manuscrit. — 15° Deux *Regina cœli*, avec orchestre, en manuscrit. — 16° Un *Lauda Sion*, idem. — 17° Un *Alma*, idem. — 18° Un *Ave Regina*, idem. — 19° Un *Salve Regina*, idem. — II. Musique d'église avec paroles allemandes. — 20° Quatre messes à 4 voix, orchestre et orgue, en manuscrit. Il en a été publié une à Salzbourg, dont on a fait deux éditions. — 21° Un graduel allemand (*Hier liegt vor deiner Majestæt*); Vienne, Haslinger. — 22° Un idem, avec orgue obligé (en *ut*); Salzbourg, Hacker. — 23° Un air d'église, en manuscrit. — 24° Une litanie, idem. — 25° Un *Te Deum*, idem — 26° Quatre vêpres chorales. — 27° Un *Regina cœli*. — 28° Plusieurs cantiques avec et sans accompagnement. — III. Opéras; oratorios. — 29° *Andromeda e Perseo*, opéra italien en trois actes. — 30° *Endymion*, opéra. — 31° *Der büssende Sünder* (le Pécheur pénitent), oratorio. — 32° *Le repentir de saint Pierre*, oratorio, en 2 parties. — 33° *Der Kampf der Busse und der Bekehrung* (le combat du repentir et de la conversion), oratorio. — 34° Oratorio pour le *Jubilé*. — 35° *Der frœhliche Wiederschein* (la Joyeuse clarté), opéra. — 38° *Patritius*, opéra. — 39° *Tapferkeit* (Bravoure), opéra. — 40° *Der englische Patriot* (le Patriote anglais). — 41° Plusieurs chœurs. — 42° Plusieurs cantates. — 43° Différents airs d'opéra. — IV. Musique instrumentale : 44° Trente symphonies à grand orchestre. Il en a été gravé trois, sans numéro, à Vienne, chez Artaria. — 45° Deux petites symphonies (*partite*), en manuscrit. — 46° Une *sérénade* pour petit orchestre, idem. — 47° Une pastorale, idem. — 48° Deux concertos pour violon principal, 2 violons, viole et basse, le premier en *si* bémol, le second en *sol*, en manuscrit chez Breitkopf, 1771. — 49° Concerto pour flûte, en manuscrit. — 5 Deux divertissements à six instruments, idem. — 51° Trois divertissements à 5 instruments, idem. — 52° Deux quintettes pour 2 violons, 2 violes et violoncelle. Il en a été publié un (en *fa*) chez Pleyel à Paris, et chez Haslinger à Vienne. — 53° Trois nocturnes pour 2 violons, 2 violes et violoncelle, en manuscrit. — 54° Une pièce pour 2 clarinettes, 2 cors et basson. — 55° Un quatuor pour violon, cor anglais, violoncelle et contrebasse. — 56° Sept marches. — 57° Neuf suites de menuets. — 58° Plusieurs volumes d'airs de ballets. — 59° Environ cinquante chansons allemandes et canons. Longtemps après la mort de Michel Haydn, le P. Martin Bischofreiter, moine bénédictin du couvent de Saint-Pierre, à Salzbourg, a publié, sous le titre de *Partitur Fondament*, un recueil posthume de soixante-quatorze *partimenti* pour l'accompagnement de la basse chiffrée, composés pour l'instruction de ses élèves; Salzbourg, Mayer, 1833, petit in-fol.obl.

HAYES (William), né à Hanbury en 1708, fut dans sa jeunesse organiste de l'église Sainte-Marie à Shrewsbury. Plus tard, l'orgue de l'église du Christ, à Oxford, étant devenu vacant, il obtint la place, et alla se fixer dans cette ville. Il y prit les degrés de docteur en musique, et fut nommé professeur de l'université et organiste de plusieurs colléges. Ce fut aussi lui qu'on choisit pour toutes les fêtes musicales d'Oxford, jusqu'à sa mort, qui arriva en 1779. Le docteur Hayes a publié à Shrewsbury une collection de ballades anglaises. Il a laissé en manuscrit dans quelques églises d'Oxford des antiennes et d'autres pièces de musique religieuse. Des *glees*, *catches* et *canons* à plusieurs voix, de sa composition, ont été imprimés à Londres. Le premier livre a paru en 1757. Le deuxième fut publié en 1763. Un supplément, formant le troisième livre, est sans date. Le quatrième livre n'a paru qu'après la mort de l'auteur, par les soins de son fils. En 1742, Hayes avait publié, sous le titre de *Vocal and instrumental Musik, in three parts*, un recueil contenant : 1° L'ouverture et les airs d'un divertissement (masque) de *Circé*. — 2° Une sonate en trio et des ballades, airs et cantates. — 3° Une ode composée pour obtenir le baccalauréat en musique. Hayes a mis aussi en musique une ode de Collins sur les passions, qui a été publiée à Londres, avec un beau portrait du compositeur. Hayes a fait imprimer des observations fort dures sur le traité de l'expression musicale d'Avison, sous ce titre: *Remarks on the Essay on Musical expression*; Londres, 1753, in-8°. On a aussi de lui : *Anecdotes of the five Music Meetings, or Account of the charitable foundations at Churchlangton, in wihch many misrepresentations and gross falsehoods, contained in a book intitled : The History of the above Foundations, are fully detected and confuted, upon indubitable evidence* (Anecdotes sur les cinq assemblées musicales, etc.); Londres, 1768, in-8°; Blankenburg (*Zusætze zu J. G. Sulzers allgem. Theorie der schœnen Künste*, t. 2, p. 412) est tombé dans de singulières erreurs à propos de cet ouvrage. Il l'indique d'abord sous le nom de *Hanbury*, qui est le lieu de la naissance de Hayes, puis sous celui-ci. Gerber n'a pas manqué de copier exactement Blankenburg et de faire deux articles de *Hanbury* et de *Hayes*; Lichtenthal (*Dizion. e Bibliogr. della Musica*) s'est douté qu'il y avait identité dans les ouvrages, mais il a choisi le nom de lieu préférablement au nom véritable de l'auteur, et il a ajouté la faute d'écrire *Harbury* pour *Hanbury*. Forkel ne parle de l'ouvrage sous aucun de ces noms, dans sa Littérature générale de la Musique. Hayes fut le collaborateur du docteur Boyce pour la collection de musique d'église intitulée *Cathedral Music*.

HAYES (Philippe), docteur en musique, fils du précédent, naquit à Oxford vers 1739. Son père lui enseigna la musique, et jeune encore il fut admis comme chanteur dans la chapelle royale. Cet emploi l'obligea à demeurer à Londres jusqu'à la mort de son père, dont il fut le successeur comme professeur à l'université d'Oxford. Ses compositions consistent principalement en *Antiennes* et *Services* pour l'église, qui sont restés en manuscrit, et six concertos pour le clavecin publiés à Londres en 1708. Hayes était d'un embonpoint extraordinaire, et passait pour un des hommes les plus gros de l'Angleterre. Rees dit (dans son Encyclopédie) qu'avec peu de génie et beaucoup de vanité et d'envie, il fut toujours malheureux ; il usait si mal du pouvoir que lui donnait sa place, qu'il se fit des ennemis de tous les autres musiciens. Personne n'entrait à l'université, par curiosité ou par tout autre motif, qu'il ne s'en alarmât. Au mois de mars 1797, il s'était rendu à Londres pour une fête musicale; le 19 du même mois il se sentit subitement indisposé, après s'être habillé ; une maladie sérieuse se déclara bientôt, et le 27 il cessa de vivre. De magnifiques funérailles lui furent faites à Saint-Paul, et le chœur de Westminster se joignit à celui de cette église pour lui rendre les derniers honneurs.

HAYLEY (WILLIAM), poëte anglais, né à Eartham, dans le duché de Sussex, vers 1770, a fait imprimer un poëme sur la musique, intitulé : *The Triumph of Music, a poem in six cantos*; Chichester, 1804, in-4°.

HAYM (JEAN), musicien allemand, paraît avoir vécu à Augsbourg dans la seconde moitié du seizième siècle. On connaît sous son nom un recueil de litanies intitulé : *Litaniæ textus triplex* : 1° *de Dulcissimo nomine Jesu.* — 2° *De Beata Maria semper Virgine.* — 3° *De Omnibus Sanctis; quibus singulis præfixa est quadruplex harmonia quatuor vocibus composita;* Augustæ, apud Josiam Werly, 1582, in-4° obl.

HAYM (GILLES), chantre et chanoine de l'église collégiale de S.-Jean, à Liége, y occupa cette position vers le milieu du dix-septième siècle. Il jouissait de la réputation de savant compositeur. Ferdinand de Bavière, électeur de Cologne et prince de Liége, le choisit pour diriger la musique de sa chapelle : plus tard il fut appelé chez le duc de Neubourg pour y remplir les mêmes fonctions. On a publié de la composition de ce prêtre : *Missæ Sex quatuor vocibus concinendæ; Antwerpiæ, apud hæred. P. Phalesii*, 1651. Le portrait de Haym a été gravé à Liége, en 1647.

HAYM (NICOLAS-FRANÇOIS), littérateur et musicien, naquit à Rome de parents allemands, vers 1679. Son éducation fut brillante, et il acquit des connaissances étendues dans les sciences et dans les arts, particulièrement dans la poésie et la musique. Au commencement du dix-huitième siècle, il se rendit à Londres avec le dessein d'y établir une maison de banque; mais il ne donna point de suite à cette affaire. Ayant conçu le projet d'introduire la musique italienne en Angleterre, il s'associa pour une entreprise d'opéras traduits en anglais avec Clayton et Dieupart. Le premier ouvrage de ce genre qu'il arrangea fut la *Camilla* de Bononcini ; puis il donna le *Pirro* et le *Demetrio* de Scarlatti ; il y ajouta quelques morceaux de musique de sa composition, qui ont été publiés à Londres en 1709. Hawkins en a conservé un air dans le cinquième volume de son *Histoire de la Musique* (p. 165). On connaît de sa composition en manuscrit *six cantates pour deux voix*. L'arrivée de Hændel en Angleterre, et le succès de son *Rinaldo*, causèrent la ruine de l'entreprise de Haym et de ses associés. En vain écrivirent-ils à plusieurs reprises dans *Le Spectateur* pour dénigrer l'ouvrage et le compositeur qui nuisaient à leurs succès, le public fut sourd à leurs plaintes, et ils durent renoncer à une entreprise ruineuse. Haym passa en Hollande, y vécut quelque temps et y publia, en 1713, des *Sonate da Camera*, pour 2 violons et basse continue, op. 1 et 2; Amsterdam, Roger. De retour à Londres, il s'attacha à Hændel et écrivit pour lui les livrets de quelques opéras italiens, tels que *Etearco*, *Teseo*, *Flavio* et *Rodelinda*. Vers le même temps, il composa aussi deux tragédies et publia une belle édition de la *Gerusalemme liberata* du Tasse, en 2 vol. in-4°. On lui doit une description des médailles, pierres gravées et statues qui existaient alors dans quelques cabinets de l'Angleterre; il la publia sous ce titre : *Il Tesoro britannico delle Medaglie antiche, etc.*, 2 vol. in-4° avec fig., en italien et en français ; Londres, 1719-1720. En 1726, il fit paraître dans la même ville : *Notizie de libri rari nella lingua italiana.* Une bonne édition augmentée et corrigée de cet ouvrage a été publiée longtemps après la mort de l'auteur à Milan, en 1771, 2 vol. in-4°. On y trouve des renseignements utiles sur quelques livres rares concernant la musique. Haym conçut le projet d'écrire une histoire de la musique et en publia le prospectus ; elle devait former 2 volumes in-4°; mais l'auteur ne put trouver plus de 46 souscripteurs, et il renonça à son projet. Haym est mort à Londres, non pas au mois de mars 1729, comme il est dit dans la *Biographie universelle*, mais le 11 août de la même année.

HAYN (FRÉDÉRIC-GOTTLOB), pianiste, né à Dresde en 1771, est mort en 1804, organiste de l'église de la ville, à Wurzen. Il a publié de sa composition : 1° Petites pièces pour piano ; Leipsick, G. Fleischer. — 2° Variations sur l'air allemand . *Die Milch ist gesunder;* Dresde, Hilscher. — 3° Danses écossaises, anglaises, etc., pour le piano ; Leipsick, Fleischer.

HAYNE ou HEYNE, musicien belge du quinzième siècle, dont le nom flamand était *Van Ghizeghem* (*Voy.* GHIZEGHEM).

HAYOUL (BAUDOUIN), ecclésiastique français, vécut dans la seconde moitié du seizième siècle et fut maître de musique de l'église Saint-Nicolas-des-Champs, à Paris. Il a publié un recueil de motets de sa composition à 6, 7, 8 et 9 voix, sous ce titre : *Sacræ Cantiones* 6, 7, 8 *et* 9 *vocum, quæ cum vivæ voci, tum omnis generis instrumentis musicis commodissime applicari possunt;* Parisiis, apud Adr. Le Roy et Rob. Ballard, 1584, in-4° obl. Cet ouvrage a été réimprimé à Nuremberg, en 1587. in-4° (voy. *Biblioth. philos.* de Paul Balduanus, p. 186).

HEAD (F.-A.), organiste à Ashfield, dans le Devonshire, où il se trouvait en 1840, est auteur d'une collection de chants à trois voix pour les 150 psaumes, suivis de quelques hymnes et autres chants pour le service divin, laquelle a été publiée sous ce titre : *Choral Psalmody, or a Collection of tunes to be sung in parts without instruments by alle Village Choirs,* etc.; Londres, Cramer, Addison et Beale. 1840, in-8° obl.

HEATHER (GUILLAUME-ÉDOUARD), musicien anglais, né en 1784, est fils d'un tapissier. Dès l'âge de quatre ans, il étudia la musique sur une vieille épinette qui se trouvait dans le magasin de son père. Un ami de celui-ci le fit entrer comme enfant de chœur à St-Paul, où il reçut une éducation musicale. Après avoir terminé ses études, il chanta tour à tour dans les églises catholiques et dans les temples protestants. En 1798, il embrassa une nouvelle carrière, et se fit chanteur d'opéra. Il parcourut l'Angleterre, menant la vie joyeuse de comédien ambulant, puis revint à Londres où il se fixa. On a de lui une très-grande quantité de *glees, ballades, chansons,* etc., etc., plusieurs morceaux pour le piano et pour la harpe, une marche pour piano et musique militaire, des études pour le chant et des mélodies hébraïques : tous ces morceaux ont été publiés à Londres. Il y a aussi fait paraître un ouvrage intitulé : *Treatise on the present state of Piano-Forte study* (Traité de l'état actuel de l'étude du piano) ; Londres, 1820, Heather est auteur de la musique d'un opéra représenté à Covent-Garden sans succès, sous le titre de *The Kondescrept.*

HEBENSTREIT (PANTALÉON), inventeur de l'instrument auquel on a donné son nom, était un violoniste distingué : il exerça d'abord la profession de maître de danse à Leipsick. Il était né en 1660, à Eisleben, dans le comté de Mansfeld. Poursuivi par ses créanciers, il fut obligé de s'enfuir de Leipsick et de se cacher chez le prédicateur du village de Mersebourg. Un tympanon qu'il y trouva lui suggéra l'idée de perfectionner cet instrument : ce fut l'origine du *Pantalon.* Il lui donna des dimensions quatre fois plus grandes, et le monta de deux rangs de cordes pour chaque note, l'un de cordes à boyaux, l'autre de cordes métalliques. Du reste, il le jouait avec deux baguettes, comme on joue le tympanon. En 1705, il se rendit à Paris, et se fit entendre devant Louis XIV : il le charma par son habileté extraordinaire à jouer de son instrument, qui n'avait point encore de nom ; ce prince lui donna celui de l'inventeur. Le *Dialogue sur la Musique des Anciens,* de l'abbé de Châteauneuf, doit son origine à l'effet que produisit Hebenstreit chez Ninon de Lenclos, un jour où il s'y était fait entendre. Voici la description que fait l'abbé de Châteauneuf du *Pantalon,* qu'il avait vu et qu'il avait entendu jouer par Hebenstreit lui-même :

« C'était une espèce de *Tympanum,* composé « de plus de deux cents cordes tendues par quantité de chevalets sur une planche de bois ordinaire, longue de six pieds, épaisse d'un pouce « et sans aucune concavité. Mais ce qu'on y remarquoit de plus singulier (parce qu'on l'avoit « inutilement tenté jusqu'ici), c'est qu'au lieu de « chordes de clavessin (qui se sentent toujours « de l'aigreur de leur matière), c'étoient des « chordes de luth. On admira longtemps la nouveauté de cet instrument, sans concevoir quel « son pouvoient produire deux bâtons très-légers en frappant sur des chordes de cette espèce, qui sembloient avoir besoin d'être touchées avec les doigts, et qui de plus étoient « placées sur un bois épais et solide; mais dès « qu'il eut commencé à préluder on ne fut plus « occupé qu'à admirer son exécution, qui bientôt après parut encore plus étonnante que ses « lumières et son génie » (*Dial. sur la Mus. des Anciens,* p. 5).

Cette description du *Pantalon* ne ressemble pas exactement à celle que Forkel a donnée dans son Almanach musical de 1782 (p. 20), ni à celle du Dictionnaire de musique de Koch ; dans cette dernière on trouve un corps sonore creux qui n'existait pas orginairement. Nul doute que dans le nombre très-petit de personnes qui jouèrent du pantalon, après Hebenstreit, il ne s'en soit trouvé quelqu'une qui ait modifié la construction primitive de l'instrument.

De retour en Allemagne, en 1706, Hebenstreit fut engagé à Eisenach en qualité de maître de chapelle *et de danse* de la cour. Deux ans après, l'électeur de Saxe, roi de Pologne, l'appela à Dresde, comme musicien de la chambre pour jouer du pantalon, aux appointements de deux mille écus (7,500 francs), somme énorme pour ce temps. On sait qu'il vivait encore en 1730; mais l'époque précise de sa mort n'est pas connue. Ses meilleurs élèves furent Bender et Gumpenhuber. Après eux le pantalon fut longtemps négligé. Il y a lieu de croire que les perfectionnements de cet instrument sont dus à Gebel, autre élève de Hebenstreit (*voy.* GEBEL), et que c'est lui qui y a appliqué la table d'harmonie. Vers la fin du dix-huitième siècle, un musicien de Ludwigslust, nommé *Noelli*, essaya de remettre en vogue le pantalon; mais il obtint peu de succès.

HEBENSTREIT (...), directeur de musique au théâtre Leopoldstadt de Vienne, né vers 1812, s'est fait connaître comme compositeur par un premier opéra représenté dans cette ville en 1836, au théâtre Leopoldstadt, sous le titre : *Das Zauberdiadem* (Le diadème enchanté). Vers la fin de la même année, il donna, au même théâtre, une pantomime féerie intitulée *Pierot als Wittwer* (Pierrot devenu veuf). Au mois de février 1837, il fit représenter au même théâtre *Die Wurcherschätze* (Les impôts usuraires), petit opéra féerie, auquel succédèrent, dans la même année et dans les suivantes, divers ouvrages de même nature; productions d'un talent médiocre.

HEBERLE (A.), flûtiste à Vienne, s'est fait connaître par les compositions dont les titres suivent : 1° Premier concerto pour la flûte (en *sol*), avec accompagnement de 2 violons, alto, basse, 2 hautbois et 2 cors; Vienne, Haslinger. — 2° Deuxième idem (en *ré*); ibid. — 3° Sept variations pour flûte, violon et violoncelle; ibid. — 4° Six allemandes, idem; ibid. — 5° Trois œuvres de duos pour 2 flûtes; ibid. — 6° Duo pour flûte et violon; ibid. — 7° Douze variations pour 2 flûtes; ibid. — 8° Deux airs variés pour flûte seule; ibid. — 9° Concerto pour czakan (flûte douce), avec 2 violons, alto, basse et 2 cors; ibid. — 10° Sonate brillante pour czakan et piano; ibid. — 11° Variations pour czakan, 2 violons, alto basse et 2 cors. — 12° Huit variations pour flûte et guitare ; ibid.

HÉBERT-TURBRY. *Voy.* **TURBRY.**

HECHT (ÉDOUARD), pianiste et compositeur, est né en 1832, à Dürkheim, dans la Hesse. Il n'était âgé que de deux ans lorsque son père (Henri Hecht) alla se fixer à Francfort-sur-le-Mein, comme professeur de chant; plus tard il y eut la direction d'une société chorale. Dès l'âge de quatorze ans le jeune Hecht commença à se faire connaître par son talent sur le piano et par des essais de composition. En 1851 il se rendit à Paris, et y publia ses premières productions. Depuis lors il s'est fixé en Angleterre, où il se livre à l'enseignement de son instrument. Il a publié des *Lieder* comiques, des quatuors pour des voix d'homme, 6 pièces de salon pour le piano, et quelques autres ouvrages de peu d'importance.

HECK (JEAN-GASPARD), musicien allemand, établi à Londres, dans la seconde moitié du dix-huitième siècle, est auteur d'un traité d'harmonie et d'accompagnement intitulé : *Art of playing Thorough-bass with correctness, according to the true principles of composition, fully explained by a great variety of examples, in various styles*, etc.; Londres, 1793, in-4°. On a aussi du même auteur un autre livre sur le même sujet et qui a pour titre : *A complete System of Harmony, or a regular and easy Method to attain the fondamental knowledge and practice of Thorough-Bass* (Système complet d'harmonie, ou méthode régulière et facile pour acquérir la connaissance fondamentale et la pratique de la basse continue); Londres (s. d.), in-4° de 26 pages avec 19 pages gravées d'exemples et de basse chiffrée. Burney fixe la date de 1768 à la publication de ce livre. Malgré leurs titres pompeux, ces deux ouvrages sont au-dessous de la critique : d'une part, on n'y trouve que des règles empiriques qui ne se rattachent à aucune doctrine; d'autre part, les exemples sont fort mal écrits, et l'on y voit à chaque instant des successions d'octaves et d'autres fautes grossières.

HECKEL (WOLFF), luthiste, vécut à Strasbourg vers le milieu du seizième siècle. Il s'est fait connaître par un recueil de compositions pour deux luths, lequel a pour titre : *Lauttenbuch, von mancherley und lieblichen Stücken, mit zweyen Lautten zusammen zu schlagen*, etc. (Livre de luth, composé de différentes pièces agréables pour jouer avec deux luths réunis, etc.); Strasbourg, Chr. Müller, 1562, in-4° oblong. Cet ouvrage, dont les exemplaires sont très rares, contient des chansons allemandes, françaises et italiennes, des danses, fantaisies, *ricercari*, pavannes et saltarelles. Le volume est formé de 4 feuillets préliminaires et de 221 pages.

HECKEL (JEAN-CHRÉTIEN), diacre à Augsbourg, né en cette ville en 1747, est auteur d'un petit écrit intitulé : *Breschreibung der Steinischen Melodica, eines neu erfundenen Clavierinstruments* (Description de la *Melodica* de Stein, instrument à clavier nouvellement inventé); Augsbourg, 1772, in-8°.

HECKEL (Charles-Ferdinand), éditeur de musique à Mannheim et compositeur, est né à Vienne, en 1800. On lui est redevable de charmantes éditions portatives des œuvres instrumentales de Mozart et de Beethoven en partition. On a de sa composition des *Lieder* et des danses pour le piano.

HECKER (A.-J.), *cantor* à Potsdam, au commencement du dix-neuvième siècle, est auteur d'un petit écrit intitulé : *Ueber den Gesang in Schulen und Kirchen* (Sur le chant dans les écoles et dans les églises); Berlin, 1815, in-8°.

HECQUET (Charles-Joseph-Gustave), littérateur et compositeur, né à Bordeaux, le 22 août 1803, fit ses études au collége de Troyes, puis alla suivre les cours de l'école de droit à Paris, en 1821, et fut reçu avocat à la cour royale de cette ville en 1824 ; mais il ne plaida jamais. Doué d'instinct pour la musique, il l'étudia d'abord à peu près seul jusqu'au moment où Paer se chargea de lui enseigner la composition. Ses premiers essais de musique datent de 1830 ; il écrivit alors un grand nombre de morceaux de musique nouvelle pour des vaudevilles, dont la plupart étaient d'Ancelot, et parmi lesquels on remarque *La Mendiante*, *Le Favori*, *La Comtesse d'Egmont*, etc. Quelques-unes de ces légères productions ont obtenu un succès populaire. M. Hecquet écrivit, en 1834, pour le théâtre de Versailles, un opéra en deux actes, dont Carmouche, alors directeur de ce théâtre, avait fait les paroles : c'était un vaudeville joué autrefois au théâtre de la rue de Chartres et à celui des *Nouveautés* de Paris, sous le titre : *La Fiancée de la Clyde*. L'ouvrage fut représenté en 1835, à Versailles, et les connaisseurs remarquèrent dans la musique de la fantaisie et de la vérité dramatique. Une maladie de foie, dont M. Hecquet fut atteint vers le même temps, lui fit perdre presqu'entièrement plusieurs années pour ses travaux. En 1844 la Société des concerts du Conservatoire fit exécuter dans une de ses séances *Le Roi Lear*, grande scène lyrique de cet artiste, pour voix de basse, avec chœur et orchestre, qui fut chantée par Barroilhet. En dépit des préventions des habitués de ces concerts contre toute musique dont les auteurs ont le tort de n'être pas encore enterrés, l'ouvrage de M. Hecquet fut si bien applaudi, qu'il fut exécuté de nouveau dans un des concerts de l'année suivante, et chanté avec un égal succès par Herman Léon. Le mauvais vouloir et l'absence d'intelligence qu'on remarque chez la plupart des directeurs de théâtres lyriques de Paris, obstacles à peu près insurmontables pour les compositeurs que ne favorisent pas certaines circonstances fortuites, furent aussi l'écueil contre lequel vinrent échouer les aspirations de M. Hecquet. Il avait écrit plusieurs partitions : il ne put en faire entendre une seule. Je me trompe ; *Le Braconnier*, charmant petit acte mélodieux, bien écrit et bien instrumenté, fut joué au théâtre de l'Opéra-Comique, au mois d'octobre 1847. Un bon quatuor, un duo, un air de femme, une romance de ténor, et d'excellents couplets rhythmiques, firent le succès d'une pièce d'ailleurs assez médiocre. La carrière semblait enfin ouverte pour le compositeur; mais bientôt arrivèrent les brutalités de la revolution de 1848, qui la fermèrent de nouveau. C'est ainsi que s'est gaspillée l'existence de plus d'un artiste de mérite, par l'effet de circonstances inévitables, et par le détestable système administratif des théâtres de France. Repoussé des voies du musicien, M. Hecquet dut rentrer dans celles du littérateur, qu'il avait déjà suivie avec honneur, esprit et talent, et neuf années s'écoulèrent avant qu'il pût de nouveau aborder la scène comme compositeur (Quelle scène! *Les Bouffes parisiens!*) Le 24 juin 1856 il y fit jouer *Marinette et Gros-René*, opérette en un acte. Un caractère bouffe plein de gaieté, une rare distinction dans les idées, enfin, une harmonie élégante et pure, sont les qualités qui se font remarquer dans ce petit ouvrage, trop bon pour le lieu où il a été donné, pour ses misérables interprètes, et pour le public auquel il était destiné. On a de M. Hecquet des morceaux détachés, parmi lesquels se fait remarquer la ballade de *Marie Tudor*, publiée en 1833.

Le début de M. Hecquet dans la littérature fut sa collaboration avec Ancelot dans une jolie comédie (*Madame du Châtelet*), jouée avec beaucoup de succès en 1832. Attaché en 1833 au *Courrier Français*, alors dirigé par V. Lapelouze, il y a publié, pendant deux ans, des nouvelles en feuilletons. Des morceaux du même genre furent aussi donnés par lui au *Journal du Commerce*, et au *Capitole*. En 1841, il succéda à Mainzer, pour la *critique musicale*, au *National*, et la continua jusqu'à la suppression de ce journal, par le coup d'État du mois de décembre 1851. Il y avait fait aussi de la critique littéraire, et depuis 1848 jusqu'à la fin de l'été de 1850, il avait pris une part très-active à la politique de ce journal. L'éditeur de musique Troupenas (*voy.* ce nom), ayant fondé en 1842 *La Mélodie*, journal hebdomadaire, ce fut M. Hecquet qui en fit la plus grande partie pendant toute son existence. Ce fut lui aussi qu'on chargea de tout ce qui concernait la musique dans l'*Illustration*, dès sa création, en 1843 : il y continua sa collaboration jusqu'en 1847, où Bousquet (*voy.* ce nom) lui succéda. Après la mort prématurée de cet artiste, M. Hecquet reprit sa position dans cette revue illustrée : au moment où cette notice est publiée, il y continue la critique musicale. La *Revue et Gazette musicale de Paris* compte aussi cet artiste littérateur au nombre de ses collaborateurs. On a de M. Hecquet une *Histoire de madame de Maintenon* (Paris, Hachette et Cie, 1853); bon livre dont la première édition a été rapidement épuisée, et dont on prépare la seconde.

HEDING ou **HEDINE** (Jacques de), poëte et musicien, né en Picardie, mourut vers 1270. Les manuscrits de la Bibliothèque impériale, à Paris, nous ont conservé deux chansons notées de sa composition.

HÉDOUIN (Pierre), littérateur et amateur des arts aussi zélé que distingué, est né à Boulogne (Pas-de-Calais), le 28 juillet 1789. Fils de Nicolas-Joseph Hédouin, contrôleur général, puis directeur général des postes et relais de France, il est, par sa mère, de la famille du célèbre compositeur Monsigny (*voy.* ce nom). Doué d'heureuses dispositions pour la musique, il cultiva cet art dès sa première jeunesse; mais destiné au barreau, il fut envoyé à Paris vers 1809, pour y suivre les cours de droit, et exerça ensuite la profession d'avocat pendant trente ans, dans sa ville natale. Pendant la durée de ses études à Paris, ses relations avec son parent Monsigny, avec Grétry, et les succès populaires qu'avaient alors *Félix*, *le Déserteur*, *Zémire et Azor*, *Richard Cœur de Lion*, et d'autres ouvrages de ces compositeurs, remis au théâtre par Elleviou, exercèrent sur son goût une influence tout en faveur de la musique française. Le charme des mélodies et la vérité dramatique, qui forment le caractère distinctif des œuvres de ces musiciens célèbres, étaient en harmonie avec son organisation, plus qu'aucun autre genre de musique. Peut-être aussi le défaut d'habitude d'entendre de la musique italienne et allemande est-il pour quelquechose dans le goût un peu exclusif pour la musique française qui se fait apercevoir dans la plupart des écrits de M. Hédouin. Quoi qu'il en soit, en dépit des graves occupations de son état, M. Hédouin continua toujours à s'occuper avec amour de son art de prédilection : une multitude de nocturnes, de romances, dont il avait fait aussi les paroles, et la moitié de l'opéra intitulé *La Prévention* (en collaboration avec Alexandre Piccinni), furent les fruits de ses loisirs. Parmi ses romances, dont un grand nombre ont paru dans les *Souvenirs des Ménestrels* (Voy. *Laffilé*) et dans d'autres recueils, on a distingué *La Nouvelle Nina*, *Les adieux de Velleda*, *l'Helvétien*, *Marie*, *Dors, petit*.

On a peine à comprendre qu'au milieu de ses occupations du barreau, M. Hédouin ait pu suffire à l'immensité de ses productions littéraires ! Ainsi qu'il le dit lui-même dans une lettre que j'ai sous les yeux, il a fait une myriade de vers en tous genres, répandus dans les recueils du temps : il a fourni des poëmes, cantates et scènes à Paër, Elwart, Catrufo, Rigel, Jules Godefroid, Dessauer, etc. au nombre de 942! Il a pris part à la rédaction des *Annales romantiques*, des *Annales archéologiques*, du *Ménestrel*, du *Nord musical*, des *Souvenirs des Ménestrels*, de *l'Artiste*, et a fondé à Boulogne un journal politique, littéraire et musical intitulé *L'Annotateur*. En 1824, il a publié, à Paris, chez Baudouin, une nouvelle qui a pour titre : *Marie de Boulogne ou la communication*. La première édition est anonyme : l'ouvrage fut attribué à Mme de Sonza; mais la seconde édition porte le nom du véritable auteur. On a aussi de M. Hédouin les *Souvenirs historiques et pittoresques du Pas-de-Calais*, un volume in-4°, orné de belles gravures, et une édition complète de *Notre-Dame de Boulogne* avec des illustrations et des fac-simile d'autographes.

M. Hédouin est ici considéré particulièrement dans ses travaux littéraires relatifs à la musique. Un de ses premiers écrits fut *l'Éloge historique de Monsigny*, publié à Paris, en 1821, in-8°. Il a été réimprimé, avec l'addition d'une anecdote relative à l'opéra *Félix*, *ou l'enfant trouvé* (l'un des plus beaux ouvrages de ce compositeur), dans un recueil des œuvres de l'auteur relatives aux arts, publié sous ce titre : *Mosaïque* (Valenciennes, 1856, 1 vol. in-8° de 600 pages). Le même recueil contient une notice intitulée : *Gossec, sa vie et ses ouvrages*. Cette notice parut pour la première fois dans les *Archives du Nord* (troisième série ; tome troisième); puis elle fut reproduite avec quelques suppressions dans le *Ménestrel*, journal de musique publié à Paris. Elle offre beaucoup d'intérêt et fournit des renseignements qu'on ne trouve pas ailleurs. Les autres écrits relatifs à la musique contenus dans la *Mosaïque* sont : 1° *De l'abandon des anciens compositeurs*. Ce morceau est une réponse à cette question : *La musique est-elle un art qui doive être soumis à l'empire de la mode?* Il fut publié en 1835 dans *Le Monde dramatique*, journal qui avait pour rédacteur en chef Gérard de Nerval. — 2° *Ma première visite à Grétry :* narration simple et touchante. — 3° *Richard Cœur de Lion de Grétry. Détails historiques et anecdotiques sur cet ouvrage.* — 4° *Lesueur,* Notice sur sa vie avec un appendice. — 5° *Meyer-Beer à Boulogne-sur-Mer* : article écrit pour un journal, en 1838, avec une addition. — 6° *Paganini.* Appréciation du talent et de l'homme. — 7° *Joseph Dessauer :* lettre insérée dans le *Ménestrel.* — 8° *Trois anecdotes musicales* (sur Lesueur, Mme Dugazon et Gluck). Le reste de l'intéressant volume intitulé Mosaïque contient des notices de peintres, de littérateurs et d'artistes dramatiques. La dernière production de M. Hédouin relative à l'art de la musique est une notice sur la grande cantatrice Mme Scio ; Valenciennes, 1858, in-8°.

Lié d'amitié avec la plupart des artistes célèbres, M. Hédouin fit de sa maison, à Boulogne, pendant trente ans, le rendez-vous de ceux de toutes les nations qui allaient prendre les bains de mer ou qui se rendaient en Angleterre. On appelait cet asile des arts cosmopolytes *L'Hôtel de l'Europe.* En 1842, M. Hédouin alla se fixer à Paris, il entra au ministère des travaux publics, en qualité de chef de bureau. Il occupa cette position jusqu'en 1850, où il fut nommé commissaire du gouvernement de première classe et envoyé à Valenciennes pour la surveillance administrative des chemins de fer. Amateur de tous les arts, il a réuni une belle collection de tableaux et d'objets de curiosité. Il est membre des sociétés académiques des Enfants-d'Apollon, de Sainte-Cécile et de l'Institut historique de Paris ; honoraire de la Société des antiquaires de la Morinie, et des académies de Valenciennes, Anvers, Arras, Douay, Calais, Dunkerque et Boulogne.

HEEGMANN (Alphonse), membre de la Société impériale des Sciences, de l'Agriculture et des Arts de Lille, est né dans cette ville, en 1802. Fils d'un des banquiers les plus honorables du chef-lieu du département du Nord, il succéda à son père, en 1835 ; mais le désir de se livrer sans obstacles aux mathématiques, qui avaient été l'objet constant de ses études, et indépendant par sa fortune, il quitta les affaires en 1849. Au nombre des mémoires qu'il a fait insérer dans les volumes publiés pour la Société impériale des Sciences, etc., de Lille, se trouve celui qui a pour titre : *Examen de la théorie musicale des Grecs.* Il en a été tiré des exemplaires séparés ; Lille, 1852, in-8° de 79 pages. Les autres ouvrages de M. Heegmann, publiés par la même société sont : 1° *Mémoire sur la sphère* (Géométrie). — 2° *Mémoire sur quelques formules algébriques relatives à l'amortissement.* — 3° *Sur l'ancien système de crédit en France.* — 4° *Études sur la trigonométrie.* — 5° *Théorie de la réfraction astronomique ;* très-beau travail qui fait le plus grand honneur à son auteur. M Heegmann est membre de la Société philomatique de Paris.

HEEREN (Arnold-Hermann-Louis), professeur à l'université de Gœttingue, né à Brême, le 27 octobre 1760, fit un voyage en Italie, vers 1794, et peu de temps après son retour en Allemagne, il obtint son emploi de professeur. On a de lui une bonne dissertation intitulée : *De chori Græcorum tragici natura et indole ratione argumenti habita ;* Gœttingue, 1784, in-4° de 48 pages.

HEERWAGEN (Frédéric-Ferdinand-Traugott), pasteur à Marche-Uhfeld sur l'Aisch, près d'Erlangen, né à Buttenheim, en Franconie, mort le 10 mars 1812, est auteur d'un livre intitulé : *Literaturgeschichte der evangelische Kirchenlieder aus der alten, mittlern und neuern Zeit* (Histoire littéraire des chants de l'Église évangélique des temps anciens, moyens et modernes), 2 parties in-8°, Neustadt-sur-l'Aisch et Schweinfurt, 1792-1797. Cet ouvrage est tiré principalement des livres de chant de Bayreuth, Brunswick, Berlin et Anspach. Le prospectus de la troisième partie fut publié en 1799, mais elle n'a point paru. Elle devait contenir l'histoire littéraire des livres de chant publiés dans les trente dernières années du dix-huitième siècle, celle de quelques livres de chant particulier et de leurs mélodies, des recherches sur les poëmes de drames, oratorios, et cantates d'église, et sur les poésies des collections de cantiques à l'usage des catholiques ; enfin des tables de matières et d'auteurs. Une nouvelle édition des deux premières parties du livre de Heerwagen a été publiée à Vienne en 1802.

HEIDENREICH (Frédéric), facteur d'orgues, a construit celui de Geroldsgrün, en 1771, dont la réception a été l'occasion d'un petit écrit ayant pour titre : *A l'installation du nouvel et bon orgue du facteur Heidenreich, qui a eu lieu le 18 août 1771, devant une assemblée nombreuse et choisie.* L'auteur de cet opuscule y explique la nature et la combinaison des jeux de l'orgue.

HEIDENREICH (Georges-Christophe), organiste et facteur d'orgues à Tunnstædt, dans la Thuringe, a construit, depuis 1770 jusqu'en 1791, quelques ouvrages plus ou moins importants. Gerber dit que les additions qu'il fit dans cette dernière année à l'orgue de l'église de la Trinité, à Sondershausen, n'ont point réussi. Heidenreich est mort à Tunnstædt, en 1800, à l'âge de plus de soixante ans.

HEIDENREICH. *Voy.* HEYDENREICH.

HEIDFELD (JEAN), né en Westphalie, vers la fin du seizième siècle, fut d'abord professeur de théologie à Herborn, puis pasteur à Ebersbach. On a de lui un livre intitulé : *Sphinx theologico-philosophica*; Herbonæ, 1631, in-8°. Le 30e chapitre (p. 1055-1071) traite de la musique. Il existe une traduction allemande de cet ouvrage.

HEILMANN, famille de facteurs d'orgues et de pianos, jouissait de quelque réputation vers la fin du dix-huitième siècle, et au commencement du dix-neuvième. Le père, facteur de la cour de l'électeur de Mayence, mourut en cette ville vers 1798. Son fils, Joseph Heilmann, facteur de pianos, comme lui, et pianiste assez distingué, s'établit à Erfurt, en 1802 : il était alors âgé d'environ trente-quatre ans. Ses grands pianos ont été estimés en Allemagne, quoiqu'ils fussent inférieurs à ceux de Schiedmayer et de Stein, sous le rapport de la qualité du son. Comme compositeur, Heilmann s'est fait connaître par les ouvrages suivants : 1° Deux rondeaux pour piano seul; Offenbach, André. — 2° Variations sur l'air allemand : *Wir winden dir den J.*; Mayence, Schott. — 3° Trois chants à voix seule, avec accompagnement de piano; ibid. — 4° Six chants avec accompagnement de piano; Francfort, Hoffmann. — 5° Sonatine, op. 6; ibid.— 6° Deux rondes sur des thèmes de *Robert-le-Diable* et de *Zampa*; Cologne, Dunst. — 7° Airs de *Zampa* variés; ibid. — 8° Sonatines faciles, op. 16; ibid. — 9° Variations sur le chœur des filles de *Freyschütz*; Mayence, Schott.

HEINE. *Voy.* HEYNE.

HEIMSOCHT (FR.), littérateur allemand sur qui tous les biographes de l'Allemagne gardent le silence, mais qui appartient à l'époque actuelle. En 1845 il vivait à Bonn, sur le Rhin. On a de lui un écrit intitulé : *Die Wahrheit über den Rythmus in den Gesængen der alten Griechen. Nebst einem Anhange über die Aufführung der griechischen Gesænge* (La vérité sur le rhythme dans les chants des anciens Grecs. Suivie d'un supplément sur l'exécution du chant grec); Bonn, Henry et Cohen, 1845, in-8°.

HEINEFETTER (SABINE), cantatrice, née à Mayence, en 1805, de parents pauvres, apprit d'abord la musique par routine, et parcourut dans sa jeunesse quelques villes de l'Allemagne, chantant et s'accompagnant de la harpe dans les lieux publics. Un musicien de quelque célébrité l'entendit à Francfort, en devint épris et lui donna des leçons. Ses progrès furent rapides, et ses premiers essais sur le théâtre de Francfort furent heureux. Elle était âgée d'environ vingt ans lorsqu'elle se rendit à Cassel, où elle trouva dans Spohr, sinon un bon maître de chant, au moins un grand musicien, qui dirigea ses études vers la connaissance du beau style de la musique allemande. En 1827, Mlle Heinefetter donna quelques représentations au théâtre de Berlin, et y fit admirer la beauté de sa voix, son extérieur noble, et la chaleur de ses intentions dramatiques. De retour à Cassel, elle y fut engagée à vie pour le théâtre de la cour. La faveur publique et les bontés du prince semblaient, en effet, devoir l'y fixer pour toujours; mais quelques désagréments survenus dans ses relations particulières la décidèrent à rompre ses engagements par la fuite. Elle vint à Paris vers la fin de 1829, et y fut engagée au Théâtre-Italien. Mlle Sontag et Mme Malibran y brillaient alors d'un éclat égal, dans des genres différents; Mlle Heinefetter comprit bientôt qu'elle avait beaucoup d'études à faire pour se soutenir, même à un rang inférieur, à côté de ces femmes célèbres. Ses débuts avaient fait peu de sensation; elle ne se laissa point abattre, et, guidée par Tadolini, bon maître de chant, alors directeur de musique et accompagnateur de l'Opéra-Italien, elle apprit à poser le son et à vocaliser par une meilleure méthode que celle qu'elle avait eue jusque-là. Le public remarqua ses progrès dans la *Zelmira*, et l'encouragea par ses applaudissements. Ce fut surtout dans le rôle d'*Elvire*, de *Don Juan*, qu'elle obtint ses plus beaux succès. Ce rôle avait toujours été chanté à Paris par des actrices qui ne le comprenaient pas : Mlle Heinefetter le joua avec un sentiment tout allemand, et se montra digne d'être placée à côté de Mlle Sontag, admirable dans *Donna Anna*, et de Mme Malibran, non moins remarquable dans *Zerlina*.

De retour dans sa patrie, Mlle Heinefetter y fut boudée par ses compatriotes, qui s'obstinèrent à la trouver moins bonne, quoiqu'elle eût certainement acquis des qualités importantes qui lui manquaient auparavant. Elle ne retrouva son ancienne gloire qu'à Vienne. Là, on apprécie mieux les avantages du chant italien que dans le nord de l'Allemagne; Mlle Heinefetter y fut applaudie avec enthousiasme et y chanta pendant une année entière. Après avoir donné des représentations à Kœnigsberg, à Mayence, et dans quelques autres villes de second ordre, elle partit pour l'Italie, et chanta à Milan dans le carnaval de 1832, avec un brillant succès, particulièrement dans les opéras de Bellini et de Donizetti. Le retentissement des éloges qui lui furent alors accordés par les journaux italiens lui fit retrouver à Berlin la faveur dont elle jouissait autrefois. *I Capuleti*, *La Straniera*, *Anna Bolena* furent pour elle des occasions de triomphes; le dernier de ces ouvrages fut surtout favorable au développement de son talent. Depuis 1833 jusqu'à l'automne de 1836, elle parut avec éclat sur les principaux théâtres de l'Allemagne. Il paraît que dans les derniers temps la justesse de ses intonations n'a pas été irréprochable, car ayant reparu à Milan à l'automne de 1836, elle n'y a plus eu le même succès qu'à son début dans cette ville. En 1839, elle était à Florence. On la retrouve à Weimar en 1842, puis à Strasbourg et à Breslau. Sa dernière apparition en public se fit à Francfort, en 1844 : dès lors elle disparaît du monde musical, et l'on n'a plus de renseignements sur sa personne. On connaît *sous le nom* de Mlle Heinefetter une romance imprimée à Mayence, chez Zimmermann.

HEINEFETTER (Clara), sœur de la précédente, née à Mayence, le 17 février 1816, débuta au Théâtre Impérial à Vienne, le 16 janvier 1831, dans le rôle d'Agathe du *Freyschütz* de Weber : elle y chanta avec succès jusqu'en 1837. Dans cette année, elle fit un voyage en Allemagne et chanta à Berlin, où elle fut applaudie, puis à Mannheim. Plus tard, elle fut connue sous le nom de Mme *Stöckel Heinefetter*. Elle est morte dans une maison d'aliénés, à Vienne, le 23 février 1857. Depuis deux ans, sa raison s'était dérangée.

HEINEFETTER (Fatime), autre sœur de Sabine, chanta à Vienne en 1834, puis fut attachée au théâtre de Pesth jusqu'en 1840, époque où elle épousa un noble nommé *Miklowitz*, et quitta la scène.

Trois autres sœurs des précédentes ont été attachées comme cantatrices à divers théâtres de l'Allemagne. Ève Heinefetter chanta à Berlin, en 1829, à Dessau en 1835, et à Halle dans la même année. Nanette Heinefetter chanta aussi à Berlin en 1824; mais elle quitta la scène presque immédiatement après. *Catinka Heinefetter*, douée d'une belle voix, fut attachée au théâtre d'Aix-la-Chapelle en 1837, et chanta à Bruxelles en 1840. La mort tragique d'un de ses amants, tué par un rival dans son appartement, l'obligea de s'éloigner de cette ville et d'aller à Paris, où elle chanta au Théâtre-Italien jusqu'à la fin de 1841. Elle fut ensuite attachée au théâtre de Lille, où elle était encore en 1843. On la retrouve à Marseille en 1845 ; mais, après cette date, elle disparaît de la scène. Elle s'est retirée à Bade, où elle était en 1858, dans une position aisée. Il y a eu aussi une cantatrice nommée *Sophie Heinefetter* au théâtre de Prague, en 1833 : j'ignore si elle était de la même famille.

Trois frères des sœurs Heinefetter ont été connus comme violonistes membres de diverses chapelles en Allemagne. Un autre frère, qui était violoncelliste, fut attaché au théâtre de la cour, à Mannheim, pendant plusieurs années.

HEINEKEN (Nicolas), musicien allemand fixé à Londres, vers 1820, est né en Saxe, dans la seconde moitié du dix-huitième siècle. Il s'est fait connaître avantageusement par huit psaumes à quatre parties, sur la traduction anglaise avec accompagnement d'orgue. Ces morceaux, d'une mélodie suave et d'une bonne harmonie, ont paru sous ce titre : *Eight Psalm-tunes in score, with an accompaniment for the organ or piano-forte*; Londres, 1820.

HEINICHEN (Jean-David), maître de chapelle du roi de Pologne, électeur de Saxe, naquit le 17 avril 1683 à Crœssuln, village près de Weissenfels, où son père était prédicateur. Dans les dernières années du dix-septième siècle, Heinichen entra à l'école Saint-Thomas de Leipsick, sous la direction du cantor Jean Schelle. Kuhnau, organiste de Saint-Thomas, ayant succédé à Schelle en 1700, comme maître de cette école (cantor), Heinichen prit de lui des leçons de clavecin et de composition. Les études de contrepoint surtout l'occupèrent longtemps, et le rendirent un des musiciens les plus savants de l'Allemagne.

En sortant de Saint-Thomas, il étudia le droit à l'université de Leipsick; il y obtint des succès, car après avoir quitté cette ville, il exerça pendant plusieurs années la profession d'avocat à Weissenfels. A cette époque, l'Opéra de Leipsick était florissant : trois sœurs, Mlles Dobrecht, s'y faisaient remarquer par leur mérite dans l'art du chant, et Melchior Hoffmann y brillait comme compositeur. C'est à ces circonstances qu'on attribue le développement du goût de Heinichen pour la musique dramatique; car il avait naturellement plus de penchant pour les compositions scientifiques. Après quelques années passées à Weissenfels, il retourna à Leipsick, et y écrivit plusieurs pièces dans lesquelles il imita le style de Hoffmann. Il employa aussi une partie de cette époque de sa vie à écrire un traité de la basse continue. Il venait de le publier, lorsqu'un certain conseiller de Geitz, qui allait en Italie, lui offrit de le conduire gratuitement jusqu'à Venise. Heinichen saisit avec empressement cette occasion et se rendit, en effet, dans cette ville, qui était alors renommée pour ses opéras. Il y écrivit en 1713 pour le théâtre Saint-Angelo un opéra sérieux intitulé *Calpurnia*, et *I pazzi per troppo amore*. Le directeur de ce théâtre voulut retirer le second ouvrage après la deuxième représentation; mais le public le demanda avec instances, et le succès se soutint pendant plusieurs soirées. Poussé par quelque motif d'animosité contre le compositeur, ce directeur éleva ensuite des discussions pour le payement de 200 ducats de Venise qu'il devait à Heinichen ; il fallut que celui-ci soutînt un procès qui n'était pas jugé quand il fut obligé de se rendre à Rome, où il était demandé. La mauvaise fortune semblait le poursuivre, car les espérances qu'on lui avait données ne se réalisèrent pas dans la capitale du monde chrétien. Son caractère sombre et chagrin s'irritait de ces contrariétés ; cependant il reprit courage parce qu'un certain abbé, qui passait pour être un peu devin, lui prédit que tel jour, qu'il désigna, il lui arriverait quelque chose d'heureux. Cette journée se passa cependant sans que personne vînt le voir et sans qu'il entendit parler de rien. Le soir il sortit de fort mauvaise humeur, mais en rentrant chez lui il trouva quelques mots écrits sur sa porte, où on l'engageait à passer dans un endroit indiqué ; il s'y rendit, et apprit que le prince d'Anhalt Cœthen voulait l'engager en qualité de compositeur de sa cour. Ce prince, grand amateur de musique, jouait bien du violon et chantait agréablement : ce fut lui qui, plus tard, prit J.-S. Bach à son service. Il emmena Heinichen, et lui fit visiter plusieurs grandes villes d'Italie ; mais, par des motifs qui sont ignorés, celui-ci ne suivit pas le prince en Allemagne. Il retourna à Venise, où il apprit que son procès avait été gagné, et que l'entrepreneur était obligé de lui payer tout ce qu'il lui devait. L'électeur de Saxe était alors dans cette ville ; il allait quelquefois chez une cantatrice nommée *Angioletta*, élève du Conservatoire des Incurables, qui aimait à chanter des cantates de Heinichen. Elle en fit entendre quelques-unes au prince, qui prit goût à cette musique, et qui engagea l'auteur à son service, en qualité de maître de chapelle. Heinichen arriva à Dresde en 1718, et écrivit deux sérénades qui furent exécutées par les habiles chanteurs italiens du théâtre de la cour, entre autres par la Faustina, qui fut depuis la femme de Hasse. En 1720 il composa un opéra qui devait être chanté pour l'anniversaire de la fête de l'électeur ; mais Senesino, mécontent de son rôle, ne voulut pas le chanter et se prit d'une violente querelle avec le compositeur. Dans un moment d'humeur, causé par ces tracasseries, le prince renvoya toute sa troupe d'opéra italien. Heinichen n'eut plus alors d'autre occupation que de diriger la chapelle catholique de la cour. Il ne vécut pas assez pour voir le rétablissement de l'Opéra de Dresde, si brillant quelques années après, car il mourut à l'âge de quarante-six ans, le 16 juillet 1729.

Heinichen ne paraît pas avoir été un musicien de génie ; mais il avait du savoir, comme le prouve son traité de la basse continue, quoiqu'il n'eût pas bien compris l'importance ni la nature des compositions conditionnelles, basées sur le contrepoint. La première édition de cet ouvrage a pour titre : *Neu erfundene und gründliche Anweisung, wie ein Musicliebender auf gewisse vortheilhafftige Arth* (sic) *kœnne zu vollkommener Erlernung des Generalbasses, entweder durch eigenen Fleiss selbst gelangen, oder durch andere kurz und glücklich dahin anngeführt werden, dargestellt, dass er so wohl die Kirchen als theatralischen Sachen, insonderheit auch das Accompagnement des Recitativs Styli wohl verstehe und geschickt zu tractiren wisse* (Instruction fondamentale et nouvellement inventée, qui, par une méthode certaine et profitable, peut conduire un amateur de musique à la connaissance complète de la basse continue, etc.) ; Hambourg, 1711, 248 pages in-4°. Ce livre est divisé en deux parties, chacune de cinq chapitres. Heinichen refondit entièrement son ouvrage vers la fin de sa vie, et le publia sous ce titre : *Der Generalbass in der Composition, oder . neue und gründliche Anweisung wie ein Music-liebender etc.* (La Basse continue dans la composition, ou instruction, nouvelle et solide, etc.) ; Dresde, 1728, 1 vol. in-4° de plus de mille pages. Ce livre est important en ce qu'il est un résumé de l'état de la science existant en Allemagne et en Italie antérieurement au système de Rameau.

Heinichen a laissé en manuscrit : 1° Plusieurs messes composées pour la chapelle de la cour de Dresde. — 2° *Hélène et Pâris*, opéra allemand représenté à Leipsick, en 1709. Cet ouvrage a été suivi, à la même époque, de plusieurs divertissements dramatiques du même auteur, dont les titres sont oubliés. — 3° *Calfurnia*, opéra italien, représenté à Venise, en 1713. Cet ouvrage a été traduit en allemand et représenté à Leipsick, en 1716. — 4° *I pazzi per troppo amore*, à Venise, en 1713. — 5° *Serenata*, pour le jour de naissance du prince héréditaire de Saxe, à Venise, en 1717. — 6° Deux sérénades pour le jour de naissance du prince héréditaire de Saxe, à Dresde, en 1718 et 1719. — 7° Un opéra, dont le titre est inconnu, et qui devait être exécuté à Dresde en 1720. — 8° Huit cantates à voix seule, 2 violons, viole et clavecin. Six de ces cantates se trouvaient en manuscrit chez Breitkopf en 1761. — 9° Deux solos pour violon (en *mi* bémol et en *ut* majeur). — 10° Fugue pour le clavecin (en *mi* bémol), et plusieurs autres compositions instrumentales.

On trouve en manuscrit de Heinichen à la Bibliothèque royale de Berlin : 1° *Requiem* à 4 voix et instruments (en *ut* majeur). — 2° Messe entière à 4 voix et instruments (en *ré* majeur). — 3° Autre messe entière à 4 voix et instruments (en *ré* majeur). — 4° *Kyrie* et *Gloria* à 4 voix et instruments (en *ré* majeur). — 5° *Te Deum* idem (en *ré* majeur). — 6° Deux *Pange lingua* à 4 voix et instruments (en *ré* mineur). — 7° Quatre cantates italiennes avec et sans instruments.

HEINLEIN (Paul), directeur de musique et organiste de l'église Saint-Sebald, à Nuremberg, naquit en cette ville, le 11 avril 1626. En 1646 il séjourna à Linz et à Munich; l'année d'après, il visita l'Italie et y fit admirer son habileté sur le clavecin et sur quelques instruments à vent. Il paraît qu'il s'arrêta à Rome pendant quelque temps, et qu'il y augmenta ses connaissances dans la composition et dans l'art de jouer de l'orgue. De retour à Nuremberg, il y obtint une place au chœur de Saint-Sebald; puis, en 1658, le titre de directeur de musique de cette église lui fut accordé. Ses compositions, qui consistent en motets, cantates d'église et pièces d'orgue, étaient fort estimées de son temps : elles sont restées en manuscrit. Doppelmayr cite aussi de Heinlein, dans ses notices sur les artistes de Nuremberg, des toccates, des fantaisies, des fugues et des *ricercari* pour le clavecin. Heinlein est mort le 6 août 1686.

HEINRICH (Jean-Gottfried), né à Schwiebus vers 1810, fut d'abord organiste à Züllichau, et fut appelé, en 1840, à remplir les mêmes fonctions à Soran. On a de lui des chorals variés pour l'orgue, en trois suites, dont il a été publié une deuxième édition en 1839, à Berlin, chez Paëz. On a publié aussi de Heinrich le 103me psaume pour quatre voix d'homme, et des cantates d'église pour un chœur des mêmes voix.

HEINRICHS (Jean-Chrétien), né à Hambourg vers 1760, fit ses études à Lubeck et à Riga, puis se rendit à Pétersbourg, où il fut attaché à l'administration du royaume et nommé professeur d'une école de statistique fondée par le gouvernement. On manque de renseignements sur sa vie, depuis le commencement du dix-neuvième siècle. Heinrichs s'est fait connaître comme littérateur par un écrit intitulé : *Entstehung, Fortgang und jetzige Beschaffenheit der russischen Jagdmusik* (Origine, progrès et état actuel de la musique de chasse russe), Pétersbourg, Schnorr, 1796, 5 feuilles grand in-4° de xiv et 24 pages, avec des planches représentant les instruments, leur tablature en partition, leur description et des exemples de musique. Cet ouvrage contient une description intéressante de la musique des cors russes, perfectionnée par Maresch, et la biographie de celui-ci.

HEINRICHS (Antoine-Philippe), né le 11 mars 1781 à Schœnbuchel, en Bohême, apprit dans sa jeunesse la musique, le piano et le violon. Devenu négociant, il se livra à de grandes spéculations et fonda des fabriques dans le lieu de sa naissance, à Schœnlinden et à Georgswalde; mais le retrait du papier-monnaie de l'Autriche ayant ruiné plusieurs grandes maisons de commerce, leur perte entraîna la sienne : il ne lui resta rien de son ancienne opulence, et le chagrin le détermina à s'expatrier. Il s'embarqua pour l'Amérique, et cacha son existence dans une cabane située au milieu des bois, près de Kentucky. Là, cherchant des ressources dans ce qu'il avait appris autrefois de musique, il composa d'instinct quelques mélodies qui se répandirent dans le pays, et qui lui firent de la réputation. Dans ces circonstances, sa femme, qui était restée en Bohême mourut, et Heinrichs épousa en secondes noces une Américaine qui lui apporta quelque bien; mais bientôt il perdit encore celle-ci, et cet événement le ramena en Europe. Arrivé à Londres, il y dissipa en peu de temps ce qu'il possédait, et n'eut d'autre ressource que d'entrer comme violoniste dans l'orchestre d'un petit théâtre. Il avait publié à Boston quelques-unes de ses premières compositions; à Londres, il fit paraître des chansons anglaises, *La ronde du Diable*, morceau pour le piano dédié à Mendelsohn-Bartholdy, et une fantaisie pour le même instrument sur un thème de Paganini. Ses ouvrages imprimés sont au nombre d'environ vingt œuvres. Il a d'ailleurs écrit plusieurs ouvertures et symphonies; entre autres, une de ces dernières est à 34 parties. Ayant eu connaissance du concours ouvert à Vienne pour la composition d'une symphonie, il voulut se mettre au nombre des candidats; mais il vint trop tard, car le concours était fermé, et le prix avait été décerné à M. Lachner. Un des objets de son voyage en Allemagne était de retrouver une fille qu'il avait eue de son premier mariage; elle était allée elle-même à la recherche de son père en Amérique lorsqu'il arriva. En 1841 on retrouve Heinrichs à New-York, où il se livrait à l'enseignement du piano. Il y avait publié plusieurs morceaux pour cet instrument et des chansons. On assure que la musique de cet artiste est d'une originalité très-remarquable, particulièrement dans le rhythme.

HEINROTH (Jean-Auguste-Gunther), docteur en philosophie et directeur de musique à l'université de Gœttingue, est né à Nordhausen, dans la Thuringe, le 10 juin 1780. Son père (Christophe-Théophile Heinroth) fut, pendant soixante-deux ans, organiste de l'église Saint-Pierre, dans cette ville. L'aîné de ses frères, Théophile Heinroth, avec qui celui qui est l'objet de cet article a été souvent confondu, étudia la théologie à Halle, et la musique sous la direction de Türk. Il a composé quelques morceaux qui ont été attribués à Jean-Auguste Günther. Celui-ci ayant montré dès son enfance beaucoup de goût pour la musique, son père lui enseigna le piano et les principes de l'harmonie. Après avoir fait des études préparatoires au collége de Nordhausen, il alla les continuer à l'université de Leipsick avec Hiller, et à Halle avec Türk; ces deux artistes contribuèrent puissamment à son intruction dans l'art et dans la science. Ses études terminées, Heinroth alla en qualité de précepteur chez le pasteur Kummel, à Gittelde, endroit situé au pied du Harz, et deux ans plus tard il entra comme professeur à l'institut de Jacobson, à Seesen. Cette institution était naissante à cette époque. Par ses efforts, M. Heinroth lui donna une direction nouvelle. Pendant ce temps, il restait fidèle à ses études théologiques et prêchait quelquefois avec succès. Son aversion pour l'oppression de Napoléon, qui pesait alors sur l'Allemagne, lui inspira des chansons satiriques en bas allemand contre ce conquérant; elles se répandirent partout et furent chantées par le peuple du nord de l'Allemagne. Plus tard, il montra la même violence dans un écrit sur les suites de l'incendie de Moscou, dans un poëme burlesque en cinq chants, intitulé *La Quintessence du royaume de Westphalie.*

Occupé de réformes dans le culte israélite, Jacobson trouva dans M. Heinroth beaucoup de secours pour ce qui concernait la musique. Celui-ci fit à Seesen les premiers essais d'une nouvelle liturgie musicale, qu'il étendit ensuite aux synagogues fondées à Cassel et à Berlin dans les mêmes vues. Plusieurs mélodies composées par lui sont maintenant en usage dans les temples juifs de Hambourg, de Leipsick et d'autres villes. En 1818, M. Heinroth fut appelé à Gœttingue, pour remplacer Forkel. La tâche était difficile; car d'une part, celui-ci, uniquement occupé de l'histoire de la science, avait laissé tomber la pratique de l'art dans une complète inertie; de l'autre, la réputation de Forkel, sous le rapport de l'érudition musicale, était en si grande vénération parmi les amis qu'il avait laissés à Gœttingue, et en général dans toute l'Allemagne, que son successeur devait rencontrer beaucoup de difficultés à ne pas paraître trop inférieur au mérite de ce savant. M. Heinroth organisa d'abord des concerts académiques réguliers où les étudiants de l'université prirent une part active. Ce fut aussi vers cette époque qu'il commença à s'occuper des moyens de faciliter l'étude du chant choral pour le peuple, et d'en simplifier la notation pour la mettre à la portée de tout le monde; il publia pour cet objet un petit ouvrage intitulé *Volksnote, oder vereinfachte Tonschrift* (Notation populaire ou simplifiée). Convaincu de la supériorité d'une notation spéciale sur la notation par chiffres qu'on avait essayé de mettre en vogue dans les écoles primaires, il attaqua celle-ci dans divers morceaux particuliers, et résuma ses opinions à cet égard dans un écrit qui a pour titre : *Gesangs-Unterricht methode für hœhern und niedere schülen*, etc. (Méthode pour enseigner le chant dans les écoles supérieures et inférieures), ainsi que dans un autre ouvrage du même genre qui parut à peu près dans le même temps. Le système de Heinroth a obtenu un succès à peu près général dans les écoles du Hanovre; mais postérieurement il a été entièrement abandonné, et la notation usuelle a été reprise partout, comme la seule qui conduise les étudiants à la connaissance de la musique. Pendant plus de trente ans, Heinroth a publié ses travaux, non-seulement pour ce qui concerne l'instruction élémentaire de la musique, mais dans les diverses branches de la littérature musicale. L'écrit périodique intitulé *Cæcilia*, le Lexique universel de musique, publié par Schilling, et l'*Eutonia*, renferment beaucoup d'articles dont il est auteur. Voici la liste des principaux ouvrages de ce littérateur musicien : 1° 169 *Choral-Melodien von Bœtner, mit Harmonien begleitet in welchen zur Befœrderung der Mehrstimm. Gesanges der Mittelstimmen sehr leicht gesetz sind, etc.* (Cent soixante-neuf Mélodies chorales de Bœttner, arrangées en harmonie, etc.); Gœttingue, 1829, Deverlich, gr. in-4°. — 2° *Anleitung der Choral Leichter and geschwinder nach Noten als nach Zahlen singen zu lernen. Nebst Gesangbuch, enthalten* 169 *Choral-Melodien nach Bœttner, etc.* (Courte instruction pour bien enseigner à chanter les chorals au moyen des notes, d'une manière facile et plus rapide qu'au moyen des chiffres, etc.); Gœttingue, 1828, gr. in-8°. — 3° *Gesangs-Unterricht-Methode für hœhere und niedere Schulen* (Méthode pour enseigner le chant dans les écoles supérieures et inférieures), 3 parties gr. in-8°; Gœttingue, 1821-1823. — 4° *Volksnote, oder vereinfachte Tonschrift für Chœre an Gymnasien und bei Theatern, besonders aber für Cantoren an Stadt und Landschulen, etc.* (Notation populaire, ou écriture musicale simplifiée pour les chœurs des gymnases, des théâtres, etc.), gr. in-4°; Gœttingue,

1828. — 5° *Rüge einiger Irrthumer und Wortverdrehungen in der von dem Herrn. Cantor Bühring abgefassten Ehrenrettung der Tonziffern-Systems gegen meinen kleinen Aufsatz : Ueber unsere Tonschrift in Beziehung auf der neue Musikal. Ziffernschrift* (Dénonciation de quelques erreurs et fausses interprétations dans l'apologie du système de notation chiffrée, publiée par M. le chantre Bühring contre mon petit écrit (intitulé) : Sur notre notation comparée à la nouvelle écriture musicale en chiffres, etc.; Gœttingue, 1828, in-8°. — 6° *Musikalische Hülfsbuch für Prediger, Cantoren und Organisten* (Manuel musical à l'usage des prédicateurs, chantres et organistes); Gœttingue, 1833, in-8°. — 7° 6 *Dreistimm. Lieder* (2 *Discante und Bass*) *für Volksschulen, etc.* (Six chants à 3 voix, 2 dessus et basse, pour les écoles du peuple, etc.); Gœttingue, 1831, in-8°. — 8° *Kurze Anleitung das Klavierspielen zu lehren* (Courte méthode pour apprendre à jouer le piano, etc.); Gœttingue, 1828, gr. in-4°. — 9° Six chants à quatre parties pour des voix d'hommes. Heinroth est mort à Gœttingue, au mois de juin 1846.

HEINROTH (Théophile), frère aîné du précédent, étudia la théologie à l'université de Halle, et prit dans cette ville des leçons de musique, de piano et de composition chez Türk. Après avoir demeuré quelque temps à Hambourg, il paraît s'être fixé à Brunswick. On a de lui les morceaux suivants, qui sont attribués à son frère dans plusieurs catalogues : 1° Six pièces faciles pour le piano, à l'usage des professeurs et des élèves; Brunswick, Spehr. — 2° Neuf variations en *ut* sur l'air allemand : *Blühe, liebes Veilchen;* Hanovre, Kruschwitz. — 3° Variations faciles sur l'air : *Ich bin Liederlich;* Brunswick, Spehr. — 4° Douze préludes pour le piano; ibid. — 5° Six chants à 4 voix, avec accompagnement de piano; ibid. — 6° Chant de la bataille de Jéna, avec accompagnement de piano; ibid.

HEINSE (Guillaume), littérateur allemand de beaucoup d'esprit, naquit en 1749, à Langenweisen, village situé près d'Ilmenau, dans la Thuringe. Doué des plus heureuses dispositions, mais trop ami du plaisir pour se livrer sérieusement au travail, il ne fit que des études médiocres, qu'il termina à l'université de Jena. En sortant de cette ville, il alla à Erfurt, où il se lia avec Wieland, qui l'encouragea dans ses premiers essais. Le premier ouvrage que Heinse fit paraître est une traduction un peu trop érotique du licencieux Pétrone; elle fut suivie de quelques romans écrits dans le même esprit. Ces productions attirèrent à l'auteur des critiques assez sévères qui ne changèrent point son goût en littérature et ne rendirent pas ses mœurs plus régulières. En 1776, Jacobi appela Heinse à Dusseldorf, pour être son collaborateur à *l'Iris*. Il y resta jusqu'en 1780, et n'en partit que pour se rendre en Italie, où il fit un séjour de trois ans, uniquement occupé de plaisirs et de beaux-arts, qu'il aimait avec passion. Il y traduisit la *Jérusalem délivrée* et le *Roland furieux*, et resta fort au-dessous de ces modèles dans ses faibles versions. De retour en Allemagne, en 1783, Heinse y obtint la place de lecteur de l'électeur de Mayence; vingt ans après, il fut nommé conseiller aulique et bibliothécaire de la cour de Ratisbonne; mais il ne jouit pas longtemps des avantages de ces places, car il mourut le 22 juin 1803, à l'âge de cinquante-quatre ans. Parmi les ouvrages de ce littérateur, on remarque un roman musical intitulé : *Hilddegard de Hohenthal* (Berlin, Voss, 1793-1796, 3 vol. in-8°), où il parle avec développement et d'une manière intéressante des organes de l'ouïe et de la voix, du tempérament, du caractère des tons, de la manière d'enseigner le chant en Italie, de l'opéra bouffe, de la mélodie, de l'expression musicale, des chœurs, et comment ceux-ci ont été traités par Gluck. Gerber, Lichtenthal et beaucoup d'autres ont attribué à Heinse, comme une œuvre posthume, un livre qui a paru sous ce titre : *Musikalische Dialogen, oder philosophische Unterredungen berühmter Gelehrten, Dichter und Tonkünstler über die Kunstgesmacht in der Musik* (Dialogues musicaux, ou entretiens philosophiques de savants célèbres, poëtes et musiciens sur le goût dans la musique); Leipsick, Græff, 1805, in-8°. Lichtenthal assure même qu'il avait composé cet ouvrage à l'âge de vingt ans; mais les meilleurs bibliographes allemands, notamment Ch. G. Kayser (dans le *Vollstændiges Bucher-Lexikon* (t. II, p. 89), assurent que Heinse n'est point l'auteur de ce livre.

HEINSIUS (Ernest), organiste à Arnheim, dans la Gueldre, vers le milieu du dix-huitième siècle, a publié à Amsterdam, en 1760, six concertos pour violon principal, 2 violons, viole et clavecin d'accompagnement. Plus tard, il donna aussi six symphonies pour violon, viole, clavecin et basse.

HEINSONIUS (Jean), organiste à Breslau, au commencement du dix-huitième siècle, est auteur d'un ouvrage intitulé : *Der Wohlinstruirte und Vollkommene Organist, oder Neu variirte Choralgesænge auf dem Klavier durch ganze Jahr* (Le bien instruit et parfait organiste, ou nouveaux chants de chœur variés pour l'orgue ou le clavecin pour toute l'année); Breslau et Leipsick, 1726, in-4°.

HEINTZ (Wolfgang), ou HEINZ, bon organiste et compositeur au service de l'archevêque Albert, à Halle, vers 1530, a composé une partie des mélodies qui se trouvent dans le livre de chant à l'usage des églises catholiques, publié à Halle, en 1557, par le théologien Michel Vehe, in-8° de 11 feuilles. Amerbach a traité quelques-unes de ces mélodies dans sa collection de pièces d'orgue intitulée *Orgel oder Instruments-tabulatur*; Leipsick, 1571.

HEINZ (Auguste-Himbert), docteur en médecine et médecin ordinaire du comte de Hochberg, vers la fin du dix-huitième siècle, était né en Silésie. Amateur de musique distingué, il établit à Waldenburg un théâtre d'amateurs, où il fit représenter plusieurs opéras de sa composition, entre autres : *Der Ermit auf Tormentera* (L'Ermite de Tormentera), et *Der Spiegelritter* (Le Chevalier du Miroir). On connaît aussi sous son nom : 1° Six variations pour clarinette et flûte principale, 2 violons, 2 cors et basse. — 2° Variations pour flûte et violon; Hambourg, Crantz. — 3° Variations pour clarinette, 2 violons, 2 flûtes, 2 cors, alto et basse; Brunswick, Spehr.

HEINZE (Jean-Adelaire-Martin), né vers le milieu du dix-huitième siècle, à Amt-Gehren, dans la principauté de Schwarzbourg, s'établit à Saint-Gall, en Suisse, comme professeur et marchand de musique et d'instruments. Il a publié de sa composition : *Belustigungen beym Klavier mit Gesang, etc.* (Amusements pour le piano, avec chant, etc.); Saint Gall, 1791. Il avait annoncé aussi la publication d'un oratorio intitulé *Jésus souffrant;* le prospectus de cet ouvrage avait paru en 1790, mais la partition n'a jamais été publiée. Heinze est mort dans le lieu de sa naissance, le 1er octobre 1801.

HEINZE (Wilhelm-Henri), virtuose sur la clarinette et compositeur, est né à Leipsick, en 1790. Il fut attaché au théâtre et aux concerts de cette ville depuis 1815 jusqu'en 1838. En 1839, la place de directeur de musique lui fut offerte à Breslau, et il l'accepta. Il y a fait représenter en 1846 l'opéra de sa composition intitulé *Lorelle*, et dans l'année suivante il a donné au même théâtre *Les ruines de Tharand.* Il a publié environ trente œuvres de musique instrumentale parmi lesquels on remarque des variations pour clarinette et orchestre, op. 28, Hanovre, Bachmann, et des variations concertantes pour clarinette et flûte avec orchestre; Augsbourg, Gombart.

HEINZE (Gustave-Adolphe), fils du précédent, est né à Leipsick le 1er octobre 1821. Élève de son père, il est devenu également un clarinettiste distingué qui s'est fait applaudir dans les concerts. J'ignore s'il a publié quelques compositions.

HEINZELMANN (Jean), né à Breslau, le 29 juin 1629, fit ses études à Wittenberg. A l'âge de dix-sept ans, il obtint un 1er prix au concours de l'université, et avant d'avoir accompli sa vingt-cinquième année il fut nommé recteur du collége du Cloître à Berlin. En 1658 le diaconat de l'église Saint-Nicolas de cette ville lui fut donné, et deux ans après il devint surintendant à Salzwedel, où il mourut subitement au mois de mars 1687. Il a fait imprimer une dissertation académique intitulée : *Oratio de Musica colenda in introduct. Martini Klingenbergii, Munchenbergensis Marchici, hactenus Strausbergæ cantoris et informatoris munere functi et nobiliter meriti, jam vocati legitimi cantoris Mariani Berolinensis;* Berlin, 1657. Ce morceau a été inséré par Mizler dans sa Bibliothèque musicale (t. 3, p. 776).

HEINZEN (K) : sous ce nom d'un auteur inconnu, un petit ouvrage concernant la musique et l'art en général a été publié en 1814; il a pour titre : *Uber Musik und Kunst;* Leipsick, Weller, in-8°.

HEISER (Wilhelm), professeur de chant et compositeur de Lieder, vivait à Berlin vers 1840. Il a publié des chants et des Lieder à voix seule avec piano, au nombre d'environ 30 œuvres, à Berlin, chez Challier.

HELD (Jean-Théobald), docteur en médecine à Prague, et amateur de musique, naquit dans cette ville vers 1760. Il possédait un talent distingué sur la guitare, et chantait avec goût. On connaît de lui : 1° *Rœschen* (Rosine), poésie de Pfeffel, mise en musique avec accompagnement de piano; Prague, 1796, in-fol. obl. — 2° Chansons à voix seule, avec accompagnement de piano; Leipsick, 1803.

HELD (Jacques), fils d'Antoine Held, *cantor* à Landshut (né en 1735, mort le 30 juillet 1809), naquit dans cette ville le 11 novembre 1770. Son père lui enseigna le violon, et ses progrès sur cet instrument furent si rapides, qu'à l'âge de sept ans il put jouer en public un concerto de Stamitz. Après avoir fait pendant six ans des études au gymnase, il alla les continuer au séminaire dont il fut organiste. En 1782 il se rendit à Munich, pour y faire un cours de philosophie. Il perfectionna son talent sous la direction de Hampel, violoniste de la cour. Lorsque ce maître quitta le service de l'électeur de Bavière, Held reçut des leçons de Eck, et acquit par les conseils de cet artiste beaucoup d'habileté dans l'exécution des traits difficiles et brillants. Pendant ce temps il apprenait l'harmonie et la composition chez le maître de chapelle Danzi. Le roi de Bavière l'admit dans sa musique et dans sa chapelle. Il était encore en possession de ces places en 1812. Depuis cette époque on manque de renseignements sur sa personne, parce que tous les biographes, et même l'auteur de l'article inséré dans le Lexique universel de musique publié par M. Schilling, se sont bornés à copier l'article de Lipowski. Avant 1811 Held avait fait un voyage sur le Rhin, dans la Franconie et en Suisse, avec son fils, âgé de onze ans, qui se distinguait déjà comme violoniste. On connaît de la composition de Held trois concertos pour le violon, un quintette pour 2 violons, 2 altos et basse, trois quatuors, cinq airs variés pour violon et orchestre, trois trios pour deux violons et violoncelle, deux œuvres de duos, et quelques ouvertures.

HELD (Bruno), musicien bavarois, vraisemblablement de la famille du précédent, habita d'abord à Munich, puis à Manheim, en 1815. Il a publié des contredanses pour l'orchestre, à Mayence, chez Schott, des quadrilles de redoutes pour flûte et guitare, à Manheim, des danses allemandes pour le piano, à Augsbourg, chez Gombart, et à Munich.

HELD (Auguste), professeur de piano à Magdebourg, est né dans cette ville, vers 1812. Il s'est fait connaître par des petites compositions pour le piano, telles que *polkas*, valses, etc.

HELD (C. F.), autre musicien de l'époque actuelle, a publié des recueils de Lieder avec piano.

HELD (Le docteur J.-C.), également compositeur allemand de *Lieder* et de chants à 4 voix, en a publié plusieurs œuvres depuis 1830 jusqu'en 1836. Depuis cette dernière année rien n'a paru de lui. Les biographies allemandes ne fournissent aucun renseignement sur ces trois artistes.

HELDER (Barthélemi), compositeur, né à Gotha, dans la seconde moitié du seizième siècle, fut d'abord instituteur au village de Friemar, près de cette ville, puis pasteur à Remstædt. Il a fait imprimer de sa composition : 1° *Cymbalum Genethliacum*, contenant quinze motets pour les fêtes de Noël et de la Circoncision, en allemand et en latin, à 4, 5 et 6 voix ; Erfurt, 1615. — 2° *Symbolum Davidicum*, contenant 25 psaumes allemands, dont deux à 8 voix, vingt-deux à 6 et un à 5 ; Erfurt, 1620. — 3° Le *Pater Noster*, et les 103e et 123e psaumes, en contrepoint fleuri sur le plain-chant à 4 voix ; Erfurt, 1621, in-4°.

HELDIUS (Jérémie), ou HELD, musicien allemand du dix-septième siècle, est cité par Draudius (*Biblioth. Classica*) comme auteur d'un livre intitulé : *Schema Melopoeticum, fundamentum contexendi concentus, rationem repræsentans* ; Francfort, 1623.

HÈLE (Georges de la), excellent musicien belge, naquit dans le Hainaut, vers 1545, et fut d'abord enfant de chœur à la collégiale de Soignies, suivant une note de H. Delmotte, dans des ébauches de recherches sur Philippe de Mons, qu'il m'a communiquées. Cette note n'indique pas la source où il avait pris ce renseignement ; mais le fait est vraisemblable, car on voit figurer Georges de la Hèle parmi les enfants de chœur de la chapelle royale de Madrid, en 1560, dans les états de cette chapelle qui sont aux archives du royaume de Belgique, à Bruxelles, et l'on y voit aussi qu'il y fut attaché pendant dix ans environ. Lui-même dit, dans l'épître dédicatoire de son livre de huit messes, imprimé à Anvers, en 1578, qu'il avait été attaché à la chapelle royale pendant dix ans (*decem enim annos, quos in Sacro-Majestatis tuæ Choro versatus sum, maximis beneficiis affectus*, etc.). Or, une lettre autographe du duc d'Albe, qui existe aux archives de l'église Notre-Dame, à Anvers, démontre que Philippe II, roi d'Espagne, avait chargé son lieutenant dans les Pays-Bas, d'y recruter dans les églises du pays des enfants de chœur pour sa chapelle, précisément à l'époque indiquée par Delmotte. De la Hèle revint aux Pays-Bas vers 1570, et obtint la place de maître des enfants de chœur de la cathédrale de Tournay. Il occupait cette position en 1576, car il prit part dans cette année au concours du Puy de musique de Ste-Cécile, à Évreux, et c'est ainsi qu'il est qualifié dans le document authentique qui constate ce fait (1). Il y est nommé, *Georges de la Hèle, maître des enfans de chœur en la ville de Tournay, pays de Flandre*. Ce même document fait voir qu'il obtint le prix de *la harpe d'argent* pour la composition du motet *Nonne Deo subjecta erit anima mea*, et celui du *luth d'argent*, pour la chanson à plusieurs voix dont les premiers mots étaient : *Mais voyez mon cher esmoy*. Ses compétiteurs dans ce concours étaient *Eustache Du Caurroy*, *Claude Petit-Jan* (Delâtre), et Claude *Le Painctre* (voyez ces noms). Il est vraisem-

(1) *Puy de musique, érigé à Évreux en l'honneur de madame Sainte-Cécile, publié d'après un manuscrit du seizième siècle, par MM. Bonnin et Chassant* (Évreux, 1837, in-8°), page 81.

blable que la position de la Hèle avait changé en 1578, et que, de maître des enfants de chœur de la cathédrale de Tournay, il était devenu le maître de chapelle de la même église; car il prend le titre de *phonascus*, c'est-à-dire *premier chantre*, au frontispice d'un recueil de messes qu'il publia dans cette année; or, c'était par ce mot qu'on désignait alors ceux qui dirigeaient l'exécution de la musique au chœur. Après la mort de Gérard de Turnhout (15 septembre 1580), de la Hèle fut désigné pour lui succéder dans la place de maître de la chapelle de Philippe II : il retourna à Madrid dans les derniers mois de cette année. On le voit figurer en cette qualité dans les états de la chapelle royale, en 1582; mais son nom disparaît après 1590, et M. Pinchart (V. ce nom) n'hésite pas à placer l'époque de sa mort à la fin de la même année ou au commencement de 1591.

De la Hèle, ayant vécu en Espagne pendant vingt ans, au service de la chapelle royale, y a dû produire le plus grand nombre de ses ouvrages, qui sans doute, y sont restés, et qui, comme beaucoup de monuments précieux de l'histoire de l'art, y ont péri, dans l'incendie qui détruisit cette chapelle en 1734. Heureusement une œuvre importante nous est restée comme témoignage éclatant de la grande habileté de l'artiste; cet ouvrage est un recueil de messes imprimé sous ce titre : *Octo Missæ quinque, sex et septem vocum, auctore Georgio de la Hèle, apud insignam cathed. Tornacensem phonasco; Antuerpiæ, ex officina Chistiphori Plantini, typographi regii*, 1578, in-folio max. L'exécution typographique de ce volume est d'une magnificence qui n'a rien d'égal; par le choix du papier, la beauté des caractères de musique, l'égalité du tirage, l'abondance et la variété des vignettes en bois et à toutes les parties mises en regard : ce produit des presses de Plantin a une immense supériorité sur la collection dite *Patrocinium musices*, imprimée à Munich, par Adam Berg, aux frais des ducs de Bavière. Quatre des huit messes de la Hèle sont à cinq voix, deux à six voix et deux à sept. Les messes à cinq voix sont intitulées : 1° *Oculi omnium in te spirant Domine*, parce qu'elle est composée tout entière d'après le thème du motet de Lassus sur ce texte; — 2° *In convertendo Dominus* (sur le thème d'un motet de Cyprien de Rore); — 3° *Nigra sum sed formosa* (sur le thème d'un motet de Crequillon); — 4° *Gustate et videte* (sur le thème d'un motet de Lassus. Les messes à six voix ont pour titre. — 5° *Quare tristis es* (sur un thème de Lassus; — 6° *Fremuit Spiritus Jesu* (sur un thème d'un motet du même); enfin, les messes à sept voix sont intitulées : — 7° *Præter rerum seriem* (sur le thème d'un motet de Josquin Deprès). — 8° *Benedicta es cœlorum regina* (sur un motet du même). Quelques morceaux de ces messes, que j'ai mis en partition, m'ont convaincu du grand mérite de De la Hèle, et l'ont placé dans mon opinion à la hauteur des meilleurs musiciens de son temps. Il ferme glorieusement pour l'école belge le seizième siècle, et c'est par lui que se termine la série des maîtres de cette grande école qui fut si haut placée pendant deux siècles. Le motet de cet artiste, à cinq voix (*Nonne Deo subjecta erit anima mea*), qui fut couronné au concours d'Évreux, se trouve parmi les motets de François Sale (*Voy.* ce nom), lesquels ont été imprimés à Prague en 1593.

HELESTINE (Jacques), musicien anglais, fut organiste de l'église cathédrale de Durham, puis de Sainte-Catherine, près de la tour de Londres. Le docteur Blow fut son maître de composition. Helestine a laissé en manuscrit un grand nombre de morceaux de musique d'église. Il est mort à Londres, vers le milieu du dix-huitième siècle, dans un âge fort avancé.

HELFER (Charles D'), chanoine et maître des enfants de chœur de la cathédrale de Soissons, a publié plusieurs messes et vêpres dont l'harmonie est assez bonne. En voici les titres : 1° *Missa quatuor vocum ad imitationem moduli* Benedicam Dominum, dans la collection des messes imprimées par Robert Ballard, t. 2, n° 9 des messes à 4 voix; Paris, 1653, in-fol. — 2° *Missa pro defunctis quatuor vocum*, même collection, t. 2, n° 10; Paris, 1656. La Borde a reproduit cette messe en partition dans son *Essai sur la Musique*, t. 2, p. 104. — 3° *Missa quatuor vocum ad imitationem moduli* Lorsque d'un désir curieux; Paris, Robert Ballard, 1658, in-fol. L'auteur n'était alors, suivant le titre de l'ouvrage, que chapelain de la cathédrale de Soissons. — 4° *Missa sex vocum ad imitationem moduli* In æternum cantabo; ibid., 1658, in-fol. — 5° *Vespres et Hymnes de l'année avec plusieurs motets du Saint-Sacrement, de la Vierge, des SS. et patrons de lieux, etc., à 4 parties*, ibid, 1660, in-4° obl. — 6° *Missa quatuor vocum ad imitationem moduli* Deliciæ regum; ibid., 1674, in-fol. — 7° *Missa sex vocum ad imitationem moduli* Quid videbis in Sunamitæ? ibid., 1674, in-fol. C'est une seconde édition. — 8° *Missa quatuor vocibus ad imitationem moduli* Lætatus sum; ibid., 1578, in-fol., 2e édition.

HELFER (Frédéric-Auguste), organiste à Géra, né à Weissensée, en Saxe, le 2 août 1800, est fils d'un maître d'école de cette petite ville. Élève du célèbre organiste M. G. *Fischer*, il est devenu artiste distingué. En 1822, il obtint la place d'organiste à Lobenstein : celle d'organiste de l'église de la ville, à Géra, lui fut donnée en 1831. Le premier ouvrage de sa composition qui a été publié est une *Fantaisie avec double fugue* (fugue à deux sujets) pour l'orgue, Leipsick, Breitkopf et Hærtel, 1840. Une analyse de cet ouvrage a paru dans la 42e année de la *Gazette générale de musique* de Leipsick, p. 788. On connaît aussi de Helfer un recueil de pièces classiques extraites de divers oratorios, messes, etc., en quatre suites, sous ce titre : *Erinnerungen aus Klassischen Kirchen und andern Tonwerke*, Leipsick, Siegel, ainsi qu'une collection de pièces d'orgue de toutes formes, en dix suites, intitulée *Zeitgemässe Tempelklænge der Orgel*; ibid.

HELIA (Camille de), musicien du seizième siècle, né à Bari, est connu par des motets à deux voix que De Antiquis a insérés dans le premier *Livre de Motetti a due voci da diversi autori di Bari*; Venise, 1585.

HELLER (Stéphen), pianiste et compositeur pour son instrument, est né le 15 mai 1814 à Pesth, en Hongrie (1). Son père le destinait au barreau, et lui fit faire ses études au collége des Piaristes. Pendant ce temps il prenait des leçons de Brauer, artiste de talent. A l'âge de neuf ans, Heller exécuta avec son maître au théâtre de Pesth le concerto de Dussek pour deux pianos. Le succès qu'il y obtint et sa prédilection pour la musique décidèrent son père à céder à ses instances et à celles de quelques amis : il lui laissa la liberté de suivre la carrière pour laquelle il se sentait une vocation décidée, et l'envoya à Vienne pour y continuer ses études sous la direction de Charles Czerny. J'ignore par quelles circonstances il ne prit qu'un petit nombre de leçons de cet excellent maître et devint élève d'un autre professeur, nommé M. A. Halm. En 1827 et 1828, Heller donna des concerts à Vienne; puis il fit avec son père un voyage d'artiste, donnant des concerts à Pesth et dans toutes les villes un peu considérables de la Hongrie. De là il alla à Cracovie, où il s'arrêta quelques mois; ensuite il visita Varsovie, Breslau, Dresde, Leipsick, Magdebourg, Brunswick, Hanovre et Hambourg. Il passa l'hiver de 1830 dans cette ville, y donnant comme partout des concerts et des leçons; mais déjà fatigué, dégoûté de la vie nomade, aspirant à une existence moins agitée et plus conforme aux penchants de son caractère mélancolique et rêveur. A la fin de 1830, il fallut songer à retourner en Hongrie, et Stéphen Heller se remit en route avec son père, passant par Cassel, Francfort, Nuremberg et Augsbourg. Son entrée dans cette dernière ville n'avait rien de gai, car il y arrivait exténué de fatigue et malade. Il était alors âgé de seize ans, et commençait à comprendre que son éducation musicale était à faire et qu'il n'était qu'un pianiste aux doigts assez agiles, ne connaissant de l'art que ce qu'on appelle *les morceaux de concert*. Quelques leçons élémentaires d'harmonie qu'il avait reçues a Pesth du vieil organiste Cibulka composaient tout son bagage scientifique concernant l'art d'écrire. A peine comprenait-il les compositions de Beethoven, et l'admiration qu'il avait trouvée à Leipsick pour les œuvres de ce maître lui paraissait inexplicable.

Une dame du haut monde d'Augsbourg, amateur passionnée de musique, eut occasion d'entendre Heller, et s'intéressa à lui (Heureux le jeune artiste qui rencontre une telle femme à l'aurore de sa carrière). Cette dame avait des enfants qui commençaient à se livrer à l'étude du piano : Heller fut engagé à leur donner des leçons, et à se loger près de ses élèves, en qualité d'ami. Son père le laissa à Augsbourg et retourna dans sa famille. A cette époque Chelard était à Augsbourg; ses conseils dirigèrent Heller dans ses études de composition. Mme d'H... possédait une assez belle collection de musique qu'il lut avec attention, et que d'autres amateurs de la ville complétèrent en lui prêtant leurs trésors. De ce moment seulement il devint musicien et entrevit l'art sous un point de vue plus élevé. Le comte Fugger, descendant de cette illustre famille qui, pendant plus de trois siècles, avait été la providence des artistes et des savants, homme d'un goût très-pur et d'un vaste savoir, fut aussi très-utile à Heller pour la direction de ses études. Depuis 1831 jusqu'en 1833 il composa beaucoup pour le piano seul ou avec accompagnement, et pour le chant : ces travaux lui firent acquérir de l'expérience dans l'art d'écrire. Dans l'été de cette dernière année il fit un voyage à Pesth pour revoir sa famille; mais à peine y eut-il passé quelques mois, que le désir de revoir sa chère Augsbourg l'y ramena au milieu de ses amis. Il y reprit ses travaux, et composa les premiers ouvrages qu'il publia à Leipsick et à Hambourg. L'appui de Robert Schumann dans la *Nouvelle Gazette musicale*, contribua au succès de ses productions. Dès lors le talent du

(1) Le Lexique universel de musique de Schladebach et Bernsdorf indique le 18 mai 1815; mais je tiens mes renseignements de Heller lui-même.

Heller prit le caractère original et parfois fantasque qui le distingue aujourd'hui.

Au mois d'octobre 1838 il quitta Augsbourg pour se rendre à Paris, où l'attirait l'espoir d'une plus grande renommée. Depuis son arrivée dans cette ville, gouffre et paradis des artistes, l'histoire de sa vie se résume dans ses ouvrages. Il n'y apportait pas les dispositions qui contribuent plus au succès que le talent, car il fuyait le monde et ne se plaisait que dans la solitude ou dans la société d'amis intimes; son goût personnel dans l'art le mettait en lutte avec les penchants du public; enfin il eut le malheur de prendre quelquefois le rôle de critique dans les Gazettes musicales : de là la haine et le dénigrement des rivaux. Ajoutons à tout cela que sa musique, généralement difficile et de forme inusitée, était rarement comprise par ceux qui n'en avaient pas la tradition. On comprendra, d'après ces considérations, les causes du succès tardif et lent des œuvres de cet artiste, nonobstant leur mérite incontestable d'originalité. Vaincu pourtant par les sollicitations des éditeurs, il s'est parfois humanisé et a pris des allures plus faciles et quelque peu vulgarisées; mais chez lui *le naturel revenait au galop*, suivant l'expression du poëte. Quoi qu'il en soit, Stéphen Heller ne passera point inaperçu dans l'histoire de l'art, et les vrais connaisseurs ne lui contesteront jamais la puissance d'un sentiment personnel tout empreint de passion et de force. On considérera toujours comme les produits d'un talent remarquable ses *Scherzo*, œuvres 7 et 24, son *Caprice symphonique*, op. 28, son *Boléro*, op. 32, son caprice, op. 38, ses valses, op. 42, 43, 44, ses Arabesques, op. 49, ses Scènes pastorales, op. 50, sa Vénitienne, op. 52, sa Tarentelle, op. 53, sa Fantaisie, op. 54, la Fontaine, caprice, op. 55, la Sérénade, op. 56, le *Scherzo fantastique*, op. 57, la deuxième Tarentelle, op. 61, ses Sonates, ses *Promenades d'un solitaire*, en quatre suites, son œuvre 82, divisé en quatre livres qui contiennent dix-huit morceaux, sous le titre de *Nuits blanches*, et une multitude d'autres compositions qui exhalent un parfum de poésie. Certaines affectations forcées qu'on remarquait dans les premiers ouvrages de Heller ont disparu des autres. L'originalité vraie l'emporte de beaucoup sur la recherche, et le charme a succédé à certaines aspérités qu'on pouvait reprocher autrefois au compositeur. S'il est quelque chose qui console au sein de la dégradation où l'art est parvenu, c'est de rencontrer un esprit vigoureux, un sentiment actif qui, dans l'exiguïté de la dimension, sache placer le grand et le beau, lesquels résultent toujours de l'originalité de la pensée : Stéphen Heller est cet esprit-là. Au reste, l'indifférence que les artistes témoignèrent autrefois pour ses productions a complétement disparu, et les éditions de ces mêmes ouvrages se sont multipliées, signe non équivoque de leur succès. Un jour viendra où les influences de coterie ayant disparu laisseront juger du mérite réel des choses; alors on reconnaîtra, sans aucun doute, que Heller est, bien plus que Chopin, le poëte moderne du piano.

HELLER (Joseph-Auguste), compositeur à Prague, n'est connu que par un opéra intitulé *Zamora*, qui fut représenté en 1845, par quelques petites pièces pour le piano, et des chants pour une et deux voix avec piano.

HELLER (Jean-Gottlieb), musicien qui paraît avoir vécu à Francfort vers 1840, a fait imprimer quelques petits ouvrages de sa composition, parmi lesquels on cite : Sérénade pour une ou deux voix avec piano, Francfort, Fischer, et une Polka pour le piano, op. 15, Mayence, Schott.

HELLINC ou **HELLINCK** (Lupus), contrepointiste allemand qui vécut dans la première moitié du seizième siècle, n'est connu jusqu'à ce moment (1860) que par quelques motets et chansons insérés dans divers recueils devenus fort rares. Il est en général désigné par son nom avec le prénom. Cependant on trouve en plusieurs endroits *Lupus* seul : dans ce cas il est difficile de reconnaître si le morceau de musique a pour auteur *Lupus Hellinc*, ou *Lupus Lupi*. (*Voy.* Lupi.) Les collections dans lesquelles Lupus Hellinc est désigné nominativement sont celles-ci : 1° *Selectissimarum Motetarum partim quinque partim quatuor vocum. D. Georgio Forstero selectore. Imprimebat Joannes Petreius Norimbergæ*, 1540, petit in-4° oblong. On y trouve des motets à cinq voix de Hellinc. — 2° *Hundert und fünfftchen guter newer Liedlein, mit vier, fünff, sechs Stimmen*, etc. (Cent-quinze bonnes et nouvelles chansons à 4, 5, et 6 voix, non imprimées auparavant, agréables à chanter en allemand, français, hollandais et latin, etc.); Nuremberg, Ott, 1544 in-4° obl. Les anciens musiciens allemands dont les ouvrages sont dans ce recueil sont Oswalt, Reiter, Louis Senfel, Thomas Stolzer, Jean Müller, Mathias Eckel, Étienne Mahu, Wilhelm Braytengasser, Arnold de Bruck, Lupus Hellinck, Paminger, Sixte Dietrich, et Jean Wannenmacher. — 3° *Cantiones sacræ, quas vulgo Moteta vocant, ex optimis quibusque hujus ætatis musicis selectæ. Libri quatuor; Antwerpiæ apud Tilemannum Susato*, 1546, in-4°. — 4° *Livre septième de chansons vulgaires de divers autheurs à quatre parties, convenables et utiles à la jeunesse*.

toutes mises en ordre selon leurs tons. En Anvers, chez les héritiers de Pierre Phalèse, 1636, in-4°. — 5° *Tabulaturbuch auff die Lautten durch Sebastien Ochsenkuhn*; Heidelberg, 1558, in-fol. On y trouve des pièces de Hellinc arrangées pour le luth.

HELLMESBERGER (Georges), professeur de violon au Conservatoire de musique de Vienne, de la chapelle impériale, et premier chef d'orchestre de l'Opéra, est né dans la capitale de l'Autriche, le 24 avril 1800. Son père, ancien maître d'école de village, lui donna les premières leçons de musique et de violon : les progrès du jeune Hellmesberger furent si rapides, qu'à l'âge de cinq ans il put se faire entendre avec succès dans plusieurs maisons de la haute société et devant la famille impériale. A dix ans il possédait une voix d'un timbre agréable, qui le fit admettre comme sopraniste dans la chapelle de la cour, en remplacement de François Schubert, qui venait de quitter cet emploi. Plus tard il fit ses humanités au couvent de Sainte-Croix, puis retourna à Vienne pour y suivre un cours de philosophie, et pour se préparer aux sciences théologiques; mais le goût passionné qu'il avait pour la musique le détourna de ses études, et dès ce moment il se livra sans réserve à la culture de l'art. Emmanuel Fœrster lui enseigna la composition, et le professeur Bœhm termina son éducation musicale. Devenu un des violonistes les plus habiles de l'Autriche, il fit des voyages à Pesth, à Brünn, à Laybach, dans d'autres villes de la Hongrie et de la Bohême, et recueillit partout des témoignages d'estime pour son talent. Après la mort de Schuppanzigh, en 1828, Hellmesberger lui succéda dans la place de chef d'orchestre de l'Opéra; bientôt il fut nommé membre de la chapelle impériale, et enfin professeur de violon du Conservatoire de Vienne. Cet artiste a publié de sa composition : 1° Premier et deuxième concerto pour le violon et orchestre ou quatuor; Vienne, Pennauer. — 2° Variations pour violon et orchestre sur le thème : *O cara memoria*, op. 3; Vienne, Artaria. — 3° Idem, sur le thème *Sorte, secondami*, op. 10; Vienne, Pennauer. — 4° Introduction et variations sur un thème original pour violon, quatuor et contrebasse, op. 9; Vienne, Artaria; Paris, Richault. — 5° Plusieurs autres airs variés avec quatuor. — 6° Quatuor pour 2 violons, viole et basse, op. 1; Vienne, Artaria. — 7° Variations pour piano, et violon, op. 6; Vienne, Mechetti; Paris, Richault. — 8° Adagio et rondeau brillant pour violon et quatuor, op. 14; Vienne, Pennauer; Paris, Richault.

HELLMESBERGER (Joseph), fils du précédent, né à Vienne en 1829, est violoniste de talent et pianiste. Il est membre de la chapelle impériale, et a succédé à son père comme professeur au Conservatoire de Vienne. Postérieurement, il a été chargé des fonctions de directeur de cette institution. M. Hellmesberger s'est fait connaître aussi comme chef d'orchestre des concerts de symphonie. En 1855, il a été envoyé à Paris comme membre du Jury de l'exposition universelle de l'industrie, et a été nommé président de la 27me classe de cette exposition, pour les instruments de musique. A cette occasion il a été décoré de la Légion d'honneur. Il a publié quelques compositions pour le violon.

HELLMESBERGER (Georges), frère du précédent, né à Vienne. Élève de son père pour le violon, il a obtenu la place de maître de concerts à Hanovre, et a fait représenter en cette ville un opéra intitulé *Die Bürgschaft* (Le cautionnement), en 1848. Ce jeune artiste est mort à Hanovre, le 12 novembre 1853, avant d'avoir atteint sa vingt-troisième année.

HELLMUTH (Frédéric), né à Wolfenbüttel, en 1744, apprit la musique à Brunswick, puis entra comme acteur au théâtre de Weimar, en 1770. De là il passa au théâtre de Gotha, pendant que Georges Benda en était compositeur et directeur de musique. Sa voix de ténor ayant subi de l'altération, il quitta l'Opéra et entra dans la chapelle de l'électeur de Mayence. On connaît de cet artiste : Trois sonates pour le clavecin, avec accompagnement de violon et violoncelle; Offenbach, 1774. Hellmuth est mort au commencement du dix-neuvième siècle.

Charles Hellmuth, frère de Frédéric, fut musicien de chambre à Mayence, puis s'établit à Erfurt en 1801. Il est mort dans cette ville, vers 1830.

HELLMUTH (Joséphine), femme de Charles, née à Munich, fut d'abord actrice et cantatrice au théâtre de Seyler, en 1772. Six ans après, elle entra au service de l'électeur de Mayence, où elle se trouvait encore en 1790. En 1785, elle entreprit un voyage, et se fit entendre avec succès au théâtre de Dresde.

Un autre musicien nommé *Hellmuth* a publié deux pas redoublés de sa composition, pour musique militaire; Paris, Gambaro.

HELLWAAG (Christophe-Frédéric), docteur en philosophie et en médecine, naquit à Kalw, dans le Wurtemberg, le 6 mars 1754. Il fut d'abord médecin ordinaire du prince de Holstein, professeur adjoint à Lubeck, puis à Altenburg. En 1788, il devint conseiller de l'évêque de Lubeck et médecin à Eutin. Ce savant a publié dans le numéro 10 du *Musée allemand* un petit traité de l'analogie des couleurs du spectre solaire avec la disposition des intervalles de la gamme, sujet déjà traité par Newton dans son optique, et qui avait suggéré au P. Castel le projet inexécutable d'un clavecin oculaire (voyez *Newton* et *Castel*). Gerber dit que Hellwaag a écrit une dissertation *De Formatione loquela;* mais il ne dit pas si elle a été imprimée. Le docteur Hellwaag (et non *Hellwig*, comme l'écrit Lichtenthal, *Diss. et Bibliogr. della Musica*, t. 4, p. 20), a donné une analyse du livre de M. Liscovius sur la théorie de la voix, sous la rubrique *Theorie der menschlichen Stimme*, dans la *Gazette musicale* de Leipsick, ann. 1816, p. 661 (et non 601, indiquée par Lichtenthal).

HELLWIG (CHARLES-FRÉDÉRIC-LOUIS), directeur de musique à l'Académie de chant de Berlin, naquit le 23 juillet en 1773 à Kunersdorf, près de Wriezen, sur l'Oder, où son père était prédicateur. Il commença ses études à l'école de la ville de Wriezen, et alla les continuer au collége de Grauen Kloster, à Berlin. Il avait reçu à Wriezen les premières leçons de clavecin et de violon : il apprit ensuite sans maître à jouer du violoncelle, de la contrebasse, du cor, de la guitare, de la harpe, et parvint à une certaine habileté sur l'orgue. Il était né musicien. Le maître de chapelle de la cour, G.· Abraham Schneider, lui enseigna l'harmonie et la composition. Dès 1793 Hellwig fut membre de l'Académie de chant de Berlin, que Fasch avait fondée deux ans auparavant. Après la mort de son père, il fut obligé d'accepter un emploi dans un établissement industriel pour vivre, et il y resta jusqu'en 1812; mais le 20 août 1813 il obtint la place d'organiste de l'église principale de Berlin, et dès ce moment il ne s'occupa plus que de musique. Le 23 juin 1815 les places de directeur de musique de la cour et du Dom lui furent confiées : il les conserva jusqu'à sa mort, arrivée le 24 novembre 1838, des suites d'une fièvre nerveuse. Comme professeur, compositeur et membre de l'Académie de chant et de la *Liedertafel* de Berlin, cet artiste a laissé des regrets. Il a fait représenter au théâtre de Kœnigstædt deux opéras de sa composition, intitulés : *Die Bergknappen* (Les Mineurs), poésie de Kœrner, et *Don Sylvio de Rosalba*. On a aussi de ce musicien : 1° *Vierstimmige geistliche Gesænge a Capella, ohne Begleitung* (Chants spirituels à quatre voix, *a capella*, sans accompagnement); Hambourg, Christiani. — 2° *Requiem* à 4 voix. — 3° *Das Blümchen Geduld* (La petite fleur de patience), chant à 2 voix avec piano, Berlin, Lischke. — 4° Chansons de table pour des voix d'hommes, avec accompagnement de piano, op. 7 ; Berlin, Trautwein. — 5° Quatre recueils de Chansons allemandes à voix seule, avec acc. de piano ; Leipsick, Breitkopf, Peters ; Berlin, Schlesinger.

HELMER (CHARLES), fils d'un luthier de Prague, naquit en cette ville vers 1740, et fut lui-même un très-bon fabricant de luths, de mandolines et de violons. Après avoir appris l'art du luthier dans l'atelier de son père, il voyagea. Ses instruments les plus anciens portent la date de 1773. Il possédait une rare habileté comme luthiste et comme joueur de mandoline. Helmer vivait encore en 1790.

HELMHOLZ (C.), professeur de musique à l'université de Halle, occupa cette position depuis 1827 jusqu'en 1848. En 1845 le 24ème psaume pour les voix d'hommes, de sa composition, fut exécuté à Weissensfels. Ses ouvrages publiés consistent en plusieurs recueils de chants et Lieder à voix seule avec piano; Berlin, Challier, et trois rondos faciles pour cet instrument, op. 2.

HELMONT (ADRIEN-JOSEPH VAN), né à Bruxelles, le 14 avril 1747, était de la même famille que les célèbres médecin et chimiste du même nom, et descendait de parents alliés aux maisons de Mérode et de Stassart. Destiné dès son enfance à la profession de musicien, il apprit à jouer du violon, et reçut quelques leçons d'harmonie, qu'on appelait alors *la basse continue*. Ses humanités étant terminées, il se rendit en Hollande, et y devint chef d'orchestre de l'Opéra d'Amsterdam. Après l'incendie de ce théâtre, il revint à Bruxelles et succéda à son père, Charles-Joseph Van Helmont, en qualité de maître des enfants de chœur et de directeur de la musique de l'église St-Michel-et-Gudule. A l'âge de neuf ans il avait été admis dans le chœur de la chapelle royale des archiducs gouverneurs des Pays-Bas autrichiens; il fut attaché à cette chapelle pendant plus de quarante ans. Devenu vieux, Van Helmont se retira près de son fils, maintenant professeur de musique au Conservatoire de Bruxelles, et passa ses dernières années dans le repos. Il est mort à l'âge de quatre-vingt-trois ans et quelques mois, le 28 décembre 1830. Van Helmont a écrit plusieurs messes et des motets, entre autres, une messe de *Requiem* à 5 voix, 2 violons, 2 hautbois, 2 cors, 2 trompettes, timbales, violoncelle et orgue, qui a été achevée au mois de novembre 1791. Tous ces ouvrages sont en manuscrit chez son fils. Il a aussi composé un opéra intitulé *L'Amant légataire*, qui a été joué au grand théâtre de Bruxelles. Le baron de Reiffenberg rapporte d'une manière fort plaisante l'effet de la seule représentation qui a été donnée de cet ouvrage (*Lettre à M. Fétis sur la Musique*, dans le *Recueil encyclopédique belge*, t. 2, p. 64.).

HELPÉRIC ou **HILPÉRIC**, moine bénédictin à l'abbaye de Saint Gall, naquit en Allemagne, au commencement du onzième siècle. C'était, dit Trithème (*De Vir. illust. ord. S. Bened. C.* 76, *pag.* 46, *col.* 1), un homme de grande érudition, philosophe, astronome, poëte, musicien, doué d'un génie inventif et de beaucoup d'éloquence. Voilà un éloge bien pompeux d'un moine obscur dont on aurait beaucoup de peine à trouver aujourd'hui quelque opuscule. Trithème dit avoir lu un traité *de Musica*, lib. 1, écrit par Helpéric. Le même biographe nous offre un singulier exemple d'inexactitude sur ce moine : dans l'un de ses ouvrages (*De Vir. illust. ord. S. Bened. C.* 76), il place en 1020 l'époque où il florissait; dans un autre (*Catal. Vir. illust. german.* p. 132) il porte cette époque à 1040; enfin, dans un troisième (*De Script. Eccles.*, p 263 et 264), il le fait vivre jusqu'en 1069. Il est exactement possible que Helpéric ait vécu tout ce temps dans son abbaye; mais c'est ce que Trithème aurait dû dire avec précision.

HELSTED (CHARLES), compositeur danois, né à Copenhague vers 1820, a fait exécuter à Leipsick, en 1847, une symphonie-idylle qui a été bien accueillie. On a publié de sa composition 6 chants à voix seule avec piano, op. 1, Leipsick, Breitkopf et Hærtel; quatuor pour piano, violon, alto et basse, op. 2, ibid., et trois poëmes à voix seule avec piano; Copenhague, Lose.

HEMBERGER (JEAN-AUGUSTE), pianiste allemand, s'établit à Paris, vers 1784, puis à Lyon, et publia dans ces deux villes les ouvrages de sa composition dont les titres suivent : 1° Six trios pour 2 violons et basse, op. 1; Paris, Sieber, 1784. — 2° Six quatuors pour 2 violons, alto et violoncelle, op. 2; Paris, Bailleux. — 3° Trois concertos pour clavecin, 2 violons, viole et basse, op. 3; ibid. — 4° Six trios pour 2 violons et basse, op. 4; ibid. — 5° Six idem, op. 5; ibid. — 6° Trois trios pour clavecin, violon et basse; op. 6; Paris, Boyer (Naderman). — 7° Quatre trios idem, op. 13; Lyon, 1787. — 8° Trois trios idem, op. 14; Paris, 1787. — 9° Trois symphonies pour le clavecin à 4 mains, op. 15; ibid. — 10° Trois trios pour piano, violon et violoncelle, op. 16; ibid., 1790. — 11° *Bouquet à Mme de Buffon*, pour 4 voix, 2 violons, 2 flûtes, 2 cors, alto et basse.

HEMESIUS ou **HEMES** (NATHAN), écrivain anglais, est cité par Forkel, Gerber et Lichtenthal comme auteur d'un livre intitulé : *De Musica evangelica seu vendicatio Psalmodiæ contra Tombum*. Il est vraisemblable qu'un autre écrivain anglais, nommé *Tomb*, avait publié quelque chose contre la psalmodie : cependant Tanner n'en parle pas dans sa *Bibliotheca Britannico-Hibernica*.

HEMMEL (SIGISMOND), maître de chapelle du prince de Wurtemberg, vers le milieu du seizième siècle, a publié de sa composition : *Den ganzen Psalter Davids mit 4 Stimmen* (Tout le psautier de David à 4 voix); Tubingue, 1569.

HEMMERLEIN (JOSEPH), professeur de piano à Francfort en 1780, fut attaché au service de la comtesse de Vorberg vers 1786, puis se rendit à Paris et y vécut jusqu'en 1799; on ignore ce qu'il est devenu depuis ce temps. Cet artiste a publié de sa composition : 1° Concertos pour piano, 2 violons, alto, basse, 2 hautbois et 2 cors, nos 1, 2, 3, 4; Paris, Boyer (Naderman). — 2° idem, n° 5; Paris, La Chevardière (Le Duc). — 3° idem, n° 6 (en *ré*); Offenbach, André. — 4° Trois sonates pour piano et violon, op. 3; Offenbach, André. — 5° Trois idem, op. 5; ibid. — 6° Trois idem, op. 8; ibid. — 7° Trois idem faciles, op. 13; Paris, Naderman. — 8° Trois idem, op. 14; Offenbach, André. — 9° Trois sonates pour piano à 4 mains, op. 17; Paris, Boyer. — 10° Symphonie pour clavecin, 2 violons, alto et basse, op. 6; ibid. — 11° Trois trios pour clavecin, violon et basse, op. 9; ibid. — 12° Trois idem très-faciles, op. 12; ibid. — 13° Marches, 12 menuets et 12 anglaises; Mayence, Schott.

HEMMERLEIN (JEAN-CHRÉTIEN), maître de concerts du prince évêque de Fulde, vers 1770. Schlick fut son maître de violoncelle et en fit un artiste distingué. Hemmerlein eut pour maître de composition Uhlmann, organiste de sa ville natale. On connaît de sa composition un concerto de violon avec orchestre, op. 1; Augsbourg, 1801.

HEMMERLIN (JEAN-NICOLAS), musicien de la chambre du prince-évêque de Bamberg, vers le milieu du dix-huitième siècle, publia dans cette ville, en 1748, six messes de Caldara, à 4 voix, 2 violons et orgue, sous ce titre : *Chorus musarum divino Apollini accinentium*. Quatre messes seulement de ce recueil sont de Caldara; la troisième et la cinquième sont de la composition de Hemmerlin.

HEMMIS (FRANÇOIS), maître de chapelle et organiste de l'église d'Osnabruck, né vers le milieu du dix-huitième siècle, a publié : 1° *Neue Melodien zum Katholischen Gesangbuch, zur*

Belehrung und Erbaunung der Christen; Cassel, 1781, in-8°. — 2° Six sonates pour clavecin; Osnabruck, 1792. — 3° Andante avec variations pour le clavecin; ibid., 1800.

HEMPEL (GEORGES-CHRISTOPHE), violoniste attaché à la musique du duc de Saxe-Gotha, naquit à Gotha, en 1715, et mourut en cette ville le 4 mai 1801, à l'âge de quatre-vingt-six ans. Les catalogues de Breitkopf, de Leipsick (1760 à 1770), indiquent onze symphonies de Hempel, en manuscrit, deux concertos pour le violon, et douze solos pour le même instrument.

HEMPEL (CHARLES-GUILLAUME), né en 1777, à Chelsea, près de Londres, apprit la musique dès son enfance, sous la direction de son parent Kollmann. Ses progrès furent rapides. En 1793 et 1794, on le fit voyager sur le continent; il s'arrêta quelque temps à Dresde et à Leipsick, et y perfectionna ses connaissances musicales. De retour à Londres, il cultiva d'abord la littérature et la peinture, mais ensuite il fit sa profession de la musique, qui, dans les premiers temps, n'avait été pour lui qu'un art d'agrément. En 1804, il fut nommé organiste de l'église Sainte-Marie, à Truro; il occupait encore ce poste en 1825. L'ouvrage principal de Hempel est un volume de musique d'église, d'antiennes et de psaumes, publié à Londres sous le titre de *Church Services, Anthems, and Psalms,* et dédié à l'évêque de Lincoln. On a fait deux éditions de cet ouvrage, ainsi que des vingt mélodies sacrées (*Twenty sacred Melody*), que Hempel a dédiées au comte de Falmouth. Son œuvre la plus importante a pour titre : *Morning and Evening service in score; and two Anthems, with a separate accompaniment for the Organ* (Service du matin et du soir en partition, et deux antiennes, avec un accompagnement séparé pour l'orgue); Londres (sans date). On a aussi de cet artiste une méthode de piano intitulée : *Introduction to the Piano-Forte;* Londres 1817.

HÉNAUX (ÉTIENNE), poëte et docteur en droit, né à Liége en 1819, mort dans la même ville, le 15 mars 1843, est auteur d'un poëme intulé : *La Statue de Grétry* (Liége, Desoer, 1842, in-8° de 24 pages), publié à l'occasion de l'inauguration de cette statue sur la place de l'université, dans la même année.

HENFLING (CONRAD), mathématicien qui vivait au commencement du dix-huitième siècle, et conseiller de la cour d'Anspach, mort vers 1720, a fait imprimer l'extrait d'un système de musique dont il était l'inventeur, sous ce titre : *Specimen de novo Systemate Musico;* Anspach, avril, 1708. Ce petit ouvrage a été inséré dans les *Micellan. Berolin.*, 1710, t. I, part. III, p. 265-294. Il en a été donné une analyse dans l'*Histoire de l'Académie des Sciences,* 1711, p. 79 et suiv. Henfling propose dans cet opuscule la division de l'octave en 50 parties; il a été réfuté par Sauveur (*voy.* ce nom).

HENKE (....), critique musicien, né en Saxe, vécut à Brunswick, vers le milieu du dix-huitième siècle. Il a publié un écrit périodique intitulé *Musikalische Patriot* (Le Patriote musical), dont il a paru 30 numéros en 1741; Brunswick, in-4°. Il ne faut pas confondre ce journal avec celui que Mattheson a fait paraître sous le même titre à Hambourg, en 1728 (*voy.* MATTHESON).

HENKEL (MICHEL), directeur de musique et organiste de la cathédrale de Fulde, est né en cette ville, le 24 juin 1780, ou, selon d'autres renseignements, le 18 du même mois. Le bon organiste Vierling lui a enseigné à jouer de l'orgue et les règles de l'art d'écrire dans la composition. Laborieux artiste, Henkel a écrit un grand nombre d'ouvrages de musique religieuse et de versets ou préludes pour l'orgue. Dans toutes ces productions, on trouve plus de facilité et d'élégance que de profondeur. On a de cet artiste : 1° Cent versets pour l'orgue; Offenbach, André; Vienne, Haslinger. — 2° Quarante-huit préludes et conclusions pour l'orgue, œuvre 5°; Bonn, Simrock. — 3° Cent versets pour l'orgue, 2° recueil; ibid. — 4° Vingt pièces d'orgue, 4° recueil, op. 32; ibid. — 5° Vingt-quatre pièces d'orgue faciles, op. 26; Leipsick, Peters. — 6° Idem, 6°, 7° et 8° recueils; ibid. — 7° Soixante préludes faciles à 2, 3 et 4 parties, 9° recueil, op. 62. — 8° Trente-trois pièces pour les commençants, op. 68, liv. 1 et 2; Mayence, Schott. — 9° Douze pièces nouvelles, 11° recueil, op. 82; Francfort, Hoffmann. — 10° Trois messes allemandes dans le style choral, à 4 voix, 2 cors et orgue, op. 32; Offenbach, André. — 11° Six chants religieux pour les églises et les écoles, à 4 voix, chœur et piano; Bonn, Simrock. — 12° Sonates pour piano et violoncelle, op. 73 et 74; Mayence, Schott; et Offenbach; André. — 16° Plusieurs rondos et pièces diverses pour le piano. — 17° Beaucoup d'airs variés idem; Offenbach, André; Mayence, Schott; Bonn, Simrock. — 18° Plusieurs cahiers de duos pour 2 flûtes. — 19° Pièces pour guitare. — 20° Mélodies chorales à 4 voix; Fribourg, Herder. — 21° Deux recueils de chansons allemandes à voix seule de piano, op. 10 et 21; Offenbach, André. — 22° La musique pour le drame *Achmet et Zénide,* de Iffland, et pour *Bauernhochzeit* (les Noces villageoises), de Kœnig. Les ouvrages de ce musicien distingué s'élèvent au nombre de plus de cent, dont les derniers ont paru en 1844. Il est mort dans sa position d'organiste et de directeur de musique a Fulde, le 4 mars 1851.

Henkel a eu un fils (Georges-André), né à Fulde le 4 février 1805. Dès l'âge de onze ans il composa des variations pour le piano, qui furent publiées par André, d'Offenbach, ami de son père. En 1826, il alla suivre les cours de l'université de Marbourg. Il s'établit ensuite à Francfort sur-le-Mein. Il allait se rendre à Paris pour prendre possession d'une place de professeur dans l'institution de musique religieuse dirigée par Choron, lorsque la révolution de Juillet 1830 changea ses plans et lui fit accepter une place d'organiste à Kobourg. En 1837, il abandonna cette position pour celle de professeur de musique au séminaire de Fulde. Parmi les compositions de Henkel, on remarque : 1° l'ouverture pour *le Camp de Wallenstein*, de Schiller. — 2° des sonates pour le piano avec violon. — Des chants pour des voix d'hommes. — Quelques petites pièces pour l'orgue et le piano. Tous ces ouvrages ont été publiés. Henkel a en manuscrit des symphonies, des ouvertures, des messes, des Motets, des Lieder et des chœurs pour des voix d'hommes, des compositions pour le piano et pour l'orgue. Le style de cet artiste est une imitation de celui de Mendelssohn.

HENKEL (Henri), le plus jeune des fils de *Michel*, est né a Fulde en 1822. Après avoir commencé, sous la direction de son père, ses études de piano et d'orgue, il alla les continuer à Francfort, chez Aloys Schmitt, puis à Darmstadt, chez Rink, chez Kessler, et pour la composition chez André, à Offenbach. Après la mort de celui-ci, il retourna à Fulde et passa une année au séminaire des instituteurs. Il vécut ensuite à Leipsick pendant les années 1846-1847, retourna chez son père pendant les mouvements révolutionnaires de 1848, et enfin se fixa à Francfort dans l'année suivante, comme professeur de chant et de piano. On a publié de sa composition des Lieder et quelques petites pièces pour le piano et l'orgue.

HENNEBERG (Jean-Baptiste), né à Vienne, le 6 décembre 1768, était fils d'un organiste du couvent appelé *Schotten-Stifs*, et succéda à son père dans cette place. A l'âge de vingt-deux ans il entra (en 1790) au théâtre de Schikaneder comme chef d'orchestre. Il en remplit les fonctions pendant treize ans; mais le mauvais état de la santé de sa femme l'obligea à se retirer, en 1804, à Hof, près de Mannerstorf, sur les frontières de la Hongrie, pour y jouir d'un air plus pur. Là, il embrassa la vie de laboureur, et sembla pendant quelque temps avoir oublié la musique; mais enfin l'amour de l'art lui revint au cœur après quelques années, et ce fut avec plaisir qu'il accepta l'invitation que lui fit le prince Nicolas Esterhazy de se rendre à Eisenstadt pour y tenir l'emploi d'organiste. Il y fut aussi bientôt après chargé de la direction des opéras qu'on représentait sur le théâtre du château. Après la dissolution de la chapelle du prince, Henneberg retourna à Vienne, et y vécut quelque temps sans emploi; puis il fut nommé directeur du chœur, à l'église paroissiale de la cour. Après la mort de Œhlinger, il le remplaça comme organiste de la chapelle impériale; mais il jouit peu des avantages de sa position nouvelle, car il se blessa en visitant l'intérieur de son orgue, et sa blessure, négligée dans l'origine s'envenima et le conduisit au tombeau, le 26 novembre 1822. On s'accorde à considérer Henneberg comme un organiste distingué et un compositeur de goût. Parmi ses ouvrages, dont le plus grand nombre est resté en manuscrit, on compte beaucoup de morceaux introduits dans les opérettes jouées aux théâtres de Vienne, et plusieurs petits opéras intitulés : 1° *Conrad Langart de Friedbourg*. — 2° *Das Jæger Mædchen* (la Fille du Chasseur). — 3° *Die Waldmænner* (les Sylphes). — 4° Le premier acte de *Kœnigs flicht* (Devoir d'un roi). — 5° *Der Scheerenschleifer* (le Rémouleur). — 6° *Die Elfen Kœniginn* (la Reine des Elfes). — 7° *les Géants*, opéra mythologique qui n'a pas été représenté. Henneberg a écrit aussi des symphonies, des ouvertures, une grande pièce pour musique militaire, des chansons, des hymnes, des cantates, et des nocturnes à 4, 6 et 8 voix, avec ou sans accompagnement. Il a arrangé pour le piano les opéras intitulés : *les Pyramides de Babylone*, par Gallus; *le Labyrinthe*, par Winter; *le Miroir d'Arcadie*, par Süssmayer, etc.

HENNEKINDT (Jean), connu au théâtre sous le nom d'Inchindi, naquit à Bruges (Belgique), le 4 mars 1798. Après avoir étudié la musique dans le lieu de sa naissanse, il se rendit à Paris et fut admis au pensionnat du Conservatoire, à cause de sa belle voix, le 6 juin 1822. Il y reçut des leçons de Plantade, et Baptiste aîné, du Théâtre-Français, fut son maître de déclamation. Le 20 mars 1823 il débuta à l'Opéra dans le rôle du Pacha de la *Caravane du Caire;* mais il ne sortit du Conservatoire que dans l'année suivante. Après être resté quelque temps à l'Opéra sans y obtenir les succès auxquels il aspirait, il se rendit en Italie, et s'y livra à de nouvelles études de chant. En 1829, il chantait à Parme, et il se fit entendre avec succès pendant les années suivantes, dans plusieurs autres villes de la Péninsule. De retour à Paris, en 1832, il fut engagé au Théâtre-Italien et s'y fit applaudir dans les rôles de baryton des ouvrages de Rossini, particulièrement dans *Mathilde de Shabrand*. Hennekindt retourna ensuite en Italie, et chanta à Bologne, en 1834; mais, bientôt rappelé à Paris, au mois de novembre de la même année, il débuta au théâtre de l'Opéra-Comique dans le *Chalet*, dont le rôle de *Max* fut écrit pour lui par Adolphe Adam; puis il chanta dans *le Cheval de bronze* d'Auber, avec beaucoup de succès. Cependant, par des causes inconnues, il ne resta pas longtemps à ce théâtre. Pendant quelque temps il voyagea dans les départements de la France pour y donner des représentations, puis il retourna en Italie. Il chantait à Florence en 1838; on le retrouve à Madrid en 1845. Depuis lors il a disparu de la scène.

HENNELLE (Mme Claire), née Woirt, à Paris, cantatrice et professeur de chant, est auteur d'un petit ouvrage qui a pour titre : *Rudiment des chanteurs, ou théorie du mécanisme du chant, de la respiration et de la prononciation*; Paris Meissonnier, 1844, in-8° de 48 pages.

HENNIG (Chrétien-Frédéric), maître de chapelle du prince Sulkorosky, à Sorau, dans la deuxième moitié du dix-huitième siècle, a composé douze symphonies, six quatuors et six divertissements pour douze instruments, qui sont indiqués dans les catalogues de Breitkopf. Hennig a publié à Berlin, en 1775, un trio pour clavecin, violon et violoncelle; en 1781, à Leipsick, un *Quolibet* pour des sociétés de jeunes musiciens, et, en 1782, douze chansons pour des loges de francs-maçons.

HENNIG (Jean-Chrétien), flûtiste allemand, peut être fils du précédent, est connu par les ouvrages dont les titres suivent : 1° Trois quatuors pour flûte, violon, alto et basse; Offenbach, André. — 2° Duos pour 2 flûtes, op. 6, 18; Berlin, Hummel, 1799. — 3° Plusieurs airs variés pour flûte seule. J'ignore si cet artiste est le même qu'un musicien fixé à Chemnitz (*Hennig*, C.), qui a publié six pièces pour 5 clarinettes, flûte, 2 cors, 2 trompettes, 2 bassons, trombonne et serpent avec petite et grosse caisse; Chemnitz, Hæcker.

Un autre musicien du même nom (*Hennig*. C.), était, en 1841, violoniste et professeur de son intrument à Magdebourg. Il a publié dans cette même année une méthode de violon, sous ce titre : *Praktische Violinschule nach pædagogischen Grundsætzen*, etc.

Enfin, un autre Hennig (Ch.), professeur de musique à Berlin, à la même époque, y a publié des *Lieder*, à voix seule avec piano, un recueil de 72 chorals à deux voix, des chants pour une, deux et trois voix, des chants funèbres pour 4 voix d'hommes, etc.

Il est singulier que les noms de ces artistes ne soient pas même mentionnés dans les recueils de biographies de musiciens publiés en Allemagne depuis vingt ans.

HENNIGK (Henri-Julien), organiste de l'église St.-Jean, à Dresde, est né dans cette ville en 1786. On connaît de lui : 1° Polonaises à grand orchestre; Dresde. — 2° Idem pour piano; Dresde, Arnold. — 3° Vingt-neuf préludes faciles pour l'orgue, avec une instruction sur les tons majeurs et mineurs; ibid. Homme de savoir, Hennigk s'est fait connaître par deux ouvrages sur la musique qui ont pour titres : 1° *Kurze Geschichte über der Ursprung und Fortgang der Musicke* (Histoire abrégée de l'origine et des progrès de la musique); Dresde, 1824, in-8°. — 2° *Kurzer Grundriss der Geschichte der Musick bei den Volkern der Alterthums* (Tableau abrégé de l'histoire de la musique chez les peuples de l'antiquité); Dresde, Arnold, 1837, in-8° de XVI et 79 pages.

HENNING (Maître), célèbre facteur d'orgues, vers la fin du seizième siècle et au commencement du dix-septième, fut d'abord menuisier à Hildesheim. Il a construit : 1° L'orgue du couvent de St-Blaise à Brunswick, de 35 jeux, 2 claviers et pédale, avec un registre de 16 pieds au grand clavier — 2° L'orgue de St-Goldast à Hildesheim, à 23 jeux, 2 claviers et pédale.

HENNING (Charles-Guillaume), né à Berlin, en 1784, était fils d'un musicien de régiment qui lui donna les premières leçons de musique et de violon. Seidler, maître de concerts en cette ville, fut ensuite son maître pour cet instrument, et Guhrlich lui enseigna les règles de l'harmonie. En 1807, Henning obtint une place de violoniste au théâtre national et royal. En 1821, il reçut sa nomination de directeur de musique au théâtre Kœnigstadt, et cinq ans après il y joignit la position de maître de concerts de la chapelle du roi. En 1833, l'Académie royale des beaux-arts de Berlin l'admit au nombre de ses membres, et en 1836 il fut nommé directeur de musique au théâtre royal de l'Opéra. Cet artiste a publié de sa composition : 1° Symphonie concertante pour 2 violons; Berlin, Schlesinger. — 2° Premier concerto (en *la*) pour violon principal; Augsbourg, Gombart. — 3° Deuxième concerto, id. (en *ré* mineur), op. 15; Offenbach, André. — 4° Variations sur *la Sentinelle*, idem; Berlin, Schlesinger. — 5° *Sestetto* pour deux violons, 3 violes et violoncelle; Leipsick, Peters. — 6° Trois grands quatuors pour 2 violons, viole et basse, op. 9; Offenbach, André. — 7° Quatrième quatuor, op. 13; Vienne, Haslinger. — 8° Deux trios pour 2 violons et violoncelle, op. 2; Berlin, Schlesinger. — 9° Duos pour 2 violons, op. 1, ibid. — 10° Thèmes variés pour violon seul. On connaît aussi de lui des pièces d'harmonie publiées en 1818, et la musique d'un ballet représenté au théâtre royal.

HENNIUS (Gilles), chanoine et chantre de l'église collégiale de Saint-Jean l'Évangéliste, à Liége, et maître de chapelle de Ferdinand, archevêque électeur de Cologne et prince évêque de Liége, vers le milieu du dix-septième siècle. On connaît de sa composition : 1° *Hymnus S. Casimiri principis, filii Regis Poloniæ, etc., 4 et 8 voc.*; Cologne sur le Rhin, 1620, in-4°. — 2° *Motetta sacra duarum, trium, quatuor, tum vocum, tum instrumentorum cum basso continuo, liber primus*; Anvers, 1640, in-fol. — 3° 4 *Missæ solemnes octo vocum, op.* 3; Anvers, 1645, in-4°.

HENRI III, duc de Brabant, surnommé *le Débonnaire*, épousa *Alix*, fille d'Hugues IV, duc de Bourgogne, et mourut à Louvain, le 28 février 1261. Ce prince cultivait la poésie et la musique. Il nous reste quatre chansons notées de sa composition, qui se trouvent dans les manuscrits de la Bibliothèque impériale, à Paris.

HENRI VIII, roi d'Angleterre, fils de Henri VII, naquit au mois de juin 1492, et monta sur le trône d'Angleterre, le 22 avril 1509. Ce prince, fameux par l'habileté de sa politique, ses cruautés, et par la réforme religieuse qu'il introduisit dans son royaume, pour servir ses passions, avait des connaissances étendues dans les sciences et dans les arts, et se piquait d'être un des plus habiles musiciens de son royaume. Il chantait avec goût, jouait bien du clavecin et de la flûte, et composait des motets et des messes dans la manière des maîtres anglais de son temps. Boyce a inséré dans sa collection de musique religieuse une antienne à 4 voix (*O Lord, the maker of all things*), que j'ai fait exécuter dans un de mes concerts historiques; elle est bien écrite. Hawkins a aussi publié dans le second volume de son Histoire générale de la musique (pag. 534) le motet latin à 3 voix *Quam pulchra es*, d'après un manuscrit du chœur de Windsor, daté de 1519. Henri VIII est mort à Londres, dans la nuit du 28 au 29 janvier 1547.

HENRION (Paul), compositeur de romances, est né à Paris, le 20 juillet 1819. A l'âge de onze ans, il entra, comme apprenti, dans l'atelier d'horlogerie de son frère aîné; mais il n'y resta pas longtemps, ayant accepté les offres qui lui furent faites pour jouer sur les théâtres de la banlieue, puis dans les petites villes des départements, des rôles de jeunes garçons ou de femmes travesties. Après quatre ans de cette existence vagabonde, il rentra à Paris et dans sa famille. Alors il se livra à l'étude de la musique, reçut des leçons de piano de Henri Karr, et suivit le cours d'harmonie de l'organiste aveugle Moncouteau (*voy.* ce nom). En 1840, il débuta comme compositeur de romances par une mélodie qui avait pour titre *Un jour*. Cet air eut un succès populaire, et devint un timbre de Vaudeville. *Le bon Curé, Loin de sa mère, Les Deux Mules du Basque, Les Vingt sous de Périnette, Manola, Si loin, Travaille et prie*, d'autres romances encore, ont eu la vogue d'un moment qu'obtiennent ces petites pièces lorsqu'elles se distinguent par une heureuse inspiration et par l'élégance de la forme. M. Colombier en a été l'éditeur, à Paris. M. Henrion a écrit aussi quelques petits morceaux de piano, des quadrilles, des valses et des *polkas*.

HENRY (Bonaventure), professeur de violon à Paris, débuta au concert spirituel en 1780, dans un concerto de violon qui fut publié la même année, et qui eut peu de succès. Peu de temps après il entra comme premier violon au théâtre de Beaujolais; il s'y trouvait encore en 1791. On a de cet artiste : 1° Concerto pour le violon; Paris, La Chevardière, 1780. — 2° Sonates pour 2 violons et basse, ibid. — 4° Exercices sur les quatre premières positions du violon, en passant dans tous les tons; Paris, Imbault. — 4° Premier air varié, ibid. — 5° Trois airs variés pour violon, op. 5; Paris, Gaveaux (Petit). — 6° Études contenant des gammes variées, thèmes variés et caprices pour violon, livres 1-3; Paris, Frey. — 7° Méthode de violon; Paris, Imbault (Janet).

HENRY (...), clarinettiste à Paris, vers 1815, vraisemblablement fils du précédent, a publié quatre œuvres de duos pour son instrument; Paris, Sieber, Duhan, Omont; des études ou caprices pour clarinette seule, op. 2, Paris, Sieber, etc.

HENSEL (Gottlob), organiste de l'église Saint-Pierre-et-Saint-Paul à Liegnitz, né en Silésie vers 1765, a publié de sa composition : Recueil de morceaux de chant et de piano; Breslau, Gehr et Ce, 1795. — 2° Trois sonates pour piano et violon, op. 1; Breslau, 1802. — 3° Sonates pour piano seul, op. 2, ibid. — 4° Fantaisie sur les événements tragiques de la Turquie, en 1821, pour piano et violon; ibid. Hensel est mort à Liegnitz, en 1826.

HENSEL (Jean-Daniel), né à Goldberg, en Silésie, en 1757, fut pendant plusieurs années recteur du collége de Strahlen, puis devint précepteur d'un jeune seigneur qu'il accompagna dans ses voyages. De retour à Goldberg, il y vécut quelque temps sans emploi ; mais en 1794 il établit une institution pour l'éducation des jeunes demoiselles a Hirschberg. Hensel cultivait la musique avec succès ; on connait de sa composition : 1° *Jésus*, oratorio dont il avait fait les paroles et la musique, et qui fut annoncé en 1798. — 2° Méthode pratique de piano, en quatre livraisons progressives ; Leipsick, 1798-1800. Chaque partie renferme trois sonates avec des instructions sur le doigter et le système d'exécution. — 3° Sonates pour le piano, œuvres 1, 2, 3, 4. Breslau, Gross, Barth et Ce. Il se peut que ces sonates ne soient que la méthode sous un autre titre. — 5° Exercices pour piano, 2 parties ; ibid. — 6° *Cyrus et Cassandre*, opera, en partition ; Halle, Hendel. — 7° *Daphné*, opéra, en 1799. — 8° *Die Geisterbeschwærung* (La Conjuration des esprits), opérette, non représentée. — 9° Chant d'hommage de la Silésie pour le jour du couronnement du roi Frédéric-Guillaume III, poésie et musique, 1798.

HENSEL (Fanny), sœur du célèbre compositeur Mendelssohn-Bartholdy, naquit à Hambourg, vers 1808. Pianiste distinguée et douée d'une belle organisation musicale, elle écrivit, à l'imitation de son frère, des mélodies sans paroles pour le piano et des *Lieder* pour voix seule avec accompagnement de cet instrument, où l'on remarque des inspirations poétiques. Après avoir épousé le peintre de la cour de Prusse, *Hensel*, elle continua de cultiver son talent pour sa famille et ses amis, mais ne publia pas ses compositions. Cependant, vaincue par les instances de Mendelssohn, elle consentit enfin à les laisser mettre au jour. Par une coïncidence douloureuse, ces ouvrages parurent, le 13 mai 1847, et leur intéressant auteur mourut à Berlin le lendemain 14, à l'âge de trente-neuf ans. Frappé de ce malheur inattendu, Mendelssohn en ressentit une si vive douleur, que sa santé déclina chaque jour, et que moins de six mois après il suivit dans la tombe sa sœur bien aimée (*voy. Mendelssohn-Bartholdy*). Les ouvrages publiés de Mme Hensel sont : 1° 6 *Lieder* pour voix seule avec piano, op. 1 ; Berlin, Schlesinger. — 2° quatre *Lieder* sans paroles pour le piano, op. 2, 1er recueil ; ibid. — 3° Jardin de *Lieder*, 6 chants pour soprano, contralto, ténor et basse, op. 3, 1er recueil ; ibid. — 4° 6 Mélodies pour piano, op. 4, livre 1er ; ibid. — 5° 6 Mélodies pour piano, op. 5, livre 2e, ibid. — 6° 4 *Lieder* pour piano, op. 6 ; Berlin, Bote et Bock. — 7° 6 Lieder a voix seule avec piano, op. 7 ; ibid.

HENSELT (Adolphe), pianiste et compositeur d'un remarquable talent, est né le 12 mai 1814 à Schwabach, petite ville de la Bavière, a quelques lieues de Nuremberg, où son père était fabricant d'indiennes. Henselt n'était âgé que de trois ans lorsque sa famille alla s'établir à Munich. Il y apprit à jouer du violon dans ses premières années ; mais bientôt il abandonna cet instrument, pour lequel il ne se sentait point de goût, et se livra à l'étude du piano sous la direction d'un maître obscur nommé Lasser. Les heureuses dispositions de Henselt, qui se faisaient apercevoir par ses rapides progrès, lui procurèrent l'avantage d'inspirer de l'intérêt à la femme du conseiller intime de Flad, amateur d'un rare talent qui avait reçu des leçons de Meyerbeer et de Charles-Marie de Weber, et qui, pianiste remarquable et compositeur distingué de musique instrumentale, se chargea du soin de développer l'éducation musicale du jeune artiste. Jusqu'à l'âge de dix-sept ans, Henselt resta sous la direction de cette dame, et acquit par ses conseils une exécution brillante et correcte ainsi que des notions préliminaires de l'harmonie. Dans le même temps la conversation instructive et les conseils de Poissl lui firent acquérir aussi des connaissances générales, nécessaires à quiconque veut se placer au-dessus de l'artiste vulgaire. Dans les dernières années de son séjour à Munich, la protection du roi Louis de Bavière était venue à son secours : elle lui fournit les moyens d'aller à Weimar près de Hummel, dont les leçons lui paraissaient nécessaires pour perfectionner son talent. Toutefois il ne trouva pas chez ce maître ce qu'il espérait ; car il y avait peu d'analogie entre son penchant pour le style large, puissant, et le genre gracieux, élégant, de Hummel. Après huit mois passés à Weimar, pendant lesquels il écrivit son premier concerto pour le piano, il retourna à Munich, où il ne fit qu'un court séjour ; puis, en 1832, il se rendit à Vienne. L'objet principal de ce voyage était d'étudier le contrepoint près de Sechter, organiste de la cour et savant harmoniste. Ce fut aussi dans cette ville qu'il se livra à des exercices de mécanisme du piano dans lesquels il employait jusqu'à dix heures chaque jour. Cet excès de travail finit par altérer sa santé et l'obligea à suspendre ses études et à chercher de la distraction. Dans l'espoir que le changement de séjour lui serait favorable, il se rendit à Berlin en 1836. Son talent y produisit une vive sensation : aucun artiste d'une habileté comparable à la sienne ne s'y était fait entendre jusqu'à cette époque ; mais il brillait surtout dans les salons où son auditoire ne se composait que d'un petit nombre de connaisseurs ; car jamais il ne put vaincre sa timidité devant les assemblées nombreuses. De là vient que, considéré par les meilleurs artistes comme un talent de premier ordre, Henselt n'eut jamais de succès d'éclat devant le public véritable.

En s'éloignant de Berlin, il se rendit à Dresde où sa santé, toujours chancelante, l'obligea de vivre quelque temps dans la retraite. De là il retourna à Weimar, et y fit un assez long séjour, retenu par un attachement qui finit par le placer dans une position difficile et l'obligea à reprendre la route de Dresde et de Berlin. Ce fut alors qu'il chercha des ressources dans son talent en donnant des concerts. Il se rendit ensuite à Breslau, et ce fut dans cette ville qu'il épousa la femme spirituelle qu'un divorce venait de séparer de son premier mari, conseiller intime du duc de Saxe-Weimar. Henselt se rendit ensuite à Pétersbourg, où il reçut un brillant accueil et obtint le titre de pianiste de l'impératrice de Russie. Depuis 1838 il s'est fixé dans cette ville, ayant fait seulement dans l'intervalle de plus de vingt ans quelques voyages à Leipsick, Dresde, Breslau, Weimar, Paris et Londres. Dans ces deux dernières villes il a, comme partout, conquis la plus haute estime pour son talent parmi les artistes, mais il y est resté à peu près inconnu du public. Dans une assez longue carrière, Henselt a peu écrit, et la plupart de ses ouvrages sont de petite dimension : ce sont en général des thèmes variés, des pensées fugitives, des impromptus, des romances transcrites, et des études au nombre de vingt-quatre, en deux suites (op. 2 et 5.). Mais il semble que l'artiste ait voulu prendre une revanche du petit cadre où son talent de compositeur s'était renfermé dans ces productions, par son grand concerto en *fa* mineur (op. 16) avec orchestre ; car cet ouvrage est une belle œuvre d'un grand et noble caractère ; il est conçu dans les plus larges développements. Henselt n'a pas conquis plus de popularité comme compositeur que comme pianiste, car sa musique est peu connue du public et même des artistes. Bien d'autres, qui sont loin de l'égaler, ont acquis une célébrité qui ne s'est pas attachée à son nom.

HENSTRIDGE (Daniel), organiste de l'église cathédrale de Canterbury, vers 1710, est auteur de quelques antiennes à plusieurs voix, que le docteur Croft a insérées dans sa collection intitulée *Divine Harmony*; Londres, 1812.

HENTSCHEL (Gaspard), professeur au gymnase de Berlin, au commencement du dix-septième siècle, est auteur d'un livre intitulé : *Oratorisch Hall-und Schall, vom lœblicher Ursprung biblischer Anmuth und empfindlichen Nutzen der rittermassigen Kunst der Trommeter* (sons oratoires ou élogieux sur l'origine biblique de l'art chevaleresque du joueur de tambour aussi agréable qu'utile) ; Berlin, 1620, in-4°.

HENTSCHEL (Ernest-Jules), professeur supérieur au séminaire des instituteurs de Weissensfels, est né, le 26 juillet 1804, à Langenwaldau, près de Liegnitz en Silésie. Son aïeul maternel Holberg, organiste en ce lieu, prit soin de son éducation littéraire et musicale. Après sa mort (en 1811), un autre organiste et maître d'école, nommé *Prufer*, donna à Hentchel des leçons de piano et de violon. Destiné à l'enseignement, Hentschel suivit avec assiduité les cours de langues, d'histoire et de géographie de plusieurs écoles jusqu'en 1823, où il se rendit à Berlin, aux frais de l'État, pour y étudier le système d'enseignement de la musique imaginé par Logier, et qui eut un moment de vogue. Admirateur de ce système, il le mit lui-même en pratique par la suite dans les fonctions pédagogiques qui lui furent confiées. En 1824, Hentschel fut nommé troisième professeur au séminaire de Weissensfels : deux ans après, la place de second professeur étant devenue vacante, il l'obtint. En 1830 il fut chargé par le gouvernement de faire un voyage pédagogique dans l'Allemagne méridionale et sur le Rhin, dans le but de comparer les divers systèmes d'enseignement de la musique dans les écoles populaires. De retour à Weissensfels, il se livra avec ardeur à la carrière du professorat, et forma un grand nombre d'élèves, qui, plus tard, devinrent aussi de bons instituteurs.

Hentschel n'a pas seulement contribué par son enseignement à répandre le goût et la connaissance de la musique dans le cercle où son activité s'est exercée, mais y a aussi travaillé d'une manière efficace par les ouvrages qu'il a publiés. Il a fait insérer un grand nombre de dissertations dans les journaux pédagogiques des provinces rhénanes, particulièrement sur l'enseignement du chant. On a lui un livre élémentaire intitulé : *Kurze Leitfaden bei dem Gesangunterricht in Volksschulen* (Introduction abrégée à l'enseignement du chant dans les écoles populaires) ; Halle, 1825, in-8°. Cet ouvrage a eu plusieurs éditions. Hentschel a fondé, en 1841, un écrit périodique qui a pour titre : *Euterpe. Eine Musik-Zeitschrift für Deutschlands Volksschullehrer* (Euterpe, écrit périodique de musique à l'usage des instituteurs des écoles populaires, des cantors, organistes, professeurs et amis de l'avancement de la musique) ; Erfurt, Kœrner, et Leipsick, Merseburger, in-8°. Ce journal, fait en collaboration avec Erk et Jacob (*voyez* ces noms), est parvenu à sa vingtième année à la fin de 1860. Huit numéros d'une feuille d'impression paraissent chaque année.

HENTSCHEL (Théodore), né le 28 mars 1830 à Schirgiswalde, dans la Lusace supérieure, fut employé comme enfant de chœur dans l'église catholique de la cour, à Dresde, depuis l'âge de neuf ans jusqu'à douze; puis il alla continuer ses études musicales au Conservatoire de Prague, et pendant trois ans il y reçut des leçons de piano et de composition. Il s'est fait connaître depuis quelques années à Leipsick, comme pianiste et comme compositeur, dans les concerts de la société d'Euterpe; puis il a été appelé à Halle, en qualité de directeur de musique du théâtre de la ville. Les principaux ouvrages qui l'ont fait connaître jusqu'au moment où cette notice est écrite sont : 1° Une ouverture à grand orchestre. — 2° Une Messe solennelle pour des voix d'hommes et quelques compositions pour le piano. Il a aussi un opéra reçu au théâtre de Leipsick, sous le titre : *Matrose und Panger.*

HENYK (. . .), excellent luthiste, né à Prague, en Bohême, dans le seizième siècle, vivait dans la même ville en 1598. Paprocky a laissé, dans ses divertissements littéraires, un poëme sur cet artiste; on en trouve le titre en langue bohémienne dans le dictionnaire des artistes de la Bohême, par Dlabacz.

HEPP (Sixte), organiste et compositeur à la Nouvelle-Église de Strasbourg, né à Geislinger, au territoire d'Ulm, le 12 novembre 1732, a reçu des leçons de composition de Jomelli, à Louisbourg. Il a écrit beaucoup de sonates pour le clavecin : on en a imprimé deux à Strasbourg.

HÉRACLIDE DE PONT, écrivain grec, cité par Plutarque, Athénée, Diogène de Laërte et Porphyre, comme auteur de plusieurs livres sur la musique. Il y a eu beaucoup d'auteurs de ce nom dans l'antiquité : Fabricius en a rassemblé plus de cinquante dans sa Bibliothèque grecque. Celui dont il est ici question est Héraclide de Pont, fils d'Euphron ou d'Euthyphron, natif d'Héraclée, et qui se disait issu de Damis, l'un des conducteurs de la colonie thébaine qui bâtit Héraclée. Il vint s'établir à Athènes, où il fut disciple de Speusippe, ensuite des Pythagoriciens, puis de Platon et enfin d'Aristote. On dit que Python et lui délivrèrent Héraclée, leur patrie, de la tyrannie de Cotys, en le tuant. Il nourrissait chez lui depuis longtemps un serpent qu'il avait apprivoisé; se voyant près de mourir, il pria un de ses amis de brûler secrètement son corps, et de faire paraître en sa place le serpent sur le lit, en publiant qu'Héraclide était monté vers les dieux, qui avaient ainsi transformé son corps. Cela ayant été exécuté comme il l'avait désiré, le serpent causa d'abord quelque frayeur aux assistants; mais la supercherie fut bientôt découverte et donna lieu à quelques épigrammes qui nous ont été conservées par Diogène de Laërte (*lib.* 5, *sect.* 90). Parmi ses ouvrages se trouvaient quelques livres sur la musique, dont il ne nous est parvenu que les titres. Diogène de Laërte en cite deux, qui étaient intitulés : Περὶ μουσικῆς. Athénée parle d'un troisième (lib. 10, cap. 21, p. 445, D., édit. Lugd.), sans en indiquer précisément le contenu. Porphyre, dans ses commentaires sur les harmoniques de Ptolémée, cite un passage concernant les inventions de Pythagore en musique, tiré de l'*Introduction à la Musique* d'Héraclide, intitulée Εἰς τὴν μουσικὴν εἰσαγωγή : ouvrage qui paraît être différent de celui dont parle Plutarque (Διαλογ. περὶ μουσικῆς. 5).

HÉRAULT (Jean-Louis), dit *Servillas* ou *Servillias*, fut basse-contre de la chapelle du roi de France François Ier, suivant un compte des dépenses de cette chapelle, en date de 1532, qui se trouve en manuscrit à la Bibliothèque impériale de Paris. Un autre compte des dépenses pour les funérailles du même roi, dressé en 1547, par Nicolas de Jay, *notaire à ce commis*, prouve qu'à cette époque, Hérault avait succédé à Claude de Sermisy, comme sous-maître de la chapelle. On a de ce musicien : *Antiphonæ sacræ B. M. V. trium et quatuor vocum; Parisiis, in vico Citharæ prope sanctorum Cosmæ et Damiani templum apud Petrum Attaingnant musicæ Chalcographum,* in 4°, gothique, 1537.

HÉRAULT (Mme Palmyre), née en Touraine, vers 1801, a cultivé la musique comme amateur jusqu'à l'âge de vingt-cinq ans. Des chagrins domestiques la décidèrent alors à venir à Paris, où elle employa son talent de pianiste distinguée à assurer son existence. Depuis 1827 elle s'y livra avec succès à l'enseignement, et se fit applaudir dans plusieurs concerts. On a de madame Hérault plusieurs fantaisies et airs variés pour piano; parmi ses productions, celles qui ont eu le plus de vogue sont : 1° Fantaisie concertante pour piano et violon, sur un thème de Rossini, avec Lafont; Paris et Vienne. — 2° Fantaisie sur la ballade de la *Dame Blanche*, op. 5; Paris, Janet. Mme Hérault est morte à Paris, au mois de novembre 1843.

HERBAIN (le chevalier d'), capitaine au régiment de Tournaisis, infanterie, chevalier de St-Louis, et membre de l'Académie de Corse, né à Paris en 1734, entra au service militaire à l'âge de quinze ans. Il n'en avait que dix-sept lorsqu'il entreprit un voyage en Italie. Étant arrivé à Rome, il y fit représenter, en 1751, un intermède (*Il Geloso*), dont il avait composé la musique. Cet ouvrage fut ensuite joué à Florence avec quelque succès. Ayant été envoyé en Corse avec son régiment, il y composa, pour la naissance du duc de Bourgogne, *Il Trionfo del Ciglio*, en trois actes, et quelque temps après *Lavinia*. Ces ouvrages furent représentés à Bastia, et ensuite sur divers théâtres d'Italie, en 1753. De retour en France, le chevalier d'Herbain écrivit pour l'Opéra *Célimène*, en un acte, qui fut joué en 1756. On lui doit aussi la musique de deux opéras comiques qui furent représentés à la Comédie italienne, le premier, sous le titre des *Deux Talents*, paroles de Bastide, le 10 août 1763; le second, sous celui de *Nanette et Lucas*, paroles de Framéry, en 1764. Son opéra des *Deux Talents* n'eut aucun succès et donna lieu à ce quatrain :

> Quelle musique plus aride,
> Et quel poëme plus commun!
> Pauvre d'Herbain! pauvre Bastide!
> Vos *Deux Talents* n'en font pas un.

Le chevalier d'Herbain est mort à Paris en 1769.

HERBART (Jean-Frédéric), professeur de philosophie à l'université de Gœttingue, naquit à Oldenbourg, le 4 mai 1776. Après avoir terminé ses études à Jéna, sous Fichte, il fut précepteur à Berne et s'y lia d'amitié avec Pestalozzi. En 1805, il fut appelé à l'université de Gœttingue, en qualité de professeur de philosophie. En 1809 il abandonna cette position pour se rendre à Kœnigsberg, où de plus grands avantages lui étaient offerts. Après vingt-six ans de séjour en cette ville, il fut appelé de nouveau à Gœttingue en 1835. Il y est mort le 14 août 1841. Herbart fut le grand opposant à la philosophie de Schelling et de Hegel. Avec un génie moins hardi que celui de ces deux hommes célèbres, bien qu'il ne manque pas d'originalité, il eut un savoir plus étendu. Son enseignement eut moins d'éclat parce que son système, plus sage et plus prudent que celui de ses adversaires, ne répondait pas aux entraînements de son temps. Herbart n'est ici mentionné que pour ses travaux relatifs à la musique. Le premier de ses ouvrages concernant cet art a pour titre : *Psychologische Bemerkungen zur Tonlehre* (Observations psychologiques sur la science de la musique); Gœttingue, 1811, in-8°. Cet écrit a été placé au commencement du septième volume de l'édition des œuvres complètes de Herbart publiées par M. Hartenstein (*Herbarts sæmmtliche Werke*); Leipsick, 1850-1852, 12 vol. in-8°. La théorie qui y est exposée est purement mathématique : il s'y trouve des vues sur la détermination des proportions des intervalles. Dans le neuvième chapitre de son Encyclopédie de la philosophie, Herbart traite de la musique au point de vue de l'Esthétique (*Voy. Sæmmtl. Werke*, t. II, p. 106-124). Il examine le mécanisme des opérations de l'intelligence pour l'appréciation des rapports des sons dans son remarquable *Traité de la Psychologie comme science déduite de l'expérience, de la métaphysique et des mathématiques*. (*Voy. Sæmmtl. Werke*, t. V, ch. 4.) Enfin, dans ses *Aphorismes de psychologie* (*Sæmmtl. Werke*, t. VII), il y a diverses choses concernant la mesure du temps et le rhythme. Herbart cultivait aussi la musique comme compositeur : on a publié de lui une sonate pour le piano (*en ré*), œuvre 1er; Leipsick, Kuhnel (Péters), 1808, et il a laissé en manuscrit plusieurs autres œuvres pour cet instrument.

HERBENIUS (Matthieu), recteur de l'école de St-Gervais à Maestricht, a écrit plusieurs traités sur des matières diverses, parmi lesquels on en remarque un intitulé *De Natura vocis ac ratione Musicæ pulcherrimum opus, lib.* 5. Cet ouvrage porte la date de 1495, et indique que l'auteur était alors âgé de quarante-quatre ans, d'où il suit qu'il était né en 1451.

HERBERTH (Robert), bénéficié à Œdheim, près de Heilbronn, naquit à Rœttange, dans le pays de Luxembourg, en 1770. Après avoir achevé ses études dans le lieu de sa naissance, sous la direction de son père, il entra dans la vie monastique à l'abbaye de Schœnthal, où il devint ensuite professeur de théologie. Instruit dans la musique et dans la composition, il écrivit plusieurs messes pour son couvent. Plus tard, il obtint des dignités ecclésiastiques à Passau, ensuite à Salzbourg. L'évêque de cette dernière ville lui accorda un bénéfice à Œdheim. En 1800 il fit exécuter à Würzbourg une messe de sa composition, qui fut alors considérée comme un bon ouvrage. On connaît aussi de lui des cantates et six variations faciles pour le piano sur l'air allemand : *Ich Mædchen, Ich bin aus Schwaben*.

HERBIN (Auguste-François-Julien), orientaliste, naquit à Paris le 13 mars 1783. Après avoir terminé ses études dans un des colléges de cette ville, il devint élève de Silvestre de Sacy pour la langue arabe, à laquelle il fit succéder l'étude du persan et du turc. Il était bon musicien et s'occupait avec zèle de la musique des peuples orientaux. Je l'ai connu dans les années 1804 et 1805, lorsqu'il faisait à la Bibliothèque impériale des recherches sur ce sujet; c'était un jeune homme instruit et fort modeste. Il avait traduit presque tous les manuscrits arabes, persans et turcs qui traitent de cet art, et qu'il avait pu découvrir dans la Bibliothèque impériale. Les manuscrits de ces traductions ont passé dans les mains de Villoteau, auteur de tout le travail sur la musique des peuples de l'Orient inséré dans la grande *Description de l'Égypte*. Herbin traduisit aussi un des traités de musique arabe que ce savant avait rapportés de l'Égypte, et tous deux avaient uni leurs travaux. Villoteau parle en ces termes de l'ouvrage qu'ils voulaient faire :

« Nous nous étions proposé de faire par la suite, « de tous ces matériaux, un ensemble analytique « et méthodique tout à la fois, dans lequel nous « aurions rapporté toutes les opinions des divers « auteurs orientaux sur la musique, et présenté, « d'une manière comparative, les divers systèmes « connus de cet art qui ont été ou sont encore en « usage dans l'Orient.

« Nous avions déjà formé un vocabulaire très« étendu de tous les termes techniques arabes, « turks, persans, indiens ; et, si la mort ne nous « eût point enlevé, il y a quelques années, cet « estimable et savant ami, au printemps de son « âge, nous aurions eu autant de plaisir à nous « livrer avec lui à ce travail, qu'il nous sera pé« nible de l'exécuter sans lui, si toutefois nous « avons le temps et les moyens nécessaires pour « le terminer (1). »

Herbin a été enlevé aux lettres, aux arts et à ses amis, à la fleur de l'âge, le 30 décembre 1806. Lichtenthal indique sous son nom, comme ayant été imprimé à Paris, en 1806, un *Traité sur la musique ancienne* : c'est une erreur; aucun ouvrage de ce genre n'a paru. Lichtenthal a voulu parler de l'*Histoire de la musique des Arabes*, que Herbin a laissée en manuscrit.

HERBING (Auguste-Bernard-Valentin), organiste adjoint à la cathédrale de Magdebourg, mourut fort jeune en 1767. Il a fait imprimer à Leipsick, en 1758, des *Divertissements de musique*, consistant en trente chansons comiques. Le deuxième volume de cet ouvrage parut en 1767. On a aussi de lui un *Essai de Musique*, contenant des fables et les contes de Gellert; Leipsick, 1759.

HERBINUS (Jean) ou **HERBINIUS**, si toutefois il n'y a pas confusion de deux personnes différentes, confusion qui me paraît vraisemblable ; car, suivant l'épitaphe d'Herbinius, qui se trouve dans l'église de Graudenz, il serait né le 10 décembre 1627, à Brieg, en Silésie, et serait mort le 7 mars 1679 ; enfin, il aurait composé les chants religieux en langue polonaise qui furent imprimés dans le *Cancional* publié à Brieg, en 1673. *Herbinus*, au contraire, était né à Pitschen, en 1632 ; il étudia la théologie à Wittenberg, fut nommé recteur à Wohlau en 1661, donna sa démission deux ans après, et voulut établir une école à Bojanova, mais ce projet ne réussit pas. Il parcourut ensuite l'Allemagne et la Hollande, s'embarqua pour la Suède, fut nommé recteur à Stockholm, puis prédicateur à Wilna ; il fut attaché à la légation de Suède, à Dantzick, et obtint enfin sa nomination de pasteur à Graudenz, où il mourut le 14 février 1676. Tout cela est obscur et contradictoire. Quoi qu'il en soit, Herbinus fut un savant homme. Parmi beaucoup d'ouvrages qu'il publia, on trouve celui qui a pour titre : *Religionis kijoviensis Cryptæ, sive Kijovia subterranea* ; Jéna, 1675. Il y traite de l'ancienne musique d'église.

HERBST (Jean-André) dont le nom a été latinisé en celui d'*Autumnus*, naquit à Nuremberg en 1588. Après y avoir terminé ses études de musique, il se rendit à Francfort en 1628, avec le titre de maître de chapelle. Il y resta jusqu'en 1641 ; puis il retourna dans sa ville natale, où il était appelé pour remplir de semblables fonctions. En 1650 il s'éloigna une seconde fois de Nuremberg, pour aller à Francfort. Suivant le *Compendium Musices* d'Erhard (p. 119), il vivait encore en 1660 en cette ville ; mais on croit qu'il mourut vers la fin de cette même année. Herbst s'est fait connaître avantageusement comme écrivain didactique et comme compositeur, par les ouvrages suivants : 1° *Musica practica sive instructio pro symphoniacis, dass ist ein kurze Anleitung, wie die Knaben, und andere, so sonderbare Lust und Liebe zum Singen tragen, auf jetzige italienische Manier, mit geringer Müh, und kurzer Zeit, doch gründliche kœnnen informiret und unterrichtet werden, etc.* (Musique pratique, ou instruction pour les musiciens exécutants, c'est-à-dire, courte instruction d'après laquelle les enfants et autres personnes peuvent apprendre en peu de temps, et avec peu de peine, à chanter dans la manière actuelle des Italiens, etc.) ; Nuremberg, Jérémie Dumler, 1642, in-4°. La deuxième édition de ces éléments de la musique et du chant a été publiée à Francfort-sur-le-Mein, in-4°, en 1653 ; la troisième a pour titre : *Musica moderna practica ovvero maniera del buon canto, das ist eine kurze Anleitung, etc.* ; Francfort, Georges Muller, 1658, in-4° de 76 pages. Forkel possédait un exemplaire de

(1) *Description de l'Égypte*, édition de Panckoucke; Paris, 1826, tome XIV, page 2, note 1.

cette troisième édition; il y en a un à la Bibliothèque impériale de Paris. — 2° *Musica poetica sive Compendium melopoeticum, das ist : eine kurze Anleitung und gründliche Unterweisung, wie man eine schœne Harmoniam, oder lieblichen Gesang, nach gewissen Præceptis und Regulis componiren und machen soll, etc.* (Musique poétique, ou abrégé de la mélopée, c'est-à-dire, courte instruction sur l'art de composer une belle harmonie et des chants d'après de certains préceptes et règles, etc.); Nuremberg, 1643, 119 pages in-4°. Cet ouvrage est divisé en douze chapitres, où il est traité de la syncope, de l'harmonie, des modes, de la terminaison des phrases, de la forme des morceaux de musique, de la conduite des mélodies, des fugues et des pauses. — 3° *Arte pratica e poetica : das ist ein kurtzer Unterricht, wie man einen Contrapunct machen und componiren soll lernen* (*in* 10 *Bücher abgetheilt*) *zur kurz und leichtlich zu begreiffen : So vor diesem von Giov. Chiodino lateinischen und italienischen beschreiben werden. II. Ein kurzer Tractat und Unterricht, wie man einen Contrapunct a mente, non a penna, das ist im Sinn, und nicht der Feder componiren und setzen solle. III. Corollarii loco : Eine Instruction und Unterweisung zum Generalbass*, etc. (De l'art pratique et poétique, c'est-à-dire, courte et très-facile instruction pour apprendre à faire un contrepoint; précédemment écrite par Jean Chiodino en latin et en italien, etc.), Francfort, Thomas Mathieu Gœtzen, 1653, in-4° de 48 pages. Ce petit ouvrage est un extrait de plusieurs livres italiens sur le même sujet. — 4° *Meletemata sacra Davidis et suspiria S. Gregorii ad Christum*, 3 *et* 4 *vocum;* Nuremberg, 1619 — 5° *Theatrum amoris*, Chansons d'amour en allemand, dans le genre des madrigaux italiens, à 5 et 6 voix; Nuremberg, 1611, in-4°.

HERBST (HENRI), facteur d'orgues à Magdebourg, a construit en société avec son fils, en 1718, l'excellent orgue de l'église du couvent de Halberstadt, composé de 74 registres, 3 claviers et pédale, avec 8 soufflets de 9 pieds de long sur 5 de large. Cet orgue a deux autres claviers séparés, en sorte qu'il peut être joué par trois organistes à la fois.

HERBST (JEAN-GODEFROI), présumé fils du précédent, fut facteur d'orgues à Streigau, et selon d'autres à Pétersbourg. En 1749, il a construit un orgue de 28 jeux dans le temple évangélique de Streigau, et, en 1755, un autre orgue de 25 jeux, 2 claviers et pédale, au temple de Neumarkt.

HERBST (JEAN-FRÉDÉRIC-GUILLAUME), savant entomologiste allemand, né le 1er novembre 1743 à Pétershagen, dans la principauté de Minden, fut d'abord instituteur à Berlin, puis aumônier du régiment d'infanterie de Winning, et enfin prédicateur de l'église Sainte-Marie et du Saint-Esprit à Berlin. Il mourut en cette ville le 5 novembre 1807. Amateur de musique et cultivant cet art, il a écrit un livre intitulé : *Ueber die Harfe; nebst einer Anleitung sie richtig zu spielen* (Sur la harpe, avec une instruction pour bien jouer de cet instrument); Berlin, Rellstabt, 1792, in-8°. Les ouvrages de Herbst relatifs à l'histoire naturelle ne sont point de nature à être cités ici.

HERBST (MICHEL), né à Vienne, le 24 septembre 1778, eut un talent distingué sur le cor, et fut professeur du conservatoire de musique de la même ville, pour cet instrument. D'abord attaché à la musique du baron de Braun, il quitta ce service en 1806 pour entrer à l'orchestre du théâtre *An-der-Wien*, en qualité de corniste solo. Il est mort à Vienne, le 15 octobre 1843, laissant en manuscrit une grande méthode de cor qu'il avait composée pour le Conservatoire. Ses meilleurs élèves sont Kœnig, Schmidt, Bauchinger et Rust.

HERDER (JEAN-GODEFROY DE), un des plus beaux génies qui aient brillé en Allemagne, dans la deuxième moitié du dix-huitième siècle, était fils d'un maître d'école; il naquit, le 25 août 1744, à Mohrangen, petite ville de la Prusse orientale. Le développement de la vie intellectuelle de cet homme remarquable appartient à un système de philosophie dont l'examen ne peut trouver place ici; cette notice doit donc être bornée à l'indication des principaux événements de sa carrière. Le père de Herder ne lui permettait pas d'autre lecture que celle de la Bible et du livre de chant de sa paroisse; cependant un désir immodéré d'instruction tourmentait le jeune homme; heureusement le pasteur Trescho, touché de sa misère, et distinguant en lui de belles dispositions, l'admit en qualité de secrétaire, le prit dans sa maison, et lui fit faire les mêmes études qu'à ses enfants. A l'âge de dix-neuf ans, Herder suivit un cours de théologie, puis il embrassa le ministère évangélique, et bientôt après il obtint une place de professeur de langue latine et de philosophie au collége *Frédéric*, à Berlin. En 1765, il fut nommé recteur de l'école de Riga, et prédicateur de la cathédrale de cette ville. Son talent oratoire, la beauté, la simplicité de ses idées, et l'harmonie de son langage, commencèrent dès lors sa renommée. Trois ans après il refusa la place d'inspecteur de l'école de Saint-Pierre, à Pétersbourg, et, bientôt après, il s'éloigna de Riga, pour voyager dans le midi de l'Europe. S'arrêtant à Kœnigsberg, il se lia avec Kant, dont il suivit d'abord les leçons, et dont il attaqua plus tard la doctrine. Il avait été choisi pour accompagner le prince de Holstein en France et en Italie; mais, arrivé à Strasbourg, il y fut retenu par une maladie d'yeux. Pendant son séjour en cette ville, il se lia avec Gœthe, et depuis lors leur amitié fut inaltérable. Plusieurs positions avantageuses lui furent offertes; mais il les refusa toutes pour accepter, en 1776, les fonctions de prédicateur de la cour et de conseiller du consistoire à Weimar. Dans cette petite ville, appelée à juste titre *l'Athènes de l'Allemagne,* se trouvèrent réunis pendant plusieurs années trois hommes d'un ordre supérieur, savoir : Schiller, Herder et Gœthe. Herder mourut à Weimar, le 17 décembre 1803. Deux éditions complètes de ses œuvres ont été publiées par le libraire Cotta; l'une en 1806 (45 vol. in-8°); l'autre en 1828 (60 volumes in-12). Herder aimait la musique, la cultivait et jouait du piano; il a traité de cet art, soit sous le rapport historique, soit sous celui de l'esthétique, dans les ouvrages dont les titres suivent : 1° *Vom Geist der hebraïschen Poesie* (Sur l'esprit de la poésie hébraïque), 1re édition; Dessau, 1782-83, 2 vol. in-8°. Il y traite : *De la musique des psaumes; De la musique; appendice aux œuvres complètes d'Asmus; Union de la musique avec la danse pour le chant national; appendice au cantique de Deborah.* — 2° *Adrastea,* écrit périodique qui parut en 1801-1802. Herder y traite dans divers numéros de la danse, du mélodrame, de l'opéra allemand moderne, de l'effet général de la musique sur les caractères et les mœurs, du drame et de l'oratorio. A propos de ce dernier sujet, il donne une biographie et une appréciation esthétique de Hændel. Herder avait promis dans cette feuille, en 1802, une histoire de la culture de la musique au dix-huitième siècle, qu'il n'eut pas le temps d'achever. — 3° *Cæcilia,* morceau détaché où l'on remarque un amour plein d'enthousiasme pour la musique. — 4° *Kalligone,* traité d'esthétique d'une forme originale. Il y traite, en 20 pages, du beau dans la musique. On trouve aussi quelque chose sur cet art dans ses *Idées sur la philosophie de l'histoire de l'humanité,* le plus beau de ses ouvrages, traduit en français par M. Edgar Quinet (Paris 1827-1828, 3 vol. in-8°). Une grande force de tête, unie à une excessive sensibilité, sont les qualités qui se font remarquer en général dans les écrits de Herder. Le principe esthétique qu'il admet pour la connaissance que nous acquérons de la beauté dans les arts, particulièrement dans dans la musique, est la conscience que nous en avons. Partisan à la fois et de l'empirisme de Lessing, par le grand rôle qu'il faisait jouer à la sensibilité physique, et de l'idéalisme, par la haute opinion qu'il avait des facultés de l'homme, il s'était composé un système mixte qui manquait un peu de liaison logique; il ne cherchait même pas à dissimuler son aversion pour la doctrine du rationalisme trop étendu; ses critiques amères et même violentes contre le système de Kant, ont fait voir jusqu'où allait cette aversion. Il est résulté de l'éloignement de Herder pour les doctrines rigoureuses, qu'il a traité esthetiquement de la musique plus en poëte qu'en philosophe, et qu'il n'a présenté qu'une théorie vague et peu concluante du beau musical.

HERDLISKA (Henri), dont le nom véritable était *Tourterelle,* était fils d'un corniste de Paris, et naquit en cette ville en 1796. Le nom de *Herdliska* était celui de sa mère, cantatrice polonaise. Après avoir fait ses études musicales au Conservatoire de Paris, il fut engagé comme accompagnateur à l'Opéra comique, et conserva cet emploi jusqu'en 1818; à cette époque, il alla se fixer à Bordeaux comme professeur de piano; mais une maladie de poitrine le conduisit au tombeau au mois de novembre 1821, à l'âge de vingt-cinq ans. On a de cet artiste : 1° Thèmes variés pour piano, violon et violoncelle, op. 1 et 3; Paris, Hanry, Dufaut et Dubois. — 2° Duo brillant pour piano et violon; Paris, Pacini. — 3° Fantaisie espagnole pour piano et cor; ibid. — 4° Deux nocturnes pour piano et flûte; ibid. — 5° Des caprices, polonaises, rondos et fantaisies pour piano seul. 6° Plusieurs airs variés, *idem; ibid.* Herdliska a fait représenter au théâtre de Bordeaux un opéra en 1 acte intitulé *La Ferme et le Château.*

HEREDIA ou HERREDIA (Pierre), musicien espagnol, vécut en Italie dans la première moitié du dix-septième siècle, et fut maître de chapelle de Saint-Pierre du Vatican depuis 1630 jusqu'à sa mort, arrivée en 1648. La collection de l'abbé Santini, à Rome, renferme de ce maître : 1° Une Messe à 4 voix écrite en 1646. — 2° Une Messe du IX° mode, à 4 voix. — 3° Une Messe de *Requiem* à 4 voix. — 4° L'antienne de l'office des morts à 4 (*Contristatus et dolens*), et *Anima mea exultabit,* à 3 voix.

HEREMITA (Jules). *Voy.* Eremita.

HERIGER, abbé de Lobbes, près de Thuin, et non de *Loben,* comme le disent Choron et Fayolle dans leur dictionnaire. Après avoir administré ce monastère pendant plus de vingt ans, il mourut le 31 octobre 1009. On lui doit le chant de l'hymne de la Vierge *Ave per quam,* et les antiennes de saint Thomas, *O Thoma Didyme* et *O Thoma apostole*, qui se chantent encore dans l'office de ce saint.

HERING (Charles-Théophile), né le 25 octobre 1765, à Schandau sur l'Elbe, fréquenta dans sa jeunesse le collége de Meissen, et plus tard étudia la théologie et la pédagogie à l'université de Leipsick. Ce fut aussi dans cette ville qu'il compléta son éducation musicale par les leçons d'harmonie et de composition qu'il reçut de Schicht. Après avoir achevé ses études, il exerça pendant plusieurs années les fonctions de précepteur, puis il fut magister et organiste à Oschatz, près de Liegnitz, en 1795, et deux ans après il fut élevé à la dignité de co-recteur au collége du même endroit. En 1811, il a été appelé à Zittau, comme chef de la première classe de l'école moyenne des jeunes filles, et premier professeur du collége et du séminaire, où il enseignait particulièrement le chant et l'harmonie. Il est mort dans cette ville, le 3 janvier 1853, à l'âge de plus de 87 ans. Cet homme laborieux et zélé a publié les ouvrages suivants : 1° *Practisches Handbuch zur Erlernung des Klavierspielens* (Nouveau manuel pratique pour apprendre à jouer du piano); Halberstadt, 1796, in-fol. obl. — 2° *Neue praktische Klavierschule für Kinder, nach einer bisher ungewœhnlichen, sehr leichten Methode* (École pratique du piano pour les enfants, d'après une méthode inusitée jusqu'à présent et très-facile); Oschatz et Leipsick, 1805. Cette méthode était le premier essai de l'enseignement simultané de plusieurs élèves, que Logier a réalisé depuis lors sur une échelle plus vaste. — 3° *Neue sehr erleichterte Generalbasschule für junge Musiker*, etc. (Nouvelle école pratique de la basse continue, rendue facile pour de jeunes musiciens, etc.), 1re partie; Oschatz et Leipsick, 1805. Deuxième partie; ibid., 1806 — 4° *Neue practische Singschule fur Kinder, nach einer leichten Lehrart bearbeitet* (Nouvelle école pratique du chant pour les enfants, etc.), 4 petits volumes; Leipsick, G. Fleischer, 1807-1809. — 5° *Praktische Violinenschule nach einer neuen, leichten und zweckmæssigen Stufenfolge* (Méthode pratique de violon, consistant dans une nouvelle suite facile et progressive); Leipsick, 1810. — 6° *Praktische Præludirschule, oder praktische Anweisung in der Kunst Vorspiele und Phantasien selbst zu bilden*, etc. (École pratique de l'art de préluder, etc.); Leipsick, Fleischer, 1810, gr. in-4°. — 7° *Kunst das Pedal fertig zu spielen, und ohne mundlichen Unterricht zu erlernen* (Art de bien jouer de la pédale, etc.); Leipsick, Fleischer, 1816, obl. Ce petit ouvrage est une bonne introduction à l'art difficile de jouer de la pédale d'orgue : il est divisé en deux parties; la première enseigne à jouer de la pédale par le mouvement alternatif des pieds; la seconde, à faire usage par le même pied de la pointe et du talon pour saisir les touches voisines. — 8° Essai de quelques chansons avec mélodies, pour de jeunes pianistes, 1re, 2e et 3e parties, Leipsick, Hilscher, 1789, in-4°. — 9° Magasin pour les connaisseurs et amis de la musique, 1re année; Leipsick, 1797; in-fol. obl. — 10° Nouvelle collection de plaisanteries et idées badines pour piano et chant, 1re partie; Leipsick, 1797; 2e idem; ibid., 1800. — 11° *Instructive Variationen. Ein neues Hulfsmittel zur leichtern Erlernung des Klavierspielen*, etc. (Variations instructives; moyen nouveau pour apprendre facilement à jouer du piano, etc.); Oschatz et Leipsick, 1802, en 4 parties. — 12° *Uebungsstücke oder Elementar Cursus nebst Anweisung zum Gebrauc* etc. (Exercices pour piano à 4 mains, ou cours élémentaire, avec une instruction, etc.), 6 cahiers; Leipsick, Péters. — 13° *Choralmelodien für den Gesang Unterricht in Bürger und Landschulen* (Mélodies chorales pour l'enseignement du chant dans les écoles de la campagne), 2 parties, Leipsick, Fleischer. — 14° *Zittauer Choralbuch oder Vollstændige Sammlung der Choralmelodien* (Livre choral de Zittau, ou recueil général des mélodies chorales), gr. in-8°; ibid., 1822. — 15° *Allgemeines Choralbuch oder Sammlung der in den evangelischen Kirchengemeinden üblichen Kirchenmelodieen*, etc. (Livre choral complet, etc.), gr. in-8°; ibid. — 16° Chants pour des chœurs d'hommes, 2 suites, gr. in-4°; Leipsick, G. Fleischer. — 17° Livre de chant à quatre voix pour des écoles de musique populaires, 2 parties, ibid. — 18° Plusieurs recueils de chansons faciles à voix seule pour la jeunesse; ibid. — 19° *Gesanglehre für Volksschulen* (Méthode de chant pour les écoles populaires); ibid., in-8°, 1820.

HERING (Charles-Édouard), fils du précédent, est né à Oschatz, le 13 mai 1809. Élève de son père pour la musique, il a fait ses études au séminaire de Zittau, puis il est allé les terminer à l'université de Leipsick. Il reçut dans cette ville des leçons de composition de Théodore Weinlig, et Pohlenz acheva son éducation de compositeur. Il vécut ensuite pendant quelque temps à Dresde et à Leipsick. En 1839, il fut appelé comme organiste à Bautzen. Compositeur de musique sérieuse, il a fait exécuter à Leipsick, en 1834, l'oratorio intitulé *Der Erlœser* (le Sauveur); et, dans l'année suivante, il a écrit une messe solennelle (en *si* bémol) qui fut chantée à Prague. La musique qu'il avait composée pour le drame de *Conradin* fut exécutée peu de temps après à Leipsick. Ses oratorios *Die heilige Nacht* (La Sainte Nuit), *David*, et *Solomon*, ont été entendus dans plusieurs villes de l'Allemagne. On connaît aussi de cet artiste les opéras *Der letzte Hohenstause* (Le dernier des Hohenstause), et *Tordenskjold* (en danois), plusieurs cantates, des messes, beaucoup de psaumes, des hymnes, des chœurs pour des voix d'hommes, des recueils de chants à voix seule avec piano et quelques petites compositions pour cet instrument.

HÉRISSANT (Jean), musicien français du seizième siècle, n'est connu que par trois chansons françaises à quatre parties. Les deux premières ont été insérées dans le recueil qui a pour titre : *Quart livre de chansons composées à quatre parties par bons et excellents musiciens ; à Paris, de l'imprimerie d'Adrian Leroy et Robert Ballard, imprimeurs du roy, rue Saint-Jean de Beauvais, à l'enseigne Saincte-Geneviève*, 1553, petit in-4° obl. La première de ces chansons est sur ces paroles : *Petite beste*, etc.; la seconde : *Pour un galand, pour un mignon*; la troisième chanson de Hérissant (*Robin a bon crédit*) est dans le *Cinquiesme livre de chansons nouvellement composées en musique à quatre parties, par plusieurs autheurs; à Paris, de l'imprimerie d'Adrian Leroy et Robert Ballard*, etc., 1556, petit in-4° obl. Le style de ce musicien ne manque ni de clarté ni d'élégance : c'est une imitation de la manière de Clément Jannequin.

HÉRITIER (Jean L'), compositeur de l'école française, vécut dans la première moitié du seizième siècle. Aaron cite ce musicien (*Aggiunta del Toscanello*, édition de Venise, 1539, in-fol.), pour l'emploi qu'il a fait du saut de triton, dans son motet *Dum complerentur*. Ce motet, à quatre voix, se trouve dans les *Motetti de la Corona, libro secondo*, imprimé par Octave Petrucci de Fossombrone, en 1519. Deux autres motets du même artiste (*In te Domine speravi* et *Usque quo Domine*), à 4 voix, se trouvent dans le recueil intitulé : *Fior de Motteti e Canzoni novi composti da diversi eccellentissimi musici*, publié à Rome (sans date) par Jacques Junte, mais qui a paru entre 1523 et 1532, car il est dédié au cardinal Pampo Colonna qui fut créé cardinal dans la première de ces années et mourut dans la dernière. On a deux motets de l'Héritier dans le huitième livre à 4, 5 et 6 voix, publié par Pierre Attaignant, sous ce titre : *Liber octavus XX musicales motetos quatuor, quinque, vel sex vocum modulos habet. Parisiis, apud Petrum Attaignant musicæ chalcographum, mense decembri* 1534, in-4° obl gothique. Le premier de ces motets est sur le texte *Cum rides*; le second, sur les paroles *Nigra sum*. Deux motets du même sont dans un autre recueil appelé aussi *Flor de Motetti tratti dalli motetti del Fiore*, publié à Venise par Antoine Gardane, en 1539, in-4°. Dans la même année parut à Nuremberg, chez Jean Petreius, le *Tomus secundus Psalmorum selectorum quatuor et quinque vocum*, qui contient un psaume à 5 voix de l'Héritier. On en trouve un autre à quatre voix dans le troisième livre publié en 1542 par le même. Le *Liber primus selectissimarum Motetarum quinque et quatuor vocum*, publié par Forster à Nuremberg, en 1540, en contient deux de l'Héritier. Enfin, on trouve des motets de ce musicien dans le *Liber secundus quatuor et viginti musicales quatuor vocum Motetas habet*, imprimé chez Attaingnant en 1534, dans le douzième livre de la même collection (1535), et dans le treizième, ainsi que dans le troisième de motets à quatre voix, imprimé à Lyon, chez Jacques Moderne, en 1539.

HERLICIUS (Élie), poëte allemand; vivait au commencement du dix-septième siècle. Il a fait imprimer une satire intitulée : *Musicomastix*; Stettin, 1608, in-8°.

HERMANN surnommé *Contractus*, parce qu'il avait les membres paralysés, dut la naissance au comte de Wœringen, d'une ancienne famille de Souabe. Il vit le jour en 1013, à Solgau, dans la Souabe. Élevé dans l'abbaye de St.-Gall, il y fit de brillantes études, et y acquit des connaissances dans toutes les sciences qu'on enseignait alors. Ses études terminées, il embrassa l'état monastique, dans l'ordre de St-Benoît, à l'abbaye de Reichenau. Hofmann (*in Lex. p.* 760, *col.* 2), dit que Hermann mourut à Alleshausen vers 1055. Le plus connu des ouvrages de cet écrivain est une chronique, depuis le commencement du monde jusqu'en 1054, qui fut continuée jusqu'en 1065 par Berthold de Constance, et qui a été publiée dans la collection des historiens d'Allemagne de Pistorius, dans les Antiquités de Canisius, dans la grande Bibliothèque des Pères, et en dernier lieu, par les soins d'Ussermann, à l'abbaye de St-Blaise, 1790, in-4°. On lui attribue les antiennes de la Vierge, le *Veni Sancte Spiritus*, des chants en l'honneur de saint George, saint Gordien, saint Épimaque, saint Afre, saint Magnus et saint Wolfgang, ainsi que l'ancienne séquence de la Sainte-Croix, *Grates homo hierarchia* et quelques autres proses. On doit aussi à cet auteur deux opuscules relatifs à la musique que Trithème, Possevin, Calwitz et Du Pin ont cru perdus, mais que l'abbé Gerbert a trouvés dans un manuscrit de la Bibliothèque impériale de Vienne, et qu'il a publiés dans sa Collection des écrivains ecclésiastiques sur la musique, tome 2, p. 125-153. Le premier, intitulé simplement *Musica*, sans division de chapitres, ne contient qu'un exposé de la forme des modes grecs. C'est un ouvrage sans utilité pour l'histoire de la musique. Hermann ne paraît point avoir eu connaissance de la méthode de Gui d'Arezzo, mais il donne un exemple de la notation imaginée dans le siècle précédent par Hucbald, moine de St-Amand. Le second opuscule donné par l'abbé Gerbert est intitulé : *Versus Hermanni ad discernendum cantum :* il consiste en une définition des intervalles en treize vers hexamètres, avec la clef d'une notation particulière par lettres grecques et latines, qui, de son temps, était en usage pour aider à déchiffrer les *neumes* (*voy.* l'article GUIDO).

HERMANN (Nicolas), *cantor* à Joachimsthal, dans les montagnes du Voigtland, né vers la fin du quinzième siècle, mourut dans un âge avancé, le 3 mai 1561. Il a composé un grand nombre de chants allemands dont il a été fait quatre éditions publiées à Wittenberg, 1560, Leipsick, 1562, Nüremberg, 1576, et Leipsick, 1581; toutes sont in-4°.

HERMANN, surnommé de *Pforte*, parce qu'il fut *cantor* de l'école de ce lieu pendant un grand nombre d'années, naquit dans la Franconie, vers le milieu du seizième siècle, et mourut en 1628. Il a composé plusieurs mélodies pour le livre de chant choral en usage dans l'école de *Pforte* et dans la Thuringe. Martin Losius a publié l'éloge de ce cantor, sous ce titre : *Oratio funebris super obitum Hermanni V. S. Pforten*; Erfürt, 1628, in-4°.

HERMANN (Jean), né en 1585, à Randen, dans le duché de Liegnitz, fut pendant quelque temps prédicateur à Kœben, et mourut à Lissa, en Pologne, en 1647. Il publia un recueil de chants de sa composition intitulé : *La Musique de la maison et du cœur*, dont il y a eu trois éditions ; Leipsick, 1644; Breslau, 1650, in-12; et Leipsick, 1663, in-12.

HERMANN (Jacques), mathématicien, né à Bâle, le 16 juillet 1678, fut destiné par ses parents à l'état ecclésiastique ; mais ses études de théologie ne l'empêchèrent pas de suivre les leçons du célèbre géomètre Bernouilli. Devenu ministre évangélique en 1709, il n'en continua pas moins de cultiver les mathématiques avec ardeur, et se déclara partisan du calcul intégral, dont Leibnitz venait d'établir les bases. Déjà, en 1700, il avait publié, sur cette branche importante de la science, un ouvrage qui le fit connaître avantageusement et qui lui procura la protection de Leibnitz. Après avoir voyagé en France, en Hollande et en Allemagne, il obtint, en 1707, la chaire de mathématiques à l'université de Padoue ; il y professa avec honneur pendant six années. Leibnitz, toujours attentif aux intérêts de Hermann, lui fit obtenir ensuite la chaire de mathématiques à Francfort-sur-l'Oder, avec de grands avantages. Puis il se rendit à Pétersbourg en 1724, y demeura sept ans, et obtint, en 1731, de retourner en Allemagne pour rétablir sa santé fort altérée ; mais il ne jouit pas longtemps du repos qu'il était venu chercher dans sa patrie, car une fièvre ardente le conduisit au tombeau, le 11 juillet 1733. Parmi les dissertations qu'il a fait insérer dans les *Acta eruditorum*, on en trouve une (ann. 1716, suppl. p. 370 et suiv.) intitulée : *De Vibrationibus chordarum tensarum disquisitio*, et une autre : *De Motu chordarum* (dans les *Exercit. Francof.*, t. I, p. 67).

HERMANN (Jean-David), professeur de piano, né en Allemagne vers 1760, se fixa à Paris en 1785, et s'y fit entendre au concert spirituel, avec le plus grand succès, dans son premier concerto. Son jeu brillant et facile le fit considérer comme un des virtuoses les plus remarquables de cette époque. La reine Marie-Antoinette le choisit pour lui donner des leçons, et dès lors il devint le professeur en vogue des femmes de la cour. Steibelt étant arrivé à Paris en 1787, une rivalité s'établit entre ces deux artistes, et chacun d'eux eut ses partisans. Le mécanisme d'exécution de Hermann, qui était celui de l'école de Charles-Philippe-Emmanuel Bach, avait plus de correction que celui de Steibelt ; mais ce dernier, beaucoup plus remarquable par les qualités du génie, l'emportait par ses compositions et par la chaleureuse expression de son jeu. Pendant les troubles de la révolution, et à l'époque de la vente des biens nationaux, Hermann fit des spéculations sur ce genre de propriétés, qui lui procurèrent des richesses considérables. Dès lors il cessa d'enseigner et de se faire entendre en public, ne cultivant plus la musique qu'en amateur. Il est mort à Paris en 1846, dans un âge avancé. Une singulière confusion de noms a été faite dans la biographie générale de MM. Didot, à l'article Hermann (*Jacques-Dominique* baron de *Harmand*), né à Metz, le 4 novembre 1764, mort à Paris, le 2 janvier 1852, lequel, est-il dit, fut élevé au collége des Bénédictins de Metz, où son père était organiste. Suivant la notice composée d'après des documents particuliers, ce serait ce M. de Hermann qui aurait donné des leçons d'accompagnement à la reine Marie-Antoinette, et même, est-il dit, à Louis XVI (qui ne sut jamais une note de musique). A la révolution (de 1789), il se serait rendu à Londres et s'y serait lié d'amitié avec Moscheles (qui n'était pas né), et avec Mme Catalani (qui n'arriva dans cette ville que dix ans plus tard). Il aurait été fait baron pendant la restauration, et sa fille aurait épousé le comte de Richebourg, pair de France, mort en janvier 1857. Enfin, non-seulement il serait l'auteur des compositions musicales publiées sous son nom, mais, poëte et littérateur, il aurait écrit et fait imprimer des sonnets, des épîtres en vers, une *Ode à la Mélodie*, et *la Pallantiade*, dédiée à Louis XVI, et imprimée chez MM. Firmin Didot, en 1835, 2 vol. in-8°. Pour moi, je puis affirmer qu'Hermann ne s'éloigna pas de Paris pendant la révolution; qu'à l'époque de la vente des biens nationaux, il acheta les propriétés du duc de Choiseul qui formaient ce qu'on appelait *le pâté des Italiens*; que je l'ai connu particulièrement, depuis 1800, chez Mme De la Rue (célèbre amateur de musique), chez M. de Sermentot, chez Mme de Caraman, princesse de Chimay, et à l'orchestre du Théâtre-Italien, où nous nous parlions souvent; enfin, je puis affirmer que son esprit était des plus obtus, et qu'il ne sut jamais tourner un vers. Les compositions de Hermann consistent en concertos, sonates, pots-pourris, etc.; en voici la liste : 1° Six sonates pour piano seul, op. 1; Paris, Imbault (Janet). — 2° Premier concerto pour piano et orchestre, op. 2; Paris, Naderman. — 3° Deuxième idem; ibid. — 4° Trois sonates, op. 4; Paris, Leduc. — 5° Troisième concerto pour piano et orchestre, op. 5 (en *mi* majeur); Paris, Naderman. — 6° Trois sonates op. 7; ibid. — 7° Quatrième concerto, op. 8; ibid. — 8° Grande sonate pour piano seul, op. 9; Paris, Leduc. — 9° Duo pour piano et harpe, op. 10; ibid. — 10° Cinquième concerto, op. 11; Paris, Naderman. — 11° *La Coquette*, sonate détachée; Paris, Leduc. — 12° Sixième concerto; Paris, Naderman. — 13° Dix pots-pourris pour piano seul; Paris, Naderman, Imbault, Leduc. — 14° Grande sonate, op. 19; Paris, Érard.

HERMANN (Jean-Godefroid-Jacques), célèbre helléniste, né à Leipsick, le 28 novembre 1772, était fils du président des échevins de cette ville. Après avoir achevé d'une manière brillante ses études grecques et latines, il suivit des cours de mathématiques et de philosophie aux universités de Leipsick et de Iéna. Son père le destinait à la jurisprudence; mais la philologie attira toute son attention. En 1798, il fut nommé professeur extraordinaire de philosophie à l'université de Leipsick, et en 1805, professeur ordinaire d'éloquence. A ce fonctions, il joignit, en 1809, celles de professeur de poésie. Au nombre des savants ouvrages de Hermann, il en est un qui a pour titre : *Handbuch der Metrik* (Manuel de Métrique); Leipsick, 1798, 1799, in 8° de 208 pages. Dans la préface de ce livre, il explique avec beaucoup de clarté (p. XIX-XXI) les différences du rhythme de la poésie grecque et de celui de la poésie moderne, en ce qui concerne la musique. Les *Elementa doctrinæ metricæ* (Leipsick, 1816, in-8°) de Hermann, sont ce qu'on a écrit de plus complet sur cette matière : c'est un livre presque indispensable pour bien connaître le rhythme poétique et musical des anciens. La doctrine métrique de Hermann diffère en quelques points essentiels de celle que Bœckh a exposée dans sa belle édition de Pindare. Il faut conférer ces deux auteurs. Hermann est mort le 31 décembre 1848.

HERMANN (Charles-Frédéric). *Voyez* HERRMANN.

HERMANN (Gottfried), violoniste et compositeur, né à Lubeck, fut d'abord directeur de musique dans cette ville : il occupait cette position en 1838. En 1840, il s'établit à Berlin comme professeur de piano et comme violoniste. Il s'y fit connaître comme compositeur par une symphonie pathétique qui fut exécutée avec succès. En 1844, Hermann fut appelé à Sondershausen en qualité de maître de chapelle; il y fit représenter, en 1847, un opéra intitulé *Barbarossa*. On a de cet artiste quelques compositions pour le violon et le piano.

HERMANN (Frédéric), violoniste et compositeur, est né à Francfort-sur-le-Mein en 1828. En 1843, il entra au Conservatoire de Leipsick, devint élève de Ferd. David pour le violon, et reçut des leçons de composition de Hauptmann et de Mendelssohn. Devenu premier alto des concerts et du théâtre de Leipsick en 1847, il fut ensuite nommé professeur de violon au Conservatoire. Ce jeune artiste s'est fait connaître comme compositeur de talent par une symphonie qui fut exécutée en 1852 au concert de la Gevandhaus. Il a publié un quatuor pour des instruments à vent, des pièces concertantes pour trois violons, des études pour violon seul, et un duo pour violon et violoncelle.

HERMANN (Constant HERMANT, dit), violoniste distingué, est né à Douai (Nord), le 16 août 1823. Admis comme élève au Conservatoire de Paris, le 19 avril 1836, il y reçut des leçons de M. Guérin, puis il devint élève d'Habeneck. Il obtint le second prix de son instrument en 1840, et le premier prix lui fut décerné dans l'année suivante. Pendant trois ans il suivit le cours de composition de M. Leborne. On a de cet artiste diverses compositions pour son instrument, parmi lesquelles on remarque : 1° Première fantaisie originale pour violon et piano, op, 1 ; Paris, Escudier. — 2° Fantaisie sur *Gibby*, de Clapisson, op. 12 ; ibid. — 3° *La Clochette*, op. 15; ibid. — 4° Fantaisie sur le *Songe d'une nuit d'été*, op. 11 ; ibid.

HERMÈS (HERMANN-DANIEL), pasteur de Sainte-Marie-Madeleine de Breslau, et assesseur du consistoire de la ville, né à Petznick, en Poméranie, le 24 janvier 1731, fut d'abord professeur à l'école normale de Berlin, puis prédicateur à Dierberg, près de Ruppin, et archidiacre à Zofern. Il mourut à Breslau, le 12 novembre 1807. Hermès a fait imprimer de sa composition des *Chansons avec mélodies* ; Breslau, 1790, in-4° obl. Vingt-sept de ces chansons lui appartiennent ; cinq autres sont du conseiller privé Hillmer.

HERMÈS (JEAN-TIMOTHÉE), savant théologien protestant, philologue et romancier, naquit en 1738, à Petznick, près de Stargard, dans la Poméranie citérieure. Après avoir achevé ses humanités à Stargard, il se rendit à Kœnigsberg, pour y suivre un cours de théologie ; mais le bâtiment qui le portait ayant été battu par une violente tempête, Hermès reçut à la poitrine une forte contusion qui faillit lui donner la mort. Dénué de toutes choses, il se trouvait à Kœnigsberg dans la plus fâcheuse position, et serait vraisemblablement mort de misère, si des personnes charitables n'étaient venues à son secours. Ses liaisons avec Kant et Arnold développèrent les idées élevées qui germaient dans sa tête, et achevèrent son éducation scientifique. Après avoir visité Dantzick, Berlin et quelques autres villes, il fut aumônier d'un régiment de dragons en Silésie, puis prédicateur à la cour d'Anhalt, pasteur primaire, inspecteur des écoles à Pleiss, professeur du gymnase de Breslau, surintendant de l'église métropolitaine de cette ville, et premier professeur de théologie. Il est mort le 24 juillet 1821. Devenu célèbre par ses sermons, et surtout par ses romans moraux, il joignait à son mérite littéraire des connaissances assez étendues dans la musique, et cultivait cet art avec succès. La plupart des airs qui se trouvent dans son *Voyage de Sophie en Saxe* (Leipsick, 1770-75), sont de sa composition. On a aussi de lui sur la musique : 1° *Analyse de XII Métamorphoses tirées d'Ovide, et mises en musique par M. Charles Ditters de Dittersdorf* ; Breslau, 1786, 1 feuille in-8°. — 2° *Noch etwas über das Klavier* (Encore un mot sur le clavecin), dans la feuille provinciale de Silésie (*Schles. Provinzial-Blatt*, tome 2, page 437). — 3° *Nähere Nachricht Breslauische Klaviere betreffend* (Recherche sur les clavecins de Breslau), dans la même feuille (t. 3, pag. 560).

HERMSTÆDT (JEAN-SIMON), né à Langensalza, le 29 décembre 1778, fut élevé à Annaberg, dans l'institut des enfants de soldats. De là il alla comme élève en musique chez Knoblauch, à Waldheim ; mais ce maître ayant quitté son poste et pris la fuite, Hermstædt se rendit à Cœlditz chez le musicien de ville Bær, qui le prit en apprentissage pendant cinq ans. Il fut ensuite placé comme première clarinette dans un régiment qui était en ganison à Langensalza. Ce régiment faisait de temps en temps des séjours à Dresde, dont Hermstædt profitait pour former son goût : malheureusement il n'eut jamais l'occasion d'entendre un clarinettiste distingué qui pût lui servir de modèle. En 1800, il fut engagé comme première clarinette à Sondershausen, et comme chef de la musique du prince de Schwarzbourg. Il a occupé cette position depuis lors et s'y trouvait encore en 1835. Hermstædt a écrit quelques compositions pour son instrument, avec orchestre, entre autres un concerto (en *ut* mineur), et des variations sur le thème *Al Rana*. On accordait les plus grands éloges à son talent comme clarinettiste, bien qu'il n'eût point eu de modèles. Il a introduit quelques perfectionnements dans son instrument ; on lui doit particulièrement l'invention d'un moyen mécanique pour accorder la clarinette au diapason de tous les orchestres, sans changer les proportions des parties essentielles du tube sonore. Cet artiste est mort à Sondershausen, le 10 août 1846.

HÉRO (HIPPOLYTE), né à Mons (Belgique), le 22 mars 1819, fit ses études à l'école de musique cette ville, depuis 1836 jusqu'en 1842, après quoi il fut admis au Conservatoire de musique de Bruxelles, comme élève de contrebasse et d'harmonie. De retour à Mons, M. Héro y a été nommé professeur de contrebasse de l'école de musique en 1847 ; il y a occupé cette position jusqu'en 1854. En 1850 il a fondé la société chorale connue sous le titre des *Ouvriers montois*. Il en est encore le directeur (1860.) On a de M. Héro un bon ouvrage intitulé : *Méthode de contrebasse*.

HÉROLD (JEAN), compositeur, né à Jéna, vers le milieu du seizième siècle, est connu par les ouvrages dont les titres sont : 1° *Passionale sex voc.* ; Grætz, 1594, in-4°. — 2° Chansons allemandes à 4 voix ; Nuremberg, 1601, in-4°. — 3° Belles chansons profanes, dans le genre des canzone italiennes, à 4 parties, pour toute espèce d'instruments ; Nuremberg, 1606.

HÉROLD (FRANÇOIS-JOSEPH), professeur de piano, naquit le 10 mars 1755, à Soltz (Alsace).

Dans sa jeunesse il se rendit à Hambourg; et, après y avoir appris les éléments de la musique au gymnase, il reçut des leçons de Charles-Philippe-Emmanuel Bach, et devint un de ses bons élèves. En 1781 il alla se fixer à Paris et s'y fit connaître avantageusement par sa bonne manière d'enseigner. L'année suivante il publia un premier œuvre de trois sonates pour le piano, avec accompagnement de violon; Paris, Boyer. En 1785, il fit aussi paraître quatre sonates pour la harpe, puis des sonates faciles pour le piano. Il a arrangé pour piano, avec accompagnement de violon, viole et basse, six quintettes de Boccherini; Paris, Pleyel. Enfin, une sonate posthume de sa composition a été publiée chez Érard, en 1807. Hérold est mort, à Paris, le 1er septembre 1802, à l'âge de quarante-sept ans (1).

HÉROLD (Louis-Joseph-Ferdinand), fils du précédent, naquit à Paris, le 28 janvier 1791. Son père ne le destinait point à suivre la même carrière que lui; et, malgré les heureuses dispositions qu'il montrait pour la musique, l'éducation qu'on lui donna n'avait pas pour but de les développer. A l'âge de dix ans, il était placé dans un des meilleurs pensionnats de cette époque (2), et il y faisait d'assez brillantes études dont les résultats n'ont pas été sans fruit pour ses succès d'artiste. L'auteur de cette notice, alors élève du Conservatoire, demeurait dans la même maison, où il était répétiteur pour le solfége. Ainsi que ses condisciples, Hérold assistait à ses leçons; mais ses progrès étaient bien plus rapides que ceux de tous les autres élèves; la nature l'avait fait musicien; il apprenait, ou plutôt il devinait l'art en se jouant, et sans paraître se douter lui-même de sa destination.

La mort prématurée de son père changea tout à coup la direction de ses études, et le rendit à sa vocation. Déjà bon musicien, il entra au mois d'octobre 1806 comme élève de piano dans la classe d'Adam au Conservatoire de musique. Ses mains étaient bien disposées pour l'instrument qu'il adoptait; bientôt les leçons du maître habile qui le dirigeait dans ses études en firent un pianiste distingué, et le premier prix lui fut décerné au concours du Conservatoire dans le mois de juillet 1810. Élève de Catel pour l'harmonie, il cultivait aussi avec succès cette partie de l'art, et se disposait à recevoir les leçons de Méhul pour achever de s'instruire dans l'art d'écrire les pensées musicales qui déjà faisaient pressentir son génie. Ce fut au mois d'avril 1811 que Méhul devint son maître. Les leçons de ce grand artiste, et peut-être plus encore sa conversation piquante et remplie d'une spirituelle raison, exercèrent la plus heureuse influence sur le développement des facultés d'Hérold. Ses progrès furent ceux d'un homme né pour être artiste, et une année et demie d'étude lui suffit pour être en état de disputer et d'obtenir le premier grand prix de composition musicale au concours de l'Institut, au mois d'août 1812. La cantate qu'il composa pour ce concours (*Mademoiselle de la Vallière*) ne donnait peut-être pas une mesure exacte du talent élevé qu'il devait avoir un jour; mais on ne peut nier qu'il ne s'y trouve une indication certaine des plus heureuses dispositions.

Au mois de novembre de la même année, Hérold partit pour Rome, en qualité de pensionnaire du gouvernement. La plupart des élèves qui obtiennent au concours le grand prix de composition, objet unique de leur jeune ambition, considèrent cependant comme un temps d'exil celui que les règlements de l'Institut les obligent à passer en Italie, et surtout à Rome : il n'en fut pas ainsi d'Hérold. Depuis longtemps il soupirait après ce ciel de l'Ausonie sous lequel il lui semblait qu'on ne devait trouver que de belles inspirations. Aussi a-t-il souvent avoué depuis lors que le temps qu'il avait passé dans la capitale du monde chrétien était le plus heureux de sa vie. Après trois années d'études et de travaux, il quitta cette terre classique des arts pour se rendre à Naples. Là, il lui sembla qu'il vivait d'une autre vie. Un ciel incomparable, un air pur, vif et léger, un site admirable, l'enthousiasme naturel des habitants, tout enfin était fait pour lui donner, dans ce pays, cette fièvre de production qu'on n'éprouve point ailleurs avec autant d'intensité. Le désir d'écrire pour le théâtre le tourmentait; l'occasion se présenta bientôt à lui, et, peu de temps après son arrivée à Naples, il put y faire représenter un opéra en deux actes dont le titre était : *La Gioventù di Enrico Quinto*. Hérold n'a pas fait connaître à ses compatriotes la musique de cet ouvrage; tout ce qu'on en sait, c'est qu'elle fût goûtée des Napolitains, et que l'opéra obtint pendant plusieurs représentations un succès non contesté. Ce fait est assez remarquable; car, à l'époque dont il s'agit, un préjugé presque invincible était répandu dans toute l'Italie, et surtout à Naples, contre les musiciens de l'École française. Un compositeur, né sur les bords de la Seine, écrivant pour le théâtre *Del Fondo*, et des Napolitains écoutant sa musi-

(1) Les renseignements sur cet artiste, qui diffèrent de ceux de la première édition de la *Biographie universelle des Musiciens*, ont été fournis par son petit-fils, M. Hérold, avocat à la cour de Cassation.

(2) Ce pensionnat était celui de Hix, rue de Matignon, près des Champs-Élysées.

que et l'applaudissant, étaient une nouveauté.

De retour à Paris vers la fin de 1815, Hérold n'y resta pas longtemps sans trouver l'occasion de faire l'essai de ses forces sur la scène française. Boieldieu, qui avait découvert dans ce jeune artiste le germe d'un beau talent, voulut l'aider à faire le premier pas, toujours difficile, à cause de la mauvaise organisation de nos théâtres lyriques : il l'associa à la composition d'un opéra de circonstance auquel il travaillait, sous le titre de *Charles de France*. Cet ouvrage, qui fut joué en 1816, fit connaître avantageusement Hérold, et le livret des *Rosières* lui fut confié. Un opéra en trois actes fournit toujours au musicien qui l'écrit des occasions de déployer ses facultés ; Hérold sut profiter du cadre de celui-ci pour faire quelques morceaux où l'on pouvait voir qu'il ne serait pas un musicien ordinaire. On y sentait encore l'inexpérience du jeune homme, et peut-être aussi pouvait-on comprendre, à de certains éclairs de fantaisie qui s'y faisaient apercevoir de temps en temps, que le compositeur s'y était fait violence pour se mettre à la portée des habitués du théâtre Feydeau de cette époque ; mais, nonobstant cette sorte d'incertitude de manière qui se fait remarquer dans la partition des *Rosières*, on ne peut nier qu'il y ait dans cet ouvrage des qualités brillantes, dignes de l'estime des connaisseurs. *Les Rosières* furent représentées vers la fin de 1816 à l'Opéra-Comique, et leur succès décida du reste de la vie de l'artiste.

La Clochette, opéra en trois actes, suivit de près *les Rosières*. Là, il y avait bien plus de force dramatique que dans le premier ouvrage, bien plus de passion, et l'on y apercevait d'immenses progrès faits par Hérold dans l'art d'appliquer la musique à la scène. Le gracieux et piquant petit air *Me voici, me voilà*, un duo au deuxième acte, et plusieurs phrases charmantes répandues dans quelques autres morceaux, démontraient qu'il y avait de la mélodie dans la tête du compositeur ; l'air d'Azolin annonçait une âme passionnée, et le finale du premier acte, ainsi que plusieurs morceaux du second et du troisième, faisaient pressentir un compositeur dramatique d'un ordre élevé. Il y avait d'ailleurs dans cette partition des effets d'instrumentation d'un genre neuf ; mais rien de tout cela ne fut compris. La pièce réussit, mais plutôt à cause du sujet et du spectacle que par le mérite de la musique.

Près de dix-huit mois se passèrent avant qu'Hérold obtînt un poëme d'opéra après *la Clochette*, et ce temps fut employé par lui à écrire des fantaisies de piano et d'autres pièces, genre dans lequel il a produit de jolies choses qui n'ont pas obtenu le succès qu'elles méritaient. Son goût le reportait toujours vers le théâtre, et quelquefois il s'irritait contre l'injustice qui lui en rendait les abords si difficiles. Fatigué d'attendre le bon ouvrage après lequel il soupirait, il finit par consentir à écrire la musique du *Premier venu*, comédie en trois actes, spirituelle, mais froide, et la pièce la moins propre à être mise en opéra. Cet ouvrage n'avait point d'ailleurs le mérite de la nouveauté ; depuis longtemps il était au répertoire du théâtre Louvois en comédie, d'où Vial l'avait retiré pour le transporter à l'Opéra-Comique. Rien n'était moins favorable au développement des facultés chaleureuses d'Hérold que cette pièce ; aussi ne put-il parvenir à la réchauffer, et peut-être lui-même fut-il pris de froid en l'écrivant ; mais, comme il faut toujours que l'homme de talent se manifeste, même dans l'ouvrage le plus médiocre, il y avait dans la partition du *Premier venu* un trio excellent de trois hommes qui feignent de dormir. Cet opéra fut représenté vers la fin de l'année 1818.

Le désir de produire tourmentait Hérold, mais l'aliment lui manquait toujours ; les auteurs semblaient n'avoir pas de confiance en son talent et ne lui confiaient pas de poëmes. Ce fut cet abandon où on le laissait qui le décida à reprendre l'ancien opéra-comique des *Troqueurs* (1), et à lui adapter une musique nouvelle. Cette pièce fut jouée en 1819 : le talent des acteurs lui procura quelques représentations, mais le genre de l'ouvrage ne convenait plus au goût de cette époque ; il ne put se soutenir au théâtre. Une sorte de fatalité semblait poursuivre celui dont les débuts avaient annoncé une carrière plus brillante. Un opéra en un acte, dont le titre était *L'Amour platonique*, lui avait été confié ; la musique en fut composée avec rapidité, mise à l'étude, et bientôt arriva la répétition générale (en 1819), où l'on remarqua des choses charmantes ; mais la pièce était d'une faiblesse extrême, et les auteurs la retirèrent avant qu'elle fût jouée. Hérold ne se laissait point encore abattre par la mauvaise fortune, et le besoin d'écrire le tourmentait toujours. Planard lui donna, en 1820, une jolie comédie intitulée : *L'Auteur mort et vivant* ; malheureusement cette pièce était d'un genre peu favorable à la musique ; le compositeur ne put y développer son talent, et le succès assez froid des représentations n'ajouta rien à sa renommée. Il paraît que cette sorte d'échec acheva de jeter le découragement

(1) *Les Troqueurs*, opéra-comique en un acte, avaient été mis en musique par Dauvergne. Ce fut le premier ouvrage de ce genre qu'on écrivit en France.

dans l'âme d'Hérold, car, pendant les trois années suivantes, il se condamna au silence et sembla avoir renoncé au théâtre.

Dans cet intervalle la place de pianiste-accompagnateur de l'Opéra-Italien devint vacante; Hérold la demanda et l'obtint. Dès lors les devoirs de cette place s'emparèrent de la plus grande partie de son temps; le reste fut employé à écrire un assez grand nombre de morceaux de piano. Cet artiste, dans la fleur de l'âge et du talent, se voyait en quelque sorte repoussé de la scène pour laquelle il était né. Il y a de ces phases de mauvaise fortune dans la vie de presque tous les hommes de mérite.

Le repos de trois années auquel Hérold s'était condamné lui avait rendu cette ardeur de production qui est ordinairement le présage des succès. En 1821, il avait été envoyé en Italie par l'administration du Théâtre-Italien pour y recruter des chanteurs; ce voyage fut favorable au retour de sa ferveur d'artiste comme à sa santé. Son premier ouvrage, après ce long silence, fut le *Muletier*, représenté en 1823, à l'Opéra-Comique, avec un succès qui ne s'établit point sans contestation, mais qui finit par se consolider, et qui fut dû seulement au mérite de la musique. Cette musique est colorée, dramatique, et remplie de traits heureux et d'effets nouveaux. *Lasthénie*, composition d'un genre gracieux, qui n'avait d'autre défaut que d'avoir pour base un sujet grec, à l'époque où ce genre ne jouissait d'aucune faveur, *Lasthénie* fut jouée à l'Opéra dans le cours de la même année. Cet ouvrage ne fit point une vive sensation sur le public; mais les connaisseurs rendirent justice au talent du musicien, et la pièce obtint un certain nombre de représentations. Les succès de l'armée française dans la guerre d'Espagne de 1823 donnèrent lieu à la composition d'un opéra (*Vendôme en Espagne*) auquel Hérold prit part conjointement avec M. Auber. Les morceaux improvisés qu'il écrivit pour cette partition renfermaient de jolies choses qu'il a employées depuis avec succès dans d'autres ouvrages.

En 1824, Hérold fut encore chargé, par l'administration de l'Opéra-Comique, de la composition d'un opéra de circonstance qui a survécu au moment qui l'avait fait naître : cet ouvrage est intitulé *Le roi René*. L'année suivante il écrivit pour le même théâtre un acte qui avait pour titre *le Lapin blanc*. Rien ne fut jamais moins musical que cette bluette; aussi le musicien fut-il mal inspiré : paroles et musique, tout était également faible dans cet ouvrage.

C'est ici le lieu de faire remarquer le changement qui s'était opéré dans la manière d'Hérold pendant les trois années où il s'était abstenu de travailler pour le théâtre. Témoin des brillants succès des œuvres de Rossini, dont il accompagnait la musique au Théâtre-Italien, il se persuada qu'il n'existait plus qu'un moyen d'obtenir les applaudissements du public, et que ce moyen consistait dans l'imitation plus ou moins exacte des formes de la musique à la mode. Beaucoup d'autres partageaient son erreur, mais ils n'avaient pas son talent; pour lui, cette erreur fut déplorable, car elle le détourna pendant quelque temps de la route qui seule lui convenait.

Marie, opéra en trois actes, représenté à l'Opéra-Comique, le 12 août 1826, marqua le retour d'Hérold vers le genre qui lui appartenait; ce fut à la fois et son plus bel ouvrage jusqu'à ce moment, et son plus beau succès. Sa sensibilité s'était livrée dans cette production à plus d'expansion qu'elle n'avait fait jusque-là; de là vient que tous les morceaux obtinrent dans le monde une vogue que n'avait point eue auparavant la musique d'Hérold. Le moment était favorable, et peut-être l'artiste aurait-il pris dès lors le rang dont il était digne, si son entrée à l'Opéra comme chef du chant lui avait laissé le temps de profiter de la justice tardive qui venait de lui être rendue. Depuis deux ans il avait quitté la place d'accompagnateur au Théâtre-Italien pour celle de chef des chœurs. En 1827, il renonça à celle-ci pour la position dont il vient d'être parlé. Dès lors, fatigué de mille devoirs incompatibles avec la liberté nécessaire aux travaux de l'imagination, il se vit hors d'état de profiter des circonstances favorables qui s'offraient à lui pour mettre le sceau à sa réputation, et ses loisirs ne furent plus employés qu'à écrire la musique de quelques ballets. C'est ainsi qu'il donna à l'Opéra *Astolphe et Joconde*, ballet en trois actes, en 1827; *La Somnambule*, ballet en trois actes, dans la même année; *Lydie*, ballet en un acte, en 1828; *La Belle au Bois dormant*, ballet en trois actes, dans la même année. C'est aussi vers la même époque qu'il écrivit l'ouverture, les chœurs et quelques autres morceaux pour le drame de *Missolonghi*, représenté à l'Odéon. Le 3 novembre de la même année, il reçut la décoration de la Légion d'Honneur, distinction qui lui était due à juste titre.

Trois années s'étaient écoulées depuis que Hérold avait donné *Marie* à l'Opéra-Comique, lorsqu'il écrivit, en 1829, un acte rempli de choses charmantes sous le titre de l'*Illusion*. La musique de cet ouvrage était mélancolique et passionnée; Hérold y transporta l'ouverture qu'il avait écrite autrefois pour *L'Amour platonique*,

Emmeline, opéra en trois actes, représenté en 1830, ne réussit pas; mais, l'année suivante, Hérold prit une éclatante revanche par *Zampa*, en trois actes (joué le 3 mai 1831), production digne d'un grand maître et qui plaça enfin l'artiste au rang des compositeurs français les plus renommés. Abondance de motifs heureux, passions bien exprimées, force dramatique, génie de l'instrumentation et de l'harmonie, tout se trouve dans cet ouvrage, dont le succès n'a pas été moins brillant en Allemagne qu'en France. Peu de temps après, Hérold prit part avec plusieurs autres musiciens, à la composition de la *Marquise de Brinvilliers*, opéra en trois actes.

Soit à cause de ses travaux de l'Opéra, soit par suite de la fatigue occasionnée par ses derniers ouvrages, Hérold commençait à ressentir quelque altération dans sa santé. Jeune encore, il aurait pu arrêter les progrès du mal par le repos et le changement de climat; mais rien ne put le décider à s'éloigner du théâtre de ses succès récents, et à cesser de travailler. Malgré les représentations de ses amis, il contina le genre de vie qu'il avait adopté, et ce ne fut que lorsque la maladie eut abattu ses forces, que la crainte commença à s'emparer de lui. La nouvelle administration de l'Opéra-Comique éprouvait le besoin d'avoir des opéras nouveaux qui fussent appris en peu de temps; Hérold avait en portefeuille la partition du *Pré aux Clercs*; mais elle exigeait des études et des préparatifs trop longs pour la situation du théâtre; Hérold le comprit et improvisa le petit opéra de *la Médecine sans Médecin*, bagatelle où l'on retrouve la touche d'un maître. Cette dernière production de l'artiste précéda de peu de temps la représentation du *Pré aux Clers* (qui eut lieu le 15 décembre 1832), ouvrage d'un genre plus doux que *Zampa*, mais non moins heureusement conçu, non moins original. Ce fut le chant du cygne. La maladie de poitrine qui dévorait l'existence d'Hérold faisait chaque jour d'effrayants progrès. Les agitations de la mise en scène et du succès en hâtèrent le développement : un mois après le dernier triomphe de l'artiste, elle le précipita dans la tombe, laissant dans une douleur profonde tous ceux qui avaient pu apprécier en lui les qualités de l'homme de bien, et dans le regret d'une vie si courte ceux qui ne connaissaient que son génie. Il mourut le 19 janvier 1833, aux Thernes, près de Paris, et fut inhumé au cimetière du Père-Lachaise, non loin du tombeau de son maître Méhul. Il avait laissé inachevée la partition d'un opéra en deux actes, intitulé *Ludovic* : M. Hélévy (*voy.* ce nom) termina cet ouvrage qui fut joué avec succès, en 1834.

La liste des compositions d'Hérold pour le piano est considérable; on y remarque : 1° Sonates pour piano seul, op. 1, 3, 5, Paris, Janet, Schœnenberger, Lemoyne. — 2° Caprices avec quatuor, œuvres 8, 9 ; Paris, Érard. — 3° Rondeau à 4 mains, op. 17 ; ibid. — 4° Caprices pour piano, œuvres 4, 6, 7, 12, 58 ; Paris, Lemoyne, Érard, etc. — 5° Rondeaux et divertissements, op. 10, 14, 16, 18, 20, 22, 27, 31, 34, 37, 40, 41, 44, 47, 53, 55; Paris, Janet, Lemoyne, Érard, etc. — 6° Fantaisies, op. 2, 15, 21, 28, 33, 43, 49; ibid. — 7° Variations, op. 19, 30, 35 ; ibid. — 8° Pots-pourris, etc.

HÉROLD (MELCHIOR), cantor à Osnabruck, mort le 31 juillet 1810, s'est fait connaître par quelques recueils de chants pour les églises catholiques; ils sont intitulés : 1° *Der heil. Gesang, oder volstændige Kathol. Gesangbuch für den offentl. Gottesdienst*, in-8° ; Huynkhausen, 1803, 2° édition ; Osnabrück, 1807, in-8°; 3° édition, 1809 ; 4° idem, 1818. — 2° *Kleines Vesperbuch* (Petit vespéral); Lippstadt, 1802, in-8°.— 3° *Versuch einer Sammlung Choralmelodien zu der kathol. Gesangbuche*, etc. (Essai d'un recueil de mélodies chorales à 4 voix, pour le livre de chant catholique, etc.); Rinteln, 1807, in-4°. —4° *Choralmelodien zu vollstænd. Kathol. Gesangbuche. In Tonziffern übersetz von H. Lindemann* (Mélodies chorales pour le livre complet du chant catholique, traduites en chiffres musicaux par H. Lindemann) ; Essen, Bædeker, 1827, in-8°. C'est une deuxième édition.

HÉRON, dit l'*Ancien*, célèbre mécanicien, naquit à Alexandrie, environ 120 ans avant J.-C. Il eut pour maître Ctésibius et se rendit célèbre par ses inventions de machines de tout genre. Ses clepsydres, ses automates et ses machines à vent excitèrent particulièrement l'étonnement de ses contemporains. Dans un livre qui nous reste de lui, il a donné une description de l'orgue hydraulique qu'il prétend avoir été inventé par Ctésibius, son maître ; cet ouvrage a pour titre : *Spiritalia seu Pneumatica* ; il a été inséré dans les *Veterum mathematicorum Athenæi, Apollodori, Philonis, Heronis et aliorum Opera, græce et latine* ; Parisiis, 1693, gr. in-fol. Vollbeding a publié le texte grec de la description de l'orgue hydraulique de Héron, dans sa traduction allemande de l'histoire abrégée de l'orgue de don Bédos (*voy.* VOLLBEDING), avec les remarques de Meister (*voy.* ce nom), et une version allemande.

HERPOL (HOMERE), prêtre et savant musicien, vécut à Fribourg, en Brisgau, vers le milieu du seizième siècle. Il fut élève de Glaréan. On connaît de lui : *Novum et insigne opus mu-*

sicum, in quo textus Evangeliorum totius anni, vero ritui ecclesiæ correspondens, quinque vocum modulamine singulari industria ac gravitate exprimitur; Nuremberg, 1556.

HERRERIUS (Michel), maître de chapelle à l'église de Saint-Nicolas de Strasbourg, naquit à Munich, vers 1576, et vivait à Strasbourg en 1606. Il paraît, par le titre d'un de ses ouvrages, qu'il avait embrassé l'état ecclésiastique. On connaît de sa composition : 1° *Magnificat 6 vocum*; Augsbourg, 1604. — 2° *Hortus musicalis 5 vocum, liber primus*; Augsbourg, 1607, in-4°. — 3° *Hortus musicalis latinos fructus mira suavitate quinque et sex vocibus concinendos, liber secundus*; ibid., 1608, in-4°. — 4° *Ejusdem, lib. tertius, 5, 6, 7, 8, et pluribus vocibus fructus concinendos parturiens*; ibid., in-4°. Les trois parties de ce recueil ont été publiées de nouveau à Padoue, en 1617, in-4°.

HERRMANN (Chrétien-Gotthelf), né à Erfurt, en 1765, fit de bonnes études à l'université de Gœttingue, et cultiva avec succès la théologie, la philosophie et la littérature. Nommé professeur à l'école des prédicateurs d'Erfurt, en 1789, il joignit à ces fonctions, l'année suivante, celles de professeur à l'université de la même ville. En 1792, il fut appelé à enseigner au gymnase évangélique. En 1820, il obtint le titre de doyen de l'université et la surintendance de l'arrondissement d'Erfurt. Il mourut subitement le 26 août 1823. Ce savant a traité de l'esthétique musicale dans son ouvrage intitulé *Kant und Hemsterhuis in Rücksicht ihrer Definition der Schœnheit* (Kant et Hemsterhuis comparés dans leurs définitions du beau); Erfurt, 1791, in-8°. On a aussi de lui de bonnes *Observations psychologiques sur l'effet de la musique*, insérées dans le *Répertoire universel pour la psychologie empirique* de J. D. Mauchart (Nüremberg, 1792, in-8°).

HERRMANN (Charles-Frédéric), cantor à Greitz, né en 1786, est auteur d'un ouvrage élémentaire intitulé : *Anweisung aus jedem Accord in alle Dur-und Moll-tonarten auf die kürzeste Weise und auf verschiedene Art, nach den Regeln des Generalbasses aus zu weichen* (Instruction sur chaque accord dans tous les tons majeurs et mineurs, etc.), Leipsick, Péters, 1818. L'auteur de cet ouvrage a fait insérer dans la 24e année de la Gazette musicale de Leipsick un article sur l'usage de l'orgue dans la musique d'église (p. 677). Il a publié aussi, en 1828, des pièces de conclusion pour l'orgue, à l'usage des chorals extraits des *Choralbücher* de Hiller et de Umbreit, sous ce titre : *Zwischenspiele zu den gebrauchtesten Chorælen nach dem Hiller's-chen Choralbuche mit Rücksicht auf das Umbreit'sche Choralbuch, etc.*; Leipsick, Péters. Une analyse de cet ouvrage se trouve dans la 31me année de la Gazette générale de musique de Leipsick, p. 284. Herrmann vivait encore à Greitz en 1840, et y occupait la position de cantor.

Il y a un autre musicien nommé Herrmann, (C.-F.), directeur de musique à Chemnitz, de qui l'on a des chants pour 4 voix d'hommes publiés à Chemnitz, chez Hæcker, en 1845.

HERRMANN (Paul), directeur d'une des écoles publiques de la ville de Dresde, s'est fait connaître par un recueil d'exercices de chant, ou plutôt de solfége, intitulé : *Gesangfreund für Schule und Haus, zum Gebrauch bei dem Gesang Unterricht der Jugend* (L'Ami du chant dans l'école et la maison, pour en faire usage dans l'enseignement du chant à la jeunesse); Dresde, Arnold, 1837, gr. in-8° de VI et de 82 pages. Cet ouvrage est purement pratique.

HERRMANN ou **HERMANN** (Wilhelm ou Guillaume), pianiste et compositeur de danse pour le piano, est né à Trèves en 1807 et s'est fixé à Berlin, où il vivait en 1834. Il a publié environ cent œuvres de valses, de galops, de mazurkas, de polkas et de polonaises pour son instrument, dont la plupart ont paru à Berlin, chez S. Lischke. Une de ses meilleures productions est un *Adagio suivi d'un rondeau*, op. 55.

HERSCHEL (Frédéric-Guillaume), astronome célèbre, naquit à Hanovre, le 15 novembre 1738. Fils d'un musicien de régiment, il entra lui-même comme hautboïste dans le régiment des gardes, à l'âge de quatorze ans. Vers 1758, il accompagna en Angleterre un détachement de ce corps. Bientôt après, il eut le bonheur, par la protection du comte de Darlington, d'être chargé de l'organisation de la musique d'un corps de milice, et la manière dont il remplit cette mission le fit connaître avantageusement. Son engagement terminé, il donna des leçons de musique dans le duché d'York et dirigea plusieurs fêtes musicales et oratorios. Ce fut à cette époque qu'il s'occupa de son éducation, fort négligée dans sa jeunesse; il étudia le latin et le grec, l'anglais, l'italien et les mathématiques. En 1765, il fut nommé organiste à Halifax, et l'année suivante un engagement avantageux lui fut offert comme hautboïste à Bath, où l'emploi d'organiste de la chapelle lui fut confié peu de temps après. La modicité de ses appointements l'obligeait à donner beaucoup de leçons, et d'employer à ce travail environ quinze heures chaque jour. Néanmoins il trouva assez de temps pour se livrer à l'étude de l'astronomie, dont le goût lui avait été inspiré par la vue d'un atlas céleste. Un de ses amis lui ayant prêté un télescope de deux pieds, il se mit à étudier le ciel, qu'il n'avait connu jusque-là que par les livres, et son penchant devint une véritable passion. La possession d'un instrument meilleur et de plus grande dimension était l'objet de tous ses vœux; mais l'état de sa fortune ne lui permettait pas d'en faire l'acquisition. Tourmenté de cette idée, il résolut de construire lui-même un télescope. Les obstacles que son inexpérience lui faisait rencontrer à chaque pas ne le découragèrent point; en 1774, il réussit à construire un télescope de cinq pieds qui servit à faire ses premières observations. Ce n'est point ici le lieu de rendre compte des travaux scientifiques de cet homme célèbre, à qui l'on doit tant de découvertes, particulièrement celles de la planète *Uranus*, et des sixième et septième satellites de Saturne. Le roi d'Angleterre lui ayant accordé un traitement considérable, il abandonna entièrement la musique, et alla se fixer à Slough, près de Windsor, où il établit son observatoire. Membre de la Société royale de Londres, et comblé d'honneurs, il mourut le 25 août 1822. En 1768 on a publié à Londres une symphonie de Herschel (en *ut*) pour 2 violons, viole, basse, 2 hautbois et 2 cors, et dans la même année, deux concertos militaires (en *mi* bémol) pour 2 hautbois, 2 cors, 2 trompettes et 2 bassons. Il a laissé en manuscrit quelques pièces pour la harpe.

HERSCHEL (JACQUES), frère du précédent, né à Hanovre, vers 1734, servit avec son frère dans un régiment de milice anglaise, comme musicien, puis fut engagé comme violoncelliste à Bath. En 1771, il se rendit à Amsterdam, où il publia, dans la même année, le premier œuvre de sa composition, consistant en six quatuors pour clavecin, 2 violons et basse. Après avoir été quelque temps directeur de musique à Hanovre, il retourna à Londres, où il mourut en 1792. Il a publié deux symphonies (en *ré* et en *fa*), et six trios pour 2 violons et basse. On connaît aussi de lui en manuscrit plusieurs concertos pour le clavecin et de violon, et quelques symphonies.

HERSCHEL (JEAN-FRÉDÉRIC-GUILLAUME), fils de Frédéric-Guillaume, né à Slough, près de Windsor, est considéré à juste titre comme un des plus grands physiciens et astronomes de la première moitié du dix-neuvième siècle. Ce savant homme n'est cité ici que pour une dissertation intitulée *Le son* (*The sound*) qui se trouve dans le deuxième volume des sciences mixtes (*Mixed Sciences*), qui fait partie de l'*Encyclopédie métropolitaine* publiée à Londres en 1830 et dans les années suivantes. Ce travail renferme des observations pleines d'intérêt.

HERSTELL ou **HERRSTELL** (CHARLES), organiste de la cour à Cassel, naquit à Helsa, village près de cette ville, en 1764. Il fut artiste distingué sur son instrument et composa des cantates et des psaumes avec orchestre, considérés en Allemagne comme de très-bons ouvrages. Pendant une longue suite d'années, il enseigna l'orgue, le piano et l'harmonie à un grand nombre d'élèves, parmi lesquels on remarque son fils. Il est mort à Cassel en 1836. On a publié de cet artiste : 1° *Ueber den Gebrauch der Orgelstimmen* (Dissertation sur l'usage des jeux de l'orgue); Cassel, 1816, in-8°. — 2° *Orgelwerk für Land-organisten* (Livre d'orgue a l'usage des organistes de la campagne); ibid.

HERSTELL (ADOLPHE), fils du précédent, né à Cassel, a succédé à son père comme organiste de la cour. Il est aussi professeur de musique au séminaire de cette ville. Comme son père, il s'est distingué dans la composition des psaumes et des cantates d'église. Pianiste et harpiste, il a écrit de petites compositions pour la harpe et le piano, particulièrement des danses allemandes.

HERTEL (MATTHIEU), bon organiste à Zullichau, dans la première moitié du dix-septième siècle, avait écrit un traité de l'examen d'un orgue (*Orgelprobe*), dont le manuscrit, si l'on en croit Prinz (*Historische Beschreibung der edlen Sing-und Klingkunst*. p. 149), lui aurait été enlevé et aurait été publié sous un autre nom. Cette histoire est peu vraisemblable, car le plus ancien ouvrage de ce genre connu maintenant est celui de Werkmeister (publié en 1681); or ce savant musicien était assez riche de son propre fonds pour n'avoir pas besoin de s'approprier les travaux d'autrui.

Le fils de Hertel (Chrétien), excellent organiste, occupa d'abord une place à Sorau, puis fut attaché à l'église de Zuckau, et enfin à Fürstenwalde.

HERTEL (JEAN-CHRÉTIEN), maître de concert du duc de Mecklembourg-Strélitz, naquit en 1699 à Œttingue, dans le Würtemberg, où son père était maître de chapelle du prince. Peu de temps après, celui-ci fut placé en la même qualité dans la cour du duc de Mersebourg, et ce fut dans ce lieu que le jeune Hertel fit ses études littéraires et musicales. Son père ne le destinait pas à la profession de musicien; mais entraîné par un penchant irrésistible, il apprit seul et en secret à jouer du violon. Kaufmann, organiste de la cour, lui enseigna ensuite le clavécu, et lui donna quelques notions d'harmonie et d'accompagnement. Hertel hasarda quelques essais de composition, qui, ayant été trouvés par son père, instruisirent celui-ci de ses progrès. Pour l'enlever à ses relations de musique, on l'envoya en 1716, à peine âgé de dix-sept ans, à l'université de Halle. Mais, loin que ce changement de position fût un événement fâcheux pour lui, il trouva l'avantage de faire la connaissance de Kuhnau, de Leipsick, qui lui donna des leçons et augmenta ses connaissances. Dans une visite qu'il fit à ses parents, après un an d'absence, il joua si bien sur le violon une des sonates de Corelli, que son père ne mit plus d'obstacles à son penchant pour la musique, et qu'il lui fut permis d'apprendre à jouer de la basse de viole, objet de tous ses vœux. Le duc de Mersebourg se chargea de la dépense de ses études, et lui laissa le choix d'aller à Paris pour prendre des leçons de Marais et de Forqueray, ou à Darmstadt, chez le célèbre Hess. Les parents de Hertel choisirent ce dernier maître, à cause de la proximité des lieux. Hess n'avait jamais voulu former d'élèves; mais la recommandation du duc de Mersebourg le décida à accepter celui-là. Les leçons de ce maître habile développèrent en peu de temps les heureuses dispositions de Hertel. Les liaisons de celui-ci avec les maîtres de chapelle Graupner et Grünewald augmentèrent ses connaissances dans l'harmonie et la composition. Après avoir passé environ quinze mois à Darmstadt, il quitta cette ville et se rendit à Eisenach, où il fit admirer son habileté. Une place lui fut offerte dans la musique de cette cour; mais ses engagements avec le duc de Mersebourg ne lui permettant pas de l'accepter immédiatement, il retourna chez ce seigneur. Quelque temps après, il lui fut permis d'entreprendre un nouveau voyage à ses frais pour perfectionner son talent : il en profita pour se rendre à Eisenach, où il eut en partage la place de premier violon avec Koch, après avoir visité les cours de Weissenfels, Zerbst, Cœthen et Dresde, en 1719. Il eut le plaisir d'entendre à celle-ci l'élite des chanteurs italiens : c'est à cette circonstance qu'il attribuait plus tard la réforme qui s'était faite dans son goût. Pendant son séjour à Eisenach, il fit plusieurs voyages à Gotha, pour consulter le maître de chapelle Stœlzel sur ses premiers ouvrages, et il en reçut de bons avis. Plusieurs congés lui furent accordés pour se faire entendre à Anspach en 1725, à Cassel en 1725, et à Weimar l'année suivante : partout il fut accueilli avec faveur. Il visita aussi la Hollande, et ce fut dans ce voyage qu'il publia son premier œuvre de six sonates pour le violon. Peu de temps après son retour, Graun l'invita à se rendre à Ruppin, en 1732, pour jouer devant le prince héréditaire de Prusse (Fréderic II); ce prince, charmé de son talent, lui fit un beau cadeau. Dans le même temps Hertel fut nommé maître de concerts à la cour d'Eisenach. En 1739, la place de maître de chapelle à Meinungen lui fut offerte, mais il ne put se décider à s'éloigner d'Eisenach, où il jouissait d'un sort heureux; il ignorait alors qu'il serait bientôt obligé de quitter cette cour. Le duc Guillaume-Henri ayant cessé de vivre en 1742, son successeur, le duc de Weimar, congédia toute sa chapelle. Obligé de chercher une nouvelle position, Hertel se rendit à Berlin avec l'espoir d'entrer dans la musique du roi, nouvellement instituée; mais lorsqu'il y arriva toutes les places étaient occupées; cependant son voyage ne fut pas infructueux, car François Benda lui donna une lettre de recommandation pour le duc de Mecklembourg-Strélitz, qui le nomma son maître de concerts, avec le même traitement qu'il avait à Eisenach. Il passa dans cette cour quelques années heureuses; mais la fin de sa vie fut pénible. En 1749, une ophthalmie le priva complétement de la vue, et pendant quelque temps il fut obligé de se borner à jouer des fantaisies improvisées sur la basse de viole et sur le violon; cependant il finit, après un long traitement, par recouvrer l'usage de ses yeux. Mais de nouveaux malheurs vinrent bientôt le frapper. En 1753, le duc de Mecklembourg mourut, et la chapelle fut supprimée. Il ne resta à Hertel qu'une faible pension viagère. L'éloignement de deux fils et de son gendre, tous trois membres de la chapelle comme lui, et qui étaient obligés de se pourvoir ailleurs, rendit ses chagrins plus vifs; sa santé s'altéra, et, après avoir langui près d'une année, il mourut au mois d'octobre 1754. Son fils (Jean-Guillaume) a écrit sa biographie detaillée; elle se trouve dans les Essais critiques de Marpurg (*Beytræge*, t. III, p. 46 et suiv.).

Le nombre des compositions que Hertel a laissées en manuscrit est immense; on y remarque plus de cent symphonies, des trios, ouvertures, concertos et sonates pour le violon et la basse de viole. Parmi ses ouvrages, on cite particulièrement 6 symphonies à 4 violons, 12 grandes ouvertures concertantes, 6 quatuors pour violon, flûte, viole et basse de viole. Il a publié à Amsterdam, 1727, 6 sonates à violon seul et basse continue. Une partie des manuscrits originaux de Hertel se trouve à la bibliothèque du Conservatoire royal de Bruxelles.

HERTEL (Jean-Guillaume), fils du précédent, naquit à Eisenach, le 9 octobre 1727. Élève de son père et de Benda pour le violon, il fut d'abord attaché comme simple musicien à la chapelle du duc de Mecklembourg-Strelitz; mais, lorsque cette chapelle fut supprimée, en 1753, il entra dans la musique du duc de Saxe-Gotha; puis il passa en qualité de compositeur et de maître de concerts chez le duc de Mecklembourg-Schwérin, en 1757. Quelques années après, il eut le titre de maître de chapelle de la même cour. En 1770, il quitta ce service pour entrer, à Schwérin, chez la princesse Ulrique de Mecklembourg, qui le nomma conseiller de cour, et son secrétaire. Dans sa jeunesse, il était considéré comme un des meilleurs violonistes de l'Allemagne; mais la faiblesse de sa vue l'obligea à renoncer à jouer de cet instrument dans l'orchestre; il le remplaça par le clavecin, dont il parvint à jouer avec une rare habileté, en peu d'années. Une atteinte d'apoplexie l'enleva à ses amis le 14 juin 1789, à l'âge de près de soixante-deux ans.

Hertel s'est fait connaître avantageusement comme compositeur par un grand nombre de productions de musique vocale et instrumentale. A la tête de ses ouvrages, on doit placer ses oratorios sur l'histoire de Jésus-Christ. Le premier, intitulé *Der sterbende Heyland* (Le Sauveur mourant), poëme de Lœwen, fut annoncé par souscription a Hambourg, en 1767; mais il ne paraît pas qu'il ait été publié. Les autres ont été composés pour la cour de Schwérin, où ils ont été exécutés avec succès. Le premier (en 1782), a pour titre *Jesus in Banden* (Jésus attaché à la colonne); le second (1782), *Jesus vor Gericht*, (Jésus devant ses juges); le troisième (1783), *Jesus in Purper* (Jésus sous la pourpre); le quatrième (1787), *Die Gabe des Heil. Geistes* (La Descente du Saint-Esprit); le cinquième (1787), *Der Ruf zur Busze* (L'Appel à la pénitence); le sixième (1787), *Die Himmelfahrt Christi* (L'Ascension de Jésus-Christ); le septième (1789), *Die Geburt Jesus Christi* (La Naissance de Jésus-Christ). Parmi les autres compositions de Hertel, on remarque deux recueils de chansons allemandes publiés en 1757 et 1760; deux romances, en 1762; six sonates pour le clavecin, gravées à Nuremberg; un concerto pour le clavecin, avec accompagnement, ibid.; six symphonies à huit parties, 1760; six idem, 1774. Les ouvrages les plus importants de ce musicien sont restés en manuscrit.

Hertel est aussi connu comme écrivain sur la musique par un recueil de morceaux sur cet art qu'il a traduits de l'italien et du français, et qu'il a publié sous ce titre: *Sammlung musikalischer Schriften, græsstentheils aus dem Werken des Italiæner und Franzosen übersetzt, und mit Anmerkungen verschen* (Recueil d'écrits musicaux, dont la plus grande partie est traduite d'auteurs italiens et français, et accompagnés de notes); Leipsick, 1re partie, 1757, in-8°; 2e idem., 1758, in-8°. Le choix des morceaux que Hertel a traduits est assez mauvais; la plupart appartiennent à des littérateurs étrangers à la musique. La première partie contient des remarques de Lœwen sur la poésie de l'ode, des idées de Voltaire sur l'opéra extraites de sa préface d'*Œdipe*, des pensées du cardinal Quirini sur la tragédie des Grecs, et sur son analogie avec quelques opéras italiens et français; enfin, les remarques sur l'opéra de Rémond de Saint-Mard. Dans la seconde partie on trouve des remarques sur la poésie de la cantate, par Lœwen, un extrait d'un ouvrage anglais sur la vie des poëtes latins, concernant la musique dramatique des anciens, des remarques sur l'origine de la musique, tirées des dialogues de Patru et de d'Ablancourt, une lettre du poëte Roy sur l'opéra, les observations de Fréron sur l'ouvrage de Rémond de Saint-Mard, etc. Je possède le manuscrit original et inédit des troisième et quatrième parties de ce recueil formé par Hertel, en deux volumes in-fol., qui contiennent des morceaux traduits du français, particulièrement sur l'Usage de la musique dans les théâtres des anciens, tiré de l'ouvrage intitulé *Athènes ancienne et moderne*; sur l'Opéra, tiré des *Mémoires du marquis d'Argens*, sur *l'Acoustique*, d'après les *Mémoires sur différents sujets de mathématiques*, par Diderot; sur la Musique des opéras, d'après l'ouvrage de Maffei, *il Teatro italiano*; sur les Effets de la musique, extrait du livre de Pouilly intitulé: *Théorie des sentiments agréables*, et sur l'Usage de la musique dans les cérémonies religieuses de l'antiquité, tiré d'un ouvrage anonyme intitulé: *Dissertation sur les cultes religieux*.

J'ai aussi dans ma bibliothèque les manuscrits originaux des ouvrages suivants de Hertel, qui n'ont jamais été publiés: 1° *Abhandlung von der Musick* (Dissertation sur la théorie de la musique); bon ouvrage, écrit dans les années 1750 et 1751, 1 vol. in-4°. — 2° *Zusætze zu den Waltherschen musikalisch Lexikon* (Supplément au Lexique musical de Walther), in-fol. — 3° *Selbstbiographie* (Autobiographie de Hertel), ouvrage refait trois fois à diverses époques, et toujours considérablement augmenté, 3 vol. in-fol. Hertel est aussi l'auteur de la Biographie des son père qui se trouve dans le 3e volume des Essais de Marpurg (46-64).

HERTENSTEIN (Théodore-Daniel), fils d'un professeur du gymnase à Ulm, né dans cette ville, vers 1715, était étudiant en théologie à l'université de Jéna lorsqu'il publia: *Dissertatio* *de Hymnis ecclesiæ apostolicæ*; Jéna, 1737, 42 pages in-4°.

HERVELOIS (CAIX DE), musicien français, né vers 1670, fut élève de Sainte-Colombe pour la basse de viole, et acquit sur cet instrument un talent distingué. On a publié de sa composition : *Pièces pour la basse de viole avec la basse continue*, Amsterdam, 1er et 2e livre. Cette édition est une contrefaçon de celle qui avait paru précédemment à Paris. Hervelois fut attaché comme valet de chambre au service du duc d'Orléans, et obtint une pension sur l'état de ce prince.

HERZ (JACQUES-SIMON), né à Francfort-sur-le-Mein, le 31 décembre 1794, de parents israélites, vint jeune à Paris, et entra au Conservatoire de cette ville comme élève de solfége, le 20 juin 1807, puis fut admis dans la classe de piano de Pradher. Devenu pianiste distingué, il se fit entendre avec succès dans quelques concerts, et se livra à l'enseignement. Il est considéré comme un des bons maîtres de Paris. Pendant plusieurs années il a vécu en Angleterre et s'y est livré à l'enseignement. De retour à Paris en 1857, il est entré au Conservatoire comme professeur suppléant de son frère, Henri. Il a beaucoup écrit pour le piano; ses principaux ouvrages sont : 1° Grande Sonate pour piano et cor ou violoncelle, op. 1; Paris, Janet. — 2° Grande Sonate pour piano et violon, op. 7; ibid. — 3° Grand Quintette pour piano, violon, alto, violoncelle et contrebasse, op. 13; ibid. — 4° Rondo brillant avec introduction, op. 10; ibid. On a aussi de lui plusieurs rondos pour piano seul ou piano à quatre mains, des fantaisies et des airs variés, au nombre d'environ trente œuvres.

HERZ (HENRI), né à Vienne, en Autriche, le 6 janvier 1806 (suivant les renseignements qui m'ont été fournis par cet artiste, ou en 1803, d'après les registres du Conservatoire de Paris), commença ses études musicales à Coblence, sous la direction de son père, et à l'aide de quelques livres élémentaires. Ses progrès furent si rapides, qu'à l'âge de huit ans il put exécuter dans un concert public les variations de Hummel (op. 8), et se faire applaudir. A cette époque, sa main gauche, plus faible que la droite, semblait devoir opposer des obstacles au développement complet de son talent; son père, homme de sens, bien que médiocre musicien, imagina de corriger ce défaut par l'étude du violon, et son expédient eut un plein succès. L'organiste Hunten, qui était à la fois et son maître de piano et son professeur de composition, l'exerça de bonne heure à écrire ses idées, et le jeune Henri Herz avait à peine huit ans et demi lorsqu'il composa sa première sonatine pour le piano : il n'avait pas alors reçu plus de trois mois les leçons de Hunten. Le père de Herz, prévoyant dès lors l'avenir de son fils, ne songea plus qu'à le placer dans les conditions les plus favorables au développement de ses heureuses dispositions. Il le conduisit à Paris, et obtint son admission au Conservatoire de cette ville, le 19 avril 1816. Pradher y devint son maître, et dès les premiers jours il s'attacha à son élève, dont il aperçut toute la portée. Déjà, il le considérait comme l'espoir du premier concours de piano, lorsque la petite vérole vint, au moment décisif, interrompre les études du jeune virtuose. Cependant quatre jours avant le concours le malade quitte son lit pour aller au piano, et après une préparation si courte, il obtient le premier prix dans l'exécution du 12e concerto de Dussek et d'une étude de Clémenti. A dater de ce moment son talent prit de l'essor, sa réputation se forma et son nom devint bientôt populaire. Pendant le cours de ses études de piano, il apprit la théorie de l'harmonie sous la direction de Dourlen, et plus tard il devint l'élève de Reicha pour la composition. Ses deux premières productions furent l'*Air tyrolien varié*, op. 1, qui eut deux éditions, et le *Rondo alla Cosacca;* elles parurent en 1818; le public les accueillit avec faveur, malgré la grande jeunesse de l'auteur.

L'arrivée de Moscheles à Paris, et les concerts qu'il y donna, exercèrent beaucoup d'influence sur le talent de Herz, qui s'attacha à la manière de ce maître et changea la sienne. Son jeu acquit dès ce moment plus d'élégance, plus de légèreté et de brillant. Les plus grands succès du jeune artiste datent de cette époque. Il est assez remarquable que tandis que Herz s'appropriait la manière de Moscheles, celui-ci changeait la sienne; car peu de temps après son arrivée à Londres, c'est-à-dire dans la même année où il s'était fait entendre à Paris, son jeu prit un caractère plus large, un style plus élevé. Le succès des œuvres de Herz pour le piano a surpassé celui de toute la musique du même genre pendant douze ans environ, et ce succès fut tel, que les éditeurs payèrent ses manuscrits trois ou quatre fois plus cher que ceux des meilleurs compositeurs pour le piano. On en fit de nombreuses réimpressions en Belgique, en Allemagne, en Angleterre et même en Italie. Le nombre des œuvres de cet artiste célèbre s'élève en ce moment (1861) à deux cents.

En 1831, Herz et le célèbre violoniste Lafont firent un voyage en Allemagne, y donnèrent plusieurs concerts et y firent admirer leur habileté et le fini de leur ensemble dans de brillants duos pour piano et violon. En 1838 et 1839 ils visitèrent ensemble la Hollande et la France méridionale, mais leur dernier voyage se termina d'une manière funeste, Lafont ayant été tué dans la chute d'une voiture publique. En 1834 Herz visita l'Angleterre, et y obtint un succès d'enthousiasme. A Dublin il donna onze concerts, où le *public se pressait en foule; à Édimbourg il ne* fut pas moins bien accueilli.

Entré dans une association pour la fabrication de pianos avec Klepfer, ancien facteur de Lyon établi depuis quelque temps à Paris, Henri Herz y perdit de l'argent, parce que les instruments de ce facteur n'eurent pas de succès. Il rompit bientôt cette association, et fonda lui même une manufacture de pianos, établie dans un hôtel qu'il avait fait construire et dans lequel il y avait une salle de concert, qui est encore la plus jolie et la plus recherchée par les artistes. Occupé de son art, et forcé de confier ses intérêts à des mains étrangères, il vit dissiper la plus grande partie de ses économies. Voulant réparer le désordre qu'on avait mis dans ses affaires, Herz prit la résolution de se rendre en Amérique, où déjà sa musique lui avait fait une grande célébrité : il partit dans l'été de 1845. Trois fois il parcourut les États-Unis dans tous les sens, et le nombre de concerts qu'il donna à New-York, *Boston*, *Philadelphie*, *Baltimore*, Charlestown, la Nouvelle-Orléans, la Jamaïque, dépassa *quatre cents*. Ensuite il se rendit à la Havane, à la Vera-Cruz et enfin à Mexico, où il donna aussi beaucoup de concerts. A la demande du général Herrera, alors président de la république mexicaine, il composa un hymne dont la poésie avait été mise au concours et qui depuis lors est devenu le chant national. Après avoir parcouru le Mexique, traversé les Cordillères à dos de mulet et visité le Pérou et le Chili dans toute leur étendue, il s'embarqua à *San-Blas* pour la Californie, qui depuis une année environ avait été envahie par la multitude des chercheurs d'or. Il y arriva en 1849, et y trouva une population peu occupée des beautés de la musique : néanmoins ses concerts eurent de nombreux auditeurs. Le premier qu'il y donna fut marqué par des circonstances singulières et presque grotesques. Au moment de se faire entendre, Herz s'aperçut que l'instrument indispensable, le *piano*, n'était pas dans la salle. Personne n'y avait songé, et il n'y en avait pas un seul dans la ville naissante de Sacramento. Que faire? — *Chantez-nous une romance française!* s'écrièrent plusieurs personnes : et Herz les satisfit.... sans accompagnement. Pendant ce temps, quelques auditeurs s'étaient décidés à aller chercher, à un ou deux milles de là, une espèce de clavecin qu'ils apportèrent sur leurs épaules. Une seule octave de l'instrument avait des cordes passablement accordées : ce fut sur cette octave que l'artiste dut s'escrimer. Tout le monde, y compris le pianiste, avait allumé des cigares, et la soirée se termina à la *satisfaction générale, avec la demande d'un* second concert, pour lequel Herz fit venir un piano de San-Francisco. De cette ville il retourna à Valparaiso et à Lima, où il donna une nouvelle série de concerts, et enfin, après une absence de plus de cinq années, il arriva à Paris, au commencement de 1851.

La fabrique de pianos de M. Herz n'avait pas prospéré pendant sa longue absence : à peine de retour chez lui, il y donna tous ses soins, et par des recherches persévérantes, par des essais multipliés, il parvint, à l'aide d'un très-bon chef d'atelier, à la réalisation de ses vues pour la construction des instruments les plus parfaits possibles, au point de vue de la qualité des sons. A l'Exposition universelle des produits de l'industrie, en 1855, les grands pianos sortis de sa fabrique ont produit une vive impression sur le jury, qui leur a décerné la plus haute récompense. La manufacture de pianos de M. Herz est aujourd'hui une des trois premières de la France. Toutefois ses succès dans la facture des instruments ne lui ont pas fait négliger l'art auquel il est redevable de sa renommée populaire. Dans les dernières années, il a fait plusieurs excursions en Espagne; il a visité la Belgique, la Hollande, les provinces Rhénanes, la Russie, la Pologne, et dans ses concerts à Madrid, à Bruxelles, à Pétersbourg, à Moscou, à Varsovie, il a retrouvé les succès de sa jeunesse.

Parmi les compositions de M. Herz pour le piano, on compte : 1° Six Concertos avec orchestre, œuvres 34 (en *la* majeur), 74 (en *ut* mineur), 87 (en *ré* mineur), 131 (en *mi* majeur), 180 (en *fa* mineur), 192 (en *la* mineur); Quatorze Rondos, avec ou sans orchestre, œuvres 2, 11, 14, 27, 33, 37, 44, 61, 69, 73, 103; Études, œuvres 119, en 2 livres, 151, 152, 153, 179 : Grande Sonate de bravoure, op. 200; Grand Trio pour piano, violon et violoncelle, op. 54; Duos pour 2 pianos. op. 72 et 104; une multitude de Fantaisies et de Variations sur des thèmes d'opéras; Duos pour piano et violon, en collaboration avec Lafont, sur des thèmes d'opéras, op. 73, 75, 96, 110; Caprices, Nocturnes, Divertissements, Morceaux de salon, Marches, Valses, Contredanses variées, Galops, Mazurkas; Thèmes originaux variés : *Méthode complète de piano*, 2me édition, œuvre 100.

HERZBERG (Wilhelm ou Guillaume), pianiste distingué et compositeur, naquit à Berlin, en 1819, et parut devoir se faire une brillante réputation ; mais il est mort à l'âge de vingt-huit ans, à Custrin, le 14 novembre 1847. Parmi les ouvrages qu'il a publiés, on remarque : 1° 6 Lieder pour soprano ou ténor avec piano, op. 1; Berlin, Guttentag. — 2° 6 idem, op. 3; ibid. — 3° 6 pièces caractéristiques pour piano dans la forme de *Lieder*, op. 4; ibid. — 4° Sonatine pour piano à 4 mains, op. 5; ibid. — 5° 6 Lieder pour contralto ou mezzo-soprano avec piano, op. 6; ibid. — 6° 6 chants à quatre voix (soprano, alto, ténor et basse), op. 7; ibid. — 7° Scène de bal, chant à 4 voix, op. 8; Berlin, Stern. — 8° Recueil de Lieder pour voix de soprano avec piano, Berlin, Esslinger.

HERZBERG (Antoine), pianiste à Vienne de l'époque actuelle, s'est fait connaître par quelques petits ouvrages, parmi lesquels on distingue 1° Nocturne pour piano, op. 1; Vienne, Haslinger. — 2° Impromptu pour piano, op. 3; ibid.

HERZBERG (Rodolphe de), pianiste amateur, né à Berlin, vers 1800, a publié plusieurs recueils de *Lieder* avec piano, œuvres 3, 4, 6; six divertissements pour piano seul, op. 11; et un trio pour piano, violon et violoncelle, op. 9.

HERZOG (Ernest-Guillaume), juge de la ville de Mersebourg, dans la première moitié du dix-huitième siècle, a fait imprimer un éloge de Kuhnau, directeur du chœur à Leipsick, sous ce titre : *Memoria beati defuncti directoris chori Musici Lipsiensis Dr. Johannis Kuhnau, Polyhistoris Musici, et reliqua summopere inclili, etc.*; Leipsick, 1722, in-4°.

HERZOG (Jean-Georges), professeur d'orgue au Conservatoire de Munich, cantor et organiste d'une des églises de cette ville, est né à Nuremberg, vers 1818. Il a vécu à Vienne pendant quelques années. Son premier œuvre, composé de 18 préludes, 9 fugues et 6 conclusions pour l'orgue, a été publié en 1841 à Nuremberg, chez Riegel et Wiessner. Ses autres ouvrages les plus importants sont : 1° Petits préludes faciles pour l'orgue, op. 3; ibid. — 2° 24 pièces d'orgue à l'usage de l'office divin et comme exercices pour les organistes commençants; ibid. — 3° Adagio pour l'orgue à plusieurs claviers, op. 9; ibid. — 4° Livre d'orgue pratique, recueil de préludes, conclusions, trios, petites et grandes fugues, chorals variés, cadences et modulations, op. 10; Mayence. Schott. — 5° 12 pièces d'orgue, 7 préludes, 2 petites fugues et 3 conclusions, op. 17; Vienne, Müller. — 6° 8 pièces d'orgue pour l'étude et l'usage de l'église, op. 17; Munich, Aibl. — 7° 6 pièces d'orgue pour l'étude et l'usage de l'église, op. 19; Vienne, Müller. — 8° *L'Organiste pratique*, recueil contenant des pièces de tous genres, en collaboration avec Ferd. Becker, Geissler et Adolphe Hesse, 3 volumes; Mayence, Schott. — 9° Dix préludes, fugues et *fuguettes* pour l'orgue, composés et publiés à l'occasion de l'anniversaire séculaire de la mort de J.-S. Bach (28 juillet 1850), op. 23; Erfurt, in-4° obl. M. Herzog est un des organistes les plus distingués de l'époque actuelle en Allemagne.

HERZOG (Auguste), compositeur de danses pour l'orchestre, est né à Hambourg, vers 1816. Il a publié un grand nombre de quadrilles, galops, valses et polkas, dont la plupart sont extraits des opéras modernes; à Hambourg, chez Bœhme. Un autre compositeur de danses nommé *Herzog* (*Joseph*) vit à Vienne.

HESDIN (Pierre), greffier de la confrérie de Saint-Julien, suivant un acte en date du 17 juillet 1522, qui se trouve aux archives du royaume de France, et dont la copie a été inséré, par M. Boffara dans sa collection manuscrite. Dans cet acte, Hesdin est qualifié de *chantre prébendé*. Dans un *compte des officiers domestiques du roi Henri II, depuis* 1547 *jusqu'en* 1559, qui se trouve parmi les manuscrits de la Bibliothèque Impériale de Paris, et dont j'ai donné la notice dans la *Revue musicale* (Tome XII, 15 septembre 1832, n° 34), on voit que Pierre Hesdin était alors un des chantres de la chapelle de ce prince. Les ouvrages connus aujourd'hui de ce musicien sont : 1° Messe intitulée *in Antiphona S. Sebastiani*, dans le recueil qui a pour titre *Missarum quinque liber primus, cum quatuor vocibus, ex diversis authoribus excellentisimis, noviter in unum congestus; Venetiis, apud Hieronymum Scotum*, 1544, petit in-4° obl. — 2° Motet à 5 voix dans le recueil intitulé *Motetti della Simia*, publié à Ferrare, en 1539, petit in-4° obl. — 3° idem dans la rare collection de Salblinger qui a pour titre *Cantiones septem, sex et quinque vocum*, etc.; *Augustæ Vindelicorum, Melchior Kriestein excudebat*, 1545, petit in-4° oblong. — 4° Plusieurs motets dans le deuxième livre du recueil intitulé *Novum et insigne opus musicum sex, quinque et quatuor vocum, cujus in Germania hactenus nihil simile usquam est editum*; Nuremberg, Jérôme Graphæus, 1538, petit in-4° obl. — 5° D'autres motets sont dans le premier livre des *Selectissimarum Motetarum partim quinque, partim quatuor vocum*, publiés par Georges Fœrster, chez Jean Petrejus, à Nuremberg, en 1540, petit in-4° obl. — 6° On en trouve aussi dans les 3me, 4me et 5me livres des motets publiés par Attaingnant, à Paris, en 1534, petit in-4° obl. — 7° Trois motets du même musicien sont dans le premier livre de la collection publée à Lyon par Jacques Moderne de Pinguento, en 1532. De plus, on a de ce musicien un motet à 4 voix pour la fête de Saint-André, dans le septième livre de motets à 3, 4, 5 et 6 voix de divers auteurs, publié par Pierre Attaingnant; Paris (sans date, mais imprimé en 1533), in-4° obl. gothique. Dans le huitième livre de la même collection (Paris, 1534), on trouve un canon à 4 voix sur ces paroles de l'antienne : *Epiphaniam Domino.* La collection de motets (*Sacræ cantiones quinque vocum*), publiée à Anvers en 1546 et 1547, par Tilman Susato, contient des pièces de Hesdin. Enfin, on trouve des chansons françaises du même dans le premier livre du *Recueil des recueils, composé de chansons à quatre parties de plusieurs autheurs importants;* Paris, Adrian Le Roy et Robert Ballard, 1567, in-4° obl., et dans le *Premier livre de chansons à trois parties, composées par plusieurs autheurs;* Paris, 1578, in-4°, chez les mêmes imprimeurs. Une chanson française à 4 voix, de Hesdin, dont les premiers mots sont, *Grâce, vertu, bonté,* se trouve dans le manuscrit n° 124 de la Bibliothèque de Cambrai (1).

HESS (Joachim), organiste de l'église Saint-Jean et carillonneur à Gouda, en Hollande, remplissait déjà ces emplois en 1766, et les occupait encore quarante-quatre ans après, c'est-à-dire en 1810. C'était un musicien instruit et laborieux. On a de lui les ouvrages suivants : 1° *Korte en eenvoudige Handleiding tot het leeren van Clavecimbel of Orgel-spel, opgesteld ten dienste van leerlingen* (Courte et simple instruction pour apprendre à jouer du clavecin et de l'orgue, etc.), Gouda, Jean van der Klos, 1766, in-4°. La troisième édition est de 1771, in-4°; la cinquième a paru chez le même imprimeur en 1792, in-4°. Ce petit ouvrage, renfermé en 36 pages, avec une planche, contient les éléments de la musique, des principes d'harmonie et d'accompagnement, et une explication des termes techniques les plus usités. Un abrégé de cet ouvrage, dont les principes d'harmonie et d'accompagnement ont été retranchés, a été publié par Hess, sous ce titre. — 2° *De Handleiding tot het leeren van 't Clavecimbel of Orgel-spel, verkort en gemakkelijk gemaakt voor eerstbeginnenden,* etc. (Abrégé de l'instruction pour apprendre à jouer du piano et de l'orgue, etc.); Gouda, Wouter Verblaauw, 1808, 10 pages in-4°, et une planche. — 3° *Luister van het Orgel of naauwkeurige aanwijzinge, hoe men, door eene gepaste registreering en geschichte bespeling, de voortreffelijke hoedanigheden en verwonderenswaardige vermogens van een Kerk of Huis-Orgel in staat is te vertoonen* (Splendeur de l'Orgue, ou instruction curieuse sur des moyens de rendre sensibles les excellentes et admirables qualités d'un orgue d'église ou de chambre, par un bon mélange des registres et par un jeu habile); Gouda, J. Van der Klos, 1772, in-4° de 78 pages. Ce livre renferme une description des jeux de l'orgue et des diverses parties de cet instrument : Hess y a ajouté un supplément intitulé. — 4° *Korte schets van de allereerste uitvinding en verdere voortgang in het vervaardigen der Orgelen, tot op dezen tijd; zijnde een anhangsel op den Luister van het orgel* (Courte esquisse de la plus ancienne invention et des progrès de la construction des orgues jusqu'à ce jour, ouvrage faisant suite à la *Splendeur de l'orgue*); Gouda, Wouter Verblaauw, 1810, 35 pages in-4°, avec une planche. Ce supplément contient une histoire abrégée de l'orgue, et des remarques historiques et techniques sur diverses parties de cet instrument. La plupart de ces renseignements sont tirés du livre de Prætorius et de celui de Havinga. On y trouve (p. 24) un passage fort curieux, extrait d'un livre inconnu, comme son auteur (Lootens), à tous les bibliographes de la musique. Je crois faire une chose utile en rapportant ici le passage dont il s'agit, parce que l'ouvrage de Lootens, et même celui de Hess, sont fort rares, même en Hollande; le voici :

« Le facteur d'orgues Albert van Os, de Flessingue, a trouvé, il y a à peu près soixante-dix ans, en enlevant un orgue de l'église Saint-Nicolas, à Utrecht, sur le sommier du grand clavier à la main, la date de 1120. Ce sommier n'avait ni tirants ni registres, mais douze rangs de tuyaux, dont le plus grand était un prestant de douze pieds. Sur chaque touche, tous les tuyaux parlaient à la fois, sans qu'on pût en détacher un seul; en sorte que ce qu'on entendait ressemblait à une *fourniture* criarde. Le clavier commençait par *fa* grave (de la voix de basse), et s'étendait jusqu'au *la* aigu (de la voix de *soprano*), et renfermait conséquemment trois octaves et une tierce. Le clavier supérieur avait des registres fixes; le second, des registres mobiles. La pédale n'avait qu'une seule trompette.

« Dans la description de la ville de Delft, on lit que depuis l'an 1429 jusqu'en 1455, on a construit trois orgues nouvelles dans l'église neuve. Le premier, appelé *Ursule,* était placé au côté du nord vers le milieu de la nef; il avait

(1) *Notice sur les collections musicales de la Bibliothèque de Cambrai,* par M. E. de Coussemaker, p. 77.

« été construit par un facteur du Brabant, nommé « *Jean*, qui reçut pour ce travail 95 *quillaumes* (d'or), et 25 escalins de Philippe. Le « deuxième fut mis en place dans l'année 1451, « sous le nom d'*Orgue de la Sainte-Croix*, dans « la croix (de l'église), au-dessus de l'autel St-« Georges, au sud-est; il avait été construit par « Adrien Pieterz. Le troisième, plus grand que les « deux autres, a été construit par le même, dans les « années 1454 et 1455, et a été placé à l'extrémité « ouest de ladite église, contre les portes (1). »

5° *Dispositien der merkwaardigste Kerk-Orgelen, welke in ons Nederland, als mede in Duitsland en elders aangetroffen worden* (Dispositions des orgues d'église les plus remarquables qui se trouvent en Hollande ainsi qu'en Allemagne et ailleurs), Gouda, J. Van der Klos, 1774, in-4° de 200 pages. Ce livre contient la description des orgues principales de la Hollande, de l'Allemagne et de quelques autres pays. — 6° *Vereischten in eenen Organist* (Connaissances requises chez un organiste); Gouda, 1779, 1 vol. in-4°.

HESS (A.-H.), frère du précédent, fut facteur d'orgues distingué à Gouda. Les instruments qu'il a construits sont : 1° A Bodengraven, dans l'église réformée, en 1760, un orgue de 15 jeux, avec un seul clavier, et pédale en tirasse. — 2° A Schoonhoven, dans l'église réformée, en 1763, l'ancien orgue complété dans son étendue. — 3° A Bodengraven, dans l'église luthérienne, en 1771, un orgue de 8 pieds ouverts, 13 registres, un clavier et pédale en tirasse. — 4° A Utrecht, dans l'église catholique, en 1772, un orgue de 11 jeux. — 5° A Schiedam, dans l'église française, un orgue de 8 pieds ouverts, 12 registres et un clavier. — 6° A Dordrecht, dans l'église des Augustins, en 1773, un orgue de 8 pieds, 35 jeux, 2 claviers et pédale. — 7° A Willemstadt, dans l'église réformée, en 1774, un orgue de 8 pieds.

Un autre facteur d'orgues, nommé *Hess*, se fixa à Ochsenhausen, en Souabe, dans la seconde moitié du dix-huitième siècle. Précédemment, il avait travaillé longtemps à Dresde. Il a construit à Biberach, en 1777, un bon orgue de 35 jeux, 3 claviers et pédale.

HESSE (Ernest-Chrétien, ou Ernest-Henri), célèbre joueur de basse de viole, naquit à Grossengottern, en Thuringe, le 14 avril 1676. En 1687 il entra au gymnase de Langensalza, y resta trois années, puis alla achever ses études au gymnase d'Eisenach. Il n'était âgé que de dix-sept ans lorsqu'il fut admis, en 1693, comme surnuméraire à la chancellerie du gouvernement de Hesse-Darmstadt, à Francfort-sur-le-Mein. Quelque temps après, il suivit la cour à Giessen, et profita de cette occasion pour y faire un cours de droit à l'université. Déjà il avait commencé à jouer de la basse de viole; ses progrès sur cet instrument décidèrent le landgrave de Hesse-Darmstadt à lui fournir les moyens nécessaires pour continuer ses études musicales à Paris. Hesse s'y rendit en 1698, et y séjourna pendant trois ans, mettant à la fois à profit les leçons de Marin Marais et de Forqueray, les deux plus habiles joueurs de basse de viole à cette époque. Rivaux de talent et de renommée, ces deux artistes avaient l'un contre l'autre une ardente inimitié. Hesse, qui voulait recevoir des leçons de tous les deux, conserva son nom chez l'un et prit chez l'autre le nom de *Sachs*. Les deux maîtres, charmés de l'habileté de leur élève, avaient souvent des discussions, parlant avec admiration, l'un du talent de Hesse, l'autre de celui de Sachs; ils convinrent enfin de vider ce différend dans un concert public. Il est facile de juger de leur surprise et de leur mécontentement lorsqu'ils virent les deux élèves réunis en un seul. Le succès de Hesse fut brillant; mais après cet éclat la position désagréable où il se trouvait à l'égard de ses deux maîtres l'obligea bientôt à s'éloigner de Paris.

De retour à la cour de Darmstadt en 1702, il fut nommé secrétaire du département de la guerre et des affaires étrangères. L'année suivante, il se maria. En 1705, il obtint la permission de voyager en Hollande et en Angleterre; en 1707, il parcourut l'Italie, et profita de son séjour en ce

(1) *Aanmerking over de oudste Orgelen* (Observations sur les orgues les plus anciennes).

« De orgelmaker *Albertus van Os*, te *Vlissingen*, heeft « voor ruim 70 jaren, by het uitnemen van een orgel in de « *Nikolai-Kerk*, te Utrecht, gevonden, op de windladen « van 't groot Manuaal, het jaartal Anno 1120, hebbende « geen registers of sleepen, maar twaalf rijen pijpen, « waarvan de grootste was prestant 12 voet, sprekende « op ieder toets alle pijpen te gelijk, zonder dat men « een eenige konde afsluiten, dus niet anders dan een « schreeuwende *Mixtuur* gehoord wierd; het clavier begon « met contra F, en strekte zich uit tot tweegestreept a; « doch het boven Manuaal had springladen, het rugwerk « sleepladen, en 't pedaal een enkele trompet.

« In de beschrijving der stad *Delft*, leest men dat in « anno 1429 tot 1455, alleen in de Nieuwe Kerk, drie « nieuwe orgels zijn gebouwd; het eerste orgel, genaamd « *Ursula*, wierd geplaatst aan de noordzijde, midden in 't « middelpunt der Kerk, en gemaakt door een Orgelmaker « uit *Braband*, genaamd *Joannes*, welke daar voor gehad « heeft 95 Wilhelmus en 25 Philippus-Schilden. Het tweede « orgel wierd besteid in 't jaar 1451, genaamd het *Heilig* « *Kruis-Orgel*, gezet in 't kruiswerk, boven Saint-Joris « altaar, in den zuid-oosten hoek, en vervaardig door « *Adriaan Pieterz*. Het derde orgel, grooter als de vo-« rige, wierd anno 1454 en 1455, mede door Adr. Pieterz « gemaakt, engezet in 't westeinde van gemelde Kerk, te-« gen den tooren. »

pays pour compléter ses connaissances dans l'art d'écrire la musique. Partout il excita l'admiration par son talent sur la basse de viole. En revenant d'Italie, il passa à Vienne, et s'y fit entendre à la cour avec le célèbre Pantaléon Hebenstreit. L'empereur, charmé par le jeu de Hesse, lui fit présent d'une chaîne d'or avec son portrait. En 1713, cet artiste perdit sa première femme, et quelque temps après il devint l'époux de la célèbre cantatrice Jeanne-Élisabeth Dœbbrecht. Vers ce temps, la place de maître de chapelle étant devenue vacante à Darmstadt, Hesse en remplit les fonctions jusqu'à l'arrivée de Graupner, et composa plusieurs morceaux de chant qui furent exécutés à la cour. En 1715, le landgrave le nomma commissaire de la guerre; onze ans plus tard, il échangea ce titre contre celui de conseiller de guerre. Il mourut le 16 mai 1762, à l'âge de quatre-vingt-six ans, ayant été employé au service de la cour de Darmstadt pendant soixante-huit années. De ses deux mariages il avait eu vingt enfants, dont huit seulement lui ont survécu. L'aîné de ses fils (Louis-Chrétien) fut son élève pour la basse de viole, et devint un des artistes les plus habiles de son temps sur cet instrument. En 1768, il était attaché au service du prince royal de Prusse.

Ernest-Chrétien Hesse est considéré comme le plus habile violiste qu'il y ait eu en Allemagne. Il a laissé en manuscrit beaucoup de musique d'église, des sonates et des suites de pièces pour la basse de viole.

HESSE (Jeanne-Élisabeth), née Dœbbrecht, femme du précédent, brilla en 1709, à l'Opéra de Leipsick, avec ses deux sœurs, qui depuis lors épousèrent Ludwig et Simonetti. En 1713, Jeanne-Élisabeth Dœbbrecht entra au service de la cour de Darmstadt, et devint l'épouse de Hesse, qui remplissait alors les fonctions de maître de chapelle. Sous la direction de cet artiste, elle fit de grands progrès dans l'art du chant. En 1719, elle fut invitée aux fêtes qui eurent lieu à Dresde, pour l'avénement de l'électeur au trône de Pologne : elle y chanta avec les célèbres cantatrices Tesi et Durantasti, et partagea avec elles les applaudissements de la cour et du public. Elle vivait encore à Darmstadt en 1767.

HESSE (Jean-Henri), vraisemblablement professeur de musique à Hambourg, dans la seconde moitié du dix-huitième siècle, a fait imprimer dans cette ville, en 1776, un petit traité d'harmonie et d'accompagnement intitulé : *Kurze, doch hinlængliche Anweisung zum Generalbasse, wie man denselben auss aller leichteste, auch ohne Lehrmeister erlernen kœnne*, in 4°. Déjà on connaissait vers ce temps sous le nom du même artiste un recueil de 24 odes et chansons spirituelles, et une cantate avec accompagnement de clavecin, imprimée à Lubeck en 1766.

HESSE (Jean-Guillaume), né à Nordhausen, vers 1760, entra comme clarinettiste au service du duc de Brunswick, en 1784, et s'y trouvait encore en 1795. Il était alors considéré comme un des artistes les plus distingués de l'Allemagne, en son genre. En 1786, il construisit le premier contre-basson qui a été entendu, y mit des clefs pour boucher les trous de la grande pièce, et appliqua au bocal un bec de clarinette, au lieu de l'anche ordinaire du basson, dont le frôlement est désagréable sur cet instrument. Cependant cette innovation de Hesse a eu peu de succès.

Ce musicien a eu un frère bassoniste à la chapelle du prince de Bernbourg, et qui était renommé comme un artiste habile.

HESSE (....), facteur d'orgues à Dachwig, village des environs d'Erfurt, vers la fin du dix-huitième siècle, s'est fait connaître avantageusement en 1799 par l'excellent orgue de l'église Saint-Michel à Erfurt, et par les réparations qu'il a faites aux orgues de Stotternheim, de Mohlsbourg et de Dachwig.

HESSE (Adolphe-Frédéric), organiste très-distingué de l'époque actuelle, est né à Breslau, le 30 août 1809. Fils de Frédéric Hesse, menuisier et facteur d'orgues, il puisa dans l'atelier de son père le goût de cet instrument, et montra les dispositions les plus heureuses pour la musique dès l'âge le plus tendre. Après avoir appris les éléments de cet art sous la direction d'un maître obscur, nommé Speer, il devint l'élève de Berner (*voy.* ce nom) et du deuxième organiste de Sainte-Élisabeth. Ses progrès furent si rapides, que dans sa neuvième année il put quelquefois remplacer ses maîtres aux offices de la paroisse. En 1818 son père fit avec lui un voyage dans la Saxe; partout il excita l'étonnement par son talent précoce sur l'orgue : à Bernbourg, ville natale de son père, il donna avec succès un concert sur le piano. De retour à Breslau, il y reprit le cours de ses études musicales, particulièrement celle de la composition. Son premier ouvrage fut une ouverture (en *ré* mineur), qu'on exécuta dans un concert dirigé par Berner, le 17 février 1827. Le 25 mai de la même année, il fut nommé second organiste de Sainte-Élisabeth, après la mort de son maître. Par l'entremise d'un ami, il obtint du magistrat de Breslau une somme considérable pour entreprendre un voyage en Allemagne; il le fit dans les années 1828 et 1829. C'est dans ce voyage qu'il donna ses premiers concerts d'orgue, à Leipsick, Hambourg, Cassel et Berlin. C'est aussi dans cette même excursion qu'il se lia d'amitié avec Spohr, et qu'il en reçut d'utiles conseils pour ses ouvrages. La connaissance qu'il fit aussi de Rink, à la même époque, exerça sur ses études et ses travaux une heureuse influence. De retour à Breslau, au commencement du mois de mai 1829, il y reprit ses fonctions de second organiste à l'église Sainte-Élisabeth jusqu'à ce qu'il fut appelé à la place de premier organiste de Saint-Bernardin, le 11 septembre 1831, après que le bel orgue de cette église eut été réparé à neuf. Depuis ce temps, la réputation de M. Hesse s'est étendue, et il est considéré maintenant comme un des premiers organistes de l'Allemagne. Appelé à Paris, en 1844, pour l'inauguration du grand orgue de Saint-Eustache, qui peu de mois après fut incendié, M. Hesse y fit entendre quelques fugues magnifiques de J.-S. Bach; mais l'auditoire parisien n'ayant jamais eu l'occasion d'entendre ces grands ouvrages par les organistes français, alors fort ignorants, ne les goûta pas, et M. Hesse ne produisit pas l'effet qu'on attendait de son talent. En retournant à Breslau, il s'arrêta à Bruxelles, et là il trouva un accueil plus digne de son mérite. Parmi les élèves formés par cet artiste distingué, le plus remarquable est le célèbre professeur d'orgue du Conservatoire de Bruxelles, M. Lemmens (*voy.* ce nom) Les ouvrages de Hesse sont au nombre d'environ 80 œuvres. On y remarque : 1° 1re symphonie pour l'orchestre, op. 20 (en *mi* bémol); Breslau, Fœrster. — 2° 2e idem., op. 28 (en *ré*) ; Leipsick, Hofmeister. — 3° 3e idem (en *la* mineur), ibid. — 4° quatrième, cinquième et sixième, idem. — 5° *Tobie*, oratorio. — 6° Motet à 4 voix et orgue obligé, op. 50 ; Breslau, Cranz. — 7° Cinq ouvertures. — 8° Des cantates avec orchestre. — 9° Un psaume pour chœur et orchestre. — 10° Une sonate à quatre mains pour le piano (en *la* bémol), op. 42 ; Vienne, Haslinger. — 11° Concerto pour piano et orchestre. — 12° Un quintette pour 2 violons, 2 violes et basse. — 13° Deux quatuors pour 2 violons, alto et violoncelle. — 14° Quarante œuvres de préludes, de fugues et de fantaisies pour l'orgue, imprimés à Breslau, chez Fœrster et chez Leuckart; à Offenbach, chez André; à Hambourg, chez Cranz; à Vienne, chez Haslinger, etc. — 15° Douze études pour l'orgue, avec pédale obligée, op. 7 ; Breslau, Fœrster. — 16° Principes pour l'orgue, et particulièrement pour la pédale, ibid. — 17° *Schlesiche Choralbuch* (Livre de chant choral pour la Silésie), op. 25, in-8°, ibid. — 18° Quelques rondeaux et autres pièces pour piano.

HESSE (Frédéric-Adolphe), né à Sechkendilz, petite ville de la Saxe, près de Leipsick, était, en 1831, étudiant à l'université de cette dernière ville, lorsqu'il publia, conjointement avec son condisciple Gustave-Maurice Redenslob, de Querfurt, une thèse intitulée : *De præcepto musico* למנצח על הגתית *in inscriptionibus psalmorum VIII, LXXXI et LXXXIV conspicuo dissertatio, quam amplissimi philosophorum ordinis auctoritate illustris ictorum ordinis concessu, in auditorio juridico D.* 29 *octob. a* 1831 *publice defendit, etc.; Lipsiæ, typis Fr. Chr. Guil. Vogelii*, in-8°. de 43 p. Le but de la dissertation est de démontrer que l'inscription hébraïque des psaumes VIII, LXXXI et LXXXIV indique que ces psaumes devaient être exécutés dans le mode *Menatseach*, c'est-à-dire avec l'accompagnement d'instruments à cordes tels que le nable ou kinnor (sorte de harpe portative).

HESSEL (...), mécanicien allemand, fixé à Pétersbourg, fut le premier qui réussit complétement à faire un harmonica à clavier, qui paraît n'avoir rien laissé à désirer. Cet instrument fut rendu public en 1785. Mozart a écrit plusieurs choses intéressantes pour ce même instrument.

HETSCH (Charles-Louis-Frédéric), compositeur et directeur de musique à l'académie de Heidelberg, est né le 26 avril 1806, à Stuttgard, où son père était musicien de la chapelle royale. Abeille, maître de concerts de la même cour, lui donna les premières leçons de piano lorsqu'il eut atteint l'âge de six ans. En 1813, son père ayant accepté la position de musicien de ville à Tubingue, le jeune Hetsch passa sous la direction de Weiss, organiste de cette ville, pour la continuation de ses études musicales. Cependant elles ne furent plus alors considérées que comme accessoires, parce que Hetsch entra au gymnase pour y faire son éducation littéraire. Destiné à l'étude de la théologie, il subit, à l'âge de douze ans, l'examen de capacité pour suivre les cours de l'université, et nonobstant sa jeunesse il y fut admis. Silcher, directeur de musique de cette institution, lui donna alors des leçons d'harmonie, et après son entrée au petit séminaire, Hetsch reçut des leçons d'orgue de son premier professeur, Weiss. Au mois d'octobre 1820 il partit avec son père pour Schœnthal, où il suivit les cours de philologie et de philosophie. L'étude de la musique vocale y étant obligatoire, l'amour de l'art commença alors à s'emparer de son esprit. Il étudia avec ardeur le piano, le violon et la composition, et bientôt il fit ses premiers essais dans l'art d'écrire ses idées musicales. En 1828 il abandonna les études de théologie pour se livrer sans réserve à son penchant pour cet art, en dépit des obstacles que d'abord il rencontra. De retour à Tubingue en 1829, il se lia d'amitié avec quelques amateurs catholiques, qui le choisirent pour leur directeur de musique, et il composa pour eux une messe avec orchestre, qui fut exécutée dans leur église au mois d'août de la même année. En 1830 il s'établit à Stuttgard, et s'y livra à l'enseignement de la musique : il y trouva l'avantage d'être accueilli avec bienveillance par Lindpaintner et d'en recevoir des conseils pour ses compositions. Grâce à la recommandation de ce maître, il obtint la faveur de faire représenter au théâtre de la cour, en 1833, son opéra intitulé *Ryno*, qui fut bien accueilli. Le roi de Wurtemberg lui fit l'honneur de le féliciter, et accorda à Hetsch dans la même année une somme suffisante pour qu'il pût visiter quelques-unes des villes importantes de l'Allemagne méridionale, telles que Munich, Augsbourg et Vienne. Après un an de séjour environ dans cette dernière ville, il retourna à Stuttgard, où il resta toutefois peu de temps, ayant obtenu la place de directeur de musique à l'académie de Heidelberg au commencement de 1835. Il a occupé cette position jusqu'en 1846, et depuis lors il s'est fixé à Mannheim. En 1837, une symphonie de sa composition a été exécutée avec succès à Leipsick. Ses meilleurs ouvrages sont le 130me psaume pour chœur et orchestre qui fut exécuté à Stuttgard et qui obtint le prix d'un concours en 1846 ; un duo pour piano et violon, œuvre 13e, qui fut également couronné à Hambourg, en 1847 ; plusieurs recueils de chants et Lieder pour 4 voix d'hommes, des chants religieux à 4 voix, œuvre 10e, et des chants poétiques à voix seule avec piano. On connaît aussi de lui deux ouvertures à grand orchestre, et quelques compositions pour le piano.

HETTISCH (Jean), excellent violoncelliste, naquit en 1748, à Liblin, en Bohême. Après avoir fait ses études à Schlau, dans le couvent des Piaristes, il se rendit à Prague, où il se trouvait en 1772. Plus tard il obtint un emploi du gouvernement à Lemberg, où il mourut, en 1793, à l'âge de quarante-cinq ans. Il se faisait particulièrement remarquer par la beauté des sons qu'il tirait de son instrument. Il a laissé en manuscrit plusieurs concertos et solos pour le violoncelle. C'est ce même artiste que Gerber appelle *Heles* dans son ancien Lexique des Musiciens.

HEUDIER (Antoine-François), né à Paris, en 1782, entra comme élève au Conservatoire de musique en 1796, et prit des leçons de violon dans la classe de Gaviniès. Plus tard il fut chef d'orchestre du théâtre de Versailles. Il a fait graver à Paris un œuvre de quatuors pour deux violons, alto et basse, et un concerto de violon. Il a écrit aussi la musique de plusieurs mélodrames pour les théâtres des boulevards, et trois ballets d'action pour celui de Versailles.

HEUGEL (Jean), compositeur du seizième siècle, fut maître de chapelle du landgrave de Hesse-Cassel, Philippe, surnommé *le Magnanime*, depuis 1560 jusqu'en 1580. On trouve quelques motets de ce musicien dans le *Concentus Harmonicus* de Salblinger, Augsbourg, Phil. Uhlard, 1545. Des chansons de sa composition sont insérées dans le recueil intitulé : *Selectissimæ nec non familiarissimæ cantiones ultra centum in vario idiomate vocum*, etc.; Augsbourg, Melchior Kriesstein, 1540. Il y a aussi des motets de Heugel dans le *Novum et insigne opus musicum sex, quinque et quatuor vocum*, publié par Jérôme Graphei, à Nuremberg, en 1537. Enfin, dans les *Tomus primus* et *Tomus secundus Psalmorum selectorum quatuor et quinque vocum*, imprimés à Nuremberg, par Jean Petrejus, en 1538, on trouve des psaumes du même artiste.

HEUGEL (H.), professeur et marchand de musique et d'instruments à Brest, suivit à Paris les cours de Galin (*voyez* ce nom), puis reçut des leçons d'harmonie de Reicha. Enthousiaste admirateur de la méthode du méloplaste, il en établit des cours à Brest, à l'imitation de ses condisciples MM. Lemoine, Édouard Jue, de Geslin et autres propagateurs du système d'enseignement de Galin. Ces cours, fondés en 1826, eurent de nombreux auditeurs. Heugel a fait l'exposé de ses procédés dans un ouvrage intitulé : *Nouvelle Méthode pour l'enseignement de la musique*; Brest et Paris, 1832, un vol. in-8° de 332 pages, avec un *Résumé* de 22 pages et des tableaux. Heugel est mort vers 1840. L'éditeur de musique du même nom, fixé à Paris, est son fils.

HEUMANN (Christophe-Auguste), né à Altstadt, dans le duché de Saxe-Weimar, le 3 août 1681, a eu la réputation d'un des plus savants hommes de l'Allemagne. Il avait eu pour professeurs dans ses études Schneider, Gleitsmann, Treuner et Struve. En 1713 il fut nommé inspecteur du séminaire de Jéna; plus tard il obtint la place de professeur de théologie à l'université de Gœttingue; mais en 1758 il donna sa démission de cet emploi, parce qu'il ne voulait pas enseigner un dogme sur la sainte cène, qu'il considérait comme une erreur. Il conserva cependant son rang de professeur et son traitement jusqu'à sa mort, qui arriva le 1er mai 1764. Au nombre des ouvrages de ce savant, on remarque ceux-ci, qui sont relatifs à la musique : 1° *De Minervá Musicá, sive de eruditis Canto-*

ribus; Gœttingue, 1726 : dissertation d'une demi-feuille in-4°, réimprimée dans les *Opuscula academica* de H. J. Sieves. — 2° *Programma de voce* Sela, *Hebræorum interjectione musica*; Hanovre, 1728, 2 feuilles in-4°. Cette dissertation a été réimprimée dans la collection de lettres de Heumann sur des sujets d'érudition, intitulée : *Pœciles sive epistolæ miscellaneæ ad litteratissimos ævi nostri viros*; Halle, 1725-32, 3 vol. in-8° (t. III, p. 471-484), et dans le *Thesaur. Antiq. Sacrar.* d'Ugolini (tome XXXII, page 735). Une multitude de dissertations ont été écrites sur le même sujet; Ugolini en a rassemblé plusieurs dans son *Trésor des antiquités sacrées*; mais il y en a d'autres qu'on ne trouve pas dans sa collection. Dans plusieurs de ces dissertations, on considère le mot hébreu *Sela*, ou plutôt *Selah*, qui se trouve en tête de quelques psaumes, comme le signe d'une élévation de la voix pour le chant de ces psaumes; d'autres auteurs pensent que ce mot est une sorte d'abréviation qui indique la nature du chant; d'autres enfin croient que c'est une véritable ritournelle du chant lui-même; Heumann, plus raisonnable, avoue qu'il serait maintenant impossible de fixer la signification de cette interjection. — 3° *Einladung zu* 4 *Weihnacht-Reden, welche zugleich in sich begreift eine kurze Betrachtung und Erläuterung des alten Weihnacht Liedes* (Introduction à quatre sermons de Noël, comprenant en même temps un court examen et une explication des anciennes chansons de Noël); Gœttingue, 1721, une feuille in-4°. — 4° *Conspectus reipublicæ litterariæ, sive via ad historiam litterariam*; Hanovre, 1718, 1720, 1732, 1735, 1746, 1753, 1763, et 1791-97, in-8°. La huitième édition est en 2 volumes. Fort bon livre dans lequel on trouve des renseignements sur l'histoire de la musique (chapitre 5°, pages 267-272, de la 7° édition).

HEURTEUR (Guillaume LE), chanoine de l'église Saint-Martin de Tours, vers le milieu du seizième siècle, a publié : 1° *Operum musicalium liber primus, XVII modulorum*; Paris, Pierre Attaingnant (*sic*), 1545, in-4° oblong, 4 parties. — 2° *Cantica Canticorum 4 vocum*; Paris, Pierre Attaingnant, 1548, in-4° oblong. On trouve aussi en manuscrit à la Bibliothèque impériale de Paris l'ouvrage suivant du même auteur : *Cantiques de Nostre-Dame*, in-4° oblong. Il y a un motet de Le Heurteur (*Vidi sub altare Dei*) dans le 7° livre des motets de divers auteurs, à 4, 5 et 6 voix, imprimés par Pierre Attaingnant, à Paris, 1533, in-4° oblong, et d'autres motets du même sont dans les livres 3°, 4°, 5°, 6°, et 9° de la même collection. Des chansons françaises du même, à deux voix, se trouvent dans le recueil intitulé : *Canzoni francese a due voci di Antonio Gardane et di altri autori, buone da cantare et sonare*; Venise, Ant. Gardane, 1537, petit in 4°. obl. Il y a d'autres éditions de ce recueil, chez le même, 1539, 1544 et 1586. La plupart des pièces de ce recueil ont été réimprimées avec d'autres des plus célèbres maîtres, qui vécurent dans la première moitié du seizième siècle, dans les *Bicinia gallica, latina et germanica*, imprimées par Georges Rhau, en 1545. Des messes de cet artiste sont dans les *Missarum Dominicalium quatuor vocum lib.* 1[us], 2[us], et 3[us], imprimés par Pierre Attaingnant, à Paris, en 1534. Enfin il se trouve des motets de Le Heurteur dans le troisième livre à cinq et six voix publié à Lyon, en 1538, par Jacques Moderne de Pinguento.

HEUSCHKEL (Jean-Pierre), hautboïste distingué, né le 4 janvier 1773, à Harras, était premier hautbois de la chapelle de Hildburghausen en 1794, et fut ensuite organiste de la même cour. Il a écrit des pièces d'harmonie pour les instruments à vent, des concertos et des variations pour le hautbois, des sonates et des variations pour le piano; mais la plupart de ces compositions sont restées en manuscrit. En 1808, il a publié un bon livre choral à l'usage de la principauté de Hildburghausen.

HEUSINGER (Jean-Henri-Théophile), docteur en philosophie, et professeur à Jéna, vers la fin du dix-huitième siècle, fut un partisan déclaré de la philosophie critique de Kant. Parmi les divers ouvrages qu'il a publiés, on en remarque un qui a pour titre : *Handbuch der Æsthetik, oder Grundsætze zur Bearbeitung und Beurtheilung der Werke einer jeden schœnen Kunst, als der Poesie, Malerei, Bildhauer-Kunst, Musik, etc.* (Manuel d'Esthétique, ou principes de la production et du jugement des œuvres de chacun des beaux-arts, tels que la poésie, la peinture, la sculpture, la musique, etc.); Gotha, 1797, 2 vol. in-8°. Heusinger traite spécialement du beau musical dans le premier volume de cet ouvrage (pages 135-214); mais sa doctrine est obscure, embarrassée, et l'on n'y aperçoit pas la profondeur de vues que demanderait un tel sujet.

HEUSSLER (Jean), facteur d'orgues de la cour de Munich, vers 1590, a exécuté en Bavière plusieurs bons ouvrages, dont quelques-uns subsistent encore. Son traitement chez l'électeur était peu considérable, car il ne recevait chaque année que 24 florins.

HEWITT (D. C.), docteur en musique, gradué à l'université de Cambridge, vécut à Londres vers 1815. On a de lui un ouvrage qui a pour titre : *Now Analysis of Music, in which is developed a theory of Melody, Harmony and Modulation in a perfect Accordance with the Facts observed in the Compositions of all the great Masters, and susceptible of rigid mathematical demonstration* (Nouvelle analyse de la musique, dans laquelle est développée une théorie de la mélodie, de l'harmonie et de la modulation en rapport parfait avec les faits observés dans les compositions de tous les grands maîtres, et susceptible d'une démonstration rigoureuse et mathématique) ; Londres (sans date), in-4°.

HEWITT (Le Dr. Richard), médecin distingué, et amateur de chant à Norwich, est auteur d'un ouvrage estimable, auquel il n'a pas mis son nom, et qui a pour titre : *The Art of improving the voice and ear, and increasing their musical powers, or philosophical principle*, etc. (l'Art de perfectionner la voix et l'ouïe, et de développer leurs qualités musicales, établi sur des principes philosophiques); Londres, S. Provett, 1825, 1 vol in-8° de 336 pages.

HEY (Louis), facteur d'orgues à Anvers dans la seconde moitié du dix-huitième siècle, a construit, en 1771, dans l'église réformée de Berg-op-Zoom, un orgue de 27 jeux et 3 claviers, et à Gouda, en 1773, un autre orgue de 8 pieds ouverts, 21 jeux, 2 claviers et pédale en tirasse. Ce dernier est fort estimé.

HEYDEN (Sébald), né à Nuremberg, en 1498, obtint en 1519 la place de cantor ou instituteur de musique à l'école de l'hôpital de cette ville ; plus tard, son profond savoir le fit choisir pour remplir les fonctions de recteur de Saint-Sébald. On voit, par l'épître dédicatoire d'un de ses ouvrages qu'il occupait cette place en 1537. Il mourut à Nuremberg le 9 juillet 1561. On a de ce savant des éléments de musique qu'il publia sous le titre de *Stichiosin Musicæ, seu Rudimenta musices*, Norimbergæ, 1529, in-8°. J'ai trouvé dans un catalogue cette édition sous le titre allemand : *Musicæ stichiosis, worin von Ursprung und Nutzen der Musik, von der Scala den Clavibus, Pausis, Tonis und vom Tact aus führlich gehandelt wird*. in-8°. Il est donc certain que l'ouvrage a été publié dans les deux langues. Une deuxième édition de ce petit ouvrage fut publiée dans la même ville en 1535, in-8° ; elle est intitulée : *Institutiones Musicæ ad usum scholæ Norimb.* Heyden s'est fait particulièrement connaître d'une manière avantageuse par un livre qui a pour titre : *Musicæ, id est artis canendi, libri duo, Norimbergæ, apud Joh. Petreium, anno salutis* 1537, in-4°. Walther, et d'après lui Forkel, Gerber, Lichtenthal et d'autres, citent deux autres éditions, dont la dernière a pour titre : *De Arte canendi, ac vero signorum in cantibus usu, libri duo, ab ipso authore recogniti, mutati et aucti; Norimbergæ, apud Joh. Petreium,* 1540, 15 feuilles in-4° ; mais je pense que l'édition intermédiaire est supposée, et que celle-ci est la seconde. Quoi qu'il en soit, ce livre est précieux pour l'histoire de l'art et de la science au seizième siècle. Dans aucun livre de ce temps, les principes des muances et de la notation ne sont exposés avec autant de clarté et de concision que dans celui-ci. Les nombreux exemples de Josquin, d'Obrecht, de Senfel, de Henri Isaac, de Ghiselin et d'autres, qui s'y trouvent, avec les résolutions des cas embarrassants de l'ancien système de proportions, ajoutent encore au prix de cet ouvrage, qui est malheureusement d'une rareté excessive.

HEYDEN (Jean), second fils du précédent, qui paraît en avoir eu un troisième, nommé aussi *Jean*, naquit à Nuremberg, en 1540, et fut organiste de l'église Saint-Sébald de cette ville. Ce musicien n'est connu que par l'invention d'un clavecin-viole ou violon (*Geigen Clavicymbel*) qu'il construisit vers 1600. Il en donna la description dans un écrit en langue allemande, dont on ne connaît point aujourd'hui d'exemplaire. Plus tard, voulant répandre son invention à l'étranger, il traduisit ce petit ouvrage en latin, et le publia sous ce titre : *Commentatio de musicali instrumento reformato a J. Heyden seniore, germanice primum conscripta et recognita, nunc vero a Philomuso latinitate donata*, 1605, 3 feuilles et demie in-8°. Il paraît qu'il y a eu une deuxième édition de celui-ci, intitulée : *Musicale Instrumentum reformatum*, 1610. Prætorius l'a inséré presque en entier dans son *Syntagma musicum* (t. 1, p. 67), et l'a accompagné de la figure de l'instrument, dont le mécanisme consistait en petits archets cylindriques mis en mouvement par une grande roue que faisait agir une pédale. C'est un mécanisme à peu près semblable que Risch et Schmidt ont employé depuis lors pour des instruments du même genre (*voy.* ces noms) ; mais les cordes employées par Heyden étaient métalliques (et vraisemblablement filées), tandis que Risch et Schmidt employaient des cordes de boyau. Dlabacz dit que Heyden fit un voyage à Prague pour y faire entendre son clavecin-viole à l'empereur Rodolphe II, et qu'il obtint de ce prince un privilége pour que lui et ses héritiers eussent seuls le droit de construire cet instrument. L'invention de Heyden fut connue en France dès la première partie du dix-septième siècle, car le P. Mersenne dit dans le

troisième livre du traité des instruments de son *Harmonie universelle* (p. 100) : « Les Alle-
« mands sont pour l'ordinaire plus inventifs et
« ingénieux dans les mécaniques que les autres
« nations, et particulièrement ils réussissent
« mieux à l'invention des instrumens de musique :
« ce que je peux confirmer par la manière qu'ils
« ont treuvée depuis quelque temps pour faire
« voyr des ieux entiers de violes sur les clave-
« cins, quoy qu'un seul homme en touche le
« clavier, comme celuy d'une autre épinette. »
Heyden mourut à Nuremberg, en 1613.

HEYDENREICH (CHARLES-HENRI), professeur de philosophie à Leipsick, naquit à Stolpen, le 10 février 1764, et mourut à Leipsick le 26 avril 1801. Partisan de la philosophie critique de Kant, il a publié beaucoup de livres relatifs à cette faculté scientifique ; ceux dont les titres suivent concernent la musique : 1° *Musikalische Todtenfeyer, den Manen Leopolds des Weisen geheligt* (Funérailles musicales consacrées à la mémoire de Léopold le Sage) ; Leipsick, 1792, in-fol. oblong. — 2° Pourquoi les modernes jugent-ils d'une manière si vague de l'utilité de la musique à l'égard de l'espèce humaine et de l'État, tandis que les anciens la reconnaissaient sans restriction ? Ce morceau est inséré dans les *Beytrægen zu Beruhigung und Aufklærung* de Feat ; n° 3, p. 24-49. — 3° Sur l'idée fondamentale des beaux-arts ; dans le même recueil, t. II, n. 7, pag. 129-168. — 4° *System der Æsthetik* (Système de l'Esthétique), 1re partie ; Leipsick, Gœschen, 1790, in-8° de 392 pages. Dans cet ouvrage, Heydenreich a donné beaucoup d'étendue à ses considérations sur le beau musical. Se rapprochant des idées de Hutcheson et même de Chabanon, contre l'imitation de la nature considérée comme principe du beau en musique, il établit, d'une manière philosophique transcendentale, que l'esprit est particulièrement saisi de l'idée du beau, lorsque l'œuvre d'art se produit sous l'aspect de l'unité dans l'objet et de variété dans les moyens. S'emparant aussitôt de ces données à l'audition d'un morceau de musique, l'esprit s'élève, par sa force de conception, à l'idéalisme pur de l'unité dans la variété qui se résume dans son jugement comme le type absolu du beau. Bien que dans ces considérations Heydenreich n'explique pas comment se manifeste à l'esprit l'unité d'objet dans la musique séparée de la parole, on ne peut nier que ce principe d'unité, longtemps auparavant présenté comme le *criterium* de la beauté dans les arts, ne soit fécond en belles applications dans la musique, par l'extension qu'il reçoit dans l'idéalisme pur du jugement esthétique. Dans le catalogue de la foire de Pâques 1792, la 2e partie du livre de Heydenreich fut annoncée : cependant elle n'a pas paru ; circonstance d'autant plus fâcheuse que l'auteur devait y examiner les limites qui séparent la musique de la poésie, l'union de ces deux arts pour un même effet, et les différences entre l'unité poétique, musicale, pittoresque, etc.

HEYDENREICH (CHRISTIAN-WILHELM), fonctionnaire et professeur de droit à Munich, Bavarois de naissance et amateur de musique, a publié une Messe de *Requiem*, à Munich, chez Albi, en 1842. Cet ouvrage est écrit dans l'ancien style des maîtres italiens. Dans l'année suivante M. Heidenreich a composé le 130e psaume également dans le style ancien, pour les noces de la princesse de Bavière : cet ouvrage a paru en 1843, chez le même éditeur.

HEYNE (FRÉDÉRIC), flûtiste au service du duc de Mecklembourg-Schwérin, vécut vers la fin du dix-huitième siècle et devint l'époux de la célèbre cantatrice Félicité-Agnès Ritzin. Il a publié à Berlin, chez Hummel, en 1792, trois duos pour 2 flûtes, op. 1.

Un autre musicien nommé *Heyne* (G.-S.) s'est fait connaître dans ces derniers temps par un essai de nouvelle mélodie sur le *Te Deum*, avec accompagnement d'instruments à vent. En partition, Meissen, Utz.

HEYNE (FÉLICITÉ-AGNÈS RITZIN), célèbre cantatrice, naquit à Würzbourg, en 1756. Après avoir achevé ses études musicales, elle fut engagée au théâtre de Hanau, en 1778. Frédéric-Louis Benda l'épousa dans cette ville, et la conduisit à Berlin ; de là elle se rendit à Hambourg, et y prit un engagement au théâtre de Schrœter. Quelques années plus tard, Benda fit avec sa femme des voyages en Prusse et en Pologne ; partout elle eut des succès ; on dit même qu'elle lutta avec avantage, à Brunswick, avec la célèbre Mme Todi. En 1783 le duc de Mecklembourg-Schwérin engagea Mme Benda comme première cantatrice, et son mari en qualité de compositeur de sa cour. On les considérait comme l'ornement de la musique de ce prince ; mais Benda, croyant avoir à se plaindre de la fidélité de sa femme, divorça en 1789. Par suite de cet événement, elle renonça à la communion catholique, dans laquelle elle était née, pour se faire protestante, devint la femme de Heyne, flûtiste de Leipsick, puis rompit son engagement avec la cour de Schwérin, pour aller en Angleterre. A Dublin elle chanta, en 1790, douze représentations pour le prix de 400 livres sterling, somme considérable à cette époque. De retour dans sa patrie l'année suivante, elle alla visiter ses parents à Würzbourg, puis se fit entendre de nouveau chez le duc de Mecklembourg.

Schwérin, à Ludwigslust, où son chant fut trouvé plus beau et plus pur qu'auparavant. Elle avait alors le projet de faire un voyage en Italie; on ignore si elle le réalisa; mais après avoir disparu de la scène allemande pendant six ans, on la revit en 1797 à Reval, comme *prima donna*. Elle était alors la femme d'un M. Zeibich, qui était son cinquième mari. Mme Heyne a été longtemps considérée comme la meilleure cantatrice de l'Allemagne.

HEYSE (Antoine-Gottlieb ou Théophile), harpiste et compositeur, à Halle, vers la fin du dix-huitième siècle, est auteur des ouvrages suivants : 1° Trois sonates pour harpe et flûte; Leipsick, 1792. — 2° Six anglaises, contredanses et valses pour la harpe; Hambourg, op. 3. — 3° Grande sonate pour harpe et flûte, op. 4; Hambourg. — 4° Trois sonates *idem*, op. 5; Brunswick, 1797. Heyse a publié un ouvrage qui a pour titre : *Anweisung die Harfe zu spielen* (Instruction pour jouer de la harpe); Leipsick, 1803, in-4°.

HIENTZSCH (Jean-Godefroid), professeur au séminaire de Breslau, puis directeur de cette institution, est né le 25 août 1787, à Mockrena, en Saxe. Dans ses premières années il apprit les éléments de la musique; puis il continua ses études à Püchau, et y reçut des leçons de violon, de piano et d'orgue. En 1803 il alla à Leipsick, et y entra à l'école de Saint-Thomas. L'éducation musicale des élèves de ce collége est développée avec soin, et l'habitude qu'ils ont d'exécuter la musique des grands maîtres leur forme l'oreille et le goût. Hientzsch profita de cette éducation, et acquit des connaissances étendues dans l'art. En 1808 il sortit de l'école Saint-Thomas pour aller étudier la théologie à l'université de Leipsick. Là il suivit les leçons de tous les savants professeurs qui s'y faisaient remarquer alors. Après deux années employées à ces cours, M. Hientzsch résolut de prendre connaissance de la méthode d'enseignement de Pestalozzi, et de se rendre auprès de lui pour la mieux étudier. Arrivé à Yverdun, il s'attacha à l'institut de ce réformateur de l'enseignement, et y fut bientôt après chargé de la direction d'une classe de chant. Quelque temps après il accepta une place de professeur dans l'institution de Turka à Vevay, revint ensuite dans l'établissement de Pestalozzi, et enfin fit en 1812 un voyage à Zurich pour y conférer avec Nægeli sur les méthodes d'enseignement de la musique dans les écoles populaires. Plus tard on le désigna comme professeur de langue latine à Erlach; après deux ans de séjour en ce lieu, il retourna chez Pestalozzi, et le quitta de nouveau quinze mois après pour retourner en Allemagne. Au mois de décembre 1815 il arriva à Munich, où il passa près d'une année, qui fut presque toute employée à l'étude de la théorie de l'harmonie. Après avoir visité quelques-unes des principales villes de la Bavière et de la Saxe, il arriva à Berlin au mois de février 1817. Dans ce moment, il cherchait une position qui pût lui convenir : il la trouva au séminaire de Neuzell. C'est là qu'il commença ses premières publications de morceaux de chant à l'usage des séminaires, des écoles et des chœurs d'église. Au mois de juin 1819 il entreprit de nouveaux voyages en Allemagne, particulièrement dans la Silésie. Au mois d'août 1822 il a été nommé directeur du séminaire de Breslau, et depuis lors jusqu'en 1837 il n'a plus quitté cette position. Ses travaux ont eu principalement pour objet la composition de chants chorals, et comme écrivain il s'est particulièrement occupé de l'enseignement. On a de lui : 1° Cantiques spirituels anciens et modernes de différents maîtres, à 2 et 3 voix, pour l'usage des églises, écoles, etc.; Francfort-sur-l'Oder, Hoffmann, 2 cahiers. — 2° Recueil de chants, motets et chorals de différents maîtres, pour 3 ou 4 voix d'hommes, à l'usage des gymnases, séminaires, etc., 1er cahier, gr. in-4°; Zürich, Darnmann, 2e et 3e cahiers, grand in-4°; Breslau, Fœrster. — 3° Chants spirituels à 3 et 4 voix, pour l'usage des églises et des écoles; Breslau, Leuckart, in-4° — 4° Nouveau recueil de chœurs et de motets faciles, pour l'usage des églises, des des écoles populaires et des séminaires; Breslau, Grüson et Ce, gr. in-4°. — 5° Choix des meilleures chansons populaires allemandes, arrangées pour les écoles à 2 et 3 voix; Francfort-sur-l'Oder, Hoffmann. — 6° Nouveaux chants pour les écoles, à 2, 3, et 4 voix; Breslau, Grass, Barth et Ce, 2e édition. — 7° *Einige Worte zur Veranlassung eines grossen Jæhrlichen Musikfestes in Schlesien* (Quelques mots à l'occasion d'une grande fête musicale annuelle dans la Silésie); Breslau, 1825, in-8°. — 8° *Ueber den Musik-Unterricht, besonders im Gesange, auf Gymnasien und Universitæten* (Méthode pour l'enseignement de la musique vocale, pour les gymnases et universités); Breslau, 1827, Max et Cie, in-8°. — 9° *Eulonia, eine hauptsæchlich pædagogische Zeitschrift* (*Eulonia*, écrit périodique musical, particulièrement consacré à l'enseignement); Breslau, Leuckart, 1828-1837, in-8°. Très-bon recueil fait par Hientzsch en collaboration avec quelques bons professeurs de musique et hommes de mérite. On y trouve beaucoup d'articles instructifs et remplis d'intérêt concernant la littérature pédagogique de la musique, l'enseignement du chant dans les écoles de l'Allemagne, et sur d'autres objets relatifs à l'art. Dix volumes de cet ouvrage ont été publiés. On a aussi de Hientzsch : *Methodisch Anleitung zu einem mœglichst Natur und Kunstgemæssen Unterricht im Singen, für Lehrer und Schulen* (Introduction méthodique à un enseignement du chant conforme à la nature et aux règles de l'art, à l'usage des professeurs et des écoles). 1er Cours; Breslau, 1836, in 4°. Appelé à Potsdam, en 1837, comme directeur du séminaire des instituteurs, il conserva cette position jusqu'en 1849, et fut alors appelé à la direction de l'institut royal des aveugles à Berlin. Le premier avril 1856, il fit paraître le premier numéro d'un nouvel écrit périodique intitulé : *Das musikalische Deutschland* (L'Allemagne musicale); mais après en avoir mis au jour deux livraisons et fait imprimer la troisième et la quatrième, il fut saisi, le 20 juin de la même année, d'une maladie qui fit de rapides progrès, et il expira le 1er juillet.

HIERLING (André), organiste et joueur d'harmonica, né à Græfenrode, près d'Arnstadt, vers 1760, construisait lui-même les harmonicas sur lesquels il se faisait entendre. Depuis 1786 jusqu'en 1791 environ, il parcourut l'Allemagne et la Hollande, donnant partout des concerts sur l'harmonica ou sur l'orgue. A Nordhausen, il se fit entendre sur ce dernier instrument. Son harmonica était composé de 46 cloches de verre, sans touches, et la roue qui produisait les vibrations n'était pas visible. Plus tard il a inventé un autre instrument auquel il a donné le nom de *Aelodicon*. Vers 1832 et 1833, il se faisait encore entendre sur ses deux instruments dans l'Allemagne méridionale, quoiqu'il fût déjà fort âgé.

HIÉRONYME, auteur dont parle Athénée (liv. XIV, c. 9), avait écrit sur les Citharèdes un livre qui est perdu.

HIGINS (William). *Voy.* Mullinger-Higins.

HILDEBRAND (Chrétien), musicien à Hambourg, né dans la seconde moitié du seizième siècle, a fait imprimer de sa composition : 1° *Paduanen und Galliarden zu 5 Stimmen auff allerley Instrumenten zu gebrauchen, verfasset* (Pavannes et gaillardes à 5 parties, composées pour toutes sortes d'instruments); Hambourg, 1607, in-4°. — 2° Idem, 2e suite; Hambourg, 1609, in-4°.

HILDEBRAND (Philippe), facteur d'orgues à Stadt-am-Hof, près de Ratisbonne, a construit en 1664 l'orgue du couvent de Gars, composé de 22 registres, qui a été réparé ensuite par Antoine Baer, facteur d'orgues à Munich.

HILDEBRAND (Zacharie), habile constructeur d'orgues, né en Saxe, fut le meilleur élève de Godefroid Silbermann. Ses principaux ouvrages sont : 1° L'orgue de la nouvelle église catholique du château de Dresde, composé de 45 jeux. — 2° Celui de la ville neuve de Dresde, de 38 jeux. — 3° Celui de Saint-Wenceslas, de Naumbourg, composé de 52 jeux, terminé en 1743. Hildebrand fit aussi un *clavecin luth*, d'après les idées de Jean-Sébastien Bach. On trouve la description de cet instrument dans le traité d'Adlung intitulé : *Musica mechanica organædi*, t. II, p. 139.

HILDEBRAND (Jean-Godefroid), fils du précédent, se fixa à Berlin, vers 1758. Il a construit en 1760 l'orgue de l'église Saint-Michel, de Hambourg, composé de 60 jeux, et qui est considéré comme un des meilleurs instruments de l'Allemagne. En 1782 Hildebrand construisit un piano carré, dont la table avait toute la longueur de l'instrument; modification qui a été renouvelée environ trente ans après par Pfeiffer et Petzold, à Paris, et plaça le mécanisme des marteaux en dessus, au lieu de faire frapper les cordes en dessous, comme dans les pianos ordinaires de cette époque. Cette invention n'eut point alors de succès, parce qu'elle était trop imparfaite. Streicher, de Vienne, la reproduisit plus tard, avec quelques améliorations; mais il était réservé à M. Pape, facteur à Paris, de porter à sa perfection ce système de construction des pianos, le meilleur et le plus rationnel, sous certains rapports, mais qui a l'inconvénient de rendre le clavier plus lourd.

HILDEBRANDT (Michel-Christophe), luthier à Hambourg vers 1800, fut d'abord ouvrier dans une filature de coton, puis abandonna ce métier pour apprendre la fabrication des instruments à cordes et à archet. On connaît de lui de bons violons, violes, violoncelles et contrebasses. Il avait aussi l'art de réparer et de mettre en bon état les anciens instruments.

HILL (Frédéric), professeur de musique à York, naquit vers 1760, à Louth, dans le duché de Lincoln, où son père était organiste. Dans sa jeunesse il fut lui-même organiste à Loughborough dans le comté de Leicester; plus tard il se rendit à Londres, et s'y établit. Bon pianiste et violoniste de quelque mérite, il s'est livré à l'enseignement avec succès. Il a publié à Londres : 1° Une grande marche pour le piano. — 2° Des mélodies calédoniennes idem. — 3° *La dame du Lac*, divertissement idem. — 4° Trois pièces militaires à grand orchestre. — 5° Trois autres pièces idem. — 6° Des airs anglais et des chansons à voix seule, avec accompagnement de piano.

HILL (Joseph), fils du précédent, né à Londres, pianiste, organiste et harpiste. Ses principales compositions sont : 1° Prélude et fugue pour l'orgue; Londres, 1819. — 2° Deux suites de leçons progressives pour le piano. — 3° Introduction, marche et final, idem. — 4° Des chansons et des *glees* à 3 voix. — 5° Plusieurs œuvres pour la harpe.

HILL (...), facteur d'orgues de grand mérite, né à Londres, vers 1800, est fils d'un autre facteur distingué, qui fut associé d'Elliot. Hill est un homme de génie en son genre : il est fécond en inventions mécaniques. Ses principaux ouvrages sont : 1° L'excellent orgue de Saint-Luc, à Manchester, composé de trois claviers manuels, un clavier de pédales, 31 jeux, dont trois 16 pieds, et sept pédales d'accouplements et de combinaisons. — 2° L'orgue de la Chapelle de la rue Saint-Georges, à Liverpool, construit en 1841 : cet instrument a trois claviers à la main, clavier de pédales, quarante-quatre jeux, et huit pédales de combinaisons et d'accouplement. — 3° L'orgue de la cathédrale de Worcester, construit en 1842, et qui a trois claviers manuels, clavier de pédales, 33 jeux, quatre pédales d'accouplement, et cinq pédales de combinaisons. — 4° l'orgue de Sainte-Marie à Hill, construit en 1849, et composé de deux claviers, pédales, 33 jeux, dont trois 16 pieds, et 3 pédales d'accouplement. — 5° L'orgue de Stratford sur l'Avon, de deux claviers, pédale séparée, 36 jeux, quatre pédales d'accouplement. — 6° Le grand orgue de Birmingham, à 4 claviers manuels, clavier de pédales, 54 jeux, dont deux 32 pieds ouverts, trombone de 32, six 16 pieds ouverts, un bourdon de 16, deux bombardes, quatre trompettes, un plein jeu de 11 tuyaux au grand orgue, un de quatre tuyaux au troisième clavier, et un de six tuyaux au clavier de pédales, 11 pédales de combinaisons et d'accouplement. A l'exposition universelle de Londres, en 1851, M. Hill a placé l'essai d'une simplification d'orgue d'une conception très-ingénieuse, dont j'ai fait l'analyse dans la *Gazette musicale de Paris*, de la même année.

HILLEN (Jean-Georges), cantor et professeur au gymnase de Gaucha près de Halle (Saxe), est auteur d'une défense de l'emploi des successions de quintes et d'octaves dans la composition. Ce morceau, écrit en allemand, dans l'année 1740, a été inséré dans le deuxième volume de la Bibliothèque musicale de Mizler : il a été réimprimé séparément sous ce titre : *Die Uralte, und bis auf den heutigen Tag noch fortdauerende Octaven-und Quintenlast erleichtert*; Halle, 1740, in-8°.

HILLER (Jean-Adam), dont le nom véritable était *Hüller*, naquit à Wendischossig, près de Gœrlitz, le 25 décembre 1728. Il n'était âgé que de six ans lorsque son père, instituteur et greffier de la justice de l'endroit, le laissa orphelin. Sa mère, dont les ressources étaient bornées, l'envoya cependant au gymnase de Gœrlitz pour y faire ses études, lorsqu'il eut atteint l'âge de douze ans. Déjà il avait appris les éléments de la musique, du clavecin et du violon. Ses connaissances musicales s'étendirent au chœur de l'église principale de Gœrlitz. Il avait trouvé un protecteur dans Georges Roth, professeur au gymnase de cette ville, qui lui donna chez lui le logement et la table pendant cinq ans, et lui procura l'instruction gratuite. En 1745 il accepta une place de secrétaire chez un chambellan nommé Élie Schüler, à Sprottau en Silésie; mais l'immoralité de cet homme l'obligea bientôt à le quitter et à retourner à Gœrlitz. Peu de temps après il fut placé comme employé chez le receveur des contributions à Wurzen; cette nouvelle position eut pour lui tant d'agrément, qu'il y serait vraisemblablement demeuré longtemps, et qu'il n'aurait peut-être jamais songé à continuer ses études musicales, si le receveur n'était mort trois mois après, Cet événement lui fit prendre la résolution de se rendre à Dresde, et d'y continuer l'étude de la musique : en chantant dans les églises et y jouant du violoncelle, il pourvut à son existence. Homilius, alors organiste de l'église Notre-Dame, et depuis directeur de musique à celle de la Croix, lui donna des leçons de clavecin et d'harmonie. Il apprit aussi à jouer de la flûte chez Schmidt, hautboïste de la chapelle électorale; mais ce qui contribua le plus à former son goût, ce furent les occasions fréquentes qu'il eut d'entendre au théâtre de la cour les célèbres chanteurs italiens Salimbeni, Carestini, Martinelli, Annibali, Amerevoli et le violoniste Benda. Ces artistes excellents exécutaient à cette époque les opéras de Hasse, qui était en Allemagne le compositeur en vogue pour le style dramatique. Tel était l'enthousiasme de Hiller pour les ouvrages de ce maître, qu'il copia en trois mois sept partitions de ses opéras, quoiqu'il ne pût y travailler que pendant la nuit. Il aurait volontiers borné ses études à la lecture de ces partitions, si son maître Homilius ne lui eût fait comprendre la nécessité d'apprendre la théorie dans quelques bons livres qu'il lui prêta. Il cultivait alors avec quelque succès la poésie allemande, et se proposait d'étudier le droit; il s'éloigna en effet de Dresde en 1751, pour aller suivre des cours à Leipsick. Ses meilleurs professeurs furent Gellert et Jœcher; il se lia avec le premier d'une amitié qui ne se démentit jamais. Quelques leçons de clavecin, et son emploi au concert de la ville, comme chanteur et comme flûtiste, étaient les seuls moyens qu'il eût pour exister pendant qu'il achevait ses études à l'université. Il travaillait alors à perfectionner son habileté sur le clavecin et sur le violon; mais, ainsi qu'il le dit lui-même, il avait commencé trop tard à s'occuper sérieusement de l'exécution, et quoiqu'il jouât des concertos sur ces instruments, il avoue que son talent ne s'éleva jamais au-dessus du médiocre.

Pendant le séjour de Hiller à l'université de Leipsick, il écrivit environ douze symphonies, quelques cantates d'église, et plusieurs airs allemands avec orchestre. Ce fut aussi dans ce temps qu'il écrivit sa dissertation sur l'imitation de la nature dans la musique, faible production, basée sur les fausses idées de l'abbé Batteux. Cette dissertation parut dans le premier volume des *Essais historiques et critiques* de Marpurg, publié en 1754. Dans la même année, Hiller quitta l'université, et accepta au mois d'août la place de précepteur du jeune comte de Brühl Martenskirch. Ses nouvelles fonctions l'obligèrent à passer environ deux ans à Dresde et à peu près autant dans les terres de Martenskirch. En 1758, il retourna à Leipsick avec son élève. L'amitié de Gellert, et la connaissance intime de quelques hommes célèbres, lui rendaient le séjour de cette ville fort agréable. Il y continua ses travaux dans la composition, et publia son recueil de mélodies sur les poésies religieuses de Gellert, ainsi qu'une suite de chansons allemandes à voix seule. Malheureusement le mauvais état de sa santé et de fréquentes attaques d'hypocondrie rendaient son travail lent et pénible; ses maux augmentèrent même au point de l'obliger à donner sa démission de précepteur du comte de Brühl; elle fut acceptée, et cette famille lui fit une pension de cent écus de Saxe (375 francs). Cependant, peu de temps après, sa santé commença à s'améliorer, et il put reprendre ses travaux, qui consistaient en traductions du français, auxquelles il ne mit point son nom. En 1762 il publia, sous le titre de *Loisirs musicaux*, des sonates pour le clavecin, avec quelques autres petites compositions pour cet instrument. L'année suivante, on le chargea de la direction du concert; il écrivit pour cet établissement jusqu'en 1769 des symphonies, de petites pièces instrumentales appelées *parthien*, et des cantates. C'est à ses soins qu'on dut l'amélioration du chant, fort négligé jusqu'à lui dans les concerts allemands. Les bons modèles qu'il avait eus à Dresde lui avaient donné les connaissances nécessaires pour faire à cet égard une heureuse réforme dans le concert de Leipsick et dans le goût de ses compatriotes. En 1767, Hiller écrivit pour le théâtre allemand de Koch deux petits opéras (*Les Femmes métamorphosées* et *Lesvart et Dariolette*) qui eurent du succès; ils furent suivis de treize ouvrages du même genre. Sa vie continua dans une grande activité jusqu'en 1782. Appelé alors à Mittau en qualité de maître de chapelle du duc de Courlande, il se rendit d'abord à Berlin, y passa quelques mois, puis alla prendre possession de sa nouvelle place; mais il ne tarda point à revenir à Leipsick, où le rappelaient ses goûts et ses habitudes. Dès l'année 1779, il avait été nommé maître de musique à l'église Sainte-Pauline; en 1789, les places d'organiste et de professeur à l'école Saint-Thomas lui furent confiées; il les conserva jusqu'à sa mort, qui arriva le 16 juin 1804. Les soins assidus que Hiller donna à l'établissement d'une école de chant dans sa maison firent faire de grands progrès à cet art. Cette institution avait pris naissance vers 1772; elle prit de nouveaux développements en 1776, par l'arrivée de quelques jeunes filles de la Bohême, qui venaient chercher des ressources à Leipsick, et que Hiller fit entrer dans son école. Deux ans après, une salle de concert ayant été construite par les soins du bourgmestre Müller, on y installa l'espèce de conservatoire que Hiller avait fondé. Cette institution fut administrée par une commission de douze personnes, et Hiller resta seulement chargé de la direction de la musique avec quatre cents écus (1,500 francs) d'appointements. En 1796 il déployait encore une rare activité dans son enseignement à cette école, quoiqu'il fût alors âgé de soixante-huit ans. Il y faisait exécuter de grandes compositions de Bach, de Hændel, de Haydn et de Mozart, avec un ensemble inconnu auparavant dans cette partie de l'Allemagne.

Hiller s'est fait une honorable réputation par ses compositions et par ses écrits. Les premières renferment des ouvrages de tout genre. On y remarque particulièrement : I. OPÉRAS ET BALLETS : 1° *Die Verwandelte Weiber* (les Femmes métamorphosées). — 2° *Lesvart et Dariolette*. — 3° Sept airs pour la comédie *Der Lustige Schüster* (le Cordonnier joyeux). — 4° *Lotte im Hofe* (Charlotte à la cour). — 5° *Die Liebe auf dem Lande* (l'Amour à la campagne). — 6° *Die Jagd* (la Chasse). — 7° *Die Musen* (les Muses). — 8° *Die Schæfer als Pilgrime* (les Bergers pèlerins), prologue pour le jour de naissance de la duchesse de Weimar. — 9° *Der Dorf Barbier* (le Barbier de village). — 10° *Der Erntekranz* (la Couronne de la moisson). — 11° *Der Krieg* (la Guerre). — 12° *Die Jubelhochzeit* (le Jubilé de mariage). — 13° *Die Grabe des Mufti* (le Tombeau du mufti). — 14° *Das gerettete Troja* (Troie sauvée). — 15° Airs et chants détachés pour différentes pièces du théâtre de Seiler et de Bondini. — 16° Cantate pour un ballet allégorique du professeur Engel. — II. Mu-

SIQUE D'ÉGLISE : 17° Chœurs et airs d'église suivis de 2 *Sanctus*, gravés en partition chez Breitkopf, à Leipsick, en 1794. — 18° Le psaume 100° pour chœur à 4 parties et orchestre, composé en 1796, en manuscrit. — 19° 25 Mélodies chorales pour les cantiques de Gellert; Leipsick, 1792, 2e édition. — 20° Hymnes allemandes pour les jours de fête avec 14 mélodies chorales nouvelles; Leipsick, 1797. — 21° Chant pour le vendredi saint, sur un texte de Klopstock, à 4 voix; Leipsick, Kühnel. — 22° Cantate pour le temps de carême, en manuscrit. — 23° *Miserere* à 4 voix (en *ré* mineur), en manuscrit. — 24° *Kyrie* et *Gloria*, en manuscrit. — 25° Cantates d'église à 3 et 4 voix, en manuscrit. — 26° Monument funèbre du maître de chapelle Jean-Adolphe Hasse, consistant en airs, duos et chœurs, avec orchestre, en manuscrit. — 27° Trois mélodies sur le cantique : *Wir glauben all an einen Gott*; Leipsick, Cnobloch, in-4°. — 28° *Allgemeines Choralmelodienbuch* (Livre général du chant choral pour les églises et les écoles, à 4 voix, avec la basse chiffrée); Leipsick, 1793, in-fol. Ce recueil contient 245 mélodies chorales. — 29° Supplément au livre général de mélodies chorales; Leipsick, 1794, in-fol. — III. CHANTS A PLUSIEURS VOIX ET A VOIX SEULE : 30° Airs et duos de divers compositeurs arrangés avec accompagnement de piano; Leipsick, Breitkopf et Hærtel. On y trouve plusieurs morceaux de Hiller. — 31° Mélodies et chansons, ou dernier sacrifice de la muse comique; Leipsick, 1791. — IV. MUSIQUE INSTRUMENTALE : 32° Environ trente symphonies pour l'orchestre, en manuscrit. — 33° Plusieurs *parthien*, ou petites pièces pour divers instruments. — 34° Sonates et petites pièces pour clavecin; Leipsick, 1760. — V. LITTÉRATURE MUSICALE ET OUVRAGES ÉLÉMENTAIRES : — 35° *Anweisung zum Violinschule für Schulen und zum Selbstunterricht* (Instruction sur l'art de jouer du violon, à l'usage des écoles et pour apprendre seul); Leipsick, 1792, Breitkopf et Hærtel. — 36° Méthode de chant brève et facile, pour les écoles de villes et villages; Leipsick, 1792, in-4°. Une deuxième édition de cet ouvrage a été publiée à Leipsick, en 1798, in-4°. — 37° *Anweisung zum Musikalisch-richtigen Gesange, mit hinlænglichen Exempeln erlæutert* (Instruction pour bien chanter, etc.); Leipsick, J.-F. Junius, 1774, in-4° de 224 pages, avec une préface. On peut considérer comme la deuxième partie de cet ouvrage celui qui a pour titre : *Anweisung zum musikalisch zierlichen Gesange*, etc. (Instruction pour chanter d'une manière agréable, etc.); Leipsick, J.-F. Junius, 1780, in-4° de 152 pages, avec une préface de XXX p., où Hiller a donné une espèce d'histoire abrégée de l'art du chant, et particulièrement des grands chanteurs italiens du dix-huitième siècle. La première partie de la méthode de chant de Hiller est divisée en quatorze leçons. Comme la plupart des traités de chant publiés en Allemagne, la plus grande partie de celui-ci est plutôt un traité des éléments de la musique que l'exposition de l'art de chanter; cependant l'auteur entre dans le domaine véritable de cet art vers la fin de la dixième leçon. La seconde partie est plus réellement une méthode de chant que la première. Hiller y a mis à profit les *Réflexions pratiques* de Mancini sur le chant figuré, dont la première édition avait paru à Vienne dans la même année que sa première partie. On peut affirmer que cet ouvrage est le premier de ce genre, publié en Allemagne, où les principes du bel art du chant ont été bien exposés suivant la doctrine des bonnes écoles italiennes. Hiller a fait un abrégé de la première partie de son instruction sur l'art du chant, et l'a publié sous ce titre : *Exempelbuch der Anweisung zum Singen zum Gebrauche der Schulen* (Livre d'exemples de l'instruction sur le chant, à l'usage des écoles); Leipsick, J.-F. Junius, 1774, 64 pages in-4°. — 38° *Abhandlung von der Nachahmung der Natur in der Musik* (Dissertation sur l'imitation de la nature dans la musique), insérée dans le premier volume des Essais critiques et historiques de Marpurg (p. 515-543), publié en 1753. — 39° *Wœchentliche Nachrichten und Anmerkungen die Musik betreffend* (Notices hebdomadaires et observations concernant la musique); 1re année, 1766; 2e idem, 1767; 3e idem, 1768; appendice, 1769; 4e année, 1770, in-4° — 40°. *Lebensbeschreibungne berühmter Musikgelehrten und Tonkünstler neuerer Zeit* (Biographies d'auteurs célèbres sur la musique et de virtuoses des temps modernes); Leipsick, 1784, 1re partie, in-8° de 320 pages. Cette première partie est la seule qui ait paru : on y trouve des notices sur Adlung, J.-S. Bach, Benda, Bümler, Fasch, Gebel, Graun, Hændel, Heinichen, J.-Ch. Hertel, Hasse, Jomelli, Pisendel, Quanz, Salimbeni, Schrœter, Stœlzel, Tartini, et sur Hiller lui-même. — 41° *Ueber die Musik und deren Wirkungen, aus dem franz. ubersetzt mit Anmerkungen* (Sur la musique et sur ses effets, traduit du français, avec des notes); Leipsick, 1781, in-8°. Cette traduction est celle du livre de Chabanon intitulé : *Observations sur la Musique, et principalement sur la métaphysique de l'art.* — 42° *Nachricht von der Aufführung des Hændelschen Messias, in der Domkirche zu Berlin, den 19 may* 1786 (Notice sur l'exécution du Messie de Hændel dans l'église principale de Berlin, le 19 mai 1786); Berlin, Spener, 1786, 32 pages in-4°. — 43° *Ueber Metastasio und seine Werke, nebst einigen Uebersetzungen aus dem selben* (Sur Métastase et ses ouvrages, avec quelques traductions de morceaux qui en sont tirés); Leipsick, 1786, in-8°. On y trouve des observations sur la musique dramatique. — 44° Quelques petites dissertations dans différents journaux, dont une sur l'exécution du Messie à Leipsick, une *sur l'ancien et le nouveau en musique*, etc. — 45° Hiller a donné une deuxième édition, avec des augmentations et des notes, de l'ouvrage d'Adlung intitulé : *Anleitung zur musikalischen Gelahrtheit* (Introduction à la science de la musique); Leipsick, Breitkopf, 1783, in-8° de 976 pages.

HILLER (Frédéric-Adam), fils du précédent, naquit à Leipsick, en 1768. Élève de son père, il apprit sous sa direction le chant et le violon : son talent sur cet instrument devint surtout remarquable. En 1789 il accepta au théâtre de Rostock un engagement comme ténor : il débuta dans *Roméo et Juliette*. L'année suivante il renonça à la scène pour accepter la place de directeur de musique au théâtre de Schwérin ; il y brilla comme violoniste jusqu'en 1796, et accepta ensuite les mêmes fonctions au théâtre national d'Altona. En 1803 il quitta cette position pour celle de chef d'orchestre au théâtre de Kœnigsberg. Son talent et ses qualités personnelles le firent estimer de tous ceux qui le connurent. En 1812, il ouvrit un cours de musique où il développa des idées nouvelles et se montra musicien instruit et penseur distingué; mais à peine avait-il commencé ses leçons, qu'il mourut, le 23 novembre de la même année, à l'âge de quarante-cinq ans. Hiller a écrit pour le théâtre : 1° *Adelstan et Rosette*, opéra-comique, 1796. — 2° *Das Nixenreich* (le Royaume des Ondines), idem. — 3° Récitatifs, airs et chants pour *La Biondella*, drame allégorique de Engel, au théâtre de Schwérin, en 1792. — 4° Prologue allégorique pour la fête de la deuxième année du théâtre d'Altona, 1797. — 5° *Das Donauweibchen* (la Fille du Danube), opéra romantique, 1802. — 6° *Das Schmuckkæstchen* (l'Écrin), opéra-comique, 1804. — 7° *Les trois Sultanes*, idem, 1809. — 8° Divers morceaux pour le drame intitulé *Herens-Monte*, en 1810. — 7° *Les Mânes de Schiller*, fête théâtrale en un acte, en 1812. On connaît aussi de cet artiste un hymne à la Musique, avec orchestre, en manuscrit, et l'hymne religieux : *Gross ist der Herr* (le Seigneur est grand), à 4 voix solos, chœur et orchestre, composé en 1810, en manuscrit. Enfin, Hiller a publié : 1° Trois quatuors pour 2 violons, viole et basse, op. 1 ; Brunswick, Spehr. — 2° *La ci darem*, thème de Mozart, varié pour violon, avec accompagnement d'un second violon, viole et violoncelle, op. 2 ; ibid. — 3° Trois quatuors pour 2 violons, viole et basse, op. 3 ; ibid. — 4° Grande sonate pour piano à 4 mains ; ibid. — 5° Cavatine pour le piano ; Hambourg, 1796.

HILLER (Ferdinand), né à Francfort sur-le-Mein, le 24 octobre 1811, d'une famille israélite, s'est livré fort jeune à l'étude de la musique. Ses premiers maîtres furent Aloys Schmitt et Vollweiler; puis il a reçu des leçons de Hummel. Venu à Paris en 1828, il entra d'abord en qualité des professeur à l'institution de musique religieuse dirigée par Choron ; mais il y resta peu de temps, et placé par sa famille dans une situation indépendante, il ne s'occupa plus que du développement de son talent comme pianiste et comme compositeur. Au mois de janvier 1830, M. Hiller donna, au conservatoire de musique, un premier concert dont le but unique était de faire connaître au public quelques grandes compositions tirées de son portefeuille. Une symphonie à grand orchestre, un premier allegro de concerto de piano, et une *prière de Lévites*, chœur sur des paroles de M. de Chateaubriand, furent entendus dans cette séance, et justifièrent l'opinion avantageuse que les connaisseurs s'étaient déjà formée du mérite du jeune artiste, à l'audition de deux quatuors pour piano, violon, alto et basse. Comme pianiste, il se fit remarquer par la manière élégante et pure qui distingue l'école de Hummel. Un deuxième concert donné par M. Hiller, au mois de décembre 1831, fournit l'occasion d'entendre une deuxième symphonie, une ouverture pour le *Faust* de Gœthe, et un concerto de piano de sa composition. Bien que ces ouvrages n'aient pas été à l'abri de toute critique, on dut y reconnaître la facture d'un musicien instruit, et de louables efforts pour introduire dans l'art des nouveautés de formes. Depuis lors diverses autres compositions du même artiste ont été entendues dans des concerts donnés à Paris, et lui ont mérité l'estime des connaisseurs. Comme virtuose, M. Hiller a brillé pendant plusieurs années à Paris, et s'est fait entendre avec MM. Liszt, Kalkbrenner et autres, dans des morceaux pour deux pianos ; mais c'est surtout dans les séances de musique classique pour piano et violon qu'il a données avec Baillot, en 1835, qu'il s'est montré aussi grand musicien qu'habile pianiste, et qu'il a fait admirer la flexibilité de son talent à s'identifier au caractère de la musique qu'il exécutait. En 1836, Hiller retourna à

Francfort, et pendant une année il y dirigea une académie de chant. Parti pour l'Italie en 1837, il s'arrêta d'abord à Milan, et y fit représenter l'opéra de sa composition intitulé *Romilda*, qui ne réussit pas. Il retourna alors en Allemagne, et fit exécuter à Leipsick son oratorio *La Destruction de Jérusalem*, bel ouvrage, qui a obtenu du succès à Francfort, Amsterdam, Berlin, Prague, Vienne, Dresde, Brunswick, Hambourg, Cassel, Lemberg et Riga. En 1841, il fit un second voyage en Italie, s'arrêta quelque temps à Florence, où il se maria, puis à Rome, où je le retrouvai au mois de septembre 1841. Il y faisait, avec l'abbé Baini, des études pour se familiariser avec l'ancien style de l'école romaine. De retour en Allemagne en 1842, il dirigea les concerts de la Gewandhaus à Leipsick, puis ceux de Dresde pendant deux ans. Pendant les années 1847 à 1849, il occupa la position de directeur de musique à Dusseldorf, et dans l'année 1850 il fut appelé à Cologne en qualité de maître de chapelle de la ville et chargé de l'organisation du Conservatoire, dont il est directeur. Depuis cette époque, il ne s'est éloigné de Cologne que pendant une saison d'hiver pour diriger la musique de l'Opéra italien de Paris, et pour deux voyages dans la même ville, en 1853 et 1855, où il a donné des soirées musicales au bénéfice de l'Association des artistes, et y a obtenu de brillants succès et comme pianiste et comme compositeur. Dans ses séjours à Berlin, Dresde, Francfort, Munich, Brunswick, Amsterdam et dans d'autres villes, Hiller a dirigé lui-même l'exécution de ses ouvrages, ainsi que les fêtes musicales de Dusseldorf en 1853, 1855, 1859, et la belle fête de Cologne en 1858. Doué d'un sentiment délicat, de verve et en même temps de sang-froid, il possède au plus haut degré les qualités de chef d'orchestre et manie avec une puissance d'action irrésistible les grandes masses vocales et instrumentales. En 1849, l'Académie royale des beaux-arts de Berlin l'a nommé un de ses membres.

Les ouvrages connus de M. Hiller sont : Musique de piano : 1° Premier quatuor pour piano violon, alto et basse, op. 1, dédié à Hummel ; Paris, Lemoine. — 2° Duo concertant pour piano et violon, op. 2, dédié à Kalkbrenner; ibid. — 3° Deuxième quatuor pour piano, violon, alto et violoncelle, op. 3 (en *fa* mineur); Bonn, Simrock. — 4° Trois caprices ou études caractéristiques pour piano seul, op. 4, liv. 1, 2 ; ibid. — 5° Concerto pour piano et orchestre, op. 5; ibid. — 6° Premier trio pour piano, violon et violoncelle (*en si bémol*), op. 6 ; ibid. — 7° Deuxième idem (en *fa* dièse mineur), op. 7; ibid. — 8° Troisième idem (en *mi*), op. 8 ; ibid. — 9° Quatrième trio op. 64. — 10° *La Danse des fées*, pour piano seul, op. 9 ; Leipsick, Hofmeister. — 11° *La Sérénade*, prélude, romance et finale, op. 11 ; ibid — 12° *La Danse des fantômes*, caprice ; Berlin, Schlesinger. — 13° Rondeau expressif (en *la* bémol) ; Bonn, Simrock. — 14° Rondino capriccioso sur un thème de l'opéra *Faust* (en *ré*) ; ibid. — 15° Six suites d'études pour le piano, dédiées a Meyerbeer, op. 15; Paris, Delahante. Excellent ouvrage, d'un genre neuf et remarquable par le caractère déterminé de chaque morceau. — 16° Deuxième duo pour piano et violon, op. 28. — 17° Caprices pour piano, op. 10, 14 et 20. — 18° Rêveries, idem, op. 17, 18, 21 et 33. — 19° Trente Études rhythmiques, op. 52 et 56. Productions originales et de formes nouvelles. — 20° Sonate pour piano seul, op. 47. — 21° Quatre Impromptus, op. 30 et 40. — 22° Des Marches, des Mélanges et des morceaux de salon. — Opéras : 23° *Romilda*, à Milan, en 1839. — 24° *Der Müller und sien Kind* (le Meunier et son enfant), composé en 1844 sur un poëme de Gollmick, et publié plus tard en partition pour le piano sous le titre : *Ein Traum in den Christnacht*. — 25° *Conradin*, sur un livret de Reinick, représenté à Dresde, le 13 octobre 1847. — Oratorios et Cantates : 26° *La Destruction de Jérusalem*, op. 24, gravée en partition. — 27° *Lorelei*, cantate à plusieurs voix avec chœur et orchestre, op. 70. — 28° Chant hébreu de Byron, pour voix de soprano, chœur et orchestre, op. 49. — 29° Le psaume 125, pour ténor, chœur et orchestre, op. 60. — 30° Chant des Ondins, pour chœur et orchestre, op. 36. — 31° *Die Lustige Musikanten*, cantate pour voix seule, chœur et orchestre, op. 48. — 32° Psaume à huit voix sans accompagnement, op. 65. — 33° *Saül*, grand oratorio, exécuté aux fêtes musicales de Cologne en 1858, composition d'un très-grand mérite. — 34° Le psaume 126 pour soprano, chœur et orchestre. — 35° *Chant d'Héloïse* pour voix de contralto, chœur de femmes et orchestre. — Musique vocale de chambre : 36° Six chants pour quatre voix, op. 37. — 37° Six chants pour soprano, avec chœurs d'hommes, op. 25. — 38° Six chants populaires à 2 voix, op. 39. — 39° Six idem, op. 61. — 40° Six chants pour des chœurs d'hommes, op. 26. — 41° idem, op. 51. — 42° *Trois odes de Gœthe*, idem, op. 63. — 43° Soixante chants à voix seule avec piano, formant les œuvres 16, 18, 23, 26, 31, 34, 41, 43, 46, et d'autres sans numéros. — 44° Deux psaumes à voix seule avec piano, op. 27. — 45° Des chants français, anglais et autres, détachés, ou dans des collections. — Compositions pour l'orchestre :

46° Deux grandes symphonies non publiées, mais qui ont été souvent exécutées à Paris, en Allemagne, à Bruxelles, etc. — 47° Ouverture de concert, op. 32. — 48° Idem pour la tragédie de *Phèdre*. — 49° Idem de *Faust*, exécutée à Munich en 1833. — 50° Idem de *Fernando*, exécutée à Leipsick, en 1847. — 51° Idem de *Prométhée*, exécutée à Dresde et à Leipsick en 1847. On trouve aussi, dans le Catalogue de Hofmeister de Leipsick, deux quatuors de Hiller pour deux violons, alto et violoncelle, œuvres 12 et 13.

Hiller est incontestablement un grand musicien, et je le considère comme le compositeur allemand de l'époque actuelle (1861), dont les qualités sont les plus solides et les plus estimables. Bien que son penchant le porte à la recherche de l'innovation, il ne tombe pas, comme quelques-uns de ses compatriotes, dans le vague ou dans l'exagéré. Son style a de la clarté; il ne dédaigne pas la mélodie, et son harmonie est régulière dans ses successions. Cependant, à l'exception des provinces rhénanes, l'Allemagne ne lui accorde pas, dans son art, le rang qu'il y devrait occuper. Divisée maintenant en coteries, elle ne paraît plus avoir de règle pour l'appréciation des œuvres de l'art. Tel qui est en honneur dans une ville est dédaigné dans une autre, sans qu'on puisse donner l'explication de ces différences d'opinion. Terre productive des plus grands talents pendant plus d'un siècle, l'Allemagne se montre aujourd'hui impuissante à leur donner des successeurs, parce qu'elle ne sait ni ce qu'elle veut ni où elle va.

HILLMER (Gottlob-Frédéric), né à Schmiedeberg, le 21 février 1756, étudia à Breslau et à Halle, puis fut inspecteur et professeur au collége de la Madeleine, à Breslau, conseiller de cour et conseiller privé en 1791, et enfin membre de la commission d'examen de Berlin. Il mourut dans cette ville, en 1798. Amateur de musique assez distingué, il a publié de sa composition : 1° Odes et chants allemands à voix seule, avec accompagnement de piano; Francfort-sur-l'Oder, 1781. — 2° Chants à voix seule avec accompagnement de piano; Breslau, Lœwe, 1785. — 3° Idem, 2e partie; Breslau, 1787. — 4° Idem, 3e partie, œuvre posthume; Breslau, 1805, Grass et Barth.

HILTON (Walter), écrivain ascétique anglais, vécut sous le règne de Henri VI, vers 1440, et fut, suivant Pits (*De illustr. Angliæ script.*), moine de la chartreuse fondée par Henri V sur les bords de la Tamise, près de Schen. Au nombre de ses ouvrages, on en remarque un dont le titre est : *De Musica ecclesiastica Liber unus* : on le trouve en manuscrit dans diverses bibliothèques en Angleterre. Plusieurs écrivains, entre autres Wharton (Histoire des controverses, Londres, 1690), le docteur Lee (en tête de sa version anglaise des œuvres de Kempis), et Waldebrand Vogt, dans ses conjectures sur l'auteur de l'*Imitation de Jésus-Christ*, ont cru que cet ouvrage n'est autre que le célèbre livre ascétique attribué longtemps au chanoine régulier A'Kempis, et qui, selon eux, appartiendrait réellement à Hilton. Ce qui semblait confirmer leurs conjectures, c'est qu'il existait autrefois un manuscrit de l'*Imitation* chez les Chartreux de Bruges (1), qui avait réellement le titre bizarre : *De Musica ecclesiastica;* mais il est bon de remarquer que cet ouvrage est divisé en trois livres, tandis que celui de Hilton annonce un traité en un seul livre. Il y a donc lieu de croire que ce dernier ouvrage n'a point de rapport avec l'autre, et qu'il doit être considéré comme un traité du chant ecclésiastique.

HILTON (Jean), bachelier en musique à l'université de Cambridge, était organiste de l'église Sainte-Marguerite (Westminster). Il commença à se faire connaître vers la fin du règne d'Élisabeth, et mourut sous la domination de Cromwell. Sa tombe se trouve dans le cloître de Westminster. Hilton est auteur d'un madrigal à 5 voix qui se trouve dans le recueil intitulé *The Triumphs of Oriana*. On a aussi de lui : 1° Un recueil de petites chansons appelées *Fa-las*, à 3 voix (Londres, 1627), remarquables par la grâce de leurs mélodies. — 2° Collection de chansons, rondes et canons à 3 et 4 voix, sous ce titre : *Catch that catch can* (Chantera qui pourra). Ce recueil contient les meilleures compositions de ce genre qui ont paru en Angleterre; quelques-unes ont été composées par Hilton; les autres appartiennent aux musiciens les plus célèbres de son temps. Parmi les livres de chant de plusieurs églises, on trouve des services du matin et du soir composés par ce musicien, en manuscrit. Un volume manuscrit, qui est aujourd'hui au Muséum britannique (Add. Mss. 11,

(1) Ce manuscrit est passé depuis lors dans la bibliothèque de feu Van Hulthem, et a été acquis par le gouvernement belge avec la nombreuse collection de livres délaissée par cet amateur. (V. *Biblioth. Hulthemiana*, t. VI, pag. 14, n° 47.)

On lit cette note au commencement du manuscrit : « Hic est libellus qui vocatur *Musica ecclesiastica*, omnibus in virtute proficere cupientibus valde necessaria « et dividitur in tres partes. Capitula primæ partis : De « imitatione Christi et contemptu omnium vanitatum « mundi. Secunda pars de interna conversatione. Tertia « pars de interna consolatione.

A la fin : « Explicit liber internæ consolationis, id est, « tertius liber *Musicæ ecclesiasticæ*. »

608), et qui date du milieu du dix-septième siècle, renferme beaucoup de chansons et de *Catches* à 3 voix de Hilton, avec d'autres de Henri et de William Lawes, de Brewer, de Holmes, de Colman, et d'autres.

HIMM (LOUISE-MARIE-AUGUSTINE). *Voy.* ALBERT (Mme).

HIMMEL (FRÉDÉRIC-HENRI), maître de chapelle du roi de Prusse, naquit le 20 novembre 1765 à Treuenbrietzen, petite ville du Brandebourg. Destiné à l'état ecclésiastique, il étudia la théologie à l'université de Halle; mais déjà il avait acquis une grande habileté dans l'art de jouer du piano. On rapporte que le roi Frédéric-Guillaume II, ayant eu occasion de l'entendre alors, fut si satisfait de son talent, qu'il lui accorda une pension pour achever son éducation musicale. Ce bienfait le mit en état de se rendre à Dresde pour y étudier l'harmonie et le contrepoint sous la direction de Naumann. Après avoir employé environ trois années à ce travail, il alla à Berlin et offrit au roi quelques-unes de ses premières productions, comme des spécimens de ses progrès. Parmi ces ouvrages se trouvait l'oratorio *Isacco*, écrit sur le poëme de Métastase : le roi le fit exécuter par les musiciens de sa chapelle, et le succès fut tel, que Frédéric-Guillaume nomma Himmel compositeur de sa chambre, lui fit présent de 100 frédérics d'or, et lui accorda une pension considérable pour aller perfectionner son goût et ses connaissances en Italie, pendant deux ans. Avant de quitter Berlin, il donna un concert où il fit entendre sa cantate *la Danza*, qu'il avait écrite aussi à Dresde. La première ville où il s'arrêta en Italie fut Venise : il y écrivit pour le théâtre de *la Fenice*, en 1794, son opéra *Il primo Navigatore*. La reine de Naples le chargea ensuite de la composition de l'opéra sérieux *Semiramide*, qui fut exécuté à Saint-Charles, le 12 janvier 1795, pour l'anniversaire de la naissance du roi. Pendant qu'il était occupé à écrire cet ouvrage, la place de maître de chapelle du roi de Prusse devint vacante : elle fut donnée immédiatement à Himmel. De retour à Berlin, celui-ci prit possession de son emploi, et composa pour le service de la musique de la cour beaucoup d'ouvrages de différents genres. En 1797 on représenta, au théâtre royal, sa *Semiramide* pour les fêtes du mariage d'une princesse de Prusse avec le prince héréditaire de Hesse-Cassel. Ce fut aussi pour ces fêtes qu'il écrivit sa cantate : *les Fils de la Hesse et les Filles de la Prusse*, ainsi que la grande cantate intitulée *la Confiance en Dieu*. La mort du roi, arrivée vers la fin de la même année, l'obligea encore à composer une grande cantate funèbre, qui fut exécutée à la cathédrale par les meilleurs artistes. Cet ouvrage fut ensuite entendu à l'Opéra, et son succès fut complet. La partition a été gravée vers le même temps. Au mois d'août 1798, Himmel écrivit pour le couronnement du roi Frédéric-Guillaume III un *Te Deum* qui est considéré comme une de ses bonnes productions. Immédiatement après l'exécution de cet ouvrage, il demanda au roi et obtint un congé de deux mois pour visiter Stockholm et Pétersbourg. On ne sait rien concernant son séjour en Suède. A Pétersbourg, l'empereur lui fit présent d'une riche bague en brillants, après avoir entendu quelques morceaux de sa composition, et lui demanda un opéra pour l'été suivant. Himmel resta donc à Pétersbourg, avec le consentement du roi de Prusse, et y écrivit son *Alessandro*, dont la première représentation fut donnée à son bénéfice, et lui valut 6,000 roubles. Il passa l'été suivant à Riga, d'une manière agréable, puis il retourna à Berlin par Stockholm et Copenhague. Il y écrivit, par l'ordre du roi, en 1801, l'opéra *Vasco de Gama*, et la musique du mélodrame *Frœhlichkeit und Schwærmerey* (Gaieté et extravagance). L'année suivante il fit un voyage en France, en Angleterre et à Vienne. De retour à Berlin au mois de décembre 1802, il y reprit ses fonctions. Après la bataille de Iéna, il se retira à Pyrmont, à la suite de la reine de Prusse, puis fit un voyage à Cassel, où il écrivit une cantate pour le prince de Hesse, Guillaume Ier. Il mourut d'hydropisie à Berlin, le 8 juin 1814.

Himmel est un des compositeurs modernes qui ont obtenu le plus de succès dans le nord de l'Allemagne. L'agrément de ses mélodies lui a procuré cet avantage. Toutefois, on ne peut le classer parmi les musiciens de premier ordre appartenant à la dernière époque. Sa manière manque d'élévation et de portée : son harmonie est en général faiblement écrite; enfin son style manque de variété. De là vient que ses productions sont déjà plongées dans l'oubli. La liste de ses ouvrages se compose de la manière suivante : I. OPÉRAS : 1° *Il primo Navigatore*; Venise, 1794. — 2° *Semiramide*; Naples, 1795. — 3° *Alessandro*; Pétersbourg, 1799. — 4° *Vasco di Gama*; Berlin, 1801. — 5° *Frœlichkeit und Schwærmerey*; ibid., 1802. — 6° *Der Kobold* (le Lutin); ibid., 1804. — 7° *Fanchon la vielleuse*, texte de Kotzebue; ibid., 1805. Il y a plusieurs éditions de cet opéra, le meilleur de Himmel, ou du moins celui qui a obtenu le plus de succès. — 8° *Les Sylphes*; Berlin, 1807; gravé en partition pour le piano, Mayence,

Schott. Les ouvertures de ces opéras ont été publiées pour l'orchestre. — II. CANTATES : 9° *La Danza*, cantate de Métastase pour 2 voix et orchestre ; Dresde, 1792. — 10° *Les Fils de la Hesse et les Filles de la Prusse* ; Berlin, 1797. — 11° *La Confiance en Dieu*, grande cantate religieuse à 4 voix et orchestre, ibid., 1797. — 12° Cantate funèbre pour les obsèques de Frédéric-Guillaume II, roi de Prusse, 1799, gravée en partition. — 13° Cantate composée pour la cour de l'électeur de Hesse - Cassel, 1807. — III. ORATORIOS ET MUSIQUE D'ÉGLISE : 14° *Isacco*, oratorio de Métastase ; Dresde, 1792. — 15° Messe à 4 voix, en manuscrit. — 16° Vêpres à 4 voix ; idem. — 17° Le 146° Psaume, à 4 voix et orchestre, sur le texte de Luther. — 18° *Vater Unser* (Pater noster) de Mahlmann, à 4 voix et orchestre, gravé en partition ; Leipsick, Peters. — 19° Le Psaume *In exitu* ; idem. — 20° Le Psaume *Dixit* (en *ut* majeur), en manuscrit. — IV. MUSIQUE INSTRUMENTALE : 21° Deux marches en harmonie à 11 parties, op. 34 ; Leipsick, Peters. — 22° Concerto pour piano, op. 25 (en *ré*) ; ibid. — 23° Grand sextuor pour piano, 2 altos, 2 cors et violoncelle, op. 19 ; Paris, Érard et Pleyel. — 24° Quatuor pour piano, flûte, violon et violoncelle, 1803 ; Berlin. — 25° Trois sonates pour piano, violon et violoncelle, dédiées à la duchesse d'York ; Leipsick, Breitkopf et Hærtel. — 26° Trois idem dédiées à reine de Prusse, liv. 2 ; ibid. — 27° Trois idem, op. 16 ; ibid., Paris, Janet. — 28° Trois idem, op. 17 et 18 ; Paris, Érard. — 29° Grande sonate pour piano et violon, op. 14 ; Hanovre, Bachmann. — 30° Grande sonate pour 2 pianos ; Leipsick, Peters. — 31° Sonate pour piano à 4 mains, œuvre posthume ; Berlin, Lischke. — 32° Quelques œuvres de fantaisies, rondos et thèmes variés. — 33° Plusieurs cahiers de valses, de quadrilles et de polonaises, composés à grand orchestre pour la reine de Prusse, et publiés pour le piano. — 34° Des marches pour le piano. — 35° Une multitude de chansons allemandes, romances, etc., à voix seule, avec accompagnement de piano et autres instruments. Après avoir joui d'une grande renommée en Prusse pendant sa vie, Himmel y est à peine connu de nom de la génération actuelle.

HIMMELBAUER (WENCESLAS), violoncelliste, né en Bohême vers 1725, vivait à Prague en 1764 ; plus tard il se rendit à Vienne, où il brillait encore en 1782, quoiqu'il fût alors âgé de cinquante-sept ans. Il était particulièrement renommé pour l'énergie de son exécution. On a gravé de lui des duos pour flûte ou violon et violoncelle, op. 1 ; Lyon, 1776. Il a écrit aussi des duos pour 2 violoncelles, qui sont restés en manuscrit, et que le violoncelliste de Bohême Émeric Petrzik possédait en 1795 ; en 1816 ces mêmes duos étaient passés en la possession de G.-J. Dlabacz.

HINDLE (JEAN), contrebassiste d'un rare talent, est né à Vienne, le 10 février 1792. Après avoir appris les éléments de la musique et le violoncelle dans une école publique, il entra comme ouvrier chez un luthier. Dans ses heures de repos, il se livra à l'étude de la contrebasse, et parvint par ses efforts à un degré d'habileté très-rare sur ce gigantesque instrument. En 1817, il a commencé à se faire connaître dans les concerts, où il a exécuté des solos très-difficiles. Peu de temps après, il est entré comme contrebasse au théâtre *An-Der-Wien*, où il était encore en 1843. En 1821, il fit un premier voyage en Allemagne, et obtint les plus brillants succès partout où il donna des concerts. En 1827, il visita Prague, Leipsick, Dresde, Berlin, et partout il excita l'étonnement et l'admiration. L'année suivante il donna un concert à Vienne, au théâtre Kærnthnerthor, et y exécuta sur la contrebasse un rondo fort difficile de Romberg, composé pour le violoncelle, et des variations dans la manière de Paganini, au moyen des sons harmoniques, dont il se sert avec une habileté merveilleuse. On vante aussi le goût et l'expression de son jeu. Une ouverture de fête de sa composition et plusieurs autres de ses ouvrages ont été exécutés à Vienne ; en 1832. Hindle a un fils (*André*) qui s'est fait remarquer à Vienne, en 1836, comme un pianiste distingué.

HINESTROSA (LOUIS-VENEGAS DE), musicien espagnol du seizième siècle, est auteur d'un traité de musique concernant la notation en tablature pour le luth, la harpe et la viole, le plain-chant, le chant figuré et le contrepoint ; cet ouvrage a été publié sous le titre suivant : *Tratado de Cifra de nueva para tecla, harpa y viguela, canto llano, de organo y contrapunto* ; Alcala de Henares, 1557, in-fol.

HINNEBURG (A. WILHELM), professeur de musique à l'école de la ville, et cantor à Juterbog, vers 1835, a publié, sous le titre contradictoire *Allgemeines Schul-Choralbuch oder 30 der gangbarste Choræle für Schulen, etc.*, un choix de chants chorals à 2 et 3 voix. Juterbog, Colditz, 1836, in-4°.

HINNER (. . . .), harpiste allemand, vint à Paris vers 1774, donna à la Comédie-Italienne, en 1776, le petit opéra en un acte intitulé : *la Fausse Délicatesse*, qui eut peu de succès, puis fut attaché à la musique de la reine. En 1781, il était à Londres, où il se faisait applaudir par sa manière de jouer l'adagio. Mais l'arrivée de madame Krumpholtz, quelques années après, le fit oublier. Il revint alors à Paris, où il était encore en 1803. On a sous le nom de cet artiste : *Complainte d'Amadis*, avec accompagnement de harpe ; Paris, 1780. — 2° Duo pour deux harpes, op. 1 ; Paris, Frey. — 3° Ariettes de différents auteurs, variées pour la harpe, op. 4 ; Paris, Naderman. — 4° Trois sonates pour harpe et violon, op. 5 ; ibid. — 5° Quatre sonates idem, op. 6 ; ibid. — 6° Quatre sonates pour harpe à pédales, op. 7 ; Londres, 1781. — 7° Quatre sonates pour harpe et violon, op. 9 ; Paris, 1794. — 8° Duo pour deux harpes, op. 10 ; Paris, Naderman. — 9° Duo pour deux harpes, n° 3 ; Paris, Frey.

HINRICH (Jean-Chrétien). *Voy.* Heinrich.

HINRICHS (Jean-Pierre), facteur d'instruments à Hambourg, vers la fin du dix-huitième siècle, imita à cette époque les grands pianos anglais.

HINSCH (Albert-Antoine), constructeur d'orgues à Groningue, vers le milieu du dix-huitième siècle, était né à Hambourg. Il se rendit célèbre en Hollande par quelques bons instruments, entre autres : 1° l'orgue de l'église luthérienne de Groningue ; 2° celui de Midwolde (village hollandais), composé de 33 jeux, 2 claviers et pédale. Il a aussi réparé le grand orgue de l'église Saint-Martin à Groningue.

HINTZE (Jacques), né à Bernau, dans la Marche de Brandebourg, en 1622, vécut à Berlin en qualité de musicien de la cour de l'électeur de Brandebourg vers 1666, et mourut à la fin du dix-septième siècle. Il a composé le chant des Épîtres que Cruger a publié dans son livre choral.

HIPPASE, philosophe pythagoricien, né à Métaponte, écrivit sur la musique, et fut un des premiers qui calculèrent les proportions des sons d'après les vitesses des vibrations, comme Pythagore les avait calculées d'après les dimensions des corps sonores. On peut voir sur ce sujet le Lexique d'Hesychius, et Théon de Smyrne (*L. II, C. 12, p. 91, édit. Bulliald.*), ainsi que les notes de Bouillaud (p. 561) sur ce dernier écrivain.

HIRE (Philippe de la). *Voy.* Lahire.

HIRSCH (André), prêtre luthérien du dix-septième siècle, fit ses études à Strasbourg ; ce qui a fait présumer qu'il était né en Alsace. Il fut d'abord pasteur à Bœchlingen, dans le duché de Hohenlohe, ensuite à Landsiedel. De là il alla à Neunstetten, et plus tard à Unter-Regenbach. On a de lui différents traités de théologie et un abrégé, en allemand, du traité de musique de Kircher intitulé *Musurgia*, sous ce titre : *Kircherus Jesuita Germanus Germaniæ redonatus ; sive Artis magnæ de consono et dissono Ars minor ; das ist : Philosophischer Extract und Auszug aus des weltberühmten teutschen Jesuiten Athanasii Kircheri von Fulda Musurgia universali ausgezogen von, etc.*, Hall (en Souabe) 1662, in-12 de 375 pages.

HIRSCH (Léopold), violoniste, était au service du prince Esterhazy, sous la direction de Haydn. Lorsque la chapelle de ce prince fut supprimée, en 1790, cet artiste alla s'établir à Vienne, où il vivait encore vers 1810. On a de sa composition : 1° Duos pour deux violons, œuvres 2, 3, 7, 8, 9, 16 ; Vienne, Weigl, Haslinger, etc. — 2° Duos pour violon et flûte, op. 18 ; ibid. — 3° Duos pour violon et violoncelle, op. 21 ; ibid. — 4° Variations pour deux violons, op. 11 et 14 ; ibid. — 5° Duos pour 2 flûtes, op. 5 ; ibid. — 6° Duos pour flûte et violoncelle, op. 20 ; ibid. — 7° Variations pour flûte, op. 12 et 13 ; ibid. — 8° Trois quatuors brillants pour 2 violons, alto et basse, op. 17 ; ibid. — 9° Trois quatuors brillants pour flûte, violon, alto et basse, op. 19 ; ibid. — 10° La marche d'Alexandre variée, pour violon principal, second violon, alto et violoncelle, op. 15 ; ibid. On trouvait aussi chez Traeg, à Vienne, au commencement du dix-neuvième siècle, un *Cassation* (petite pièce instrumentale) pour hautbois obligé, deux violons et violoncelle, composé par Hirsch.

HIRSCH (Rodolphe), né en Hongrie, le 1er février 1814, fit à Brünn et à Vienne des études de droit, et cultiva la musique dès sa jeunesse. On a de lui un intéressant petit ouvrage de biographie et de critique intitulé : *Galerie der lebender Tondichter* (Galerie de compositeurs vivants). Geins (en Hongrie), C. Reichardt, 1836, grand in-8°. On y trouve des notices remarquables par l'originalité des aperçus concernant Adam (Adolphe), André, Auber, Bellini, Chelard, Cherubini, Chopin, Cramer, Charles Czerny, Diabelli, Donizetti, Field, Gyrowetz, H. Herz, Hummel, Conradin Kreutzer, Lachner, Lindpaintner, Marschner, Maurer, Mendelssohn, Meyerbeer, Moscheles, Mosel, Paganini, Reissiger, Ries, Rossini, Seyfried, Spohr, Spontini, Tomascheck, Weigl et Wolfram. Hirsch a vécu quelque temps à Leipsick, et y a pris part à la rédaction du journal intitulé *la Comète*. On a de lui environ vingt œuvres de chants à voix seule avec piano. Hirsch, de retour à Vienne, y était encore en 1846.

HIRSCHBACH (Hermann), compositeur de musique instrumentale et écrivain sur la musique, est né à Berlin, en 1811. Ses trois premiers quatuors pour 2 violons, alto et basse furent exécutés dans une matinée musicale donnée le 11 mars 1839. Ils ont été publiés à Berlin, en 1841, sous ce titre : *Lebensbilder, Cyclus von quartetten*, œuvre 1er. Depuis lors son activité productrice a été considérable, car il a publié treize quatuors pour 2 violons, alto et violoncelle, œuvres 1, 29, 30, 31, 32, 33, 34, 35, 37, 38, 42, 43 et 49; deux quintettes pour 2 violons, 2 altos et violoncelle, œuvres 2 et 39; deux quintettes pour 2 violons, alto et 2 violoncelles, œuvres 44 et 50; deux quintettes pour violon, alto, violoncelle, clarinette et cor, œuvres 40 et 48; un septuor pour violon, alto, violoncelle, contrebasse, clarinette, cor et basson, œuvre 5; un *Ottetto* pour violon, alto, violoncelle, contrebasse, flûte, clarinette, basson et cor, œuvre 26. Sa symphonie pour l'orchestre n° 1, œuvre 4, a été exécutée à Leipsick, dans les concerts de la Gewandhaus. La symphonie n° 2, intitulée *Lebenskæmpf* (Le Combat de la Vie), est l'œuvre 46; le n° 3, œuvre 47, a pour titre : *Erinnerungen an die Alpen* (Souvenirs des Alpes); le n° 4, œuvre 27, est une Fantaisie d'orchestre intitulée *Faust's Spaziergang* (la Promenade de Faust). M. Hirschbach a écrit aussi cinq ouvertures à grand orchestre : la première, œuvre 3, est intitulée *Ouverture de fête;* le n° 2, œuvre 28, est dédié à la nation allemande; le n° 3, œuvre 36, est destiné au drame *Goets de Berlichingen;* l'œuvre 40 est formée par l'ouverture et toute la musique de *Hamlet;* le n° 5 est l'ouverture de *Jules César*. Les symphonies et les ouvertures sont arrangées et publiées pour le piano. En 1842, M. Hirschbach s'est établi à Leipsick; il y a publié pendant plusieurs années un écrit périodique intitulé *Kritisches Repertorium*.

HIRSCHFELD (MICHEL), facteur d'orgues au seizième siècle, commença en 1550, à Breslau, un instrument de 33 jeux; mais il mourut avant de l'avoir achevé. En 1664, la voûte de l'église où cet instrument était placé s'écroula, et l'instrument fut anéanti.

HIRSCHFELD (CHRÉTIEN-CAIUS-LAURENT), professeur de philosophie et secrétaire du collége académique de Kiel, naquit le 16 février 1742, à Nüchel, près d'Eutin, et mourut le 20 février 1792. Il est auteur d'un livre qui a pour titre *Plan der Geschichte der Poesie, Beredsamkeit, Musik, Malerey und Bildhauerkunst unter den Griechen* (Plan d'une histoire de la poésie, de l'éloquence, de la musique, de la peinture et de la sculpture chez les Grecs); Kiel, 1770, in-8°.

HITA (DON ANTONIO-RODRIGUEZ DE), maître de chapelle de la cathédrale de Palencia, appelée *la Santa Iglesia*, dans le royaume de Léon vécut vers le milieu du dix-huitième siècle. On a de lui un traité d'harmonie et de composition intitulé: *Diapason instructivo. Consonancias musicas y morales. Documentos a los professores de Musica. Carta a los discipulos sobre un breve y facil methodo de estudiar la composicion, y nuevo modo de contrapunto para el nuevo estilo;* en Madrid, 1757, 1 vol. in-4°. L'ouvrage est dédié au célèbre chanteur Carlo Broschi (Farinelli), *Caballero de Calatrava, criado Famigliar del Rey nuestro Señor*. Le nouveau genre de contrepoint qu'enseigne l'auteur est celui qui admet les dissonances naturelles sans préparation.

HITZELBERGER (SABINE), cantatrice à la cour du duc de Würzbourg, née à Raudersacker, le 12 novembre 1775, chantait déjà dès l'âge de dix ans dans plusieurs églises et couvents. Plus tard elle eut pour maître Steffani, chanteur italien au service du duc de Würzbourg. Ses progrès furent rapides sous la direction de ce maître, et son éducation fut complétée par des leçons de piano et de langue italienne. Dès ses débuts à la cour de Würzbourg, elle obtint de beaux succès. Elle était âgée de vingt et un ans lorsqu'elle fut engagée (en 1776) pour chanter au concert spirituel et à celui des amateurs, de Paris. Elle y produisit une vive sensation par la beauté de sa voix. On voit dans l'*État actuel de la musique du Roi, de* 1778, qu'elle était encore au concert spirituel dans cette année, en qualité de première chanteuse. Gerber dit qu'on lui offrit un traitement de 6,000 francs pour être cantatrice de la musique du roi, mais qu'elle refusa cet avantage, à cause de ses engagements avec son prince; il en fut de même des offres qui lui furent faites par l'électeur de Mayence. Le seul engagement de ce genre qu'elle contracta fut à Francfort, pour les concerts de l'hiver 1783. Il paraît qu'elle s'était mariée fort jeune, car lorsqu'elle se fit entendre à Paris, elle portait déjà le nom du flûtiste Hitzelberger. Gerber dit que madame Hitzelberger vivait encore à Würzbourg en 1807.

Cette cantatrice possédait une voix douce comme une flûte, dont l'étendue était de trois octaves. Elle exécutait les traits rapides avec une rare facilité. Elle eut quatre filles, dont elle fit elle-même l'éducation musicale. Les deux premières moururent à la fleur de l'âge. La troisième (Jeanne), née à Würzbourg, en 1783, fut attachée à la cour du roi de Bavière; elle épousa le musicien de la cour Bamberger. Sa sœur (Régine), née à Würzbourg, en 1786, fut aussi attachée à la même cour, et chanta devant

Napoléon, à Munich, dans *le Sacrifice interrompu*, de Winter, et dans *Don Juan*, de Mozart.

HITZENAUER (Christophe), cantor de l'école de Lauingen, dans la principauté de Pfalzbourg, est auteur d'un petit traité de composition devenu fort rare, et qui est intitulé : *Ratio facilis componendi symphonias seu concentus musicos;* Lauingen, 1585, in-8°. On a aussi de lui : 1° *Auserlesene sehr liebliche geistliche Gesang, mit drey Stimmen ganz artliche componirt* (Chansons spirituelles, choisies et agréables à trois voix); Lauingen, 1585, in-4°. — 2° *Zwey newe teutsche Liedlein mit 4 Stimmen, weltliche mit allein lieblich zu singen, sondern auch auff allerley Instrumenten mægen gebraucht werden*, etc. (Deux nouvelles petites chansons allemandes à 4 voix, etc.); Lauingen (sans date), in-4°.

HITZLER (Daniel), prévôt et conseiller à Stuttgard, né à Haidenheim, dans le duché de Würtemberg, en 1576, mourut à Strasbourg, le 4 septembre 1635. Il était à la fois théologien savant et musicien instruit. Avant d'être conseiller à Stuttgard, il avait été prédicateur en divers endroits, pasteur et inspecteur des écoles à Linz, en Autriche, et enfin surintendant général à Kirchheim. Othon Gibel cite un livre de Hitzler intitulé *Musica nova* (*voy. Kurtzer, jedoch gründlicher Bericht von den vocibus musicalibus*, p. 59 et suiv.), écrit contre le système de solmisation par la *bocédisation* de Calwitz, et en faveur de la *bebisation*, ou solmisation par les sept syllabes *la, be, ce, de, me, fe, ge*. Un exemplaire de cet ouvrage, qui paraît être d'une autre édition, se trouve à la bibliothèque royale de Berlin; il a pour titre : *Newe Musica oder Sing-Kunst* (Nouvelle musique, ou art du chant); Tubingue, 1628, in 8°. On a aussi de Hitzler une collection de chants chorals de divers auteurs, publiée sous ce titre : *Musikalisch figurirte Melodien der Kirchengesænge Psalmen und geistlichen Lieder*; Strasbourg, 1634, in-12.

HNILICKA (Aloysius) (1), compositeur auquel ses compatriotes accordent du génie, est né à Wildenschwert, en Bohême, le 21 mars 1826. A l'âge de dix ans il entra au chœur du couvent des Augustins dans le vieux Brünn, comme sopraniste; puis il alla continuer ses études musicales à l'école des organistes de Prague, pendant les années 1842 et 1843, où il obtint le prix d'excellence. En 1849, il a été nommé organiste dans sa ville natale, et postérieurement il a été fait directeur de la société chantante de Sainte-Cécile. Ses premières compositions sont un *Regina Cœli* et un quintette qui furent exécutés en 1845 dans un concert à Brünn. Son œuvre capital jusqu'à ce jour (1860) est l'Oratorio en langue bohême qui a pour titre *Ziraceny ráj* (Le Paradis perdu), qui a été exécuté trois fois à Wildenschwert, avec un succès d'enthousiasme. Ses autres ouvrages consistent en sept quatuors pour des instruments à cordes, dix Messes solennelles, trois *requiem*, et une grande quantité de psaumes et de litanies.

(1) La prononciation de ce nom, à peu près impossible pour les Français, est *nilitschka*, avec une émission fortement gutturale de l'*n*.

HOAI-NAN-TSÉE, auteur chinois d'une théorie de la musique, écrivait vers l'année 105 av. J.-C. On ne possède plus que des fragments de son livre; mais l'un des morceaux, rapporté et traduit par le P. Amiot (1), est assez étendu pour nous donner une connaissance suffisante de la plus ancienne exposition parvenue jusqu'à nous de la progression triple 1, 3, 9, 27, 81, comme génératrice des sons d'une gamme musicale. Cette génération n'est poussée par Hoai-nan-Tsée que jusqu'au cinquième terme, parce qu'elle suffit, dans ces limites, pour la formation de la gamme chinoise des cinq tons sans demi-tons. *Fa* étant représenté par 1, on a, par la

1, 3, 9, 27, 81

progression triple : *Fa, ut, sol, ré, la*; d'où se tire la gamme incomplète *fa, sol, la, ut, ré*, sur laquelle sont établies beaucoup de mélodies populaires de la Chine.

HOBEIN (Jean-Frédéric), organiste à l'église Notre-Dame de Wolfenbuttel, dans la seconde moitié du dix-huitième siècle, mourut en cette ville dans l'année 1782. En 1781 il a fait imprimer un opéra allemand de sa composition, intitulé *Elisium*, en partition pour le clavecin. Précédemment il avait publié : 1° Chansons à voix seule, avec accompagnement de piano; Cassel, 1778. — 2° Six sonates pour clavecin avec violon et violoncelle; ibid., 1780.

HOBRECHT (Jacques). *Voy.* Obrecht.

HOCHBRUCKER (....), harpiste et luthier à Donawerth, vers 1699, vécut aussi quelque temps à Augsbourg. Il passe pour avoir inventé les pédales de la harpe, qui ne furent d'abord qu'au nombre de *cinq*, et que l'inventeur plaça derrière le corps de l'instrument. La harpe de Hochbrucker était accordée en *fa*; la première pédale donnait *ut* dièse; la seconde, *ré* dièse; la troi-

(1) *De la musique des Chinois, tant anciens que modernes* (dans les *Mémoires concernant les Chinois*, t. VI, p. 115-120).

sième, *fa* dièse; la quatrième, *sol* dièse; la cinquième, *si* bécarre. Cette disposition, analogue aux tons alors en usage, ne permettait pas de jouer dans les tons de *si* bémol, de *mi* bémol, etc. Il paraît que l'invention de Hochbrucker ne fut rendue publique que vers 1720. Elle fut introduite en France en 1740, par un musicien allemand nommé *Stecht;* mais les difficultés de l'usage de ces pédales parurent alors trop grandes, et plus de trente ans après les harpistes français ne se servaient encore que de la harpe simple. Ce fut le neveu de Hochbrucker qui, s'étant établi à Paris comme maître de harpe, opéra à cet égard une réforme complète. En 1732, époque où Walther écrivait son Lexique de musique, Hochbrucker vivait encore.

HOCHBRUCKER (Simon), fils du précédent, naquit à Donawerth, en 1699. Son père lui enseigna à jouer de la harpe à pédales, et il devint sur cet instrument l'artiste le plus habile de son temps. En 1729, il se fit entendre à la cour impériale de Vienne, et y fit admirer son talent. Après Walther, qui nous fournit ces renseignements en 1732, on n'a rien appris sur la carrière de cet artiste.

HOCHBRUCKER (P. Célestin), naquit le 10 janvier 1727, à Tagmersheim, en Bavière. Son père, frère de l'inventeur de la harpe à pédales, y était instituteur, et lui enseigna les langues anciennes, le chant, l'orgue et la harpe. Le jeune Hochbrucker acheva ensuite ses études à Neubourg et à Friesing. Dans cette dernière ville, il se lia avec Cammerloher, qui lui enseigna la composition. Après avoir achevé un cours de philosophie, il entra dans l'ordre des Bénédictins, au monastère de Weihenstephan, y fit profession le 15 octobre 1747, et fut ordonné prêtre le 9 avril 1752. Excellent organiste et harpiste distingué, Hochbrucker avait aussi du mérite comme compositeur. Il a laissé en manuscrit beaucoup de musique d'église qui a été estimée en Bavière. En 1774 les étudiants de Friesing ont exécuté un oratorio intitulé *Les Juifs en captivité à Manassa*, dont la musique était du P. Hochbrucker, et qui fut admiré pour la beauté des chœurs. Ce religieux est mort en 1803.

HOCHBRUCKER (Chrétien), frère du précédent, né à Tagmersheim, le 17 mai 1733, apprit de son père les éléments de la musique ainsi que de la harpe, et acquit sur cet instrument une rare habileté pour le temps où il vécut. Arrivé à Paris en 1770, il s'y établit en qualité de professeur de harpe; il y mit en vogue la harpe à pédales, qui avait subi de notables modifications depuis qu'elle avait été inventée, car ces pédales étaient alors au nombre de sept, et la harpe était accordée en *mi* bémol. Bientôt Hochbrucker eut des élèves et des imitateurs; dans l'espace de douze ans, la harpe devint à la mode, et l'on vit à Paris plus de harpistes distingués qu'il n'y en avait dans toutes les autres grandes villes de l'Europe. Après le départ de Hinner, maître de harpe de la reine, Hochbrucker obtint ce titre. La révolution française de 1789 obligea cet artiste à chercher en Angleterre des ressources pour son talent. En 1792 il était à Londres, où il publia quelques œuvres de sa composition. Les renseignements manquent sur la fin de sa vie. Les ouvrages connus de Hochbrucker sont les suivants : 1° Trois œuvres de divertissements et d'airs connus, variés pour la harpe; Paris, Cousineau. — 2° Recueil d'ariettes choisies avec accompagnement de harpe, suivi d'une sonate, op. 2, ibid. — 3° Six sonates pour la harpe avec une gamme et des pièces doigtées pour les commençants, op. 1; ibid. — 4° Six idem, op. 6; ibid. — 5° Trois duos pour deux harpes, op. 9. — 6° Six divertissements; Londres, Preston, 1797. — 7° Trois sonates pour harpe et violon; Paris, Pleyel.

HOCHREITER (Joseph-Balthazar), organiste à Lambach, dans la haute Autriche, vécut au commencement du dix-huitième siècle. Il s'est fait connaître par des compositions pour l'église, dont les titres suivent : 1° *Vesperæ dominicales et festivæ quatuor vocum ac instrum.*; Augsbourg, Lotter, 1706. — 2° *Vesperæ B. V. Mariæ 4 vocum*, 1 *viol.*, 2 *violæ et contin.*; ibid., 1710.

HOCRER (Jean-Louis), ministre à Heilbronn, dans la principauté d'Anspach, naquit à Lautersheim, en 1670, et mourut le 16 avril 1746. Il était membre de l'Académie des sciences de Berlin. Au nombre de ses ouvrages on trouve un traité des sciences mathématiques intitulé : *Mathematische seelenlust, oder geistliche Benutzung mathematischer Wissenschaft*, en quatre volumes, dont le dernier est relatif à la musique.

HOCMELLE (Pierre-Edmond), organiste et compositeur aveugle, né à Paris, le 18 septembre 1824, fut admis comme élève au conservatoire de cette ville, le 16 décembre 1838, et y fit toutes ses études musicales jusqu'au mois de novembre 1850. MM. Elwart et Leborne lui ont enseigné le contrepoint et la composition, et M. Benoist a été son professeur d'orgue. En 1843 il a obtenu le second prix de cet instrument au concours, et le premier lui a été décerné dans l'année suivante. M. Hocmelle est organiste à l'église Saint-Philippe du Roule.

HODERMANN (G. C.), compositeur et professeur de piano, vécut à Amsterdam vers la fin du dix-huitième siècle. On connaît sous son nom : 1° Méthode brève et facile de musique et de piano, à l'usage des commençants, etc. ; Amsterdam, 1789. — 2° Deux symphonies pour l'orchestre ; ibid. — 3° Quintettes pour clavecin, flûte ou hautbois, violon, alto et basse, n°s 1 et 2, ibid. — 4° Septuor pour 2 violons, 2 violes, 2 cors et basse ; ibid., 1791. — 5° six contredanses et un menuet avec 12 variations pour piano ; ibid. — 6° Trois symphonies pour clavecin et violon, op. 5. — 7° Trois idem, op. 9, 1793. — 8° Trois duos pour 2 violons, op. 10 ; ibid. — 9° Douze sonatines pour 2 violons à l'usage des commençants, op. 11 ; ibid. — 10° Six sonates pour le clavecin et violon, d'une exécution facile, op. 12. — 11° Deux concertos pour le clavecin (en *ré* majeur et *fa* majeur), op. 13 ; ibid. — 12° Ouverture exécutée dans la nouvelle église luthérienne, arrangée pour le clavecin, ibid. ; 1795. — 13° *Les Vertus auprès de la croix de Jésus*, oratorio, en manuscrit. — 14° Cantate sur la résurrection de Jésus-Christ, en manuscrit.

HODGES (Édouard), docteur en musique, gradué par l'université de Cambridge, est né dans le comté de Middlesex, au commencement du dix-neuvième siècle. Après avoir terminé ses études littéraires et musicales, il fut directeur de musique au collége Sidney-Sussex, à Cambridge ; puis des avantages considérables lui ayant été offerts pour se fixer aux États-Unis d'Amérique, il s'y rendit en 1836, et fut nommé directeur de musique de la paroisse de Trinity-Church, à New-York. On a de lui un écrit qui a pour titre *An Essay of the cultivation of Church-Music* (Essai sur la culture de la musique d'église) ; New-York, J.-A. Sparks, 1841, in-8°.

Un autre musicien (Hodges, G.-L.) a publié, vers 1820, une intéressante collection d'airs populaires de l'Espagne, sous ce titre : *Collection of Peninsular Melodies* ; Londres, 2 vol. gr. in-8°. Cet ouvrage était du prix de deux guinées par souscription.

HOEBRECHTS (....), claveciniste, né en Belgique, a vécu à Londres vers la fin du dix-huitième siècle et au commencement du suivant. En 1786 il a fait graver à Londres trois trios pour clavecin, violon et violoncelle, op 1. Ses autres ouvrages sont : 1° Trois sonates pour clavecin seul, op. 2 ; Londres, Bland, 1788. — 2° Trois idem, op. 3 ; Londres, Clementi. — 3° Trois idem, op. 4 ; ibid. — 4° Trois idem, op. 5 ; ibid. — 5° Sonate sur des airs écossais, op. 7 ; ibid. — 6° Trois sonates pour piano et violon, op. 9 ; ibid. — 7° Trois idem, op. 10. — 8° Trois idem, op. 11 ; ibid. — 9° Trois idem, op. 12.

HOECKE (C.), violoncelliste allemand, vécut en Russie dans les dernières années du dix-huitième siècle. Il a fait graver de sa composition : 1° Concerto pour violoncelle et orchestre (en *sol*), op. 1 ; Moscou, 1799 ; Paris, Sieber. — 2° Deuxième concerto pour violoncelle (en *ut*), op. 2 ; Moscou, Paris, Pleyel.

HOECKH (Charles), maître de concerts du prince d'Anhalt-Zerbst, naquit à Ebersdorf, près de Vienne, le 22 janvier 1707. Après avoir reçu de son père quelques leçons de violon, il fut envoyé, à l'âge de quinze ans, à Pruck pour y faire des études complètes de musique chez le musicien de la ville. Son apprentissage terminé, il entra comme hautboïste dans la musique d'un régiment, et passa deux années en Hongrie et dans la Transylvanie. Le temps de son service étant fini, il retourna à Vienne, et y fit la connaissance de François Benda, qui remarqua son habileté sur le violon. Ce grand artiste se disposait alors à faire un voyage en Pologne : Hœckh obtint la permission de l'accompagner jusqu'à Varsovie, en passant par Breslau. Le staroste Sukascheffski admit les deux artistes à son service. Lorsque Benda s'éloigna de Varsovie pour aller à Berlin, il n'oublia pas son ami, et ce fut sur sa recommandation que Hœckh obtint, en 1732, la place de maître de concerts du prince d'Anhalt-Zerbst. Il l'occupa pendant quarante ans, et mourut en 1772, avec la réputation d'un instrumentiste distingué, et d'un compositeur de mérite. Il a fait imprimer à Berlin, en 1761, sept *parthien* (petites pièces instrumentales) pour 2 violons et basse, et a laissé en manuscrit 6 symphonies, 12 solos et 12 concertos pour le violon.

HOEFEL (Jean), docteur en droit et conseiller de plusieurs petits États en Franconie, naquit à Uffenheim, le 24 juin 1600, et mourut en 1683. Gerber dit qu'il publia en 1634 un ouvrage intitulé *Musica christiana*, mais sans indiquer ni la nature du livre, ni le lieu de l'impression. Il cite aussi du même auteur un livre de chants historiques, Schleusingen, 1681, in-8° ; mais il ignore si ce recueil contient des mélodies. Il serait possible que ce Hœfel fût le même que Corneille-a-Beughem a cité sous le nom de *Hœfelinus* (*Bibl. Mathem.*, p. 68), comme auteur d'un recueil de motets intitulé : *Novellæ sacrarum cantionum variis sanctorum festis accommodatæ, et binis decantandæ vocibus* ; Einsiedel, 1671, in-4°.

HOEFFLEIN (....), il existait sous ce nom chez Traeg à Vienne en 1799, un concerto pour clavecin, 2 violons, alto basse, 2 flûtes et 2 cors, en manuscrit.

HOEFFLER (CONRAD), musicien au service du duc de Weissenfels, vers la fin du dix-septième siècle, naquit à Nuremberg, en 1650. Il a publié de sa composition douze *parthien* pour la basse de viole avec basse continue; Nuremberg, 1698, in-fol. On y trouve son portrait.

HOELLERER (FRANÇOIS-XAVIER), violoniste de la chapelle du roi de Wurtemberg, à Stuttgard, né dans cette ville, dans les premières années de ce siècle, a composé la musique de plusieurs ballets pour le théâtre de la cour, et plusieurs recueils de chants pour des voix d'hommes, qui ont été publiés vers 1840.

HOELLING (JEAN-CONRAD-ÉTIENNE), théologien et prédicateur à Hildesheim, mort jeune, en 1741, a publié plusieurs dissertations, au nombre desquelles on remarque celle qui a pour titre : *Oratio musica ecclesiastica*; Hildesheim, 1732, in-4°.

HOELTZLIN (JOSEPH), compositeur né à Augsbourg, dans la seconde moitié du seizième siècle, s'est fait connaître par la publication de deux recueils de chansons à quatre parties, intitulés : 1° *Newe lustige weltliche musikalische Lieder mit 4 Stimmen, sampt anehmlichen hochzeitlichen Gesængen, so wohl auff allerley Instrumentis als Voce humana*, etc.; Augsbourg, 1603, in-4°. — 2° *Newe lustiger weltlicher musikalischer Lieder mit 4 und 5 Stimmen; ander Theil*; Augsbourg, 1604, in-4°.

HŒNICKE (JEAN-FRÉDÉRIC), directeur de musique et répétiteur de la société du théâtre de Hambourg dans la dernière partie du dix-huitième siècle, mourut en cette ville, d'une atteinte d'apoplexie, le 29 août 1809, à l'âge de cinquante-quatre ans, après avoir dirigé l'orchestre de l'Opéra pendant vingt-cinq ans. On lui doit la musique d'un petit opéra intitulé : *Die Heirath aus Liebe* (le Mariage par amour), et une symphonie pour l'orchestre (en *mi* mineur). En 1797, Hœnicke a publié un journal de morceaux de chant tirés des opéras allemands et français avec accompagnement de piano : il n'a paru que douze cahiers de ce recueil.

HOEPFNER (J.-GEORGES-CHRÉTIEN), pasteur à Niederspier, dans la principauté de Schwarzbourg-Sonderahausen, naquit à Turinghausen, le 4 mars 1765, et mourut le 20 décembre 1827. Forkel cite dans sa Littérature de la musique (*Allgem. Liter. der Musik*, p. 316) un livre de Hœpfner qui aurait pour titre : *Anweisung zum Singen* (Instruction pour le chant); mais il dit que le lieu et la date de l'impression sont inconnus. Lichtenthal, qui a copié Forkel n'ajoute aucun renseignement à ce qu'il a tiré de cet auteur. Kayser, qui indique les autres ouvrages de Hœpfner, dans son *Index locupletissimus librorum qui inde ab anno 1750 usque ad annum 1832 in Germania et in terris confinibus prodierunt* (3e partie, p. 187), ne dit rien de celui-là ; il paraît donc vraisemblable que le livre, après avoir été annoncé, n'aura point paru.

HOEPNER (ÉTIENNE), né à Pentzlin, dans le Mecklembourg, fut d'abord *cantor* à Munchberg, vers 1615, puis remplit les mêmes fonctions à Francfort-sur-l'Oder. Il a publié de sa composition deux collections de motets allemands et latins, qui ont pour titres : 1° *Teutsche und lateinische Gesænge* (Chants allemands et latins); 1614. — 2° *Newe, schœne teutsche und lateinische Gesænge, auf Sonn-und Festtægs zu gebrauchen, mit 4, 5, 6, 7, 8 und 12 Stimmen* (Nouveaux et beaux chants allemands et latins, pour les dimanches et fêtes à 4, 5, 6, 7, 8 et 12 voix); Francfort-sur-l'Oder, 1616, in-4°.

HOEPNER (CHRÉTIEN-GOTTLOB), organiste de l'église de la Croix, à Dresde, est né le 7 novembre 1799 à Frankenstein, près de Chemnitz, et non à *Frankenberg*, comme le disent Gassner et M. Bernsdorf, dans leurs Lexiques universels de musique. Il reçut des leçons de piano de son frère aîné (Chrétien-Théophile), et dès l'âge de quatorze ans il se faisait déjà remarquer par son habileté. A dix-sept ans il se livra à l'étude de l'orgue, instrument qui depuis lors l'occupa presque exclusivement et sur lequel il acquit un talent distingué. En 1824 il se rendit à Freyberg près d'Anacker, directeur de musique, qui le dirigea dans ses études de composition. De retour à Dresde, en 1827, il reçut encore pendant quatre ans des leçons de l'excellent organiste Jean Schneider, et perfectionna son talent sur le piano et sur l'orgue. On n'a imprimé de sa composition que quelques petites pièces pour ce dernier instrument dans l'*Orgel-Museum*, publié chez Gœdsche, à Meissen, en 1834.

HOERE (JEAN-GODEFROID), recteur au collége du prince à Meissen, né à Naumbourg, en 1704, étudia à Wittemberg, où il fut magister en 1727, puis bibliothécaire de l'université, ensuite (en 1731) recteur à Frankenhausen. En 1736, il se rendit à Meissen en qualité de co-recteur ; le rectorat lui fut confié en 1751. Il mourut en cette ville, le 8 mars 1771. Au nombre de ses écrits on trouve une dissertation intitulée : *Series cantorum Afranorum*; 1758, in-fol.

HOERGER (...), fils d'un violoniste de Brême, est né dans cette ville, en 1804. Après avoir fait ses études musicales à Cassel, il obtint la place de directeur de musique dans cette ville, en 1831 ; plus tard il fut appelé à Dusseldorf comme directeur d'orchestre du théâtre. Il y a fait représenter, en 1838, un opéra intitulé *Dona Juana*.

HŒRNIGK (Louis), docteur en médecine et amateur de musique, vécut à Francfort-sur le-Mein, dans la première moitié du dix-septième siècle. Il s'est fait connaître comme compositeur par un ouvrage imprimé sous ce titre : *Triphyllum symphoniarum sacrum, oder achtzehn auss ueblichen choral figuraliter und concertweiss gesetzte evangelische Kirchengesang*, etc. (Trèfle sacré de symphonies, ou dix-huit concerts composés sur des chants de l'Église évangélique, etc., à trois voix); Francfort, Matth. Kumpller, 1628, in-4°.

HOESSLER (...), cantor à Altenbourg, est né dans cette ville, vers 1806. Il s'est fait connaître dans diverses localités de sa patrie, telles que Pegau, Zeitz, Schmœlln, Eisenberg et Altenbourg, par des motets, des hymnes et des cantates qui y ont été exécutés. Son meilleur ouvrage est un *Pater noster (Vater unser)* à deux chœurs, œuvre 3e, publié en 1836.

HOETZL (Louis), chanoine régulier de l'ordre de Saint-Benoît, et profès au couvent de Sainte-Croix à Augsbourg, vers la fin du dix-septième siècle, a publié des vêpres de sa composition, sous ce titre : *Musica vespertina tripartita. Psalmi 38, partiti in vesperas de Dominica, de B. Virgine, et de variis sanctorum festivitatibus per annum concurrentibus*, 1, 2, 3, 4 *voc. capell.* 4 *instrum.; partim necessariis, partim ad libitum concertantibus ;* Augsbourg, 1688, in-4°.

HOFER (André), second maître de chapelle, et régent du chœur à la cathédrale de Salzbourg, vécut dans la seconde moitié du dix-septième siècle. On a de lui un recueil intitulé : *Ver sacrum, seu flores musici quinque vocibus et totidem instrum. producendi, et pro offertoriis servituri, ad occurrentes per annum festivitates cum quibusdam de communi ;* Salzbourg, 1677, in-fol. Hofer fut le maître de Jean-Baptiste Samber (*voy.* ce nom).

HOFERICHTER (Jean), facteur d'orgues du dix-septième siècle, en Silésie, a construit en 1663 celui de l'église évangélique de Jauer, composé de 23 jeux, 2 claviers et pédale.

HOFFMANN (Jean), savant contrepointiste et organiste habile au service de l'archevêque Albert, à Halle, vécut dans la première moitié du seizième siècle. Il composa une partie des mélodies du livre de chant choral qui fut publié à Halle, en 1537, in-8° de 11 feuilles.

HOFFMANN (Eucharius), né à Heldburg en Franconie, fut d'abord cantor à Stralsund, puis devint co-recteur dans la même ville, vers 1580. Il s'est fait connaître comme écrivain didactique et comme compositeur par les ouvrages dont les titres suivent : 1° *Doctrina de tonis seu modis musicis quæ est præstantissima et utilissima musicæ pars, paucis nostræ ætatis musicis cognita et perspecta, ex vetustissimis musicis ac brevitate et perspicuitate, ut a mediocriter attento parvo cum labore deprehendi et disci posset;* Greiswalde, 1582, 5 feuilles in-8°. La deuxième édition a paru à Hambourg, en 1584, et le succès fut si décidé qu'il en fut fait une troisième dans l'année suivante; toutes deux sont in-8°. Je possède une édition de ce livre publiée à Rostock, en 1605, in-4°. Ce livre est un des meilleurs qui aient été écrits sur ce sujet : il est divisé en sept chapitres. Il a été réimprimé à la suite de l'ouvrage suivant, en 1588. — 2° *Musicæ practicæ præcepta ad usum juventutis;* Greiswalde, 1584, 10 feuilles in-8°. La deuxième édition a paru à Hambourg, en 1585, in-8°, et la troisième, en 1588, in-8°. Ce livre est divisé en 13 chapitres. Dans la troisième édition, on trouve une préface de Jacques Runge, surintendant des églises de la Poméranie citérieure. — 3° 2 *Deutsche Sprüche aus den Psalmen Davids mit* 4 *Stimmen* (Deux passages tirés des psaumes de David, mis en musique à 4 voix); Rostock, 1577, in-4°. — 4° *Geistliche Epithalamia auf des Pommerschen Herzogs Ernst Ludwig Beylager, mit* 4 *Stimmen* (Épithalames spirituels pour les noces du duc de Poméranie Ernest-Louis, à 4 voix); Rostock, 1577, in-4°.

HOFFMANN (Martin), célèbre luthier allemand, vécut à Leipsick vers la fin du dix-septième siècle et au commencement du dix-huitième : il mourut en cette ville, vers 1725. Ses instruments sont encore estimés. Il eut deux fils, dont l'aîné (Jean-Chrétien) se distingua comme lui dans la facture des luths. Le plus jeune se fit particulièrement remarquer par ses violons et ses basses de viole.

HOFFMANN (Chrétien). *Voy.* Hofmann.

HOFFMANN (Gérard), architecte du duc de Saxe-Weimar et bourgmestre à Rostenberg, naquit en ce lieu, le 11 novembre 1690. Il étudia les mathématiques à Jéna, puis fut nommé inspecteur des bâtiments par le duc de Weimar, en 1719. En remplissant avec zèle les fonctions de son emploi, il conçut le projet d'apprendre l'harmonie, dont il comprenait l'analogie avec l'architecture : dans ce dessein, il prit des leçons chez le maître de chapelle J.-G. Dresen. Ses progrès furent rapides, et en peu de temps il parvint à composer beaucoup de cantates religieuses et autres morceaux de musique d'église. En 1728 il fut nommé chambellan à Rostenberg, et en 1731 architecte du duc d'Eisenach. Il continua néanmoins de résider à Rostenberg, où la dignité de bourgmestre lui fut accordée, en 1736. On ignore l'époque de sa mort. Walther attribue à Hoffmann plusieurs inventions relatives à la musique, dont les principales sont : 1° En 1727, une deuxième clef ajoutée à la flûte traversière et qui en perfectionna la justesse. — 2° Une clef ajoutée au hautbois pour rendre plus juste le *sol* dièse dans les deux octaves. — 3° Une mécanique pour monter et descendre d'un seul coup un violon au ton du chœur et à celui des concerts, qui alors étaient différents. — 4° En 1728, un nouveau tempérament pour l'accord des instruments, d'après des calculs arithmétiques faciles. — 5° En 1733, l'application du tempérament à l'accord de l'orgue, de manière à obtenir la plus grande justesse possible dans les vingt-quatre modes majeurs et mineurs. — 6° En 1734, un calibre pour mesurer le diamètre des cordes de violon, de basse de viole, de luth et d'autres instruments.

HOFFMANN (Jean-Georges), organiste de l'église Sainte-Marie-Madeleine à Breslau, naquit le 24 octobre 1700, à Niemptsch, village du pays de Brug, où son père était un pauvre tisserand. Après avoir fréquenté l'école du village jusqu'à l'âge de treize ans, il entra chez un organiste nommé *Quirl*, pour y faire un apprentissage de cinq ans. Pendant ce temps, il apprit le chant, le clavecin, le violon, et même le cor et la trompette. Son maître l'instruisit aussi dans la théorie et dans la didactique de l'art, en lui faisant étudier les ouvrages de Prins, de Werkmeister, de Mattheson et de Heinichen. Son éducation terminée, il partit avec 5 florins dans sa poche, et se rendit à Breslau, avec l'espoir d'y trouver la fortune. Le hasard fit qu'un de ses parents arriva dans la même ville peu de temps après avec trois jeunes gens de noble famille, dont il était le précepteur : ce parent le fit entrer au service de ses élèves, et lui procura par cela l'occasion d'assister à leurs leçons, et d'acquérir des connaissances dans les langues italienne et française. En 1720, il obtint la place de second organiste de l'église Sainte-Élisabeth, et lorsqu'un Opéra italien s'établit à Breslau, en 1725, on lui confia la place de deuxième accompagnateur au clavecin : cette dernière circonstance lui fut favorable, et ne contribua pas peu à former son goût. En 1737, il obtint la place d'organiste de l'église Sainte-Barbe. Devenu organiste en chef de Sainte-Marie-Madeleine, en 1742, il écrivit : 1° Quatre années complètes de musique d'église à 4 voix. — 2° Deux années complètes de cantates religieuses pour les grandes fêtes. — 3° Deux oratorios : le premier, intitulé *Jésus sur le mont Golgatha*, se trouvait, au commencement du dix-neuvième siècle, entre les mains du maître de chapelle Reichardt. — 4° Beaucoup de compositions détachées pour l'église. — 5° Plus de 400 sérénades, cantates, et morceaux détachés, pour diverses circonstances, dont une pour un jubilé avec *Sanctus* et *Domine*. De toutes les compositions de Hoffmann, il n'a été imprimé que 6 *Murki* pour clavecin, à Breslau. Il était habile organiste et savant dans la théorie de la musique. Il a écrit le catalogue détaillé de ses ouvrages en 1740, et a donné sa propre biographie, qui a été insérée par Mattheson dans ses *Grundlage einen Ehrenpforte*, p. 110 et suivantes. Il est mort à Breslau, en 1780.

HOFFMANN (Jean-Léonard), littérateur allemand, né en Saxe, vécut à Leipsick et à Halle, puis se fixa à Erlang, où il mourut, le 29 septembre 1714. Il est connu par un livre qui a pour titre : *Versuch einer Geschichte der malerischen Harmonie überhaupt und der farben harmonie insbesondere, mit Erlauterungen aus der Tonkunst und vielen praktischen Anmerkungen* (Essai d'une histoire de l'harmonie pittoresque en général et de l'harmonie des couleurs en particulier, avec des éclaircissements tirés de la musique et beaucoup d'observations pratiques); Halle, Hendel, 1786, in-8°, 157 pages.

HOFFMANN (Léopold), compositeur de la cour impériale, et maître de chapelle de l'église cathédrale de Vienne, naquit en cette ville vers 1730. Gerber le signale comme un musicien distingué, qui brillait déjà en 1760 et jouissait d'une grande célébrité en Allemagne. Cependant il n'a publié qu'un très-petit nombre de ses ouvrages, et l'on ne connaît de lui que quelques odes avec mélodies, et six trios pour violon, violoncelle et basse chiffrée pour le clavecin ; mais le nombre de ses ouvrages restés en manuscrit est considérable : on y remarque des symphonies, concertos de violon, de violoncelle, de clavecin, des concertantes pour ces divers instruments, des quatuors et trios pour violon, ainsi que des sonates avec et sans accompagnement. Le catalogue de Traeg, de Vienne, indique aussi deux vêpres complètes de cet artiste. En 1764 il avait été nommé maître de chapelle de Saint-Étienne et de la chapelle impériale. Il est mort vers 1782. Mozart avait été désigné pour être son successeur, mais ce fut Albrechtsberger qui obtint la place.

HOFFMANN (Jean-Georges), né en 1738,

à Schlawa, dans la principauté de Glogau, apprit d'abord les éléments de la musique sous la direction de son père, puis entra au chœur de l'église Sainte-Élisabeth à Breslau. Après la mort de son père, il lui succéda, en 1763, dans les places de musicien de ville et d'église à Schlawa, puis, en 1765, il fut nommé organiste de l'église évangélique à Niebusch, près de Freistadt. Il est mort en ce lieu dans l'année 1809. On connaît de la composition de cet artiste : Douze pièces d'orgue faciles pour des préludes et des conclusions; Leipsick, *Hofmeister*.

HOFFMANN (Philippe-Charles), pianiste et compositeur, est né à Mayence, le 5 mars 1769. Il étudia la philosophie et le droit, et ne cultiva d'abord la musique qu'en amateur. Dans sa jeunesse, il fit avec son frère (*voy.* l'article suivant) un voyage à Francfort, où il connut Mozart, qui s'y était rendu à l'occasion du couronnement de l'empereur Léopold. L'illustre compositeur remarqua le talent des deux frères Hoffmann, encore enfants, et joua avec Philippe-Charles ses belles sonates à quatre mains. La mort du père des jeunes gens les laissa sans moyens d'existence et les obligea de chercher des ressources dans la musique. Philippe-Charles donna des leçons de piano à Mayence; mais bientôt le siége de cette ville et les événements qui en furent la suite le contraignirent à se retirer dans le Rheingau, puis à Aschaffenbourg, où il se trouvait sans emploi en 1796. Là, il se sépara de son frère, et prit le parti de se rendre à Offenbach. Il y donna des leçons de piano et fut attaché à l'orchestre du concert de la ville, et à la musique particulière d'un riche négociant nommé *Bernard*. Vers la même époque, il se livra à l'étude de l'histoire naturelle, fut un des fondateurs de la société académique de Wettéravie, et publia dans le premier cahier des mémoires de cette société un article sur l'entomologie. Deux voyages qu'il fit à Amsterdam et à Vienne le firent connaître avantageusement comme exécutant et comme compositeur. Dans cette dernière ville, il fit la connaissance de Haydn et de Beethoven, qui lui témoignèrent de l'estime. En 1810, une occasion favorable s'offrit à lui pour aller à Pétersbourg : il y demeura onze ans, et acquit, par les leçons et les concerts qu'il y donna, des richesses assez considérables pour aller, vers la fin de 1821, vivre dans l'aisance à Francfort. Ses connaissances étendues l'avaient fait nommer à Pétersbourg membre de la société russe d'histoire naturelle; il s'y lia aussi d'une étroite amitié avec Schubert, astronome et conseiller d'État.

Le caractère distinctif du talent d'exécution de Philippe-Charles Hoffmann consistait dans la netteté et la précision. Ses compositions ont de la grâce et de l'originalité. Une attaque de paralysie l'obligea à renoncer à l'exécution sur le piano, mais il continua de s'occuper de l'histoire naturelle, objet favori de ses études. Il possédait une des plus belles collections d'insectes et de papillons qui fussent en Europe. L'époque de sa mort n'est mentionée par aucun de ses compatriotes. Parmi les compositions de cet artiste, on distingue : 1° Trios pour piano, violon et violoncelle, *op.* 1 et 4; Mayence et Offenbach, 1791 et 1795. — 2° Divers thèmes allemands, français et italiens, variés pour piano seul, op. 2, 3, 5, 6, 7, 8, Offenbach, 9791-1798. — 3° Deux rondos pour piano, op. 9; ibid. — 4° Un opéra inédit. — 5° Fantaisie et rondo pour le clavecin. — op. 10; Offenbach, 1800. — 6° Cadences pour quelques concertos de Mozart, ibid.

HOFFMANN (Henri-Antoine), frère du précédent, né à Mayence, le 24 juin 1770, étudia aussi la philosophie et le droit, et se distingua, comme son frère, dès son enfance par ses heureuses dispositions pour la musique. Il jouait du violon assez bien pour avoir fixé l'attention de Mozart sur son talent : ce grand artiste joua avec lui quelques-unes de ses sonates pour piano et violon. Obligé plus tard de chercher dans la musique des ressources pour son existence il entra dans la chapelle de l'électeur de Mayence. Pendant le siége de cette ville, il se retira au Rheingau avec son frère, revint ensuite dans sa ville natale, et en sortit de nouveau pendant les troubles révolutionnaires pour aller à Aschaffembourg, où il resta jusqu'en 1799. Il entra alors en qualité de premier violon au théâtre national de Francfort-sur-le-Mein, fut nommé second répétiteur de ce théâtre en 1801, et devint en 1803 directeur des concerts du prince primat. En 1817, on le choisit pour remplir les fonctions de second directeur de musique du théâtre, et deux ans après il fut nommé directeur et l'un des chefs d'orchestre. Lorsque Guhr fut appelé, en 1821, à occuper la place de directeur de musique du théâtre de Francfort, Hoffmann reprit celle de premier violon et de second chef; il la remplit jusqu'en 1835, où il s'est retiré, après trente-six ans de service, et à l'âge de soixante-cinq ans, avec une pension. Depuis lors il a vécu dans le repos, continuant seulement à écrire des duos pour violon et violoncelle, genre de composition dans lequel il a obtenu des succès. Il est mort à Mayence, en 1842. On connaît de cet artiste : 1° Symphonie concertante pour deux violons principaux, *op.* 2; Offenbach, 1795. — 2° Trois quatuors pour 2 violons, alto et basse, op. 3; ibid. — 3° Six duos pour 2 violons, op. 4; Mayence, Schott. — 4° Quintette pour 2 violons, 2 altos et violoncelle; Vienne, Mechetti. — 5° Trois duos pour violon et violoncelle, op. 5, livre 1, idem; liv. 2, Offenbach, André. — 6° Deux idem, op. 6, ibid. — 7° Premier concerto pour violon et orchestre, op. 7; ibid. — 8° Deuxième idem, op. 8; Mayence, Schott. — 9° Trois quatuors pour 2 violons, alto et basse, op. 9. — 10° Duo brillant pour violon et violoncelle; Vienne, Haslinger. — 11° Six chants avec accompagnement de piano; Offenbach, 1799. — 12° Six chansons allemandes; idem, ibidem.

HOFFMANN (H.-N.), chanteur du théâtre allemand de Hambourg, était dans cette ville en 1797; l'année suivante il chantait à Altona. Il a publié de sa composition : 1° Choix de poésies lyriques avec accompagnement de piano; Hambourg, Meyn, 1797. — 2° *L'Été et l'hiver*, duo avec accompagnement de piano; ibid, 1797. — 3° Chanson allemande (*Sagt wo sind die Veilchen hin*); idem, ibidem.

HOFFMANN (Jean), virtuose sur la mandoline, paraît avoir vécu à Vienne, vers la fin du dix-huitième siècle. Le catalogue de Traeg, imprimé en 1799, indique sous le nom de cet artiste, en manuscrit : 1° 3 *Quartetti per il mandolino, viola, violino e violoncello.* — 2° 4 *Terzetti a violino, viola e violoncello.* — 3° 3 *Serenate a mandolino e viola.* On a gravé aussi de Hoffmann : 4° 3 *Duetti per il mandolino e violino*, op. 1; Vienne. — 5° 3 *Duetti*, idem, op. 5; Vienne, Artaria, 1799.

HOFFMANN (Fr.-Benoit), littérateur, poëte lyrique, et critique distingué, naquit à Nancy, le 11 juillet 1760. Après avoir achevé de bonnes études, il se rendit à Paris, en 1785, et s'y fit connaître l'année suivante par son opéra de *Phèdre*, mis en musique par Lemoine, et qui fut représenté avec succès à l'Académie royale de musique. Le nombre de grands opéras et d'opéras comiques qu'il écrivit ensuite pour les plus célèbres compositeurs est considérable. Parmi ses écrits polémiques, on remarque celui qui a pour titre : *Réponse à M. Geoffroi, relativement à un article sur l'opéra d'Adrien*; Paris, Huet, an X (1802), in-8°. Ce morceau a été réimprimé dans le troisième volume des œuvres complètes de l'auteur (Paris, Lefebvre, 1828 et années suivantes, 10 vol. in-8°). Hoffmann y prend avec chaleur la défense de la musique de Méhul, qui avait été fort maltraitée par le célèbre aristarque du *Journal des Débats*. Hoffmann est mort à Paris le 25 avril 1828.

HOFFMANN (Ernest-Théodore-Amédée, ou plutôt Ernest-Théodore-Guillaume), compositeur, peintre, poete et romancier célèbre, naquit à Kœnigsberg, le 24 janvier 1776. Les sciences et les arts lui furent enseignés dans sa jeunesse : son esprit vaste et pénétrant lui en fit saisir l'ensemble et les détails avec une merveilleuse facilité. Élève d'un organiste distingué, nommé Pobielsky, il acquit un talent remarquable sur le piano, sous la direction de cet habile maître. Il devint aussi chanteur agréable, particulièrement dans le genre comique. Enfin le dessin, la peinture, la poésie et les langues modernes l'occupèrent tour à tour avec succès. Malheureusement, comme il le disait lui-même, on s'était plus occupé de ses talents que de son éducation morale. Après avoir terminé ses études, particulièrement celle de la jurisprudence, à l'université de Kœnigsberg, il abandonna tout à coup la carrière des sciences pour se livrer à ses goûts de dissipation, donna des leçons de musique pour vivre, entreprit de peindre des tableaux de grande dimension, écrivit des romans licencieux, et ne put parvenir à se faire remarquer dans aucun de ces genres. Obligé d'avoir alors recours à sa famille (en 1796), il obtint d'aller reprendre ses études de droit à Glogau, chez un parent, et après trois années du travail le plus suivi qu'il ait fait dans sa vie, il fut nommé référendaire de la cour de justice à Berlin. Il n'occupa cette place que peu de temps, car on lui confia presque immédiatement le poste d'assesseur du tribunal de Posen. Ses opinions singulières, son inquiète originalité, et son penchant à dessiner de mordantes caricatures, lui firent peu d'amis dans cette ville. Aucune considération ne l'arrêtait lorsqu'il s'agissait d'exercer sa verve satirique : il alla jusqu'à faire distribuer dans un bal, par un ami déguisé en colporteur, des caricatures sur les principaux personnages en place : on le dénonça au gouvernement, qui le relégua à Plozk, en 1802. L'ennui qu'il éprouvait dans cette nouvelle position le ramena vers l'étude des sciences et des arts : c'est à cette époque qu'il apprit d'une manière sérieuse la théorie et la didactique de la musique, par la lecture de quelques bons ouvrages. C'est aussi dans le même temps qu'il écrivit, dit-on, quelques messes pour des couvents de la Pologne. En 1804, il obtint de quitter la petite et triste ville de Plozk pour un emploi judiciaire à Varsovie. Dans cette capitale, dit le biographe d'Hoffmann (M. Rochlitz), composée d'éléments hétérogènes, il y avait une vie nouvelle pour un homme de son caractère : il en goûta les charmes, et les trois années qu'il y passa dans l'emploi qui lui avait été confié furent les plus heureuses de sa vie. Il y devint l'époux d'une jeune Polonaise, et commença à régler son existence; mais les événements de la guerre de 1806 vinrent troubler sa tranquillité, et le privèrent de sa place, en amenant en Pologne l'armée française victorieuse. Pendant son séjour à Varsovie, il avait perfectionné son savoir en musique et y avait établi une académie de chant, qu'il dirigeait lui-même. Il avait composé la musique du *Chanoine de Milan*, opéra-comique dont il avait écrit le texte d'après la comédie française d'Alexandre Duval; un autre ouvrage, dont le sujet était emprunté à Caldéron, *la Croix sur la Baltique*, mélodrame de son ami Zacharie Werner, une messe solennelle, et plusieurs autres ouvrages. Son petit opéra *Die Lustigen Musikanten* (les Musiciens joyeux) avait été représenté avec quelque succès sur le théâtre de Varsovie.

Jamais la pensée de faire des économies n'était entrée dans la tête de Hoffmann : surpris par les événements qui l'obligèrent à s'éloigner précipitamment de la capitale de la Pologne, il se trouva donc tout à coup privé de toute ressource; mais il montra beaucoup de courage dans cette circonstance, comme dans les moments les plus pénibles de sa vie, et sa confiance en lui-même ne fut pas un instant ébranlée. Il se rendit à Berlin avec l'intention d'y donner des leçons de musique: il y trouva quelques amis (au nombre desquels était Reichardt), qui lui tendirent une main secourable, mais qui ne purent lui procurer que des ressources passagères. La Prusse, ruinée alors et molestée par la guerre, n'accordait aux arts qu'un intérêt distrait; d'ailleurs Berlin était encombré de maîtres de musique, qui ne trouvaient qu'avec peine l'emploi de leurs talents. Quelques rares leçons furent tout ce qu'eut Hoffmann pour exister. Dans ses heures de loisir il étudia sérieusement le mécanisme de la composition, ce qu'il n'avait pas fait jusqu'alors. Deux années se passèrent ainsi dans l'indigence; mais en 1808 l'apparence d'une meilleure fortune se fit apercevoir. Le comte de Soden venait d'établir un théâtre permanent à Bamberg : il choisit Hoffmann pour en diriger la musique, et lui fit écrire pour essai un opéra intitulé *Le Désir de l'immortalité*. Après avoir reçu son engagement, Hoffmann se hâta d'aller chercher sa femme à Posen pour l'amener à Bamberg. A son retour, toutes ses espérances s'évanouirent, car le comte de Soden avait abandonné son théâtre à un certain *Cano*, qui y fit de mauvaises affaires, et fut obligé de le fermer. Heureusement plusieurs membres de la famille royale de Bavière résidaient alors à Bamberg; Hoffman écrivit quelques morceaux de musique pour leur service : ils furent agréés, et le compositeur fut noblement récompensé. En 1810, Holbein s'étant chargé de l'entreprise du théâtre de cette ville, choisit Hoffmann pour diriger la musique : celui-ci fut à la fois le chef d'orchestre de ce théâtre, le directeur du chant, le décorateur et le machiniste. Lorsque en 1812 Holbein eut renoncé à son entreprise, Hoffmann, resté sans emploi, tomba dans une misère si profonde, qu'il fut obligé, comme il le dit lui-même dans le journal de sa vie publié par Hitzig, de vendre jusqu'à son habit pour vivre. C'est alors qu'il écrivit au directeur de la *Gazette musicale* de Leipsick, pour lui demander à être employé dans la rédaction de cette feuille : en témoignage de sa capacité, il lui envoyait une messe de *Requiem* qu'il venait de faire, et qui, suivant M. Rochlitz, était calquée sur celle de Mozart, quoiqu'il y eût de l'originalité dans les détails. Cet ouvrage n'était pas achevé; Hoffmann n'y mit même jamais la dernière main; mais ce qui en était fait suffisait pour faire juger favorablement du savoir du musicien : sa demande fut accueillie, et il écrivit pour le journal de MM. Breitkopf et Hærtel plusieurs articles, parmi lesquels on remarqua son analyse de la symphonie en *ut* mineur de Beethoven, et ses articles de fantaisie sur le maître de chapelle Kreisler, qu'il a fait entrer depuis lors dans ses *Fantaisies dans le genre de Callot*. C'est aussi à la même époque qu'il fit insérer dans les journaux un avis où il demandait un emploi de directeur de musique. Ses amis, particulièrement Rochlitz, lui procurèrent cet emploi au théâtre que Joseph Second venait d'ouvrir à Dresde. Les revers de l'armée française à la mémorable campagne de Moscou avaient ramené la guerre en Allemagne : il fallut que Hoffmann traversât le mouvement des armées pour se rendre à son poste. Il y arriva sans argent et dans un dénûment à peu près complet; mais quelques conseillers d'État qui accompagnaient le prince de Hardenberg, et qui avaient connu Hoffmann à Berlin, le tirèrent de cet embarras. Il était à Dresde lorsque l'armée autrichienne tenta de s'emparer de cette ville, qui fut sauvée par le retour inopiné de Napoléon et de sa garde : il vit de près cette célèbre bataille où le génie de l'illustre guerrier fit un de ses derniers prodiges. Bien que d'un tempérament peu belliqueux, il se hasarda pendant cette journée jusqu'au milieu des tirailleurs français, pour observer la guerre de plus près. C'est à cette circonstance et à celles qui la suivirent qu'est dû l'écrit qu'il publia sous le titre de *Visions sur le champ de bataille de Dresde*. Peu de temps après, cette ville fut bombardée : une bombe éclata devant la maison où Hoffmann, en société du comédien Keller, et le verre à la main, observait d'une fenêtre élevée les progrès de l'attaque. L'explosion tua trois personnes ; dans sa frayeur Keller laissa tomber son verre ; mais Hoffmann, après avoir vidé le sien : « Qu'est-ce que la « vie, dit-il stoïquement ? Et combien est fragile « la machine humaine, qui ne peut résister à « un éclat de fer brûlant ! »

Au commencement de 1814, Hoffmann fut atteint d'une maladie nerveuse du caractère le plus grave, et sa misère fut affreuse. Une circonstance fâcheuse vint encore ajouter à ses maux. Une voiture publique dans laquelle il voyageait pour se rendre de Dresde à Leipsick versa en route, et sa femme reçut à la tête une blessure qui la fit souffrir longtemps. Retiré à Leipsick après la fameuse bataille qui fut livrée sous les murs de cette ville, il y serait peut-être mort de froid et de misère, si ses amis ne l'avaient tiré de cette pénible situation. « Après les premières semaines qui suivirent « ces événements, dit Rochlitz, j'allai chercher « Hoffmann, et le trouvai dans une petite cham- « bre d'un misérable hôtel. Il était assis sur un « mauvais lit, mal garanti contre le froid, les « pieds contractés par la goutte : sa femme, triste « et abattue, était assise près de lui. Devant « Hoffmann était une planche sur laquelle il pa- « raissait occupé. Bon Dieu ! m'écriai-je, com- « ment cela va-t-il ? — Cela ne va pas du tout. « — Que faites-vous là ? — Des caricatures sur « Napoléon et ses maudits Français. Je les in- « vente, dessine, colorie, et je reçois pour tout « cela un ducat de***... le ladre ! La plupart de « ces plaisanteries ingénieuses qui ont paru alors « en Allemagne étaient en effet de Hoffmann. » Ce fut de ce séjour de douleur qu'il écrivit au prince de Hardenberg, premier ministre du roi de Prusse, pour lui peindre sa situation, et malgré les nombreuses occupations de ce personnage politique, il en reçut bientôt pour réponse sa nomination à une place de conseiller de justice à Berlin. Il se rendit bientôt à son poste, et ne le quitta plus jusqu'à sa mort. Ses nombreux travaux et son intempérance usèrent ses forces avant le temps, car il mourut, à l'âge de quarante-sept ans, le 25 juin 1822.

Hoffmann a laissé un journal de quelques événements remarquables de sa vie, qui a été mis en ordre, complété et publié par son ami J.-E. Hitzig (Berlin, Dümmler, 1823, 2 parties in-8°). Le génie romanesque de cet homme singulier se fait apercevoir en plusieurs endroits de cet écrit. Par exemple, il est difficile d'accorder ce qu'il dit de sommes considérables qu'il aurait gagnées au jeu et gardées, avec l'état précaire, et même la misère où il languit pendant la plus grande partie de sa vie. Dans sa jeunesse, dit-il, il était aux eaux ; une partie de jeu fort animée y était engagée. Un de ses amis voulut tenter la fortune, et lui confia quelques frédérics d'or pour qu'il jouât pour lui ; Hoffmann fut heureux, et gagna environ trente frédérics. Le lendemain, le jeune homme voulait qu'il jouât encore ; mais Hoffmann, préoccupé depuis la veille d'une idée qui ne le quittait pas, voulut essayer de son bonheur pour lui-même, et hasarda sur une carte les deux seuls frédérics qu'il possédât. Le hasard le seconda de telle sorte, qu'il n'y eut pas un coup qu'il ne gagnât, pas une carte qui ne lui fût favorable. Écoutons-le parler lui-même : « Je perdis « tout pouvoir sur mes sens, et à mesure que « l'or s'entassait devant moi, je croyais faire un « rêve dont je ne m'éveillai que pour emporter « ce gain aussi considérable qu'inattendu. Le jeu « cessa, suivant l'usage, à deux heures du matin. « Comme j'allais quitter la salle, un vieil officier « me mit la main sur l'épaule, et m'adressant « un regard sévère : Jeune homme, me dit-il, si « vous y allez de ce train, vous ferez sauter la « banque ; mais quand cela serait, vous n'en « êtes pas moins, comptez-y bien, une proie aussi « sûre pour le diable que le reste des joueurs. « Il sortit aussitôt sans attendre une réponse. « Le jour commençait à poindre quand je ren- « trai chez moi et couvris ma table de mes mon- « ceaux d'or. Qu'on s'imagine ce que dut éprou- « ver un jeune homme qui, dans un état de dé- « pendance absolue, et la bourse ordinairement « bien légère, se trouvait tout à coup *en posses- « sion d'une somme suffisante pour consti- « tuer une véritable richesse*, au moins pour « le moment. Mais tandis que je contemplais « mon trésor, une angoisse singulière vint chan- « ger le cours de mes idées ; une sueur froide « ruisselait de mon front. Les paroles du vieil « officier retentirent à mon oreille dans leur ac- « ception la plus étendue et la plus terrible. Il « me sembla que l'or qui brillait sur ma table « était les arrhes d'un marché par lequel le « prince des ténèbres avait pris possession de « mon âme pour sa destruction éternelle ; il me « sembla qu'un reptile venimeux suçait le sang « de mon cœur, et je me sentis plongé dans un « abîme de désespoir. » (Traduction de M. Loève-Weimars.) L'aube naissante commençait alors à se faire apercevoir à travers les fenêtres d'Hoffmann ; elle éclairait de ses rayons la campagne voisine. Il en éprouva la douce influence, et retrouvant des forces pour combattre la tentation, il fit le serment de ne plus toucher une carte de sa vie, *et le tint*. Comment donc concilier cette véritable richesse qu'il conserva, et l'état de gêne ou plutôt de misère où nous le voyons languir jusqu'à l'âge de trente-huit ans?

Le génie et les ouvrages d'Hoffmann ont provoqué des transports d'admiration et des critiques amères. Parmi les reproches les plus justes qui ont été faits à l'auteur de ces productions fantastiques, Rochlitz a placé celui d'une imitation trop évidente de la manière de Jean Paul (*voy.* la *Gazette musicale* de Leipsick, ann. 1814). Bien qu'ami dévoué d'Hoffmann, il avait cru devoir à la vérité de faire cette observation dans son analyse des *Pièces de fantaisie dans la manière de Callot*. Voici ce qu'il dit de la manière dont Hoffmann reçut son avis : « Avant son dé« part (de Leipsick), il réfuta avec aigreur une « critique insérée dans la *Gazette musicale* de « ses *Phantasiestücke*. Tout ce que ce livre « renferme de louable y a été signalé en paroles « modestes : personne ne peut le méconnaître; « mais on y avait remarqué qu'il (Hoffmann) « imite dans le style, et en quelque sorte dans « la forme, Jean Paul, qui ne veut être connu « et goûté que dans son originalité et qu'on ne « peut imiter....... Hoffmann savait fort bien que « cette critique était de moi; il m'avait invité « lui-même à la faire. Je voulais m'opposer à « sa réfutation : il s'aigrit davantage; je me tus « et le regardai fixement; il continua, et quand « il eut fini, il me tendit la main et s'en alla. En « général, ses amis avaient beaucoup d'ennuis « avec lui; mais dès qu'on le connaissait, on ne « pouvait plus le quitter. » (*Für Freunde der Tonkunst*, t. II, p. 27.)

De tous les critiques d'Hoffmann, Walter Scott est celui qui s'est montré le plus sévère. Non-seulement la notice qu'il a faite de cet homme célèbre montre peu d'estime pour la plupart de ses productions, mais elle le représente comme ayant vécu dans un état incessant d'aliénation mentale, quoique variable dans son intensité.

Hoffmann était petit et d'apparence assez chétive. Son regard fixe et sauvage laissait échapper des traits de feu, à travers une forêt de cheveux noirs retombant sur son front, et toujours mal arrangés. Son humeur était brusque, irritable à l'excès. Tantôt il était sombre et taciturne; tantôt il se livrait aux excès d'une gaieté folle. Il pouvait passer des semaines entières dans un état d'abstinence presque complète; mais plus souvent il se livrait à des excès d'intempérance condamnables et qui ont avancé le terme de sa vie. Du reste, doué d'une singulière force d'âme pour résister à la mauvaise fortune et aux douleurs physiques, il ne désespérait jamais de lui-même et plaisantait de ses maux. La maladie qui le conduisit au tombeau était affreuse : c'était une carie de la colonne vertébrale. Il fallut lui faire des cautérisations avec un fer chaud sur l'épine dorsale; opération des plus douloureuses. Quelques jours après, il écrivait à son ami Hitzig : *Ne sentez-vous plus le rôti?*

J'ai dit, dans la première édition de ce livre, qu'il sera toujours difficile de juger *le mérite* d'Hoffmann comme musicien, à cause de la perte de la plupart de ses productions : j'étais mal informé, car les manuscrits originaux de ses ouvrages les plus importants sont à la bibliothèque royale de Berlin. J'ai pu les examiner à loisir, et ce n'est pas sans étonnement que j'ai constaté que cet homme, si peu semblable aux autres dans son existence comme dans ses œuvres littéraires, manque d'imagination et ne s'élève jamais au-dessus du médiocre dans sa musique. Son grand opéra romantique, intitulé *Ondine*, n'a de *romantique* que le sujet. Cependant il y avait donné des soins inaccoutumés. La partition est convenablement écrite; mais c'est tout ce qu'on en peut dire. Ni les mélodies, ni l'harmonie, ni les modulations, ne révèlent le génie. Le poëte *De la Mothe-Fouquet* avait écrit le livret de cet ouvrage à sa prière. Arrivé à Berlin pour y occuper sa place de conseiller, Hoffmann profita de l'influence que lui donnait sa nouvelle position pour faire représenter son opéra; mais le succès ne répondit ni à son attente ni à celle de ses amis. Les critiques que cet ouvrage lui suscita excitèrent sa bile et ses sarcasmes; mais après les premiers accès de sa mauvaise humeur, il retira sa partition, et ne voulut plus en entendre parler.

Les manuscrits originaux des compositions musicales d'Hoffmann contiennent les ouvrages dont voici les titres : 1° *Der Trank der Unterblichkeit* (la Soif de l'immortalité), opéra romantique en quatre actes, dont le livret est du comte de Soden. — 2° *Ondine*, opéra romantique en trois actes. — 3° *Liebe aus Eifersucht* (Amour par Jalousie), opéra en trois actes, livret de Hoffmann, d'après Caldéron. — 4° *Julius Sabinus*, grand opéra, dont le premier acte seulement est achevé. — 5° Musique d'une sorte de mélodrame qui a pour titre, *Das Kreuz an der Ostsee* (la Croix sur la Baltique), texte de F.-L.-L. Werner. — 6° Messe à quatre voix et orchestre (en *ré* mineur). — 7° *Miserere* à quatre voix et grand orchestre (en *si* mineur). — 8° *Musica per la Chiesa*, titre singulier d'une ouverture à grand orchestre (en *ré* mineur). —

9° Symphonie à grand orchestre (en *mi bémol*). — 10° Récitatif et air, *Prendi, l'acciar il rende*, pour voix de soprano et orchestre. — 11° Musique pour le ballet intitulé *Arlequin*, partition à grand orchestre. — 12° *Quartetto*, pour soprano, alto, ténor et basse (*O Nume, che quest' anima*), sans instruments. — 13° *Canzoni per quattro voci di capella* : sous ce titre on trouve un recueil contenant *Ave Maris stella; De Profundis; Gloria Patri et filio; Salve Redemptor; Salve Regina*. — 14° *Sei Duettini italiani per soprano e tenore con cembalo*. — 15° Quintette pour harpe, 2 violons, alto et basse (en *ut* mineur). — 16° Sonate pour le clavecin (en *fa* mineur). — 17° Deux sonates pour piano, la première en *fa* mineur, la deuxième en *fa* majeur.

Il est peu d'ouvrages de littérature écrits par Hoffmann où la musique n'occupe une place plus ou moins importante. Outre les critiques qu'il a fournies à la *Gazette Musicale* de Leipsick, il a publié beaucoup de morceaux relatifs à cet art dans ses *Phantasiestücke in Callot's Manier, Blætter aus dem Tagebuche eines reisenden Enthousiasten* (Pièces de fantaisie dans la manière de Callot; feuilles tirées du journal d'un voyageur enthousiaste), Bamberg, 1814, 2 parties in-8°, avec une préface de Jean-Paul Richter. La troisième édition de ce recueil a paru à Leipsick, chez Brockhaus, en 1825, 2 parties in-8°. On y trouve, entre autres choses, de curieux morceaux sur *Gluck*, sur *Don Juan* de Mozart, et une suite de treize pièces très-singulières intitulées *Kreisleriana*. Ses romans renferment aussi des chapitres dont la musique, mais une musique bizarre, mystérieuse, diabolique même, est l'objet. La collection complète de ces productions a été publiée à Stuttgard, en 1827, 18 petits volumes. On y remarque particulièrement *le Violon de Crémone, la Vie d'artiste, Souffrance et plaisirs d'un directeur de théâtre, le Combat des chanteurs*, etc. Une élégante traduction de tous ces morceaux a été faite par M. Loève-Weimars. Il y a dans tout cela de l'originalité, de beaux mouvements d'enthousiasme, quelques aperçus dignes d'un véritable artiste, mêlés à beaucoup d'extravagances. En 1820, Hoffmann avait écrit une préface pour une gazette musicale projetée par le libraire Christian de Berlin, sous le titre : *Pensées au sujet de l'application de ces feuilles* : Ce morceau a été ensuite publié dans la *Cæcilia*, tome III, p. 1 et suivantes.

HOFFMANN (Joachim), professeur de piano et compositeur à Vienne, naquit en 1788, dans un village de la basse Autriche. On ignore les noms des maîtres qui dirigèrent son éducation musicale. Dès 1815 il était déjà connu à Vienne comme compositeur. Au mois de décembre 1818, il fit exécuter une messe solennelle avec chœurs et orchestre dans l'église italienne. Au mois de mars suivant il donna un concert qui ne fut composé que de ses ouvrages et dans lequel on entendit sa première symphonie (en *la*). Au mois d'avril 1820, il donna un deuxième concert du même genre, où sa seconde symphonie (en *ré*) fut exécutée; Seyfried, qui fit une analyse de ces compositions dans la Gazette musicale de Vienne, dit qu'elles étaient écrites d'une manière correcte, mais sans combinaisons savantes, et qu'on pouvait leur reprocher d'imiter le style de Beethoven sans y rien mettre de son génie. En 1833, M. J. Hoffmann fit entendre, dans un des concerts d'hiver, une nouvelle symphonie où sa manière précédente se reproduisait sans modification. On connaît aussi de lui des cantates, des chœurs, et un traité élémentaire d'harmonie, intitulé : *Harmonielehre. Leitfaden zum Unterrichte und zur Selbstbelehrung*; Vienne, Haslinger (s. d.), gr. in-4°. Son fils (Jules) se fit connaître, en 1841, dans les concerts comme un pianiste de grande espérance; cependant il ne paraît pas avoir réalisé depuis lors ce qu'on attendait de lui.

HOFFMANN (Frédéric), appelé *le Russe* en Allemagne, naquit en 1791, à Novogorod. Arrivé à Paris en 1808, il entra au Conservatoire comme élève de Rodolphe Kreutzer, qui, trouvant en lui d'heureuses dispositions, en fit, en trois années d'études, un violoniste distingué. En 1811, Hoffmann s'établit à Francfort comme premier violon solo du théâtre, et s'y maria. Appelé à Detmold en 1815, comme directeur de musique, il occupa cette position jusqu'en 1820. Alors il retourna à Francfort, et rentra à l'orchestre du théâtre comme premier violon : il s'y trouvait encore en 1857 et était alors âgé de soixante-six ans. Hoffmann a publié de sa composition un concerto de clarinette et un concerto de violon.

HOFFMANN, surnommé *de Fallersleben* (Auguste-Henri), docteur en philosophie, poëte, professeur de langue et de littérature allemande à l'université de Breslau, et bibliothécaire de cette université, est né à Fallersleben, bourg du Hanovre, le 2 avril 1798. Depuis 1812 jusqu'en 1816, il fréquenta le gymnase de Helmstædt, puis se rendit à l'université de Gœttingue, et y resta environ trois années, pendant lesquelles son goût pour la philologie allemande commença à se développer par les leçons de Grimm. En 1819 il passa de cette université à celle de Bonn. En

1821, il fit un voyage en Hollande pour y étudier la littérature hollandaise, puis il vécut à Berlin jusqu'en 1823. C'est dans cette dernière année qu'il a été appelé à Breslau. Un recueil de chansons, où se trouvaient des allusions politiques, lui fit perdre sa place de professeur, en 1840. Il parcourut alors la Belgique, où il avait des amis, l'Allemagne, la Suisse et l'Italie. En 1848 il obtint l'autorisation de résider de nouveau en Prusse. Populaire dans sa patrie par ses poésies, et surtout par ses chansons, dont il a composé les airs, qui ont du naturel et du rhythme, il en a fait des recueils destinés aux enfants, aux soldats, aux chasseurs, etc. Les travaux de ce savant ont principalement pour objet les plus anciens monuments de la langue teutonique ou de l'allemand primitif, dont il entreprit d'éclaircir l'histoire, et d'analyser les formes grammaticales. On lui doit à ce sujet plusieurs découvertes intéressantes et des dissertations qui jouissent d'une juste estime. M. Hoffmann n'est cité ici que pour un très-bon ouvrage intitulé : *Geschichte des Deutschen Kirchenliedes, bis auf Luthers Zeit. Ein Litterarhistorischer Versuch* (Histoire des cantiques de l'Église allemande jusqu'au temps de Luther. Essai historique et littéraire); Breslau, 1832, Grass, Barth et Cie, in-8° de 206 pages avec deux planches de musique. Les six premiers paragraphes de ce livre contiennent une histoire du chant populaire des églises d'Allemagne, antérieurement au neuvième siècle et jusqu'à la fin du quatorzième. On y trouve la preuve que dès le neuvième siècle le peuple chantait les prières en langue vulgaire dans les églises de la Germanie. Le septième paragraphe est relatif au chant des flagellants, dont la secte s'établit en Allemagne vers le milieu du treizième siècle ; matière neuve que M. Hoffmann a traitée avec une rare sagacité. Le huitième paragraphe traite de l'histoire du chant des églises d'Allemagne pendant le quinzième siècle et jusqu'à l'année 1523, époque de la réformation du chant par Luther. Le dixième et dernier paragraphe n'est pas un des moins intéressants; il renferme des notices sur les collections de cantiques spirituels de la fin du quinzième siècle et du commencement du seizième, imprimés ou manuscrits, qui se trouvent dans quelques grandes bibliothèques de l'Allemagne. Il règne dans tout cela un grand esprit de recherche et cette solide érudition qui distingue les travaux des vrais savants. M. Hoffmann a publié une deuxième édition de son livre, considérablement augmentée et améliorée, à Hanovre, chez Charles Rümpler, en 1854, un volume in-8° de 540 pages. On a aussi de M. Hoffmann un recueil intéressant d'anciennes pièces intitulé *Horæ Belgicæ*, dont les deux premiers volumes ont été publiés à Breslau et à Leipsick (1830-1857, 11 vol. in-8°. Une deuxième édition de ce recueil de poésies et de chants populaires de la Belgique et de la Hollande dans le moyen âge, avec un glossaire de l'ancienne langue flamande, a été donnée à Hanovre, en 1855-1858. M. Hoffmann y a publié, d'après d'anciens manuscrits, quelques chansons hollandaises du moyen âge, avec la musique. Ces pièces se trouvent dans le 2e volume. On lui doit aussi *Schlesische Volkslieder mit Melodien* (Chansons populaires de la Silésie avec les mélodies); Leipsick, 1842, in-8°. Enfin il a publié à Gand, en 1837, sous le titre de *Monumenta Elnonensia* (1), une complainte en roman du neuvième siècle sur le martyre de sainte Eulalie, et le chant sur la victoire de Louis III sur les Normands en 881, en ancien tudesque ou teutonique, d'après un manuscrit qui provient du monastère de Saint-Amand et se trouve aujourd'hui dans la bibliothèque de Valenciennes. Ce chant, découvert par Mabillon dans ce même manuscrit, en 1690, avait été envoyé par lui à Schilter, qui le publia d'abord séparément en 1696, puis le reproduisit dans son *Thesaurus antiquitatum teutonicarum*, mais avec une multitude de fautes dans le texte. M. Hoffmann a restitué ce précieux monument dans toute sa pureté. Malheureusement les mélodies de la complainte de sainte Eulalie et du chant sur la Victoire de Louis III ne se trouvent pas dans le manuscrit. En 1854, le même savant a entrepris, avec le Dr. Oscar Schade, la publication d'un recueil littéraire, sous le titre de *Weimarisches Jahrhbuch für deutsche Sprache, Litteratur und Kunst* (*Annuaire* de Weimar pour la langue, la littérature et l'art de l'Allemagne); Hanovre, C. Rümpler. Le premier volume contient une esquisse historique de M. Joachim Raff (p. 172-215) *sur la place occupée par les Allemands dans l'histoire de la musique.* Dans le deuxième volume on trouve (p. 148-172) un tableau succinct *de l'existence de la musique et de son développement historique*, par M. Charles-Émile Schneider. Un morceau intéressant et développé sur les chants populaires de la Thuringe par le Dr. Oscar Schade, se trouve dans le troisième volume (p. 241-328). Quelques petites pièces relatives à la musique sont répandues dans les volumes suivants.

HOFFMANN (Charles-Jean), écrivain allemand, né en 1806, dans le Mecklembourg, s'est

(1) *Elnonensia* vient de *Elno*, ancien nom du monastère de Saint-Amand.

fait connaître par les ouvrages suivants : 1° *Beweis una Darstellung des ausgebildeten musikalischen Taktes der alten Griechen aus ihren eigenen Musikern* (Démonstration et preuves que les anciens Grecs ont connu la mesure en musique, tirées de leurs propres musiciens). On y a ajouté une traduction allemande des principaux passages grecs et latins, pour les amis de l'art qui ne sont pas versés dans les langues anciennes ; Berlin, 1832, in-8° de 58 pages. — 2° *Die Wissenschaft der Metrik. Für Gymnasien, Studierende und zum Gebrauche bei Vorlesungen. Anhang I. Die antike Rhythmik und Musik in ihrem Verhæltnissé zur Metrik. Anhang II. Regeln zum Deutschen Versbau* (la Science de la métrique, etc ; 1er supplément : L'antique rhythmique et la musique dans leurs rapports avec la métrique : 2° supplément : Règles de la construction des vers allemands ; Leipsick, 1834, 188 pages in-8°.

HOFFMANN (Charles-Jules-Adolphe), né à Ratibor, en Silésie, le 16 février 1801, est fils de François Hoffmann, régent de chœur de l'église catholique de cette ville, mort le 9 février 1823. Après avoir appris la musique sous la direction de son père et terminé ses études, il a été nommé directeur du chœur de l'église catholique d'Oppeln, et professeur de chant au gymnase royal de cette ville. Il occupe encore en ce moment ces places. On doit à ce musicien instruit les ouvrages suivants : 1° *Die Tonkünstler Schlesiens, ein Beitræg zur Kunstgeschichte Schlesiens von 960 bis 1830; enthaltend biographische Notizen über Schlesische Componisten, musikalische Schriftsteller und Pædagogen, Virtuosen, Sænger, etc.* (Les musiciens silésiens ; essai pour l'histoire artistique de la Silésie depuis 960 jusqu'en 1830, contenant des notices biographiques sur les compositeurs, écrivains sur la musique, professeurs, virtuoses, chanteurs, etc., de la Silésie) ; Breslau, 1830, in-8° de 491 pages. Cet ouvrage, exécuté avec soin et exactitude, est un des meilleurs de ce genre ; on peut même le considérer comme un modèle pour les biographies provinciales relatives à la musique. — 2° *Gesanglehre. Ein Leitfaden zum Gebrauche in den beiden obersten Classen der Stadtschulen und in den beiden untersten Gymnasialclassen, so wie für solche, die sich zur Aufnahme in Schullehrer-Seminare vorbereiten wollen* (Science du chant. Guide pour l'usage des classes supérieures des écoles de villes, et des classes inférieures de gymnases, etc.) ; Breslau, Aderholz, 1834, 75 pages in-4°. — 3° *Sammlung vierstimmige Gesange zum Gebrauche beim œffentl. Gottesdienst auf cathol. Gymnasien, so wie bei Begræbnissen* (Recueil de chants à 4 voix, à l'usage du service divin pour les gymnases catholiques, etc.) ; Breslau, Aderholz, 1830, gr. in-4°. Deuxième édition, ibid., 1831. Hoffmann a fourni au recueil de Hientzsch intitulé l'*Eutonia* plusieurs dissertations *Sur la littérature de la musique dans les dix-huitième et dix-neuvième siècles ; sur l'histoire de la musique des troubadours provençaux, des ménestrels et des maîtres chanteurs ; Sur la musique des Grecs et des Romains*, etc. Ses compositions publiées consistent en *Lieder* et chants, pièces pour le piano, quatre polonaises pour l'orchestre, et des mélodies à quatre voix pour le culte catholique. Il a laissé en manuscrit des concertos pour plusieurs instruments, beaucoup de morceaux pour l'église, quelques petits opéras et des pièces de piano.

HOFFMANN (J.-D.), facteur d'orgues à Hambourg, a inventé, en 1830, un instrument du genre de l'*Elodicon*, appelé *Rigabellum*.

HOFFMANN (C.-G.), pasteur de village de Freybourg, près de Breslau, né en 1803, dans la basse Silésie, est auteur d'une histoire abrégée des sociétés de chant et des fêtes musicales de la Silésie inférieure, qu'il a publiée sous ce titre : *Kurze Geschichte der Gesangvereine und Gesangfeste am Fusse des Niederschelesischen Gebirges* ; Breslau, 1835, grand in-8°.

HOFFMANN (Henri-Théodore), *cantor* et organiste à Friedland, né le 12 mars 1807, à Arnsdorf, près de Schmiedeberg, en Silésie, entra en 1826 à l'école normale protestante, à Breslau, et en fréquenta les cours pendant deux ans. En 1828, il entra comme précepteur dans une famille distinguée, à Rankau, près de Zobten, et conserva cette position jusqu'en 1830. Appelé alors comme second professeur à Falkenberg, il en remplit les fonctions pendant douze ans. En 1843 il obtint les places de *cantor* et d'organiste à Friedland. Précédemment il avait publié un manuel de musique sous ce titre : *Methodisches Leitfaden für den ersten Gesangunterricht in Elementarschulen* (Guide méthodique pour l'enseignement élémentaire du chant dans les écoles primaires) ; Neisse, Th. Hennings, 1838, 1 vol. in-8°.

HOFFMANN (Gustave), connu en Allemagne sous le nom de *Graben-Hoffmann*, compositeur de *Lieder* en vogue de l'époque actuelle, est né le 7 mars 1820, dans une petite ville du grand-duché de Posen, où son père était *cantor* et instituteur. Je n'ai pas d'autres renseignements sur cet artiste.

HOFFMEISTER (François-Antoine), né

à Rothembourg, sur le Necker, en 1754, fut envoyé à Vienne par ses parents, à l'âge de quatorze ans, pour y étudier le droit ; mais les occasions fréquentes qu'il eut d'entendre de bonne musique dans cette ville éveillèrent en lui un goût irrésistible pour cet art. D'abord il ne le cultiva qu'en amateur et pour se délasser de ses études de jurisprudence ; mais lorsque celles-ci furent achevées, il prit la résolution de se faire musicien, et déploya, pour la réalisation de son projet un zèle peu ordinaire. Devenu habile, il fut nommé maître de chapelle d'une église de Vienne, et plus tard établit dans cette ville un magasin de musique et une librairie. Vers la fin de 1798, il quitta son commerce, donna sa démission de la place de maître de chapelle, et se mit à voyager. Prague fut la première ville importante qu'il visita : il y fit exécuter deux fois, en 1799, son *Pater noster*, considéré comme un de ses meilleurs ouvrages. Il avait le projet de se rendre à Londres ; mais arrivé à Leipsick, il y rencontra divers obstacles à la continuation de son voyage. Ce fut alors qu'il s'associa avec l'organiste Kühnel pour l'établissement d'un *bureau de musique*, devenu depuis lors et en peu de temps une des maisons les plus importantes du commerce de musique de l'Allemagne. Cependant, nonobstant les succès de son entreprise, Hoffmeister se fatigua bientôt des affaires ; le désir de rentrer dans la vie paisible d'artiste le détermina à céder, en 1805, sa part du commerce de musique à son associé. Il retourna alors à Vienne, et y vécut dans le repos. Un asthme, dont il était tourmenté depuis plusieurs années, le mit au tombeau, le 10 février 1812.

Hoffmeister n'a jamais joui de la réputation d'un homme de génie, ni d'un savant compositeur ; mais son style a du naturel et ne manque ni de grâce ni de brillant. Simple et modeste, sans prétentions et sans envie, il s'était fait beaucoup d'amis ; la droiture de son cœur et la pureté de ses mœurs lui avaient mérité l'estime générale. Sa fécondité tenait du prodige. On en peut juger par un aperçu du catalogue de ses ouvrages. Ses compositions de musique religieuse sont en très-grand nombre, mais la plupart sont restées en manuscrit. Il a écrit pour le théâtre : 1° *Télémaque*, grand opéra, dont la partition arrangée pour piano a été publiée chez Spehr, à Brunswick. — 2° *Rosalinde, ou le pouvoir des fées* ; idem, ibid. — 3° *L'Alchimiste*, opéra comique. — 4° *Le Coq domestique* (*Der Haus-Hahn*) ; idem. — 5° *La Chasse magique*. — 6° *Le Naufrage*. — 7° *Le Siége de Cythère*. — 8° *Les Champs-Élysées*. — 9° *Le premier Baiser*. Mais c'est surtout dans la musique instrumentale que Hoffmeister a déployé une activité qui inspire l'étonnement. Pour la flûte seule on a de lui : 156 quatuors, 96 duos, 44 trios, 15 quintettes et 30 concertos. Parmi ses autres ouvrages on remarque : 1° Symphonie a grand orchestre, op. 65 (*en ré*) ; Leipsick, Peters. — 2° Idem, op. 66 (en *ut*) ; Bonn, Simrock. — 3° Nocturne à 6 parties, op. 61 ; Offenbach, André. — 4° Nocturne (en *ré*) pour violon, alto, violoncelle, 2 cors et basse ; Leipsick, Peters. — 5° Symphonies concertantes pour 2 clarinettes et basson. — 6° Deux suites de pièces d'harmonie à 6 et à 8 parties. — 7° Sérénade pour 2 hautbois, 2 clarinettes, 2 cors, 2 bassons et contrebasse ; Bonn, Simrock. — 8° Variations pour 2 clarinettes, 2 cors et 2 bassons ; Leipsick, Peters. — 9° Quarante-deux quatuors pour 2 violons, alto et basse, divisés en 12 œuvres ; Vienne, Offenbach et Leipsick. — 10° Dix-huit trios pour 2 violons et basse ; ibid. — 11° Cinquante-deux duos pour 2 violons, pour violon et alto, ou pour violon et violoncelle ; ibid. — 12° Deux concertos pour piano ; Paris, Naderman ; Offenbach, André. — 13° Cinq quatuors pour piano, violon, alto et basse. — 14° Onze trios pour piano, flûte ou violon et violoncelle. — 15° Vingt-cinq sonates pour piano et flûte ou violon. — 16° Douze sonates pour piano seul ; beaucoup d'autres morceaux pour divers instruments, etc., etc. Oh ! stérile fécondité !

HOFHAIMER (Paul, ou Jean-Paul selon quelques écrivains), organiste de la cour de l'empereur Maximilien 1er, naquit en 1449, à Rastadt, sur la frontière de la Styrie. On ignore le nom du maître qui le dirigea dans ses études de musique, et qui lui apprit à jouer de l'orgue ; mais tous les témoignages contemporains se réunissent pour le faire considérer comme le plus savant musicien allemand de son temps et comme ayant été également habile dans la composition, et dans l'art de jouer de l'orgue et de divers autres instruments. *Jean Cuspinien (en allemand Spiesshammer)*, bibliothécaire de l'empereur Maximilien, dit de lui dans son *Diarium*, ou Journal de la conférence qui eut lieu en 1515, à Vienne, entre l'empereur et les rois de Hongrie, de Bohême et de Pologne, que Paul Hofhaimer fut le prince des musiciens (de son pays), et qu'il jouait supérieurement de plusieurs instruments (1). Plus loin, il ajoute que ce maître *n'avait point d'égal*

(1) *Quæ omnia (instrumenta) Paulus musicorum princeps, cum illo simul, quod ipse reperit ex cornibus, suavissime tangebat.*

dans toute la Germanie (1). Ottmar Nachtgall (Luscinius) en parle en termes plus admiratifs et plus explicites encore, lorsqu'il dit que ses compositions, dans lesquelles il savait toujours tenir le milieu entre des développements fastidieux et des formes écourtées, étaient, malgré la plénitude de leur harmonie, toujours intelligibles et claires, et qu'on ne les trouvait jamais sèches ou sans effet. Son style, dit-il, n'est pas seulement savant, mais aussi agréable et fleuri que majestueux et correct. Il ajoute que ce grand homme n'a trouvé dans l'espace de trente ans personne qui l'égalât, encore moins qui le surpassât (2). Maximilien avait succédé à Frédéric III en 1493; il y a lieu de croire que Hofhaimer entra à son service à peu près vers le même temps, car on vient de voir qu'il y passa environ trente ans : on sait de plus qu'il vécut quelques années dans le repos à Salzbourg, et qu'il y mourut, en 1537, dans une maison qui porte encore son nom.

Ottmar Nachtgall nous a conservé les noms des élèves les plus distingués de ce maître; ce sont Buschner de Constance, Jean Kotter de Berne, Conrad de Spire, Schachinger de Padoue, Wolfgang de Vienne, et Jean de Cologne.

Dans le *Triomphe de Maximilien* peint par Albert Durer en 1512, et gravé sur bois par Jean Bürkmayer, on voit un char sur lequel se trouve un jeu de *régal* et un *positif* d'orgue, joués par Hofhaimer, avec cette inscription : *Paulus Hofhaimer, Organistmaister,* et ces six mauvais vers rimés en vieux allemand :

Regal, darzue das Positif,
Die Orgel auch mit manchen Griff
Hab ich mit Stimmen woll gezierdt,
Nach rechter Art auch ordiniert,
Aufs allerpesst nach Maisterschafft.
Wie dann der Kaiser hat geschafft.

L'empereur donna à cet artiste des lettres de noblesse, et le roi de Hongrie le fit chevalier de l'Éperon d'or, après lui avoir entendu jouer de l'orgue au *Te Deum* chanté à l'église de Saint-Étienne, lors de la réunion des quatre monarques à Vienne, en 1515. Lipowsky nous apprend qu'en témoignage d'admiration pour le talent de Paul Hofhaimer, la ville d'Augsbourg lui accorda le droit de bourgeoisie, en 1518. Lipowsky s'est trompé en plaçant la date de la mort de cet artiste en 1557, car on voit par l'avertissement de ses *Harmoniæ, quales sub ipsam mortem cecinit,* imprimées en 1539, qu'il avait cessé de vivre depuis deux ans.

Également habile à jouer le clavier à la main et la pédale de l'orgue, Hofhaimer jouait aussi du luth avec une rare perfection. Comme compositeur, il est parmi les anciens artistes allemands le moins connu par ses ouvrages, à cause de l'excessive rareté de ceux-ci. L'auteur de l'article relatif à ce musicien qui se trouve dans le Lexique universel de la musique publié par Schilling nous apprend que la bibliothèque impériale de Vienne possède cinq volumes in-4° manuscrits de morceaux pour le luth, de canons et de contrepoints à 3, 4 et 5 voix, de sa composition. Deux ans après la mort de Hofhaimer, on a publié les mélodies qu'il avait composées sur les odes d'Horace et de quelques autres poëtes, sous ce titre : *Harmoniæ poeticæ Pauli Hofheimeri, viri equestri dignitate insignis ac musici excellentis, quales sub ipsam mortem cecinit, qualesque antehac nunquam visæ, tum vocibus humanis, tum etiam instrumentis accomodatissimæ. Quibus præfixus est libellus plenus doctissimorum virorum de eodem D. Paulo testimoniis. Una cum selectis ad hanc rem locis, e poetis, accomodatioribus, seorsim decantandis, tum prælegendis; Norimbergæ, apud Johan. Petreium. Anno MDXXXIX.* petit in-8°. Ce titre se trouve seulement à la partie de ténor; les autres voix sont *superius, media vox* et *bassus*. Les 19 premiers feuillets, non chiffrés, renferment des pièces à la louange de Hofhaimer, des inscriptions pour placer sur sa maison, pour son portrait peint par Lucas Cranach, des épitaphes pour lui, pour le tombeau de son père et celui de sa femme, *Marguerite Kellerinn*, la plupart en vers. L'ouvrage renferme 33 chants à quatre voix, de Paul Hofhaimer, et 11 de Senfel, sur 19 odes d'Horace et d'autres poésies de Virgile, Martial, Catulle, enfin, des Hymnes de Prudence et de Philippe Gundelius. L'impres-

(1) *Et in organis magister Paulus, qui in universa Germania parem non habet, respondit.*

La relation d'où ces deux passages sont tirés se trouve dans les éditions du traité de Cuspinien intitulé : *De Cæsaribus atque imperatoribus a Julio Cæsare ad Maximilianum primum*, datées de Bâle, 1561, de Francfort, 1601, et de Leipsick, 1669. Cette pièce a été aussi réimprimée dans les *Scriptores Rerum Germanicarum* de Freher, t. II.

(2) *Non illum protensa in longum Camœna, ulli fastidiosum reddit, non brevitas despicabilem. Nihil non patente erumpit meatu, ubiubi ille manus animumque intenderit. Nihil jejunum apparet, nihil frigidum, at neque languet quippiam in illa angelica harmonia : quin immo ubere vena, ac patente meatu, fervent et succulenta sunt omnia. Mira articulorum lenitas non frangit sublimem illius modulandi majestatem. Neque vero illi satis est eruditum resonasse, nisi etiam amœnum quiddam et floridum concinuerit......*

Atque vir tantus, nunc quidem supra triginta annos in magisterio suo emensus, quum multos, qui in hoc opus nervos omnes intenderunt, longe post se reliquerit, nullum se passus est superare ac ne æquare quidem. (Musurgia, p. 16.)

sion est fort belle. Gerber dit qu'on trouve dans la bibliothèque de Zwickau une collection de chansons profanes à 4 voix, imprimée en 1548, in-4°, qui renferme des pièces de Hofhaimer.

HOFMANN (Chrétien), chantre à Crossen, né à Guben (Basse-Lusace), dans la seconde moitié du dix-septième siècle, est auteur d'un traité de musique dont Gerber possédait un exemplaire, et qu'il a cité sous ce titre : *Musica Synoptica, quæ tirones diligenter erudiendi, tandem ad artis hujus perfectionem pervenire queant. Gubenæ*, 1670, *apud Christoph. Gruber, impensis authoris*, in-8°. Gerber remarque avec raison que Walther s'éloigne de cette tradition en indiquant cet ouvrage comme étant écrit en allemand, nonobstant le titre latin, et plaçant la date de l'impression en 1690. Cependant il semble l'avoir vu, car il dit que le livre traite des proportions et des voix. D'autre part Adelung, dans son supplément au Lexique des savants de Jœcher, cite un autre *Chrétien Hofmann*, né à Breslau, qui étudia à Jéna, y fut fait magister en 1668 et y passa sa vie, comme auteur d'une courte méthode de chant intitulée : *Kurze Anweisung zur Singkunst*, Jéna, 1689, in-8°, mais sans affirmer que l'ouvrage soit réellement de ce Chrétien Hofmann. Gerber pense que cette méthode pourrait n'être qu'une deuxième édition de l'ouvrage du chantre de Guben, ou une traduction allemande. Hofmann n'a point éclairci le fait dans son Dictionnaire des musiciens de la Silésie. Forkel n'indique, dans sa Littérature générale de la musique, que la méthode de chant publiée à Jéna, et par une singularité inexplicable, Lichtenthal et M. Charles-Ferdinand Becker, qui avaient sous les yeux le nouveau Lexique de Gerber, et qui s'en sont servis souvent, ne suivent que Forkel pour cet objet, le premier dans sa Bibliographie générale de la musique, le second dans l'ouvrage qu'il a publié sous le titre de *Systematisch-Chronologische Darstellung der Musikalischen Literatur von der frühesten bis auf die neueste Zeit*; Leipsick, 1836, gr. in-4°. Pour moi, je puis faire cesser toute incertitude, et démontrer qu'il ne s'agit que d'un seul auteur et d'un seul livre, dont il y a eu au moins quatre éditions, en latin et en allemand; car j'en possède une où l'auteur est appelé *Gubensis* et dont le titre est : *Musica synoptica, oder Kurze und richtige Anweisung zur Singkunst*; Zittau, 1693, in-8°.

HOFMANN (...), facteur d'orgues et d'instruments, breveté du duc de Gotha, inventa en 1779 un grand piano double, où deux claviers étaient placés aux deux extrémités, pour être joués par deux personnes. Les quatre claviers pouvaient être réunis et joués par un seul exécutant. Le duc de Saxe-Gotha a fait l'acquisition de cet instrument. On a reproduit plusieurs fois cette invention comme une nouveauté.

HOFMEISTER (Adolphe), fils d'un éditeur de musique de Leipsick, est né dans cette ville, vers 1818. Il a donné une troisième édition, très-augmentée et améliorée, du catalogue général de la musique publiée en Allemagne, connu sous le titre de *C. F. Whistling's Handbuch der musikalische Literatur* (Manuel de la Littérature musicale de C.-F. Whistling); Leipsick, Frédéric Hofmeister (père), 1845, 1 fort volume in-4°, en 3 parties, formant ensemble plus de 700 pages. En 1852, M. Adolphe Hofmeister a donné un volume de supplément du même ouvrage, en 382 pages (*même format*), à la *même adresse*.

HOFSTETTER (Le P. Romain), moine d'un couvent d'Amerbach, près de Miltenberg, vécut dans la deuxième moitié du dix-huitième siècle. Dans sa vieillesse il devint sourd; il mourut dans son cloître, en 1785. En 1777, on a gravé à Amsterdam six quatuors pour 2 violons, alto et basse, op. 1, de la composition de ce moine. Six autres quatuors, op. 2, ont été publiés à Manheim, peu de temps après. On connaît aussi deux *Kyrie* en manuscrit sous son nom.

HOGARTH (George), secrétaire de la Société philharmonique de Londres, est né dans cette ville, vers 1808. Il s'est fait connaître comme écrivain par une Histoire de l'opéra en Italie, en France, en Allemagne et en Angleterre, dont la plus grande partie n'est qu'une compilation des livres du P. Menestrier, d'Arteaga, de Burney et de quelques auteurs français. Cet ouvrage a pour titres : *Memoirs of the musical drama with numerous portraits*; Londres, 1838, 2 vol. in-8°. Une deuxième édition, resserrée en quelques parties, particulièrement en ce qui concerne les premiers temps du théâtre musical, a paru sous ce titre : *Memoirs of the opera in Italy, France, Germany and England*; Londres R. Bentley, 1851, 2 vol. in-8°. Cette édition ne renferme que les portraits de mesdames Mara et Crouch. On a aussi de M. Hogarth un volume intitulé : *Musical History, Biography, and Criticism, being a general survey of music from the earliest period to the present time* (Histoire, biographie et critique musicale, ou tableau général de la musique depuis les premiers temps jusqu'à l'époque actuelle); Londres, Parker, 1835, 1 vol. in-8° de VIII et 432 pages. C'est un livre de peu de valeur.

HOHENBAUM (D.-C.); on a sous ce nom trois articles qui ont été publiés dans la *Gazette musicale* de Leipsick; le premier a pour titre *Gedanken über den Geist der heutigen deutschen Setzkunst* (Idées sur l'esprit des compositions allemandes de l'époque actuelle), t. VII, p. 397. Le deuxième est intitulé, *Ueber Belebung und Beförderung des Wolksgesangs, nebst einer Aufforderung an Freunde desselben* (Sur l'origine et le perfectionnement des chants populaires), tome XVI, p. 813. Le troisième a pour titre : *Von der Verschiedenheit des musikalischen Talents* (Sur la diversité des talents musicaux), idem, pages 261 et 277.

HOHENZOLLERN - HEICHINGEN (Frédéric-Guillaume-Constantin, prince de), né le 16 février 1801, a succédé à son père, le 13 septembre 1838. Amateur de musique distingué et compositeur pour le chant, il a écrit des mélodies qui ont été recherchées en Allemagne. Parmi ces productions, on remarque : 1° *Der Fremdling* (l'Étranger), chant à voix seule avec piano ; Mayence, Schott. — 2° *Des Mædchens Klage* (Plainte de la jeune fille), de Schiller ; Offenbach, André. — 3° *Schiffers Abendlied* (Chant du soir des matelots), pour soprano ou ténor, avec piano et violoncelle ; Stuttgard, Hallberger. — 4° Six *Lieder* allemands à voix seule, avec piano. — 5° Six *Lieder* pour soprano ou ténor, avec piano ; Cologne, Eck.

HOHLFELD (Jean), mécanicien de Berlin, vivait vers le milieu du dix-huitième siècle, et s'est fait connaître avantageusement par deux inventions relatives à la musique. La première était une machine destinée à être attachée à un clavecin pour écrire les improvisations d'un compositeur. Elle consistait en un mécanisme qui faisait tourner deux cylindres, dont l'un recevait le papier qui se déroulait de dessus l'autre pendant l'exécution, après qu'un crayon y avait marqué certains signes de convention, qu'il fallait traduire ensuite en notes. Ces signes correspondaient à chaque touche, et marquaient de plus la durée de chaque son. Hohlfeld avait exécuté cette machine à la demande d'Euler, après que cet illustre géomètre lui eut expliqué les différents problèmes qu'il y avait à résoudre pour atteindre complétement le but. L'invention fut soumise à l'Académie de Berlin, en 1752. Déjà, en 1747, il avait paru dans les *Transactions philosophiques* de Londres un morceau sur une machine du même genre imaginée par un ecclésiastique anglais, nommé *Creed* (*voy.* Creed et Freeke) ; mais Hohlfeld paraît être le premier qui ait exécuté une machine de cette espèce, renouvelée et modifiée depuis lors par d'autres (*voy.* Engramelle ; Unger, Carreyre, Baudouin, Guérin, Wetzel, Pape et Adorno), mais toujours sans atteindre le but. Considérant qu'il existait dans le procédé de Hohlfeld d'assez grandes imperfections à l'égard de la traduction des signes, l'Académie de Berlin ne crut pas que le problème était complétement résolu ; elle se borna à donner son approbation aux parties ingénieuses de la machine, et accorda une légère somme à l'inventeur pour l'indemniser de ses dépenses. Le clavecin resta pendant plusieurs années dans les salles de l'Académie ; puis Hohlfeld le reprit pour le perfectionner. Il transporta la machine et l'instrument dans une maison de campagne près de Berlin ; mais un incendie les détruisit peu de temps après.

La seconde invention de Hohlfeld, ou plutôt le perfectionnement d'une invention déjà fort ancienne, fut un clavecin monté de cordes de boyau et joué par un archet mécanique. Suivant la description qui en a été donnée, les cordes étaient attirées par de petits crochets vers l'archet qui était mis en mouvement par une poulie. L'instrument fut présenté, en 1754, au roi de Prusse Frédéric II, qui accorda une récompense à l'inventeur. On manque de renseignements sur la vie de Hohlfeld ; mais Unger (*voy.* ce nom) nous apprend, dans son *Projet d'une machine au moyen de laquelle tout ce qui est joué sur le clavecin est noté par lui-même* (p. 38), que ce mécanicien mourut en 1770.

HOLAN (Wenceslas-Charles), excellent organiste du dix-septième siècle, naquit vers 1645, à Rowno, en Bohême. Après avoir achevé ses études littéraires et musicales, il fut nommé organiste de la collégiale de Saint-Pierre-et-Saint-Paul, à Prague. On a de lui deux livres de chants pour les églises de la Bohême, dans la langue nationale. Le premier a pour titre : *Capella regia musicales seu Kancyonal a Zniha speunj na wssechny Swatky a Slawnosti weyronçnj*, etc. ; Prague, 1693, in-fol. Le deuxième est intitulé : *Kancyonal w Starem Méstě Prazském w welké Karlowé Zollegi*, etc. ; Prague, 1694, in-fol. On a aussi du même artiste une Passion en langue bohémienne ; elle a pour titre : *Passyge P. Gesiffe Krista nyawelhy Pdtck podle Sepsanj Swatého Zdna ;* Prague, 1692, in-fol. Cette Passion a été réimprimée, en 1721, avec celle qu'on chante à Prague, dans les églises catholiques le jour des Rameaux.

HOLBACH (Paul **THYRY**, baron d'), littérateur médiocre et l'un des coryphées de la philosophie matérialiste du dix-huitième siècle, naquit au commencement de 1723, à Heidelsheim, dans le Palatinat. Ayant été envoyé fort jeune à Paris, il y passa sa vie, entouré de gens de lettres et de savants, et y mourut le 21 janvier 1789. Il était membre des Académies de Saint-Pétersbourg, de Manheim et de Berlin. On a du baron d'Holbach un très-grand nombre d'ouvrages de tout genre, de traductions et d'écrits polémiques; mais aucun ne porte son nom. Parmi ceux qu'on lui attribue, on remarque les suivants : 1° *Arrêt rendu à l'amphithéâtre de l'Opéra contre la musique françoise*; Paris, 1752, in-8°. — 2° *Lettre à une dame d'un certain âge, sur l'état présent de l'Opéra. En Arcadie* (Paris), *aux dépens de l'Académie royale de musique*, 1752, in-8° de 11 pages. Le baron d'Holbach s'était rangé dans le parti de J.-J. Rousseau et de Grimm, en faveur de la musique italienne contre la musique française, à l'occasion de la fameuse dispute sur les *bouffons*. Les autres écrits du baron d'Holbach n'ont point de rapport avec la musique.

HOLBEIN (François de), acteur, auteur dramatique et directeur de théâtres en Allemagne, est né en 1779, à Zizzersdorf, près de Vienne. Il fut d'abord employé à la direction des loteries de Lemberg; mais bientôt, fatigué de l'aridité de ses fonctions, il se livra à des études littéraires, et cultiva les arts dans l'espoir de se créer une existence plus conforme à ses goûts. Sous le nom supposé de *Fontano*, il débuta au théâtre de Fraustadt, ville polonaise, aux frontières de la Silésie. Son accent autrichien nuisit à son succès, et il se vit contraint de vivre à Berlin, en donnant des leçons. En 1798 il débuta de nouveau au théâtre, d'après le conseil d'Iffland, mais ne fut pas plus heureux. Il se mit alors à voyager et fit, par hasard la connaissance de la comtesse de Lichtenau, qui, séduite par son extérieur agréable, l'épousa. Il se croyait au comble de la fortune; mais son attente fut si cruellement trompée, qu'il fut trop heureux de racheter sa liberté par un divorce. Après avoir demeuré à Breslau depuis 1804 jusqu'en 1806, il retourna à Vienne, et commença à écrire pour la scène. Plus tard il fut directeur des théâtres de Würtzbourg, Bamberg, Hanovre, Prague, et de nouveau à Hanovre. En 1848 il a été nommé intendant du théâtre impérial, à Vienne. Pendant son séjour à Breslau, il y a publié un petit ouvrage qui a pour titre : *Ueber den æsthetischen Werth der theatralisch-musikalischen Dichtungen* (Sur le mérite esthétique des drames lyriques).

HOLCOMBE (Henri), un des premiers chanteurs de l'Opéra anglais, au commencement du dix-huitième siècle, donna sa démission peu de temps après son début, et vécut en donnant des leçons de clavecin. On a de lui un chant sur ces paroles : *Happy hours all hours excelling* : ce morceau a été inséré dans la collection qui a pour titre *Musical Miscellany*. Peu d'années avant sa mort, Holcombe publia une collection de douze chansons avec la basse chiffrée pour l'accompagnement du clavecin, sous ce titre : *Musical Medley, or a collection of english songs and cantatas set in Musick*; Londres, 1745. Il est mort à Londres, vers 1750.

HOLDEN (Jean), professeur de musique à l'université de Glascow, dans la seconde moitié du dix-huitième siècle, paraît être né en Écosse. Le silence gardé par les biographes anglais sur ce musicien, ou plutôt l'indifférence de tous les historiens de la musique et des compilateurs d'anecdotes musicales de la Grande-Bretagne, doit causer d'autant plus d'étonnement, que Holden est l'auteur du meilleur traité de musique publié en Angleterre depuis plus d'un siècle. Cet ouvrage a pour titre : *An Essay towards a rational System of Music* (Essai sur un système rationnel de la musique); Glascow, 1770, petit in-4° obl. de 148 pages, à 2 colonnes, avec 12 planches de musique. Le livre est divisé en deux parties : la première contient les éléments de la musique pratique; la seconde, la théorie de la science. Placé au temps du succès décidé de la théorie harmonique de Rameau, il était difficile que Holden ne se laissât pas entraîner par les avantages apparents du système de la *basse fondamentale*, mis en vogue par celui-ci; mais nonobstant cette erreur, on doit avouer qu'il règne dans son livre un esprit philosophique qu'on chercherait en vain dans les traités de musique écrits à la même époque, et qui même aujourd'hui le rend digne d'attention. Holden a très-bien vu que la constitution de la tonalité détermine des rapports métaphysiques entre les diverses notes de la gamme; mais il s'est trompé quand il a dit que le premier son étant donné, tous les autres suivent nécessairement à leurs distances respectives; car il y a plusieurs formes possibles de gammes, en partant d'une même tonique. On doit aussi louer cet écrivain d'avoir compris que la science de l'harmonie ne peut pas résulter uniquement de la constitution des accords isolés, et que la succession de ces accords exerce une grande influence sur leurs diverses modifications. Quant au mécanisme de ces modifications, il n'en a point eu connaissance.

Un autre musicien nommé *Holden* (P. P.) s'est fait connaître, dans la première partie du siècle actuel, par la publication de plusieurs recueils d'airs de divers pays avec accompagnement de harpe. Il paraît être Irlandais de naissance. Ses recueils ont pour titres : 1° *Twelve select foreign Melodies* (12 mélodies étrangères et choisies avec piano); Londres. — 2° *Collection of old slow and quick tunes, arranged for the harp, piano-forte, or bagpipes* (Collection d'anciennes mélodies lentes et vives, arrangées pour la harpe, le piano, ou la cornemuse); Londres (s. d.). — 3° Collection d'airs irlandais choisis, arrangés pour la harpe ou le piano; Londres (s. d.), en deux parties.

HOLDER (WILLIAM), docteur en théologie, chanoine d'Ely, résident de Saint-Paul, et sous-doyen de la chapelle royale, naquit en 1614, dans le comté de Nottingham, et fit ses études à Cambridge, dans Pembroke-hall. Peu de temps après la restauration, il devint aumônier du roi et membre de la Société royale de Londres. En 1642, il fut nommé recteur à Blechingdon. Il mourut à Londres, le 24 janvier 1696, à l'âge de quatre-vingt-deux ans. Homme instruit, non-seulement dans la musique, mais aussi dans les sciences et la littérature, il attira sur lui l'attention du monde savant, en 1759, par une tentative heureuse qu'il fit sur un sourd-muet de naissance, fils de lord Popham, à qui il rendit l'usage de la parole. Ce fut le premier essai de ce genre qui réussit. Les études de Holder pour cette cure merveilleuse le conduisirent à diverses découvertes sur le mécanisme du langage, qu'il publia dans un livre intitulé : *Elements of Speach* (Éléments du discours, ou essai de recherches sur la production naturelle du son des lettres, avec un appendice concernant les sourds-muets); Londres, 1669, in-8°. Burney recommande ce livre, comme utile aux poëtes lyriques et aux compositeurs de musique vocale. Holder était déjà fort vieux lorsqu'il fit paraître un bon ouvrage, sous ce titre : *A Treatise of the natural Grounds and Principles of Harmony* (Traité des fondements naturels de l'harmonie); Londres, 1694, in-8°. Une deuxième édition de ce livre parut dans la même ville, en 1701, in-8°. Il y en a une troisième, qui a été inconnue à Forkel, à Lichtenthal et à M. Charles-Ferdinand Becker : elle a été publiée à Londres, en 1731, 1 vol. in-8° de 206 pages. On y a joint la deuxième édition des règles de Godefroid Keller (*voy.* ce nom) pour accompagner la basse continue sur l'orgue et le clavecin. Le premier chapitre du livre de Holder et son appendice renferment de très-curieuses recherches sur l'origine de l'harmonie, considérée dans l'analogie des phénomènes résultant des vibrations d'une corde avec les expériences de Galilée sur les vibrations du pendule. Continuant dans les chapitres suivants ses recherches sur la même analogie, d'après la doctrine de Galilée, Holder en déduit la théorie des consonnances, des accords consonnants et des dissonnances. En général ce livre est entièrement consacré à la théorie physique et mathématique de la musique : je le considère comme un des meilleurs ouvrages qu'on a écrits sur cette matière. Holder y traite ces sujets difficiles avec beaucoup de clarté. Parmi les manuscrits de la bibliothèque du Musée britannique, on trouve (n° 1388, 3) quelques lettres adressées à Holder, particulièrement sur son traité de musique, et renfermant quelques objections contre sa théorie. Ce savant était aussi compositeur de musique : on trouve de lui quatre antiennes à trois voix bien écrites, dans un recueil de musique d'église manuscrite au Musée britannique : ce recueil a appartenu au docteur Tudway. Le portrait de Holder a été gravé à Londres par Hoggan, en 1683, in-fol. : Hawkins en a donné une copie dans le 4° volume de son *Histoire de la musique* (p. 541).

HOLDER (JOSEPH-GUILLAUME), bachelier en musique de l'université d'Oxford, est né à Londres, en 1765. Dans son enfance, il fut placé comme enfant de chœur à la chapelle royale, sous la direction du docteur Nares, près de qui il resta sept années. Rentré chez son père, il se livra à de sérieuses études, et fut bientôt en état de remplacer Reinhold comme organiste de Saint-Georges-le-Martyr. Il eut ensuite l'orgue de l'église Sainte-Marie, à Bungoy, dans le comté de Suffolk. Après avoir rempli les fonctions de cette place pendant dix-huit ans environ, il se retira à Essex, près de Chalmford, où il vivait encore en 1824. En 1792 il s'est fait recevoir bachelier en musique, à l'université d'Oxford. Holder a composé beaucoup de musique pour le piano, des glees, des chansons, etc. On connaît aussi de lui une messe, un *Te Deum*, et quelques antiennes.

HOLLAND (JEAN-DAVID), né en 1748, près de Herzberg, dans le Hanovre, fut directeur de musique à l'église Sainte-Catherine de Hambourg, dans la seconde moitié du dix-huitième siècle. Il a publié quelques petites pièces pour le piano, quelques chants avec accompagnement de cet instrument, et a écrit, en 1780, un oratorio intitulé *Die Auferstehung Christi* (la Résurrection du Christ). On a aussi de lui un entr'acte à grand orchestre pour la tragédie de *Hamlet*, composé en 1790, et qui a été publié à Berlin, chez Hummel.

HOLLAND (CONSTANTIN), né en 1798, étudia la théologie à l'université de Breslau en 1822, et y fut membre d'une société de musique qui s'était formée parmi les étudiants. Il y exécuta plusieurs concertos sur la flûte. Holland quitta l'université en 1823 pour se livrer exclusivement à l'étude de l'art, et fut nommé directeur de musique du théâtre de Breslau, en 1829. Il a publié quelques morceaux arrangés pour le piano, des rondos et des variations pour cet instrument. Le 10 mai 1829 il fit chanter, dans un concert donné au bénéfice des victimes de l'inondation de la Prusse occidentale, un air de sa composition avec accompagnement d'orchestre. En 1832 on le trouve comme ténor au théâtre de Kœnigsberg, et dans la même année il y fait exécuter une Ouverture de sa composition. Deux ans après, il était à Pétersbourg; puis il retourna en Allemagne, et chanta à Dessau en 1835. En 1837 il était de nouveau à Pétersbourg. Il paraît s'être fixé en Russie; car il chantait à Moscou en 1843. Sa femme, cantatrice dramatique, dont le nom de famille était *Kains*, fut d'abord attachée au théâtre de Kœnigsberg. Plus tard, elle paraît s'être séparée de son mari, car elle chantait à Vienne en 1836, sous le nom de Mme *De Kestelot*.

HOLLANDER (Jean), ou plutôt **JEAN DE HOLLANDE**, fut un des compositeurs belges de la première partie du seizième siècle, dont on publia des chansons à quatre, cinq et six parties dans les recueils de Tylman Susato, en 1543 et 1558. Ces recueils ont pour titres : 1° *Chansons à quatre parties, auxquelles sont contenues XXXI nouvelles chansons, convenables tant à la voix comme aux instruments. Livre I. A Anvers, par Tylman Susato*, 1543. — 2° *Le XIIe Livre contenant XXX chansons amoureuses à cinq parties par divers autheurs*; ibid., 1558. Dans ces recueils, Hollander est nommé *Jean de Hollande* : vraisemblablement son nom véritable était *Jans*.

HOLLANDER (Chrétien), contrapuntiste du seizième siècle, fut ainsi nommé parce qu'il était né en Hollande, vers 1520. Son nom véritable était *Chrétien Jans*. Ce renseignement est fourni par la liste des maîtres de chapelle de l'église Sainte-Walpurge ou Walburge, d'Audenarde (Flandre orientale), qui existe dans un registre de cette église. On y lit : 1549. *Christiaen Jans zone, gezeid de Hollandere, wordt afgedankt tenjare* 1557, *etc*. (Chrétien, fils de Jans, dit *le Hollandais*, fut congédié dans l'année 1557) (1). Il avait succédé en 1549 à maître Antoine Lierts dans la place de maître de chapelle de Sainte-Walburge. Le terme *congédié*, ou *remercié* (*afgedankt*) ne signifie pas que l'artiste fut renvoyé de son emploi, mais qu'il reçut sa démission honorable, sur sa demande, parce qu'il était alors appelé au service de l'empereur Ferdinand Ier, qui régna depuis 1556 jusqu'en 1564. Après la mort de ce prince, il resta au service de Maximilien II, qui succéda à Ferdinand, le 25 juillet 1564; car il composa un chant à six voix à la louange de cet empereur : ce morceau a été publié par Pierre Joannelli, dans le cinquième livre de son *Novus Thesaurus musicus* (Venise, Antoine Gardane, 1568, in-4°). Lipowsky dit, dans sa Biographie des musiciens bavarois, que Hollander fut nommé maître de chapelle de Munich par le duc de Bavière Guillaume V (1), après avoir été simple musicien dans cette chapelle : il y a certainement une erreur dans cette assertion, car *Roland de Lassus* fut nommé par le même prince maître de sa chapelle en 1562, et occupa ce poste jusqu'à sa mort, en 1595. Or Hollander ne figurait plus parmi les musiciens de la chapelle, de Munich en 1593, comme le prouve un état de ces musiciens publié par H. Delmotte, dans sa notice sur *Roland de Lattre*; d'ailleurs, il aurait été alors trop vieux pour devenir le successeur de celui-ci. Il est vraisemblable que Lipowsky a confondu les hommes et les époques, et qu'il a voulu parler du musicien qui est l'objet de l'article suivant, lequel ne fut pas le successeur, mais le prédécesseur de Roland de Lassus. Toutefois, un fait reste incertain, à savoir si Chrétien Jans, dit *le Hollandais*, est entré au service du duc de Bavière comme chapelain de sa chapelle, après avoir été attaché à celle de l'empereur. La publication de ses ouvrages à Munich et à Nuremberg, depuis 1570 jusqu'en 1575, donne de la vraisemblance à l'affirmative. La date de la mort de cet artiste est inconnue jusqu'à ce jour. On a de Chrétien Hollander les ouvrages suivants : 1° *Cantiones variæ* 4, 5, 6, 7 *etiam atque* 8 *vocum ad varia instrumenta apt*.; Munich, 1570, in-4°. — 2° *Neue teutsche geistliche und weltliche Liedlein, mit* 4, 5, 6, 7 *und* 8 *Stimmen, welche ganz lieblich zu singen, und auf allerley Instrumenten zu gebrauchen* (Nouvelles petites chansons sacrées et profanes à 4, 5, 6, 7 et 8 voix, lesquelles sont agréables à chanter et à jouer sur tous les instruments); Munich, 1570, in-4°. Jean Pichler, de Schwandorf, a recueilli les motets à trois voix de Hollander et les a publiés sous ce titre : *Tricinlorum, quæ tum vivæ vocis*,

(1) Il est à remarquer que Chrétien Hollander est appelé *Christianus de Holanda*, dans *le XIe livre, contenant XXIX chansons amoureuses à 4 parties*, imprimé à Anvers, par Tylman Susato, en 1549.

(1) Il veut dire Guillaume II, car il n'y eut jamais cinq ducs de Bavière du nom de *Guillaume*. Albert, fils de Guillaume Ier, mourut en 1579, et son fils Guillaume II lui succéda, puis remit en 1596 le gouvernement de ses États à Maximilien Ier, son fils.

lum omnis generis instrumentis musicis commodissime applicari possunt. Fasciculus collectus et in lucem editus studio et opera Joannis Pichleri Schwandorfensis. Monachii per Ad. Berg, 1573, in-4°. Enfin on a sous le nom de Hollander : *Neue auserlesene teutsche Lieder mit fünf und mehr Stimmen zu singen und auf allerlay instrumenten zu gebrauchen* (Nouvelles Chansons allemandes choisies à 5 et un plus grand nombre de voix pour chanter et pour l'usage de toute espèce d'instruments) ; Nuremberg, Dietrich Gerlach, 1575, in-4° obl. Les cinq livres du *Thesaurus musicus* publié par Pierre Joannelli (Venise, 1568, in-4°) contiennent dix-huit motets à 4, 5, 6 et 8 voix de Chrétien Hollander. M. Commer, de Berlin (*voy.* ce nom) a publié en partition, dans la belle collection intitulée *Collectio operum musicorum Batavorum sæculi XVI* (Mayence, Schott), dix-neuf motets à 4 et 5 voix de cet excellent artiste, dont le nom a eu de la célébrité, mais qui en méritait davantage ; car son style a une élégance, une clarté, une pureté d'harmonie digne des plus grands maîtres. Toutes les voix chantent bien ; les motifs d'imitation n'ont rien de vulgaire, et les entrées des différentes parties se font souvent d'une manière inattendue, bien qu'elles soient toujours tonales. Cette musique a d'ailleurs le mérite d'un caractère rhythmique qui était rare dans les œuvres des contemporains de Chrétien Hollander.

HOLLANDER (Sébastien), ou **HOLOANDER**, musicien hollandais, né à Dordrecht, à la fin du quinzième siècle, fut maître de chapelle de Guillaume Ier, duc de Bavière, et eut pour successeur Roland de Lattre ou de Lassus (*voy. l'Histoire de la musique* de Prinz, ch. II, § 26). M. Commer a publié en partition (*Collectio operum musicorum batavorum*, t. I, p. 49-56) un bon motet à 5 voix (*Dum transisset Sabatum*) de cet auteur.

HOLLANDER (Herman), maître de musique de la collégiale de Sainte-Marie à Breda, vers le milieu du dix-septième siècle, est connu par l'ouvrage suivant : *Jubilus filiorum Dei ex SS. PP. suspiriis musico concentu una, duabus, tribus, quatuor vocibus decantandi* ; Anvers, 1648, in-4°.

HOLLANDRE (Charles-Félix de), musicien belge, né dans un village de la province de Hainaut, entre Ath et Mons, vers les dernières années du dix-septième siècle, commença ses études musicales dans cette dernière ville, comme enfant de chœur à l'église Sainte-Élisabeth, et les termina à l'abbaye de Cambron, sous la direction du P. Plouvier, bon organiste, de qui l'on a un recueil de trois messes à 4 voix et 2 violons, imprimées à Bruxelles, en 1721, chez Van Elwyck. De Hollandre succéda, en 1733, à maître Jacques-François de Mey, prêtre, comme maître de chapelle de l'église paroissiale de Sainte-Walburge, à Audenarde (Flandre orientale). Il en remplit les fonctions pendant dix-sept ans, et mourut le 23 avril 1750. Ses compositions existent en manuscrit dans les archives de cette église ; elles consistent en 8 messes courantes à 4 voix, 2 violons et basse ; une messe à 5 voix, sans accompagnement ; deux messes solennelles à 4 voix, instruments et orgue ; une messe de *Requiem* idem ; un *Te Deum* idem ; Six *Salve Regina* à 4 voix sans instruments ; 7 *Alma Redemptoris* idem ; 6 *Ave Regina Cœlorum* idem ; 5 *Regina Cœli* idem ; un *Regina Cœli* avec instruments ; 12 Motets à 2, 3 et 4 voix sans instruments. On attribue aussi à de Hollandre de beaux chants de méditation qui se chantent à Audenarde, dans les rogations. Ces chants sont remarquables par leur caractère majestueux, leur rhythme original, la simplicité des mélodies et l'expression. Ce musicien a eu pour élève le P. Le Quoint, récollet, de qui l'on a plusieurs œuvres de musique d'église.

HOLLANDRE (Jean d'), compositeur, né à Gand, le 24 décembre 1785, fut un des fondateurs et le chef d'orchestre de la Société d'harmonie de Sainte-Cécile en cette ville, où il mourut, le 19 décembre 1839. Il a écrit beaucoup de romances, duos, trios, quatuors, plusieurs messes et motets qui ont été exécutés dans les églises de Gand, et des morceaux d'harmonie pour les instruments à vent.

HOLLBEEK (Séverin), facteur d'orgues à Zwickau, vers la fin du dix-septième siècle, a construit, en 1696, un bon instrument à Schneeberg, composé de 39 jeux, 2 claviers et pédale.

HOLLBUSCH (Jean-Sébastien), musicien qui paraît avoir vécu à Manheim, vers la fin du dix-huitième siècle, y a publié quelques œuvres, dont on ne connaît que deux duos pour violon et violoncelle, op. 4. On a du même artiste un livre intitulé : *Tonsystem, abgefasst in einem Gespræche zweiter Freunde* (Système de musique exposé dans un entretien de deux amis) ; Mayence, 1792, in-8° de 200 pages. Les renseignements fournis par Forkel sur la nature et le contenu de cet ouvrage prouvent que l'auteur était un penseur distingué, qui a essayé d'appliquer à la musique la philosophie critique de Kant. Malheureusement ce livre paraît être devenu fort rare, car toutes mes recherches pour en trouver un exemplaire ont été infructueuses.

HOLLY (François-André), directeur de musique au théâtre de Breslau, naquit en 1747, à Bœhmisch-Luba, en Bohême. Après avoir fait ses études chez les Jésuites, il entra dans l'ordre des Franciscains pour y faire son noviciat; mais bientôt, fatigué de la vie monastique, il sortit de son couvent, et reprit l'étude de la musique, pour laquelle il avait un goût passionné. Habile organiste et pianiste distingué, il ajoutait à ces talents celui de bien diriger un orchestre. D'abord directeur de musique au théâtre de Brunian, à Prague, il quitta cette situation, et se rendit en 1769 à Berlin, où il dirigea la musique du théâtre de Koch. De là il alla à Breslau, vers 1775, et fut chargé de la direction de l'orchestre au théâtre de Wœser. Il mourut en cette ville, le 4 mai 1783. Holly a écrit, pour les différents théâtres où il a dirigé, la musique de plusieurs petits opéras, dont voici les titres : 1° *Der Bassa von Tunis* (le Pacha de Tunis). — 2° *Die Jagd* (la Chasse). — 3° *Das Gærtnermædchen* (la Fille du jardinier). — 4° *Der Rauberer* (l'Enchanteur). — 5° *Das Gespenst* (le Spectre). — 6° *Gelegenheit macht Diebe* (l'Occasion fait le larron). — 7° *Das Opfer der Treue* (le Sacrifice de la fidélité). — 8° *Der Patriot auf dem Lande* (le Patriote campagnard). — 9° *Der Tempel des Schicksals* (le Temple du Destin). — 10° *Deukalion und Pyrrha* (Deucalion et Pyrrha, mélodrame). — 11° *Der Tempel des Friedens* (le Temple de la Paix). — 12° *Der Irrwisch* (le Feu follet). — 13° *Der Waarenhændler von Smirna* (le Marchand de Smyrne); Berlin, 1775. — 14° *Die Verwechselung* (le Changement). — 15° *Der Lustiger Schuster* (le joyeux Cordonnier). Holly a écrit aussi des ouvertures, des entr'actes et divers morceaux de musique pour les tragédies de Hamlet, Galora de Venise, Macbeth, Hanno, etc., ainsi que quelques grands ballets d'action. Enfin, on a de lui plusieurs morceaux de musique d'église, des vêpres de la Vierge, un *Te Deum*, et des motets pour différentes fêtes de l'année.

HOLMES (Jean), organiste de l'église cathédrale de Salisbury, au commencement du dix-septième siècle, est auteur de plusieurs chansons à 4 et 5 parties qui se trouvent dans le recueil intitulé : *The Triumphs of Oriana;* Londres, 1601.

HOLMES (....), célèbre bassoniste anglais, brilla dans les concerts de Salomon, en 1793, et dans les autres concerts et meetings des années suivantes. Il paraît que l'exécution de cet artiste était particulièrement remarquable par la netteté et la précision.

HOLMES (Édouard), né en 1797, dans une petite ville non éloignée de Londres, fut envoyé jeune dans cette ville pour y faire son éducation littéraire et musicale. Il y fut d'abord professeur de musique, et donna des leçons de piano dans les pensionnats. Également distingué par ses connaissances dans son art et par la vivacité de son esprit, il était recherché dans le monde pour l'agrément de sa conversation. Dans l'été de 1827 il entreprit un voyage en Allemagne, dont la musique était le but, et visita Francfort, Darmstadt, Stuttgard, Munich, Vienne, Prague, Dresde, Berlin, Leipsick, Weimar, Eisenach et Cassel. De retour dans sa patrie, il rédigea un livre intéressant sur les notes recueillies par lui dans cette tournée, et en rendit la lecture attachante, tant par l'esprit d'observtion qui s'y fait remarquer que par l'élégance du style. Cet ouvrage parut bientôt après, sous le titre suivant : *Ramble among the Musicians of Germany, giving some account of the Operas at Munich, Dresden, Berlin, etc.; with remarks upon the Church-Music, singers, performers, and composers*, etc. (Excursion chez les musiciens de l'Allemagne, où l'on trouve des notices sur les Opéras de Munich, Dresde, Berlin, etc.; avec des remarques sur la musique d'église, les chanteurs, les instrumentistes et les compositeurs, etc.); Londres, 1838, un volume in-8°. La troisième édition de cette narration a été publiée à Londres, en 1838, un vol. in-8°. Le succès de l'ouvrage fixa l'attention publique sur l'auteur, et le grand journal *l'Atlas* ayant été fondé en 1829, Holmes fut choisi pour la rédaction de la critique musicale. Il y a donné beaucoup de bons articles, qui se font remarquer par la forme littéraire autant que par la connaissance de la matière. La dernière production de cet écrivain distingué est une vie de Mozart (*The Live of Mozart, including his correspondance*); Londres, 1845, 1 vol. in-8° de 364, pages. Ce livre est tiré du recueil de matériaux rassemblés par le conseiller Nissen (*voyez* ce nom); mais M. Holmes les a classés dans un meilleur ordre, et y a ajouté l'agrément d'une narration élégante et remplie d'intérêt. Fixé en Amérique depuis 1849, ce musicien et critique distingué y prit part à la rédaction de plusieurs journaux, dans lesquels il reproduisit quelques-uns de ses anciens travaux. Il est mort aux États-Unis, le 28 août 1859.

HOLTHEUSER (Jean), magister et poëte né à Hildburghausen, vécut vers le milieu du seizième siècle. On lui doit un éloge de la musique, qu'il a composé et récité dans l'université de Wittemberg, à l'occasion de l'ouverture du cours de musique par Henri Faber (*voy.* ce nom); cet ouvrage a pour titre : *Encomium musicæ* *artis antiquissimæ et divinæ, carmine elegiaco scriptum, et recitatum in celeberrima Academia Wittenbergensi, in Prælectione Musicæ Henrici Fabri. A. D.* 1551, 26 *apr.*; Erfurt, 1551, in-4°, 4 feuilles.

HOLTSCH (Charles), *cantor* et directeur de musique au gymnase (collége) de Guben, dans le Brandebourg, occupait cette position en 1836, et s'y trouvait encore en 1845. Il a publié pour l'usage des élèves du collége une petite méthode pratique de musique et de chant sous ce titre : *Gesangschule enthaltend eine Sammlung mehrfacher praktischer Uebungstücke im Tackt, Notentreffen und in der Stimmbildung;* Guben, F. Fechner, 1839, in-8°.

HOLZAPFEL (Bruno), sous-prieur du couvent des Augustins, à Ratisbonne, a publié, jusqu'en 1760, treize œuvres de pièces pour le clavecin. Les douzième et treizième consistent chacun en un divertissement pour l'orgue ou le clavecin : ils ont paru à Nuremberg.

HOLZAPFEL (Jean-Gottlob), inspecteur et prédicateur luthérien à Schmalkalden, né le 1er mai 1739, à Odershausen, dans la petite principauté de Waldeck, a écrit, pour le livre choral de l'organiste Vierling, une préface de onze pages in-4°, sur la possibilité d'améliorer et de modifier le chant des églises protestantes. Ce morceau a paru ensuite séparément sous ce titre : *Von der Verbesserung und Verfeinerung der Kirchengesænges;* Cassel, 1789. Holzapfel est mort à Schmalkalden, le 21 juin 1804.

HOLZBAUER (Ignace), compositeur, naquit à Vienne, en 1711, suivant une autobiographie qu'on a trouvée dans ses papiers, et non en 1718, comme il est dit dans le Dictionnaire des musiciens de Choron et Fayolle, d'après l'ancien lexique de Gerber. Son père, qui était tanneur, le destinait au barreau et lui fit faire des études littéraires; mais Holzbauer montrait plus de penchant pour la musique que pour toute autre science. Ses efforts pour déterminer son père à lui fournir les moyens d'étudier cet art furent infructueux; mais il se lia d'amitié avec quelques élèves de la maîtrise de Saint-Étienne, et apprit d'eux les principes de la musique, le chant, le clavecin, le violon et le violoncelle. Ses prières réitérées obtinrent de sa sœur qu'elle lui achetât un *Gradus ad Parnassum* de Fux, avec lequel il apprit les règles du contrepoint dans le grenier de la maison paternelle. Ce livre et ses propres efforts le conduisirent à la connaissance de l'art d'écrire en musique, et jamais il n'eut d'autre maître de composition que lui-même. Persuadé pourtant qu'il n'en était encore qu'aux éléments, il se rendit un jour chez Fux pour lui demander quelques conseils sur la direction qu'il devait donner à ses études. Le vieillard était au lit : il donna à Holzbauer un sujet qu'il lui dit de traiter en contrepoint simple de note contre note. Étonné de trouver dans le travail du jeune homme une harmonie pure et l'art de faire chanter les parties d'une manière naturelle, le vieux Fux lui demanda qui lui avait appris ce qu'il savait. — Je n'ai point eu d'autre guide que votre livre, répondit en tremblant Holzbauer. — S'il en est ainsi, allez en Italie; ce n'est que là que vous apprendrez ce qui vous manque.

Le conseil était fort bon; mais il n'était pas facile de le suivre, car toute ressource pécuniaire manquait au jeune compositeur. Peu de temps après, le prince de la Tour et Taxis le prit à son service en qualité de secrétaire. Holzbauer suivit son maître à Laybach. Il y était depuis six mois, lorsqu'un de ses amis passa par cette ville pour se rendre à Padoue : il saisit cette occasion, et sans prendre congé de son maître, il partit pour Venise. Malheureusement il y était à peine arrivé quand il fut atteint d'une fièvre opiniâtre, qui l'obligea à s'éloigner de cette source de connaissances musicales, et à retourner près de son père. L'air du pays natal l'ayant guéri de sa fièvre, il obtint enfin la permission de se livrer sans obstacle à son penchant pour la musique, et bientôt après il accepta une place de maître de chapelle chez le comte Rottal, en Moravie. Il y trouva un bon orchestre complet, capable d'exécuter des opéras et des intermèdes italiens, et y devint l'époux d'une demoiselle de bonne famille, qui avait du talent pour le chant. En 1745 il se rendit à Vienne avec elle, et tous deux furent engagés au théâtre de la cour, lui en qualité de directeur de musique, elle comme première cantatrice. Deux ans après ils partirent pour l'Italie; madame Holzbauer y trouva pendant trois années des engagements aux théâtres de Milan, de Venise et d'autres grandes villes. De retour à Vienne, Holzbauer et sa femme ne purent réaliser leur projet de rentrer au service de la cour, car le théâtre fut fermé après la mort de l'impératrice Élisabeth. Ils n'attendirent pas longtemps pour trouver l'emploi de leurs talents, un engagement leur ayant été envoyé par la cour de Stuttgard, où ils arrivèrent le 16 août 1750. Le duc de Wurtemberg avait nommé Holzbauer son premier maître de chapelle : il ne fut chargé en cette qualité que de composer de la musique d'église et de chambre, et sa femme ne chanta plus qu'aux concerts. En 1753 il écrivit l'opéra pastoral *Il Figlio delle selve*, pour le théâtre de Schwetzingen qu'on venait de construire. Cette composition eut un succès si brillant, que l'électeur palatin nomma Holzbauer son maître de chapelle à Manheim. Cette chapelle était alors composée de beaucoup d'excellents artistes allemands et italiens. Holzbauer débuta dans cette nouvelle place par la composition de plusieurs opéras, qu'il écrivit sur des livrets italiens. En 1756 il entreprit un troisième voyage en Italie, dans le dessein d'entendre la musique de la chapelle pontificale à Rome. A son retour, il visita Florence, Bologne, Venise et Vienne.

De retour en Allemagne, il fut bientôt obligé de solliciter un nouveau congé, car on l'appela à Turin pour écrire un opéra destiné au théâtre royal. Cet ouvrage était la *Nitteti*, qui fut bien accueillie par le public. L'année suivante, Holzbauer fit jouer à Milan son *Alessandro nell' Indie*, considéré comme une de ses meilleures productions, et qui eut trente représentations en moins de deux mois. En 1776 il écrivait encore pour le théâtre, bien qu'il eût alors soixante-cinq ans; et ce fut dans cette année qu'il composa, pour le grand théâtre de Manheim, son opéra *Gunther de Schwartzbourg*, le seul ouvrage qu'il ait composé sur un texte allemand. Cet opéra fut représenté avec pompe, et obtint un brillant succès. La partition fut gravée aux frais de l'électeur, distinction alors fort rare en Allemagne. Le dernier ouvrage connu de Holzbauer est une messe allemande, sur un texte du conseiller de finances Kohlenbrenner. Ce compositeur est mort à Manheim, le 7 avril 1783, à l'âge de soixante-douze ans. L'électeur palatin avait joint à son titre de maître de chapelle celui de conseiller de finances. Dans les derniers temps de sa vie, il était devenu complétement sourd, et ce mal devint tel, qu'il n'entendit pas une note du dernier opéra (*Tancredi*) qu'il écrivit pour le théâtre de Munich.

Holzbauer n'a point été un de ces hommes de génie dont l'existence fait époque dans un art; mais ses ouvrages furent estimés et tinrent une place honorable parmi les bonnes compositions de son temps. L'opinion de Mozart, si décisive en musique, était favorable à cet artiste. Voici comment ce grand homme s'exprimait dans une lettre écrite de Manheim, le 4 novembre 1777 : « Aujourd'hui, dimanche, j'ai entendu une messe « de Holzbauer, qui, quoiqu'elle date de vingt- « six ans, est très-bonne. Holzbauer écrit bien; « il a un bon style, fait bien accorder la partie « vocale avec l'instrumentale, et compose de « très-belles fugues (1). » L'instruction de Holzbauer était étendue; il lisait avec facilité les poëtes latins et italiens; Horace lui était si familier, qu'il l'avait pour ainsi dire tout entier dans sa mémoire.

(1) Voy. *Biographie W. A. Mozart's von G. N. von Nissen*, p. 323.

Parmi les ouvrages de cet artiste on remarque : I. MUSIQUE D'ÉGLISE : 1° *Isacco*, oratorio. — 2° *Betulia liberata*, idem. — 3° Vingt-six messes à 4 voix avec orchestre, dont une allemande. — 4° Trente-sept motets avec orchestre. — 5° *Miserere*, idem. — II. OPÉRAS : 6° A Vienne, vers 1746, plusieurs petits opéras et ballets dont les titres ne sont pas connus. — 7° *Il Figlio delle selve*; à Schwetzingen, en 1753. — 8° *Issipile*; à Manheim, vers le même temps. — 9° Plusieurs pastorales et pièces de chant, au nombre desquelles *L'Isola disabitata*. — 10° *Don Chisciotte*. — 11° *Nitteti*; à Turin, en 1757. — 12° *Alessandro nell' Indie*; à Milan, 1759. — 13° *Ippolito ed Aricia*; à Manheim, 1768. — 14° *Adriano in Siria*, 1772. — 15° *Gunther de Schwartzbourg*, opéra allemand, gravé en partition, 1776. — 16° *Der Tod der Dido* (la Mort de Didon), mélodrame, en 1779. — 17° *La Clemenza di Tito*. — 18° *Le Nozze d'Arianna e di Bacco*. — 19° *Tancredi*; à Munich, en 1782. — III. MUSIQUE INSTRUMENTALE : 20° *Cent quatre-vingt-seize symphonies* pour l'orchestre. Il en a été gravé vingt et une à Paris, divisées en quatre œuvres. — 21° *Dix-huit quatuors* pour deux violons, alto et basse. — 22° *Treize concertos* pour divers instruments.

Parmi les papiers de Holzbauer, on a trouvé plusieurs plans de sa main pour des institutions de musique.

HOLZBAUER (LE P. BRUNO), moine augustin, a fait imprimer à Augsbourg, en 1749, vingt-quatre pièces pour le clavecin, sous ce titre : *Eremi deliciæ, seu Eremita Augustinus exultans in cymbalis bene sonantibus*.

HOLZBOGEN (JOSEPH), violoniste au service de la cour de Bavière, vers le milieu du dix-huitième siècle, fut envoyé en Italie par le duc Clément, en 1753, pour y étudier son instrument et la composition sous la direction de Tartini. De retour à Munich en 1762, il reprit son service dans la chapelle du prince. Burney, qui l'entendit dans son voyage en Allemagne, lui accorde beaucoup d'éloges. Holzbogen a écrit plusieurs concertos pour le violon, des quatuors et des trios pour des instruments à vent. Il mit aussi en musique les méditations de la semaine sainte, pour les jésuites de Munich : toutes ses compositions sont restées en manuscrit.

HOLZINGER (LE P. BENOIT), né à Aichach, en Bavière, entra en 1747 dans l'ordre des Bénédictins, à l'abbaye d'Andech, et mourut en 1805. Il était savant musicien, et a composé plusieurs vêpres complètes, qui sont restées en manuscrit.

HOLZMANN (Antoine), moine bénédictin et sous-prieur du monastère de Sainte-Marie, à Schutter en Brisgau, au commencement du dix-septième siècle, a publié un ouvrage de sa composition intitulé : *Offertoria de communi Sanctorum juxta ordinem Missalis romani quinque vocibus et quinque instrumentis, extra symphonias ad libitum cum duplici basso continuo modulanda*, op. 1; Strasbourg, 1702, in-fol.

HOLZMILLER (Édouard), chanteur du théâtre de Kœnigstadt, à Berlin, est né vers 1806. Il possédait une fort belle voix de ténor; mais sa vocalisation manquait de flexibilité et de correction.

HOLZNER (Antoine), né à Hof, en 1593, fut organiste et musicien de la chapelle de l'électeur de Bavière : il s'est fait connaître par la composition d'un recueil de *Magnificat* et d'antiennes de la Vierge, à 5 et 6 voix avec basse continue, qui a été publié sous ce titre : *Canticum Virginis, seu Magnificat et Antiphonæ de eodem Virgine, quinis senisque vocibus et cum seu sine basso ad organum canenda. Monachium apud Nicholaum Henricum*; 1625, *in-fol. max*.

HOMANN ou **HOHMANN** (...), compositeur à Memel, né dans cette ville, en 1811, y a fait représenter, en 1844, un opéra, de sa composition intitulé *Charles XII*. Deux ans après, il a donné à Braunsberg un autre opéra, intitulé *Die Küsse* (les Baisers). Ces renseignements sont les seuls que j'aie pu recueillir sur cet artiste.

HOME (Georges), docteur en théologie, à Canterbury, a prononcé un discours pour l'inauguration d'un nouvel orgue dans la cathédrale de cette ville, et l'a publié sous ce titre : *The antiquity, use and excellence of Church Music*; Londres, Rivingston, 1784, in 4°.

HOME (Sir Everard), chirurgien et physiologiste anglais, fut professeur d'anatomie au Collége royal des chirurgiens de Londres, et membre de la Société royale de cette ville; il est mort à Chelsea, le 31 avril 1832, à l'âge de soixante-seize ans. On a de lui deux mémoires sur la structure de l'oreille et sur la membrane du tympan, qui ont paru dans les Transactions philosophiques, sous ce titre : *On the structure and uses of the membrana tympani of the ear* (*Philos. Transact.*, 1800, t. Ier, et ann. 1812, p. 83-89).

HOMET (L'abbé), maître de musique de l'église Notre-Dame de Paris, entra comme enfant de chœur à l'église cathédrale de Chartres, vers 1730, puis fut attaché en qualité de chantre à l'église d'Amiens, et enfin obtint la place de maître de musique à la cathédrale de Paris. Il mourut en 1777. On trouve dans la Bibliothèque impériale, à Paris, des motets manuscrits de la composition de l'abbé Homet (n° 277, in-4°, V). La maîtrise de Notre-Dame de Paris possède aussi quelques morceaux de ce maître. La partition manuscrite de sa messe intitulée *In anniversariis* est dans ma bibliothèque. L'abbé Homet est auteur de l'harmonisation à quatre voix du *Dies iræ* en plain-chant romain qu'on chante dans les églises de Paris : l'effet en est fort beau.

HOMEYER (L.-M.-J.), organiste à Duderstadt, petite ville du royaume de Hanovre, dont la population est en grande partie catholique, y est né en 1812, et a fait ses études à l'université de Gœttingue. Les noms des maîtres qui firent son éducation musicale ne sont pas connus; mais ils étaient sans nul doute de bonne école, car M. Homeyer est un artiste de talent sérieux et possède une instruction solide. Il était bien jeune encore lorsqu'il publia en 1835, un très-bon livre de chant à quatre parties, suivant le chant en usage dans le diocèse de Mayence. Ce livre choral du culte catholique a pour titre : *Choralbuch für d. Altar und Responsorien-Gesang der Katholischen Kirche, nach Romischer und Mainzischer Singweise, vierstimmig*, etc. L'ouvrage est précédé d'une excellente préface. Le savant Anthony de Münster et Frœhlich accordèrent beaucoup d'éloges au travail du jeune artiste. Dans les années 1842 et 1848, M. Homeyer a donné des *concerts* d'orgue à Hanovre, à Brême et à Hambourg, dans lesquels il a fait preuve de beaucoup de talent. Il fit aussi exécuter à Brême une symphonie héroïque de sa composition.

HOMILIUS (Godefroid-Auguste), né à Rosenthal, sur les frontières de la Bohême, le 2 février 1714, fut un des musiciens les plus savants et un des meilleurs organistes de l'Allemagne. Nommé, en 1742, organiste de l'église Notre-Dame, à Dresde, il en remplit les fonctions jusqu'en 1755; à cette époque, il obtint la place de directeur de musique à cette église, et plus tard il y ajouta les directions des deux autres églises principales de Dresde, et le titre de maître de musique (*cantor*) de l'école de Sainte-Croix. Il mourut à Dresde, le 1er juin 1785, à l'âge de soixante ans. La musique d'église d'Homilius a joui de beaucoup d'estime, et ses oratorios ont été considérés comme des chefs-d'œuvre en leur genre. Son habileté sur l'orgue fut très-remarquable; il en donna des preuves jusqu'en 1776. On le citait surtout pour la richesse de son imagination dans les préludes. Les ouvrages qu'on a de lui sont : 1° *La Passion*, oratorio sur un texte allemand de Buschmann, publié en partition, à Leipsick, chez Schwickert, en 1775, in-fol. — 2° Autre *Passion, restée en manuscrit*, dont on trouve une analyse détaillée dans les *Notices* de Hiller (t. II, 1768). — 3° *Die Freude der Hirten uber Geburt Jesu*) la Réjouissance des bergers au sujet de la naissance du Christ), en 1777. — 4° Une année entière de morceaux de musique d'église pour tous les dimanches et fêtes de l'année (on considère comme des œuvres parfaites les motets des trois fêtes principales), en manuscrit. — 5° Trente-deux motets à un et deux chœurs, sans orchestre, en manuscrit. — 6° Cantate pour *la Pentecôte*, avec orchestre, en manuscrit. — 7° Cantate pour *l'Ascension*, avec orchestre, en manuscrit. — 8° Plusieurs motets publiés par Hiller dans sa collection de musique d'église, en 6 volumes. — 9° Cantate : *Risuonate, cari boschi*, en manuscrit. — 10° *Six airs allemands avec accompagnement de clavecin, à l'usage des amis du chant sérieux*, publiés à Leipsick, en 1786. — 11° *Vierstimmige Choralbuch in* 167 *Chorælen* (Livre choral consistant en 167 mélodies à quatre voix). — 12° *Choralbuch, der zu Dresden gewœhnlichen Kirchen Melodien* (Livre choral consistant en mélodies en usage à Dresde). — 13° Six trios pour l'orgue, à deux claviers et pédale. — 14° Vingt-deux mélodies chorales variées et fuguées, pour un et deux claviers et pédale. Il existe en manuscrit un traité de la basse continue divisé en 18 sections, écrit par Homilius en 1771. Cet ouvrage se trouve en la possession de M. Charles-Ferdinand Becker, organiste à Leipsick. La plupart des ouvrages manuscrits d'Homilius sont à la bibliothèque royale de Berlin : je possède 12 de ses motets à deux chœurs.

HOMMEL (CHARLES-FERDINAND), docteur en droit et conseiller de cour et de justice, dans la Saxe électorale, naquit à Leipsick, le 6 janvier 1722, et y fut professeur de droit à l'université. Au nombre de ses ouvrages on trouve une dissertation sur le cornet d'or des mythologies du Nord, sous ce titre : *Erklærung der Goldnen Hornes, aus d. Nord-Theologie*; Leipsick, 1769, in-8°, avec une planche. Ce morceau est de peu d'intérêt pour l'histoire de la musique.

HOMMERT (...), musicien allemand, attaché à la musique particulière du roi d'Angleterre Georges III, fit en 1786 un voyage en Allemagne, et fit admirer son talent sur l'orgue de Saint-Michel à Hambourg, dans différentes fantaisies et fugues de sa composition qu'il y exécuta. De retour à Londres en 1788, il publia : 1° Trois concertos pour le piano, dédiés au duc d'York, op. 1; Londres, 1790. — 2° Six sonates pour le piano, dédiées à la reine, op. 2; ibid., 1790.

HONDT (CORNEILLE DE). *Voyez* **CANIS**.

HONDT (GHEERKIN DE), compositeur belge, vécut dans la première moitié du seizième siècle. Il est quelquefois cité sous le seul prénom de *Gheerkin*, qui en flamand signifie *petit Gérard*. C'est sous ce prénom que se trouve la messe à quatre voix *Ave, Mater Christi*, qui est dans un manuscrit de la bibliothèque royale de Belgique. Un recueil de chansons à quatre parties, manuscrit de l'an 1542, qui a appartenu à *Zeghere de Male* de Bruges, et qui est à la bibliothèque de Cambrai, sous le n° 124, contient sept chansons françaises et une flamande (*Het was mywel te voozen geseyt*), un *Inclina Domine aurem tuam*, les messes *Benedictus Dominus Deus Israel*, *Panis quem ego dabo*, *Vidi Jerusalem descendentes*, et le motet *Vox dicentes clama*, tous de Gheerkin de Hondt. M. de Coussemaker a publié en partition le *Kyrie* de la messe *Benedictus Dominus Deus Israel*, dans les *Specimen de musique* de sa *Notice sur les Collections musicales de la bibliothèque de Cambrai*.

HONORIO (ROMUALD), moine camaldule et compositeur, vivait en Italie vers le milieu du dix-septième siècle. Walther indique de sa composition : 1° *Misse a* 4, 5, 6, 7 *et* 8 *voci*. — 2° *Salmi a* 3, 4 *et* 5 *voci*. — 3° *Concerti a* 1, 2, 3 *et* 4 *voci, con il basso continuo per l'organo, lib.* 1. — 4° *Idem, lib.* 2. — 5° *Letanie de Beata Virgine a* 4, 5, 6 *e* 8 *voci, op.* 7. On trouve un motet de cet auteur dans la collection publiée par Ambroise Profe (*voy.* ce nom), à Leipsick, en 1641-1646.

HOOGH (DIRK VAN DER), écrivain hollandais, est connu par un livre intitulé : *De Gronden van het Vocal-Musijck* (Éléments de la musique vocale); Amsterdam, J. Moriere, 1769.

HOOK (ROBERT), ou **HOOKE**, célèbre mécanicien et mathématicien anglais, naquit le 18 juillet 1635, à Freshwater, dans l'île de Wight. Dès son enfance il manifesta un génie remarquable pour la mécanique. Après la mort de son père, il entra à l'école de Westminster, et s'adonna particulièrement aux mathématiques : il acheva ses études à l'université d'Oxford. Après avoir inventé diverses machines ingénieuses, perfectionné quelques détails de l'horlogerie, construit divers nouveaux instruments astronomiques, et publié une multitude d'ouvrages et de mémoires sur toutes sortes de sujets et de sciences, il mourut à Londres, le 3 mars 1703. Parmi les manuscrits du Musée britannique, on trouve (n° 1039) un commentaire de Robert Hook intitulé : *Observationes in Cl. Ptolemæi Librum harmonicorum*.

HOOK (JACQUES), et non pas *Jean*, comme

le nomme Gerber, naquit à Norwich, en 1746, et eut pour maître de musique Garland, organiste de cette ville. Ses études étant terminées, il se rendit à Londres, et y obtint la place d'organiste à *Mary-le-bone-Gardens*; puis on lui offrit un emploi du même genre au Wauxhall : il occupa celui-ci pendant près de cinquante ans. Il eut la réputation d'un artiste habile sur l'orgue. On le considère aussi comme un des compositeurs les plus féconds de l'Angleterre, et l'on cite de lui plus de cent quarante œuvres, qui consistent principalement en opéras, intermèdes, mélodrames, concertos, sonates et duos pour le piano. Hook vivait encore en 1829. Ses principaux ouvrages sont : 1° *The Ascension* (l'Ascension), oratorio composé en 1776. — 2° *Cupid's revenge* (la Vengeance de l'Amour), représenté à Hay-Market en 1772. — 3° *Lady of the manor* (la Dame du manoir), opéra-comique, à Covent-Garden, 1778. — 4° *Double Disguise* (le Double Déguisement), intermède, Drury-Lane, 1784. — 5° *Fair Peruvian* (la Belle Péruvienne), opéra-comique, Covent-Garden, 1786. — 6° *Jack of Newbury* (Jacques de Newbury), opéra, Drury-Lane, 1795. — 7° *Wilmore Castle* (le Château de Wilmore), id., ibid., 1800. — 8° *Soldier's return* (le Retour du soldat), idem, ibid., 1805. — 9° *Catch him who can* (Le fasse qui peut), farce ; Hay-Market, 1806. — 10° *Tekely*, mélodrame, à Drury-Lane, 1806. — 11° *La Forteresse*, idem, Hay-Market, 1807. — 12° *Le Siége de Saint-Quentin*, drame, à Drury-Lane, 1808. Parmi sa musique instrumentale on remarque : 13° Six grands concertos avec accompagnement d'orchestre, exécutés au jardin du Wauxhall, op. 55; Londres, Preston. — 14° Six sonates pour piano, op. 16 ; ibid. — 15° Six *idem*, avec accompagnement de flûte ou violon, op. 30. — 16° Six grandes sonates, idem, op. 54: ibid. — 17° Trois sonates, idem, op. 71. — 18° Trois idem, avec des airs irlandais, op. 78. — 19° Trois idem, op. 92 ; Londres, Preston, 1800. — 20° Trois idem, avec violon obligé, op. 109. — 21° Plusieurs duos pour piano à quatre mains. — 22° Un grand nombre d'airs variés et de divertissements pour piano. — 23° Une méthode de piano intitulée : *Guida di musica, being a complete book of instruction for beginners, with 24 progressive Lessons for practice, and the fingering marked throughout*. 2d *Book; Guida di musica, consisting of several hundred examples of fingering, from two to eight notes ascending and descending in both hands*, etc. (Guide de musique, ou livre complet d'instruction pour les commençants, avec vingt-quatre leçons progressives doigtées pour l'étude, etc.); Londres, Preston, 1796, in-4°. Pour le chant, Hook a écrit plus de deux mille airs à voix seule, ou à deux, trois et quatre voix, avec accompagnement de piano, pour les soirées du Wauxhall. Ces morceaux ont été publiés en diverses collections annuelles, depuis 1778 jusqu'en 1808, à Londres, chez Preston, Longmann et Broderip, Clementi, etc.

HOOPER (Edmond), musicien anglais dans le seizième siècle, fut organiste de l'abbaye de Westminster et de la chapelle royale. Il mourut à Londres, le 14 juillet 1621. Hooper est un des auteurs de la collection de psaumes à quatre parties qui a été publiée à Londres en 1574, ainsi que de quelques antiennes qui se trouvent dans le recueil de Barnard.

HOORNBEEK (Cornélis), facteur d'orgues hollandais au commencement du dix-huitième siècle, construisit, en 1716, dans l'église Neuve luthérienne d'Amsterdam, un instrument de 37 jeux, 3 claviers et pédale. Il restaura aussi, l'année suivante, l'ancien orgue de Bois-le-Duc, composé de 35 jeux, 3 claviers et pédale.

HOPF (.....) : on a sous ce nom un petit traité de l'art de jouer les versets sur l'orgue dans les églises protestantes, intitulé : *Gründliche Anleitung zu zwischenspielen in protestantischen Kirchen für Anfænger*; Munich, 1813.

HOPFE (Jules), pianiste et compositeur, vivait à Berlin de 1838 à 1850. On a de lui des *Lieder* avec accompagnement de piano, et quelques pièces pour cet instrument, parmi lesquelles on remarque une *Symphonie fantaisie*, op. 34.

HOPFFGARTEN (Louis-Ferdinand), conseiller de la cour d'appel à Dresde, naquit en cette ville, le 20 juillet 1744, et y mourut, le 8 mars 1806. Auteur de plusieurs ouvrages sur divers sujets, il en a publié un qui a pour titre : *Ueber den Ursprung der Musik und Dichtkunst* (Sur l'origine de la musique et de la poésie); Leipsick, 1772, in-8°. C'est une espèce de poëme burlesque.

HOPKINS (Édouard-John), organiste de *Temple-Church*, à Londres, est né dans la cité de Westminster, le 30 juin 1818. A l'âge de huit ans il fut admis comme soprano dans le chœur de la chapelle royale du Palais de *Saint-James*, où il demeura pendant sept années. En 1833 il fut nommé organiste dans une paroisse de Surrey, après un concours dans lequel il l'emporta sur plusieurs candidats. Son goût pour la musique religieuse le portait vers la composition des antiennes et autres pièces de ce genre pour lequel le collége de Gresham met chaque année une médaille d'or au concours : deux fois le prix fut décerné à M. Hopkins. Vers le même temps, il prit part aux travaux de la Société des Antiquaires musiciens pour la traduction en notation moderne des œuvres des anciens maîtres anglais, dont cette société a publié une collection magnifique. En 1843, la belle église gothique de *Temple-Church* ayant été restaurée par les soins réunis des Sociétés de Saint-James et Middle-Temple, M. Hopkins en fut nommé organiste et maître de chapelle. Une œuvre capitale et d'un haut intérêt concernant l'orgue, sa construction, ses ressources, ses combinaisons à ses divers degrés d'importance, avec une description des meilleurs instruments de toute l'Europe, et en particulier de l'Angleterre, a été publiée par M. Hopkins sous ce titre : *The Organ, its history and constructions ; a comprehensive treatise on the structure and capabilities of the organ, with specifications and suggestive details for instruments of all sizes*, etc.; Londres, Robert Cocks and C°, 1855, 1 vol. gr. in-8° de XXII et 600 pages. L'ouvrage est précédé d'une *Histoire de l'orgue* par M. Édouard Rimbault, morceau très-remarquable, où brillent l'esprit de recherche et la sagacité qui distinguent tous les travaux de ce savant musicien. L'exécution typographique de l'ouvrage de M. Hopkins est de la plus grande beauté, et fait beaucoup d'honneur aux éditeurs.

HOPKINSON (François), mécanicien anglais, a proposé en 1788 divers perfectionnements pour le clavecin, qui consistaient à substituer le cuir à la plume dans les sautereaux, et à se servir de ressorts métalliques pour leur languette, au lieu d'employer la soie de porc. La première de ces inventions n'était pas nouvelle; l'autre n'eut point de succès, parce que les ressorts métalliques ont trop de rigidité pour agir avec la rapidité nécessaire : les lames de baleine avaient sur ces ressorts un avantage incontestable. Hopkinson proposa aussi quelques moyens mécaniques pour faciliter l'opération de l'accord du clavecin. Le mémoire de Hopkinson a été publié dans le deuxième volume des Transactions de la Société américaine (p. 185), sous ce titre : *An improved method of quilling a harpsichord*.

HOPLIT (...). Sous ce nom a été publiée une description de la fête musicale donnée à Carlsruhe, au mois d'octobre 1853, sous la direction de Liszt. Je n'ai aucun renseignement sur l'auteur de cet écrit, qui a pour titre : *Das Karlsruher Musik-fest in october* 1853 ; Leipsick, Bruno Hinze, 1853, in-8° de 128 p. Suivant une version qui m'est venue d'Allemagne, M. Hoplit habiterait Dresde; mais d'après d'autres renseignements, l'ouvrage aurait été écrit à Weimar. On y trouve une lettre curieuse de Liszt sur les critiques qui ont été faites en Allemagne de sa direction de l'orchestre, dans la fête de Carlsruhe.

HOPPE (Adam), prédicateur à Teppliwada, dans la principauté de Munster, vers la fin du seizième siècle, était né à Hemberg. Il a composé et publié un recueil de motets pour les dimanches et fêtes, sous ce titre : *Cantiones dierum Dominicalium et festorum anni ;* Gœrlitz, 1575, in-4°. Il en a été fait une deuxième édition en 1584.

HOPPE (Thomas), pasteur à Greiffenberg, né à Peuscka, le 8 octobre 1628, était compositeur, et fut membre d'une société de musique qui s'était formée à Greiffenberg dans le dix-septième siècle. Il mourut le 2 janvier 1703, à Colberg, où il était pasteur et assesseur du consistoire. On a de ce musicien un recueil de psaumes avec les mélodies, à l'usage du pays de Greiffenberg, sous ce titre : *Greiffenbergische Psalter und Harfenlust Wider allerley Unlust, welche unter Gottes mæchtigen Schutze und Churf. Brandenb. Gnadenschatten von der daselbst Gott singenden Gesellschaft in vertraulichen zusammenkünften durch Gesellschafter Job. Mallers geistl. Lieder, und Thomas Hoppen neue Melodeyen*, etc.; Altstættten, 1673. in-fol.

HOPPE (Jean-Gottlob), chantre à Hirschberg, naquit le 3 avril 1774, à Langhelwisdorf. Il commença ses études littéraires sous la direction du pasteur Gondlatsch, et l'organiste Maiwald lui donna des leçons de musique. En 1787 il entra au lycée de Hirschberg pour y étudier la théologie; il en sortit en 1792, et fut nommé professeur adjoint à Lahn, le 1er mai 1792. Deux ans après, la place de directeur du chœur de Gründeberg lui fut confiée, et le 6 octobre 1796 il obtint sa nomination d'organiste et de professeur dans le même lieu. En 1808 il quitta Gründberg, retourna à Lahn, et le 3 octobre 1816 il fut appelé comme cantor à Hirschberg. Là il dirigea une société musicale jusqu'en 1826. Il se rendit alors à Berlin pour y étudier le système d'enseignement de Logier. On a de ce musicien soixante mélodies chorales à trois voix pour les écoles populaires; Kœnigsberg, Bærntrager, 1827, in-4°.

HOPPE (Wilhelm), né dans le Brandebourg, en 1797, était professeur de musique au séminaire des instituteurs à Kœnigsberg en 1830. On a de lui un petit ouvrage intitulé : *Anweisung zum Gesang Unterrichte für Lehrer in Volksschulen* (Introduction à l'enseignement du chant pour les professeurs des écoles populaires); Kœnigsberg, 1829, Wilh. Unser, in-4° de 54 pages.

HOPPENSTEDT (Auguste-Louis), surintendant à Holzenau, dans le comté de Hoya, en 1800, fut d'abord inspecteur du séminaire des instituteurs à Hanovre. Il est mort à Holzenau, le 25 avril 1830. La plus grande partie de sa vie fut employée à des travaux pour l'avancement de l'éducation du peuple, particulièrement dans la musique. Il a publié pour cet objet : 1° *Lieder für Volksschulen* (Chansons pour les écoles du peuple); Hanovre, 1793, in-8°. Une seconde édition de ce recueil, entièrement refondue et précédée d'une préface sur le chant dans les écoles populaires, a été publiée dans la même ville, en 1802. La 3e édition a paru en 1815, la cinquième en 1825. — 2° *Praktische Anweisung zum Gebrauch der Lieder in Volkschulen* (Instruction pratique sur l'usage des chansons dans les écoles du peuple), Hanovre, Hahn, 1803, in-8°. — 3° *Bemerkungen zu d. prakt. Anweisung zum Gebrauche der Lieder in Volksschulen* (Remarques sur l'instruction pratique pour l'usage des chansons dans les écoles du peuple); Hanovre, 1804, in-8°. — 4° *Melodien zu den Liedern für Volkschulen, von F. B. Beneken und H. Wagener* (Mélodies pour les chansons à l'usage des écoles du peuple, de F.-B. Beneken et H. Wagener); Hanovre, 1802, en 2 parties. La troisième édition de ce recueil a paru en 1809.

HOPPER (Charles), musicien et compositeur de la cour du roi d'Angleterre au dix-septième siècle, a écrit la musique de la mascarade intitulée *Le Plaisir du Roi*, qui fut jouée à Londres en 1636.

HORAK (Venceslas E.), compositeur et écrivain sur la musique, né en Bohême, vécut à Prague depuis 1826 jusqu'en 1844. Suivant la Gazette générale de musique de Leipsick (*Register* de 1829 à 1848) cet artiste aurait été professeur du conservatoire de Prague; mais on ne trouve son nom dans aucune des listes du corps enseignant de cette école que M. Ambros a données dans sa notice intitulée : *Das Conservatorium in Prag*, etc. (Prague, Gottlieb Haase, 1858, 1 vol. in-8°). L'erreur provient sans doute de ce qu'une école élémentaire de musique pour les garçons fut instituée dans cette ville en 1832, et que M. Horàk en fut nommé professeur. Une société musicale d'amateurs ayant fondé des prix pour les meilleures compositions de musique d'église, il obtint le premier prix en 1834, pour un *Te Deum* avec orchestre. Une messe (en *fa*) de sa composition, pour 4 voix, 2 violons, alto, violoncelle, contrebasse et orgue (avec 3 cors *ad libitum*) a été publiée à Prague, chez Hoffmann, en 1841; M. Horàk était à Leipsick en 1846; il publia dans la même année un écrit qui a pour titre : *Mehrdeutigkeit der Harmonien, nach leicht fasslichen aus der harmonischen Progression entlehnten Grundsätzen* (Les diverses significations de l'harmonie, tirées des principes d'après des progressions harmoniques très-intelligibles), Leipsick, Siegel et Stoll, 1846, in-8° de 77 pages.

HORCHIUS (Henri), directeur et professeur de théologie à Herborn, né à Eschwege, le 1er décembre 1652, fut un ardent fanatique dont la vie fut agitée par des disputes et des persécutions. Ayant adopté, vers la fin de sa carrière, des principes plus modérés, il lui fut permis de se fixer à Marbourg, où il mourut, le 5 août 1729. Parmi ses nombreux écrits, on remarque *Dissertationes theologicæ tres*; Herborn, 1691. La première de ces dissertations est intitulée : *De igne sacro et de musica, igni victimas absumente accinente* : Horchius y traite des instruments de musique employés par les Hébreux dans les sacrifices. Cette dissertation a été insérée par Ugolini dans son Trésor des antiquités sacrées, t. XXXII, p. 97-120.

HORN (Jean-Gaspard), docteur en droit et amateur de musique, vivait à Dresde dans la seconde moitié du dix-septième siècle, et a été un des compositeurs les plus féconds de ce temps. On connait sous son nom : 1° *Parergon musicum*, consistant en allemandes, courantes, ballets, et sarabandes à 5 parties; Leipsick, 1664, in-4°. — 2° *Parergon musicum*, consistant en cinq grands ballets dans le genre gai des Français, à 5 voix, 2 violons, deux violes *da braccio*, une basse de viole et basse continue, 2e recueil; Leipsick, 1664. — 3° *Parergon musicum*, consistant en entrées, allemandes, courantes et sarabandes à 3 voix, 3e recueil; Leipsick, 1672. — 4° *Parergon musicum*, consistant en grands ballets à quatre et cinq parties, 4e recueil; Leipsick, 1672. — 5° *Parergon musicum*, consistant en sonates allemandes, courantes, ballets, sarabandes, etc., à 5 parties avec basse continue, 5e recueil; Leipsick, 1675. — 6° *Schersende Musenlust* (Amusements des Muses), consistant en toutes sortes d'airs, madrigaux, canzonettes, à 1-5 voix, 3 violons, violes avec basse continue; Leipsick, 1673, in-fol. — 7° Entrées, gaillardes, courantes, ballets, sarabandes, gigues, à deux orchestres, avec violons, flûtes, cornets, cornemuses à 5, 7, 10, 11 et 12 parties avec basse continue; Leipsick, 1675, in-4°. — 8° *Allerhand anmuthige Sonatinen, Allemanden, Couranten*, etc. (Toutes sortes de sonatines agréables, allemandes, courantes, ballets, sarabandes et gigues à 5 parties; Leipsick, 1678. — 9° *Mu-*

sicalische Tugend und Jugend-Gedichte, etc. (Poemes musicaux pour la jeunesse vertueuse, consistant en airs et canzonettes à 1, 2, 3, 4 et 5 voix, avec 6 violons ou flûtes et basse continue); Francfort-sur-le-Mein, 1678, in-fol. — 10° Harmonies spirituelles, parties d'hiver et d'été, sur les évangiles, à 4 voix, 2 violons, 2 violes *da braccio* et basse continue, 2e édition; Dresde, 1680 et 1681, in-4°.

HORN (Godefroid-Joseph), meunier et facteur d'instruments au village de Niekern, près de Dresde, y naquit, en 1739. Fils d'un meunier, il apprit le métier de son père; mais ayant eu pour héritage tous les outils, dessins et modèles d'instruments du facteur de clavecins Schwarz, élève de Silbermann de Strasbourg, il lui prit fantaisie de s'exercer à cette nouvelle profession, et, secondé dans ses desseins par des dispositions naturelles, il acheva son premier instrument en 1772. Il continua dès lors ses travaux avec activité: en 1795 il achevait son 464e clavecin, lorsqu'il mourut, à l'âge de cinquante-six ans. Horn s'est aussi essayé dans la facture des pianos, mais il y a moins bien réussi que dans celle des clavecins, et n'a pas fait plus de huit instruments de cette espèce.

HORN (Jean-Gottlob), frère du précédent, naquit à Niekern, en 1748. Dans sa jeunesse il montra beaucoup de goût pour la facture des instruments, et son frère seconda son penchant en l'envoyant à Dresde, pour y apprendre la menuiserie. En 1771, il alla étudier la facture des clavecins et des pianos chez le célèbre Stein, d'Augsbourg. Deux ans après il sortit des ateliers de ce maître, et alla achever son apprentissage à Gera, chez Frederici, puis il s'établit à Dresde, en 1779, et y mit tant d'activité dans ses travaux, qu'il construisit près de 560 clavecins et pianos en moins de seize ans. Il mourut à Dresde, jeune encore, en 1796.

HORN (Charles-Frédéric), organiste de la chapelle du roi d'Angleterre, naquit le 13 avril 1762, à Nordhausen, en Saxe. Dès son enfance il apprit les éléments de la musique dans l'école de sa ville natale, puis il étudia le contrepoint et la composition sous la direction de Schrœter, organiste de Nordhausen. A l'âge de vingt ans, il se rendit à Londres, où il trouva un protecteur zélé dans le comte de Brühl, ambassadeur de Saxe. Peu de temps après son arrivée dans cette ville, il y publia son premier œuvre de sonates de piano, qui le fit connaître avantageusement. Les recommandations de Clementi et de quelques personnages distingués de la noblesse le firent choisir pour enseigner la musique aux princes de la famille royale, et depuis 1789 il fut constamment attaché à la cour. En 1823, c'est-à-dire plus de quarante ans après qu'il fut arrivé en Angleterre, le roi Georges IV lui confia la place d'organiste de sa chapelle; il l'occupa avec distinction. La mort du prince l'affecta et causa un dérangement sensible à sa santé. Toutefois il paraissait se porter mieux lorsqu'il se mit au lit le 3 août 1830, à neuf heures et demie du soir: une heure après il n'existait plus. On a de cet artiste: 1° Six sonates pour clavecin, violon et basse, op. 1; Londres, 1782. — 2° Six sonates idem, avec accompagnement de flûte, op. 2; Londres, 1793. — 3° Six sonates idem, op. 3; Londres, Clementi, 1800. — 4° Douze divertissements pour musique militaire; ibid. — 5° Douze thèmes variés pour piano, violon et violoncelle; ibid. — 6° *A Treatise on thoroughbass* (Traité d'harmonie et d'accompagnement); Londres, Chappell, in-4°.

HORN (Charles-Édouard), fils du précédent, est né à Londres en 1786. Son père lui enseigna la musique; puis, à l'âge de quatorze ans, il voulut lui donner Rauzzini pour maître de chant; mais après cinq ou six leçons ce maître fut atteint de la maladie qui le conduisit au tombeau, et l'éducation vocale du jeune Horn resta incomplète. Cependant il débuta à l'Opéra anglais, et n'y fut pas mal accueilli. Le directeur de ce théâtre l'ayant engagé à composer un opéra, il en écrivit un dont le succès ne fut pas heureux; mais il ne se laissa pas décourager, et bientôt après il donna une autre pièce, intitulée *The Beehive* (la Ruche d'abeilles), qui lui fit oublier la mauvaise fortune de son premier ouvrage. A la fin de la saison, il quitta la scène: il n'y reparut qu'en 1814, et cette fois le public lui fit l'accueil le plus favorable. Parmi les opéras qu'il a écrits pour le théâtre anglais, ou dont il a fait une partie de la musique, on remarque: 1° *Persian hunters* (les Chasseurs persans). — 2° *The magic Bride* (La Fiancée enchantée) — 3° *Boarding house* (la Maison d'éducation). — 4° *Godolphin* (le Lion du Nord). — 5° *Rich and Poor* (Riche et Pauvre). — 6° *La Statue*. — 7° *Charles the Bold* (Charles le Téméraire). — 8° *The woodman's Hut* (la Cabane du bûcheron). — 9° *Dircé*. — 10° *Annette*. — 11° *Devil's Bridge* (le Pont du Diable). — 12° *Les Élections*. — 13° *Lalla Rook,* représenté à Dublin. — 14° *The Wizard* (le Sorcier). — 15° *Philandering*. On a aussi des chansons anglaises de M. Horn; il a publié un recueil qui a pour titre: *Indian Melodies, arranged for the voice and piano-forte in songs, duettos and glees;* Londres, 1813, in-fol. Ce recueil a de l'intérêt: Horn y a ajouté une bonne préface.

HORN (François), docteur en philosophie,

né à Brunswick, le 31 juillet 1781, commença ses études au collége de Sainte-Catherine, et les continua à celui de Sainte-Caroline, dans sa ville natale; puis il fit un cours de droit à Jéna, en 1799; mais il quitta bientôt cette étude pour celle de l'histoire et de l'esthétique, à l'université de Leipsick. En 1803, déjà connu par des productions littéraires qui avaient obtenu du succès, il fut appelé à Berlin en qualité de professeur d'un gymnase; au mois d'octobre 1805, on lui confia la place de professeur ordinaire au lycée de Brême; mais bientôt le mauvais état de sa santé l'obligea de renoncer à l'enseignement, et dans l'année 1809, il se retira à Berlin, où il vécut sans emploi, entouré d'amis et d'une famille dévouée. Les romans et les autres ouvrages littéraires de M. Horn sont connus de toute l'Allemagne, et y ont de la célébrité : ce savant n'est cité ici que pour quelques articles qu'il a fait insérer dans la *Gazette musicale* de Leipsick. Le premier de ces morceaux a paru dans la quatrième année de ce journal (n° 25), sous le titre de *Fragments musicaux;* le second, intitulé *Observations diverses*, a paru dans la cinquième année (p. 499); enfin le troisième a été publié sous le titre de *Pensées et Souhaits* (cinquième année, n°s 44 et 45).

HORN (Henri), harpiste, né à Paris, en 1789, de parents allemands, commença son éducation musicale en cette ville, et fut conduit en Angleterre à l'âge de dix ans. Il fut alors confié aux soins d'un professeur nommé J.-B. Mayer, près de qui il passa sept années. En 1805, il commença à se faire entendre dans les concerts : trois ans après, il reçut des leçons de Jean Elouis, harpiste assez distingué. Pendant quatre ans il fit avec ce maître des voyages en Écosse et en Irlande. De retour en Angleterre, il joua dans les concerts de Bath sur la harpe à double mouvement d'Érard, alors peu connue, et qui fut admirée comme un chef-d'œuvre de mécanique. Horn fut ensuite professeur de harpe à Londres. Il y a publié de sa composition : 1° *Quinze airs et préludes pour la harpe.* — 2° Beaucoup de rondos, airs variés, etc., pour le même instrument. — 3° *Rudiments for the single and double movement Harp* (Principes pour la harpe à simple et à double mouvement).

HORNER (Thomas), savant musicien du seizième siècle, naquit à Egger en Bohême, et vécut à Kœnigsberg vers 1550. Il a publié en cette ville un traité de composition intitulé : *De ratione componendi cantus;* Kœnigsberg, 1546, in-8°. Ce traité est devenu fort rare. Il ne faut pas prendre à la lettre le titre de cet ouvrage, ainsi que l'ont fait Forkel, Lichtenthal, M. Ferdinand Becker, dans leurs bibliographies musicales, et le savant M. Græsse (*Lehrbuch einer allgemeinen Literatur Geschichte*, t. III, p. 961), car Horner traite dans son livre non de la composition du chant, mais du contrepoint.

HORNSTEIN (Le P. Jérôme) naquit en 1721, à Ochsenhausen, apprit dès son enfance les éléments de la musique, et continua l'étude de cet art au couvent d'Ottobeuern. Il fit profession dans ce monastère en 1729, et mourut en 1758. On le cite comme un bon organiste et comme auteur d'un *Miserere* qu'on exécutait encore au couvent d'Ottobeuern dans les premières années du dix-neuvième siècle.

HORSLEY (Guillaume), né à Londres, le 15 novembre 1774, eut pour premier maître de musique Théodore Smith, pianiste allemand d'un mérite médiocre, et homme fort colère qui maltraitait son élève, sans lui faire faire beaucoup de progrès. Heureusement Horsley fit la connaissance de trois frères allemands, nommés Pring, musiciens distingués, qui lui tracèrent une meilleure voie d'instruction et développèrent son talent comme organiste et comme compositeur. Lié ensuite d'amitié avec Calcott, il trouva dans celui-ci un protecteur zélé, et plus tard il devint son gendre. Quelques places d'organiste dans de petites chapelles lui avaient été confiées, mais il les quitta pour celle d'organiste adjoint à l'Asile des Orphelins, dont Calcott était le titulaire. En 1802 Calcott donna sa démission de cet emploi, et fit agréer Horsley pour le remplacer. Dix ans après, la chapelle de Belgrave ayant été achevée, celui-ci en fut nommé organiste, et depuis lors il a conservé ces deux places. Calcott et Horsley furent les fondateurs d'une société d'amateurs du chant connue à Londres sous le titre de *Concentores sodales*, qui subsiste encore : elle a été fort utile à Horsley pour faire connaître ses compositions.

Connu par une multitude de *glees* à trois et à quatre voix, dont quelques-uns ont obtenu du succès, Horsley ne s'est pas borné à ce genre : il a écrit pour l'église des services à cinq, six, sept et huit parties, deux antiennes à douze parties réelles, un *Sanctus* à quatre chœurs, et un très-grand nombre de canons. Ce qu'il a publié n'est qu'une faible partie de ses ouvrages : parmi ses manuscrits on trouve trois symphonies à grand orchestre, qui ont été exécutées dans plusieurs concerts, plusieurs trios pour deux violons et basse, et une grande collection de *glees*, de *canons*, de chansons à voix seule et de duos. Ses ouvrages publiés sont : 1° Un recueil d'exercices pour le piano intitulé

A set of easy Lessons, containing familiar airs; Londres, Clementi. — 2° *Six sonatines pour l'usage des élèves, avec le doigter soigneusement indiqué*; ibid. — 3° Trois sonates pour piano; ibid. — 4° Deux sonates détachées, n°s 1 et 2. — 5° Trois valses pour piano à quatre mains. — 6° *An explanation of the major and minor scale* (Explication des gammes majeure et mineure, avec des exercices calculés pour former les deux mains). Il y a eu deux éditions de cet ouvrage. — 7° Trois collections de glees, canons et madrigaux à trois, quatre, cinq et six voix. — 8° Six glees pour deux voix de soprano et basse. — 9° *A collection of forty canons of various species* (Collection de quarante canons de différentes espèces) : ouvrage dédié à Clementi. Horsley a aussi contribué à la collection publiée par ce maître sous le titre de *Vocal Harmony*. Il s'est beaucoup occupé de l'histoire et de la théorie de la musique, et possédait une fort belle bibliothèque musicale, où se trouvaient rassemblés les livres de Calcott et une partie de ceux de l'historien de la musique Hawkins. Cet artiste est mort à Londres, le 12 juin 1858.

HORSLEY (Charles-Édouard), fils du précédent, est né à Londres, en 1822. Après avoir appris de son père les éléments de la musique et avoir reçu de Moschelès des leçons de piano, il se rendit à Leipsick et y devint élève de Mendelssohn pour la composition. De retour en Angleterre, il s'y est livré à l'enseignement, et a publié trois sonates pour le piano, œuvre 10; six *idem*, en deux livres, œuvre 14; Trio pour piano, violon et violoncelle, op. 7; Leipsick; plusieurs recueils de mélodies sans paroles; des rondos; de petites pièces de différents genres; de grandes valses; des chansons anglaises, et s'est même essayé dans l'*Oratorio*. M. Horsley a fait exécuter à Cassel, en 1845, une Ouverture à grand orchestre, de sa composition.

HORSTIG (Charles-Gottlob), né à Reinswalde, le 3 juin 1763, fut d'abord prédicateur à Eulo, dans la Basse-Lusace, puis conseiller du consistoire, surintendant et pasteur en chef de l'église luthérienne de Bückebourg, où il est mort, le 21 janvier 1835. Il était musicien instruit, et avait étudié avec fruit les œuvres de Bach et d'autres grands musiciens. L'Allemagne lui doit un assez grand nombre d'ouvrages sur divers sujets; mais c'est surtout pour les articles relatifs à la musique publiés par lui dans les journaux qu'il trouve une place dans ce dictionnaire. Voici une indication, que je crois complète, de ces articles : 1° Sur la nature des sons dans le *Musikalische Monatschrift* de Berlin, 1792, p. 1-5, et 155-159). — 2° Projets pour améliorer les écoles de chant de l'Allemagne (dans la *Gazette musicale* de Leipsick, 1798, p. 183-189, 197-201, 214-220). — 3° Examen des instruments de musique ordinaires (ibidem, pages 372-375). — 4° Quelques mots sur la bonne instruction dans les principes de la musique (ibid., p. 449-454). — 5° Renseignements sur la musique de Bückebourg (*Gazette musicale* de Leipsick, 2e année, p. 220). — 6° Chiffres pour la notation des livres chorals (ibid., p. 337). — 7° Quelques mots sur les chansons et airs populaires (ibid., p. 670). — 8° *Laissez parler le Musicien lui-même* (*Gazette musicale* de Leipsick, 3e année, p. 645). — 9° Sur la musique des montagnards (ibid., pag. 719). — 10° Sur l'amélioration de la notation harmonique (*ibid.*, 11e *année, page* 545). — 11° Fantaisies sur l'influence de la musique à l'égard du perfectionnement de l'espèce humaine (dans l'écrit périodique intitulé *Cæcilia*, t. I, p. 59-66). — 12° Sur la musique ancienne (*Gazette musicale* de Leipsick, t. IX, p. 551; t. X, p. 225, 241, 257; t. XI, p. 275). — 13° Action de la musique sur les relations sociales (ibid., t. IX, p. 129). — 14° Puissance du beau dans la musique (*Cæcilia*, t. 8, p. 149-156). — 15° Les Éléments du chant (ibid., t. X, p. 209-224). — 16° Notices biographiques sur Jean-Chrétien Bach et F. Neubauer, dans la 6e année du Nécrologe de Schlichtegroll. On a aussi de Horstig un recueil de chansons pour les enfants (*Kinderlieder*); Leipsick, Breitkopf et Haertel, 1798, in-8°, avec une préface, et un almanach ou livre de poche pour les cantors et les organistes (*Taschenbuch für Sænger und Organisten*); Munich, J.-H. Hærber, 1801, 36 pages in-16.

HORTENSE (Eugénie de BEAUHARNAIS), reine de Hollande, duchesse de *Saint-Leu*, fille d'Alexandre, vicomte de Beauharnais, et de Joséphine Tascher de la Pagerie, qui fut ensuite femme de Napoléon Bonaparte et impératrice des Français; elle naquit à Paris, le 10 avril 1783. Douée de beaucoup d'esprit naturel, elle fit de rapides progrès dans ses études, au pensionnat de madame Campan, et y acquit des talents remarquables, particulièrement dans la musique. Mariée, le 7 janvier 1802, avec Louis Bonaparte, qui devint ensuite roi de Hollande, elle ne trouva pas le bonheur dans cette union, qui aboutit à la séparation des deux époux. Hortense revint à Paris, dont elle ne s'éloigna que lorsque les alliés y entrèrent, en 1814. Après bien des vicissitudes, cette princesse mourut à Viry, le 5 octobre 1837. Des deux fils qu'elle avait eus, l'aîné est mort à Rome : le plus jeune, après avoir été président de la république française, par suite de la révolution de février 1848, est devenu empereur des

Français, sous le nom de Napoléon III. Plantade avait été le maître de chant de la reine Hortense lorsqu'elle était au pensionnat de madame Campan : elle acquit par ses leçons un talent distingué, particulièrement dans l'art de chanter la romance. Douée d'un heureux instinct mélodique, elle a composé de jolies pièces de ce genre, au nombre desquelles on remarque celle qui commence par ces mots : *Partant pour la Syrie*. Cette romance, qui eut un succès de vogue vers 1810, est devenue populaire en France depuis 1852. On a publié à Paris, en 1850, un Recueil de mélodies et romances de la reine Hortense.

HORWITZ (.....), pianiste de Berlin, a publié, de 1830 à 1840, dans cette ville, plusieurs œuvres de variations sur différents thèmes pour le piano, des allemandes, des polonaises, etc.

HORZALKA (Jean-Frédéric), compositeur et pianiste, est né en 1798, à Triesch, en Moravie, où son père était organiste. Dès l'âge de treize ans il montrait un talent précoce pour la musique. Il fut alors envoyé à Vienne, où il se lia d'amitié avec Moschelès, qui lui inspira une émulation profitable. Horzalka eut pour maître d'harmonie et de contrepoint Emmanuel Fœrster. Ses études terminées, il s'est livré à presque tous les genres de compositions, et y a obtenu des succès. En 1832 il était attaché comme pianiste accompagnateur au théâtre Sur-la-Vienne. Ses principaux ouvrages sont : 1° un grand concerto pour le piano. — 2° Plusieurs fantaisies, thèmes variés, rondos, etc., avec accompagnement de quatuor, et pour piano seul. — 3° Ouverture et entr'actes pour le drame de Raupach intitulé *le Meunier et son Fils*. — 4° Idem, pour le drame de Grillparzer *des Meeres und der Liebe Wellen* (les Agitations de la mer et de l'amour). — 5° Deux messes solennelles à quatre voix et orchestre, en partition ; Vienne, Artaria. Cet artiste est mort à Vienne, le 9 septembre 1860.

HOSZISKY (.....), secrétaire particulier du prince Henri de Prusse à Rheinsberg, depuis 1780 jusqu'en 1795, a écrit, pour le théâtre particulier de ce prince, la musique de plusieurs opéras qui n'ont été connus qu'après la mort de leur auteur. Rellstab, éditeur de musique de Berlin, acquit vers le commencement du dix-neuvième siècle les partitions du théâtre de Rheinsberg et particulièrement les suivantes de Horzisky : 1° *Titus*, opéra sérieux en trois actes. — 2° *Les Péruviens*, en trois actes. — 3° *Pertharite*, en trois actes. — 4° *Soliman*, trois actes. — 5° *Antigone*, opéra sérieux en trois actes. — 6° *Oreste*, idem. — 7° *Le Serrurier*, opéra comique en un acte. — 8° *Le Maître de Musique*, idem. — 9° *Anacréon*. — 10° *Le Jugement de Pâris*. — 11° *Olympie*, opéra sérieux en trois actes. — 12° *Pagamin de Monegue*, opéra comique. — 13° *Alexandre*, opéra sérieux. — 14° *Alzire*, idem. On a publié à Berlin, en 1790, des airs arrangés avec accompagnement de clavecin, extraits des partitions n°s 4, 5, 9, 10, 13 et 14, sous ce titre : *Choix d'Airs de plusieurs opéras*.

Un autre musicien du même nom a vécu à Berlin et y a publié des danses, des solos pour la flûte et des chansons allemandes.

HOSA (Georges et Thomas), frères, nés à Melnick en Bohême, furent de bons cornistes, voyagèrent pour donner des concerts, et se livrèrent à Bruxelles, où ils furent engagés pour la chapelle du prince Charles de Lorraine, gouverneur des Pays-Bas autrichiens. Georges mourut le premier, et laissa à son frère une succession de 15,000 florins. Thomas cessa de vivre le 16 mars 1786. Celui-ci était compositeur, et a laissé en manuscrit plusieurs concertos pour son instrument.

HOSTE (Spirito L'), compositeur et organiste, né à Reggio, dans les premières années du seizième siècle, était vraisemblablement issu d'une famille française établie en Italie. Les circonstances de sa vie sont ignorées jusqu'à ce jour, et l'on manque également de renseignements sur les places qu'il a occupées. Les ouvrages publiés sous son nom sont ceux dont les titres suivent : 1° *Il primo libro de' Madrigali a quattro voci, nuovamente con somma diligenza ristampato et corretto; in Venezia, appresso di Antonio Gardano*, 1556, in-4° : c'est une deuxième édition ; j'ignore la date de la première. — 2° *Libro secondo de' Madrigali a quattro voci*; ibid., 1552, in-4°. — 3° *Libro terzo de' Madrigali a quattro voci; in Venezia, appresso Girolamo Scotto*, 1554, in-4° obl. — 4° *Il primo libro de' Madrigali a tre voci; Milano, Franc. et Simone Moschini*, 1554, in-4° obl. — 5° *Madrigali a cinque voci con doi a sei: Libro primo ; in Venezia, appresso Girolamo Scotto*, 1568, in-4° obl. C'est par les titres de ces ouvrages que l'on connaît le lieu où L'Hoste a vu le jour.

HOTHBY (Jean), en latin *Hothbus*, carme anglais, a vécu vraisemblablement dans le quatorzième siècle, si l'on en juge d'après la doctrine exposée dans un traité de musique qui nous reste de lui, et qui semble être contemporaine de celle de Jean de Muris. Le P. de Villiers se tait sur ce personnage, dans sa Bibliothèque carmélite : mais un manuscrit du quinzième siècle, qui se trouve à la bibliothèque de Ferrare, et qui contient l'ouvrage de Hothby, indique sa profession. A l'égard du pays où il a vu le jour, on a un renseignement précis dans un manuscrit daté de 1471, qui appartient à la Bibliothèque impériale de Paris (n° 7369, in-4°), et où l'on trouve le livre de Hothby sous ce titre : *Hothby, Anglici, Proportiones Musicæ.* Dans un manuscrit de Ferrare, dont le P. Martini a fait faire une copie, qui est à la bibliothèque de l'Institut musical de Bologne, le même ouvrage est intitulé : *P. Jo. Hothobi Carmel. De Proportionibus et Canto figurato, de Contrapuncto, de Monochordo.* Dans un autre manuscrit, petit in-4°, qui se trouve parmi ceux du Muséum britannique, à Londres, sous le n° 10336, est une copie de ce traité, laquelle fut faite dans l'année 1500, et terminée le 26 mars, par *Jean Tucke,* bachelier ès arts de l'université d'Oxford. Le nom de l'auteur y est écrit *Joannes Otteby magister in Musica.* Bien que l'ouvrage soit terminé par ces mots (fol. 73 *verso*) : *Proporciones secundum Joannem Otteby..... expliciunt feliciter*, qui semblent indiquer simplement une doctrine conforme à celle de ce moine, le contenu est exactement semblable à celui du manuscrit de Ferrare.

HOTTETERRE (Henri), facteur d'instruments à vent de la chambre et de la chapelle du roi, se fit connaître avantageusement à Paris vers le milieu du dix-septième siècle par ses flûtes, hautbois, bassons, etc. Borjon a dit de lui, dans son *Traité de la Musette* (Lyon, 1672, in-fol., p. 38) : « Ceux qui se sont rendus les plus re- « commandables dans ce royaume par leur com- « position et leur jeu, et par leur adresse à faire « des musettes, sont les sieurs Hotteterre. Le « père est un homme unique pour la construc- « tion de toutes sortes d'instruments de bois, « d'ivoire et d'ébène, comme sont les musettes, « flûtes, flageolets, hautbois, cromornes; et « mesme pour faire des accords parfaits de tous « ces mesmes instruments. Ses fils ne lui cèdent « en rien pour la pratique de cet art, à laquelle « ils ont joint une entière connaissance et une « exécution plus admirable du jeu de la musette « en particulier. » Henri Hotteterre est mort à Saint-Germain, en 1683.

HOTTETERRE (Nicolas), fils aîné du précédent, entra dans la chapelle du roi, comme bassoniste, en 1668; puis il fut attaché à la grande écurie comme un des douze hautbois, et mourut à Paris, en 1695. Il a laissé en manuscrit un *Recueil de bransles, petits ballets, courantes de cour et de ville et autres hautes et basses danses pour six parties à jouer sur les dessus et basses de violons et hautbois.* Ce recueil autographe a passé de la bibliothèque de Perne dans la mienne.

HOTTETERRE (Louis), dit *le Romain*, troisième fils de Henri, fut le plus célèbre joueur de flûte de la deuxième moitié du dix-septième siècle et du commencement du suivant. On l'avait surnommé *le Romain* parce qu'il avait fait un voyage d'Italie et avait résidé à Rome. Que La Borde, avec sa légèreté ordinaire, ait dit, dans le troisième volume de son *Essai sur la Musique* (p. 637) qu'Hotteterre était né à Rome; que Forkel, qui n'était pas à portée des sources pour rectifier cette erreur, l'ait copiée dans sa *Littérature générale de la Musique*, cela se comprend; mais il est au moins singulier que les auteurs du *Dictionnaire historique des Musiciens* (Paris, 1810-1811) aient répété cette erreur. Gerber y a ajouté celle d'écrire *le Roman* pour *le Romain*, et il a été copié par M. Ch. Ferd. Becker (*Systematische chronol. Darstellung der Musik. Literatur*). Comme tous les membres de sa famille, Hotteterre fut attaché à la musique du roi, et eut le titre de *flûte de la chambre*. La plupart de ses ouvrages sont intéressants pour l'histoire de l'art. En voici la liste : 1° *Principes de la flûte traversière, ou flûte d'Allemagne, de la flûte à bec, ou flûte douce, et du hautbois; divisés en différents traités*; Paris, sans date, in-4°. Gerber présume que cette édition doit être de 1707, parce que Bernard Picart a marqué cette date sur le portrait de Hotteterre qu'on trouve souvent en tête des ouvrages de ce musicien, même aux exemplaires de la première édition; cependant ce titre est indiqué dans le catalogue d'ouvrages de musique placé à la fin de la *Méthode de Théorbe* de Michel-Ange, publiée en 1699. Je crois que le portrait a été fait pour la deuxième édition, publiée à Paris, en 1707. Il fut fait une contrefaçon de l'ouvrage de Hotteterre à Amsterdam, en 1708, chez Roger, in-4°, et d'autres contrefaçons parurent dans la même ville en 1710, et sans date, in-4°, et petit in-4° obl. La 3ᵉ édition de Paris a été publiée par J.-B.-Chr. Ballard, en 1726, in-4°, et la dernière en 1741, in-4°, 54 pages et 8 planches. Une traduction hollandaise du même ouvrage, par Abraham Maubach (et non *Moubach*, comme écrivent Forkel et ses copistes), a paru sous ce titre : *Grond-Beginselen over de Behandeling van de Dwars-Fluiten*; Amsterdam, 1728. — 2° *Premier livre de pièces pour la flûte traversière et autres instruments avec la basse,* œuvre deuxième; Paris, Ballard. — 3° *Sonates en trios, livre 1ᵉʳ, augmenté de plusieurs agréments et propretés,* œuvre 3ᵉ; ibid. — 4° *Première suite de pièces à deux flûtes*, op. 4; ibid. — 5° *Deuxième livre de pièces pour la flûte traversière et autres instruments avec* *la basse*, œuvre 5°; ibid. — 6° *Deuxième suite de pièces à deux flûtes avec une basse ajoutée séparément*, œuvre 6°. — 7° *L'art de préluder sur la flûte traversière, sur la flûte à bec, sur le hautbois et autres instruments de dessus, avec des préludes tout faits sur tous les tons, dans différents mouvements et différents caractères, etc.*; Paris, 1712, in-4°. Une édition des *Principes*, avec *L'Art de préluder sur la flûte*, a été publiée à Paris, sans date (vers 1765), sous ce titre : *Méthode pour apprendre à jouer en très-peu de temps de la flûte traversière, de la flûte à bec et du hautbois, divisée en différents traités. Nouvelle édition, augmentée des principes de la musique et des tablatures de la clarinette et du basson*; gr. in-4°. — 8° *Les Tendresses bachiques, solos pour la flûte traversière*, ibid. — 9° *Brunettes pour 2 flûtes*; ibid. — 10° *Rondes ou chansons à danser pour la flûte*; ibid. — 11° *Menuets en duos pour deux flûtes ou deux musettes*; ibid. — 12° *Duos choisis pour deux flûtes ou deux musettes*, ibid. — 13° *Méthode pour la musette, contenant des principes par le moyen desquels on peut apprendre à jouer de cet instrument de soy-même, au défaut de maître*; Paris, J.-B.-Chr. Ballard, 1738, in-4°.

HOTTINET (....), musicien français. Voyez Barra.

HOTTINGER (Jean-Henri), orientaliste et théologien protestant, naquit à Zurich, le 10 mars 1620. Après avoir fait de brillantes études au gymnase de sa ville natale, il fréquenta les plus célèbres universités de l'Allemagne, puis enseigna avec distinction dans plusieurs villes, et retourna en 1661 à Zurich, où il avait été nommé professeur de littérature orientale et de philologie. En 1664, il entreprit un voyage en Hollande et sur les bords du Rhin. De retour à Zurich, il y reçut bientôt sa nomination de professeur à l'université de Leyde. Le 5 juin 1667, il s'embarqua avec sa femme et ses enfants, pour aller prendre possession de son nouvel emploi; mais à peine le bateau qui le portait eut-il avancé de quelques toises, qu'il alla se heurter contre un pieu et chavira. Tous les passagers furent submergés. Cependant Hottinger était parvenu à se sauver; mais apercevant sa femme et ses enfants entraînés par les flots, il se jeta à la nage avec deux de ses amis pour les sauver, et périt victime de son dévouement. Sa fille aînée, la plus jeune, un de ses fils et un de ses amis eurent le même sort; l'autre échappa avec sa femme et sa servante. Parmi les nombreux écrits de Hottinger, on remarque : *Historia ecclesiastica Novi Testamenti*; Hanovre, 1655-1657, 9 vol. in-8°. Il y traite dans la troisième partie, p. 716 et suivantes, *De Augmentis Musicæ seculo XIV factis* : ce qu'il dit sur ce vaste et beau sujet est superficiel. A l'époque où vivait ce savant, on manquait de documents pour faire convenablement un pareil travail.

HOUANG-TCHIN-TCHOUANG, musicien chinois et écrivain sur la musique, vécut à Péking vers le milieu du dix-septième siècle de l'ère vulgaire. Il s'est fait connaître par un livre très-volumineux sur la harpe chinoise, intitulé : *Khin pouta Tching* (Traité complet sur le *Khin*). Cet ouvrage, publié en 1662, réimprimé en 1724, puis en 1746, renferme les instructions les plus étendues sur la variété des formes de l'instrument, sur sa construction, les règles du doigter, et l'exposé d'un système de notation pour la musique destinée au khin, qui paraît être une tablature d'instrument à cordes pincées. Klaproth a possédé un exemplaire de la dernière édition du livre de Houang-Tchin-Tchouang, qu'il m'a communiqué.

HOUTERMAN (Marc), musicien belge, né à Bruges, en 1537, mourut à Rome, le 5 juin 1577, à l'âge de quarante ans, suivant son épitaphe, qui se voit dans l'église *Santa-Maria dell' Anima*. On lit sur cette épitaphe :

D. O. M.

Marco Houtermano Brugensi,
Viro amabili et musicorum sui temporis
facile princip1.
Vix. anni XL. Obiit nonis febr. MDLXXVII.

Aucune composition n'est connue jusqu'à ce jour de cet artiste si lestement déclaré *le prince* ou le premier des musiciens de son temps, époque où vivaient Palestrina et tant d'autres musiciens justement célèbres. Quelque exagération qu'il y ait dans ce titre magnifique, celui qui en a été décoré a dû le justifier jusqu'à certain point par son mérite et par des productions de quelque importance qui ont échappé à nos recherches.

On voit par la suite de l'épitaphe, dont le commencement vient d'être rapporté, que la femme de Houterman, *Jeanne Gavadia*, très-instruite dans la musique, mourut dans la même année que son mari, à l'âge de vingt-six ans, et que son corps fut placé dans la même tombe.

HOVEN (Joachim VAN DEN), luthiste hollandais, vécut au commencement du dix-septième siècle. Il a publié une collection de morceaux des compositeurs les plus célèbres de son temps, arrangés pour le luth, sous ce titre : 1° *Deliciæ Musicæ, seu Cantiones*; Leyde, 1612, in-fol. — 2° Préludes de luth pour des chansons à deux voix, avec deux violons; ibid.

HOVEN (JEAN), pseudonyme sous lequel s'est caché M. *Vesque de Puttlingen*, compositeur amateur. Son père, issu d'une famille de l'ancienne province de Luxembourg, était né à Bruxelles et y occupait la place d'*official*, à la secrétairerie d'État et de la guerre, lorsque l'invasion de la Belgique par les armées françaises l'obligea d'émigrer. Arrivé à Prague, il y épousa Mlle de Leenheer, d'une famille noble de Bruxelles, également émigrée. Le prince Alexandre Lubomirski, dont il avait fait la connaissance plusieurs années auparavant, lui ayant offert un asile dans son château d'Upolé, en Pologne, ce fut là que naquit Vesque de Puttlingen, le 23 juillet 1803. Peu de temps après, son père ayant obtenu un nouvel emploi du gouvernement de l'Autriche, alla se fixer à Vienne. Dès son enfance, Vesque montra d'heureuses dispositions pour la musique; ses parents les firent cultiver en lui donnant Moschelès pour maître de piano, Cimmara pour le chant, et M. Simon Sechter pour la composition. Cependant, destiné à la carrière administrative, il ne put accorder, dans sa jeunesse, que ses moments de loisir à la culture de l'art. Ayant terminé ses études à l'université de Vienne, il obtint le doctorat en droit, et publia plusieurs ouvrages de jurisprudence qui le firent remarquer et lui procurèrent l'emploi de conseiller ordinaire à la chancellerie privée de la cour et de l'État. Depuis lors il a été chargé de plusieurs missions importantes à l'étranger. Vesque est auteur de beaucoup de sonates, rondos et variations pour le piano, publiés à Vienne, chez Haslinger et Mechetti; de plusieurs ouvertures de concert, et surtout d'un très-grand nombre de *Lieder* qui ont paru sous le nom de *Hoven*, lequel était celui de son aïeul maternel. Ce sont particulièrement ces *Lieder* qui ont rendu ce nom populaire en Allemagne. Elles ont été réunies en un recueil intitulé *Die Heimkehr* (le Retour, 85 poëmes de Heine, mis en musique); Vienne, 1851, 1 vol. in-4°. Sous ce même pseudonyme, Vesque a fait représenter à Vienne, en 1839, *Turandot, princesse de Schiras*, grand opéra en deux actes, d'après le drame de Schiller; *Jeanne d'Arc*, grand opéra en trois actes, représenté à Vienne en 1841, à Dresde et à Berlin en 1845; *Liebeszauber* (l'Enchantement de l'Amour), opéra romantique, joué à Vienne, en 1846; *Catherine de Heilbronn*, opéra en quatre actes, poëme de Kleist; et *le Château de Thaya*, représenté à Vienne, en 1847. Ces ouvrages ont été bien accueillis du public, et les partitions réduites pour le piano ont été publiées à Mayence, chez Schott. Vesque a fait exécuter à la chapelle impériale de Vienne, en 1846, une Messe solennelle au *ré*, à 4 voix, chœur et orchestre. On a aussi de lui des quatuors pour quatre voix d'hommes.

HOW (F.), pianiste et compositeur pour son instrument, est né le 13 juillet 1800, à Kleinsteinheim, près de Hanau. Il reçut son éducation musicale à Offenbach, chez G.-J. Vollweiler. How s'est fixé à Francfort, en qualité de professeur de piano. On a publié de sa composition des variations pour le piano, œuvres 8, 9, 10 et 13, *les Adieux*, andantino, op. 24, et une méthode pour cet instrument intitulée : *Praktische Clavier-Schule*, etc.; Offenbach, André.

HOWARD (SAMUEL), docteur en musique, né à Londres, vers 1720, fit son éducation musicale dans la chapelle du roi d'Angleterre, et y reçut les leçons du maître de musique Bernard Gates, puis fut organiste de Saint-Clément et de Saint-Bride. Il aimait passionnément la musique anglaise, et ne pouvait se persuader que les compositeurs italiens, allemands et français eussent poussé l'art plus loin que ses compatriotes. Il mourut à Londres, le 13 juillet 1782, à l'âge d'environ soixante-deux ans. Ses ballades ont eu longtemps un succès de vogue en Angleterre, et sa musique d'église a été estimée. Le docteur Boyce en a publié quelques morceaux dans sa collection intitulée *Cathedral Music*. On a aussi, sous le nom d'Howard : 1° Trois sonates pour piano et violon. — 2° Trois duos pour deux exécutants sur le même piano; op. 2, Londres. — 3° Six sonates pour le piano; Londres, Preston.

HOWGILL (WILLIAM), organiste anglais, vécut à Londres vers 1810. Il s'est fait connaître avantageusement par les ouvrages dont les titres suivent : 1° *Four voluntaries, part of the third chapter of the Wisdom of Salomon, for three voices, and six favourite Psalm-tunes with an accompaniment for the Organ* (quatre caprices à trois voix avec accompagnement d'orgue, sur le troisième chapitre du Cantique de Salomon, etc.); Londres (s. d.). — 2° *Two voluntaries for the organ, with a* Miserere, *and* Gloria tibi, Domine (Deux préludes pour l'orgue, avec un *Miserere*, et un *Gloria tibi, Domine*); ibid. — 3° Antienne et deux préludes pour l'orgue, avec un choix de 38 chants de psaumes pour une, deux et trois voix; *ibid.*

HOYLAN (JEAN), fils d'un coutelier de Sheffield, dans le duché d'York, est né en 1783. Ayant montré dès son enfance d'heureuses dispositions pour la musique, il fut confié par son père aux soins de Guillaume Mather, organiste de l'église Saint-Jacques de la même ville, et lui succéda en 1808. Jusqu'en 1819, il occupa cette place; il ne la quitta que pour aller à Louth, dans le comté de Lincoln, prendre possession de la place d'organiste, devenue vacante par la mort de Hill, et qu'il occupait encore en 1840. On a de Hoylan des antiennes à plusieurs voix et d'autres morceaux de musique religieuse, quelques compositions pour le piano et des chansons anglaises.

HOYLE (Jean), professeur de musique à Londres, est mort en 1797. Il est auteur d'un dictionnaire portatif de musique, intitulé : *Dictionarium Musicæ, being a complete dictionary, or treasury of Music, containing a full explanation of all the words and terms made use of in Music, both speculative, practical and historical;* Londres, S. Crowder, 1770, in-8° de 112 pages. Cette première édition a été inconnue à tous les bibliographes de la musique, même aux Anglais : Burney ne l'indique point dans le catalogue des livres anglais sur la musique qu'il a placé à la fin du 4° volume de son Histoire de la Musique; les auteurs anonymes de la *Musical Biography* et du *Dictionary of Musicians*, ainsi que Watt, dans sa Bibliothèque britannique, ont gardé le même silence. Je possède un exemplaire de cette édition. Il en a paru une deuxième sous ce titre : *A complete Dictionary of Music, containing a full and clear explanation, divested of technicall phrases, of all the words and terms english, italian, etc., made use in that science, speculative, practical and historical;* Londres, Symonds, 1790, in-8°. Nonobstant l'étendue de ce titre, l'ouvrage de Hoyle est fort court et fort incomplet; mais il est moins défectueux dans ses définitions qu'on ne le prétend dans le *Critical Review* du mois de février 1791.

HOYOUL (Baudouin), musicien belge, né à Braine-le-Comte, vers 1540, fut attaché au service du duc de Wurtemberg, en qualité de chantre de sa chapelle. Il s'est fait connaître par un ouvrage de sa composition intitulé : *Sacræ Cantiones quinque, sex, septem, octo, novem et decem vocum, quæ cum vivæ vocis, tum ommi genere instrumentis musicis commodissime applicari possunt;* Nuremberg, Cath. Gerlach, 1587, in-4°. Dans la dédicace de ce recueil de motets, datée de Stuttgard, le 8 novembre 1586, Hoyoul fournit lui-même l'indication du lieu de sa naissance.

HRAZEK (Le Père Irène), virtuose sur la viole d'amour, naquit en 1725, à Schau, en Bohême. Après avoir terminé ses études à Prague, par un cours de philosophie, il entra dans l'ordre de Saint-Jean-de-Dieu, eut l'administration des biens de la maison des Convalescents à Vienne, fit les fonctions de secrétaire du provincial, et fut enfin chargé de l'inspection de toutes les maisons de l'ordre en Allemagne et en Italie. Ses voyages lui procurèrent les moyens de se faire entendre dans les plus grandes villes, et partout il fit applaudir son talent. Il mourut à Keekers, en Bohême, le 13 avril 1777. Ses sonates pour la viole d'amour ont été longtemps en vogue parmi les amateurs de cet instrument.

HROTSVITHA, religieuse au monastère de Gandersheim, de l'ordre de Saint-Benoît, en Allemagne, y entra vers l'année 958, à l'âge de vingt-trois ans. Nonobstant ces renseignements, fournis par elle-même, la date de sa naissance est aussi incertaine que celle de sa mort. Douée d'un génie et d'un talent remarquables à l'époque où elle vécut, elle a écrit des légendes en vers latins et des comédies en prose rimée, conservées par un manuscrit de la fin du dixième siècle, ou du commencement du onzième, qui du couvent de Saint-Emeran de Ratisbonne a passé dans la bibliothèque royale de Munich, où il se trouve encore aujourd'hui. C'est d'après ce manuscrit qu'ont été faites les éditions de Nuremberg, 1501, de Wittemberg, 1717, et de Nuremberg, 1857. M. Magnin l'a aussi consulté pour la traduction française du *théâtre de Hrotsvitha*, avec le texte latin (Paris, 1846, 1 vol. in-8°). L'auteur de l'article de *Hrotsvitha* inséré dans l'Encyclopédie musicale publiée par Schilling assure que cette religieuse a mis en musique son *Panégyrique des Othons*, dont on trouve des fragments dans le manuscrit de Munich, ainsi que plusieurs récits héroïques, et il ajoute : *On a aussi d'elle le martyre d'une sainte mis en vers et en musique;* mais il ne fournit aucune preuve à l'appui de ces assertions. Or, le manuscrit de Munich n'offre aucune trace de notation musicale. M. Magnin conjecture que l'auteur de cette notice aura pris dans un sens trop absolu les expressions *modulavi, componere*, dont la nonne de Gandersheim se sert assez fréquemment.

HUBATSCHEK (...), employé de l'administration impériale à Hermannstadt, est cité dans l'Almanach des Théâtres de Gotha (1791) comme compositeur des opéras suivants : 1° *Alle irren sich* (Tous se trompent), en trois actes. — 2° *Hans bleibt Hans* (Jean reste Jean), en trois actes. — 3° *Der kluge Jacob* (Le malin Jacques), sur un livret de Wetzel. — 4° *Don Quichotte*, en trois actes. Il n'a été publié aucun morceau de ces ouvrages.

HUBER (Jean-Louis), maître de philosophie, licencié en droit et conseiller du gouvernement du duc de Wurtemberg, naquit à Grossenhappach, le 4 mars 1723. Après avoir vécu longtemps à Tubingue, il alla se fixer en 1788 à Stuttgard, où il est mort, le 30 septembre 1800. Au nombre de ses ouvrages de littérature, on en trouve un qui a pour titre : *Abhandlung uber das Melodrama* (Traité sur le Mélodrame); Tubingue, 1791, in-8°.

HUBER (Pancrace), violoniste à l'orchestre du théâtre de Vienne, en 1772, et maître de ballets de la cour, a fait graver à Paris six duos pour violon et viole, op. 1, et plus tard, à Lyon, quatre quatuors pour flûte, violon, alto et basse. On connaissait aussi de lui en Allemagne plusieurs symphonies et des trios pour violon. Burney, qui entendit quelques compositions de ce musicien, dans son voyage en Allemagne, leur accorde des éloges.

HUBER (Félix), poëte et musicien suisse, mort à Berne, le 23 février 1810, s'est rendu célèbre par ses chansons, dont voici la liste : 1° *Le Chasseur de chamois*; Berne, Burgdorffer. — 2° Six *Schweizer Lieder* (Six chansons suisses sur des poésies de Kuhn); ibid. — 3° Huit chansons allemandes; Mayence, Schott. — 4° Six idem; Munich, Aibl. — 5° *Lieder für eidgenossische Krieger* (Chant pour la guerre de la Confédération); Berne, Jenni. — 6° *Lieder für Schweitzer Junglinge* (Chanson de la jeunesse suisse); ibid. — Huber a publié un recueil d'airs nationaux des montagnes de la Suisse, dont il a été fait à Berne plusieurs éditions. Une notice sur sa vie et son caractère est placée en tête d'un volume de ses poésies, publié à Saint-Gall, en 1811, in-8°.

HUBER (Louis), né à Mendelheim en 1763, cultiva dans sa jeunesse les sciences et les lettres, apprit la musique, et embrassa l'état ecclésiastique. Ayant été nommé organiste de l'église Saint-Maurice à Ingolstadt, il occupait encore cette place en 1812. Après cette époque, on n'a plus de renseignements sur sa personne. C'était un bon organiste. Il avait écrit plusieurs morceaux de musique d'église, et deux opéras : *Hermiphas*, et *Le Joyeux Maître d'école*.

HUBER (....); on a sous ce nom une méthode pour le doigter de la flûte, intitulée : *Fingerordnung für die Flœte*; Augsbourg, Berhm.

HUBER (Jean-Nepomucène), professeur à l'Académie de Fribourg (Suisse), occupait cette position dès 1820 et s'y trouvait encore en 1842. Il a publié dans la Gazette générale de Musique de Leipzick (t. 31, p. 749, 813, et tom. 32, p. 309) une théorie de la formation des accords basée sur la construction géométrique d'un cercle divisé en quatre parties égales par deux perpendiculaires qui se coupent à angles droits, et dans lequel sont inscrits deux rectangles opposés qui forment une série de triangles dont les sommets sont appuyés sur la circonférence du cercle à des distances égales, au nombre de douze. A ces sommets correspondent les sons de l'échelle chromatique, disposés par quartes, en partant de *fa* dièse, et dont le dernier (*ré* bémol) forme une dernière quarte avec *fa* dièse, supposé identique avec *sol* bémol. On voit que cette construction correspond à la progression triple, dont la base est le tempérament égal. M. Huber forme les accords d'après les correspondances multiples des angles. Ce système revient à celui que MM. Barbereau et Durutte (*voy.* ces noms) ont proposé sous une autre forme. On a aussi du même professeur une méthode de piano (*Klavier Unterricht*), publiée à Carlsruhe, chez Kreuzbauer, en 1841; et une méthode élémentaire de musique pour les écoles (*Gesang Unterricht*); Carlsruhe, Herder, 1843.

HUBER (Joseph), violoncelliste à Vienne, élève du Conservatoire de cette ville, est né vers 1816. En 1836 et 1837, il se fit entendre avec succès dans les concerts de cette institution. Un petit opéra de sa composition, intitulé *le Début au concert*, a été joué à Vienne, en 1838. Postérieurement il a publié dans cette ville plusieurs ouvrages pour son instrument.

HUBERT (Antoine), dont le nom italianisé est *Uberti*, naquit à Vérone, de parents allemands, en 1697, suivant quelques biographes, et à Venise, en 1719, d'après Gerber, qui dit avoir trouvé cette date dans une loge maçonnique à Berlin. Il y a lieu de croire que ces deux dates sont également fausses; car, suivant la première, ce chanteur aurait eu quarante-cinq ans lorsqu'il entra au service du roi de Prusse, et, d'après l'autre, il n'aurait été âgé que de vingt-deux ans. Quoi qu'il en soit, ce castrat, dont la voix était un beau contralto, pur et sonore, eut pour maître Porpora, et fut surnommé à cause de cela *il Porporino*. En 1741 il entra au service de Frédéric II, roi de Prusse, et fit admirer sa belle et grande manière, particulièrement dans l'adagio. Il mourut à Berlin, le 20 janvier 1783.

HUBERT (Chrétien-Gottlob), facteur d'orgues et de clavecins, naquit en 1714, à Franstadt, en Pologne, et se fixa à Bayreuth, vers 1740. Il y vécut jusqu'en 1769, où il alla à Anspach, avec le titre de facteur d'instruments de la cour. Ses clavecins et ses petits pianos ont eu de la réputation. On lui attribue quelques perfectionnements dans la construction des claviers.

HUBERT (...); on a publié sous ce nom, à Vienne, en 1760, une méthode complète de viole d'amour, intitulée : *Neue Methodenmas-*

sige für Viola d'amour. Cette méthode est divisée en trois parties.

HUBERTI (Antoinette-Cécile CLAVEL, connue sous le nom de Mme SAINT-). *Voyez* Saint-Huberti.

HUBMEIER (Hippolyte), ou HUBMEYER, né à Laber, dans le haut Palatinat, fut d'abord sous-professeur à Gœttingue, et obtint le laurier poétique dans cette université; puis, en 1611, il eut la place de recteur au gymnase de Gera. Appelé à Cobourg, en 1620, pour y prendre la direction du collége de cette ville, il s'y rendit; mais trois ans après il quitta cette place pour la position de pasteur à Schalkau; enfin, il reçut, en 1632, sa nomination de surintendant à Heldbourg, où il mourut, le 9 décembre 1637. Au nombre des ouvrages publiés par ce savant, il en est un qui a pour titre : *Disputationes quæstionum illustrium, philosophicarum, musicarum*, etc.; Jéna, 1609, in-4°. Dans la première décade de ce recueil (*Disput.* 3, *Quæst.* 6), il disserte sur ce sujet : *An sex, an septem sint voces musicales?* Il s'y prononce avec énergie en faveur de la solmisation par hexacordes, contre la gamme de sept syllabes, et contre l'opinion de Calvisius à ce sujet. Il revient encore sur cette question dans la huitième discussion de sa seconde décade (question 4), et y traite *De septem vocibus Bo, Ce, Di, Ga, Lo, Ma, Ni.* Ces sept syllabes sont celles que Calvisius avait proposées pour la désignation des sept notes de la gamme dans la solmisation. Hubmeier attaque ce nouveau système par d'assez mauvais raisonnements, dont Calvisius fit justice dans la troisième partie de ses *Exercitationes musicæ* (*voy.* Calvisius). Tout l'avantage de la dispute est resté à celui-ci.

HUCBALDE, ou HUGBALDE, moine de Saint-Amand, au diocèse de Tournay, a dû naître vers 840, s'il est vrai qu'il eût plus de quatre-vingt-dix ans lorsqu'il mourut, en 932. Le lieu de sa naissance n'est pas exactement connu : certains biographes en ont fait un Belge; d'autres, un Français. Quoi qu'il en soit, ce fut au monastère de Saint-Amand qu'il fit ses études, sous la direction de son oncle Milon. Ses progrès dans les lettres et dans la musique furent rapides; ce qui est d'autant plus remarquable, en ce qui concerne la musique, qu'il était alors fort difficile d'apprendre cet art, à cause de l'obscurité qui résultait, pour sa théorie, du mélange des échelles des modes grecs avec l'échelle monome, réformée par saint Grégoire; mélange dont on trouve des traces dans la plupart des traités de musique antérieurs au onzième siècle. On rapporte que les connaissances musicales de Hucbalde excitèrent la jalousie de son oncle Milon : une rupture éclata entre eux à l'occasion du chant d'un office pour la fête de Saint-André que Hucbalde composa et nota à l'âge d'environ vingt ans. Milon reprocha à son élève de vouloir briller à son préjudice, et le chassa de son école. Forcé de s'éloigner de son maître et de sa maison professe, il se retira à Nevers, et y ouvrit une école où il enseigna la musique. Toutefois il resta peu de temps dans cette ville : le désir d'augmenter son savoir le décida à se rendre à Saint-Germain d'Auxerre, pour y suivre les leçons de Heiric, un des plus savants hommes de ce temps. Il y arriva vers 860, et devint le condisciple de Remi, dont nous avons un commentaire sur Martianus Capella Réconcilié avec son oncle, il revint quelque temps après à Saint-Amand, et y rapporta les reliques de saint Cyr et de sainte Julitte, dont il écrivit l'histoire. Après la mort de Milon, en 872, Hucbalde lui succéda dans la direction de son école. Ce fut alors qu'il eut la bizarre idée d'écrire un poëme à la louange des chauves, intitulé *Ægloga de Calvis*, qu'il dédia à Charles le Chauve, roi de France, et dont tous les mots commencent par un C. Ce morceau singulier de poésie barbare a été publié plusieurs fois dans les seizième et dix-septième siècles.

Après avoir formé des élèves capables de le remplacer dans l'école de Saint-Amand, Hucbalde alla, en 883, au monastère de Saint-Bertin, pour y diriger une école semblable, à la demande de Radulfe, abbé de cette maison. En témoignage de reconnaissance des services que Hucbalde lui rendait, cet abbé lui fit présent de terres considérables, situées dans le Vermandois; mais, uniquement occupé d'études et d'exercices de piété, ce savant homme attachait peu de prix aux richesses; il ne reçut le cadeau qui lui était fait que pour le transmettre aux moines de Saint-Bertin. Vers l'an 893, Foulques, archevêque de Reims, ayant pris la résolution de rétablir les anciennes écoles de son église, appela près de lui pour les diriger Hucbalde et Remi d'Auxerre. Leurs soins obtinrent le succès que le prélat s'était promis, et beaucoup d'élèves distingués furent formés dans ces écoles. Après la mort de Foulques, qui arriva au mois de juin de l'année 900, Hucbalde retourna à son monastère de Saint-Amand, et n'en sortit plus. Il paraît que c'est vers cette époque qu'il rédigea ses principaux traités de musique. Malgré les malheurs de ces temps affreux; malgré les ravages dont la Gaule et la Belgique étaient alors le théâtre, rien ne put le détourner de ses paisibles travaux. Il mourut à Saint-Amand, le 25 juin 930, suivant certains chroniqueurs, ou le 21 octobre de la même année, ou enfin le 20 juin 932, d'après d'autres autorités.

Ce n'est point ici le lieu d'examiner les ouvrages de littérature sortis de la plume de Hucbalde, et qui ont été publiés dans les annales de l'ordre de Saint-Benoît, de Mabillon, dans les *Acta Sanctorum*, de Bollandus, et ailleurs : d'autres se sont chargés de ce soin. C'est principalement comme écrivain sur la musique, et comme occupant une place importante dans l'histoire de l'art qu'il est question du moine de Saint-Amand dans ce Dictionnaire. Les manuscrits des traités de musique de Hucbalde sont plus rares que ceux de quelques autres écrivains du moyen âge sur le même art, et parmi ces manuscrits tous n'indiquent pas sous son nom les ouvrages qui lui appartiennent, et peut-être lui en attribue-t-on qui ne sont pas de lui. L'abbé Gerbert a recueilli tout ce qu'il en a trouvé pour sa collection des écrivains ecclésiastiques qui ont traité de la musique, et les a insérés dans le premier volume de ce livre, pag. 104 à 229. Le premier de ces ouvrages a pour titre : *Liber Ubaldi, peritissimi musici, de harmonica Institutione*. Gerbert l'a tiré d'un manuscrit de la bibliothèque des cordeliers de Strasbourg et d'un autre qui se trouvait dans la bibliothèque de Césène. Si cet ouvrage est de Hucbalde, ce qui me paraît douteux, il doit appartenir à sa jeunesse, et doit avoir précédé son invention d'une notation particulière dont il sera parlé tout à l'heure, car il n'y a rien de commun entre ce premier ouvrage et celui qui lui appartient incontestablement, et qui a pour titre *Musica Enchiriadis*. Ce premier traité (*De harmonica Institutione*) est une sorte de commentaire de celui que Réginon, abbé de Prum, a écrit dans le neuvième siècle sous le même titre, et a aussi pour objet principal les *neumes* des antiennes et des répons. Vient ensuite un fragment d'un autre traité, sous le titre de *Alia Musica*, qui paraît être de la même main, et qui contient particulièrement une exposition des huit tons du plain-chant. Divers extraits de plusieurs traités de musique qui sont à la suite ne se lient point entre eux. Tous ces morceaux, tirés d'un manuscrit de la bibliothèque de Saint-Émeran, de Ratisbonne, y sont attribués à Hucbalde par ces mots qui se trouvent à la fin : *Explicit Musica Ubaldi*. Il y est traité de la mesure des tuyaux d'orgue, du poids des cymbales, des modes et des consonnances.

Le plus important des traités de musique de Hucbalde, et peut-être le seul qui soit réellement à lui, est celui qui a pour titre : *Musica Enchiriadis*. La bibliothèque impériale de Paris contient quatre manuscrits de cet ouvrage, sous les nos 7202, 7210, 7211 et 7212 in-fol. Le premier est intitulé *Enchiridion Musicæ; authore Uchubaldo, Francigenæ*. Le deuxième, qui est incomplet, a pour titre : *Liber enchiriadis de Musica, sive theoria musicæ, authore anonymo*. Le troisième, complet, est aussi anonyme ; enfin, le dernier, fort beau manuscrit du douzième siècle, est anonyme comme les deuxième et troisième. Le n° 7211 est le plus correct et le meilleur. Cet ouvrage, divisé en dix-neuf chapitres, est un traité complet de musique élémentaire, suivant les principes des Grecs, avec l'exposition d'une notation particulière, dont Hucbalde ne se donne point pour l'inventeur, mais qui paraît lui appartenir. Cette notation ne semble pas être sortie de son école ; toutefois elle est aujourd'hui pour nous un précieux reste de ces temps reculés, car elle est à peu près le seul monument authentique au moyen de quoi nous pouvons avoir la clef de quelques signes isolés de l'ancienne notation saxonne. Au moyen de huit signes diversement inclinés ou tournés, la notation de Hucbalde peut représenter une étendue de deux octaves et demie. Les explications dont il a accompagné ses signes sont suffisantes pour en donner une intelligence complète : or, il donne une table des huit tons dans la notation saxonne et dans la sienne, qui fournit aujourd'hui un moyen certain de traduction pour une partie des signes de la première. Dans son édition, Gerbert a placé cette table à la suite du petit traité des tons et du chant des psaumes (p. 229).

A la suite des 19 chapitres de ce traité de musique, Hucbalde en a fait un ample commentaire dialogué, et divisé en trois parties. Il y traite de la *Diaphonie*, ou harmonie ecclésiastique, dont Isidore de Séville avait déjà parlé près de deux siècles auparavant ; mais ce que Hucbalde en dit est beaucoup plus développé, et accompagné d'exemples de cette harmonie barbare, composée de suites de quartes ou de quintes et d'octaves (1). En général, les définitions que donne Hucbalde dans ce commentaire sont remarquables par leur clarté, pour le temps où il vivait.

A la suite de la dernière partie de cet ouvrage, Gerbert a placé un petit traité des tons et du chant des psaumes, qui en est le complément nécessaire. Il l'a intitulé *Commemoratio brevis de tonis et psalmis modulandis* : je pense

(1) Voyez sur l'origine de cette *inharmonie* mon *Mémoire sur l'harmonie simultanée des sons chez les Grecs et les Romains*, dans les *Mémoires de l'Académie royale des sciences, des lettres et des beaux-arts de Belgique*, tome XXXI (1857), p. 22-23, et p. 71 du tiré à part (Bruxelles, 1859).

que son copiste a mal lu, et qu'il faut *Commentatio*, etc. Ce morceau est très-curieux pour l'histoire de la musique, car on y trouve des intonations de psaumes différentes de l'ancienne tradition des églises d'Italie.

M. Ed. de Coussemaker a publié une volumineuse monographie sous ce titre : *Mémoire sur Hucbald et sur ses traités de musique, suivi de recherches sur la notation et sur les instruments de musique, avec 21 planches*; Paris, Techner, 1841, 1 vol. gr. in-4°.

Hucbalde avait composé le chant d'un office de nuit pour la fête de Saint-Thierri, et l'avait noté d'après son système : ce travail paraît être perdu.

HUDEMANN (Louis-Frédéric), docteur en droit à Hambourg, y a publié, en 1732, un volume de ses poésies, qu'il a fait précéder d'un discours concernant les avantages de l'opéra sur les tragédies et comédies, dans lequel il essayait de réfuter une opinion contraire de Gottsched. Mizler a inséré ce discours dans le second volume de sa Bibliothèque de musique.

HUDSON (Robert), bachelier en musique, né en 1732, fut admis comme vicaire choral de la cathédrale de Saint-Paul, à Londres, en 1756, et comme chanteur de la chapelle deux ans après. Devenu directeur du chœur de Saint-Paul en 1773, il occupa cette place jusqu'en 1793. Dans sa jeunesse, il avait chanté au Ranelagh et au Jardin de Mary-le-Bone. Il est mort à Londres, en 1815, et a été inhumé dans la cathédrale. Il a écrit beaucoup de musique qu'on chante encore dans cette église et dans l'hôpital du Christ, dont il a été longtemps maître de musique.

HUE (Balthazar de), écrivain anglais du dix-septième siècle, est auteur d'un éloge des muses et de la musique, intitulé : *Musæ Musicæque Encomium;* Amsterdam, 1680, in-4°.

HUEBER (Wendelin), organiste de l'église Sainte-Dorothée, à Vienne, fut aussi directeur du chant de la confrérie des morts, dans la même ville. On a de sa composition : *Cantiones sacræ 1, 2 et 3 vocum, cum basso et organo;* Vienne, 1650, in-4°.

HUEBNER (Joseph), conseiller du consistoire, assesseur de la direction des écoles, prédicateur, docteur en théologie et en droit canonique, à Breslau, naquit à Kleppelsdorf, le 31 août 1755. Il était fils d'un meunier qui ne négligea rien pour lui donner une bonne éducation, et qui lui fit apprendre le chant et la musique. En 1769 Huebner fut envoyé au gymnase de Breslau; un an après il fut attaché comme sopraniste à l'église cathédrale de cette ville. Après avoir achevé ses humanités, il étudia la philosophie et la théologie, puis, en 1779, il fut nommé prédicateur à Brieg. En 1783 il obtint sa nomination de professeur de philosophie à l'université de Breslau, et en 1798 il fut nommé pasteur à l'église de Saint-Nicolas. Huebner est mort à Breslau, en 1810. On a de lui des chants pour précéder et suivre le sermon; Breslau, 1790; un cantique pour l'avent; un autre pour le 31 décembre; un chant funèbre pour la Passion; un autre pour la résurrection; environ 50 motets latins et allemands.

HUEBNER (Jean-Christophe), né à Narva, en Russie, dans la seconde moitié du dix-huitième siècle, était facteur de pianos à Moscou vers 1800. D'après les idées d'un musicien français, nommé *Poulleau*, qui se trouvait alors en cette ville, il exécuta un piano à archet qu'il nomma *Clavecin harmonique*, et qui reçut ensuite de Poulleau le nom d'*Orchestrino*. Celui-ci vint à Paris avec l'instrument, en 1808, et le soumit à l'examen du Conservatoire et de la classe des beaux-arts de l'Institut de France. Le rapport de ces deux corps savants fut favorable à l'*Orchestrino*, et déclara que la puissance considérable du son était susceptible de nuances délicates, et pouvait conduire jusqu'à l'illusion dans l'imitation d'un quatuor de violon et basse, s'il était bien joué. En 1811, Poulleau était à Bruxelles avec l'instrument de Huebner, et y donnait des séances publiques; il en partit vers la fin de cette année pour se rendre en Hollande. Depuis lors on n'en a plus entendu parler.

HUEBSCH (Jean-Georges-Gotbilf), professeur de mathématiques à Erfurt et à Schul-Pforte, vers le milieu du dix-huitième siècle, est connu avantageusement par quelques ouvrages de géométrie, entre autres par un traité élémentaire de trigonométrie. Il est mort en 1773, à l'âge d'environ quatre-vingts ans. Huebsch a laissé 31 morceaux manuscrits sur divers sujets relatifs à la musique, qui ont passé en la possession de Gerber, auteur du Lexique des musiciens. Ce biographe a donné en détail une indication du contenu de tous ses articles, dans son nouveau Lexique : ils concernent la constitution de la musique considérée en elle-même, la composition et surtout les instruments. Ces manuscrits sont aujourd'hui à Vienne, avec toute la collection de livres et de musique qui a appartenu à Gerber.

HUEBSCH (Jean-Baptiste), basse chantante, naquit en 1755, à Jamnitz, en Moravie, et débuta dans l'opéra comique en 1782. Il était aimé du public, et a eu des succès sur la plupart des théâtres de l'Allemagne.

HUERGA (Cyprien de la), moine espagnol de l'ordre de Citeaux, expliqua longtemps l'Écriture Sainte dans l'université d'Alcala, et mourut dans cette ville, en 1560. Charles de Visch et, d'après lui, le père Lelong (*in Bibl. Sacr.*, p. 784) citent au nombre de ses ouvrages une dissertation *De Ratione Musicæ et instrumentorum usu apud veteres Hebræos;* mais ils ne disent pas si elle a été imprimée. M. Mariano-Soriano Fuertes cite aussi le même auteur, sous le nom de *La Huerta*, ainsi que son traité de la musique et des instruments des Hébreux (*Hist. de la Musica española*, t. II, p. 151) mais il n'en donne pas le titre et n'indique pas le lieu de l'impression.

HUGARD (Pierre), maître des enfants de chœur de la cathédrale de Paris, vers le milieu du dix-septième siècle, a publié chez Ballard une messe à quatre voix intitulée *Laudate pueri Dominum*, in-fol. Les quatre parties sont en regard.

HUGHES (Jean), poëte anglais, naquit à Marlborough, en 1677, et mourut à Londres, le 17 février 1720. On a de lui un éloge de la musique, en vers, intitulé : *Ode in praise of Music;* Londres, 1705, in-4°.

HUGON ou **HUGUES**, prêtre à Reutlingen, petite ville du Wurtemberg, a écrit, en 1332, un traité ou poëme didactique, en six cent trente-cinq vers, sur le chant ecclésiastique, sous le titre de *Flores musicæ*. Cet ouvrage, dont il y a un beau manuscrit dans la bibliothèque de Gand, a été imprimé, comme on le verra plus loin. Gruber, qui a indiqué le premier le poëme de Hugon (*Beytræge zur Litteratur der Musik*, p. 51 et 52), a très-exactement indiqué le nom de l'auteur et l'année où le livre a été composé. Forkel, venu après lui, donne sur l'ouvrage, dans sa Littérature générale de la Musique (*Allgem. Litter. der Musik*, p. 119), des renseignements qui prouvent qu'il en avait vu un exemplaire; cependant il ajoute : « Il serait « difficile de fixer le temps où ce Hugon a vécu ; « à la vérité il y a dans le traité de Gruber sur la » littérature musicale un passage qui fait connaître « que son livre a été écrit par *Hugon, prêtre* « *de Reutlingen*, en 1332 ; mais Gruber n'in- « dique aucune source ni aucune autorité, et « l'on ne sait si on peut l'en croire ou non. » On s'étonne de trouver un tel passage chez un auteur aussi exact que l'est ordinairement Forkel. S'il avait lu attentivement l'exemplaire qu'il a vu, il y aurait lu, au quatrième chapitre, ces vers qui ne laissent aucun doute sur le nom de l'auteur, sur sa qualité, ni sur la date de l'ouvrage :

M Solum tria C simul et tria preteriere
Per Christum natum binum si junxeris annum
Cum flores istos contexuit Hugo sacerdos
Reutlingensem sic ...

Le poëme didactique de Hugon est accompagné, dans le manuscrit de Gand et dans l'édition citée par Forkel, d'un long commentaire, avec de nombreux exemples notés, qui est d'un autre écrivain, car le commentateur ne parle jamais de l'auteur des vers qu'à la troisième personne. C'est ainsi que, sur le passage cité précédemment, il dit : *Hic autor ... dicit quod ab incarnatione Domini effluxerunt mille anni trecenti triginta duo quando iste liber fuerat conscriptus per versus quadringentos præter triginta.*

L'ouvrage est divisé en quatre chapitres. Le premier traite *de tribus Alphabeticis*, c'est-à-dire des trois gammes par bémol, par bécarre et par nature; le deuxième, *de Monochordo;* le troisième, *de Modis*, et le quatrième, *de Tonis*. L'ouvrage a peu d'intérêt par lui-même; mais le commentaire en a beaucoup, parce qu'il donne en notation ordinaire de plain-chant des exemples des intonations des psaumes dans un ordre à peu près identique à celui du manuscrit de Reginon de *Prum* qui se trouve à la bibliothèque des ducs de Bourgogne, à Bruxelles; en sorte que par ces exemples on a le moyen de lever bien des doutes concernant les signes composés de la notation saxonne des 9ᵉ, 10ᵉ et 11ᵉ siècles.

Dans mes voyages en Allemagne, j'ai trouvé trois exemplaires du livre de Hugon de Reutlingen, le premier à la bibliothèque royale de Berlin, le second à Wolfenbuttel, et le troisième à la bibliothèque royale de Dresde. Je fus frappé d'étonnement en reconnaissant, par l'examen attentif que je fis de ces exemplaires, qu'ils avaient des différences notables, quoiqu'il fût évident pour moi qu'ils étaient de la même édition, c'est à-dire de celle qui a été imprimée à Strasbourg, en 1488. Je pris de chacun une description exacte, et je reconnus que l'exemplaire de Dresde est semblable à celui qui appartient à la bibliothèque impériale de Paris, dont j'ai donné l'indication sommaire dans la première édition de cette *Biographie des Musiciens*.

Par un hasard bien extraordinaire j'ai trouvé plusieurs années après trois exemplaires des *Flores musicæ* chez M. Edwin Trost, libraire à Paris, et j'en ai fait l'acquisition à très-haut prix. Un de ces exemplaires est exactement semblable à celui de la bibliothèque royale de Berlin : un autre est parfaitement conforme à celui de Wolfenbuttel; mais le troisième a des différences remarquables, et n'est pas exactement semblable à ceux de Dresde et de Paris. Il y a donc eu au moins quatre remaniements de l'édition de 1488, au moment du tirage. Cette singularité, peut-être sans exemple, me détermine à donner ici la description de ces exemplaires.

Celui de la bibliothèque royale de Berlin, semblable à l'un des miens, est composé de 97 feuillets in-4°, imprimés en caractères gothiques. Au recto du premier feuillet on lit en grands caractères : *Flores musicæ omnis cantus gregoriani*. Au verso se trouve la première page de l'index avec ces mots en tête : *Tabula. Capitulum primum*. Les vers sont imprimés en gros caractères sans division et comme de la prose : le commentaire est en caractères plus petits. Les exemples de musique sont en notation gothique allemande, dérivée directement des neumes saxons, sur des portées de quatre et cinq lignes. La dernière page a pour titre courant : *Capitulum* IIII, et au-dessous se trouvent 26 lignes de texte, après lesquelles on lit :

> Impssum Argentine p Johan
> nem pryss Anno MCCCCLXXXVIIJ.

Le feuillet suivant a pour titre courant *de Tonis*, et au-dessous 5 lignes de musique notée. Entre la première et la deuxième portée de cette musique on lit : *exercitium vocum musicalium*. Le verso de ce feuillet est en blanc.

Le feuillet signé M4 a pour dernière ligne : *querens in vellere oro Domine ut solum vellus*, et le nombre total des lignes est 26. Le feuillet K (8) a pour dernière ligne : *fert septenus fa mi fa sol tibi versus*.

L'exemplaire de la bibliothèque de Wolfenbuttel, semblable en tout à l'un des miens dans l'intérieur du volume, n'en diffère que par le titre, où on lit : *Flores musicæ cantus gregoriani*, tandis que le mien porte *Flores musicæ omnis cantus gregoriani*. Ils sont composés tous deux de 97 feuillets in-4° goth.

Jusqu'au feuillet K (8) ces exemplaires sont semblables à ceux dont on vient de lire la description : mais au recto de ce feuillet, au lieu de 11 lignes de texte, il n'y en a que 9, imprimées avec des abréviations qui ne sont pas dans les autres exemplaires, et l'on trouve, pour première ligne au verso : *tibi sextus Prefert septenus fa mi fa sol*; les mots *tibi versus* commencent la seconde ligne.

La première ligne du feuillet M4 commence, dans ces exemplaires, par les mêmes mots que dans les précédents; mais au lieu de finir par *ut*, comme dans ceux-ci, on voit à la fin *ut opus*. Au lieu de 26 lignes dans cette page, il y en a 30, et la dernière ligne est : *re sicut deus rore celesti implevit primo vellus*.

La dernière page a pour titre courant : *Capitulum* IIII, et au-dessous 10 lignes seulement au lieu de 26 qu'il y a dans les autres exemplaires; au-dessous de ces dix lignes, on lit :

> Impssum Argentine P Johan
> nem pryss Anno MCCCCLXXXVIIJ.

Le feuillet suivant a les portées imprimées pour la musique, mais pas de notes, et au revers est une gravure en bois représentant Tubal avec ses ouvriers, qui travaillent le fer, et plus haut Pythagore, qui écoute le son des marteaux et pèse ceux-ci dans une balance.

L'exemplaire de la bibliothèque royale de Dresde, en tout semblable à celui de la bibliothèque impériale de Paris, présente un remaniement si complet, que si je n'avais pas reconnu l'identité d'origine par la similitude des caractères et par une multitude de détails, j'aurais été porté à croire à l'existence d'une édition différente de la précédente. Ces exemplaires ont 85 feuillets, au lieu de 97. On n'y voit aucune indication de nom de lieu, d'imprimeur, ni de date. Le format est petit in-4° et l'impression gothique, comme aux exemplaires précédents. Au haut du frontispice, on trouve seulement *Flores musicæ*, et au-dessous la gravure en bois qui est au verso du dernier feuillet de l'exemplaire de Wolfenbuttel. La feuille A a 8 feuillets : les feuilles B jusqu'à O n'en ont que six. Le dernier feuillet a pour titre courant *de tonis* : il commence par ces mots : *Patris iosic* (?) *ad implevit*, et renferme 12 lignes, dont le dernier mot est *Amen*, après quoi il n'y a plus rien. Je dois faire remarquer que la reliure de l'exemplaire de Paris porte la date de 1497, ce qui semble indiquer une autre édition; mais j'ignore sur quel fondement le relieur a mis cette date au volume.

Mon troisième exemplaire n'est conforme à aucun des autres : au recto du premier feuillet se trouve la gravure en bois, sans titre, et la première page de l'*index* est au verso. Le volume est composé de 97 feuillets ; les feuilles A jusques et y compris L ont chacune 8 feuillets ; la feuille M n'en a que sept. Au recto du dernier feuillet se trouve le titre courant *de tonis* et les cinq portées de musique avec l'inscription : *Exercitium vocum musicalium*. Au verso est la répétition de la gravure en bois. Le verso du sixième feuillet de la feuille M n'a que 10 lignes, finissant par le mot *Amen*, après quoi on lit :

> Impssum argentine P Johan
> nem pryss Anno MCCCCLXXXVIIJ.

Le feuillet 8 de la feuille K est semblable, dans cet exemplaire, à celui de Wolfenbuttel et au second des miens, ainsi que le feuillet M 4.

On voit par ce qui précède qu'il y a au moins quatre dispositions qui diffèrent en plusieurs points de la même édition du livre de Hugon de Reutlingen, et plusieurs de ces différences ne semblent être que l'effet du caprice.

Je ne terminerai pas cet article sans remarquer que Gerbert a rapporté (*Scrip. ecclesiast. de Musica*, tom. 3, p. 308), d'après un manuscrit de la bibliothèque impériale de Paris, des fragments qu'il croyait pouvoir être d'un auteur de musique nommé *Hugon*. Il y a quelque apparence que ce Hugon est le même que l'auteur du poëme dont il vient d'être parlé : cependant ces fragments n'ont aucun rapport avec cet ouvrage; ils sont en prose, et relatifs à la division des intervalles.

HUGOT (A.), surnommé *le jeune*, naquit à Paris, en 1761, et reçut des leçons de flûte d'un maître de cette ville nommé *Atys* (*voy.* ce nom). Une belle qualité de son, une grande justesse d'intonation et un coup de langue brillant, lui procurèrent de bonne heure une belle réputation. Lorsque l'orchestre du théâtre des fameux bouffons italiens fut organisé par Viotti, à la fin de 1789, Hugot fut choisi par ce grand artiste pour y jouer la première flûte, et son frère aîné, dont le talent était inférieur au sien, fut chargé de la seconde partie. Le grand corps de musique militaire de la garde nationale de Paris ayant été formé, Hugot y entra comme beaucoup d'autres artistes célèbres, et après la suppression de ce corps il devint professeur du Conservatoire de Musique, dont l'institution venait d'être décrétée par la Convention nationale. Il forma dans cette école de bons élèves, au nombre desquels on a distingué particulièrement Lépine. L'Opéra-Comique français ayant succédé aux chanteurs italiens après le départ de ceux-ci, Hugot était resté dans l'orchestre de ce spectacle, au théâtre Feydeau. C'est dans les concerts donnés à ce théâtre, en 1796 et 1797, que son talent se produisit avec tous ses avantages, et qu'il fit admirer l'exécution la plus parfaite qu'on eût entendue jusqu'alors en France sur la flûte. Il y joua des concertos de sa composition, et brilla aussi dans les symphonies concertantes de Devienne. Chargé par le comité du Conservatoire de la rédaction d'une méthode de flûte, il se livrait à ce travail lorsqu'il fut atteint d'une fièvre nerveuse. Dans un accès de cette maladie, il se blessa de plusieurs coups de couteau, puis se précipita par la fenêtre d'un quatrième étage, et mourut quelques instants après, le 18 septembre 1803, à l'âge de quarante-deux ans. Wunderlich, autre professeur de flûte au Conservatoire, recueillit les matériaux préparés par Hugot pour sa méthode, et acheva l'ouvrage, qui parut sous les noms des deux collaborateurs.

Les compositions de Hugot qui ont été publiées sont : 1° Premier concerto pour la flûte (en *sol*); Paris, Sieber. — 2° Deuxième idem (en *ré*); ibid. — 3° Troisième idem (en *mi* mineur); Paris, Imbault (Janet). — 4° Quatrième idem (en ré); ibid. — 5° Cinquième idem (en *si mineur*); ibid. — 6° Sixième idem (en *sol*); Paris, Michel Ozy. — 7° Six trios pour 2 flûtes et basse, divisés en deux parties, op. 6; Paris, Sieber. — 8° Six duos pour 2 flûtes, op. 1; ibid. — 9° Six idem, op. 2, ibid. — 10° Six idem, op. 4; Paris, Carli. — 11° Six idem, op. 7; Paris, Sieber — 12° Six idem, op. 9; Paris, Carli. — 13° Vingt-quatre duos faciles, tirés de la méthode; Paris, Michel Ozy. — 14° Six sonates faciles pour flûte seule; ibid. — 15° Six sonates pour flûte et basse, op. 12; Paris, Imbault (Janet). — 16° Variations sur des thèmes connus pour flûte seule, op. 5; Paris, Sieber. — 17° Méthode de flûte adoptée pour l'enseignement dans le Conservatoire de Musique (terminée par Wunderlich); Paris, 1804, Michel Ozy. Cet ouvrage a été traduit en allemand par E. Müller. On en a fait aussi des extraits et des abrégés, qui ont été publiés à Leipsick, à Bonn, à Mayence et à Vienne.

HUGUENET (Jacques) : fils de Pierre Huguenet, ténor de viole de la chapelle du roi, qui, entré au service de Louis XIV en 1661, vivait encore en 1699. Jacques Huguenet eut pour premier maître son père, et apprit ensuite le violon sous la direction de Jean-Noël Marchand, violoniste de la chambre du roi. Il entra lui-même au service de la cour, comme un des violonistes de la bande qu'on appelait *les petits violons*. Ce musicien a publié : Sonates pour le violon en solos et en trios; Paris, in-fol. (s. d.)

HUITACES DE BEAULIEU. *Voyez* Beaulieu.

HULLMANDEL (Nicolas-Joseph), pianiste distingué, né à Strasbourg, en 1751, était neveu de Rodolphe, célèbre corniste et auteur des solféges connus sous son nom. Après avoir appris les éléments de la musique à l'église cathédrale de sa ville natale, il alla à Hambourg, où il reçut des leçons de Charles-Philippe-Emmanuel Bach. Les conseils de cet excellent maître et les heureuses dispositions de Hullmandel lui firent faire de rapides progrès, et acquérir en peu de temps une manière élégante qu'il a conservée jusque dans sa vieillesse. Je l'ai connu en 1808, lorsqu'il fit un voyage à Paris pour visiter d'anciens amis : quoiqu'il fût alors âgé de cinquante-sept ans, il jouait encore avec un goût exquis ses sonates et celles de son maître. En 1775, il fit un voyage en Italie, et pendant six mois environ il vécut à Milan. Arrivé à Paris vers 1776, il s'y fit entendre sur le clavecin et sur l'harmonica, dont il jouait fort bien, et son talent obtint l'estime de tous les artistes. Ses manières polies et distinguées le firent bientôt rechercher dans la haute société, comme maître de piano. En 1787 il fit un voyage a Londres. De retour à Paris vers la fin de la même année, il y épousa une riche héritière, et cessa de figurer au nombre des artistes. Son attachement à la famille royale le compromit en 1790 et l'obligea à s'éloigner de la France. Il se rendit à Londres, fut mis sur la liste des émigrés, et ses biens furent saisis. Plus tard il obtint la restitution de ceux qui n'avaient pas été vendus. Tant que durèrent les troubles révolutionnaires, il fut obligé de chercher des ressources dans l'usage de son talent; mais après qu'il eut obtenu du premier consul la restitution de ses biens, il vécut dans la retraite. Il est mort à Londres, en 1823, à l'âge de soixante-douze ans. Les compositions publiées par Hullmandel sont : 1° Six sonates pour clavecin, violon et violoncelle, op. 1; Paris, 1780. — 2° Six idem, op. 2; ibid. — 3° Trois sonates pour piano et violon, op. 3; Paris, Boyer (Naderman) — 4° Trois idem, op. 4; Londres, 1787. — 5° Trois idem, op. 5; ibid. — 6° Six sonates pour piano seul, op. 6; ibid. — 7° Divertissement pour piano seul, op. 7; Paris, Naderman. — 8° Trois sonates pour piano et violon obligé, op. 8; Londres. — 9° Deux petits airs variés pour piano, op. 9 : Paris, Naderman. — 10° Grande sonate avec violon obligé, op 10. — 11° Grande sonate pour piano seul, op. 11. Hullmandel est aussi l'auteur de l'article *Clavecin* inséré dans l'Encyclopédie méthodique.

HULPHERS (ABRAHAM-ABRAHAMSON), directeur de musique à Westeras, en Suède, dans la dernière partie du dix-huitième siècle, s'est fait connaître par un bon ouvrage écrit en langue suédoise, et intitulé : *Historisk Afhandling om Musick och Instrumenter særdeles om Orgwerks inrætningen i Allmænhet, jemte kort Beskrifning æfwer Orgwerken i Swerige* (Traité historique sur la Musique et les instruments, particulièrement sur la disposition des orgues, avec une courte description des orgues de la Suède); Westeras, imprimé pour l'auteur par Jean-Laurent Horrn, 1773, in-8° de 323 pages et 4 planches, avec un titre gravé. Une deuxième édition de cet ouvrage a été publiée à Stockholm, en 1799; elle forme un volume de 426 pages avec huit pages de préface, 2 index et 8 planches

HULSHOFF (Le baron MAX DE), sénéchal de Munster, et en dernier lieu directeur de la société de chant de cette ville, naquit en 1766. Suivant les éloges qui lui ont été accordés en Allemagne, il paraît avoir été un compositeur de beaucoup de mérite. Ses ouvrages connus sont : 1° Trois quatuors pour deux violons, alto et basse, op. 1; Augsbourg, Gombart, 1796. — 2° Andante pour le piano, avec 28 variations; ibid, 1797. Il s'est essayé avec succès dans le genre dramatique, et ses opéras de *Bianca*, *La Mort d'Orphée*, et *L'Entrée* (opéra comique) ont été vivement applaudis. On connaît aussi en manuscrit un *Te Deum* exécuté à Munster en 1801, un *Alleluia*, et un *Pater noster*, de la composition de cet amateur.

HULST (FÉLIX VAN). *Voyez* VAN HULST (*Félix*).

HUMANUS (P.-C.) prédicateur, dont le nom véritable était *Hartung*, vécut en Souabe dans la première moitié du dix-huitième siècle. Ce renseignement nous est fourni par Hiller dans la deuxième édition de l'*Introduction a la science musicale* d'Adlung (p. 290). Sous le nom de Humanus on a un traité d'harmonie et de l'art de jouer du clavecin, intitulé : *Musicus theoretico-practicus bey welchem anzutreffen I. Die demonstrativische Theoria musica auf ihre wahre Principia gebauet, von vielen arithmetischen Subtilitæten befreyet, etc. II. Die methodische Clavier-Anweisung mit Regeln und Exempeln, etc.* (Le musicien théorico-pratique, où l'on trouve : 1° la théorie démonstrative de la musique établie d'après ses vrais principes, et dégagée de beaucoup de subtilités arithmétiques, etc.; 2° une instruction méthodique pour le clavecin, avec des règles et des exemples, etc.); Nuremberg, 1749, 2 parties in-4°; la première de 88 pages; la seconde, de 16 pages et 33 planches d'exemples. Bien que ce livre ne mérite pas tous les éloges qu'Adlung en a faits, il n'est pas sans valeur, pour le temps où il a été écrit. L'auteur présente sa théorie d'une manière empirique et par axiomes très-courts, qui ont le mérite de la clarté, mais qui ne peuvent donner qu'une connaissance bornée de la théorie de l'harmonie telle qu'elle existait en 1749. A défaut de caractères de musique pour la notation des exemples, Hartung a été obligé de les présenter en lettres, ce qui est incommode. La seconde partie, toute pratique, est accompagnée d'exercices gravés pour le clavecin.

HUME (TOBIE), officier anglais, vécut à Londres vers la fin du seizième siècle et au commencement du dix-septième. Il était un des plus habiles joueurs de basse de viole de ce temps, et l'on a des preuves de son talent dans un ouvrage qu'il dédia à la reine Anne, femme de Jacques Ier, et qui fut publié sous ce titre : *Captain Hume's Poeticall Musicke, principally made for two basse violls yet so construed that it may be plaied eight waies, upon sundries instruments, with much facilities* (Musique poétique du capitaine Hume, faite principalement pour deux basses de viole, mais arrangée pour pouvoir être jouée de huit manières différentes sur divers instruments); Londres, 1607, in-4°.

HUMMEL (Jean-Bernard), fils d'un conseiller du tribunal de commerce et éditeur de musique à Berlin, naquit en cette ville, vers 1760. Ses études furent dirigées vers une connaissance complète de la musique, et il devint compositeur instruit et pianiste habile. Ayant entrepris un voyage comme artiste, il se fixa pendant quelques années à Varsovie en qualité de professeur de piano; mais après la mort de son père, en 1798, il retourna à Berlin, prit la direction de la maison de commerce de celui-ci, et continua de publier des œuvres de musique jusque vers 1815. Hummel a fait graver de sa composition : 1° *Andantino* de Pleyel varié pour le clavecin; Spire, 1792. — 2° Trois airs variés idem; Offenbach, 1794. — 3° Dix variations sur un thème allemand; Vienne, 1798. — 4° Six variations sur le thème *Pria ch'io l'impegno;* Vienne, Kozeluch. — 5° Sept variations sur un thème du ballet d'*Alcine;* ibid. — 6° Trois sonates pour clavecin; Vienne, Eder, 1800. — 7° Trois sonates pour piano et violon obligé, op. 12; Berlin, 1802. — 8° Trois *Lieder* avec accompagnement de piano; Hambourg, Bœhme. — 9° douze *Lieder* avec accompagnement de piano; Berlin. — 10° *Modulationen durch alle Dur-und Moll-Tœne, nach den Regeln des reinen Satzes zusammengetragen* (Modulations dans tous les tons majeurs et mineurs, disposés d'après les règles de la composition pure); Berlin, 1799, in-fol. de 50 pages.

HUMMEL (Chrétien-Gottlob-Emmanuel), organiste à Hildburghausen, mort, suivant Gerber, vers 1799, a laissé un livre posthume qui a paru sous ce titre : *Der Musikus, oder von der gründlicher Erlernung der Musik* (Le Musicien, ou la manière d'apprendre à fond la musique); Hildburghausen, Hanisch, 1803, in-8° de 164 pages. L'ouvrage de Hummel n'est pas un traité de musique, mais un aperçu historique et philosophique des connaissances que doit posséder un musicien : ce livre n'est pas dépourvu de mérite. Gerber cite aussi un oratorio de Hummel intitulé : *Triomphe au lit de mort,* qu'on trouvait de son temps en manuscrit dans la Thuringe.

HUMMEL ' (Jean-Népomucène), célèbre compositeur et pianiste, né le 14 novembre 1778, à Presbourg, où son père (Joseph Hummel) était maître de musique de l'institution militaire de Wartberg. Dès l'âge de quatre ans Hummel apprit à jouer du violon, mais il fit peu de progrès sur cet instrument, et parut d'abord n'avoir pas de dispositions pour la musique. L'année d'après, il commença à prendre des leçons de musique vocale et de piano; dès lors ses facultés se développèrent avec une rare activité : un an d'études lui suffit pour arriver à un degré d'habileté fort remarquable dans un enfant. A cette époque, l'établissement de Wartberg fut supprimé par l'empereur Joseph II, et Joseph Hummel, resté sans emploi, alla se fixer à Vienne avec son fils; il y devint chef d'orchestre du théâtre de Schikaneder, et le jeune Hummel, à peine âgé de sept ans, fixa sur lui l'attention des artistes les plus distingués, et même de Mozart. Quelle que fût la répugnance de cet homme illustre à s'occuper de l'enseignement, il offrit de se charger de l'éducation musicale du jeune virtuose, mais à la condition qu'il demeurerait chez lui, et qu'il pourrait le surveiller incessamment dans ses études. On pense bien que cette proposition fut accueillie avec reconnaissance. Guidé par les leçons d'un tel maître, Hummel fit en deux années des progrès qui tenaient du prodige. A neuf ans, il excitait l'admiration de tous ceux qui l'entendaient. Son père songea alors à tirer parti de ce talent précoce; ils parcoururent ensemble l'Allemagne, le Danemark et l'Écosse. La première apparition en public de l'élève de Mozart eut lieu dans un concert que ce maître donna à Dresde en 1787. Puis il se fit entendre à la cour de Cassel. A Édimbourg, le pianiste enfant obtint un succès d'enthousiasme; il y publia son premier ouvrage, qui consiste en un thème varié pour le piano, qu'il dédia à la reine d'Angleterre; une deuxième édition de ce morceau fut faite à Londres dans la même année. Après avoir demeuré dans cette dernière ville pendant les années 1791 et 1792, il visita la Hollande, puis retourna à Vienne, après six ans d'absence. Il était alors âgé de quinze ans, et son exécution pouvait être déjà considérée comme la plus correcte et la plus brillante de l'école allemande; cependant ses études redevinrent plus sérieuses qu'auparavant. Son père, homme sévère à l'excès, exigeait de lui un travail sans relâche; longtemps après on a vu Hummel, homme fait et artiste déjà célèbre, soumis encore à cette volonté sous laquelle il avait ployé pendant plus de vingt ans.

L'époque de son retour à Vienne fut marquée par des études de composition, dont il n'avait eu jusqu'alors que de légères notions. Admis aux leçons d'Albrechtsberger, il apprit, sous la direction de ce maître, l'harmonie, l'accompagnement et le contrepoint; puis il se lia d'amitié avec Salieri, qui lui donna d'utiles conseils pour le chant et le style dramatique. Ce maître célèbre n'avait jusqu'alors formé que trois élèves; Weigl était le premier, Süssmayer le second et Hummel le troisième. En 1803 des propositions furent faites en même temps à celui-ci par le prince Nicolas Esterhazy, qui revenait de Londres, et par le baron Braun, directeur du théâtre impérial: Hummel préféra le service du prince, qui partageait son goût pour la musique religieuse. Sa première messe obtint l'approbation de Haydn. Vers le même temps il écrivit aussi pour les théâtres de Vienne des ballets et des opéras qui furent favorablement accueillis. Hummel était parvenu à l'âge de vingt-huit ans; ses ouvrages, particulièrement sa musique instrumentale, et son beau talent d'exécution l'avaient déjà rendu célèbre en Allemagne; cependant son nom était absolument inconnu en France, lorsque en 1806 Cherubini apporta de Vienne sa grande fantaisie (en *mi* bémol, œuvre 18) qui fut exécutée au concours du Conservatoire de la même année: ce fut le premier morceau de Hummel qu'on entendit à Paris. Il ne fut compris que par les artistes; mais ce succès suffit pour établir la réputation du compositeur, et dès ce moment ses ouvrages furent recherchés par tous les pianistes. En 1811, Hummel quitta le service du prince Esterhazy, et jusqu'en 1816 il n'eut d'autre emploi que celui de professeur de piano, à Vienne. Au mois d'octobre de cette année la place de maître de chapelle du roi de Wurtemberg lui fut offerte, et il l'accepta. Après l'avoir occupée pendant quatre ans, il entra au service du grand-duc de Saxe-Weimar pour les mêmes fonctions. Deux ans après, il obtint un congé qu'il employa à faire un voyage pédestre en Russie. Pétersbourg et Moscou lui firent le plus brillant accueil. Il paraît qu'il avait déjà visité ces villes plus de vingt ans auparavant. En 1823 il parcourut la Hollande et la Belgique, puis se rendit à Paris, où il obtint des succès dignes de son talent. Ses improvisations sur le piano y excitèrent surtout la plus vive admiration. De retour à Weimar, il ne s'en éloigna qu'en 1827, sur le bruit de la fin prochaine de Beethoven, pour aller se réconcilier avec cet homme illustre. Des rivalités de succès avaient fait naître entre eux, longtemps auparavant, de fâcheuses altercations, quoique tous deux eussent conservé de l'estime l'un pour l'autre. En apercevant sur les traits du grand artiste les signes d'une fin prochaine, Hummel ne put retenir ses larmes; Beethoven lui tendit la main, ils s'embrassèrent, et tout fut oublié. Hummel fit, deux ans après, un second voyage à Paris, où il ne produisit plus une aussi vive sensation que six années auparavant. Quoiqu'on admirât encore l'élégance de son jeu, on crut remarquer les approches de la vieillesse dans une certaine timidité d'exécution qui lui faisait ralentir sensiblement le mouvement des traits difficiles: tel fut du moins le jugement qu'en portèrent les pianistes. A Londres, où ses succès avaient été si brillants trente-huit ans auparavant, ce fut pis encore; la glorieuse renommée de l'artiste vint échouer contre l'indifférence du public de cette grande ville, et son séjour y fut à peine remarqué. Ce voyage fut suivi d'un autre en Pologne; puis Hummel passa quelques années à Weimar, dans de paisibles occupations. Il a cessé de vivre le 17 octobre 1837, à l'âge de cinquante-neuf ans.

Il y a eu dans Hummel trois artistes différents: l'exécutant, l'improvisateur, le compositeur; tous trois ont été doués de talents d'un ordre très-élevé. Dans l'exécution, continuant l'école mixte de Mozart, et la perfectionnant par les principes d'un mécanisme régulier qu'il puisa, jeune encore, auprès de Clementi, pendant le séjour de deux années qu'il fit à Londres, il fonda lui-même une école allemande nouvelle, où se sont formés ou modifiés divers artistes maintenant célèbres. L'époque de Hummel parmi les pianistes allemands est une époque de véritable progrès et de transformation. On a été depuis lors plus loin que lui dans la difficulté vaincue; l'augmentation sensible de la puissance sonore du piano, dans des temps postérieurs à ses études, a jeté quelques grands pianistes dans la recherche du développement de cette puissance, et par là Hummel s'est trouvé dans les derniers temps un peu faible de son; mais nul n'a été plus loin que lui dans la pureté, la régularité, la correction du jeu; dans le moelleux du toucher, dans l'expression et dans le coloris. Son exécution était moins le produit du désir de déployer une habileté prodigieuse, que d'exprimer une pensée constamment musicale. Cette pensée, toujours complète, se manifestait sous ses mains avec tous les avantages qui pouvaient y être ajoutés de grâce, de finesse, de profondeur et d'expression.

Dans l'improvisation, Hummel a porté si loin l'art de fixer des idées fugitives, de les régulariser, et de donner de l'ordre à la spontanéité de l'inspiration, qu'à l'exception de certains traits inattendus, hasards heureux d'un beau génie se livrant à ses inspirations, il semblait exécuter des compositions méditées, plutôt que de véritables improvisations. Et pourtant il ne faut pas croire que de choses si bien conduites, d'idées si régulièrement développées, il résultât de la froideur ; non, il y avait tant de bonheur dans la production des pensées, tant de charme dans la manière dont elles s'enchaînaient, tant d'élégance dans les détails, que l'auditoire était toujours saisi d'un sentiment d'admiration en écoutant ces belles improvisations.

Des productions très-remarquables, surtout dans la musique instrumentale, ont placé Hummel au rang des compositeurs les plus distingués du dix-neuvième siècle : on ne peut douter même que sa renommée n'eût eu plus d'éclat encore s'il n'avait été le contemporain de Beethoven. Si l'on considère avec attention ses beaux ouvrages, on y trouve un mérite si élevé, qu'on est forcé de les placer plus haut encore qu'ils ne sont en général dans l'opinion publique. Le grand septuor en *ré* mineur (œuvre 74), son quintette pour piano (œuvre 87), ses concertos en *la* mineur (œuvre 85), en *si* mineur (œuvre 89), en *mi* majeur (œuvre 110) et en *la* bémol (œuvre 113), quelques-uns des trios pour piano, violon et violoncelle, et la grande sonate pour piano à quatre mains (œuvre 92), sont des œuvres d'une beauté achevée, où toutes les qualités de l'art d'écrire sont réunies à des pensées nobles ou élégantes et gracieuses. Mais ces qualités, si belles, si estimables qu'elles soient, ne pouvaient lutter avec avantage contre ces élans de génie, ces originales et saisissantes conceptions de Beethoven. Une belle composition de Hummel laisse dans l'esprit l'idée de la perfection, mais le plaisir qu'elle cause ne va jamais jusqu'à l'enthousiasme ; Beethoven, au contraire, avec ses incorrections et ses irrégularités, produit, par la puissance de son imagination, de profondes émotions, agite, remue le cœur, et laisse d'ineffaçables souvenirs dans la mémoire. De deux artistes semblables placés en contact, le dernier devait l'emporter sur l'autre, et le placer au second rang. Ce fut ce qui arriva. Beethoven venu vingt-cinq ans plus tard aurait laissé à Hummel la gloire incontestée d'être le premier compositeur de musique instrumentale de son époque. Dans le style dramatique et dans la musique religieuse, Hummel est encore un homme de talent, mais ne se fait remarquer par aucune qualité essentielle.

Les œuvres de cet artiste célèbre se divisent de la manière suivante : I. MUSIQUE DRAMATIQUE. 1° *Le Vicende d'amore*, opéra bouffe en deux actes. — 2° *Mathilde de Guise*, opéra en trois actes. — 3° *Das Haus ist zu verkaufen* (Maison à vendre), en un acte. — 4° *Die Rückfahrt des Kaisers* (Le Retour de l'empereur), en un acte. — 5° *Eloge de l'Amitié*, cantate avec chœurs. — 6° *Diana ed Endimione*, cantate italienne avec orchestre. — 7° *Hélène et Pâris*, ballet. — 8° *Sapho de Mitylène*, idem. — 9° *Le Tableau parlant*, idem. — 10° *L'Anneau magique*, pantomime, avec chant et danses. — 11° *Le Combat magique*, idem. La partition de Mathilde de Guise, arrangée pour le piano, a été gravée à Leipsick et à Paris. — II. MUSIQUE D'ÉGLISE : 12° Messe à quatre voix, orchestre et orgue (en *si* bémol), op. 77 ; Vienne, Haslinger ; Paris, Richault. — 13° Deuxième messe à quatre voix, orchestre et orgue (en *mi* bémol), op. 80, ibid. — 14° Troisième messe solennelle, à 4 voix, orchestre et orgue (en *ré*), op. 111 ; ibid. — 15° Graduel (*Quodquod in orbe*), à 4 voix, orchestre et orgue, op. 88 ; ibid. — 16° Offertoire (*Alma Virgo*), pour soprano solo, chœur, orchestre et orgue, op. 89 ; ibid. — III. MUSIQUE INSTRUMENTALE : 17° Ouverture à grand orchestre (en *si* bemol), op. 101 ; Leipsick et Paris. — 18° Trois quatuors pour deux violons, viole et violoncelle, op. 30 ; Vienne, Haslinger ; Paris, Richault. — 19° Grande sérénade pour piano, violon, guitare, clarinette et basson, op. 63, n° 1 ; Vienne, Artaria ; Paris, Richault. — 20° idem, n° 2, op. 66, ibid. — 21° Grand septuor (en *ré* mineur) pour piano, flûte, hautbois, cor, alto, violoncelle et contrebasse, op. 74. — 22° Grand quintette (en *mi* bémol mineur) pour piano, violon, alto, violoncelle et contrebasse, op. 87 ; Vienne et Paris. — 23° Grand septuor militaire pour piano, flûte, violon, clarinette, trompette et contre-basse (en *ut*), op. 114, ibid. — 24° Symphonie concertante pour piano et violon, op. 17 ; Vienne, Diabelli. — 25° Concerto pour piano (en *ut*), op. 34, Vienne, Haslinger. — 26° Concerto facile pour piano (en *sol*), op. 73 ; ibid. ; Paris, Launer. — 27° Troisième concerto (en *la* mineur), op. 85 ; ibid. — 28° Quatrième concerto (en *si* mineur), op. 89 ; Vienne, Leipsick, Paris, etc. — 29° *Les Adieux*, cinquième concerto (en *mi* majeur), op. 110, ibid. — 30° Sixième concerto (en *la* bémol), op. 113 ; ibid. — 31° Rondos brillants pour piano et orchestre, op. 56, 98 et 117 ; ibid. — 32° Thèmes variés pour piano et orchestre, op. 97 et 115 ; ibid. — 33° *Le Cor enchanté d'Obéron*, grande fantaisie pour piano et orchestre (en *mi* majeur), op. 116; Vienne, Haslinger. — 34° *Trios pour piano, violon et violoncelle*, op. 12, 22, 35, 65, 83, 93 et 96; Vienne; Leipsick, Offenbach; Paris, etc. — 35° *Sonates pour piano et violon*, op. 5, 19, 25, 28, 37, 50, 64, 104; ibid. — 36° *Sonates pour piano à quatre mains*, op. 43, 92, 99; ibid. — 37° *Sonates pour piano seul*, op. 13, 20, 36, 81, 106; ibid. — 38° *Pièces détachées pour piano seul*, 3 fugues, op. 7; rondos, op. 11, 19, 107, 109; fantaisies, op. 18, 123, 124; études et caprices, op. 49, 67, 105, 125; variations, op. 1, 2, 8, 9, 40, 57, 118, 119, etc. — 39° Méthode complète, théorique et pratique, pour le piano; Vienne, Haslinger. Traduite en français par D. Jelensperger; Paris, Farrenc. Le prix élevé de cet ouvrage et son étendue considérable ont nui à son succès, particulièrement en France; cependant, il est juste de déclarer que Hummel est le premier auteur d'ouvrages de ce genre qui a exposé un système rationnel de doigter, en ramenant toutes les difficultés de cette partie de l'exécution à quelques lois générales concernant le passage du pouce sous un doigt, et d'un doigt sur le pouce. En élaguant une grande partie des traits qui sont surabondants, et en rangeant les divers objets qui composent l'ouvrage dans un ordre plus méthodique, on aurait pu faire de la méthode de Hummel la meilleure qui existât.

HUMMEL (Édouard), fils du précédent, né à Vienne, en 1814, s'est fait connaître comme pianiste et compositeur. Après avoir visité l'Angleterre en 1840, il s'est fixé à Augsbourg, en qualité de directeur de musique. En 1843, il a fait jouer à Weimar un opéra romantique intitulé *Alor, ou les Huns devant Mersebourg*, en allemand.

HUMMEL (Frédéric), virtuose clarinettiste de l'époque actuelle, est né le 18 septembre 1800 à Memmingen, près d'Augsbourg. Après avoir appris les éléments de l'art chez un simple musicien de ville, il entra à Munich dans un corps de musique militaire, en 1819. Là il eut occasion de connaître Baermann, qui, frappé de ses heureuses dispositions, lui donna des leçons et en fit un des clarinettistes les plus habiles de l'Allemagne. En 1833 il a été nommé professeur de clarinette et de flûte au gymnase d'Inspruck. Dans les années 1835 et 1836 il a fait des voyages dans le Tyrol, à Salzbourg, Prague, Zittau, Leipsick, et partout il a été considéré comme un virtuose très-remarquable. Cet artiste n'a publié aucun ouvrage de sa composition.

HUMPHREY (Pelham), musicien anglais, né en 1647, fut admis comme enfant de chœur dans la chapelle du roi, après la restauration. Blow et Wise furent ses condisciples dans l'école de cette chapelle; tous trois eurent pour maître de musique le compositeur appelé *capitaine* Cooke. En 1666, Humphrey obtint sa nomination de musicien de la chapelle royale, et bientôt après il se fit connaître avantageusement par la composition de ses antiennes et de ses services de musique d'église. On dit que Cooke mourut de jalousie et de chagrin, à cause du succès qu'obtinrent les ouvrages de son ancien élève. Celui-ci lui succéda en 1672 dans la place de maître des enfants de chœur; mais il ne jouit pas longtemps de cette position, car il mourut le 14 juillet 1674, à l'âge de vingt-sept ans. On trouve quelques motets et antiennes de Humphrey dans la collection publiée par Boyce sous le titre de *Cathedral Music*, dans la *Musica antiqua* de Smith, et dans d'autres anciennes collections de musique anglaise, telles que l'*Harmonia sacra* publiée par Playford, en 1704, et les *Divine Services and Anthems*, de Clifford. Plusieurs chansons de sa composition ont été aussi insérées dans le *Treasury of Music*, et dans les premier et second livres des *Choice Ayres, Songs, and Dialogues* éditées par John Playford et William Godsbid, en 1678 et 1679, à Londres. Les livres de chœur des cathédrales de Saint-Paul et Westminster-Abbey, Canterbury, Hereford, Salisbury, Norwich, Oxford et Worcester contiennent des *Te Deum*, *Jubilate*, *Kyrie eleison*, *Credo*, *Magnificat* et *Nunc dimittis*, de Pelham Humphrey. M. Warren a donné une notice sur ce musicien dans sa belle édition de la collection de Boyce intitulée *Cathedral Music*.

HUNGARN (Godefroi), cantor à Weissensee, vers la fin du dix-septième siècle, était né à Rochlitz, en Misnie. Il a fait imprimer de sa composition *Musikalische Kirchen-Lust*, etc. (Délices musicaux d'église, consistant en motets à 2, 3, 4 et 5 voix); Gotha, 1690, in-4°.

HUNGER (Théophile-Gottwald), avocat à Leipsick, né à Dresde, en 1736, fut d'abord musicien de profession et compté parmi les meilleurs clavecinistes de Leipsick. Il était aussi employé comme flûtiste au grand concert de la ville. Ayant été fait avocat en 1768, il cessa de se faire entendre en public, et ne cultiva plus la musique que comme amateur. Il mourut à Leipsick, en 1796, avec le titre d'inspecteur des accises. On a publié de sa composition : 1° Chansons de Weise pour les enfants, mises en musique avec accompagnement de clavecin;

Leipsick, 1772. — 2° Six polonaises à quatre mains pour le piano; Leipsick, Wienbrock. Hunger a aussi laissé en manuscrit quelques cantates et des sonates de clavecin.

HUNGER (Christophe-Frédéric), luthier distingué, naquit à Dresde, en 1718, et fut élève de *Jaug*, célèbre facteur d'instruments de cette ville. Quand il sortit de l'atelier de ce maître, il s'établit à Leipsick, où il mourut, en 1787, à l'âge de soixante-neuf ans. Hunger est particulièrement estimé pour ses altos et ses violoncelles.

HUNGERSBERG (Félix), capitaine au service de Charles-Quint, dans les Pays-Bas, fut le plus célèbre joueur de mandoline de la première moitié du seizième siècle. Albert Durer en parle en plusieurs endroits de son livre de voyage dans ces contrées. On sait qu'il l'exécuta pendant les années 1520 et 1521. Ce livre a été publié sous le titre de *Reliquien Von Alb. Durer*. Ainsi on y lit (p. 82) : *Item, une autre fois j'ai fait le portrait de Félix, le fameux mandolinier;* et un peu plus loin : *De plus, j'ai dîné un jour avec Félix*. Dans un autre endroit (p. 94) Durer dit que Félix, capitaine et incomparable mandolinier, lui a acheté pour 8 florins toute la collection de ses gravures sur cuivre, une *Passion* sur bois et une autre sur cuivre. Enfin, p. 107, il parle d'un dîner qu'il a donné à plusieurs de ses amis, au nombre desquels était Félix Hungersberg.

HUNN (Joseph), facteur d'orgues et de pianos, fut élève de Stein, à Augsbourg, puis s'établit à Berlin, où il obtint, en 1795 et 1797 des brevets et une pension du roi.

HUNNIUS (Chrétien), compositeur à Cronenbourg, en Danemark, au commencement du dix-septième siècle, naquit à Herbsleben, en Thuringe. Il s'est fait connaître par un œuvre de motets publié sous ce titre : *Trias melodiarum sacrarum, sive cantionum sacrarum 5, 8 et 10 vocum, tum vivæ voci, tum omnibus instrumentis musicis accommodatæ, cum adjecto contrapuncto, ad musici artificii composita;* Erfurt, 1624, in-4°.

HUNNIUS (François-Guillaume), docteur en médecine, vécut à Weimar à la fin du dix-huitième siècle. Il est auteur d'un bon ouvrage, qui a pour titre : *Der Arzt für Schauspieler und Sanger* (Le Médecin de l'acteur et du chanteur); Weimar, 1798, 1 vol. in-8° de 148 pages.

HUNT (Thomas), compositeur anglais, vécut à la fin du seizième siècle et au commencement du dix-septième. Quelques-unes de ses chansons à cinq voix ont été insérées par Morley dans la collection intitulée *The Triumphs of Oriana*.

HUNT (Arabella), virtuose sur le luth et cantatrice anglaise, dans la seconde moitié du dix-septième siècle, fut célèbre par sa beauté et par ses talents. Blow et Purcell écrivirent pour elle plusieurs morceaux. Elle enseigna la musique à la princesse Anne de Danemark. Congrève a chanté ses charmes et ses talents dans une ode. Elle est morte au mois de décembre 1705.

HUNT (Charles), musicien de la chambre et violoniste de l'électeur de Saxe, né à Dresde le 27 juillet 1766, commença à apprendre le violon à l'âge de quatre ans, sous la direction de son père, François Hunt, musicien au service de la même cour. En 1776, il fut confié aux soins du maître de chapelle Seydelmann, pour apprendre la composition, et en 1783 il entra comme violoniste dans la chapelle, où il se trouvait encore en 1810. On connaît de cet artiste : 1° Dix concertos pour violon et orchestre. — 2° Deux symphonies concertantes pour deux violons. — 3° Huit quatuors pour deux violons, alto et violoncelle. — 4° Douze symphonies pour l'église. — 5° Deux pastorales pour l'église. — 6° Quarante-huit morceaux intercalés dans divers opéras. — 7° Six symphonies de concert. — 8° *Das Denkmal in Arkadien* (Le Monument en Arcadie), petit opéra, paroles de Weisse. — 9° Vingt-quatre chansons allemandes avec accompagnement de piano. — 10° Seize variations pour le piano sur la pastorale *Come la rosa*, gravées. — 11° Douze variations sur le thème *Pace, mio caro sposo*, idem. — 12° *Andante*, avec douze variations, *idem*, 1793.

HUNTEN (François), fils d'un professeur de musique de Coblence, est né dans cette ville, le 26 décembre 1793. A l'âge de sept ans, il reçut les premières leçons de musique de son père. Dès sa dixième année il écrivait déjà de petites pièces pour le piano; mais les ressources lui manquaient dans le lieu de sa naissance pour acquérir une instruction solide. En 1819, il prit la résolution d'en sortir, et se rendit à Paris. Bien que déjà âgé de vingt-cinq ans, il entra au Conservatoire, et y devint élève de Pradher pour le piano et de Reicha pour la composition. Pendant seize années, M. Hünten s'est livré à l'enseignement du piano à Paris, et à la composition d'une multitude de morceaux faciles pour cet instrument. En 1835, le désir de revoir sa patrie le ramena à Coblence, où il a habité depuis cette époque. Au moment où cette notice est écrite (1860) il y vit encore. Les principaux ouvrages de cet artiste sont : 1° Trio concertant pour piano, violon et violoncelle op. 14; Paris, Farrenc; Bonn, Leipsick et Vienne. — 2° Duos pour piano et violon, op. 22 et 23; ibid. — 3° Beaucoup de variations, de caprices et de fantaisies pour piano à quatre mains, gravés chez la plupart des éditeurs. — 4° Un très-grand nombre de variations, fantaisies, etc., pour piano seul, ou avec accompagnement de quatuor, sur des motifs d'opéras nouveaux; ibid. M. Hunten a été considéré à Paris comme le successeur de Henri Karr pour ce genre de musique légère; mais il y a dans son style plus de jeunesse et d'élégance. Deux frères de cet artiste, *Wilhelm*, et *Pierre-Ernest*, ont toujours habité Coblence, et s'y sont livrés à l'enseignement de la musique. Wilhelm est auteur d'une *Méthode nouvelle et progressive pour le piano*, publiée à Mayence, chez Schott, et d'environ cinquante œuvres de petites pièces, parmi lesquelles on remarque quatre suites de *mélanges*: sous le titre de *Mosaïque*, publiées à Leipsick, chez Breitkopf et Hærtel; trois sérénades pour piano seul, Mayence, Schott; cinq divertissements *idem*, op. 8, ibid; variations sur divers thèmes pour piano seul, op. 10, 11, 12, 13, 14, Bonn, Simrock; variations pour piano et violoncelle, op. 15, Paris, Farrenc; variations brillantes pour piano avec quatuor, op. 17, *ibid.*; et beaucoup d'autres ouvrages de même espèce. Pierre-Ernest a publié aussi un grand nombre de productions légères dans la manière de François.

HUNYADY (Baptiste de), violoniste hongrois d'une rare habileté, vécut à Pesth, vers 1835. En 1839 et 1840, il fit un voyage en Allemagne, visita Hambourg et les provinces rhénanes. Il a publié à Mayence, chez Schott: Air hongrois varié pour violon avec piano, op. 12.

HUPFELD (Bernard), violoniste et compositeur, naquit à Cassel, le 28 février 1717. En 1729 on lui donna Agrell pour maître de violon; il resta sous la direction de cet artiste jusqu'en 1732. En 1734, il fit avec le comte de Horn un voyage à Vienne, puis parcourut la Hongrie, et enfin retourna à Cassel, en 1736. Le comte de Wittgenstein le nomma son maître de chapelle, en 1737. Trois ans après, il quitta ce service pour la place de chef de musique au régiment de dragons de Waldeck, en Autriche. Ce régiment ayant été licencié en 1749, Hupfeld se rendit en Italie; il prit à Crémone des leçons de violon de Domenico Ferrari, et à Vérone il devint élève de Tranquillini. Dans le même temps, il étudia la composition sous un maître de chapelle nommé *Barba*. De retour dans sa patrie en 1751, il obtint du prince de Waldeck la place de maître de chapelle à Arolsen. De là il entra deux ans après au service du comte de Sayn-Wittgenstein-Berlebourg, en qualité de maître de concerts. Il y resta jusqu'en 1775, où la musique du prince subit une réduction considérable: peu de temps après, il obtint une position semblable à Marbourg, où il mourut, en 1794. Hupfeld a fait graver de sa composition: 1° Solos de violon, op. 1; Amsterdam, Hummel. — 2° Six trios pour deux violons et violoncelle, op. 2; ibid. — 3° Six symphonies pour l'orchestre, op. 3; ibid. — 4° Concerto pour la flûte. — 5° Trois sonates pour clavecin. Il a laissé en manuscrit beaucoup de symphonies, concertos pour violon, flûte, clavecin et violoncelle, quatuors, trios et solos pour divers instruments, des airs italiens, etc.

HUPPER (C.-P.), maître de musique à Ulm, vers 1835, est auteur d'un traité de musique à l'usage des écoles primaires, d'après la méthode de Nægeli, qui a été publié sous ce titre: *Kurze Anleitung zum Gesang, nach Nægeli, für elementar Schulen*; Ulm, Ebner, 1831.

HURKA (Frédéric-François), célèbre ténor allemand, naquit le 23 février 1762, à Merklin, en Bohême, suivant le nouveau Lexique de Gerber, ou à Chudenicz, d'après Dlabacz (*Allgemeines hist. Künstler Lexikon für Bœhmen*). Hurka apprit le chant à Prague, sous la direction d'un bon maître italien, nommé *Biaggio*. Son début comme chanteur eut lieu à l'église des religieux de la Croix, dans la même ville. En 1784, il parut pour la première fois au théâtre de Leipsick, dirigé par Bodini; quatre ans après il entra au service de la petite cour de Schwedt, comme chanteur de la chambre et du théâtre. Dans la même année, il se fit entendre à Dresde, puis, en 1789, il fut attaché à la cour de Berlin en qualité de chanteur de la musique particulière. Il est mort en cette ville, le 10 décembre 1805. Les biographes allemands s'accordent dans les éloges qu'ils donnent à ce chanteur: ils vantent ses connaissances étendues dans la musique, la beauté de sa voix, la correction de sa vocalisation dans l'exécution des traits, enfin la justesse et la vérité de son expression dramatique. Il s'est fait aussi connaître comme compositeur par les ouvrages suivants: 1° *Le Sérieux et le Badin*, douze chansons allemandes avec accompagnement de piano; Dresde, Hilscher, 1789. — 2° Hymne à l'harmonie; Spire, 1792. — 3° Douze chansons allemandes, 2° suite; Mayence, 1793. — 4° *La Naissance*, chant avec piano; ibid., 1795. — 5° Douze chansons allemandes; Berlin, 1795. — 6° *Le Retour du Fermier du Yorkshire*; ibid. — 7° *Les Couleurs*, collection de neuf chansons;

Berlin, 1796. — 8° *Bon jour et bonne nuit*, pour chant et piano; Berlin, 1796. — 9° Chansons allemandes, troisième collection, avec six vocalises; ibid. — 10° Quinze chansons allemandes avec piano; ibid., 1797. — 11° Six chansons allemandes pour étrennes du jour de l'an; Hambourg, 1799. — 12° *Les Trois Roses*, chansons de société; ibid. — 13° *La jeune Fille à son Amant*; Berlin, 1800. — 14° Cantate exécutée aux obsèques de Mejerotto, à Berlin, en 1801. — 15° Six canons à trois voix, avec accompagnement de piano.

HURTADO (Thomas), chanoine régulier de l'ordre des Minorites, né à Tolède, en 1589, fut d'abord professeur de théologie à Rome, à Alcala de Hénarès et à Salamanque, et en dernier lieu préfet des études à Séville, où il mourut, en 1659. On lui doit un traité *de Chori ecclesiastici Antiquitate, necessitate et fructibus*; Coloniæ, 1655, in-*fol.*

HUS-DESFORGES (Pierre-Louis), violoncelliste et compositeur, né à Toulon, le 14 mars 1773, était petit-fils du violoniste Jarnowick, par sa mère, actrice du théâtre de cette ville. Conduit par ses parents à La Rochelle dès ses premières années, il y devint enfant de chœur de la cathédrale, à l'âge de huit ans. Au mois de septembre 1792, il s'engagea comme trompette, dans le 14° régiment de chasseurs à cheval, et fit les premières campagnes de la révolution. Réformé en 1796, après avoir perdu un doigt de la main droite par un coup de feu, il entra comme violoncelliste à l'orchestre du grand théâtre de Lyon; mais il n'y resta que pendant six mois; l'organisation du Conservatoire ayant été faite à cette époque, Desforges prit la résolution de s'y rendre pour y continuer ses études. Il y devint élève de Janson l'aîné (*voy.* ce nom). Dans le même temps il fut attaché à l'orchestre du *Théâtre des Troubadours*. Engagé vers la fin de 1800 comme chef d'orchestre d'une troupe d'opéra français qu'on venait de former à Pétersbourg, il partit pour la Russie, et y resta plusieurs années. De retour en France vers la fin de 1810, Hus-Desforges voyagea pour donner des concerts en province, puis revint à Paris en 1817, et entra au théâtre de la Porte-Saint-Martin, comme premier violoncelliste. Il y resta jusqu'en 1820, puis il alla s'établir à Metz et y fonder une école de musique; mais bientôt, peu satisfait de cette position, il reprit ses voyages, puis revint à Paris, où il vécut quelque temps sans emploi. Enfin, il fut nommé chef d'orchestre du théâtre du Gymnase dramatique, dans l'été de 1828. Cette place semblait être pour lui un port assuré après une vie agitée; mais, déjà vieilli par la fatigue, il ne montra pas dans l'exercice de ses fonctions l'habileté qu'on attendait de lui. Des discussions désagréables s'élevèrent entre lui et l'administration, et avant la fin de 1829 il donna sa démission. En 1831, il retrouva une place de chef d'orchestre au théâtre du Palais-Royal; mais il la perdit dans l'année suivante. Placé de nouveau dans une situation précaire, il finit par accepter une place de professeur de musique à l'école de Pont-le-Voy, près de Blois, où il est mort, le 20 janvier 1838. Hus-Desforges a eu la réputation d'un violoncelliste de quelque talent, quoiqu'il ait toujours manqué de brillant dans l'exécution et qu'il tirât peu de son de l'instrument; mais il phrasait avec goût. Ses compositions pour le violoncelle ont eu aussi du succès; elles sont maintenant à peu près oubliées. Ses principaux ouvrages sont : 1° Symphonie concertante pour violon et violoncelle; Paris, Naderman. — 2° 1er quintette pour deux violons, alto, violoncelle et contre-basse, op. 24; Paris, Imbault (Janet). — 3° Quintettes pour deux violons, alto et deux violoncelles, nos 1 à 6; Paris, Janet, Sieber, Pacini. — 4° Septième (huitième) quintette pour deux violons, alto, violoncelle et contrebasse; Paris, Pacini. — 5° Concertos pour violoncelle et orchestre nos 1, 2, 3, 4; Paris, Naderman, Sieber. — 6° Huitième et neuvième quintettes Paris, Janet. — 7° Trios pour violoncelle, violon et basse, œuvres 15, 16 et 17; ibid. — 8° *Soirées musicales*, thèmes variés pour violoncelle, avec violon et basse nos 1 à 9; ibid. — 9° Duos pour deux violoncelles, œuvres 7, 30, 31, 47; Paris, Leduc, Janet, Sieber. — 10° Sonates pour violoncelle, œuvre 3°, 1er et 2° *livre*; ibid. — 11° Méthode pour le violoncelle; Paris, chez l'auteur. Pendant que Desforges était chef d'orchestre du théâtre de la Porte-Saint-Martin, il a écrit la musique de plusieurs mélodrames.

HUSTACHE (Claude-Théodore), professeur de piano à Dijon, est né à Gray (Haute-Saône), le 16 février 1821. Son père, bon professeur de solfége et de violon, ayant été appelé à Dijon, en qualité de chef d'orchestre de la Société Philharmonique, lui donna les premières leçons de musique, puis l'envoya au Conservatoire de Paris, pour y continuer ses études. Il y fut admis le 10 octobre 1838, et y resta jusqu'à la fin du mois de juin 1841. Ses professeurs de piano furent M. Laurent, puis Zimmerman. De retour à Dijon, il s'y est livré à l'enseignement du piano. On a publié à Paris quelques ouvrages de sa composition pour le piano, et des romances.

HUTH (Godefroid), professeur de physique et de mathématiques à Francfort-sur-l'Oder, mort dans cette ville, le 28 février 1818, a traduit en allemand, avec des notes, le mémoire de

Lambert sur quelques instruments acoustiques, sous ce titre : *Abhandlung ueber etliche akust. Instrumente*; Berlin, 1796, gr. in-8°.

HUTH (Louis), compositeur, né à Francfort-sur-l'Oder, vers 1810, vécut à Berlin vers 1834, et y fit exécuter une ouverture à grand orchestre ainsi que plusieurs autres ouvrages. En 1840, il s'établit à Potsdam, et y devint directeur d'une société de chant. En 1843, il fut nommé maître de chapelle à Sondershausen. Cet artiste a fait représenter à Neustrelitz, en 1838, l'opéra de sa composition intitulé *Genoveva*, qui eut du succès et fut joué ensuite à Berlin, à Potsdam et à Arnstadt. On a gravé de sa composition des recueils de *Lieder* à voix seule avec piano, œuvres 15, 18 et 25, des duos pour deux voix de soprano avec piano, op. 21, et des chants pour quatre voix d'hommes, en deux suites. Sa mélodie intitulée *La jeune Indienne* (Hindumædchen) a eu un succès populaire en Allemagne.

HUTSCHENRUYTER (....), compositeur hollandais de l'époque actuelle, né à Rotterdam, est membre de la société néerlandaise de cette ville pour les progrès de la musique. Le nombre de ses ouvrages est considérable, car une symphonie à grand orchestre (en *si* bémol), publiée à Mayence, chez Schott, porte le numéro d'œuvre 103.

HUTTARI (Jacques), violoniste et maître de concerts, né à Schüttenhofen, en Bohême, vécut pendant quelque temps à Bœmisch-Broda, puis fut syndic de la ville de Podiebrod. Il mourut d'apoplexie, en 1787. Dlabacz vante son talent comme violoniste, et dit qu'il a laissé en manuscrit un grand nombre de concertos, de sonates et de solos pour le violon, estimés des connaisseurs.

HUTTENBRENNER (Anselme), né à Grætz, le 13 octobre 1794, n'était âgé que de sept ans lorsque son père, propriétaire des seigneuries de Rosenegg et de Rothenthurm, dans la haute Styrie, lui fit enseigner les principes de la musique, le piano et l'harmonie, par Matthieu Hell, organiste de la cathédrale. Ses progrès furent rapides, et jeune encore il se fit entendre avec succès dans des concertos de Mozart, de Hummel, de Ries et de Beethoven. En 1815, il commença l'étude du droit à l'université de Vienne, et devint pendant cinq ans élève de Salieri. Ses condisciples furent François Schubert, Assmayer, Hartmann, et quelques autres artistes distingués. Depuis 1824 il dirige la société musicale de la Styrie. Le Lexique universel de musique de Schilling, d'où cette notice est tirée, indique les compositions de Huttenbrenner, dont quelques-unes sont aussi mentionnées dans le Manuel de Littérature musicale de M. Whistling; on y remarque : 1° Cinq grandes messes, et une messe pour voix d'hommes seules. — 2° *Requiem* bref. — 3° Un *idem* à deux chœurs, exécuté à Vienne, aux funérailles de François Schubert, et à Grætz pour le service funèbre de Salieri. — 4° Trois symphonies pour l'orchestre. — 5° Sept ouvertures. — 6° Morceaux de musique pour les drames *Charles d'Autriche*, *Die Drachen Hœhle* (la Caverne des dragons), *Geneviève* et *Alix*, *comtesse de Toulouse*. — 7° Les opéras : *Die Einquartierung* (l'Entrée en quartier); *Aramella, ou les deux vice-reines*; *Lénore*; d'après la ballade de Bürger. — 8° Trois graduels. — 9° Trois offertoires. — 10° Six *Tantum ergo*. — 11° Deux psaumes. — 12° Litanies. — 13° Six quatuors pour voix d'hommes. — 14° Trois quatuors pour deux violons, alto et basse. Le premier a été gravé à Vienne, chez Haslinger. — 15° Un quintette pour deux violons, deux altos et violoncelle. — 16° Sonate pour piano à quatre mains, et un rondeau pastoral idem, gravé à Vienne, chez Leidesdorf. — 17° Sonates pour piano seul; ibid. — 18° Variations idem; ibid. — 19° Soixante-douze préludes. — 20° Concertino pour trombone basse. — 21° Beaucoup de chansons et de pièces diverses.

HUTTNER (Floride), moine bavarois, né dans la seconde moitié du dix-huitième siècle, vivait encore en 1812. Il apprit la musique au couvent de Weier, et y fit ensuite profession. Il fut longtemps prédicateur à l'église Saint-Michel de Munich. Huttner était considéré comme un pianiste fort habile, et l'on estimait les messes, les litanies et autres morceaux de musique de sa composition, qui sont restés en manuscrit.

HUTZLER (Jean-Sigismond), corniste et compositeur, naquit à Nuremberg, en 1772. Fils d'un musicien distingué, qui jouait bien de plusieurs instruments, particulièrement du cor, il apprit de son père les éléments de l'art qu'il cultiva ensuite avec succès. Il composa pour son usage beaucoup de musique de cor, qui n'a point été publiée. On lui attribue aussi l'invention d'une machine destinée à produire les sons bouchés, dont l'usage était préférable à celui de la main. Hutzler jouait aussi de plusieurs instruments à vent, du violon et du violoncelle, et il était assez habile sur tous pour se faire entendre avec succès dans des concerts. Ses compositions pour le chant consistent en une cantate de Louis Schubart intitulée *Frühlings weihe der Hirten* (Fête printanière des bergers), *Die Laube* (La Tonnelle), idylle dramatique; *Samora*, grand opéra. Hutzler est mort vers la fin de l'été de 1808, à Cassel, où il avait été appelé l'année précédente, comme membre de la chapelle ducale.

HUYGENS (Constantin), seigneur de Zuylighem, né à la Haye, le 4 septembre 1596, fut conseiller du prince d'Orange, et rendit de grands services à la maison de Nassau. Il était à la fois instruit dans les affaires publiques, littérateur, homme de goût et ami des arts. Plusieurs recueils de ses poésies latines et hollandaises ont été publiés à Leyde et à La Haye en 1641, 1655 et 1687. Il mourut à La Haye, le 28 mars 1687, à l'âge de quatre-vingt-dix ans. On a de Huygens un traité sur l'usage de l'orgue dans le culte, en langue hollandaise, qui a paru sous le voile de l'anonyme et sous ce titre : *Gebruick of Ongebruick van't Orgel in de Kercken der Vereenighde-Nederlanden* (Usage et non usage (1) de l'orgue dans les églises des Provinces-Unies); Leyde, Bonaventure et Abraham Elzevier, 1641, in-8° (*V.* Calckmann.). Il paraît en effet certain que l'ouvrage est de lui, car l'avis de Gaspard Barlæus sur cet écrit, inséré dans le recueil intitulé : *Responsio prudentium ad auctorem Dissertationis de organo in ecclesiis Confœd. Belgii*, fait allusion et à la qualité de Huygens, et à ses épigrammes latines, et à son fils aîné, *Constantin*, dans ce passage : *Valde me recreantur epigrammata tua, nobilissime Domine, nec minus Constantini tui*. Au reste une lettre de Hooft lève tous les doutes à cet égard, et prouve que l'écrit est bien du poëte Constantin Huygens, car il y est dit qu'il devait lire cet ouvrage dans une assemblée de lettrés au château de Muiden (V. *Brieven van P. C. Hooft;* Amsterdam, Adrien Wor, 1738, in-fol. n° 632, p. 471). C'est à tort que Gerber dit que ce n'est point le traité même cité par Walther qui a été imprimé en 1641, mais seulement l'opinion de Huygens sur la dispute alors agitée concernant l'usage de l'orgue et des instruments dans le service divin; l'avis de Huygens n'est autre que l'ouvrage dont il s'agit.

(1) Tous les auteurs ont traduit *ongebruick* par *abus*; c'est une erreur, car c'est *misbruick* qui signifie *abus* en hollandais. *Ongebruick* est proprement *non usage*. En effet, bien qu'il soit question ici de quelques abus qui se sont glissés dans la musique d'église, l'objet principal était d'examiner si l'on doit faire usage de l'orgue et des instruments dans le service divin, ou si l'on doit s'en abstenir. Cette question a été fort controversée chez les diverses sectes protestantes, non-seulement en Hollande, mais en Allemagne, à Genève, en Angleterre et en Amérique; on a même mis en question si les psaumes doivent être chantés, et les écrits se sont multipliés à propos de ces disputes. On peut voir sur cela les articles Brookbank, Bedfort, Dodwell, Dorrington, Calckman; Ries (David), Taylor (Daniel), et les écrits anonymes publiés en Amérique, parmi lesquels on remarque : 1° *An Essay by several ministers on singing the psalms;* Boston, 1723, in-8°; 2° *Discourse concerning singing in the public worship of God;* Philadelphie, 1690, in-12; 3° *The Lawfulness of instrumental Music in the public worship of God, by a presbyterian;* Philadelphie, 1763, in-8°

HUYGENS (Chrétien), second fils du précédent, fut un des plus savants géomètres connus; il naquit à La Haye, le 14 avril 1629, fit de brillantes et solides études, dans lesquelles la musique tint une place importante, et s'illustra par plusieurs découvertes et inventions qui ont puissamment contribué à l'avancement des mathématiques, de la physique générale et de la mécanique. Il mourut à La Haye, le 8 juillet 1695. L'histoire des travaux de cet homme célèbre n'appartient pas à ce dictionnaire; il n'y est cité que pour une lettre sur le cycle harmonique qu'on trouve dans *L'histoire des ouvrages des savants* (octobre 1691, page 78), sous le titre de *Novus Cyclus harmonicus* (1). Cette lettre a été réimprimée dans les œuvres diverses de Huygens, en 4 tomes in-4°; Leyde, 1724. Dans le livre du même savant, intitulé *Cosmotheros, sive de terris cœlestibus, earumque ornatu, conjecturæ, ad Constantinum Hugenium fratrem* (Hagæ Comitum, 1698, in-4°), il examine (p. 73-78) pourquoi deux quintes ne peuvent se succéder immédiatement, et il établit très-bien que la règle qui proscrit cette succession est basée sur le défaut d'analogie des deux tons qui se succèdent, et sur l'incertitude qui en résulte pour la modulation.

HUYN (Jacques), prêtre et chantre dans l'église collégiale de Beaune, devint secrétaire et chantre du même chapitre, en 1640. Il a publié une messe à six voix, de sa composition, *ad imitationem moduli « Tota pulchra es; »* Paris, Robert Ballard, 1648, *in-fol.*

HYAGNIS, le plus ancien joueur de flûte dont l'histoire fait mention, florissait à Célènes, ville de Phrygie, dans la 1242e année de la chronique de Paros (*Vid. Marm. Oxon.*, *Epoch.* 10, p. 100), 1506 avant J.-C. Cette même chronique nous apprend que Hyagnis fut l'inventeur de la flûte et de l'harmonie phrygienne, et ce fait est attesté par Aristoxène,

(1) Gerber et les auteurs du *Dictionnaire historique des musiciens* (Paris, 1810) disent que c'est dans l'année 1724, tome 4, n° 2, de ce journal qu'on trouve la lettre de Huygens; ils ont confondu le recueil dont il s'agit avec les *Opera varia* de ce savant, qui ont été publiés en effet à Leyde, en 1724, in-4°.

cité par Athénée (l. 14, c. 5). Apulée (in Flor., lib. I, sect. 3) lui attribue non-seulement l'invention de la flûte simple, mais encore celle de la double flûte. Plutarque dit que Hyagnis fut père de Marsias.

HYCART (Bernard). *Voyez* Ycart.

HYLLER (Martin), conseiller du consistoire à Oels, naquit à Striegau, le 28 septembre 1575. Il étudia à Breslau et à Wittenberg, fut en 1601 pasteur à Pelgramsdorf, près de Goldberg, en 1607 diacre à Striegau, en 1613 prédicateur du couvent de Jauer, en 1617 pasteur à Reichenbach, en 1619 curé à Gross-Wandrilsen près de Liegnitz, puis retourna en 1632 à Reichenbach, et, enfin, fut nommé en 1638 conseiller du consistoire à Oels. Il mourut en 1651. On a de lui un discours intitulé : *Encomium Musices;* Leipsick, 1621, in-4°.

HYMBER (Werner), violoniste, maître de concerts et compositeur, naquit en 1734, à Jochnitz, en Bohême, et entra en 1755 dans l'ordre des frères de la charité, au couvent de Kukusen. Ayant été envoyé au couvent de son ordre à Vienne, il étudia la composition sous la direction de Seuche, et prit des leçons de violon de Hoffmann, Fismann et Huoggi. Il fut fait directeur de musique de son monastère, ensuite on l'envoya comme prieur au couvent de Prosnicz, en Moravie. En 1796 il se trouvait à Kukusen, en qualité de directeur de musique. On a de lui en manuscrit des messes, des offertoires, des symphonies et des concertos. Il jouait bien de la mandore, du piano et de plusieurs autres instruments.

I

IBYCUS, poëte musicien de l'antiquité, né à Reggio, vécut dans la soixantième olympiade, c'est-à-dire environ 560 ans avant J.-C. Néanthès de Cyzique, cité par Athénée, lui a attribué, dans le premier livre de ses Annales, l'invention de la *sambuque*, autrement appelée par les Grecs *lyre phénicienne*, quoique Jobas, également cité par le même auteur, ait dit, dans le 4e livre de son histoire théâtrale, que cet instrument était une invention des Syriens (1).

La fin d'Ibycus fut tragique. Attaqué dans une forêt de la Calabre par des voleurs, il fut tué par eux. Au moment de périr, il aperçut au-dessus de lui une volée de grues, et s'écria que ces oiseaux seraient ses vengeurs. D'inutiles recherches furent faites d'abord pour découvrir les auteurs de sa mort; mais un jour on entendit sur la place publique de Corinthe des gens qui, voyant passer des grues, se disaient en riant : *Voilà les vengeurs d'Ibycus*. On les arrêta aussitôt; ils avouèrent leur crime, et furent mis à mort.

IGNANIMUS (Le P. Ange), dominicain, né vers la fin du quinzième siècle ou au commencement du seizième, à Altamura, dans la Calabre, fit profession au couvent de cette ville. Il vécut plusieurs années à Venise, où il acquit de la réputation comme maître de chapelle, et y mourut, en 1543. Il a publié de sa composition : 1° *Madrigali a tre, quattro, cinque, e sei voci*, trois livres; Venise. — 2° *Motetti, Missæ, Psalmi vesperarum*; ibid. — 3° *Lamentationes et responsoria in septimana sancta, tribus, quatuor, quinque et sex vocibus*. Il a laissé aussi en manuscrit, dans son couvent d'Altamura, un traité *De Cantu plano*, et des *Ricercate con l'intavolatura*, composés principalement sur des préparations et des résolutions de quarte et de septième.

IKEN (Conrad), docteur et professeur de théologie au gymnase de Brême, premier prédicateur à l'église Saint-Étienne, naquit en cette ville, le 25 décembre 1689, et y mourut, le 25 juin 1753. Il a publié une dissertation en deux parties intitulée : *Disputationes de tubis Hebræorum argenteis*; Brême, 1745, in-4°.

ILGEN (Charles-David), né le 24 février 1763, à Sehna près d'Eckartsberg, dans la Thuringe, fut d'abord recteur du collége de Naumbourg, puis professeur à Jéna, et, après avoir obtenu le doctorat en théologie, devint en 1802 recteur de l'école de Pforte. Il est mort le 17 septembre 1834. Parmi les ouvrages de ce savant, on trouve une bonne dissertation intitulée : *Chorus Græcorum tragicus qualis fuerit, et qualis usus ejus hodie revocari nequeat*; Leipsick, 1788, in-8°. L'auteur de ce morceau n'était âgé que de vingt ans lorsqu'il l'écrivit.

ILINSKI (Jean-Stanislas), compositeur et poëte, est né en 1795, au château de Romanow, en Pologne, où son père entretenait un théâtre d'opéra et un bon orchestre. Dès les premières années de sa jeunesse, le comte Ilinski montra un penchant décidé pour la musique et la poésie. Après quelques essais dans lesquels l'instinct avait été son seul guide, il comprit qu'il

(1) Καὶ τὸ τρίγωνον δὲ καλούμενον ὄργανον, Ἰόβας ἐν τετάρτῳ θεατρικῆς Ἱστορίας, Σύρων εὕρημα φησιν εἶναι, ὡς καὶ τὸν καλούμενον λυρο φοίνικα σαμβύκην. Τοῦτο δὲ τὸ ὄργανον Νεάνθης ὁ Κυζικηνός, ἐν πρώτῳ Ὥρων, εὕρημα εἶναι λέγει Ἰβύκου τοῦ Ῥηγίνου ποιητοῦ (Athen., *Deipnos.*, lib. IV, c. 23, t. II, p. 180, *Ed. Schweighæuseri.*)

avait à faire des études régulières, et il se rendit à Vienne, où il reçut des leçons de Kauer et de Salieri. Son goût le portait vers la musique d'église : il écrivit deux messes, la première en *ut*, l'autre en *ré*, toutes deux à quatre voix, chœur et orchestre. La dernière fut exécutée en 1826, à Vienne, dans l'église Saint-Pierre, sous la direction du compositeur, et l'effet en fut satisfaisant. L'ouvrage le plus remarquable de ce compositeur-amateur est une messe de *Requiem* (en *si* mineur), qui a été exécutée aussi à Vienne. Une autre messe de *Requiem* (en *ut* mineur) a été écrite par lui. Ses autres productions sont : 1° *Te Deum* à grand orchestre. — 2° Psaume *De Profundis*, idem. — 3° *Miserere*, idem. — 4° *Stabat Mater*, idem. — 5° Messe à quatre voix, chœur et orchestre (en *fa*), publiée à Vienne, chez Mechetti. — 6° Grande symphonie (en *fa*). — 7° Ouverture à grand orchestre pour la tragédie *Marie-Stuart*, de Schiller. — 8° Ouverture pour *Romeo*, de Schiller. — 9° Ouverture sur un sujet fugué donné par Salieri. — 10° Grande marche pour deux orchestres et chœur, composée pour l'inauguration de l'université de Kiew. — 11° Deux concertos de piano avec orchestre. — 12° Huit quatuors pour deux violons, alto et violoncelle, dont quatre fugués, lesquels sont gravés à Lemberg. — 13° Trois fugues pour piano à quatre mains, publiées à Saint-Pétersbourg. — 14° Rondo pour violon et orchestre. — 15° Ouverture et entr'actes du *Leuchthurm*, de Howald, qu'on dit être d'une grande beauté. — 16° *Der Blass Man* (l'homme pâle), ballade, poëme de Vogel. — 17° Trois valses chromatiques pour piano. — 18° Quelques morceaux séparés pour le chant. — 19° Environ dix cahiers de romances françaises avec piano, publiés à Vienne, chez Diabelli et chez Mechetti. M. le comte Ilinski, après avoir servi dans les gardes de l'empereur de Russie et dans la diplomatie, a été nommé en 1853, conseiller intime, sénateur, chambellan, et membre de l'université de Kiew.

ILLUMINATO. *Voy.* **AIGUINO** (ILLUMINATO). Walther, induit en erreur par l'*Athenæum Ligusticum* d'Oldoini (p. 502), a cité ce nom accompagné du prénom de *Sixte*, comme celui d'un dominicain de Gênes, qui aurait écrit pour son ordre un traité de musique théorique intitulé *Illuminato* (*Musikal. Lexikon*, p. 327). C'est aussi à la même source que les PP. Quétif et Échard ont puisé pour faire un P. *Illuminatus* (*Sixtus*), auteur d'un livre de musique (*Scriptores ordinis Prædicatorum*, t. I, p. 905). Forkel et Gerber ont suivi Walther; Lichtenthal et Charles-Ferdinand Becker ont également copié Forkel et Gerber. Il est singulier qu'aucun de ces auteurs ne se soit souvenu qu'il avait cité précédemment *Aiguino* (*Illuminato*) de Brescia, moine de l'Observance, comme auteur d'un traité des tons du chant ecclésiastique, intitulé : *La illuminata di tutti i tuoni di canto fermo*, etc., et qu'ils n'aient pas reconnu l'identité de l'auteur et du livre.

IMBERT DE FRANCE, auteur d'un traité de musique écrit dans le treizième siècle, lequel a été découvert, en 1847, par M. Danjou (*voy.* ce nom) dans la bibliothèque Malatestiana, à Césène. Le nom de ce musicien n'est cité ici que comme souvenir, en attendant que des recherches ultérieures aient fourni quelques renseignements sur sa personne et sur le contenu de son livre.

IMBERT (...), né à Sens, vers le milieu du dix-huitième siècle, apprit le plain-chant, la musique et le serpent à la cathédrale de cette ville, puis vint se fixer à Paris, où il fut longtemps serpentiste de la paroisse de Saint-Benoît. On a de lui une méthode de plain-chant, destinée surtout aux serpentistes, pour leur enseigner la transposition des différents tons, suivant l'usage de Paris; cet ouvrage a pour titre : *Nouvelle Méthode, ou principes raisonnés de plain-chant dans la perfection, tirés des éléments de la musique. Contenant aussi une Méthode de serpent, pour ceux qui en veulent jouer avec goût; où l'on trouvera des cartes* (tablatures) *pour apprendre à connaître le doigter On y trouvera aussi des pièces de basses, de variations et d'accompagnement pour le dit instrument*; Paris, 1780, in-8°. Ce livre a peu d'intérêt comme méthode de plain-chant; mais on y trouve des observations fort justes concernant le mauvais goût de la plupart des serpentistes, qui font sonner avec un bruit assourdissant certaines notes puissantes de leur instrument, et qui couvrent le chant sous des multitudes de broderies.

IMBERT DE LAPHALÈQUE (G.), amateur de musique à Paris. Suivant les auteurs de *La Littérature française contemporaine* (t. IV, p. 356), ce nom serait supposé, et celui qui le prenait se serait appelé *L'Héritier de l'Ain* (L.-F.). Je crois qu'il y a erreur dans cette assertion. J'ai connu *Imbert de Laphalèque*, et l'ai vu souvent au Théâtre-Italien de Paris, dans les années 1829, 30 et 31. C'était un amateur de musique enthousiaste, mais peu connaisseur : je ne crois pas qu'il ait prêté son nom à *L'Héritier de l'Ain*. Quoi qu'il en soit, il a paru sous ce nom une *Notice sur le célèbre violoniste Pa-*

ganini; Paris, Guyot, 1830, 66 pages in-8°. Cette notice a été analysée dans *La Revue musicale* (t. 7, p. 33). Imbert de Laphalèque a fourni à la *Revue de Paris* quelques articles relatifs à la musique, entre autres sur *Guillaume Tell*, de Rossini.

IMBIMBO (Emmanuel), professeur de chant et d'harmonie à Paris, né à Naples, vers 1765, a fait ses études musicales sous la direction de D. Sigismondo (*voy.* ce nom). Sorti de cette école, il s'est livré à l'enseignement, d'abord dans sa patrie, puis à Paris, où il est arrivé en 1808. Il y a publié : 1° *Partimenti ou basses chiffrées de Fenaroli, divisées en 6 livres d'exemples*, avec le texte italien et la traduction française; Paris, Carli; Milan, Ricordi, gr. in-4°. — 2° *Suite des Partimenti de Fenaroli, ou exercices d'harmonie vocale et instrumentale sur des basses fuguées*, en italien et en français; Paris, Carli. — 3° *Observations sur l'enseignement mutuel appliqué à la musique, et sur quelques abus introduits dans cet art; précédées d'une notice sur les conservatoires de Naples*; Paris, 1821, in-8° de 48 pages. Il y a de bonnes observations dans ce petit écrit, et les renseignements fournis par l'auteur sur le régime des conservatoires de Naples ont de l'intérêt : Imbimbo y fait preuve de plus d'un genre d'instruction. Il annonçait à la fin de son ouvrage la prochaine publication d'une *Grammaire musicale* dialoguée et raisonnée; mais elle n'a point paru. — 4° Six ariettes italiennes pour soprano, avec accompagnement de piano, liv. 1 et 2; Paris, Carli. — 5° *Lo Spettro*, scène dramatique; Paris, Pacini. — 6° *Popule meus*, motet à trois voix, avec orgue ou piano; Paris, A. Petit. — 7° *O Salutaris hostia*, idem; Paris, Launer. Imbimbo est mort à Paris, en 1839.

IMMLER (....), *cantor*, maître de musique à Cobourg, et bon violoncelliste, vécut dans la seconde moitié du dix-huitième siècle. Il a laissé en manuscrit beaucoup de musique instrumentale et religieuse. On cite particulièrement un *Te Deum* de sa composition.

IMMLER (Jean-Guillaume), professeur de musique à Coire, en Suisse, dans les années 1825 à 1840, est auteur d'un traité élémentaire de musique à l'usage des maîtres d'école des petites villes et des campagnes, qui a paru sous ce titre : *Praktische Anleitung zum Singen für Lehrer und Lernende in Stadt und Landschulen;* Coire, Otto, 1825, in-4° de six feuilles.

INCLEDON (Charles), chanteur anglais, eut pour père un médecin de campagne, et naquit en 1764, dans le comté de Cornouailles. Élevé à la cathédrale d'Exeter en qualité d'enfant de chœur, sous la direction du compositeur Jackson (*voyez* ce nom), il fit peu d'honneur à son maître par son savoir, n'ayant jamais été que musicien d'instinct, dont le mérite principal consistait en une voix pure, bien timbrée et fort étendue. A l'âge de quinze ans, il s'engagea comme matelot sur le vaisseau *le Formidable*, qui faisait voile par l'Inde. Charmés par la beauté de sa voix et par le goût naturel de son chant, les amiraux Pilgot et Hughes le prirent sous leur protection, et lui donnèrent des lettres de recommandation pour Sheridan et pour Colman, lorsqu'il retourna en Angleterre, en 1783. Toutefois il ne fut admis ni au théâtre de Drury-Lane ni à celui de Covent-Garden, trop heureux de trouver un engagement à celui de Southampton. Plus tard il parut sur la scène de Bath avec un brillant succès; puis il chanta au Vauxhall, en 1789, et enfin il entra à Covent-Garden au mois d'octobre 1790. Après beaucoup de voyages en Angleterre, en Irlande et même en Amérique, il mourut à Worcester, le 11 février 1826, à l'âge de soixante-deux ans. Incledon brilla surtout par son habileté à chanter les airs irlandais et les ballades écossaises. Il a composé beaucoup de mélodies pour des chansons anglaises.

INFANTAS (Ferdinand de las), prêtre espagnol, vécut à Cordoue (en espagnol *Corduba* ou *Cordova*), dans la seconde moitié du seizième siècle. Auteur de plusieurs écrits théologiques, il s'est aussi distingué comme musicien dans les productions dont les titres suivent : 1° *Plura modulationum genera quæ vulgo contrapuncta appellantur super excelso Gregoriano Cantu*; Venise, 1570, in-4°. — 2° *Sacrarum varii styli Cantionum tituli Spiritus Sancti;* Venise, 1580, in-4°. On trouve l'hymne *Victimæ paschali laudes*, en deux parties à six voix, de don Ferdinand de Las Infantas, dans une rare collection qui a pour titre : *Harmoniæ miscellæ cantionum sacrarum, a sex exquisitissimis ætatis nostræ musicis cum 5 et 6 vocibus concinnatæ, pleræque omnes novæ, necdum in Germania typis scriptæ, nunc autem editæ studio Leonardi Lechneri Athesini; Noribergæ, typis Gerlachianis,* 1583, 6 vol. petit in-4° ob. Dehn, savant conservateur de la Bibliothèque royale de Berlin, a publié cette pièce en partition, dans un recueil intitulé : *Sammlung alterer Musik aus dem 16ten und 17ten Jahrhundert;* Berlin, Gustave Crantz, grand in-8°

INFANTIS. Sous ce nom, qui est peut-être la traduction latine de celui de *Pierre l'Enfant*, chantre de la chapelle de musique du roi de

France Louis XII (1), on trouve le motet à 4 voix *Alba Columba* dans le troisième livre, signé O, du recueil rarissime intitulé : *Harmoniæ musicis Odhecaton*, que Petrucci de Fossombrone publia à Venise, en 1503, in-4°. Ce troisième livre a pour titre particulier : *Canti C.*, *n° cento cinquanta*. Le motet d'*Infantis* est le 49e du recueil.

INGEGNERI, famille de facteurs d'orgues de Venise, qui se distingua dans la fabrication de ce genre d'instruments dans le seizième siècle, particulièrement dans l'église patriarcale et à Saint-Georges-le-majeur, dans l'île. Un des membres de cette famille, nommé *Tomaso*, fut organiste de celle-ci.

INGEGNERI (Marc-Antoine), maître de chapelle de la cathédrale de Crémone, naquit dans cette ville, vers 1545. Il était déjà maître de chapelle de la cathédrale en 1576, suivant la *Cremona literata* de François Arisi (t. II, p. 452). Plus tard, il entra au service du duc de Mantoue, en qualité de maître de chapelle. M. Caffi (*Storia della Musica sacra nella già cappella ducale di San-Marco*, vol. II, p. 15) croit que ce maître était de la famille des facteurs d'orgues, conséquemment qu'il était Vénitien. Il fut le maître de Monteverde. Les principaux ouvrages de cet artiste sont : 1° *Missarum quinque et octo vocum liber primus ; Venetiis, apud filios Ant. Gardani*, 1573, in-4°. — 2° *Sacrarum cantionum cum quinque vocibus liber primus ; Venetiis, apud Angelum Gardanum*, 1576, in-4° obl. — 3° *Madrigali a quattro voci con due arie di Canzon per sonare. Lib.* 1 *e* 2 ; *Venezia, appresso Angelo Gardano*, 1578, 1579, in-4° obl. — 4° *Il terzo libro de Madrigali a 5 voci, con due canzoni francesi* ; ibid., 1580, in-4° obl. — 5° *Il quarto libro de Madrigali a 5 voci* ; ibid., 1584, in-4° obl. — 6° *Missarum quinque vocum liber secundus ; Venetiis, apud Ric. Amadinum*, 1587, in-4°. — 7° *Sacrarum cantionum cum 16 vocibus liber unus ; Venetiis, apud Ang. Gardanum*, 1589, in-4°. — 8° *Responsoria Hebdomadæ sanctæ 4 vocum, Venetiis, apud Ang. Gardanum*, 1581, in-4°. On trouve des madrigaux de ce musicien dans les recueils suivants : 1° *Symphonia Angelica di diversi eccellentissimi musici a 4, 5, 6 voci, nuovamente raccolta per Huberto Waelrant e data in luce ; Anversa, appresso Pietro Phalesio et Giovanni Bellero*, 1594, in-4° obl. — 2° *Madrigali pastorali a sei voci descritti da diversi, e posti in musica da altrettanti musici* ; Anvers, Pierre Phalèse, 1604, in-4° obl. — 3° *Madrigali a otto voci di diversi eccellenti e famosi autori, con alcuni dialoghi e echo, per cantare e sonar a due chori* ; Anvers, Pierre Phalèse, 1596, in-4° obl. M. Dehn a publié en partition le motet à 5 voix, *Surrexit pastor bonus*, d'Ingegneri, dans la XII e suite de son recueil intitulé : *Sammlung alterer Musik aus dem* 16ten *und* 17ten *Jahrhundert* ; Berlin, Gustave Crantz, gr. in-8°.

INGEGNERI (Ange), poëte italien, né à Venise, vers 1545, était à la cour de Turin en 1578, et recueillit alors le Tasse. Cinq ans après il était à Parme, où il composa pour la cour une pastorale intitulée *La Danza di Venere*. Le mauvais état de ses affaires l'obligea d'accepter la proposition que lui fit, en 1584, le jeune duc Ferdinand de Gonzague pour se charger de la direction d'une fabrique de savon, à Guastalla. Ce métier ne lui réussit pas mieux pour sa fortune que la poésie ; il fut mis en prison pour dettes, et n'en sortit que par la protection du duc. Quelques années après, il se rendit à Rome, et entra au service du cardinal Cinthio Aldobrandini. Il s'attacha ensuite au duc d'Urbin, qui l'envoya, en 1599, tenir en son nom sur les fonts de baptême un fils du duc de Modène. On le retrouve à Turin en 1608, puis à Venise, sa patrie, en 1613. Passé cette époque, on le perd de vue, et l'on ne sait quand il mourut. Parmi ses écrits, il en est un qui a pour titre : *Della Poesia rappresentativa e del modo di rappresentare le favole sceniche* ; Ferrare, 1598, in-4°. Nouvelle édition ; Venise, 1738, in-8°. On y trouve des renseignements sur les représentations musicales du temps de l'auteur.

INGEGNIERI (Le P. Thomas-Antoine), compositeur bolonais, du tiers ordre de Saint-François, fut professeur de théologie, au commencement du dix-huitième siècle. On connaît de sa composition : *Salmi vespertini di tutto l'anno, a due cori* ; Bologne, Peri, 1719.

INGLOTT (William), organiste de l'église cathédrale de Norwich, naquit en 1554, et mourut le 29 ou le 30 décembre 1621, à l'âge de soixante-sept ans. Il paraît, d'après l'épitaphe placée sur son tombeau dans l'église de Norwich, qu'il fut un des organistes les plus distingués de son temps en Angleterre : cette épitaphe, partie en

(1) Voyez les comptes de l'hôtel des rois de France, manuscrit coté F 3, n° 1506 du supplément de la Bibliothèque impériale de Paris. Peut-être, cependant, le musicien dont il s'agit est-il *Hector Boucher* dit *l'Enfant* chanoine de la Sainte-Chapelle de Paris et chantre de la chapelle de François Ier, suivant l'état de 1532, dressé par maître Bénigne Sevré, conseiller des finances, et publié par Castil-Blaze dans son livre intitulé *Chapelle-Musique des rois de France* (p. 291 et suiv.), d'après le même manuscrit du supplément français de la Bibliothèque impériale de Paris.

anglais et partie en latin, dit qu'Ingloit remplissait de sa divine harmonie l'enceinte de l'église; qu'il charmait également sur l'orgue et sur la virginale, qu'il vécut soixante-sept ans, et qu'il fut inhumé le dernier jour de décembre 1621. Au-dessous de l'épitaphe en langue anglaise, on trouve ce distique latin :

Non digitis Inglotte tuis terrestria tangis ;
Tangis nunc digitis organa celsa poli.
Anno Dom. 1621.

Le docteur William Croft fit restaurer le monument d'Inglott, fort délabré de son temps, et l'on mit au-dessous de l'épitaphe cette inscription :

Ne forma hujusce monumenti injuriâ
Temporum pene deleti, dispereat, exsculpi
Ornavit Gul. Croft. Reg. Capellæ in
Arte musica Discipul. præfectus.

INSANGUINE (Jacques), compositeur dramatique, naquit en 1744, à Monopoli, dans le royaume de Naples, et fut souvent désigné par le nom du lieu de sa naissance. Entré au conservatoire de Sant-Onofrio, il y fit de brillantes études musicales, sous la direction de Charles Cotumacci. Après qu'il les eut terminées, il fut nommé adjoint de son maître pour l'enseignement du contrepoint, avec le titre de *maestro de la Cartella*; et après la mort du maestro Doi, en 1774, il obtint la place de second professeur titulaire ; mais peu de temps après il sortit du conservatoire, pour se livrer à la carrière de compositeur dramatique, dans laquelle il ne réussit que médiocrement; car, s'il était habile dans l'art d'écrire, il manquait d'invention et de goût. Il mourut à Naples, en 1795. Il avait commencé à écrire pour le théâtre en 1770, et dans l'espace de douze années il composa environ vingt opéras : ceux qui ont obtenu le plus de succès sont : *Didone*, en 1771, *Adriano in Siria*, *Arianna e Teseo*, *Medonte* en 1779 ; *l'Osteria di Mare Chiaro*, *l'Astuzia per amore*, *Tito nelle Gallie*, et *Calipso*, en 1782. On connaît aussi de ce musicien, en manuscrit, des messes, des psaumes et des hymnes. Son plus bel ouvrage pour l'église est le Psaume 71, à trois voix et orchestre, sur la traduction italienne de Maffei. On connaît aussi de cet artiste des cantates à trois voix avec basse continue, deux *Dixit*, deux messes à quatre voix, une messe à trois voix avec orgue, une autre également à trois voix avec deux violons, basse et orgue, une *Passion* pour le vendredi saint, un *Te Deum* avec orchestre, un *Benedictus* à deux voix et orgue, et des sonates de clavecin.

IPEREN (Josué Van), savant ecclésiastique hollandais, fut d'abord prédicateur à Veere, puis à Batavia, en 1770. Il mourut dans cette colonie en 1780. On cite de lui une dissertation sur le chant concertant des païens et des Juifs, qui a été publiée en 1774. Son ouvrage le plus important a pour titre : *Kerkelyke Historie van het Psalm-gesang der Christenen, van de dagen der Apostelen tot op onzen tegenwoordigen tyd, en inzonderheid van onze verbeterde Nederduitsche Psalmberyminge, uit echte stukken samengebracht* (Histoire ecclésiastique du chant des psaumes des chrétiens, depuis les apôtres jusqu'à nos jours, etc.), 1re partie ; Amsterdam, 1777, in-8° de 496 pages, avec une planche. 2e partie ; *ibid.*, 1778, in-8° de 519 pages.

IRGANG (A.), professeur de musique et pianiste à Glogau, actuellement vivant (1861), s'est fait connaître par les ouvrages suivants : 1° Rondo brillant pour piano seul ; Glogau, Günther. — 2° 6 Lieder à voix seule, avec accompagnement de guitare ; Breslau, Fœrster. — 3° *Gesanglehre für hœhere Schulen und Singchœre* (Méthode de chant pour les écoles et les chœurs) ; Glogau, Günther, 1819, in-4° de 87 pages.

IRHOW ou **IRHOVE** (Guillaume), professeur de théologie à Utrecht, dans la première moitié du dix-huitième siècle, obtint cette place en 1737. Précédemment il avait été prédicateur à Eden, dans la Gueldre. Il mourut en 1761. On a de ce savant une dissertation intitulée : *Conjectanea philologico critico-theologica in Psalmorum titulos, quibus tum generatim de titulis illis disseritur, tum speciatim, etc.* ; Leyde, 1728, in-4° de 134 pages. L'auteur de ce morceau de philologie essaye de démontrer que les Grecs ont tiré de l'Orient leur musique et leurs instruments. Georges Wonsky en a donné un extrait en allemand dans la Bibliothèque musicale de Mizler, t. III, p. 674-684.

ISAAK ou **ISAAC** (Henri), célèbre compositeur du quinzième siècle, est aujourd'hui plus connu par ses ouvrages que par les circonstances de sa vie. Il paraît qu'il était né en Allemagne. Ange Politien, qui fut son contemporain (1), l'a appelé simplement, dans une de ses épigrammes latines, *Arrighum Isac*. Othmar Nachtgal (*Luscinius*) dit de lui dans sa *Musurgia* (p. 94) : *Verum quod certo sciam, ex Germanis nostris Henricus Isaac, plurimum in sex vocibus coacervandis valuit*; enfin, Glaréan, qui blâme sévèrement Politien d'avoir changé le nom de *Henricus* en celui d'*Arrhigus*, ajoute à son nom l'épithète de *germanus*. Ajoutons que François Grazzini, connu sous le nom de *Lasca*, dit

(1) Politien mourut en 1494.

dans la préface des *Canti Carnascialeschi* (1) que les premières chansons chantées par des personnes masquées qui vendaient du pain d'épice dans les rues de Florence, pendant le carnaval, furent mises en musique à trois parties par un certain *Arrigo tedesco*, maître de chapelle de l'église Saint-Jean de cette ville. Une découverte très-intéressante, faite en 1844 par M. le Dr. Rimbault (musicien anglais d'une érudition très-solide), dans la bibliothèque de l'université d'Oxford, fournit de nouveaux renseignements à ce sujet. Un manuscrit précieux de Christ-Church renferme la musique composée en 1488 par Henri Isaac sur le drame religieux de Laurent de Médicis *San Giovanni e San Paolo*, qui, suivant la notice qui y est jointe, fut représenté devant la famille de ce grand protecteur des arts ; on y voit aussi qu'Isaac était maître de chapelle de l'église San-Giovanni et professeur de musique des enfants de Laurent de Médicis, dit le Magnifique (voyez *The Musical World*, t. XIX, p. 285). Tout cela indique bien l'identité de l'artiste, et se rapporte au temps où il vécut. Cependant Gerber, d'après l'autorité de Raphael Maffei, connu sous le nom de *Volaterranus*, penche vers l'opinion qui ferait considérer Isaac comme le fils d'Argyropyle (*voy.* ce nom), littérateur et musicien grec qui mourut à Rome en 1470, après avoir vécu près des Médicis à Florence. Il est vrai que Volaterranus dit, en parlant d'Argyropyle : *Obiit, relicto filio Isacco, nobili musico* (*Commentarii rerum urbanarum*, lib. XXI, p. 776) ; mais rien ne prouve que cet Isaac, bien que musicien distingué, ait été celui dont il s'agit ici. Il y a plus de probabilité dans les renseignements que nous fournissent Nachtgal et Glaréan, également contemporains, ainsi que dans l'expression *Arrigo tedesco*, dont se sert le Lasca. Quant au nom qui lui a été donné d'*Isaac de Prague*, il ne me paraît avoir aucun fondement. Dlabacz, qui n'a négligé aucun de ses compatriotes dans son Lexique des artistes de la Bohême, n'en dit pas un mot.

Ainsi qu'on l'a vu précédemment, Isaac fut maître de chapelle de l'église Saint-Jean, à Florence, au temps de Laurent le Magnifique. La mention que Politien en fait vient à l'appui de ce fait, et rend vraisemblable le séjour du musicien dans cette ville, au moins jusqu'à la mort de Laurent de Médicis, c'est-à-dire jusqu'en 1492. Il est même vraisemblable qu'il vécut encore à Florence plusieurs années après la mort de ce célèbre protecteur des arts et des lettres ; car Aaron, qui ne naquit pas avant 1489 (*voy* Aaron), dit expressément avoir vécu à Florence dans l'intimité de Josquin, d'Obrecht, d'Isaac et d'Agricola (*Summos in arte viros imitati, præcipue vero Josquinum, Obrecht, Isaac et Agricolam, quibuscum mihi Florentiæ familiaritas et consuetudo summa fuit.* (Aaron, *De Instit. Harmon.*, c. 16.) Or, Aaron ne devait pas être âgé de moins de vingt à vingt-cinq ans lorsqu'il était admis dans la familiarité de ces grands artistes ; ce qui prolonge le séjour d'Isaac à Florence jusqu'en 1509 ou même jusqu'en 1515. Glaréan dit en termes précis qu'Isaac fut renommé parmi les Italiens (1).

Ceux qui ont fait de Henri Isaac un élève de Josquin Després ne paraissent pas mieux fondés dans leur assertion : peut-être est-il même possible de démontrer qu'ils ont erré, d'après la fausse opinion qui place à une époque trop reculée l'activité artistique de Josquin, comme je l'ai fait voir dans la notice de ce grand musicien. Ginguené a démontré dans son *Histoire littéraire d'Italie* que les *stanze* et les épigrammes d'Ange Politien (où il est parlé d'Isaac) ont été composées depuis 1473 jusqu'en 1478 ; or ce temps est celui où Josquin se livrait lui-même à ses études musicales. Il y a donc lieu de croire que le musicien allemand était déjà célèbre quand le Belge commença sa réputation.

J'ai dit, dans la première édition de la *Biographie universelle des Musiciens*, qu'il ne paraissait pas démontré qu'Isaac, après qu'il eut quitté l'Italie, eût été maître de chapelle de l'empereur Maximilien Ier (qui régna depuis 1486 jusqu'au 12 janvier 1519), bien que le fait ne fût pas mis en doute par Gerber, Kiesewetter et d'autres : postérieurement à la publication de cet ouvrage, j'ai trouvé, dans un recueil manuscrit de compositions de ce maître et de son élève Senfel, qui est à la bibliothèque royale de Munich (sous le n° XXXVI, in-fol°), une note qui prouve que l'artiste dont il s'agit fut réellement attaché au service de cet empereur. Le manuscrit porte la date de 1531, et la note, placée au commencement, dit que Henri Isaac, musicien célèbre de l'empereur Maximilien, en-

(1) *Tutti i Trionfi, Carri, Mascherate o Canti carnascialeschi andati per Firenze dal tempo di Magnifico Lorenzo di Medici fino all' anno 1559* (... il primo canto, o Mascherata che si cantasse in questa guisa, fu d'uomini, che vendevano Berriquocoli, e confortini, composta a tre voci da un certo Arrigo tedesco, maestro allora della Cappella di San Giovanni, e musico in que' tempi riputatissimo).

(1) *Hic Isaac etiam Italis notus fuit.* (Dodecach., p. 460.)

treprit heureusement, et par un grand travail, l'œuvre musicale contenue dans ce volume, laquelle consiste en offices pour toutes les fêtes de l'été, à quatre voix, et avec le plain-chant dans la basse; mais que, détourné de ce labeur par d'autres compositions, il le laissa imparfait de la plus grande partie, et que ce fut son élève Senfel (Senfl) qui le termina après la mort de son maître (1). On voit aussi par cette note que Henri Isaac avait cessé de vivre plusieurs années avant la date du manuscrit.

Glaréan accorde beaucoup d'éloges aux productions d'Isaac; il dit que ses œuvres de musique d'église se font remarquer par le naturel, la force et la majesté, et qu'elles n'ont point été surpassées par les autres productions de la même époque, quoiqu'on y trouve quelquefois des phrases dures (2). Burney n'adopte pas le jugement de cet auteur (*Gener. History of Music*, t. II, p. 520), et assure qu'il n'y a ni mélodie ni grâce dans la musique d'Isaac; mais il n'est point question, dans la musique dont il s'agit, de cette grâce et de cette mélodie que Burney cherchait partout, et qui lui ont fait dire bien des pauvretés dans son volumineux ouvrage. Le jugement de Glaréan est fondé, parce qu'il se rapporte au temps où Isaac écrivait. Il y a en effet du naturel dans la marche des parties, et de la plénitude dans l'harmonie; mais, ainsi qu'il le dit, quelques phrases dures où le compositeur attaque sans préparation des dissonances de notes de passage qu'il réalise, ou bien qu'il résout par saut. Glaréan ajoute que les compositions d'Isaac sont innombrables. Les découvertes que j'ai faites dans les manuscrits de la bibliothèque royale de Munich prouvent la vérité de son assertion. Le manuscrit in-folio maximo coté III contient cinq messes d'Isaac à cinq voix : elles n'ont pas de titres. Celui qui porte le n° XXXI des œuvres de musique renferme les compositions de cet artiste : 1° *Virgo prudentissima*, messe à 6 voix; — 2° *Missa solemnis*, à 6 voix; — 3° *Missa de apostolis*, à 6 voix; — 4° *Officia sex vocum pro diebus festivis* : (a) *De Nativitate Christi*; (b) *In octava Nativitatis Domini* : (c) *In festo Epiphaniæ*; (d) *In festo Purificationis Mariæ*; (e) *In Adventu Domini*; (f) *De resurrectione Christi*; (g) *In festo Ascensionis Domini*; (h) *In festo Pentecostes*; (i) *In festo Trinitatis*; (k) *De veneratione B. Mariæ*; (l) *Missa sine nomine sex vocum.*

Le manuscrit n° XXXV in-folio renferme les *introïts*, *graduels* et *séquences* à 4 voix pour les messes des fêtes des Saints pendant toute l'année. Une partie de ce grand ouvrage appartient à Isaac; l'autre à Louis Senfel.

Le manuscrit n° XXXVI de la même bibliothèque contient les offices des fêtes de l'été : Isaac, qui avait commencé ce travail à 4 voix sur le plain-chant, n'a achevé que les offices de la Visitation et des autres fêtes de la Vierge, les offices de l'Assomption, de la Nativité de la Vierge, et celui de la Vénération; le reste est l'ouvrage de Senfel.

Le manuscrit XXXVIII in-folio renferme les offices de quelques fêtes de l'hiver à 4, 5 et 6 voix, par Isaac et Senfel; ceux qui appartiennent au premier de ces maîtres sont les offices depuis la fête de la *Présentation* de la Vierge jusqu'à l'Avent, ceux de l'octave de Noël et celui de la fête de Saint-Jean l'évangéliste, tous à 4 voix.

Le manuscrit n° XLVII in-folio de la même bibliothèque renferme une messe solennelle à quatre voix, une messe des Apôtres, une *idem* des Martyrs, une *idem* des Confesseurs, et une *de Beata Virgine*, d'Isaac, toutes également à 4 voix.

Treize *Credo* à 4 voix du même maître sont dans le manuscrit coté LIII. Enfin le volume de messes qui porte le n° LVII contient la messe *Dominicalis* à 4 voix d'Isaac.

J'ai trouvé aussi dans un précieux manuscrit du XV° siècle, qui est la bibliothèque royale de Bruxelles (n° 1557, in-fol. max.), la messe d'Isaac à 6 voix *de Assumptione Beatæ Mariæ Virginis*. J'ai vu en 1849 à la bibliothèque de Halberstadt un manuscrit in-folio contenant des compositions d'anciens maîtres allemands, parmi lesquelles se trouvent : 1° une messe à 4 voix; — 2° *Ave Regina*, à 4; — 3° *Sequentia de Sancta Catharina*, à 4; — 4° Le cantique *In Gottes namen*, etc., à 4;

(1) En opus musicum festorum dierum æstivalium, cujus cantum choralem gravis vox habet, a laudatissimo musicæ artis auctore D. Henrico Ysac, Divi Maximiliani Cæsaris a lucubrationibus musicea, feliciter et magno nisu ceptum, sed cogentibus alio factis, imperfectum maxima ex parte relictum, postea a gratiosissimo ipsius discipulo D. Ludovico Senflio, ejusdem Cæsareæ majestatis judicio in defuncti præceptoris locum, adoptato, nunc vero apud illustrissimum Boionem principem Guglielmum, comitem Rheni Palatinum, utriusque Boiariæ ducem et patrem patriæ optime meritum musico intonatore facile celeberrimo, magna cura et vigiliis singulari arte et industria ad extremam (quod dicitur) : manum Musis faventibus, perductum, optimoque principi Gulielmo incomparabili musarum mecœnati jure optimo sacrum et dicatum. Anno a Christo nato M. D. XXXI.

(2) Hic maxime ecclesiasticum ornavit cantum videlicet in quo viderat majestatem ac naturalem vim, non paulo superantem nostræ ætatis inventa θέματα. Phrasi taliquanti durior, etc. (*Loc. cit.*)

Ces quatre pièces portent l'inscription : *Ysaac de manu sua* : il est remarquable que la notation de ces morceaux est en effet différente de celle du reste du volume. Les œuvres imprimées d'Isaac sont celles dont les titres suivent : 1° *Misse Henrici Isac charge de deul* (accablé de chagrin); *Misericordia Domini; quant yay au cor* (quand j'ai au cœur); *La Spagna; comme feme* (comme une femme). *Impressum Venetiis per Octavianum Petrutium Forosemproniensem die XX octobris* 1506, petit in-4° oblong. Un exemplaire complet de ces messes est à la bibliothèque du Lycée communal de musique, à Bologne; la partie de basse manque à celui de la bibliothèque impériale de Vienne. — 2° Deux autres messes de ce maître, intitulées *Salva nos*, et *Frohlich Wesen*, toutes deux à quatre voix, se trouvent dans la collection fort rare qui a pour titre : *Missæ tredecim quatuor vocum a præstantissimis artificibus compositæ. Norimbergæ, Hieronymi Graphæi*, 1539, in-4° obl. Un exemplaire complet de ce recueil est à la bibliothèque de l'université de Jéna; à celui de la bibliothèque impériale de Vienne il manque la partie de ténor. M. Butsch, libraire antiquaire d'Augsbourg, a possédé, en 1846, un exemplaire complet de ce rarissime recueil, et les parties d'*altus* et de *bassus* d'un autre exemplaire; mais lorsque je visitai son établissement, en 1849, il avait vendu toute sa collection d'ancienne musique. — 3° La messe *O Præclara*, à 4 voix, d'Isaac, est contenue dans une autre collection non moins rare, laquelle a pour titre : *Liber quindecim Missarum a præstantissimis musicis compositarum, quarum nomina una cum suis autoribus sequens pagina demonstrat. Norimbergæ, apud Jo. Petreium, anno* 1538, petit in-4° obl. Un exemplaire de cet ouvrage est à la bibliothèque royale de Munich : à celui de la bibliothèque impériale de Vienne il manque la partie de ténor. M. Butsch, d'Augsbourg, en a possédé un exemplaire complet en 1846. Vingt-deux messes d'Isaac sont donc connues jusqu'à ce jour, à savoir, treize à quatre voix, cinq à cinq voix, et quatre à six. — 4° Un des ouvrages les plus importants que nous ayons d'Isaac est celui qui a pour titre : *Henrici Isaaci, tom. I, II, III Coralis (sic) Constantini (ut vulgo vocant) opus insigne et præclar. vereque cœlestis harmoniæ quatuor vocum. Tom. I. Domin. a Trinitatis usque Advent. Domin. Tom. II. cont. part. prim. Historiarum de Sanctis, quæ diebus festis in templis canunt. Tom. III. De Sanctis. Norimbergæ Hier. Formschneider*, 1550-1555, 4 vol. in-4° obl. Un exemplaire complet de cet ouvrage était chez M. Butsch, à Augsbourg, en 1846. Le ténor seul a le titre qui vient d'être rapporté; les autres parties (*discantus, altus* et *bassus*) ont seulement : *Dominicarum a Trinitate usque ad Adventum Domini*, sans noms de lieu, d'imprimeur, et sans date. Dans la dédicace de Formschneider au sénat de Nuremberg, qui se trouve au premier volume, il dit que l'impression de l'ouvrage a été commencée par le typographe *Jean Ottel* (Jean Ott), et que lui, Formschneider, a été chargé de la continuer, après la mort de cet imprimeur. On y lit aussi que Henri Isaac, musicien qu'on ne peut assez louer, fut symphoniste de l'empereur Maximilien (*nunquam satis laudatus musicus, Henricus Isaac, divi quondam Cæsaris Maximiliani symphonista*). On voit au titre du second volume que l'ouvrage fut imprimé aux frais de Georges Wilter, libraire d'Augsbourg (*Sumptibus Georgii Willeri bibliopolæ Augustani*), et celui-ci dit, dans sa dédicace à Jean-Jacques Fugger, qu'il a acheté le manuscrit original d'Isaac à grand prix.

On trouve des ouvrages d'Isaac dans les recueils dont voici les titres : 1° *Canti C. Cento cinquanta*, Venetiis, apud Octavianum Petrutium, 1508, in-4° obl. — 2° *Motetti a cinque, libro primo; ibid.* 1505, petit in-4° obl. — 3° Le recueil de Sigismond Salblinger intitulé : *Selectissimæ nec non familiarissimæ cantiones ultra centum vario idiomate versum tam multiplicium quam etiam paucarum. Fugæ quoque ut vocantur, à sex usque ad duas voces*, etc. *Augustæ Vindelicorum Melchior Kriesstein excudebat* : 1540, petit in-8°. obl — 4° *Trium vocum carmina a diversis musicis compositæ. Norimbergæ*, Formschneider, 1538, in-4°. — 5° *Modulationes aliquot quatuor vocum selectissimæ, quas vulgo modetas* (sic) *vocant a præstantissimis musicis compositæ. Norimbergæ, apud Joh. Petreium*, 1538, in-4°. obl. — 6° *Tomus secundus psalmorum selectorum quatuor et quinque vocum*; ibid, 1539, in-4° obl. Cette collection est composée de trois volumes qui ont paru depuis 1538 jusqu'en 1542; mais le second volume seul contient des pièces d'Isaac. — 7° *Trium vocum cantiones centum*, ibid., 1540. — 8° *Symphoniæ jucundæ atque adeo breves quatuor vocum*. Vitebergæ, 1538, Georges Rhau, petit in-4° obl. — 9° *Bicinia gallica, latina et germanica, et quædam fugæ, tomi duo*; ibid., 1545, in-4° obl. — 10° *Evangelia dominicarum et festorum dierum, numeris musicis pulcherrime comprehensa et ornata qua-*

tuor, quinque et plurium vocum. Tomi sex, Noribergæ, in officina Jo. Montani et Ulrici Neuberi, 1549, in-4° — 11° *Cantiones triginta selectissimæ quinque, sex, septem, octo, duodecim et plurium vocum, etc.*; ibid., 1568, in-4°. Glaréan a inséré trois longs fragments de motets du même musicien dans son *Dodecachordon* : le premier (*Loquebar de testimoniis tuis*, à 4 voix) se trouve à la page 330; Burney l'a donné en partition (*A gener. Hist. of Music*, t. II, p. 523), et Forkel l'a reproduit dans son Histoire générale de la musique (t. 2, p. 671). Le deuxième (*Anima mea liquefacta est*, à 4 voix) est à la page 348; on le trouve dans Burney en partition (*ibid.*, p. 521). Le troisième (*Conceptio Mariæ Virginis*) se trouve page 460; Hawkins l'a donné en partition dans le deuxième volume de son Histoire générale de la musique (p. 429). La précieuse collection publiée par Conrad Peutinger sous ce titre : *Liber selectarum cantionum quas vulgo mutetos appellant sex, quinque et quatuor vocum*, à Augsbourg, en 1520, in-fol. max., renferme deux très-beaux motets à six voix d'Isaac (*Optime pastor*, et *Virgo prudentissima*), et trois motets à quatre voix (*Prophetarum maxime; Deus in adjutorium;* et *O Maria mater Christi*). Les deux motets à six voix sont de la plus grande beauté, dans leur genre; je les ai mis en partition, et j'ai reconnu que ces morceaux seuls peuvent donner une haute opinion du mérite d'Isaac. Sebald Heyden a donné dans son traité *de Musica id est arte canendi* (lib. 2, cap. 7) un extrait de la prose de la Conception de la Vierge, à quatre voix, de ce maître; c'est un exemple difficile de l'emploi de diverses proportions. Forkel nous a fait connaître une collection de chants allemands, français, flamands et latins, à quatre, cinq et six voix, par les meilleurs musiciens allemands de la fin du quinzième siècle et du commencement du seizième, où l'on trouve dix morceaux d'Isaac. Ce recueil, publié à Nuremberg en 1544, par Jean Ott, a pour titre : *Hundert and fünfftzehen guter newer Liedlein, mit vier, fünff, sechs Stimmen, vor nie im Truck aussgangen, Deutsch, Frænzæsisch, Welsch und Lateinisch, lustig zu singen, und auff die Instrument dienstlich, von den berühmtesten dieser Kunst gemacht.* Forkel en a tiré un morceau d'Isaac sur les paroles allemandes *Es het ein Baur ein Tæchterlein*, à quatre parties, et l'a publié en partition, dans le deuxième volume de son Histoire générale de la musique (pag. 676 et suiv.). On attribue aussi à Isaac la mélodie de l'ancien air : *Inspruck, ich muss dich lassen* (Inspruck, je dois te quitter), qui a été placée plus tard sur le cantique : *O Welt, ich muss dich lassen*, et qu'on chante encore dans les temples du culte réformé. L'opinion de quelques anciens écrivains allemands est que la poésie de l'ancien air a été composée par Maximilien Ier.

Un exemplaire vraisemblablement unique du plus ancien monument de la typographie musicale, lequel a été découvert par M. Gaëtan Gaspari (*voyez* ce nom), et dont M. Catelani (*voyez* ce nom) a donné une intéressante notice, a pour titre : *Harmonice musices Odhecaton*. Il a été imprimé à Venise, en 1501, par Petrucci de Fossombrone. La première partie, qui a pour signe indicateur la lettre A, renferme des compositions des musiciens célèbres de cette époque; on y trouve d'Isaac une chanson allemande (*Tmeiskin*), à quatre voix; la chanson française à trois voix (*Hélas!*) et un *Benedictus* à trois.

Louis Senfel (*voy.* ce nom) a été l'élève le plus célèbre d'Isaac.

ISHAM (Jean), musicien anglais, né dans la seconde moitié du dix-septième siècle, fut pendant quelques années suppléant du docteur Croft dans la place d'organiste de l'église Sainte-Anne à Londres : il lui succéda en 1711. En 1718, il fut nommé organiste de la chapelle de Saint-André; mais peu de temps après il quitta cette position pour une semblable à l'église Sainte-Marguerite, dans le quartier de Westminster. Il mourut en 1726, laissant en manuscrit plusieurs antiennes et d'autres morceaux de musique d'église. Isham avait été fait bachelier en musique à l'université d'Oxford.

ISIDORE (Saint), archevêque de Séville, fut un des hommes les plus savants de l'Église d'Espagne. Il naquit vers 570 à Carthagène, dont son père Sévérien était gouverneur. En 601 il succéda à saint Fulgence, son frère, dans la dignité d'archevêque de Séville, et administra son diocèse avec un zèle pieux jusqu'à sa mort, qui eut lieu le 4 avril 636. Isidore savait le latin, le grec, l'hébreu, et sa lecture était immense. Saint Grégoire le Grand avait beaucoup de confiance en ses lumières et le consultait souvent. Parmi les écrits de ce Père de l'Église, on en remarque un qui a pour titre : *Originum sive etymologiarum libri XX*, dont la première édition a été publiée à Augsbourg en 1472, in-fol., par Gunther Zainer, et qui a été souvent réimprimé soit séparément, soit dans les œuvres complètes d'Isidore. Les neuf premiers chapitres du troisième livre traitent de la musique. L'abbé Gerbert a inséré dans sa collection des *Scriptores ecclesiastici de Musica sacra potiss.* (t. Ier, p. 19 et suiv.), un traité de musique d'Isidore de Séville intitulé *Sententiæ de musica*, d'après un manuscrit de la bibliothèque impériale de Vienne. Ce traité, qui contient neuf chapitres, n'est autre chose que ce qui se trouve dans le troisième livre des Origines. Ce que dit Isidore de la musique serait sans intérêt s'il n'y faisait mention de l'harmonie, ou réunion des sons graves et aigus (chapitre sixième). Il en distingue deux sortes, à savoir, la *symphonie*, ou harmonie des consonnances, et la *diaphonie*, c'est-à-dire l'harmonie dissonante ou discordante; et sa définition est fort juste, car rien n'est plus discordant que les successions non interrompues de quartes, de quintes et d'octaves dont Hucbald nous a conservé les plus anciens exemples connus aujourd'hui. A l'égard de la symphonie, Isidore n'explique pas suffisamment quel était le mode de succession des consonnances dont elle était formée.

ISMÉNIAS, célèbre joueur de flûte grec, était élève d'Antigénide. Il naquit à Thèbes au temps de Périclès, et, à cette époque si florissante des arts dans la Grèce, il obtint la réputation d'un des plus habiles musiciens. Il amassa des richesses si considérables, que, suivant Lucien, il put payer deux talents (environ 9,200 francs) pour une flûte, en supposant qu'il ne s'agisse que de petits talents attiques. Ælien dit qu'Isménias fut envoyé comme ambassadeur en Perse par ses compatriotes.

ISNARD (Le frère), de l'ordre des Frères-Prêcheurs, à Toulouse, dans le dix-huitième siècle, se livra avec succès à la construction des orgues. Au nombre des instruments qui ont été faits sous sa direction, on comptait l'orgue de Cavaillon (dép. de Vaucluse), celui de l'Isle (même département) et plusieurs autres; mais on n'en peut plus apprécier le mérite, parce qu'ils ont subi des restaurations désastreuses. Le frère Isnard construisit avec Joseph Cavaillé (*voy.* ce nom) l'orgue qui existe encore dans l'église Saint-Pierre de Toulouse; mais, de tous ses ouvrages, celui qui est considéré comme son chef-d'œuvre est l'orgue de Saint-Maximin, dans le département du Var. Cet instrument est un 32 pieds avec cinq claviers, quarante registres, et un clavier de pédale d'une octave et demie. Malheureusement il tombe en ruine.

ISNARDI (Paul), et non **ISINARDI**, comme l'appellent Gerber et ses copistes, naquit à Ferrare, dans la première moitié du seizième siècle. Il fut moine de Mont-Cassin, supérieur de son couvent, et maître de chapelle de la cathédrale de Ferrare. Il n'est pas admissible que ce même Isnardi ait chanté dans sa jeunesse sur plusieurs théâtres d'Italie, comme le prétendent les auteurs cités précédemment, et comme cela est répété dans le Lexique de musique publié par Schilling, puisque à cette époque (c'est-à-dire antérieurement à 1550) l'opéra n'existait pas, et qu'il n'y avait pas de théâtre où l'on chantât. On connaît de ce maître : 1° *Missarum opus quinque vocum liber primus*; Venetiis, Ant. Gardane, 1561. — 2° *Cantus hebdomadæ sanctæ*; ibid. 1565; — 3° *Misse a sei voci*, ibid., 1568. — 4° *Psalmi omnes ad vesperas quatuor vocum*; ibid., 1571. — 5° *Psalmi vespertini con tre Magnificat quatuor vocum*; ibid, 1578. — 6° *Compositiones Falsi-Bordoni vulgo appelatæ cum quinque vocibus*; ibid., 1579. — 7° *Lamentationes et Benedictus quæ plena parique voce pro libitum concini possunt, nec non Passio, Palmarum et Parasceve plena voce tantum*; Venetiis, apud. Hæred. Scotti, 1584. — 8° *Libro primo de' Madrigali a 5 voci*; Venezia, ap. Ang. Gardano, 1585, in-4° obl. — 9° *Libro secondo de' Madrigali a 5 voci*; ibid., 1586, in-4° obl. — 10° *Libro terzo de' Madrigali a 5 voci*; ibid., 1586, in-4° obl. — 11° *Missa e Motetti a otto voci*; ibid., 1594, in-4°.

ISOLA (Gaetano), compositeur dramatique, né à Gênes en 1761, suivit fort jeune son père en Sicile, et fit ses études littéraires et musicales au collége de Palerme. Après avoir écrit pour beaucoup de théâtres d'Italie, il s'est retiré dans sa ville natale, où il était, en 1812, attaché au théâtre comme accompagnateur au piano. Les renseignements manquent sur sa personne depuis cette époque. Cet artiste a écrit beaucoup de musique d'église et de chambre, qui est restée en manuscrit. Parmi ses opéras, on remarque surtout celui qu'il écrivit en 1791 pour le théâtre de Turin, intitulé *La Conquista del Velo d'oro*.

ISOUARD (Nicolo), compositeur dramatique, connu en France sous le nom de *Nicolo*, naquit à Malte en 1775, d'un père dont l'origine était française. Amené fort jeune à Paris par un commandeur de l'ordre, ami de sa famille, il y reçut une éducation libérale, dans un pensionnat où étaient réunis beaucoup de jeunes gens qui se destinaient au génie militaire et maritime. Après avoir passé les examens nécessaires, il fut admis comme aspirant de marine; mais bientôt la Révolution éclata et fit évanouir les espérances du jeune Isouard, qui retourna à Malte en 1790. Son père, qui le destinait au commerce, le plaça d'abord à Malte, en qualité de commis d'une maison de banque; mais, entraîné vers une autre carrière par son penchant pour la musique, Nicolo n'était déjà plus préoccupé que du désir de devenir compositeur dramatique. Une vocation si décidée parut être l'indice du talent à un vieux maître de contrepoint et d'accompagnement, nommé Michel-Ange Vella, qui le prit en affection et lui enseigna les éléments de l'harmonie et de l'art d'écrire. Azopardi, maître de chapelle des chevaliers de l'ordre de Malte, connu en France par un traité de composition traduit de l'italien par *Framery*, lui fit ensuite étudier la fugue, d'après les traditions de l'ancienne école d'Italie. Cependant les travaux du jeune musicien furent interrompus par la volonté de son père, qui, pour lui faire oublier la musique, l'envoya à Palerme dans une maison de commerce. Malgré les occupations qui remplissaient presque toutes les journées d'Isouard, il trouva le moyen de continuer ses études d'accompagnement sous la direction d'Amendola, artiste d'un rare mérite qui forma son goût en lui faisant accompagner les meilleurs ouvrages de Leo, de Durante, et les duos et trios de Clari, dont il connaissait bien le style. Plus tard, Isouard se rendit à Naples et y fut employé chez des banquiers allemands; mais, malgré la persistance de ses parents à le diriger vers le commerce, il continua de s'appliquer à la musique et termina ses études de composition sous la direction de Sala. Protégé par la princesse Belmonte, il obtint à la prière de cette dame que Guglielmi lui donnât des conseils sur le mécanisme de la coupe des morceaux de musique dramatique. Ce fut alors que, résistant au désir de sa famille, il prit la résolution d'abandonner le commerce et de se livrer à la culture de l'art qu'il avait étudié avec tant de persévérance. Il s'éloigna de Naples et se rendit à Florence, où il obtint un engagement pour écrire son premier opéra (*Avviso ai maritati*). Il est dit dans le *Dictionnaire des musiciens* (Paris, 1810-1811) que cet ouvrage eut un succès éclatant; mais on voit, au contraire, dans les *Notizie teatrali del anno* 1795, qu'il ne réussit pas. Il paraît même que cet échec fit chanceler un instant les résolutions de Nicolo; mais enfin il se décida à suivre la nouvelle carrière qu'il avait embrassée, et se rendit à Livourne, où il écrivit un *Artaserse* qui fut plus heureux. Ce succès lui procura la protection de M. de Rohan, grand-maître de l'ordre de Malte, qui le rappela dans sa patrie, l'honora de la croix de Saint-Donat, et le nomma organiste de la chapelle de Saint-Jean de Jérusalem, après la mort de Vincent Anfossi, frère du compositeur de ce nom. Plus tard, on lui confia la place de maître de chapelle de l'ordre, que Nicolo remplit jusqu'à l'arrivée des Français dans l'île. A cette époque, l'ordre ayant été supprimé, il se trouva sans emploi et occupa ses loisirs en écrivant pour le théâtre qui s'était établi à Malte des opéras traduits du français, tels que *Renaud d'Ast, le Barbier de Séville*, *l'Impromptu de campagne, le Tonnelier, les Deux Avares*, et d'autres sur des *libretti* italiens, parmi lesquels on remarque *Ginevra di Scozia, il Barone d'Alba chiara,* etc.

Après la capitulation de Malte, le général Vaubois, qui connaissait Isouard et lui montrait beaucoup de bienveillance, l'engagea à aller s'établir à Paris, et l'emmena comme son secrétaire. Arrivé en cette ville, il y trouva en Rodolphe Kreutzer un ami dévoué, qui l'aida de sa bourse et de son influence pour lui aplanir la route des succès, mais qui se plaignait plus tard de n'avoir point rencontré en lui les sentiments de reconnaissance qu'il aurait eu droit d'en attendre. Quoi qu'il en soit, Nicolo (c'est sous ce nom qu'il a donné tous ses ouvrages à Paris) ne tarda point à se faire connaître, car l'année même où il arriva à Paris (1799) il fit représenter *Le Tonnelier,* ancien opéra comique français dont il avait refait la musique, et que Delrieu parodia sur de nouvelles paroles. Cet opéra ne réussit pas, parce que les Français, fort attachés à leurs anciennes admirations, malgré leur apparente légèreté, ont toujours mal accueilli les essais de ce genre. *Le Tonnelier* fut suivi de *la Statue ou la Femme avare,* opérette en un acte dont le sort ne fut pas plus heureux. Dans le même temps Nicolo écrivit aussi quelques morceaux pour *le Baiser et la Quittance*, opéra comique écrit en collaboration avec Méhul, Kreutzer et Boieldieu. Il fit aussi en 1800, avec Kreutzer, un opérette intitulé *le Petit Page ou la Prison d'État*, et pour l'Opéra, *Flaminius à Corinthe*, en 1801. Une cantate lui fut demandée dans le même temps, à l'occasion de la paix d'Amiens : on l'exécuta à l'Opéra-Comique. La traduction de son opéra italien *L'Improvvisata in Campagna* suivit immédiatement cette cantate. Le succès en fut médiocre. Jusque-là le talent de Nicolo avait fait peu de sensation à Paris; mais *Michel-Ange,* représenté en 1802, *les Confidences* et *le Médecin turc*, en 1803, *Léonce ou le Fils adoptif*, et surtout *l'Intrigue aux fenêtres,* en 1805, le placèrent au rang des compositeurs dont les ouvrages étaient le mieux accueillis. Les circonstances le secondèrent dès lors pour lui donner à l'Opéra-Comique plus d'influence que n'en avaient les autres artistes de cette époque. Chérubini n'avait rien donné à ce théâtre depuis *les Deux Journées*; Méhul, malgré son beau talent, n'était pas toujours heureux, et avait quelquefois des moments de découragement pendant lesquels il n'écrivait pas; Boieldieu était en Russie; Kreutzer écrivait particulièrement alors pour le grand Opéra; en sorte que Berton était à peu près le seul concurrent très-actif qu'il rencontrait sur la scène. Ses liaisons avec Hofmann, et surtout avec Étienne, sa docilité à suivre les avis des poëtes d'opéra, qui alors exerçaient une grande autorité aux théâtres lyriques, lui donnèrent une puissante influence à l'Opéra-Comique, et le rendirent longtemps redoutable aux jeunes musiciens qui essayaient de s'y faire connaître. D'ailleurs, passant une partie de sa vie dans l'intérieur du théâtre, au milieu des acteurs et des auteurs, il savait attirer à lui les meilleurs ouvrages pour les mettre en musique, et les faisait jouer par les artistes les plus renommés de cette époque. Son activité ne se ralentissait jamais : elle était si grande que depuis 1805 jusqu'en 1811, c'est-à-dire dans l'espace de six ans, il fit succéder quatorze opéras à ceux qui ont été cités précédemment. Il est vrai que tant de rapidité dans son travail nuisait beaucoup à la qualité de ses productions, et y laissait apercevoir d'impardonnables négligences contre lesquelles les artistes s'élevaient avec amertume, mais qui étaient admises par le mauvais goût musical et l'ignorance des habitués du théâtre. A cette époque, l'intérêt des pièces faisait le succès des opéras en France, et la musique n'était qu'un accessoire pour la plupart des spectateurs.

En 1811, Boieldieu revint de Pétersbourg à Paris, et son retour changea la situation de Nicolo, en lui opposant un rival aussi redoutable par le talent que par l'habileté à se saisir de tous les avantages qui pouvaient assurer ses succès. D'ailleurs, *Zoraime et Zulnar*, *Beniowsky*, *le Calife de Bagdad*, et *Ma Tante Aurore*, restés à la scène depuis dix ans et toujours entendus avec plaisir, avaient rendu cher au public le nom de Boieldieu. Les deux rivaux furent bientôt ennemis irréconciliables; il ne pouvait guère en être autrement, car tous deux avaient des amis et des partisans exclusifs qui les excitaient l'un contre l'autre, et des intrigues de tous genres se croisaient incessamment pour assurer leurs succès, ou pour nuire à ceux de leur compétiteur. Bien qu'Isouard considérât le retour de Boieldieu comme un fâcheux événement pour lui, il est certain que c'est à cette circonstance qu'il dut le caractère plus élevé que prit dès lors son talent. *Joconde* et *Jeannot et Colin* furent les fruits de sa rivalité avec cet agréable compositeur, et l'on ne peut nier que ce ne soient ses meilleurs ouvrages. Ce ne furent pourtant pas ceux qui obtinrent d'abord le plus de vogue : *Cendrillon*, qui n'a jamais été considérée par les connaisseurs que comme une de ses plus faibles productions, a eu un succès bien plus vif, bien plus décidé; succès qu'on pourrait appeler *extravagant*, et dont il n'y avait point eu jusque-là d'exemple à l'Opéra-Comique.

Livré tout à coup à des goûts de plaisir qui n'avaient eu que peu d'attrait pour lui pendant la plus grande partie de sa vie, Nicolo ralentit son activité productive pendant ses dernières années. Des excès ruinèrent sa santé, et le conduisirent rapidement au tombeau. Il mourut à Paris le 23 mars 1818, usé avant le temps, dans sa quarante-deuxième année, laissant inachevée sa partition d'*Aladin ou la Lampe merveilleuse*. La nomination de Boieldieu à l'Institut de France, en remplacement de Méhul, fut un des plus vifs chagrins de la fin de sa vie : car il s'était porté pour son compétiteur à cette place. En 1814, après la Restauration, il porta sa croix de Saint-Donat, que beaucoup de personnes prirent pour l'ordre de Saint-Jean de Jérusalem; mais, outre qu'il n'était point chevalier de celui-ci, il n'aurait pu en porter la décoration, car il était marié.

Les ouvrages connus de Nicolo Isouard sont : I. Pour l'Église. 1° Cinq Messes à voix seule avec accompagnement d'orgue, composées pour la chapelle des chevaliers de Malte. — 2° Des Psaumes à quatre voix. — 3° Motets à plusieurs voix, avec orgue ou orchestre. — 4° Instruments à vent ajoutés à la Messe de *Requiem* de Jomelli. II. Pour la chambre. — 5° *Hébé*, cantate sur des paroles du commandeur de Saint-Priest. — 6° Huit Cantates sur des paroles du commandeur de Rohan. — 7° *Canzonette*, avec accompagnement de piano. — 8° Duos dans la manière de Clari et de Steffani. — 9° Cantate pour la paix d'Amiens. Tous ces morceaux sont restés en manuscrit. III. Pour le théâtre. Opéras italiens. — 10° *Avviso ai Maritati*, à Florence, en 1794. — 11° *Artaserse*, en 3 actes, à Livourne, 1795. — 12° *Rinaldo d'Asti*, à Malte. — 13° *Il Barbiere di Siviglia*, ibid. — 14° *L'Improvvisata in campagna*, ibid. — 15° *Il Barone d'Alba chiara*. Opéras français. — 16° *La Statue ou la Femme avare*, opéra comique en un acte; Paris, 1800. — 17° *Le Petit Page ou la Prison d'État* (avec Kreutzer), en un acte, 1800. — 18° *Flaminius à Corinthe*, opéra sérieux en un acte (avec Kreutzer), 1801. — 19° *L'Impromptu de campagne*, opéra comique en un acte avec des morceaux nouveaux, 1801. — 20° *Michel-Ange,* en un acte, 1802. — 21° *Le Baiser et la Quittance* (avec Méhul, Kreutzer et Boieldieu), en 3 actes, 1802. — 22° *Les Confidences,* en 2 actes, 1803. — 23° *Le Médecin turc,* en un acte, 1803. — 24° *Léonce ou le Fils adoptif,* en 2 actes, 1805. — 25° *La Ruse inutile,* en 2 actes, 1805. — 26° *L'Intrigue aux fenêtres,* en un acte, 1805. — 27° *Idala,* en 3 actes, 1806. — 28° *La Prise de Passaw,* en 2 actes, 1806. — 29° *Le Déjeuner de garçons,* en un acte, 1806. — 30° *Les Créanciers ou Remède à la Goutte,* en 3 actes, 1807. — 31° *Les Rendez-vous bourgeois,* en un acte, 1807. — 32°. *Un Jour à Paris,* en 3 actes, 1808. — 33° *Cimarosa,* en 2 actes, 1808. — 34° *L'Intrigue au sérail,* en 3 actes, 1809. — 35° *Cendrillon,* en 3 actes, 1810. — 36° *Le Magicien sans magie,* en 2 actes, 1811. — 37° *La Victime des arts* (avec Solié et Berton fils) en 2 actes, 1811. — 38° *Le Billet de loterie,* en un acte, 1811. — 39° *La Fête au village,* en un acte, 1811. — 40° *Lulli et Quinault,* en un acte, 1812. — 41° *Le Prince de Catane,* en 3 actes, 1813. — 42° *Le Français à Venise,* en un acte, 1813. — 43° *Joconde,* en 3 actes, 1814. — 44° *Jeannot et Colin,* en 3 actes, 1814. — 45° *Le Siége de Mézières* (avec Chérubini, Catel et Boieldieu), en un acte, 1814. — 46° *Les Deux Maris,* en un acte, 1816. — 47° *L'Une pour l'autre,* en 3 actes, 1816. — 48° *Aladin ou la Lampe merveilleuse.* Les deux premiers actes, et une partie du troisième, dont il n'y avait que le canevas, étaient tout ce que Nicolo avait laissé de cet ouvrage; Benincori fut chargé de l'achever après la mort de cet artiste, et écrivit les trois derniers actes; mais lui-même ne vit pas le succès de son travail, car il mourut environ six semaines avant la première représentation, qui eut lieu le 6 février 1822.

Nicolo Isouard avait une bibliothèque de musique bien choisie et qui contenait des choses curieuses; après sa mort, le Conservatoire de musique de Paris en a acquis une partie.

ITARD (J.-E.-M.-C.), médecin de l'Institut royal des sourds-muets, né en Provence en 1775, a été successivement chirurgien interne à l'hôpital militaire d'instruction de Paris, chirurgien aide-major du même établissement, et enfin il obtint en 1797 sa nomination de médecin à l'Institut des sourds-muets. Cette dernière place lui a fourni de fréquentes occasions d'étudier les affections morbides des organes de l'ouïe; il s'est livré à des recherches suivies sur la constitution de ces organes, sur leurs altérations et sur les moyens curatifs qui peuvent être mis en usage dans tous les cas, et ses succès pratiques ainsi que ses ouvrages lui ont mérité une réputation européenne. Au nombre des écrits de ce savant médecin, on doit mettre en première ligne son *Traité des maladies de l'oreille et de l'audition* (Paris, 1821, 2 volumes in-8°, avec des planches), excellente monographie où tout ce qui concerne les organes de l'ouïe est traité de main de maître. Les parties de cet ouvrage qui ont un rapport direct à la science de l'acoustique sont les quatre premiers chapitres du premier volume, lesquels renferment : 1° des recherches historiques sur les découvertes anatomiques relatives à l'organe de l'ouïe; 2° la description de l'organe de l'ouïe dans l'homme; 3° la description du même organe dans les animaux; 4° l'usage des parties qui composent l'organe de l'ouïe dans la perception des sons (p. 1 à 101). Le second volume renferme un très-bon morceau *sur les cornets acoustiques et autres instruments propres à aider l'audition* (p. 78 à 97). M. Itard y indique de nouveaux principes pour la construction des instruments de cette espèce. Ce savant est mort à Passy, le 5 juillet 1838.

IVERY (Jean), professeur de musique à Northaw, dans le comté d'Hertford, vivait dans la seconde moitié du dix-huitième siècle. Il s'est fait connaître par un ouvrage qui a pour titre : *The Hertfordshire Melody, or Psalm Singer' s recreation, being a valuable collection of Psalms, Hymns, Anthems, etc., on various occasions, to which is prefixed a new, concise and easy introduction to the art of singing, and a copious Dictionary of the terms made use of in Music* (Mélodies du comté de Hertford, ou récréation du chanteur de psaumes, bonne collection de psaumes, hymnes, antiennes, etc., pour diverses circonstances; précédés d'une introduction nouvelle, concise et facile, de l'art du chant, et d'un dictionnaire complet des termes usités en musique); Londres, 1773, in-8°.

IVES (Simon), musicien anglais, chantre à l'église Saint-Paul de Londres, né dans la seconde moitié du seizième siècle, mourut à Londres en 1662. Sous la domination de Cromwell, il perdit sa place à la cathédrale, et devint simple professeur de musique. Ives et Henri Lawes composèrent les airs de la mascarade qui fut exécutée à Whitehall en 1633. Plusieurs chansons de ce musicien se trouvent dans la collection publiée par Hilton et dans le *Musical Companion* de Playford. Smith a aussi inséré une élégie à trois voix composée par Ives, dans sa *Musica antiqua.*

J

JACCHINI (Joseph), célèbre violoncelliste, attaché à l'église de Saint-Pétrone à Bologne au commencement du dix-huitième siècle, et académicien philharmonique, a publié plusieurs œuvres de musique instrumentale, parmi lesquels on remarque : *Concerti per camera a* 3 e 4 *stromenti, con violoncello obligato*, op. 4 ; Bologne, 1701, in-4°.

JACHET ou **GIACCHES**. *Voyez* BERCHEM ; BUUS ; VAET ; DE WERT.

JACKSON (William), professeur de mathématiques à Londres, dans la première moitié du dix-huitième siècle, est auteur d'un instrument en cuivre composé de plusieurs plateaux circulaires et concentriques, se mouvant sur leur axe, et offrant dans leurs révolutions la démonstration numérique des rapports diatoniques, chromatiques et enharmoniques des sons. Il en a donné la description, avec la figure gravée de l'instrument et un grand tableau démonstratif, sous ce titre : *A preliminary discourse to a scheme demonstrating and shewing the perfection and harmony of sounds* (Discours préliminaire concernant un instrument par lequel on démontre et rend sensibles aux yeux la perfection et l'harmonie des sons) ; Westminster, J. Cluer et A. Campbell, 1726, in-4° de 53 pages (1).

JACKSON (William), connu sous le nom de Jackson d'Exeter, était fils d'un épicier, et naquit en cette ville au mois de mai 1730. Ayant montré dans sa jeunesse d'heureuses dispositions pour la musique, on lui fit apprendre les éléments de cet art, et à l'âge de seize ans on le plaça chez l'organiste de la cathédrale d'Exeter, qui lui donna des leçons pendant deux ans ; puis il se rendit à Londres, où il devint élève de Travers, organiste de la chapelle royale. Il retourna ensuite dans sa ville natale et y enseigna la musique. En 1755 il publia son premier ouvrage, qui consistait en une collection de douze chansons qui, par leur originalité, leur style élégant et simple, obtinrent un succès populaire. Il fit paraître ensuite six sonates pour le clavecin, six élégies à trois voix et plusieurs autres productions qui le placèrent au rang des compositeurs les plus distingués qui vivaient de son temps en Angleterre. Il s'occupait aussi de peinture et de littérature, et s'y faisait remarquer par ses talents. Il mourut à Exeter, au mois de juillet 1803, après avoir passé plusieurs années dans une situation fort douloureuse, occasionnée par un asthme violent. Outre les ouvrages cités précédemment, Jackson a composé plusieurs services et antiennes qui sont en manuscrit à la cathédrale d'Exeter, dix-huit œuvres d'hymnes, chansons, élégies, etc., qui ont été publiés. Il a fait représenter au théâtre de Drury-Lane, en 1780, un opéra intitulé *The Lord of the manor* (Le Seigneur campagnard). On lui attribue aussi la musique du drame *Lycidas*, représenté à Covent-Garden en 1767, et de l'opéra *les Métamorphoses*, joué sans succès à Drury-Lane, en 1783.

Comme écrivain on a de lui : 1° *Thirty Letters on various subjects* (Trente Lettres sur divers sujets) ; Londres, 1782, 2 volumes in-12, où il a traité de plusieurs objets relatifs à la musique. — 2° *Observations on the present state of Music in London* (Observations sur l'état présent de la musique à Londres) ibid., 1791, brochure in-8°. Gerber indique aussi du même auteur un Traité d'harmonie qui, je crois, n'a pas paru.

(1) Dans la première édition de la *Biographie universelle des musiciens*, cet ouvrage est faussement attribué à Jackson d'Exeter, qui n'était pas né. Je n'ai pas conservé le souvenir de la source où j'ai puisé la date de 1741 donnée pour l'impression de cet écrit dans la Notice de Jackson d'Exeter : il se peut qu'il ait été reproduit avec un nouveau frontispice.

JACKSON (JAMES GRAY), orientaliste et membre de la Société asiatique de Londres, dans la première moitié du dix-neuvième siècle, a publié une traduction anglaise d'un traité arabe sur la musique, extrait des œuvres d'Abdallah ben Khaledune (Voyez *Khaldoun*), dans le volume XX de l'*Asiatic Journal and monthly Register for British India and its dependance* (juillet à décembre 1825), sous ce titre : *Arabian Treatise on Music, extracted from the Works of Abdallah ben Khaledune, in the Royal Library of Paris*. Une réimpression de ce morceau a paru à Londres en 1828.

JACOB (. . . .), facteur d'orgues au commencement du dix septième siècle, a construit en 1606, dans la cathédrale de Lubeck, un instrument de trente jeux.

JACOB (.....), violoniste français, fut élève de Gaviniès. En 1765 il entra à l'orchestre de l'Opéra. M. Ch.-Ferd. Becker dit qu'il mourut à Paris en 1769 (*Systemat. chronol. Darstellung der musik. Litteratur*, pag. 270); Choron et Fayolle placent l'époque de sa mort vers 1770 (*Dictionnaire historique des musiciens*); en réalité, les registres de l'Opéra et l'Almanach des spectacles font voir qu'il a cessé de vivre en 1772. Cet artiste a fait exécuter au Concert spirituel quelques motets de sa composition; mais il est connu surtout par un livre qui a pour titre : *Méthode de musique sur un nouveau plan*; Paris, 1769, in-8° de 66 pages. Dans ses notes manuscrites, Boisgelou dit que cet ouvrage n'a point été fait par Jacob, musicien de l'Opéra, mais par Nicolas Jacob, organiste de la Charité; s'il avait lu le titre du livre, il y aurait vu : *par M. Jacob, de l'Académie royale de musique*. Une analyse inexacte de l'ouvrage de Jacob, donnée par La Borde (*Essai sur la musique*, t. III, p. 637-638), a induit Forkel en erreur, et lui a fait croire que ce livre avait été écrit en opposition au système de l'unité des clefs proposé par l'abbé de la Cassagne dans ses éléments du chant (*Allgem. Litter. der Musik*, pag. 272). Forkel a été copié par Lichtenthal et M. Becker : cependant il n'est point question de cela dans la *Méthode de musique sur un nouveau plan*. Cette méthode de Jacob consiste à faire solfier les élèves sur une portée sans clef, en substituant des noms de chiffres aux noms des notes : première pensée de la méthode du *Méloplaste*, mise en vogue par Galin, environ soixante ans après Jacob. Celui-ci a expliqué avec clarté son système dans un paragraphe de son avant-propos, où, après avoir donné les définitions des clefs et de l'étendue des voix, d'après le Dictionnaire de musique de J.-J. Rousseau, il ajoute : « Ces deux objets, la nature des clefs « et les différents genres de voix, une fois bien « connus, il sera aisé d'en conclure que l'ordre « des notes de la musique est absolument indé« pendant et des clefs, et des genres de voix, « et du degré d'élévation ou d'abaissement dans « lequel un particulier peut vouloir chanter. Il « serait donc beaucoup plus simple d'apprendre « à solfier sur la seule position des notes, c'est« à dire relativement à l'ordre qu'elles ont « entre elles, et aux degrés qu'elles occupent « dans la portée, que de ne faire connaître ces « notes qu'au moyen de telle ou telle clef, ainsi « qu'on le fait communément. »

JACOB (GUNTHER), moine bénédictin du couvent de Saint-Nicolas, à Prague, vécut au commencement du dix-huitième siècle. Il eut de la réputation comme compositeur pour l'église. On a publié sous son nom : 1° *Psalmi vespertini pro omnibus totius anni festivitatibus, et Te Deum laudamus* 4 *vocum*, 2 *violinis*, 2 *lituis* (trompettes), *cum organo*; Prague, Georges Labaun, 1714, in-fol. — 2° *Missæ IV vivorum, defunctorum 1*, 4 *voc.*, 2 *viol.*, 1 *viola*, 2 *lituis et organo*; ibid., 1725, in-fol. — 3° *Missæ V pro honore Dei*, ibid., 1726.

JACOB (BENJAMIN), né à Londres en 1778, apprit les éléments de la musique sous la direction de son père, puis entra comme enfant de chœur à la chapelle de Portland, et prit des leçons de plusieurs maîtres obscurs pour le piano. A dix ans il fut nommé organiste de la petite chapelle de Salem, près de Soho-square, et successivement il remplit les mêmes fonctions dans plusieurs paroisses. En 1796 il étudia l'harmonie sous la direction d'Arnold. Dans les années 1809, 1811, 1812 et 1814, Jacob joua sur l'orgue, alternativement avec Samuel Wesley et le docteur Crotch, les fugues et les préludes de Bach et de Handel, devant des assemblées de près de 3,000 personnes. On a de cet artiste : 1° *A second volume of tunes for the use of Surrey chapel*. Une partie de ce recueil a été composée par lui. — 2° *Divine and moral songs, as solos, duets and trios*. — 3° Des glees pour différentes voix. — 4° *National Psalmody*, collection de chants à l'usage des églises d'Angleterre. En 1824, Jacob préparait un traité d'harmonie intitulé : *Analytical and analogical treatise on thorough-bass, and the principles of harmony*; mais il ne paraît pas que cet ouvrage ait été publié.

JACOB (FRÉDÉRIC-AUGUSTE-LEBERECHT), compositeur et auteur didactique, né à Kroitzsch, près de Liegnitz, en Silésie, le 25 juin 1803. Il apprit de son père, Samuel-Gottlob Jacob, les éléments de la musique, du piano et du violon, puis il passa sous la direction du cantor Speer; mais ce fut surtout près de son parent Heutschel, qui par la suite est devenu directeur de musique et professeur au séminaire des instituteurs à Weissenfeld, qu'il fit ses études les plus sérieuses dans l'harmonie et dans la composition. Au printemps de 1819, Jacob partit de Kroitzsch pour aller occuper la place de professeur adjoint à l'école de Herrndorf, près de Glogau, et dans l'année suivante il entra au séminaire de Bunzlau. Enfin, le 9 juin 1824, il obtint les places de cantor, d'organiste et de professeur à Konradsdorf, près de Liegnitz, qu'il occupait encore en 1845. On a de cet artiste : 1° *Fassliche Anweisung zum Gesang-Unterricht in Volkschulen* (Méthode élémentaire pour l'enseignement du chant dans les écoles populaires); Breslau, 1828. — 2° *Der Singschüler* (L'Élève chanteur), consistant en petites pièces, canons, *Lieder* et chorales pour une ou plusieurs voix, à l'usage des écoles populaires, en 2 suites; Breslau, 1828. — 3° *Der Mædchen Blumengarten*, petits poëmes mis en musique pour une et plusieurs voix, à l'usage des écoles populaires de jeunes filles, en 2 suites; Neisse, 1830. — 4° *Lieder* pour la jeunesse, à 3 et 4 voix. — 5° Vingt-quatre *Lieder* allemands, à 2 et 4 voix, op. 5; Breslau, chez Pelz (sans date) — 6° *Der Volkssænger* (Le Chanteur populaire), pour une et deux voix, op. 9; Essen, Bædeker (sans date) — 7° *Liederwældchen*, recueil de chants à une et deux voix pour les écoles, op. 15; Essen, Bædeker (en collaboration avec Erk). — 8° *Deutscher Liedergarten* (Jardin de chants allemands) pour une, deux, trois et quatre voix, en 3 suites; ibid. — 9° Deux mélanges d'airs à 4 voix, avec accompagnement d'orgue ou d'orchestre, op. 14; Haynau, Fischer. — 10° Chant funéraire pour quatre voix d'hommes; Breslau, Pelz. — 11° *Der Festtagssænger* (Le Chanteur des jours de fêtes), recueil d'airs pour tous les jours de fêtes, op. 8. 1re, 2e et 3e années; Haynau, Fischer. — 12° Cent chants funèbres pour voix d'hommes avec chœur, op. 7; Essen, Bædeker. — 13° *Der Kirchliche Sængerchor* (Le Chœur chantant de l'église), op. 16; 1845, ibid. Jacob a fait insérer divers morceaux de critique musicale dans l'*Eutonia* de Hientzsch, dans les Archives des écoles populaires de Grüfe, et dans les *Schlesischen Schulboten*.

JACOBELLO (Mistro ou Maitre), un des plus anciens facteurs d'orgues dont les noms sont connus, vécut à Venise vers le milieu du quatorzième siècle. Il construisit le premier orgue de l'église Saint-Marc de cette ville en 1364, et le termina le 17 juillet de la même année (*Voyez* le livre de M. Caffi, *Storia della musica sacra nella già cappella ducale di San-Marco in Venezia*, t. II, p. 120).

JACOBETTI (Pierre), né au bourg d'Annico, près de Crémone, dans la seconde moitié du seizième siècle, fut archiprêtre de Ripatransone, dans les États de l'Église. Il est auteur d'un ouvrage qui a pour titre : *Lamentationes cum omnibus responsoriis in Hebdomada sancta et Passionis in Missis Dominicæ Palmarum et Parasceve quatuor vocibus;* Venetiis, Jac. Vincenti, 1601.

JACOBI (Michel), né au commencement du dix-septième siècle, dans la Marche de Brandebourg, parcourut dans sa jeunesse l'Allemagne et l'Italie, fut quelque temps au service de la république de Venise, et servit comme cavalier dans la guerre contre le pape. Il visita ensuite Paris, Copenhague et Stockholm, puis séjourna à Haseldorf, entre Hambourg et Glückstadt, chez un certain Ahlefeld, où il chantait et jouait du violon, du luth et de la flûte. Enfin, en 1651, il obtint une position convenable comme *cantor*, à Lunebourg. Il a publié : 1° *Sonderbares Buch neuer himmlischen Lieder* (Livre singulier de nouvelles Chansons spirituelles); Lunebourg, 1651, in-8°. — 2° *Frommer und gottseeliger Christen alltægliche Haus-Musik oder musikalische Andachten* (Dévotions musicales et journalières des chrétiens pieux, etc.); Lunebourg, 1654. — 3° *Musikalische Catechismus Andachten* (Catéchisme de dévotions musicales); ibid., 1646. — 4° *Timor Domini, optimæ mentis humanæ cum divina harmonia, variis tum vocibus tum instrumentis musicis proposita;* Hambourg, 1665, in-fol.

JACOBI (Tobie), instituteur à Seidenberg, dans la haute Lusace, né à Hirschberg, en Silésie, est auteur d'un ouvrage qui a pour titre : *Scala cœli musicalis et spiritualis, oder die geistliche musikalische Himmels-Leiter, von* 20 *Sprossen oder Sprüchen Altes und Neues Testaments*, etc. (Échelle musicale et spirituelle du ciel, de vingt échelons, ou maximes de l'Ancien et du Nouveau Testament, etc., composées pour 4, 5 et jusqu'à 10 voix, à la manière des madrigaux et des motets); Zittau, 1674, in-4°.

JACOBI (....), luthier à Meissen, vécut au commencement du dix-huitième siècle. Il est loué par Baron, dans ses Recherches sur le luth (p. 82), pour la bonté de ses instruments.

JACOBI (Chrétien-Gothilf), né le 26 janvier 1696 à Magdebourg, perdit la vue à l'âge de dix ans, par l'effet de la petite vérole. La nature le dédommagea de ce malheur en lui donnant un esprit vif, pénétrant, et en le douant d'heureuses dispositions pour les sciences et pour la musique. Simon-Conrad Lippe, organiste de l'église Saint-Jean, lui donna les premières leçons de cet art, et le rendit assez habile, après deux années d'étude, pour qu'il pût jouer de l'orgue dans les églises. En 1714 Jacobi s'éloigna de Magdebourg, pour visiter les écoles de Leipsick et de Jéna, puis il se fit entendre avec succès dans plusieurs cours. En 1720, il obtint la place d'organiste à l'église Saint-Pierre de Magdebourg; six ans après, il fut appelé à remplir les mêmes fonctions dans celle de Sainte-Catherine. Telle était sa situation en 1732, époque où s'arrêtent les renseignements fournis par Walther. Jacobi était un organiste et un compositeur distingué. Il dictait ses ouvrages avec une rapidité et une dextérité très-remarquables. Ses compositions sont restées en manuscrit.

JACOBI (Adam-Frédéric-Ernest), conseiller du consistoire et pasteur à Cranichfeld, dans le duché de Saxe-Gotha, naquit à Ichtershausen le 27 octobre 1733. Il fut d'abord aumônier du régiment de Saxe-Gotha, au service de la Hollande, puis pasteur à Coppenbrugge, dans le comté de Spiegelberg, et mourut à Cranichfeld, le 3 avril 1807. Au nombre de ses ouvrages, on trouve une dissertation intitulée : *Nachricht von den Glockenspielen in Hollund* (Notice sur les carillons de la Hollande), dans le Magasin de Hanovre, année 1771, n° 15, et dans la Collection des petits écrits fugitifs de l'auteur; Leipsick, 1790, in-8°.

JACOBI (Frédéric-Guillaume), facteur d'instruments de cuivre à Dresde, né à Berlin en 1754, apprit les principes de son art chez un facteur de cors et de trompettes, nommé *Leutholdt*, et demeura près de lui en apprentissage pendant sept ans. Après la mort de son maître, il hérita de ses modèles, et en 1768 il s'établit à Dresde. Depuis ce temps il s'est fait remarquer en Allemagne par la bonne qualité de ses instruments.

JACOBI (Conrad), virtuose sur le basson et violoniste, né à Mayence, le 21 juillet 1756, fut d'abord musicien de la chambre à Cobourg, puis, en 1802, il obtint la place de directeur de musique à la chapelle de Dessau. Il est mort dans cette position, le 11 juillet 1811. On a de cet artiste de la musique composée pour son instrument, où l'on remarque du goût et de l'élégance. Ses principaux ouvrages sont : 1° Deux concertos pour basson et orchestre. — 2° *Concertino*; idem, op. 7; Leipsick, Breitkopf et Hærtel. — 3° Variations pour basson et orchestre, op. 8 et 10; ibid. — 4° Pots-pourris, *idem*, op. 6 et 12; ibid. — 5° Introduction et Polonaise, *id.* op. 9; ibid. — 6° Divertissement, *idem*, op. 11; ibid. — 7° Quatuor pour basson, violon, alto et basse, op. 4; Bonn, Simrock. — 8° Duos pour 2 bassons, op. 5; ibid.

JACOPO ou **JACQUES DE BOLOGNE** (Maître), compositeur italien du quatorzième siècle, a été inconnu à tous les historiens de la musique. Il fut le contemporain de François Landino, surnommé *Francesco Cieco* ou *Francesco degli Organi*. Un manuscrit de la Bibliothèque impériale de Paris (coté n° 535 du supplément) renferme des chansons italiennes à deux ou trois voix, de sa composition : elles sont notées en notation noire franconienne.

JACOPONE ou **JACOPO BENEDETTO**, célèbre poëte ascétique italien, naquit à Todi, dans le treizième siècle. Destiné par sa famille à l'étude de la philosophie et de la jurisprudence, il y fit de rapides progrès. Après avoir été reçu docteur en droit, il fut un des avocats les plus célèbres de Rome. Il s'était marié, et la femme qu'il avait unie à son sort était aussi distinguée par ses vertus et les qualités de son esprit que par sa naissance. Un événement funeste la ravit à son époux : pendant qu'elle assistait à un bal brillant, le plafond de la salle s'écroula sur les assistants et la tua. Désespéré de ce malheur, Jacopo renonça aux plaisirs du monde, à ses biens, et se couvrit de haillons; puis il parcourut l'Italie en se donnant l'apparence d'un insensé. Ce fut alors qu'il reçut, des enfants qui le suivaient, le sobriquet de *Jacopone*. Fatigué de sa vie errante, il finit par entrer dans l'ordre des Franciscains, et y fit profession. Dès ce moment il se livra à la composition de beaucoup d'hymnes et de cantiques dont on lui attribue les mélodies aussi bien que les vers. Il mourut dans son couvent, le 25 décembre 1306. C'est lui qui a composé les hymnes *Cur mundus militat sub vana gloria*, *Ave rex Angelorum*, et le *Stabat Mater dolorosa*, qui a été faussement attribué au pape Innocent III.

JACOTIN, musicien belge de la Flandre, naquit entre les années 1440 et 1450. Gerber dit, dans son Nouveau Lexique des Musiciens, que ce nom indique vraisemblablement *Jacquet* ou *Jachet* de Mantoue, et Schmid, dans son livre sur Petrucci de Fossombrone, pense que c'est une désignation de Jachet de Berchem ; mais des documents authentiques découverts par M. Léon de Burbure, dans les archives de la collégiale de Notre-Dame d'Anvers, établissent les faits suivants : Le nom de famille de Jacotin était *Godebrye*, lequel est quelquefois traduit en latin par celui de *Godefridi* (*Jacobus Godefridi*). Cela est démontré par un écrit flamand de sa main, dans lequel, parlant d'une chapelanie (bénéfice) qui lui avait été donnée après la mort d'un prêtre nommé *André Wielman*, il dit : « Item après « ce Dominus André, cette même chapelanie fut « donnée à celui qui s'appelle Jacques Godebrye, « *communément nommé Jacotyn*, l'an du Sei« gneur 1479, le 9 juillet, et je suis encore « possesseur de celle-ci par la grâce de Dieu, « pour aussi longtemps qu'il lui plaira (1). » En tête d'un autre rôle, en langue latine, écrit également de la main de Jacotin sur parchemin, on trouve l'intitulé suivant : « Secuuntur perpetui « *redditus Capellanie quarta animarum* (*de la* « quatrième chapelanie des âmes) in choro hu« jus insignis ecclesie collegiate beate marie an« tverpiensis pertinentes qui quidem capellania « collata fuit *michi* Jacobo Godebrye anno incar« nationis dominice (*sic*) M°CCCC° LXXIX° die « nona mensis julii. Cujus *ante me* possessor « fuit Dominus Andreas Wielman pie memorie. » Les mots *michi* et *ante me* prouvent que le rôle est écrit par Jacques Godebrye lui-même. Il n'y a donc pas de doute possible : Jacques Godebrye et Jacotin ne sont qu'une seule et même personne.

Lorsque Jacotin fut reçu chanteur à la collégiale d'Anvers, au commencement de l'année 1479, il n'était pas encore prêtre, car il ne se donne pas la qualification de *Dominus* (en flamand *Heer*), réservée aux ecclésiastiques à cette époque; toutefois cela ne l'empêcha pas, comme on vient de le voir, d'être pourvu d'un bénéfice dans la même année, parce qu'en vertu de priviléges spéciaux accordés par plusieurs papes à Notre-Dame d'Anvers, pour favoriser la musique de chœur, les laïques pouvaient obtenir des bénéfices semblables après leur admission comme chanteurs de cette église. Ces chanteurs, appelés *vicaires*, étaient au nombre de douze, et avaient chacun un douzième du revenu affecté à cette catégorie de choristes. Bientôt après que Jacotin y eut été admis, il obtint la chapelanie dont il a été parlé précédemment, et dès lors il eut un revenu suffisant pour vivre d'une manière honorable. Plus tard, il obtint la prêtrise.

Le nombre des chanteurs (vicaires et chapelains) qui, en 1482, exécutaient à l'église de Notre-Dame les offices en musique, était divisé en deux groupes : celui du côté droit du chœur s'élevait à vingt-neuf : au côté gauche il était de trente-deux, en tout soixante et un, non compris les enfants de chœur, et un certain nombre de chanoines, chantres émérites de la chapelle pontificale, qui unissaient sans doute leurs voix à celles des autres musiciens. Jacotin était alors un des derniers chantres vicaires, et comme tel il était placé dans le chœur après les autres chantres. Les états de présence font voir qu'il était assidu à son poste jusqu'en 1528, en sorte que son service dans la collégiale n'a pas duré moins de quarante-neuf ans. Au commencement de cette année 1528, il occupait, au chœur de droite, la place la plus rapprochée de l'autel, en sorte que, *dans sa longue carrière, il avait vu disparaître les* soixante chanteurs qui le précédaient en 1479, suivant l'ordre des dates de réception. Il mourut bientôt après : la date de son décès est rapportée de la manière suivante dans un document écrit pour l'usage de maître Simon de Plauen, son successeur dans sa chapelanie : on y lit : «*Item*, « après celui-ci (André Wielman), cette chape« lanie fut conférée à maître Jacque Godebrye « autrement nommé Jacotin, en l'an 1479, « le 9 juillet, lequel mourut l'an 1528, style de « France, avant Pâques, le mercredi de la se« maine sainte, qui était le 24 mars; et ensuite « elle fut donnée à un sous-curé de l'église Notre« Dame, nommé maître Plauen, natif d'Asperen, « endéans trois semaines après la mort de Ja« cotin, le 16 avril 1529, après Pâques (1). » La contradiction qu'on remarque entre ces deux dates n'est qu'apparente; car, à cette époque, le renouvellement de l'année n'avait pas lieu au premier janvier dans les Pays-Bas, mais la veille de Pâques après la cérémonie de la bénédiction du cierge pascal. Il en était de même dans la plus grande partie de l'Europe.

Jacotin fut un des musiciens renommés de la fin du quinzième siècle et de la première partie du seizième. Le deuxième livre des *Motetti de la Corona*, imprimé à Fossombrone (États ro-

(1) Item ne desen heere Andræse soe was desen salven capelrien ghegeven een die heet Jacope Godebrye alias Jacotyn, anno Domini IIIIC neghenseventich neghensten dach in julio ; ende noch den ic possessoor van de se by den gratien Gods, alsoe lanck (sic) alst hem believen sal.

(1) Item na dese se is gegheven een die heer Jacop Godebrye, alias Jacotyn, int jaer MCCCCLXXIX, nona julij ; die welcke dat sterf anno MCCCCCXXVIII stilo gallicano voor paesschen; feria quarta hebdomade sancte, que erat 24 martii ende daer na is gegheven enen onderprochiaen van onzer Vrouwen kercke, geheten master Simon de Plauen van Asperen geboren, ende dat binnen een drie weken na Jacotyns doot, na paesschen anno MCCCCCXXIX die 16 aprilis.

mains) par Ottaviano de Petrucci, en 1519, contient trois motets à quatre voix de cet artiste (*Interveniat pro rege nostro; Michael archangele;* et *Rogamus te virgo Maria*). Dans la rare collection de chansons publiées par Salblinger et imprimée par Philippe Uhlard à Augsbourg, en 1545, sous ce titre : *Concentus octo, sex, quinque et quatuor vocum omnium jucundissimi*, on trouve quelques pièces intéressantes de Jacotin. Plusieurs chansons françaises de sa composition se trouvent dans le deuxième volume des *Bicinia gallica, latina et germanica*, imprimées chez Georges Rhau, à Wittenberg, dans la même année. Les livres 5me, 6me, et 9me de la grande collection des motets et de *Magnificat* à cinq et six parties, publiée par Pierre Attaingnant (Paris, 1534, petit in-4°, obl.), en contiennent plusieurs du même artiste. Le sixième livre des chansons nouvellement composées en musique par bons et excellents musiciens (Paris, 1556, Adr. Le Roy et Robert Ballard), contient la chanson à quatre parties de *Jacotin* : *Je voudroys bien*. On en trouve trois autres dans le premier et second livre du *Recueil des recueils*, publiés par les mêmes imprimeurs (Paris, 1563 et 1564, ou 2e édition, 1567). Des messes à six voix de Jacotin, qui portent la date de 1510 dans le catalogue de l'abbé Santini, se trouvent à Rome, dans sa collection. Contemporain de Josquin Deprès, mais plus âgé que cet illustre maître, Jacotin a moins de hardiesse que lui dans sa manière d'écrire, mais il y a plus de plénitude dans son harmonie.

JACOTOT (Joseph), né à Dijon, le 4 mars 1770, servit d'abord dans l'artillerie, et parvint au grade de capitaine dans le bataillon de la Côte-d'Or. En 1793, il quitta le service militaire et obtint un emploi dans l'administration de l'École polytechnique. Les écoles centrales ayant été instituées, il fut envoyé à celle de Dijon pour y enseigner les langues anciennes, puis il devint professeur de mathématiques au lycée de la même ville. Enfin il y fut professeur agrégé de droit romain. Nommé membre de la chambre des représentants en 1815, après le retour de Napoléon, il ne s'y fit point remarquer; cependant ses opinions politiques le firent s'éloigner de la France à l'époque de la seconde restauration. Il se rendit en Belgique, et bientôt il obtint du roi des Pays-Bas sa nomination de lecteur de langue française à l'université de Louvain. Là, il fit les premiers essais de son système d'enseignement, qui a eu un moment de vogue sous le nom d'*Enseignement universel*. L'auteur de cette méthode pose comme principes du système, que tout est dans tout, et que toutes les intelligences sont égales : d'où il suit : 1° qu'il y a vice dans les méthodes où l'on passe incessamment d'un objet à un autre, en allant du simple au composé, parce qu'on n'apprend bien que ce qu'on recommence sans relâche, et parce que le but n'est pas aperçu quand le point de départ n'est pas dans l'objet même qu'il s'agit de réaliser; — 2° que si tous les individus n'atteignent pas au même degré de connaissances et d'habileté dans les sciences et dans les arts, c'est que les uns ont de la persévérance, et les autres de la paresse, dans leurs études. Appliquant particulièrement ces principes à la musique, Jacotot ne veut pas qu'on en commence l'étude par des noms de notes, de clefs, de mesures et de signes de toute espèce, dont on ne conçoit pas d'abord l'usage; mais que chacun, prenant un air populaire qui lui soit familier, se fasse donner cet air noté, et qu'il *compare* sans cesse les intonations et les durées des sons que forme sa voix avec les signes qui sont sur le papier; quand on aura bien saisi la valeur et la destination de chacun de ces signes, on saura la musique, et l'on sera en état de lire et de chanter tout air, toute musique quelconque. De même, si l'on veut apprendre à jouer du piano, il ne faudra pas s'occuper par abstraction du nom des touches, ni de leur correspondance avec les notes, ni faire des exercices partiels des cinq doigts, ni jouer des gammes avec l'une et l'autre main, etc.; mais on mettra sur le pupitre, par exemple, les deux premières pages d'un concerto de Hummel, et comme on aura déjà la connaissance de la signification des signes par l'étude de l'air populaire, on cherchera cette signification sur le clavier, se bornant d'abord aux quatre premières mesures qu'on apprendra par des tâtonnements, et qu'on répétera sans cesse; puis on joindra quatre autres mesures aux premières, et quand on aura été comme cela jusqu'au bout des deux premières pages du concerto, quand on les jouera bien, on sera un grand pianiste; car toute musique de piano possible, dit Jacotot, est dans les deux premières pages du concerto de Hummel. C'est pour expliquer ce mode d'enseignement que l'auteur a publié un volume intitulé : *Enseignement universel. Musique*; Louvain, 1824, petit in-8° de 295 pages. 2e édition, Paris, 1829, in-8°. La quatrième édition, intitulée : *Musique, dessin, peinture*, a été publiée à Paris, chez Mansut, 1839, 1 vol. in-8°. Environ 250 pages de ce volume renferment des divagations sur toutes sortes de sujets qui n'ont point de rapport avec la musique : le reste explique la méthode. L'enseignement universel a eu un certain éclat en Belgique, et même en

France, pendant plusieurs années; mais il est maintenant oublié.

JACQUART (JEAN), facteur de clavecins et d'épinettes, vécut à Paris dans la première moitié du dix-septième siècle. Il jouissait de la réputation d'un des meilleurs artistes en son genre, à l'époque où le P. Mersenne écrivit son traité de l'*Harmonie universelle*; car ce savant dit (*Traité des instruments à chordes*, liv. III, p. 159) que les meilleurs facteurs de France étaient alors *Jean Jacquart* et *Jean Denys*, et qu'ils étaient les successeurs d'*Antoine Potin* et d'*Emery*, ou *Médéric* (voy. ces noms). Une épinette de Jacquart se trouvait au nombre des vieux instruments conservés au dépôt des *Menus-Plaisirs* du roi (rue du Faubourg-Poissonnière, à Paris), ayant échappé aux dévastations de la première révolution; mais, après celle de 1830, ce précieux reste d'antiquités musicales fut vendu avec d'autres épinettes et clavecins, puis détruit pour en retirer les ornements qui le décoraient.

JACQMIN (FRANÇOIS), né à Rouen le 28 juillet 1793, a appris dans cette ville les éléments de la musique et du cor; puis il a été admis au Conservatoire de musique de Paris, le 8 octobre 1814, et y a continué ses études sous la direction de Dauprat. Il obtint le premier prix de son instrument au concours de 1818. Entré comme premier cor au Théâtre Italien, dans l'année suivante, il en sortit en 1826 pour entrer à l'orchestre de l'Opéra-Comique, où il resta pendant plus de vingt-cinq ans. En 1829, il avait obtenu la place de chef de musique de la garde municipale de Paris. Cet artiste s'est fait connaître comme compositeur par les ouvrages suivants : 1° Douze duos pour 2 cors, op. 1; Paris, Dufant et Dubois (Schœnenberger). — 2° Air : *Grenadier, que tu m'affliges*, varié pour cor et piano, op. 2; ibid. — 3° Air varié pour cor et orchestre, op. 3; ibid. — 4° Trois duos concertants pour 2 cors, op. 4; ibid. — 5° Fantaisie pour cor et harpe sur des thèmes du *Turc en Italie;* Paris, A. Petit. — 6° Deuxième fantaisie pour cor et harpe ou piano, sur des thèmes du *Barbier de Séville;* ibid. — 7° Fantaisie idem sur des thèmes de la *Dame blanche;* Paris, Janet. — 8° Trois duos concertants pour 2 cors, op. 9; Paris, Schœnenberger. — 9° *Méthode complète de premier et de second cor;* Paris, A. Petit, 1832, gr. in-4°.

JACQMIN (JEAN-BAPTISTE-FRANÇOIS), de la même famille, né à Rouen, le 27 septembre 1799, se livra d'abord à l'étude du piano qu'il abandonna ensuite pour la harpe. Entré au Conservatoire de Paris, comme élève de Naderman, le 17 mai 1825, quoiqu'il fût âgé de près de vingt-six ans, il obtint le second prix de son instrument dans la même année; mais il sortit de cette école le 19 juin 1826, sans attendre le moment du concours. Dans la même année, il entra, comme harpiste, à l'orchestre de l'Opéra-Comique, en remplacement de Foignet. Il y resta jusqu'en 1834, et mourut au mois de juillet de cette année. Il était connu à Paris sous le nom de *Jacqmin cadet*, quoiqu'il ne fût pas frère du corniste. On a publié de cet artiste : 1° Fantaisie pour la harpe sur les thèmes d'*Anna Bolena*. — 2° Air de la *Sonnanbula*, varié pour la harpe. — 3° Air écossais de la *Dame Blanche*, varié pour la harpe. C'est le harpiste Jacqmin qui a écrit la partie de harpe des fantaisies pour cor et harpe publiées par le corniste du même nom.

JACQUES Ier, roi d'Écosse, naquit en 1391. Son père, Robert III, voulant le soustraire aux embûches que lui tendait le duc d'Albany, son oncle, le fit embarquer secrètement pour la France en 1405; mais le mauvais temps obligea le vaisseau qui le portait à relâcher à Flamborough, dans le duché d'York, et le prince fut arrêté par les Anglais, qui l'envoyèrent à la Tour de Londres. Il y resta dix-huit ans, et ne recouvra la liberté qu'en payant une forte rançon et donnant des otages. Son séjour à Londres avait été profitable à son éducation, car il y acquit des connaissances étendues et variées qu'aucun prince de ce temps ne possédait. De retour dans ses États, il punit la trahison de quelques-uns de ses principaux sujets qui, plus tard, se vengèrent en le tuant. Jacques s'était retiré dans un couvent près de Perth, où il s'occupait du soin de découvrir les fils d'une conspiration contre sa personne; mais les conjurés le prévinrent, pénétrèrent dans sa chambre, ayant à leur tête le duc d'Athol, son parent, et l'assassinèrent dans les bras de la reine, le 20 février 1437.

Lorsque Jacques était monté sur le trône, il avait compris la nécessité d'adoucir les mœurs de ses sujets, et la musique lui avait paru un des moyens les plus puissants pour atteindre ce but. Lui-même était habile musicien, et il y avait peu d'instruments de ce temps dont il ne jouât mieux que beaucoup de musiciens de profession. A défaut de poëtes et de compositeurs qui pussent le seconder dans ses desseins, il composa lui-même de petits poëmes et des chansons en dialecte écossais qu'il mit en musique. Quelques-uns de ces vieux airs, par exemple *Katherine Ogie, Cold and Row*, se chantent encore, et ont servi de modèles à ces suaves et mélancoliques chansons écossaises connues de tout le monde

Burney a cependant révoqué en doute l'authenticité de ces mêmes mélodies : il me semble que ces doutes ne sont pas fondés. Les plus anciens témoignages attestent l'habileté de Jacques dans la musique. Le continuateur du *Scotichronicon* de Jean de Fordun (1), Hector Boethius, dans son *Histoire d'Écosse*, traduite en dialecte écossais par Bullanden (2), Buchanan, dans son livre sur le même sujet (3), Bâle, Dempster, et après eux l'évêque Tanner, se sont accordés dans les éloges qu'ils ont faits des talents de ce prince comme musicien. Un passage remarquable du livre d'Alexandre Tassoni, intitulé *Pensieri diversi* (4), vient à l'appui de l'opinion des divers auteurs qui ont attribué à Jacques Ier l'invention, ou du moins le perfectionnement de l'ancienne musique populaire de l'Écosse. « Nous pouvons « aussi compter parmi les nôtres (dit-il) Jac- « ques, roi d'Écosse, qui n'a point à la vérité mis « en chant des choses religieuses, mais qui a « trouvé par son génie une nouvelle musique « touchante et mélancolique, différente de toutes « les autres. En quoi il a été imité ensuite par « Charles Gesualdo, prince de Venouse, qui, à « notre époque, a illustré aussi la musique par « de nouvelles inventions admirables (5). »

L'opinion de Burney n'est fondée que sur des preuves négatives. Son argument le plus fort consiste à dire que les collections d'anciennes ballades et chansons, particulièrement celle que fit John Shirley, en 1440, des ouvrages de ce genre composés par Chaucer, Gower, Lydgate et autres, laquelle se trouve parmi les manuscrits d'Ahsmole à Oxford, ne renferment rien qu'on puisse attribuer à Jacques Ier, et ne contiennent que les paroles sans les airs. Enfin, il dit qu'après avoir examiné inutilement les manuscrits de toutes les bibliothèques de l'Angleterre, pour y découvrir d'anciens airs notés, il a acquis la preuve que toute cette musique, jusqu'au quinzième siècle, a péri (*A general History of Music*, t. II, p. 381). Pour peu qu'on soit initié à l'histoire de la littérature de la musique, on sait qu'il ne faut jamais se hâter de conclure sur de si faibles preuves. N'a-t-on pas affirmé, et Burney lui-même n'a-t-il pas imprimé qu'il ne restait rien des compositions à plusieurs parties des treizième et quatorzième siècles? Cependant les découvertes de divers manuscrits faites depuis quarante ans environ sont venues donner un démenti formel à cette assertion. D'ailleurs, lorsqu'il s'agit des chants populaires, c'est dans les traditions des peuples qu'il faut chercher et non dans les monuments écrits.

Les œuvres poétiques de Jacques Ier ont été recueillies et publiées à Édimbourg, en 1783, sous le titre de *Restes poétiques de Jacques Ier*, un vol. in-8°. L'éditeur a mis en tête du recueil une dissertation dans laquelle il prouve l'authenticité des pièces qui le composent; il y a joint une autre dissertation sur la musique écossaise. On attribue à Jacques Ier un traité de musique qui paraît être perdu.

(1) Scoticoron., vol. IV, p. 1332.

(2) *He was.... richt crafty in playing Baith, and Lute and Harp, and sindry othir instruments of musik.*

(3) Rer. Scot. Hist. lib. x, s. 57.

(4) Venise, 1646, lib. X, c. XXIII.

(5) Noi ancora possiamo connumerar tra nostri Jacopo rè di Scozia, che non pur cose sacre compose in canto, ma trovò da se stesso una nuova musica lamentevole, e mesta, differente da tutte l'altre. Nel che poi è stato imitato da Carlo Gesualdo, principe di Venosa, che in questa nostra età ha illustrato anch'egli la musica con nuove mirabili invenzioni.

JACQUES (....), éventailliste de Paris, vers le milieu du dix-huitième siècle, fut amateur zélé de musique, et cultiva lui-même cet art avec succès. En 1745 il fit exécuter au Concert spirituel un motet de sa composition qui eut beaucoup de succès, et qui trompa l'attente de beaucoup de personnes. Les railleurs s'étaient fort égayés d'avance aux dépens de cet artisan qui voulait se faire artiste; mais, quand on eut entendu son ouvrage, les rieurs furent de son côté. Le rédacteur du *Mercure de France* (avril 1745, p. 142) assure qu'il y avait peu de morceaux de ce genre qu'on pût mettre au-dessus de celui de l'éventailliste.

JACQUOT (Charles-Jean-Baptiste), connu sous le pseudonyme d'*Eugène de Mirecourt*, journaliste, romancier, et auteur de nouvelles publiées dans divers journaux, est né à Mirecourt (Vosges), vers 1820. Au nombre de ses productions est une collection de notices biographiques publiées sous le titre général *Les Contemporains*, en petits volumes in-32, qui paraissaient mensuellement. Plusieurs biographies de musiciens célèbres font partie de cette collection : on y remarque celles de *Rossini*, *Meyerbeer*, *Auber*, *Félicien David*, etc. Jacquot, dit *Eugène de Mirecourt*, a été condamné à la prison et à l'amende, par le tribunal de police correctionnelle de Paris, pour diffamation, dans ses notices, contre diverses personnes. Il est mort à Pétersbourg dans les derniers jours de décembre 1860.

JADASSOHN (Salomon), pianiste et compositeur, né à Breslau, le 15 septembre 1831, a reçu des leçons de piano de Hesse; Lüstener lui enseigna le violon, et il étudia l'harmonie sous la direction de Brosig. Il venait d'entrer au Conservatoire de Leipsick lorsque les mouvements révolutionnaires de 1848 éclatèrent dans toute l'Allemagne. En 1849, Jadassohn se rendit à Weimar, où Liszt l'accueillit avec bienveillance et lui donna des conseils pour son talent. Fixé ensuite à Leipsick, comme professeur de piano, ce jeune artiste y a publié des chants religieux, des *Lieder*, plusieurs pièces pour le piano, particulièrement une sonate pour piano et violon, à laquelle on a accordé des éloges.

JADIN (Jean), professeur de violon et de piano, fut attaché pendant quelques années à la chapelle des archiducs gouverneurs des Pays-Bas, à Bruxelles; puis il se fixa à Versailles, où il entra dans la chapelle du roi. Il est mort en cette ville, à l'aurore de la révolution française. Il a fait graver à Bruxelles cinq œuvres de symphonies, quatuors et trios de violon.

JADIN (Georges), frère du précédent, était bassoniste de la chapelle du roi de France, et eut un talent distingué sur son instrument.

JADIN (Louis-Emmanuel), fils aîné de *Jean*, est né à Versailles le 21 septembre 1768. Son père lui donna les premières leçons de musique, et lui enseigna à jouer du violon. Il fut page de la musique du roi Louis XVI. Son frère puîné, Hyacinthe Jadin, pianiste distingué, lui donna des leçons de piano, lorsqu'il eut quitté la maîtrise de la chapelle royale. Le théâtre de *Monsieur* ayant été organisé en 1789, il y obtint la place de second claveciniste, devint le premier en 1791, et conserva cette place jusqu'au départ des chanteurs italiens, c'est-à-dire jusqu'en 1792. Étant entré à cette époque dans la musique de la garde nationale de Paris, il composa beaucoup de morceaux d'harmonie militaire pour ce corps, et un grand nombre d'airs patriotiques et de pièces pour les fêtes nationales de la révolution. Devenu professeur au Conservatoire en 1802, il joignit à cette place, en 1796, celle de chef d'orchestre du Théâtre Molière, rue Saint-Martin. Après la Restauration (en 1814), il fut nommé gouverneur des pages de la musique du roi, et il conserva cette place jusqu'en 1830, où il demanda et obtint sa retraite avec la pension. Il se retira alors à la campagne, près de Montfort-l'Amaury. Jadin jouait bien de plusieurs instruments, particulièrement du violon et du piano. Vers 1805, il était considéré comme un des meilleurs accompagnateurs de Paris. Comme compositeur, il s'est fait remarquer surtout par sa fécondité, quoiqu'il ne fût pas dépourvu de mérite dans l'art d'écrire. Il a survécu à presque tous ses ouvrages, parce que ceux-ci manquent surtout des qualités qui font vivre les productions d'art : la verve et la nouveauté. Cependant, à l'âge de 60 ans, il a écrit des quintettes de violon qui méritaient plus de succès qu'ils n'en ont obtenu. On a de cet artiste : I. Opéras : 1° Au théâtre des Jeunes Artistes : *Constance et Gernand*, en un acte, 1790. Au théâtre Montansier : — 2° *La Religieuse danoise, ou la Communauté de Copenhague*, en 3 actes, 1791. — 3° *Le Duc de Woltza*, 1791. Au théâtre de Monsieur : — 4° *Joconde*, en 3 actes, 1790. — 5° *La suite d'Annette et Lubin*, en un acte, 1791. — 6° *Il Signor di Pursognac*, en 3 actes, 1792. — 7° *Amélie de Montfort*, en 3 actes, 1792. — 8° *L'Avare puni*, en un acte, 1792. Au Théâtre National (Opéra Montansier) : — 9° *Alisbelle, ou les Crimes de la Féodalité*, en trois actes, 1794. Au théâtre des Amis de la patrie (Louvois): — 10° *Les Talismans*, 3 actes, 1793. — 11° *Le Héros de la Durance, ou Agricol Viala*, un acte, 1794. Au théâtre Favart : — 12° *Le Coin du Feu*, un acte, 1793. — 13° *Le Congrès des Rois*, 3 actes, 1793, en société avec plusieurs autres compositeurs. — 14° *Le Négociant de Boston*, 3 actes, 1794. — 15° *L'Écolier en vacances*, un acte, 1794. — 16° *Le Cabaleur*, un acte, 1795. — 17° *La Supercherie par amour*, 3 actes, 1795. — 18° *Le Mariage de la veille*, un acte, 1796. — 19° *Les deux Lettres*, 2 actes, 1797. Au théâtre Feydeau : — 20° *L'Apothéose du jeune Barra*, un acte, 1793. — 21° *Le Lendemain de Noces*, un acte, 1796. — 22° *Candos, ou les Sauvages du Canada*, 3 actes, 1797. — 23° *Les bons Voisins*, un acte, 1797. — 24° *Le Grand-Père, ou les deux Ages*, un acte, 1805, remis en 1821 au théâtre du Gymnase. — 25° *La Partie de Campagne*, en un acte, 1810. — 26° *L'Auteur malgré lui, ou la Pièce tombée*, un acte, 1812. — 27° *L'Inconnu, ou le Coup d'épée viager*, en 3 actes, 1816. — 28° *Fanfan et Colas*, en un acte, 1822. — A l'Académie royale de musique : — 29° *L'Heureux Stratagème*, en 2 actes, 1791. — 30° *Le Siége de Thionville*, 2 actes, 1793. — 31° *Hymne à J.-J. Rousseau*, 1794. — 32° *Mahomet II*, 3 actes, 1803. Au Théâtre des Variétés : — 33° *Mon Cousin de Paris*, un acte, 1810. Au théâtre de la Cour : — 34° *Guerre ouverte, ou Ruse contre Ruse*, 3 actes, 1798. Cantates de circonstance : — 35° *Le Chant de l'Esclave affranchie*, à l'Opéra, 1794. — 36° *Hommage à Marie-Louise, impératrice des Français*, 1810. — 37° *Le Serment français*, au théâtre Feydeau, le 6 juin 1814. — 38° *La Fête du Roi*, à l'Opéra, 1817. — 39° *Les Défenseurs de la Foi*, 1822. II. Musique pour les fêtes patriotiques. — 40° *Ennemis des Tyrans*, chœur, avec orchestre. — 41° *Citoyens, levez-vous*, idem. — 42° *Au Banquet des Vertus*, idem. — 43° Symphonie militaire pour divers instruments à vent; Paris, Michel Ozy. — 44° Ouverture (en *ut*) idem, ibid. — 45° Ouverture (en *fa*); *idem, ibid*. III. MUSIQUE INSTRUMENTALE. — 46° *La Bataille d'Austerlitz*, symphonie à grand orchestre; Paris, Jouve. — 47° Harmonie pour 2 clarinettes, 2 cors et 2 bassons; Paris, Le Duc. — 48° Suites d'harmonie militaire, 2° et 6° livraisons du Journal de Le Duc. — 49° Trois sextuors concertants pour 2 clarinettes, 2 cors et 2 bassons; Paris, Dufaut et Dubois. — 50° Symphonie concertante pour piano et flûte; Paris, Dufaut et Dubois. — 51° Symphonie concertante pour flûte, cor et basson, ibid. — 52° Idem pour clarinette, cor et basson; Paris, Sieber. — 53° Idem pour hautbois et piano, ibid. — 54° Trois *quatuors pour* 2 violons, alto et basse, op. 31; Paris, Dufaut et Dubois. — 55° Trois quintettes pour deux violons, 2 violes et violoncelle; Paris, chez l'auteur. — 56° Trois *trios* pour flûte, violon et violoncelle, op. 125; Paris, A. Petit. — 57° Trois quatuors pour clarinette, violon, alto et basse; Paris, Sieber. — 58° Premier concerto pour piano et orchestre; Paris, Janet. — 59° 2° idem, Paris, Érard. — 60° 3° idem (en *ré* mineur), Paris, Sieber. — 61° Symphonie concertante pour 2 pianos; Paris, Érard. — 62° Trois quintettes concertants pour piano, flûte, hautbois, cor et basson; Paris, Janet. — 63° Trois quatuors pour piano, violon, alto, et basse; Paris, Érard. — 64° Grandes sonates pour piano, violon et violoncelle obligés, n° 1, 2, 3; Paris, Pleyel. — 65° Trois sonates pour piano, violon et violoncelle, liv. 8; Paris, Erard. — 66° Trois idem; liv. 9, Pleyel. — 67° Trio idem; Paris, Schlesinger. — 68° Trois grands trios idem; Paris, Sieber. — 69° Trio concertant pour piano, harpe et violon; Paris, Naderman. — 70° Trois grands trios pour piano, cor et violoncelle; Paris, Gambaro. — 71° Environ vingt œuvres de sonates et duos, fantaisies et pots-pourris pour piano, violon et divers autres instruments. — 72° Deux œuvres de sonates pour piano seul. — 73° Une multitude de morceaux détachés, airs variés, fantaisies, rondeaux, pots-pourris, etc., pour piano seul. — 74° Quatorze recueils d'airs à voix seule, de canzonettes, de romances et de nocturnes à 2 voix, avec accompagnement de piano. Jadin a été fait chevalier de la Légion d'honneur en 1824. Il est mort à Paris, au mois de juillet 1853.

JADIN (HYACINTHE), pianiste distingué et compositeur, frère puîné du précédent, naquit à Versailles en 1769. Il eut son père pour premier maître de musique, puis il reçut des leçons de piano de Hullmandel. Devenu professeur au Conservatoire à l'époque de l'institution de cette école, il s'y fit remarquer par son excellente méthode d'enseignement, mais il n'eut pas le temps d'acquérir toute la renommée qu'il pouvait espérer, ayant été enlevé à l'art et à ses amis par une maladie de poitrine, en 1802. Hyacinthe Jadin, avait brillé, par son exécution élégante et pleine d'expression, aux célèbres concerts du théâtre Feydeau, en 1796 et 1797. Il s'était fait aussi connaître avantageusement des artistes par ses compositions, particulièrement par ses concertos pour le piano, et par quatre œuvres de quatuors de violon qui n'ont point été assez répandus. On connaît sous son nom : 1° Ouverture pour instruments à vent; Paris, Michel Ozy. — 2° Trois quatuors pour 2 violons, alto et basse, op. 1; ibid. — 3° Trois idem, op. 2; ibid. — 4° trois idem op. 3, ibid. — 5° Trois idem, op. 4; Paris, Pleyel. — 6° Trois trios pour 2 violons et basse; Paris, Michel Ozy. — 7° Trois trios pour violon, alto et basse; ibid. — 8° Premier concerto pour piano et orchestre, ibid. — 9° 2° idem (en *ré* mineur); Paris, Érard. — 10° 3° idem; Paris, Michel Ozy. — 11° 4° idem (en *ré* mineur), Paris, Michel Ozy. — 12° Sonates pour piano et violon, liv. 1 et 2; Paris, Michel Ozy. — 13° Trois idem, liv. 3; Paris, Janet. — 14° Sonate pour piano à 4 mains; Paris, Michel Ozy. —. 15° Sonates pour piano seul, œuvres 4, 5, 9, 10 et posthume; ibid.

JADIN (GEORGES), frère cadet des précédents, né à Versailles en 1771, fut élève de Richer pour le chant, et enseigna cet art à Paris jusqu'en 1813. Il a publié 6 romances avec accompagnement de piano; Paris, Pleyel, et 6 autres romances, 2° recueil; Paris, Cochet.

JÆGER (JEAN), directeur de musique du margrave d'Anspach, naquit à Schlitz, le 31 août 1748 (et non à Lauterbach en 1745, comme le dit Gerber dans son ancien Lexique). Il fut un des plus habiles violoncellistes de l'Allemagne. Dans sa jeunesse, il était hautboïste dans un régiment au service de la Hollande; à cette époque il jouait aussi très-bien du cor. Plus tard, il entra dans la chapelle du duc de Wurtemberg, où se trouvaient réunis les artistes les plus distingués, sous la direction de Jomelli : Jæger y puisa des leçons de style et de goût qui portèrent son talent au degré le plus éminent. Vers 1776 il fut appelé à la cour du margrave d'Anspach, en qualité de premier violoncelle solo. Là, il se voua principalement à l'éducation de son fils, âgé de neuf ans, et qui déjà se faisait admirer par son habileté sur le violoncelle. En 1787, le père et le fils firent un voyage à Berlin. Plus tard Jæger visita une grande partie de l'Allemagne avec son second fils, qui était aussi devenu un virtuose remarquable sur le violoncelle. Au retour de la Hongrie, il s'établit à Breslau. En 1825, Ernest, le plus jeune des fils de Jæger, fut engagé à la chapelle de Munich, et le père, alors âgé de 77 ans, le suivit dans cette ville. On ignore l'époque de sa mort.

JÆGER (Jean-Zacharie-Léonard), fils aîné du précédent, né à Anspach, en 1777, voyagea dans son enfance avec son père, et se fit admirer par son habileté sur le violoncelle. La reine de Prusse, l'ayant entendu, fut étonnée de trouver autant de talent dans un enfant, et lui accorda une pension pour achever ses études. Il se fixa ensuite à Breslau avec son père. Le catalogue de Boehm, publié à Hambourg en 1799, indique six solos pour violoncelle, avec accompagnement de basse, de la composition de cet artiste, en manuscrit.

JÆGER (Ernest), deuxième fils de Jean, né à Breslau, eut aussi un talent précoce sur le violoncelle, qui fut développé par les leçons de Bernard Romberg. Il surpassa son père et son frère en habileté. Après avoir parcouru une partie de l'Allemagne et de la Hongrie, il retourna à Breslau, et y demeura jusqu'en 1825. Il fut alors nommé violoncelliste solo de la cour de Bavière, et l'année suivante il alla se fixer à Munich.

JÆGER (François), né à Vienne en 1796, suivant les Lexiques de Gassner et de Bernsdorf, en 1798, d'après les notes de Gathy, conformes à la première édition de la *Biographie universelle des Musiciens*, et le 11 août 1800, si l'on s'en rapporte à M. C.-F. Becker (*Die Tonkünstler des 19ten Jahrh.* p. 91.) Cette dernière date paraît être exacte. Jæger était simple ouvrier cordonnier, quand le maître de chapelle Weigl, l'ayant entendu chanter pendant qu'il travaillait, remarqua la beauté de sa voix, et lui fit donner des leçons de chant. Jæger devint en peu de temps un bon musicien, mais sa manière de chanter était affectée, et jamais il ne put s'élever au-dessus du médiocre comme acteur. Après quelques essais dramatiques dans les villes du second et du troisième ordre, il fut engagé au théâtre de Kœnigstadt, à Berlin, et y jouit de la faveur publique dans les années 1824 à 1828, lorsque mademoiselle Sontag brillait sur la même scène. Depuis lors, sa voix s'est altérée sensiblement, et ses succès ne se sont soutenus ni à Stuttgard, ni à Munich, où il s'est fait entendre. Jæger s'est fait connaître comme compositeur par des chansons allemandes avec accompagnement de piano, publiées à Vienne, chez Diabelli, et surtout par le chant *Der Traum des ersten Küsses* (Le Rêve du premier baiser), dont il a été fait plus de dix éditions en Allemagne, et qui a eu un succès populaire. Ses compositions pour le chant sont au nombre d'environ 25 œuvres. En 1844, Jæger était fixé à Stuttgard depuis 1836, en qualité de professeur de chant d'une école attachée au théâtre de la cour. Son fils, nommé *François* comme lui, se faisait connaître dès lors par des *Lieder* avec accompagnement de piano.

JÆGER (Charles), pianiste et compositeur à Berlin, brilla dans cette ville jusque vers 1820. Il a publié : 1° Sonates faciles pour piano seul, op. 14, nos 1, 2, 3. — 2° Rondeau pour piano et flûte, op. 6 ; Berlin, Concha. — 3° Grande polonaise pour piano seul, op. 8, ibid. — 4° Idem, op. 9, ibid. — 5° Idem, op. 19 ibid. — 6° Idem, op. 21, ibid., et quelques thèmes variés.

JAELL (Alfred), pianiste et compositeur, fils d'Édouard Jaell, violoniste qui eut quelques succès à Vienne depuis 1818 jusqu'en 1831, naquit à Trieste, le 5 mars 1832. Le violon fut le premier instrument pour lequel il reçut des leçons de son père; mais bientôt son penchant pour le piano se fit si bien remarquer, qu'il lui fut permis de se livrer à l'étude du clavier, et qu'il y fit de rapides progrès. En 1843 il commença à voyager, accompagné de son père, pour donner des concerts, et débuta au théâtre *San Benedetto*, à Venise, entre deux actes d'un opéra. L'année suivante il était à Milan; puis il parcourut le midi de la France. Arrivé à Bruxelles à la fin de 1845, il y resta environ deux ans, faisant seulement quelques excursions en Hollande et dans les Provinces rhénanes. Vers la fin de 1847, Jaell se rendit à Paris et s'y fit entendre avec succès; mais la révolution du mois de février 1848 l'obligea à s'éloigner de cette ville, et il se rendit en Amérique où il demeura pendant plusieurs années. De retour en Europe, il a visité l'Allemagne, la Pologne et la Russie. Cet artiste a le jeu brillant et correct, mais sans caractère personnel. Il a publié pour son instrument des pièces de salon, des transcriptions, des fantaisies sur des thèmes d'opéras, et diverses bagatelles. En 1860 il a joué à Paris et en Hollande avec de brillants succès.

JAGEMANN (Chrétien-Joseph), conseiller et bibliothécaire de la cour à Weimar, né à Dingelstædt, en 1755, mourut à Weimar le 7 février 1804. Parmi les nombreux écrits de ce littérateur distingué, on remarque une notice sur *Sacchini*, insérée dans le *Mercure allemand*, 1796, n° 9, pages 67-75.

JAGEMANN-HEIGENDORF (Caro-

LINA), née à Weimar, en 1780, était fille du précédent. Douée d'une rare beauté, d'une voix remarquable, et de cet accent expressif qui émeut, elle eut le bonheur de trouver dans la duchesse de Saxe-Weimar une protectrice qui l'envoya à Manheim pour y apprendre le chant et la déclamation, sous la direction de Beck. Mme Beck, célèbre actrice et cantatrice dramatique, se chargea de son éducation et lui fit faire de rapides progrès. Encore enfant, Mlle Jagemann débuta en 1795 au théâtre de Manheim, et fit naître par son intelligence les plus belles espérances pour l'avenir. Elle continua ses études jusqu'en 1797, et débuta le 19 février de cette année au théâtre de Weimar, dans l'*Oberon* de Wranitzky. Les charmes de sa personne, sa grâce naturelle et l'expression de son chant excitèrent l'enthousiasme de tous ceux qui l'entendirent. Gœthe et Schiller la prirent en affection, et lui donnèrent des conseils qui développèrent son talent de la manière la plus heureuse. En 1801, elle fit quelques excursions artistiques, particulièrement à Berlin, où des applaudissements unanimes lui furent décernés. De retour à Weimar, et dans tout l'éclat de son talent et de sa beauté, elle devint la maîtresse du grand-duc, qui lui donna la seigneurie de Heigendorf, près d'Altstadt, avec le nom de cette terre. Elle abusa, dit-on, alors de son influence et de son crédit pour faire triompher ses caprices, et fut si impérieuse dans ses relations, que Gœthe abandonna en 1821 l'administration du théâtre pour ne point se trouver en contact avec elle. La carrière dramatique de Mme Heigendorf se prolongea au théâtre de Weimar jusqu'à la mort du grand-duc; et quoique sa voix eût beaucoup perdu de son éclat et de sa pureté, quoiqu'elle ne fût plus jeune et que sa beauté fût flétrie, elle conserva son influence jusqu'aux derniers jours. Après la mort du prince, elle dut s'éloigner de Weimar, où elle s'était attiré la haine de la ville et de la cour. Depuis ce temps, elle passa les étés dans sa terre, et les hivers dans quelque grande ville, particulièrement à Berlin. Elle est morte à Dresde en 1847. — Une cantatrice nommé Mlle *Jagemann* était attachée au théâtre de Weimar en 1841.

JAHN (AUGUSTE-GUILLAUME-FRÉDÉRIC), né à Arnstadt, dans la principauté de Schwartzbourg, vers 1780, s'est fait remarquer par la correction, l'élégance et l'expression de son jeu sur le piano, et a eu aussi de l'habileté sur le violon, le violoncelle, la flûte et le hautbois. En 1801, il était à l'université de Iéna. Dans la même année, il fit un voyage à Arnstadt pour y subir un examen dans l'espoir d'obtenir la place de *cantor*; il publia un *Bouquet musical*, consistant en marches, menuets, anglaises, etc., pour le piano. En 1804, il accepta une place de précepteur chez le comte de Sievers en Livonie, à des conditions avantageuses. Depuis ce temps on n'a plus eu de renseignements sur sa personne, mais il a publié six sonates pour piano, à Leipsick, chez Breitkopf et Hærtel.

JAHN (OTTO), archéologue et philologue distingué, est né à Kiel dans le Holstein, le 16 juin 1813. En 1846 il fut nommé professeur à Greifswalde. Deux ans après il fut appelé à Leipsick pour occuper à l'université la position de professeur d'archéologie; mais la part qu'il prit au mouvement révolutionnaire de 1848 et 1849 lui fit perdre sa place, et pendant plusieurs années il vécut dans cette ville sans emploi. Depuis 1851 il est professeur à l'université de Bonn. Amateur de musique instruit, il a donné quelques articles de critique sur cet art dans le journal qui a pour titre : *Die Grenzboten* (les Messagers de la frontière). Il a publié une analyse du *Paulus* de Mendelssohn (Ueber das Oratorium Paulus von Mendelssohn-Bartholdy, Halle, 1839, in-8° de 30 pages), et un autre sur l'*Élie* du même compositeur, dans la Gazette générale de musique de Leipsick (Tome 50, p. 113 — 122, et 137 — 143). C'est surtout par la grande monographie de Mozart (*W.-A. Mozart*, Leipsick, Breitkopf et Hærtel, 1826 - 1859, 4 gros volumes in-8°) que M. Jahn a acquis des droits à la reconnaissance des amis de l'art. Cet excellent livre, où brillent au plus haut degré l'esprit de recherche, l'impartialité et les connaissances techniques, fait le plus grand honneur à son auteur. Peut-être pourrait-on lui reprocher de se complaire dans des détails qui n'ont pas tous un égal intérêt; mais, s'ils ralentissent la narration, ils ont du moins le mérite de présenter les faits dans toute leur sincérité.

JAHNS (FRÉDÉRIC-WILHELM), compositeur à Berlin, eut son activité d'artiste dans cette ville depuis 1830 jusqu'en 1850. Ce renseignement est le seul que j'ai pu recueillir sur sa personne. Ses compositions sont toutes pour le piano ou pour le chant. Les ouvrages principaux qu'on a sous son nom sont une grande sonate (en *la*) pour piano et violon, op. 32; un grand duo (en *mi*) pour piano et violoncelle, une marche triomphale pour piano seul, op. 13, dont il a été fait deux éditions, et des *Lieder*.

JAMARD (....), chanoine régulier de Sainte-Geneviève, prieur de Roquefort, membre de l'Académie de Rouen, naquit, je crois, en Normandie vers 1720. Il cultiva particulièrement les mathématiques, et publia en 1757 un mémoire sur la comète observée en 1531, 1607, 1682, etc.

On a de lui un livre intitulé *Recherches sur la théorie de la musique*; Paris, 1769, in-8° de 296 pages. Ces recherches ne sont que le développement de l'ouvrage de Ballière (*voy.* ce nom) intitulé : *Théorie de la musique*, ainsi que Jamard le dit lui-même dans sa préface : « ... En lisant avec attention l'excellent ouvrage « que M. Ballière a donné depuis peu d'années « sous le titre : *Théorie de la musique*, j'ai « été fortement frappé de l'échelle de sons qu'il « propose comme la seulenaturelle. Cette échelle, « qui n'était connue que sous le nom d'échelle « du cor de chasse, et que personne avant « M. Ballière n'avait encore songé à générali- « ser, ou à adapter à toute la musique, comme « beaucoup plus parfaite que notre échelle dia- « tonique; cette échelle diatonique, dis-je, « me parut d'abord non-seulement d'une ré- « gularité parfaite et d'une simplicité admi- « rable, mais encore je jugeai qu'elle contenait « une suite de sons que les différentes expérien- « ces prouvent être la suite la plus natu- « relle. » Malgré les éloges donnés par Jamard au système de Ballière, et le soin qu'il a pris de le développer, ce système n'est pas moins faux, les rapports arithmétiques y étant substitués aux géométriques dans le calcul des intervalles des sons. On peut consulter à ce sujet les observations de Suremain-Missery, dans sa *Théorie Acoustico-musicale*, pag. 68 et 69.

JAMBE-DE-FER (Philibert), musicien du seizième siècle, n'est point né à la Fère comme le dit Walther, mais à Lyon, où il professa la religion réformée. Il paraît qu'il vécut quelque temps à Poitiers, car l'épître de la première édition des psaumes de Jean Poictevin, qu'il mit en musique, est datée de cette ville le 19 juillet 1549. On ignore s'il avait cessé de vivre avant la Saint-Barthélemy, ou s'il périt dans cette catastrophe. On a de ce musicien : 1° *Les cent Psalmes de David mis en françois par Jean Poictevin, à quatre parties*; Poitiers, Nicolas Peletier, 1549, in-8°. La deuxième édition de ce recueil a été publiée dans la même ville, par le même imprimeur, en 1551, et la troisième à Paris, chez Nicolas Du Chemin, 1558. — 2° *Les vingt-deux octonnaires du psalme* 119 *de David, traduits par Jean Poictevin, mis en musique à quatre parties*; Lyon, Thomas de Straton, 1561. — 3° *Les cent et cinquante psaumes de David, mis en rimes françoises par Clément Marot et Théodore de Bèze, à quatre et cinq parties*; Paris, Nicolas Du Chemin, 1561, in-4° obl.; Lyon, Martin de La Roche, 1564.

JAMBLIQUE, philosophe platonicien, naquit à Chalcide, en Syrie, et vécut au commencement du quatrième siècle, sous le règne de Constantin. Après avoir été disciple d'Anatole et de Porphyre, il fut considéré comme un des chefs de l'école néoplatonicienne. Parmi les écrits qui nous restent de ce philosophe, on remarque l'ouvrage qui a pour objet la vie de Pythagore. Plusieurs éditions grecques et latines de cet ouvrage ont été publiées; la meilleure et la plus nouvelle est celle qui a été donnée par M. Kiessling sous ce titre : *Jamblichi Chalcid. de vita Pythagorica liber : græce et latine*, 2 vol. in-8°; Leipsick, 1815, 1816. La plupart des renseignements que nous avons sur la doctrine des proportions musicales de Pythagore, nous ont été fournis par Jamblique dans ce livre. Il y dit aussi que lui-même avait écrit un traité de musique d'après les principes des pythagoriciens. Forkel dit qu'on peut se consoler de la perte de cet ouvrage, si l'on considère le peu de mérite des observations de Jamblique relatives à cet art qui se trouvent dans la vie de Pythagore.

JAMES (Jean), très-bon organiste anglais, né vers la fin du dix-septième siècle, fut longtemps malheureux et obligé de servir comme organiste suppléant, pour la minime somme de 8 livres (environ 200 fr.), par année, quoique bien supérieur aux organistes en titre qu'il remplaçait. Enfin il obtint l'orgue de Saint-Olave, à Southwark, qu'il quitta en 1738 pour celui de Saint-Georges, à Middlesex. Il mourut à Londres en 1745 : beaucoup de musiciens assistèrent à ses funérailles et y chantèrent un hymne funèbre de sa composition. On a de lui quelques caprices pour l'orgue et des chansons qui ont été publiées à Londres; mais les principaux spécimens de son talent se trouvaient dans ses improvisations d'orgue, qui étaient toutes dans le grand style de Hændel.

JAMES (W.-N), flûtiste anglais, a reçu des leçons de Nicholson. Il n'est connu que par un livre qui a pour titre : *A Word or two on the flute* (Un Mot ou deux sur la flûte); Londres, 1826, in-12. Ce mot est un volume de 252 pages. M. James y traite des flûtes des anciens, des flûtes allemande et anglaise (flûte traversière et flûte douce ou à bec), des ressources de la flûte allemande, des meilleurs tons pour la flûte, du son et de l'expression, et des flûtistes les plus célèbres, anciens et modernes. Il y fournit quelques renseignements biographiques et surtout des appréciations du talent et des œuvres de Nicholson, Drouet, Rudall, Tulou, Berbiguier, Camus, Weidner, Sanst, Ashe, Küffner, Weiss, Sola, Dressler, Monzani, Gabrielsky et Negri. La traduction allemande d'un extrait de cet ouvrage a paru dans une suite de numéros de la trentième année de la *Gazette musicale* de Leipsick; cette traduction est de M. Charles Grenser, flûtiste de l'orchestre de Leipsick.

JAN ou **JEAN** (Maistre); *Voyez* GÉRO (Jean).

JAN (Claude PETIT); *Voyez* PETIT-JAN.

JAN (Martin-David), musicien hollandais, vécut dans les dernières années du seizième siècle et au commencement du dix-septième. Il a mis en musique les 150 psaumes à 4, 5, 6, 7 et 8 voix, d'après le chant de l'Église réformée, et a publié cette collection sous le titre suivant : *Psalmgezang, waarin de* 150 *Psalmen David's gevolgd met verscheiden Lofzangen zijn*; Amsterdam, 1600, in-4°.

JAN (Martin), *cantor* à Sorau, vers le milieu du dix-septième siècle, fut d'abord recteur à Sagan, puis prédicateur à Eckersdorf. Il passa les dernières années de sa vie à Brieg, et y mourut en 1670. Ce musicien a fait imprimer de sa composition un *Passionale melicum* dont Printz fait mention dans son Histoire de la musique. Cet ouvrage a paru à Gœrlitz en 1663.

JANACCONI ou **JANNACONI** (Joseph), excellent compositeur de l'ecole romaine, né à Rome en 1741, commença ses études musicales sous la direction de D. Soccorso Rinaldini, chantre de la chapelle pontificale, et apprit de lui le chant, l'accompagnement et les principes du contrepoint, puis fut confié aux soins de Gaëtan Carpini, maître de chapelle de l'église du Nom de Jésus et des autres églises des Jésuites. Ses études terminées, Janacconi se lia d'amitié avec Pasquale Pisari, et mit avec lui en partition une grande partie des œuvres de Palestrina. Dans ce travail, il fit preuve d'un savoir si étendu, que Pisari le déclara plus digne qu'aucun autre qu'on lui confiât la tradition de l'école romaine. Janacconi fonda en effet à Rome une école de composition dans laquelle se sont formés beaucoup de savants musiciens italiens et étrangers : parmi ses élèves, on remarque surtout l'abbé Baini et François Basili (*voy.* ces noms). Pisari lui avait laissé en mourant ses œuvres corrigées de sa main, tous ses papiers, mémoires et notes manuscrites sur les maîtres de l'école romaine : ces documents ont été d'un grand secours à M. l'abbé Baini pour la composition de son bel ouvrage concernant la vie et les compositions de Jean Pierluigi de Palestrina. En 1811, Janacconi fut nommé maître de chapelle de Saint-Pierre du Vatican, en remplacement de Zingarelli, qui venait de renoncer à cet emploi pour aller prendre la direction du Conservatoire de Naples. Il fut frappé d'une atteinte d'apoplexie dans la rue dite *della fontanella di Borghese*, au commencement de mars 1816, et mourut le 16 de ce mois. Le 18 il fut inhumé dans l'église Saint-Simon-Saint-Jude, et le 23, des obsèques, auxquelles assistèrent tous les professeurs de musique de Rome, lui furent faites dans l'église des XII Apôtres : on y exécuta une *Messe de requiem* de Basili, son élève. Janacconi, peu connu hors de l'Italie, fut pourtant un maître de premier ordre et un artiste digne des beaux temps de la grande et sublime école romaine. Possesseur de quelques-unes de ses œuvres manuscrites, j'ai pu étudier son style, et je dois déclarer que nul plus que lui ne posséda l'art d'écrire d'une manière élégante et naturelle, ne connut mieux la magie du placement des voix, de leur marche facile, enfin ne sut mieux faire mouvoir avec clarté un grand nombre de parties. M. l'abbé Santini, de Rome, possède de Janacconi : 1° Une messe à 16 voix. — 2° *Te Deum* à 16. — 3° *Magnificat* à 16. — 4° *Dixit Dominus* à 16. — 5° *Tu es Petrus* à 16. — 6° Seize messes à 4 et à 8 voix avec orgue. — 7° Huit messes à plusieurs voix et instruments. — 8° Trois messes à 4 voix sans orgue. — 9° Une messe pour soprano et basse. — 10° Deux messes pour ténor et basse. — 11° Trente-deux psaumes à 4 et à 8 voix sans instruments. — 12° Dix psaumes à plusieurs voix et orchestre. — 13° Douze motets à 2, 4, 5 et 6 voix. — 14° *Ecce Terræ motus* à 6 voix de basse. — 15° Quatre motets à 4 voix en canon. — 16° Cinquante-sept offertoires et antiennes à 3, 4, 5 et 8 voix. — 17° Messe pastorale. — 18° *L'Agonia di G. C.*, oratorio pour 2 ténors et basse. — 19° *Ecce sacerdos magnus* 4 voix et instruments. — 20° Autre idem, sans instruments. — 21° Autre idem à 8. — 22° *Afferentur Regi* à 4 voix concertantes et deux chœurs d'accompagnement. — 23° Six psaumes en italien à 3 et à 4 voix. — 24° *Victimæ paschali* à 4. — 25° *Multiplicabitur*, canon à 16 voix. — 26° Canon à 16. — 27° Canon à 64 voix. — 28° Plusieurs autres canons à 2 et 3 sujets à 4 et à 8 voix, par mouvement contraire ou rétrograde. J'ai de Janacconi : 1° Deux messes à 8 voix sans orgue. — 2° Psaume du 5° ton (*Lauda Jerusalem*), à 8. — 3° *Miserere* à 8 — 4° Messe du 8° ton à 6. — 5° Six motets à 6 sans orgue. — 6° Quatre motets à 4 avec orgue. — 7° Un canon à 24 voix. — 8° Deux canons à 16. — 9° Un canon à 12. — 10° Deux canons à 4 par mouvement rétrograde contraire.

JANATKA (Jean), professeur de cor au Conservatoire de Prague, est né en 1800 à Treznhoratitz, en Bohême, où il reçut les premières instructions musicales de son oncle, Joseph Zekuka (*voy.* ce nom), maître d'école et organiste de ce lieu. En 1813 Janatka entra au Conservatoire de Prague et s'y livra à l'étude du cor pendant six années. Dès 1819 il était déjà considéré comme un des meilleurs artistes en son genre. Cependant il continua de fréquenter le Conservatoire jusqu'en 1822, pour y apprendre l'harmonie et la théorie de la composition. Sorti de cette école, il se rendit à Vienne et entra à l'orchestre de l'Opéra de la cour en qualité de premier cor solo; mais ce théâtre ayant été fermé en 1828, Janatka accepta une position semblable au théâtre Sur-la-Vienne. Il ne la quitta en 1832 que pour aller prendre possession de la place de professeur de son instrument au Conservatoire de Prague : il y est fort estimé pour son enseignement. Aucune composition de cet artiste n'a été publiée.

JANCOURT (Louis-Marie-Eugène), virtuose sur le basson, est né le 15 décembre 1815, à Château-Thierry (Aisne). Doué des plus heureuses dispositions pour la musique, il y fit de rapides progrès et entra au Conservatoire de Paris, le 4 décembre 1834, comme élève de Gebauer pour le basson. Le deuxième prix de cet instrument lui fut décerné en 1835, et il obtint le premier dans l'année suivante. Ses études étant terminées, il sortit du Conservatoire le 1er octobre 1837. Après avoir été attaché aux orchestres de plusieurs théâtres de second ordre à Paris, M. Jancourt entra à celui de l'Opéra italien en qualité de premier basson. Après la révolution de 1848, Willent-Bordogni ayant abandonné sa position de professeur de basson au Conservatoire royal de Bruxelles, M. Jancourt se rendit dans cette ville et y obtint la place vacante; mais il ne l'occupa que pendant huit mois environ, parce que des offres lui furent faites pour entrer à l'Opéra de Paris comme premier basson. Par des motifs inconnus à l'auteur de cette notice, M. Jancourt ne resta pas à l'orchestre de ce théâtre et passa bientôt après à celui de l'Opéra-Comique où il se trouve au moment où ceci est écrit (1861). Il est aussi membre de la société des concerts du Conservatoire. On a de cet artiste un bon ouvrage intitulé : *Méthode théorique et pratique de basson, en trois parties*, op. 15; Paris, Richault. 1 vol. gr. in-4° de 233 pages. Parmi ses compositions pour son instrument on remarque : 1° Fantaisie avec orchestre, op. 5; ibid. — 2° Seconde fantaisie pour basson et orchestre ou piano, op. 8; ibid. — 3° Duo concertant pour basson et piano, op. 6; ibid. — 4° Duo de basson et hautbois, avec accompagnement de piano, op. 7; ibid. — 5° Cavatine d'*Anna Bolena* pour basson et piano, op. 9; ibid. — 6° *Airs variés pour basson et orchestre ou piano*, ibid. — 7° Fantaisie et variations sur des thèmes de *Norma*, pour basson et piano, op. 11; ibid. — 8° *Allegretto de la huitième symphonie de Beethoven*, pour basson et piano; ibid. — 9° Thème de Carafa varié pour basson et piano, op. 14; ibid. — 10° Souvenir de la *Sonnambula*, fantaisie pour basson et piano., op 21; ibid.

JANI (Jean), compositeur et organiste à Aurich, dans le Hanovre, naquit à Gœttingue vers 1660. Il étudia les langues anciennes, les sciences et la musique dans l'école Saint-Martin à Brunswick. Sous la direction de Leyding, il acquit beaucoup d'habileté dans l'exécution sur le clavecin, et devint aussi un chanteur remarquable par sa belle voix de basse. En 1686, le maître de chapelle Theil s'étant arrêté à Brunswick, Jani profita de son séjour en cette ville pour apprendre le contrepoint. Ensuite il alla continuer ses études à l'université de Helmstadt, sans néanmoins négliger la musique; puis il se rendit à Hambourg pour y faire un cours de théologie; mais bientôt il abandonna cette étude pour se vouer entièrement à l'art musical. Il entra au théâtre comme basse chantante et y fut nommé chef du chœur. Il ne quitta cette position que pour aller à Aurich en qualité de *cantor*; un an après son arrivée en ce lieu, il succéda à l'organiste de la cour. Cet fut dès ce moment qu'il écrivit une grande quantité de musique d'église qui est restée en manuscrit, et des solos pour sa femme, ancienne cantatrice du théâtre de Hambourg, dont le talent ajoutait à l'effet des compositions de Jani. Ce musicien mourut à Aurich, en 1728.

JANIEVICZ (Félix). *Voyez* YANEWICZ.

JANITSCH (Jean-Gottlieb), naquit à Schweidnitz, en Silésie, le 19 juin 1708, étudia d'abord au gymnase de cette ville, puis alla perfectionner son instruction dans la musique à Breslau. En 1729 il partit pour Francfort-sur-l'Oder afin d'y suivre un cours de droit. Pendant le séjour de quatre années qu'il fit en cette ville, il composa dix œuvres de cantates d'église, musique funèbre et sérénades, qu'on a longtemps exécutées dans les solennités. Janitsch ayant terminé ses études, se rendit à Berlin en 1733, et y devint secrétaire du ministre de la guerre. Trois ans après, Frédéric II, alors prince royal, le fit entrer dans sa chapelle, et il y resta jusqu'à sa mort, qui arriva vers 1763. Janitsch fut imitateur de la manière de Graun aîné pour la musique instrumentale. Il écrivit beaucoup de quatuors pour divers instruments, mais il n'en a été publié que trois à Berlin, en 1760. Cet artiste a composé aussi un *Te Deum* qui fut exécuté à Stockholm, au couronnement du roi de Suède

JANITSCH (Antoine), violoniste allemand et compositeur, maître de chapelle du comte de Bourg-Steinfurth, naquit en Suisse en 1753. Il n'était âgé que de quatre ans lorsqu'il fit apercevoir de rares dispositions pour la musique; son père ne négligea rien pour les développer, et ses soins furent couronnés par le succès, car à sept ans il commença déjà à fixer sur lui l'attention des connaisseurs par son exécution sur le violon. Lorsqu'il eut atteint sa douzième année, son père l'envoya à Turin chez le célèbre violoniste Pugnani. Après deux ans d'études, il égalait, dit-on, presque son maître. Il était à peine arrivé à sa seizième année lorsque l'électeur de Trèves le nomma son maître de concert et lui accorda un traitement de 2,000 florins. Janitsch ne quitta cette cour que pour entrer au service du comte d'Œttingen-Wallerstein; mais il n'y resta pas longtemps, parce que des offres avantageuses lui furent faites pour diriger l'orchestre du théâtre de Grossmann, à Hanovre. Il resta dans cette ville jusqu'en 1794; à cette époque il prit la résolution d'aller en Angleterre; mais il interrompit ce voyage pour passer l'été chez le comte de Bourg-Steinfurth. La guerre était alors allumée dans toute l'Europe. La crainte des fâcheux événements qui pouvaient troubler son voyage, et les inquiétudes que lui inspiraient le sort de sa famille, le décidèrent alors à renoncer à son projet; il s'attacha au service du comte et y resta jusqu'à sa mort, qui eut lieu le 12 mars 1812. Les compositions de cet artiste sont restées en manuscrit. Deux concertos de violon et un trio pour deux violons et basse se trouvaient sous son nom chez Breitkopf et Hærtel, il y a quelques années.

JANNEQUIN (Clément), **JANEQUIN**, ou **JENNEKIN**, célèbre musicien du seizième siècle, vécut sous le règne de François Ier. Il y a du doute sur tout ce qui concerne ce musicien; et d'abord on ne sait pas précisément si son nom de famille était *Jannequin* ou *Clément*. Si, suivant l'usage du temps où il vécut, il ne fut appelé *Jannequin* que par un diminutif de *Jean*, c'est-à-dire, *petit Jean*, on doit le considérer comme Belge, et son nom de famille serait *Clément*; mais le silence de Guichardin sur un artiste si distingué, dans son énumération des musiciens de cette nation, et celui des autres auteurs à ce sujet, semblent confirmer l'opinion de ceux qui l'ont placé parmi les musiciens français. Dès lors on doit croire que le nom est *Jannequin*, et le prénom, *Clément*. Quant à l'assertion des auteurs qui le présentent comme élève de Josquin, rien ne la prouve, et le fait est au moins douteux. Les comptes de la maison des rois de France font voir que Jannequin ne fut point attaché au service de François Ier, ni de son successeur; il y a lieu de croire qu'il fut plutôt maître de musique de quelque église, peut-être à Lyon, où quelques-uns de ses ouvrages ont été imprimés. A l'égard de l'époque de la naissance de cet ingénieux musicien, elle paraît être indiquée dans une épître en vers adressée par lui-même *à très-haute, très-excellente et très-illustre princesse la Royne de France*, laquelle se trouve en tête de l'ouvrage de sa composition intitulé *Octante deux pseaumes de David*, imprimé à Paris par Adrian Le Roi et Robert Ballard, en 1559. On voit, dans les quatre derniers vers de cette épître, que Jannequin était vieux et pauvre à cette époque; d'où l'on peut conclure qu'il naquit dans les dernières années du quinzième siècle. Voici ces vers :

> Doncq' en gré ce présent, très illustre princesse,
> Prends de ton Janequin, qui en poure vieillesse
> Vivant, rien ne lui plaist fors que de t'honorer
> Par son art de musique, et ton los décorer.

Il est vraisemblable que Jannequin, après avoir été, comme Goudimel, élevé dans la religion catholique, embrassa plus tard, comme lui, les opinions des réformés; car ses premiers ouvrages sont des messes et des motets, et les autres, des chansons françaises, et des psaumes de Marot. Quoi qu'il en soit, voici tout ce que j'ai pu connaître de ses compositions : 1° Dans les recueils manuscrits des archives de la chapelle pontificale, à Rome, on trouve plusieurs messes de Jannequin (appelé dans ces manuscrits *Jannequin*, *Janequin* et *Jennequin*), sur des motifs de chansons françaises. — 2° *Sacræ cantiones seu motectæ quatuor vocum. Parisiis, in vico Cytharæ prope sanctorum Cosme et Damiani templum, apud Petrum Attaignant musice Calcographum*, 1533, in-4° obl. — 3° *Chansons de la guerre et de la chasse, chant des Oyseaux, la Louette* (sic), *le Rossignol. Paris, par Pierre Attaingnant et Hubert Jallet*, 1537, petit in-4° obl. — 4° *Vingt-quatre chansons musicales à quatre parties par Clément Jennequin*. Paris, par Pierre Attaingnant, 1533, petit in-4° obl. Il y a une autre édition de ces chansons publiée par Attaingnant sans date, sous ce titre : *Chansons de Maistre Clément Jannequin, nouvellement et correctement imprimées*, etc. — On y trouve de plus que dans les précédents recueils la chanson *Las povre cœur!* — 5° *Di Clément Jennequin et d'altri eccellentissimi authori vinticinque canzoni francesi a quattro novamente raccolti e revisti per Antonio Gardano musico; Libro primo.* Venezia per Ant

Gardano, 1538, in-8° obl. Les autres musiciens dont il y a des chansons dans ce recueil sont Certon, Damien Hauricq, Hesdin, le Heurteur et Passereau. Un second livre, contenant des chansons des mêmes auteurs, a paru chez le même éditeur, dans la même année. — 6° *Inventions musicales de Jannequin : premier, second, troisième et quatrième livres, où sont contenus le caquet des femmes à cinq parties, la guerre; bataille; jalousie; chant des oiseaux; chant de l'alouette; le Rossignol; prise de Boulogne*, etc., Lyon, par Jacques Moderne, 1544, in-4°. Jamais productions ne furent mieux nommées que celles qui sont contenues dans ce recueil; car toutes ces pièces sont réellement pleines d'inventions et d'une originalité dont on chercherait en vain quelque trace chez les autres musiciens contemporains de Jannequin. *Le caquet des femmes, la bataille ou défaite des Suisses à la journée de Marignan*, et *le chant des oiseaux*, sont particulièrement des morceaux qui indiquent chez leur auteur un génie supérieur. Ces trois pièces ont été chantées en 1828 dans l'école de musique dirigée par Choron; et malgré les difficultés excessives dont elles sont hérissés, elles ont produit un effet surprenant, rendues par un chœur de plus de cent jeunes chanteurs. Une autre édition de ces mêmes morceaux a été publiée à Paris sous ce titre : *Verger de musique contenant partie des plus excellens labeurs de maître C. Jannequin à 4 et 5 parties, nouvellement imprimé en cinq volumes, reveus et corriges par lui-même*, *Paris*, 1559, *de l'imprimerie d'Adrian Le Roy et Robert Ballard, imprimeurs du Roy, rue Saint-Jean-de-Beauvais, à l'enseigne Sainte-Geneviève*, in-4°. Le chant des oiseaux, à 4; le chant du rossignol à 4; le chant de l'alouette, à 4; la prinse de Boulongne, à 4; la réduction de Boulongne, à 4; la bataille, à 4 (avec la cinquième partie ajoutée par Verdelot, sans y rien changer); le siége de Metz, à 5; la bataille, à 5; le caquet des femmes, à 5; la jalousie, à 5; la chasse au cerf, à 7, et la guerre de Renty, à 4, sont les pièces qu'on trouve dans ce recueil. Antoine Schmid dit dans son livre sur Octavien de Petrucci de Fossombrone (p. 224) que Tilman Susato d'Anvers a reproduit exactement, en 1545, les six chansons de l'édition sans date donnée par Attaingnant : c'est une erreur, car la chanson *Las povre cœur!* ne s'y trouve pas, comme on peut le voir par ce titre : *Le dixiesme livre contenant la Bataille à quatre de Clément Jannequin, avecq la cincquiesme, partie de Phil. Verdelot si placet, et deux chasses de lièvre à quatre parties et le chant des Oyseaux à trois. Correctement imprimé à Anvers par Tilman Susato, l'an* 1545, *au mois d'aoust*. — 7° *Proverbes de Salomon mis en cantiques et ryme françoise, selon la vérité hébraïque, nouvellement composés en musique à quatre parties, par M. Clément Jannequin; imprimés en quatre volumes. A Paris, de l'imprimerie d'Adrian Le Roy et Robert Ballard*. 1558, in-8° oblong. — 8° *Octante deux psaumes de David, traduits en rhythme* (sic) *françois par Clément Marot et autres, avec plusieurs cantiques nouvellement composes en musicque à quatre parties par M. Clément Janequin ; à Paris, de l'imprimerie d'Adrian Le Roy et Robert Ballard*, 1559, in-8° obl. 4 vol. On trouve des chansons de Jannequin dans les recueils dont voici les titres : 1° *Selectissimæ nec non familiarissimæ cantiones ultra centum, vario idiomate 4 vocum*, etc. *Augustæ Vindelicorum, Melchior Kriesstein excudebat*; 1540, in-4° obl. — 2° *Trium vocum cantiones centum. Norimbergæ, ap. P. Petreium*. 1541, in-4° obl. — 3° *Le XI*e *livre contenant XXVIII chansons nouvelles à quatre parties. Imprimé par Pierre Attaingnant et Robert Jullet*, à Paris, 1542, petit in-4° obl. — 4° *Le XII*e *livre, contenant XXX chansons nouvelles à 4 parties*; ibid. 1543. — 5° *Le XIII*e *livre, contenant XIX chansons nouvelles à 4 parties*, ibid. 1543. — 6° *Le XIV*e *livre, contenant XXIX chansons nouvelles à 4 parties*. ibid, 1543. — 7° *Le XV*e *livre, contenant XXX chansons nouvelles, à 4 parties*; ibid. 1544. — 8° *Le XVI*e *livre, contenant XXIX chansons annuales* (sic) *à 4 parties*; ibid. 1545. — 9° *Le XVII*e *livre, contenant XIX chansons laigères* (sic) *tres musiqualles* (sic) *nouvelles à 4 parties*, ibid. 1545. — 10° *Septième livre de chansons nouvellement composées en musique à quatre parties par bons et excellents musiciens*; à Paris, chez Adrian Le Roy et Robert Ballard, 1557. — 11° *Le huitième livre de chansons nouvellement composées*, etc., ibid. 1558. — 12° *Le deuxième livre du Recueil des recueils composés à quatre parties de plusieurs autheurs*; ibid. 1564, in-4°. Jacques Paix a donné quelques morceaux de Jannequin arrangés pour l'orgue dans son *Orgel Tabulatur*; Lauingen, 1583, in-fol.

JANOWKA (THOMAS-BALTHAZAR), né à Kuttenberg, en Bohême, vers 1660, fut licencié en philosophie et organiste à Prague. Il est auteur d'un dictionnaire de musique, le premier qui ait été publié dans les temps modernes. Cet ouvrage, qui est de la plus grande rareté, a pour titre : *Clavis ad Thesaurum magnæ artis mu-*

sicæ, seu elucidarium omnium fere rerum ac verborum in musica figurali tam vocali, quam instrumentali obvenientium, consistens potissimum in definitionibus et divisionibus; quibusdam recentioribus de Scala, Tono, Cantu, et genere Musicæ, etc., sententiis; variisque exquisitis observationibus in gratiam cupidorum hujus artis studiosorum diligenter, fideliter ac fundamentaliter alphabetico ordine compositum. Vetero-Pragæ, in magno Collegio Carolino, typis Georgii Laubaun, 1701, in-8° de 324 pages. Ce livre ne devait être que l'introduction d'un ouvrage plus considérable que l'auteur promettait dans sa préface, mais qui n'a point paru.

JANSA (Léopold), né en 1797 à Wildenschwert, en Bohême, est fils d'un fabricant de drap. Après avoir appris chez l'instituteur du lieu de sa naissance les principes de la musique, du violon, du piano et de l'orgue, il augmenta son habileté sur ce dernier instrument par les leçons de l'organiste Zizius, son parent. Pendant qu'il faisait à Brünn ses humanités et un cours de philosophie, il continua ses études de violon, et parvint, par ses efforts, à une grande habileté sur cet instrument. En 1817, il se rendit à Vienne pour y suivre les cours de droit : il s'y lia d'amitié avec quelques célèbres musiciens, qui devinrent ses modèles dans ses études. Encouragé par les succès qu'il avait obtenus dans quelques concerts, il se décida enfin à renoncer aux emplois qu'il espérait obtenir dans l'administration civile, et à suivre la carrière d'artiste. Il prit alors des leçons d'harmonie et de composition chez Emmanuel Fœrster, et se livra à des études sérieuses pour perfectionner son talent de violoniste, guidé par les conseils de son compatriote et ami Worzischek, organiste de la cour. Tant de persévérance et d'efforts furent couronnés par le succès, et bientôt le nom de Jansa brilla à côté de ceux de Mayseder et de Bœhm. En 1823, il entra au service du comte de Brunswick; mais il le quitta l'année suivante pour passer dans la chapelle de l'empereur. Après la mort de Schuppanzig, il continua les soirées de quatuors que celui-ci avait établies, et l'on dit que sous sa direction la perfection de l'ensemble dans l'exécution de ce genre de musique est devenue plus sensible. Depuis 1834, M. Jansa est devenu directeur de musique et professeur de violon à l'université impériale de Vienne : il est membre de la société de musique de Presbourg. Ses compositions jouissent de beaucoup d'estime en Allemagne : elles consistent en quatre concertos pour violon et orchestre; un rondeau concertant pour 2 violons principaux et orchestre, op. 33, Vienne, Artaria; huit quatuors pour 2 violons, alto et basse, op. 8, 12, Vienne, Leidersdorf, op. 44, Vienne, Pennauer; trois trios pour 2 violons et violoncelle, op. 41, ibid.; trente-six duos pour 2 violons : op. 16, Vienne, Leidersdorf; op. 36, 43, 46, Leipsick, Peters; op. 47, Vienne, Diabelli; op. 50, Leipsick, Peters; beaucoup de solos, fantaisies, airs variés, etc.; un graduel pour 4 voix d'hommes, op. 6, Vienne, Leidersdorf; un offertoire pour ténor et violon solo, chœur et orchestre, op. 17, Vienne, Cappi, etc.

JANSEN (Henri), né à la Haye en 1741, fut d'abord libraire à Paris, puis bibliothécaire du prince de Talleyrand, et enfin censeur impérial. Il est mort à Paris au mois de mai 1812. On lui doit la traduction d'un grand nombre d'ouvrages en général remplis d'intérêt, concernant les sciences, les arts et les antiquités, parmi lesquels on remarque : *Recueil de différentes pièces sur les arts*; Paris, 1786, 6 vol. in-12. On y trouve, au premier volume, une traduction de l'ouvrage d'Engel *sur la peinture musicale*.

JANSEN (Jean-Antoine-Frédéric), violoniste et pianiste, né en Allemagne, de parents danois. Après avoir fait des études de musique à Vienne, il partit pour l'Italie et s'établit d'abord à Venise, où il vécut misérablement comme professeur de musique. Fatigué de l'existence précaire qu'il avait dans cette ville, il s'en éloigna pour aller en 1817 à Milan, où il ne fut guère mieux favorisé de la fortune. Il y composait ou arrangeait de la musique pour quelques particuliers ou pour des marchands de musique; mais ces travaux étaient si mal payés, qu'il tomba dans une misère affreuse, et l'on peut dire exactement qu'il mourut de faim, au mois d'avril 1827, après avoir erré dans la ville pendant les deux derniers jours, sans faire connaître à personne sa situation. Quand on voulut lui porter du secours, il était trop tard : les sources de la vie étaient taries. On connaît de cet infortuné : 1° Des thèmes variés pour violon, avec accompagnement de quatuor; Vienne, Diabelli, et Milan, Ricordi. — 2° Des duos pour 2 violons, ibid. — 3° Quelques morceaux pour divers instruments à vent. — 4° Des sonates pour piano et violon ou flûte, Milan, Ricordi. — 5° Des divertissements pour les mêmes instruments, ibid. — 6° Des sonates pour piano seul, ibid. — 7° Des exercices, rondeaux et polonaises pour piano seul, ibid. — 8° Des thèmes variés, ibid.

JANSEN (Jean-Henri-Frédéric-Louis), *cantor* à Rhede, en Westphalie, né le 31 mai 1785 à Salzbeyerssum, près de Hildesheim, est mort à Rhede, le 28 janvier 1832. Il s'est fait connaître par un bon livre intitulé : *Die evangelische Kir-*

chengesangskunde oder encyclopædisches Handbuch aller nützlichen Kenntnisse zur Ausführung eines erbaulichen, sowohl Gemeinde als Altar-und Chorgesanges in den evangelische Kirchen (La science du chant de l'église évangélique, ou manuel encyclopédique de toutes les connaissances utiles pour l'exécution édifiante du chant choral, tant de la communauté que de l'autel dans les églises évangéliques); Iéna, Ch. Hochhausen, 1838, gr. in-8° de XIV et 278 pages. Cette édition est la deuxième : j'ignore la date de la première.

JANSENNE (Louis), né à Paris, chanteur agréable et ténor dramatique, reçut son éducation musicale dans l'école de musique religieuse dirigée par Choron, et en sortit en 1832 pour se vouer à la carrière du théâtre. Après avoir chanté dans plusieurs villes de France, il fut engagé au théâtre de Bruxelles, en 1839, comme premier ténor de l'Opéra-Comique. Il y fut attaché pendant deux années; mais après la faillite de la direction, en 1840, il accepta un engagement semblable au grand théâtre de Lyon. Plus tard il s'est retiré de la scène pour se livrer à l'enseignement du chant et a publié un recueil de bons exercices de vocalisation, comme préparation aux vocalises de Bordogni. Il en a été publié une édition à Berlin, chez Schlesinger, sous le titre : *Singübungen mit Piano-forte. Vorschule an den 36 vocalises von Bordogni.* On connaît aussi de cet artiste de jolies romances avec accompagnement de piano.

JANSON (Jean-Baptiste-Aimé-Joseph), appelé *Janson l'aîné*, violoncelliste distingué, naquit à Valenciennes en 1742. Élève de son concitoyen Berteau, il eut sa manière large, et se fit remarquer par le beau son qu'il tirait de l'instrument. En 1766, il se fit entendre pour la première fois au concert spirituel. L'année suivante il accompagna en Italie le prince héréditaire de Brunswick, et fit partout admirer son talent. De retour à Paris en 1771, il y brilla pendant quelques années, puis fit un voyage en Allemagne. En 1783 il était à Hambourg d'où il se rendit en Danemark, en Suède et en Pologne. En 1789 il revint à Paris, et lorsque le Conservatoire fut organisé, en 1795, il en fut nommé professeur. Compris dans la réforme qui fut faite à cet établissement en 1802, il en eut tant de chagrin, qu'il en mourut, le 2 septembre 1803. Janson a fait d'excellents élèves. On a publié de sa composition : 1° Six quatuors pour 2 violons, alto et violoncelle, op. 1; Paris, in-fol. — 2° Trois concertos pour violoncelle et basse, op. 3, ibid. — 3° Six sonates pour violoncelle et basse, op. 4, ibid. — 4° Trois concertos idem, op. 7; ibid. — 5° Six nouveaux concertos avec orchestre, op. 15, ibid.

JANSON (Louis-Auguste-Joseph), frère du précédent, naquit à Valenciennes le 8 juillet 1749. Élève de son père, puis de son frère, il acquit sur le violoncelle un talent distingué. Arrivé à Paris en 1783, il entra à l'orchestre de l'Opéra six ans après. Sans égaler son frère pour la beauté du son, il était digne de se placer auprès de lui par son beau mécanisme d'archet et son habileté dans l'exécution des traits. Retiré de l'Opéra au commencement de 1815, après vingt-cinq ans de services, et à l'âge de soixante-six ans, il a vécu encore quelques années; mais j'ignore la date précise de sa mort. On a de cet artiste : 1° Six sonates pour violoncelle et basse. — 2° Six trios pour violon, alto et violoncelle.

JANSSEN (César), né à Paris le 11 avril 1781, a été élève de Xavier Lefebvre pour la clarinette, au Conservatoire de musique, dès la création de cet établissement, au mois de brumaire an V. Après avoir été employé pendant quelques années dans les orchestres des théâtres secondaires, il est entré à l'Opéra-Comique, vers la fin de 1814, en qualité de seconde clarinette, et s'est retiré en 1835, après vingt ans de service. Le talent d'exécution de cet artiste ne s'est point élevé au-dessus du médiocre; mais il mérite d'être mentionné ici pour une invention qui a été adoptée par beaucoup de facteurs d'instruments à vent, et qui a rendu plus facile le jeu de la clarinette et du basson avant la réforme complète de ces instruments; je veux parler des rouleaux mobiles mis à l'extrémité des clefs pour aider les doigts à glisser d'une clef à l'autre. En 1823 Janssen a présenté la première clarinette de ce genre à l'exposition des produits de l'industrie, au Louvre; il la reproduisit en 1827, et obtint alors un rapport favorable de la société d'encouragement, par l'organe de M. Francœur.

JANSSEN (N.-A.), prêtre, né en Hollande, ancien organiste à Louvain, ancien professeur de chant au séminaire archiépiscopal de Malines, occupait cette position en 1845, mais s'en retira ensuite pour entrer dans un monastère de Chartreux. Il y resta environ une année; mais il n'en embrassa pas la règle, et, après avoir repris les habits de prêtre séculier, il se rendit dans sa patrie et y occupa une place d'organiste pendant plusieurs années. Postérieurement il est rentré en Belgique. On a de M. Janssen un livre qui a pour titre : *Les vrais principes du chant grégorien*; Malines, Hanicq, 1845, gr. in-8° de 236 pages. Ces vrais principes sont fort erronés en ce qui concerne la tonalité; car, s'appuyant sur certains passages des Mémoires de P.L. de Palestrina par l'abbé *Baini*, lesquels ne s'appliquent qu'à des cas particuliers mal indiqués par cet auteur, et qui sont en opposition manifeste avec les meilleures autorités du moyen âge, M. l'abbé Janssen veut bannir du plain-chant le demi-ton, qu'il nomme *chromatique* (quoiqu'il soit certainement diatonique dans les 5e, 6e, 9e, 10e, 13e et 14e modes, transposés dans les huit tons vulgaires du chant ecclésiastique); il ne l'admet même pas dans les cadences, où il était toujours sous-entendu, *comme le prouvent Jérôme de Moravie* et Tinctoris; enfin, il le rejette également lorsqu'il est nécessaire pour éviter la relation de triton ou de quinte mineure, que repousse absolument la constitution tonale du plain-chant, dans l'ordre indirect comme dans l'ordre direct. Il n'a pas remarqué que certains chants, dont les demi-tons sont inséparables, ne sont que des transpositions de quelques-uns des quatorze modes dans plusieurs des huit tons vulgaires; transpositions qui ont été faites parce que, dans leur diapason réel, plusieurs de ces modes étaient trop élevés pour les voix de la plupart des chantres. *C'est ainsi que des mélodies du neuvième* mode ont été transposées dans le premier ton; ce qui oblige à mettre le bémol à la sixième note, pour lui conserver le caractère que cette sixième note a dans le neuvième mode, tandis que les chants composés originairement dans le premier ton n'ont pas cette nécessité. C'est encore ainsi que quelques chants du treizième mode ont été transposés dans le septième ton, d'où résulte l'obligation d'élever la septième note de celui-ci par le dièse, lequel est sous-entendu, ou de baisser la quatrième note par le bémol, si la transposition s'est faite dans le cinquième ton. La constitu*tion fondamentale* de la tonalité du plain-chant repose sur les espèces de quintes et de quartes de chaque ton et de chaque mode : l'identité des tons vulgaires et des modes résulte des rapports de combinaisons de ces espèces de quintes et de quartes. Par l'ignorance ou l'oubli de ces principes, et dans le but unique d'éviter l'emploi du demi-ton, que le moyen âge a toujours conservé par tradition, on dénature les formes du chant lorsqu'il se présente des suites de notes où les relations de triton et de quinte mineure sont inévitables, et l'on fait d'affreuses cadences sans nécessité. Ce sont ces principes faux qui se sont répandus dans le diocèse de Malines et qui font du chant de l'église quelque chose d'étrange et de corrompu, inconnu aux auteurs des mélodies primitives. Sauf cette erreur, qui, malheureusement est fondamentale, le livre de M. Janssen est digne d'estime par la méthode et par l'érudition. Il en a été fait une traduction allemande par M. J. E. B. Smeddinck, qui a paru sous ce titre : *Wahre Grundregeln des Gregorianischen oder Choralgesanges*, Mayence, Schott, 1846. Comme compositeur, M. Janssen a publié *Missa a 3 vocibus cum organo*; Mayence, Schott, quelques motets et des mélodies.

JANSSENS (Jean-François-Joseph), notaire et compositeur de musique à Anvers, naquit dans cette ville, le 29 janvier 1801. Il était fils de François-Bernard-Joseph-Antoine Janssens, directeur de musique à l'église Saint-Charles. Ses heureuses dispositions pour la musique se révélèrent presque au berceau : instruit par son père des éléments de cet art, à six ans il solfiait avec facilité; à douze, il s'essayait dans la composition. De Lœuw, maître de musique de l'église Saint-Paul, lui enseigna l'harmonie, lorsqu'il eut atteint sa seizième année. En 1817, l'Institut royal néerlandais, d'Amsterdam, ayant ouvert un concours pour la composition d'une cantate sur un poëme de H. Klyn, dont *la musique* était le sujet, Janssens concourut et obtint le second prix (1). Cet encouragement décida Janssens à se rendre à Paris pour y continuer ses études musicales. Son père avait eu autrefois des relations avec Lesueur : ce maître accepta la mission de diriger les travaux du fils. Après deux années de séjour à Paris, Janssens revint à Anvers. Ce fut alors que sa famille le détermina à choisir une profession dans les affaires et à ne s'occuper de son art que comme amateur. Il se détermina pour le notariat, entra dans une étude pour y faire son stage, et, par arrêté royal du 20 août 1826, fut nommé notaire à *Hoboken*, près d'Anvers. Cette position, toutefois, ne le détourna pas de son penchant irrésistible pour la musique. Déjà en 1821 il avait fait exécuter sa première messe à 4 voix, chœur et orchestre dans l'église Saint-Charles, pour la fête de Sainte-Cécile : le succès qu'elle obtint dans l'opinion de quelques artistes connaisseurs fut le signal d'une opposition envieuse qui ne cessa de poursuivre Janssens pendant toute sa vie. Le 2 février 1824, il fit représenter au théâtre d'Anvers *Le Père rival*, opéra comique qui obtint du succès, et qui fut suivi de *La jolie Fiancée*. Le succès d'un opéra, dans une ville de province, se borne à deux ou trois représentations. Huit jours après la première, la population ne se souvient plus de la pièce ni de l'auteur. Janssens acquit bientôt la preuve de cette vérité : il en revint à la musique d'église. Sa première

(1) Le premier prix fut décerné à *Surmont*, autre compositeur anversois. (*Voy.* ce nom.)

messe (en *ut*) avait été livrée à l'impression, et il avait écrit des motets qui furent exécutés dans plusieurs églises d'Anvers. En 1825, il donna sa seconde messe (en *ré*) : la troisième (en *la*) a été considérée comme son œuvre capitale. Les applaudissements donnés à ces ouvrages firent nommer leur auteur directeur de la société d'harmonie d'Anvers. Cette circonstance le conduisit à écrire de la musique instrumentale, dans laquelle il montra autant de talent que dans sa musique d'église : on cite particulièrement de lui une symphonie intitulée *le Lever du soleil* qui fut exécutée à la société d'harmonie et produisit une vive impression.

Le 17 janvier 1829, Janssens fut nommé notaire à Berchem, et deux ans après il fut appelé à Anvers en la même qualité. La révolution belge avait éclaté au mois de septembre 1830; un de ses résultats fut le siége d'Anvers en 1832. Pour se soustraire au spectacle des malheurs qui pesaient alors sur cette ville, Janssens entreprit un voyage en Allemagne. Arrivé à Cologne, il se logea dans un hôtel qui, dans la nuit même, fut dévoré par un incendie. Les papiers et la plupart des effets du voyageur anversois y furent anéantis : dans son effroi, il s'enfuit à Verviers, où M. Vieillevoye, artiste peintre, qu'il avait connu à Anvers, le recueillit. Quand il revint dans sa ville natale, ses amis remarquèrent que sa tête était dérangée. Bientôt la démence fut complète : il languit en cet état pendant deux ans et demi, et le 3 février 1835 il expira, au moment où il venait d'accomplir sa trente-quatrième année. Alors des hommages tardifs lui furent rendus; alors, seulement, Anvers comprit qu'elle venait de perdre un artiste qui l'honorait; artiste de cœur, qui avait sacrifié sa fortune au désir de s'illustrer dans son art. M. P. Genard a publié, en 1859, une notice en langue flamande, sous le titre : *Janssens; projet d'une biographie de ce compositeur*, Anvers, in-8°, avec le portrait de l'artiste; et M. Hendrickx, poëte anversois, a fait imprimer : *Simple histoire. Boutades biographiques à l'occasion du XXV° anniversaire de la mort de Jean-François Janssens.* Anvers, 1860, in-8°.

Compositions de Janssens : 1° Messe à 4 voix et orchestre (en *ut*), dédiée à la société d'harmonie d'Anvers; Bruxelles, Weissenbruch. — 2° Messe idem (en *ré*), 1825, inédite. — 3° Messe idem (en *la*), dédiée à M. Van Gobbelschroy, ancien ministre de l'intérieur; Anvers, Schott. — 4° Messe idem (en *ut*), 1829, inédite. — 5° Messe idem (en *mi* bémol), 1829, inédite. — 6° *Te Deum* (en *ré*) à quatre voix, chœur et orchestre, inédit. Ce *Te Deum* a été souvent exécuté à Bruxelles, aux fêtes et cérémonies publiques. La première fois que je l'entendis, au baptême du prince royal (duc de Brabant), je ne connaissais rien de Janssens, mais je fus frappé du mérite de cet ouvrage, et je constatai que son auteur avait eu une belle organisation musicale. — 7° Environ vingt-cinq motets, psaumes, hymnes et antiennes, tous avec orchestre, composés depuis 1821 jusqu'en 1829, et exécutés dans les églises d'Anvers et de Louvain. — 8° *Les Grecs*, ou *Missolonghi*, cantate avec orchestre. — 9° *Le Roi*, ode en musique, paroles de M. Rogier; Anvers, Contgen, 1831. — 10° Symphonie couronnée dans un concours, à Gand. — 11° *Le Lever du soleil*, symphonie à grand orchestre. — 12° Potpourri en harmonie sur des airs anversois. — 13° Air varié en harmonie. — 14° *Le Père rival*, opéra-comique. — 15° *La jolie Fiancée*, idem. — 16° Romances.

JAPART (Jean), musicien belge du quinzième siècle, vécut en Italie, et paraît avoir été attaché en qualité de chantre à la cour de Ferrare, où vraisemblablement il connut Josquin Deprès, qui lui a adressé sa chanson française à quatre voix :

> Revenu d'oultremonts, Japart,
> Je n'ai du sort que mince part.

Il est regrettable que jusqu'à ce jour on n'ait pas de renseignements positifs sur cet artiste, qui fut, sans aucun doute, un des meilleurs musiciens de son temps. Son nom même a été longtemps inconnu, et ce n'est que par des découvertes récentes dans les plus anciens monuments de la typographie musicale que l'on a retrouvé quelques-uns de ses ouvrages. Les deux premiers livres de la collection intitulée *Harmonice musices Odhecaton*, et imprimée par Ottaviano Petrucci de Fossombrone (Venise, 1501-1503), dont un exemplaire unique (malheureusement incomplet de quelques feuillets) a été retrouvé par le savant M. Gaspari (*voy.* ce nom), renferment plusieurs morceaux de Japart, et l'on en trouve aussi dans le troisième livre, dont un exemplaire, également unique, est à la bibliothèque impériale de Vienne (1). Dans le livre B, sont deux chansons à 4 voix de ce musicien, dont les premiers

(1) Voyez la description des deux premiers livres, par M. A. Catelani intitulée : *Bibliografia di due stampe ignote di Ottaviano Petrucci da Fossombrone.* Milano, Ricordi (s. d.); et celle du troisième livre dans *Ottaviano dei Petrucci de Fossombrone*, par Antoine Schmid, p. 37-43.

mots sont : *Jay pris amours*, et *Je cuide*. Le livre A contient six autres chansons italiennes et françaises, toutes à 4 voix; elles commencent par ces mots :

1. Nenciozza mia.
2. Je ne fay plus.
3. Jay pris amours (avec une autre musique, sur le même thème).
4. Se congie pris.
5. Amours, Amours, Amours.
6. Tan bien mi son pensa.

Le troisième livre, marqué C, renferme six chansons de Japart à 4 voix, et une à cinq, à savoir :

A 4 voix :
1. Fortuna dun gran tempo.
2. Loier mi fault ung carpentier.
3. Il est de bonne heure.
4. De tous biens.
5. Pour passer temps. . . . . . { *discantus et bassus* } deux chansons en une.
Plus ne chasceray sans gans. { *contratenor et tenor* }
6. *Questa se chiama*.

La chanson à cinq voix, dont les paroles sont : *Vray dieu d'amours*, est singulière; pendant que le dessus, le ténor et la basse chantent les paroles françaises, les deux contratenors disent les litanies des saints. La chanson française, *De tous biens*, offre aussi une singularité remarquable, en ce qu'elle peut être chantée à quatre ou à cinq parties à volonté. *Le Contratenor* a pour inscription : *Canon. Hic dantur Antipodes*. La solution de cette énigme se trouve en prenant le chant de cette partie par mouvement rétrograde, ce qu'indiquent les mots *hic dantur antipodes*. Si l'on fait le canon, la chanson est à cinq voix; mais si on ne le fait pas, elle est simplement à quatre. Ce morceau est fort bien fait : j'en ai pris une copie à Vienne, et je l'ai mis en partition.

JARMUSIEWICZ (Jean), curé de Zaczersk, bourg de Gallicie, mort en 1844, a publié un traité de mélodie et d'harmonie, dans la composition de la musique, d'après un nouveau système, sous le titre : *Nowy system Muzyki*, en polonais et en allemand; Warsovie, Sennewald. On a aussi de cet ecclésiastique un livre de chant grégorien noté en notation moderne, avec accompagnement d'orgue ou de piano, à l'usage des organistes de la Pologne, publié sous ce titre : *Choral Gregoryanski Rytualny historycznie objasniony; na terazniejsze noty przelosony, Dlauzytku chorow Koscielnych z Akomp. Organu lub Fortepianu etc.*; Vienne, Strauss. On trouve au commencement de ce livre un précis historique du chant divisé en deux parties, dont la première traite du système de solmisation attribué à Guido d'Arezzo, et la deuxième, du système de la gamme moderne. Jarmusiewicz n'a placé dans son livre qu'un choix de chants pour les principales fêtes de l'année, commençant par les hymnes de l'Avent, puis les chants de la semaine sainte, les lamentations de Jérémie, les hymnes de Pâques, de l'Ascension, de la Pentecôte et de la Fête-Dieu, qu'il entremêle de chants polonais pour les offices des saints du pays; puis viennent le *Te Deum*, les antiennes de la Vierge, les intonations des psaumes et du *Magnificat*, suivies d'une messe pour les dimanches et fêtes ordinaires de l'année. Le volume est terminé par la messe des morts.

JARNOWICK (Jean-Marie GIORNOVICCHI, connu sous le nom de), naquit à Palerme en 1745, suivant une note qu'il a placée lui-même sur le registre de la grande loge maçonnique de Berlin, en 1780. On s'est donc trompé dans les Biographies générales de Michaud, de Beauvais et de Rabbe, lorsqu'on a dit qu'il était né à Paris de parents italiens. Élève de Lolli, il devint par les leçons de ce maître un violoniste distingué. Les qualités de son talent étaient particulièrement une justesse parfaite, la netteté dans l'exécution des traits, et le goût dans le choix des ornements; mais il tirait peu de son de l'instrument et manquait de largeur et d'expression. Arrivé à Paris vers 1770, il débuta au concert spirituel par le sixième concerto de son maître, où il ne réussit pas, parce que cette musique exige un caractère mâle d'exécution qu'il ne possédait pas; mais il prit bientôt sa revanche dans son premier concerto (en *la* majeur), dont le style agréable et léger eut un succès d'enthousiasme. Dès ce moment la musique et le jeu de Jarnowick furent à la mode, et pendant près de dix ans l'artiste et ses ouvrages jouirent d'une vogue dont il n'y avait pas eu d'exemple jusqu'alors. Homme de plaisir et d'une tournure d'esprit originale, il ne s'occupait pas assez de son talent; tel il avait été dans les premiers temps de sa carrière, tel on le retrouvait longtemps après. Son humeur était capricieuse, et le penchant qu'il avait pour le jeu et la débauche le poussait souvent dans des écarts condamnables. Dans la chaleur d'une dispute, on le vit un jour donner un soufflet au chevalier de Saint-Georges, son émule sur le violon, et la plus forte épée qu'il y eut alors en Europe. Celui-ci se contenta de dire: *J'aime trop son talent pour me battre avec lui*. Des circonstances plus graves, où l'honneur de Jarnowick était compromis, l'obligèrent à s'éloigner de Paris en 1779. Il se rendit en Prusse, où il fut engagé pour la chapelle du prince royal Frédéric-Guillaume II; mais son caractère altier et ses discussions perpétuelles avec Duport et les autres artistes de la musique du prince, l'obligèrent à quitter Berlin en 1783. Des voyages continuels occupèrent alors son activité: il visita Vienne, Varsovie, Pétersbourg, Stockholm, et partout il eut des succès. Arrivé à Londres en 1792, il y joua dans les concerts qui y furent donnés à cette époque, et presque toujours il y fut applaudi. Malheureusement pour lui, Viotti arriva vers le même temps dans la capitale de l'Angleterre, et la supériorité de son talent plaça Jarnowick à un rang inférieur, comme cela était déjà arrivé entre eux dix ans auparavant, à Berlin. La jactance de Jarnowick n'y put tenir cette fois; et la première fois qu'il rencontra celui qu'il considérait comme son rival, quoique celui-ci n'en eût point, il l'aborda brusquement et lui dit: « Il y a longtemps que je vous en veux; vidons la querelle, apportons nos violons, et voyons enfin qui de nous deux sera César ou Pompée. » Le cartel fut accepté, et Jarnowick vaincu dut se considérer comme placé bien au-dessous du grand artiste qui n'avait pas dédaigné cette lutte. Cependant il ne perdit pas courage; car avec ce ton gascon qui lui était familier, il s'écria: « Ma foi, mon cher Viotti, il faut avouer qu'il n'y a que nous deux qui sachions jouer du violon. »

Malgré cet échec, il aurait pu continuer de résider à Londres où il y a des admirateurs pour tous les genres de talents; mais sa conduite peu régulière, et surtout son arrogance habituelle envers les autres artistes, l'obligèrent encore à aller chercher fortune ailleurs. Dans une dispute qu'il eut avec le célèbre pianiste Jean-Baptiste Cramer, il porta l'insulte si loin, que celui-ci se crut obligé de lui proposer un duel, que Jarnowick n'accepta pas. Cette aventure le perdit. Il quitta Londres en 1796 et se rendit à Hambourg, où il vécut quelques années sans emploi, s'y faisant entendre de temps en temps dans des concerts publics, mais cherchant surtout des ressources pour son existence dans le jeu de billard, où il était fort habile. Au commencement de 1802, il partit pour Berlin, et le 21 mars de cette année il y donna un concert où, bien qu'âgé de cinquante-sept ans, il excita l'étonnement de ceux qui l'entendirent et fit éclater les plus vifs applaudissements. De là, il alla à Pétersbourg. Il y eut d'abord des succès; mais bientôt l'arrivée de Rode le fit oublier. Il mourut subitement en cette ville le 21 novembre 1804, en jouant une partie de billard. On a de cet artiste: 1° Quinze concertos pour le violon, qui ont été tous gravés à Paris. — 2° Trois quatuors pour deux violons, alto et basse, op. 1; Paris, Naderman — 3° Duos pour 2 violons, op. 2, 3, 18 et 24; Paris, Naderman, Janet et Sieber. — 4° Sonates pour violon et basse, ibid. — 5° Quelques symphonies exécutées au concert des amateurs et gravées chez Bailleux, à Paris.

JASPAR (André), né à Liége le 18 décembre 1794, fut admis vers 1808 à suivre les cours de musique donnés à la cathédrale de Liége par M. Harsens, professeur distingué de cette ville. Il y reçut des leçons de violoncelle. Ses études de composition consistèrent principalement dans la mise en partition des quatuors de Haydn, Boccherini et Mozart. Vers 1830, M. Jaspar fut désigné pour diriger l'orchestre des concerts de la *Société d'Émulation* et de la *Société de Grétry*. Ce fut dans l'exercice de ces fonctions qu'il compléta ses connaissances dans l'art d'écrire, par l'étude des œuvres des grands maîtres. Appelé à remplacer son ami M. D. D. Duguet, maître de chapelle de la cathédrale, frappé de cécité, M. Jaspar occupa cette position et dirigea la chapelle depuis 1840 jusqu'en 1850. Depuis lors il n'a plus accepté de fonctions publiques. Ses premiers essais de composition datent de 1820: ils consistaient en cantates, quatuors pour instruments à cordes, *Apollon et les Muses*, prologue écrit pour la fête de Grétry et exécuté au théâtre de Liége, plusieurs ouvertures, symphonies exécutées aux concerts de la société d'Émulation, messe pour la fête de Sainte-Cécile, etc. Une partie seulement de ces ouvrages a été conservée par M. Jaspar. Ses ouvrages publiés sont ceux dont voici les titres: 1° *Folie du Tasse*, symphonie pour l'orchestre, n° 2; Liége, Muraille. — 2° *Retour des champs*, idem, n° 3, ibid. — 3° *Alma Redemptoris*, antienne pour ténor solo, chœur et orchestre, ibid.

— 4° *Te Deum* pour ténor solo, chœur et orchestre, ibid. — 5° *Salve Regina,* pour ténor solo, chœur et orchestre, ibid. — 6° 12 Motets à une et deux voix égales, contenant deux *O Salutaris, Alma Redemptoris, Litanies, Benedictus, Adoremus,* etc., avec accompagnement d'orgue, ibid. — 7° 12 Mélodies pour violon avec acc. de piano, dédiées à H. Léonard, ibid. Les trois premières seulement sont imprimées. *Ouvrages non publiés.* — 8° *Orage*, symphonie pour l'orchestre, n° 4. — 9° *Le Barde éburon,* idem, n° 5. — 10° Symphonie (sans titre) n° 6. — 11° Les trois derniers livres de mélodies pour violon.

JASPIS (Godefroid), savant allemand, vivait à Wittenberg, dans la première moitié du dix-huitième siècle. On a de lui une dissertation intitulée : *De Tibicinibus in funere adhibitis, ad illustrandum Mathæi, cap. IX,* etc.; Wittenberg, 1717, 4 feuilles in-4°.

JAUCH (Jean-Népomucène), pianiste et compositeur, est né à Strasbourg le 25 janvier 1793. On ignore qui dirigea ses études de piano, mais on sait que Spindler lui enseigna la composition. En 1814, Jauch fut nommé professeur de l'école normale primaire de Strasbourg. Les élèves de cette école étaient au nombre de cent à cent cinquante : le professeur établit pour eux une méthode d'enseignement simultané pour le piano, l'harmonie et l'accompagnement du chant des cultes catholique et protestant sur l'orgue. En 1830, il ouvrit dans la même ville un cours de piano simultané, divisé en 8 degrés de force, dont chacun exigeait un travail de six mois. Cette entreprise eut du succès, et le cours eut une existence de plusieurs années. Jauch a formé de bons élèves. Lui-même était pianiste habile et s'est fait entendre avec succès dans les concerts à diverses époques. Du reste, ni son style d'exécution, ni celui de sa musique, n'ont la gravité de l'art classique. Il a presque toujours sacrifié aux futilités de la mode et n'a recherché que la faveur de la foule vulgaire. Il est auteur de plusieurs concertos pour le piano, de sonates à 3 mains, de fantaisies et de variations pour piano seul ou avec accompagnement de clarinette et de flûte, dont la plupart ont été gravés à Paris chez Richault et chez Pacini. Jauch a écrit aussi un concerto de piano et une fantaisie avec orchestre qu'il a exécutés dans ses concerts à Strasbourg, en 1820 et 1822; mais ses œuvres n'ont pas été publiées. On a entendu de sa composition à la cathédrale de Strasbourg, en 1816 et 1818, des pièces d'offertoires composées pour des instruments à vent, et dont il est auteur. Enfin, on connaît un *Recueil de pièces d'orgue composées par J.-N. Jauch*, professeur de musique à l'école normale de Strasbourg, op. 40, en 6 cahiers.

JAUGTZER (Louis), virtuose allemand sur le hautbois, était en 1802 employé dans la chapelle de l'évêque de Würzbourg. Il a laissé en manuscrit quelques concertos pour son instrument.

JAVAULT (Louis), compositeur, jouait de plusieurs instruments à vent; après avoir été attaché à la musique de plusieurs régiments, il fut employé comme sous-chef de musique dans la garde impériale. Il vécut à Paris dans les vingt premières années du dix-neuvième siècle. Musicien laborieux, il a publié un grand nombre d'œuvres pour la musique militaire et les instruments à vent, parmi lesquels on remarque : 1° Vingt suites de pièces d'harmonie; Paris, Gaveaux et Janet. — 2° Marches et pas redoublés pour musique militaire, livres 1, 2, 3; Paris, Janet. — 3° Fanfares pour 3 cors, 4 trompettes et trombone, liv. 1, 2; Paris, G. Gaveaux. — 4° Sextuors pour clarinette, flûte, hautbois, cor et 2 bassons n°s 1 à 6, ibid. — 5° Fantaisie pour instruments à vent, ibid. — 6° Trios pour clarinette, cor et basson, liv. 1, 2; Paris, Janet. — 7° Trois quatuors pour 4 cors, liv. 1, ibid.

Un fils de cet artiste (Louis-Marie-Charles Javault), né à Paris le 17 décembre 1808, a été admis dans les classes de solfége de cette école le 2 mai 1816. Ses études préliminaires terminées, il a reçu des leçons de violon de Baillot, et a obtenu le second prix au concours de 1832, puis le premier en 1834. Il fut pendant plusieurs années premier violon solo à l'Opéra-Comique. J'ignore s'il a publié quelque composition pour son instrument.

JAWUREK (le P. Vincent), né à Ledecz, près de Kuttenberg, en Bohême, le 7 décembre 1730, entra dans l'ordre de Saint-Dominique et fit profession le 7 août 1754, au couvent de Sainte-Madeleine. Il était habile violoniste, et pendant vingt ans il dirigea la musique du chœur de son monastère, pour lequel il écrivit beaucoup de musique restée en manuscrit. Après la suppression de son couvent, il se retira à celui de Saint-Égide, où il mourut dans les dernières années du dix-huitième siècle.

JAWUREK (Joseph), frère du précédent, bénédictin du couvent de Sazona, en Bohême, naquit à Beneschau le 16 août 1741. Fils de l'organiste et directeur du chœur de ce lieu, il apprit de son père les éléments de la musique, le violon, l'orgue et l'harmonie, puis il acheva ses études littéraires et philosophiques chez les jésuites de Prague. Entré dans l'ordre des bénédictins en 1764, il fut ordonné prêtre cinq ans après. En 1774 il était déjà directeur de musique dans son couvent. On a de lui des sonates pour le violon, des préludes, des fugues et d'autres pièces pour l'orgue. Après la suppression de son couvent, il se retira dans le lieu de sa naissance, dont il fut nommé curé. Il continua de s'occuper de musique et de philologie. En 1790, une traduction de Télémaque, en langue bohémienne, fut publiée sous son nom. Il vivait encore en 1803, mais on n'a point de renseignements sur sa personne ni sur ses travaux depuis cette époque.

JAWUREK (Joseph), frère puîné des précédents, naquit à Ledecz le 21 septembre 1749. Dans sa jeunesse, il fut admis au séminaire de Kuttenberg, en qualité de chanteur du chœur, et il y fit ses humanités, puis il entra au séminaire de Saint-Louis (Wenceslas), à Prague, pour y jouer du violon dans la musique de l'église. Ayant achevé sa philosophie à l'université de Prague, il se livra uniquement à l'étude de la musique, particulièrement du violon, sur lequel il acquit une rare habileté. Après avoir été attaché au théâtre de Prague et à l'église des Carmélites, comme violoniste, il fut nommé directeur de musique des Chartreuses de Saint-Joseph. La suppression de ces monastères le plongea dans la misère : il mourut d'apoplexie au mois de mai 1805, dans une extrême indigence. Cet artiste a laissé en manuscrit quelques concertos, des sonates et des trios pour le violon, qui sont passés après sa mort dans la collection de M. Gothard Hlawa, organiste à Brzewnone, et ami de Jawureck.

JAWUREK (Joseph), fils du précédent, naquit à Prague en 1787, et reçut de son père des leçons de musique, puis il apprit l'harmonie et la composition sous la direction de Zenner, maître de chapelle d'une des églises de Prague. Vers 1818 il se fixa à Varsovie et y devint directeur de musique de l'église des Augustins, pour laquelle il a écrit diverses compositions religieuses. En 1825, il fut chargé de diriger l'orchestre des concerts. La publication d'un traité de la science de l'harmonie a été annoncée par Jawurek, en 1838 : j'ignore si l'ouvrage a paru. Cet artiste mourut subitement en 1840. Sa veuve obtint une pension sur la caisse de la *Société des secours*, fondée par l'association musicale de Varsovie, en récompenses des services rendus par son mari.

JAY (le docteur Jean), né en Angleterre, professeur de musique, a eu pour premier maître de musique J. Hindmarsh, qui a eu de la réputation comme violoniste, puis a été élève de François Philips. Il termina son éducation musicale sur le continent. En 1800, il s'établit à Londres et se livra à l'enseignement. Bachelier en musique dans l'année 1809, il reçut ensuite ses degrés de docteur à l'université d'Oxford. Cet artiste a publié des duos pour le chant et des chansons anglaises, plusieurs grandes sonates pour le piano, une ouverture, un duo hongrois à quatre mains, et beaucoup d'airs variés pour le piano.

JEAN (Saint), surnommé *Damascène* parce qu'il était de Damas, naquit en cette ville vers l'an 676. Son père, ministre du calife Abdoul-Melek, mais attaché au christianisme, confia son éducation à un religieux italien, captif racheté, qui lui inspira des principes de vertu et en fit un des plus savants hommes de son temps. Son rare mérite lui fit obtenir, jeune encore, l'entrée dans le conseil des califes et le fit nommer gouverneur de Damas. Pendant la durée de son pouvoir, il protégea publiquement les chrétiens. Le dégoût du monde qu'inspirait alors aux chrétiens orientaux la ferveur de leur foi, poussa Damascène à se démettre de sa charge et à distribuer ses richesses aux pauvres, puis il se retira dans la solitude de Saint-Sabas, près de Jérusalem. Placé pendant quelque temps sous la direction d'un moine qui le soumit à de rudes épreuves, il montra une patience inaltérable dans ce dur noviciat. Enfin il fut ordonné prêtre, et ses supérieurs, voulant employer utilement son profond savoir et son habileté dans la dialectique, le chargèrent de prêcher contre la secte des iconoclastes. Il parcourut la Palestine et la Syrie pour remplir sa mission évangélique, qui le conduisit jusqu'à Constantinople. De retour au désert, il s'occupa de la composition de nombreux ouvrages de théologie, réforma la liturgie de l'Église grecque d'Orient, et composa une grande partie du chant de cette Église. Il mourut dans sa cellule de Saint-Sabas vers l'an 754, ou un peu plus tard, suivant l'opinion des auteurs grecs de la Vie des Saints.

L'examen du mérite des œuvres théologiques de saint Jean de Damas n'appartient pas à ce dictionnaire. Tout le monde sait que ce saint personnage unissait à une foi sincère un savoir étendu, et le génie de la méthode théologique. Il fut la lumière de l'Église d'Orient, comme saint Thomas a été plus tard celle de l'Église latine. Mais ici le Damascène doit être considéré comme le réformateur du chant de l'Église grecque, c'est-à-dire, comme ayant attaché son nom à l'un des faits les plus importants de l'histoire de l'art.

Les *Menées*, ou vies des saints de l'Église grecque, et la plupart des auteurs anciens qui ont parlé de l'office divin et du chant de cette église, attribuent à saint Jean de Damas la restauration de ce chant, et la composition d'un grand nombre d'hymnes et de cantiques qui sont encore en usage. Il est certain que, prenant pour base de son travail le *Typique*, formulaire le plus ancien de l'office, dont l'original existait de son temps au monastère de Saint-Sabas, il en tira les *Canons*, les *Troparia*, ou antiennes, strophes, répons et hymnes, et les *Stichera*, cantiques en vers, dont il composa une partie des mélodies (1). Les nombreux manuscrits qui existent dans les bibliothèques de l'Europe et dans les monastères de l'Orient attestent qu'il est en effet l'auteur de la plupart de ces mélodies. A la Bibliothèque impériale de Paris, on trouve, sous le nom de saint Jean Damascène, les *Stichera*, ou cantiques notés dans les manuscrits cotés 264, 265 et 270, in-fol. Le manuscrit n° 353 in-4° a pour titre *Hymni Cosmæ et J. Damasceni*. Ces manuscrits sont des douzième, quatorzième et quinzième siècles. A l'université de Cambridge est un volume in-fol. du treizième siècle (n° 2214), intitulé *J. Damasceni Octoechus*. Un beau manuscrit de cet *Octoëchus* est à la Biblioth. imp. de Paris, sous le n° 405, in-4°. La notation musicale en est d'une rare beauté. Perne en a fait une copie, chef-d'œuvre de patience et d'exactitude, qui lui a coûté près d'une année de travail. Cette copie est maintenant dans ma collection de livres. Deux autres manuscrits de cet *Octoëchus* sont à la bibliothèque impériale de Vienne (n°s III et CCVI). Le dernier est accompagné d'un commentaire de J. Zonare, qui n'est pas sans intérêt pour l'histoire de l'art, parce que l'auteur vécut au commencement du douzième siècle, et a connu des traditions qui ont été ignorées plus tard. Ce sont ces mêmes commentaires qui existent à la Bibliothèque impériale de Paris (n° 271, in fol.), et dont le rédacteur du catalogue des manuscrits grecs n'a pas connu l'auteur. C'est enfin ce même commentaire qui est indiqué dans le catalogue de la bibliothèque Bodléienne (n° 48) sous ce titre *Anonymi Methodus* Τοῦ Ὀκτοήχου. La même bibliothèque renferme un manuscrit (n° 110) qui a pour titre *Hymni Damasceni et Octoëchi Cosmæ* (1). La bibliothèque Laurentienne de Florence, celles de Saint-Marc de Venise et du Vatican, et la plupart des églises grecques, possèdent des recueils d'hymnes et de cantiques qui portent le nom du Damascène; enfin il se trouve dans ma bibliothèque un beau manuscrit du *Troparion*, dont la date remonte au quatorzième siècle, et dont les hymnes lui sont également attribuées. Nul doute donc sur la part importante que saint Jean de Damas a prise à la composition du chant de l'Église grecque d'Orient.

A l'égard de l'organisation de ce chant en un système régulier et tout différent de la musique de l'ancienne Grèce, il paraît également hors de doute qu'elle appartient en partie à ce Père de l'Église; mais il n'est pas exact de dire comme Villoteau (sans doute d'après les traditions qu'il avait recueillies en Égypte), qu'il a inventé la musique ecclésiastique grecque, ni d'affirmer, comme Allacci (2) et comme Zarlino (3), qu'il fut aussi l'inventeur de la notation de cette musique. D'abord, je ferai remarquer que l'*Hagiopolitès* (*voy.* ce nom), certainement antérieur à saint Jean de Damas, puisqu'on y trouve encore les noms des cordes et la notation de la musique antique des Grecs, présente cependant déjà la forme

(1) Il n'est peut-être pas inutile de donner ici quelques renseignements sur les livres de l'Église grecque; car cette matière est en général peu connue, et la plupart de ceux qui l'ont traitée ont tout confondu. Ces livres sont : 1° Le *Typique*, livre général des prières qui se récitent à la messe, aux vêpres, aux matines, et dans les autres offices. — 2° Le *Liturgique*, qui règle les cérémonies de la messe, notamment les trois messes de saint Jean Chrysostome, de saint Basile le Grand et de saint Jacques. — 3° L'*Evangéliaire*, où les évangiles sont notés en signes musicaux pour être chantés et non simplement récités. — 4° L'*Apostolicon*, ou recueil des sentences des apôtres. — 5° Le *Lectionnaire*, peu différent du précédent, mais d'un ordre inférieur. — 6° Le *Psautier*, dont le chant est différent de celui de l'Église latine et se rapproche de celui des synagogues de l'Orient. — 7° L'*Octoëchos*, livre général des prières du matin et du soir; c'est de ce livre qu'est tiré l'*Octoëchos* noté, qui contient toutes les antiennes et les hymnes de cette partie de l'office. — 8° Le *Triodion*, commun des saints. — 9° Le *Pentecostarium*, office noté depuis Pâques jusques et compris la Pentecôte. — 10° Le *Mensæion*, et 11° le *Menologion*, livres des offices mensuels des martyrs. — 12° L'*Horologion*, livre d'heures. — 13 Les *Synaxaires*, vies des saints. — 14° Le *Panégyrique*, éloges des saints. — 15° L'*Euchologe*, livre général des prières. — 16° L'*Hirmologion*, livre général des hymnes. — 17° Les *Troparia* et *Canons*, mélanges d'hymnes, de répons et d'antiennes. — 18° Les *Stichera*, cantiques — 19° *Papadike*, livre de chant à l'usage particulier des *Papas*, ou prêtres grecs. — 20° *Dike Megas*, recueil général du chant, qui contient le psautier, les heures, le service de toute la semaine, l'office du matin, et du soir, le pentecostaire, les communs et le *Ménologe*. Pour les détails, on peut voir les *Dissertationes et Observationes variæ de libris et rebus ecclesiasticis Græcorum*, de Léon Allacci (Paris, Cramoisy, 1646, in-4°); et le travail de Villoteau, *De l'état actuel de l'art musical en Égypte*. (Description de l'Égypte, t. XVI, p. 363 et suiv., in-8°)

(1) Ce Cosme, ou Cosmas, était de Jérusalem, et fut appelé à cause de cela *Hagiopolitès*. Il fut évêque de Majuma, vers 730, et composa beaucoup d'hymnes avec leurs mélodies pour l'*Octoëchos*.

(2) *De libris Eccles. Græcorum*.

(3) *De Instit. Harmon* 4e partie, c. VII).

des huit tons du chant ecclésiastique, et qu'on y trouve les neumes de ces tons, qui dans le système du Damascène occupent une place importante. Ce qui paraît appartenir en propre à ce saint personnage, c'est l'abandon définitif de l'ancien système grec, dont la simplicité ne pouvait convenir aux hommes de l'Orient qui peuplaient alors les monastères, accoutumés qu'ils étaient au chant surchargé d'ornements inhérents à ces contrées, et qui se reproduit en toute circonstance, non-seulement dans les mélodies vulgaires de la Syrie, de l'Égypte, de l'Arabie et de la Perse, mais qu'on entend dans les églises chrétiennes du rit grec, dans celles de l'Éthiopie et de l'Arménie, dans les synagogues des juifs et dans les mosquées des musulmans. C'est donc ce système du chant orné que saint Jean a appliqué à son église, pour en rendre l'usage plus facile à des peuples qui y étaient accoutumés. Quant aux signes de la notation de cette musique, j'ai indiqué dans le *Résumé philosophique de l'histoire de la musique* qui précède la première édition de ce dictionnaire (pag. LXX et suiv.), les motifs qui me font croire qu'il les a puisés dans l'ancienne notation de la musique antique de l'Égypte. Pour ne pas répéter ici ce que j'ai dit à ce sujet, je prie le lecteur de voir le passage dont il s'agit.

Il existe dans tous les monastères grecs et dans plusieurs bibliothèques de l'Europe un traité de la musique ecclésiastique attribué à saint Jean Damascène. La Bibliothèque impériale de Paris en possède deux manuscrits (n°s 2541 et 3088, in-8°, anciens fonds); il y en a quatre à la bibliothèque impériale de Vienne (122, 123, 306 et 307); on le trouve aussi à la bibliothèque Ambrosienne de Milan (coté O, 123), à celle de Munich (CCXXIII), au Muséum britannique, à la bibliothèque Bodleyenne, et dans plusieurs autres endroits. L'abbé Gerbert en a publié le texte en *fac simile*, dans le deuxième volume de son traité *De Cantu et musica sacra* (pl. VIII), d'après un manuscrit de l'abbaye de Saint-Blaise, qui a péri dans l'incendie de cette abbaye, en 1768. Cet ouvrage a pour titre : Ἀρχὴ σὺν Θεῷ ἁγίῳ τῶν σημαδίων τῆς ψαλτικῆς τέχνης τῶν ἀνιόντων καὶ κατιόντων σωμάτων τε καὶ πνευμάτων καὶ πάσης χειρονομίας καὶ ἀκολουθίας συντεθειμένης εἰς αὐτήν (*Avec le secours de Dieu saint, commencement des signes de l'art du chant, des corps et des esprits ascendants et descendants de toute la Cheironomie, disposés d'après des règles établies*). Ce traité renferme une exposition des signes de la notation singulière et compliquée qui est en usage dans les livres de chant de l'Église grecque, avec une explication, souvent fort obscure, de leur emploi et de leur signification, et les règles des tons du chant et de leurs neumes ou formules. Villoteau a donné une traduction française de ce monument intéressant de l'histoire de la musique, dans son livre *De l'état actuel de l'art musical en Égypte* (1), avec la signification des signes en notation européenne. Son travail est d'autant plus précieux, qu'ayant appris le chant de l'Église grecque au Caire par les leçons d'un prêtre de cette communion, il a pu bien saisir le sens du texte qui avait été souvent une énigme insoluble pour Kircher, Forkel, Burney et d'autres.

Les divers manuscrits du traité de musique attribué à saint Jean Damascène offrent entre eux de considérables différences; quelques-uns même ont des parties entières qui n'existent pas dans d'autres. Par exemple toute la partie traduite par Villoteau, depuis la page 426 jusqu'à 438 (édition in-8°), manque dans les manuscrits de la Bibliothèque impériale et dans le *fac-simile* de celui de l'abbaye de Saint-Blaise. D'autres variantes ont été signalées par ce savant dans les divers manuscrits qu'il avait rapportés de l'Orient. Il y a lieu de croire que ces différences viennent des explications que les maîtres donnaient dans les monastères, et que les copistes introduisaient ensuite dans le texte. Un seul exemple doit démontrer que ces variantes appartiennent à des temps bien moins reculés que celui où l'ouvrage original a été composé; le voici. Une copie faite par un Grec nommé Emmanuel Kalos, en 1695, et qui a servi à Villoteau pour son travail, contient ce passage où il est parlé de saint Jean Damascène : *Les saints Pères, saint Jean Damascène et les autres saints chantaient dans l'Hagiopolitès, où ils reposent* (2).

JEAN, prêtre du onzième siècle *Johannes Presbiter*), auteur d'un volumineux ouvrage intitulé *De Musica antica et nova*, dont le manuscrit est conservé au Mont-Cassin. L'abbé Gerbert en avait fait des extraits, qui furent consumés dans l'incendie de l'abbaye de Saint-Blaise, comme il le dit (*De Cantu et Musica sacra*, t. II, p. 60), et dont il n'a sauvé que le tableau des neumes lombards avec leurs noms et un fragment de préface noté, qu'il a publiés en *fac-simile*, planches X et XI du même ouvrage. Gerbert ne cite pas le nom de l'auteur; mais M. Danjou (*voy.* ce nom) a fait une notice de ce manuscrit et en a extrait les chapitres les plus importants avec des *fac-simile* de tableaux et

(1) *Description de l'Égypte*, t. XIV, p. 340 et suiv.

(2) *De l'état actuel de l'art musical en Égypte* (*Description de l'Égypte*, t. XIV, p. 430)

d'exemples précieux pour l'explication des neumes. Ce travail est en la possession de M. Stéphen Morelot, collaborateur de M. Danjou dans ses recherches musicales parmi les bibliothèques d'Italie, en 1847.

JEAN DE BOURGOGNE, en latin JOHANNES DE BURGUNDIA, est cité par Jérôme de Moravie comme ayant été un de ses maîtres de musique; ce qui indique que ce Jean de Bourgogne vécut dans les dernières années du douzième siècle ou au commencement du treizième. Bottée de Toulmon, d'après un passage mal entendu du vingt-sixième chapitre du Traité de musique de Jérôme de Moravie, a cru que ce musicien obscur était le véritable auteur du Traité de musique mesurée de Francon de Cologne (1); car, ainsi que plusieurs fureteurs de paperasses de l'époque, ce pauvre Bottée avait la manie de faire des découvertes contraires aux faits les plus notoires de l'histoire de la musique. Cette bévue ne mérite pas de sérieuse réfutation. Ce qui paraît certain, d'après un auteur contemporain nommé *Pierre Picard* (*voy.* PICARD), dont le traité de musique mesurée est inséré dans la compilation de Jérôme de Moravie, c'est que ce Jean de Bourgogne avait fait une sorte de tableau des valeurs de notes de la musique mesurée, à laquelle il donnait le nom d'*arbre* (arbor).

JEAN LE NEUVELLOIS ou **DE NEUVILLE**, poète et musicien, était né au bourg de Neuville, en Champagne. Il florissait en 1193. Le manuscrit coté 7222 de la Bibliothèque impériale contient dix-neuf chansons notées de sa composition.

JEAN, DUC DE BRAINE, quatrième fils de Robert II, comte de Dreux, était frère de Pierre de Dreux, duc de Bretagne, surnommé *Mauclerc*. Jean de Braine mourut en 1239. Il cultivait la poésie et la musique. Les manuscrits de la Bibliothèque impériale nous ont conservé trois chansons notées de sa composition (*voy.* Mss. 7222 et 66, fonds de Cangé).

JEAN, surnommé l'ORGUENNEUR ou l'ORGANNEUR, c'est-à-dire l'*Organiste*, fut poëte et musicien dans le treizième siècle. Il nous reste deux chansons notées de sa composition.

JEAN LE CHARTREUX, dit *de Mantoue*, fut un moine du quatorzième siècle, à la chartreuse de cette ville. Parmi les manuscrits du Musée britannique, on en trouve un assez volumineux en langue latine, intitulé *Libellus musicalis de ritu canendi vetustissimo et novo, pr. omnium quidem artium etsi varia sit introductio ducit*, qui paraît avoir été écrit vers la fin du quatorzième siècle. Il est divisé en deux parties, et chacune d'elles en trois livres. Le premier livre de la première partie traite du *plain chant*; le second, *de la division du monocorde*; le troisième *des consonnances et de leurs espèces*. Dans le premier livre de la seconde partie, l'auteur explique la manière dont les anciens écrivaient la musique par les lettres de l'alphabet; dans le second il traite de la *solmisation*, et dans le troisième du *contrepoint*. Ce traité, coté n° 6525, et dont on trouve une copie (1) dans la bibliothèque de Gand, est indiqué dans le catalogue de cette bibliothèque comme anonyme; néanmoins, par une lecture attentive on découvre dans l'ouvrage même qu'il a été écrit par *Jean le Chartreux* de Mantoue, car on y lit ce passage (Pars 1, lib. 3): *Gallia namque me genuit et fecit cantorem, Italia vero qualemcumque sub Victorino Feltrensi, viro tam litteris græcis quam latinis affatim imbuto, Grammaticum et Musicum, Mantua tamen Italiæ civitas indignum Carthusiæ Monachum.* L'auteur nous apprend (Pars 2, lib. 3, cap. 12) qu'il était né à Namur, qu'il y apprit le chant, mais que ce fut sous l'excellent professeur Victorin de Feltre qu'il étudia Boëce, et qu'il acquit une connaissance réelle de la musique. Il cite Marchetto de Padoue comme le premier qui ait écrit sur le genre chromatique, depuis Boëce, et dit que cet écrivain vivait un siècle avant lui, c'est-à-dire vers la fin du treizième siècle. Les traités de Marchetto sont en effet datés de 1274 et 1283. Gafori, dans son *Apologia adversus Spatarum*, cite cet auteur comme un critique de Marchetto, sous le nom de *Joannes Carthusinus*.

JEAN DE CLÈVES, ainsi nommé parce qu'il était né dans la ville de ce nom, fut musicien de la chapelle de l'empereur Maximilien Ier dans la seconde moitié du seizième siècle. Il a fait imprimer: 1° *Cantiones sacræ quatuor, quinque et sex vocum. Augustæ Vindelicorum, apud Uhlardum*, 1559, in-4° obl. — 2° *Cantiones seu harmoniæ (quas vulgo moteta vocant) quatuor, quinque, sex, septem, octo et decem vocum, jam primum in lucem emissæ. Augustæ Vindelicorum*, 1579, in-4° obl. Trois

(1) *Rapport sur une publication de musique ancienne.* (Bulletin archéologique, t. II, p. 635.)

(1) J'ai dit dans la première édition de ce dictionnaire, d'après une fausse indication de Burney, qu'une copie manuscrite de l'ouvrage de Jean le Chartreux est à la bibliothèque du Vatican, sous le n° 5904; mais M. Danjou, qui a parcouru ce manuscrit, m'a informé que l'ouvrage qui y est contenu est le Traité de musique de Boëce.

motets et l'épitaphe en musique de l'empereur Ferdinand Ier, à 7 voix, par Jean de Clèves, ont été insérés par Pierre Joannelli dans son *Novus Thesaurus musicus* (Venetiis, Ant. Gardane, 1568).

JEAN (MAÎTRE); *voyez* LOUIS (MAISTRE JEAN).

JEAN IV, roi de Portugal, chef de la maison de Bragance, né en 1604, était fils de Théodore, septième duc de cette famille, et tirait son origine de Jean Ier, roi de Portugal. La jeunesse de Jean IV fut vouée à l'étude des sciences et des arts, qui, après les soins qu'il donnait à son royaume, furent toujours l'occupation principale de sa vie. Ce prince était doué d'ailleurs de qualités aimables. Sa bienveillance naturelle le rendit cher au peuple portugais, aigri par les vexations de la cour d'Espagne. Depuis Philippe II, le Portugal n'était plus qu'une province espagnole. Une conspiration ourdie par Pinto Ribeira, secrétaire du duc de Bragance, Miguel Almeida, l'archevêque de Lisbonne, et quelques autres, délivra enfin les Portugais de l'oppression, et plaça la couronne sur la tête de Jean IV, le 3 décembre 1640. Le caractère de ce prince manquait d'énergie, mais il sut s'attacher ses sujets par sa douceur, et se maintenir sur le trône par sa prudence et surtout par l'habileté de sa femme. Des conspirations formées pour lui ravir le trône furent découvertes, et les conspirateurs punis de mort. La guerre que lui fit l'Espagne tourna à l'avantage du Portugal; enfin les armes portugaises triomphèrent des Hollandais aux Indes et au Brésil, et la paix assura la tranquillité de Jean IV en 1654. Il n'en jouit pas longtemps, car il mourut de dépérissement, le 6 novembre 1656.

La musique avait été l'objet des études spéciales de ce prince, et il était devenu fort habile dans cet art. Une bibliothèque immense d'œuvres de musique des compositeurs de toutes les nations, depuis le milieu du quinzième siècle, fut rassemblée par son ordre et par ses soins; on peut juger de son importance par le catalogue qui en a été dressé par le libraire Paul Crasbeeck, et qui a été publié sous le titre de *Index de Obras que se conservão na bibliotheca Real de Musica;* Lisbonne, 1649, un fort volume in-4°. Cette riche bibliothèque a péri malheureusement dans le désastre de Lisbonne en 1756. Jean IV ne se bornait pas à cultiver la musique en amateur; il composait de la musique d'église, et quatre écrits sur cet art sortis de sa plume sont parvenus jusqu'à nous. Le premier a pour titre : *Defensa de la musica moderna contra la errada opinion del obispo Cyrillo Franco* (Défense de la musique moderne contre l'opinion erronée de l'évêque Cyrille Franco), in-4° de 56 pages, sans date ni nom de lieu, mais vraisemblablement imprimé par Crasbeeck à Lisbonne, en 1649. L'écrit est daté de cette ville, le 2 décembre 1649, à la page 44. Ce petit ouvrage ne porte pas de nom d'auteur; mais on ne peut douter qu'il soit de Jean IV. 1° Machado le lui attribue dans sa Bibliothèque lusitanienne (t. II, p. 574); 2° un exemplaire qui se trouve à la Bibliothèque impériale de Paris est accompagné de cette note manuscrite : « *L'auteur de ce livre est le roi de Portugal dom Juan IV. Il fut fait au* 2 *de décembre de* 1649, *comme l'on voit page* 44, *et en l'année* 1666 *on m'en fit présent à Lisbonne, comme d'un livre très-rare;* » 3° au verso du feuillet qui est avant l'épître dédicatoire est un sonnet en langue portugaise dont les premières lettres des vers forment ces mots : EL REI DE PORTUGAL (Le roi de Portugal); 4° l'épître dédicatoire, adressée à Jean Lorenco Rabelo, est signée : *Incertus Autor* D. B. (Dux Bragantiæ); 5° et enfin, le titre de la traduction italienne de cet ouvrage (dont il sera parlé tout à l'heure) est entouré d'un cartouche composé d'instruments de musique, et surmonté de l'écusson des armes de la maison de Bragance.

L'opinion de l'évêque de Lorette Cirillo Franco, qui mourut à Rome avec la dignité de commandeur et administrateur de l'hôpital de *San-Spirito in Sassia*, avait été émise dans une lettre adressée par ce prélat à son ami Hugolin Gualteruzzi, datée du 16 *février* 1549, et insérée dans la collection des *Lettere illustri* publiée par Alde Manuce à Venise, en 1567. Après avoir rapporté les éloges qui ont été donnés à la musique des anciens, Cirillo Franco exprimait avec quelque aigreur le regret que la musique moderne n'eût pas les mêmes qualités pour toucher l'âme, et se livrait à des critiques qui, bien que mordantes, n'étaient pas dépourvues de raison (*Voy.* CIRILLO FRANCO). C'est à cette lettre que le roi Jean IV entreprit de répondre dans l'écrit dont il est question. Il était un peu tard après un siècle pour réfuter les propositions de l'évêque : quoi qu'il en soit, le royal écrivain fait preuve d'érudition musicale dans son ouvrage. Son livre est terminé par trois exemples de musique à quatre parties, sans nom d'auteur, qui pourraient bien être de sa composition. Forkel, qui ne connaissait l'ouvrage de Jean IV que par la citation de Machado, s'est trompé en le plaçant dans sa *Littérature générale de la musique* (Allgem. Liter. der Musik, page 98), parmi les livres relatifs aux effets de la musique des anciens ; car il n'y est question que de l'éloge de la moderne sans comparaison avec l'autre. C'est aussi par erreur que ce savant bibliographe a donné la date de Perugia, 1666, pour celle de la traduction italienne de cet ouvrage : cette traduction, intitulée *Difesa della musica moderna contro le false opinioni del vescovo Cirillo Franco, tradotta di spagnuolo in italiano*, n'a point de date ni de nom de lieu. Il y a d'ailleurs lieu de croire que ce n'est point à Pérouse, mais à Venise que l'édition a été faite, car au bas du titre gravé on lit : *C. Dolcetta fece in Venetia*. Les exemples de musique qui se trouvent à la fin de l'édition originale ont été supprimés dans quelques exemplaires de la traduction.

Le deuxième ouvrage de Jean IV sur la musique est une dissertation sur une messe de Palestrina, qui a été publiée sous le voile de l'anonyme avec ce titre : *Respuestas a las dudas que se pusieron a la missa* Panis quem ego dabo *de Penestrina impressa en el libro 5 de sus missas;* Lisbonne, 1654, in-4°. Une traduction italienne de ce livre a paru sous le titre de *Riposte alli dubbii proposti sopra la messa* Panis quem ego dabo *del Palestrina, stampata nelle sue messe, tradotte de spagnuolo in italiano;* Rome, Mauricio Belmonte, 1655, in-4°. Enfin, Machado cite (Biblioth. lusit., t. II, p. 575), d'après l'histoire généalogique de la maison royale de Portugal, d'Antoine Gaetan de Souza, deux traités de musique composés par le même prince, et qui sont restés en manuscrit. Le premier était intitulé : *Concordancia da musica, e passos della Collegida dos mayores professores desta arte;* le second avait pour titre : *Principios da musica, quem faraó seus primeiros authores, e los progressos que teve*. Il est vraisemblable que ces derniers ouvrages ont péri avec la bibliothèque royale de Lisbonne, lors du désastre de cette ville.

JEAN-ERNEST, prince de Saxe-Weimar, né le 29 décembre 1696, eut pour maître de musique et de violon son valet de chambre, G.-Christophe Eylenstein, et devint par ses leçons un des violonistes les plus distingués de son temps. Il apprit aussi à jouer du clavecin et les règles de la composition, sous la direction de Walther, célèbre auteur du Lexique de musique connu sous ce nom. Neuf mois de leçons, dit ce maître, suffirent pour mettre le prince en état d'écrire dix-neuf morceaux de sa composition, dont six concertos pour le clavecin, qui ont été gravés in-fol. A l'âge de dix-neuf ans le prince entreprit un voyage pour augmenter ses connaissances en musique ; mais arrivé à Francfort-sur-le-Mein, il y mourut le 1er août 1715.

JEAN-PIERRE (JEAN-NICOLAS), *né à* Ventron (dépt. des Vosges), en 1811, exerça d'abord la profession d'horloger, à Nampotelize; mais un penchant irrésistible le porta à abandonner sa profession pour celle de facteur d'orgues. Sans avoir fait d'études préliminaires de cet art, et même sans avoir eu l'occasion d'examiner des ouvrages de facteurs habiles, il parvint à construire plusieurs bons instruments, particulièrement à Lusse, à la Neuville-sur-Raon, à Taintrux, arrondissement de Saint-Dié, à Bussang, près de Remiremont, et plusieurs autres de moindre importance. Mais ce qui recommande surtout M. Jean-Pierre comme mécanicien, c'est un instrument de son invention, très-ingénieux et très-compliqué pour l'accord de l'orgue, auquel il a donné le nom de *Métrotom*. On en trouve la description et la figure dans le *Nouveau Manuel complet du facteur d'orgues*, par M. Hamel (tome III, § 447, et la figure, planche 42).

JEANNON (....), *né à* Lyon, *au commencement du dix-huitième siècle*, fut membre de l'Académie de cette ville. Il a lu dans les séances de cette société savante un *Discours sur l'harmonie*, dont le manuscrit est à la bibliothèque de Lyon, sous le n° 985, in-fol. On trouve dans cet ouvrage, daté de 1739, la description de l'effet du frottement des verres pour la production des sons : l'harmonica de Franklin est de beaucoup postérieur à cette date.

JEANNOTUS (CAMILLE), *nom latinisé du compositeur* ZANOTTI. *Voyez* ZANOTTI.

JEEP (JEAN), compositeur né à Dransfeld, en Saxe, vers 1580, a publié : 1° *Studenten Gærtleins, newwer lustiger weltlicher Lieder, mit 3, 4, 5 und 6 Stimmen. Erster Theil* (Jardin des plus agréables chansons, à 3, 4, 5 et 6 voix, 1re partie); Nuremberg, 1607, in-4°. La seconde partie a paru en 1609, in-4°. La deuxième édition est de la même ville, 1614, et la troisième de 1617, in-4°. — 2° *Geistliche Psalmen und Kirchen Gesæng D. Martini Luthers und anderer frommen Christen mit 4 Stimmen* (Psaumes et cantiques de M. Luther et autres, etc., à 4 voix); Nuremberg, 1607, in-4°. — 3° *Schœne ausserlesene liebliche Tricinia hiebevor von Laurentio Medico in weltschen Sprache aussgangen*, etc.; Nuremberg, 1610, in-4°.

JELENSPERGER (DANIEL), né près de Mülhouse, en 1797, apprit la musique dans son enfance, et fut employé à Mayence et à Offenbach dans des imprimeries lithographiques comme copiste sur pierre. Une société s'étant formée à Paris pour l'impression de la musique par ce procédé, on fit venir d'Allemagne quelques jeunes gens qui en avaient une connaissance pratique, et Jelensperger fut du nombre de ceux qu'on appela. L'entreprise ne réussit point, et le jeune artiste n'eut pendant quelque temps d'autre ressource pour vivre que d'accorder des pianos. Pendant ce temps, il faisait sous la direction de Reicha des études d'harmonie et de composition dans lesquelles il se distingua si bien, que son maître le désigna comme répétiteur de sa classe au Conservatoire, et qu'il y remplit ensuite les fonctions de professeur adjoint. En 1820, une association de compositeurs et de professeurs de musique se forma pour la publication de leurs ouvrages : elle commença ses opérations sous la raison commerciale *Zeller et Cie*. Un gérant était nécessaire pour cette maison. Reicha indiqua Jelensperger, qui fut installé dans ces fonctions, et qui justifia par sa probité la confiance qu'on avait en lui. C'est dans cette position qu'il a été l'éditeur du *Traité de haute composition* de son maître, de la *Méthode de cor alto et de cor basse* de Dauprat, et de plusieurs autres ouvrages. Pendant ce temps, il travaillait à la rédaction d'un Traité d'harmonie sur un nouveau plan : ce livre parut à Paris, en 1830, sous le titre de *L'harmonie au commencement du dix-neuvième siècle et méthode pour l'étudier*; in-fol. et in-8°. Ce titre indique assez que le but de l'auteur est de traiter de l'harmonie en l'état où elle s'est trouvée de son temps, c'est-à-dire avec ses tendances vers une réunion constante de toutes les tonalités, au moyen des modifications actuellement usitées des notes naturelles des accords; malheureusement les procédés de ces modifications n'apparaissent pas dans l'ouvrage de Jelensperger, car il y considère un certain nombre d'accords comme existant en eux-mêmes, et abstraction faite de toute idée de l'influence qu'ils exercent réciproquement l'un sur l'autre. C'est donc une vue particulière sur la construction absolue des principaux accords, à peu près semblable aux anciens systèmes de Rameau, de Roussier, et d'autres. Assez ingénieux en quelques parties, ce système, traité comme l'a fait Jelensperger, a le défaut de manquer de simplicité, d'analogie, de substituer la méthode des cas particuliers à la méthode générale et féconde des deux accords parfaits et de septième dominante, modifiés par les lois du renversement, de la substitution, de la prolongation, de l'altération et de l'anticipation. On peut voir une analyse du livre dont il s'agit dans la *Revue musicale* (t. X, pag. 147-150). L'ouvrage de Jelensperger a été traduit en allemand par M.-A.-F. Hæser, de Weimar, sous ce titre : *Die Harmonie des 19e Jahrhunderts, und die Art sie zu erlernen* (Leipsick, Breitkopf et Hærtel, 1833, in-4°). Lorsque M. Farrenc et M. Schott voulurent donner des traductions françaises de la méthode de piano de Hummel et du traité du chant en chœur de M. Hæser, ils s'adressèrent à l'auteur de cette Biographie pour qu'il fît ces traductions; mais ses occupations ne lui laissant pas le temps nécessaire pour ces travaux, il indiqua Jelensperger, qui en fut en effet chargé, et qui les fit bien. Cet artiste littérateur est mort à Mulhouse le 31 mai 1831, à l'âge de trente-quatre ans.

JELICH (Vincent), compositeur du dix-septième siècle, né à Saint-Vith sur le Flaum (Bas-Rhin), fut chanoine régulier de Sainte-Marie, à Zabern, en Alsace, et chapelain de l'archiduc Léopold. Ses ouvrages connus sont : *Parnassia militia concentuum*, 1, 2, 3 *et* 4 *vocum*; Strasbourg, 1623. — 2° *Arion primus*, contenant 21 motets latins à 1, 2, 3, 4 voix; Strasbourg, 1628, in-4°. — 3° *Arion secundus*, consistant en psaumes pour les vêpres, à 4 voix; Strasbourg, 1628, in-4°.

JÉLIOTTE (Pierre), ou JÉLYOTTE, chanteur de l'Opéra de Paris, a eu beaucoup de célébrité. Il ne naquit pas dans le Béarn, comme le disent La Borde et tous ceux qui l'ont copié, mais dans les environs de Toulouse, en 1711. Après avoir appris la musique à la maîtrise de la cathédrale de cette ville, il fut attaché au chœur de cette église comme haute-contre (ténor aigu). La beauté de sa voix était incomparable : on en parla au prince de Carignan, qui avait l'inspection générale de l'Opéra, et qui le fit venir à Paris. Jéliotte débuta à Pâques de l'année 1733. Voici ce qui est dit de ce chanteur dans des mémoires manuscrits sur l'Opéra, volume très-curieux que j'ai acquis à la vente de Boulard en 1833. « JÉLIOTTE (*haute-« contre*) : Cet acteur a cousté beaucoup d'ar-« gent à l'Académie (l'Opéra) pour le faire venir « de Toulouze, où il étoit enfant de chœur « (choriste). C'est une voix des plus belles, pour « la netteté et les cadences. Il est grand mu-« sicien, et joue de beaucoup d'instruments; « mais les débauches de toute espèce seront la « cause de sa perte. » En 1738 Jéliotte avait douze cents livres d'appointements fixes, trois cents livres de gratification annuelle, et environ cinq ou six cents livres de gratifications extra-ordinaires. Ce traitement fut porté progressivement jusqu'à trois mille francs d'appointements fixes, avec environ deux mille francs de gratification ordinaire et extraordinaire. Après vingt-deux ans de service, Jéliotte se retira, en 1755, avec une pension de quinze cents livres; mais il continua de chanter aux spectacles de la cour jusqu'au mois de novembre 1765. Cet acteur avait le mauvais goût des chanteurs français de son temps, et surchargeait la mélodie d'une multitude d'ornements qui en altéraient le caractère : mais outre sa belle voix, il possédait les qualités d'une expression très-dramatique et d'une connaissance parfaite de la musique. Il mourut à Paris, en 1782, dans un état voisin de la misère, et n'ayant plus d'autre ressource que sa pension, qui heureusement était insaisissable par ses créanciers. Il était compositeur de quelque mérite. En 1745 il donna à Versailles, pour le mariage du Dauphin, père de Louis XVI, un ballet intitulé *Zelisca*, qui fut fort applaudi. Il a aussi composé beaucoup de chansons, dont La Borde fait l'éloge.

JENKINS (Jean), compositeur anglais et virtuose sur la basse de viole, naquit en 1592, à Maidstone, dans le duché de Kent. Il acquit sur son instrument une habileté inconnue de son temps en Angleterre. Ayant été entendu par le roi Charles Ier, il charma ce prince par son talent, et entra à son service. Lorsque la révolution éclata, Jenkins se retira à Kimberley, où il mourut, en 1678, à l'âge de quatre-vingt-six ans. Cet artiste avait écrit un très-grand nombre de pièces de viole, mais il n'en a rien fait imprimer, et beaucoup se sont perdues. On croit cependant qu'on en a recueilli une partie dans le recueil imprimé en Hollande sous ce titre : *Engels Speel-Thresoor van 200 der nieuwste Allemanden, Couranten, Sarabanden, Ayres, etc., gesteld door elf der Konstighste violisten deser tydt in England voor bassen viool, en ander speel gereetschap, mede 67 speistukken als Allemanden, Couranten, etc., voor twe violes en bass, als mede een bassus continuus ad placitum* (Trésor musical anglais contenant 200 des plus nouvelles allemandes, courantes, sarabandes, etc., composées par onze des plus célèbres violistes qui vivent actuellement en Angleterre, etc.); Amsterdam, 1664, in-4°. Les seules compositions que Jenkins a publiées sont : 1° une partie du poëme de Benlowes intitulé *Theophila, or love's sacrifice*, à plusieurs voix.—2° *Twelve sonatas for two violins and a bass, with a thorough-bass for the organ* (Douze sonates pour deux violons et basse, avec la basse continue pour l'orgue); Londres, 1660, in-fol. Ce dernier ouvrage a été réimprimé à Amsterdam, en 1664. Smith a inséré quelques airs de Jenkins dans sa *Musica antiqua*, et Burney a placé un trio du même artiste intitulé *Le Concert des cinq cloches* (*The five Bells concert*) dans le 3e volume de son Histoire de la musique (p. 411 et suiv.).

JENNEQUIN (Clément); *Voyez* JANNEQUIN.

JENSEN (J.-Pierre), flûtiste à la chapelle royale de Copenhague, est considéré comme un artiste distingué. Il a publié environ vingt-cinq œuvres de fantaisies et de duos pour flûte à Copenhague, chez Lose, et à Hambourg, chez Cranz.

JÉRÔME (Saint), en latin *Hieronymus*, le plus savant des Pères de l'Église latine, naquit de parents chrétiens, à Stridon, sur les frontières de la Dalmatie. Après avoir étudié à Rome les belles-lettres dans l'école des grammairiens Donat et Victorin, il se fit baptiser, et reçut le nom sous lequel il est connu, puis, ayant atteint l'âge de trente ans, il voyagea en Allemagne, dans la Gaule, et dans l'Orient, où il augmenta ses connaissances par ses études sous les maîtres les plus célèbres. Dégoûté du monde, il se retira dans un désert de la Syrie, et s'y livra dans la solitude au travail et à la méditation. C'est alors qu'il écrivit la Vie de saint Paul, le premier de ses ouvrages. En butte aux persécutions des schismatiques, il dut quitter sa retraite, erra dans diverses contrées, puis retourna à Rome, où le pape Damase le prit sous sa protection, et le chargea de travaux considérables. Après la mort de ce pape, Jérôme fut de nouveau attaqué par ses ennemis : il retourna dans la Palestine, s'y retira dans un monastère, y continua d'écrire et mourut le 30 septembre 420, à l'âge de quatre-vingt-neuf ans. On trouve dans beaucoup de manuscrits de la plupart des grandes bibliothèques une épître à Dardanus (*Epistola Hieronymi ad Dardanum*) attribuée à saint Jérôme, et qui contient la description et les figures de plusieurs instruments de musique, entre autres d'un orgue pneumatique formé de plusieurs tuyaux et de deux peaux d'éléphant; ce qui donnerait à l'orgue à vent une très-grande antiquité, si Jérôme était réellement l'auteur de ce morceau; mais les meilleurs critiques ont contesté l'authenticité de celui-ci, qui d'ailleurs n'est pas mentionné dans la nomenclature que saint Jérôme a faite lui-même de ses divers écrits. Il y a lieu de croire que la composition de cette épître ne remonte pas au delà du huitième ou du neuvième siècle, et qu'elle appartient à un autre Jérôme (*Voy.* le *Résumé philosophique de l'histoire de la musique*, dans la première édition de cette Biographie, t. Ier, p. 551.)

JÉRÔME DE MORAVIE, dominicain du treizième siècle, fut désigné sous ce nom parce qu'il était né dans la province de l'empire d'Autriche située entre la Bohême et la Hongrie. Il vécut vers le milieu du treizième siècle, dans le couvent de la rue Saint-Jacques, à Paris, et y fut le contemporain de saint Thomas d'Aquin. Ce moine est auteur d'un traité de musique (1) dont le manuscrit, qui paraît être unique, a été légué à la maison de Sorbonne de Paris par Pierre de Limoges, sous la condition qu'il serait attaché avec une chaîne dans la chapelle de ce collége. Simler, qui a eu connaissance de ce manuscrit, mais d'une manière imparfaite, désigne Jérôme sous le nom de *Moranus*, au lieu de *Moravus;* il a été copié dans cette faute par Walther, auteur du Lexique de musique. Le manuscrit, qui a passé de la Sorbonne à la Bibliothèque impériale de Paris (sous le n° 1817 in-fol. du supplément, fonds de Sorbonne, ancien n° 1244), ne laisse aucun doute sur les noms et la profession de l'auteur, car on y lit au commencement : *Incipit tractatus de musica compilatus à Fratre Hieronymo Moravo, ordinis Fratrum Prædicatorum* et à la fin : *Explicit tractatus de musica Fratris Hieronymi de Moravia, ordinis Fratrum Prædicatorum.*

L'ouvrage est renfermé dans un volume écrit sur vélin, petit in-fol., et composé de 187 feuillets. L'écriture en est difficile à lire, et surchargée d'abréviations. Les exemples de musique sont écrits d'une manière correcte. Après une préface (*prologus*) on trouve la matière du livre divisée en vingt-huit chapitres. Les PP. Quétif et Échard ont publié une partie de la préface et la table des chapitres dans leur Bibliothèque des écrivains de l'ordre de Saint-Dominique (*Scriptor. Ordin. Prædicator.*, t. I, p. 159 et seq.); ils ont été copiés par Prochaska (*Commentarius de sæcularibus liberalium artium in Bohemia et Moravia fatis*, p. 123), et par Dlabacz, dans son Dictionnaire historique des artistes de la Bohême (t. II, p. 333 et suiv.). M. Coussemaker a reproduit la table des chapitres dans son livre intitulé *Histoire de l'harmonie au moyen âge* (p. 213). Les premiers chapitres ne renferment que ce qu'on trouve dans les traités des temps antérieurs et dans les contemporains : ce sont des dissertations sur l'objet de la musique, son nom, sur son invention, la division de ses parties, et son excellence. Au dixième chapitre et dans les suivants jusques et y compris le vingt-cinquième, Jérôme entre véritablement dans le sujet et traite des notes, des gammes, de la mutation du nom des notes dans les trois modes par bémol, par bécarre et par nature, des sons et des intervalles, des proportions arithmétiques et géométriques, des dimensions et de l'usage du monocorde, des tons, de l'introduction des antiennes et des intonations des psaumes, des diverses manières de chanter le demi-ton du *B-mi* et du *B-fa*, etc. Le 26° chapitre, intitulé : *De modo diverso secundum diversos faciendi novos regulariter, simul et cantandi omnes species ipsius discantus*, et le 27°, qui a pour titre : *Et ultimo in tetrachordis et pentachordis musicis instrumentis, puta in viellis et similibus, per consonantias chordis distantibus mediis vocum inventionibus*, sont les plus importants de l'ouvrage. Le 26°, qui commence dans le manuscrit au feuillet 128, et qui est un des plus longs de l'ouvrage, renferme la plus grande partie des Traités de Francon de Cologne, de Jean de Garlande et de Pierre Picard (*voyez* ces noms); il contient une multitude de passages du plus haut intérêt sur la notation, la mesure musicale et l'harmonie, que Jérôme divise en diverses espèces, appelées *discantus*, *organum*, *duplex organum*, *conductus* et *mothetus*, et dont il donne les règles. Le chapitre 28° est un monument unique dans ce qu'on connaît jusqu'à ce jour; car il fournit une instruction à peu près complète concernant les dimensions, l'accord et l'étendue des divers systèmes d'instruments à archet du treizième siècle et des temps antérieurs, lesquels ont été connus sous les noms de *rubebbe* (rebec) et de *vielle* (viole). Quoique Jérôme de Moravie ne se donne que comme un compilateur de divers ouvrages sur la musique, nous ne connaissons point jusqu'ici de manuscrit où cette matière soit traitée avec tant d'étendue et d'une manière si claire. Perne, à qui l'on doit une intéressante Notice du manuscrit de l'ouvrage de Jérôme, insérée dans la *Revue musicale* (t. II, p. 457-467, et 481-490), y a donné la traduction de tout le 28° chapitre, avec des notes instructives et un commentaire. Ce chapitre et une partie d'un manuscrit du quatorzième siècle que je possède renferment tous les renseignements que nous ayons sur les instruments à archet, à cordes pincées et à clavier du moyen âge. J'ai fait autrefois un long travail sur l'ouvrage de Jérôme de Moravie, que j'avais dessein de publier avec sa traduction et qui devait entrer dans une collection d'auteurs inédits de Traités de musique : mais le temps me man-

(1) J'ai fixé la date de la composition de cet ouvrage en 1260, dans la première édition de la *Biographie universelle des Musiciens*, t. V, p. 267 : c'était une erreur, car cette date est celle où Pierre de Limoges fit présent du manuscrit à la maison de Sorbonne. M. Ed. de Coussemaker a fait cette remarque dans son livre intitulé : *Histoire de l'Harmonie au moyen âge*, p. 35.

querait pour achever cette tâche, que M. de Coussemaker, beaucoup plus jeune, se propose de remplir. La collection des ouvrages de *Tinctoris* avec leur traduction, travail entièrement achevé, et le Traité de musique de Boëce, que je considère comme le meilleur pour la connaissance de la doctrine des anciens, seront les seuls travaux de ce genre que je mettrai au jour, sous les auspices de l'Académie royale de Belgique et avec l'appui du gouvernement.

JERONIMO (Le P. François DE), Jéronimite portugais, né à Evora, en 1692, fut maître de chapelle de son couvent. Il se distingua par son habileté à traiter les compositions de musique d'église à un grand nombre de voix. Il a laissé en manuscrit : 1° Répons des matines de Saint-Jérôme à 4 chœurs, avec instruments de plusieurs espèces. — 2° Répons des mêmes matines à 4 voix sur le plain-chant. — 3° Répons de la semaine sainte. — 4° Répons des matines de saint Jean l'évangéliste qui se chantent à Evora dans le jubilé séculaire de ce saint. — 5° Messe à 8 voix obligées ; ouvrage d'un grand mérite. — 6° *Te Deum laudamus* sur le plain-chant. — 7° Hymnes du Saint-Esprit, de saint Jérôme, des martyrs et des confesseurs, à 4 voix sur le plain-chant. — 8° Psaumes des vêpres et complies à 8 voix. — 9° Motets et vilhancico pour diverses occasions.

JESTER (Ernest-Frédéric), né à Kœnigsberg, en 1745, fit ses études à l'université de cette ville, puis voyagea en Allemagne, en Suisse et en France. Nommé secrétaire de l'ambassade de Prusse à Vienne, il passa plusieurs années dans cette situation, qu'il ne quitta que pour être inspecteur de la Bibliothèque royale à Berlin, et enfin maître des forêts. Il fut le fondateur de la loge maçonnique de la Tête-de-Mort. Outre les ouvrages qu'il a publiés sur la chasse et l'emploi des bois, il a écrit la musique de plusieurs opéras, tels que *Freemann*, qui a été représenté avec succès à Berlin et à Hambourg, *Louise, La petite Marie, Le triomphe de l'amour, Esther*, etc. Jester est mort à Berlin, au printemps de 1822 ; ses restes ont été déposés, ainsi qu'il l'avait désiré, dans le jardin de la loge qu'il avait fondée.

JESUS ou **SENA** (Bernard DE), moine franciscain, né à Lisbonne, en 1599, fit profession dans le couvent de Vianna, en 1615, et fut d'abord sous-chantre au chœur, puis définiteur du monastère, en 1630. Il mourut à Lisbonne, le 10 avril 1669. Le roi Jean IV l'estimait beaucoup, à cause de ses connaissances en musique et de sa belle voix. Il a laissé en manuscrit plusieurs services de musique d'église.

JÉSUS (Antoine DE), religieux portugais, né à Lisbonne, alla fort jeune à l'université de Coïmbre, en 1636, et y enseigna la musique pendant la plus grande partie de sa vie. Il y mourut le 15 avril 1682. Ce moine a beaucoup écrit pour l'église ; ses compositions étaient conservées en manuscrit dans la bibliothèque du roi Jean IV. On trouve dans la Bibliothèque lusitanienne de Machado, t. I, p. 300, l'épitaphe de ce musicien.

JÉSUS (Le P. Gabriel DE), religieux portugais, né à Leyria, vers le milieu du dix-septième siècle, entra en 1676 dans un monastère à Alcobaça, dans l'Estramadure. Il était à la fois bon organiste, harpiste et contrepointiste instruit. Son principal ouvrage consiste en quinze motets, qui ont pour titre : *Quinze motetes par as quinze estaçoens da via sagra, com as letras da escritura sagrada competentes a coda estoras.* On les dit écrits d'un style noble et religieux : ils sont restés en manuscrit.

JÉSUS-MARIA (D. Charles DE), religieux portugais, né à Lisbonne, en 1713, mourut au monastère de Sainte-Croix, à Coïmbre, en 1747. Il a fait imprimer un traité du plain-chant en langue portugaise, sous ce titre : *Arte de Canto chaò* ; Coïmbre, Antoine-Simon Ferreira, 1741, in-4°. L'auteur de cet ouvrage s'est caché sous le pseudonyme de *Luiz da Maya Croecer*.

JEVES (Simon), vicaire de l'église Saint-Paul, à Londres, au commencement du dix-septième siècle, composa en société avec Henri Lawes les airs et les chansons des ballets qu'on exécutait devant le roi Charles Ier. Il est mort à Londres, en 1662.

JOACHIM surnommé *de Magdebourg* (Joachimus Magdeburgensis), musicien allemand, vécut dans la seconde moitié du seizième siècle. D'après la préface de l'ouvrage dont on trouve le titre ci-après, il paraît avoir occupé un emploi de *cantor* dans la Thuringe. On connaît sous son nom une collection de chants à quatre voix intitulée : *Christliche und trostliche Tischgesange, mit 4 Stimmen, Erfurt; durch Georgium Baumann* ; 1572, in-8° obl.

JOACHIM (Joseph), violoniste de grand talent, est né le 15 juillet 1831, à Kitse, près de Presbourg (Hongrie). Dès ses premières années il se fit remarquer par son heureuse organisation pour la musique. Admis comme élève au Conservatoire de Vienne, il y reçut des leçons du professeur de violon Joseph Bœhm, Hongrois de naissance comme lui. Ses progrès furent si rapides, que lorsqu'il se rendit à Leipsick, en 1843, âgé seulement de douze ans, il y fit une vive impression sur les artistes, et l'on prévit dès lors la haute position qu'il a prise plus tard dans son art. Il y continua ses études, sous la direction de Ferdinand David, et reçut des leçons de théorie et d'harmonie de l'excellent professeur Hauptmann. Dans les années suivantes, il se fit entendre avec succès aux concerts du Gewandhaus, et dans sa treizième année il excita le plus vif étonnement en exécutant la Concertante de Maurer pour quatre violons avec Ernst, alors dans tout l'éclat de son talent, Bazzini et David. En 1845 il fut applaudi à Dresde avec enthousiasme dans plusieurs concerts. Grandissant en talent chaque année, Joachim produisit un effet extraordinaire à un concert du Gewandhaus, par l'exécution d'un concerto très-difficile de Spohr, au mois de janvier 1848. En 1850 il quitta Leipsick pour faire une excursion à Paris, où il conquit tout d'abord une grande renommée parmi les artistes et les connaisseurs par sa grande et belle manière de rendre la musique classique, les quatuors des grands maîtres, les fugues de Bach, les concertos de Beethoven et de Mendelssohn ; mais il n'y rechercha pas la popularité, ne donna point de concerts, et parut avoir voulu juger par lui-même de la situation de la musique dans la capitale de la France, plutôt que d'y conquérir une renommée pour sa personne. Dans la même année, Joachim accepta la place de maître de concert à Weimar, à la sollicitation de Liszt ; mais cette petite cour n'offrait pas à l'excellent artiste des ressources suffisantes pour la production de son talent sérieux ; il préféra donc celle de maître de concert à Hanovre, où l'on trouve de bons artistes dans la chapelle. Il prit possession de cette place en 1853. Au moment où cette notice est écrite (1861), Joachim est directeur de la chapelle royale, et le roi de Hanovre a la plus haute estime pour son talent. Il fait chaque année des voyages en Angleterre, en Allemagne, en Hollande et en Belgique. Le sentiment le plus pur et le plus élevé, un beau son, une justesse irréprochable, une grande variété d'archet, une dextérité merveilleuse de la main gauche, et l'intelligence parfaite du style de chaque auteur : telles sont les rares qualités du talent de Joachim.

JOACHIMUS ou **GIOVACCHINO**, moine de Cîteaux et abbé du monastère de Flora, qu'il fonda, naquit en Calabre, vers l'an 1120, et mourut en 1202. Parmi les nombreux ouvrages qu'il écrivit, on trouve *Psalterium decem chordarum, lib. III, in quibus de Summa Trinitate, ejusque distinctione : de numero Psalmorum et eorum arcanis ac mysticis sensibus : de Psalmodia : de modo et usu psallendi simul et psallentium;* Venise, 1519, in-fol., et 1527, in-4°.

JOANNELLI (Pierre), musicien qui vécut dans la seconde moitié du seizième siècle, naquit à Bergame, de la famille de *Gandino,* ainsi qu'il le déclare lui-même au titre d'une rare et précieuse collection de motets dont il fut l'éditeur (*Petrus Joannellus Bergomensis de Gandino*). Il paraît qu'il fut attaché au service de l'empereur Maximilien II, à qui la collection dont il s'agit est dédiée, avec cette formule : *Sacratissimæ Rom. Cæsareæ Majestatis Vestræ, Vestrarumque Serenissimarum Celsitudinum, humillimus et deditissimus cliens,* etc. La collection a pour titre : *Novi Thesauri musici lib. I, II, III, IV et V. quo selectissime planeque novæ, nec unquam in lucem æditæ Cantiones sacræ (quas vulgo moteta vocant) continentur octo, septem, sex, quinque ac quatuor vocum, a præstantissimis ac hujus ætatis precipuis Symphoniacis compositæ, quæ in sacra ecclesia catholica, summis solemnibusque festivitatibus, canuntur, ad omnis generis instrumenta musica accomodatæ : Petri Joannelli Bergomensis de Gandino, summo studio ac labore collectæ, ejusque expensis impressæ; Venetiis apud Antonium Gardanum,* 1568, 6 vol. gr. in-4°. Les cinq premiers volumes, à savoir le *Cantus,* l'*Altus,* le *Tenor,* le *Bassus* et le *Quintus,* ont chacun 467 pages. L'impression est magnifique, et le papier de la plus grande beauté. Le frontispice a un bel encadrement avec des cariatides, le tout gravé sur bois. Chaque volume a en tête la préface, des pièces de vers latins à la louange des empereurs Ferdinand Ier, Maximilien II et des archiducs Ferdinand et Charles, un beau portrait gravé sur bois de Ferdinand Ier, l'écusson des armes impériales, celui de l'archiduc César-Auguste-Ferdinand, et enfin celui l'archiduc Charles d'Autriche. Le premier livre contient 45 motets à 4, 5, 6 et 8 voix ; le second, 44 motets à 4, 5, 6, 7 et 8 voix ; on en trouve 53 dans le troisième livre; le quatrième livre en renferme 38, dont deux à 12 voix ; enfin, le dernier livre est entièrement consacré aux morceaux composés pour les obsèques de l'empereur Ferdinand Ier, et aux éloges de Maximilien II, des archiducs Ferdinand et Charles, des princes Rodolphe et Ernest, fils de Maximilien, d'Alphonse d'Este, duc de Ferrare, et du duc de Bavière Albert V : il est terminé par une pièce à 5 voix par Henri de la Court *in Memoriam Petri Ioannelli hujus operis collectoris,* et par un *Te Deum* à 8 voix de Jacques Vaet. Tous les compositeurs de ces motets furent attachés à la musique de la chapelle de l'empereur, à l'exception de quatre ou cinq, qui appartinrent à la chapelle du duc Albert de

Bavière; ce sont : Michel des Buissons, Jean Castileti, Jacques de Brouck, Jean Chaynee, Henri de la Court, Michel Deiss, Jean Deslins, Philippe le Duc, Guillaume Formellis, Antoine Galli, Christian Hollander, Jean de Clève, Jean Louis, Orlando Lasso, Étienne Mahu, François de Nieuport, André Pevernage, Adam de Ponte, Georges Prenner, Jacques Regnart, Simon le Roy, Lambert de Sainne, Pierre Speiler, Alexandre Utendaler, Jacques Vaet, Verdiere, Jacques de Wert, Georges Trehou, Matthias Zapfelius. La plupart étaient de simples chantres dans la chapelle impériale; mais tous font preuve d'un grand savoir dans l'art d'écrire avec pureté et dans les combinaisons du contrepoint. Les Lamentations de Jérémie, par Étienne Mahu, qui se trouvent dans ce recueil, sont une œuvre des plus remarquables, par le talent de la facture et par le caractère de tristesse profonde qui y est empreint. Cet ouvrage est d'autant plus précieux, que les compositions de Mahu, l'un des chefs de la vieille école allemande, sont très-rares. Plusieurs de ces musiciens ne sont connus que par la collection de Joannelli, ce qui lui done un grand prix. Elle est d'ailleurs d'une grande rareté, parce que, suivant le titre, elle fut imprimée aux frais de Joannelli, qu'elle ne fut tirée qu'à petit nombre, et n'a point été mise dans le commerce, mais donnée en cadeau. L'exemplaire que je possède a en tête de chaque volume un feuillet où est peint en couleur le blason des comtes palatins du Rhin, ducs de Bavière, lequel est entouré du collier de la Toison d'or, avec cette inscription manuscrite : *Illustrissimo Serenissimoque Principi ac Domino Domino Gulielmo, comiti palatino Rheni, utriusque Bavariæ Duci*, etc. *Domino suo colendissimo ac gratiosissimo, Petrus Joannellus de Gandino, Officii ac observantiæ ergo Dono dedit :* Je l'ai acheté à très-haut prix en 1849, de M. Butsch, libraire antiquaire à Augsbourg.

JOAO VAZ BARRADAS MUITOPAM, E MORATO. *Voy.* **VAZ BARRADAS** (Jean).

JOBIN (Bernhard), luthiste distingué du seizième siècle, vécut longtemps à Strasbourg, et y fit imprimer un livre de pièces pour le luth en tablature, sous ce titre : *Das erste Buch newerlesner fleissiger ettlicher viel schœner Lauten-Stuck, von artlicher Fantasien lieblichen teutschen, frantzœsischen und italianischen Liedern;* Strasbourg, 1572, in-fol.

JOHANNES (Jean), facteur d'orgues du Brabant septentrional, vécut dans la première moitié du quinzième siècle. En 1429, il construisit dans l'église Neuve de Delft un orgue qui lui fut payé *cent vingt écus*. On donna à cet instrument le nom d'*Urzula* (Ursule). Le sommier de ce monument de l'ancienne facture des orgues a été conservé à Delft. Johannes avait son atelier à Breda.

JOHNSON (Robert), ecclésiastique anglais, et musicien instruit, vécut à Londres, vers le milieu du dix-huitième siècle. Il a écrit des services et des antiennes qui sont en manuscrit dans plusieurs églises. Il a fait graver un recueil de fugues pour l'orgue, dont une deuxième édition a été publiée à Amsterdam, vers 1770.

JOLAGE (Charles-Alexandre), organiste des Petits-Pères, à Paris, en 1750, est mort dans la même ville, en 1778. On a de sa composition : *Premier livre de pièces de clavecin;* Paris, in-fol., sans date.

JOLY (....), violoniste et marchand de musique, fut attaché à l'orchestre du théâtre Montansier vers 1790, puis à celui des *Jeunes Artistes*, à Paris. Il est mort en 1819. On a gravé sous son nom : 1° Huit recueils de contredanses pour 2 violons; Paris, Frère et Sieber. — 2° *Andante* varié pour violon et violoncelle; Lille, Bœhm. — 3° Pot-pourri facile pour guitare; Paris, Joly. — 4° Des sonates et des airs variés pour guitare, ibid. — 5° Six duos pour 2 violons; Paris, Imbault.

JOMARD (Edme-François), géographe et archéologue, membre de l'Institut de France, et conservateur de la section de géographie et des voyages à la Bibliothèque impériale, est né à Versailles le 20 novembre 1777. Après avoir fait ses études au collége de cette ville, à l'ancienne École des ponts et chaussées, et enfin à l'École polytechnique, il fut admis comme professeur, en 1796, à l'École spéciale de géographie et du cadastre. En 1798 il fut du nombre des savants qui firent partie de l'expédition d'Égypte, ne revint en France qu'en 1802, et après avoir rempli plusieurs missions, fut chargé de la direction des travaux pour la publication de la grande *Description de l'Égypte,* dans laquelle il a fait insérer un grand nombre de Mémoires scientifiques, résultats de ses travaux pendant son séjour dans ce pays. La plupart des ouvrages qui ont fait la réputation de ce savant sont étrangers à l'objet de cette biographie : Jomard n'y est cité que pour un *Discours sur la vie et les travaux de G.-L.-B. Wilhem* (voy. *Bocquillon-Wilhem*), *prononcé à l'assemblée générale de la Société pour l'instruction publique, le* 5 *juin* 1842; Paris, Perrotin, 1842, in-8° de 126 pages, avec le portrait de B. Vilhem et un *fac-simile* de sa notation musicale.

JOMELLI (Nicolas), célèbre compositeur

naquit le 11 septembre 1714, à Aversa, dans le royaume de Naples. Un chanoine de cette ville, nommé *Mozzillo*, lui enseigna les éléments de la musique dès ses premières années. A l'âge de seize ans, il se rendit à Naples, où il fut admis comme élève au conservatoire de *San-Onofrio*, où il reçut des leçons de Durante; mais, par des motifs maintenant inconnus, son père le retira de cette école et le plaça au conservatoire de *la Pietà de' Turchini*. Il y reçut des leçons de *Prato*, maître obscur, et de Mancini, artiste distingué de la grande école de chant italien. Feo lui enseigna la composition, et Leo lui donna des conseils sur le style dramatique et religieux. Le marquis de Villarosa assure que l'instruction musicale de Jomelli fut dirigée par Nicolas Fago ; mais ce fait est en contradiction avec la notice de Saverio Mattei, qui tenait ses renseignements de Jomelli lui-même. D'ailleurs, il y a lieu de croire que lorsque ce grand musicien entra au Conservatoire de *la Pieta*, Fago ne vivait plus. Dans ses premières productions, Jomelli ne parut pas annoncer ce qu'il devint plus tard ; suivant une notice que Piccinni a écrite sur ce grand artiste, il semblerait même qu'il n'avait reçu qu'une instruction médiocre dans les conservatoires de Naples, et qu'il n'apprit véritablement l'art d'écrire que lorsqu'il en fut sorti. Il ne faut sans doute pas admettre rigoureusement cette assertion ; mais il est vraisemblable que lorsque Jomelli alla à Rome, il trouva chez les maîtres de cette grande école un style bien plus pur et plus large que ce qu'il avait puisé dans les traditions de l'école napolitaine, en général plus libres et plus appropriées à la musique dramatique. Or, suivant le projet qu'il avait alors d'écrire pour l'église, il dut en effet étudier avec soin les compositions sévères des grands maîtres de Rome. Quoi qu'il en soit, les premiers ouvrages de Jomelli furent des ballets, qui ne furent pas remarqués; mais bientôt son génie prenant son essor, il écrivit des cantates où ses heureuses dispositions pour l'expression dramatique se firent apercevoir. Leo ayant entendu un de ces morceaux chez une dame, élève du jeune artiste, fut si transporté de plaisir, qu'il s'écria : *Signora, non passera molto, e questa giovane sara lo stupore e l'ammirazione di tutta l'Europa* (Madame, il se passera peu de temps avant que ce jeune homme devienne l'étonnement et l'admiration de l'Europe entière). Cette prédiction ne tarda pas à se réaliser. A l'âge de vingt-trois ans, Jomelli composa son premier opéra, intitulé *L'Errore amoroso*. Suivant la notice de Piccinni, il aurait si peu compté sur le succès de cet ouvrage, qu'il l'aurait fait représenter sous le nom d'un musicien peu connu et peu estimé, nommé *Valentino*; mais la faveur qui accueillit cette production aurait enflammé le génie de Jomelli, qui dès lors se serait livré avec ardeur à la composition dramatique. Cette circonstance n'a point été connue du poëte Saverio Mattei, à qui l'on doit une intéressante notice sur ce maître. L'année suivante (1738) Jomelli donna au théâtre des Florentins son premier opéra sérieux, *Odoardo*, qui fut suivi de deux autres dans l'espace de plusieurs mois.

Déjà le nom du jeune artiste commençait à se répandre; ses derniers succès le firent appeler à Rome en 1720 : il y trouva un zélé protecteur dans le cardinal d'York. Ses deux opéras *Il Ricimero* et l'*Astianasse* y furent joués dans la même année. En 1741 il alla à Bologne pour y écrire l'*Ezio*. Mattei rapporte l'anecdote suivante sur son séjour en cette ville. Il était allé voir le P. Martini, déjà considéré comme un des plus savants musiciens de l'Italie, et s'était présenté à lui comme un élève qui désirait fréquenter son école. Le maître lui donna un sujet de fugue qu'il traita avec habileté : *Qui êtes-vous?* lui dit Martini : *Vous moquez-vous de moi? C'est moi qui veux apprendre de vous. — Mon nom est Jomelli; je suis le maître qui doit écrire l'opéra pour le théâtre de cette ville. — C'est un grand bonheur pour ce théâtre d'avoir un musicien philosophe tel que vous, mais je vous plains de vous trouver au milieu d'une troupe d'ignorants corrupteurs de la musique.* Jomelli avoua plus tard qu'il avait beaucoup appris dans les conversations de ce maître; il ajoutait que si le P. Martini avait peu de génie, l'art avait suppléé en lui ce que la nature lui avait refusé.

Après avoir donné plusieurs grands ouvrages à Rome et à Bologne, Jomelli retourna à Naples, où il écrivit pour le théâtre Saint-Charles *Eumene*, qui eut un succès prodigieux ; puis il alla à Venise, où sa *Mérope* excita de tels transports d'admiration, que le conseil des Dix le nomma directeur du Conservatoire des filles pauvres. C'est alors qu'il écrivit ses premiers morceaux de musique d'église, entre autres un *Laudate* à 2 chœurs et à 8 voix, qui est considéré comme une de ses meilleures productions en ce genre. Rappelé à Rome en 1748 pour écrire l'*Artaserse*, il trouva dans le cardinal Alexandre Albani un admirateur de son talent et un protecteur puissant. Vers le même temps, le mauvais état de la santé de Bencini, maître de chapelle de Saint-Pierre du Vatican, fit songer à lui donner un coadjuteur : le cardinal s'employa à lui faire obtenir cette place, qui lui fut en effet confiée, et dont il prit possession le 20 avril 1749. Piccinni rapporte à ce sujet une anecdote peu vraisemblable. Pour être nommé maître de chapelle de Saint-Pierre, il fallait, dit-il, subir un examen sévère; il ne se crut pas assez habile pour tenter l'épreuve, et ce ne fut qu'après avoir étudié sous la direction du P. Martini qu'il vint offrir de se soumettre au concours, qui toutefois n'eut pas lieu. Piccinni confond évidemment les époques, car ce fut huit ans auparavant que Jomelli vit le P. Martini à Bologne et qu'il en apprit les traditions du style d'église de l'ancienne école. D'ailleurs, la musique exécutée dans la basilique de Saint-Pierre est dans un style concerté beaucoup moins sévère que celle qu'on chante dans la chapelle Sixtine. Jomelli resta à Rome pendant cinq ans, et ne donna la démission de sa place qu'au mois de mai 1754, pour aller à Stuttgard s'installer dans la place de maître de chapelle et de compositeur de la cour, qui lui avait été offerte par le duc de Wurtemberg. On voit par ces dates, qui sont exactes, que Mattei s'est trompé lorsqu'il a fait aller Jomelli à Vienne en 1749, pour y écrire l'*Achille in Sciro* et la *Didone*, et le fait rester dans cette ville pendant dix-huit mois : c'est en 1745 qu'eut lieu le voyage de Vienne. Le même écrivain dit que Jomelli s'y lia d'amitié avec Métastase, et qu'il a souvent déclaré depuis lors qu'il avait plus appris dans ses conversations avec le célèbre poëte que dans toutes ses études avec Feo, Leo et Martini. Les littérateurs ont beaucoup de penchant à mettre à haut prix les conseils qu'ils donnent aux musiciens; l'assertion de Mattei ne doit donc pas nous étonner : il croyait ce qu'il écrivait; mais Jomelli avait trop de sens pour comparer des choses qui n'ont aucune analogie. Feo et Martini lui avaient enseigné l'art d'écrire; Métastase lui suggérait des idées sur l'expression et l'effet dramatique : choses assurément fort différentes.

Pendant la durée du séjour de Jomelli à Stuttgard, qui fut de près de vingt ans, une modification assez remarquable se fit apercevoir dans sa manière. Soumis à l'influence de la musique allemande qu'il y entendait, il donna à sa modulation des transitions plus fréquentes, et renforça son instrumentation. Cette transformation, dont on trouve la preuve dans près de trente opéras qu'il écrivit alors, le mit en faveur près du prince dont il dirigeait la musique, et lui procura des succès en Allemagne, mais elle lui fut nuisible lorsqu'il retourna dans sa patrie. Les Italiens n'étaient alors sensibles qu'aux charmes de la mélodie : ils la voulaient dépouillée de tout ornement étranger; tout ce qui pouvait en détourner leur attention leur était importun. Les moindres modulations tourmentaient leur oreille, et pour eux le son des instruments n'était que du bruit lorsqu'il se faisait remarquer. D'ailleurs, la longue absence de Jomelli l'avait fait oublier de ses compatriotes, et lorsqu'il retourna à Naples, il lui fallut en quelque sorte recommencer sa réputation; mais il était alors âgé de cinquante-huit ans : il avait plus d'expérience et de talent acquis, mais moins de jeunesse et d'abondance dans les idées. Il s'était retiré avec sa famille à Aversa, lieu de sa naissance, et avait établi un certain luxe d'ameublement dans sa demeure. Quelquefois il passait le printemps dans un lieu de plaisance près de Naples, appelé l'*Infrascata di Napoli*, et l'automne à *Pietrabianca*, agréable retraite aux environs de cette ville. Ce fut dans ce lieu qu'il reçut du roi de Portugal la demande de deux opéras et d'une cantate pour lesquels il lui fit payer une somme de 1,200 ducats. Son *Armida*, qu'il écrivit pour le théâtre Saint-Charles, est certainement un de ses plus beaux ouvrages; peut-être même est-il plus complet que tous ceux qui étaient sortis de sa plume auparavant; néanmoins il n'eut pas de succès populaire : les artistes seuls en aperçurent le mérite. *Demofoonte*, composition excellente, réussit encore moins qu'*Armide*; enfin *Ifigenia*, jouée en 1773, fut mal exécutée et tomba à plat. Tant d'échecs à la fin d'une belle carrière d'artiste plongèrent Jomelli dans une tristesse profonde, qui lui occasionna une attaque d'apoplexie. A peine rétabli, il composa une cantate pour la naissance du prince de Naples. Mattei assure que cet ouvrage était rempli de beautés : on le croira sans peine si l'on songe que l'admirable *Miserere* à deux voix, de ce grand musicien, est sa dernière production. Il l'écrivit sur la traduction italienne de Mattei, et en fit un chef-d'œuvre d'expression tendre et triste. Ce fut le chant du cygne, car à peine l'eut-il fini, que ce maître illustre, appelé à juste titre *le Gluck de l'Italie*, mourut à Naples, le 28 août 1774. Le 11 novembre suivant, on lui fit de magnifiques obsèques, où l'on exécuta une messe de *requiem* à deux chœurs, composée par le P. Sabbatini.

Pour bien apprécier le mérite de Jomelli, comme compositeur dramatique, il faut examiner quelles étaient les formes de l'art avant lui. Nul doute qu'il existât dans les partitions de Scarlatti, de Leo, de Pergolèse et de Vinci d'admirables morceaux, où l'invention de la mélodie brillait au plus haut degré; mais ces morceaux étaient peu développés; la coupe en était peu variée, et même il est permis de dire, sauf quelques exceptions, qu'elle n'était pas bien entendue pour les situations fortes; car dans les airs à deux mouvements l'*andante* ou l'*adagio* du commencement se reprenait après l'allegro, ce qui est contraire à la progression des passions. Jomelli ne fit point cette faute; il comprit la nécessité de maintenir jusqu'au bout la gradation de l'intérêt, et sut réaliser ce besoin de l'art avec une rare puissance de talent. Le premier entre les compositeurs italiens, il donna aussi au récitatif obligé l'énergie et la justesse d'expression dont cette belle partie de la musique est susceptible. Dans la musique d'église, s'il ne comprit point l'art comme les maîtres de l'école de Palestrina, s'il y porta une expression un peu trop vive des sentiments mondains, il fut du moins toujours noble, toujours pur. Sa messe de *Requiem*, son *Miserere*, son oratorio de *la Passion*, seront toujours des modèles de beautés réelles en leur genre. Jomelli avait l'esprit cultivé; il écrivait bien dans sa langue maternelle, en prose ainsi qu'en vers : Mattei cite avec éloge quelques-unes de ses poésies. Il était homme du monde, et s'exprimait avec élégance. Burney, qui le vit dans ses voyages, dit qu'il ressemblait beaucoup à Hændel, mais qu'il était plus poli et plus aimable. Cependant les portraits qu'on a de lui ne ressemblent point à ceux de l'auteur du *Messie*.

Les opéras connus de Jomelli sont : 1° *L'Errore amoroso;* Naples, 1737. — 2° *Odoardo;* même ville, 1738. — 3° *Ricimero*, Rome, 1740. — 4° *Astianasse*, même ville, 1741. — 5° *Merope*, à Venise, même année, ouvrage qui obtint le plus grand succès. — 6° *Il Frastullo*, opéra buffa. — 7° *Sofonisbe*, opera seria. — 8° *Il Creso*, en 1743. — 9° *Ciro riconosciuto*. — 10° *Achille in Sciro*, Vienne, 1745. — 11° *Didone*, même ville, 1745. — 12° *Eumene;* Naples, 1746. — 13° *L'Amore in maschera*, dans la même année et dans la même ville. — 14° *La Critica*, farce, en 1747. — 15° *Ezio;* Naples, 1748. — 16° *L'Incantato*, Rome, 1749. — 17° *Ifigenia in Tauride*, Rome, 1751. — 18° *Talestri*, même ville, 1752. — 19° *Attilio Regolo*, même ville, 1752. — 20° *Semiramide*, à Plaisance. — 21° L'*Ipermestre*, à Spolette, 1752. — 22° *Bajazette*, à Turin. — 23° *Demetrio*, à Parme. — 24° *Penelope;* Stuttgard, 1754. — 25° *Enea nel Lazio*, idem, 1755. — 26° *Il Re pastore*, ibid. — 27° *Didone*, nouvelle musique, ibid. — 28° *Alessandro nell' Indie*, ibid. — 29° *Nitetti*, ibid. — 30° *La Clemenza di Tito*, ibid. — 31° *Demofoonte*, ibid. — 32° *Il Fedonte*, ibid. — 33° *L'Isola disabitata*, ibid. — 34° *Endimione*, ibid. — 35° *Vologeso*, ibid. — 36° *L'Olimpiade*, ibid. — 37° *La Schiava liberata*, ibid. — 38° *L'Asilo d'Amore*, ibid. — 39° *La Pastorella illustre*, ibid. — 40° *Il Cacciator deluso*, ibid. — 41° *Il Matrimonio per concorso*, ibid. — 42° *Armida*, Naples, 1771. — 43° *Demofoonte*, avec une nouvelle musique, même ville, 1772. — 44° *Ifigenia in Aulide*, même ville, 1773. CANTATES : 1° *Perdono amata Nice*, à voix seule avec instruments. — 2° *Giusti Numi*, idem. — 3° *E quando sara mai*, idem. — 4° *Partir conviene*, idem. — 5° Cantate pour deux soprani. ORATORIOS : 1° *La Passione di Giesu-Cristo*, à 4 voix, chœur et orchestre. — 2° *Isacco, figura del Redentore*, idem — 3° *Betulia Liberata*, idem. — 4° *Santa Elena al Calvario*, idem. MUSIQUE D'ÉGLISE. 1° *Dixit*, à quatre voix. — 2° *In convertendo*, psaume à 2 voix et orchestre. — 3° Repons de la semaine sainte à 4 voix. — 4° *Dixit*, à huit voix en deux chœurs. — 5° *Miserere* à 8 voix en deux chœurs. — 6° *Cinq messes* à quatre voix, orchestre et orgue. — 7° *Messe de requiem*, à 4 voix, orchestre et orgue. — 8° *Confitebor* à 3 voix. — 9° *Laudate* à 4 soprani et deux chœurs. — 10° *In convertendo* a six voix concertantes et deux chœurs. — 11° *Magnificat* dit *de l'Écho*, à 4 voix, et à 8. — 12° Hymne de saint Pierre, concerté à deux chœurs. — 13° *Dixit*, à huit voix. — 14° *Graduel* à 4 voix — 15° *Veni Sancte Spiritus*, à 4. — 16° *Lætatus sum*, à 4. — 17° *Confitebor*, à 4. — 18° *Beatus vir*, à 4. — 19° *Confirma hoc Deus*, à 5 et orchestre. — 20° *Miserere*, à 4. — 21° *Victimæ paschali*, à 6. — 22° *Miserere*, à 5. — 23° *Te Deum*, à 4 et orchestre. — 24° *Regnum mundi*, à 4. — 25° *Veni, Sponsa Christi*, pour soprano, chœur et orchestre. — 26° *Victimæ paschali*, à 4. — 27° *Credidi*, à 4. — 28° *Graduel*, à 3, pour la fête de la Vierge. — 29° *Discerne causam meam*, graduel à 4. — 30° *Domine Deus, in simplicitate*, offertoire à 4. — 31° *Justus ut palma florebit*, graduel à 4. — 32° Cantate à 3 voix pour la Nativité de la Vierge. — 33° *Salve, Regina*, pour soprano et orchestre. — 34° *Miserere*, à 2 soprani et orchestre. — 35° Plusieurs messes à 4 et 5 voix avec orchestre. — 36° *Responsori* à 4 voix pour les mercredi, jeudi et vendredi de la semaine sainte.

JONAS (ÉMILE), jeune compositeur, né à Paris, d'une famille israélite, le 5 mars 1827, fut admis comme élève au Conservatoire de cette ville, le 28 octobre 1841. Il étudia l'harmonie et l'accompagnement pratique sous la direction de M. Lecoupey, et reçut des leçons de composition de M. Carafa. Le second prix d'harmonie lui fut décerné en 1846, et il obtint le premier prix dans l'année suivante. Admis au concours de l'Institut de France en 1849, il reçut la distinction du second grand prix, pour la cantate intitulée *Antonio*. Deux ouvertures de M. Jonas ont été exécutées au Conservatoire en 1851 et 1852 : on y a reconnu du talent. En 1855, il a donné au théâtre des *Bouffes-Parisiens* le petit opéra intitulé : *Le Duel de Benjamin*, où l'on a remarqué de l'élégance et du rhythme dans les mélodies. Dans l'année suivante il a donné au même théâtre *La Parade*, opérette en un acte. En 1857, *Le Roi boit*, autre opérette du même compositeur a été joué, avec succès, au même théâtre. La partition, réduite pour piano, a été publiée chez Brandus, à Paris. Enfin, dans la même année, il a donné une autre pièce du même genre, sous le titre : *Les petits Prodiges*. Il est fâcheux de voir un artiste heureusement organisé persévérer dans la voie de la petite musique et des succès faciles. Ce jeune artiste est professeur de solfége au Conservatoire, et directeur de musique à la synagogue du rit portugais. Il a publié, en 1854, un *Recueil de chants hébraïques*, à l'usage des temples de ce rit. On y trouve vingt-quatre morceaux de sa composition : les autres chants sont antiques et ont été pris à différentes sources. M. Maurice Bourges a donné une très-bonne analyse de ce recueil dans la *Gazette musicale de Paris* (1854, n° 46).

JONECK (Michel), facteur de pianos à Würzbourg, naquit en cette ville, le 14 mai 1748. Dans sa jeunesse il entra au monastère d'Oberzell pour y faire profession. Là il fit le premier essai de la facture des pianos en construisant un petit instrument pour lui-même. Plus tard, il sortit du couvent, et embrassa la profession de facteur d'instruments. Il a fait un très-grand nombre de pianos, parmi lesquels on en cite quelques grands avec un jeu de flûte. Il vivait encore en 1812.

JONECK (Joseph), fils du précédent, et comme lui facteur de pianos, est né à Würzbourg. Après avoir appris les éléments de son art chez son père, il alla travailler pendant plusieurs années chez Walther, à Vienne. De retour à Würzbourg, il s'est fait connaître avantageusement par la bonne qualité de ses instruments, et surtout par ses grands pianos.

JONES (Robert), compositeur et luthiste, vécut à Londres vers le commencement du dix-septième siècle, et y eut de la célébrité. Il n'a fait imprimer qu'un très-petit nombre de ses compositions. Parmi celles qui ont été publiées, on remarque : 1° *A musical Dreame, or the fourth book of ayres, the first part for the lute, two voices, and the viol da gamba; the second part is for the lute, the viol, and four voices to sing; the third part is for one voice alone to the lute, the bass-viol, or to both if you please, whereof two are italian ayres* (Songe musical, ou quatrième livre d'airs; la première partie pour luth, deux voix et basse de viole; la deuxième pour luth, viole et quatre voix; la troisième, pour voix seule avec accompagnement de luth, ou de basse de viole, ou de ces deux instruments ensemble, à volonté, etc.), Londres 1609, in-4°. — 2° *The Muses's garden for delights, or the fith book of ayres onely for the lute, the bass-violl and the voices* (Le jardin des muses, ou cinquième livre d'airs pour le luth, la basse de viole, et les voix); Londres, 1611, in-fol. Plusieurs morceaux de Jones ont été insérés dans la collection intitulée *Le Triomphe d'Orianne*, publiée à Londres, en 1601. On trouve aussi deux airs de sa composition dans la *Musica antiqua* de Smith.

JONES (William ou Guillaume), ecclésiastique anglais, né en 1720, à Lowick, dans le Northumberland, fut un savant et laborieux littérateur et un amateur de musique distingué. Il mourut à Londres, le 7 février 1800. Au nombre de ses écrits, on remarque un ouvrage qui a pour titre : *Physiological disquisitions, or discourse of the natural philosophy of the elements, on matter, on motion, on the elements, on fire, on air, on sound and music*, etc. (Recherches physiologiques, ou discours sur la philosophie naturelle des éléments, sur la matière, le mouvement, les éléments, le feu, l'air, le son et la musique); Londres, 1771, in-4°. Deuxième édition, Londres, 1781, in-4°. Ce livre a été réimprimé dans les œuvres complètes de l'auteur, dont il a été fait deux éditions; la première en 12 volumes in-8°, Londres 1801; la deuxième en 6 volumes, Londres, 1810. C'est par erreur que Forkel a attribué à ce littérateur un traité spécial de musique, qui appartient à un autre ecclésiastique anglais, des mêmes nom et prénom. (*Voy.* l'article suivant.)

JONES (William), prélat de l'Église d'Angleterre, né à Nayland, dans le comté de Suffolk, vers 1740, cultiva la musique avec succès, et a publié sur cet art un livre qui a pour titre : *A treatise on the art of Music, in which the elements of harmony are particularly considered and illustrated, by a hundred and fifty exemples in notes*; Colchester, 1784, in-fol. Cet ouvrage a été imprimé par l'auteur, dans sa maison; cependant les exemplaires portent le nom d'un imprimeur nommé *Keymar*. Il en a été fait une deuxième édition, à Londres, en 1827, in-fol. Jones a laissé en manuscrit beaucoup de musique d'église. Il est mort à Londres en 1798.

JONES (Sir William), célèbre orientaliste, naquit à Londres, le 28 septembre 1746. Fils d'un professeur de mathématiques distingué, il eut aussi pour mère une femme remarquable par l'étendue de ses connaissances en algèbre, en trigonométrie et dans l'art de la navigation. A l'âge de trois ans, Jones perdit son père; sa mère entreprit alors son éducation, et lui enseigna les éléments des langues anciennes et des mathématiques. Plus tard il entra à l'école de Harrow, et à l'âge de dix-sept ans il suivit les cours de l'université d'Oxford. Ses progrès dans les sciences et dans la littérature tinrent du prodige, et bientôt on le cita pour son savoir, particulièrement dans la littérature orientale. En 1767 il fut agrégé à l'université. Devenu un des jurisconsultes les plus distingués de l'Angleterre, il obtint, au mois de mars 1783, une place de juge à la cour suprême de Calcuta, fut créé chevalier et fit un mariage avantageux. Le mois suivant, il s'embarqua pour se rendre dans l'Inde, où il séjourna pendant onze années, se livrant presque sans relâche à des recherches sur les langues, les arts, les antiquités et la mythologie de l'Indoustan. L'influence du climat et peut-être aussi l'excès du travail lui occasionnèrent une inflammation de foie qui le conduisit au tombeau : il expira le 27 avril 1794, à l'âge de quarante-sept ans.

Parmi les ouvrages de ce savant, recueillis dans ses œuvres complètes, qui ont été publiées à Londres, 1799, 6 vol. in-4°, ou 13 vol. in-8°, on trouve un mémoire sur les modes musicaux des Indous (*On musical modes of the Hindus*, t. VI, p. 449 et suiv.), morceau très-intéressant, et, malgré quelques erreurs que j'ai signalées dans le *Résumé philosophique de l'histoire de la musique*, ce que nous possédons de meilleur et de plus complet sur cette matière, Jones ayant tiré ses matériaux d'ouvrages originaux de musiciens hindous. C'est ce mémoire, déjà publié précédemment dans les *Recherches asiatiques* (*Asiatic Researches*, t. 3, p. 55), qui a servi de base au livre du baron de Dalberg sur le même sujet (*voy.* Dalberg).

JONES (Édouard), harpiste et barde du pays de Galles, naquit à Henblas, dans le comté de Merioneth, vers 1751. Élevé dans une famille de ces musiciens dont toutes les générations cultivent la musique par une sorte de tradition, il acquit une instruction étendue dans tout ce qui est relatif à la pratique et à l'histoire de cet art, tel qu'il est cultivé chez les descendants des Celtes. Le prince de Galles, qui fut ensuite roi d'Angleterre, sous le nom de Georges IV, le prit à son service comme son barde, et cette charge, qui lui laissait beaucoup de liberté, lui permit de se livrer à des recherches historiques sur les Bardes, leur poésie et leur musique : il en publia les premiers résultats dans un livre curieux intitulé : *Musical and poetical relics of the welsh Bards, preserved by traditions and authentic manuscripts never before published* (Restes poétiques et musicaux des Bardes gallois, conservés par la tradition et par des manuscrits authentiques inédits); Londres, 1786, in-fol. Une deuxième édition de cet ouvrage, considérablement augmentée, a paru en 1794, un vol. in-fol. de 183 pages. Une très-bonne notice historique sur les bardes du pays de Galles, des recherches sur les chants de ces bardes et sur les poëtes et musiciens qui les ont composés, une savante dissertation sur leurs instruments de musique, avec leurs figures; enfin, un recueil copieux de chansons et de morceaux pour la harpe, la plupart anciens et historiques, composent ce recueil. A ce premier ouvrage, Jones fit succéder une suite, en quelque sorte nécessaire, laquelle est intitulée : *The bardic Museum, of primitive british literature; and other admirable rarities; forming the second volume of the musical, poetical and historical Relicks of the welsh Bards and druids; drawn from authentic documents of remote antiquity*. (Le Musée barde de la littérature britannique primitive, etc.); Londres, 1802, in-fol. On trouve dans ce volume une introduction historique sur les fonctions des bardes dans les palais, dans les cérémonies religieuses, à la guerre, etc.; un choix de leurs plus anciens monuments poétiques avec la traduction anglaise et des remarques grammaticales ou historiques; des notices sur quelques poëmes en langue celtique, sur les chansons de guerre et autres; enfin, les mélodies de plusieurs anciens airs, et des pièces de harpe composées par quelques bardes modernes. Le libraire Rees a donné, en 1814, une nouvelle édition des deux ouvrages précédents réunis, formant 3 vol. in-4°. Jones a publié à Londres quelques recueils d'airs gallois et autres avec accompagnement de harpe et quelques pièces pour la harpe à deux rangs de cordes, en usage dans les provinces du nord de l'Angleterre. En 1788, il a rétabli dans son pays les concours de chant et de harpe appelés *Eisteddwood*, qui avaient été autrefois en usage parmi les bardes; depuis ce temps ils ont eu lieu chaque année. Jones est mort à Londres, en 1830, à l'âge de quatre-vingt-huit ans.

JONES (GRIFFITH), littérateur anglais, vivait à Londres dans les premières années de ce siècle, et fut un des collaborateurs de l'*Encyclopædia Londinensis*, pour laquelle il a écrit une espèce de *Traité historique* de la musique, sous le titre simple de *Music*. Ce morceau, qui forme environ 100 pages in-4° à deux colonnes, avec des planches, a été tiré séparément, et mis en vente, avec un titre, chez l'auteur. Il a été reproduit depuis avec ce titre nouveau : *a History of the origin, progress of theoretical and practical Music;* London, 1819, in-4°. M. J.-F. Edlen de Mosel en a fait une traduction allemande avec des remarques, intitulée : *Geschichte der Tonkunst;* Vienne, 1821, un vol. in-8° de 227 pages.

JORDAN (JÉRÔME), docteur en médecine et professeur de physique à l'université de Gœttingue, né à Brunswick, au commencement du dix-septième siècle, a fait imprimer un livre intitulé περὶ τοῦ θείου, *sive de eo quod divinum aut supernaturale est in morbis humani corporis ejusque curatione;* Francfort-sur-le-Mein, 1651, in-4°. Cet ouvrage est divisé en 76 chapitres; le 66e traite spécialement *De vi musicæ in morbis divinis occasione Saulis et Elisæi*. (Voy. *Lambec. Comment. de biblioth. Cæsar., lib. II, cap. VIII, p.* 689 *et seq.*)

JORISSEN (JOSEPH), médecin allemand, qui vivait en Saxe vers le milieu du dix-huitième siècle, est auteur d'une dissertation intitulée : *Nova methodus surdos reddendi audientes*, Halle, 1757, in-4°. Cet ouvrage renferme l'exposé des expériences faites par l'auteur sur son père, devenu complétement sourd à l'âge de soixante-dix ans, et qu'il parvint à faire entendre, au moyen d'un conducteur en bois, placé entre les dents du vieillard, et allant aboutir par son autre extrémité à la bouche de la personne qui voulait se faire entendre de lui. Ce moyen avait déjà été indiqué par Kircher (*Musurgia univ.*, lib. I, sect. 7), et par Boerhave (*Institutiones rei medicæ; de auditu*). Deux ans après la publication de la dissertation de Jorissen, Jean Henri Winkler (*voy.* ce nom) soutint une thèse sur le même sujet; elle est intitulée : *De ratione audiendi per dentes;* Leipsick, 1759, in-4°. Il n'a rien ajouté d'important aux observations de son prédécesseur.

JORTIN (JEAN), vicaire de Kensington, naquit à Londres, d'un père français, le 23 octobre 1698, et y fit ses études. Il cultiva les lettres avec succès, et eut le titre de docteur en théologie. Il mourut le 5 septembre 1770. Auteur de plusieurs livres estimés sur la littérature ancienne et la philologie, il s'est aussi fait connaître par une lettre sur la musique des anciens, qui est insérée dans la seconde édition du Traité de l'expression musicale, par Avison. (*Voyez* ce nom.)

JOSEPHI (GEORGES), musicien au service de l'évêque de Breslau, dans la seconde moitié du dix-septième siècle, a écrit la musique d'une collection de cantiques intitulée : *Heilige Seelenlust oder geistliche Hirtenlieder der in ihren Jesu verliebten Psyche* (Pastorales spirituelles de Psyché, l'âme éprise de son Jésus); Breslau, 1657, in-8°. On connaît aussi sous son nom une autre collection de cantiques intitulée : *Plaisir sacré de l'âme:* Breslau, Baumann, 1668, in-8°. Ces deux ouvrages ont été réimprimés en 1697.

JOSEPHSON (J.-A.), compositeur suédois de l'époque actuelle, s'est fait connaître particulièrement par des recueils de chants, de romances et de ballades pour voix seule avec accompagnement de piano, lesquels ont été publiés à Stockholm, chez Hirsch; à Copenhague, chez Lose, et à Leipsick, chez Breitkopf et Hærtel.

JOSIN ou GOESIN DE BEY, ménestrel et hautboïste à gages du magistrat d'Audenarde (Flandre orientale), pendant la seconde moitié du quinzième siècle. On voit dans les anciens comptes de cette ville que ce ménestrel donna, depuis 1484 jusqu'en 1487 des leçons de musique à la maison échevinale (1). C'était, comme on voit, le *musicien de ville* qu'on trouve partout en Allemagne jusqu'au commencement du dix-neuvième siècle. Ce Josin de Bey recevait annuellement du magistrat un habit de drap : genre de gratification qui échut aussi à l'architecte de l'hôtel de ville (V. les *Recherches sur la musique à Audenarde avant le XIXe siècle*, publiées par Edmond Vanderstraeten, dans les *Annales de l'Académie d'Archéologie de Belgique* (1856), et dans le tiré à part, Anvers, Buschman, 1856, in-8°, p. 7.

JOSQUIN. *Voyez* DEPRÉS (JOSQUIN).

JOSSELIN (N.), maître de musique des Jésuites de la rue Saint-Jacques à Paris, a composé un *Te Deum* qui fut chanté, en 1682, dans l'église des grands Augustins, pour la naissance du duc de Bourgogne : le *Mercure galant* du mois de septembre de cette année (t. I, p. 318) en fait l'éloge.

JOST (.....), musicien à Vienne, y a composé vers 1780 deux opéras; le premier avait pour titre : *Le Voleur de pommes;* l'autre, *Le Barbier de Benzing*. Le même artiste a aussi

(1) Item betaelt Goesin de Bey, menestrieur, die dagelicx heipt spelen up scepenhuys, thulpen nieuwen Keerle waert ... iij par » (Comptes de la ville. année 1488)

écrit la musique de plusieurs ballets. Tous ces ouvrages sont restés en manuscrit.

JOUBERT (....), organiste de la cathédrale de Nantes, dans la seconde moitié du dix-huitième siècle, a fait entendre au concert spirituel, en 1776, un oratorio de sa composition, intitulé *La Ruine de Jerusalem, ou le triomphe du christianisme*. Il a écrit aussi pour le théâtre de Nantes, en 1778, *La Force de l'habitude*, opéra-comique. Joubert vivait encore à Nantes en 1793.

JOUBERT DE LA SALETTE (P.-J.). *Voyez* LA SALETTE (P.-J. JOUBERT DE).

JOUGLET, ménestrel français, vécut vers le milieu du quatorzième siècle, et fut au service de l'empereur Conrad IV. Il se distingua comme joueur de vielle (viole), et par la composition de ses chansons. Un poëte français de son temps a dit sur ce ménestrel :

Un sien vielor qu'il a (Conrad),
Qu'on appelle scort Jouglet,
Fit apeter par un varlet.
Il est sage et grant apris,
Et s'avoit oi et apris
Mainte chanson et maint biau conte.

JOUNG (N.-GUILLAUME), musicien anglais, vécut vers le milieu du dix-septième siècle, et fut au service de l'archiduc Ferdinand-Charles, gouverneur des Pays-Bas. Il a fait imprimer de sa composition : 1° Sonates et chansons à 3, 4 et 5 intruments; Anvers, 1653. — 2° *Balletti a tre*, Anvers; 1653, in-4°.

JOURDAN (JEAN-BAPTISTE), né à Marseille, le 20 décembre 1711, était fils d'un capitaine de vaisseau, et servit quelque temps dans la marine, sous les ordres de son père; mais il quitta jeune cette carrière, et son goût pour les lettres et le théâtre l'amena à Paris, où il écrivit quelques pièces pour la Comédie-Italienne, des romans, des traductions, et des morceaux historiques ou critiques. Il mourut pauvre à Paris, le 7 janvier 1793. Jourdan prit part à la polémique relative à la musique française et aux bouffons; il publia à ce sujet : 1° *Lettre critique et historique à Mme D... sur la musique françoise, la musique italienne, et sur les bouffons;* Paris, 1753, 20 pages in-8°. — 2° *Le correcteur des bouffons à l'écolier de Prague*; Paris, 1753. — 3° *Seconde lettre du correcteur des bouffons à l'écolier de Prague, contenant quelques observations sur l'opéra de Titon, le Jaloux corrigé, et le Devin du village;* Paris, 1754, in-12.

JOUSSE (J.), professeur de musique à Londres, est né en France (à Orléans, si je suis bien informé), d'une famille honorable, vers 1760. A l'époque des troubles révolutionnaires de 1789, il s'éloigna de sa patrie et fut placé sur la liste des émigrés. Arrivé à Londres avec peu de ressources, il en chercha dans ses connaissances en musique, et donna des leçons de chant et de piano. Pendant près de quarante-cinq ans il s'est livré à l'enseignement, sans négliger la littérature musicale, pour laquelle il avait un goût décidé. Il a rassemblé une collection très-curieuse et à peu près complète de tout ce qui a été publié en Angleterre sur la musique, particulièrement une multitude de pamphlets devenus fort rares. Jousse s'est fait connaître avantageusement par les ouvrages suivants : 1° *Introduction to the art of solfaing and singing* (Introduction à l'art de solfier et de chanter); Londres, Dalmaine. — 2° Une méthode de piano qui a pour titre : *The piano-forte made easy to very capacities, and the art of fingering clearly explained in a series of instructions and examples* (Le piano rendu facile à toutes les capacités, et l'art de doigter clairement expliqué dans une série de préceptes et d'exemples) ; Londres, Goulding (sans date), in-fol. Huit éditions de cet ouvrage ont été publiées. — 3° *Arcana Musicæ*, recueil de problèmes musicaux, curieux et intéressants (pour la composition); Londres, Chappell, 1818, in-8°. — 4° Méthode de violon, ibid. — 5° *Harmonic cards* (Jeu de cartes pour apprendre l'harmonie), ibid. — 6° Une traduction anglaise du Traité d'harmonie d'Albrechtsberger. — 7° *Lectures on Thorough Bass illustrated by a variety of examples and exercises calculated to facilite the Theory and practice of that branch of the musical science* (Lectures sur la basse continue, enrichies par une variété d'exemples et d'exercices disposés pour rendre faciles la théorie et la pratique de cette partie de la science musicale); Londres, Goulding, in-fol, sans date (1819).— 7° *An essay of temperament, in which the theory and practice of that important branch of music are clearly established and illustrated* (Essai sur le tempérament, dans lequel la théorie et la pratique de cette branche importante de la musique sont clairement exposées et éclaircies); Londres, 1831, in-8°. Jousse est mort à Londres, le 19 janvier 1837.

JOUVE (ELZÉAR-MARIE), né à Apt (Vaucluse), le 12 février 1805, apprit les éléments de la musique dans cette ville, puis fut admis comme élève au Conservatoire de Paris. Il y prit des leçons d'harmonie; ensuite il y apprit le contrepoint, sous la direction de l'auteur de cette Biographie, et, enfin, il reçut des leçons de composition idéale de Berton. Sorti du C—

servatoire, il a été engagé comme chef d'orchestre à Strasbourg, où il a fait représenter, le 15 novembre 1827, un opéra de sa composition, intitulé *Le Dissipateur sans argent*. Cet ouvrage fut suivi d'une messe solennelle exécutée dans la même ville, le 19 avril 1829, et qui fut considérée comme une belle composition. M. Jouve a écrit dans la même année plusieurs morceaux de musique pour un drame intitulé *Le Seigneur et l'Intendant*, représenté au théâtre de Strasbourg, le 8 décembre 1829. Le même artiste a composé un *Dixit* et plusieurs autres morceaux qui sont encore inédits. Il a publié par souscription sa messe solennelle exécutée à Strasbourg. Au commencement de 1830, il était chef d'orchestre à Carpentras; mais le directeur ayant fait banqueroute, M. Jouve se rendit à Avignon, puis retourna à Apt, où il s'est fixé comme professeur de musique.

JOUVE (Esprit-Gustave), chanoine de Valence, archéologue, compositeur, et écrivain sur la musique, est né au Buis (Drôme), le 1er juin 1805. Après avoir terminé ses études de collége, il alla suivre les cours de droit à Aix; mais bientôt il abandonna la jurisprudence pour entrer au séminaire; ses études terminées, il fut ordonné prêtre. Chargé de diverses fonctions dans son diocèse, il les remplit avec distinction et obtint en récompense un canonicat à la cathédrale de Valence, en 1839. Laborieux investigateur et possédant des connaissances étendues, il a publié divers ouvrages concernant les arts, l'architecture, la peinture et les antiquités religieuses : il n'est cité ici que pour ses écrits relatifs au chant ecclésiastique et à la musique. On y remarque : 1° *Étude historique et philosophique sur les principales écoles de composition musicale en Europe, de 1350 à la première moitié du dix-septième siècle*; Rennes, 1855, in-8°. — 2° *Philosophie du chant (modes ecclésiastiques)*; Rennes, 1855, in-4°. — 3° *Dictionnaire d'Esthétique chrétienne, ou théorie du beau dans l'art chrétien, l'architecture, la musique, la sculpture et leurs dérivés*; Paris, 1856, un gros volume in-4°. — 4° *Lettres sur le mouvement liturgique romain en France* (en ce qui concerne le chant) *durant le dix-neuvième siècle*; Paris, 1858, in-8°. — On a aussi de cet ecclésiastique : *Messe à trois parties, avec accompagnement d'orchestre ou d'orgue*; Lyon, 1843, in-4°. — *Messe à trois voix* (en *ré*) *avec acc. d'orgue*; Paris, 1855, in-4°. M. le chanoine Jouve a donné aussi de bons articles à la *Revue archéologique* de M. Didron, relatifs au chant ecclésiastique. Dans tous ses travaux brillent une érudition solide, un sentiment pur de l'art et un jugement droit.

JOUY (Victor-Joseph ÉTIENNE DE), littérateur, membre de l'Académie française, est né au village de Jouy (Seine-et-Oise), en 1764. Il n'était âgé que de treize ans lorsqu'il alla servir dans l'Amérique méridionale, en qualité de sous-lieutenant, puis il fut employé dans l'Inde avec le régiment de Luxembourg. De retour en France, à la fin de 1790, il fut élevé au grade de capitaine, fit la première campagne de la révolution comme aide de camp du général O' Moran, et obtint le grade d'adjudant général après la prise de Furnes. Impliqué dans la procédure qui conduisit son général à l'échafaud, il fut lui-même condamné à mort, et n'échappa que par la fuite au sort qui lui était réservé. Rentré en France après le 9 thermidor, il reprit du service, reçut tour à tour plusieurs destinations, fut arrêté plusieurs fois pour des causes politiques, et remis en liberté. Ayant enfin obtenu sa retraite en 1797, il entra dans l'administration, et suivit M. de Pontécoulant à Bruxelles, en qualité de chef des bureaux de la préfecture de la Dyle. Après que M. de Pontécoulant eut été appelé au sénat, de Jouy retourna à Paris, renonça aux affaires et se livra à la littérature. Auteur de beaucoup de comédies, tragédies, poëmes d'opéras, parmi lesquels on distingue celui de *La Vestale*, mis en musique par Spontini, et de tableaux de mœurs connus sous les titres d'*Hermite de la Chaussée d'Antin*, *Hermite en province*, etc., il a aussi publié une suite de *Jeux de cartes instructifs* (Paris, 1804 et années suivantes), au nombre desquels il y en a un pour apprendre la musique. Quoique publié sous son nom, ce petit ouvrage n'est point de M. de Jouy, car ce littérateur était entièrement étranger à l'art musical. Il est mort à Saint-Germain-en-Laye, le 4 septembre 1846.

JOZZI (Joseph), chanteur sopraniste, né à Rome, vers 1720, chanta à Londres, en 1746, dans l'opéra de Gluck intitulé *La Caduta de' Giganti*. Peu de temps après, il quitta le théâtre, et se livra à l'enseignement du chant et du clavecin. Il possédait sur cet instrument un talent d'exécution très-remarquable. Les sonates d'Alberti qu'il avait apportées à Londres obtinrent un grand succès lorsqu'il les exécuta : il les fit graver sous son nom; mais un amateur, qui connaissait Alberti et qui avait apporté les mêmes sonates de Venise, les publia sous le nom du véritable auteur, et découvrit le plagiat. Cette aventure obligea Jozzi à s'éloigner de Londres. Il se rendit à Amsterdam, et y publia en 1761 une nouvelle édition des huit sonates d'Alberti pour clavecin, en y plaçant son nom, comme il l'avait fait à Londres. Plusieurs années après, il vivait encore à Amsterdam comme professeur de chant et de clavecin.

JUDENKUNIG (Jean), écrivain né vers la fin du quinzième siècle, à Gmund, au territoire de Scheib, en Illyrie, fut luthiste et joueur de viole à Vienne, où il s'était fixé. Il est connu comme auteur d'un livre très-rare intitulé : *Utilis et compendiaria introductio, qua ut fundamentum jactoque facillime musicum exercitium, instrumentum et lutinæ, et quod vulgo Geygen nominant, addiscitur labore, studio et impensis Johannis Judenkunig de Schöbischen* (sic) *Gmundi in communem omnium usum et utilitatem typis excudendum primum exhibitum, Viennæ Austriæ.* Au cinquième feuillet on lit ce titre : *Harmoniæ super odis Horatianis secundum omnia Horatii genera, etiam doctis auribus haud quaquam aspernandæ. Nota tamen, bone Tyro, quæcumque ejusdem generis sunt carmina, sub una eademque harmonia fidibus esse pulsanda.* Au treizième feuillet on lit cet autre titre en vieil allemand : 1. 5. 2. 3. *Ain* (ein) *schon kunstliche Underweisung in diesem Buechlein, leychtlich zu begreyffen, den rechten Grund zu lernen auff der Lautten und Geygen, mit Vleiss gemacht durch Hans Judenkunig, pirtig* (sic) *von Schwebischen Gmund Lutenist yest zu Wien in Oesterreich* (Ce petit livre contient une belle instruction artistique pour apprendre avec facilité et d'après les meilleurs principes à jouer du luth et des violes, faite par Jean Judenkunig, luthiste, né à Gmund dans le canton de Scheib, maintenant (1523) à Vienne en Autriche). A la fin du volume on lit : *Vollendet und getrückt zu Wien ynn Osterreich dürch Hanns Singryener in* 1523 *Jahr*, in-4°. Un exemplaire de ce rare et précieux ouvrage est dans la Bibliothèque impériale de Vienne, ainsi qu'on peut le voir dans l'histoire de cette Bibliothèque par M. de Mosel (1835, p. 347). C'est le même ouvrage que Gruber a indiqué seulement par le titre allemand dans ses Essais sur la littérature de la musique (p. 38). Forkel a suivi Gruber, dans sa Littérature générale de la musique (p. 318), et Lichtenthal a copié Forkel, mais en changeant le nom de l'auteur du livre en celui de *Judenkœnig*, et en altérant l'ancienne orthographe du titre.

JUDICE (César de), visiteur général dans la vallée de Nola à Palerme, naquit en cette ville le 28 janvier 1607. Après avoir achevé de brillantes études dans les lettres, les sciences et la musique, il eut en 1632 le titre de docteur; en 1630, on lui confia le poste de visiteur général. Il mourut à Palerme le 13 septembre 1680. Mongitori accorde de grands éloges à ses productions musicales, parmi lesquelles on remarque : 1° *Madrigali concertati a 2, 3 e 4 voci, e altre canzonette alla napoletana e romana per la chitarra spagnuola*; Messine, 1628, op. 1°, in-4°. — 2° *Motteti e Madrigali*; Palerme, 1635, in-4°. — 3° *Requiem*, composé pour le service funèbre de Philippe IV, et exécuté en 1666. Ce dernier ouvrage n'a pas été imprimé.

JUE (Édouard), né à Paris, en 1794, entra comme élève au Conservatoire de cette ville en 1808, et y fit des études de solfége et de violon. Sorti de cette école en 1811, il entra comme commis dans une administration de messageries, et y resta plusieurs années. L'ouverture des cours de musique par la méthode du *méloplaste* ayant fixé son attention, il comprit qu'il pouvait y avoir dans l'exploitation de cette méthode un moyen de se faire connaître du public et une route ouverte pour aller à la fortune. Devenu élève de Galin, avec la connaissance qu'il avait déjà de la musique, il eut bientôt une intelligence si complète de la nouvelle méthode, que Galin le prit comme collaborateur et lui abandonna souvent le soin de diriger le cours. Après la mort de son maître, M. Jue ouvrit à Paris des cours de *méloplaste*, qui furent suivis par un grand nombre d'élèves; mais comprenant bien les désavantages de la notation en chiffres, et convaincu qu'elle ne pouvait servir d'introduction à la notation en usage dans la musique, il modifia le système de Galin, conserva le *méloplaste* pour la transposition, mais y appliqua une notation de son invention, à laquelle il donna le nom de *monogammique*. « De toutes les modifications que « j'ai apportées au *méloplaste* de Galin, » dit-il, dans la préface de l'ouvrage dont le titre sera donné tout à l'heure), « je ne citerai ici que ma « notation *monogammique*, parce qu'elle a fait « faire un pas à la méthode en supprimant l'em- « ploi des chiffres, et en rendant au *point* la pro- « priété que ce système lui avait enlevée. » Dans un autre endroit il écrit encore : « Si l'emploi « des chiffres a le grand avantage de réduire « l'étude à une seule gamme, et de répandre ainsi « le plus grand jour sur les applications de la « théorie; s'ils ont pour effet de rendre aisée la « lecture de la musique notée par ce procédé, ils « ont, d'un autre côté, le grave inconvénient de « ne point conduire à la lecture familière, à la « portée (c'est-à-dire à la notation usuelle), et « même d'en éloigner étrangement par leur in- « compatibilité, etc. » Enfin, il fait cet aveu, qui de la part d'un partisan du méloplaste a une grave signification : «...... La portée musicale est « un fait qu'il faut accepter. On a beau régim-

« ber, critiquer, modifier pour sa commodité « particulière, il n'en faut pas moins arriver à « lire les auteurs dans leurs partitions. » Or, M. Jue vient de déclarer que les chiffres ne conduisent pas à ce but, qu'ils y sont même un obstacle invincible : cet aveu d'un élève de Galin suffit pour faire juger cette méthode. Le grand avantage qu'il reconnaît a la méthode, c'est qu'on n'y solfie que sur une seule gamme, en ce que la tonique et chacun des degrés de la gamme sont représentés par un signe spécial; d'où il suit que les élèves reconnaissent immédiatement chacun de ces degrés, à quelque ton que la gamme soit appliquée. C'est pour conserver cet avantage en contractant en même temps l'habitude de lire sur la portée, que M. Jue imagina sa notation *monogammique*, distinguant par une forme particulière chacun des signes placés sur les lignes et les espaces de la portée. Il y a là en effet un acheminement vers la notation ordinaire, et sous ce rapport la notation monogammique est préférable à la notation chiffrée; mais, quoi? son auteur vient de déclarer qu'il faut toujours en venir à la notation usuelle; or, dans celle-ci, le ton étant donné, ce n'est pas le signe, c'est la ligne ou l'espace qui marque la tonique, et partant les autres degrés. C'est là qu'il faut arriver; c'est dans cette conception qu'est contenue toute la théorie de l'intonation dans la lecture. Au lieu de cette conception si simple, l'élève habitué à la notation *monogammique* ne voit le degré que dans la forme du signe, et cette forme étant invariablement appliquée à telle ligne ou à tel espace, l'un et l'autre se confondent dans son esprit et ne peuvent plus se séparer. Tout cela troublera sa tête quand il faudra entrer dans le système de la notation ordinaire. Pourquoi ne pas aborder simplement tout d'abord ce à quoi il faudra venir dans un temps plus ou moins long? Pourquoi présenter comme vrai aujourd'hui ce qu'il faudra réduire demain à l'état de fiction? Pourquoi enseigner, enfin, ce qui doit être oublié et ne pourra l'être qu'après beaucoup d'efforts?

En dépit de ces vérités, M. Jue vit fréquenter ses cours par un grand nombre d'élèves pendant quinze ou vingt ans. Il y a gagné, dit-on, beaucoup d'argent; mais un jour ces cours ont cessé, et personne ne sait plus aujourd'hui ce que c'est que le *méloplaste monogammique*. Les ouvrages publiés par son auteur ont pour titres : *La Musique apprise sans maître*; Paris, 1824, 1 vol. gr. in-8o. Une deuxième édition, modifiée en plusieurs parties, et accompagnée d'une planche gravée représentant un clavier mobile, a paru en 1835; Paris, imprimerie de Moyant, 1 vol. gr. in-8°. M. Jue en a donné une troisième, intitulée *La Musique apprise sans maître, édition augmentée de tableaux, analyses et renseignements sur la manière d'attaquer et de vaincre les difficultés*; Paris, Petit, 1838, 1 vol. gr. in-8°. La 2me partie de la deuxième et de la troisième édition de ce livre forme un volume gr. in-8°, et concerne l'harmonie. On a aussi de M. Jue : *Solfége méloplastique*, Paris, chez l'auteur, 1826, 1 vol gr. in-8°; et *Tableau synoptique des principes de la musique*, une feuille format grand-aigle, Paris; 1830. En 1827, M. Jue s'est rendu à Londres et y a fait des cours de musique par la méthode du méloplaste et de la notation *monogammique;* mais ce système d'enseignement n'y a point obtenu de succès.

JUILLET (...), acteur de l'Opéra-Comique, au théâtre Feydeau de Paris, naquit dans cette ville en 1755. Il fut d'abord soldat, puis cuisinier; mais son goût l'entraînait vers le théâtre. Après avoir joué la comédie dans plusieurs villes de province, il revint à Paris et débuta en 1790 au théâtre comique et lyrique de la rue de Bondi, dans *Nicodème dans la lune*, de Cousin-Jacques, où il attira la foule pendant plus de cent représentations; mais il ne resta qu'une année sur cette scène, ayant été engagé en 1791 pour les opéras français du théâtre de Monsieur. Il était médiocre chanteur, mais il possédait une assez bonne voix de basse, et il était acteur excellent. Ses meilleurs rôles furent ceux du jardinier dans les *Visitandines*, de Devienne, de l'invalide, dans *l'Amour filial* de Gaveaux; de Thomas, dans le *Traité nul*, du même compositeur, et surtout du porteur d'eau, dans *les deux Journées*, de Cherubini, et de Georges, dans *Ma tante Aurore*, de Boieldieu. Devenu sociétaire de l'Opéra-Comique, en 1801, il ne se retira qu'en 1821, et mourut d'apoplexie, le 30 mai 1825.

Juillet eut un fils, acteur d'opéra-comique comme lui, dont l'organe vocal avait une analogie singulière avec celui de son père, mais qui n'avait d'autre talent que d'imiter son jeu dans les mêmes rôles. Après avoir été attaché à l'Opéra-Comique pendant plusieurs années, il joua au grand théâtre de Bruxelles dans le même emploi.

JULES DE RIEZ (Julius Regiensis), musicien provençal (1) qui vécut dans la première moitié du seizième siècle, n'est connu que par deux chansons françaises à quatre voix qui se trouvent dans le recueil publié par Sigismond Salblinger, sous ce titre : *Selectissimæ nec non familiarissimæ cantiones ultra centum vario*

(1) *Civitas Regiensium*, Riez, ville du département actuel des Basses-Alpes.

idiomate vocum, tam multiplicium quam etiam paucarum, Fugæ quoque ut vocantur, a sex usque ad duas voces : singulæ tum artificiosæ, tum etiam miræ jucunditatis. Augustæ Vindelicorum, Melchior Kriesstein excudebat. Anno Domini 1540, petit in-4° obl.

JULIA DE FONTENELLE (J.-S.-E.), habile et laborieux chimiste, né à Narbonne, le 29 octobre 1780, étudia la médecine à Montpellier, puis se rendit à Paris, où la pharmacie devint l'objet de ses travaux. En 1823, pendant la guerre d'Espagne, il a été nommé médecin en chef de l'hôpital général de l'armée de Catalogne. Il a publié : *Des effets de la castration sur le corps humain, traduit de l'italien* (de Mojon), Paris, 1805, in-8°.

JULIEN (Pierre), musicien français du seizième siècle, naquit à Carpentras. On a de lui un traité élémentaire intitulé : *Le vrai chemin pour apprendre à chanter toute sorte de musique*; Lyon, 1570, in-8°.

JULIEN (G.), organiste de la cathédrale de Chartres, vers la fin du dix-septième siècle, a fait graver un livre d'orgue sur les huit tons de l'église; à Paris, chez le facteur d'orgues Lesdop.

JULIEN (N.), violoncelliste de la Comédie italienne, a fait graver à Paris, en 1780, sous le nom de *Julien aîné*, un recueil d'ariettes d'opéra-comique pour deux violoncelles.

JULIEN. *Voy.* **CLARCHIES** (Louis-Julien).

JULIEN (Louis-Antoine), conformément à l'acte de naissance, et non JULLIEN, suivant l'orthographe adoptée par lui-même, naquit à Sisteron (Basses-Alpes), le 23 avril 1812. Son père était musicien de régiment : il lui apprit à jouer de la flûte et de plusieurs autres instruments, et le jeune Julien, élevé, comme *enfant de troupe*, dans une caserne, commença sa carrière par la position de *petite flûte* dans la musique du régiment où servait son père. A l'âge de vingt et un ans, il se rendit à Paris, et se présenta au Conservatoire pour y faire des études de composition. Il y fut admis le 26 octobre 1833, et entra dans une classe préparatoire de contrepoint, où il reçut des leçons de M. Adolphe Lecarpentier. Ne comprenant pas l'utilité des études élémentaires qu'on lui faisait faire, il demanda l'autorisation de suivre le cours d'Halévy, et il y entra le 16 décembre 1834 ; mais il y retrouva encore le terrible *contrepoint*, dont le nom seul lui donnait des vertiges. *Je suis venu ici pour apprendre la composition*, disait-il, *et non pas le contrepoint*. On lui répondait : *Attendez : cela viendra ;* mais attendre n'était pas ce qu'il voulait. Au lieu d'exercices sur les cinq espèces et sur les renversements à l'octave et à la douzième, il apportait à Halévy des contredanses, des galops et des valses (la polka n'avait pas encore pénétré en France), et le maître finit par ne plus s'occuper de lui. Julien fréquenta ainsi le cours jusqu'au commencement de 1836 ; puis il n'y revint plus. Il disparaît des contrôles le 1er mai de cette année. Il venait de proposer à l'entrepreneur du *Jardin Turc* (boulevard du Temple) d'y établir des concerts de contredanses pour toutes les soirées d'été : son projet avait été goûté, et il s'était mis immédiatement à l'œuvre. Bientôt tout Paris courut à ces concerts de danse : ce fut une véritable folie. Rien ne peut mieux faire comprendre le charlatanisme des moyens employés par Julien pour attirer la foule au Jardin Turc, que ce passage d'un des journaux de cette époque : « La foule se presse aux con« certs du Jardin Turc pour entendre un nouveau « quadrille de M. Julien, sur les principaux mo« tifs des *Huguenots*. Il semble que le nom de « ce chef-d'œuvre soit un talisman qui doive « infailliblement porter avec lui la vogue. Disons, « au reste, que M. Julien, en homme habile, a eu « l'art de remplacer en quelque sorte le pres« tige de la scène, en combinant des effets de « surprise dont l'impression est un mélange de « plaisir et de frayeur. Au moment où le public « se laisse délicieusement bercer par les ravis« santes mélodies des premiers actes, tout à « coup, à la cinquième figure du quadrille, bour« donne le son lugubre des cloches, accompagnant « le beau choral ; puis, pour figurer aux yeux « comme aux oreilles, le massacre des protes« tants, le kiosque, les pavillons, les arbres, « tout s'embrase en même temps d'un rapide « incendie, dont les lueurs prennent successive« ment des couleurs différentes, tandis qu'on « entend la mousqueterie retentir de toutes « parts. Les amateurs étonnés et enchantés à la « fois redemandent à grands cris ce magique qua« drille, et chaque soir M. Julien le répète à la « fin du concert. » Voilà Julien ; le voilà tel qu'il a été pendant toute sa vie : fécond en idées ingénieuses ou extravagantes ; audacieux, plein de confiance en lui-même et de mépris pour le public dont il sut flatter les goûts. Au fond, artiste pourtant ; aimant le beau et le sentant, mais l'aimant pour en jouir lui-même, et sachant qu'il ne s'agit pas de cela avec les masses populaires. Il m'a dit maintes fois qu'il avait acquis par expérience la conviction qu'il ne faut pour un public nombreux que des effets d'étonnement et d'entraînement.

Julien n'avait que vingt-quatre ans lorsqu'il débutait ainsi qu'on vient de le voir. Son nom était devenu populaire en peu de temps. Malheureusement les affaires les plus brillantes ne sont pas toujours les plus solides. Dans les entreprises comme celle qu'il avait faite au Jardin Turc, les dépenses sont souvent plus considérables que les recettes : ce fut en effet ce qui advint de la sienne; car on lit dans une Gazette judiciaire du mois de juin 1838 : « Le chef d'orchestre du Jardin Turc, « Julien, vient d'obtenir des tribunaux le béné- « fice d'une cession de biens devenue indispen- « sable pour le soustraire à d'impitoyables créan- « ciers, qui voulaient le loger avec son violon « dans la rue de Clichy (1). Julien a intéressé « les juges et l'auditoire par le récit naïf de ses « désastres financiers, dont l'origine est la créa- « tion d'un journal de musique. » Échappé au danger de perdre sa liberté, mais ne possédant plus que son talent de compositeur de danses et son énergie, Julien comprit que l'Angleterre était le pays qui lui offrait les chances les plus favorables, et il alla s'y établir dans cette même année 1838. Il y passa vingt ans dans une alternative de bonne et de mauvaise fortune; mais il y jouit d'une popularité dont il n'y avait point eu d'exemple auparavant, et qui jamais ne fut compromise. Son activité productrice tenait du prodige; car les quadrilles, valses et polkas qu'il écrivit pour son orchestre se comptent par milliers. Ses *Concerts promenades*, dont le prix d'entrée n'était que d'un shelling, étaient assiégés par une foule compacte chaque soir. Il composait son orchestre des meilleurs artistes; on y vit aux pupitres de premiers violons Vieuxtemps, Sivori, Sainton, et les plus grandes célébrités, au nombre desquelles on remarque Mme Pleyel, s'y firent entendre. Intelligent et ferme, il donnait de l'entrain à l'exécution. S'il n'avait pas dans son sentiment certaine finesse, qui est autant le fruit d'une éducation bien faite que de l'organisation, il rachetait ce qui lui manquait sous ce rapport par la verve et l'art d'enlever le public. Hardi, téméraire même dans ses entreprises, il ne reculait devant aucune difficulté. On le vit pendant plusieurs années parcourir toute l'Angleterre, l'Écosse et l'Irlande, avec tout son orchestre et ses solistes, s'arrêtant le matin dans une ville pour y donner un concert : se remettant en route deux heures après, avec tout son personnel et allant donner à cent milles de là un autre concert dans la soirée du même jour. Il osa même entreprendre le voyage de l'Amérique avec tout son orchestre et sut par son activité, par ses immenses bénéfices, couvrir les dépenses énormes d'une telle spéculation.

(1) C'est dans cette rue qu'est la prison pour dettes.

Julien avait fondé à Londres une maison de commerce de musique, qui lui fournissait chaque année des bénéfices considérables, par la vente de ses quadrilles, valses et polkas. La fortune le conduisait par la main : malheureusement elle aveugle souvent ceux qu'elle semble ainsi favoriser. Il vint un jour dans la tête de Julien que la composition des airs de danse ne peut donner qu'une célébrité momentanée, et qu'on ne peut aller à la postérité que par la composition des œuvres dramatiques : il résolut de se livrer à ce genre de travail. Ce fut à cette occasion que je le revis. Il m'avait visité plusieurs fois à Bruxelles et à Londres; mais dans cette circonstance l'objet de notre entrevue fut sérieux : il venait me demander des leçons de composition. « Je « n'en donne, lui dis-je, qu'aux élèves du Con- « servatoire, parce que mes occupations sont « multipliées à l'excès. D'ailleurs, vous-même, « dans votre situation, n'auriez pas le temps de « suivre un cours régulier. — Aussi n'est-ce pas « un cours que je viens vous demander, mais « des conseils sur le caractère et la coupe des « morceaux d'un opéra, sur l'instrumentation, « et sur les formules pour des modulations inat- « tendues; car c'est un opéra que je veux faire. — « Quelle idée! — Que voulez-vous? Je m'y sens « entraîné. — Eh bien! venez : quand je serai « libre, nous causerons; quand je ne le serai « pas, je vous le dirai, et vous vous en irez. » Il vint en effet, dix ou douze fois dans l'espace d'un mois, et je lui expliquai le mécanisme et les effets de certains procédés de l'art d'écrire. Je fus frappé de la portée de son intelligence et de sa facilité à comprendre les applications de ce que je lui enseignais en théorie. Il partit, et environ un an après, j'appris qu'il avait fait la ruineuse entreprise d'un théâtre d'opéra parce qu'on n'avait pas accueilli le drame musical de *Pietro il Grande*, dont il avait écrit la partition. Il eut donc la satisfaction de faire jouer cet ouvrage énorme en cinq actes, dans la saison de 1852; mais il perdit à son entreprise environ *seize mille livres sterling;* sa position en fut compromise, et il dut vendre sa maison de commerce de musique. Je le revis après cet échec : son courage n'était pas ébranlé; il avait l'espoir de réparer ses pertes. Redoublant d'activité, il parvint en effet à augmenter la vogue de ses concerts : ses bénéfices furent considérables, et de leur produit il acheta même une propriété en Belgique; mais les dernières années furent désastreuses, et la part qu'il prit dans une entreprise de fêtes et de concerts à *Surrey-Garden* acheva de le ruiner. Poursuivi par ses créanciers, il fut arrêté à Paris et enfermé à la prison pour delles. Rendu à la liberté après quelques mois de détention, il espéra se relever encore par de nouveaux efforts; mais la crise avait été trop forte. Le 21 février 1860, il donna les premiers signes d'aliénation mentale; le lendemain la perte de sa raison était complète; il se frappa de deux coups de couteau, et l'on dut le transporter dans une maison de santé, où il expira, le 14 mars suivant.

Il y avait en Julien quelque chose de plus qu'un compositeur de danses; car, nonobstant les défauts qui se font remarquer dans sa partition de *Pietro il Grande*, on y voit briller des inspirations soudaines, qui prouvent qu'avec une éducation mieux faite dans la jeunesse, il aurait pu se faire un nom distingué parmi les compositeurs dramatiques. Dans ses ouvrages pour la danse, il n'a ni l'originalité de Strauss, ni l'élégance de Lanner; mais il a plus d'entrain et plus d'effet de rhythme.

JULIEN (HENRI DE **SAINT-**), conseiller du ministère de la guerre, et compositeur amateur, à Carlsruhe, naquit à Manheim, le 6 janvier 1801. Il apprit les éléments de la musique dès ses premières années. Après qu'il eut terminé ses études littéraires, il alla se fixer à Carlsruhe, et y devint l'ami de Fesca, qui le dirigea dans l'étude de la composition. En 1826, il fonda dans cette ville une société de chant en chœur dont il eut la direction. Ayant fait un voyage à Paris, en 1829, il y eut des relations amicales avec Boieldieu, Cherubini, Victor Hugo, et plusieurs autres hommes de talent dans les arts et la littérature. Musicien distingué, il s'est fait connaître en Allemagne par ses *Lieder* à voix seule avec accompagnement de piano et ses chants pour quatre voix d'hommes. Il s'est aussi fait remarquer comme écrivain sur la musique par des morceaux de critique qu'il a fait insérer dans plusieurs écrits périodiques. Cet homme de mérite est mort à Carlsruhe, le 13 novembre 1844, à la fleur de l'âge. Ses ouvrages publiés sont : 1° Six *Lieder* à voix seule avec piano; Carlsruhe, 1827. — 2° Six *idem*, publiés à Augsbourg. — 3° Six chansons allemandes avec piano, op. 5, Carlsruhe, 1829. — 4° Six idem, op. 6, ibid., 1838. — 5° *Poëmes lyriques* à voix seule avec piano, op. 7, ibid., 1839. — 6° Douze chants pour 4 voix d'homme, ibid. — 7° Trois quatuors pour 2 violons, alto et basse; Paris, 1830.

JULLIEN (MARCEL-BERNARD), grammairien et littérateur, est né à Paris, le 2 février 1798. Docteur ès lettres, et licencié ès sciences, il a été proviseur de collége et secrétaire général de la Société des Méthodes d'enseignement. Les travaux de M. Jullien concernant la grammaire et la littérature proprement dite n'ayant pas de rapport avec l'objet de cette Biographie, il n'est cité ici que pour ses ouvrages relatifs à la musique. Le premier de ces ouvrages a pour titre : *De quelques points des sciences dans l'antiquité (Physique, métrique, musique)*; Paris, L. Hachette, 1854, un volume in-8° de 512 pages. Les premières pièces contenues dans ce volume (*Thesis de Physica Aristotelis*, *Le curé de Varengeville*, *La grandeur du monde et des astres*, *L'hôtel de Condé*) concernent spécialement la Physique d'Aristote et celle de Descartes; mais les morceaux sur *La quantité prosodique chez les anciens*, *l'Arsis et la Thésis dans les langues anciennes*, *l'Harmonie essentielle des vers anciens*, *les vers saturniens*, *La voix selon les anciens*, et enfin la *dissertation sur la musique ancienne*, ont un intérêt important pour l'histoire de la musique chez les Grecs et les Romains. M. Jullien y attaque sans ménagement certaines idées, certains préjugés des érudits sur ces matières; son style est tranchant, et parfois ses propositions sont trop absolues; mais lorsqu'il établit que les règles de la métrique sont incompatibles avec la mesure et le rhythme de la musique, et que les peuples de l'antiquité n'ont récité ni chanté leurs vers conformément à ces règles, il est dans le vrai. Il l'est aussi, lorsqu'il pose en principe que la justesse mathématique des intervalles des sons n'a pas été plus la règle des intonations chez les anciens qu'elle ne l'est dans la musique moderne : il l'est lorsqu'il dénie aux Grecs et aux Romains la connaissance et l'usage de l'harmonie de la musique moderne; il l'est, enfin, lorsqu'il démontre par la terminologie des sons, par les défauts de la notation grecque, par les imperfections de leurs instruments, et par d'autres considérations importantes, que loin d'avoir l'excellence qui lui a été attribuée par les érudits, la musique des anciens fut un art dans l'enfance. Une ardente polémique suivit la publication du livre de M. Jullien, entre M. Vincent (*voy.* ce nom) et lui. Suivant sa méthode habituelle, M. Vincent transforma des questions de doctrine et d'histoire en intérêts d'amour-propre; suivant sa méthode habituelle, il injuria beaucoup son adversaire dans ses pamphlets et dans ses articles de journaux; suivant cette même méthode, il dénatura les faits et les idées de M. Jullien, en déchiquetant son livre, séparant les phrases, pour leur donner des interprétations dans son sens, et pour y chercher des contradictions sans réalité; gardant du reste le silence sur les autorités par lesquelles M. Jullien avait appuyé ses raisonnements. Celui-ci répondit avec dignité et force de raison dans un écrit intitulé *Polémique sur quelques points de métrique ancienne*, dont la première partie parut en 1854, et l'autre dans l'année suivante (Paris, imprimerie Panckoucke, in-12).

Le dernier volume publié par M. Jullien sur ces questions a pour titre : *Thèses supplémentaires de métrique et de musique anciennes, de grammaire et de littérature*; Paris, Hachette, 1861, in-8° de 481 pages. L'auteur y discute avec une connaissance profonde de la nature des choses, une érudition solide, enfin, avec une force de logique irrésistible, les arguments présentés par M. Vincent dans la polémique soulevée à l'occasion de la métrique et de la musique des anciens, les met au néant, et porte à son adversaire des coups dont celui-ci ne se relèvera pas dans l'opinion publique. Tout l'avantage de cette discussion est resté à M. Jullien. (*Voy.* VINCENT.)

JULLIEN (LOUIS-ANTOINE), compositeur : *Voyez* JULIEN.

JUMENTIER (BERNARD), né à Lèves, près de Chartres, le 24 mars 1749, fut destiné par ses parents à l'état ecclésiastique, et entra jeune au séminaire de cette ville pour y faire ses études; mais rien ne put le décider à prendre les ordres, et d'après ses vœux constants, il fut placé sous la direction de Delalande, maître de chapelle de la cathédrale de Chartres, qui lui enseigna la musique et l'harmonie. En 1773, il obtint, à l'âge de vingt-quatre ans, la maîtrise de Saint-Malo; mais il ne garda ce poste que peu de temps, car en 1776 il était maître de musique à l'église de Coutances, lorsqu'il fut appelé vers la fin de la même année au chapitre royal de Saint-Quentin, pour y remplir les fonctions de maître de chapelle. Il a gardé cette place jusqu'à sa mort, et a cessé de vivre à l'âge de près de quatre-vingt et un ans, le 17 décembre 1829. Vers 1788 il avait fait entendre à la chapelle de Louis XVI, à Versailles, et à l'église cathédrale de Paris, des messes qui furent estimées, et qui l'auraient vraisemblablement conduit à une des places de surintendant de la musique du roi, si la Révolution n'eût éclaté. Aucune de ses compositions n'a été publiée, mais il existe des copies manuscrites de quelques-unes des principales à la bibliothèque du Conservatoire de musique de Paris. Tous ses manuscrits originaux ont été légués par lui à la bibliothèque publique de Saint-Quentin. Le 21 novembre 1812, une messe de Jumentier (en *sol* majeur) a été exécutée à l'église Saint-Eustache de Paris, et a mérité l'approbation des artistes. Dans la liste de ses ouvrages, on trouve : 1° Cinq messes solennelles à 4 voix, chœur et orchestre. — 2° Cinq messes solennelles à 3 voix, chœur et orchestre. — 3° Une messe brève à 4 voix, chœur et orchestre (en *ré* majeur). — 4° Messe de *requiem* à 4 voix, idem. — 5° *Te Deum* à 3 voix, chœur et orchestre (en *ut* majeur). — 6° Deux *Te Deum* à 4 voix, idem. — 7° Huit *Magnificat* à 2, 3 ou 4 voix, chœur et orchestre. — 8° Soixante-quatre motets pour une, deux, trois et quatre voix, avec orchestre. — 9° Trois *De profundis*, idem. — 10° Le psaume 116 à 2 voix, chœur et orchestre. — 11° Le psaume 28 pour voix de basse, chœur et orchestre. — 12° Leçons des ténèbres à 4 voix, chœur et orchestre. — 13° *Cantique de Débora*, pour voix de baryton, idem. — 14° Dix *O Salutaris* à 1, 2, 3 et 4 voix. — 15° *Pater noster* à 3 voix, chœur et orchestre. — 16° Six *Domine salvum fac regem*, à 1, 2, 3 et 4 voix, idem. — 17° Cinq oratorios, idem. — 18° Plusieurs *Rorate cœli*, *Regina cœli*, et autres antiennes. — 19° *Stabat Mater* à 4 voix, chœur et orchestre. — 20° Trois symphonies à grand orchestre. — 21° *Chloris et Médor*, opéra historique en un acte (13 décembre 1793). — 22° Petit traité du chant sur le livre (terminé en 1783), in-fol. de 27 pages.

JUMILHAC (DOM PIERRE-BENOIT DE), bénédictin de la congrégation de Saint-Maur, naquit en 1611, au château de Saint-Jean-de-Ligour, dans le Limousin, d'une famille noble qui subsiste encore. En 1630 il fit profession au monastère de Saint-Remi de Reims. Son mérite et ses qualités morales le conduisirent successivement aux premiers emplois de son ordre. Il mourut à l'abbaye Saint-Germain-des-Prés, le 22 mars 1682, à l'âge de soixante-onze ans. On a de ce religieux un livre rempli d'érudition et de recherches curieuses, malgré quelques erreurs, intitulé : *La Science et la Pratique du plain-chant, où tout ce qui appartient à la pratique est établi par les principes de la science, et confirmé par le témoignage des anciens philosophes, des Pères de l'Église, et des plus illustres musiciens; entre autres de Guy Arétin et de Jean des Murs. Par un religieux bénédictin de la congrégation de Saint-Maur*; Paris, Louis Bilaine, 1673, in-4°. Forkel et Lichtental, qui l'a copié, ont donné dans leurs bibliographies de la musique un titre différent à ce livre, d'après l'*Histoire de l'abbaye royale Saint-Germain-des-Prés* du P. Bouillart : voici ce titre : *La Science et la Pratique du plain-chant, par un religieux de la congrégation de Saint-Maur*, *imprimé* *par les soins de Dom Benoît de Jumilhac*; Paris, 1672, in-4°. Il n'y a certainement pas eu deux éditions du livre dont il s'agit dans l'espace d'une année; il est aussi peu vraisemblable que le titre de l'ouvrage ait été changé en si peu de temps. Le P. Le Cerf de la Viéville indique l'année 1677 comme celle de l'impression du même ouvrage (*Biblioth. histor. et crit. des auteurs de la Congrégation de Saint-Maur*, p. 184); c'est évidemment une erreur, ou une faute d'impression. Le P. Bouillart assure que le P. Jumilhac n'a été que l'éditeur de *La Science et la Pratique du plain-chant*, et que le véritable auteur de ce livre est le P. Jacques Le Clerc, bénédictin de la Congrégation de Saint-Maur, qui mourut à Saint-Pierre de Melun, le 1er janvier 1679. Ni la préface, ni le privilége, qui est accordé au P. général des bénédictins, ne mentionnent ce fait. Le privilége semble même le contredire, car le P. Jumilhac fut adjoint au général de son ordre et en remplit les fonctions, comme on le voit dans les ouvrages des PP. Le Cerf, Martenne et Tassin; en sorte qu'il paraît certain que ce fut lui qui demanda et obtint le privilége. Le premier de ces auteurs dit : *Il y en a qui prétendent qu'il* (le P. Jumilhac) *a seulement dirigé l'impression de cet ouvrage, et que D. Jacques Le Clerc en est l'auteur* (loc. cit.). Le P. Martenne, contemporain du P. Jumilhac, et qui l'a connu à l'abbaye de Saint-Germain-des-Prés, lui a restitué la propriété du livre dont il s'agit, dans son *Histoire* (manuscrite) *de la congrégation de Saint-Maur*, et le P. Tassin a suivi son opinion dans l'*Histoire littéraire de la congrégation de Saint-Maur* (Paris, 1770, in-4°).

La Science et la Pratique du plain-chant, dont la rareté était excessive avant que MM. Nisard et Leclerc (*voy.* ces noms) en eussent donné une nouvelle édition, est divisée en huit parties. La première n'est en quelque sorte que préliminaire, et traite d'objets accessoires de la science du chant de l'église. La seconde, divisée en quatorze chapitres, est relative aux sons, aux intervalles, aux gammes et aux muances. Dans la troisième, il est traité de la durée des sons et des signes de leur mesure. La quatrième, divisée en onze chapitres, est consacrée à l'exposition des tons et à la transposition. La cinquième, très-courte, est relative aux cadences et aux pauses. La sixième traite de la pratique du chant et de la solmisation. La septième renferme les notes et les autorités citées dans les six premières parties. Enfin, dans la huitième, on trouve les exemples notés de tout ce qui est enseigné dans le corps de l'ouvrage. Les nombreux passages d'auteurs anciens rapportés dans la septième partie, ajoutent beaucoup de prix à cet ouvrage.

JUNG (....), *cantor* à Charlottembourg, près de Berlin, a donné, dans l'écrit périodique intitulé *Eutonia* (1830, t. IV, pag. 118-129), un morceau critique sur les nouvelles mélodies chorales.

JUNGBAUER (Ferdinand-Célestin), né le 6 juillet 1747, à Grieteradorf, dans la forêt dite de *Bavière*, entra fort jeune dans l'ordre des bénédictins, au couvent de Bas-Altaich, et y reçut une éducation scientifique et musicale. Ses heureuses dispositions pour la composition se firent bientôt distinguer par les morceaux de musique d'église qu'il écrivit pour son monastère; mais c'est surtout après la suppression de celui-ci qu'il fit remarquer son talent, pendant qu'il était professeur au gymnase de Bamberg. Il devint ensuite curé à Gross-Mehring, où il est mort, en 1818. On connaît de sa composition : 1° Six messes allemandes à une voix, avec accompagnement d'orgue, à l'usage des églises de la campagne; Straubing, Heigl. — 2° Trois litanies à 4 voix, orgue et deux cors, sur des textes allemands; ibid. — 3° Cantiques à une voix avec orgue, à l'usage des églises de la campagne; ibid. — 4° *Miserere* sur la traduction allemande de Mendelssohn, à 4 voix, orgue et 2 cors; ibid. — 5° *Stabat Mater* sur la traduction allemande de Wieland, à 4 voix, orgue, 2 cors et basson; ibid. — 6° Vêpres allemandes à voix seule et orgue; ibid. — 7° Idem à 3 voix, orgue et 2 cors, n°s 1, 2 et 3; ibid. — 8° *Te Deum* allemand, à 2 voix et orgue; Landshut, Krull. La musique de Jungbauer se distingue moins par une grande habileté dans l'art d'écrire que par une expression tendre et religieuse.

JUNGE (Joachim), en latin *Jungius*, philosophe et mathématicien, naquit à Lubeck, en 1587. Après avoir fait ses études à Rostock, il se rendit à Giesen, où il fut nommé professeur de mathématiques, en 1609; mais bientôt, s'apercevant que les soins qu'il donnait à ses élèves le détournaient de ses études particulières, il se démit de son emploi en 1614, et après avoir passé un an à Augsbourg il retourna à Rostock, où il s'adonna à l'étude de la médecine. En 1618, il se rendit en Italie et profita de son séjour à Padoue pour y prendre ses degrés en médecine. De retour à Rostock, il conçut le projet de s'y fixer et d'y établir une société pour l'avancement des sciences naturelles; mais l'ignorance et l'envie lui suscitèrent tant de tracasseries, qu'il finit par s'éloigner de cette ville; il se rendit à Hambourg pour y occuper la place de recteur de l'école de Saint-Jean, et plusieurs autres emplois. Il mourut d'apoplexie, le 23 septembre 1657. Au nombre des ouvrages de ce savant, on en trouve un intitulé : *Harmonica theoretica, compendiosissima et optima sonorum proportiones demonstrans*, etc.; Hambourg, 1678 et 1679, in-4°. C'est une deuxième édition; j'ignore la date de la première.

JUNGE (Christophe), excellent facteur d'orgues allemand, est plus connu par ses ouvrages que par les circonstances de sa vie. En 1675, il se rendit de la Lusace à Sondershausen pour y construire un très-bon orgue de 31 jeux, avec deux claviers et pédale, dans l'église de la Trinité. Cet ouvrage se faisait remarquer par sa bonne qualité, et par des porte-vent à soupape qui servaient à modifier la force du son. En 1680, il construisit dans l'église Saint-Pierre-et-Saint-Paul de Weimar un bon orgue de 27 jeux. De là il se rendit à Erfurt, où il fit l'orgue de la cathédrale, composé de 28 jeux, deux claviers et pédale, avec deux porte-vents à soupape; mais il mourut en 1683, avant d'avoir achevé cet ouvrage.

JUNGERSEN (Jean-Christophe), facteur de pianos, pianiste et musicien instruit, naquit à Schleswig, vers 1754. Dans sa jeunesse il était boulanger, et l'on assure même qu'il continua cette profession jusqu'à l'âge de trente ans; mais tout à coup il changea d'état, et fonda une fabrique d'instruments de musique. Cependant il paraît certain qu'il s'était occupé depuis longtemps de la musique à ses heures de loisir, et qu'il avait appris les éléments de la construction des pianos. L'établissement de sa fabrique à Schleswig date de 1780. Il ne tarda point à se faire connaître avantageusement par la bonne qualité de ses instruments; plusieurs bons pianos sortirent de ses ateliers; il inventa aussi un grand clavecin, qu'il appela *Clavecin royal*, et dont les sons pouvaient être modifiés de douze manières différentes. Jungersen a publié dans la Gazette musicale de Leipsick (ann. 1803, p. 699 et suiv.) un bon article sur la facture des pianos. Il est mort à Schleswig, vers 1815.

JUNGHANS (J.-A.), organiste à Arnstadt, dans la principauté de Schwarzbourg, né vers 1745, s'est fait connaître avantageusement par quelques compositions pour le piano, dont il a été répandu des copies manuscrites, mais qui n'ont pas été imprimées.

JUNGHANS (C.-G.), pianiste et professeur de musique à Vienne, a publié des danses allemandes pour le piano, et une méthode pour apprendre à jouer de cet instrument, intitulée *Theoretisch-praktische Piano-forte Schule*; Vienne, Diabelli, in-4°.

JUNGNICKEL (...), organiste allemand du dix-septième siècle, n'est connu que par un livre de fugues pour l'orgue avec pédale, intitulé : *Fugen in Pedal und Manual durch alle Tonos zu tractiren*; Francfort, 1676.

JUNGWIRTH (Antoine), né le 17 janvier 1756, à Munich, y étudia les éléments de la musique. Il se rendit ensuite au monastère de Benedictbaiern comme enfant de chœur, et y fit ses études. Après avoir terminé son cours de philosophie, il entra dans l'ordre des Augustins; mais il en sortit avant d'avoir achevé son noviciat, et prit l'habit d'abbé séculier. En 1796, il fut nommé directeur du chœur à l'église paroissiale de Saint-Pierre de Munich, pour laquelle il écrivit des messes, des vêpres et des motets, qui sont restés en manuscrit.

JUNKER (Charles-Louis), né à Œhringen, vers 1740, fut destiné dès son enfance à l'état ecclésiastique, et étudia la théologie. Lorsque ses cours eurent été terminés, il remplit pendant quelques années les fonctions de précepteur dans une famille en Suisse. En 1778 il obtint sa nomination de professeur de philosophie et de belles-lettres à Heidesheim, dans le comté de Leiningen; puis, en 1779, il fut nommé chapelain de la cour à Kirchberg. Dix ans après, il alla à Dettingen en qualité de pasteur. En 1793 il occupait un poste semblable à Landsiedel, près de Kirchberg; enfin, en 1795 il devint pasteur à Rupertshoven, où il mourut, le 30 mai 1797. Junker avait acquis des connaissances profondes dans les sciences et dans la musique. Il s'est fait connaître comme compositeur et comme écrivain sur la musique. Ses principaux ouvrages pratiques consistent en trois concertos pour piano avec orchestre, dont le troisième a été publié à Darmstadt, en 1794; la cantate de *la Nuit*, avec violon et violoncelle, et le mélodrame *Geneviève dans la tour*; composé en 1790. Parmi ses écrits, on remarque : 1° *Zwanzig Komponisten, eine Skizze* (Esquisse biographique sur vingt compositeurs); Berne, 1776, in-8° de 109 pages. Les compositeurs sur qui l'on trouve des renseignements dans ce recueil sont Abel, C.-P.-E. Bach, Jean-Chrét. Bach, Boccherini, Cannabich, Cramer, Ditters, Eichner, Fraenzl, Grétry, J. Haydn, Giordani, Kammel, Philidor, Pugnani, Stamitz, Schmidtbauer, Schobert, Toeschi et Vanhall. Une deuxième édition de cet ouvrage a paru en 1790, sous le titre de *Portefeuille pour les amateurs de musique* (Portfeuille für Musikliebhaber); Junker y ajouta une dissertation sur l'esthétique de la musique. — 2° *Tonkunst* (Musique); Berne, 1777, in-8° de xxxii et 119 pages. Les 82 premières pages de cet écrit traitent de l'origine de la musique, puis on trouve six pages sur la musique d'église, et le reste de l'ouvrage est relatif à l'opéra. L'auteur y a mis à contribution les idées de l'abbé Batteux, de Scheibe, de Sulzer, d'Algarotti et de Reichardt. — 3° *Betrachtungen über Malerey, Ton-und Bildhauerkunst* (Observations sur la peinture, la musique et la sculpture); Bâle, 1778, in-8° de 190 pages. Ce qui concerne la musique est contenu dans les pages 63 à 123. C'est une traduction presque littérale de l'ouvrage de Chabanon (*voy.* ce nom). — 4° *Einige der vornehmsten Pflichten eines Kapellmeisters oder Musik Directors* (Quelques-uns des devoirs principaux d'un maître de chapelle ou directeur de musique); Winterthur, Steiner, 1782, in-8° de 48 pages. Forkel a publié une critique de cet opuscule dans son Almanach musical pour l'année 1784, p. 4. — 5° *Ueber den Werth der Tonkunst* (Sur la puissance de la musique); Bayreuth et Leipsick, 1786, in-8° de 174 pages. Il a été fait une deuxième édition de cet écrit à Leipsick, en 1813, in-8°. — 6° *Musikalischer Almanach auf das Jahr* 1782 (Almanach musical pour l'année 1782), Alethinopel, in-8°, 116 pages. — 7° *Musikalischer und Künstler Almanach auf das Jahr* 1783 (Almanach musical et artistique pour l'année 1783), Cosmopolis, 1783, in-8°. — 8° *Musikalischer Almanach auf das Jahr* 1784 (Almanach musical pour l'année 1784); Freyberg, in-8°. Junker a aussi fourni quelques articles concernant la musique aux *Mélanges artistiques* et au *Muséum des Artistes* de Meusel, à la Gazette musicale de Spire (1789), et à la Correspondance musicale de la Société philharmonique; enfin, il a donné une notice sur ses propres travaux, intitulée: *Die musikalischen Geschichte eines autodidactos in der Musik*, dans le Répertoire de littérature du Wurtemberg, ann. 1783, p. 3 et suiv., n° 4.

JUPIN (Charles-François), violoniste et compositeur, naquit à Chambéry, le 30 novembre 1805. Il n'était âgé que de deux ans lorsque sa famille alla s'établir à Turin. Son nom de famille était *Louvet*. Après l'assassinat du duc de Berry, la rumeur publique désigna à tort cette famille comme alliée à l'assassin : elle quitta Turin, et prit le nom de *Jupin*, qui était celui de la mère de l'artiste dont il s'agit. A l'âge de huit ans il reçut des leçons de violon d'un vieux musicien nommé Monticelli, et devint ensuite élève de Giorgis, premier violon du théâtre du prince de Carignan. A peine arrivé à sa douzième année il exécuta à ce théâtre un concerto de Rode, et les applaudissements qu'il y reçut engagèrent son père à le conduire à Paris; mais le peu de bien que possédait sa famille l'obligea à donner des concerts pour faire face aux frais du voyage. Arrivé à Chaumont-sur-Marne, le jeune Jupin y fut accueilli avec bienveillance par M. de Boucheporn, receveur général du département et amateur passionné de musique, qui lui donna une lettre de recommandation pour Baillot, son ami d'enfance. Baillot fit entrer le jeune artiste au Conservatoire, et lui prodigua ses soins. En 1823 Jupin obtint le premier prix de violon aux concours, en partage avec un autre élève de Baillot, nommé *Philippe*, qui mourut peu de temps après. L'année suivante, Jupin joua avec son maître une symphonie concertante de celui-ci, aux concerts de l'Opéra. Lorsque le théâtre de l'Odéon fut organisé, il y entra comme violon solo, et après avoir rempli ces fonctions pendant un an et demi, il quitta Paris, le 2 décembre 1825, dans le dessein de voyager. Arrivé à Turin, il y reçut une lettre du maire de Strasbourg, qui, sur la recommandation de Baillot, lui offrait une place de professeur de violon et de chef d'orchestre dans cette ville; il accepta et prit possession de ses fonctions au commencement de l'année 1826. Il a pris depuis lors une part active à l'organisation des fêtes musicales de l'Alsace, qu'il a dirigées avec talent. Jupin a fait représenter à Strasbourg, le 12 novembre 1834, *La Vengeance italienne, ou le Français à Florence*, opéra-comique en 2 actes, arrangé d'après un vaudeville de Scribe. La première représentation fut écoutée avec calme; mais la seconde fut sifflée, à cause du sujet de la pièce, où un officier français est mystifié et bafoué par des Italiens. Il y avait de bonnes choses dans la musique de cet ouvrage. La clôture du théâtre de Strasbourg, en 1835, ramena Jupin à Paris, où il se fixa. Il est mort en cette ville, le 12 juin 1839.

Cet artiste, heureusement organisé pour l'art, se distingua, comme violoniste, par un sentiment vif du beau uni aux qualités de la grande école de violon où il s'est formé. Si les circonstances l'avaient favorisé, il y a lieu de croire que sa renommée aurait grandi avec le temps. On connaît de sa composition : 1° Thème varié pour violon, dédié à Baillot, op. 1, Paris, Frey. — 2° Concerto pour violon et orchestre; Paris, Richault. — 3° Trio pour deux violons et violoncelle; ibid. — 4° Variations brillantes pour orchestre; ibid. — 5° Variations concertantes pour piano et violon; ibid. — 6° Grand trio pour piano, violon et violoncelle; ibid. — 7° Fantaisie pour piano et violon; ibid. Jupin a laissé en manuscrit plusieurs autres ouvrages.

JUSDORF (J.-C.), flûtiste et compositeur pour son instrument, paraît avoir vécu vers la fin du dix-huitième siècle, ou au commencement du dix-neuvième, à Brunswick et à Mayence. Tous les biographes allemands se taisent sur cet artiste, qui n'est connu que par ses ouvrages. Parmi ses productions, on remarque : 1° Concerto pour la flûte, op. 28; Brunswick, Spehr. — 2° 2e Concerto, idem ; Mayence, Schott. — 3° Troisième, idem (en *mi* bémol); Offenbach, André. — 4° Plusieurs airs variés, idem.

JUSSOW (JEAN-ANDRÉ), né à Gœttingue, était en 1708 étudiant en théologie à l'université de Helmstædt. Il y soutint alors, sous la présidence du docteur Jean-André Schmidt, une thèse qui a été imprimée sous ce titre : *De Cantoribus ecclesiæ veteris et novi Testamenti;* Helmstædt, 1708, 5 feuilles et demie. Walther s'est trompé lorsqu'il a dit, dans son Lexique, que cette thèse n'est point de Jussow, mais de Schmidt.

JUST (J.-A.), claveciniste distingué et habile violoniste, naquit à Groningue, vers 1760. Dans sa jeunesse il se rendit à Berlin, et y reçut des leçons de clavecin de Kirnberger, qui lui enseigna aussi l'harmonie. De retour en Hollande, il s'établit à La Haye et y continua ses études, sous la direction de Schwindel. Il se fit bientôt remarquer par ses talents, et fut considéré comme un des premiers clavecinistes de son temps. Le prince d'Orange-Nassau l'attacha à sa maison, et le chargea d'enseigner le piano à la princesse régnante. Plusieurs concertos de sa composition, quatre œuvres de six sonates pour clavecin, des trios pour cet instrument, violon et violoncelle et des divertissements pour clavecin seul, furent publiés à La Haye et à Amsterdam. Il écrivit aussi la musique des opéras *Le Marchand de Smyrne*, et *Le Page*, qui furent représentés dans cette dernière ville. A l'époque de l'invasion de la Hollande par l'armée française, Just retourna à Berlin, et y publia *Six duos pour deux violons*, op. 17, chez Hummel; mais il resta peu de temps dans cette ville, parce qu'il fut appelé à Londres par le prince d'Orange. La protection de la princesse le fit connaître avantageusement, et lui procura des élèves dans la plus haute aristocratie. Just publia à Londres de nouvelles éditions de ses sonates de clavecin sous ces titres : 1° *Six sonatas for the harpsichord, with accompaniment of a violin*, op. 1; *London, Longman, Lukey and C°*. — 2° *Six sonatas* idem, op. 2; *ibid.* — 3° *Six sonatinas for the harpsichord, composed for the use of beginner*, op. 3; *ibid.* — 4° *New and complete Instructions for playing the harpsichord or piano-forte, etc; to which is added the italian method of fingere also the art of tuning and plaiging Thoro' Bass.* On n'a pas de renseignements sur la fin de la carrière de cet artiste.

JUST (JEAN), compositeur et directeur de la Société de chant (*Lieder Kranz*) à Francfort-sur-le-Mein, est né dans cette ville, en 1792. Dans sa jeunesse il se livra à l'étude de la flûte, et acquit beaucoup d'habileté sur cet instrument. Pendant quelques années, il fut chef des choristes au théâtre de Stuttgard. De retour à Francfort, il fut un des fondateurs d'une excellente société de chant d'hommes, dont la direction lui fut confiée. En 1835 il obtint la place de *cantor* de l'église Sainte-Catherine. Son jubilé de vingt-cinq ans, comme directeur de la *Lieder Kranz*, fut fêté avec enthousiasme, en 1853, par les membres de cette société chorale. On a de cet artiste des chants à voix seule avec accompagnement de piano; mais il s'est distingué surtout par ses chants à quatre voix d'homme, dont plusieurs recueils ont été publiés à Francfort, chez Fischer. Sa chanson de soldat particulièrement, sur le texte du *Faust* de Gœthe, *Burgen mit hohen Mannern und Zinnen*, a obtenu une grande popularité en Allemagne.

JUSTINUS A DESPONS (BEATÆ-MARIÆ-VIRGINIS), nom de religion d'un organiste du couvent de son ordre à Würzbourg, pendant les années 1711-1723, voyagea en Italie dans sa jeunesse, et y perfectionna son talent dans la composition. Il s'est fait connaître par les ouvrages suivants : 1° *Chirologia organico-musica*, c'est-à-dire règles et exemples pour apprendre à jouer de l'orgue, etc.; Nuremberg, 1711, in-fol. Après une préface de trois pages, qui renferme les règles de l'harmonie et de l'accompagnement, on trouve dans ce recueil des cantiques à voix seule avec basse continue, puis des pièces à deux parties dans tous les tons pour servir d'exercices de doigter, et enfin des sonates, des fugues, etc. — 2° *Musikalische Arbeit und Kurtzweil, etc.* (Travail musical et passe-temps, c'est-à-dire règles courtes et bonnes de la composition); Augsbourg et Dillingen, 1723.

K

KAA (François-Ignace), compositeur hollandais, vécut à La Haye jusqu'en 1780, puis fut appelé à Cologne, en qualité de maître de chapelle de la cathédrale. Il occupait encore ce poste en 1792. On a gravé de sa composition : 1° Six symphonies pour deux violons, alto, basse, flûte, deux hautbois et deux cors; La Haye, 1777. 2° Six *idem*, deuxième livre; *ibid.* 3° Six trios pour clavecin, violon et basse; *ibid.* 4° Six quatuors pour deux violons, alto et basse; *ibid.* 5° Six *idem*, deuxième livre; *ibid.*

KABATH (Jean), né à Oppeln, en 1775, y fit ses études et suivit un cours de théologie. Devenu professeur de littérature dans sa ville natale, il quitta cet emploi pour aller enseigner au Gymnase de Breslau. En 1818, il reçut sa nomination de directeur du Gymnase royal de Glatz, et enfin, il fut appelé aux fonctions de conseiller d'études à Breslau, en 1827. Il ne jouit pas longtemps des avantages de cette honorable position, car il mourut en cette ville, le 12 décembre 1828. Amateur passionné de musique, Kabath exerça une influence salutaire sur les progrès de cet art dans la Silésie, par ses efforts constants pour l'introduction de l'enseignement du chant dans les écoles et les colléges. L'état florissant où se trouve aujourd'hui cet enseignement dans les Gymnases de Breslau, de Glatz et de Gleiwitz est en grande partie son ouvrage. On a de ce savant, outre ses livres relatifs à l'Écriture sainte, les dissertations suivantes : 1° *Über den Gesang-Unterricht auf gelehrten Schulen* (Sur l'enseignement du chant dans les écoles supérieures), Glatz, 1819. 2° *Annotationes ad aliquot Quintiliani locos ad docendi artem spectantes*, Breslau, 1824.

KACZKOWSKY (Joseph), violoniste et compositeur, né à Tabor, en Bohême, dans la seconde partie du dix-huitième siècle, a visité les principales villes de l'Allemagne et a publié de sa composition : 1° Premier concerto pour violon (en *la* mineur), op. 8, Leipsick, Breitkopf et Hærtel. 2° Rondeau à la polonaise, op. 9 (en *la* mineur), *ibid.* 3° Deuxième concerto (en *si* mineur) op. 17, Vienne, Haslinger. 4° Variations et polonaises, avec accompagnement de quatuor, op. 1, 2, 5, 6, 7, 18, 22, Offenbach, André, Leipsick, Breitkopf et Hærtel, Vienne, Haslinger. 5° Variations pour violon, avec accompagnement de violon et basse, op. 3 et 4, Offenbach, André. 6° Duos pour deux violons, op. 10 et 16, Leipsick, Breitkopf et Hærtel. 7° Duos pour violon et alto, op. 14, *ibid.* 8° Six études ou caprices pour violon seul, op. 13, *ibid.* Plusieurs recueils de polonaises pour piano.

KADELBACH (Charles-Gottlob), né à Rudelstadt (Silésie), en 1761, fit ses premières études dans ce lieu, puis il alla les continuer au séminaire de Breslau, et reçut son instruction musicale chez le cantor Klein, à Schmiedeberg. En 1785, il reçut sa nomination de *cantor* à Bolkenhain. Après avoir occupé cette place pendant quarante-quatre ans, il mourut dans ce lieu, le 16 novembre 1829, à l'âge de soixante-huit ans. On a de lui de bonnes pièces d'orgue sur des cantiques allemands et une cantate sur le texte : *Lobe den Herrn* (Louange au Seigneur).

KÆFERLE (Charles-Henri), mécanicien et facteur de pianos, à Louisbourg, né à Waiblingen, dans le Würtemberg, au mois de mai 1768, perdit un œil quatre jours après sa naissance, et le second à l'âge de quatre ans. Son père, qui était meunier, alla occuper, en 1780, un moulin plus vaste au village de Hoheneck, près de Louisbourg; là, le jeune Kæferle commença à fabriquer une foule d'ustensiles pour la maison, se construisit un tour, et pourvut tout le village de jeux de quilles, de rouets et de dévidoirs. Plus tard, on le chargea de la restauration des soufflets de l'orgue : cette occupation lui inspira le désir d'apprendre à jouer du clavecin; son père lui procura un de ces instruments, et lui fit donner des leçons par l'instituteur de l'endroit. Quelques mois de leçons le mirent en état de jouer des airs et des mélodies chorales. Le hasard lui ayant procuré l'occasion d'entendre jouer du *pantalon*, à Louisbourg, il en éprouva un plaisir si vif, qu'il n'eut point de repos qu'on ne lui eût expliqué le mécanisme de cet instrument. Après en avoir fait l'examen par le toucher, il retourna chez lui avec la pensée hardie d'en construire un, et malgré les difficultés multipliées qu'il rencontra, il réalisa son projet en 1790. Une seconde visite à Louisbourg lui fit connaître un grand piano de Spæth; après en avoir pris les dimensions, il vendit son *pantalon* et fit deux pianos, qui trouvèrent promptement des acheteurs. Mais ce fut surtout après avoir entendu un piano de Stein qu'il comprit bien quelles devaient être les qualités des instruments de cette espèce, et qu'il fixa l'attention publique sur les siens. Dès lors, Stein devint son modèle. En 1797, il alla se fixer à Louisbourg, et depuis lors il ne cessa de produire de bons pianos qui furent recherchés par les amateurs. M. P.-F. Christmann a donné dans la *Gazette musicale de Leipsick* (ann. 1798, p. 65) une notice sur les pianos de Kæferle, où il assure que ces instruments sont supérieurs à ceux de beaucoup d'autres facteurs renommés. Kæferle n'était pas seulement facteur de pianos, mais mécanicien fort habile. Il inventa plusieurs machines pour divers usages où le génie se manifeste par la simplicité des moyens. Cet homme industrieux est mort à Louisbourg, le 28 février 1834. Son fils, Frédéric Kæferle, lui a succédé dans la construction des instruments. Les pianos qui sortent de sa fabrique ont été renommés par leur solidité et leur bonne qualité de son.

KÆHLER (Maurice-Frédéric-Auguste), directeur de musique de la pédagogie et de l'école normale de Züllichau, naquit le 20 juillet 1781, à Sommerfeld, en Silésie, où son père était médecin. Il reçut les premières leçons de piano chez un organiste médiocre, nommé Platter, puis il fréquenta le Gymnase de Sorau, où il apprit à jouer de l'orgue sous la direction de l'organiste Erselins. Sans prévoir encore sa destinée future, son penchant décidé pour la musique lui fit prendre la résolution de se mettre en apprentissage, suivant un usage établi en Allemagne, chez le musicien de ville Thiele. Il s'y appliqua principalement à l'étude du violon, et fit quelques essais de composition; mais il ne posa de bases solides pour son éducation musicale que sous la direction de Schœnebeck, virtuose sur le violon et compositeur de mérite à Lübben, où Kæhler s'était rendu en 1802. Dans l'automne de la même année, il fit un voyage à Copenhague, pour y voir un parent; il y reçut des leçons de violon du maître de concert Schall, et continua ses études chez Kunzen, maître de chapelle. De retour chez lui en 1804, il fut appelé à diriger la petite chapelle que le comte de Dohne entretenait à Molmütz, près de Sprottau. Il y passa cinq années heureuses, puis il alla, en 1809, à Breslau où il vécut trois ans sans fonctions. Dans l'espoir de rétablir à la campagne sa santé altérée, il accepta une place d'organiste et d'instituteur à Peterswaldau, près de Reichenbach : ce changement de situation eut pour lui le résultat qu'il s'en était promis; malheureusement dans une course qu'il fit à pied à Fribourg, pour visiter l'organiste Mattern, il se démit une jambe, et le mal qui en résulta fut si grave que, depuis 1823, il fut absolument privé de l'usage du pied gauche. En 1815, les fonctions de directeur de musique à la pédagogie et à l'école normale de Züllichau lui furent confiées; il séjourna onze mois à Neuzell où l'institution avait été placée; ensuite, il retourna à Züllichau, et s'y occupa de l'organisation d'un chœur, de la direction des concerts hebdomadaires d'hiver, et de leçons particulières, outre les soins qu'il donnait aux élèves de la pédagogie. Cet homme actif et laborieux fut enlevé à l'art et à ses amis en 1834, à l'âge de cinquante-trois ans.

Kæhler est considéré en Allemagne comme un compositeur estimable dont les ouvrages sont travaillés avec soin, particulièrement dans la musique religieuse. On connaît sous son nom les productions dont les titres suivent : 1° *Die Anfangsgründe der Musik, für angehende Musikschüler zur haüslichen Wiederholung* (Principes de musique à l'usage des commençants, en forme de récréations domestiques), Züllichau, Darnmann, 1826. 2° Concerto pour violon et orchestre, Leipsick, Breitkopf et Hærtel. 3° Préludes pour l'orgue, Leipsick, Peters. 4° Polonaise de Keller arrangée en rondo pour le piano, Berlin, Lischke. 5° Variations pour le piano, Leipsick, Peters. 6° Quinze chants à quatre voix, avec accompagnement d'orgue ou de piano *ad libitum*. 7° *Jehovah*, motet dans le troisième cahier de la collection de chants publiés par Hientsch. Kæhler a laissé aussi en manuscrit : 8° Plusieurs concertos pour le piano. 9° Sonates pour piano. 10° Concerto pour basson. 11° Ouverture pour l'orchestre. 12° Trois duos pour alto et basse. 13° Cantate pour la fête de la Réformation, particulièrement pour le jubilé de la Confession d'Augsbourg (1820). 14° Diverses cantates et d'autres morceaux de musique d'église. 15° Des chœurs et d'autres pièces pour le chant. Une symphonie de sa composition a été exécutée à Leipsick, en 1833.

KÆMPFER (Joseph), contrebassiste d'une habileté remarquable, vers la fin du dix-huitième siècle, était né en Hongrie, et fut pendant quelque temps officier au service de l'empereur d'Autriche. Il était en garnison dans une ville de la Croatie, lorsque le désœuvrement lui fit prendre la résolution de se rendre célèbre comme musicien. L'instrument qu'il choisit fut la contrebasse, parce qu'ayant moins de rivaux à craindre pour un tel instrument, il espérait parvenir à son but avec plus de facilité. Le sentiment de l'art et sa patience sans bornes le conduisirent, sans maître, à une habileté qui pouvait passer alors pour incomparable. Il se rendit à Vienne, s'y fit admirer, et entra dans la chapelle du prince Esterhazy, dirigée alors par J. Haydn. Ainsi que la plupart des contrebassistes qui depuis lors se sont distingués, Kæmpfer s'attacha aux sons harmoniques pour l'exécution des traits difficiles et aigus; il sut leur donner une douceur jusqu'alors inconnue sur le grand instrument qu'il appelait son *Goliath*. En 1775, il entreprit un voyage en Allemagne et en Russie. Pour rendre plus facile le transport de sa contrebasse, il s'en était fait une qui pouvait être démontée et se réunir au moyen d'un certain nombre de vis. En 1783, Kæmpfer arriva en Angleterre : l'admiration qu'il y excita le fit attacher bientôt comme solo au concert d'Abington, alors le meilleur de Londres, et à quelques autres établissements. Les biographes anglais se taisent sur le sort de cet artiste après cette époque.

KÆSERMANN (Nicolas), professeur de musique et *cantor* à Berne, au commencement du dix-neuvième siècle, a publié trois sonates pour piano et violon, op. 1, Augsbourg, en 1797, et des mélodies à trois et quatre voix sur les odes de Gellert, Berne, 1804.

KAESTNER (Abraham), professeur et docteur en droit à l'Université de Leipsick, a publié une dissertation intitulée : *De Jurisconsulto musico*, Leipsick, 1740, in-4° de huit pages. J'ignore l'objet de cette thèse.

KAESTNER (Abraham-Gotthelf), fils du précédent et savant mathématicien, naquit à Leipsick, le 27 septembre 1719. Après avoir terminé ses études à l'Université, il fut appelé à Gœttingue pour y remplir la chaire de mathématiques, en 1756. Des troubles et des querelles agitaient alors l'Académie de cette ville, et depuis quelque temps elle avait cessé la publication de ses mémoires; par les soins de Kaestner, les discussions cessèrent, et les travaux scientifiques reprirent leur activité. Dans l'espace de quatorze ans, il fournit aux Mémoires de Gœttingue quarante-sept dissertations dignes d'un savant aussi distingué. Après avoir été pendant plus de quarante ans un des principaux ornements d'une des premières universités de l'Allemagne, il mourut plus qu'octogénaire, le 20 juin 1800. Le nombre des ouvrages, programmes, dissertations académiques, mémoires scientifiques et morceaux de littérature publiés par ce savant, s'élève à plus de deux cents : leur liste seule remplit plus de douze pages dans le Dictionnaire de Meusel. Parmi ces ouvrages on remarque des recherches sur le son, insérées dans les Mémoires de l'Académie de Gœttingue (ann. 1778, p. 1145 et 1791). Il a publié aussi dans le *Magasin de Hambourg* (t. IX, p. 87) et dans les *Essais historiques et critiques de Marpurg* (t. II, p. 16), un extrait en allemand du livre de Brokelsby intitulé : *Reflexions on the ancient and modern musick, with the application to the cure of diseases, etc.* (Réflexions sur la musique ancienne et moderne, avec son application à la guérison des maladies).

KAFFKA (Joseph), et non point **KAWKA**, comme l'écrit Gerber, copié par le Lexique de Schilling (*voyez* Dlabacz. *Allgem. histor. Künstler-Lexikon für Bœhmen*), naquit en Bohême vers 1720, et entra en 1743, en qualité de violoniste dans la chapelle des princes de la Tour et Taxis, à Ratisbonne. Il y resta jusqu'en 1790, et fit son service pendant quarante-sept ans. Il mourut à Ratisbonne en 1796, à l'âge d'environ soixante-seize ans. C'était un violoniste d'un talent fort remarquable : il a laissé en manuscrit quelques solos pour son instrument.

KAFFKA (Guillaume), fils aîné du précédent, naquit à Ratisbonne vers 1745, et mourut dans cette ville en 1806, avec le titre de maître des concerts du prince de la Tour et Taxis. Il se distingua comme violoniste, et composa plusieurs messes et autres morceaux de musique d'église qui sont restés en manuscrit.

KAFFKA (Jean-Chrétien), second fils de Joseph, né à Ratisbonne en 1759, fut aussi violoniste, et se fit ensuite chanteur et acteur. Il reçut des leçons du maître de chapelle Riepel, et fut employé dans la musique du prince de la Tour et Taxis jusqu'en 1778. A cette époque, il débuta au théâtre de Breslau, et s'occupa de la composition. Outre plusieurs symphonies, messes, vêpres, et un grand *Requiem*, il a écrit pour le théâtre : 1° *Das Milchmædchen* (la Laitière). 2° *Lucas et Jeannette*. 3° *Die Zigeuner* (les Bohémiens). 4° *Der Apfeldieb* (le Voleur de pommes.) 5° *Antoine et Cléopâtre*. 6° *Das Wüthende Heer* (l'Armée furieuse). 7° *So prellt man die*

Füchse (C'est ainsi qu'on se moque des renards). 8° *Rosamunde*, mélodrame, gravé en partition pour le piano. 9° *Das Fest der Breunen*, prologue. 10° *Bitten und Erhærung* (Prières exaucées), mélodrame sérieux en un acte, gravé en partition pour le piano, 1784, in-fol. 11° *Die Feier der Gnade des Kœnigs* (la Fête de la grâce du roi), mélodrame. 12° *Der blinde Ehemann* (l'Époux aveugle). 13° *Der Talismann oder der seltsame Spiegel* (le Talisman ou la glace enchantée). 14° *La mort de Louis XVI*, oratorio. 15° *Jésus souffrant sur la croix*, oratorio. 16° Plusieurs grands ballets. Kaffka avait commencé en 1783 la publication d'une sorte de journal intitulé : *Musikalischen Beitræg für Liebhaber des deutschen Singspiels* (Essai musical pour les amateurs d'opéras allemands), arrangés pour piano ; mais il n'en a publié que deux cahiers. En 1803, il s'est établi à Riga comme libraire; depuis ce temps il n'a cultivé la musique qu'en qualité d'amateur.

KAHL (Gothard-Guillaume), organiste à l'église de la Croix, à Hirschberg, était fils du *cantor* Kahl à Konrads-Walden, où il naquit en 1762. Destiné dès son enfance à la profession de musicien, il alla à Halle étudier l'art sous la direction de Türk. A son retour en Silésie, il passa quelque temps sans emploi à Hirschberg, et fut ensuite nommé organiste, comme successeur de son beau-père Gottlob Kuhn. Il est mort en 1824, avec la réputation d'un organiste distingué. On connaît de sa composition *Six petites sonates pour piano seul*, Leipsick, Breitkopf et Hærtel.

KAHLE (Charles-Hermann-Traugott), né à Dessau en 1806, fit ses études musicales sous la direction de Frédéric Schneider. Il se fit connaître d'abord comme pianiste et comme professeur de son instrument dans cette ville, où il se trouvait encore en 1838. Peu de temps après, il obtint une place d'organiste à Kœnigsberg : il en remplissait les fonctions en 1851. On a de cet artiste un petit traité d'harmonie pratique à l'usage des organistes, sous ce titre : *Kurzgefasste Harmonie Lehre für Orgelspieler*, Kœnigsberg, 1843.

KAHLERT (Charles-Auguste-Timothée), docteur en philosophie, et professeur d'un cours facultatif à l'Université de Breslau, est né en cette ville, le 5 mars 1807. Destiné par ses parents à l'étude des sciences, il fit à Breslau ses humanités et son cours de philosophie, puis il alla étudier le droit à Berlin. De retour dans sa ville natale, il y fut employé en 1820 en qualité de référendaire près des tribunaux, et jusqu'en 1833, ces fonctions ont occupé la plus grande partie de son temps; mais son goût décidé pour les sciences et les arts lui a fait abandonner depuis lors cette carrière. Musicien instruit, il a reçu des leçons de piano de Hauk, et Berner lui a enseigné la composition. Il a publié un rondeau brillant pour le piano (en *la*), Breslau, Fœrster, et quelques autres petites productions pour cet instrument; mais l'esthétique et la critique de l'art ont particulièrement attiré l'attention de M. Kahlert. Devenu un des rédacteurs des deux Gazettes musicales de Leipsick et du recueil périodique intitulé : *Cæcilia*, il a publié dans ces journaux des articles où l'on trouve de bons aperçus mêlés à des idées fausses et écrites d'un ton tranchant et dogmatique. Un de ses meilleurs morceaux est celui qu'il a fait insérer dans le seizième volume de *Cæcilia* (p. 235 et suiv.) : *Sur la valeur du romantique en musique*. M. Kahlert est aussi auteur d'un livre qui a pour titre : *Blatter aus der Brieftasche eines Musikers* (Pages extraites du portefeuille d'un musicien), Breslau, Fœrster, in-8°. Il y a du mérite dans cet ouvrage; mais on y trouve les défauts qui viennent d'être signalés. On doit au même professeur des romans, des poésies et des écrits philosophiques, parmi lesquels on remarque celui qui a pour titre : *Tonleben* (la Vie musicale), recueil de mélanges de philosophie et de théorie de la musique, Breslau, Aderholz, 1838, 1 vol. petit in-8°. Enfin, on a de Kahlert un système d'esthétique (*System der Æsthetik*), publié à Leipsick, 1846, 1 vol. grand in-8°, dans lequel il développe les principes de Hegel sur le beau dans la musique.

KAHREL (Hermann-Frédéric), docteur en philosophie et en droit, professeur ordinaire de philosophie à Marbourg, naquit à Detmold, le 10 décembre 1719, et mourut à Marbourg, le 14 décembre 1787. Au nombre de ses écrits, on remarque l'ouvrage qui a pour titre : *Denkkunst oder Grundriss der Weltweisheit* (L'art de penser, ou idées fondamentales de la philosophie), Herborn, 1755, in-8°. Dans ce livre, divisé en douze sections, Kahrel traite de la doctrine universelle de la pensée dans ses diverses applications, particulièrement dans la musique. Ce qui concerne cet art est contenu dans la dixième section du livre.

KAIFER (J.-P.), organiste à Nuremberg, en 1680, est connu en Allemagne par plusieurs cantates d'église. La Bibliothèque royale de Berlin possède de sa composition, en partition manuscrite, le motet allemand

Siehe des Herrn, à quatre voix avec instruments.

KAINZ (Marianne), cantatrice qui a joui en Allemagne de beaucoup de considération, est née à Vienne, et y a fait ses études musicales. Son début au théâtre, qui eut lieu en 1817, fut brillant et lui procura rapidement de la renommée. Deux ans après, elle fit un voyage en Allemagne, et partout elle se fit applaudir. En 1821, elle alla en Italie et chanta avec succès à Milan et à Florence. De retour dans sa patrie, en 1825, elle fut partout accueillie avec faveur, chanta aux théâtres de Hanovre, de Cassel et de Stuttgard, et semblait devoir se placer au rang des cantatrices les plus célèbres de l'Allemagne, lorsque tout à coup elle disparut de la scène, au commencement de l'année 1828, sans qu'aucun renseignement sur sa personne soit parvenu depuis lors aux biographes allemands.

KAISER ou **KAYSER** (P.-L.), musicien, né à Francfort-sur-le-Mein, en 1736, a passé la plus grande partie de sa vie à Winterthur, en Suisse. Il fit deux voyages en Italie; le premier eut lieu en 1784. Il passait pour un des clavecinistes les plus distingués de son temps. Son admiration sans bornes pour le génie de Gluck lui a fait imiter le style de ce grand artiste dans ses compositions. Il a écrit à ce sujet un morceau rempli d'enthousiasme, intitulé : *Empfindungen eines Jüngers in der Kunst, von den Bilde des Ritters Christophe von Gluck* (Sensations d'un jeune artiste devant le portrait du chevalier Christophe Gluck), dans le *Mercure allemand* de 1776, t. III, p. 235. Kaiser a publié jusqu'en 1790 : 1° Chansons allemandes, avec accompagnement de clavecin; Winterthur, 1775. 2° Chansons avec accompagnement de clavecin; Leipsick, 1777. 3° Cantate pour la fête de Noël; Winterthur, 1781. 4° Deux sonates en symphonie pour le clavecin, avec accompagnement d'un violon et de deux cors; Zurich, 1784.

Un autre compositeur du nom de **KAISER** (le P. Istaïn), moine d'un couvent de la Souabe, s'est fait connaître, dans la seconde moitié du dix-huitième siècle, comme compositeur de musique d'église par les ouvrages suivants : 1° *Missa de requiem et libera pro canto, alto, et basso cum organo;* Augsbourg, Bœhme. 2° Messe allemande à quatre voix et orgue; *ibid.*

KAISER (...), facteur d'orgues, à Greulich, en Bohême, vers 1780, a construit un instrument de dix-huit jeux dans l'église paroissiale de Konoyed, et un autre à Dauba, dans le cercle de Bunzlau.

KAISER (Élisabeth), cantatrice allemande aussi célèbre par son talent que par sa beauté et sa fécondité, obtint, à l'âge de quinze ans, de brillants succès au théâtre de Dresde. Elle eut de son mari, Charles Kaiser, ténor d'un médiocre talent, vingt-trois enfants, dont quatre couples de jumeaux. De Dresde, elle alla à Stockholm. Le roi de Suède, Frédéric (qui régna depuis 1720 jusqu'en 1751), trouva cette mère de vingt-trois enfants encore assez belle pour en faire sa maîtresse déclarée. Elle eut de ce prince son vingt-quatrième enfant, auquel on donna le nom de *Hesenstein*. Le roi dut à cette femme la conservation de ses jours menacés dans l'incendie de la salle de l'Opéra de Stockholm. Le feu avait pris dans les machines du fond du théâtre, et déjà les secours qu'on y portait étaient devenus inutiles; cependant les spectateurs ne se doutaient point encore du danger qu'ils couraient : Élisabeth Kaiser eut assez de présence d'esprit pour s'approcher de la loge du roi, en chantant, et profitant d'un moment favorable, elle lui dit à voix basse : *Sire, éloignez-vous; le feu est à la salle.* Le roi l'ayant entendue, sortit aussitôt. Dès qu'Élisabeth put présumer que son royal amant était en sûreté, elle cria *au feu*, puis gagnant sa loge, elle jeta son fils, âgé de quatre ans, par une fenêtre peu élevée, et se précipita après lui.

KAISERLY-KRIKUHR, chantre de l'église d'Arménie, vivait à Constantinople, vers la fin du dix-huitième siècle. Il a composé un traité de la musique d'église arménienne, et l'a fait imprimer sous ce titre : *Nuoa Karann*, Constatinople, chez Matthiss, 1791, in-8°, avec des planches gravées sur bois.

KALB (François), facteur de pianos et d'orgues à Prague, est mort en cette ville, le 27 octobre 1815, dans un âge avancé. Ses instruments lui ont acquis la réputation d'un artiste de grand mérite. Il était chargé de l'entretien et de la réparation des orgues de l'église métropolitaine de Prague et du couvent de Strahow.

KALBITZ (Charles), né dans les premières années du dix-neuvième siècle, à Grossneuhausen, dans la Thuringe, où son père était instituteur, fit ses études au Lycée de Buttstædt et y apprit la musique; puis il se rendit à Weimar où il vécut quelque temps en donnant des leçons de musique. En 1824, il fut appelé à Buttstædt pour y remplir les fonctions de *cantor*. Trois ans après, il reçut sa nomination de professeur à l'école communale de Jéna et y fut chargé spécialement de l'enseignement de la musique élémentaire. Il établit dans cette ville une société de chant d'ensemble dont la direction lui fut confiée en 1831. On a de lui une collection de chants religieux publiée sous le titre d'*Archives de la musique d'église* (Archiv für Kirchenmusik), en 1829, une méthode pratique de chant et plusieurs suites de petites pièces d'études pour le piano.

KALCHER (Jean-Népomucène), né en 1766, à Freysing, y apprit les éléments de la musique, du piano et de l'orgue chez l'organiste de la cour, Berger. En 1787, il se rendit à Munich où il se livra à l'enseignement. En 1790, il prit des leçons de composition chez Grætz, maître de piano de la cour. En 1798, il fut nommé organiste de la chapelle du roi de Bavière. Il a été longtemps estimé pour l'habileté et surtout la solidité de son jeu sur l'orgue. Il a composé plusieurs concertos et des sonates pour le piano, des messes et des symphonies. Il a fait graver à Munich, chez Falter : 1° Quinze chansons allemandes, avec accompagnement de piano. 2° Chants à quatre voix, sans accompagnement. Kalcher est mort à Munich, en 1826.

KALKAR (Henri DE), moine de l'ordre des Chartreux, naquit à Clèves, en 1368. Il enseigna d'abord la théologie à Paris, et se rendit ensuite à Cologne, où il devint prieur du couvent de Sainte-Barbe, et visiteur de son ordre. Swertius (*Athen. Belg.*) et Possevin (*Apparat. Sac.*, t. I) disent qu'il fut chanoine de Cologne ; mais cela n'est pas vraisemblable, car l'usage de séculariser des moines ne remonte pas jusqu'à cette époque. Trithème (*De Script. eccles.*, p. 330) vante le savoir et l'éloquence de Kalkar. Il mourut en 1448, à l'âge de quatre-vingts ans. Parmi ses écrits, on trouve *Cantuagium de musica, lib.* 1.

KALKBRENNER (Chrétien), naquit le 22 septembre 1755 à Minden, petite ville, non de l'électorat de Hesse-Cassel, comme on le dit dans les biographies françaises, mais du Hanovre. Choron et Fayolle ont été induits en erreur lorsqu'ils ont dit dans leur *Dictionnaire historique des musiciens* qu'il était juif d'origine : son père, Michel Kalkbrenner, qui, peu de temps après sa naissance, fut appelé à Cassel, en qualité de musicien de ville, était de la religion catholique. Kalkbrenner était âgé de quinze ans lorsqu'on le mit à l'étude du piano sous la direction de Becker, organiste de la cour de Cassel; dans le même temps il prit aussi quelques leçons de violon de Charles Rodewald. A dix-sept ans, il entra comme choriste à l'Opéra; cette situation, bien que peu élevée, lui fut utile en lui procurant les moyens d'étudier les partitions des maîtres habiles qui étaient dans la chapelle du prince. Il ne trouva pourtant pas à la Cour les encouragements qu'il avait espérés, car lorsque le marquis de Luchet eut été chargé de la direction du théâtre, en 1775, il lui refusa une place dans la chapelle, le retint comme simple choriste au théâtre, et lui interdit l'entrée de la bibliothèque musicale du prince. En 1777, Kalkbrenner écrivit une symphonie qui fut exécutée à la Cour, et qui fit tant de plaisir au landgrave, qu'il en obtint une somme de cinquante thalers (environ cent quatre-vingt-deux francs cinquante centimes). C'est le seul témoignage d'intérêt qui lui ait jamais été donné dans cette Cour. Vers le même temps, il commença à publier diverses choses de sa composition ; toutefois sa situation s'améliorait peu. Convaincu qu'il ne s'élèverait pas s'il restait dans une ville qui lui offrait si peu de ressources, il résolut de voyager pour chercher enfin une position plus favorable à ses travaux. Dans ce dessein, il écrivit une messe solennelle à quatre voix, et la remit au landgrave, avec la demande d'un congé de deux ans pour visiter la France et l'Italie; mais son ouvrage fut repoussé avec dédain, et le congé lui fut refusé. Indigné d'un pareil traitement, Kalkbrenner envoya sa messe à l'Académie philharmonique de Bologne, et eut le plaisir de la voir accueillir par les suffrages de cette société, qui lui expédia, le 18 juin 1784, le brevet de membre honoraire. En 1785, le landgrave mourut, et la chapelle fut congédiée. Marié depuis deux ans, Kalkbrenner n'avait pu parvenir à se placer convenablement et cette dernière circonstance lui avait suggéré le dessein de renoncer à une carrière si ingrate pour lui jusqu'à ce moment; mais en 1788, la reine de Prusse l'appela à Berlin comme son maître de chapelle. C'est alors qu'il commença à montrer une grande activité dans ses travaux et dans ses publications. Deux ans après, le prince Henri de Prusse l'engagea pour être maître de sa chapelle à Rheinsberg, avec un traitement considérable. Kalkbrenner écrivit dans cette résidence plusieurs opéras français, parmi lesquels on remarque *la Veuve du Malabar*, *Démocrite*, *la Femme et le Secret*, *Lanassa*, etc. On ignore les motifs qui ont déterminé cet artiste à quitter en 1796 la position agréable qu'il occupait chez le prince Henri de Prusse, pour se rendre en Italie; quoi qu'il en soit, il est certain qu'il arriva à

Naples vers la fin de cette année, et qu'il y vécut dans une position précaire pendant près d'une année. En 1799, il suivit le mouvement de retraite de l'armée française et se rendit à Paris, où il obtint une place de chef du chant à l'Opéra. Depuis cette époque jusqu'à sa mort, qui eut lieu le 10 août 1806, il n'a plus quitté cette situation.

Kalkbrenner s'est fait connaître comme compositeur de musique instrumentale et de théâtre, et comme écrivain sur la musique. Ses productions les plus connues sont les suivantes : 1° Trois sonates pour le clavecin, avec violon et violoncelle, op. 1; Berlin, 1790. 2° Trois sonates pour clavecin et violon; op. 2; *ibid.* 3° Trois *idem*, *op.* 3; *ibid.*, 1791. 4° Air allemand varié pour le clavecin; *ibid.* 5° Romances d'*Estelle*, avec accompagnement de piano, *ibid.*; 1794. 6° *La Veuve du Malabar*, opéra, à Rheinsberg, en manuscrit. 7° *Démocrite*, en trois actes, *idem.* 8° *La Femme et le Secret*, idem. 9° *Lanassa*, grand opéra, *idem.* 10° Chant funèbre pour la mort du général Hoche, exécuté à l'Opéra en 1797. 11° *Olympie*, en trois actes, jouée à l'Opéra en 1798. Cette pièce n'eut qu'une représentation. 12° *Pygmalion*, scène avec orchestre, exécutée en 1799 à la société philotechnique. 13° Scène tirée des poésies d'*Ossian*, exécutée en 1800 dans la même société. 14° *La Descente des Français en Angleterre*, pièce en un acte, destinée à l'Opéra, en 1798, mais non représentée. 15° *Œnone*, grand opéra en 3 actes, reçu par le comité en 1800, et dont l'auteur préparait la mise en scène lorsqu'il fut surpris par la mort. Cet ouvrage, qui n'avait été d'abord qu'une cantate dont on avait entendu quelques morceaux avec plaisir dans les concerts, fut représenté en 1812, et obtint peu de succès. Kalkbrenner s'était réuni à Lachnith pour faire quelques pastiches de musique allemande d'auteurs célèbres, sur des oratorios français; de cette association résultèrent les oratorios de *Saül*, représenté à l'Opéra en 1803, et *la Prise de Jéricho*, en 1805. Les mêmes artistes ont aussi traduit et arrangé *Don Juan*, de Mozart, représenté dans la même année.

Comme écrivain sur la musique, Kalkbrenner a publié : 1° *Kurzer Abriss der Geschichte der Tonkunst, zum Vergnügen der Liebhaber der Musik* (Court abrégé de l'histoire de la musique, pour l'amusement des amateurs), Berlin, 1792, 128 pages in-8°. Rempli d'erreurs et conçu sur un plan beaucoup trop écourté, cet ouvrage ne peut être d'aucune utilité aux musiciens instruits, et ne doit être consulté qu'avec beaucoup de précautions par ceux qui ne le sont pas. C'est ce même ouvrage qui est devenu la base du livre que Kalkbrenner a fait paraître sous ce titre : 2° *Histoire de la musique*, Paris, A. Kœnig, 1802, 2 vol. in-8°, le premier de 212 pages, le second de 115 pages, qu'on a ensuite réunis en un seul. Ce livre est divisé en plusieurs sections. Dans la première, l'auteur traite de la musique des Hébreux (p. 16 à 58); tout ce qu'il en dit est extrait de la dissertation d'Auguste-Frédéric Pfeiffer. La deuxième section, relative à la musique des Grecs, est empruntée à l'introduction critique de l'histoire de la musique, de Marpurg, ainsi que la troisième où il est traité de la musique des Romains; ce sont les meilleures de l'ouvrage. Quant à la quatrième partie, relative à la musique européenne du moyen âge, et qui ne renferme que soixante et onze pages, on ne sait ce qui doit le plus étonner, ou qu'on ait pensé à faire cette importante histoire dans un si petit cadre, ou qu'on ait pu y rassembler un si grand nombre d'erreurs et de bévues. Pour ne citer qu'un fait entre mille, l'auteur a voulu publier un fragment de la messe de Guillaume de Machaut, à quatre parties, qui se trouve dans le beau manuscrit des œuvres de ce poëte-musicien à la Bibliothèque impériale de Paris; mais il ignorait les principes de la notation franconienne, et ne pouvant la traduire en notation moderne, il a supposé que le manuscrit a été altéré par des ignorants (voyez *Histoire de la musique*, t. II, p. 100); et voulant restituer comme il la comprenait cette même musique, il en a fait un morceau de fantaisie qui ne ressemble point au travail de Guillaume de Machaut. Il en est de même de tous les autres extraits qu'il a donnés. Son ignorance à ce sujet a égaré des savants très-estimables; entre autres Kiesewetter (*Geschichte der europæisch-abendlændischen oder unsrer heutigen Musik*, pl. n° 2). 3° *Theorie der Tonsetzkunst mit 13 tabellen* (Théorie de la musique avec treize planches), Berlin, Hummel, 1789, in-4°, première partie, composée de quarante pages de texte et de treize planches. Une seconde partie devait suivre la première, mais elle n'a point paru. Pleyel, successeur du maître de chapelle Xavier Richter à la cathédrale de Strasbourg, possédait le manuscrit original d'un traité d'harmonie et de composition dont ce maître était auteur; il le communiqua à Kalkbrenner, qui désira le traduire et le publier. Pleyel y consentit; mais au lieu de faire une traduction complète de l'ouvrage original, qui est excellent, il l'abrégea à sa manière, en ôtant les meilleures choses concernant le contrepoint, et le publia sous ce titre : *Traité d'harmonie et de composition par Fr.-Xav. Richter, etc. ; revu, corrigé, augmenté et publié avec quatre-vingt-treize planches, par C. Kalkbrenner,* Paris, 1804, in-4°. Je possède le manuscrit original du traité de Richter, avec la copie que Kalkbrenner en avait faite pour lui-même. Ce traité est un des meilleurs ouvrages de son genre, particulièrement pour les exemples fugués, qui sont bien écrits et d'un bon style ; il est regrettable que le traducteur ne l'ait pas donné tel qu'il est.

KALKBRENNER (Frédéric-Guillaume), et non *Chrétien-Frédéric,* comme il a été nommé dans la première édition de cette biographie, fils du précédent, né à Cassel, en 1784, a reçu de son père les premières leçons de musique et de piano. Son éducation musicale fut continuée à Naples, où il suivit sa famille en 1796; puis au Conservatoire de musique de Paris, où il entra en 1798, dans la classe de piano d'Adam. L'année suivante, il devint élève de Catel pour l'harmonie. Au concours de l'an VIII (1800), il obtint le second prix de piano; au concours de l'année suivante, le premier prix de cet instrument lui fut décerné, ainsi que celui d'harmonie. Livré alors à l'enseignement, il fit ses premiers essais de composition, qu'il publia chez Sieber. Cependant quelques liaisons de jeune homme qui déplaisaient à son père, firent prendre à celui-ci la résolution de le faire voyager en Allemagne. Kalkbrenner partit vers la fin de 1803, et se rendit à Vienne, où il commença à modifier sa manière de jouer du piano, après avoir entendu Clementi, dont l'admirable mécanisme devint son modèle. Il a rendu compte, dans sa *Méthode de piano,* des principes qui le guidèrent alors dans ses études, et de ses travaux pour arriver à cette égalité, à cette indépendance de doigts, à ce brillant de la main gauche qui, depuis lors, ont été considérés comme les qualités principales de son talent d'exécution.

De retour à Paris, vers la fin de 1806, après la mort de son père, Kalkbrenner s'y fit entendre et fit admirer la puissance et le brillant de son jeu, qui n'avait cependant point acquis le fini précieux qui, depuis lors, y a ajouté tant de prix. Cependant il parut alors rarement en public, le grand nombre de ses élèves et ses travaux de composition l'occupant incessamment. Fixé en Angleterre, au commencement de 1814, il y prit bientôt le premier rang parmi les virtuoses de cette époque et fut le professeur le plus recherché pour son instrument. Les dix années qu'il passa en Angleterre furent aussi celles où il montra le plus d'activité comme compositeur. Le nombre de productions qu'il y publia est très-considérable. Chaque année, il allait passer quelques mois dans une propriété qu'il possédait à Rambouillet, et ce temps était celui qu'il consacrait à ses travaux. En 1818, il s'associa avec Logier pour établir des cours par la méthode du *chiroplaste,* inventée par celui-ci : ces cours obtinrent un succès de vogue et procurèrent des bénéfices considérables aux deux artistes, malgré l'ardente opposition de beaucoup d'autres professeurs de musique, et la multitude de pamphlets qui furent répandus contre l'inventeur du chiroplaste, et même contre Kalkbrenner.

A la fin de l'année 1823, Kalkbrenner a quitté l'Angleterre et a fait avec Dizi, célèbre harpiste et son ami, un voyage en Allemagne dans lequel ils ont visité Francfort, Leipsick, Dresde, Berlin, Prague, Vienne et quelques autres grandes villes. Partout Kalkbrenner a excité l'étonnement par la puissance de son exécution et la perfection de son mécanisme. De retour à Paris, en 1824, il s'est associé avec Camille Pleyel pour l'exploitation d'une fabrique de pianos, qui, par les sommes considérables qu'il y a versées, ses conseils, son influence d'artiste et ses relations sociales, est bientôt parvenue à une grande prospérité. Devenu chef d'une école de pianistes, il a formé plusieurs élèves distingués parmi lesquels on remarque madame Pleyel, le plus beau talent de pianiste qu'ait produit la France. L'école de Kalkbrenner doit être considérée comme le dernier développement de celle de Clementi. Tous ses moyens sont renfermés dans l'action libre, indépendante des doigts et dans l'anéantissement de tout effet emprunté à la force musculaire des bras. Les résultats de cette doctrine du toucher du piano ont été pour Kalkbrenner une admirable égalité, une parfaite aptitude des deux mains, le brillant et l'élégance, mais en même temps elle a donné des limites plus étroites à la production d'accents variés par l'instrument, que dans l'école de Vienne, où toutes les manières d'attaquer le clavier sont admises dans le but de produire des effets divers.

En 1833, Kalkbrenner a fait un nouveau voyage en Allemagne, dans lequel il a visité

Hambourg et Berlin; ses succès n'y ont pas eu moins d'éclat que dans l'excursion qu'il y avait faite dix années auparavant. Trois ans après, il a visité la Belgique. Le roi, après l'avoir entendu à Bruxelles, l'a décoré de l'ordre de Léopold.

Les compositions publiées par cet artiste sont en grand nombre. Parmi ces ouvrages, on remarque surtout : 1° Premier grand concerto (en *ré mineur*), op. 61, Londres, Paris, Bonn, Leipsick. 2° Deuxième *idem* (en *mi*), op. 85, *ibid.* 3° Troisième *idem* (en *la*), op. 107, *ibid.* 4° Grand concerto pour deux pianos (en *ut*), op. 125. 5° Plusieurs grands rondos brillants pour piano et orchestre, op. 60, 70 et 101, *ibid.* 6° Fantaisies et variations avec orchestre, op. 72, 83, 90 et 113, *ibid.* 7° Grand septuor pour piano, deux violons, deux cors, alto et basse, op. 15. 8° Grand quintetto pour piano, deux violons, alto et violoncelle, op. 30, *ibid.* 9° Sextuor pour piano, deux violons, alto, violoncelle et contrebasse, op. 58, *ibid.* 10° Quintetto pour piano, clarinette, cor, basson et contrebasse, op. 81, *ibid.* 11° Quatuor pour piano, violon, alto et violoncelle, op. 2, Paris, Sieber, Leipsick, Hofmeister. 12° Trios pour piano, violon et violoncelle, op. 7, 14, 26, 39, 84, Paris, Bonn, Leipsick, Vienne, Berlin. 13° Duos pour piano et violon, ou alto, ou violoncelle, op. 11, 22, 27, 39, 47, 49, 63, 86, *ibid.* 14° Sonates et pièces pour piano à quatre mains, op. 3, 79, *ibid.* 15° Sonates pour piano seul, op. 1, 4, 13, 28, 35, 48, 56, *ibid.* 16° Sonate pour la main gauche, op. 42, *ibid.* 17° Fantaisies pour piano seul, op. 5, 6, 8, 9, 12, 21, 33, 36, 37, 50, 53, 64, 68, 76, 80, 110, 114, 119, *ibid.* 18° Rondeaux *idem*, op. 31, 32, 43, 45, 46, 52, 57, 59, 61, 62, 65, 67, 78, 96, 97, 101, 102, 106, 109, 116, *ibid.* 19° Études, caprices, fugues, etc., op. 20, 125, 104, 54, 88, fugue à trois sujets (en *ut*), fugue en *fa* mineur, etc., *ibid.* 20° Thèmes variés, op. 10, 16, 17, 18, 19, 23, 25, 29, 38, 44, 51, 53, 69, 71, 72, 75, 83, 98, 99, 112, 115, 118, 120, 122, *ibid.* Une édition des œuvres complètes de Kalkbrenner a été publiée à Leipsick, chez Probst. 21° *Méthode pour apprendre le piano-forte à l'aide du guide-mains, contenant les principes de musique, un système complet de doigter, la classification des auteurs à étudier, etc., suivie de douze études*, op. 108; Paris, Pleyel, etc. Des traductions allemandes, anglaises et italiennes de ce bon ouvrage ont été publiées à Leipsick, à Londres et à Milan. Kalkbrenner était chevalier de plusieurs ordres. Il est mort à Paris, le 11 juin 1849. Une notice biographique avait été publiée sur lui, par M. Louis Boivin, dans la *Revue générale, biographique, politique et littéraire*, en 1842, puis tirée à part, grand in-8°. Cette notice est un véritable roman.

Kalkbrenner a laissé un fils (Arthur), son élève pour le piano, qui s'est fait entendre dans plusieurs concerts, et a publié des bagatelles pour son instrument.

KALKUS (Joseph), né à Boemisch-Brod, en Bohême, dans la seconde moitié du dix-huitième siècle, apprit la musique dans l'école de ce lieu, et fréquenta ensuite le Gymnase de Prague, où il fit sa philosophie et un cours de droit. Après avoir composé des danses allemandes, des menuets et des *Landler*, il alla s'établir à Vienne où il acquit de la renommée pour ce genre de musique. En 1811, il fit un voyage à Prague pour revoir ses amis : depuis cette époque, on n'en a plus entendu parler.

KALLAUS (Ferdinand), né en Bohême, vers 1750, a été placé, en 1788, chez le prince évêque de Passau, en qualité de ténor de la musique de la chambre, après avoir été quelque temps au service du prince évêque de Freysing. En 1812, il vivait à Prague où il enseignait le chant. Il était aussi bon violoniste et pianiste, et composait de bonne musique. On a publié de sa composition des chants à l'usage des églises catholiques (*Katholischer Kirchengesang*); Straubing, Heigl, et un recueil de chansons à trois voix, et quatre suites; Linz, Haslinger. Kallaus a laissé en manuscrit quelques messes qui sont estimées.

KALLENBACH (Georges-Ernest-Gottlieb), organiste à l'église du Saint-Esprit, à Magdebourg, s'est fait connaître vers la fin du dix-huitième siècle comme compositeur dramatique, comme auteur de pièces instrumentales et vocales, et comme écrivain didactique. Le calendrier des théâtres de Gotha de 1790 lui attribue les opéras suivants : *Das Schottenbild an der Wand* (le Fantôme sur le mur). 2° *Scène de mariage*, intermède. 3° Un opéra bouffe dont le titre n'est pas indiqué. Kallenbach a publié : 1° Pièces choisies pour piano à quatre mains; Brunswick, Spehr. 2° *Musikal. Unterhaltungen* (Amusements musicaux); Magdebourg, Creutz. 3° Jeu de dés musical, pour apprendre à composer des anglaises, des valses, etc.; *ibid.* 4° Préludes, petites fugues faciles et fantaisies pour l'orgue, *ibid.* 5° Livre choral à quatre voix avec des versets pour l'orgue, *ibid.* Cet ouvrage a eu deux éditions. 6° Duos à deux voix, avec accompagnement de piano à quatre mains, Leipsick, Heinrich. 7° Motets allemands à cinq voix d'hommes; Leipsick, Peters. 8° *Zwerg fellerschætterungen und Lieder der Freude* (Petites chansons bruyantes et de joie, avec accompagnement de piano); Halle, 1800. 9° Six chansons pour trois voix d'hommes; Leipsick, Peters. 10° *Ausweichungen in alle Dur-und Molltæne mitteist* 3, 2 *und eines einzigen Accords, nebst Anhang von Orgelpunkten* (Modulations dans tous les tons majeurs et mineurs au moyen de trois accords, de deux, ou d'un seul), deuxième édition améliorée, Magdebourg, Creutz, in-8°.

KALLENBERG (Wilhelm), *cantor* à Erfurt depuis 1831, s'est fait connaître par des chants à voix seule avec accompagnement de piano, et par un recueil de six chants d'église pour soprano, contralto, ténor et basse, avec accompagnement de flûte, deux clarinettes, deux cors, deux trompettes, trombone et orgue, Weimar, Hoffmann.

KALLIWODA (Jean-Wenceslas), compositeur, né à Prague, le 21 février 1801, a été admis au Conservatoire de musique de cette ville dans sa dixième année, et y a reçu pendant six ans une éducation musicale complète. A l'âge de seize ans, il est entré à l'orchestre du théâtre de Prague en qualité de violoniste, et il y est resté jusque dans sa vingt-deuxième année. A cette époque, il a fait un voyage à Munich, où il a été accueilli avec beaucoup de faveur. Pendant son séjour en cette ville, son talent a été remarqué par le prince de Furstenberg, qui lui a confié le poste de son maître de chapelle, dans sa résidence de Donaueschingen. Depuis ce temps, M. Kalliwoda, dont la réputation s'est faite par les compositions instrumentales qu'il a publiées, n'a pas quitté sa position, bien qu'il lui ait été fait plusieurs propositions avantageuses. Il s'occupe incessamment de l'amélioration de son orchestre, ou écrit des symphonies, des concertos, et d'autres morceaux de tout genre. Il a publié jusqu'à ce jour : 1° Première symphonie (en *fa* mineur), op. 7; Leipsick, Breitkopf et Hærtel. 2° Deuxième *idem* (en *mi* bémol), op. 17; Leipsick, Peters. 3° Troisième *idem* (en *ré* mineur), op. 28; *ibid.* 4° Quatrième *idem* (en *ut* mineur); *ibid.* 5° Cinquième *idem* (en *si* mineur); *ibid.* 6° Sixième *idem* (en *fa* majeur). 7° Treize ouvertures de concert, œuvres 38, 44, 55, 56, 76, 85, 101, 108, 126, 141, 143, 145; toutes publiées chez Peters, à Leipsick. 8° Six concertinos pour violon et orchestre, op. 15, 30, 72, 100, 133, 151; *ibid.* 9° Un concerto pour le même instrument, op. 9; Leipsick, Breitkopf et Hærtel. 10° Des variations, pots-pourris et fantaisies pour violon et orchestre, op. 13, 18, 22, 35, 37 et 41; *ibid.* 11° Concertante pour deux violons, op. 20; *ibid.* 12° Rondeaux pour piano seul, op. 10, 11, 16, 19, 23, 42; Leipsick, Breitkopf et Hærtel. 13° Deux polonaises pour violon et orchestre, op. 8 et 45; Hanovre et Leipsick. 14° Deux pots-pourris pour violon et orchestre, op. 35 et 36; Leipsick, Peters. 15° Grande polonaise pour piano à quatre mains, op. 8; Brunswick, Meyer. 16° Marches et valses pour piano à quatre mains, op. 26, 27, 28, 30; Leipsick. 17° Chansons allemandes à voix seule, avec accompagnement de piano, Prague, Berra, deux suites. 18° Trois quatuors pour deux violons, alto et basse, op. 61, 62 et 90; Leipsick, Peters. M. Kalliwoda a écrit aussi un opéra intitulé : *Blanda*, qui a été représenté à Prague, en 1847.

KALLIWODA (Guillaume ou Wilhelm), fils du précédent, est né à Donaueschingen, le 19 juillet 1827. Son père n'eut presque aucune part à son éducation musicale; il l'envoya fort jeune au Conservatoire de Leipsick, où il reçut des leçons de piano et de composition de Mendelssohn, depuis 1844 jusqu'en 1847. Ce jeune artiste n'était âgé que de vingt ans, lorsqu'il fut appelé à Carlsruhe, pour y diriger la musique de l'église catholique. Il s'est fait dans cette ville la réputation de pianiste distingué et de bon chef d'orchestre. On a publié de sa composition : 1° Ouverture de concert à grand orchestre; Leipsick, Peters. 2° Première symphonie, *idem; ibid.* 3° Fantaisie caprice pour piano, op. 1; Rudolstadt, Müller. 4° Six pièces caractéristiques, *idem*, op. 2; *ibid.* 5° *Erwartung* (Attente), chant à voix seule avec piano. 6° Deux marches militaires pour piano; Leipsick, Peters. 7° Six chants à voix seule avec piano; *ibid.* Le style de la musique de M. Kalliwoda est une imitation de celui de Mendelssohn.

KAMBACH (...), *cantor* à l'église principale de Schweidnitz, actuellement vivant, a publié en cette ville, au mois d'avril 1818, un livre de chorals, et en 1822, un recueil de pièces d'orgue.

KAMBRA (Charles), musicien allemand, fixé à Londres vers la fin du dix-huitième siècle, a publié dans le Mercure allemand de 1796 (part. 1, n° 4) une chanson chinoise, traduite en notation européenne, avec quelques remarques sur la musique de la Chine. Il a fait aussi paraître à Londres deux chansons originales de la Chine, avec accompagnement de piano, en 1800. Parmi ses propres-

compositions, on remarque . 1° Six sonates pour le piano, op. 1; Londres, Clementi. 2° Six *idem*, op. 2; *ibid*. 3° Trois *idem*, op. 3, Londres, Preston. 4° *The favorit hornpipes with 8 variations for the forte-piano;* ibid. 5° Les danses favorites du prince de Galles pour le piano; *ibid*. et Leipsick. 6° Trois airs en rondos pour le piano; Londres et Leipsick. 7° Deux rondos pour le piano, op. 10; *ibid*. 8° Quelques recueils de chansons anglaises.

KAMIENSKI (Mathias), créateur de l'opéra polonais, naquit le 13 octobre 1734, à Edenbourg, petite ville de la Hongrie, sur les frontières d'Autriche. On ignore où il reçut son éducation musicale, mais on sait qu'il entra fort jeune dans la chapelle du comte Hentzel. Après y avoir été attaché pendant plusieurs années, il se rendit à Vienne, pour étudier la composition et perfectionner son talent de pianiste. Il alla ensuite se fixer à Varsovie et s'y livra à l'enseignement de la musique. Son premier opéra, intitulé : *Nendza Uszczesliwiona* (la Misère consolée), fut joué sur le Théâtre-National de Varsovie, en 1778. La musique de Kamienski, expressive et gracieuse, eut un succès de vogue. Cet ouvrage fut le premier opéra original écrit sur des paroles polonaises et chanté par des acteurs polonais. La partition contenait treize morceaux, dont deux duos, plusieurs airs, un morceau d'ensemble à la fin de la pièce; mais il ne s'y trouvait pas de chœurs. Les autres opéras de Kamienski sont : 1° *Zoska czyli wieiskie zaloty* (Sophie ou les Amours de village), qui obtint soixante-seize représentations à Varsovie, et fut joué dans plusieurs villes de province. 2° *Cnotliwa prostota* (Simplicité vertueuse); ces deux ouvrages furent joués en 1779. 3° *Balik gospodarski* (le Bal champêtre). 4° *Slowik* (le Rossignol). 5° *Tradycya Zalatwiona* (la Saisie réglée). Kamienski écrivit aussi la musique des opéras allemands *le Sultan Wampou* et *Antoine et Antoinette*, pour l'administration théâtrale de Constantini, mais le départ des chanteurs allemands en empêcha la représentation. Enfin, on a de lui plusieurs messes, des offertoires et des polonaises. Au nombre de ses derniers ouvrages, on remarque une grande cantate qu'il écrivit pour l'inauguration de la statue équestre de Jean Sobieski, et qui fut exécutée au palais Lazienski, puis plusieurs fois au théâtre de Varsovie. Kamienski est mort dans cette ville, le 25 janvier 1821, à l'âge de quatre-vingt-sept ans.

KAMMEL (Antoine), violoniste et compositeur, né en Bohême, dans les terres du comte Waldstein, fut envoyé en Italie par ce seigneur, pour y perfectionner son talent sur le violon. Kammel se rendit à Padoue, et y reçut des leçons de Tartini. En peu de temps il fit, sous un tel maître, de rapides progrès. De retour à Prague, il étonna les amateurs et les artistes par son habileté et par l'expression de son jeu dans l'adagio. Tout à coup, il disparut de cette ville sans qu'on sût ce qu'il était devenu; ce ne fut qu'après un certain temps qu'on apprit qu'il était à Londres. Il paraît que son jeu ne plut point d'abord aux Anglais; mais il finit par obtenir des succès, et fut admis dans la musique du roi d'Angleterre. On croit qu'il est mort avant 1788. Dlabacz fournit la liste suivante de ses ouvrages, dans le *Dictionnaire des artistes de la Bohême ;* 1° Six sonates pour deux violons, op. 2; Amsterdam. 2° Six quatuors pour deux violons, alto et basse, op. 4; *ibid*. 3° Six duos pour deux violons, op. 5; La Haye. 4° Six sonates pour deux violons, op. 7; *ibid*. 5° Six quatuors pour deux violons, alto et basse, op. 8; Amsterdam et Berlin. 6° Six solos pour violon, op. 9; La Haye. 7° Six ouvertures pour orchestre complet, op. 10; Londres. 8° Six duos pour deux violons, op. 12. 9° Six sonates pour violon, avec accompagnement de basse, op. 13; Paris. 10° Trois quatuors pour flûte, deux violons et basse, op. 14; Amsterdam et Berlin. 11° Six duos, dont quatre pour deux violons, et deux pour violon et violoncelle, op. 15; Berlin et Amsterdam. 12° Six quatuors ou divertissements, dont trois pour deux violons, alto et basse, et trois pour flûte ou hautbois et violoncelle, op. 17; Berlin et Amsterdam. 13° Six duos pour deux violons, op. 19; Paris, Sieber. Les ouvrages que Dlabacz n'a pas connus sont : 14° Dix-huit trios pour deux violons et basse, op. 11, 23 et 25; Paris, Sieber. 15° Six divertissements en quatuors, op. 21; *ibid*. 16° Dix-huit duos pour deux violons, op. 20, 22 et 26; *ibid*. 17° Six sonates en trios pour clavecin, violon et basse, op. 16; *ibid*.

KAMMERLOHER. *Voyez* Cammerloher.

KANDLER (François de Sales), né à Kloster-Neubourg, près de Vienne, le 23 août 1792, reçut les premières leçons de musique de son père, instituteur et directeur du chœur dans cette petite ville. Admis comme sopraniste, en 1802, dans la chapelle de la cour impériale, il dut à cette circonstance l'avantage d'acquérir une instruction solide dans l'art, objet de sa prédilection. Il fit aussi à Vienne de bonnes études littéraires et philosophiques, et reçut d'Albrechtsberger, de Salieri et de Gyrowetz des conseils pour la composition. Après avoir écrit quelques morceaux de musique d'église, il s'adonna particulièrement, en 1816, à la littérature musicale, et publia plusieurs articles dans la *Gazette musicale de Vienne* qui dut particulièrement son existence à ses efforts. Vers la fin de 1817, il fut obligé de se rendre à Venise, comme employé de la marine. Cette circonstance fut heureuse pour Kandler, car dès ce moment il eut à sa portée beaucoup de renseignements et de documents pour les recherches qu'il se proposait de faire relativement à quelques points de l'histoire de la musique. Neuf années entières passées en Italie, et pendant lesquelles il fit des voyages et des séjours à Bologne, à Rome et à Naples, lui procurèrent une ample moisson de faits intéressants et de monuments de l'art. Une bonne notice biographique de Hasse, et quelques morceaux étendus sur l'état actuel de la musique en Italie, particulièrement à Rome et à Naples, le firent connaître avantageusement, et lui firent envoyer des diplômes de membre honoraire des académies d'Étrurie, de Rome et de plusieurs autres sociétés italiennes et allemandes.

En 1822, Kandler fut appelé à Milan et eut un emploi dans l'administration de la guerre chez le commandant général. Les travaux dont il s'occupa dès ce moment furent des traductions italiennes de quelques grandes compositions allemandes et françaises. C'est ainsi qu'il traduisit et fit exécuter devant de brillantes assemblées *Joseph*, de Méhul; *la Passion*, de Weigl; *le Christ au mont des Oliviers*, de Beethoven (qui fut publié chez Ricordi, avec cette traduction), et le *Pater Noster*, de Naumann. De retour à Vienne en 1827, il y eut un emploi au conseil de guerre; mais cette place lui laissant une assez grande liberté, il en profita pour mettre en ordre les matériaux qu'il avait recueillis pour la rédaction de divers ouvrages dont il avait conçu le plan. Malheureusement il n'eut pas le temps de réaliser ses vues, car il mourut du choléra, le 26 septembre 1831, également regretté par les artistes et par ses amis.

On a de Kandler : 1° Plusieurs articles sur divers sujets publiés dans la *Gazette musicale de Vienne* pendant les années 1816 et 1817, entres autres sur le Métronome de Maelzel (ann. 1817, p. 33-36, 41-43, 49-52, 57-58). 2° *Cenni Storico-critici intorno alla vita ed alle opere del celebre compositore Giov. Adolfo Hasse, detto il Sassone*, in Venezia, per Giuseppe Picatti, 1820, in-8° de cinquante pages, avec le portrait de Hasse. Une deuxième édition de cette biographie a été publiée à Naples dans la même année. C.-F. Michaelis, de Leipsick, en a fait une traduction allemande, qui n'a point été imprimée. 3° *Ueber den gegenwærtigen Kulturzustand des Kœniglichen Musik-Collegium in Neapel, mit einen vorbegehenden Rückblicke auf die verblichegen Conservatorien dieser Hauptstadt* (Sur l'état actuel de l'éducation dans le Collége royal de musique de Naples, avec un coup d'œil rétrospectif sur les anciens conservatoires de cette capitale), dans la *Gazette musicale de Leipsick*, t. XXIII, p. 842, 849 et 869. 4° *Musikstand von Neapel in Jahr* 1826 (Situation de la musique à Naples dans l'année 1826), dans la *Cæcilia*, 1827, t. VI, p. 235-290, avec deux chansons populaires et une mélodie de tarentelle. Une traduction française abrégée de ce morceau a été publiée dans la *Revue musicale*, t. IV, p. 1-7, 49-58, 145-155. 5° *Sur l'état actuel de la musique à Rome*, traduit sur le manuscrit allemand communiqué par l'auteur, dans le troisième volume de la *Revue musicale*, p. 49-60, 73-81, 97-102. 6° *Ueber das Leben und die Werke des G. Pierluigi da Palestrina, genannt der Fürst der Musik*, etc. (Sur la vie et les ouvrages de Jean Pierluigi de Palestrina, appelé *le Prince de la musique*, etc., ouvrage posthume publié avec un avant-propos et quelques notes par M. R.-G. Kiesewetter, qui en a été l'éditeur), Leipsick, Breitkopf et Hærtel, 1834, un volume in-8° de XXIV et 224 pages. Ce livre a été extrait par Kandler des *Mémoires historiques sur la vie et les ouvrages du célèbre maître de l'école romaine* publié par l'abbé Baini en deux volumes, in-4°. Dans son travail, Kandler a réduit aux faits l'ouvrage du savant directeur de la chapelle pontificale et à tout ce qui a un rapport direct à la musique, écartant surtout ce qui n'y est pas intimement lié, et renvoyant dans un appendice les renseignements intéressants qui concernent d'anciens compositeurs. Ce travail est fait avec intelligence. On a publié aussi après la mort de Kandler : *Cenni storico-critici sulle vicende e lo stato attuale della musica in Italia*, Venezia, 1836, in-8° de cent soixante-treize pages. C'est une traduction des articles trouvés dans ses papiers et publiés dans plusieurs numéros de l'écrit périodique intitulé : *Cæcilia*, publié à Mayence, chez Schott.

KANKA (Jean), docteur en droit et pianiste distingué, né à Prague, vers 1720, était fils d'un conseiller à la cour d'appel de cette ville et exerçait à Prague la profession d'avocat dans les premières années du dix-neuvième siècle; mais il paraît s'être ensuite fixé à Vienne, car il a publié dans cette ville, en 1823, un livre concernant l'administration de la police dans les États autrichiens. Sa première production musicale a été une cantate qu'il a fait exécuter, en 1795, à l'église Saint-Nicolas de Prague, pour le jubilé de cinquante ans du président de la cour d'appel et grand amateur de musique, comte de Spork. Ses autres ouvrages connus sont : 1° Treize variations pour le piano sur un thème original; Leipsick, Breitkopf et Hærtel. 2° Concerto pour piano et orchestre (en *ré*); *ibid.*, 1804. 3° *Chansons des braves Autrichiens*, de Collins, mises en musique par J. Kanka, première partie; Prague, Gottl. Haas, in-4° obl. Il existait aussi, au temps de Gerber, quatorze variations pour piano, violon et alto, en manuscrit chez Træg, de Vienne.

KANNE (Frédéric-Auguste), né le 8 mars 1788, à Delitsch, en Saxe, étudia d'abord la médecine et la théologie aux Universités de Leipsick et de Wittenberg; mais bientôt il abandonna les sciences pour les beaux-arts, particulièrement pour la musique. Après avoir été pendant un an secrétaire du prince de Dessau, il alla étudier sérieusement la musique sous la direction du *cantor* Weinling, et se livra surtout à la lecture de quelques bons traités de cet art. En 1801, il retourna à Leipsick et y resta jusqu'en 1808. L'année suivante, il se rendit à Vienne où il trouva dans le prince de Lobkowitz un protecteur qui le reçut dans sa maison, et l'affranchit de tous les soucis ordinaires de la vie. Kanne put à son gré cultiver la poésie et la composition musicale, acceptant des places de maître de musique et les abandonnant suivant les fantaisies de son caractère capricieux. Il écrivit aussi des critiques pour les journaux, et ce fut lui qui rédigea les dernières années de la *Gazette musicale de Vienne*. Toutefois, malgré l'étendue de son savoir et la variété de ses connaissances, il finit par tomber dans une misère profonde, et fut souvent réduit à faire, pour vivre, de petites pièces de vers pour les noces ou les funérailles, qui ne lui étaient payées que par le don de quelques pièces de monnaie. Sa vie déréglée et ses excès d'intempérance lui causèrent à la fin une maladie d'entrailles qui s'aggrava parce qu'il rejeta tout secours de la médecine, et qui lui donna la mort, le 16 décembre 1833, au moment où il venait de sortir du cabaret.

Kanne était, dit-on, doué d'un génie original et vigoureux, mais d'un esprit bizarre qui ne sut jamais se régler, et qui dissipa dans une vie agitée des trésors intellectuels qui auraient conduit tout autre au bonheur et à la renommée. Il n'aimait pas le travail, n'écrivait que par caprice, et ne savait comment s'y prendre pour gagner de l'argent. Ce qu'il savait encore moins, c'était d'en être ménager. Dans ses critiques, il savait fort bien analyser les défauts des productions d'autrui, quoique les siennes ne fussent rien moins que correctes. Les ouvrages de musique qu'on connaît de lui sont les opéras, vaudevilles et drames suivants : 1° *Die Elfenkœnigin* (la Reine des Elfes). 2° *Orphée*. 3° *Miranda*. 4° *Die Belagerten* (les Assiégés). 5° *Deutscher Sinn* (Esprit allemand). 6° *Sapho*. 7° *Die eiserne Jungfrau* (la Vierge de fer). 8° *Lindana*. 9° *Malvina*. 10° *Der Untergang des Feenreichs* (la Chute de l'empire des fées). 11° *Die Zauberschminke* (le Fard enchanté). Parmi ses autres ouvrages, on remarque : 12° Marches des troupes autrichiennes en harmonie à dix parties, Vienne, Haslinger. 13° Trios pour piano, violon et violoncelle, op. 25; *ibid.* 14° Sonate pour piano et violon, op. 35, *ibid.* 15° Grande sonate pour piano à quatre mains, op. 31; *ibid.* 16° Sonates pour piano seul, op. 18, 32, et grande sonate en *ré;* Leipsick, Breitkopf et Hærtel, et Vienne, Haslinger. 17° Plusieurs rondeaux et autres pièces détachées pour le piano; Vienne, Artaria et Mechetti. 18° Thème de *Joconde* varié pour piano, op. 108, *ibid.* 19° Douze duos pour soprano et ténor; Leipsick, Hofmeister. 20° Un très-grand nombre de chants à voix seule avec accompagnement de piano, en recueils ou détachés; Leipsick et Vienne. 21° *L. V. Beethoven's Tod, den 26 mars* 1827 (la Mort de Beethoven, le 26 mars 1827), fantaisie littéraire, Vienne, Tendler, in-8°.

KANT (Emmanuel), illustre philosophe, né à Kœnigsberg le 22 avril 1724, s'occupa d'abord de mathématiques, et obtint une chaire à l'université de sa ville natale. Ce ne fut qu'en 1760, à l'âge de trente-six ans, qu'il se livra aux recherches philosophiques et que son génie découvrit les principes du système de la philosophie critique, devenu ensuite si célèbre. Le reste de sa vie paisible et méditative fut employé à développer les conséquences de ce système dans divers ouvrages qui ne furent pas d'abord compris, mais qui plus tard ont changé la direction des études philosophiques, et qui ont eu autant d'admirateurs enthousiastes que d'ardents détracteurs. Ce grand homme a cessé de vivre le 12 février 1804. Les paragraphes 13, 14, 16, 51, 52, 53 et 54 de sa *Critique du Jugement* (Kritik der Urtheilskraft, Berlin, 1799, troisième édition), sont relatifs à la musique; ce qu'il en dit fait voir qu'il était absolument étranger à cet art; il n'y est pas même conséquent à ses principes. Suivant lui, la musique n'est qu'un simple jeu de sensations auquel ne s'attache aucune idée intellectuelle.

KANTUN, arabe connu sous le nom de *musicien de Babylone*, parce qu'il était né à Hilleh, près des ruines de cette ville. Il est auteur d'un *Traité du rhythme musical*, en langue arabe, cité par Casiri (*Biblioth. arabico-hispano*, t. I, n° 419). On ignore l'époque précise où vécut ce musicien.

KANZLER (Joséphine), femme du célèbre hautboïste Fladt (*voyez* ce nom), est née, en 1780, à Markt-Tœlz. Dans sa jeunesse, elle suivit à Munich son père qui venait d'être nommé médecin de la ville : elle y reçut des leçons de piano de Marc Falter et de Lauska, puis étudia la composition sous la direction de Graetz, ensuite de Danzi, et enfin de l'abbé Vogler. On a de cette dame un quatuor pour piano, violon, alto et violoncelle (en *ré*), gravé à Paris chez Érard, et un autre (en *mi* bémol); Vienne, Cappi. Plusieurs sonates et thèmes variés pour le piano, de sa composition, sont restés en manuscrit. On a gravé quelques-unes de ses chansons allemandes où l'on remarque beaucoup de goût et d'élégance. Cette dame a été considérée longtemps comme une des pianistes les plus distinguées de l'Allemagne. Elle possédait aussi des connaissances étendues dans la théorie et dans la littérature de la musique.

KAPLER (Charles-Benjamin), *cantor* et organiste à Steinau (Silésie), est né, le 9 août 1801, à Voigtsdorf (près de Hirschberg), où son père était charpentier. Après avoir achevé, à l'École normale de Bunzlau, ses études relatives à l'enseignement primaire, il fut nommé en 1822, instituteur adjoint à Giersdorf, village près de Warmbrunn, et y resta jusqu'en 1827; puis il alla occuper une position semblable à l'École des filles de Wohlau; et enfin, il obtint, en 1829, sa nomination de cantor et organiste à Steinau. Dans les loisirs que lui laissaient ses fonctions, Kapler a écrit un livre choral pour l'usage des habitants de Steinau; un ouvrage qui a pour titre *le Chanteur du dimanche et des jours de fête*; consistant en soixante-douze chants à quatre voix, avec accompagnement d'instruments à vent; le soixante-dix-huitième psaume avec orchestre complet; le cantique *Preis him* (Gloire à lui), pour un chœur d'hommes à quatre voix. Ces ouvrages étaient terminés en 1847; mais ils étaient encore en manuscrit.

KAPP (J.-Charles), organiste de l'église luthérienne de Minden, en Prusse, est né en 1772, à Schwanensée, en Thuringe, où son père était instituteur. En 1780, il entra au collége d'Erfurt pour y faire ses études; il y apprit la musique sous la direction de Weimar, et s'instruisit dans l'art de jouer du piano et de l'orgue, par ses entretiens avec Hæssler (*voyez* ce nom), pianiste distingué qui l'avait pris en affection, à cause du talent qu'il avait reçu de la nature pour la musique. Sur la recommandation de Weimar, il obtint, vers 1795, la place d'organiste à Saint-Martin de Minden. En 1801, il fut nommé organiste et *cantor* à l'église Saint-Siméon. Il est mort à Minden, le 19 février 1808, à l'âge de 36 ans. Les ouvrages publiés par cet artiste consistent en : 1° Trois sonates pour piano, op. 1; Erfurt, 1792. 2° Trois *idem*, op. 2; *ibid.* 3° Sonate à quatre mains, op. 3. 4° Trois thèmes variés pour piano, op. 4. 5° Sonate à quatre mains, op. 5. 6° Un quatuor pour piano, violon, alto et violoncelle, op. 6, 1798. 7° Deux airs variés, op. 7, 1798. 8° Douze préludes pour l'orgue, op. 8. 9° Six pièces finales *idem*, op. 9; Brunswick, Spehr.

KAPP (Christian), docteur et professeur de philosophie à Erlang, vers 1830, est auteur d'un livre intitulé : *Italien; Schilderungen für Freunde der Natur und Kunst* (l'Italie, aperçus pour les amis de la nature et de l'art). Berlin, Riemer, 1837, volume in-8° de près de huit cents pages. Ce qui concerne la musique est contenu entre les pages 242 et 303.

KAPPELER (Jean-Népomucène), ou **CAPELLER**, flûtiste et guitariste allemand, n'est connu que par les ouvrages suivants : 1° Six quatuors pour flûte, violon, alto et basse, livres I et II, Leipsick, Breitkopf et Hærtel. 2° Variations sur un air populaire suisse pour flûte, violon, alto et basse, Munich, Falter. 3° Quatuor pour deux flûtes, violon et guitare, Mayence, Schott. 4° Douze pièces faciles pour flûte, alto et guitare, Leipsick, Breitkopf et Hærtel.

KAPSPERGER (Jean-Jérôme), célèbre

théorbiste, luthiste, guitariste, joueur de trompette et compositeur allemand, d'une famille noble, vécut en Italie, et surtout à Rome, depuis le commencement du dix-septième siècle. Il séjourna d'abord à Venise, ainsi que le prouvent les éditions de ses premiers ouvrages qui furent faites en cette ville; puis il se rendit à Rome, où il paraît avoir passé le reste de ses jours. Gerber croit que la carrière de ce musicien a fini vers 1630, mais il est vraisemblable qu'il a vécu beaucoup plus tard, bien que sa dernière publication connue soit datée de 1633; car le P. Kircher, qui publia sa *Musurgia* en 1650, en parle comme d'un homme vivant alors (Musurg., lib. VII, tom. I, page 586). Voici ses paroles : *Cujus exempla* (*Galliardarum, Passamezzarum, etc.*) *nobis suppeditavit nobilis musicus Hieronymus Capspergerus Germanus, innumerabilium ferè qua scriptorum, qua impressorum voluminum Musicorum editione clarissimus, qui ingenio pollens maximo, ope aliarum scientiarum, quarum peritus est, musicæ arcana feliciter penetravit*, etc. Si Kapsperger avait cessé de vivre, Kircher n'aurait point écrit *quarum peritus est*, mais *quarum peritus erat*. Si ce musicien vivait encore en 1650, comme cela est vraisemblable, il devait être avancé en âge, car son premier livre de tablature pour la grande guitare italienne (*chitarone*) a été publié à Venise, en 1604, (et non en 1601, comme le dit Gerber). J.-B. Doni, contemporain de Kapsperger, le représente dans son traité de l'excellence de la musique des anciens (*De Præst. Mus. Vet., lib. 1 p. 98, in Op., t. I*), comme un homme vaniteux qui cherchait à se faire valoir par tous les moyens possibles, et qui dépréciait à son profit le mérite de tous les autres musiciens. Il rapporte que ce même Kapsperger, ayant trouvé un protecteur qui l'introduisit près du pape Urbain VIII, obtint de ce souverain pontife que ses compositions seraient substituées à celles de Palestrina dans la chapelle pontificale; mais que les chantres de cette chapelle se refusèrent d'abord à les chanter, et que lorsqu'ils y furent contraints, ils les corrompirent si bien qu'elles ne plurent point au pape, et qu'elles ne furent plus exécutées. L'abbé Baini a fait des recherches dans les archives de la chapelle pontificale pour vérifier ce fait; mais il n'y a retrouvé ni l'ordre du pape, ni la musique de Kapsperger transcrite sur les grands livres du chœur, comme elle aurait dû avoir été si on l'avait exécutée. Il pense donc que Kapsperger a fait, en effet, des efforts pour faire substituer sa musique à celle de Palestrina dans le service de la chapelle Sixtine, mais que les chantres de cette chapelle, musiciens d'un rare mérite, tels que François Saveri, Santo-Naldini, Étienne Landi, Grégoire Allegri, etc., ont fait des représentations contre une telle nouveauté, et contre le genre et les défauts de la musique d'église de Kapsperger; enfin que l'avis de ces savants hommes a prévalu, et que l'affaire n'a point eu de suite. Quoi qu'il en soit, on voit un monument de la flatterie par laquelle ce musicien essayait de gagner les bonnes grâces d'Urbain VIII, dans l'épître dédicatoire du premier volume des poésies religieuses que ce pape avait composées, lorsqu'il n'était encore que le cardinal Maffei Barberini, et que Kapsperger avait mises en musique. Dans l'épître de ce recueil, publié en 1624, il dit : *Mihi, qui Davidis gloriam in Max. Pont. eruditione reflorescere video, curæ fuit musicis numeris ea carmina modulari, quæ dignas Pontificia pietate sententias complectuntur, semperque aut Sanctorum triumphos persequuntur, aut humanæ pandunt oracula sapientiæ*. Il y a lieu de croire que les pièces de ce recueil sont celles dont Kapsperger avait sollicité l'exécution dans la chapelle pontificale.

Kircher, comme on l'a vu précédemment, accorde de grands éloges à ce musicien, et lui attribue, sinon l'invention des ornements du chant tels que les *straccini*, *mordenti* et *groupes*, au moins l'application de ces choses au théorbe et au luth, ainsi que certaines nouveautés dans la tablature et dans l'art de jouer de ces instruments : *Hic est, cui posteritas debuit omnes illas elegantias harmonicas, quas strascinos, mordentias, gruposque vulgo vocant, in tiorba ac testudine a fidicinibus adhiberi solitas; hic introduxit veram tum sonandi, tum intabulandi, ut turbaræ loquar rationem : omnia ferè harmonici stili genera summa excellentia tractavit* (loc. citat.). En ce qui concerne les ornements de la mélodie, l'abbé Baini a remarqué avec beaucoup de justesse (*Memor. storic. crit. della vita e delle opere di Gio. Pierl. da Palestrina*, t. II, n. 645), qu'ils étaient connus longtemps avant Kapsperger, et enseignés dans les ouvrages de Ganassi, de Vincent Galilei, d'Emilio del Cavaliere et de plusieurs autres. A l'égard de la tablature des instruments à cordes pincées, il est certain que celle dont se sert Kapsperger pour la notation de ses livres de pièces pour la grande guitare, le luth et le théorbe, ne ressemble ni à l'ancienne tablature exposée par Othmar Luscinius dans sa *Musurgia*, ni à la tablature italienne de Vincent Galilei, ni enfin à la tablature allemande dont se servaient dans ce temps Besard, Mathieu Reynmann, J. Van den Hove, Léopold Furmann et d'autres. Elle est plus simple et parle mieux à l'œil pour l'indication des traits. Kapsperger ne se sert point de lettres, mais de chiffres; il marque les trilles, les strascini, les mordents et les arpéges par des signes particuliers, ce qui explique les paroles de Kircher. Jacques-Antoine Pfender, beau-frère de Kapsperger, éditeur du premier livre de pièces pour la grande guitare à six cordes, a signalé ces nouveautés dans l'épître dédicatoire à l'auteur de ce recueil, par ces phrases d'assez mauvais italien : *La vaghezza et la novità di questa maniera d'intavolare, che tanto al mondo piace, et in cui V. S. è riuscità eccellente; tale è il giudicio che ne hanno fatto i pellegrini ingegni; è tanto desiderata, ch'io conoscendo i suoi pensieri à cose maggiori, et a più alti studii rivolti, ho confidatomi nel frattellevole amore, tanto più che buona parte ne andava sparsa quà e là per le mani di molti, di farne un dono a gli studiosi*, etc. Malgré les avantages de cette tablature, elle n'a point été adoptée par les luthistes. Quant au mérite des compositions de Kapsperger, il faudrait avoir la patience de mettre en notation ordinaire ses pièces de luth et d'autres instruments pour en juger; mais toute sa musique vocale est une imitation évidente du style nouveau de Monteverde et des Gabrieli. Son harmonie est en général mal écrite, et remplie de dissonances qui ne sont ni préparées ni résolues.

La vanité de Kapsperger se montre jusque dans les moindres circonstances; car, à l'exception du recueil qu'il a dédié lui-même au pape Urbain VIII, il a fait recueillir par ses amis et ses élèves tous ses autres ouvrages, et s'est fait faire des dédicaces avec des éloges ridicules. De plus, chaque recueil a un frontispice dont la plus grande partie est remplie par des armoiries somptueuses qui étalent, ou qu'il supposait être celles de sa maison. Enfin, chaque page de toutes ses œuvres porte son monogramme composé d'un H et d'un K.

Léon Allacci, à qui l'on doit une biographie des écrivains et des artistes qui ont fleuri à Rome sous le pontificat d'Urbain VIII, et qui, par allusion aux abeilles qui forment les armoiries des Barberini, a donné à son livre le titre d'*Apes Urbanæ*, nous a fourni une liste à peu près complète des œuvres imprimées ou manuscrites de Kapsperger. La voici rangée dans l'ordre chronologique, et complétée de ce qui a échappé aux recherches de ce savant : 1° *Libro primo d'intavolatura di chitarone, Raccolto dal sig. Giacomo Antonio Pfender*, in Venetia, 1604, in-fol. gravé. Les livres deuxième, Rome, 1616, et troisième, *ibid.*, 1626, in-fol. 2° *Libro I de madrigali a 5 voci, col basso continuo*, Rome 1609, in-4° imprimé. 3° *Libro primo di Villanelle a 1, 2 et 3 voci, accomodate per qualsivoglia strumento con l'intavolatura del Chitarone et alfabeto per la chitarra spagnuola. Raccolto dal sig. Cavalier Flamminio*, Rome, 1610, in-fol., gravé. Le deuxième livre, recueilli par Ascanio Ferrari, a été imprimé chez Robletti, en 1619, in-fol.; le troisième livre, gravé, a été publié par Fr. Porta, à Rome, dans la même année; le quatrième, recueilli par Marcello Pannochieschi, a été imprimé chez Luc Antoine Soldi, en 1623, in-fol., et le cinquième en 1630, chez Masotti. 4° *D'intavolature di Lauto, con le sue tavole per sonare sopra la parte, lib. I. Raccolto dal sig. Fil. Nicolini*, Rome, 1611, gravé. 5° *Idem*, deuxième livre, *ibid.*, 1623, in-fol., gravé. 6° *Libro primo di Arie passeggiate a una voce con l'intavolatura del chitarone. Raccolto dal car. fra Jacomo Christ. ab Andlaw*, Rome, 1612, in-fol., gravé. 7° *Libro secondo d'Arie passeggiate, a una e più voci*, Rome, Soldi, 1623, in-fol., imprimé. 8° *Libro terzo di Arie passeggiate a 1 et più voci*, 1630, in-fol., gravé. 9° *Libro primo di Motetti passeggiati a una voce, raccolto dal sig. Franc. De Nobili*, Rome, 1612, in-fol., gravé. 10° *Libro I de Balli, Gagliarde et Correnti a 4 voci*, Rome, Robletti, 1615, in-fol. 11° *Libro I de Sinfonie a 4 con il basso continuo*, Rome, 1615, in-fol., gravé. 12° *Caprici a due stromenti, Tiorba e Tiorbino*, Rome, 1617, in-fol., gravé. 13° *Poemata e Carmina composita a Maffæo Barberino olim S. R. E. Card. nunc autem Urbano octavo. P. O. M. musicis modis optata à Jo. Hier. Kapsperger, nobili Germano*. Vol. I, Romæ, apud Lucam Ant. Soldum, 1624, in-fol. 14° *Idem*, vol. II, Rome, Masotti, 1633, in-fol. 15° *Carro musicale, in nuptiis DD. Thaddæi Barberini et Annæ Columnæi*, ibid., 1627, in-fol. 16° *Epitalamio in nuptiis DD. Car. Ant. à Puteo et Theodoræ Costae, recitato a più voci*, Rome, 1628, in-fol. 17° *Felonte, dramma recitata a più voci*, ibid., 1630, in-fol. 18° *Pastori di Betelemme nella nascità di N. S. Dia-*

logo recitativo a più voci, ibid., 1630, in-fol. 19° *Missarum Urbanarum 4, 5 et 8 vocibus*, vol. I, Rome, 1631, in-fol. 20° *Litaniæ Deiparæ virginis musicis modis aptatæ, 4, 5 et 8 vocibus*, Rome, 1631. 21° *Li fiori lib. VI de Villanelle, 1, 2, 3 e 4 voci, con l'alfabeto per la chitarra spagnuola*, Rome, 1632, in-fol. 22° *Apoteosi di S. Ignazio, et di S. Francesco Xaverio*, ibid. Allacci cite aussi comme existant en manuscrit, et prêts pour l'impression : 23° *D'intavolatura di Chitarone*, livres IV, V et VI. 24° *D'intavolatura di Lauto*, livres III et IV. 25° *D'Arie passeggiate*, livres IV, V et VI. 26° *Di Balli*, livres II et III. 27° *Di Sinfonie*, livres II et III. 28° *Di Motetti passeggiati*, livres III et IV. 29° *Carmina Cardinalis Barberini nunc Urbani VIII musicis aptata*, vol. 3. 30° *Drammi diversi*. 31° Dialogues latins et dialogues italiens. 32° *Concerti spirituali* et d'autres morceaux. Kircher a inséré plusieurs airs de danse et symphonies de Kapsperger dans le septième livre de sa *Musurgia*.

KARASEK (...), violoniste et compositeur, né en Bohême, vécut dans la seconde partie du dix-huitième siècle. Il s'est fait connaître par des concertos de basson et de violoncelle, et par des symphonies restées en manuscrit.

KARGEL (Sixte), luthiste et compositeur du seizième siècle, a publié, à Mayence, les ouvrages suivants, dont le dernier contient non-seulement des pièces, mais aussi une méthode de guitare : 1° *Carmina italica, gallica et germanica ludenda cythard.* 2° *Nova et elegantissima italica, gallica carmina pro testudine*, Mogunt, 1569. 3° *Renovata cythara, hoc est novi et commodissimi exercendæ cytharæ modi, constantes cantionibus musicis, Passomezo, Padoanis, etc., ad tabulaturam communem redactis. Quibus accessit dilucida in cytharam Isagoge, qua suo marte quilibet eam ludere discat*, Mogunt, 1569, in-fol., et Augsbourg, 1575. 4° *Neue schœne und liebliche Tabulatur auf der Lauten zu spielen von Fantasien, franzæsischen und italienischen Stücken, Passamezen mit ihren angehenhten Sartarelien* (sic) (Nouvelle belle et agréable Tablature pour jouer sur le luth des fantaisies, passamèses, etc.), Strasbourg, Bernard Jobin, 1574, in-folio.

KARGER (Frédéric-Guillaume-Aloys), organiste de l'église catholique de Neisse, est né en 1796, à Schreckendorf, près de Landeck, dans le comté de Glatz. Son père, instituteur de l'endroit, fut son premier maître de musique. A peine avait-il atteint sa huitième année, lorsqu'il accompagna sur l'orgue une litanie, et à l'âge de dix ans, il exécuta en public un concerto de Westermayer sur le violon. Il commençait déjà, à cet âge, à donner des leçons de musique, de violon et de piano. Ainsi préparé, il fut envoyé à Breslau pour achever son éducation musicale, et il y obtint la place de premier dessus au chœur de l'église cathédrale. Les œuvres de Mozart, d'Albrechtsberger et de Knecht y devinrent les objets de ses études, et c'est surtout par ces ouvrages qu'il acquit de l'instruction plus que par les leçons des maîtres. Ses premières compositions datent aussi de cette époque. En 1815, il quitta Breslau et fréquenta l'école normale de Schlegel, qu'il quitta aussi en 1817, pour faire à Vienne un voyage d'artiste. Il visita également Prague et Dresde. Encouragé par les éloges de plusieurs artistes estimés qui l'entendirent sur l'orgue, il prit dès lors la résolution de se livrer exclusivement à la musique. En 1818, il obtint la place d'organiste, qu'il occupait encore en 1838. Cet artiste a reçu de la nature du talent pour la composition, mais on remarque dans ses ouvrages une absence de savoir solide, sensible surtout dans le genre sérieux qu'il a adopté. Il a écrit des messes, des motets, des litanies, des ouvertures et un concerto de violon avec orchestre; aucune de ces productions n'a été publiée jusqu'à ce jour.

KARL (Bernard-Pierre), prédicateur à Eggelingen, né à Osnabruck, en 1671, fit ses études et fut d'abord prédicateur dans le lieu de sa naissance; mais il perdit cette position, à cause de sa doctrine sur la confession et le baptême. Ensuite il fut pasteur à Essen, et en dernier lieu à Eggelingen, où il mourut le 9 juillet 1723. Il a traité de la musique et du peu d'encouragement qu'elle obtenait de son temps en Allemagne, dans sa dissertation intitulée : *De Germania artibus litterisque nulli secunda*, Rostocchi, 1698, in-4°.

KARL (Jean-Gottlieb ou Théophile), organiste à Dœbeln, né à Greisnig, le 14 juillet 1780, est auteur d'une méthode de piano, avec des exercices et des petites pièces, publiée sous ce titre : *Anleitung im Klavier oder Pianofortespiel, theoretisch mit 70 praktischen Uebungsstücken*, etc. Dœbeln, 1830, in-4° obl. Une deuxième édition de cet ouvrage a paru en 1834.

KAROW (Charles), professeur à l'École normale des instituteurs de Bunzlau, est né le

15 novembre 1790, à Altstetten. Son père, qui était négociant, ne négligea rien pour son éducation, et lui donna un précepteur, après qu'il eut fréquenté plusieurs écoles particulières. La musique fut la partie de son éducation qui fut d'abord la plus négligée, quoiqu'il eût fait voir dès son enfance d'heureuses dispositions pour cet art; mais enfin on lui donna pour maître le directeur de musique Liebert, qui sut ranimer son goût et qui lui fit faire de rapides progrès. Karow apprit à jouer du violon; il était âgé de dix-huit ans lorsqu'il commença ses premières études sur le piano, d'abord sans maître, ensuite sous la direction de Haak, qui lui enseigna aussi les principes de l'harmonie et de l'orgue. Ses premières compositions, qui consistent en chansons allemandes et en petites sonates de piano, parurent vers 1811; elles sont de peu de valeur; néanmoins, on y remarquait déjà des mélodies faciles qui donnèrent des espérances pour l'avenir de leur auteur. La guerre de 1813 et 1814 qui fit lever en masse toute l'Allemagne contre la France, vint interrompre ses travaux. Entré dans les chasseurs volontaires du régiment de Kolberg, Karow se trouva aux combats de Gross-Beeren, de Dennewitz et de Leipsick; il obtint en Hollande la décoration de la Croix de fer de seconde classe, et fut blessé grièvement à Anvers. De retour dans sa patrie, il se livra de nouveau à l'étude de la musique, et prit la résolution de s'adonner exclusivement à cet art. Dans ce but, il alla à Berlin, se mit sous la direction de Berger pour le piano, et apprit la composition chez Zelter. En 1818, il accepta la place de professeur à Bunzlau, et depuis lors il n'a cessé de travailler activement à former de bons instituteurs musiciens et de bons organistes. Parmi ses ouvrages, on remarque: 1° Vingt-six chorals dans tous les tons, pour deux ténors et deux basses, Berlin, Trautwein. Cet ouvrage, assez mal écrit, est de peu de valeur : il est le fruit de la jeunesse de l'auteur. 2° Une partie du 21e psaume, pour un chœur d'hommes, op. 4, Bunzlau, Appun. 3° Douze chansons allemandes à quatre voix, à l'usage des écoles, op. 3, *ibid.* 4° Quatre *Lieder* à quatre voix, pour un chœur d'hommes, op. 5, *ibid.* 5° Six chants pour la Landwehr, à quatre voix d'hommes, avec accompagnement de cors à clefs et tambours, *ibid.* Karow est auteur d'une méthode élémentaire de musique à l'usage des écoles populaires, intitulée : *Leitfaden zum praktisch-methodischen Unterricht in Gesange vornemlich in Volkschulen*, Bunzlau, 1838, in-8° de cent trente et une pages. On a aussi de lui quatre cents mélodies chorales arrangées à quatre parties pour l'orgue, en quatre livraisons, Dorpat, Glæser; vingt-cinq canons à trois voix, Bunzlau (Leipsick, Kummer); et cent soixante-douze préludes pour l'orgue, *ibid.*

KARR (Henri), fils d'un violoniste allemand, connu par deux concertos de violon publiés à Paris, vers la fin du siècle précédent, est né à Deux-Ponts, en 1784. A l'âge de trois ans, il fut transporté à Paris avec sa famille. Après avoir appris les principes de la musique sous la direction de son père, il reçut des leçons de piano de L'Étendart, élève de Balbâtre et bon professeur. Devenu orphelin fort jeune, il dut pourvoir à son existence et tomba dans la misère. Recommandé par son maître aux célèbres facteurs d'instruments Érard, il fut tiré par eux de cette triste situation, et attaché en 1808 à leurs magasins pour faire entendre les pianos, avec un traitement de deux mille francs. Ce fut aussi dans le magasin de musique de cette maison que parurent ses premières compositions. Plus tard, lorsque son nom commença à être connu par ses fantaisies et variations sur des thèmes d'opéras nouveaux, il abandonna cette situation pour se livrer à l'enseignement; mais bientôt il négligea aussi cette partie de sa profession, pour se mettre en quelque sorte aux gages des marchands de musique qui lui faisaient faire des morceaux de piano sur de certaines dimensions données, à peu près comme on fait pour un habit. Pendant quelques années, le nom de Karr fut en vogue pour ce genre de musique légère qui naît et meurt en peu de temps; mais cet artiste finit par mettre tant de négligence dans son travail, et par multiplier ses productions à un tel excès, que les amateurs n'en voulurent plus. Dans les derniers temps, il était réduit à aller de porte en porte offrir aux marchands les manuscrits de ses arrangements pour vingt-cinq ou trente francs, ou moins encore. Cet artiste est le père de M. Alphonse Karr, littérateur de l'époque actuelle, qui jouit d'une grande popularité. On a de Karr : 1° Sonate pour piano seul, op. 1, Paris, Érard. 2° Sonates pour piano et violon, op. 8 et 13, *ibid.* 3° Nocturnes pour piano et violon ou flûte, op. 33, 42, 47, 49, 51, 53, 55, 63, 69, 96, 183, Paris, chez la plupart des marchands de musique. 4° Divertissements pour piano et violon, op. 92, 113, 117, *ibid.* 5° Duos, nocturnes, fantaisies, etc., pour piano à quatre mains, op. 46, 67, 74, 87, 97,

98, 107, 109, 112, 127, 173, 176, 177, 178 et beaucoup d'autres, sans numéros d'œuvres, *ibid.* 6° Sonates pour piano seul, op. 9, 19, 22, 31, 32, 34, 119, *ibid.* 7° Fantaisies, divertissements et rondeaux sur des thèmes d'opéras, pour piano seul, plus de cent œuvres, *ibid.* 8° Variations *idem,* environ vingt-cinq œuvres, *ibid.* 9° Bagatelles, arrangements, etc., *idem,* plus de cinquante œuvres, *ibid.* Karr est mort à Paris, le 10 janvier 1842.

KARSTEN (...), ténor de l'Opéra de Stockholm, né en Suède, brilla au théâtre vers la fin du dix-huitième siècle. En 1792, il fit un voyage à Londres et chanta avec succès chez la duchesse d'York. Reichardt a dit de lui dans le *Monatschrift* de Berlin, pag. 97 : *Sa voix, son exécution et l'extérieur de sa personne forment le plus bel ensemble qu'un chanteur ait peut-être jamais possédé.* Karsten avait une fille, cantatrice, qui se faisait entendre avec succès à Würzbourg en 1843.

KASSKA (Guillaume), né en 1752 à Ratisbonne, a fait son éducation musicale sous la direction du maître de chapelle Joseph Touchemoulin. Nommé ensuite maître de concerts du prince de la Tour et Taxis, il a rempli ces fonctions jusqu'à sa mort, arrivée en 1806. Il a laissé en manuscrit plusieurs concertos pour le violon, des messes et des symphonies.

KASSNER (Joseph), né en Silésie le 16 mars 1787, a étudié à Friedland en 1800, puis a reçu de Becka des leçons de musique à Falkenberg. En 1801, il est entré au Gymnase d'Oppeln, où il a fini ses études. Ayant été nommé organiste de Saint-Adalbert, à Breslau, en 1804, il en a rempli les fonctions jusqu'à sa nomination de recteur du Lycée de Saint-Mathias, dans la même ville. On a sous son nom : Quatorze *Pange lingua,* à quatre parties, Breslau, 1820.

KASTNER (le docteur Jean-Georges), compositeur, théoricien et laborieux musicien érudit, membre de l'Institut de France, est né à Strasbourg, le 9 mars 1811. Ses heureuses dispositions et son penchant pour la musique se firent voir dès ses premières années. A l'âge de six ans, on lui donna un maître de piano; à dix ans, ses progrès avaient été assez rapides pour qu'il pût jouer l'orgue les jours de fête à l'église d'un village voisin de Strasbourg. Déjà il suivait régulièrement les cours du Gymnase (collége) pour les études classiques : il y recevait en même temps d'un bon maître des leçons de solfége et de chant. Ses parents ayant remarqué, vers cette époque, la tournure sérieuse de son esprit et sa prédilection pour la vie studieuse, conçurent le dessein de lui faire embrasser la carrière ecclésiastique. Le jeune Kastner parut se conformer au vœu de sa famille, sans toutefois interrompre ses études pour l'art qui était pour lui l'objet d'une passion véritable : il redoubla de zèle pour acquérir de l'habileté dans le mécanisme du piano; mais, ne se bornant pas à entendre exécuter et à jouer lui-même les œuvres des compositeurs renommés, il voulut essayer de traduire sur le clavier les idées qui germaient dans sa tête, et commença dès lors ses premières tentatives de composition. Les encouragements qu'il reçut de quelques artistes augmentèrent son ardeur. Persuadé de la nécessité de bien connaître le mécanisme et les ressources de tous les instruments pour en faire un usage convenable, il se livra à l'étude de la plupart de ceux qui entrent dans la composition d'un orchestre, soit par des méthodes spéciales, soit à l'aide des conseils de divers artistes. C'est ainsi qu'il parvint à un certain degré de force sur quelques instruments, et que les autres lui devinrent assez familiers pour qu'il pût en jouer avec facilité. Kastner était parvenu à sa seizième année, lorsque en 1826 un traité d'harmonie et d'accompagnement ou, comme on dit en Allemagne, de *basse générale,* lui tomba sous la main; il le lut avec un vif intérêt, en médita les préceptes, comprit leur importance, et fit de nombreux essais pour les mettre en pratique. De ce moment date le développement progressif des idées de Kastner, concernant la théorie de l'harmonie, idées qui acquirent plus de précision et de netteté par la lecture et la comparaison des ouvrages les plus renommés parmi ceux qui avaient été publiés en Allemagne et en France.

Kastner, ayant terminé ses études du Gymnase en 1827, suivit les cours de la faculté des lettres, particulièrement le cours de philosophie de l'abbé Bautain, alors professeur à l'Académie de Strasbourg. Pendant les vacances de cette année, il écrivit une ouverture, des chœurs, des marches et entr'actes pour un drame en vers intitulé: *la Prise de Missolonghi,* qui fut représenté avec succès, en 1829, sur le théâtre de Strasbourg. Les auteurs de cet ouvrage, poëte et musicien, étaient âgés chacun de dix-neuf ans. Dans la même année, Kastner fut reçu bachelier ès lettres. Lié d'amitié depuis deux ans avec le maître de chapelle M. Maurer, il en avait reçu des leçons d'instrumentation; ce fut aussi sous sa direction qu'il perfectionna son instruction dans tous les détails de la composition pratique. En 1830, le directeur de musique J.-C. Böhner lui enseigna le contrepoint double et la fugue. Dans l'impossibilité de s'occuper de musique pendant le cours des journées qui étaient absorbées par des occupations étrangères à cet art, Kastner consacrait une partie des nuits à l'étude de la science musicale. Cependant il trouvait encore du temps pour composer divers morceaux, particulièrement des sérénades pour des voix d'hommes avec accompagnement d'instruments à vent, lesquelles étaient destinées à fêter les professeurs de la faculté, et qui étaient exécutées par les étudiants réunis à quelques artistes et amateurs.

En 1832, Kastner écrivit et fit représenter un grand opéra en cinq actes, intitulé *Gustave Wasa*. En 1833, il écrivit un second ouvrage pour la scène allemande, sous le titre de : *la Reine des Sarmates*, grand opéra en cinq actes, qui fut représenté avec succès sur le théâtre de Strasbourg, en 1835. Dans l'intervalle, il avait écrit aussi *la Mort d'Oscar*, grand opéra en quatre actes, et *le Sarrasin*, opéra comique en deux actes. Depuis longtemps il éprouvait le besoin d'exercer ses facultés sur un théâtre plus vaste et dans un milieu où son activité intellectuelle pût s'exercer en liberté. Ses vœux furent enfin exaucés : au mois de septembre 1835, Kastner quitta Strasbourg pour se rendre à Paris. Les premiers artistes qu'il y connut furent Berton et Reicha (*voyez* ces noms), dont l'accueil plein de bienveillance et les conversations instructives encouragèrent les premiers efforts du jeune artiste.

Déjà, longtemps avant de quitter sa ville natale, Kastner avait réuni les matériaux de plusieurs ouvrages concernant la théorie de la musique, et jeté les bases d'un *Traité général d'instrumentation;* quelque temps après son arrivée à Paris, il acheva ce livre, et le soumit à l'examen de l'Académie des beaux-arts de l'Institut, qui l'approuva et en fit un rapport favorable. L'ouvrage fut aussi adopté pour l'enseignement dans les classes du Conservatoire. La seconde partie de ce travail ne tarda pas à paraître sous le titre de : *Traité de l'instrumentation considérée sous les rapports poétiques et philosophiques*. Cette seconde partie fut également approuvée par la classe des beaux-arts de l'Institut et adoptée au Conservatoire. L'attention de Kastner s'était aussi fixée sur le système élémentaire de la musique, et sur les diverses parties qui concourent à la réalisation de l'idée dans la composition, à savoir · la mélodie, le rhythme et l'harmonie. Il en coordonna les principes conformément à la génération de ses propres aperçus, et en forma la *Grammaire musicale*, divisée en trois parties, qu'il soumit à l'examen de l'Académie des beaux-arts de l'Institut, et qui fut approuvée dans la séance du 25 novembre 1837. Postérieurement, il a fait des applications élémentaires et pratiques des mêmes principes dans des *Tableaux analytiques des principes élémentaires de la musique; Tableaux analytiques de l'harmonie;* enfin, dans une *Méthode élémentaire de l'harmonie appliquée au piano*. Le penchant qui portait Kastner à venir en aide à l'enseignement des diverses parties de la musique par les résultats de son expérience lui fit aussi mettre au jour, dans le cours de quelques années, douze méthodes élémentaires pour le chant, le piano, le violon, le flageolet, la flûte, le cornet à pistons, la clarinette, le cor, le violoncelle, l'ophicléide, le trombone et le hautbois. A ces ouvrages, destinés à l'enseignement élémentaire de la musique vocale et instrumentale, il faut ajouter une *Méthode complète et raisonnée de saxophone, famille complète et nouvelle d'instruments de cuivre à anches*, inventée par Adolphe Sax, et une *Méthode complète et raisonnée de timbales, à l'usage des exécutants et des compositeurs, précédée d'une notice historique et suivie de considérations sur l'emploi de cet instrument dans l'orchestre;* monographie curieuse, intéressante et nouvelle, soit au point de vue historique, soit comme méthode pour apprendre à jouer des timbales, soit, enfin, à cause des vues de l'auteur sur des nouvelles combinaisons de ce genre d'instrument. L'infatigable persévérance de Kastner à traiter tous les sujets de la didactique musicale où il croyait pouvoir produire des vues nouvelles s'est encore révélée dans une *Théorie abrégée du contrepoint et de la fugue*, et dans un *Traité de la composition vocale et instrumentale, ou description détaillée des règles, des formes, de la coupe et du caractère de toute espèce de compositions musicales, accompagnée de notes historiques et critiques*. Le premier de ces ouvrages a été approuvé par l'Académie des beaux-arts de l'Institut de France, dans sa séance du 27 mars 1839, et l'autre l'a été par le même corps savant, le 2 avril 1842.

La théorie de l'art n'était pas le seul objet des réflexions de Kastner; il attachait surtout un grand intérêt à ses succès comme compositeur; mais, en France, ceux-là s'obtiennent à grand'peine par les hommes nouveaux, et les difficultés sont plus sérieuses pour le musicien critique et théoricien que pour tout autre, lorsqu'il veut entrer dans la carrière de l'art pratique; car tout le monde se souvient alors des blessures qu'il a faites; directeurs de théâtre, chanteurs, artistes de l'orchestre, chacun se dit que le jour de la vengeance est arrivé, lorsque l'homme devant qui l'on tremblait vient à son tour se faire juger et réclamer le concours de ceux que sa plume a touchés. Les difficultés dont je parle étaient grandes, surtout à l'époque où Kastner essaya d'aborder la scène lyrique; car il n'y avait alors à Paris qu'un seul théâtre où l'on pût se faire connaître; qu'un seul orchestre, réservé aux compositeurs illustres. Il avait écrit en 1839 *Beatrice,* opéra destiné aux théâtres de l'Allemagne, et bien accueilli partout où il avait été représenté; mais à Paris, ce ne fut qu'avec peine qu'il obtint le livret de *la Maschera,* ouvrage en deux actes, assez peu musical, et dont, par malheur, l'auteur était mal avec le directeur de l'Opéra-Comique. De là mille obstacles qui, surmontés à la fin, laissèrent arriver le jour de la représentation, le 17 juin 1841. En dépit de beaucoup d'intrigues et de mauvais vouloir, *la Maschera* réussit, et le succès fut assez bien constaté, pour que la grande partition fût gravée. Sans parler du mérite de la facture, qui est incontestable dans toutes les productions musicales de Kastner, on remarque dans la partition de *la Maschera* des idées mélodiques, de la grâce et le sentiment de la scène. *Le Dernier Roi de Juda,* grand opéra biblique français en quatre actes, écrit en 1843, n'a pas été représenté; mais il a été exécuté, le 1er décembre 1844, dans la salle du Conservatoire de Paris, par de bons chanteurs et par un orchestre d'élite, dirigé par Habeneck. L'ouvrage, bien interprété, a produit une vive impression sur le public, et les journaux lui ont accordé beaucoup d'éloges. Un des meilleurs critiques-musiciens de cette époque a écrit au sortir de l'audition : « La « composition de M. Kastner réunit l'abon- « dance des idées à la pureté classique, à ce « savoir qui tire parti d'une pensée musicale, « sans la réduire à la forme exiguë d'une *imi-* « *tation* incessamment ramenée, de manière « à faire naître l'ennui par la monotonie. » Un très-grand nombre de compositions vocales et instrumentales de tout genre a été produit par Kastner : une partie de ces ouvrages a été publiée; les autres sont encore inédits : on en trouvera l'indication ci-après.

Dans la double direction des travaux de Georges Kastner jusqu'à la fin de 1844, et dans la critique musicale où il était entré avec activité, il y avait de quoi remplir l'existence d'un artiste; mais son goût passionné pour tout ce qui tient à l'art, et l'indépendance absolue que lui assure sa position de fortune, lui ont fait trouver le temps nécessaire pour se livrer à des recherches approfondies sur l'histoire de la musique. Sa connaissance des langues anciennes et des littératures allemande, française et italienne, mettaient à sa disposition tous les éléments nécessaires à ses travaux en ce genre. Les ouvrages qu'il a publiés dans l'espace d'environ douze ans, jusqu'au jour où cette notice est écrite, lui assurent une place très-honorable parmi les historiens de la musique et les philologues : ajoutons qu'ils se distinguent par l'originalité des sujets. Le premier en date a pour titre : *Manuel général de musique militaire à l'usage des armées françaises, comprenant : 1° l'esquisse d'une histoire de la musique militaire chez les différents peuples, depuis l'antiquité jusqu'à nos jours; 2° la nouvelle organisation instrumentale prescrite par l'ordonnance ministérielle du 12 août 1845; 3° la figure et la description des instruments qui la composent, notamment des nouveaux instruments de M. Adolphe Sax; 4° quelques instructions sur la composition et l'exécution de la musique militaire.* Paris, typographie de Firmin Didot frères, 1848, un volume in-4° de 410 pages, avec seize planches lithographiées de figures d'instruments, et cinquante-cinq pages de musique contenant les sonneries et batteries de divers États européens. D'intéressants renseignements historiques ont été réunis dans le premier livre de cet ouvrage, et les sources y sont toujours indiquées avec beaucoup de soin. Le deuxième livre renferme des documents et des résultats d'expériences très-utiles sur ces objets : 1° *Réorganisation des musiques régimentaires.* 2° *Réformes accomplies.* 3° *Propositions nouvelles.* Enfin, dans le troisième livre se trouvent de bonnes instructions pour la composition et l'exécution de la musique militaire.

Au livre dont il vient d'être parlé, succéda un ouvrage dont l'objet semble étranger à la musique, mais qui néanmoins se rattache à son histoire par des recherches sur les instruments du moyen âge; cet ouvrage a pour titre : *Les Danses des morts; dissertations et recherches historiques, philosophiques, littéraires et musicales sur les divers monuments de ce genre qui existent tant en France qu'à l'étranger; accompagnées de la Danse ma-*

cabre, grande ronde vocale et instrumentale, paroles d'Édouard Thierry, musique de Georges Kastner, etc. Paris, Brandus, 1852, un volume grand in-4° de 310 pages, avec vingt planches lithographiées dont la plupart renferment des figures d'instruments de musique, et terminé par la ronde de la Danse macabre, en quarante-quatre pages de partition. L'analyse de la partie philologique et littéraire de ce savant ouvrage, rempli des recherches les plus curieuses, ne peut trouver place ici; mais les vingt-deux chapitres de la deuxième partie offrent un grand intérêt historique aux amateurs de l'archéologie musicale, par des discussions scientifiques où règne une érudition solide, concernant les instruments du moyen âge. A l'égard de la Danse macabre qui termine le volume, c'est une production originale dans sa forme, bien écrite, et remarquablement instrumentée.

Deux ouvrages, qui sont à la fois des recueils de compositions pour des voix d'hommes et des histoires à divers points de vue du chant choral pour les masses viriles, ont été publiés par M. Kastner à peu de distance l'un de l'autre : le premier est intitulé : *Les Chants de la vie, cycle choral ou recueil de vingt-huit morceaux à quatre, à cinq, à six et à huit voix pour ténors et basses, avec accompagnement de piano ad libitum; précédés de recherches historiques et de considérations générales sur le chant en chœur pour voix d'hommes.* Paris, Brandus et comp., 1854, un volume grand in-4° de V et 110 pages de texte et de 112 pages de musique en partition. Les chants, partie la plus importante de l'ouvrage pour les artistes, sont considérés en général comme une des productions les plus distinguées qui aient été publiées en France pour le chant en chœur de voix d'hommes; il y règne une grande franchise de mélodie, beaucoup de variété de caractères et de rhythmes, et de plus une pureté irréprochable dans l'harmonie. Après quelques considérations générales sur les chœurs d'hommes en général, la partie littéraire de l'ouvrage renferme une histoire des sociétés chorales de ce genre, dont Kastner trouve la première trace en 1673, dans la ville de Greiffenberg en Poméranie, mais qui n'ont eu d'existence solide qu'après que la première *Liedertafel* de l'Allemagne fut fondée, en 1808, à Berlin, par Zelter (*voyez* ce nom). La seconde partie de cette introduction traite : *De l'étendue et des propriétés des voix d'hommes; de l'emploi et de la distribution des voix dans les chœurs d'hommes sans accompagnement; de la manière d'écrire les chœurs pour voix d'hommes sans accompagnement, et des moyens d'y répandre de l'intérêt et de la variété; de la diversité de formes des chants de cette espèce; enfin de l'organisation des chœurs d'hommes sans accompagnement, et de l'exécution des morceaux de chant par les chœurs de cette espèce.* L'autre ouvrage a pour titre : *Les chants de l'armée française, ou recueil de morceaux à plusieurs parties composés pour l'usage spécial de chaque arme, et précédés d'un essai historique sur les chants militaires des Français.* Paris, G. Brandus, Dufour et Comp., 1855, grand in-4° de 63 pages de texte et de 58 pages de musique. Les chants contenus dans ce recueil sont au nombre de vingt-quatre et tous à quatre parties, à l'exception du premier, qui est à cinq : leur caractère distinctif est la force du rhythme réunie à la franchise des mélodies. L'essai historique qui les précède est un morceau excellent en son genre : l'auteur s'y livre à des recherches intéressantes, où règne l'érudition sans pédantisme, sur les chants guerriers de la France, depuis ceux des bardes de la Gaule jusqu'à l'époque actuelle.

Les dernières productions de Kastner qui ont vu le jour jusqu'au moment où cette notice est écrite sont les plus originales par les sujets et par la forme. La première en date est intitulée : *La Harpe d'Eole et la musique cosmique; études sur les rapports des phénomènes sonores de la nature avec la science et l'art, suivies de Stéphen, ou la Harpe d'Eole*, grand monologue avec chœurs. Paris, G. Brandus, Dufour et comp., 1856, un vol. grand in-4° de 160 pages, avec cinq planches de figures d'appareils sonores éoliens, et de 124 pages de partition contenant le monologue de Stéphen, mis en musique par Kastner, avec chœurs à huit voix et orchestre. L'ouvrage est divisé en trois parties. Dans l'introduction, l'auteur examine les questions historiques, musicales et scientifiques relatives à la harpe éolienne et réunit un grand nombre de passages, desquels il résulterait que certains sons, certaines harmonies que fait entendre la nature, seraient l'origine de la musique : ce sont ces harmonies résultantes de certains phénomènes physiques que Kastner appelle *la musique cosmique*. Ce sujet le conduit à l'examen des imitations de choses naturelles par la musique.

La première partie du livre renferme des recherches sur la doctrine ancienne de l'harmonie des sphères, sur les phénomènes sonores observés en différents pays, sur l'écho, les harmonies des grottes, rochers et cascades, et les légendes basées sur les phénomènes de ce genre. La seconde partie du livre a pour objet spécial et particulier la harpe éolienne, les observations faites en divers temps et divers lieux sur ses phénomènes, les opinions diverses sur ses effets, la description des formes de ces sortes d'appareils sonores, et les observations auxquelles ils ont donné lieu. La troisième partie entre d'une manière plus générale dans l'examen de tous les faits acoustiques de quelque nature qu'ils soient, les rapports directs ou indirects de ces faits avec la musique en tant qu'art, et les instruments construits en divers temps pour la production des sons par un courant d'air sur des cordes, des lames, ou simplement sur des orifices diversement disposés. Laissant à part le penchant que fait entrevoir Kastner à accorder aux créations musicales de l'homme une origine cosmique, origine contre laquelle je me suis de tout temps prononcé, et ne considérant l'objet du livre qu'au point de vue de la science de l'acoustique, et des faits remarquables ou curieux qui sont de son ressort, il n'y a que des éloges à donner au savoir, à l'immense lecture que révèle le livre de Kastner, et à la sagacité de ses propres observations. Un autre mérite se fait remarquer dans la composition de la cantate intitulée : *Stéphen ou la Harpe d'Eole*, qui termine le volume : ce mérite est l'originalité de la conception et la nouveauté des effets produits par l'instrumentation.

Un autre ouvrage mis au jour par le laborieux auteur de tant de productions si diverses et qui fait naître autant d'étonnement par l'originalité de l'idée que par la patience des recherches, a pour titre : *Les Voix de Paris, essai d'une histoire littéraire et musicale des cris populaires de la capitale, depuis le moyen âge jusqu'à nos jours. Précédé de considérations sur l'origine et le caractère du cri en général, et suivi d'une composition musicale intitulée les Cris de Paris, grande symphonie humoristique vocale et instrumentale* (Paris, G. Brandus, Dufour et Ce, 1857, un volume gr. in-4° de cent trente-six pages, avec vingt-sept planches de cris des marchands et des colporteurs de Paris notés, et suivi de la symphonie humoristique en cent soixante-onze pages de partition). La division de cet ouvrage singulier est celle-ci : 1° Introduction philosophique et historique concernant le caractère moral et physiologique du cri, et sur certains cris en usage à des époques diverses et en différentes contrées; 2° les cris de Paris au moyen âge; les cris de Paris du quinzième au dix-huitième siècle; 3° les cris de Paris depuis le commencement du dix-huitième siècle jusqu'à nos jours; 4° les cris de Paris pendant les époques révolutionnaires; 5° les cris de Paris à l'époque actuelle et leur classification par les différents métiers. L'analyse de la symphonie humoristique qui termine le volume serait trop longue pour cet article; mais je lui dois cette justice de déclarer que c'est le morceau de musique imitative le plus original qui eût été produit jusqu'à ce jour, et qu'il renferme beaucoup de choses de l'effet le plus heureux.

Un an après la publication de son livre intitulé *les Voix de Paris*, Kastner fit paraître un travail non moins curieux et non moins étendu, sous le titre suivant : *Les Sirènes, essai sur les principaux mythes relatifs à l'incantation, les enchanteurs, la musique magique, le chant du cygne, etc., considérés dans leurs rapports avec l'histoire, la philosophie, la littérature et les beaux-arts; ouvrage orné de nombreuses figures représentant des sujets mythologiques tirés des monuments antiques et modernes, et suivi du Rêve d'Oswald ou les Sirènes, grande symphonie dramatique vocale et instrumentale*, Paris, G. Brandus et S. Dufour, 1858, 1 vol. gr. in-4°. Dans les travaux entrepris par M. Kastner et exécutés avec une érudition peu commune, depuis environ dix ans, on remarque un penchant prononcé pour le merveilleux. *Les Danses des morts, la Harpe d'Eole* et *les Sirènes* en sont les produits. Il aime à explorer le monde surnaturel; il sait donner de l'intérêt à ses recherches sur ces sujets fantastiques, et l'on y apprend beaucoup de choses que peu de personnes auraient la patience et la volonté de chercher dans une immense quantité de volumes. Par exemple, le cadre du livre des *Sirènes*, qui n'aurait fourni à tout autre écrivain que l'occasion de quelques pages, ou même quelques lignes, comme l'article *Sirènes* de la *Biographie mythologique* de Parisot, ce sujet, dis-je, est pour M. Kastner l'occasion d'un livre considérable et digne d'exciter la curiosité, par les rapprochements ingénieux qu'il sait faire entre les traditions fabuleuses de tous les temps et de tous les pays. La première partie de son livre est toute mythologique, mais il n'en est point ainsi du premier chapitre de la seconde partie, lequel a pour titre : *les Sirènes d'après les historiens et les voyageurs*. L'auteur n'y admet pas à la rigueur le proverbe : *A beau mentir qui vient de loin ;* du reste, ce même chapitre est fort intéressant. Dans la troisième partie de son ouvrage, M. Kastner aborde le domaine musical de son sujet, et le traite avec tous les développements désirables dans les trois chapitres : 1° *Musique des Sirènes ;* 2° *les Enchanteurs et la musique magique ;* 3° *le Chant du cygne.* La matière y est épuisée avec un savoir remarquable. La symphonie dramatique intitulée : *le Rêve d'Oswald ou les Sirènes,* qui forme la seconde partie du volume, est à vrai dire tout un opéra composé de onze morceaux de différents caractères. Cet œuvre se distingue par la richesse de la réunion des voix et des instruments, ainsi que par la variété des effets de sonorité. On y trouve des airs, romances, duos, chœurs, dont un de jeunes filles avec un quatuor, morceau d'une heureuse conception. La partition de cet ouvrage présente un ensemble de plus de deux cents pages.

Enfin, une dernière production bien remarquable de Kastner a pour titre · *Parémiologie musicale de la langue française, ou explication des proverbes, locutions proverbiales, mots figurés qui tirent leur origine de la musique, accompagnée de recherches sur un grand nombre d'expressions du même genre empruntées aux langues étrangères, et suivie de la Saint-Julien des ménétriers, symphonie cantate à grand orchestre, avec solos et chœurs* (Paris, G. Brandus et S. Dufour, 1862, gr. in-4°). La conception d'un pareil livre est une des originalités de l'esprit qui a imaginé et exécuté ceux dont il vient d'être parlé. Au simple énoncé du sujet, il est difficile de comprendre qu'il puisse être la matière d'un livre, et ce n'est que dans l'ouvrage lui-même qu'on en saisit l'étendue. Le plan de l'auteur est des plus vastes ; il ne faut pas moins que sa grande érudition pour le réaliser. Pour en donner un aperçu, il suffit de rappeler quelques-unes des expressions proverbiales les plus familières, par exemple : *Qui n'entend qu'une cloche n'entend qu'un son ; ce qui vient de la flûte s'en retourne au tambour ; faire sonner la trompette de la renommée ; payer les violons* et cent autres semblables. Dans ces dictons, en apparence si simples, il y a pour l'esprit investigateur de Kastner occasion de déployer autant de sagacité que de savoir. Ainsi, pour le premier de ces proverbes, il se pose cette question : *Qu'est-ce qu'une cloche?* Il fixe l'étymologie du mot, recherche l'origine de la chose, en fait l'histoire et en classe toutes les variétés, depuis le bourdon des cathédrales jusqu'à la clochette et au grelot, rapporte à chacune les expressions populaires où elles figurent, et prodigue à pleines mains les documents relatifs au sujet, et la critique historique la plus solide. De même de la flûte, du tambour et du violon. Chaque chose, chaque mot technique a son chapitre particulier où la matière est épuisée. Les chapitres *Chanson* et *Danse,* à propos des adages où ces mots trouvent leur place, offrent un intérêt historique plein d'attrait. La didactique elle-même est explorée par Kastner en homme qui en a fait une étude profonde ; ainsi, à l'occasion de *chanter à quelqu'un sa gamme* (lui dire le mal qu'on pense de lui), le mot *gamme* a aussi sa dissertation particulière. Mais ce c'est pas aux seules expressions proverbiales de la France que s'attache l'auteur de ce livre si curieux, car l'Allemagne, l'Italie et l'Espagne ont aussi, dans les mœurs et dans le langage de leurs populations, une multitude de choses qui tirent leur origine de la musique. La connaissance que possède Kastner des langues de ces contrées lui a permis de faire aussi des recherches sur les locutions proverbiales puisées dans le vocabulaire de cet art.

On se tromperait si l'on se persuadait que l'auteur de la *Parémiologie musicale* ne s'est proposé pour but que de satisfaire un intérêt de curiosité ; car, en faisant voir la place considérable qu'a toujours occupée la musique dans le langage populaire, il a voulu démontrer la sympathie universelle des peuples pour ce même art, qui les console de leurs misères. Comme dans ses œuvres antérieures, brillantes d'érudition sur des sujets originaux, Kastner a placé à la suite de son travail littéraire une application musicale du même sujet dans une symphonie cantate à laquelle il a donné pour titre : *la Saint-Julien des Ménétriers ;* composition originale, développée sur un poëme de M. Édouard Thierry.

A ces travaux si considérables par leur étendue, par les recherches qu'ils ont exigées, et qui se sont succédé en si peu de temps, il faut ajouter le travail immense, effrayant, d'une *Encyclopédie de la musique,* entreprise par Kastner sur le plan le plus vaste et à laquelle il travaille depuis plus de dix ans. On s'étonne qu'un seul homme puisse suffire à tant de choses, surtout quand on considère que cet homme a fourni une multitude d'articles à la *Gazette musicale de Paris,* au *Ménestrel,* à la *Revue étrangère,* à l'*Iris* de Rellstab, à l'ancienne Gazette musicale de Leipsick, à la nouvelle Gazette de la même ville, fondée par Schumann, aux Annales de l'Association musicale allemande, au Journal musical de Vienne, à la Revue des Dilettantes de Carlsruhe, à la *Cæcilia*, à la Revue musicale de Mannheim, au Dictionnaire universel de musique publié par Schilling. Cette existence si laborieuse, si honorable et si utile a été récompensée par les distinctions et titres honorifiques dont voici l'indication : Kastner a reçu de l'Université de Tubingue le diplôme de docteur en philosophie et en musique; il est membre associé de l'Académie des beaux-arts de l'Institut de France; membre de l'Académie royale des beaux-arts de Berlin; de l'Académie de Sainte-Cécile, à Rome; membre correspondant de la Société Néerlandaise pour l'encouragement de la musique; membre de mérite de l'Association musicale allemande, chevalier de la Légion d'honneur; officier de la Couronne de chêne du roi des Pays-Bas, décoré de l'Ordre royal de l'Aigle rouge de Prusse, 3me classe; chevalier de l'Ordre royal de Charles III d'Espagne et de l'ordre d'Ernest de Saxe-Cobourg et Gotha; honoré de la médaille d'or pour les sciences et les arts, décernée par S. M. le roi de Prusse, etc. Kastner a été un des premiers fondateurs de l'Association des artistes musiciens, dont il est vice-président.

Récapitulation des ouvrages de Kastner : I. Musique dramatique : 1° (1829) Ouverture, chœurs, marches et entr'actes de *la Prise de Missolonghi*, tragédie en cinq actes. 2° (1830) Ouverture, chœurs, marches et entr'actes de *Schreckenstein*, drame en cinq actes. 3° (1831) *Gustave Wasa*, grand opéra allemand, en cinq actes. 4° (1832) *La Reine des Sarmates*, grand opéra allemand en cinq actes. 5° (1833) *La Mort d'Oscar*, grand opéra allemand en quatre actes. 6° (1834) *Le Sarrasin*, opéra comique allemand en deux actes. 7° (1839) *Beatrice*, grand opéra allemand en deux actes. 8° (1841) *La Maschera*, opéra comique français en deux actes. 9° (1840) N..., opéra comique en trois actes, paroles d'Eugène Scribe (non représenté). II. Musique instrumentale. 10° Trois symphonies à grand orchestre. 11° Cinq ouvertures à grand orchestre. 12° Dix sérénades pour harmonie. 13° Trente marches et pas redoublés pour musique militaire (infanterie et cavalerie). 14° Grand sextuor pour saxophones. 14° (*bis*). Un grand nombre de morceaux pour divers instruments. III. Musique vocale avec orchestre. 15° Quatre hymnes avec chœurs et orchestre. 16° Deux grandes cantates avec accompagnement d'orchestre. 17° *Sardanapale*, grande scène dramatique avec orchestre. 18° *Stéphen ou la Harpe d'Eole*, grand monologue lyrique avec chœurs et orchestre (*voyez* ci-dessus). 19° *Les Cris de Paris*, symphonie humoristique avec solos de chant et chœur (*voyez* ci-dessus). 19° (*bis*) *Rêve d'Oswald, ou les Sirènes*. IV. Musique vocale avec accompagnement de piano. 20° *Introduction à la Bibliothèque chorale*, ou vingt-quatre petits morceaux faciles à une et à deux voix pour les écoles. 21° *Bibliothèque chorale* ou vingt-quatre duos, vingt-quatre trios et vingt quatre quatuors à l'usage des pensionnats. 22° Suite de cantiques arrangés à trois voix. 23° Six chœurs à trois voix égales pour les pensionnats et les écoles de musique. 24° *La Veuve du marin*, scène dramatique. 25° *Le Nègre*, idem. 26° *Le Proscrit*, idem. 27° *Pensées d'amour*, idem, 28° *Le Barde*, idem. 29° *Judas Iscariote*, idem. 30° Grande cantate pour deux ténors et deux basses avec accompagnement de piano. 31° Un grand nombre de romances, mélodies et nocturnes. V. Chants et Chœurs pour voix d'hommes (avec piano ad libitum). 32° *Heures d'amour*, six quatuors allemands pour deux ténors et deux basses. 33° Chansons alsaciennes pour deux ténors et deux basses. 34° *Les Chants de la vie*, cycle choral ou recueil de vingt-huit morceaux à quatre, à cinq, à six et à huit parties pour ténors et basses (*voyez* ci-dessus). 35° *Les Chants de l'armée française*, recueil de morceaux à plusieurs parties pour ténors et basses (*voyez* ci-dessus). VI. Ouvrages didactiques. 36° *Traité général d'instrumentation, etc.* 37° *Supplément au traité général d'instrumentation, etc.* 38° *Cours d'instrumentation considérée sous les rapports poétiques et philosophiques, etc.* 39° *Supplément au cours d'instrumentation, etc.* 40° *Grammaire musicale, etc.* 41° *Théorie abrégée du contrepoint et de la fugue, etc.* 42° *Méthode élémentaire d'harmonie, etc.* 43° *De la composition vocale et instrumentale, etc.* 44° *Douze méthodes élémentaires, etc.* 45° *Méthode complète et raisonnée de saxophone, etc.* 46° *Méthode complète et raisonnée de timbales, etc.* (Pour tous ces ouvrages, *voyez* ci-dessus). 47° *Tableau synoptique de lecture musicale.* 48° *Tableaux analytiques des principes élémentaires de la musique.* 49° *Tableaux analytiques de l'harmonie.* 50° *Tableaux des principaux instruments et des voix*, comprenant leur diapason, leur étendue et leur coïncidence. VII. Littérature et histoire de la musique. 51° *Manuel général de musique militaire, etc.*

52° *Les Danses des morts, etc.* 53° *Les Chants de la vie, etc.* 54° *Les Chants de l'armée française, etc.* 55° *La Harpe d'Éole et la musique cosmique, etc.* 56° *Les Voix de Paris, etc.* 57° *Les Sirènes, etc.* 58° *Parémiologie musicale, ou explication des proverbes, locutions proverbiales et mots figurés qui tirent leur origine de la musique, etc.* (Pour l'analyse de ces ouvrages, *voyez* ci-dessus).

Femme distinguée par les qualités du cœur et de l'esprit, et dont l'instruction variée est supérieure à celle de la plupart des personnes de son sexe qui se sont fait un nom dans la littérature, madame Kastner a cultivé les arts avec amour depuis sa première jeunesse. Fille d'un riche propriétaire dont le nom a été donné à l'une des rues de Paris, elle n'a pas cherché dans les avantages de la fortune les jouissances de la vanité : c'est dans sa famille qu'elle a placé les siennes. S'associant aux travaux de son mari, elle y prend un vif intérêt et trouve son bonheur dans l'estime accordée à ses ouvrages ainsi qu'à son caractère honorable.

KASTNER-ESCUDIER (Rosa), née en 1835, à Vienne (Autriche), est fille d'un médecin en chef dans l'armée autrichienne, qui, dans l'exercice de sa profession, avait conservé son goût passionné pour la musique. Il destina sa fille à la culture de cet art et lui donna les meilleurs maîtres, au nombre desquels était Fischoff, pour le piano; mais trop intelligent pour vouloir faire de sa fille un enfant prodige, il la laissa développer par degrés l'habileté du mécanisme en raison de l'accroissement de ses forces physiques et morales. Le service de médecin des armées ayant obligé M. Kastner à résider à Trieste, ce fut dans cette ville que se passèrent les premières années de la jeunesse de Rosa. Elle n'avait que quatorze ans lorsqu'elle perdit son père : alors il fallut songer à chercher dans son talent des ressources pour son existence et pour celle de sa mère, qui ne s'en est jamais séparée. Ce fut à Prague, puis à Vienne, que mademoiselle Kastner donna ses premiers concerts : son succès y fut complet; puis elle visita toute l'Allemagne, la Hongrie, la France, l'Angleterre, la Suisse et la Belgique, et partout elle recueillit des applaudissements et des témoignages de vive sympathie. Bruxelles fut la ville qu'elle habita de préférence pendant son long séjour en Belgique. L'auteur de cette notice put y constater les progrès constants de mademoiselle Kastner, particulièrement dans le style de la musique classique. Bien qu'elle eût choisi la capitale de la Belgique comme le centre de son existence, parce qu'elle y trouvait le meilleur accueil dans la haute société, elle voyageait chaque année pour se faire entendre, et sa réputation s'étendait de proche en proche : il lui vint même des propositions pour les États-Unis d'Amérique, où la comtesse de Rossi (madame Sontag) l'engageait à se rendre; mais des considérations de famille et de santé ne permirent pas à mademoiselle Kastner d'accepter les offres qui lui étaient faites pour ce voyage d'outre-mer. Dans ses pèlerinages d'artiste, elle a trouvé de hautes et puissantes protectrices dans la grande-duchesse de Bade, à Carlsruhe; l'archiduchesse Sophie, nièce de l'empereur d'Autriche; la princesse Frédéric-Guillaume de Bade; la duchesse Stéphanie, à Manheim; la grande-duchesse Olga de Wurtemberg et les autres princesses de la même cour. Mademoiselle Rosa Kastner ne trouva pas moins d'encouragements à la cour de Prusse; le duc Maximilien de Bavière et le roi de Wurtemberg lui accordèrent la même bienveillance, et l'empereur d'Autriche lui donna, en 1857, le titre de pianiste de la cour. La talent déployé par la virtuose dans l'exécution des œuvres de Mozart, de Beethoven, de Mendelssohn et de Chopin, était apprécié à sa juste valeur dans ces cours d'Allemagne, où le goût de la musique classique s'est perpétué. En 1860, Mademoiselle Kastner a épousé M. Marie Escudier, directeur et rédacteur du journal qui a pour titre *la France musicale*. Depuis lors, elle a fixé son séjour à Paris.

KATTERFELDT (Jules), organiste de talent, né vers 1808 à Schleswig, petite ville du Danemark, fit ses études littéraires à Kiel, et y occupa les positions de *cantor* et d'organiste. Vers 1840, il s'est fixé à Hambourg et y a été nommé organiste de Saint-Michel. On a de cet artiste des compositions pour l'orgue et pour l'église, parmi lesquelles on remarque : 1° *Drey Nachspiele* (Trois conclusions pour l'orgue), op. 1; Mayence, Schott. 2° Six chorals variés, op. 3; Hambourg, Bœhme. 3° Nouvelles compositions pour l'orgue, op. 4; Hambourg, Niemeyer. 4° Quatre pièces d'orgue, op. 7; Schleswig, Bruhn. 5° *Die Musik als Fœderungsmittel der religiœsen Erbanung* (La musique comme moyen de manifestation du sentiment religieux). Kiel, libraire de l'université, in-8°, 1843.

KATZAUER (Christophe-Étienne), pasteur à Ruckersdorf, naquit à Heroldsberg, le 26 août 1601. Ayant suivi son père à Nuremberg, où celui-ci avait été appelé comme pasteur, il fréquenta les colléges de cette ville, alla ensuite à Altdorf, où il soutint, en 1715, une thèse *De tuba stentorea*, qui a été imprimée dans la même année en cinq feuilles in-4°. Katzauer alla terminer ses études à Wittenberg, puis parcourut l'Allemagne, et fut enfin nommé pasteur à Ruckersdorf, où il mourut le 20 mars 1722.

KATZER (Ignace), né le 30 septembre 1785, à Grand-Auerschin (Bohême), reçut les premières leçons de musique de son frère, musicien habile qui jouait de presque tous les instruments, et de l'organiste du lieu, nommé Ignace Priesel. Destiné à l'enseignement primaire, il suivit les cours d'aspirants à Kœniginhof. Plus tard, il alla perfectionner son talent pour l'orgue et pour la composition chez le directeur de musique Kœhler, à Cronstadt, et il acquit sur l'orgue, ainsi que dans le contrepoint, une habileté remarquable. Ses études terminées, il eut la bonne fortune d'entrer chez le baron de Bossangé, seigneur de Grand-Boschan et d'autres fiefs en Hongrie, pour diriger sa chapelle. Il passa quarante ans dans cette situation. A la mort de ce seigneur, en 1832, la chapelle fut supprimée; mais le baron, qui avait eu de l'affection pour celui qui la dirigeait, lui fit par son testament un legs qui mit Katzer dans l'aisance pour le reste de ses jours. Il profita de son indépendance pour voyager et visita l'Italie. A Rome, il retrouva dans le prince Odescalchi un de ses anciens élèves qui lui fit un bon accueil et lui rendit agréable le séjour de cette ville. Katzer, de retour en Bohême, vivait encore en 1850. Quelques-unes de ses compositions pour l'orgue et pour l'église ont été publiées à Vienne, chez Weigel, depuis 1820 jusqu'en 1833; mais le plus grand nombre de ses œuvres est resté en manuscrit : on y compte vingt messes avec orchestre et orgue, des litanies, sept symphonies, des quatuors et des pièces d'harmonie pour des instruments à vent. Une de ses messes solennelles a été exécutée dans plusieurs églises de la Bohême et considérée comme une composition fort distinguée.

KATZER (...), facteur d'orgues à Krulich, dans le dix-huitième siècle. Il a fait deux beaux instruments, le premier pour l'église des Servites à Konoyed, l'autre pour celle de Bœmisch-Ayche.

KAUER (Ferdinand), né en 1751, à Klein-Taya, en Moravie, était fils d'un instituteur de ce lieu. Encore enfant, il avait déjà acquis tant d'habileté dans la musique, qu'il remplissait les fonctions d'organiste à l'église des Jésuites de Znaym, et plus tard à Tyrnau, où il étudiait en même temps la médecine. Dans la suite, il se rendit à Vienne et s'y livra à l'enseignement du piano. Après avoir étudié le contrepoint sous la direction de Heidenreich, il fut successivement directeur de musique et compositeur des théâtres de Léopoldstadt, de Grætz et de Josephstadt. Ses longs services lui ont fait obtenir dans sa vieillesse une pension alimentaire dont il avait grand besoin, car ses places, mal payées, l'avaient laissé languir dans un état voisin de la misère. Un événement inattendu, l'inondation de Vienne par la crue subite des eaux, dans la nuit du 1er mars 1830, vint encore ajouter à ses maux en anéantissant le peu qu'il possédait, particulièrement toute sa musique; car son domicile fut entièrement submergé. Il est mort à Vienne en 1831, à l'âge de quatre-vingts ans. Compositeur médiocre, il ne s'est fait remarquer que par la fécondité de son travail laborieux. Il a écrit la musique de plus de deux cents opéras, vaudevilles et drames, parmi lesquels on cite : *Das Donauweibchen* (l'Ondine du Danube); *die Sternenkœnigin* (la Reine des étoiles), dont les partitions pour piano ont été publiées; plus de vingt messes, un *Requiem*, et environ autant de petites compositions pour l'église; des symphonies, des quatuors, des concertos pour tous les instruments; un grand trio pour violon, alto et basse, Paris, Janet; vingt-quatre cadences pour le violon, Vienne, Bermann; l'école pratique du violon, en quarante fantaisies, etc., *ibid.*; douze fugues pour le violon; deux méthodes pour cet instrument, Vienne, Mollo, et Vienne, Bermann; une méthode de flûte, Vienne, Artaria; une méthode de clarinette, Vienne, Bermann; des sonates et des pièces détachées pour le piano; des chansons, etc., etc.

KAUFFMANN (Georges-Frédéric), directeur de la chapelle du prince de Mersebourg, organiste de la cour, né le 14 février 1679, à Ostermondra, village situé entre Cælleda et Rastenberg, commença l'étude du clavecin chez l'organiste Buttstedt, à Erfurt, puis se rendit à Mersebourg, où il apprit la composition sous la direction d'Alberti. Quelques années d'un travail assidu le conduisirent à un savoir étendu comme organiste, théoricien et compositeur. Lorsque son maître fut frappé d'apoplexie, il se trouva en état de le remplacer, puis de lui succéder après sa mort. En

1725, on lui confia la direction de la chapelle de Mersebourg. Il mourut en cette ville, au commencement du mois de mars 1735. Kauffmann a écrit un traité général de musique qui n'a point été imprimé, mais que Walther a fait connaître sous le titre suivant : *Introduzzione alla Musica antica e moderna, das ist : eine ausführliche Einleitung zur alten und neuen Wissenschaft der edlen Musik*, etc. (Introduction complète à la science ancienne et moderne de la noble musique, dans laquelle ne sont pas seulement décrites les choses les plus nécessaires à tout musicien, tant pour la théorie que pour la pratique, d'après leur origine, progrès et amélioration, mais aussi où sont indiquées les règles générales et particulières de la composition, en style ancien et moderne, lesquelles sont enrichies d'exemples à deux, trois, quatre et un plus grand nombre de parties, de fugues et de contrepoints doubles, etc.). Kauffmann a aussi composé beaucoup de morceaux de musique d'église et de clavecin, dont il a été répandu des copies, mais qui n'ont point été imprimés. Enfin, il a publié l'ouvrage suivant : *Harmonisch Seelenlust musikalischer Gönner und Freunde, das ist kurze, jedoch noch besondern Genie und guter Grace elaborirte Præludia von 2, 3 und 4 Stimmen über die bekanntesten Choral-Lieder* (Délices harmoniques de l'âme, c'est-à-dire, préludes courts, mais travaillés *suivant un bon génie et une bonne grâce*, à deux, trois et quatre voix, sur les chorals les plus connus), Leipsick, 1733-1736, plusieurs cahiers de quatre à cinq feuilles.

KAUFMANN (Charles), organiste et carillonneur de l'église de la garnison à Berlin, naquit en cette ville, le 3 janvier 1766. Élève de Fasch, il était instruit dans la composition, et jouait bien sur l'orgue les pièces de Hændel, de J.-S. Bach, et d'autres organistes célèbres. En 1800, il fit entendre un grand concerto de sa composition pour orgue, accompagné de plusieurs instruments. Il a écrit plusieurs morceaux de ce genre, qui sont restés en manuscrit. Il a fait graver des variations pour piano sur un thème de l'*Arbore di Diana*, de Martini, Berlin, Rellstab, 1790. Kauffmann est mort à Berlin, le 13 septembre 1808.

KAUFMANN (Jean-Godefroid), mécanicien et musicien à Dresde, naquit le 14 avril 1751, à Siegmar, près de Chemnitz, en Saxe, et mourut subitement le 10 avril 1818, pendant une représentation où il assistait au théâtre de Francfort-sur-le-Mein. Après avoir étudié la mécanique à Dresde, il commença à se faire connaître vers 1778 par des horloges auxquelles il avait appliqué des jeux de flûte et de harpe. La manière ingénieuse par laquelle il faisait pincer les cordes de ce dernier instrument, par un moyen mécanique, lui fit beaucoup d'honneur. C'est à peu près par un moyen semblable que Dietz a exécuté plus tard son *Clavíharpe*. On doit aussi à Kaufmann l'invention d'un moyen fort simple pour accorder les grands tuyaux d'orgues en bois des jeux de flûte. Il consiste en une planchette à coulisse placée à l'un des côtés des tuyaux et dans sa partie supérieure. Lorsqu'on veut élever l'intonation, il suffit d'abaisser un peu la planchette dans la coulisse. Ce moyen est préférable à celui des lames de plomb clouées à l'orifice du tuyau, et qu'on inclinait plus ou moins. Kaufmann a eu part à quelques-unes des inventions de son fils, objet de l'article suivant.

KAUFMANN (Frédéric), fils du précédent, est considéré en Allemagne comme un des plus ingénieux mécaniciens que ce pays ait produits. Son père lui enseigna la musique dès son enfance, et l'associa à ses travaux en 1800. Quatre ans après, il vit pour la première fois un jeu de trompette mécanique exécuté par Maelzel, de Vienne, et cet instrument lui suggéra l'idée de son *Bellonéon*, ouvrage du même genre qui a servi plus tard de modèle au célèbre trompette automate. En 1807 et 1808, il adapta à des horloges des jeux de harpe et de piano qui frappèrent d'étonnement les connaisseurs par l'artifice du mécanisme du toucher, et par la perfection des nuances de *crescendo* et de *decrescendo*. Kaufmann avait, dit-on aussi, trouvé le moyen de nuancer la force du son dans les tuyaux d'orgue, sans augmenter ni diminuer la quantité de vent. Deux instruments nouveaux, appelés *Chordaulodion* et *Harmonicorde*, furent ensuite inventés par le père et le fils. Ce dernier instrument avait la forme d'un piano vertical en pyramide ; il était monté de cordes de métal qui étaient mises en vibration par le frottement d'un cylindre mû par une roue que l'exécutant faisait agir avec les pieds. La qualité des sons avait de l'analogie avec l'harmonica, mais était plus intense. Kaufmann et son père firent un voyage en Allemagne pour faire entendre leur instrument joué par le fils avec beaucoup de dextérité. De retour à Dresde, ils perfectionnèrent leur invention et firent un nouvel harmonicorde, supérieur au premier. C'est avec celui-ci que Kaufmann s'est fait entendre en 1816 à Paris et à Londres. Au retour de ce voyage, il perdit son père à Francfort, et retourna à Dresde, où il reprit ses travaux. Au nombre de ses plus belles inventions, il faut placer surtout son nouveau trompette automate, dans lequel il a perfectionné les idées de Maelzel. Charles-Marie de Weber s'est exprimé avec admiration sur cette machine musicale dans l'analyse qu'il en a faite (*Gazette musicale de Leipsick*, an. 1812, p. 663). M. Kaufmann était occupé en 1855 de nouvelles inventions qui ne sont point encore connues.

KAUFMANN (Julie), fille du poëte Daniel Schubart, naquit en 1769. En 1790, elle fut engagée comme cantatrice au théâtre de Stuttgard, et ses débuts y produisirent une vive sensation, à cause de la beauté de sa voix, de la précision de son chant et de son expression. Devenue la femme de Jean Kaufmann, violoncelliste de la chapelle de Stuttgard, elle a passé toute sa vie en cette ville, et y est morte dans l'été de 1802, à l'âge de trente-trois ans.

KAUSCH (Jean-Joseph), né à Lœwenberg le 16 novembre 1751, fit ses études chez les jésuites de Breslau. Le 18 mai 1778, il reçut son diplôme de docteur en médecine à l'Université de Halle, et après un séjour de six mois à Vienne, il accepta la place de médecin du prince de Hatzfeld. Après la mort du prince, il alla se fixer à Militsch, en qualité de professeur de médecine; il occupait cette position, lorsque, tout à coup, il fut suspendu de ses fonctions, en 1797, arrêté et enfermé à Leipsick. Le plus grand secret fut gardé sur les causes de son arrestation. Après un an de détention, il fut rendu à la liberté, réintégré dans sa place, et reçut une pension de cent cinquante thalers. En 1806, il eut sa nomination de membre du collége de médecine de Kalisch. Estimé pour ses vastes connaissances, ce savant vit ses travaux couronnés par les Académies de Berlin et d'Erfurt, et les sociétés savantes de Vienne, Breslau, Berlin, Varsovie, Erlang et Erfurt, l'admirent au nombre de leurs membres. Décoré de la Croix de fer, il reçut aussi l'ordre de l'Aigle rouge en 1823, et dans la même année, le gouvernement lui accorda une pension de neuf cent cinquante écus de Prusse. Il est mort le 10 mars 1825. Au nombre de ses ouvrages, on remarque une bonne dissertation philosophique intitulée : *Psychologische Abhandlung über den Einfluss der Tœne und insbesondere der Musik auf die Seele* (Dissertation psychologique concernant l'influence des sons et de la musique sur l'âme), Breslau, 1782, in-8° de 200 pages. On trouve des renseignements intéressants sur la vie de ce savant dans l'ouvrage intitulé : *J.-J. Kausch's Schicksale*. Leipsick, 1797, in-8°.

KAUTH (Madame), née **GRAEFF**, pianiste et compositeur de Berlin, vécut vers la fin du dix-huitième siècle. Hummel, alors enfant, joua en 1792 un concerto de piano, composé par cette dame, dans un concert public à Berlin. On connaît aussi de sa composition : *les Danses des Muses*, pour le chant, avec accompagnement de piano, Berlin, Hummel, 1791. 2° *Tableaux musicaux de la nature*, Berlin, Rellstab, 1794.

KAYE (J.-G.); ce nom est connu dans la musique, depuis environ quinze ans, par une petite méthode de piano divisée en deux parties, la première théorique, la seconde, pratique. La troisième édition de cet ouvrage a paru sous ce titre : *Kleine Clavierschule, ein Hülfsbuch. 1er Theil, die Theorie; 2er Theil, die praktischen Beispiele*, Ilmenau, Voigt, in-4°.

KAYSER (André), simple ouvrier facteur d'orgues, se distingua par ses talents, et fut associé dans la construction des instruments par tous les facteurs chez qui il travailla. Il naquit dans la première partie du dix-huitième siècle à Ohorn, près de Pulsnitz, dans la Haute-Lusace, et apprit les éléments de son art chez un facteur d'orgues russe nommé Ulisch; puis il demeura douze ans chez Silbermann, à Freyberg, trois ans chez Damitius, à Zittau, dix-neuf chez J.-Chriest. Græbner, à Dresde, et six chez Schœn, à Freyberg. Dans les dernières années de sa vie, il s'était retiré à Pulsnitz, où il travaillait encore seul à l'âge de plus de soixante-quinze ans.

KAYSER (Jean-Chrétien), cousin d'André, était facteur d'orgues à Dresde. Il naquit à Ohorn, près de Pulsnitz, en 1750, et apprit dans cette ville les principes de son art, chez Pfizner. Plus tard, il perfectionna ses connaissances sous la direction de son cousin André Kayser; puis il alla à Leipsick travailler chez Maurer, et enfin, il s'établit à Dresde en 1776. Il y vivait encore dans les premières années du dix-neuvième siècle. Outre plusieurs orgues de chambre pour des amateurs, il a construit divers instruments parmi lesquels on remarque : 1° Pour l'église de Lauterbach, près de Stockholm, un orgue de dix jeux, un clavier et pédale. 2° Pour l'église de la maison des orphelins, à Dresde, un orgue de onze jeux, un clavier et pédale, en 1780. 3° Pour l'église de la garnison, à Dresde, un orgue de treize jeux, clavier et pédale, en 1780. 4° Pour l'église de Wehlen, près de Pyrna, un orgue de seize jeux, deux claviers et pédale. 5° A l'église Sainte-Anne, de Dresde, un orgue de trente-quatre jeux, deux claviers et pédale. 6° Pour l'église de Lehmen, un orgue de dix-huit jeux, deux claviers et pédale. 7° A l'église de Dobreluyk, un *idem* de quatorze jeux, deux claviers et pédale. 8° A l'église d'Olbernbau, un orgue de vingt jeux, deux claviers et pédale. 9° A l'église de Hartha, près de Bischofswerda, un *idem* de dix jeux, un clavier et pédale. 10° A l'église Saint-Jean, de Dresde, un *idem* de dix jeux, un clavier et pédale. 11° A l'église de Hockendorf, près de Dippoldiswald, en 1795, un *idem* de vingt jeux, deux claviers et pédale. 12° A l'église de Glashüth, dans les montagnes de la Saxe, en 1796, un *idem* de dix-sept jeux, deux claviers et pédale.

KAYSER (Reinhardt). *Voyez* **KEISER**.

KAZYNSKI (Victor), compositeur lithuanien, fils d'un chanteur et directeur de spectacles, est né à Wilna, le 18 décembre 1812. Après avoir fait ses études à l'Université de cette ville et avoir obtenu le grade de bachelier ès lettres, il se livra spécialement à la musique, qu'il avait cultivée dès son enfance. Elsner (*voyez* ce nom) fut son maître de composition pendant les années 1837 et 1838. De retour à Wilna, en 1840, il y fit représenter, dans la même année, le drame intitulé : *Fenella,* dont il avait écrit la musique, et qui fut joué avec succès. Cet ouvrage fut suivi du *Juif errant,* opéra romantique qui fixa l'attention publique sur le compositeur, et fut représenté à Wilna et à Varsovie, en 1842, aux applaudissements des connaisseurs. Peu de temps après, Kazynski s'éloigna de la capitale de la Lithuanie pour aller se fixer à Saint-Pétersbourg ; il y fit exécuter plusieurs compositions qui le firent connaître avantageusement. En 1844, le général Alexis Lvoff, amateur et compositeur distingué (*voyez* ce nom), lui ayant proposé de faire avec lui un voyage en Allemagne, ils visitèrent ensemble Berlin, Leipsick, Dresde, Prague, Vienne, et y furent reçus avec distinction par les artistes les plus célèbres. Kazynski y publia plusieurs ouvrages pour le piano et le chant. De retour à Saint-Pétersbourg, il y fit imprimer la relation de son voyage qui le fit connaître comme littérateur et qui obtint un brillant succès. Cet ouvrage, intitulé : *Notalki Z podrozy muzykalnéj po Niemczech odbytéj w roku* 1844 (Notes et journal d'un voyage musical fait en 1844), fut publié à Saint-Pétersbourg, en 1845, chez Eynerling, un volume in-8°. Il en fut fait plusieurs éditions. Dans la même année, son auteur obtint la place de chef d'orchestre du théâtre impérial d'Alexandre ; il y fit preuve d'habileté dans l'exercice de ses fonctions. Son opéra, *Mari et femme,* y fut joué en 1848 ; mais la musique n'en fut pas goûtée. Kazynski écrivit aussi pour ce théâtre des ouvertures, cantates, scènes dramatiques, entr'actes et chœurs ; mais son *Album de chant*, publié en cinq livraisons de six morceaux chacune, et terminé en 1855, a rendu surtout son nom populaire en Russie. On connait aussi de lui des duos concertants pour piano et violon, des rondeaux pour piano, six fantaisies sur des thèmes russes, des petites pièces de salon, marches, tarentelles, des polkas et de morceaux de chant.

FIN DU TOME QUATRIÈME.

www.ingramcontent.com/pod-product-compliance
Lightning Source LLC
LaVergne TN
LVHW010526100826
845148LV00001B/104

* 9 7 8 2 0 1 2 5 2 6 9 5 2 *